Die steuerliche Subjektqualifikation
des Private Express Trust

Europäische Hochschulschriften
Publications Universitaires Européennes
European University Studies

Reihe V
Volks- und Betriebswirtschaft

Série V Series V
Sciences économiques, gestion d'entreprise
Economics and Management

Bd./Vol. 2818

PETER LANG
Frankfurt am Main · Berlin · Bern · Bruxelles · New York · Oxford · Wien

Hartmut Winkler

# Die steuerliche Subjektqualifikation des Private Express Trust

## Dargestellt am Beispiel des nach dem Trusts (Jersey) Law errichteten Jersey Trust

PETER LANG
Europäischer Verlag der Wissenschaften

Die Deutsche Bibliothek - CIP-Einheitsaufnahme

Winkler, Hartmut:

Die steuerliche Subjektqualifikation des Private Express Trust : dargestellt am Beispiel des nach dem Trusts (Jersey) Law errichteten Jersey Trust / Hartmut Winkler. - Frankfurt am Main ; Berlin ; Bern ; Bruxelles ; New York ; Oxford ; Wien : Lang, 2001
(Europäische Hochschulschriften : Reihe 5, Volks- und Betriebswirtschaft ; Bd. 2818)
Zugl.: Stuttgart, Univ., Diss., 2001
ISBN 3-631-38572-2

D 93
ISSN 0531-7339
ISBN 3-631-38572-2



www.peterlang.de

Meinen Eltern
in Dankbarkeit für alles

# Vorwort

Die vorliegende Arbeit wurde von der Geschichts-, Sozial- und Wirtschaftswissenschaftlichen Fakultät der Universität Stuttgart als Dissertation angenommen. Mein besonderer Dank gilt daher meinem Doktorvater Herrn Prof. Dr. Brun-Hagen Hennerkes, der mir den erforderlichen Anstoß zur Übernahme dieser Untersuchung gegeben hat. Herrn Prof. Dr. Siegfried F. Franke danke ich für die rasche Erstellung des Zweitgutachtens.

Ganz herzlich danken möchte ich meinen Teammitgliedern bei der Ernst & Young Deutsche Allgemeine Treuhand AG, Herrn Joachim Dieterlen, Herrn Dr. Michael Schaden, Herrn Dr. Jürgen Haun und Frau Ingrid Möhler, ohne deren freundschaftliche und verständnisvolle Unterstützung diese Arbeit kaum hätte fertig gestellt werden können. Insbesondere Herrn Dr. Michael Schaden danke ich darüberhinaus für die vielen fachlichen Diskussionen und Anregungen. Für die Zeit der Freistellung sowie die gewährte finanzielle Unterstützung bedanke ich mich vielmals bei Herrn Joachim Dieterlen und Herrn Dr. Herbert Müller.

Herrn Dr. Herbert Müller danke ich ferner für die spontane Vermittlung eines mehrwöchigen Aufenthalts bei der – heute zur Royal Bank of Canada gehörenden – Ernst & Young Trust Company (Jersey) Limited. In diesem Zusammenhang geht ein besonderer Dank an Herrn Peter Hargreaves sowie Herrn Toni Pitcher, durch die ich die prakische Bedeutung des Jersey Trusts erfahren durfte. Dass ich diese Zeit stets in guter Erinnerung behalten werde, habe ich auch Karen und Simon Dufty zu verdanken, die mich als Freunde empfangen und in das „Inselleben" einbezogen haben.

Für wichtige Anregungen habe ich ferner Herrn Dr. Wolfgang Durach, Herrn Thomas Hundt sowie Herrn Hubert Winterer zu danken. Bei Herrn Lars Zipfel bedanke ich mich für die sorgfältige Durchsicht des Manuskripts. Ein weiteres herzliches Dankeschön geht nicht zuletzt an meinen Bruder Markus, ohne dessen Fachkenntnisse und mühevolle Mitarbeit ich an den Tücken von Microsoft Word gescheitert wäre.

Ein ganz besonders herzlicher Dank gebührt schließlich meiner Frau Elke. Ihre liebevolle Unterstützung und ihr stetiger aufmunternder Zuspruch hat mir während der Anfertigung dieser Arbeit über manches „Tal" hinweggeholfen und war für mich daher von unschätzbarem Wert.

Karlsruhe, im Juli 2001 Hartmut Winkler

# Inhaltsübersicht

# Inhaltsverzeichnis

# Literaturverzeichnis


| | |
|---|---|
| Albrecht, Philipp | Die steuerliche Behandlung deutsch-englischer Erbfälle. Köln, Berlin, Bonn, München 1992. |
| Atenstaedt, Bernd/ Schmidt-Modrow, Michael | Das Steuerrecht der Kanalinseln. Deutsche Industrie- und Handelskammer. London 1985. |
| Arendt, Wolfgang | Zum Qualifikationsproblem im deutschen internationalen Steuerrecht. StuW 1959, Sp. 382 ff. |
| ders. | Anwendung deutscher Sachnormen auf ausländische Privatrechtsinstitute. StuW 1960, Sp. 349 ff. |
| Bar, Christian von | Internationales Privatrecht. Band 2: Besonderer Teil. Köln 1991. |
| Bates, David/ Phelps, Simon | The use of protectors in settlements. Trusts & Estates, July/August 1987. |
| Beisse, Heinrich | Wirtschaftliche Betrachtungsweise im Steuerrecht nach Wegfall des § 1 StAnpG. Inf 1977, 433 ff. |
| Bellstedt, Christoph | Steuerliche Behandlung von US-Trusts. IWB v. 13.9.1995, Fach 8 USA Gruppe 2, 809 ff. |
| Bernstorff, Christoph Graf von | Einführung in das englische Recht. München 1996. |
| Biergans, Enno/ Stockinger, Albrecht | Zum Einkommensteuerbegriff und zur persönlichen Zurechnung von Einkünften im Einkommensteuerrecht. FR 1982, 37 ff. |
| Binz, Mark K./ Sorg, Martin H. | Aktuelle Erbschaftsteuerprobleme der Familienstiftung. DStR 1994, 229 ff. |
| dies. | Erbschaftsteuerprobleme der Familienstiftung. DB 1988, 1822 ff. |
| Birks, Peter | In rem or in personam? Webb v Webb. Trust Law International, Vol 8, No. 4, 1994, 99 ff. |
| Blümich | Kommentar zum EStG mit Nebengesetzen. Hg. Klaus Ebeling. Loseblatt Stand: 61. Ergänzungslieferung. München 1999. |
| Bogert, G. Gleason/ Bogert, G. Taylor | Handbook of the Law of Trusts. 5th ed. St. Paul 1973. |
| Bredow, Günther | Ausländische Trusts deutscher Steuerpflichtiger – Gestaltungsprobleme bei Vermögensnachfolge, Anlagemanagement und Steuerplanung. WiB 1995, 775 ff. |
| Breitschmid, Peter | Trust und Nachlassplanung. In: Rechtskollisionen. Festschrift für Anton Heini zum 65. Geburtstag. Hg. Isaak Meier u. Kurt Siehr. Zürich 1995, 49 ff. |
| Breuninger, Gottfried E. | Trusts im angloamerikanischen Recht. Jahrbuch der Fachanwälte für Steuerrecht 1993/94, 471 ff. |
| Campbell, Dennis (Ed.) | Comparative Law Yearbook of International Business. Special Issue 1995: Offshore Trusts ( UK Edition), 1996. |

Carl, Dieter — Geldanlagen unter dem Aspekt des Bankgeheimnisses in der Schweiz, Österreich und Liechtenstein. IStR 1994, 18 ff.

Carl, Dieter/ Klos, Joachim — Standort Liechtenstein: Leitfaden für unternehmerische und private Aktivitäten. Herne, Berlin 1993.

Christoffel/ Hans Günter Geckle/ Gerhard Pahlke/ Armin u. a. — Erbschaftsteuergesetz: Kommentar. Freiburg, Berlin, München 1998.

Clucas, Edward — Trust Companies: Their future in Jersey. Jersey International Finance 4/1998, 25.

Coing, Helmut — Rechtsformen der privaten Vermögensverwaltung, insbesondere durch Banken, in USA und Deutschland – Zugleich ein Beitrag zur Frage der Übernahme des Trustrechts. AcP 1967, 99 ff.

ders. — Die rechtsgeschäftliche Treuhand im deutschen internationalen Privatrecht. ZfRV 1974, 81 ff.

ders. — Übernahme des Trusts in unser internationales Privatrecht? In: Festschrift für Theodor Heinsius zum 65. Geburtstag. Hg. Friederich Kübler u. Hans-Joachim Mertens. Berlin/New York 1991, 79 ff.

Condor, A. J. — The office of the protector. Trust and Trustees 1996, 12 ff.

Crezelius, Georg — Erbschaft- und Schenkungsteuer in zivilrechtlicher Sicht. Herne/Berlin 1979.

ders. — Steuerrechtliche Rechtsanwendung und allgemeine Rechtsordnung. Herne/Berlin 1983.

ders. — Die einzelnen Steuerarten. 2. Auflage. München 1994.

Czermak, Peter — Der express trust im internationalen Privatrecht. Frankfurt 1986.

Debatin, Helmut — Subjektfähigkeit ausländischer Wirtschaftsgebilde im deutschen Steuerrecht. BB 1988, 1155 ff.

Döllerer, Georg — Die Maßgeblichkeit des Zivilrechts für das Ertragsteuerrecht in der neueren Rechtsprechung des Bundesfinanzhofs. JbFfStR 1986/87, 37 ff.

Dötsch, Ewald/ Eversberg, Horst/ Jost, Werner/ Witt, Georg — Kommentar zum Körperschaftsteuergesetz, zum Umwandlungssteuergesetz und zu den einkommensteuerlichen Vorschriften des Anrechnungsverfahrens. Loseblatt Stand: 35. Ergänzungslieferung. Stuttgart 1999.

Doggart, Caroline — Steuerparadiese – und wie man sie nutzt. 3. Auflage. Düsseldorf 1997.

Duckworth, Antony — Protectors – Fish or foul? In: Transcontinental Trusts, 1997, 86 ff.

Ebenroth, Carsten — Erbrecht. München 1992.

Ehlig, Frank — Steuerliche Zurechnung von Grundstücken im Privatvermögen nach Schenkung im Wege vorweggenommener Erbfolge unter Vorbehaltsklauseln. DStR 1996, 1629 ff.

| | |
|---|---|
| Eickmann, Dieter/ Flessner, Axel/ Irschlinger, Friedrich u. a. | Heidelberger Kommentar zur Insolvenzordnung. Heidelberg 1999. |
| Eisele, Dirk | Die Änderungen des Erbschaft- und Schenkungsteuergesetzes durch das Steuerentlastungsgesetz 1999/2000/2002. INF 1999, 324 ff. |
| Engelmann-Pilger, Albrecht | Noch einmal: Zur Einkommensbesteuerung von Ausschüttungen eines US-Trusts. BB 1993, 2067 ff. |
| Ferid, Murad | Internationales Privatrecht. München 1986. |
| Ferid, Murad/ Firsching, Karl | Internationales Erbrecht. Band IV: USA-Grundzüge. Stand: Lieferung I-XXXII. München. |
| Fleischmann, Gunnar | BFH schränkt Treuhandverhältnisse ein. DStR 1993, 828 ff. |
| Fischer, Lutz | Erbschaftsteuerplanung bei Auslandsanlagen. BB 1984, 1033 ff. |
| Fischer-Dieskau, Christian | Die kollisionsrechtliche Behandlung von living und testamentary trusts. Freiburg 1967. |
| Flick, Hans/ Piltz, Detlev J. | Der Internationale Erbfall. München 1999. |
| Flick, Hans/ Wassermeyer, Franz/ Baumhoff, Hubertus | Kommentar zum Außensteuerrecht. Hg. Franz Wassermeyer u. Detlev J. Piltz. 6. Auflage. Köln 1999. |
| Flume, Werner | Allgemeiner Teil des bürgerlichen Rechts. 2 Bände in 3 Teilen. Band 2: Das Rechtsgeschäft. Berlin, Heidelberg 1992. |
| Friedrich, Klaus D. | Steuerhandbuch für Auslandsbeziehungen: ein Wegweiser durch das Außensteuerrecht. 3., überarbeitete Auflage. Stuttgart 1994. |
| Frotscher, Gerrit/ Maas, Ernst | Körperschaftsteuergesetz Umwandlungssteuergesetz: Kommentar. Loseblatt Stand: 1997. Freiburg. |
| Fuchs, Adriana | Soll die Schweiz die Haager Trust-Konvention ratifizieren? Bern, Stuttgart, Wien 1998. |
| Füger, Rolf/ v. Oertzen, Christian | Die neue Trustbesteuerung in der Erbschaft- und Schenkungsteuer. IStR 1999, 11 ff. |
| Fuhrmann, Lambertus | Modelle lebzeitiger Unternehmensübertragung. Konstanz 1989. |
| Geck, Reinhard/ Messner, Michael | ZEV-Report Steuerrecht: Erwerb von Todes wegen unter einer Betagung. ZEV 1998, 426, 427 |
| Gieseke, Horst | Die Ordnungsfunktion des Zivilrechts für die steuerliche Zurechnung. DStR 1982, 478 ff. |
| Glasson, John | International Trust Laws. Hg. Glasson. Loseblatt Stand: Mai 1997. Bristol. |
| Gottheiner, Hans Georg | Anpassungs- und Umdeutungsprobleme bei deutsch-englischen Erbfällen. Tübingen 1955. |

| | |
|---|---|
| ders. | Zur Anwendung englischen Erbrechts auf Nachlässe in Deutschland. RabelsZ 21 (1956), 36 ff. |
| Graue, Eugen Dietrich | Der Trust im internationalen Privat- und Steuerrecht. In: Konflikt und Ordnung. Festschrift für Murad Ferid zum 70. Geburtstag. Hg. Andreas Heldrich. München 1978, 151 ff. |
| Graupner, Rudolf | Der englische Trust im deutschen Zivilprozess. ZvglRWiss 88 (1989), 149 ff. |
| Grotherr, Siegfried | Das Steuerrecht der Kanalinseln. IWB v. 25.9.1990, Fach 5 Kanalinseln Gruppe 2, 1 ff. |
| Gschwendtner, Hubertus | Testamentsvollstreckung an einem Kommanditanteil. NJW 1996, 362 ff. |
| Grundy, Milton/ Briggs, John/ Field, Joseph A. | Asset Protection Trusts. 3. ed. London 1997. |
| Haarmann, Wilhelm | Der Trust im deutschen Steuerrecht. In: Forum der internationalen Besteuerung, Unternehmensstrukturen und Rechtsformen im internationalen Steuerrecht. Hg. Wilhelm Haarmann. Köln 1994, 151 ff. |
| Haas, Gerhard | Erbschaftssteuern auf amerikanisches Trustvermögen. ZGR 1974, 461 ff. |
| Halaczinzsky, Raymond | Änderungen des Erbschaftsteuergesetzes durch das StEntlG 1999/2000/2002. NWB Fach 10, 905 ff. |
| Ham, Robert | Trustee's liability. Trust Law International, Vol. 9, No. 1, 1995, 21 ff. |
| Hartz | Anmerkung zum BFH-Urteil v. 20.7.1971 – VIII 24/65. DB 1972, 268 f. |
| Hayton, David | Law relating to trusts and trustees. 15th ed. London, Dublin, Edinburgh 1995. |
| ders. | Developing the law of trusts for the twenty-first century. The Law Ouarterly Review 1990, Vol. 106, 87 ff. |
| Heidner, Hans Hermann | Treuhandverhältnisse im Steuerrecht. Berlin 1994. |
| Heymann, Ernst | Trustee und Trustee-Company im deutschen Rechtsverkehr. In: Festschrift für Heinrich Brunner zum 70. Geburtstag, dargebr. v. Schülern und Verehrern. Weimar 1910, 473 ff. |
| Henle, Viktor | Kollisionrechtliche Nachlassspaltung im Deutsch-Französischen Rechtsverkehr. München 1975. |
| Hennerkes, Brun-Hagen/ Binz, Mark K./ Sorg, Martin H. | Die Stiftung als Rechtsform für Familienunternehmen. DB 1986, 2217 ff. u. 2269 ff. |
| Hennerkes, Brun-Hagen | Sicherung des Familienunternehmens durch Stiftungen. In: Unternehmenshandbuch Familiengesellschaften. Hg. Brun-Hagen Hennerkes u. Rainer Kirchdörfer. 2., neubearbeitete u. wesentlich erweiterte Auflage. Köln, Berlin, Bonn, München 1998, 779 ff. |

| | |
|---|---|
| Henrich, Dieter | Einführung in das englische Privatrecht, 2., überarbeitete u. erweiterte Auflage. Darmstadt 1998. |
| Herrmann, Carl/ Heuer, Gerhard/ Raupach, Arndt | Einkommensteuer- und Körperschaftsteuergesetz. 21. Auflage. Köln 1996. |
| Hinz, Michael | Bilanzierung von Pensionsgeschäften. BB 1991, 1153 ff. |
| Hübschmann, Walter/ Hepp, Ernst/ Spitaler, Armin | Abgabenordnung Finanzgerichtsordnung: Kommentar. 10. Auflage. Köln 1995. |
| Jersey Law Commission | The rights of beneficiaries to information regarding a trust. Consultation Paper, February 1998. |
| Jülicher, Marc | Besteuerung eines Nachlasstrusts in der Republik Südafrika. IStR 1996, 325 ff. |
| ders. | Besteuerung von deutschen Trustbegünstigten eines südafrikanischen Nachlasstrusts. IStR 1996, 575 ff. |
| ders. | In der Trust-Falle des ErbStG. IStR 1999, 106 ff. |
| ders. | Übermaßbesteuerung der Zwischenberechtigten eines Trusts im ErbStG. IStR 1999, Heft 6, III. |
| ders. | Bei der Trustbesteuerung wird noch „eine Schippe" nachgelegt. IStR 1999, 202 ff. |
| ders. | Der Trust: Untaugliches Gestaltungsmittel der Vermögensnachfolge in Deutschland. Praxis Internationale Steuerberatung 1999, 37 ff. |
| Kapp, Reinhard | Anmerkung zu BVerfG, Beschluss v. 15.5.1984. BB 1984, 1413 f. |
| Kapp, Reinhard/ Ebeling, Jürgen | Erbschaftssteuer- und Schenkungssteuergesetz: Kommentar. 11. Auflage. Köln 1999. |
| Kaye, Martin/ Salter, David | Family Finance and Tax. London 1995 |
| Kegel, Gerhard | Internationales Privatrecht. 7. Auflage. München 1995. |
| Killius, Jürgen | German Lawe and Practice. In: Tax Havens' Encyclopaedia. Hg. Spitz. Loseblatt, London 1988 ff. |
| ders. | Common Law Trusts: New developements affecting the german tax status of grantors and beneficiaries. intertax 1994, 195 ff. |
| ders. | Änderungen des ErbStG. In: Oppenhoff & Rädler, Steuerentlastungsgesetz 1999/2000/2002, 2. Auflage. München 1999, 353 ff. |
| ders. | Trusts als Mittel der Steuerplanung für deutsche Steuerpflichtige. In: Steuerrecht und europäische Integration. Festschrift für Albert J. Rädler zum 65. Geburtstag. Hg. Gottfried Breuninger, Welf Müller, Elisabeth Strobel-Haarmann. München 1999, 343 ff. |
| Kirchhof, Paul | Einwirkungen des Verfassungsrechts auf das Steuerrecht. |

| | |
|---|---|
| Kirchhof, Paul/ Söhn, Hartmut | Einkommensteuergesetz: Kommentar. Loseblatt Stand: Dezember 1999. Heidelberg. |
| Klein, Franz/ Orlopp, Gerd | Abgabenordnung. 5., völlig neubearbeitete Auflage. München 1995. |
| Kluge, Volker | Das internationale Steuerrecht der Bundesrepublik Deutschland. 3. Auflage, München 1993. |
| Knobbe-Keuck, Brigitte | Bilanz- und Unternehmenssteuerrecht. 9., völlig überarbeitete und erweiterte Auflage. Köln 1993 |
| Koch, Karl/ Scholz, Rolf-Detlev | Abgabenordnung: Kommentar. 5., überarbeitete und erweiterte Auflage. Köln, Berlin, Bonn, München 1996. |
| Kötz, Hein | Trust und Treuhand. Göttingen 1963. |
| ders. | Die 15. Haager Konferenz und das Kollisionsrecht des Trust. RabelsZ 50 (1986), 562 ff. |
| ders. | Zur Anknüpfung des unter Lebenden errichteten Trust. IPRax 1985, 205 ff. |
| Kronke, Herbert | Stiftungstypus und Unternehmensträgerstiftung. Tübingen 1988. |
| Kruse, Heinrich W. | Steuerspezifische Gründe und Grenzen der Gesetzesbindung. In: Grenzen der Rechtsfortbildung durch Rechtsprechung und Verwaltungsvorschriften im Steuerrecht. Hg. Klaus Tipke. Köln 1982. |
| Kühn, Rolf/ Hofmann, Ruth | Abgabenordnung. 17., völlig neubearbeitete Auflage. Stuttgart 1995. |
| Lang, Joachim/ Seer, Roman | Die persönliche Zurechnung von Einkünften bei Treuhandvermögen. FR 1992, 637 ff. |
| Larenz, Karl | Methodenlehre der Rechtswissenschaft. 5. Auflage. Berlin, Heidelberg, New York, Tokio 1983. |
| Lepaulle, Pierre | Traite theorique et practique des trusts en droit interne, en droit fiscal et en droit international. Paris 1932. |
| Ley, Ursula | Steuerrechtliche Zuordnung von Nießbrauchsgegenständen. DStR 1984, 676 ff. |
| Löwe, Christian v. | Die Familienstiftung als Instrument der Nachfolgegestaltung. Stuttgart 1998. |
| Lohr, Jörg-Andreas | Der Nießbrauch an Unternehmen und Unternehmensteilen. Düsseldorf 1989. |
| Lyons, Timothy J. | Capital Taxes and Estate Planning in Europe. Hg. Timothy J Lyons. Loseblatt Stand: 1997. London. |
| Maisto, Guglielmo | The Taxation of Trusts in Civil Law Countries – Italy: Aspects of Trust Taxation. ET 1998, 242 ff. |
| Maitland, Frederic | Equity – A Course of Lectures. 2. ed. Cambridge 1936. |

| | |
|---|---|
| Martens, Joachim | Rechtsanwendung und Rechtssetzung durch Verwaltungsvorschriften. In: Grenzen der Rechtsfortbildung durch Rechtsprechung und Verwaltungsvorschriften im Steuerrecht. Hg. Klaus Tipke. Köln 1982. |
| Martiny, Dieter/ Wacker, Wilhelm | Internationale Schenkungs- und Erbfälle. Steuerberaterkongress-Report 1997, 432 ff. München 1997. |
| Matheja, Kurt W. | Der Treuhänder im Steuerrecht. NWB Fach 2, 2869 ff. |
| Matthews, Paul/ Sowden, Terry | The Jersey Law of trusts. 3. ed. London 1993. |
| Mayson, Stephen. W./ French, Derek/ Ryan, Christopher | Company Law. 14th ed. London 1997. |
| Meincke, Jens Peter | Erbschaftsteuer- und Schenkungsteuergesetz: Kommentar. 12., neubearbeitete Auflage. München 1999. |
| Milatz, Jürgen E./ Sonneborn, Andrea | Nießbrauch an GmbH-Geschäftsanteilen: Zivilrechtliche Vorgaben und ertragsteuerliche Folgen. DStR 1999, 137 ff. |
| Milner, Patricia | Protecting the protectors. Trusts & Estates 1996, 12. |
| Mowbray, John | Offshore trusts: Illusion and reality. Trust Law International, Vol. 8, No. 3, 1994, 68 ff. |
| Mueller, Rudolf | Der Erbanfall nach dem Recht der Vereinigten Staaten und die deutsche Nachlassbesteuerung. RabelsZ 7 (1933), 808 ff. |
| Münch, Christof | Vorbehaltsnießbrauch an betrieblichem Vermögen – Eine Steuerfalle? ZEV 1998, 8 ff. |
| Münchner Kommentar | Kommentar zum Bürgerlichen Gesetzbuch. 11 Bände. Hg. Kurt Rebmann, Roland Rixecker, Jürgen Säcker. 3. Auflage. München 1996 ff. |
| Neuhoff, Klaus | Die privatnützige Stiftung nach Jersey-Recht. ZEV 1996, 330 ff. |
| Nußbaum, Arthur | Soziologische und rechtsvergleichende Aspekte des "trust". AcP 1950/1951, 193 ff. |
| Oertzen, Christian v. | Trust – Option oder Risiko für die internationale Nachfolgeplanung. IStR 1995, 149 ff. |
| ders. | Trust und internationale Nachfolgeplanung – Anmerkung zum Beitrag von Sieker, IStR 1995, 344. IStR 1995, 345 f. |
| Offerhaus, Klaus | Zur Bilanzierung von in Pension gegebenen Wirtschaftsgütern. BB 1983, 870 ff. |
| Otto, Lieselotte | Deutsche Schenkungssteuerpflicht bei der Errichtung eines Intervivos-Trust nach anglo-amerikanischem Recht. RIW 1982, 491 ff. |
| Palandt, Otto | Bürgerliches Gesetzbuch: Kommentar. 58., neubearbeitete Auflage. München 1999. |

| | |
|---|---|
| Pecher, Sigrid | Die internationale Erbschaftsverwaltung bei deutsch-englischen Erbfällen. Baden-Baden 1995. |
| Peiner, Wolfgang | Die Nutzung des US-Trust für deutsche Investoren. RIW 1983, 593 ff. |
| Piltz, Detlev J. | Deutsche Steuer bei privatnütziger Stiftung nach Jersey-Recht. ZEV 1996, 382 ff. |
| ders. | Der Trust birgt für Deutsche wenig Nutzen und viel Risiko. Blick durch die Wirtschaft, Frankfurter Allgemeine Zeitung v. 30.05.1996 |
| Pöllath, Reinhard | Private Trusts im deutschen und internationalen Steuerrecht. IWB v. 10.9.1986 Fach 3 Deutschland Gruppe 1, 1079 ff. |
| ders. | Stiftung, Trust und andere Formen der Vermögenssicherung. In: JDStJG, Rechtsnachfolge im Steuerrecht. Hg. Joachim Schulze-Osterloh. Köln 1987, 159 ff. |
| Pohl | Fortbestehen der Möglichkeiten zur Nutzung eines Trust nach dem Steuerentlastungsgesetz 1999/2000/2002. In: Praxis des Internationalen Steuerrechts 1999. DAI – Systematische Arbeitstagung 8. und 9. November 1999. Bochum 1999, 41 ff. |
| Powell, Colin | Jersey in an international context. Jersey International Finance 4/1998, 9 f. |
| Price Waterhouse (Hrsg.) | Doing business in the Channel Islands. 1994. |
| Rabel, Ernst | The Conflict of Laws – A Comparative Study. Band IV, Ann Arbor 1958. |
| Ratjen, Klaus M. | Der US-amerikanische Discretionary Trust im deutschen Steuerrecht. DB 1982, 1793 ff. |
| Rädler, Albert J./ Raupach, Arndt | Deutsche Steuern bei Auslandsbeziehungen. München, Berlin 1966. |
| Real, Gustav K. L. | International-privatrechtliches zum Erbschaftsteuergesetz. RIW 1996, 54 ff. |
| Rosenau, Heinz | Die rechtsgeschäftliche Treuhand in rechtlicher und steuerrechtlicher Sicht. DB 1966, Beil. Nr. 18, 1 ff. |
| Ross, A. D. | Isle of Man, Channel Islands, Gibraltar: Taxation Systems – Compared and Contrasted. ET 1987, 303 ff. |
| Runge, Berndt | Die Familienstiftung im Außensteuergesetz. DB 1977, 514 ff. |
| Sarrazin, Viktor | Bekämpfung unerwünschter Steuergestaltungen. DStZ 1994, 289 ff. |
| Schaden, Michael | Die Steuervergünstigung als staatliche Leistung – Finanzverfassung und Gleichheitssatz. Sinzheim 1998. |
| Schäfer, Ulrike A./ Pott, Hans-Michael | Der Trust im deutschen Steuerrecht. Die Bank 1994, 286 ff. |

| | |
|---|---|
| Schaumburg, Harald | Internationales Steuerrecht: Außensteuerrecht, Doppelbesteuerungsrecht. Köln 1998. |
| ders. | Das Leistungsfähigkeitsprinzip im internationalen Steuerrecht. In: Festschrift für Klaus Tipke, Köln 1995, 124 ff. |
| Schick, Stefan/ Rüd, Eberhard | Stiftung und Verein als Unternehmensträger. Stuttgart 1988. |
| Schindhelm, Malte/ Stein, Klaus | Der Trust im deutschen Erbschaft- und Schenkungsteuerrecht. StuW 1999, 31 ff. |
| dies. | Der Trust im deutschen Erbschaft- und Schenkungsteuerrecht nach dem Steuerentlastungsgesetz 1999/2000/2002. FR 1999, 880 ff. |
| Schmidt, Karsten | Handelsrecht. 5. Auflage. Köln, München 1999. |
| Schmidt, Ludwig | Einkommensteuergesetz. 18., völlig neubarbeitete Auflage. München 1999. |
| Schönle, Herbert | Ist der englische Trustee einem deutschen Treuhänder gleichzustellen? ZHR 1958, 190 ff. |
| Schütte, Michael | Die Familiengesellschaft im Einkommensteuerrecht – Eine rechtsvergleichende Untersuchung zwischen Bundesrepublik Deutschland und USA. Baden-Baden 1986. |
| ders. | Grundlagen der einkommenssteuerrechtlichen Behandlung des Trust im U.S.-amerikanischen Recht. RIW 1986, 451 ff. |
| Scott, A. W./ Fratcher, W. F. | Scott on Trusts. 4th ed. Boston, Toronto 1987. |
| Seeliger, Gerhard | Der Begriff des wirtschaftlichen Eigentums im Steuerrecht. Stuttgart 1962. |
| Seibold, Felix | Die ertragssteuerliche Behandlung von Common Law Trusts. IStR 1993, 545 ff. |
| ders. | Die vermögens- und erbschaftssteuerliche Behandlung von Common Law Trusts. IStR 1994, 16 ff. |
| Seifart/ v. Camphausen | Handbuch des Stiftungsrechts. 2. Auflage. München 1999. |
| Sele, Cyrill | Standortkonkurrenz zwischen Finanzplätzen unter besonderer Berücksichtigung des Offshore-Geschäfts. Bern, Stuttgart, Wien, Haupt 1995 |
| Serick, Rolf | Zur Behandlung des anglo-amerikanischen Trust im kontinentaleuropäischen Recht. In: Festschrift für Hans Carl Nipperdey zum 70. Geburtstag. Hg. Rolf Dietz u. Heinz Hübner. Bd. II. München, Berlin 1965, 653 ff. |
| Shipwright, Adrian/ Keeling, Elizabeth | Textbook on Revenue Law. London 1997. |
| Sieker, Klaus | Der US-Trust: Instrument der Vermögensnachfolge und Steuerplanung eines deutschen Erblassers. Baden-Baden 1991. |
| ders. | Deutsche Ertragsbesteuerung von US-Trusts. BB 1991, 1975 ff. |

ders. — Zur Einkommensbesteuerung von Ausschüttungen eines US-Trusts. BB 1993, 1257 ff.

ders. — Trust und internationale Nachfolgeplanung – Ergänzung zum Beitrag von v. Oertzen. IStR 1995, 344 ff.

Siemers, Lothar/ Müller, Nicole — Offshore-Trusts als Mittel zur Vermögensnachfolgeplanung? IStR 1998, 385 ff.

dies. — Offshore-Trusts als Mittel zur Vermögensnachfolgeplanung? ZEV 1998, 206 ff.

Siemers, Lothar — Errichtung von Offshore-Trusts als steuerpflichtiger Erwerb nach dem Entwurf für das "Steuerentlastungsgesetz 1999/2000/2002". ZEV 1998, 459 ff.

Slingsby, C. A. — Ein Überblick über das englische Recht für Trusts und dessen Entwicklung. NZ 1993, 231ff.

Söffing, Matthias/ Kirsten, Michael — Trustbesteuerung nach dem Steuerentlastungsgesetz 1999/2000/2002. DB 1999, 1626 ff.

Soergel, Hans Thomas — Bürgerliches Gesetzbuch mit Einführungsgesetzen und Nebengesetzen. 12.Auflage. Stuttgart 1988.

Sonneveldt, Frans/ van Mens, Harrie L. (Ed.) — The Trust – Bridge or abyss between common and civil law jurisdictions? Deventer/Boston 1992.

Spickhoff, Andreas — Die Restkodifikation des Internationalen Privatrechts: Außervertragliches Schuld- und Sachenrecht. NJW 1999, 2209 ff.

Stahl, Rudolf — Erbeinsetzungen, Vermächtnisse und andere Testamentsgestaltungen und ihre erbschaftsteuerlichen Auswirkungen. KÖSDI 1998, 11751 ff.

Staudinger, J. v. — Kommentar zum Bürgerlichen Gesetzbuch mit Einführungsgesetzen und Nebengesetzen. Berlin 1998.

Steinebach, Lothar — Entwurf eines Übereinkommens der Haager Konferenz über das auf Trusts anzuwendende Recht und über ihre Anerkennung. RIW 1986, 1 ff.

Streck, Michael — Die Steuerpflicht nichtrechtsfähiger Stiftungen und anderer Zweckvermögen. StuW 1975, 135 ff.

Supino, Pietro P. — Rechtsgestaltung mit Trust aus Schweizer Sicht. St. Gallen 1994.

Thorens, Justin P. — The Common Law Trust and the Civil Law Lawyer. In: Comparative an private international law: esseys in honour of Henry Merryman on his seventieth birthday. Ed. David Clark. Berlin 1990. 309 ff.

Tiedtke, Klaus — Entnahme und Entnahmegewinn bei der Schenkung eines Betriebsgrundstücks unter Vorbehalt des Nießbrauchs. BB 1984, 759 ff.

ders. — Steuerrecht. Begr. v. Klaus Tipke, fortgef. v. Joachim Lang. 16., völlig überarbeitete Auflage. Köln 1998.

ders. — Die Steuerrechtsordnung. 3 Bände. Köln 1993.

| | |
|---|---|
| ders. | Rechtertigung des Themas; Ziel der Tagung. In: Grenzen der Rechtsfortbildung durch Rechtsprechung und Verwaltungsvorschriften im Steuerrecht. Hg. Klaus Tipke. Köln 1982. |
| Tipke, Klaus/ Kruse, Heinrich Wilhelm | Abgabenordnung Finanzgerichtsordnung: Kommentar. 16. Auflage. Köln 1996. |
| Tolley Publishing Company Ltd | Tolley's Tax Planning 1997/98. Ed. Glyn Saunders. Croydon 1997. |
| Troll, Max/ Gebel, Dieter/ Jülicher, Marc | Erbschaftsteuer- und Schenkungsteuergesetz: Kommentar. München 1999. |
| Turner, Edmund/ Snell, Henry | Snell's Principles of Equity. 28th ed. London 1982. |
| Underhill, Arthur Sir | Law Relating to Trusts and Trustees, 13th ed. London 1979. |
| Ungefehr, F. | Offshore-Zentren (VII): Die Kanalinseln. Die Bank 1989, 105 ff. |
| Voisin, Michael M. G./ Christensen, Robert A. | Jersey. In: Butterworths Tax Havens Encyclopaedia, Loseblatt Stand: Mai 1995. |
| Walter, Otto L. | Steuerprobleme bei deutsch-amerikanischen Erbfällen. RIW 1975, 205 ff. |
| ders. | Betrachtung zur Planung deutsch-amerikanischer Nachlässe. ZverglRWiss 85(1986), 359 ff. |
| Watrin, Christoph | Erbschaftssteuerplanung internationaler Familienunternehmen. Düsseldorf 1997. |
| Werkmüller, Maximilian A. | Steuerliche Aspekte der ausländischen Familienstiftung. ZEV 1999, 138 ff. |
| Whitehouse, Christopher | Discretionary Trusts: helping the Cinderella beneficiaries. Trusts & Estates 1996, 27. |
| Winkler v. Mohrenfels, Peter | Forderungserlass im Wege der Schenkung von Todes wegen. IPRax 1991, 237 ff. |
| Winteler, Ernst-Uwe/ Seidl, Rudolf | Steueroasen – Bankgeheimnis, Vermögenssicherung, Renditechancen. London/München 1995. |
| Williams, Glanville L. | The Three Certainties. M.L.R. 4 (1940), 20 ff. |
| Willimsky, Sonja Margaret | Taxation and classifikation of common law trusts in Germany. Trust Law International, Vol. 10, No. 3, 1996, 78 ff. |
| Wirth, Peter | Einsatzmöglichkeiten des angelsächsischen Trust als Instrument des Vermögensschutzes. Bern, Stuttgart, Wien 1997. |
| Wochner, Georg | Die unselbstständige Stiftung. ZEV 1999, 125 ff. |
| Wöhrle, Winfried Schelle, Diether Gross, Ekkehard | Außensteuergesetz. Loseblatt Stand: 20. Ergänzungslieferung. Stuttgart 1998. |

| | |
|---|---|
| Wöhrmann, Paul | Die exterritoriale Kapitalanlage und Offshore-Finanzierung schweizerischer Publikumsaktiengesellschaften über Offshore-Territorien und Steueroasen – schwerpunktmäßig abgehandelt am Beispiel der schweizer Großbanken. Freiburg (Schweiz) 1989. |
| Zöller, Richard | Zivilprozessordnung mit Gerichtsverfassungsgesetz und den Einführungsgesetzen: Kommentar. 21., neubearbeite Auflage. Köln 1999. |
| Zweigert, Konrad/ Kötz, Hein | Einführung in die Rechtsvergleichung auf dem Gebiete des Privatrechts. 3., neubearbeitete Auflage. Tübingen 1996. |

# Abkürzungsverzeichnis

| | |
|---|---|
| a. A. | andere Ansicht |
| Abs. | Absatz |
| AC | Appeal Cases (UK) |
| AcP | Archiv für civilistische Praxis |
| a. F. | alte Fassung |
| All ER | All England Law Reports |
| AO | Abgabenordnung |
| Art. | Artikel |
| AStG | Außensteuergesetz |
| | |
| BayObLG | Bayerisches Oberstes Landesgericht |
| BB | Betriebs-Berater |
| BewG | Bewertungsgesetz |
| BFH | Bundesfinanzhof |
| BFHE | Sammlung der Entscheidungen des BFH |
| BFH/NV | Sammlung amtlich nichtveröffentlichter Entscheidungen des BFH |
| BGB | Bürgerliches Gesetzbuch |
| BGBl | Bundesgesetzblatt |
| BGH | Bundesgerichtshof |
| BGHZ | Amtliche Sammlung von Entscheidungen des Bundesgerichtshofs in Zivilsachen |
| BMF | Bundesminister der Finanzen |
| BStBl | Bundessteuerblatt |
| BT-Drs. | Bundestagsdrucksache |
| BVerfG | Bundesverfassungsgericht |
| bzw. | beziehungsweise |
| | |
| Ch | Chancery Division (England) |
| | |
| DB | Der Betrieb |
| DBA | Doppelbesteuerungsabkommen |
| DStR | Deutsches Steuerrecht |
| DStZ | Deutsche Steuer-Zeitung |
| | |
| E | Entwurf |

| | |
|---|---|
| Ed. | Editor |
| ed. | edition |
| EFG | Entscheidungen der Finanzgerichte |
| EGBGB | Einführungsgesetz zum Bürgerlichen Gesetzbuch |
| Erl. | Erlass |
| EStG | Einkommensteuergesetz |
| EStR | Einkommensteuer-Richtlinien |
| ET | European Taxation |
| EU | Europäische Union |
| Ex | Cour du Samedi (Jersey) |
| ex. p. | ex parte |
| f. | folgende (Seite) |
| ff. | fortfolgende (Seiten) |
| FG | Finanzgericht |
| FinMin. | Finanzministerium |
| FinVerw. | Finanzverwaltung |
| Fn. | Fußnote |
| FR | Finanzrundschau |
| GG | Grundgesetz |
| ggf. | gegebenenfalls |
| gl. A. | gleiche Auffassung |
| GLJ | Guernsey Law Journal |
| GmbH | Gesellschaft mit beschränkter Haftung |
| GmbHG | Gesetz betreffend die Gesellschaften mit beschränkter Haftung |
| GmbHR | GmbH-Rundschau |
| GrS | Großer Senat |
| H | Heritage Division (Jersey) |
| HFR | Höchstrichterliche Finanzrechtsprechung |
| Hg. | Herausgeber, herausgegeben |
| HGB | Handelsgesetzbuch |
| h. M. | herrschende Meinung |
| i. d. R. | in der Regel |

| | |
|---|---|
| Inf | Die Information über Steuern und Wirtschaft |
| IPR | Internationales Privatrecht |
| IPRax | Praxis des Internationalen Privat- und Verfassungsrechts |
| IRC | Internal Revenue Code |
| IRS | Internal Revenue Service |
| i. S. | im Sinne (des, der) |
| IStR | Internationales Steuerrecht |
| i. V. | in Verbindung (mit) |
| IWB | Internationale Wirtschaftsbriefe |
| JbFfStR | Jahrbuch der Fachanwälte für Steuerrecht |
| JDStJG | Jahrbuch der deutschen steuerjuristischen Gesellschaft |
| IWB | Internationale Wirtschaftsbriefe |
| JJ | Jersey Judgments |
| JLR | Jersey Law Reports |
| KB | King's Bench Division (England) |
| KStG | Körperschaftsteuergesetz |
| KStR | Körperschaftsteuer-Richtlinien |
| m. E. | meines Erachtens |
| mglw. | möglicherweise |
| M.L.R. | Modern Law Review |
| m. w. N. | mit weiteren Nachweisen |
| NJW | Neue Juristische Wochenschrift |
| Nr. | Nummer |
| nrkr. | nicht rechtskräftig |
| NSWLR | New South Wales Law Reports |
| NV | nicht veröffentlicht |
| NWB | Neue Wirtschaftsbriefe |
| OLG | Oberlandesgericht |
| para | Paragraf |

| | |
|---|---|
| RabelsZ | Zeitschrift für ausländisches und internationales Privatrecht, begründet von Ernst Rabel |
| RFH | Reichsfinanzhof |
| RFHE | Entscheidungen des Reichsfinanzhofs |
| RIW | Recht der internationalen Wirtschaft |
| rkr. | Rechtskräftig |
| RStBl | Reichssteuerblatt |
| Rn. | Randnummer(n) |
| S. | Seite |
| SCB | Session Cases Bench Reports |
| Sec. | Section |
| StAnpG | Steueranpassungsgesetz |
| StEntlG | Steuerentlastungsgesetz |
| StuW | Steuer und Wirtschaft |
| Suppl. | Supplement |
| TJL | Trusts (Jersey) Law |
| u. a. | unter anderem |
| Urt. | Urteil |
| u. U. | unter Umständen |
| v | versus |
| v. | vom |
| Vfg. | Verfügung |
| vgl. | vergleiche |
| v. H. | von Hundert |
| VO | Verordnung |
| Vol. | Volume |
| VStG | Vermögensteuergesetz |
| wistra | Zeitschrift für Wirtschaft, Steuer und Strafrecht |
| WLR | Weekly Law Reports |
| z. B. | zum Beispiel |

| | |
|---|---|
| ZEV | Zeitschrift für Erbrecht und Vermögensnachfolge |
| ZfRV | Zeitschrift für Rechtsvergleichung |
| ZGR | Zeitschrift für Unternehmens- und Gesellschaftsrecht |
| Ziff. | Ziffer |
| ZIP | Zeitschrift für Wirtschaftsrecht |
| ZvglRWiss | Zeitschrift für die vergleichende Rechtswissenschaft |

# § 1 Einleitung

> „From time to time efforts have been made to tie down this nebulous concept into a succinct ‚definition‘ but it has uniformly escaped the projected bounds.“
>
> (Richard R. Powell)

## A. Problemstellung

„Mit diesen Denkversuchen zur Besteuerung der Stiftung und vor allem des Trusts wenden wir uns dem Chaos zu“.[1] So lautet die einführende Bemerkung von Reinhard Pöllath in einer für die Fachdiskussion der achtziger Jahren richtungsweisenden Untersuchung zur Frage der steuerlichen Erfassung von Trustsachverhalten. Entsprechend kontrovers wird der Trust in Deutschland seit jeher sowohl aus ertragsteuerlicher Sicht als auch für die Zwecke der Erbschaft- und Schenkungsteuer diskutiert. Die nicht zuletzt mit Rücksicht auf die Steuerplanung häufig bedauerte Rechtsunsicherheit ist allerdings weder ein typisch deutsches noch ein auf den kontinental-europäischen Rechtskreis begrenztes Problem; auch in den anglo-amerikanischen Staaten, in denen der Trust beheimatet ist, wird dessen steuerliche Behandlung zu den kompliziertesten und umstrittensten Bereichen des Steuerrechts gezählt.[2]

Unabhängig vom jeweiligen Rechtssystem ist eine der Hauptursachen hierfür die ausgesprochene Vielgestaltigkeit des Trust.[3] In welch mannigfaltigen Erscheinungsformen dieses Rechtsinstitut auftritt, wird bereits mit Blick auf die unzähligen, im internationalen Sprachgebrauch verwendeten Bezeichnungen deutlich. Hiernach können beispielsweise „Private Express Trusts“ als „Testamentary Trust“ oder „Intervivos Trust“ errichtet und – je nach Grad der durch den Errichter (Settlor) vorbehaltenen Widerrufs- und/oder Kontrollrechte – als „Grantor Trust“, „Revocable Trust“ oder „Irrevocable Trust“ ausgestaltet sein. Auf der anderen Seite soll die Abhängigkeit des Treuhänders (Trustee) von etwaigen Vorgaben und Einflussnahmemöglichkeiten des Settlor, zugleich aber auch die Rechtstellung der Begünstigten (Beneficiaries) charakterisiert werden durch die Bezeichnungen „Fixed Interest Trust“, „Accumulation Trust“ oder „Discretionary Trust“. Vor allem in der Offshore-Branche wird daneben unter motivischen Gesichtspunkten die Funktion des jeweiligen Trust mit teilweise martialisch klingenden Namen wie „Spendthrift Trust“, „Protective Trust“ oder „Asset Protection Trust“ herausgestellt. Und schließlich gibt es Trusts, die als „Unit Trust“

---

1 *Pöllath*, Vermögenssicherung, S. 159 f.

2 Für Großbritannien vgl. das Inland Revenue Consultative Document „The Income and Capital Gains Tax Treatment of UK Resident Trusts“, zitiert nach *Shipwright/Keeling*, Revenue Law, S. 400; zur Besteuerung von Trusts in den USA etwa *Bellstedt*, IWB Fach 8 USA Gruppe 2, 809 ff. sowie ausführlich *Sieker*, US-Trust, S. 149 ff.

3 Vgl. Restatement § 59, zit. nach *Kötz*, Trust und Treuhand, S. 39: „A trust can be created for any purpose which is not illegal“.

gleich einer Kapitalanlagegesellschaft Kapitalsammelfunktionen ausüben oder als „Business Trust“ sowie „Pension Trust“ gewerblichen Zwecken dienen. Dass es den Trust nicht gibt, stellt vor diesem Hintergrund ein Faktum dar, welches verallgemeinernde Aussagen über die Behandlung dieses Rechtsinstituts nicht nur aus Sicht des deutschen Zivil- und Steuerrechts von vornherein ausgeschlossen erscheinen lässt.

Für den kontinental-europäisch geschulten Juristen ist die Auseinandersetzung mit dem Trust gleichwohl in besonderer Weise „both stimulating and frustrating at times“.[4] Denn während der Trust in den Common Law-Ländern ein typisches und außerordentlich verbreitetes Instrument vor allem der privaten Vermögensverwaltung und Erbfolgeregelung ist[5], stellt er im System der überwiegend aus dem römischen Recht abgeleiteten europäischen Zivilrechtsordnungen einen Fremdkörper dar. Wesentliche für die Beurteilung von Trustsachverhalten entscheidende Rechtstatsachen wie etwa Art und Umfang der Rechte und Pflichten der Beteiligten eines Trust oder die Frage, ob das Vermögen eines lebzeitig errichteten Trust in den Nachlass des Errichters fällt oder außerhalb des Erbrechts auf Dritte übergeht, können deshalb nur unter Rückgriff auf die herkömmlichen Begriffe unseres Zivilrechts erfasst werden. Erhebliche Schwierigkeiten bereitet in diesem Zusammenhang das verbindende Element aller Trustformen – die dem deutschen Recht fremde Aufspaltung des umfassenden Eigentums an einem Gegenstand in zwei voneinander unabhängige Rechte, demzufolge der Trustee als „legal owner“ rechtlich Volleigentum an dem Trustvermögen erhält obwohl er durch das „billige Recht" zugunsten der Beneficiaries – den Inhabern des „equitable title“ – gebunden ist.[6] Da den Beschränkungen der Verfügungsgewalt des Trustee hierdurch in gewisser Weise dingliche Wirkung zukommt, ist die Rechtsstellung des Beneficiary in der Regel stärker als die eines (obligatorischen) Gläubigers im Sinne unseres Treuhandrechts. Auf der anderen Seite führt die häufig mit einem Trust bezweckte, häufig generationsübergreifende Trennung von Nutzung und Verwaltung des Trustvermögens zivilrechtlich nicht zur Entstehung einer juristisch verselbstständigten Organsiation wie etwa einer rechtsfähigen Stiftung.[7] Trotz im Einzelfall bestehender Funktionsverwandtschaften schließt das Konzept des Trust als Rechtsgebilde sui generis eine unbedingte Gleichsetzung aber auch mit anderen uns vertrauten Rechtsinstituten wie beispielsweise Vertrag zugunsten Dritter, Nießbrauch oder Testamentsvollstreckung nach nahezu einhelliger Auffassung aus.[8]

---

4 *Killius*, intertax 1994/5, 195.

5 Dazu *Hayton*, Trusts and Trustees, S. 29: „It has developed as a special flexible gift of property to trustees not just for the benefit of existing adults, but for infants and for future, unborn beneficiaries. As such it can be used to preserve a family's wealth by minimising, for example, the incidence of taxation or the risk of dissipation by a spendthrift heir“.

6 Zu dem hieraus resultierenden Konflikt mit dem das Civil Law beherrschenden numerus clausus der dinglichen Rechte z. B. *Maisto*, ET 1998, 242. Näher dazu im übrigen unten § 3 B. II. 2.

7 Etwa *Thorens*, Common Law Trust, S. 313; *Supino*, Rechtsgestaltung, S. 27.

8 Vgl. auch *Söffing/Kirsten*, DB 1999, 1626, 1627.

Nicht zuletzt auf diesen zivilrechtlichen Einordnungsschwierigkeiten beruht es, dass die Qualifikation des Common Law Trust seit jeher auch für die Zwecke des deutschen nationalen und internationalen Steuerrechts erhebliches Kopfzerbrechen bereitet.[9] Nächstliegend richtet sich der Blick dabei auf die im Inland ansässigen Interessenträger, die nach dem sogenannten „Welteinkommensprinzip" mit ihrem gesamten Einkommen zur Steuer herangezogen werden. Ausgehend von dem „Regelfall" eines im Steuerausland ansässigen Trust[10] ist für die Besteuerung der in Deutschland unbeschränkt steuerpflichtigen Beteiligten ganz wesentlich, ob der Trust ein eigenes Steuerrechtssubjekt ist. Diese Frage beinhaltet in zweifacher Hinsicht eine ebenso grundlegende wie weitreichende Weichenstellung: Zum einen ist zu entscheiden, ob der Trust als Folge einer nur steuerlich anzuerkennenden Eigenständigkeit eine Trennwand bildet, welche die Ertragsbesteuerung der inländischen Begünstigten auf die Erfassung der diesen tatsächlich zufließenden Erträge einengt. Auf der anderen Seite geht es aus Sicht des deutschen Erbschaft- und Schenkungsteuerrechts vor allem darum, ob bzw. unter welchen Voraussetzungen ein Trust bereits bei Errichtung als steuerrechtlich verselbstständigter Rechtsträger die Annahme einer steuerpflichtigen Vermögensverschiebung zulässt.

Systematisch bereitet insoweit vor allem der dem ErbStG immanente Bereicherungsgrundsatz erhebliche Schwierigkeiten: Während die Erbschaftsteuer in den Heimatstaaten des Trust eine Nachlasssteuer darstellt, die gleich einer letzten Vermögensteuer alle den Nachlass des Schenkers oder Erblassers mindernden unentgeltlichen Vermögensübertragungen erfasst, unterliegt dem deutschen ErbStG ein Vermögensanfall nur unter der Voraussetzung, dass er dem Empfänger eine unentgeltliche Bereicherung verschafft. Angesichts der eindeutigen Anknüpfung des ErbStG an die Vorschriften des BGB und dem hieraus hergeleiteten Maßgeblichkeitsprinzip vollzieht sich die erbschaftsteuerlich relevante Vermögensbewegung regelmäßig auf Grundlage des materiellen Zivilrechts.[11] Für die Frage, welche Vermögensgegenstände durch Erbanfall oder Schenkung auf einen oder mehrere Erben/Beschenkten übergegangen sind und damit zum Vermögensanfall i. S. des § 10 ErbStG gehören, kann deshalb häufig nur auf die zivilrechtliche Vermögenszuordnung und die sich daraus ergebenden Vermögensänderungen abgestellt werden.[12]

---

[9] Etwa *Breuninger*, Trusts, S. 473: „Daher ergeben sich im einzelnen sehr große Unklarheiten"; *Piltz*, Blick durch die Wirtschaft v. 30.5.1996: „Der Trust birgt für Deutsche wenig Nutzen und viel Risiko".

[10] Zu den international-privatrechtlichen Schranken einer Trust-Errichtung im Inland vgl. unten § 3 B.

[11] Etwa BFH v. 30.6.1960, BStBl III 1960, 348, 349; v. 15.6.1966, BStBl III 1966, 507 ff.; v. 22.9.1982, BStBl II 1983, 179; ebenso BVerfG v. 10.4.1987, DB 1987, 2287.

[12] So ausdrücklich BFH v. 15.10.1997, BStBl II 1997, 820.

Vor diesem Hintergrund sollte die Errichtung eines Trust nach einer im Schrifttum vor Änderung des ErbStG durch das StEntlG 1999/2000/2002 vom 24.3.1999[13] stark vertretenen Auffassung zumindest dann keine sofortige Erbschaftsteuer entstehen lassen, wenn der Trustee hinsichtlich des Zeitpunkts bzw. der Höhe von Ausschüttungen und gegebenenfalls sogar der Auswahl der Beneficiaries einen mehr oder weniger stark ausgeprägten Ermessenspielraum hatte.[14] Gestützt auf eine über Jahrzehnte hinweg nahezu unwidersprochen gebliebene Finanzrechtsprechung zur Besteuerung des Nachlasstrust[15] wurde für diese Fälle vielmehr ein durch die jeweilige Ausschüttungsentscheidung des Trustee aufschiebend bedingter Vermögensübergang vom Settlor direkt auf die Beneficiaries angenommen. Sofern den Begünstigten nicht ein Anspruch auf laufende Ausschüttungen zugewendet wurde, entstand die Steuerpflicht hiernach im Regelfall erst bei Auflösung des Trust. Ungeachtet einiger kritischer Äußerungen in der Literatur, denen zufolge im Einzelfall eine Qualifikation des Trust als (rechtsfähige) Stiftung und damit als selbstständiger Rechtsträger möglich sein sollte, erfuhr die Errichtung von Trusts im Gebiet ausländischer Rechtsordnungen in den letzten Jahren deshalb vornehmlich unter erbschaftsteuerlichen Gesichtspunkten ein wiederauflebendes Interesse.[16]

Neu belebt wurde die Diskussion um die Frage der Steuerrechtssubjektfähigkeit des Trust, als der BFH dieses Rechtsinstitut in zwei Urteilen vom 5.11.1992 und vom 2.2.1994 erstmals dem Anwendungsbereich des § 15 AStG unterstellte.[17] Dabei wurde der Trust zwar nicht unmittelbar als Familienstiftung, wohl aber als dieser per gesetzlicher Anordnung[18] gleichgestellte nichtrechtsfähige Vermögensmasse qualifiziert. Nach der überwiegenden Auffassung des Schrifttums sollte der damit angenommene

---

13 BGBl I 1999, 402.

14 Vgl. zum Schrifttum nur aus jüngster Zeit z. B. *Siemers/Müller*, IStR 1998, 385 ff und *Schindhelm/Stein*, StuW 1999, 31 ff., jeweils m. w. N.

15 Vgl. etwa RFH v. 24.9.1935, RStBl. 1935, 1366; v. 16.1.1936, RStBl. 1936, 248; BFH v. 20.12.1957, BStBl III 1958, 79; v. 22.6.1960, HFR 1962, 49; v. 31.5.1961, BStBl III 1961, 312; v. 26.6.1963, BStBl III 1963, 402; v. 10.7.1963, HFR 1964, 12; v. 15.5.1964, BStBl III 1964, 408; v. 10.3.1970, BStBl III 1970, 562, v. 28.2.1979, BStBl II 1979, 438; v. 21.4.1982, BStBl II 1982, 597 sowie FG Hamburg v. 13.7.1971, EFG 1971, 591. Von vergleichsweise geringerer Bedeutung war in der Vergangenheit die Frage der steuerlichen Erfassung des Intervivos Trust. Zu dessen schenkungsteuerlicher Beurteilung vgl. nur FG Hamburg v. 9.8.1979, EFG 1980, 81.

16 Vgl. etwa *Bredow/Reich*, WiB 1995, 775; *Breitschmid*, Trust und Nachlassplanung, 49 ff.; *Ratjen*, DB 1982, 1793; *Walter*, RIW 1975, 205, 209; *ders.*, ZVglRWiss 85 (1986), 359, 393 ff.; vgl. auch *Neuhoff*, ZEV 1996, 330 sowie *Winteler/Seidl*, Steueroasen, S. 118, wonach die Errichtung von Trusts speziell auf den Kanalinseln als sehr empfehlenswert anzusehen sei. Einen mehr oder weniger konkreten Anhaltspunkt für die praktische Bedeutung des Trust mag allenfalls die Einschätzung des BMF – I C 6 – zu den finanziellen Auswirkungen des StEntlG geben, wonach aufgrund der Neuregelung in den §§ 3 Abs. 2 Nr. 1, 7 Abs. 1 Nr. 8 und 9 ErbStG 1999 jährliche Steuermehreinnahmen in Höhe von rd. DM 150 Millionen erhofft werden; dazu auch § 5 A.

17 BFH v. 5.11.1992, BStBl II 1993, 388 und v. 2.2.1994, BStBl II 1994, 727.

18 Vgl. § 15 Abs. 4 AStG.

Zwischenerwerb durch eine selbstständige Vermögensmasse allerdings keinen Einfluss auf die Frage der erbschaftsteuerlichen Subjektfähigkeit des Trust haben.[19] Zutreffend wurde dies mit dem im Erbschaftsteuerrecht geltenden Bereicherungsprinzip sowie der Bestimmung des § 15 Abs. 1 Satz 2 AStG, der für die Erbschaftsteuer eine Zurechnung ausdrücklich ausschließt, begründet.

Erst nach langer Zurückhaltung reagierte der deutsche Gesetzgeber mit dem StEntlG 1999/2000/2002[20] auf das von ihm offensichtlich als ungerechtfertigt empfundene „Steuervermeidungspotential" des Trust: Durch die ausweislich der Gesetzesbegründung zum Entwurf des StEntlG insbesondere auf Trustgestaltungen abzielenden Neuregelungen in §§ 3 Abs. 2 Nr. 1 Satz 2 und 7 Abs. 1 Nr. 8 Satz 2 ErbStG[21] soll seither bereits die „Bildung oder Ausstattung einer Vermögensmasse ausländischen Rechts, deren Zweck auf die Bindung von Vermögen gerichtet ist" als steuerpflichtiger Vorgang erfasst werden. Mit Wirkung ab 5.3.1999[22] stellt sich die Rechtslage für die erbschaft- und schenkungsteuerliche Behandlung des Trust damit zu einem großen Teil vollkommen neu dar.

## B. Begründung der Themenstellung und Eingrenzung des Untersuchungsgegenstandes

Sowohl die beiden zur Ertragsbesteuerung ergangenen Urteile des BFH aus 1992 und 1994[23] als auch die Neuregelung der Trustbesteuerung im Bereich des ErbStG lassen erwarten, dass die konkreten Voraussetzungen, unter denen ein Trust als Vermögensmasse und damit als eigenständiges Steuersubjekt qualifiziert werden kann, künftig den Kern der Auseinandersetzung über die steuerliche Behandlung dieses Rechtsinstituts bilden werden.

Sofern die Annahme der Steuerrechtssubjektfähigkeit ausscheidet, ist der Trust steuerlich grundsätzlich seinem zivilrechtlichen Charakter entsprechend als transparentes Gebilde anzusehen.[24] Die Lage ist dann (fast) so, als gäbe es den Trust nicht: Ertragsteuerlich werden Einkünfte und Vermögen entweder weiterhin dem Settlor zugerechnet oder es erfolgt ausnahmsweise ein Durchgriff auf die Beneficiaries; ein Trust hat in diesem Fall weder Einfluss auf die Subsumption der Erträge unter die Einkunftsarten des EStG noch auf die Möglichkeit zur Inanspruchnahme von DBA-Privi-

---

19 Etwa *Haarmann*, Trust, S. 151, 162 oder *Schäfer/Pott*, Die Bank 1994, 286, 289.

20 Vgl. Fn. 13.

21 Vgl. dazu den dritten Bericht des Finanzausschusses, BT-Drucks. 14/443.

22 Vgl. § 37 Abs. 1 ErbStG, der auf die am 4.3.1999 erfolgte dritte Lesung des Gesetzentwurfes im Deutschen Bundestag abstellt.

23 Vgl. Fn. 17.

24 Mit FG Köln v. 8.7.1992, EFG 1993, 40, 41 kann festgestellt werden, dass dies der „allgemeinen Ansicht" sowie der h. M. in der Literatur entspricht.

legien.[25] Dementsprechend beeinflusst ein solcher Trust erbschaftsteuerlich mangels unmittelbarer Bereicherung um die Trustsubstanz allenfalls den Zeitpunkt der Zurechnung.[26] Grundlegend anders stellt sich die Besteuerung von Errichtung, laufenden Ausschüttungen sowie Beendigung eines Trust demgegenüber dar, soweit diesem in Folge steuerspezifischer Wertung bzw. gesetzlicher Anordnung Subjektqualität beizumessen ist. Abgesehen von den Besonderheiten des § 15 AStG unterliegt das Rechtsverhältnis des Trust in diesem Fall den allgemeinen Grundsätzen des Körperschaftsteuerrechts. Konsequenzen folgen hieraus nicht nur für die subjektive Steuerpflicht hinsichtlich laufender Erträge oder künftiger Veräußerungsgewinne, sondern auch für die Realisierung etwaiger im Betriebsvermögen steuerverstrickter stiller Reserven anlässlich der Trust-Errichtung. Noch gravierendere Steuernachteile aber lässt die neuerdings gesetzlich angeordnete Qualifikation des Trust als erbschaft- und schenkungsteuerliche Vermögensmasse erwarten. Da die Steuerpflicht hiernach bereits bei Übertragung des Vermögens auf einen Trust eintreten soll, scheint nun gegenüber Trust-Gestaltungen auch unter dem Aspekt der internationalen Nachfolgeplanung äußerste Vorsicht angebracht.[27]

Nicht zuletzt wegen der unklaren Konturen des Begriffs der Vermögensmasse[28] sowie die vom Gesetzgeber für die Zwecke des ErbStG völlig offengelassene Definitionsfrage ergeben sich vor diesem Hintergrund eine Reihe von aktuellen Zweifelsfragen, die Auswirkungen nicht nur auf die Neuerrichtung von Trusts, sondern auch auf bereits bestehende Strukturen haben. Die vorliegende Arbeit soll einen Beitrag dazu leisten, die Voraussetzungen für eine steuerliche Qualifikation des Trust als eigenes Steuerrechtssubjekt weiter zu erhellen. Zum Zwecke der gewünschten Konzentration auf dieses Untersuchungsziel wird der Untersuchungsgegenstand unter Verzicht auf eine abschließende Analyse der Einsatzmöglichkeiten des Trust im Rahmen der (steuerorientierten) Vermögens- und Nachfolgeplanung[29] dabei wie folgt weiter umgrenzt:

Untersucht werden ausschließlich die Voraussetzungen und Rechtsfolgen der Steuerrechtssubjektqualifikation sogenannter „Private Express Trusts". Ihr wichtigstes Einsatzgebiet finden diese, durch rechtsgeschäftliche Verfügung unter Lebenden (Intervivos) oder von Todes wegen (Testamentary) errichteten Trusts zugunsten privatnütziger Zwecke in der Regelung und Gestaltung einer mitunter generationsüber-

[25] Etwa *Pöllath*, IWB Fach 3 Deutschland Gruppe 1, 1079, 1080; *Piltz*, ZEV 1996, 382, 383; *Killius*, Steuerplanung, S. 343, 356.

[26] Dazu ausführlich § 4 A. VI. 2. sowie § 5 C.

[27] Vgl. auch *Füger/v. Oertzen*, IStR 1999, 11, 15, die bereits im Rahmen einer ersten Würdigung des Gesetzentwurfs zum StEntlG 1999/2000/2002 anmerkten, dass der vormals schillernd am Himmel der internationalen Nachfolgeplanung funkelnde „Trust-Komet" spätestens ab dem 5.3.1999 in der rauhen deutschen Steueratmosphäre zerplatzt sei.

[28] Vgl. *Streck*, StuW 1975, 135, 139.

[29] Vgl. dazu vor allem die ausführliche Untersuchung von *Sieker*, US-Trust, 1 ff.

greifenden Vermögensübertragung auf Familienangehörige des Vermögensinhabers.[30] Dementsprechend werden die steuergestaltenden Aspekte des Trust sowohl national[31] als auch international[32] primär im Zusammenhang mit dessen Verwendung als Instrument der Vermögensnachfolge erörtert. Ferner ist festzustellen, dass auch die Einführung der neuen erbschaftsteuerlichen Erwerbstatbestände auf dem Leitbild des zwecks langfristiger Nachlassbindung zugunsten mehrerer aufeinanderfolgender Berechtigter errichteten Trusts beruht.[33] Im Hinblick auf die Frage der originären Steuerrechtssubjektfähigkeit stellen neben diesen privatnützigen Trusts nicht nur die „by operation of law" entstehenden Constructive oder Resulting Trusts[34], sonderen auch die im Bereich von Banken, Gewerbe und Industrie errichteten Trusts keine lohnenswerten Untersuchungsobjekte dar.

Mit Rücksicht auf die unterschiedlichen nationalen Ausprägungen des Zivilrechts des Trust[35] beschränkt sich die Darstellung ferner auf Trusts, die dem Recht der Kanalinsel Jersey unterliegen. Diese Wahlentscheidung ist zunächst damit begründet, dass die Kanalinseln, die mit dem Vereinigten Königreich nur locker verbunden sind[36], aufgrund eines Zusatzprotokolls zu den Römischen Verträgen[37] als Steuerparadies-Enklaven einen einzigartigen Sonderstatus innerhalb der EU einnehmen. Die Inseln sind hiernach zwar in das Zollgebiet der Gemeinschaft integriert wodurch der freie Handel mit Industrie- und Agrarprodukten gewährleistet ist, jedoch finden die übrigen Gemeinschaftsbestimmungen für sie keine Anwendung.[38] Jedenfalls bislang waren die

---

30 Vgl. ebenda, S. 14 m. w. N.

31 Neben der Arbeit von *Sieker* vgl. etwa die Nachweise unter Fn. 16

32 Für das Vereinigte Königreich vgl. *Gunn* in Tolley's Tax Planning 1997/98, S. 351 ff. sowie *Kaye/Salter*, Familiy Finance, para. 3-76 bis 3-82, 3-92. Für die USA z. B. *Walter*, ZvglRWiss 85 (1986), 359, 393 ff. Für Italien vgl. auch *Maisto*, ET 1998, 242, 243.

33 Dazu ausführlich § 5.

34 Vgl. etwa *Hayton*, Trusts and Trustees, S. 42 ff. Entsprechungen zum deutschen Recht werden aufgezeigt von *Kötz*, Trust und Treuhand, S. 76 ff. m. w. N.

35 Dazu *Goldsworth*, Trusts, S. 7, zitiert nach *Sele*, Standortkonkurrenz, S. 130: „Although invariably based upon the UK principles trust law in all countries should not be assumed to follow UK law in detail. The principles in English law have in some cases been established for centuries and can sometimes be improved in offshore centres or at least be seen to be an attempt by the tax haven to give the consumer what he wants."

36 Zu den verfassungsrechtlich abgesicherten Selbstverwaltungsrechten gegenüber dem Vereinigten Königreich gehören insbesondere die Steuerautonomie, ein eigenständiges Parlament, ein autonomes Verwaltungssystem und ein freier Handel ohne Zollbestimmungen.

37 Protokoll Nr. 3 betreffend die Kanalinseln und die Insel Man v. 27.3.1972, Amtsbl. Nr. L 073 v. 27.3.1972, 164.

38 Zu den staatsrechtlichen Privilegien der Kanalinseln vgl. etwa *Meiklejohn* in Lyons, Jersey, S. 2802; *Wöhrmann*, Kapitalanlage, S. 512, 519 f.; *Price Waterhouse*, Channel Islands, S. 2, 9; *Doggart*, Steuerparadiese, S. 255; *Grotherr*, IWB Fach 5 Kanalinseln Gruppe 2, 1; *Ungefehr*, Die Bank 1989, 105, 106. Aus der Wirtschaftspresse vgl. z. B. Wirtschaftswoche Nr. 10 v. 5.3.1993, 118 ff.; Impulse 10/93, 144 ff.; Capital 8/94, 38 ff.; Impulse 4/98, 152 ff. Zur verfassungsrechtli-

Kanalinseln deshalb auch den Harmonisierungsbestrebungen in der europäischen Finanz- und Steuerpolitik nicht (unmittelbar) unterworfen. Vor allem Jersey konnte sich damit in den vergangenen Jahren zu einem der bedeutensten europäischen Offshore-Finanzzentren entwickeln[39], welches sich angesichts einer Nicht-Besteuerung ausländischer Einkünfte[40] sowie der Nicht-Erhebung von Quellensteuern[41] auch bei Trust-Errichtern besonderer Beliebtheit erfreut.[42] Besonders lohnenswert erscheint die Auseinandersetzung mit dem Jersey Trust schließlich aber auch mit Blick auf das erst 1984 kodifizierte Trusts (Jersey) Law (TJL), welches bislang nicht Gegenstand einer eingehenderen Untersuchung war.

## C. Gang der Untersuchung

Der Aufbau der folgenden Untersuchung ist durch die jüngsten Entwicklungen in Rechtsprechung und Gesetzgebung sowie die Begründung der Themenstellung vorgezeichnet. Im anschließenden § 2 werden nach einem knappen Abriss der geschichtlichen Entwicklung des Trust zunächst die durch das TJL vorgegebenen zivilrechtlichen Rahmenbedingungen des Jersey Trust dargestellt. Die methodischen Fragen, die sich bei der Einordnung der damit spezifizierten Gestaltungen in die Kategorien der inländischen steuerlichen Sachnormen ergeben, sollen in § 3 untersucht werden. Weitgehend unwidersprochen steht insoweit fest, dass bei der Besteuerung ausländischer Sachverhalte grundsätzlich vom Sinn und Zweck der deutschen Besteuerungsvorschriften auszugehen ist. Jedenfalls wenn die Anwendung von Steuernormen mit zivilrechtlichen Begriffsinhalten in Frage steht entbindet diese Grundregel allerdings nicht von der Notwendigkeit einer Wertung des „zivilrechtlichen Vorfeldes". Nicht zuletzt wegen der „Inkompatibilität" der angesprochenen Rechtssysteme ist im Rahmen der steuerrechtlichen Qualifikation des Trust klärungsbedürftig, welche Bedeutung einem Vergleich zwischen der ausländischen Rechtsfigur und dem inländischen Privatrecht zukommen soll. Eingangen wird ferner auf die durch verschiedene Äußerungen im neueren Schrifttum wieder in Frage gestellte Wechselwirkung zwi-

chen Geschichte der Kanalinseln vgl. auch *Voisin/Christensen* in Butterworths Tax Havens Encyclopaedie, Jersey, S. 1 ff.

[39] Etwa *Powell*, Jersey International Finance 4/1998, 9 f.

[40] Sofern keiner der Trust-Begünstigten steuerlich auf Jersey ansässig ist (nonresident beneficiaries), werden Trusts als sog. „Exempt Trusts" behandelt. Beim ansässigen Trustee ist das im Ausland erzielte Einkommen eines Exempt Trust unabhängig davon, ob es einbehalten oder ausgeschüttet wird, von der 20 %igen Einkommensteuer befreit. Gleiches gilt für die steuerbefreiten Zinsen aus einem Bankguthaben auf Jersey. Von einer steuerbefreiten Körperschaft (exempt company) bezogene Dividendeneinkünfte werden als ausländische Einkünfte angesehen. Typischerweise unterliegt ein Jersey Trust hiernach auf Jersey überhaupt keiner Besteuerung. Ausführlich zum Ganzen z. B. *Meiklejohn* in Lyons, Jersey, S. 2825.

[41] Zum Steuerrecht der Kanalinseln allgemein vgl. *Atenstaedt/Scmidt-Modrow*, Kanalinseln, S. 1 ff.; *Grotherr*, IWB Fach 5 Kanalinseln Gruppe 2, 1 ff.; *Ross*, ET 1987, 303, 305 ff.

[42] So z. B. *Bredow/Reich*, WiB 1995, 775 und *Doggart*, Steuerparadiese, S. 255 ff.

schen dem Ergebnis der international-privatrechtlichen Anknüpfung und der steuerrechtlichen Einordnung des Trust. Zu diesem Zweck ist eine nähere Auseinandersetzung mit der kollisionsrechtlichen Behandlung des Trust im deutschen internationalen Privatrecht sowie dessen Transformation bzw. Anpassung an die Begriffe des deutschen bürgerlichen Rechts unerlässlich.

Auf der Grundlage dieser Vorüberlegungen stellt sich in den §§ 4 und 5 die zentrale Frage, ob und unter welchen konkreten Voraussetzungen der Trust einer Qualifikation als Vermögensmasse bzw. Zweckvermögen zugänglich ist. Der spezifisch steuerliche Sinn und Zweck dieser in §§ 1 ff. KStG bereits seit 1920 verankerten Begriffe besteht im Bereich des Ertragsteuerrechts in der Erfassung von Einkünfte generierendem Vermögen, das steuerlich keinem anderen Rechtsträger unmittelbar zugerechnet werden kann.[43] Bei einem Trust setzt die Annahme einer körperschaftsteuerpflichtigen Vermögensmasse deshalb zunächst voraus, dass eine Zuordnung des Trustvermögens zu den am Rechtsverhältnis des Trust beteiligten Personen – d. h. Settlor, Trustee oder Beneficiaries – nicht möglich ist. Insoweit bedingt das aus dem allgemeinen Gleichheitssatz des Art. 3 Abs. 1 GG abgeleitete Leistungsfähigkeitsprinzip also die Klärung der Frage des wirtschaftlichen Eigentums i. S. des § 39 Abs. 2 Nr. 1 AO. Die besondere Problematik, der sich die vorliegende Untersuchung in diesem Punkt aussetzt, folgt daraus, dass der Begriff des wirtschaftlichen Eigentums selbst keinen subsumptionsfähigen Oberbegriff darstellt.[44] Angesichts der Variabilität der durch einen Trust begründbaren Rechtsbeziehungen und Anspruchslagen kann eine aussagekräftige Ableitung der jeweiligen steuerlichen Auswirkungen nur im Wege einer Typenbildung ermöglicht werden. Die Prüfung, ob und bei welchem der am Trust beteiligten Rechtssubjekte eine Vermögenszurechnung erfolgt, wird deshalb auf Grundlage verschiedener als charakteristisch erkannter und meist frei miteinander kombinierbarer Trustbestimmungen vorgenommen. Mangels steuergesetzlicher Spezialregelung kommt dabei der vergleichenden Bezugnahme auf die – in Rechtsprechung, Verwaltung und Literatur zum Teil überaus umstrittene – steuerrechtliche Behandlung verschiedener deutscher Rechtsinstitute wie beispielsweise dem Vorbehalts- bzw. Zuwendungsnießbrauch oder der fiduziarischen Verwaltungstreuhand ausschlaggebende Bedeutung zu. Mit Blick auf die nach § 3 Abs. 1 KStG erforderliche Abgrenzung der Steuerpflicht der so durch negative Abgrenzung als nichtrechtsfähige Vermögensmasse i. S. der §§ 1 ff. KStG qualifizierten Trust-Gestaltungen ist im Anschluss zu klären, wem die aus dem Trustvermögen folgenden Einkünfte zuzurechnen sind. Für die Fälle, in denen der Trust selbst die Einkünfte erzielt, sind ferner die Tatbestandsvoraussetzungen und Rechtsfolgen des § 15 AStG einer genaueren Untersuchung zu unterziehen. Gegen die mit dieser Vorschrift angeordnete Zurechnung des

[43] Vgl. *Streck*, StuW 1975, 135, 138.

[44] Dazu etwa BFH v. 27.10.1970, BStBl II 1971, 278: „Das „wirtschaftliche Eigentum“ ist selbst kein subsumptionsfähiger Oberbegriff, sondern ein Sammelausdruck für eine Mehrzahl ungleichartiger zivilrechtlicher Rechtslagen, die Nichteigentümern eigentumsähnliche Rechtspositionen verschaffen“.

Trusteinkommens an den Errichter oder die Begünstigten wurden in der Literatur auch unter verfassungsrechtlichen Gesichtspunkten bereits erhebliche Bedenken vorgebracht. Einige der Hauptkritikpunkte liegen dem BFH aktuell zur Klärung vor.[45]

Ob und auf welche Weise eine der ertragsteuerlichen Qualifikation des Trust als Steuerrechtssubjekt vergleichbare Differenzierung hinsichtlich der verschiedenen Ausprägungen des Trust auch im neuen ErbStG nachvollzogen werden kann, wird sodann in § 5 dieser Arbeit untersucht. Den Ausgangspunkt der Überlegungen bildet insoweit die Regierungsbegründung zu Art. 12 StEntlGE, wonach die Zielsetzung des Gesetzgebers bei der Reformierung des ErbStG durch das StEntlG 1999/2000/2002 in der Verhinderung einer bis dato durch Trust-Gestaltungen erreichbaren Steuervermeidung bzw. –verzögerung bestand.[46] Die offensichtliche Auslegungsbedürftigkeit des auch hier im Vordergrund stehenden unbestimmten Rechtsbegriffs der Vermögensmasse bedingt zunächst eine Auseinandersetzung mit der erbschaft- und schenkungsteuerlichen Behandlung des Trust bis zum Inkrafttreten der gesetzlichen Neuregelung. Im Rahmen einer steuerlichen Wirkungsanalyse wird hiernach der Versuch unternommen, den Anwendungsbereich der neuen Erwerbstatbeständen mit Hilfe der verschiedenen Auslegungsmethoden zu konkretisieren. Auf Grundlage der gewonnenen Ergebnisse erfolgt schließlich eine Auseinandersetzung mit der bislang nicht diskutierten Frage, ob bzw. inwieweit sich die Erweiterung des Kreises der potentiell steuerpflichtigen Rechtssubjekte um die fiktive Gestalt der Vermögensmasse unter verfassungsrechtlichen Gesichtspunkten in das System des bestehenden Erbschaftsteuerrechts einfügen lässt.

Die Arbeit schließt mit einem kurzen Kapitel, in dem erörtert wird, ob für das ErbStG ein Bedürfnis zur „Reform der Reform“ besteht und – sofern dies zu bejahen ist – in welcher Form diese erfolge könnte.

[45] Vgl. BFH II R 14/98 zu FG-München, Urteil v. 25.11.1997, EFG 1998, 850.

[46] BT-Drs. 14/23 v. 9.11.1998, 200; zum Wortlaut vgl. auch § 5 A.

# § 2 Das Privatrecht des Jersey Trust

## A. Grundlagen

### I. Charakteristische Grundstrukturen des Common Law Trust

Angesichts der vielseitigen Verwendbarkeit des Trust sowie seiner verschiedenen Entstehungsgründe[1] wird der Versuch einer Begriffsdefinition in der angelsächsischen Literatur fast durchgehend mit dem Hinweis auf die Unmöglichkeit dieses Unterfangens eingeleitet.[2] Letztlich findet sich weder in den Vereinigten Staaten noch in England eine Begriffsbestimmung, welche den Trust in allen seinen Erscheinungsformen und Funktionen umfassend und allgemein anerkannt definiert.[3] Für die Zwecke dieser Arbeit kann von einer näheren Auseinandersetzung mit den vorliegenden Definitionsversuchen abgesehen werden. Als hilfreich aber auch hinreichend für das Verständnis der nachfolgenden Untersuchung sei anstelle dessen beispielhaft die weite Begriffsfassung von Hayton zitiert:

> „A trust is an equitable obligation, binding a person (who is called a trustee) to deal with the property over which he has control (which is called trust property), for the benefit of persons (who are called beneficiaries or cestui que trust), of whom he may himself be one, and anyone of whom may enforce the obligation. Any act or neglect on the part of a trustee which is not authorized or excused by the terms of the trust instrument, or by law, is called a breach of trust."[4]

Des weiteren kann auf das „Haager Übereinkommen über das auf Trusts anzuwendende Recht und über ihre Anerkennung vom 1.7.1985"[5] verwiesen werden, welches in Artikel 2 folgende Eigenschaften eines Trust herausstellt:

---

[1] Von dem hier ausschließlich untersuchten Private Express Trust zu unterscheiden sind insbesondere die unmittelbar von Rechts wegen entstehenden *Constructive* und *Resulting Trusts*. Dazu etwa *Hayton*, Trusts and Trustees, S. 42 ff. m. w. N.

[2] Vgl. z. B. *Snell's*, Equity, S. 90: "No one has yet suceeded in giving an entirely satisfactory definition of a trust"; s. a. *Matthews*, Jersey Law, para 1.2: "On the other hand, of all juridical concepts, the trust is perhaps the most difficult to define satisfactorily".

[3] *Sørick*, Anglo-amerikanischer Trust, S. 654.

[4] *Hayton*, Trusts and Trustees, S. 3.

[5] Deutscher Text in IPrax 1987, 55 ff. Die Konvention ist am 1.1.1992 zunächst in Australien, Großbritannien, den Kanalinseln und Italien in Kraft getreten. Nach Kanada wurde sie im Jahre 1996 von den Niederlanden als weiterem Civil-Law-Land sowie Malta ratifiziert. Luxemburg, Frankreich und die U.S.A. haben den Vertragstext zwar bereits unterzeichnet, bislang jedoch nicht ratifiziert. Hervorzuheben ist, dass die Konvention lediglich die privatrechtliche Anerkennug des Trust und damit insbesondere der spezifischen Rechtsstellung des Trustee regelt. Auf Fragen des Steuerrechts findet die Konvention hingegen ausdrücklich keine Anwendung. Zur Bewertung des Übereinkommens, dem Deutschland auch in Zukunft wohl kaum beitreten wird, vgl. *Kötz*, RabelsZ 1986, 562 ff.; *Steinebach*, RIW 1986, 1 ff. sowie – aus Sicht des schweizer Rechts – *Fuchs*, Trust-Konvention, S. 21 ff.

„Im Sinne dieses Übereinkommens bedeutet der Ausdruck „Trust“ die von einer Person, dem Begründer, durch Rechtsgeschäft unter Lebenden oder für den Todesfall geschaffenen Rechtsbeziehungen, wenn Vermögen zugunsten eines Begünstigten oder für einen bestimmten Zweck der Aufsicht eines Trustee unterstellt worden ist.

Ein Trust hat folgende Eigenschaften:

a) Das Vermögen des Trust stellt ein getrenntes Sondervermögen dar und ist nicht Bestandteil des persönlichen Vermögens des Trustee;

b) die Rechte in Bezug auf das Vermögen des Trust lauten auf den Namen des Trustee oder auf den einer anderen Person in Vertretung des Trustee;

c) der Trustee hat die Befugnis und die Verpflichtung, über die er Rechenschaft abzulegen hat, das Vermögen in Übereinstimmung mit den Trust-Bedingungen und den ihm durch das Recht auferlegten besonderen Verpflichtungen zu verwalten, zu verwenden oder darüber zu verfügen.

Die Tatsache, dass sich der Begründer bestimmte Rechte und Befugnisse vorbehält oder dass der Trustee selbst Rechte als Begünstigter hat, steht dem Bestehen eines Trust nicht notwendigerweise entgegen.“

Unter Zuhilfenahme der hier hervorgehobenen Merkmale lässt sich das Rechtsinstitut des Trust zusammengefasst wie folgt kennzeichnen:

- Es handelt sich um ein Rechtsverhältnis von besonderem Vertrauenscharakter.
- Gegenstand des Rechtsverhältnisses sind Vermögenswerte.
- Im Vordergrund steht die Zweckgebundenheit dieser Vermögenswerte.
- Die Pflicht des Inhabers der Vermögenswerte, das Vermögen zugunsten eines Dritten zu verwalten, resultiert aus Billigkeitsrecht.

Innerhalb des Trust sind demnach zwei Rechtsbeziehungen zu unterscheiden, nämlich die zwischen dem Settlor und dem Trustee einerseits und die zwischen dem Trustee und dem Beneficiary andererseits.[6] Grundlegend für einen Common Law Trust ist dabei die im angelsächsischen Rechtskreis mit den Begriffen „legal“ und „equity ownership“ bezeichnete Zweiteilung des Eigentums am Trustvermögen.[7] Hiernach erwirbt der Trustee den „legal title“ am Trustvermögen, das heißt, er wird zum Inhaber des Vollrechts nach Common Law, während der Beneficiary, also derjenige, zu dessen Gunsten der Trust besteht, Inhaber des „equitable title“ wird. Aufgrund dieser Berechtigung der Beneficiaries „in equity“ ist der Trustee verpflichtet, das Trustvermögen

6 *Serick*, Anglo-amerikanischer Trust, S. 655.

7 Etwa *Czermak*, Express Trust, S. 10 sowie *Coing*, Treuhand, S. 7, m. w. N. Dieser für den ganzen anglo-amerikanischen Rechtskreis prägende Eigentumsdualismus gilt nach *Jülicher*, IStR 1996, 325, 326 bspw. nicht für den südafrikanischen Trust, bei dem die Beneficiaries kein „right in equity“ sondern nur ein Recht „in persona“ gegen den Trustee haben.

nach Maßgabe der Bestimmungen des Settlor zugunsten der Beneficiaries zu verwalten und zu verwenden.[8]

## II. Common Law und Equity in der Rechtsordnung Jerseys

### 1. Vorbemerkung

Sowohl die Rechtsbeziehungen zwischen den an einem Trust beteiligten Personen als auch deren Rechte am Trustgut werden durch die, das gesamte Trust-Recht prägende, geteilte Rechtszuständigkeit am Trustvermögen bestimmt. Wie in diesem Zusammenhang bereits die Begriffe "legal ownership" einerseits und "equitable ownership" andererseits deutlich machen, gehören die Regeln über Trustverhältnisse im Common Law-Rechtskreis zum Normenkomplex der Equity.[9]

Im Trust-Recht der Kanalinsel Jersey scheinen die Equity-Regeln auf den ersten Blick eine ambivalente Rolle zu spielen. Auf die bewegte Vergangenheit der Inselgruppe, die von Victor Hugo einmal umschrieben wurde „... as fragments of Europe dropped by France and picked up by England“[10] ist es nämlich zurückzuführen, dass die Kanalinsel Jersey heute zwar als getrennter Freistaat zur englischen Krone gehört ohne zugleich Teil des Vereinigten Königreichs oder des Commonwealth zu sein, ihr Rechtssystem jedoch auf dem jahrhundertelangen Einfluss des Herzogtums der Normandie beruht.[11] Vor diesem Hintergrund wird deutlich, dass mit der Rezeption des – dem normannischen Customary Law fremden – Trust-Rechts auf Jersey in gewisser Weise eine symbiotische Verknüpfung zweier grundsätzlich wesensverschiedener Rechtsordnungen erfolgt ist. Unzweifelhaft wäre diese Rechtsentwicklung ohne Rückgriff auf die im englischen Rechtskreis entwickelten Regeln der Equity kaum denkbar gewesen.[12] Vor allem im Hinblick auf die Frage nach Art und Umfang der Begünstigtenrechte ist es zweckmäßig, der Untersuchung des materiellen Trust-Rechts Jerseys einen kurzen Abriss über die besondere Bedeutung der Equity im Rahmen der historischen Entwicklung des Trust-Konzepts voranzustellen.

---

8 Vgl. stellvertretend für alle anderen nur *Serick*, Anglo-amerikanischer Trust, S. 654 und *Underhill*, S. 8, jeweils m. w. N.

9 *Slingsby*, NZ 1993, 231.

10 Zitiert nach *Wöhrmann*, Kapitalanlage, S. 516.

11 Vgl. etwa *Neuhoff*, ZEV 1996, 330 sowie *Matthews*, Jersey Law, para 1.1, 2.1 ff.: „... in Jersey the English rose grows in a more than slightly civilian garden“.

12 Anhaltspunkte hierfür finden sich zwar nicht im TJL, wohl aber im Bereich des Fallrechts (Case Law) der Jersey Courts. Vgl. hierzu *Meiklejohn*, in Lyons, Jersey, S. 2808: „Where no clear Jersey precedents apply, reference is still made to Normandie and other French customary law systems, (...). However, in commercial and trust matters the Jersey courts tend to be guided by the common law of England.“ Dazu näher § 2 A. III.

## 2. Historische Entwicklung des Trust und Bedeutung der Equity

Rechtsgeschäfte, die wir heute als Trusts bezeichnen würden, hießen im mittelalterlichen Rechtsleben Englands „uses".[13] Leitgedanke der uses war es, ein Grundstück in der Weise auf eine Person zu übertragen, dass diese das Grundstück zwar zu eigenem Recht erwerben, jedoch nur zugunsten des „cestui que use" – einem vom Übertragenden benannten Dritten – innehaben sollte. Während dem cestui Nutzung und Fruchtziehung zu gestatten waren, hatte der Erwerber u. a. die Verpflichtung, die nötigenfalls zum Schutz oder zur Wiedererlangung des Grundstücks erforderlichen gerichtlichen Maßnahmen gegenüber unberechtigten Dritten zu ergreifen.[14] Gelegentlich kam es vor, dass der Treunehmer sich weigerte, mit dem Grundstück abredegemäß zu verfahren. Für den cestui que use bestand dann im frühen englischen Common Law, welches die Durchsetzung von Ansprüchen nur auf Grundlage sog. „writs" ermöglichte[15], keine Möglichkeit zur Klage vor den königlichen Gerichten. In dieser Situation wandten sich viele Rechtssuchende mit einem Gesuch an den König bzw. an den Chancellor und baten darum, dass ihnen „for the love of God and in the way of charity" Gnade erwiesen werde.[16] Während die Entscheidungspraxis des Chancellor anfänglich noch auf freiem Ermessen beruhten, verfestigte sie sich im Laufe der weiteren Entwicklung zu einem Komplex besonderer, präjudiziell wirkender Rechtsregeln, die man ab dem 15. Jahrhundert unter dem Begriff der Equity zusammenfasste.[17] Vor diesem Hintergrund anerkannte der Chancellor u. a. auch ein abredewidriges Verhalten des Treunehmers eines use als Verstoß gegen „good conscience" – als gewissenlos und unmoralisch – und stellte sich auf den Standpunkt, dass das streitige Grundstück dem Treuhänder zwar „at law" zustehe, dass er aber gleichwohl „in equity" verpflichtet sei, mit dem Grundstück so zu verfahren, wie es sich aus der getroffenen Treuabrede ergebe.[18]

---

[13] *Maitland*, Equity, 24; *Bernstorff*, Englisches Recht, S. 111; *Coing*, Treuhand, S. 5; *Czermak*, Express Trust, S. 11; *Kötz*, Trust und Treuhand, S. 14.

[14] Wie von *Kötz*, Trust und Treuhand, S. 14, pointiert herausgestellt, wurden uses ausschließlich zu Zwecken der Gesetzesumgehung benutzt. Ihre größte Bedeutung erlangten die uses nach der Eroberung Englands durch die Normannen als Instrument zur Umgehung der mit dem Grundbesitz verbundenen Feudallasten. Häufig verwendet wurden uses aber auch von den Franziskanermönchen, denen es aufgrund ihres Armutsgelübdes nicht gestattet war, eigenes Vermögen zu besitzen. Schließlich ist bemerkenswert, dass mit Hilfe der uses unter Umgehung der strengen Regeln des Common Law, wonach eine gewillkürte Erbfolge über Grundstücke ausgeschlossen war, schon damals eine lebzeitige „Nachfolgeplanung" umgesetzt werden konnte. Zur rechtshistorischen Bedeutung der uses vgl. neben *Kötz*, a. a. O. auch *Czermak*, Express Trust, S. 12 f. sowie *Zweigert*, Rechtsvergleichung, § 14 III.

[15] Hierzu *Bernstorff*, Englisches Recht, S. 2 ff.; *Henrich*, Englisches Privatrecht, S. 3; Zweigert, Rechtsvergleichung, § 14 II; *Czermak*, Express Trust, S. 14.

[16] Vgl. *Bernstorff*, Englisches Recht, S. 4.

[17] *Zweigert*, Rechtsvergleichung, § 14 III.

[18] Ebenda.

Dass sich aus dieser Rechtspraxis letztlich die für den Trust stiltypische „Eigentumsaufspaltung“ entwickelte, liegt daran, dass die Equity-Regeln und die Verfahren nach Common Law von verschiedenen Gerichten verwaltet wurden: Der Treunehmer hatte seine an dem Treugut bestehenden Befugnisse – seine „legal ownership“ – vor den Common Law Courts einzufordern, während sich der cestui que use auf sein Eigentum – die „equitable ownership“ – vor dem Chancellor und seinen Gerichten berufen musste.[19] Die Anerkennung von uses, die etwa seit Mitte des 17. Jahrhunderts unter dem Sammelbegriff des Trust zusammengefasst wurden[20], setzte demnach voraus, dass die den Regeln des Common Law folgenden Königsgerichte eine Person als Eigentümer eines Vermögensgegenstandes ansahen, während diese Person zur selben Zeit durch den Chancellor als oberstes Verwaltungsorgan und Urheber der Equity-Rechtsprechung verpflichtet wurde, das Eigentum zugunsten des "cestui que trust" zu halten. Hieraus erklärt sich, weshalb nach anglo-amerikanischem Recht mehreren Personen nebeneinander verschiedene Arten von „Eigentum“ an einem einzigen Gegenstand zustehen können.[21]

### III. Entwicklung des Trust-Rechts auf Jersey

Während der Dualismus der Gerichtsbarkeiten im frühen England die Entwicklung von Trusts entscheidend beeinflusste, gab es eine solche Zweiteilung auf Jersey zu keinem Zeitpunkt, und zwar weder bei den Gerichten, noch im materiellen Recht, welches von diesen angewandt wurde.[22] Gleichwohl ist zu erkennen, dass der materielle Gehalt des Normenkomplexes der Equity im Zusammenhang mit Trusts bereits lange vor deren gesetzlicher Einführung durch das Trusts (Jersey) Law vom 14.5.1984 (TJL) Eingang in die Rechtsprechung der Jersey Courts gefunden hat.[23] Die Belege hierfür datieren zurück bis auf das Jahr 1789, in welchem dem Judical Committee of the Privy Council in London – der obersten Instanz für Finanzrechtsstreitigkeiten auf

---

[19] *Kötz*, Trust und Treuhand, S. 17. In England wurden die Regeln der Equity und des Common Law mit dem *Judicature Act 1873* der einheitlichen Verwaltung durch den High Court of Justice unterstellt. Seither müssen die Gerichte alle Regeln des englischen Rechts, gleichgültig, ob sie vom Common Law oder der Equity entstammen, zur Anwendung bringen. Gleichwohl wird die frühere Unterscheidung bis heute u.a. in der Geschäftsverteilung sowie in unterschiedlichen Verfahrensregeln beibehalten. Dazu auch *Bernstorff*, Englisches Recht, S. 6.

[20] Zur Fortentwicklung der uses insbesondere unter dem Einfluss des von Heinrich VIII. erlassenen „Statute of uses“ vgl. eingehend *Czermak*, Express Trust, S. 17 ff. sowie *Kötz*, Trust und Treuhand, S. 20 ff.

[21] *Czermak*, Express Trust, S. 17.

[22] *Matthews*, Jersey Law, para 2.1.

[23] Jersey Law Commission Consultation Paper No 1 v. 29.1.1998, unter Verweis auf *Re Malabry Investments Ltd* (1982) JJ 117.

Jersey[24] – von einer eigenen „Equity-Rechtsprechung" auf Jersey berichtet wurde.[25] Unter Berufung hierauf differenzierte der Royal Court beispielsweise in einer Entscheidung aus dem Jahre 1885 zwischen dem Trustee als Eigentümer "en droit" und dem Beneficiary als Eigentümer "en équité".[26] Zuletzt hat der Royal Court seine Entscheidungskompetenz als "court of equity" auch in der jüngeren Vergangenheit nochmals ausdrücklich fraglos gestellt.[27] Dass in diesen Fällen regelmäßig auf die in England entwickelten Equity-Regeln zurückgegriffen wurde, ist angesichts einer bis 1984 fehlenden gesetzlichen Regelung des Trust[28] sowie – damit zusammenhängend – des spärlichen eigenen Case Law nicht verwunderlich. Nicht umsonst bewegte die hierdurch vor allem seit Mitte des 19. Jahrhunderts kontinuierlich verstärkte Affinität zum englischen Recht schließlich einen Richter des Royal Court zu der Äußerung, er fühle sich, als ob er in der Chancery Division des englischen High Court säße.[29]

In Bezug auf das Rechtsinstitut des Trust deuten die – einen durchaus verwirrenden Eindruck hinterlassenden – Entscheidungen der Jersey Courts aus der Zeit vor 1984 darauf hin, dass Trust-Gestaltungen in der Regel anerkannt wurden, sofern ihre Errichtung oder Durchführung nicht gegen „well-established customary law rules and principles"[30] oder das kodifizierte Recht Jerseys verstießen.[31] Letzteres konnte vor al-

---

24 Zuständig ist in erster Instanz der Commissioner of Appeal, in zweiter Instanz der Royal Court und in der nachfolgenden Instanz – vor dem Privy Council – der Court of Appeal; vgl. *Grotherr*, IWB Fach 5 Kanalinseln Gruppe 2, 1, 3.

25 *Matthews*, Jersey Law, para 2.3.

26 Hawksford 4 and Renouf v Giffard (1885) 210 Ex 206 at 211.

27 *Felard Investments v Trustees of the Church of Our Lady Queen of the Universe* (1978) JJ 19; *Pirouet v Pirouet* 1985-1986 JLR 151. Zuletzt vgl. *Abdel Rahmann v Chase Bank* (1991) JLR 103 at 136: „It is now beyond question that the court is a court of equity and that in many cases it applies equitable remedies".

28 Diesbezüglich wurde in dem *Report of the Commissioners* (1860), zit. nach *Abdel Rahman v Chase Bank* 1991 JLR 103 at 134, wie folgt resümiert: „There is now law in Jersey expressly forbidding the creation of trusts by an act inter vivos; but trusts of realty, in favour of private individuals, and unconnencted with public objects, are, to the present day, absolutely unknown. (...) The whole subject at present is involved in doubt: there is neither express law, custom, nor judical decision to lead to a satisfactory conclusion. (...) We consider that legislation is imperatively required to settle these important questions." In Reaktion auf dieses Gutachten erließen die States of Jersey 1862 die – bis heute gültige – *Loi sur les teneurs en fideicommis et l'incorporation d'associations*, abgedr. in *Matthews*, Jersey Law, Appendix No 1, deren Regelungsbereich allerdings beschränkt ist auf lebzeitig errichtete, gemeinnützige Trusts über Grundvermögen auf Jersey.

29 Ex parte Viscount Wimborne (1983) JJ 17.

30 Vgl. *Abdel Rahmann v Chase Bank* (1991) JLR 103 at 136, betreffend die „doner at retenier de vaut"-Regel; hierzu näher unten § 2 F.

31 Einen Beleg dafür, dass zumindest über bewegliches Vermögen errichtete Intervivos Trusts auf Jersey bereits im 18. Jahrhundert als wirksam und „enforceable" angesehen wurden, bildet die von Rechtsprechung und Schrifttum regelmäßig zitierte Entscheidung *Godfray v Godfray* (1865) 3 Moo NS 316 at 344-346; vgl. Jersey Law Commission Consultation Paper No 1 v. 29.1.1998, S. 5 m. w. N.

lem der Fall sein im Bereich des auf normannischen Traditionen beruhenden Erbrechts, welches die gewillkürte Erbfolge durch das Verbot der „substitution" beschränkte.[32] Unter Berücksichtigung der damit grundsätzlich anerkannten Prävalenz des kodifizierten Rechts sowie des bis heute fortgeltenden normannischen Gewohnheitsrechts kann festgehalten werden, dass dem Begriff der "equity" im Zusammenhang mit Trusts auf Jersey zwar nicht genau die gleiche Bedeutung beizumessen ist wie im englischen Recht.[33] Unverkennbar hat die Gerichtsbarkeit Jerseys im Laufe der Jahrhunderte aber eine Billigkeitsrechtsprechung entwickelt, welche in weiten Zügen auf den von den Kanzlergerichten Englands entwickelten Normenkomplex der Equity zurückführt.[34] Schließlich kann auch das TJL 1984, welches die bis dahin mit der Anerkennung von Trusts verbundenen Rechtsunsicherheiten mit Blick auf die fortgeschrittene Entwicklung Jerseys zu einem internationalen Kapitalanlageplatz ausräumen sollte, seine Herkunft aus dem englischen Recht nicht verleugnen. Tatsächlich beruht dieses Gesetz, welches ausdrücklich nicht als abschließendes Regelwerk verstanden werden will[35], größtenteils auf der Rechtsprechung des Royal Court und damit zugleich auf dem im englischen Case Law über die Jahrhunderte hinweg entwickelten Regelwerk zu Trusts und Equity.[36] Dass und weshalb diesen Grundsätzen von den Jersey Courts auch im Geltungsbereich des TJL 1984 fortwährende Bedeutung beigemessen werden soll, wurde jüngst nochmals von den Jersey Law Commissioners fraglos gestellt[37]:

> „The Trusts (Jersey) Law, 1984 concentrated on underpinning the foundations of Jersey trust law rather than promulgating a complex and detailed code. The statute is not, nor was it intendend to be, a codification. This has allowed settlors considerable latitude in promulgating trusts to give effect to their sometimes extremely complicated intentions with the minimum of legislative interference or administration bureaucracy, whilst at the same time it secured within the Law concepts which are readily identifiable by and familiar to trust practitioners accross the world. Where the Law does not deal with a paricular issue expressly, or in sufficient detail, resort is expected to be made to ‚the general principles' of trust law as developed over the centuries by the English courts."

---

32 Hierzu ausführlich *Matthews*, Jersey Law, paras 2.6-2.25. Interessant ist, dass das aus der normannischen *fidéicommis* entwickelte Rechtsinstitut der Substitution in weiten Bereichen starke Ähnlichkeit mit dem Trust-Konzept aufweist. Beispielsweise gilt das Surrogationsprinzip, nach dem sich die Rechte des Treugebers an den – gegebenenfalls durch verbotswidrige Verfügung des Treunehmers – erlangten Surrogaten fortsetzen. Vgl. *Matthews*, Jersey Law, paras 1.17-1.19.

33 Gleichwohl ist evident, dass sich mit der Equity-Rechtsprechung auch auf Jersey ein dem angloamerikanischen Case Law vergleichbares Präjudiziensystem herausgebildet hat, welches der Ausfüllung von Regelungslücken dient.

34 So auch Jersey Law Commission Consultation Paper No 1 v. 29.1.1998, S. 5 m. w. N; vgl. im übrigen *Meiklejohn* in Lyons, Jersey, S. 7.

35 Vgl. TJL Art. 1(5).

36 *Matthews*, Jersey Law, para 2.46.

37 Jersey Law Commission Consultation Paper No 1 v. 29.1.1998, S. 5.

Zwischenzeitlich führten die sich stetig verändernden Bedürfnisse des weltweit ansässigen Klientels sowie verschiedene aus dem Wettbewerb der unterschiedlichen Trust-Jurisdiktionen folgende Zwänge zum Erlass von drei "amending statutes"[38], deren meistbeachtetste Neuerung die Einführung des sog. "Non-Charitable Purpose Trust" mit sich brachte.[39]

## B. Voraussetzungen für die Anwendbarkeit des TJL und Regelungsbereich des „proper law"

Prägend für das TJL ist die Unterscheidung zwischen „Jersey Trusts" und „Foreign Trusts". Nach der Legaldefinition des TJL Art. 1 (1) qualifiziert sich ein Trust als Jersey Trust, sofern die auf ihn anwendbaren Rechtsregeln – sein „proper law" – dem Recht von Jersey zu entnehmen sind. Im Gegensatz dazu verwendet das Gesetz den Begriff „Foreign Trust" für Trusts, „... whose proper law ist the law of some jurisdiction other than Jersey."[40] Da die spezifischen, in Part II des TJL enthaltenen Bestimmungen zu verschiedenen Problemkreisen wie etwa der materiellen und formellen Gültigkeit des Trust bzw. seiner Errichtung, seiner späteren Durchführung, Art und Umfang der Rechte bzw. Pflichten der an einem Trust beteiligten Personen sowie der Auslegung der Trust-Urkunde ausschließlich auf den Jersey Trust Anwendung finden[41], kommt dem für die rechtliche Beurteilung eines Trust entwickelten Kollisionsrechts Jerseys maßgebende Bedeutung zu. Zu untersuchen sind mithin zunächst die Anknüpfungskriterien, nach denen das Recht von Jersey bei einer möglichen Kollision mehrerer beteiligter Rechtsordnungen einen Trust als Jersey Trust dem TJL unterstellt.[42]

Während die Entscheidung über das auf einen Trust anwendbare Recht bis zum Erlass des TJL ausnahmslos den Gerichten vorbehalten war[43], kodifizierte Jersey mit TJL (1984) Art. 4 erstmalig eine spezielle Kollisionsnorm. Mit Rücksicht auf den am 1.3.1992 erfolgten Beitritt Jerseys zur Haager Konvention wurde diese Vorschrift durch das Trusts (Amendement No. 2) (Jersey) Law 1991 an den international anerkannten Standart angepasst. Nach dem seither geltenden TJL Art. 4 gilt für die Be-

38 Trusts (Amendment) (Jersey) Law 1989, Trusts (Amendment No 2) (Jersey) Law 1991, Trusts (Amendment No 3) (Jersey) Law 1996.

39 Hierzu unten § 2 E. V.

40 TJL Art. 1 (1).

41 So ausdrücklich Part II: „Provisions applicable only to a Jersey trust".

42 Zu dem – hiervon unabhängigen – Problem der Einordnung des Trust in das Gefüge der deutschen Kollisionsnormen des EGBGB vgl. unten § 3 B. II. 1.

43 Etwa *Duke of Marlborough v A-G (No 1) (1945)* Ch 78 at 83, in dem an die von den Beteiligten ausdrücklich bzw. konkludent getroffene Rechtswahl angeknüpft wurde, sowie die bekannte Entscheidung des Jersey Royal Court i. S. *Rahmann v Chase Bank* (1991) JLR 103, in welcher die Maßgeblichkeit des *domicile* des Settlor im Zeitpunkt der Trust-Errichtung erwogen wurde.

stimmung des Trust-Statuts uneingeschränkt der Grundsatz der Parteiautonomie. Demgemäß findet auf den Trust vorrangig diejenige Rechtsordnung Anwendung, die der Settlor im Rahmen der lebzeitigen oder von Todes wegen erfolgenden Errichtung gewählt hat.[44] Diese Rechtswahl muss eine ausdrückliche sein[45] oder sich konkludent aus den Bestimmungen der Urkunde ergeben, durch die der Trust errichtet wird oder durch die der Beweis für seine Errichtung geführt wird.[46] Außerhalb der schriftlich fixierten Trustbestimmungen liegende Umstände des Einzelfalles werden nur dann herangezogen, wenn die betreffende Urkunde mehrere Auslegungsmöglichkeiten zulässt.[47]

Hat der Settlor eine Rechtswahl nicht getroffen, so unterliegt der Trust gem. TJL Art. 4 (c) derjenigen Rechtsordnung, mit der er die engste Verbindung aufweist.[48] Bei der Ermittlung dieser Rechtsordnung sind nach TJL Art. 4 (3) (a)-(d) insbesondere zu berücksichtigen der vom Settlor bestimmte Ort der Trust-Verwaltung, der Ort der Belegenheit des Trustvermögens, der Ort des Aufenthalts bzw. des Geschäftssitzes des Trustee sowie die Zweckbestimmung des Trust.[49] Daneben kann im Zeitpunkt der Trust-Errichtung unter Umständen aber auch der Wohnsitz oder der gewöhnliche Aufenthalt des Settlor ein entscheidendes Anknüpfungsmerkmal darstellen.[50]

Sofern auf Grundlage dieser Anknüpfungskriterien das im TJL niedergelegte Trust-Recht als „proper law" ermittelt werden kann, ist dieses grundsätzlich für alle den Trust betreffenden Fragen maßgeblich.[51] Das Trust-Statut regelt damit insbesondere die Auslegung der Anordnungen des Settlor, die Zulässigkeit des konkreten Trust-Zweckes sowie die erforderliche Bestimmtheit der Beneficiaries. Zu den ebenfalls dem TJL unterliegenden Verwaltungs- und Durchführungsbestimmungen eines Jersey

---

44 Die getroffene Wahl eines „proper law" geht allen anderen Anknüpfungen vor, so dass beispielsweise die Belegenheit des (unbeweglichen) Trustvermögens ebenso unbeachtlich bleibt wie das domicile des Settlor; vgl. *Matthews*, Jersey Law, para 4.8.

45 Vgl. TJL Art. 4 (a).

46 TJL Art. 4 (b) sowie *Matthews*, Jersey Law, para 4.8.

47 *Matthews*, Jersey Law, para 4.8 m. w. N.; zu den Auslegungsmethoden des Common Law allgemein vgl. ausführlich *Czermak*, Express Trust, S. 270 ff.

48 Dass diese Rechtswahl keine endgültige sein muss, folgt für Jersey Trusts aus TJL Art. 37. Hiernach können die Trustbestimmungen eine durch den jeweiligen Trustee unter bestimmten Umständen ausübbare Befugnis zur Änderung des „proper law" vorsehen; hierzu eingehend *Matthews*, Jersey Law, para 4.17 ff.

49 Unstreitig besteht für die Gerichte sowohl hinsichtlich der Prüfungsreihenfolge als auch der Gewichtung der einzelnen Anknüpfungskriterien ein weiter Entscheidungsspielraum; vgl. *Kötz*, RabelsZ 1986, 562, 570.

50 So z. B. *Matthews*, Jersey Law, para 4.10 unter Verweis auf cf *Iveagh v IRC* (1954) Ch 364.

51 Vgl. *Matthews*, Jersey Law, para 4.11. Insoweit unterscheidet sich das Kollisionsrecht von Jersey bspw. vom US-amerikanischen Kollisionsrecht, nach dem die Problemkreise der (materiellen und formellen) Gültigkeit des Trust, seiner Verwaltung und der Auslegung der Trust-Urkunde jeweils eine selbstständige Anknüpfung erforderlich machen; ausführlich dazu z. B. *Czermak*, Express Trust, S. 238 unter Verweis auf *Powell*, IV para 534.

Trust gehören etwa die Regelungen betreffend der Rechte und Pflichten der Beteiligten, der Art und Weise der Geschäftsführung durch den Trustee, dessen Haftung gegenüber den Beneficiaries wegen „breach of trust", der Folgen des Wegfalls eines Trustee bzw. der Ernennung eines Nachfolgers oder der Beendigung des Trust.

Eine entscheidende Abweichung gegenüber dem Haager Übereinkommen über das auf Trusts anzuwendende Recht und über ihre Anerkennung statuiert allerdings der mit Trusts (Amendement) (Jersey) Law 1989 eingefügte Art. 8 A hinsichtlich des für die Beurteilung des notwendigen Eigentumsübergangs vom Settlor auf den Trustee maßgeblichen Rechts. Während nämlich das Trust-Übereinkommen auf Vorfragen, welche die Gültigkeit von Testamenten und anderen Rechtsgeschäften, durch die dem Trustee Vermögen übertragen wird, betreffen, gem. Art. 4 grundsätzlich nicht anwendbar ist, gilt für den lebzeitig errichteten Jersey Trust nach TJL Art. 8 A:

> „If a person domiciled outside Jersey transfers or disposes of property during his lifetime to a trust –
>
> a) he shall be deemed to have had capacity to do so if he is at the time of such transfer or disposition of full age and of sound mind under the law of his domicile; and
>
> b) no rule relating to inheritance or succession (including, but without predjudice to the generality of the foregoing, forced heirship, „légitime" or similar rights) of the laws of his domicile or any other system of law shall affect any such transfer or disposition or otherwise affect the validity of such trust."

Diese, von der Offshore-Branche vor allem im Hinblick auf die Eignung Jerseys als Standort für den sogenannten „Asset Protection Trust" begrüßte Regelung bewirkt, dass etwaige, nach dem Heimatrecht des Settlor begründete Verfügungsbeschränkungen oder Verstöße gegen den „ordre public" von der Gerichten auf Jersey prinzipiell ebensowenig beachtet werden, wie den Bestand des Trustvermögens beeinträchtigende Pflichtteilsergänzungsansprüche benachteiligter Erben.[52] Demgegenüber gilt für Vorfragen, welche die Gültigkeit von Testamentary Trusts betreffen, auch nach dem Kollisionsrecht von Jersey nicht das Trust-Statut, sondern diejenige Rechtsordnung, die sich im Wege einer gesonderten, regelmäßig auf die Staatsangehörigkeit, den Wohnsitz oder die Belegenheit des Nachlassvermögens abstellenden Anknüpfung ergibt.[53] Damit scheint Jersey im Ergebnis die nach dem Kollisionsrecht der lex fori maßgeblichen zwingenden erbrechtlichen Vorschriften anzuerkennen. Für die Praxis bedeutet das, dass ein Erblasser auch aus Sicht eines mit einer solchen Rechtsfrage befassten Jersey Court das zwingende Erbrecht seines Heimatlandes nicht ausschalten kann, indem er durch letztwillige Verfügung einen Jersey Trust errichtet und ihn dem „proper law" Jerseys unterstellt.

---

[52] *Matthews*, Jersey Law, paras 4.15 und 11.25 ff.; zu der bislang im Hinblick auf Bankruptcy (Désastre) (Jersey) Law 1990 nicht zweifelsfrei geklärten Behandlung von sog. „pre-bankruptcy settlements" vgl. desweiteren *Grundy/Briggs/Field*, Asset Protection Trusts, S. 11 f.

[53] *Matthews*, Jersey Law, para 4.13.

Da eine abschließende Kommentierung des Trust-Rechts von Jersey im Rahmen dieser Arbeit weder möglich noch zweckgeboten ist, wird sich die folgende Darstellung nach einem kurzen Abriss einiger allgemeiner Vorschriften betreffend Errichtung und Wirksamkeit des Jersey Trust im wesentlichen auf die Problemkreise konzentrieren, die für die spätere Untersuchung der steuerrechtlichen Behandlung des Trust von Bedeutung sind. Im Hinblick auf die zum Zwecke der Besteuerung notwendige Zuordnung von Trustvermögen und –erträgen ist dabei insbesondere zu untersuchen, welche Auswirkungen die verschiedenen Gestaltungsformen des Jersey Intervivos Trusts auf die Rechtsbeziehungen der Beteiligten untereinander haben.

# C. Allgemeine Vorschriften

## I. Errichtungsakt

TJL Art. 2 definiert den Trust wie folgt:

> „A trust exists where a person (known as a trustee) holds or has vested in him or is deemed to hold or have vested in him property (of which he is not the owner in his own right) –
>
> a) for the benefit of any person (known as a benficiary) whether or not yet ascertained or in existence; or
>
> b) for any purpose which is not for the benefit only of the trustee; or
>
> c) for such benefit as is mentioned in sub-paragraph (a) and also for any such purpose as is mentioned in sub-paragraph (b).“

Hinsichtlich des Aktes der Trust-Errichtung bestimmt das TJL pragmatisch, "...a trust may come into existence in any manner".[54] Wie in den Rechtsordnungen des Common Law wird also vom Prinzip der Formfreiheit[55] ausgegangen, wonach ein Trust alleine durch mündliche bzw. schriftliche Erklärung, insbesondere von Todes wegen (Testamentary Trust) oder tatsächliche Invollzugsetzung zur Entstehung gelangen kann.[56] Da es weder des Zugangs der Erklärung beim Trustee bedarf, noch dieser seine Bestellung zum Treuhänder annehmen muss, handelt es sich bei dem Errichtungsakt formaljuristisch um ein einseitiges Rechtsgeschäft.[57] Die heutige Praxis unterscheidet zwischen dem „Settlement of Trust“ und der „Declaration of Trust“. Bei einem Settlement of

[54] TJL Art. 7(1).

[55] Demgemäß besteht für Trusts auf Jersey auch keine Registrierungspflicht; lediglich die Finanzbehörden sind über die Errichtung eines Trust zu informieren; vgl. auch *Neuhoff*, ZEV 1996, 330, 332.

[56] Vgl. TJL Art. 7(2). Eine Ausnahme besteht für den hier nicht weiter zu behandelnden Unit Trust, der nach TJL Art. 7(3) nur schriftlich errichtet werden kann. Darüberhinaus ist zu beachten, dass nach Art. 3 des *Haager Übereinkommens über das auf Trusts anzuwendende Recht und über ihre Anerkennung vom 1.7.1985* die Mitgliedsstaaten zur Anerkennung von Trusts nur bei schriftlicher Abfassung der Gründungsbestimmungen verpflichtet sind.

[57] Etwa *Wittuhn*, Trust, S.11.

Trust überträgt der Settlor dem Trustee Vermögenswerte[58] auf Grundlage eines sog. „Trust Deed“ oder „Settlement Deed“.[59] Während hierbei die namentliche Bezeichnung des Settlor in der Gründungsurkunde obligatorisch ist, weist die eine Declaration of Trust bestätigende Urkunde ausschließlich den Trustee als Beteiligten aus.[60] Für die erforderliche Vermögensausstattung stehen in diesem Fall alternativ zwei Wege zur Verfügung: Entweder stattet der Trustee den Trust zu Anfang selbst mit einem geringen Nominalvermögen aus und nimmt das eigentliche Trustvermögen anschließend vom Eigentümer in Empfang, oder die Vermögensübertragung auf den Trustee erfolgt bereits vor der Errichtung des Trust.[61] Es ist evident, dass diese Vorgehensweise die den tatsächlichen Vermögensverschiebungen entsprechende Rollenverteilung nicht verändern kann; in rechtlicher Hinsicht besteht demgemäß auch nach dem TJL kein Zweifel daran, dass der wahre Eigentümer und nicht etwa der Trustee Settlor des Trust ist.[62] Den Bedürfnissen des Errichters wird indes bereits dadurch Genüge getan sein, dass die schriftlich fixierten Trustbestimmungen ihn nicht mehr namentlich ausweisen müssen, wodurch ein größtmögliches Maß an Anonymität gewährleistet ist.[63]

---

[58] Die Übertragung des dem Trust zu widmenden Vermögens auf den Trustee stellt neben der auf die Gründung eines Trust gerichteten Willenserklärung des Settlor die zweite unabdingbare Wirksamkeitsvoraussetzung dar. Unabdingbar ist, dass der Trustee das Eigentum an dem Vermögen zu vollem Recht und unbedingt erhält. Sofern Grundeigentum oder andere Rechte in Grundbüchern bzw. Registern eingetragen sind, ist eine Umschreibung auf den Namen des Trustee erforderlich. Zum möglichen Vorbehalt von Einflussrechten durch den Settlor unten § 2 F.

[59] Statt vieler *Kötz*, Trust und Treuhand, S. 26.

[60] Im Rechtssinne erfolgt eine „Declaration of Trust“, indem der Eigentümer eines Vermögensgegenstandes erklärt, diesen nunmehr als Trustee zugunsten eines von ihm bezeichneten Berechtigten halten zu wollen. Vgl. hierzu etwa *Bogert*, Handbook, S. 21.

[61] Vgl. *Matthews*, Jersey Law, para 5.4.

[62] Settlor ist nach der Legaldefinition des TJL Art. 1 (1) „a person, who provides trust property or makes a testamentary disposition on trust or to a trust“. Da es nur darauf ankommt, aus wessen Eigentum das Trustvermögen ursprünglich stammt, ist Settlor auch derjenige, der den Trust i. S. einer „Zustiftung“ nachträglich mit Vermögen dotiert; so auch *Matthews*, Jersey Law, para 5.2.

[63] Aus Sicht des Jersey Rechts ist dabei folgendes zu beachten: Da die Errichtung eines Trust notwendigerweise eine Vermögenswidmung voraussetzt, können der in der Errichtungsurkunde des Trustee angegebene und der tatsächliche Entstehungszeitpunkt des Trust auseinanderfallen. Nach *West v Lazard Brothers & Co (Jersey) Ltd*, unreported, 18 October 1993, at pp 29-33 ist für den Investor entscheidend darauf abzustellen, wann die Übertragung seines Vermögens auf den Trustee erfolgt ist. Wird die Vermögensübertragung aber zeitlich bereits vor der Declaration des Trustee vorgenommen, ergeben sich rechtliche Bedenken hinsichtlich der Wirksamkeit der späteren Widmung. *Matthews*, Jersey Law, paras 5.64-5.65 argumentiert diesbezüglich, dass in einen Trust wirksam nur eingebracht werden könne, was dem Einbringenden rechtlich auch zustehe. In Ermangelung einer (vorgreiflichen) Trustvereinbarung habe der Settlor dem Trustee jedoch keine Rechtsposition an dem übertragenen Vermögen – insbesondere kein beneficial interest – einräumen können. Die anschließende Declaration des Trustee bliebe folglich ohne Effekt. Ein rechtswirksamer Trust wäre dieser Auffassung zufolge niemals entstanden.

## II. Inhaltliche Anforderungen

Eine zwingende Wirksamkeitsvoraussetzung für die Entstehung des Trust stellt unabhängig von der Errichtungsform die Einhaltung des sog. Gebots der „three certainties" dar. Dieses Erfordernis soll verhindern, dass bei Errichtung eines Trust Zweifel über die Errichtungsabsicht des Settlor[64], das vom Trustee upon trust zu haltende Vermögen[65] oder die Identität der Begünstigten[66] verbleiben.[67] Vor allem im Hinblick auf die Justitiabilität eines Trust müssen letztere nach TJL Art. 9 (1) namentlich entweder bestimmt oder zumindest bestimmbar sein.[68] Bestimmbarkeit ist gegeben, wenn die Identität eines Beneficiaries aus der Zugehörigkeit zu einer Personengruppe oder dem Verhältnis zu einer bestimmten Person abgeleitet werden kann.[69] Innerhalb eines solchermaßen vorgegebenen Personenkreises kann der Settlor die Befugnis zur Konkretisierung der einzelnen Begünstigten dem Trustee oder einer anderen Person übertragen. Daneben kann er sich beispielsweise das - alternativ auf den Trustee oder eine andere Person übertragbare - Recht vorbehalten, den Kreis der begünstigten Personen und/oder deren Ansprüche im Zeitablauf zu ändern oder unter bestimmte Bedingungen zu stellen.[70]

---

64 Vgl. *Re Kayford Limited* (1975) 1 WLR 279, 282 sowie *Re Malabry Investments Ltd* (1982) JJ 117, 119.

65 Der Begriff Trustvermögen ist sehr weit zu verstehen. Er umfaßt alle denkbaren Gegenstände oder Rechte, die sich veräußern und erwerben lassen, einschließlich aller durch die Verwaltung erworbenen Vermögenswerte und Surrogate. Auch ein Equitable Interest kann Gegenstand eines Trust sein, so dass es möglich ist, dass ein Beneficiary seine Rechte aus einem Trust seinerseits als Settlor zum Gegenstand eines weiteren Trust macht. Die als Treugut vorgesehenen Vermögensgegenstände müssen aber zumindest zweifelsfrei bestimmbar sein, da sich ansonsten die an ihnen bestehenden Rechte der Begünstigten nicht durchsetzen ließen. Vgl. *Matthews*, Jersey Law, para 5.14.

66 Nach dem bis Anfang 1996 geltenden Recht setzten Ent- und Bestehen eines Trust notwendig das Vorhandensein zumindest eines Beneficiary voraus, sofern mit dem Trust kein „charitable purpose" verfolgt wurde. Seit der Einführung des sog. "non-charitable purpose trust" durch das Trusts (Amendment Nr. 3) (Jersey) Law 1996 gilt dieser Grundsatz heute nur noch eingeschränkt. Zum Purpose Trust vgl. unten § 2 E. V.

67 Vgl. *Williams*, Certainties, S. 20 sowie *Matthews*, Jersey Law, para 5.9. Nach TJL Art. 10(2)(b)(iii) kann ein Trust gerichtlich für nichtig erklärt werden, wenn die Unbestimmtheit bzw. Unbestimmbarkeit hinsichtlich einzelner Regelungen dazu führt, dass der Trust insoweit undurchführbar ist.

68 Vgl. *Morice v Bishop of Durham* (1804) 9 Ves. 399: „... there is no valid trust unless the court can control and execute it". Eine effektive gerichtliche Kontrolle der Amtsausübung durch den Trustee ist aber nur gewährleistet, wenn der Kreis der potentiell unter einem Trust Berechtigten zumindest bestimmbar ist („Wo kein Kläger, da kein Richter"); vgl. hierzu Jersey Law Commission Paper No 1 v. 29.1.1998, S. 9 m. w. N. Zu den Informationsrechten der Beneficiaries hinsichtlich ihrer Begünstigtenstellung vgl. unten § 2 E. II.

69 Vgl. TJL Art. 9(1)(b). Demnach ist es bspw. auch möglich, Ungeborene - bedingt durch ihre Geburt - zu Beneficiaries eines Jersey Trust zu bestimmen, TJL Art. 2 (a).

70 TJL Art. 9(2) u. (3).

## III. Bestellung des Trustee und Beendigung der Trusteeship

Das Amt des Trustee kann sowohl von natürlichen als auch juristischen Personen wahrgenommen werden.[71] Während der individuelle Trustee im Mittelpunkt der frühen Entwicklung des Trust-Rechts stand[72], spielt heute die juristische Person als Trustee auch auf Jersey die weit entscheidendere Rolle.[73] Zumeist als Tochtergesellschaften großer internationaler Banken wurden hier mittlerweile über 200 Trust Companies registriert, die in ihrer Tätigkeit von rund 50 Wirtschaftsprüfungsgesellschaften und etwa 20 Law Firms unterstützt werden.[74]

Nicht erforderlich ist, dass einer der bestellten Trustees seinen Wohnsitz oder Sitz auf Jersey hat.[75] Im Falle eines Jersey Trust ist das Gericht jedoch auf Antrag eines Begünstigten gehalten, gegebenenfalls einen zusätzlichen, auf Jersey ansässigen Trustee zu bestellen.[76] In vielen Fällen wird der Settlor bereits anlässlich der Trust-Errichtung jene Personen bestimmen, die bei Ausscheiden eines Trustee dessen Nachfolge antreten oder unter bestimmten Voraussetzungen als zusätzliche Trustees bestellt werden sollen. Ersatzweise kommt nach TJL Art. 13 unter anderem dem ausscheidenden oder verbleibenden Trustee sowie – hilfsweise – dem Gericht die Befugnis zur Benennung und Bestellung eines Nachfolgers zu.[77]

Im Falle der mit dem Tod bzw. der Liquidation eines Corporate Trustee, infolge Rücktritts oder der Amtsenthebung des (einzigen) Trustee eintretenden Beendigung der Trusteeship[78] ist der Trustee bzw. dessen Personal Representative zur Herausgabe des Trustvermögens sowie sämtlicher in seinem Besitz befindlichen Trust-Dokumente verpflichtet.[79]

---

[71] Eine Einschränkung besteht lediglich für den Unit Trust, bei dem nur corporations als Trustee zugelassen sind; vgl. *Mattehws*, Jersey Law, para. 5.47.

[72] Etwa *Dillon v. Fraine* (1595), zitiert nach *Kötz*, Trust und Treuhand, S. 60, wonach in der früheren Rechtsprechung der englischen Zivilgerichte eine juristische Person als Trustee ausscheiden sollte "because it is a dead body (...) and in this dead body a confidence cannot be put".

[73] Vgl. auch *Clucas*, Jersey International Finance 4/1998, 25.

[74] *Neuhoff*, ZEV 1996, 330, 332. Zu den Besonderheiten bei der Haftung wegen „breach of trust" unten § 2 E. IV. 2.

[75] *Matthews*, Jersey Law, para 5.47. Hinsichtlich der Zahl der Trustees besteht nach TJL Art. 12 grundsätzlich keine Beschränkung; das Gesetz geht von mindestens zwei Trustees aus, lässt aber bei entsprechender Individualvereinbarung auch einen Trustee ausreichen.

[76] Vgl. TJL Art. 40.

[77] Diese Befugnis kann den jeweiligen Trustees oder dritten Personen auch durch die Trustbestimmungen verliehen werden; *Matthews*, Jersey Law, para 9.10.

[78] Zu den Beendigungsgründen ausführlich *Matthews*, Jersey Law, para 9.13.-9.27 und *Sieker*, US-Trust, S. 51 f.

[79] TJL Art. 31, 15 (5).

### IV. Höchstzulässige Dauer eines Jersey Trust

Einer der mit Trustgestaltungen regelmäßig verfolgten Hauptzwecke liegt ohne Zweifel in der konstruktiv durch die Aufspaltung des Eigentums in „legal" und „equitable ownership" erreichten Trennung von Nutzung und Verwaltung des Trustguts. Dass diese Trennung durch die Ernennung mehrerer, in zeitlichem Nacheinander lediglich „in equity" berechtigter Beneficiaries grundsätzlich über mehrere Generationen hinweg aufrechterhalten werden kann, ist auch vor dem Hintergrund der Reform unseres ErbStG durch das StEntlG 1999/2000/2002 hinlänglich bekannt. Gleichwohl ist festzuhalten, dass sich mit einem Jersey Trust nach dem TJL eine „ewige" Herrschafts- und Einflusssicherung nicht erreichen lässt.[80] Während die Rechtslage insoweit bis 1984 noch als unsicher zu beurteilen war, begrenzt TJL Art. 11 heute die höchstzulässige Dauer eines Jersey Trust auf 100 Jahre.[81] Anders als die in vielen Common Law-Rechtsordnungen geltende „rule against perpetuities"[82] berührt diese Vorschrift aber nicht die Wirksamkeit eines für einen längeren Zeitraum angeordneten Trust[83]; per gesetzlicher Anordnung wird ein solcher Trust vielmehr mit seinem 100. Geburtstag unter Auskehrung des Trustguts an die für diesen Fall in der Trusturkunde bezeichneten Beneficiaries beendet.[84]

## D. Rechtsstellung des Trustee

Mit der Übertragung der einzelnen, künftig in Trust zu haltenden Vermögensgegenstände seitens des Errichters erwirbt der Trustee den „legal title" am Trustvermögen. Dieser verleiht dem Trustee nach außen die volle Rechtsinhaberschaft[85], was insbesondere dadurch zum Ausdruck kommt, dass für alle das Trustvermögen betreffende Rechtsstreitigkeiten ausschließlich der Trustee aktiv- und passivlegitimiert ist.[86]

---

80 Argumente gegen die Zulassung einer „ewigen" Vermögensbindungen bei *Kötz*, Trust und Treuhand, S. 50 m. w. N.

81 *Matthews*, Jersey Law, para 15.4.

82 Zu dieser – auch im anglo-amerikanischen Rechtskreis als überaus kompliziert angesehenen – Regel vgl. die anschaulichen Ausführungen von *Kötz*, Trust und Treuhand, S. 50; *Czermak*, Express Trust, S. 36 sowie *Sieker*, US-Trust, S. 38, der auch auf bestehende Abweichung im Recht einzelner US-Bundesstaaten hinweist.

83 Nach Common Law führt bereits die theoretisch mögliche Überschreitung der durch die „rule against perpetuities" gesetzten Frist zur anfänglichen Unwirksamkeit des Trust; vgl. *Sieker*, US-Trust, S. 41.

84 Nach *Matthews*, Jersey Law, para 15.9 besteht ungeachtet der 100-Jahr-Regel allerdings die Möglichkeit eines sog. „resettlement". Theoretisch soll sich die Dauer eines Trust demnach beliebig verlängern lassen, indem der (jeweilige) Trustee verpflichtet wird, das Trustvermögen nach Ablauf einer Trust-Periode auf einen anderen Trustee „to hold on new trusts" zu übertragen.

85 Vgl. TJL Art. 20 (1): „Subject to the terms of the trust and subject to his duties under this Law, a trustee shall in relation to the trust property have all the same powers as a natural person acting as a beneficial owner of such property".

86 So bereits *Heymann*, Trustee und Trustee-Company, S. 475, 498.

Gleichzeitig verliert der Errichter auch bei einem Intervivos Trust, sofern er sich nicht selbst als Trustee eingesetzt hat, jedes Eigentumsrecht an den in Trust gegeben Wirtschaftsgütern.[87]

Die Rechtsmacht des Trustee ist jedoch begrenzt durch den Inhalt des zugrundeliegenden Rechtsgeschäfts.[88] Hieraus folgt regelmäßig, dass der Trustee im Verhältnis zu den Beneficiaries weder befugt ist, über das Trustvermögen nach Belieben zu verfügen, noch eigenen Nutzen daraus zu ziehen.[89] Während diese Bindung an das Grundgeschäft im Common Law konstruktiv mit den Grundsätzen der Equity erreicht wird, statuiert TJL Art. 50 (1) (a) ausdrücklich, dass die Rechtszuständigkeit des Trustee auf die ordnungsgemäße Verwaltung des Trust begrenzt ist.[90] Da die Rechtsinhaberschaft des Trustee folglich nur zugunsten der Beneficiaries besteht, kann das, nach TJL Art. 50 (1) (b) ein Sondervermögen bildende Trustvermögen auch nach dem Recht Jerseys weder von etwaigen Gläubigern noch von den Erben des Trustee in Anspruch genommen werden.[91]

Zu welchen einzelnen Verwaltungshandlungen der Trustee berechtigt bzw. verpflichtet ist, ergibt sich regelmäßig aus den niedergelegten Trustbestimmungen. Enthalten diese insoweit keine abschließenden Bestimmungen, sind subsidiär die besonderen Vorschriften des TJL sowie die im Common Law entwickelten allgemeinen Grundsätze des Equity-Rechts heranzuziehen, um dem mutmaßlichen Willen des Settlor zur Geltung zu verhelfen.[92] Sofern in der Trust-Urkunde nicht ausdrücklich untersagt, darf sich der Trustee zur Erfüllung seiner vermögensverwaltenden Tätigkeit außenstehender Dritter, wie zum Beispiel Banken oder spezieller Investment Manager bedienen.[93] Anders als im englischen Recht bestehen hinsichtlich der zugelassenen Kapitalanlageformen keine gesetzlichen Beschränkungen.[94]

---

87 Zu den Grenzen des – prinzipiell möglichen – Vorbehalts von Nutzungs-, Änderungs- und Widerrufsrechten vgl. unten § 2 F.

88 *Czermak*, Express Trust, S. 51.

89 *Matthews*, Jersey Law, para 9.2; vgl. auch *Heymann*, Trustee und Trustee-Company, S. 488 unter Verweis auf *Maitland*, Equity, der – die Vollberechtigung des Trustee nicht in Frage stellend – wie folgt formuliert: „... es ist richtig, dass dieses Eigentum (...) für praktische Zwecke kaum etwas anderes als Scheineigentum ist und dass die Trustees selbst kaum mehr vorstellen als Marionetten, die vom Vereinsausschusse und der Vereinsversammlung an Drähten gezogen werden".

90 Vgl. TJL Art. 50 (1) (a).

91 TJL Art. 50 (4) sowie *Matthews*, Jersey Law, paras 9.3, 9.21. Vgl. auch *Sieker*, US-Trust, S. 53 sowie *Flick/Piltz*, Erbfall, Rn. 1029. Die begrenzte Rechtsstellung des Trustee wird auch im Hinblick auf die nach TJL Art. 31 im Falle der Beendigung der Trusteeship bestehende Verpflichtung zur Herausgabe des Trustvermögens deutlich.

92 *Matthews*, Jersey Law, para 9.41, der unter Verweis auf TJL Art. 17 (3) (a) betont: „... trustees must preserve and indeed enhance the value of the trust property so far as is reasonable".

93 TJL Art. 21 (2) (a); vgl. auch *Matthews*, Jersey Law, para 9.31.

94 *Meiklejohn* in: Lyons, Jersey, S. 2809.

# E. Rechtsstellung der Beneficiaries

Nach der Legaldefinition des TJL Art. 1 (1) ist Beneficiary eines Jersey Trust sowohl derjenige, dem nach den Trustbestimmungen ein unmittelbarer Anspruch auf Zuwendungen aus dem Trust zusteht, als auch derjenige, zu dessen Gunsten der Trustee einen Verteilungsbeschluss fassen kann. Für die Qualifikation als Beneficiary genügt damit die Zugehörigkeit zu einem – vom Settlor im Rahmen der Errichtung des Trust vorgegebenen – Kreis mehrerer potentiell Berechtigter.[95] Von erheblicher praktischer Bedeutung sind in diesem Zusammenhang Trustbestimmungen, mit denen der Settlor sich selbst zu Lebzeiten als alleinigen oder als einen von mehreren (potentiell) Begünstigten einsetzt. Während auf Jersey hinsichtlich der Wirksamkeit solcher Gestaltungen bis zum Erlass des TJL 1984 noch Bedenken bestanden[96], statuiert TJL Art. 9 (12) heute ausdrücklich, dass sowohl Settlor als auch Trustee Begünstigte eines Jersey Trust sein können.[97]

Eine Aussage zur Rechtsnatur der Berechtigung des Beneficiary eines Jersey Trust kann ohne die nachfolge Betrachtung verschiedener, sich aus dessen Rechtsstellung ergebender Einzelrechte nicht getroffen werden. Bereits an dieser Stelle jedoch ist festzuhalten, dass der durch einen Trust vermittelte Anspruch (interest) eines Beneficiary nach TJL Art. 9 (10) bewegliches Vermögen darstellt, das von diesem wie jedes andere Wirtschaftsgut auch übertragen, verpfändet oder vererbt werden kann.[98]

## I. Ansprüche auf Leistungen aus dem Trust

Im Hinblick auf die rechtliche "Dichte“ des Anspruchs eines Beneficiary auf Leistungen aus dem Trust wird im Regelfall zwischen „Fixed Trusts“ einerseits und „Discretionary Trusts“ andererseits differenziert.[99] Während der Settlor bei einem Fixed Trust

---

95 *Matthews*, para 5.23. Zum Erfordernis der *Bestimmbarkeit* der Beneficiaries bereits oben § 2 C. II

96 Diskutiert wurde vor allem, ob der Vorbehalt von Bezugs- oder Rückanfallsrechten durch den Settlor gegen die "donner et retenir de vaut"-Regel verstoße, nach welcher – vereinfacht ausgedrückt – eine wirksame Vermögensübertragung voraussetzt, dass beim Settlor keine substantiellen Rechte zurückbleiben.

97 Für den Trustee gilt diese Bestimmung mit der Einschränkung, dass er nicht alleiniger Beneficiary sein darf, da in diesem Fall der „legal“ und der „equitable title“ am Trustvermögen in einer Person zusammenfielen; hierzu *Czermak*, Express Trust, S. 33.

98 So TJL Art. 9 (11) sowie *Matthews*, Jersey Law, para 8.11 unter Verweis auf *Re Power's Will* (1966) 1 JJ 643.

99 Z. B. *Sonneveldt* in Sonneveldt/van Mens, Trust, S. 10. Zutreffend weist *Czermak*, Express Trust, S. 77, darauf hin, dass mit Hilfe dieser Bezeichnungen keine eigenständigen Trust-Formen beschrieben, sondern jeweils nur bestimmte Eigenarten eines Trust hervorgehoben werden sollen. Zwar gelten im Steuerrecht verschiedener Common Law-Staaten für die Besteuerung des Discretionary Trust teilweise besondere Regeln. Regelmäßig wird jedoch auch insoweit nicht an die bloße Bezeichnung eines Trust sondern an die konkrete Ausgestaltung der jeweiligen Begünstigtenrechte

in der Trust-Urkunde genau vorgibt, ob und welche Ausschüttungen zu welchem Zeitpunkt an bestimmte Beneficiaries vorzunehmen sind, unterliegt die Verteilung der Erträge (income) und der Substanz (capital) des Trustvermögens[100] bei einem Discretionary Trust dem unter Umständen sehr weitreichenden Ermessen des Trustee.[101] Entscheidend ist, dass den jeweiligen Beneficiaries eines Discretionary Trust bis zu dem Zeitpunkt, an dem der Trustee zugunsten einer bestimmten Person einen Ausschüttungs- oder Verteilungsbeschluss gefasst hat, grundsätzlich keine klagbaren Ansprüche auf Leistung aus dem Trust zustehen.[102] Demgegenüber lässt ein Fixed Trust – zumindest nach dem im Common Law üblichen Begriffsverständnis – bereits mit seiner Errichtung gegenwärtige, sicher begründete Anwartschaftsrechte (vested interests) der Beneficiaries entstehen.[103]

### 1. Fixed Trusts

Anders als im Common Law wird auf Jersey mit dem Begriff „Fixed Trust“ nicht notwendigerweise die Existenz gegenwärtig bestehender Leistungsrechte der Beneficiaries verknüpft. Die Begriffsdefinition scheint sich hier vielmehr ausschließlich auf die Bindung des Trustee an die in der Trust-Urkunde fixierten konkreten Vorgaben des Settlor zu beziehen.[104] Unter Berücksichtigung der insoweit bestehenden Gestaltungsfreiheit können unter einem Jersey Fixed Trust deshalb nicht nur unbedingte (vested), sondern auch bedingte (contingent) oder befristete (interest vested in interest) „beneficial interests“ bestehen.[105] Da eine erschöpfende Aufzählung aller denkbaren Vermö-

angeknüpft. Vgl. bspw. zur Behandlung von Discretionary Trusts im englischen Erbschaftsteuerrecht *Albrecht*, Erbfälle, S. 197 ff.

100 Die für den gesamten anglo-amerikanischen Sprachraum prägende Unterscheidung zwischen „income“ und „capital“ ist im Detail hochstrittig; vgl. etwa *Shipwright/Keeling*, Revenue Law, para 1.2.4.1. Für die Zwecke der vorliegenden Arbeit wird der Begriff „income“ nachfolgend für die aus dem Trustgut folgenden Erträge verwendet, während der Terminus „capital“ die Vermögenssubstanz bezeichnen soll.

101 Jersey Law Commission Consultation Paper No 1 v. 29.1.1998, S. 6.

102 Vgl. etwa *Hayton*, Trusts and Trustees, S. 47 und *Czermak*, Express Trust, S. 79 m. w. N. Etwas anderes gilt, wenn *alle* potentiell unter einem Trust Begünstigten gemeinsam dessen Auflösung verlangen; hierzu unten § 2 E. III.

103 Dass die Terminologie insoweit nicht einheitlich ist, zeigt sich an der für diese Fälle auch gebräuchlichen Bezeichnung „Fixed Interest Trust“; vgl. z. B. *Sonneveldt* in Sonneveldt/van Mens, Trust, S. 10 sowie *Hayton*, Trusts and Trustees, S. 47.

104 So z. B. *Matthews*, Jersey Law, para 11.2: „This is a trust where the beneficiary's interests are fixed by the terms of the settlement itself, rather than by the exercise of a discretionary power subsequent to the creation of the trust“.

105 Zu beachten ist hierbei, dass das Recht Jerseys die zur näheren Qualifikation der Begünstigtenrechte im Common Law verwendeten Begriffe „interest in possession“ und „interest in remainder“ bzw. „interest in reversion“ nicht adaptiert hat bzw. in einem anderen Sinn verwendet; vgl. etwa *Ex parte Viscount Wimborne* (1983) JJ 17: „Interest in possession is a term of art which is not known to Jersey Law“ sowie *Matthews*, Jersey Law, para 11.9 ff. Gemeinhin versteht man unter

gensberechtigungen nicht möglich ist[106], werden nachfolgend exemplarisch einige als typisch erkannte Gestaltungen skizziert. Hierbei sei von folgendem Grundfall ausgegangen:

> A überträgt Vermögen auf einen Trustee. Die Erträge des Vermögens sollen monatlich (vierteljährlich/jährlich) an B ausbezahlt werden. Mit dessen Tod ist der Trust aufzulösen und das Vermögen an C auszukehren.[107]

In Abwandlung dieses Grundfalles sind etwa die folgenden Variationen denkbar:

Variante 1: Die Erträge sind auf weitere, neben B eingesetzte Beneficiaries beispielsweise anteilig zu verteilen.[108]

Variante 2: Der Trust soll erst mit dem Tode des C, dem nach B ebenfalls nur ein Recht an den Erträgen zukommt, beendet werden.[109] Die Trustsubstanz ist sodann an den zum Zeitpunkt der Trust-Errichtung lebenden D, im Falle dessen Vorversterbens an E bzw. dessen Erben auszukehren.

Variante 3: 50 % (100 %) der zu Lebzeiten des B anfallenden Erträge sind durch Umwandlung in Kapital zu akkumulieren.[110]

Variante 4: Die Erträge sind nur nach Maßgabe näherer Bedingungen an B auszuzahlen.[111]

Variante 5: A ist bis zu seinem Ableben alleiniger Ertragsberechtigter.[112] Im Falle des Vorversterbens von B und C soll auch die Trustsubstanz an A zurückfallen.[113]

---

„Interest in Possession" ein *gegenwärtiges* Recht des Beneficiary auf den *gegenwärtigen* Genuss der Trusterträge. Demgegenüber bezeichnet der Begriff „Interest in Remainder" ein *zukünftiges* Recht an den Trusterträgen oder dem bei Auflösung oder Teilauflösung des Trust auszukehrenden Trustvermögen. Zur näheren Definition dieser Begriffe vgl. ausführlich *Albrecht*, Erbfälle, S. 34 ff.

106 Ausführlich *Bogert*, Handbook, S. 136 ff.

107 Es ist dies der klassische Fall eines Trust für „B for life remainder to C absolutely". In diesem Zusammenhang ist zu beachten, dass im anglo-amerikanischen Rechtskreis sog. „capital gains", also Gewinne aus der Veräußerung eines Wirtschaftsguts wie etwa Spekulationsgewinne grundsätzlich zum Vermögensstamm und damit nicht zum „distributable income" gehören; hierzu nur *Arendt*, StuW 1960, Sp. 356 (Fn. 23) m. w. N.

108 Alternativ könnte sich die Ertragsberechtigung auch auf summenmäßig fixierte Beträge beziehen.

109 Im Rahmen der nach TJL Art. 11 bestimmten Höchstdauer eines Jersey Trust ließe sich diese Reihe zeitlich aufeinanderfolgender Berechtigungen beliebig fortsetzen.

110 Im Gegensatz zum englischen Recht besteht hinsichtlich der Akkumulierung von Erträgen gem. TJL Art. 34 (1) keine Einschränkung. Zum sog. „Accumulation and Maintainance Trust" eingehend *Matthews*, Jesey Law, paras 11.16 ff.

111 Solche Bedingungen können bspw. sein die Aufnahme eines Hochschulstudiums oder die Eheschließung; vgl. *Sieker*, US-Trust, S. 44. Vice versa können Ertragsberechtigungen aber auch auflösend bedingt sein (etwa durch die Wiederheirat der begünstigten Ehefrau nach Versterben des Settlor oder Drogenabhängigkeit respektive Insolvenz des Beneficiary).

112 Vgl TJL Art. 9 (12).

113 Alternativ wäre folgende Gestaltung denkbar: Alleiniger Ertragsberechtigter für die Dauer des Trust ist B. Nach Ablauf von 20 Jahren oder im Falle des Vorversterbens von B soll das Trustvermögen an A zurückfallen. Aus Sicht des US-Ertragsteuerrechts wären auf diesen Trust die sog.

Variante 6: Der Trustee ist berechtigt, den Teil der Erträge, den er für angemessen hält, bereits vor Beendigung des Trust an C auszukehren.[114]

Variante 7: Der Trustee ist berechtigt, den Teil der Erträge, den er für angemessen hält, durch Umwandlung in Kapital zu akkumulieren.[115]

Variante 8: A behält sich das Recht vor, den Trustee anzuweisen, einen von ihm als angemessen empfundenen Teil der Trustsubstanz bereits vor Beendigung des Trust an C auszukehren.

Variante 9: Auf entsprechende Anweisung des A (alternativ einer von A benannten dritten Person) hat der Trustee ungeachtet der Bezugs- und Anfallsberechtigung von B und C einen bestimmten Teil des Kapitals an eine dann näher bezeichnete Person auszuzahlen.[116]

Wie bereits diese – im Vergleich zu den in der Praxis entwickelten komplexen „Vertragswerken" – einfachen Fallbeispiele erahnen lassen, kann die Bestimmung der den Beneficiaries eines Fixed Trust zustehendenden Vermögensberechtigungen im Einzelfall erhebliche Schwierigkeiten bereiten. Unter Berücksichtigung der sicherlich grundlegenden Unterscheidung zwischen Berechtigungen an den Erträgen (income) und an der Substanz des Trustvermögens (capital) kann aber immerhin festgestellt werden, dass unmittelbar mit der Errichtung des Trust nur die Rechte auf die Erträge anfallen.[117] Während deren Anfall zwar auch über diesen Zeitpunkt hinaus aufschiebend bedingt oder befristet sein kann[118], sind die Rechte auf das Kapital in der Regel[119] bis zum Ende des Trust bzw. zum Ende einer vorangehenden Ertragsberechtigung aufgeschoben. Dieser Aufschub kann Befristung oder Bedingung sein. Eine aufschiebend befristete, vererbliche Kapitalberechtigung liegt vor, wenn die Substanzberechtigten – wie etwa im Grundfall – feststehen. Sind dagegen Ersatzberechtigte bestimmt, kann

„Clifford-Rules" anwendbar, mit der Folge, dass das Trusteinkommen weiterhin dem Settlor A zugerechnet würde; vgl. hierzu instruktiv *Sieker*, US-Trust, S. 217 ff. sowie *Schütte*, Familiengesellschaft, S. 101.

[114] Noch weitergehend könnte dem Trustee z. B. die Befugnis verliehen werden, das Trustvermögen auf neu zu bildende Discretionary Trusts zugunsten dritter Personen zu übertragen. Es ist evident, dass im Falle der Ausübung dieser – nach TJL Art. 35 „power of appointment" genannten – Befugnis des Trustee das Recht des B zumindest hinsichtlich der zukünftigen Erträge geschmälert bzw. vernichtet wird. Aus Sicht des Common Law wäre B bis zur Ausübung dieser Befugnis gleichwohl als Inhaber eines „interest in possession" anzusehen; vgl. *Pearson v IRC* (1981) AC 753. Letzteres ist nicht zuletzt im Hinblick auf das englische Erbschaftsteuerrecht von Bedeutung, da Trusts, an denen *kein* „interest in possession" besteht den besonderen Besteuerungsregeln für Discretionary Trusts unterfallen; vgl. zu diesem Komplex eingehend *Albrecht*, Erbfälle, S. 36, 197 ff.

[115] Aus englischer Sicht hätte B bei einem solchen Trust kein „interest in possession". Wegen der Konsequenzen vgl. die Nachweise unter Fn. 114.

[116] Es gilt zunächst das unter Fn. 114 Ausgeführte. Zum Vorbehalt einer „power of appoinment" durch den Settlor vgl. im übrigen § 2 F. I. 4.

[117] Vgl. auch *Mueller*, RabelsZ 1931, 808, 838 ff.

[118] Z. B. bei aufeinanderfolgenden Ertragsberechtigungen.

[119] Ausahme: Power of advancement entsprechend Variante 9.

der Substanzanfall beispielsweise durch das Erleben des Trustablaufs oder durch das Vorversterben eines Vorberechtigten aufschiebend bedingt und damit unvererblich sein.[120] Ganz entscheidend ist hierbei, dass unabhängig von der „Rechtsqualität" dieses Aufschubs eine materielle Kapitalberechtigung nach dem Trust-Recht Jerseys bis zum Eintritt des anspruchsauslösenden Ereignisses überhaupt nicht besteht.[121] Obgleich auch der Remainderman bereits von der Trust-Errichtung an Beneficiary und damit in equity Inhaber des Trustvermögens ist, gilt seine Berechtigung nur ausnahmsweise bereits mit Beginn des Trust als angefallen, wenn und soweit ihm zugleich auch die Nutzungen an den Vermögensgegenständen zustehen.[122] Im Ergebnis ist nach alledem festzuhalten, dass alleine die Einordnung unter den Typusbegriff „Fixed Trust" jedenfalls keine verlässlichen Rückschlüsse auf die jeweilige „Dichte" der Begünstigtenrechte zulässt.[123]

### 2. Discretionary Trusts

In Abgrenzung zum Fixed Trust bildet die den Trustees eingeräumte Befugnis, das Trustvermögen bzw. dessen Früchte nach ihrem mehr oder weniger freien Ermessen ganz oder teilweise auf die Beneficiaries übertragen zu können, das wesentliche Merkmal des Discretionary Trusts. Gemäß den Trustbestimmungen kann dem Trustee so z. B. eine Ermessensentscheidung dahingehend obliegen, wer aus einem vom Settlor vorab bezeichneten Personenkreis als Begünstigter konkretisiert werden soll.[124] Der Trustee kann ferner ermächtigt werden, dem vom Settlor bestimmten Kreis der potentiell Begünstigten nach vorgegebenen Kriterien weitere Beneficiaries hinzuzufügen[125]

---

[120] So z. B. Varianten 2 und 6.

[121] Vgl. *Matthews*, Jersey Law, para 8.15; zum US-amerikanischen Trust-Recht auch *Mueller*, RabelsZ 1933, 809, 841.

[122] *Matthews*, Jersey Law, para 8.15: „If the beneficiary's interest is an interest in remainder, even if absolute, he has no right to either income or capital until the prior interest(s) has or have come to an end. He will then be entitled to demand the income and, if his interest is absolute, the capital as well, just as if he were from the outset the absolute beneficial owner".

[123] Gleiches gilt im übrigen für den im Common Law als Fixed Interest Trust bezeichneten Trust-Typus. Wie insbesondere die Fortentwicklung der Fallvariante 7 in Fn. 114 erkennen lässt, hindern u. U. auch sehr weitreichende Befugnisse des Trustee nicht die Existenz eines „interest in possession". Mit den Worten des Royal Court in *Ex parte Viscount Wimborne* (1983) JJ 17: „(This) interest is the opposite of certain; it is precarious and I answer the question (...) by saying that the trustees have the right to withhold current income of the trust fund from the applicant".

[124] Da der Kreis möglicher Beneficiaries trotz des Bestimmtheitserfordernisses möglicherweise sehr weit gezogen ist, kann die Ausübung dieses Auswahlermessens u. U. Schwierigkeiten bereiten. Die Trustees sind deshalb nicht verpflichtet „(to) worry their heads to survey the world from China to Peru, when there are perfectly good objects of the class in England"; vgl. *Re Gestetner (deceased)* (1953) Ch 672, 688, zitiert nach Jersey Law Commission Consultation Paper No 1 v. 29.1.1998, S. 7.

[125] Diese Befugnis führt in der Offshore-Praxis vereinzelt zu etwas dubiosen Gestaltungen, mit deren Hilfe die Identität der „wahren" Beneficiaries verschleiert werden soll. Zu diesem Zweck werden

oder – mit gegenläufiger Wirkung – einzelne Beneficiaries von zukünftigen Veteilungsbeschlüssen vollständig auszunehmen. Schließlich obliegt dem Trustee eines Discretionary Trust in der Regel die – innerhalb eines bestimmten Zeitrahmens zu treffende[126] – Entscheidung, ob und gegebenenfalls in welchem Umfang die Erträge aus dem Trustvermögen an die Beneficiaries ausgeschüttet werden und ob bzw. wann teilweise Auskehrungen des Trustvermögens selbst an die Beneficiaries erfolgen. Die Ermessensgrenzen richten sich danach, inwieweit der Settlor sich bei der Errichtung des Trust unter Verzicht auf genaue Anweisungen darauf beschränkt hat, dem Trustee für seine fremdnützige Verwaltung lediglich bestimmte Richtlinien vorzugeben.[127]

Im Rahmen dieser Richtlinien ist der Trustee verpflichtet, innerhalb eines bestimmten Zeitraumes die angesichts der besonderen konkreten Umstände des Einzelfalles nach Abwägen allen Für und Wider dem Zweck der Ermächtigung am besten gerecht werdende Entscheidung zu treffen.[128] Aufgrund ihrer ausschließlich gegenüber den Beneficiaries bestehenden Treuepflicht muss diese Entscheidung eigenständig, das heißt grundsätzlich unbeeinflusst von den Wünschen oder gar Weisungen Dritter getroffen werden.[129] Ein Verstoß gegen diese allgemeinen, auch in den Trustbestimmungen nicht abdingbaren Verhaltensregeln kann als „breach of trust" zu beurteilen sein und zur persönlichen Haftung des Trustee führen.[130] Da für die Beneficiaries aber ein

in der Trusturkunde etwa zunächst ausschließlich örtliche „charities" – meist gemeinnützige Einrichtungen – als potentielle Begünstigte bezeichnet. Gleichzeitig wird dem Trustee die Befugnis erteilt, den Kreis der Beneficiaries beliebig zu erweitern. Erst unmittelbar vor einer Ausschüttung wird diese Befugnis durch den Trustee sodann zugunsten derjenigen ausgeübt, die tatsächlich zur Nutznießung am Trustvermögen berechtigt sein sollen. Im Hinblick auf die unter solchen Gestaltungen häufig „offiziell" Begünstigten werden Trusts dieser Art als "Blind Trusts", „Black Hole Trusts" oder "Red Cross Trusts" bezeichnet; zu den hiermit zusammenhängenden Rechtsfragen vgl. *Matthews*, Jersey Law, para 8.3.

[126] *Albrecht*, Erbfälle, S. 37.

[127] Auf Jersey bildet der Discretionary Trust heute die mit Abstand gebräuchlichste Trustform. Zwar ist nicht zu verkennen, dass diese Entwicklung maßgeblich von den steuerlichen Bedürfnissen der meist ausländischen Kapitalanleger geprägt wurde. Was andererseits jedoch häufig zu wenig Berücksichtigung findet, sind die außersteuerlichen Motive, die für die Errichtung eines solchen Trust sprechen können. Insbesondere ist hier an die große Flexibilität dieser Gestaltung zu denken, die daraus resultiert, dass einzelne Entscheidungen hinsichtlich der Verwendung des Trustvermögens in die Zukunft verlagert und dort dem pflichtgemäßen "richtliniengebundenen" Ermessen des Trustee überlassen werden. Mit einem Discretionary Trust lässt sich damit gewährleisten, dass die Ausschüttungs- und Verteilungsbeschlüsse des Trustee hinsichtlich des Trustvermögens fortlaufend und ohne dass es einer Änderung der Errichtungsurkunde bedarf an zukünftige Entwicklungen angepaßt werden.

[128] *Viscount Wimborne* (1983) JJ 17 at 32 sowie *Dundee General Hospitals Board of Management v Walker* (1952) 1 All ER 896 at 903. Vgl. auch TJL Art. 17 (1): „A trustee shall in the execution of his duties and in the exercise of his powers and discretions act with due diligence, as would a prudent person to the best of his ability and skill and observe the utmost good faith".

[129] Zu diesem allgemeinen Grundsatz vgl. nur *Matthews*, Jersey Law, para 9. 39. Zur Beachtlichkeit etwaiger – ausserhalb der Trusturkunde geäusserter – Wünsche des Settlor vgl. unten § 2 F. II. 2.

[130] *Matthews*, Jersey Law, para 11.13 sowie § 2 E. IV.

durchsetzbarer Anspruch auf Leistung aus dem Trust erst dann besteht, wenn der Trustee eine Ermessensentscheidung zugunsten einer bestimmten Auszahlung getroffen hat, kommt der Frage, in welchem Umfang die Tätigkeit des Trustee und insbesondere dessen Ermessensausübung der gerichtlichen Kontrolle unterworfen ist, entscheidende Bedeutung zu.[131]

Fest steht zunächst, dass auch dem nur potentiell begünstigten Beneficiary ein Rechtsschutzinteresse hinsichtlich der ordnungsgemäßen Verwaltung des Trustguts beigemessen wird.[132] Bei einem „breach of trust“ ist dieser damit klagebefugt[133]; alternativ kann das Gericht von Amts wegen einschreiten[134]. Darüberhinaus ist unstreitig, dass der Trustee verpflichtet werden kann, von der ihm zukommenden Entscheidungsbefugnis überhaupt Gebrauch zu machen.[135] Im Hinblick auf die Möglichkeit einer inhaltlichen Nachprüfung der Ermessensentscheidung indes lassen TJL und Case Law auf Jersey erstaunlicherweise erhebliche Zweifelsfragen bestehen, die auch unter Rückgriff auf das englische Recht kaum zufriedenstellend gelöst werden können. Während nämlich einerseits der auf dem Common Law beruhende Grundsatz „there is no valid trust, until the court can control and execute it“[136] auch auf Jersey fraglos anerkannt wird[137], besteht andererseits für den Trustee eines Discretionary Trust in keinem der beiden Rechtssysteme eine Verpflichtung, die für seine konkrete Ermessensentscheidung maßgeblichen Überlegungen und Gründe offenzulegen.[138] Die hinter diesem Grundsatz stehenden Überlegungen hat Sir Philip Bailhache in einer Entscheidung des Royal Court aus dem Jahre 1994[139] wie folgt zusammengefasst:

> „In the context of discretionary trusts, it seems to us eminently sensible and reasonable that trustees should be able to weigh conflicting considerations as between different beneficiaries and to judge the merits and demerits of particular courses of action without being exposed to minute examination as to their motives and processes of reasoning by disaffected beneficiaries. Trustees of such a trust have been entrusted with a confidential role and should, in general, be permitted to exercise their functions away from glare of publicy. Of course, if they are not acting in good faith, that is an entirely different matter.“

---

131 Soweit ersichtlich wurde dieser Frage in der deutschsprachigen Literatur bislang nicht weiter nachgegangen.

132 *Matthews*, Jersey Law, paras 8.17, 11.14, 14.17.

133 West v Lazard Brothers & Co (Jersey) Ltd. (1987-1988) J.L.R. 414, 420.

134 Vgl. TJL Art. 47 (2) (iii).

135 *Matthews*, Jersey Law, para 11.14 unter Verweis auf *Ex parte Viscount Wimborne* (1983) JJ 17 at 32.

136 So *Lord Eldon* in Morice *v Bishop of Durham* (1804) 9 Ves. 399. Zum „accaoutability-principle“ vgl. auch *Ham*, Trust Law International 1995, Vol. 9, 1, 21 ff.

137 Vgl. Jersey Law Commission Consultation Paper No 1 v. 29. 1. 1998, S. 9.

138 TJL Art. 25 (a)-(c). So ausdrücklich auch die vom Royal Court mit *West v Lazard Brothers & Co (Jersey) Ltd* (1987-1988) J.L.R. 414, 420 angewandte englische Entscheidung *Re Londonerry's Settlement*, (1965) 1 Ch. 928. Zu weiterern Nachweisen vgl. Jersey Law Commission Consultation Paper No 1 v. 29. 1. 1998, S. 12.

139 In the Matter of a Settlement (1994) J.L.R. 139, 146.

Vor diesem Hintergrund wird erkennbar, dass die de jure vorgesehene umfassende gerichtliche Kontrolle der Amtshandlungen des Trustee de facto nur dann durchgesetzt werden kann, wenn der Nachweis eines „breach of trust“ gelingt. Eine solche Pflichtwidrigkeit wird nach TJL Art. 1 (1) bei Verstoß gegen die dem Trustee durch das Gesetz auferlegten Pflichten, vor allem aber auch bei Verstoß gegen die Bestimmungen der Trust-Urkunde angenommen.[140] Die Einhaltung des hierin vom Settlor vorgegebenen Handlungsrahmens lässt sich effektiv indes nur dann kontrollieren, wenn die entsprechenden Dokumente zugänglich sind. Dies führt zu der Frage, ob und in welchem Umfang die Trustees (insbesondere) eines Discretionary Trust den Beneficiaries gegenüber zu Auskunft und Rechnungslegegung verpflichtet sind.

## II. Ansprüche auf Auskunft und Rechnungslegung

Im Hinblick auf die vorangegangenen Ausführungen ist primär klärungsbedürftig, inwieweit es dem Trustee bei einem Discretionary Trust obliegt, die Beneficiaries von ihren potentiellen Rechten zu informieren. Zwar wird diese Frage explizit weder im TJL, noch im Case Law Jerseys bzw. Englands geregelt.[141] Die wohl als herrschend zu bezeichnende Meinung im Schrifttum geht jedoch ebenso wie die Jersey Law Commission von einer entsprechenden Informationsverpflichtung der Trustees aus, da andernfalls die oben dargestellten, unstreitig allen Beneficiaries zustehenden Klagebefugnisse faktisch wertlos wären.[142] Da es bei einem Discretionary Trust häufig nicht möglich ist, die Gesamtheit der in Betracht kommenden Beneficiaries bereits im Zeitpunkt der Trust-Errichtung abschließend zu erfassen[143], muss der Trustee allerdings nur „reasonable steps“ ergreifen, um die Beneficiaries von ihrer möglichen Berechtigung unter dem Trust in Kenntnis zu setzen.[144]

Hinsichtlich der weitergehenden Rechnungslegungspflichten des Trustee gilt sodann folgendes: Wie auch im englischen Recht hat der Trustee über seine Befugnis und Verpflichtung, das Vermögen in Übereinstimmung mit den Trust-Bestimmungen und den ihm durch das Recht auferlegten besonderen Verpflichtungen zu verwalten, zu verwenden und darüber zu verfügen Rechenschaft abzulegen.[145] Im Hinblick auf den treuhänderischen Charakter seines Amtes ist er daher zunächst zu einer ordnungsge-

---

[140] *Matthews*, Jersey Law, para 14.2.

[141] Jersey Law Commission Consultation Paper No 1 v. 29. 1. 1998, S. 9.

[142] *Matthews*, Jersey Law, para 8.18 m. w. N. sowie *Hayton*, Trends in Contemporary Trust Law, 49, zit. nach Jersey Law Commission Consultation Paper No 1 v. 29. 1. 1998, S. 9.

[143] Etwa dann, wenn der Kreis der potentiell Berechtigten bereits von Anfang an sehr weit gezogen ist, oder dritte Personen, die in der Regel die Funktion eines „Protector“ ausüben (dazu unten § 2 F. II. 1. ), die Befungis haben, diesen Kreis nach bestimmten Vorgaben zu erweitern; vgl. Jersey Law Commission Consultation Paper No 1 v. 29.1.1998, S. 10.

[144] Jersey Law Commission Consultation Paper No 1 v. 29.1.1998, S. 10.

[145] Entspr. auch Art. 2 (c) des Haager Übereinkommens über das auf Trusts anzuwendende Recht und ihre Anerkennung v. 1.7.1985, IPrax 1987, 52.

mäßen Dokumentation und Aufzeichnung, insbesondere also zur Buchführung und zur Aufbewahrung der Unterlagen, verpflichtet.[146] Da diese „trust documents" formaljuristisch zum Trustvermögen gehören, unterliegen sie gem. TJL Art. 25 (d) im Grundsatz dem uneingeschränkten Einsichtnahme- und Prüfungsrecht der Beneficiaries.[147]

Zweifelsfrei steht vor diesem Hintergrund fest, dass ein Beneficiary Einsichtnahme nicht nur in die Bücher, Jahresabschlüsse oder Kontenbelege, sondern auch in die im Zusammenhang mit der Trustverwaltung abgeschlossenen Verträge sowie die Trust-Urkunde selbst fordern kann.[148] Soweit Geschäftsanteile an sogenannten „underlying companies" zum Trustvermögen gehören, erstreckt sich der Anspruch auf Rechenschaftslegung auch auf die Bücher bzw. Bilanzen der Gesellschaften.[149] Welche konkreten Unterlagen darüberhinaus dem Informationsrecht der Beneficiaries unterliegen, ist indes angesichts der in TJL Art. 25 verwendeten, auslegungsbedürftigen Begriffe „documents" und „accounts" vor allem in Bezug auf Discretionary Trusts nicht ganz klar.[150] Da der Trustee – wie weiter oben ausgeführt – nicht verpflichtet ist, seine Überlegungen und Gründe für eine bestimmte Ermessensentscheidung offenzulegen, wird man die Grenze im Ergebnis dort zu ziehen haben, wo die insoweit als vorrangig angesehene Vertraulichkeit der Trust-Vereinbarungen betroffen ist.[151] Soweit die Trust-Bestimmungen keine diesbezügliche Regelung treffen, soll deshalb insbesondere ein dem Trustee überlassener „Letter of wishes"[152] des Settlor vom Informations- und Einsichtnahmerecht der Beneficiaries ausgenommen sein.[153]

Zusammenfassend lässt sich hiernach folgendes festhalten: Einer effektiven gerichtlichen Kontrolle ist die Verwaltungstätigkeit des Trustee in der Regel nur entzogen, soweit die Ausübung eines diesem in der Trust-Urkunde eingeräumten Ermessensspielraums hinsichtlich der Verteilung von Trusterträgen und –substanz in Frage steht. Abgesehen davon bildet die Erzwingbarkeit des Trust-Zweckes durch die Beneficiaries jedoch ein unabdingbares „core minimum" des Trust. Da eine Rechtsdurchsetzung

---

146 Vgl. TJL Art. 17 (5): „A trustee shall keep accurate accounts and records of his trusteeship".

147 Vgl. *O'Rourke v. Darbyshire* (1920) A.C. 581, 626: "The beneficiary is entitled to see all trust documents because they are trusts documents and because he is a beneficiary. They are in this sense his own. Action or no action, he is entitled to access to them". Nach TJL Art. 25 stehen diese Rechte *ausschließlich* den Beneficiaries zu. Eine Verpflichtung des Trustee zur Offenlegung gegenüber anderen Personen (oder Behörden) wird damit ausdrücklich ausgeschlossen.

148 Grundlegend insoweit Re Londonderry's Settlement (1965) 1 Ch. 928 sowie West v Lazard Brothers & Co (Jersey) Ltd 1987-88 JLR 414.

149 *Mathews*, Jersey Law, para 8.20 m. w. N.

150 Zum Streitstand mit ausführlichen Nachweisen Jersey Law Commission Consultation Paper No 1 v. 29.1.1998, S. 10 ff.

151 Vgl. Fn. 150.

152 Hierzu unten § 2 F. II. 2.

153 So ausdrücklich die englische Entscheidung in *Hartigan Nominees Pty Ltd v Rydge* (1992) 29 NSWLR 405. Kritisch *Matthews*, Jersey Law, para 8.23.

de facto nur möglich ist, wenn die Beneficiaries in der Lage sind, sich Informationen über die ihnen unbekannten Verhältnisse und Vorgänge zu verschaffen, werden ihnen von Gesetz und Rechtsprechung weitreichende Auskunfts- und Rechnungslegegungsansprüche gegenüber dem Trustee zuerkannt. Eine zu weitgehende Beschränkung dieser, auf dem „Beneficiary-Prinzip“ beruhenden Rechte im Rahmen der Trusturkunde kann unter Umständen die Wirksamkeit der Trust-Errichtung insgesamt in Frage stellen.[154]

### III. „Beneficiary Actions“ – Das Recht zur Beendigung des Trust

Im Unterschied zum Trust-Recht bspw. einiger US-amerikanischer Bundesstaaten, in welchem das „equitable interest“ eines Beneficiary lediglich als „ius in personam“ gegen den Trustee ausgestaltet ist[155], wird der Beneficiary eines Jersey Trust allgemein als Inhaber eines „ius in rem“ angesehen.[156] Während diese Unterscheidung in den Common Law-Ländern dogmatisch schon seit jeher äußerst umstritten ist[157], wird für das Recht Jerseys kein Zweifel daran gelassen, dass das „beneficial interest“ der deutschen Theorie entsprechend ein dingliches Recht am Trustvermögen vermittelt.[158] In besonders prägnanter Weise manifestiert sich dies in der die Beendigung eines Jersey Trust regelnden Vorschrift des TJL Art. 39. Durch gemeinsame Handlung aller unter einem Trust bestimmt oder potentiell Berechtigten kann hiernach nämlich die Beendigung des Trust und die Auskehrung des Vermögens einschließlich etwaig akkumulierter Erträge bewirkt werden.[159] Dieser „beneficiary action“ stehen grundsätzlich auch die sich aus der Trusturkunde ergebenden Intentionen des Settlor

[154] Zu dieser hochstrittigen Frage *Matthews*, Jersey Law, para 8.23 sowie Jersey Law Commission Consultation Paper No 1 v. 29.1.1998, S. 18, in welchem verschiedene Möglichkeiten einer als wünschenswert angesehenen gesetzlichen Klarstellung dargelegt werden. Als unschädlich wird unter Trustjuristen teilweise angesehen, wenn die Informationsrechte der Beneficiaries an das Erfordernis einer gerichtlichen Verfügung gekoppelt sind; Vgl. etwa *Mowbray*, Trust Law International 1994, Vol. 8, Nr. 3, 68, 71. M. E. dürfte gleichwohl erforderlich sein, dass zumindest *ein* Beneficiary uneingeschränkt Informations- und Auskunftsberechtigt ist.

[155] Nachweise bei *Scott/Fratcher*, Trusts, para 130. Zum südafrikanischen Nachlasstrust *Jülicher*, IStR 1996, 325, 326; zu den Besonderheiten des schottischen Trustrechts auch *Klein*, IStR 1999, 377, 380.

[156] So ausdrücklich *Matthews*, Jersey Law, paras 1.20, 8.4, 15.20; vgl. auch *Birks*, Trust Law International 1994, 99, 100.

[157] Vgl. z. B. die hervorragenden Darstellungen von *Kötz*, Trust und Treuhand, S. 35 ff. sowie *Czermak*, Express Trust, S. 66 ff., jew. mit umfangreichen w. N.; zur Einordnung aus deutscher Sicht *Heymann*, Trustee und Trustee-Company, S. 473, 503.

[158] Vgl. Fn. 156.

[159] Vgl. TJL Art. 39 (3). Bei fehlender Geschäftsfähigkeit bzw. Minderjährigkeit kann die Willenserklärung einzelner Beneficiaries gem. TJL Art. 43 durch das Gericht ersetzt werden; dazu ausführlich *Matthews*, Jersey Law, para 13.7 ff.

nicht entgegen.[160] Dass das Gericht, dem auch insoweit eine gewisse Aufsichtsfunktion zukommt[161], einer solchen „beneficiary action" entgegenwirken könnte, wird im Hinblick auf die „proprietary interests" der Beneficiaries für gewöhnlich ausgeschlossen.[162]

Zwar beschränkt sich die praktische Bedeutung dieser Befugnis aufgrund des erforderlichen Zusammenwirkens aller möglichen Beneficiaries[163] auf diejenigen Fälle, in denen die Rechte unter einem Trust ausschließlich bereits lebenden Personen zustehen.[164] Immerhin aber lässt sich aus TJL Art. 39 (3) entnehmen, dass den am Trustvermögen bestehenden Ansprüchen der Beneficiaries im Recht Jerseys zumindest eigentumsähnliche Qualitäten beigemessen werden.[165]

## IV. Schutz der Begünstigtenrechte

Neben den dargestellten Inhalten der „beneficial interests" ist die Frage, wie diese von der Rechtsordnung Jerseys gegenüber Dritten geschützt werden, für die Rechtsstellung der Beneficiaries von entscheidender Bedeutung. Abgesehen von wenigen, für die Zwecke der vorliegenden Untersuchung nicht weiter relevanten, Ausnahmen bestehen insoweit gegenüber dem „gewöhnlichen" Common Law-Trust keine bemerkenswerten Unterschiede. Im Hinblick auf die weitreichende Haftung des Trustee bei Nachweis eines „breach of trust"[166] sowie den Schutz des Trustguts gegenüber Gläubigern des Trustee[167] kann deshalb bedenkenlos auf die bereits vorliegende deutschsprachige

160 Demgegenüber kann eine Auflösung des Trust nach US Recht gegen den offenkundigen Willen des Settlor nicht erfolgen; etwa *Scott/Fratcher*, Trusts, para 337.

161 Vgl. TJL Art. 39 (4). Zur Rechtsaufsicht durch den Royal Court *Neuhoff*, ZEV 1996, 330, 331, sowie allgemein *Nußbaum*, AcP 1950/1951, 193, 195.

162 *Matthews*, Jersey Law, para 15.20.

163 Zu den Einzelheiten ausführlich *Matthews*, Jersey Law, para 15.14 ff,

164 Nicht erfasst werden damit die von *Sieker*, US-Trust, S. 279, als „dynastische Trusts" bezeichneten generationsübergreifenden Trust-Gestaltungen.

165 Eine der beneficiary action entsprechende Möglichkeit zur Beendigung des Trust besteht im englischen Trust-Recht, wenn Vermögensgegenstände für einen Begünstigten oder mehrere Begünstigten nebeneinander *absolutely* gehalten werden. Dies ist der Fall, wenn die Berechtigung der Beneficiaries nicht durch die spätere Berechtigung eines anderen begrenzt ist und der Trustee keine Befugnis besitzt, andere Personen als Begünstigte zu benennen; vgl. dazu *Albrecht*, Erbfälle, S. 33 m. w. N.

166 Gem. TJL Art. 52 (2) sind bei einem Corporate-Trustee die Geschäftsführer (directors) neben der juristischen Person als Gesamtschuldner für einen „breach of trust" haftbar. Ohne größere praktische Bedeutung dürfte sein, dass – anders als in England – eine Klage wegen eines „breach of trust" auch dann zulässig ist, wenn der Pflichtenverstoß des Trustee nicht zu einem Schaden geführt hat; vgl. *Midland Bank Trustee (Jersey) Ltd v Federated Pension Services Ltd*, unreported, 4, 8, 1994, zit. nach *Cushen* in Campbell, Offshore Trusts, Jersey, 197, 203, Fn. 23.

167 Das Trustgut bildet gem. TJL Art. 50 (1) (b) ein Sondervermögen, welches nicht zur Befriedigung von Gläubigern des Trustee zur Verfügung steht; vgl. auch TJL Art. 50 (4).

Literatur verwiesen werden.[168] Wegen der Relevanz für die später vorzunehmende Einordnung des Trust unter den steuerlichen Begriff der „Vermögensmasse" ist es indes zweckmäßig, an dieser Stelle kurz auf die den Beneficiaries bei Veränderungen im Bestand des Trustguts zustehenden Rechte einzugehen.

## 1. Surrogation

Im deutschen Recht ist die dingliche Surrogation in erster Linie eine erbrechtliche Besonderheit[169], die bewirkt, dass der Wert des Sondervermögens Nachlass über alle Wechsel seiner konkreten Bestandteile hinweg im Interesse der Erben oder Nacherben erhalten wird.[170] Eine ähnliche Interessenlage besteht bei einem Trust, der – wie in der Praxis häufig der Fall – auf die Umsetzung des Trustvermögens angelegt ist, etwa weil der Verwaltungserlös in Wertpapiere investiert und das Portefeuille ständig je nach Marktlage in seinem Bestand verändert werden soll. Dass sich der Trust in diesem Fall an denjenigen Wertgegenständen fortsetzt, die der Trustee mit Mitteln des Trustvermögens anschafft, wird in den Common Law-Ländern als völlig selbstverständlich angesehen und findet kaum je ausdrückliche Erwähnung. Hält sich der Trustee bei seinen Verfügungen im Rahmen der Befugnisse, setzt sich die Berechtigung der Beneficiaries also an den jeweiligen Surrogaten des Trustvermögens ohne Rücksicht darauf, wie viele Umsatzgeschäfts aufeinander folgen, fort.[171] Komplizierter liegen die Dinge nur bei treuwidrigen Verfügungen des Trustee, bei denen die erlangten Gegenwerte mit dessen eigenem Vermögen vermengt werden.[172] Grundsätzlich verhelfen die Equity-Regeln dem Beneficiary jedoch auch hier zur Durchsetzung seiner an den Ersatzgegenständen erlangten „beneficial interests".[173]

## 2. Fortsetzung bei verbotswidrigen Verfügungen des Trustee

Verfügt der Trustee treuwidrig über einen Gegenstand des Trustvermögens, steht dem Beneficiary einerseits ein auf den „breach of trust" gegründeter Schadensersatzan-

---

[168] Jeweils m. w. N. *Kötz*, Trust und Treuhand, S. 28 ff.; *Czermak*, Express Trust, S. 58 ff.; *Sieker*, US-Trust, S. 48 ff.; aus der neueren Literatur z. B. *Siemers/Müller*, ZEV 1998, 206.

[169] Vgl. §§ 2019, 2041, 2111 BGB.

[170] *Palandt/Edenhofer*, § 2019 BGB Rn 1. Darüberhinaus kommt es zu einer Surrogation etwa im Gesamtgut einer Gütergemeinschaft (§ 1473 BGB), bei Leistung auf eine gepfändete Forderung (§ 1287 BGB) oder bei Leistung auf eine Forderung, an der ein Nießbrauch bestellt wurde (§ 1075 BGB). Wegen des Unmittelbarkeitsprinzips nach der wohl noch h. M. *nicht* anerkannt ist die dingliche Surrogation demgegenüber – mit wenigen Ausnahmen – bei der Treuhand; vgl. etwa *Palandt/Bassenge*, § 903 BGB Rn 37; *Coing*, Treuhand, S. 117; *ders.*, Übernahme des Trusts, S. 79, 83; hiergegen mit überzeugenden Argumenten *Kötz*, Trust und Treuhand, S. 136 ff.

[171] Etwa *Czermak*, Express Trust, S. 60.

[172] *Kötz*, Trust und Treuhand, S. 31.

[173] Ausführlich ebenda, S. 32.

spruch gegen den Trustee zu.[174] Zum anderen kann in vielen Fällen aber auch mit Erfolg gegen den Erwerber des veruntreuten Vermögensgegenstandes vorgegangen werden. Sofern diesem nämlich die Treuwidrigkeit der Verfügung des Trustee bekannt war bzw. hätte bekannt sein müssen, ist er dem Beneficiary zur unverzüglichen Herausgabe oder zum Wertersatz verpflichtet.[175] Einen vergleichbaren Schutz bietet bekanntlich das deutsche Treuhand-Recht nicht.[176]

### V. Exkurs: Purpose Trusts

Wie dargestellt, gehört das die Erzwingung des Trust-Zwecks sicherstellende „Beneficiary-Prinzip" zu den unabdingbaren Grundlagen eines Trust.[177] Mit Ausnahme des gemeinnützigen „Charitable Trust"[178], dessen Durchsetzung auf Jersey von Verfassungs wegen dem Ersten Kronanwalt (Attorney General) obliegt[179], können mit dem „klassischen" Trust demgemäß nur personengebundene Zwecke verfolgt werden. Offenkundig in Reaktion auf die Rechtsentwicklung in einigen „Steueroasen"-Jurisdiktionen[180] verhalf der Gesetzgeber auf Jersey inzwischen jedoch mit Trusts (Amendement No. 3) (Jersey) Law 1996 auch dem „non-charitable Purpose Trust" zur Gültigkeit. Nach dem neu in das TJL eingefügten Art. 10 A soll der Umstand, dass ein Trust an einen unpersönlichen, nicht gemeinnützigen Zweck gebunden ist, dann nicht zur Unwirksamkeit des Trust führen, wenn dessen Bestimmungen die Ernennung eines sogenannten „Enforcer" vorsehen. Wie bereits die gewählte Bezeichnung erkennen lässt, besteht die Funktion des Enforcer, der nicht zugleich Trustee sein darf, darin, die Einhaltung des Trust-Zweckes durch den Trustee zu überwachen und nötigenfalls gerichtlich durchzusetzen.[181] Letztlich kommen dem Enforcer damit die Befugnisse bzw. Aufgaben zu, die bei einem „gewöhnlichen" Trust von den Beneficiaries wahrgenommen werden.

---

[174] *Czermak*, Express Trust, S. 65.

[175] Gleiches gilt im Falle des unentgeltlichen Erwerbs vom Trustee; z. B. *Sieker*, US-Trust, S. 49 m. w. N.

[176] Auf die Vorschriften des gutgläubigen Erwerbs kommt es hier nicht an, da der Vertragpartner des treuwidrig handelnden Treuhänders das Eigentum gem. § 929 BGB grundsätzlich vom Berechtigten erwirbt; hierzu bspw. *Wittuhn*, Trust, S.129 m. w. N.

[177] Vgl. oben § 2 E. II.

[178] Für Jersey vgl. TJL Art. 10 (2) (a) (iv): „A trust shall be invalid – (...) to the extent that – (...) it is created for a purpose in relation to which there is no beneficiary, not being a charitable purpose".

[179] *Matthews*, Jersey Law, para 16.18.

[180] Anguilla, Barbados, Belize, Bermuda, British Virgin Islands, Cayman Islands, Cook Islands, Isle of Man, Liechtenstein, Mauritius, Nauru, Nevis, Niue, Seychellen und Zypern. Die Bindung der Trustverwaltung an einen unpersönlichen Zweck anerkennt aber auch das Haager Übereinkommen über das auf Trusts anzuwendende Recht und ihre Anerkennung v. 1.7.1985, vgl. dort Art. 2 c).

[181] TJL Art. 10 B.

Naturgemäß kann an einem Trust, dessen Vermögen nicht zugunsten bestimmter Begünstigter, sondern für einen abstrakten Zweck zu verwalten ist, keiner Person ein „equitable title" zugeordnet werden. Wenngleich der non-charitable Purpose Trust vor diesem Hintergrund bereits vielfach als progressives Gestaltungsinstrument zum Zwecke der Steuerminimierung angepriesen wurde[182], scheint sich seine praktische Bedeutung – zumindest im Hinblick auf legale Ziele – bis zur Stunde noch in Grenzen zu halten. Zwar sieht sich diese Trustform auf internationaler Ebene nicht den gleichen Bedenken ausgesetzt, wie der kürzlich auf den Cayman Islands durch das Special Trusts (Alternative Regime) Law 1997 eingeführte STAR-Trust.[183] Gleichwohl ist zu beachten, dass alleine das Halten von Vermögensgegenständen nach allgemeiner Auffassung keine hinreichende Zweckbestimmung begründet.[184] Insbesondere Trusts, deren Zweck sich - wie von der Offshore-Industrie streckenweise propagiert – auf das ausschließliche Halten von Gesellschaftsbeteiligungen beschränkt[185], dürften mithin formaljuristisch unwirksam sein. Im Rahmen der weiteren Untersuchung wird auf den Purpose Trust daher allenfalls am Rande eingegangen.

## F. Rechtsstellung des Settlor

Mit der Errichtung eines Trust geht zwingend die Änderung der dinglichen Rechtszuständigkeit an dem in Trust gegebenen Vermögen einher. Die schlichte Übertragung des „legal title" auf den Trustee genügt indes nicht, um die mit einem Trust verbundenen Rechtswirkungen eintreten zu lassen. Im Hinblick auf seine ausschließlich gegenüber den Beneficiaries bestehende Treuepflicht muss dem Trustee vielmehr ergänzend ein substantielles Maß an eigenständigen Verwaltungs- und Verfügungsbefugnissen zukommen, da er andernfalls als bloßer Vertreter (agent) des Settlor angesehen wird.[186] Damit stellt sich die Frage, in welchem Umfang sich der Settlor bei Errichtung eines Intervivos Trust Verwaltungs- und Herrschaftsbefugnisse hinsichtlich des Trustvermögens vorbehalten darf, ohne zugleich die Wirksamkeit des Trust zu gefährden.

---

182 *Bennett*, STEP Newsletter 5/1997, Issue 19.

183 Charakteristisch für dieses, im Gegensatz zum non-charitable Purpose Trust auf persönliche Zwecke ausgerichteten Trust-Modells ist, dass anstelle der Beneficiaries ausschließlich der Enforcer das Recht der Erzwingung des Trust gegenüber dem Trustee hat; dazu *Klein*, IStR 1999, 377, 381. Die hiergegen unter Berufung auf das „Beneficiary-Prinzip" erhobenen Bedenken wurden jüngst auch von der Jersey Law Commission geteilt; vgl. Jersey Law Commission Consultation Paper Nr. 1 v. 29. 1.1998, S. 22.

184 So *Cushen/Crills*, Purpose trusts, S. 13. Zum Erfordernis eines „active trust" allgemein vgl. *Czermak*, Express Trust, S. 35.

185 Wie *Mowbray*, Trust Law International 1994, Vol. 8, Noben 3, 68, 69 feststellt, hat der Settlor in diesen Fällen häufig Stimmrechtsvollmacht und/oder einen leitenden Geschäftsführerposten inne.

186 Etwa *Hayton*, Trusts and Trustees, S. 44 ff.

Während der Jersey Trust insoweit bis 1989 eigenen Regeln unterlag[187], entspricht die Rechtslage seit dem Erlass des Trusts (Amendement) (Jersey) Law 1989 weitgehend dem allgemeinen Common Law.[188] Im Grundsatz ist danach noch zwischen den folgenden zwei Fällen zu differenzieren: Zum einen kann dem Trustee von vornherein nicht das erforderliche Maß an Rechten und Pflichten hinsichtlich der Verwaltung und Verwendung des Trustvermögens übertragen worden sein. Beschränkt sich die Aufgabe des Trustee demgemäß etwa unter Ausschluss von Verwaltungsbefugnissen auf das bloße Halten des Vermögens zugunsten eines einzigen, unbedingt berechtigten Beneficiary, so qualifiziert das Common Law einen solchen Trust als „Simple Trust" oder „Passive Trust".[189] Als vergleichsweise problematischer erweisen sich zum anderen aber solche Trust-Gestaltungen, bei denen der Trustee zwar formal mit entsprechenden Rechten ausgestattet wird, diese Rechte jedoch aufgrund weitreichender Befugnisse des Settlor oder tatsächlicher Selbstbindung des Trustee praktisch nicht eigenständig vollzogen werden.[190] Sofern sich erweist, dass dem Trustee deshalb die essentiellen Verwaltungsrechte und –pflichten zugunsten der Beneficiaries nur dem Anschein nach zustehen, wird die Vermögensübertragung und damit der Trust im ganzen als „sham" – als nichtiges Scheingeschäft – beurteilt.[191]

Wie das umfangreiche, durchweg einzelfallorientierte Case Law zu diesem Problemkreis belegt[192], ist die Grenze zwischen einem wirksamen Trust und einem „Sham Trust" oft nur schwierig zu bestimmen. Im Grundsatz gilt, dass auch der Vorbehalt weitreichender Gestaltungs- und Herrschaftsrechte durch den Settlor dann unschädlich ist, wenn dem Trustee bis zur tatsächlichen Ausübung dieser Befugnisse ein eigener

[187] Nach dem auf dem normannischen Customary Law beruhenden Grundsatz „donner et retenir ne vaut rien" konnten Übertragungen auf einen Trust als unwirksam angesehen werden, wenn der Settlor aufgrund vorbehaltener Herrschaftsbefugnisse die Verwendung von Trustvermögen- und/oder erträgen kontrollieren und bestimmen konnte. Zu einem „illusory gift" – und damit einem unwirksamen Trust – sollte hiernach u. a. der Vorbehalt des Widerrufs sowie der Vorbehalt von nicht unwesentlichen Ertragsrechten führen; vgl. *Ex parte Viscount Wimborne* (1983) JJ 17 at 33; *Rahmann v Chase Bank* (1991) JLR 103 ff.; zusammenfassend *Matthews*, Jersey Law, paras 5.28 ff.

[188] Nach dem im Zuge dieser Gesetzesänderung neu gefassten TJL Art. 8 A findet die „donner et retenir ne vaut rien"-Regel auf Jersey Trusts, die *nach* dem 20.7.1989 errichtet sind, keine Anwendung mehr.

[189] Vgl. *Hayton*, Trusts and Trustees, S. 44 ff.; zum US-amerikanischen Recht auch *Czermak*, Express Trust, S. 35 f. m. w. N.

[190] Es ist auffällig, dass Trusts unter diesem Aspekt gerade in den letzten Jahren von den Erben zwischenzeitlich verstorbener Settlor zunehmend der gerichtlichen Prüfung unterstellt werden; vgl. *Mowbray*, Trust Law International 1994, Vol. 8, Nr. 3, 68.

[191] *Matthews*, Jersey Law, paras 5.42 ff.

[192] Für Jersey vgl. etwa *Re Knights (Jersey) Ltd* (1962) 1 JJ 207 at 210; *Ex parte Wiscount Wimborne* (1987) JJ 17; *Rahmann v Chase Bank* (1991) JLR 103 at 114. Aus dem englischen Recht z. B. *AG Securities v Vaughan* (1990) 1 AC 417; *Midland Bank plc v Wyatt* (1995) 1 FLR 696. Weitere Nachweise bei *Hayton*, Trusts and Trustees, S. 45 f.

Handlungsspielraum verbleibt.[193] Andererseits greift die „sham doctrine“ evident, wenn der Trustee überhaupt nur auf jeweilige Einzelanweisung des Settlor oder einer dritten, dem Settlor nahestehenden Person handlungsbefugt sein soll.[194] Abgesehen davon besteht für den Settlor eines Jersey Trust aber heute im Prinzip eine beachtliche Reihe von Möglichkeiten, mittels derer der Einfluss auf Verwaltung und/oder Verwendung des Trustvermögens innerhalb gewisser Grenzen auch über die Trust-Errichtung hinaus erhalten werden kann.

## I. Im Rahmen der Trusturkunde vorbehaltene Rechte

### 1. Settlor als Trustee

Dass der Settlor sich selbst als alleinigen Trustee bestellt ist eine zwar denkbare, in der Praxis allerdings – zumeist wegen der steuerlichen Konsequenzen – eher selten anzutreffende Gestaltung.[195] Wenn es auch rechtlich prinzipiell ohne weiteres möglich ist, dass der Settlor unter vollständigem Zurückbehalt des „legal title“ das „beneficial interest“ zugunsten Dritter verwaltet[196], kann die Ernsthaftigkeit solcher Strukturen und damit die Wirksamkeit des Trust insgesamt doch verhältnismäßig leicht in Frage gestellt sein.[197] Praktisch bedeutsamer scheinen vor diesem Hintergrund Gestaltungen zu sein, bei denen der Settlor selbst nur einer von mehreren Trustees ist.[198] Ob Entscheidungen des so gebildeten Gremiums Einstimmigkeit erfordern oder mehrheitlich ergehen können[199], ist in der Trust-Urkunde ebenso regelbar wie die individuelle Zuweisung bestimmter Verwaltungsbefugnisse. So lassen sich die Aufgaben des Jersey Trustee etwa auf die ordnungsgemäße Verwaltung des Trustvermögens begrenzen,

---

[193] So wäre der Trustee bspw. bei einem Widerrufsvorbehalt des Settlor nicht gehindert, seinen Verpflichtungen bis zur Erklärung des Widerrufs unabhängig von etwaigen Einzelanweisungen des Settlor nachzukommen. Entscheidend ist dabei die *tatsächliche Handhabung*: Wenn nachgewiesen werden kann, dass sich der Trustee im Rahmen seiner Amtsausübung auch in der Zwischenzeit an die jeweiligen „Anweisungen“ des Settlor gebunden hat, liegt de facto ein „Sham Trust“ vor.

[194] Vgl. die Beispiele bei *Hayton*, Trusts and Trustees, S. 46.

[195] *Matthews*, Jersey Law, para 5.49 f.

[196] Zu der Befugnis des Jersey Court, im Falle eines Jersey Trust einen zusätzlichen, auf Jersey ansässigen Trustee zu bestellen, vgl. oben § 2 C. III.

[197] Ein extremes Beispiel hierfür bildet die Rechtssache *Midland Bank v Wyatt* (1994) EGCS 113, bei welcher sich der vorgebliche Settlor selbst zum Trustee eines zugunsten seiner Ehefrau und Töchter über ein Hausgrundstück errichteten Trust bestimmt hatte. Bei unverändertem Fortbestand der Verhältnisse nach aussen wurde die im eigenen Safe verwahrte Trust-Urkunde erst zum Vorschein gebracht, als die klagende Bank die Zwangsvollstreckung in das Hausgrundstück betreiben wollte.

[198] Auch insoweit sind natürlich die steuerlichen Auswirkungen zu berücksichtigen. Zum englischen Ertragsteuerrecht etwa *Shipwright/Keeling*, Revenue Law, S. 752.

[199] Das nach TJL Art. 18 bestehende Einstimmigkeitserfordernis ist disponibel.

während der Settlor für die Verteilung der Substanz und der Erträge zuständig bleiben kann.[200]

## 2. Settlor als Beneficiary

Lediglich der Vollständigkeit halber sei an dieser Stelle nochmals darauf hingewiesen, dass sich der Settlor im Rahmen der Trust-Errichtung jegliche Art von „beneficial interests" – beispielsweise das alleinige Ertragsrecht unter einem Fixed Trust oder das durch ein Auswahlermessen des Trustee eingeschränkte Ertrags- und/oder Rückanfallsrecht unter einem Discretionary Trust – vorbehalten kann.[201]

## 3. Widerrufs- und Änderungsvorbehalte

Trusts, bei denen sich der Settlor das jederzeit oder unter bestimmten Bedingungen ausübbare Recht zum teilweisen oder vollständigen Widerruf des Trust vorbehalten hat, werden gemeinhin als „Revocable Trusts" bezeichnet.[202] Ein gegenüber dem Widerrufsvorbehalt wesensgleiches Minus bildet die nach TJL Art. 35 ausdrücklich zugelassene „power to provide for variation of terms of trust". Die während des Bestehens des Trust zulässigen Änderungen können inhaltlich bestimmt sein; möglich ist aber auch eine generelle Öffnungsklausel, die Änderungen jeglicher Art erlaubt.[203]

## 4. „Power of appointment"

Als Unterfall des Änderungsvorbehalts kann dem Settlor bei entsprechender Gestaltung des Trust-Instruments auch nach Errichtung die Befugnis zukommen, nach freiem Belieben die Auskehrung von Trustvermögen und/oder -erträgen anzuordnen.[204] Nach zutreffender Auffassung gehören die potentiellen Empfänger der aufgrund einer solchen „power of appointment" erfolgenden Leistung zu den nach TJL Art. 1 (1) definierten Beneficiaries.[205]

---

200 Zur entsprechenden Verteilung der Befugnisse zwischen Trustee und Vorstand einer deutschen Familienstiftung und weiterem Trustee eines US-Trust etwa *Sieker*, US-Trust, S. 133.

201 Vgl. auch *Matthews*, Jersey Law, para 5.28.

202 Vgl. TJL Art. 33 (1) sowie *Matthews*, Jersey Law, para 5.46.

203 Vgl. TJL Art. 36 (1) (b).

204 TJL Art. 35; vgl. auch die zum Fixed Trust in § 2 E. I. 1. gebildete Fallvariante 7.

205 Vgl. *Matthews*, Jersey Law, para. 10.25 f., der darauf hinweist, dass sich bei einem anderen Verständnis des TJL Art. 35 im Hinblick auf die „Beneficiary Action" ein nicht aufzulösender Widerspruch.

### 5. Befugnis zur Ernennung und Abberufung des Trustee

Von großer praktischer Bedeutung sind ferner Trust-Gestaltungen, bei denen sich der Errichter das Recht vorbehält, neue oder zusätzliche Trustees zu ernennen.[206] Auch dabei ist natürlich nicht zu verkennen, dass die Ausübung der den Trustees eingeräumten Rechtsmacht angesichts der latent drohenden Abberufung unter Umständen stark durch den Willen des Settlor determiniert sein kann.[207]

## II. Mittelbare Kontrolle und Einflussnahme

### 1. Protector

Es ist unschwer zu erkennen, dass der unmittelbare Vorbehalt der hier nur exemplarisch wiedergegebenen Rechte in der Person des Settlor bei wirtschaftlicher Betrachtungsweise eine vollständige und endgültige Trennung des Trustguts vom Herrschaftsbereich des Settlor verhindert. Unsere modernen Steuerrechtsordnungen „honorieren" diesen Umstand in vielen Fällen damit, dass Trustvermögen und/oder -erträge steuerlich weiterhin dem Settlor zugerechnet werden. Nicht zuletzt diese – häufig unerwünschte – Konsequenz legt es nahe, maßgebende Kontroll- und Einflussnahmebefugnisse auf eine dritte, im Common Law „Protector" genannte Person zu verlagern.[208] Wie die Praxis zeigt, spielen für die Einrichtung einer solchen „Kontrollinstanz" vor allem im Zusammenhang mit „offshore" errichteten Discretionary Trusts aber auch außersteuerliche Gründe – wie etwa das Bedürfnis nach einer den Tod des Settlor überdauernden Aufsicht – eine immer bedeutender werdende Rolle.[209] Entsprechend sieht TJL Art. 20 (3) für einen Jersey Trust vor, dass der Trustee im Rahmen der Trust-Bestimmungen verpflichtet werden kann, vor der Ausübung bestimmter, im Regelfall seinem Ermessen unterstellter Befugnisse die Zustimmung einer dritten Person einzuholen. Dem Veto-Recht eines Protector können demnach administrative Investmententscheidungen des Trustee ebenso unterstehen, wie dispositive, die Verwendung des Trustvermögens bzw. der Erträge zugunsten der Beneficiaries betreffende Beschlüsse.[210] Obgleich nicht ausdrücklich geregelt, ist es darüberhinaus aber auch

---

[206] Nur ein Beispiel hierfür bildet der dem BFH-Urteil v. 5.11.1992, BStBl II 1993, 388 zugrundeliegende Sachverhalt; dazu unten § 4 A. III.

[207] Dies kann die Unwirksamkeit des Trust zur Folge haben; vgl. *Rahmann v Chase Bank* (1991) JLR 103 at 114; *Matthews*, Jersey Law, para 9.16.

[208] In den letzten Jahren scheint die Einbeziehung eines Protector in Trust-Gestaltungen mehr und mehr zur Regel geworden zu sein; vgl. etwa *Bates/Phelps*, Trust & Estates July/August 1987; *Miller*, Legal Times Supplement July/August 1996, 12; auch *Duckworth*, Protectors, S. 87: „Its numbers have multiplied rabbit-like (...)".

[209] Eine ausführliche Darstellung der möglichen Gründe für den Einsatz eines Protector findet sich bei *Duckworth*, Protectors, S. 87. 88 f.; vgl. auch *Condor*, Trust and Trustees 1996, 12.

[210] Etwa *Bates/Phelps*, Trust & Estates July/August 1987.

möglich, dem Protector bestimmte „postive powers", wie etwa die Befugnis, neue oder zusätzliche Trustees zu ernennen oder Anweisungen bezüglich der Verwendung der Trusterträge zu erteilen, zuzuweisen.[211]

Jedenfalls solange sich die Rolle des Protector auf die passive Kontrolle der Amtsausübung durch den Trustee beschränkt, soll er selbst nach TJL Art. 20 (4) nicht als Trustee anzusehen sein. Abgesehen davon scheint die formaljuristische Stellung des Protector im Rahmen einer Trust-Struktur jedoch bislang noch nicht abschließend geklärt.[212] Nach der wohl überwiegenden Auffassung im Schrifttum soll der Protector einer treuhandähnlichen Verpflichtung gegenüber den Beneficiaries unterliegen.[213] Seine Amtsausübung müsste demzufolge ebenso wie die Verwaltungstätigkeit des Trustee der gerichtlichen Kontrolle unterliegen.[214]

## 2. Letter of wishes

Der letter of wishes ist ein an den Trustee gerichtetes, informelles und vertrauliches[215] Schreiben des Settlor, mit welchem dieser außerhalb der Trust-Urkunde zum Ausdruck bringt, wie mit dem Trustgut seiner Auffassung nach in Zukunft verfahren werden sollte.[216] Seinen Einsatzbereich findet der letter of wishes überwiegend in den Fällen der „klassischen" Discretionary Trusts, bei denen dem Trustee formell hinsichtlich Trustverwaltung und/oder Mittelverwendung ein weiter Ermessenspielraum eingeräumt wurde.

Allgemein wird angenommen, dass der Trustee an die so zum Ausdruck gebrachten „Wünsche" des Settlor rechtlich nicht gebunden ist.[217] Andererseits wird kein Zweifel daran gelassen, dass der Inhalt eines letter of wishes im Rahmen der Ermessensausübung durch den Trustee gleichsam als „Auslegungshilfe" herangezogen werden darf

211 *Matthews*, Jersey Law, paras 10.35 ff.

212 Vgl. aus dem Case Law etwa die Entscheidungen des Bermuda Supreme Court *Jürgen von Knierem v Bermuda Trust Company Ltd and Grossnover Trust Company Ltd* (1994) SCB 154 at 162; vgl. auch die Urteilsbesprechung von *Conder*, Trusts & Trustees and International Asset Management 1996, 12 ff. Weitere Nachweise bei *Milner*, Trusts & Estates 1996, 12.

213 Vgl. *Matthews*, Jersey Law, para 10.36; *Conder*, Trusts & Trustees and International Asset Management 1996, 12 ff.; *Milner*, Trusts & Estates 1996, 12.

214 *Matthews*, Jersey Law, para 10.36 m. w. N.

215 Vgl. hierzu auch Jersey Law Commission Consultation Paper No 1 v. 29.1.1998, S. 13 ff. m. w. N.

216 Etwa *Duckworth*, Protectors, S. 87, 100.

217 Aus dem deutschsprachigen Schrifttum nur *Siemers/Müller*, ZEV 1998, 206, 207 sowie *Wirth*, Einsatzmöglichkeiten, S. 19. Daraus folgt unmittelbar, dass der Settlor keinen durchsetzbaren Anspruch auf Erfüllung dieser Vorgaben hat. A. A. – soweit ersichtlich – nur *Duckworth*, Protectors, S. 87, 100, der zumindest eine verbindliche Einschränkung des dem Trustee zustehenden Ermessenspielraums für möglich hält.

bzw. muss.[218] Dass der unter Umständen schmale Grad zwischen der gegenüber den Beneficiaries bestehenden Verpflichtung des Trustee zur ungebundenen Ermessensausübung und einer faktischen Selbstbindung an die „Wünsche“ des Settlor ein hochsensibles Spannungsfeld bildet, ist offensichtlich.[219] Handelt der Trustee unter Missachtung des in der Trust-Urkunde niedergelegten Trust-Zwecks nachweislich ausschließlich auf Grundlage des letter of wishes, kann dies entweder zur Unwirksamkeit des Trust oder zur persönlichen Haftung des Trustee unter dem Gesichtspunkt eines „breach of trust“ führen.[220]

## G. Zusammenfassende Betrachtung

Wie die vorangegangenen Betrachtungen gezeigt haben, zeichnet sich der lebzeitig oder von Todes wegen errichtete Jersey Trust durch eine große Bandbreite möglicher Ausformungen und Verwendungszwecke aus. Diese – auch dem herkömmlichen Common Law Trust zukommende – Variabilität vereitelt den Versuch, das durch einen Trust begründete Bündel von Rechtsverhältnissen einheitlich für alle Fälle zu beurteilen. Da es den Jersey Trust nicht gibt, müssen die Rechtsbeziehungen zwischen dem Trustee, den Beneficiaries und – im Falle eines Intervivos Trust – dem Settlor auf Grundlage der Trust-Bestimmungen, der Vorschriften des TJL sowie der in weiten Zügen an das Common Law angelehnten Equity-Rechtsprechung vielmehr für jeden Einzelfall gesondert untersucht werden. Abgesehen von der insgesamt geringeren gesetzlichen Reglementierung unterscheidet sich der Jersey Trust vom Common Law Trust aber insbesondere im Hinblick auf die Möglichkeit der „Beneficiary Action“. Dieses, durch einvernehmliche Bestimmung ausübbare Recht zur Beendigung des Trust, macht in besonderer Weise deutlich, dass das equitabel interest der Beneficiaries nur schwerlich mit der deutschrechtlichen Unterscheidung zwischen dinglicher und obligatorischer Sphäre in Zusammenhang gebracht werden kann.

---

[218] *Hayton*, Trusts and Trustees, S. 47.

[219] Ebenda. Vgl. auch *Whitehouse*, Trusts & Estates 1996, 27.

[220] In der Praxis wird vor diesem Hintergrund u. a. empfohlen, den Letter of Wishes zeitlich nicht im Zusammenhang mit der Trust-Errichtung abzufassen sowie die rechtliche Unverbindlichkeit seines Inhalts deutlich zum Ausdruck zu bringen; vgl. ebenda m. w. N.

# § 3 Der Trust als nicht normierte Rechtsfigur im Recht der Bundesrepublik Deutschland

## A. Problemstellung

Bevor im einzelnen darauf eingegangen wird, wie die Einordnung des Jersey Trust in die Normen des deutschen Steuerrechts erfolgen kann, erscheint es angezeigt, die für das Untersuchungsziel wesentlichen Fragestellungen kurz in ihrem Zusammenhang zu skizzieren.

Ausgangspunkt der Überlegungen ist zunächst, dass die zwischen Steuerrecht und Zivilrecht bestehenden engen Beziehungen[1] eine von den privatrechtlichen Auswirkungen des Trust gänzlich losgelöste steuerrechtliche Betrachtung nicht zulassen. Bei rein deutschen Sachverhalten beschränkt sich diese Problematik auf die Frage, wie aus dem BGB entlehnte Begriffe in deutschen Steuergesetzen auszulegen sind.[2] Demgegenüber ergibt sich bei Trustgestaltungen die besondere Schwierigkeit, dass diese regelmäßig Beziehungen zu fremden Rechtsordnungen aufweisen, deren Normen und Begriffe sich mit den abstrakten Tatbestandsvoraussetzungen der deutschen Steuergesetze nicht decken.[3] Die Frage, auf welche Weise in einer ausländischen Rechtsordnung begründete Rechtsverhältnisse unter deutsche Steuernormen zu subsumieren sind, wird häufig als das Qualifikationsproblem des internationalen Steuerrechts bezeichnet.[4]

Unbestritten ist, dass die Qualifikation vom Standpunkt des deutschen Steuerrechts aus erfolgen muss. Demgemäß soll im Wege der Auslegung dieses Rechts zu entscheiden sein, ob und wie die fremdartige Erscheinung „Trust" erfasst werden soll oder nicht.[5] Seit jeher kontrovers diskutiert wird in diesem Zusammenhang jedoch nicht nur, inwieweit die Anwendung von Steuernormen, zu denen zivilrechtliche Begriffsinhalte gehören, die Vergleichbarkeit von deutschem und ausländischem bürgerlichen Recht bedingt. Strittig ist vielmehr auch, ob eine eigenständige steuerrechtliche Qualifikation des ausländischen Sachverhalts überhaupt geboten ist, wenn der Vorgang infolge der deutschen kollisionsrechtlichen Einordnung dem deutschen Recht unterliegt. Wenn dies zu verneinen wäre, könnten die von einer Steuernorm in Bezug genommenen zivilrechtlichen Begriffe unmittelbar – also ohne steuerrechtsspezifische Prüfung – durch das in diesem Fall hilfsweise auf die Rechtsverhältnisse des Trust zur Anwendung gebrachte deutsche Recht auszufüllen sein; das Steuerrecht wäre insoweit also an das IPR gebunden.

1 Vgl. etwa *Tipke/Lang*, Steuerrecht, § 1 Rn. 16.

2 Hierzu unten § 3 C. III.

3 *Arendt*, StuW 1959, 381.

4 *Albrecht*, Erbfälle, S. 279; *Arendt*, StuW 1959, 381; *ders.*, StuW 1960, 349; *Kluge*, Internationales Steuerrecht, S. 59; *Otto*, RIW 1982, 491, 494; *Rädler/Raupach*, Auslandsbeziehungen, S. 536.

5 Sinngemäß *Martiny*, Schenkungs- und Erbfälle, S. 437.

## B. Qualifikation und Transformation des Trust in die Systembegriffe des deutschen Privatrechts

### I. Grundsätzliche Vorgehensweise

Aufgrund der zunehmenden internationalen Verflechtungen persönlicher und wirtschaftlicher Art[6] ist es nicht unwahrscheinlich, dass auch deutsche Gerichte über die konkreten Rechtswirkungen eines Trust zu entscheiden haben. Von besonderer praktischer Bedeutung dürfte vor allem die im Rahmen von Nachlassabwicklungen häufig unproblematisch über den besonderen erbrechtlichen Gerichtsstand des § 27 Abs. 2 ZPO zu erlangende Zuständigkeit der deutschen streitigen Gerichtsbarkeit sein.[7] Zur Beurteilung könnten hierbei etwa die folgenden Rechtsfragen anstehen:

> Welche Rechte muss der von einem Beneficiary gem. § 2369 BGB beantragte Fremdenrechtserbschein nach dem verstorbenen (ausländischem) Settlor hinsichtlich der in Deutschland belegenen Teile des Trustvermögens ausweisen?[8]
>
> Unterliegt das in einen Intervivos Trust eingebrachte Vermögen nach dem Tod des Settlor als Zuwendung unter Lebenden der Ausgleichungspflicht für gesetzliche Erben gem. § 2050 Abs. 3 BGB, wenn dieses Vermögen zugunsten eines der Miterben verwaltet und ausbezahlt wurde?[9]
>
> Gehört das von einem deutschen Staatsangehörigen zu Lebzeiten in einen Trust mit postmortaler Wirkung eingebrachte Vermögen zum Nachlass des Settlor?[10]

Dieser knappe Abriss möglicher Fragestellungen zeigt, dass bei Trust-Sachverhalten infolge des grenzüberschreitenden Aspekts regelmäßig mehrere nationale Rechtsordnungen Regelungsbefugnis beanspruchen können.[11] Welche dieser miteinander konkurrierenden Rechtsordnungen zur Beantwortung der konkreten Rechtsfrage berufen

---

6 Z. B. *Feiner*, RIW 1983, 593.

7 Dies gilt, da an die deutsche Staatsangehörigkeit des Erblassers angeknüpft wird, auch dann, wenn der Erblasser im Ausland verstorben ist. Aufgrund der sog. Gleichlauftheorie kann sich darüberhinaus auch die Zuständigkeit eines deutschen Nachlassgerichts ergeben; vgl. hierzu etwa *v. Oertzen*, IStR 1995, 149.

8 Vgl. hierzu Fall 1 der bei *Czermak*, Express Trust, S. 91 gebildeten Beispiele.

9 Mit dieser Fragestellung hatte sich der BGH im Urteil v. 10.6.1968, DB 1969, 197, zu befassen; dazu unten § 3 B. II. 2.

10 Die praktische Bedeutung dieser Frage ist offenkundig, da im Falle der Zugehörigkeit des Trustguts zum Nachlassvermögen der Trustee den Erben des Settlor nach §§ 985 ff. BGB als unrechtmäßiger Besitzer zur Herausgabe verpflichtet wäre; vgl. dazu näher § 3 B. II. 1. b) (4) Zu weiteren Beispielen aus der nicht sehr umfangreichen Entscheidungspraxis deutscher Zivilgerichte vgl. *Graupner*, ZVglRWiss 1988/89, 149, 155 ff.

11 *Sturm* in Staudinger, Einl. z. Art. 7 ff. EGBGB, Rn. 2.

wird, entscheidet sich bekanntlich anhand der Kollisionsnormen des internationalen Privatrechts.[12]

Im Rahmen der damit erforderlichen Subsumption eines Trust unter die Systembegriffe des deutschen Kollisionsrechts ist dieser nach der wohl überwiegend vertretenen Auffassung nicht lediglich aufgrund äußerer Kriterien zu beurteilen, sondern anhand seiner funktionellen Bedeutung.[13] Sinn und Zweck der ausländischen Sachnormen sind dabei vom Standpunkt des ausländischen Rechts aus festzustellen und mit deutschen Rechtsinstituten zu vergleichen.[14] Führt die solchermaßen vorzunehmende Einordnung (Qualifikation) des Trust unter die Normen des Kollisionsrechts zur Anwendbarkeit einer Rechtsordnung, die den Trust kennt, untersteht der Trust also beispielsweise dem Recht von Jersey, so ist er als rechtliches Gebilde in Deutschland grundsätzlich anzuerkennen. Der mit einer konkreten Rechtsfrage befasste Richter ist in diesem Fall von Amts wegen gehalten, die einschlägigen Rechtsnormen des ausländischen Rechts zu ermitteln und anzuwenden.[15] Die Fremdartigkeit der ausländischen Rechtsnormen kann indes dazu führen, dass ihre Anwendung im deutschen Recht nicht sinnvoll vorgenommen werden kann. Derartige Disharmonien können zum Beispiel auftreten, wenn – wie im Falle der vorstehend unter dem 1. Spiegelstrich aufgeworfenen Rechtsfrage – in der Bundesrepublik Deutschland nach dem Tode des Settlor ein Fremdenrechtserbschein oder ein Testamentsvollstreckungszeugnis beantragt wird.[16] Da nach deutscher lex fori ein Erbschein gem. § 2369 BGB nur die Erbenstellung und ein Testamentsvollstreckerzeugnis gem. § 2368 BGB nur diese Stellung bescheinigen kann[17], müssen die englischen Begriffe Trustee bzw. Beneficiary in möglichst gleichartige Begriffe des deutschen Erbrechts umgesetzt werden. In Bezug auf die hierfür maßgebenden Rechtswirkungen ist der Trust folglich dem deutschen Recht anzupassen.[18]

Auf der anderen Seite wird ein deutsches Zivilgericht die Errichtung eines Trust im allgemeinen (ganz oder teilweise) als nichtig beurteilen, wenn das Kollisionsrecht die Anwendung deutschen Sachrechts bedingt, der Settlor also insoweit unter der Herrschaft eines „falschen Rechts" gehandelt hat.[19] Wenn damit auch eine unmittelbare

---

12 *Palandt/Heldrich*, Einl. v. EGBGB 3 Rn. 9; *Martiny*, Schenkungs- und Erbfälle, S. 437; *Czermak*, Express Trust, S. 97; *Ferid/Firsching*, Internationales Erbrecht, Bd. VI, USA Grdz. C III, Rdz. 61 a.

13 Zu diesem allgemeingültigen Erfordernis der funktionalen Auslegung von Sammel- und Normgruppenbegriffe in den deutschen Kollisionsnormen vgl. nur *Sonnenberger* in MünchKomm, Internationales Privatrecht, Einleitung Rn. 444 ff., 465.

14 Etwa BGH, NJW 1967, 1177; vgl. auch *Otto*, RIW 1985, 491, 494 m. w. N.

15 Vgl. *Sonnenberger* in MünchKomm, Internationales Privatrecht, Einleitung Rn. 564, 570 ff.

16 Zur praktischen Bedeutung vor allem dieser Fälle vgl. ebenda, Einleitung Rn. 537 ff.

17 *Promberger* in MünchKomm, Erbrecht, § 2369 Rn. 16.

18 Hierzu näher unten § 3 B. III.

19 Vgl. *Czermak*, Express Trust, S. 283.

Verwirklichung des Errichterwillens ausgeschlossen ist[20], darf dem Trust gleichwohl mit der ganz h. M. nicht jede rechtliche Wirkung versagt werden. Vielmehr ist zu versuchen, den Trust unter Berücksichtigung der Parteierklärungen nach § 140 BGB in ein zulässiges, funktional ähnliches Rechtsgeschäft umzudeuten.[21] Durch Auslegung der Parteierklärungen (§ 133 BGB) muss der wirkliche Geschäftsinhalt des Trust festgestellt werden, um so diejenigen deutschen Rechtsinstitute zu ermitteln, mit denen die jeweiligen Zwecke des Trust im deutschen Recht am besten erreicht werden können.[22] Wie auch im Falle der Anpassung soll der Leitgedanke bei der Umdeutung eine möglichst geringe Abweichung von dem zu erforschenden fremden System sein.[23]

Obgleich in Bezug auf Qualifikation und Transformation des Trust nach wie vor eine Vielzahl ungelöster Zweifelsfragen besteht, müssen sich die nachfolgenden Ausführungen zu diesen beiden separat zu begutachtenden Themenkomplexen streckenweise mit einer knappen Darstellung des Meinungsstandes und der hieraus zu entwickelnden Leitlinien begnügen. Für eine weitergehende Auseinandersetzung sei deshalb insbesondere auf die ausführlichen Untersuchungen von Czermak[24] und Wittuhn[25] sowie die im Fußnotenteil der folgenden Abschnitte angegebenen Autoren verwiesen.

## II. Qualifikation – Ermittlung des anwendbaren Rechts

Nach nahezu einhellig vertretener Auffassung von Judikatur[26] und Schrifttum[27] ist eine kollisionsrechtliche Gleichbehandlung von lebzeitig errichtetem Intervivos Trust und erst mit dem Erbfall entstehendem Testamentary Trust ausgeschlossen.[28] Dem folgend wird auch hier zwischen diesen beiden Errichtungsformen differenziert (Ziff. 1.). Zu

20 Vgl. *Serick*, Anglo-amerikanischer Trust, S. 657 ff.

21 *Flick/Piltz*, Erbfall, S. 256 sowie *Schindhelm/Stein*, StuW 1999, 31, 37. Die noch zweifelnde Haltung von *Sieker*, US-Trust, S. 91, scheint angesichts der aus § 140 BGB folgenden Verpflichtung zur Umdeutung eines nichtigen Rechtsgschäfts nicht haltbar.

22 Vgl. BGH v. 21.3.1977, BGHZ 68, 204, 206; ausführlich zum ganzen auch *Czermak*, Express Trust, S. 282 ff. m. w. N.

23 *Ferid/Firsching*, Internationales Erbrecht, Bd. VI, USA Grdz. C III, Rdz. 62 h; *Sonnenberger* in MünchKomm, Internationales Privatrecht, Einleitung Rn. 541.

24 *Czermak*, Express Trust, S. 90 ff.

25 *Wittuhn*, Trust, S. 64 ff.

26 Vgl. LG Wiesbaden v. 18.1.1960, IPRspr. 1060/61 Nr. 138; LG Nürnberg v. 29.12.1962, IPRSpr. 1962/63 Nr. 148; OLG Frankfurt v. 29.12.1962, IPRspr. 1962/63 Nr. 146; OLG Frankfurt v. 2.5.1972, IPRspr. 1972 Nr. 125.

27 Etwa *Ebenroth*, Erbrecht, IV § 18 Rn. 1299; *Flick/Piltz*, Erbfall, S. 255 ff.; *Fuhrmann*, Unternehmensübertragung, S. 173; *Schindhelm/Stein*, StuW 1999, 31, 36.

28 Zu den wesentlichen Argumenten gegen ein einheitliches Trust-Statut *Wittuhn*, Trust, S. 89 ff. A. A. – soweit ersichtlich – nur *Fischer-Dieskau*, Kollisionsrechtliche Behandlung, S. 86 ff.; *Rabel*, Conflict of Laws, S. 456; *Dyer/van Loon*, Anglo-Amerikaanse trust, S. 79 ff.; letztere zitiert nach *Wittuhn*, a. a. O., S. 88.

beachten ist allerdings, dass das so zu ermittelnde Trust-Statut abschließend zwar die Entstehungsvoraussetzungen sowie die Rechtswirkungen des Trust[29], nicht jedoch Art und Umfang der dinglichen Berechtigungen am Trustgut bestimmt.[30] Die Frage der dinglichen Wirksamkeit der – lebzeitig oder von Todes wegen erfolgenden – Vermögenszuweisung an den Trust bedarf mithin einer gesonderten Untersuchung (s. Ziff. 2.).

### 1. Das Trust-Statut

#### a) Testamentary Trust

Der Testamentary Trust wird mit Blick auf seine erbrechtliche Funktion – Einflussnahme auf das Schicksal des hinterlassenen Vermögens durch Regelung von Verwaltung sowie Art und Weise der Weitergabe[31] – durchweg dem nach Art. 25, 26 EGBGB zu ermittelnden Erbstatut unterstellt.[32] Hiernach bestimmt die Staatsangehörigkeit des Erblassers das auf den Erbfall anzuwendende Recht. Da das deutsche Erbrecht den Trust nicht vorsieht und die Bundesrepublik Deutschland dem Haager Übereinkommen über das auf Trusts anzuwendende Recht und ihre Anerkennung vom 1.7.1985 nicht beigetreten ist, kann ein deutscher Staatsangehöriger einen Testamentary Trust grundsätzlich nicht wirksam errichten. Eine vom deutschen Recht wegführende Rechtswahl ist unzulässig.[33]

Zu beachten ist aber, dass sich bei Sachverhalten mit Auslandsberührung für bestimmte Vermögensgegenstände aus Art. 3 Abs. 3 EGBGB eine vom generellen Erbstatut abweichende Sondererbfolge ergeben kann. Nach dem in Art. 3 Abs. 3 EGBGB normierten „Grundsatz der Näherberechtigung"[34] bezieht sich eine aus Art. 25 Abs. 1 EGBGB entnommene Verweisung auf deutsches Erbrecht nicht auf Nachlassgegenstände, die im Ausland belegen sind und dort „besonderen Vorschriften" unterliegen. Praktische Bedeutung kann dies vor allem dann erlangen, wenn der Nachlass zumindest teilweise aus in Common Law-Ländern belegenem unbeweglichen Vermögen besteht.[35] So unterscheidet zum Beispiel das System der englischen Kollisionsnormen

---

29 *Czermak*, Express Trust, S. 137 f., 208 f.

30 Etwa *Coing*, ZfRV 1974, 81; *Schindhelm/Stein*, StuW 1999, 31, 36; *v. Oertzen*, IStR 1995, 149, 151.

31 *Czermak*, Express Trust, S. 133.

32 Vgl. nur die in Fn. 27 angegebenen Autoren, jeweils m. w. N.

33 Argument aus Art. 25 Abs. 2 EGBGB; vgl. *Palandt/Heldrich*, BGB, Art. 15 EGBGB Rn. 7.

34 *Hausmann* in Staudinger, Art. 3 EGBGB Rn. 1.

35 Etwa *Flick/Piltz*, Erbfall, S. 255.

zwischen beweglichem und unbeweglichem Vermögen.[36] Während Mobilien dem Recht des letzten Wohnsitzes (lex domicilii) unterstellt werden, findet auf Immobilien das Belegenheitsrecht (lex situs) Anwendung.[37] Da Art. 3 Abs. 3 EGBGB dieser Regel für Grundvermögen in England Vorrang vor Art. 25 EGBGB einräumt, wird das deutsche einheitliche Erbstatut insoweit verdrängt; auf den in England belegenen Teil des Nachlasses findet englisches Erbrecht Anwendung.[38] Bezogen auf diesen Nachlassteil ist mithin auch einem deutschen Staatsangehörigen die Errichtung eines Testamentary Trust möglich.[39] Zu beachten ist allerdings, dass auch in den Fällen, in den das Belegenheitsrecht solchermaßen über die Vorfrage der wirksamen Bestellung eines Testamentary Trust entscheidet, einzelne erbrechtliche Wirkungen – insbesondere betreffend die Ausgleichsansprüche der Pflichtteilsberechtigten gem. § 2325 BGB – unstrittig dem deutschen Recht unterliegen.[40]

### b) Intervivos Trust

Während der Testamentary Trust einheitlich dem Erbstatut unterstellt wird, ist die kollisionsrechtliche Einordnung des Intervivos Trust bis heute nicht abschließend geklärt. Problematisch ist insbesondere die Behandlung von lebzeitig errichteten Trusts, mit denen bestimmungsgemäß auch postmortale Wirkungen erzielt werden sollen. Zur Frage, nach welchem Recht sich Errichtung und Durchführung solcher Trusts beurteilen, werden in der Literatur im wesentlichen noch vier Auffassungen vertreten.

---

36 Da es sich bei der englischen IPR-Regel um eine sog. Qualifikationsverweisung handelt, wird auch die Entscheidung über die Frage, ob bewegliches oder unbewegliches Vermögen vorliegt, dem Belegenheitsrecht überlassen; vgl. *Jayme*, ZfRV 1976, 93.

37 *Hausmann* in Staudinger, Art. 3 EGBGB Rn. 99 ff. Eine ähnliche Anknüpfung gilt auch im frankophonen Rechtskreis; vgl. zu den Folgen einer kollisionsrechtlichen Nachlaßspaltung bei deutsch-fränzösischen Nachlässen *Henle*, Nachlaßspaltung, S. 31 ff.

38 Da sich das im anglo-amerikanischen Rechtskreis ogligatorisch durchzuführende Verfahren der Nachlassverwaltung (Probate-Verfahren) nur auf das unbewegliche Vermögen des Erblassers erstreckt, führt die dadurch eintretende Nachlassspaltung nicht zu den üblicherweise mit der Zwischenschaltung eines Executor oder Administrator verbundenen Schwierigkeiten; zur Erbschaftsverwaltung in England ausführlich etwa *Pecher*, Erbschaftsverwaltung, S. 48 ff; vgl. auch *Henrich*, Englisches Privatrecht, S. 104 f., 110; zur insoweit vergleichbaren Erbrechtsordnung in den USA z. B. *Sieker*, US-Trust, S. 109 ff. Zur steuerlichen Behandlung der Nachlassverwaltung durch einen Executor oder Administrator im übrigen unten § 4 A. VI. 2. a) .

39 Gl. A. etwa *v. Oertzen*, IStR 1995, 149, 150 sowie *Watrin*, Erbschaftsteuerplanung, S. 174; zu weitgehend daher *Ebenroth*, Erbrecht, IV § 18 Rn. 1299, der eine wirksame Trust-Errichtung durch deutsche Erblasser generell ausschließt.

40 Hierzu ausführlich z. B. *Czermak*, Express Trust, S. 169 ff. sowie *Fuhrmann*, Unternehmensübertragung, S. 176 f.

### (1) Sachenrechtliche Anknüpfung

Nach einer Auffassung soll das Treugut, an dem sich die für das Common Law charakteristische Aufspaltung in legal und equitable ownership vollziehe, den Wesenskern des Trust bilden.[41] Als „sachenrechtliche Institution" unterstehe der Trust demnach dem Sachstatut.[42] Da das deutsche IPR gewohnheitsrechtlich das Recht des Belegenheitsortes als herrschendes Sachstatut beruft[43], hat dies zur Folge, dass ein Trust, dessen Vermögen in verschiedenen Jurisdiktionen belegen ist, in mehrere Rechtsordnungen unterfällt.[44] Nach zutreffender Ansicht ist diese, unter Umständen zu einer völligen Zersplitterung des Trust führende Anknüpfungsregel abzulehnen.[45]

### (2) Gesellschaftsrechtliche Anknüpfung

Zu einer einheitlichen, die Funktionsfähigkeit des Trust besser gewährleistenden Anknüpfung führt die auch weiterhin von gewichtigen Stimmen in der Literatur getragene gesellschaftsrechtliche Qualifikation des Intervivos Trust.[46] Das nach den von Rechtsprechung und Rechtslehre entwickelten Grundsätzen zu ermittelnde Gesellschaftsstatut[47] soll dieser Auffassung zufolge auch für „nichtrechtsfähige Vermögensmassen" oder „Sondervermögen" gelten[48], sofern diese über eine ausreichende eigene Organisation verfügen.[49] Parallelen zum Gesellschaftsrecht werden von einigen

---

41 Insbes. *Graue*, Trust, S. 162, anerkennt in dieser „Doppelbödigkeit der Rechtsinhaberschaft" einen für die Qualifikation *aller* Trustformen entscheidenden Umstand. Angesichts der absolut herrschend vertretenen erbrechtlichen Einordnung des Testamentary Trust wurde hierauf im Rahmen der obigen Ausführungen nicht näher eingegangen.

42 Vgl. *Graue*, Trust, S. 162, 172; *Lepaulle*, Traité théorique, S. 430 ff.

43 Z. B. *Soergel/Lüderitz*, vor Art. 7 EGBGB, Rn. 553 m. w. N.

44 So auch *Sieker*, US-Trust, S. 86.

45 Vor allem *Czermak*, Express Trust, S. 200 sowie *Wittuhn*, Trust, S.106

46 Vgl. etwa *Ebenroth* in MünchKomm, Internationales Privatrecht, nach Art. 10 EGBGB Rn. 122 Fn. 332; *Kegel*, Internationales Privatrecht, S. 376; *Soergel/Lüderitz*, vor Art. 7 EGBGB Rn. 257; *Stoll* in Staudinger, nach Art. 12 EGBGB Rn. 174; *Stoll* in Staudinger, Internationales Sachenrecht, Rn. 174. Im Civil Law-Ausland entspricht die Einordnung unter das Gesellschaftsstatut teilweise der herrschenden Lehre; zum Meinungsstand in der Schweiz vgl. etwa *Fuchs*, Trust-Konvention, S. 16, 19.

47 Insoweit ist darauf hinzuweisen, dass das EGBGB keine Kollisionsnorm über juristische Personen enthält. Fragen betreffend das Gesellschaftsrecht, das Vereinsrecht und das Recht der juristischen Personen werden gem. Art. 37 Nr. 2 EGBGB auch vom Anwendungsbereich der Art. 27 ff. EGBGB ausdrücklich ausgenommen. Zu den hieraus resultierenden Problembereichen vgl. etwa *Palandt/Heldrich*, Anh. zu Art. 12 EGBGB Rn. 1 ff. m. w. N.

48 Zutreffend weist *Czermak*, Express Trust, S. 196, darauf hin, dass mangels Rechtsfähigkeit des Trust regelmäßig nur eine analoge Anwendung der gesellschaftsrechtlichen Kollisionsregeln vertretbar erscheint.

49 Vgl. insb. *Kegel*, Internationales Privatrecht, S. 376. Unklar bleibt die Frage, welche Merkmale mit dem Erfordernis einer „eigenständigen Organisation" verbunden sein sollen. Während es z. B.

Autoren aber auch im Hinblick auf eine im Einzelfall festzustellende Funktionsverwandtschaft zwischen dem Trust und der deutschen (rechtsfähigen) Stiftung gezogen.[50] Entsprechend der im deutschen Recht herrschenden „Sitztheorie"[51] wäre für die rechtlichen Verhältnisse damit das Recht desjenigen Ortes ausschlaggebend, an dem sich der effektive Sitz der Verwaltung des Trust verorten ließe.[52] Gegen die gesellschaftsrechtliche Anknüpfung wird allerdings – zu Recht – eingewandt, dass ein Trust regelmäßig nach außen nicht als eigenständiges Rechtssubjekt auftritt.[53] Das Trustgut ist damit (zivilrechtlich) nicht mehr verselbstständigt, als beispielsweise das im Rahmen einer fiduziarischen Verwaltungstreuhand entstehende Sondervermögen.[54] Da im Rechtsverkehr stets nur der Trustee als Rechtsinhaber in Erscheinung tritt, gebietet schließlich auch der Gesichtspunkt des Verkehrs- und Gläubigerschutzes eine gesellschaftsrechtliche Einordnung nicht.[55] Eine andere Beurteilung mag allenfalls in dem oben[56] dargestellten Sonderfall eines Purpose Trust angezeigt sein. Zwar wird auch insoweit eine Außenwirkung des Trust regelmäßig nicht vorliegen; der Umstand, dass das equitable interest in Ermangelung von Beneficiaries keiner natürlichen Person bzw. Personengruppe zugeordnet werden kann, führt jedoch zu einer weitaus stärkeren

nach *Stoll* in Staudinger, Internationales Sachenrecht, Rn. 174, bereits genügen soll, wenn dem Trustee eine Befugnis zur Verfügung über das Trustgut im Rahmen des Treuhandzwecks zukommt, wird andernorts eine sich aus der Einrichtung eines selbstständigen Aufsichtsgremiums ergebende „körperschaftliche Verfassung" gefordert; vgl. aus der neueren Literatur etwa *Schindhelm/Stein*, StuW 1999, 31, 38, dort auch die Nachweise unter Fn. 82.

50 V. a. *Fischer-Dieskau*, Kollisionsrechtliche Behandlung, S. 94 ff; *Ebenroth* in MünchKomm, Internationales Privatrecht, nach Art. 10 EGBGB Rn. 94; wohl auch *Sieker*, US-Trust, S. 87; die stiftungsrechtliche Qualifikation ablehnend dagegen *Czermak*, Express Trust, S. 109 ff., 131, 183 sowie *Wittuhn*, Trust, S. 113 ff.; zu den wechselseitig ausgetragenen Argumenten näher unten § 3 B. III. 1. d) (1).

51 Maßgebend ist hiernach das Recht am „effektiven Verwaltungssitz", der bei juristischen Personen regelmäßig dort angenommen wird, wo die grundlegenden Entscheidungen der Unternehmensleitung effektiv in laufende Geschäftsführungsakte umgesetzt werden; vgl. *Palandt/Heldrich*, Anh. zu Art. 12 EGBGB Rn. 3 f.

52 Im Regelfall wird sich der tatsächliche Schwerpunkt der Verwaltung des Trustvermögens am Wohnort bzw – bei Trust-Companies – am Geschäftssitz des Trustee befinden. Problematisch könnte diese Anknüpfung allerdings dann werden, wenn sich der Settlor weitgehende Eingriffsrechte hinsichtlich der laufenden Verwaltung und/oder der Verwendung des Trustguts vorbehält, oder zusätzliche, in anderen Ländern ansässige Trustees oder Aufsichtsgremien (Protector) vorgesehen sind. Entscheidend sind letztlich immer die „gesamten Umstände"; vgl. *Stoll* in Staudinger, Internationales Sachenrecht, Rn. 174.

53 Mit eingehender Begründung etwa *Czermak*, Express Trust, S. 197 ff. M. E. dürfte es sich bei einem Trust allenfalls um eine sogenannte Innengesellschaft handeln; gl. A. *Ebenroth* in MünchKomm, Internationales Privatrecht, nach Art. 10 Rn. 90.

54 Zu den Eigenarten des treuhänderischen Sondervermögens z. B. *Coing*, Treuhand, S. 86.

55 Mit *Ebenroth* in MünchKomm, Internationales Privatrecht, nach Art. 10 Rn. 115, sollte das Gesellschaftsstatut unter diesem Gesichtspunkt aber im Falle des liechtensteinischen Treuunternehmens Anwendung finden.

56 Vgl. § 2 E. V.

Verselbstständigung des Trust-Sondervermögens, was den Purpose Trust zumindest in die Nähe des – hier nicht näher behandelten – Charitable Trust rücken lässt. Unter motivisch-funktionalen Gesichtspunkten scheint für letzteren eine stiftungsrechtliche Anknüpfung in die richtige Richtung zu weisen.[57]

### (3) Schuldrechtliche Anknüpfung

Während die maßgebende Rechtsordnung im Falle der gesellschaftsrechtlichen Qualifikation des Intervivos Trust anhand objektiv feststellbarer Anknüpfungskriterien ermittelt wird, eröffnet sich nach der wohl überwiegend vertretenen – einer älteren Judikatur des BGH[58] folgenden – Auffassung im Wege der Anknüpfung an das aus Art. 27, 28 EGBGB folgende Vertragsstatut die Möglichkeit einer autonomen Rechtswahl.[59] Ungeachtet dessen, dass sich die Errichtung eines Trust formaljuristisch als einseitiges Rechtsgeschäft darstelle[60], sei der rechtsgeschäftliche Trust immerhin schuldvertragsähnlich.[61] Denn zum einen würden durch die Trust-Erklärung zwischen dem Settlor und dem Trustee Rechtsbeziehungen geschaffen, die funktional mit der deutschen fiduziarischen Verwaltungstreuhand vergleichbar seien.[62] Und zum anderen bestünde ein weiteres charakteristisches Wesensmerkmal des Trust in dem Pflichten-Rechte-Verhältnis zwischen Trustee und Beneficiary[63], dessen Begründung sich aus deutscher Sicht – im Falle eines über den Tod des Settlor hinaus fortbestehenden Trust – auch als Vertrag zugunsten Dritter auf den Todesfall gem. § 331 BGB darstellen könne.[64] Macht der Settlor von der ihm damit verliehenen Rechtswahlbefugnis Gebrauch, wird dies – einen hinreichenden internationalen Bezug i. S. des Art. 27 Abs. 3 EGBGB vorausgesetzt[65] – in aller Regel zur Maßgeblichkeit einer Rechtsordnung füh-

---

57 Vgl. hierzu z. B. *Graue*, Trust, S. 171; *Kötz*, Trust und Treuhand, S. 117 ff.; *Rabel*, Conflict of Laws, S. 14; wohl auch *Czermak*, Express Trust, S. 115 (Fn. 395).

58 BGH v. 15.4.1959, NJW 1959, 1317; v. 10.6.1968, WM 1968, 117. Zum zuletzt aufgeführten Urteil sowie der möglicherweise gegensätzlichen Entscheidung des BGH v. 13.6.1984, IPRax 1985, 221 vgl. § 3 B. II. 2.

59 Vgl. *Bar*, IPR, Rn. 500; *Ebenroth*, Erbrecht, IV § 18 Rn. 1301; *Fuhrmann*, Unternehmensübertragung, S. 173 ff.; *Sieker*, US-Trust, S. 94 ff.; einschränkend mit Blick auf eine mögliche gesellschaftsrechtliche Qualifikation *Schindhelm/Stein*, StuW 1999, 31, 38; *Siemers/Müller*, ZEV 1998, 206, 207 f.; mit sehr ausführlicher Begründung *Wittuhn*, Trust, S.120 ff.

60 Für den Jersey Trust vgl. oben § 2 C. II. m. w. N.

61 Vgl. a. *Czermak*, Express Trust, S. 203 f.

62 Vgl. ebenda, S. 204. Ausführlicher auch unten § 3 B. III. 2. a) .

63 *Wittuhn*, Trust, S.121.

64 Für den sog. „Totten Trust" des US-amerikanischen Rechts *Czermak*, Express Trust, S. 140 ff.; i. ü. *Fuhrmann*, Unternehmensübertragung, S. 173 f.; inzident auch BGH v. 10.6.1968, DB 1969, 197; dazu näher unten § 3 B. III. 2. a) (5) .

65 Nach allgemeiner Auffassung ist hierfür als Mindestvoraussetzung zu fordern, dass der Verwaltungssitz des Trust im Ausland liegt; vgl. etwa *Bredow/Reich*, WiB 1995, 775, 777 sowie *Siemers/Müller*, ZEV 1998, 206, 207 ff.

ren, welche die Rechtsfigur des Trust kennt. Mangels ausdrücklicher oder im Rahmen der Trust-Errichtung konkludent erklärter Rechtswahl wäre nach Maßgabe des Art. 28 EGBGB hilfsweise das Recht desjenigen Staates anwendbar, mit dem der Trust die engsten Verbindungen aufweist.[66]

### (4) Erbrechtliche Anknüpfung mit Versterben des Settlor

Nach der letzten hier zu erwähnenden – namentlich von Czermak[67] begründeten – Auffassung soll das Vertragsstatut zwar auf die Errichtung eines Intervivos Trust Anwendung finden. Nach dem Tode des Settlor jedoch diene auch der lebzeitig errichtete Trust nur noch der Regelung der Erbfolge, weshalb ab diesem Zeitpunkt die Regeln über den Testamentary Trust anzuwenden seien. In der Literatur wird der sich mit dem Erbfall vollziehende Statutenwechsel nahezu einhellig abgelehnt.[68] Dogmatisch nicht nachvollziehbar sei zum einen die dem Settlor mit dem Erbfall unterstellte, tatsächlich nirgends erklärte Änderung der Zweckausrichtung des Trust.[69] Und zum anderen lasse sich aus § 2301 Abs. 2 BGB entnehmen, dass nicht nur lebzeitige Schenkungen des Erblassers, sondern auch vollzogene Schenkungen auf den Todesfall aus dem Nachlass ausgegliedert sind.[70] Wenn der Erblasser auf diesem Wege Vermögensteile aus seinem Nachlass separieren könne, dann müsse das grundsätzlich auch bei Separierung kraft ausländischer Rechtsinstitute gelten.[71]

### (5) Stellungnahme

Da eine sachenrechtliche Anknüpfung des Intervivos Trust mit den bereits dargelegten Argumenten nach der hier vertretenen Auffassung ebenso ausgeschlossen werden sollte, wie eine gesellschaftsrechtliche Anknüpfung an das Sitzstatut, bleibt lediglich

---

66 Insoweit kann im wesentlichen auf die oben unter § 2 B. dargestellten, dem Haager Übereinkommen über das auf Trusts anzuwendende Recht und ihre Anerkennung vom 1.7.1985 entnommenen Anknüpfungskriterien des Jersey Rechts verwiesen werden. Vgl. i. ü. *Czermak*, Express Trust, S. 207 m. w. N., der – entsprechend der bei einer gesellschaftsrechtlichen Qualifikation des Trust vorgenommenen Anknüpfung – den Schwerpunkt des Rechtsverhältnisses regelmäßig am Ort des Verwaltungssitzes annimmt.

67 Vgl. *Czermak*, Express Trust, S. 132 ff.

68 Etwa *Ebenroth*, Erbrecht, IV § 18 Rn. 1300; *Flick/Piltz*, Erbfall, S. 258; *Fuhrmann*, Unternehmensübertragung, S. 174 f; *Killius*, Steuerplanung, S. 343, 349; *Schindhelm/Stein*, StuW 1999, 31, 38; *v. Oertzen*, IStR 1995, 149, 150; zweifelnd *Gebel* inTroll/Gebel/Jülicher, § 2 ErbStG Rn. 117.

69 *Ebenroth*, Erbrecht, § 18 IV Rn. 1300; *Fuhrmann*, Unternehmensübertragung, S. 174 f.

70 *Ebenroth*, Erbrecht, § 18 IV Rn. 1300; zu den Erfordernissen der Vollziehung vgl. *Palandt/Edenhofer*, § 2301 BGB Rn. 9 ff. m. w. N.

71 *V. Oertzen*, IStR 1995, 149, 150; vgl. im übrigen *Schindhelm/Stein*, StuW 1999, 31, 38, wonach eine auch die Trust-Errichtung betreffende zeitliche Aufspaltung des Trust-Statuts zu unannehmbaren Ergebnissen führen soll.

zu erörtern, ob und welchen Einfluss der Tod des Settlor aus deutscher Sicht auf die Rechtsverhältnisse des Trust haben kann. Hierzu folgendes Beispiel:

> Der deutsche Staatsangehörige A überträgt zu Lebzeiten ein in festverzinslichen Werten und Aktien ausländischer Kapitalgesellschaften angelegtes Kapitalvermögen (Wert $ 5 Mio.) widerruflich einer auf Jersey ansässigen Trust-Company „upon trust". „Proper law" des Trust soll nach ausdrücklicher Vereinbarung das Recht Jerseys sein. Es sei angenommen, dass der Trustee berechtigt ist, mit dem Kapitalvermögen zu spekulieren und die Erträge nach freiem Ermessen an A sowie dessen Familienangehörige bzw. deren jeweilige Abkömmlinge auszuschütten. Bestimmungsgemäß soll die Vermögensverwaltung und –verwendung in entsprechender Weise auch nach dem Tode des A auf die Dauer von insgesamt 80 Jahren fortgesetzt werden. Mit Beendigung des Trust ist das vorhandene Vermögen nach dem eigenem Ermessen des Trustee an die sodann lebenden Abkömmlinge auszukehren.
>
> Als A etwa 15 Jahre nach Trust-Errichtung in Deutschland verstirbt, verklagt eines seiner durch testamentarische Verfügung als Miterbe bedachter Kinder B die Trustee-Company in der Bundesrepublik[72] nach §§ 985 ff. BGB auf Herausgabe des Trustvermögens an die Erbengemeinschaft.[73]

Es ist offensichtlich, dass die rechtliche Beurteilung dieses Fallbeispiels entscheidend von der Frage der Nachlasszugehörigkeit des Trustvermögens abhängt. Im Hinblick auf die hier präferierte schuldvertragliche Einordnung des Trust wäre dessen Errichtung sowie Durchführung für die Dauer der ersten 15 Jahre zunächst unstrittig nach dem vereinbarten Privatrecht der Kanalinsel Jersey zu beurteilen. Ungeachtet dessen hätte das mit diesem Sachverhalt befasste Zivilgericht den Trust – folgte man der von Czermak vertretenen Auffassung[74] – nach dem Erbfall der erbrechtlichen Anknüpfung gem. Art. 25 EGBGB zu unterziehen. Soweit die erst mit oder nach dem Tode des A entfalteten Rechtswirkungen des Trust in Frage stehen, wäre hiernach wegen der deutschen Staatsangehörigkeit des Erblassers von der Nichtigkeit der Trust-Anordnung auszugehen. Berücksichtigung könnten die hierin zum Ausdruck gebrachten Absichten und Vorstellungen des A folglich nur als Ergebnis ihrer Umdeutung in die Begriffssprache des deutschen Erbrechts finden. Selbst wenn sich auf diesem Wege die Anordnungen des Settlor unter Umständen auch im Rahmen des deutschen Rechts verwirklichen ließen, darf die damit einhergehende Rechtsunsicherheit nicht unterschätzt werden; denn nicht zu Unrecht wird die Umdeutung als das „unsicherste Terrain im ganzen IPR" bezeichnet.[75]

Im Ergebnis ist die im Zeitpunkt des Erbfalles zwingend eintretende Statutenänderung mit der im Schrifttum überwiegend vertretenen Ansicht[76] abzulehnen. Für die nachträgliche erbrechtliche Anknüpfung einer mittels Trust erfolgten Vermögensepa-

---

72 Gegeben ist hier der besondere Gerichtsstand der Erbschaft nach § 27 ZPO.

73 Da die Trustee-Company den Besitz an dem Trustvermögen keinesfalls aufgrund eines angemassten Erbrechts erlangt hat, kann diese Klage nicht auf die §§ 2018 ff. BGB gestützt werden.

74 Vgl. oben § 3 B. II. 1. b) (4).

75 Vgl. *Ferid*, Internationales Privatrecht, S. 152.

76 Vgl. oben Fn. 68.

rierung besteht ebensowenig Anlass wie im Falle einer vor dem Erbfall vollzogenen Schenkung.[77] Grundlegend ist insoweit die Überlegung, dass sich das durch einen Trust begründete Rechtsverhältnis aus deutscher Sicht funktional als Vertrag zugunsten Dritter darstellt.[78] Dementsprechend besteht ein Vertragsverhältnis bei einem Trust zunächst nur im sogenannten Deckungsverhältnis zwischen Settlor und Trustee. Nur soweit dieses einen unmittelbaren (möglicherweise auch aufschiebend bedingten) Leistungsanspruch der Beneficiaries gegen den Trustee begründet, entsteht zwischen Settlor und Beneficiary ein sich in aller Regel als Schenkung darstellendes Valutaverhältnis, welches darüber entscheidet, ob der Beneficiary die ihm zugewendete Leistung auch behalten darf.[79]

Untersteht nun die Trust-Errichtung (das Deckungsverhältnis) wie im Ausgangsfall dem Geltungsbereich eines ausländischen Rechts, so entscheidet grundsätzlich nur dieses darüber, ob das Trustvermögen im Augenblick des Todes des Settlor dem Trustee zusteht oder in den Nachlass des Erblassers fällt.[80] Bei Maßgeblichkeit einer dem Common Law zugehörigen Rechtsordnung scheidet das unter Lebenden auf einen Trust transferierte Vermögen im Hinblick auf die legal ownership des Trustee aber immer – d. h. auch bei zunächst widerruflich erfolgter Errichtung – aus dem Nachlass des Errichters aus.[81] Welcher Art die in einem etwaigen Valutaverhältnis begründeten Ansprüche der Beneficiaries sind, ist demnach für das Vorliegen einer wirksamen Vermögensseparierung ebenso unerheblich, wie die Frage, ob insoweit bereits von einem vollzogenen Schenkungsversprechen von Todes wegen i. S. des § 2301 Abs. 2 BGB auszugehen ist.[82] So verstanden kann der letztgenannten Vorschrift von vornherein nur insoweit Bedeutung zukommen, als eine eigenständige kollisionsrechtliche Anknüpfung des Valutaverhältnisses zwischen Settlor und Beneficiaries in Frage steht.[83] Selbst wenn man aber diesbezüglich ein – dann dem Erbstatut zu unterstellendes[84] – Schenkungsversprechen von Todes wegen annehmen könnte[85], wären allenfalls

---

77 Vgl. a. *Fuhrmann*, Unternehmensübertragung, S. 174.

78 Insoweit unstrittig auch *Czermak*, Express Trust, S. 140 ff., 210 ff. m. w. N.

79 Allgemein zum Vertrag zugunsten Dritter gem. §§ 328 ff. vgl. *Palandt/Heinrichs*, Einf. v. § 328 BGB Rn. 1 ff. m. w. N.

80 Zur Selbstständigkeit der Anknüpfung dieser Vorfrage im Verhältnis zum Erbstatut vgl. ausführlich m. w. N. etwa BGH v. 15.4.1959, NJW 1959, 1317; BGH v. 10.6.1968, WM 1968, 1170; OLG Köln v. 22.10.1974, OLGZ 1975, 1, 4; LG Köln v. 1.2.1979, IPRspr. 1979 Nr. 27a.

81 Zum US-amerikanischen Recht *Sieker*, US-Trust, S. 127.

82 Die sich zur Ablehnung der Statutenspaltung auf die gesetzliche Wertung des § 2301 Abs. 2 BGB stützende Argumentation des Schrifttums geht daher von vornherein in die falsche Richtung.

83 Dass es hierfür einer gesonderten Qualifikation bedarf, soll als unstrittig angenommen werden; vgl. nur *Czermak*, Express Trust, S. 210 ff.

84 Vgl. ausführlich *Winkler v. Mohrenfels*, IPRax 1991, 237, 239 m. w. N.

85 Auf die Einzelheiten des insgesamt hochstrittigen Verhältnisses zwischen § 2301 und § 331 BGB kann an dieser Stelle nicht näher eingegangen werden; insoweit instruktiv z. B. *Musielak* in MünchKomm, Erbrecht, § 2301 Rn. 30 ff. Im Ergebnis muss nach der hier vertretenen Auffassung

bereicherungsrechtliche Konsequenzen in Bezug auf die nach dem Tode des Settlor vorgenommenen Leistungen des Trustee zu ziehen[86]; Trust-Errichtung und Durchführung blieben hiervon unberührt.

Vor diesem Hintergrund ist festzuhalten, dass die erst in der zeitlichen Folge vorgenommene Unterstellung des Trust unter die deutsche Rechtsordnung eine zunächst wirksam erfolgte Aufspaltung der Eigentumsrechte in legal title und equitable interest negieren und damit zugleich Errichtung und Durchführung des Trust unterschiedlichen Regeln unterwerfen würde. Eine solche Statutenspaltung erscheint indes nicht nur unpraktikabel[87]; wie zuletzt Wittuhn[88] ausführlich dargelegt hat, wird sie im deutschen Recht allgemein als unerwünscht angesehen.[89]

Übertragen auf das Ausgangsbeispiel bedeutet dies, dass die Klage des B als unbegründet abzuweisen wäre, da das Trustvermögen nicht zum Nachlass des A gehört. Sofern das von A auf die Trustee-Company übertragene Vermögen wertmäßig mehr als die Hälfte des gesamten Nachlasses ausmachen würde, könnte B allerdings nach h. M. einen Pflichtteilsergänzungsanspruch geltend machen.[90] Zwar stellt sich das Rechtsverhältnis zwischen Settlor und Trustee aus deutscher Sicht nicht unmittelbar als Schenkung i. S. der § 2325 ff. BGB dar. Jedoch ist anerkannt, dass die infolge der Trust-Errichtung eintretende Vermögensseparierung angesichts des Normzwecks dieser Vorschriften deren entsprechende Anwendung erfordert.[91] Soweit sich der Settlor – wie im Ausgangsfall – lebzeitig den freien Widerruf des Trust vorbehalten hat, ist die

§ 331 BGB mit der seit BGHZ 46, 198 verfolgten st. Rspr. des BGH als Sondervorschrift gegenüber § 2301 BGB angesehen werden. Obgleich bislang – soweit ersichtlich – nirgends erörtert, folgt dies zwingend aus der in § 331 Abs. 2 BGB enthaltenen Grundentscheidung des Gesetzgebers, wonach selbst der bei Vertragsabschluss im Deckungsverhältnis noch nicht gezeugte Dritte mit dem Tode des Versprechensempfängers außerhalb der erbrechtlichen Vorschriften fiktiv eine *unentziehbare Anwartschaft* auf einen Rechtserwerb erhält. Vor diesem Hintergrund erscheint es nicht nachvollziehbar, wenn dem durch Vertrag zugunsten Dritter möglicherweise benachteiligten Erben seit BGH NJW 1975, 383 ein Widerrufsrecht für die Fälle zugestanden werden soll, in denen der Dritte vor dem Tode des Versprechensempfängers geboren wird. Ob der Erblasser das Widerrufsrecht auch mit Wirkung für seine Erben ausschließen kann, ist streitig, wird aber von der neueren Rspr. bejaht; vgl. OLG Celle, WM 1996, 851.

86 Nur *Palandt/Heinrichs*, § 334 BGB Rn. 3 f.

87 Vgl. *Schindhelm/Stein*, StuW 1999, 31, 38.

88 Vgl. *Wittuhn*, Trust, S.77 ff. m. w. N.

89 Etwa *Kegel*, IPR, S. 470, wonach die lex causae das Rechtsgeschäft gleichsam „von der Wiege bis zur Bahre" beherrschen soll.

90 Die pflichtteilsrechtlichen Ansprüche einschließlich der Pflichtteilsergänzungsansprüche unterstehen alleine dem Erbstatut; vgl. nur *Fuhrmann*, Unternehmensübertragung, S. 176 ff.; *v. Oertzen*, IStR 1995, 149, 150 m. w. N.

91 Etwa *Ebenroth*, Erbrecht, Rn. 1301.

Geltendmachung des Pflichtteilsergänzungsanspruchs ungeachtet der 10-Jahresfrist des § 2325 Abs. 3 BGB möglich.[92]

Obgleich nach alledem die besseren Argumente für eine durchgängige schuldrechtliche Anknüpfung des Intervivos Trust sprechen[93], soll die hier vertretene Auffassung nicht darüber hinwegtäuschen, dass die Rechtslage insoweit nach wie vor als weitgehend ungeklärt angesehen werden muss. Abgesehen davon kann eine einheitliche Einordnung aller Rechtsfragen, die sich in diesem Zusammenhang stellen, ohnedies nicht erreicht werden.[94] Denn unabhängig von dem Ergebnis der Anknüpfung sind neben der Frage der Wirksamkeit des schuldrechtlichen Errichtungsaktes jedenfalls die in Bezug auf die dingliche Übertragung der Vermögensgegenstände durch das deutsche internationale Sachenrecht gesetzten Grenzen zu berücksichtigen.[95]

### 2. Einfluss der lex rei sitae

Die hier zu entscheidende Frage lautet, ob und inwieweit dem Grundgeschäft der lebzeitigen oder von Todes wegen erfolgenden Trust-Errichtung aus deutscher Sicht dingliche Wirkung zukommt. Nach dem sogenannten „Trennungsprinzip"[96] ist hierfür eine selbstständige Anknüpfung erforderlich.[97] Änderungen der Zuordnung dinglicher Rechte unterliegen nach dem Internationalen Sachenrecht dem Sachstatut, welches mit dem am 1.6.1999 in Kraft getretenen Gesetz zum internationalen Privatrecht für außer-

---

92 Zum Vorbehalt des freien Widerrufs einer Schenkung nur *Palandt/Edenhofer*, § 2325 BGB Rn. 22 m. w. N. Gleiches gilt nach BGH v. 27.9.1994, NJW 1994, 1791, soweit sich der Settlor am Trustvermögen ein nießbrauchsähnliches Recht an den Erträgen vorbehalten hat; vgl. auch *Jülicher*, Praxis Internationale Steuerberatung 1999, 37; dort auch zur Vermeidung von Zugewinnausgleichsansprüchen im Scheidungsfall sowie zur Anfechtung der Vermögensübertragung an den Trust durch Gläubiger des Settlor nach § 134 InsO.

93 Vgl. aber *Sonnenberger* in MünchKomm, Internationales Privatrecht, Einleitung Rn. 479, und *Kegel*, IPR, S. 428 f., die diese Frage für noch nicht ausdiskutiert halten.

94 Unabhängig vom jeweiligen Anknüpfungsergebnis unterliegen die erbrechtlichen Schutznormen betreffend Ausgleichungspflicht unter Miterben und Pflichtteilsergänzungsansprüche – wie auch im Falle des Testamentary Trust – dem deutschen Recht; vgl. dazu bereits die Nachweise unter Fn. 40. Innerhalb der 10-Jahresfrist des § 2325 Abs. 3 BGB können damit Ergänzungs- und Ausgleichansprüche der durch die Trust-Errichtung benachteiligten Erben nicht wirksam ausgeschlossen werden.

95 Etwa *Bredow/Reich*, WiB 1995, 775, 777; *Flick/Piltz*, Erbfall, S. 258; *Siemers/Müller*, ZEV 1998, 206, 208.

96 Vgl. hierzu z. B. *Kegel*, IPR, S. 571 f.; *Kreutzer* in MünchKomm, Internationales Privatrecht, nach Art. 38 Anh. I Rn. 28 m. w. N.

97 Nach BGH v. 28.9.1994, NJW 1995, 58, gilt dies auch dann, wenn ein Gesamtstatut (z. B. das Erbstatut) in den sachenrechtlichen numerus clausus des Belegenheitsstaates hineinwirkt; in Bezug auf das Rechtsverhältnis des Trust vgl. im übrigen *v. Oertzen*, IStR 1995, 149, 151.

vertragliche Schuldverhältnisse und Sachen[98] erstmals kodifiziert wurde.[99] Gem. Art. 43 Abs. 1 EGBGB gilt für sachenrechtliche Vorgänge und Verhältnisse der kraft Gewohnheitsrecht bereits seit jeher anerkannte – eine Möglichkeit zur Rechtswahl ausschließende[100] – Grundsatz der lex rei sitae.[101] Maßgeblich für den Erwerb oder Verlust von Eigentum sowie den Inhalt der hieraus folgenden Rechte ist mithin das Recht desjenigen Staates, in dessen räumlichem Geltungsbereich sich die Sache zum Zeitpunkt des Eintritts des betreffenden Tatbestandes befindet.[102] Während demzufolge etwa dingliche Rechte an in Deutschland belegenen Grundstücken immer deutschem Recht unterstehen, richteten sich die mit dem Eigentum an beweglichen Sachen (Fahrnis, Mobilien) verbundenen Rechte nach dem Recht des Staates, an dem sich die Sache bei Vollendung des die Zuordnungsänderung bewirkenden Tatbestandes befindet.[103] Demgegenüber lässt Art. 33 EGBGB für Forderungen grundsätzlich das Recht maßgebend sein, dem das zugrundeliegende Kausalgeschäft unterliegt. Die Frage, ob und inwieweit die Einbringung von Vermögensgegenständen in einen Trust vor diesem Hintergrund wirksam vollzogen werden kann, wurde von der Rechtsprechung bislang – soweit ersichtlich – nur in zwei Fällen untersucht.

In der Entscheidung des BGH vom 10.6.1968[104] hatte eine nach deutschem Recht von ihren gesetzlichen Erben beerbte deutsche Erblasserin noch zu ihren Lebzeiten zugunsten eines ihrer Söhne sowie dessen Ehefrau ein Bankguthaben bei einer New Yorker Bank als Trust deklariert. Nach ihrem Tod wurde streitig, ob dieses Trustguthaben in den Nachlass gefallen bzw. ausgleichungspflichtig war. Der BGH beurteilte die in den Trust eingebrachte Forderung nach New Yorker Recht. Demzufolge wurde auch das Bank-Guthaben als nach amerikanischen Recht wirksam aus dem Vermögen der Erblasserin ausgegliederte Forderung angesehen.

Mit einer ähnlichen Fragestellung hatte sich der BGH in seiner Entscheidung vom 13.6.1984 zu befassen.[105] Streitgegenständlich war eine gegen eine deutsche GmbH gerichtete Forderung, die zunächst von einer in Liberia registrierten Gesellschaft auf

98 Gesetz v. 21.5.1999, BGBl I, 1026; einen ersten Überblick über die neuen Regelungen gibt *Spickhoff*, NJW 1999, 2209 ff.

99 Bislang war das Internationale Sachenrecht nur in Bezug auf eine eng begrenzte Spezialmaterie (Rechte an eingetragenen Schiffen und Luftfahrzeuge) begrenzt; vgl. die Nachweise bei *Spickhoff*, NJW 1999, 2209, 2214.

100 Ständige Rspr. des BGH, vgl. zuletzt Urteil v. 25. 09. 1996 - VIII ZR 76/95, IStR 1997, 159 f., m. w. N.

101 Ausführlich dazu z. B. *Kreuzer* in MünchKomm, Internationales Privatrecht, nach Art. 38 Anh. I Rn. 12 ff.

102 Etwa BGH v. 9.5.1996, NJW 1996, 2233, 2234; v. 28.9.1994, NJW 1995, 58, 59.

103 Etwa *Kegel*, IPR, S. 574 ff.; *Kreuzer* in MünchKomm, Internationales Privatrecht, nach Art. 38 Anh. I Rn 54, jeweils m. w. N.

104 DB 1969, 197; vgl. auch oben Fn. 9.

105 BGH v. 13.06.1984, IPrax 1985, 221.

einen Trust übertragen und von diesem später an die Klägerin abgetreten worden war. Für den Fall, dass das Untergericht, an welches das Verfahren schließlich zur weiteren Klärung zurückverwiesen wurde, feststellen sollte, dass auf das streitige Schuldverhältnis deutsches Recht anzuwenden wäre, führten die Richter des vierten Zivilsenats aus:

> „Mit den dogmatischen Grundlagen des deutschen Rechts ist die Rechtsfigur des Trust unvereinbar. (...) Bei der Begründung eines Trusts tritt also eine Spaltung zwischen der Berechtigung nach strengem Recht und der nach Billigkeitsrecht ein. Eine solche Aufspaltung ist aus dogmatischen Gründen an Forderungen, die nach deutschem Schuldrecht begründet sind, nicht möglich. Sollte das Berufungsgericht zu dem Ergebnis kommen, dass die im Rechtsstreit geltend gemachten Forderungen nach deutschem Recht zu beurteilen seien, so wäre die Trustbestellung unwirksam; es wäre jedoch in diesem Fall zu prüfen, ob sie nicht in eine Treuhandvereinbarung nach deutschem Recht umzudeuten ist."[106]

Im Hinblick auf die letzte Entscheidung erscheint zunächst die kategorisch getroffene Aussage, wonach die Trust-Bestellung gegebenenfalls (insgesamt?) als unwirksam angesehen werden könne, sehr bedenklich. Denn diese Konsequenz steht in offenem Gegensatz zur früheren Judikatur des BGH, die von einer schuldrechtlichen Qualifikation des Trust ausgeht.[107] Möglicherweise lässt sich der mutmaßliche Widerspruch dadurch erklären, dass es in dem zu beurteilenden Sachverhalt aus Sicht des BGH auf die dogmatisch an sich gebotene Differenzierung zwischen Belegenheitsstatut und Trust-Statut nicht ankam.[108] Streitentscheidend war alleine, ob die Klageforderung von den Trustees wirksam an die Klägerin abgetreten worden war. Als vorgreiflich hierfür wiederum sah der BGH die Frage an, ob die Trustees ihrerseits als „legal owner" oder vollberechtigte Eigentümer (Treuhänder?) verfügt hatten. Inhaltlich lässt sich die Aussage betreffend der möglichen „Unwirksamkeit des Trust" damit auf die nach dem Sachstatut zu beurteilende dingliche Berechtigung hinsichtlich des Trustvermögens reduzieren.[109] Dreh- und Angelpunkt der dabei auftretenden Probleme ist hierbei die Frage, wer als Eigentümer des Trustvermögens anzusehen ist.

Unstrittig ist, dass sich die lex rei sitae gegenüber dem Trust-Statut im Konfliktfall immer durchsetzten muss.[110] Sieht man daher in der dem Trust eigenen Aufspaltung der dinglichen Rechtszuständigkeit am Trustgut mit dem BGH einen Verstoß gegen den numerus clausus der deutschen Sachenrechte[111], können dingliche Verfügungen zugunsten eines Trust grundsätzlich keine (unmittelbaren) Wirkungen entfalten, wenn

[106] Zur Umdeutung sogleich § 3 B. III.

[107] Vgl. die bereits unter Fn. 58 aufgeführten Urteile des BGH v. 15.4.1959, RabelsZ 25 (1960), 313 sowie v. 10. 6. 1968, WM 1968, 117; kritisch zu BGH v. 13.6.1984 auch *Wittuhn*, Trust, S. 65.

[108] Zur insoweit berechtigten Kritik an der Entscheidung *Kötz*, IPRax 1985, 205, 206.

[109] Gl. A. ebenda.

[110] *Wittuhn*, Trust, S. 65 ff., 141 ff.

[111] Kritisch hiergegen mit guten Argumenten wiederum *Kötz*, Trust und Treuhand, S. 167 ff.

das Forderungs- bzw. Sachstatut zur Anwendung deutschen Rechts führt.[112] In der Praxis dürften als Trustvermögen insoweit neben in Deutschland belegenen Grundstücken[113] sowie Forderungen aus Bankguthaben bei deutschen Kreditinstituten vor allem Beteiligungen an deutschen Personengesellschaften und Anteile an Kapitalgesellschaften mit Sitz in Deutschland ausscheiden.[114] Ein Ausweg aus dem hier gegebenen Problem der dinglich wirksamen Übertragung kann dann allenfalls in der Übertragung dieser Wirtschaftsgüter auf eine ausländische Gesellschaft (underlying company) bestehen.[115]

Entgegen dem durch das einschlägige Schrifttum teilweise vermittelten Eindruck[116] ist einer dem deutschem Recht unterliegenden Übertragung von Wirtschaftsgütern allerdings keineswegs insgesamt die Wirksamkeit zu verweigern. Vielmehr ist auch in diesen Fällen im Wege der Transformation des Trust und seiner Rechtswirkungen in die Begriffe des deutschen Rechts ein der nichtigen Anordnung bzw. Verfügung möglichst nahekommendes Ergebnis zu finden.

## III. Transformation – Anpassung und Umdeutung

Die Notwendigkeit zur Übersetzung des Trust in die Sprache des deutschen Rechts ergibt sich auf zivilrechtlicher Ebene – wie bereits angedeutet – nicht nur im Falle der Anwendbarkeit einer „falschen" Rechtsordnung, sondern auch dann, wenn auftretende Normwidersprüche mit dem deutschen Recht gelöst werden müssen. Da der anlässlich einer solchen Transformation vorzunehmende Rechtsvergleich letztlich auch im Rahmen der steuerlichen Beurteilung des Trust eine bedeutende Rolle spielen kann, erscheint an dieser Stelle eine etwas eingehendere Darstellung der insoweit maßgeblichen Überlegungen zweckmäßig.

---

112 Etwa *Bredow/Reich*, WiB 1995, 775, 777; *Czermak*, Express Trust, S. 285 f.; *Jülicher*, IStR 1999, 106, 107; *Schindhelm/Stein*, StuW 1999, 31, 38 f.; *Siemers/Müller*, ZEV 1998, 206,208; *v. Oertzen*, IStR 1995, 149, 151; kritisch insgesamt *Kötz*, IPRax 1985, 205, 206.

113 Zum Statutenwechsel bei Mobilien und damit zugleich zur Frage, ob diese, wie z. B. *Bredow/Reich*, WiB 1995, 775, 777, meinen, zunächst ins Ausland verbracht werden müssen, vgl. die Ausführungen betr. internationalen Verkehrsgeschäften bei *Kreuzer* in MünchKomm, Internationales Privatrecht, nach Art. 38 Anh. I Rn. 72 ff.

114 Ungenau *Siemers/Müller*, ZEV 1998, 206, 208, wonach bei Aktien die Verlegung des Aktiendepots ins Ausland eine Übertragung auf den Trust ermöglichen soll. Tatsächlich unterliegt bei Inhaberpapieren das in der Urkunde verbriefte Recht nämlich einem eigenen Wertpapierrechtsstatut. Dieses folgt bei Aktien dem Gesellschaftsstatut und damit deutschem Recht, wenn die Gesellschaft ihren Verwaltungssitz in Deutschland hat; vgl. ausführlich *Kreuzer* in MünchKomm, Internationales Privatrecht, nach Art. 38 Anh. I Rn. 117 ff.; vgl. auch *Kegel*, IPR, S. 573.

115 Auch *Killius*, Steuerplanung, S. 343, 349 und *Siemers/Müller*, IStR 1998, 385, 386 f.; in der Praxis sind Trust-Strukturen, bei denen Anteile an sog. underlying companies zum Trustvermögen gehören, häufig vorzufinden.

116 Etwa *Soergel/Lüderitz*, Art. 38 EGBGB Anh. II Rn. 58; *Jülicher*, IStR 1999, 106, 107.

### 1. Testamentary Trust

Wie das mittlerweile recht umfangreiche Schrifttum zur privatrechtlichen Transformation des Testamentary Trust belegt[117], kann die Feststellung, wer bezogen auf das Trustgut „Erbe" des Settlor ist, im Einzelfall erhebliche Schwierigkeiten bereiten. Geradezu unausweichlich ist hierbei die Erkenntnis, dass es rein schematische Lösungen nicht gibt.[118] Ein der konkreten Anordnung vergleichbares Ergebnis lässt sich daher regelmäßig nur im Wege der Kombination der unterschiedlichsten deutschen erbrechtlichen Institute und Anordnungen herbeiführen. Ungeachtet dessen ist es möglich, anhand weniger als typisch erkannter Fallgruppen eine gewisse Systematik herauszusondieren. Während die nachfolgend unter Ziff. 1 bis 3 aufgeführten Beispiele dadurch charakterisiert sind, dass der Trustee hinsichtlich der Verwendung des Trustvermögens zugunsten bestimmter Personen an genaue Vorgaben des Erblassers gebunden ist, besteht die Besonderheit der in Ziff. 4 behandelten Fallgruppe in einem dem Trustee insoweit eingeräumten Auswahlermessen.

#### a) Gegenwärtige Ertrags- und künftige Substanzberechtigung zugunsten derselben Person

Die erste Fallgruppe hat folgendes Aussehen:

> Der (deutsche) Erblasser „vermacht" seinen Nachlass letztwillig einem Trustee mit der Bestimmung, die Erträgnisse daraus seinem Sohn zu bezahlen, bis dieser das 28. Lebensjahr erreicht hat. Sodann soll das Vermögen unter Auflösung des Trust an diesen ausgekehrt werden.

Dass nach dem Willen des Erblassers in diesem Fall nicht der Trustee, sondern der Sohn Erbe im Sinne der deutschen Rechtsbegrifflichkeit sein soll, ist evident. Wenn auch zunächst eingeschränkt hinsichtlich Verwaltung und Verfügung soll dieser den Nachlass letztlich ungeschmälert erhalten. Vor diesem Hintergrund drängt es sich auf, die Rechtsstellung des Trustee in Übereinstimmung mit der wohl absolut herrschenden Meinung in Literatur[119] und Rechtsprechung[120] in eine Dauertestamentsvollstreckung i. S. des § 2209 Satz 1 Halbsatz 2 BGB umzudeuten. Zwar weichen die beiden Formen

[117] Vgl. nur die weiterführenden Nachweise bei *Schindhelm/Stein*, StuW 1999, 31, 37, Fn. 64-68.

[118] Auch *Czermak*, Express Trust, S. 297; *Ferid/Firsching*, Internationales Erbrecht, Bd. VI, USA Grdz. C III, Rdz. 62 f.

[119] Grundlegend z. B. *Kötz*, Trust und Treuhand, S. 98 ff.; vgl. a. *Ferid/Firsching*, Internationales Erbrecht, Bd. VI, USA Grdz. C III, Rdz. 62 f.; *Mueller*, RabelsZ 1933, 843 ff.; *Nußbaum*, AcP 151 (1950/1951), 193, 201: „Die größte Ähnlichkeit mit dem Trust-Begriff scheint im europäischen Recht bei der Testamentsvollstreckung zu bestehen"; für den Nachlassverwaltungstrust *Schindhelm/*Stein, StuW 1999, 31, 45 f. sowie *Wittuhn*, Trust, S.147 f.

[120] LG Wiesbaden v. 18.1.1960, IPRspr. 1960/61 Nr. 138; OLG Frankfurt v. 29.12.1962, IPRspr. 1962/63 Nr. 146; LG Nürnberg-Fürth v. 29.12.1962, IPRspr. 1962/63 Nr. 148; OLG Frankfurt v. 2.5.1972, IPRspr. 1972 Nr. 125; BayObLG v. 1.2.1980, IPrax 1982, 111, 113; aus der später noch eingehender erörterten finanzgerichtlichen Rechtsprechung vgl. nur BFH v. 8.6.1986, BStBl II 1988, 808.

der Nachlassverwaltung zugunsten eines Dritten in ihrer juristischen Konstruktion erheblich voneinander ab, da der Testamentsvollstrecker keine dem Trustee vergleichbare dingliche Rechtsstellung in Bezug auf das Trustvermögen einnimmt. Angesichts der evident bestehenden Funktionsverwandtschaft dieser beiden Rechtsinstitute[121], die auch in den „Problembereichen" der treuwidrigen Verfügungen und der Surrogation zu nahezu gleichen Ergebnissen führen[122], stellt eine auf das formale Eigentum des Trustee gestützte Gleichsetzung mit einem Erben jedoch zumindest für die hier erörterte Fallgestaltung keine sinnvolle und zielführende Alternative dar.

### b) Gegenwärtige Ertrags- und aufschiebend befristete Substanzberechtigung zugunsten verschiedener Personen

Auch die folgende Gestaltung ist bereits aus der Darstellung des Privatrechts des Jersey Trust bekannt:

> Der Erblasser hinterlässt den Nachlass einem Trustee, der ihn zunächst für einen bestimmten ertragsberechtigten Beneficiary zu verwalten hat. Nach dessen Tod hat der Trustee den Trust unter Verteilung des dann verbliebenen Vermögens an eine andere bezeichnete Personen aufzulösen, falls nicht zuvor ein weiterer Ertragsberechtigter vorgesehen ist.[123]

Im Rahmen der Transformation wird man wiederum erkennen, dass das dem Trustee nach Common Law verliehene Eigentumsrecht ausschließlich dazu dient, die ihm zum Zwecke der Verwaltung des Trustguts erforderliche Verfügungsbefugnis zu verschaffen. Als bloß regelungstechnisches Hilfsmittel[124] sollte dem legal title aus deutscher Sicht damit auch im Falle einer über mehrere Generationen hinweg fortdauernden Nachlassverwaltung keine eigenständige Bedeutung beigemessen werden.[125] Entspre-

---

[121] Bezüglich der Rechtswirkungen der Testamentsvollstreckung nur stichpunktartig: Ernennung durch einseitige letztwillige Verfügung, § 2197 Abs. 1 BGB; Recht zur Inbesitznahme des Nachlasses sowie Recht zur selbstständigen Verwaltung des Nachlasses, § 2216 BGB; Verfügungsbefugnis über die Nachlassgegenstände, § 2205 BGB; ggf. unbeschränkte Befugnis zur Eingehung von Nachlassverbindlichkeiten, § 2206 Abs. 1 i. V. m. § 2207 S. 1 BGB ; Aktiv- und ggf. auch Passivlegitimation bei der Prozessführung; Auskunfts- und Rechtenschaftslegungspflicht sowie Verpflichtung zur Herausgabe bei Amtsende, § 2218 Abs. 1 i. V. m. §§ 666, 667 BGB; Unwirksamkeit von Verfügungen der Erben, § 2211 BGB; kein Zugriff von Privatgläubigern der Erben auf die der Verwaltung unterliegende Gegenstände, § 2214 BGB.

[122] Bereits von der Reichsgerichtlichen Rechtsprechung war anerkannt, dass ein Dritter aus einem vom Testamentsvollstrecker unter Missbrauch seiner Befugnisse abgeschlossenen Rechtsgeschäft dann keine Rechte geltend machen kann, wenn der diesen Missbrauch hätte erkennen müssen; vgl. RG v. 10.12.1913, RGZ 83, 348; v. 20.10.1930; RGZ 130, 131; vgl. auch *Palandt/Edenhofer*, § 2205 BGB Rn 29, sowie eingehend *Kötz*, Trust und Treuhand, S. 99 ff.; zum Privatrecht Jerseys bereits oben § 2 E. IV.

[123] Wie dargestellt lassen sich innerhalb der zulässigen Höchstdauer des Jersey Trust grundsätzlich beliebig viele Ertragsberechtigungen hintereinanderschalten.

[124] *Czermak*, Express Trust, S. 294.

[125] Dazu aber sogleich unten § 3 B. III. 1. d) .

chend den bereits zur ersten Fallgruppe angestellten Überlegungen ist der Trustee in den hier erörterten Fällen des Fixed Trust damit als Testamentsvollstrecker anzusehen.

Für die Behandlung der Begünstigten kann sodann zwischen der mit dem Tode des Erblassers anfallenden ersten Ertragsberechtigung und den künftig anfallenden Ertrags- bzw. Substanzberechtigungen unterschieden werden. Sofern diese Berechtigungen – wie vorliegend – verschiedenen Begünstigten in der Weise zugewendet werden, dass der Anspruch des Letztbegünstigten auf die Trustsubstanz zu dessen Nachlass gehört, kann eine Transformation in das deutsche Recht entweder über das Institut der Vor- und Nacherbschaft gem. § 2100 ff. BGB[126] oder unter Zuhilfenahme eines Nießbrauchs- bzw. Nutznießungsvermächtnisses nach §§ 1085 ff. BGB[127] erfolgen. Bei zugleich angeordneter befreiter Testamentsvollstreckung[128] läuft es hierbei aus Sicht des deutschen Rechts wirtschaftlich gesehen im wesentlichen auf das gleiche hinaus, ob einem Begünstigten lediglich der Anspruch auf Auskehrung des Werts der vom Testamentsvollstrecker gezogenen Früchte vermacht wird[129], oder ob er zwar als nicht befreiter Vorerbe[130] eingesetzt wird, ihm aber die Verwaltung des Nachlasses und folglich auch die Verfügung über die Nachlassgegenstände zeitlebens entzogen ist. Denn auch in letzterem Fall ist der Begünstigte auf den Genuss der vom Testamentsvollstrecker gezogenen Früchte beschränkt.[131] Allerdings ist zu berücksichtigen, dass nach deutschem Erbrecht bei Anordnung einer aufschiebend bedingten oder befristeten Erbfolge gem. § 2105 BGB gleichzeitig die Anordnung einer Vorerbfolge angenommen werden muss, weil andernfalls eine dem BGB nicht bekannte herrenlose Erbschaft entstehen würde.[132] Ob der Substanzberechtigte eines Trust aus Sicht des deutschen Rechts demgemäß erst mit dem Tode des vorgängigen Ertragsberechtigten als Erbe anzusehen ist, muss im Rahmen der Transformation durch Auslegung des Erblasserwillens ermittelt werden.[133] Da eine Übertragung der Trust-Berechtigungen in die deutsche Begriffssprache nicht in jeder Beziehung zu zutreffenden Ergebnissen führt, ist diese Auslegung im deutschen Recht oft sehr zweifelhaft.[134] Denn die nur aus der Notwendigkeit, der letztwilligen Verfügung im deutschen Erbrecht Wirkung zu-

[126] Etwa *Czermak*, Express Trust, S. 295; *Ferid/Firsching*, Internationales Erbrecht, Bd. VI, USA Grdz. C III, Rdz. 62 e; *Flick/Piltz*, Erbfall, S. 256.; *Kötz*, Trust und Treuhand, S. 105 f.; *Mueller*, RabelsZ 1933, 808, 834; *Wittuhn*, Trust, S. 148.

[127] Instruktiv etwa *Ferid/Firsching*, Internationales Erbrecht, Bd. VI, USA Grdz. C III, Rdz. 62 e.

[128] Vgl. § 2207 BGB.

[129] Vgl. §§ 2147, 2174 BGB; belastet mit der Erfüllung des Nutzungsrechts wäre damit der Substanzberechtigte als Erbe.

[130] Vgl. § 2136 BGB.

[131] Vgl. BFH v. 12.5.1970, BStBl II 1972, 462, 464.

[132] Etwa *Grunsky* in MünchKomm, Erbrecht, § 2105 Rn. 1; BFH v. 7.5.1986, BStBl II 1986 , 615, 617.

[133] Vgl. § 2084 BGB; zur Auslegung anlässlich der Transformation vgl. *Sonnenberger* in MünchKomm, Internationales Privatrecht, Einleitung Rn. 597 ff.

[134] Treffend *Mueller*, RabelsZ 1933, 808, 817, 834.

kommen zu lassen, heraus zu treffende Feststellung, dass entweder der Ertragsberechtigte Vorerbe, oder der Substanzberechtigte gegenwärtiger Vollerbe sei, erfolgt quasi am ausländischen Recht vorbei. Allgemeingültige Aussagen lassen sich kaum treffen. Eventuell wird man davon ausgehen, dass die Annahme eines Nießbrauchs zugunsten des Ertragsberechtigten den Vorstellungen und Anordnungen des Erblassers häufig näher kommt, als dessen unmittelbare Einsetzung zum Vorerben, der dann typischerweise als Vermögensinhaber anzusehen wäre.

### c) Gegenwärtige Ertrags- und aufschiebend bedingte Substanzberechtigung zugunsten verschiedener Personen

In Abgrenzung von der vorstehend behandelten Fallgestaltung unterscheidet sich das letzte Beispiel aus der Gruppe der Fixed Trusts nur dadurch, dass der Vermögensanfall an den oder die Substanzberechtigten eindeutig aufschiebend bedingt ist. In diesem Sinne könnte die Verfügung des Settlor etwa lauten:

> „Ertragsberechtigt soll zunächst meine Ehefrau sein. Nach deren Ableben ist der Trust aufzulösen und das Vermögen an unseren gemeinsamen Sohn, ersatzweise für den Fall seines Vorversterbens aber an dessen gesetzliche Erben auszukehren. Sollten zum Zeitpunkt der Beendigung des Trust keine gesetzlichen Erben vorhanden sein, soll das Vermögen dem X anfallen."

Zu dieser Fallgruppe müssen grundsätzlich auch solche Gestaltungen gerechnet werden, in denen die Substanz des Trustvermögens an einen oder mehrere bestimmte, zur Zeit des Erbfalls jedoch noch nicht erzeugte Begünstigte fallen soll. Die Gemeinsamkeit der so umgrenzten Sachverhalte besteht dann darin, dass der Anfall der Trustsubstanz beim Letztbegünstigten jeweils durch ein ungewisses künftiges Ereignis, nämlich den Erlebensfall, aufschiebend bedingt ist.[135]

Mit der Erwägung, dass zum einen der Ertragsberechtigte zu keiner Zeit einen Anspruch auf die Substanz habe und damit als (Vor-)Erbe ausscheide, zum anderen aber auch eine aufschiebend bedingte Substanzberechtigung mit der Stellung eines deutschen Erben unvereinbar sei, soll nach Sieker in diesem Fall auf die „Notlösung", den Trustee als Erben zu qualifizieren, zurückzugreifen sein.[136] Dieser Meinung kann nur zugestimmt werden, wenn man unter dem aus § 2105 BGB folgenden Verdikt einer herrenlosen Erbschaft das Rechtsinstitut der Vor- und Nacherbschaft als auf diese Fälle nicht anwendbar erachtet. Hält man aber die Rechtsfigur des Trustee weiterhin in der umgedeuteten Form eines Testamentsvollstreckers aufrecht, spricht m. E. nichts

---

[135] Eingehend zur aufschiebenden Bedingung im Erbrecht etwa *Palandt/Edenhofer*, § 2074 BGB Rn. 1 ff.

[136] Vgl. *Sieker*, US-Trust, S. 320; der nach *Ferid/Firsching*, Internationales Erbrecht, Bd. VI, USA Grdz. C III, Rdz. 62 f zitierten Nachlasssache VI 8753/59 AG München lag die Besonderheit zugrunde, dass zu Trustees nahe Verwandte des Erblassers bestimmt waren. Eben dieser Gesichtspunkt wurde auch in einem eigens eingeholten Gutachten des Rechtsvergleichenden Instituts der Univ. München v. 24.3.1960 (RA 8/60) als entscheidend hervorgehoben.

dagegen, die Rechtsträgerschaft am Nachlass zum Zwecke der Transformation dem jeweiligen Ertragsberechtigten als Vorerben zuzuweisen.[137] Da sich die Rechtsposition von Trustee und Ertragsberechtigten in nichts von der oben unter Ziff. 3 dargestellten Fallgruppe unterscheiden, liegt die Transformation in die Anordnung einer bzw. mehrerer aufeinanderfolgender Vor- und Nacherbschaft(en) näher, als die Verstärkung der Stellung des Trustee zu der eines Erben.[138]

### d) Auswahlermessen des Trustee

Die sich bei der Transformation von Trust-Gestaltungen, bei denen dem Trustee ein Ermessen hinsichtlich der Auswahl der Beneficiaries eingeräumt ist, ergebenden Probleme lassen sich etwa anhand des folgenden Beispiels illustrieren:

> Der (deutsche) Testator verfügt die Errichtung eines Trust und ermächtigt den Trustee, das Treugut und dessen Erträgnisse nach seinem Ermessen an bestimmte Personen zu verteilen, sei es sofort, sei es nach und nach, je nach den Bedürfnissen der gegebenen Situation. Der Trust soll prinzipiell auf die Dauer von 80 Jahren errichtet sein, kann aber durch Beschluss des Trustee nach dessen freiem Ermessen auch vorzeitig beendet werden.[139]

Im Rahmen der Anpassung oder Umdeutung eines solchen Trust bereitet § 2065 Abs. 2 BGB praktisch kaum überwindliche Schwierigkeiten. Diese Vorschrift lautet: „Der Erblasser kann die Bestimmung der Person, die eine Zuwendung erhalten soll, sowie die Bestimmung des Gegenstandes der Zuwendung nicht einem anderen überlassen." Es ist offensichtlich, dass die hiermit vom Erblasser geforderte höchstpersönliche Willensentscheidung und vollständige Willensbildung[140] im Falle der testamentarischen Anordnung eines „Ermessens-Trust"[141] in Frage gestellt wird, sofern man nicht zumindest eine der beteiligten Personen als unbedingt eingesetzten Erben hinsichtlich

---

[137] So offensichtlich auch *Ferid/Firsching*, Internationales Erbrecht, Bd. VI, USA Grdz. C III, Rdz. 62 f (207 unten); *Wittuhn*, Trust, S. 148. Die von *Sieker*, US-Trust, S. 320, in diesem Zusammenhang zitierte Finanzrechtsprechung ist – wie in § 4 A. VI. 4. b) (3) . näher ausgeführt – i. E. indifferent, bezieht sich aber ausschließlich auf unter der *Herrschaft ausländischen Rechts* errichtete Testamentary Trusts.

[138] *Czermak*, Express Trust, S. 295; ausführlich *Ferid/Firsching*, Internationales Erbrecht, Bd. VI, USA Grdz. C III, Rdz. 62 e m. w. N.; *Flick/Piltz*, Erbfall, S. 256; vgl. a. *Kötz*, Trust und Treuhand, S. 97 ff., der darauf hinweist, dass sich mit Hilfe dieser Konstruktion im übrigen auch eine dem Common Law vergleichbare zeitliche Erstreckung der Nachlassbindung erreichen lässt, da der Zahl der Nacherbfälle im deutschen Recht keine Grenzen gesetzt sind und sich die Dauer einer Testamentsvollstreckung nach § 2210 Satz 2 BGB bis zum Tode des letzten Nacherben erstrecken kann; a. A. offensichtlich *Schindhelm/Stein*, StuW 1999, 31, 47, sowie *Sieker*, US-Trust, S. 316 ff., der für einen der hier behandelten Fallgestaltung vergleichbaren Fall ein Nutznießungsvermächtnis zugunsten des Ertragsberechtigten annimmt.

[139] Vgl. *Ferid/Firsching*, Internationales Erbrecht, Bd. VI, USA Grdz. C III, Rdz. 62 f.

[140] Etwa *Palandt/Edenhofer*, § 2065 BGB Rn. 1.

[141] Die allgemein gebräuchliche Bezeichnung als Discretionary Trust erscheint hier zu eng, da dem Trustee auch im Rahmen von Fixed Trusts Ermessensspielräume – etwa durch Übertragung einer „power of appointment" – eingeräumt sein können; hierzu bereits § 2 F. I. 4.

des Trustvermögens qualifizieren kann. Um vor diesem Hintergrund die Rechtswirkung der erblasserischen Anordnung zu bewahren, wird in der rechtsvergleichenden Literatur neben einem, durch Kombination verschiedener erbrechtlicher Institute erreichten, unmittelbaren Erbanfall bei einer der beteiligten Personen insbesondere die – im Hinblick auf das Untersuchungsziel der vorliegenden Arbeit besonders interessierende – Möglichkeit der Übersetzung in die Anordnung einer (rechtsfähigen) Stiftung erörtert.

### (1) Vermögensübergang auf eine vom Erblasser angeordnete (rechtsfähige) Stiftung

Gewöhnlich wird in den veröffentlichten international-privatrechtlichen Arbeiten unter verschiedenen Gesichtpunkten die Frage erörtert, ob und inwieweit der Trust einer stiftungsrechtlichen Qualifikation zugänglich ist. Während vor allem Fischer-Dieskau[142] die insoweit angenommenen Parallelen zur Begründung einer – im Ergebnis bejahten – einheitlichen Anknüpfung aller Trust-Formen heranzieht, untersucht Wittuhn[143] diesen Problemkreis ausschließlich im Zusammenhang mit der gesellschaftsrechtlichen Qualifikation des Intervivos Trust. Unter funktionalen Gesichtspunkten ist die Vergleichbarkeit von Trust und Stiftung indes auch für die Zwecke der Anpassung und Umdeutung von Bedeutung, womit sich die Einstellung in diesen Themenzusammenhang begründet.

Auffallend ist zunächst, dass die Stiftung als mögliches tertium comparationes für den Trust im steuerrechtlichen Schrifttum[144] offensichtlich eine weitaus größere Rolle zu spielen scheint, als im Bereich der international-privatrechtlichen Qualifikation bzw. Rechtsvergleichung. Abgesehen von den Stimmen, die eine funktionale Gleichartigkeit dieser Rechtsinstitute bereits auf Ebene der kollisionsrechtlichen Einordnung prüfen[145], wurde die Möglichkeit einer entsprechenden Umdeutung des Trust – soweit ersichtlich – bislang nur von Gottheiner[146] und Firsching[147] in Erwägung gezogen.

Ausnahmslos alle Quellen aber setzen sich mit dem formalen Kriterium auseinander, dass der Trust unabhängig von seinem konkreten Entstehungsgrund und seiner Ausgestaltung in keiner einzigen Rechtsordnung als juristische Person mit eigener Rechts-

[142] *Fischer-Dieskau*, Kollisionsrechtliche Behandlung, S. 94 ff.

[143] *Wittuhn*, Trust, S. 107 ff.

[144] Hierzu unten § 3 C. VI.

[145] Vgl. die Nachweise unter Fn. 142 und 143; i. ü. *Czermak*, Express Trust, S. 109 ff., 131, 183; *Kötz*, Trust und Treuhand, S. 117 ff. m. w. N.

[146] *Gottheiner*, Umdeutungsprobleme, S. 172 ff.

[147] *Ferid/Firsching*, Internationales Erbrecht, Bd. VI, USA Grdz. C III, Rdz. 62 h.

persönlichkeit ausgestaltet ist.[148] Da im Rahmen der Transformation jedoch regelmäßig eine umfassende Ermittlung des Sinnes und der Funktion der verwendeten auslandsrechtlichen Begriffe und Institute erforderlich ist[149], ist es zweckmäßig, im folgenden die wesentlichen Unterschiede zwischen Stiftung und Intervivos Trust in funktionaler sowie wirtschaftlicher Hinsicht zu skizzieren.

Das deutsche Stiftungsrecht kennt keine Legaldefinition der Stiftung. Im Schrifttum wird die Stiftung als ein selbstständiger Rechtsträger definiert, der zur Verwirklichung bestimmter Sonderzwecke geschaffen ist und nicht aus einem Personenverband besteht, d. h. keine Mitglieder hat.[150] Erforderlich für die Errichtung einer rechtsfähigen Stiftung des Privatrechts ist, dass der Stifter in einem – lebzeitig oder durch Verfügung von Todes wegen erklärten – Stiftungsgeschäft förmlich den Willen bekundet, auf Dauer zur Verwirklichung eines bestimmten Zwecks eine Stiftung zu errichten und diese mit dem dazu benötigten Stiftungsvermögen und einer ihrem Zweck entsprechenden Organisation auszustatten.[151] Vom Erblasser kann eine Stiftung darüberhinaus in der Weise angeordnet werden, dass dem Erben oder Vermächtnisnehmer gem. § 2192 BGB die erbrechtliche Auflage erteilt wird, mit den Mitteln seines Erwerbs eine Stiftung zu errichten.[152] Gem. § 80 BGB entsteht die Stiftung mit Erteilung der staatlichen Genehmigung durch die jeweils zuständige Genehmigungsbehörde. Erst mit dieser Genehmigung wird die Stiftung zur juristischen Person und dadurch selbst zum Träger von Rechten und Pflichten. Als Ersatz für die fehlende Kontrolle durch Mitglieder oder Gesellschafter unterliegen die Stiftungen zudem seit jeher einer staatlichen Stiftungsaufsicht, welche im Wege der Rechtskontrolle die andauernde und unabhängige Verwirklichung des Stifterwillens in Übereinstimmung mit Gesetz und Satzung sicherstellen soll.[153] Das eigentliche Wesen der Stiftung wird bestimmt durch den Stiftungszweck, bei dessen Auswahl der Stifter einen weiten Gestaltungsspielraum hat. So wird heute neben der Förderung gemeinnütziger Zwecke vor allem auch die rechtliche Existenz sowie die Genehmigungsfähigkeit von Familienstiftungen nicht weiter in Frage gestellt.[154] Entscheidend ist, dass der Stiftungszweck – dem Wesen der

---

[148] Nicht zuletzt aus diesem Grund wurde auch in der (dürftigen) Finanzrechtsprechung eine steuerrechtliche Qualifikation des Trust als Stiftung stets abgelehnt; vgl. dazu näher unten § 3 C. VI.

[149] Vgl. *Sonnenberger* in MünchKomm, Internationales Privatrecht, Einleitung Rn. 579 ff.

[150] So *Reuter* in MünchKomm, vor § 80 BGB Rn. 7; mangels anteilsmäßiger Rechte am Stiftungsvermögen „gehört" die Stiftung damit quasi sich selbst.

[151] Vgl. z. B. *Hennerkes*, Familienunternehmen, 782.

[152] Nur *Gebel*, in Troll/Gebel/Jülicher, § 3 ErbStG Rn. 320.

[153] So z. B. *Hennerkes/Binz/Sorg*, DB 1986, 2217; vgl. auch *Soergel/Neuhoff*, vor § 80 BGB Rn. 78.

[154] Allgemein versteht man unter einer Familienstiftung eine Stiftung, die dem Interesse bzw. dem Wohl einer bestimmten oder mehrerer bestimmter Familien dient; vgl. z. B. *Hennerkes/Binz/Sorg*, DB 1986, 2218; *Palandt/Heinrichs*, Vorbem. v. § 80 BGB Rn. 9. Definitionen der Familienstiftung enthalten lediglich verschiedene Landesstiftungsgesetze, nach denen die Familienbegünstigung – wie z. B. in Baden-Württemberg gem. § 13 Abs. 2 BaWüStiftG – entweder eine ausschließliche, oder zumindest eine überwiegende – wie beispielsweise in den Bundesländern

Stiftung entsprechend – auf Dauer, mindestens aber auf sehr lange Zeit angelegt sein muss.[155] Nicht genehmigungsfähig wäre demnach beispielsweise eine Familienstiftung, bei der bereits abgesehen werden kann, dass die Familie demnächst „ausstirbt".[156] Die eigene Rechtspersönlichkeit der Stiftung kommt in der Stiftungsorganisation zum Ausdruck, die nach der gesetzlichen Regelung in §§ 86 i. V. mit 26 BGB von einem Vorstand gebildet wird, der die Geschäfte der Stiftung führt und diese als juristische Person nach außen vertritt.[157]

Unter motivischen Gesichtspunkten zeigen sich unter diesem Blickwinkel insbesondere zwischen der Familienstiftung und dem Discretionary Trust zunächst auffallende Parallelitäten.[158] Wie der Stifter, der mit der Errichtung einer Familienstiftung vornehmlich den Zweck verfolgt, das Familienvermögen vor einer Zersplitterung zu schützen[159], soll auch der Discretionary Trust in den meisten Fällen der Vermögensbindung zum Zwecke einer bestimmten Familie dienen. Zweifellos liegt die besondere Attraktivität von Stiftung und Discretionary Trust für die Zwecke der privaten Vermögensverwaltung neben möglichen steuerlichen Vorteilen in der Trennung von Verwaltung und Nutzung des Vermögens. Beide Rechtsinstitute gewährleisten damit eine Zweckbindung von Vermögenswerten, die über den Tod des Vermögensinhabers hinaus erhalten bleibt.

Erhebliche Unterschiede zwischen Trust und rechtsfähiger Stiftung lassen sich demgegenüber erkennen, sofern man die beiden Institute in rechtssystematischer sowie wirtschaftlicher Hinsicht untersucht. Das formale Unterscheidungskriterium der dem Trust regelmäßig fehlenden Rechtsfähigkeit kann hierbei nur den Ausgangspunkt der anzustellenden Überlegungen bilden.[160] Kehrseite dieses Umstandes ist nämlich die Erkenntnis, dass das Trustvermögen zumindest nach Common Law unstreitig im Eigentum des Trustee steht. Aus dieser Eigentümerstellung des Trustee einerseits und den Beschränkungen durch die Rechte der Beneficiaries andererseits ergibt sich die unserem Rechtskreis nur schwer verständliche Rechtsnatur des Trust. Unabhängig davon, ob man den Rechten, die den Beneficiaries aus dieser Rechtsposition erwachsen neben ihrer schuldrechtlichen Wirkung auch eine gewisse dingliche Ausprägung bei-

Hamburg, Hessen, Mecklenburg-Vorpommern, Rheinland-Pfalz und Schleswig-Holstein – sein muss; vgl. hierzu z. B. *v. Löwe*, Familienstiftung, S. 21.

155 *Binz/Sorg*, Stiftung, S. 3.

156 Ebenda, S. 4.

157 Vgl. ebenda, S. 4. Üblich, aber nicht zwingend erforderlich ist darüberhinaus die Einsetzung eines Aufsichtsrats oder Beirats, dessen Funktion in der Beratung und/oder Überwachung des Vorstands besteht.

158 So auch *Albrecht*, Erbfälle, S. 300.

159 Vgl. für die Nachfolge in Familienunternehmen *Hennerkes/Schiffer*, Familienunternehmen, S. 781.

160 So im Ergebnis auch *Wittuhn*, Trust, S. 115 ff.

misst[161], darf nach - soweit ersichtlich - einhelliger Auffassung in der Literatur zum internationalen Privatrecht des Trust[162] die prägende Wirkung der personal obligation des Trustee gegenüber den Beneficiaries nicht übersehen werden.

Rechtssystematisch und zugleich wirtschaftlich stellt sich der hieraus folgende Unterschied zwischen der Rechtstellung von Stiftungsdestinatär einerseits und Beneficiary andererseits als erheblich dar. Während sich die Stiftung dadurch auszeichnet, dass die Destinatäre typischerweise keinerlei Ansprüche auf Leistungen aus dem Stiftungsvermögen haben, die Stiftungsorgane demzufolge nicht aus eigenem Recht und in eigenem Interesse auf Pflichterfüllung in Anspruch genommen werden können[163], stehen eben diese Rechte den Beneficiaries eines Trust unmittelbar zu. Neben unterschiedlich stark ausgeprägten Leistungsansprüchen gegen den Trustee haben die Beneficiaries auch Verwaltungspartizipationsrechte sowie gerichtlich durchsetzbare Überprüfungsrechte.[164] Selbst wenn die Kontroll- und Mitwirkungsrechte der Beneficiaries im Falle eines Discretionary Trust auf die pflichtgemäße Ermessensausübung durch den Trustee beschränkt sind, ist ihre ökonomische Position immer noch wesentlich stärker als diejenige eines Stiftungsdestinatärs.[165] Der Trustee ist den Beneficiaries dadurch in weit größerem Umfang verantwortlich als eine nicht ordnungsgemäß verwaltete Stiftung ihren Destinatären.[166] Sowohl in rechtlich-funktionaler als auch in wirtschaftlicher Hinsicht mangelt es einem Trust daher an der für die Stiftung typischen, dort nicht zuletzt durch das Erfordernis der staatlichen Genehmigung sowie der Stiftungsaufsicht begründeten, Verselbstständigung des Vermögens.[167] Berücksichtigt man darüberhinaus dass ein Trust im Hinblick auf die rule against perpetuities nicht für einen unbefristeten Zeitraum errichtet werden darf, eine "ewige" Vermögensperpetuierung sich mit ihm also nicht erreichen lässt, erscheint eine Gleichsetzung mit der rechtsfähigen Stiftung unter allen Gesichtspunkten ausgeschlossen.[168]

161 Hierzu ausführlich *Heymann*, Trustee und Trustee-Company, S. 485 ff. sowie *Czermak*, Express Trust, S. 199 ff.

162 Oben Fn. 161 m. w. N. sowie *Wittuhn*, Trust, S. 115.

163 In der Regel bleibt den Destinatären allenfalls die Möglichkeit, die Nichtigkeit von Maßnahmen des Stiftungsvorstandes im Zivilrechtswege geltend zu machen; vgl. *Rawert* in Staudinger, Vorbem. zu § 80 BGB Rn. 11; zu den Rechten der Stiftungsdestinatäre i. ü. auch *Seifart/Hof*, Handbuch des Stiftungsrechts, § 8 Rn. 111 ff. sowie *Kronke*, Unternehmensträgerstiftungen, S. 141.

164 Vgl. hierzu oben § 2 E.

165 So auch *Schindhelm/Stein*, StuW 1999, 43; a. A. für den sogenannten „Dynastischen Trust“ aber *Sieker*, US-Trust, S. 298.

166 *Kronke*, Unternehmensträgerstiftung, S. 145.

167 So i. E. auch *Mueller*, RabelsZ 1933, 808, 845; *Breitschmid*, Trust und Nachlassplanung, S. 48, 54.

168 Eine entsprechende Umdeutung mag allerdings im Falle des hier mangels praktischer Relevanz nicht näher zu behandelnden Purpose Trust möglich sein; vgl. hierzu bereits im Zusammenhang mit der gesellschaftsrechtlichen Anknüpfung des Intervivos Trust § 3 B. II. 1. b) (2) .

### (2) „Unmittelbare“ Erbfolge

Der erblasserischen Anordnung kann daher nur zur Wirksamkeit verholfen werden, indem zumindest einer der beteiligten Personen unmittelbar die Stellung eines Gesamtrechtsnachfolgers und Erben des Settlor zugewiesen wird. Insoweit sind nach der Literatur zwei Möglichkeiten in Betracht zu ziehen[169]: Zum einen wird vertreten, dass sämtliche Begünstigte als (nach §§ 2074, 2075 BGB bedingte?) Erben und der Trustee – entsprechend den obigen Ausführungen zum Fixed Trust – als Testamentsvollstrecker zu betrachten sei.[170] Alternativ hierzu wird vorgeschlagen, den Trustee als Erben anzusehen, der mit der Auflage beschwert sei, den einzelnen Beneficiaries in Ausübung eines dem § 2151 Abs. 1 BGB entsprechenden Bestimmungsrechts Vermächtniszuwendungen zu machen.[171]

Wenn auch die Stellung des Trustee – wie dargelegt – in funktionaler Hinsicht nahezu vollständig derjenigen eines Testamentsvollstreckers entspricht, muss die Gleichstellung von Beneficiaries und Erben nach der hier vertretenen Auffassung angesichts der grundsätzlichen Bedingungsfeindlichkeit der (Voll-)Erfolge scheitern.[172] Zwar mag den auf dem Trustvermögen ruhenden Ansprüchen der Beneficiaries nach dem Recht Jerseys auch bei einem Discretionary Trust in gewisser Weise dingliche Wirkung zugesprochen werden. Entscheidend dürfte jedoch sein, dass im Zeitpunkt der Trust-Errichtung vollkommen ungewiss ist, welcher der nur potentiell begünstigten Beneficiaries letztlich tatsächlich etwas aus dem Nachlass erhalten wird.[173]

Konstruktiv spricht die durch §§ 2151 ff. BGB begründete weite Ausnahme vom Grundsatz der höchstpersönlichen Bestimmung daher eher für eine Übertragung der Rechtswirkungen in die Begriffssystematik des Vermächtnisses. Immerhin tragen die insoweit zugelassenen Bestimmungsrechte[174] sowie die Möglichkeit zur Auslobung

[169] Eine Anknüpfung an § 2105 BGB muss in diesem Zusammenhang ausscheiden, da mit der hiermit verbundenen Rechtsfolge – gesetzliche Erben des Erblassers als Vorerben – die beabsichtigten Wirkungen des Trust nicht eintreten können. Zur Subsidiarität dieser Vorschrift bei möglicher anderweitiger Auslegung vgl. *Palandt/Edenhofer*, § 2105 BGB Rn. 1 m. w. N.

[170] Offensichtlich gerade unter steuerlichen Gesichtspunkten in Erwägung gezogen von *Ferid/Firsching*, Internationales Erbrecht, Bd. VI, USA Grdz. C III, Rdz. 62 f. sowie *Schindhelm/Stein*, StuW 1999, 31, 39.

[171] So z. B. *Wittuhn*, Trust, S. 149 und *Sieker*, US-Trust, S. 296; wohl auch *Ferid/Firsching*, Internationales Erbrecht, Bd. VI, USA Grdz. C III, Rdz. 62 f.

[172] Eine nach § 2074 BGB aufschiebend bedingte Erbeinsetzung führt grundsätzlich dazu, dass der Bedachte nur Nacherbe wird; z. B. *Palandt/Edenhofer*, § 2074 BGB Rn. 2.

[173] Ungeachtet dessen wurde z. B. in dem der Entscheidung des BFH v. 20.12.1957, BStBl III 1958, 79 zugrundeliegenden Sachverhalt – einem testamentarisch verfügtem Discretionary Trust – durch das Nachlassgericht ein Erbschein zugunsten der Beneficiaries ausgestellt.

[174] Vgl. neben § 2151 Abs. 1 auch die §§ 2152, 2153 BGB, wonach der Beschwerte sowohl unter mehreren Vermächtnisnehmern auswählen darf als auch eine Bestimmung hinsichtlich der quotenmäßigen Verteilung des Vermächtnisgegenstandes treffen kann.

von Wahl-, Gattungs-, und Zweckvermächtnissen dem Auswahlermessen des Trustee, der damit bei Geltung deutschen Erbrechts zwingend als Erbe zu qualifizieren ist, weitgehend Rechnung.[175] Zwar ist zuzugeben, dass auch hiermit eine gewisse Verzerrung der erblasserischen Anordnung einhergeht[176], was nicht zuletzt angesichts der Intentionen des Common Law deutlich wird, wonach sich die Rechtsstellung des Trustee trotz formalrechtlicher Eigentümerschaft in der fremdnützigen Verwaltung des Nachlasses erschöpft. Da die Transformation auf der anderen Seite aber immer und ohne Ausnahme die Subsumption eines ausländischen Sachverhalts unter die Kategorien des deutschen Rechts zum Resultat haben muss[177], wird man diese Lösung m. E. als für die (Zivilrechts-)Praxis noch am ehesten erträglich und damit rechtlich vertretbar anerkennen müssen.

#### e) Ausblick: Rechtliche Würdigung im Falle der Herrschaft ausländischen Rechts

Wie die vorangegangenen Ausführungen gezeigt haben, besteht das Hauptproblem bei der Übersetzung des Testamentary Trust in die Begrifflichkeiten des deutschen Erbrechts in dem Verbot einer auch nur einstweilen herrenlosen Erbschaft. Sofern die Trust-Verfügung nicht nur einen bestimmten Teil des Nachlasses erfasst[178], kann einer Trust-Errichtung unter der Herrschaft des „falschen" deutschen Rechts deshalb aus deutscher Sicht nur unter der Voraussetzung (mittelbare) Wirksamkeit beigemessen werden, dass hinsichtlich des Trustvermögens einer der beteiligten Personen – sei es der Beneficiary als (Vor-)Erbe oder der Trustee als Erbe – die Stellung eines Gesamtrechtsnachfolgers zugeordnet wird. Dieses, die Rechtsverhältnisse des Trust unter Umständen nur mangelhaft abbildende Resultat, ist als Folge des sogenannten „Zwangs zur Klassifikation im internationalen Privatrecht" hinzunehmen.[179]

Welche Konsequenzen ergeben sich andererseits, wenn die Errichtung eines Testamentary Trust z. B. durch einen (ausschließlich) US-amerikanischen oder britischen Staatsangehörigen auch aus deutscher Sicht einer ausländischen (Erb-)Rechtsordnung unterliegt?[180] Insoweit sei im Vorgriff auf die spätere Untersuchung des Trust als

---

[175] So i. E. auch *Gottheiner*, RabelsZ 1956, 36, 62 ff. Sofern dem Trustee durch testamentarische Verfügung nicht der gesamte Nachlass, sondern nur ein gewisser Vermögensteil zugewiesen wird, käme alternativ die Umdeutung in eine Vermächtnisanordnung zugunsten des – dann mit Untervermächtnissen beschwerten – Trustee in Betracht.

[176] Insoweit widersprüchlich *Sieker*, US-Trust, S. 297, der eine Qualifikation des Trustee als Erbe bereits im Falle der oben unter Ziff. 3 angeführten Gestaltung befürwortet.

[177] *Sieker*, US-Trust, S. 296.

[178] Bezogen auf diesen Vermögensteil wäre dann wohl allenfalls von einer Vermächtnisanordnung auszugehen.

[179] Sinngemäß *Sieker*, US-Trust, S. 296.

[180] Die Praxis wird mit dieser Frage vor allem dann konfrontiert, wenn einer der Beneficiaries in der Bundesrepublik Deutschland gem. § 2 ErbStG unbeschränkt erbschaftsteuerpflichtig ist.

Steuerrechtssubjekt an dieser Stelle lediglich folgende Aussage erlaubt: Abgesehen von den Fällen, in denen die Rechtsverhältnisse des Trust wegen auftretender Disharmonien (vor allem) mit dem deutschen Verfahrensrecht an unsere Rechtsordnung angepasst werden müssen, sind die Vorgaben des ausländischen Rechtssystems auch in Deutschland zwingend zu beachten. In den dem Common Law zugehörigen Rechtskreisen aber stellt sich bei Anordnung eines Testamentary Trust das Problem der Herrenlosigkeit des Nachlasses grundsätzlich nicht.[181] Die Rechtsstellung des Trustee als legal owner des Trustvermögens ermöglicht vielmehr die Anordnung einer aufschiebend bedingten oder befristeten Erbfolge auch wenn dies zur Folge hat, dass in der Zwischenzeit kein Erbe vorhanden ist bzw. keine materielle Kapitalberechtigung besteht.[182] Nicht zuletzt vor diesem Hintergrund erklärt sich, dass die bislang ausschließlich mit ausländischen Testamentary Trusts befasste erbschaftsteuerliche Finanzrechtsprechung von einem durch die jeweilige Zuwendung seitens des Trustee aufschiebend bedingten Erwerb des Beneficiary ausgehen konnte, ohne zugleich die im deutschen Erbrecht zwingende Konsequenz einer Vor- und Nacherbschaft zu ziehen.[183]

## 2. Intervivos Trust

### a) Verwaltungstreuhand als funktionsäquivalentes Rechtsinstitut

Ausgehend von einer durchgängigen schuldrechtlichen Qualifikation des Intervivos Trust könnte man annehmen, dass sich dessen Transformation als vergleichsweise unproblematisch darstelle. Insoweit wird im rechtsvergleichenden Schrifttum zum Trust-Recht für gewöhnlich besonders ausführlich die Frage erörtert, inwieweit sich die mit der Begründung eines (Intervivos) Trust verwirklichten Ziele mittels der verschiedenen, im deutschen Recht gebräuchlichen Formen der Treuhand nachempfinden lassen.[184] Diese Diskussion ist hier angesichts der bereits veröffentlichten grundlegenden

---

181 Vgl. nur *Mueller*, RabelsZ 1933, 808, 844.

182 Zutreffend *Mueller*, RabelsZ 1933, 808, 844, wonach alleiniger, aber nur formeller Träger der Kapitalberechtigung der Trustee ist; vgl. auch RFH v. 24.9.1935, StuW 1935 Nr. 672, Sp. 1619, 1625; BFH v. 7.5.1986, BStBl II 1986, 615, 617 f; vgl. *Gebel* in Troll/Gebel/Jülicher, § 9 ErbStG Rn. 46, der in Bezug auf das Nachlassverwaltungsverfahren in den USA zutreffend ausführt: „Das Erbrecht der meisten Staaten der USA kennt keine Universalsukzession (...). Mit einem Erben hat der legatee, also derjenige, der nach der letzwilligen Verfügung den Rest des Vermögens erhält, nur eine äußere Ähnlichkeit, denn mit dem Tod des Erblassers erwirbt er nur eine equity ownership (...). Das Vollrecht erhält er erst mit dem Verteilungsbeschluss (des executor oder administrator, Rn. d. Verf.)". Zum probate-Verfahren im englischen Recht vgl. etwa *Pecher*, Erbschaftsverwaltung, S. 48 ff.

183 Ausführlicher unten § 4 A. VI. 2. a) .

184 Etwa *Coing*, Treuhand, S. 209 ff.; *Czermak*, Express Trust, S. 185 ff.; *Heymann*, Trustee und Trustee-Company, S. 503, 508 ff.; *Kötz*, Trust und Treuhand, S. 125 ff.; *Serick*, Angloamerikanischer Trust, S. 665 ff.

und umfangreichen Studien nicht nochmals zu führen. Es sei vielmehr zunächst unterstellt, dass die Treuhand in der Form der sogenannten uneigennützigen Verwaltungstreuhand grundsätzlich – d. h. auch über den Tod des Settlor hinaus – eine geeignete Grundlage für eine funktionsäquivalente Übersetzung der Rechtsverhältnisse eines lebzeitig errichteten privatnützigen Trust bildet. Die Richtigkeit dieser Prämisse wird nachfolgend anhand einiger ausgewählter Fragestellungen überprüft.

### (1) Allgemeine Merkmale der Verwaltungstreuhand

Das Wesen der rechtsgeschäftlichen Treuhand besteht bekanntlich darin, dass jemand durch ein Rechtsgeschäft verpflichtet wird, bestimmte Rechte, die ihm dinglich übertragen werden, nicht im eigenen, sondern im Interesse – d. h. auf Rechnung und Gefahr[185] – des Treugebers oder bestimmter Dritter zu halten und auszuüben.[186] Während die Verpflichtung auf diese fremden Interessen bei den erbrechtlichen Treuhandinstituten wie etwa der Testamentsvollstreckung oder der Auflage durch dingliche Rechtsansprüche der Berechtigten gesichert ist, kann sie unter Lebenden nur durch obligatorischen Vertrag geschaffen werden. Die Verpflichtung des Treuhänders, nur in bestimmter Weise über das Treugut zu verfügen sowie dieses nach Beendigung des Treuhandverhältnisses zurück zu übertragen, ist mithin lediglich schuldrechtlicher Natur.[187] Da es ein einheitliches, gesetzlich festgeschriebenes Treuhandrecht nicht gibt, werden die Rechte und Pflichten der Beteiligten alleine durch den Treuhandvertrag bestimmt.[188] Bei diesem handelt es sich entweder um einen Auftrag im Sinne der §§ 662 ff. BGB oder um einen Geschäftsbesorgungsvertrag im Sinne von § 675 BGB.[189] Sofern die Treuhand den Interessen Dritter dient, stellt sich die Treuhandabrede regelmäßig als Vertrag zugunsten Dritter gem. §§ 328 ff. BGB dar.[190] In dem, dem Valutaverhältnis zwischen Treugeber und begünstigten Dritten zugrunde liegenden Kausalgeschäft wird dann zumeist eine (gegebenenfalls gem. §§ 158 ff. BGB bedingte) Schenkung nach §§ 516 ff. BGB erkannt werden.[191]

Dass sich Intervivos Trust und deutsche Verwaltungstreuhand, wie auch im Schrifttum immer wieder herausgestellt[192], in funktionaler Hinsicht weitgehend entsprechen, wird man kaum in Abrede stellen können. Beide Rechtsinstitute sind dadurch charakterisiert, dass jemand zum Zweck der Vermögensverwaltung in einem fremden Interessenbereich handelt und fremde Interessen wahrnimmt, dabei aber mit einer gewissen

[185] Vgl. BFH v. 20.1.1999, I-R-69/97, LEXinform Dok.-Nr. 0551145.

[186] Vgl. nur *Coing*, Treuhand, S. 85.

[187] So bereits RG, RGZ 153, 369.

[188] Etwa *Palandt/Bassenge*, § 903 BGB Rn. 33, 36 m. w. N.

[189] *Palandt/Sprau*, § 675 BGB Rn. 6.

[190] *Coing*, Treuhand, S. 88; *Kötz*, Trust und Treuhand, S. 128.

[191] Ebenso *Czermak*, Express Trust, S. 187 (Fn. 603).

[192] Vgl. die oben unter Fn. 184 aufgeführten Autoren.

selbstständigen Entscheidungsbefugnis bzw. einer überschießenden Rechtsmacht im Außenverhältnis ausgestattet ist. Rechtstechnisch wird das Treugut hierzu aus dem Vermögen des Treugebers/Settlor ausgesondert und auf den Treuhänder/Trustee übertragen, in dessen Händen es infolge der Bindung an bestimmte Sonderzwecke ein Sondervermögen bildet.[193] Vor diesem Hintergrund beschränkt sich die Problematik bei der Übersetzung der durch einen Trust begründeten Rechtsverhältnisse in das Treuhandrecht im wesentlichen auf die Frage, wie die bloß obligatorischen Ansprüche des Treugebers/Drittbegünstigten im Vergleich zum „equitable interest" der Beneficiaries nach unserem Recht in besonderen Fällen geschützt werden können.[194] Darüberhinaus bedarf es der Überlegung, ob und inwieweit auch die Treuhand eine über den Tod des Treugebers hinaus fortwirkende Vermögensbindung zulässt. Wie die folgenden Ausführungen zeigen, lässt sich durch entsprechende Bestimmungen in der Treuhandabrede auch insoweit eine nahezu vollständige Nachbildung der Rechtsstellung des Beneficiary erreichen.

#### (2) Konkurs und Einzelzwangsvollstreckung in das Vermögen des Treuhänders

Wie auch im anglo-amerikanischen Recht bzw. im Trust-Recht Jerseys kann der Treugeber im Falle der Insolvenz des Treuhänders die Aussonderung des Treuguts beanspruchen.[195] Dieser Schutzanspruch folgt zwar nicht unmittelbar aus § 47 InsO. Er ist dem Treugeber bzw. einem durch Vertrag gem. § 328 BGB begünstigten Dritten[196] aber nach ganz herrschender Auffassung von Literatur und Rechtsprechung kraft Gewohnheitsrecht zuzuweisen.[197] In entsprechender Weise ist das Treugut auch gegen Vollstreckungszugriffe von Gläubigern des Treuhänders geschützt, indem die Ansprüche des Treugebers/der Drittbegünstigten gem. § 771 ZPO als „ein die Veräußerung hinderndes Recht" angesehen werden.[198]

---

[193] Etwa *Coing*, Treuhand, S. 86.

[194] Zutreffend weist *Czermak*, Express Trust, S. 189, darauf hin, dass sich diese Frage im Bereich der generalisierenden und funktionsorientierten *kollisionsrechtlichen Einordnung* nicht stellt. Für die Anpassung oder Umdeutung eines bestimmten Intervivos Trust hingegen kann die Rechtsstellung der Beneficiaries u. U. eine gewichtige Rolle spielen.

[195] *Eickmann* in Eickmann/Flessner, § 47 InsO Rn. 15, unter Verweis auf BGH NJW 1954, 190; NJW 1959, 1223; NJW 1969, 942; vgl. auch *Palandt/Bassenge*, § 903 BGB Rn. 43.

[196] Gl. A. *Kötz*, Trust und Treuhand, S. 128 f.

[197] Vgl. Fn. 195.

[198] Nur *Palandt/Bassenge*, § 903 BGB Rn. 42 m. w. N. Zu berücksichtigen ist allerdings, dass die Rspr. diese für die Gläubiger des Treuhänders nachteilige Anerkennung der wirtschaftlichen Zugehörigkeit des Treuguts zum Vermögen des Treugebers durch das sog. Unmittelbarkeitsprinzip beschränkt; vgl. nur die Nachweise bei *Palandt/Bassenge*, § 903 BGB Rn 37. Aussonderungsfähiges bzw. durch die Drittwiderspruchsklage nach § 771 ZPO geschütztes Vermögen soll demzufolge nur geschaffen werden können, indem das Treugut unmittelbar vom Treugeber auf den Treuhänder übertragen wird. Kritisch gegen das „blindwirkende Prinzip der Unmittelbarkeit" und

### (3) Surrogation und Sicherung bei Verfügungen des Treuhänders

Der Umstand, dass sich die Rechte der Beneficiaries am Trustvermögen unproblematisch an den durch Verfügungen des Trustee erlangten Surrogaten fortsetzen, gehört zu den grundlegenden Funktionsprinzipien des Trust. Nicht selten wird hierin ein gewichtiger Unterschied zwischen Trust und Treuhand gesehen.[199] Wie insbesondere Heymann[200] ausführlich herausgearbeitet hat, stellt indes auch das deutsche Treuhandrecht Möglichkeiten zur Verfügung, mittels derer sich ein mit den Rechtswirkungen des Trust vergleichbares Ergebnis erzielen lässt.

Hiernach kann der Treuhänder grundsätzlich alle Rechte nach §§ 158, 161 Abs. 2 BGB resolutivbedingt in der Weise erwerben, dass etwa bei Treubruch, Insolvenz oder Zwangsvollstreckung gegen den Treuhänder ipso jure der Anfall an den Begünstigten erfolgt.[201] Bei Eintritt der Bedingung erwirbt der Anfallsberechtigte zum Treugut gehörende Fahrnis, Forderungen, Gesellschaftsanteile und andere Rechte des § 413 BGB folglich ohne Rücksicht auf etwaige Zwischenverfügungen des zivilrechtlich Berechtigten.[202] Nach inzwischen gefestigter Rechtsprechung verstößt die Vereinbarung einer solchen auflösenden Bedingung nicht gegen den aus § 137 BGB folgenden Grundsatz, wonach die Verfügungsbefugnis des Rechtsinhabers nicht mit Außenwirkung beschränkt werden kann.[203] Dem Umstand, dass Treugeber und Begünstigte in der Regel nicht personenidentisch sind, kann hierbei Rechnung getragen werden, indem man die Übertragung vom Settlor auf den Trustee als Vertrag zugunsten Dritter (§ 328 BGB) unter gleichzeitiger Vereinbarung eines nach § 158 Abs. 1 BGB aufschiebend bedingten Besitzmittlungsverhältnisses (§§ 930, 868 BGB) zwischen Trustee und Beneficiaries ansieht.[204] Da hiernach angenommen werden kann, dass auch die mit den

für eine Weiterentwicklung des Treuhandrechts in Richtung eines „verdinglichten" Rechtsschutzes des Begünstigten z. B. *Kötz*, Trust und Treuhand, S. 129 ff.; vgl. auch die weiteren Nachweise bei *Czermak*, Express Trust, S. 291 (Fn. 892). Wie die nachfolgenden Ausführungen zeigen, bestehen allerdings auch im deutschen Recht konstruktive Möglichkeiten, mit denen sich i. E. eine Fortsetzung der Schutzansprüche an den Surrogaten erzielen lässt.

199 Etwa *Wittuhn*, Trust, S.130.

200 *Heymann*, Trustee und Trustee-Company, S. 512 ff.

201 In diesem Zusammenhang spricht man auch von einer „deutschrechtlichen" oder „germanistischen" Treuhand. Während der fiduziarische Treuhänder das Treugut zu vollem ungeschmälertem Recht übertragen erhält und er dem Treugeber nur schuldrechtlich verpflichtet ist, mit dem Treugut in entsprechender Weise zu verfahren, erhält der Treuhänder bei der deutschrechtlichen Treuhand i. E. nur diejenigen Befugnisse eingeräumt, die er nach Maßgabe des Innenverhältnisses zur ordnungsgemäßen Treugutverwaltung braucht; vgl. *Coing*, Treuhand, S. 47 ff.; *Kötz*, Trust und Treuhand, S. 125 f., die dieser Treuhandform allerdings eine praktische Bedeutung absprechen.

202 *Rosenau*, DB 1966, Beilage 18, 4; hinsichtlich anderer Wirtschaftsgüter bleiben Zwischenverfügungen allerdings nach § 161 Abs. 3 BGB voll wirksam, soweit die Voraussetzungen eines gutgläubigen Erwerbs vorliegen, § 932 BGB.

203 Vgl. die Nachweise bei *Palandt/Heinrichs*, § 137 BGB Rn. 4.

204 Ausführlich *Heymann*, Trustee und Trustee-Company, S. 513 f.

Trustmitteln angeschafften Surrogate unter dieser Suspensivbedingung für die Beneficiaries erworben werden[205], wird letztlich ein Ergebnis erzielt, das den Rechtswirkungen des Trust nach ausländischem Recht nahezu vollständig entspricht.

### (4) Treuhandlösungen mit postmortaler Wirkung

Entgegen Czermak, der für den Intervivos Trust nach dem Tode des Errichters eine den erbrechtlichen Kollisionsregeln folgende Transformation befürwortet[206], können die Grundgedanken des Treuhandrechts ohne weiteres durchgängig auch auf Intervivos Trusts mit postmortaler Wirkung übertragen werden. Insoweit ist beachtlich, dass sich auch die deutsche Rechtspraxis insbesondere zur Überwindung der bekannten Schwierigkeiten der Testamentsvollstreckung an einzelkaufmännischen Unternehmen und Anteilen an Personengesellschaften[207] des Konzepts der Treuhandlösung bedient.[208] Sofern die Übertragung des Gesellschaftsanteils im Rahmen einer solchen Konstruktion bereits zu Lebzeiten des Erblassers erfolgt[209], treten dessen Erben als Rechtsnachfolger (§ 1922 BGB) in die Treuhandabrede ein.[210] Entscheidend ist hierbei, dass die gem. § 671 Abs. 1 BGB an sich gegebene jederzeitige Widerruflichkeit des Treuhandvertrages[211] nach mittlerweile wohl herrschender Auffassung auf das Vorliegen eines wichtigen Grundes beschränkt werden kann.[212] Auf diese Weise lässt

---

205 Dass auch das neuerworbene Vermögen mit diesen Bedingungen und Verfügungsbeschränkungen belastet ist, könnte möglicherweise mit einer Analogie zum Surrogationsprinzip beim Pfandrecht gem. §§ 1219 Abs. 2, 1247 BGB begründet werden.

206 *Czermak*, Express Trust, S. 293 ff. Zur Ablehnung dieser Auffassung bereits oben § 3 B. II. 1. b) (5).

207 Die rechtlichen Hindernisse beruhen hier auf dem Widerspruch zwischen der strikt auf den Nachlass beschränkten Verpflichtungsmacht des Testamentsvollstreckers und der handelsrechtlichen Haftungssituation bei einzelkaufmännischen Unternehmen und Personengesellschaften; vgl. etwa BGH v. 3.7.1989, NJW 1989, 3152, 3154.

208 Hierzu z. B. *Brandner* in MünchKomm, Erbrecht, § 2205 Rn. 22, 31; *Gschwendtner*, NJW 1996, 362, 363 m. w. N.

209 Alternativ ist die treuhänderische Übertragung sowohl durch den Erblasser auf den Todesfall als auch durch den insoweit gem. §§ 2192 ff. BGB an eine Auflage gebundenen Erben denkbar.

210 Vgl. auch § 672 BGB, wonach der Auftrag im Zweifel durch den Tod des Auftraggebers nicht erlischt.

211 Diese Rechtswirkung des Auftragsrechts wird man mit Blick auf die Ausschließlichkeit der fremdnützigen Verwaltung durch den Treuhänder nicht etwa umgehen können, indem man die Treuhandabrede gem. § 526 BGB als Schenkung unter Auflage ausformt. Denn auch bei der Auflagenschenkung muss nach den Vorstellungen der Beteiligten dem Beschenkten eine Bereicherung verbleiben; vgl. z. B. *Wochner*, ZEV 1999, 125; *Palandt/Putzo*, § 526 BGB Rn. 10 m. w. N.

212 Etwa *Brandner* in MünchKomm, Erbrecht, vor § 2197 Rn. 17, 21; a. A. offensichtlich noch *Palandt/Sprau*, § 672 BGB Rn. 1, der unter Verweis auf RGZ 139, 41 in dem vom Erblasser mit Wirkung für die Erben erklärten Widerrufsverzicht die (formbedürftige) Anordnung einer Testamentsvollstreckung erkennt. Diese Auffassung steht allerdings in Widerspruch mit der heute ganz überwiegend vertretenen Formlosigkeit einer unwiderruflichen postmortalen Vollmacht; vgl. hier-

sich mittels der Treuhand eine dem Rechtsinstitut des Intervivos Trust funktional und wirtschaftlich durchaus vergleichbare – dem Zugriff der Erben weitgehend entzogene – Bindung der Nachlassverwaltung an den Errichterwillen erreichen.

### (5) Erwerb der Beneficiaries

Vor dem Hintergrund der bisherigen Ausführungen kann abschließend die im Verhältnis zwischen Settlor und Beneficiary erfolgende Zuwendung näher spezifiziert werden. Aufgrund der funktionalen Vergleichung des Intervivos Trust mit der Verwaltungstreuhand muss die Annahme einer dinglichen Berechtigung der Beneficiaries an den einzelnen Gegenständen des Trustvermögens zwingend ausscheiden. Anders als in den vom Common Law abgeleiteten Rechtssystemen, die dem equitable interest des Beneficiary in verschiedener Hinsicht „dingliche" Rechtskraft" beimessen, können die Trust-Begünstigten unter dieser Prämisse allenfalls schuldrechtliche Ansprüche gegen den Trustee erwerben.[213] Ob und zu welchem Zeitpunkt der Erwerb eines Forderungsrechts erfolgt, bestimmt sich ausschließlich auf Grundlage des insoweit als Vertrag zugunsten Dritter i. S. der §§ 328 ff. BGB zu qualifizierenden Trust-Settlement.[214] In diesem Zusammenhang erweist sich wiederum die Flexibilität des deutschen Schuldrechts als hilfreich und zielführend für die Übersetzung der Rechtsverhältnisse eines Intervivos Trust. Denn in Verbindung mit § 158 BGB können die durch das im Valutaverhältnis zwischen Settlor und Beneficiary begründeten Ansprüche in jeder nur erdenklichen Weise aufschiebend oder auflösend bedingt bzw. befristet sein.[215] Übertragen auf die Rechtsposition der Beneficiaries eines Fixed Trust einerseits und eines Discretionary Trust andererseits lassen sich damit die folgenden Feststellungen treffen: Ausgehend von dem für die Bestimmung des Zuwendungsobjekts maßgeblichen Willen des Settlor/Schenkers[216] wird als Gegenstand der Schenkung nicht bereits ein etwaiges Forderungsrecht gegen den Trustee erkannt werden können, wenn die Auskehrung der Trustsubstanz von einer aufschiebenden Bedingung und damit dem Eintritt eines ungewissen Ereignisses (z. B. Überleben des Beneficiary, Ermessen des Trustee) abhängt. Da in diesen Fällen eines nur eingeschränkt erklärten Bereicherungswillens zunächst nur eine ungesicherte Aussicht auf einen Vermögens-

zu BGH NJW 1962, 1718; NJW 1969, 1245; wohl auch *Palandt/Edenhofer*, Einf. v. § 2197 BGB Rn 20.

213 Auf die Möglichkeiten einer u. U. dinglich wirkenden Absicherung dieser Ansprüche wurde bereits hingewiesen.

214 Vgl. BGH v. 16.10.1990, NJW 1991, 2209, wonach die Annahme, dass der Dritte einen selbstständigen Anspruch erwerben soll, vor allem dann nahe liegt, wenn der Versprechensempfänger die Leistung lediglich im Interesse des Dritten verabredet hat; vgl. im übrigen die Ausführungen unter Fn. 85, wonach das Valutaverhältnis grundsätzlich dem Schenkungsstatut unterstellt werden muss, da unter Berücksichtigung der sich aus § 331 Abs. 2 BGB ergebenden gesetzgeberischen Wertung § 2301 BGB keine Anwendung findet.

215 Vgl. § 328 Abs. 2 BGB; auch *Palandt/Heinrichs*, § 328 BGB Rn. 4 m. w. N.

216 Nur *Palandt/Putzo*, § 516 BGB Rn. 5 m. w. N.

erwerb begründet wird, ist die über den Trustee lediglich vermittelte Schenkung[217] erst im Zeitpunkt des tatsächlich erfolgenden Vermögenstransfers ausgeführt. Dieselben Regeln gelten aber auch dann, wenn der Erwerb des Beneficiary aus deutscher Sicht auf Grundlage eines betagten oder aufschiebend befristeten Forderungsrechts erfolgt.[218] Zwar erwirbt der Beneficiary in diesem Fall schon im Zeitpunkt der Trust-Errichtung einen unentziehbaren, bei Vorversterben vererblichen Rechtsanspruch, der durch den späteren Vollzug nur noch erfüllt wird.[219] Gleichwohl bildet auch hier nur die eigentliche Vermögenssubstanz und nicht bereits das equitabel interest den Gegenstand der – erst bei bestimmungsgemäß erfolgender Vermögenssauskehrung vollzogenen – Zuwendung.[220]

### b) Schenkung unter Auflage

Unterstellt man den Intervivos Trust mit den bisherigen Ausführungen im Rahmen der Transformation grundsätzlich den Regeln der deutschrechtlichen Verwaltungstreuhand, so wäre aus deutscher Sicht stets nur der Trustee als zivilrechtlicher Eigentümer des Trustvermögens anzusehen.[221] Rechtlich und funktional mag dieses Ergebnis durchaus begründet sein. Gleichwohl ergeben sich gewisse Wertungswidersprüche, wenn man zum Vergleich die oben zur Transformation des Testamentary Trust diskutierten Lösungen heranzieht. Besonders deutlich wird die Crux der Umdeutung dann beispielsweise in den Fällen, in denen die Auskehrung des Trustvermögens nur zeitlich verzögert an einen vom Settlor bestimmten, während des Bestehens des Trust zugleich ertragsberechtigten Beneficiary, erfolgen soll.[222] Soll der Beneficiary bei lebzeitiger Begründung dieser Ansprüche aus deutscher Sicht auf obligatorische Ansprüche gegenüber dem Trustee beschränkt sein, während ihm eine vergleichbare

217 Nach der Rspr. des BGH unterbreitet der Versprechensempfänger (Settlor) das Angebot zum Abschluss eines Schenkungsvertrages. Dieses wird nach der zum verabredeten Zeitpunkt erfolgenden Weiterleitung durch den Versprechenden (Trustee) vom Dritten (Beneficiary) angenommen. Wie bereits oben unter Fn. 85 und 214 dargestellt, bedarf das Schenkungsversprechen auch bei erst nach dem Tod des Settlor erfolgendem Vollzug nicht der von § 2301 BGB vorgeschriebenen Form. Ein Widerruf des Vertragsangebots durch die Erben ist dann nach der hier vertretenen Auffassung wegen der Wertung des § 331 Abs. 2 BGB ausgeschlossen. Alternativ sollte in der Trust-Errichtung konkludent ein mit Wirkung für die Erben erklärter Widerrufsausschluss erkannt werden.

218 Beispiel: Unbedingte Auskehrung der Trustsubstanz zu einem bestimmten Zeitpunkt. Bei Vorversterben des Beneficiary fiele dieser unentziehbare Anspruch in dessen Nachlass.

219 Dementsprechend kann unter Berücksichtigung des § 331 Abs. 2 BGB gegebenfalls auch eine zugunsten des (noch nicht geborenen und damit fiktiven) Substanzberechtigten spätestens mit dem Tod des Settlor unentziehbar begründete Anwartschaft auf den Substanzerwerb angenommen werden; vgl. hierzu näher *Gottwald* in MünchKomm, Schuldrecht AT, § 331 Rn. 7.

220 Z. B. *Schindhelm/Stein*, StuW 1999, 31, 42.

221 So z. B. *Wittuhn*, Trust, S. 142; gl. A. offensichtlich *Peiner*, RIW 1983, 593, 599 sowie *Schindhelm/Stein*, StuW 1999, 31, 45.

222 Zum Testamentary Trust vgl. § 4 A. VI. 4. b) (1) .

Berechtigung im Falle eines Testamentary Trust zur Erbenstellung verhelfen könnte? Tatsächlich erscheint eine solche Differenzierung vor allem bei Intervivos Trusts mit postmortaler Wirkung wenig sachgerecht; denn wirtschaftlich betrachtet lassen sich hinsichtlich der Rechtsposition der Anfallsberechtigten eines solchen Intervivos Trust einerseits und eines entsprechenden Testamentary Trust andererseits keine wesentlichen Unterschiede erkennen.[223] Auflösen ließe sich dieser Widerspruch, wenn man die Fälle, in denen der Settlor in Bezug auf den Anfall des Trustvermögens zugunsten einer oder mehrerer Personen zu Lebzeiten unbedingt verfügt[224], zivilrechtlich wie die Errichtung eines Familienfonds behandeln würde.[225] Dementsprechend könnte die Trust-Errichtung auch in eine unmittelbare Schenkung an die Substanzberechtigten, verbunden mit der Auflage[226], das Vermögen von einer dritten Person verwalten zu lassen, umgedeutet werden.[227]

## IV. Ergebnisse

Der Versuch, die gewonnenen Erkenntnisse mit Blick auf die nachfolgend zu untersuchenden steuerrechtlichen Fragestellungen zusammenzufassen, bedingt als erstes den Hinweis, dass man sich bei der international privatrechtlichen Behandlung des Trust insgesamt auf einem in hohem Maße unsicheren Terrain bewegt. Eine endgültige und zweifelsfreie Lösung des hier nur angesprochenen Qualifikationsproblems zeichnet sich bis zur Stunde nicht ab. Gänzlich vage stellt sich ferner die Transformation einzelner Fallgestaltungen dar, die im Ergebnis immer zu einer vollständigen Negation der für den Trust typischen Aufspaltung des Eigentums in legal und equitable ownership führen muss. Zumindest insoweit erscheint die Entwicklung allgemeingültiger Regeln auch für die Zukunft ausgeschlossen.[228] Mit der gebotenen Vorsicht lässt sich dennoch folgendes Bild sondieren:

Mit der wohl herrschenden Meinung ist der Testamentary Trust als originäres „Instrument der Nachlassplanung" erbrechtlich zu qualifizieren. Hieraus folgt, dass der durch einen deutschen Staatsangehörigen von Todes wegen verfügten Errichtung eines Trust mit Ausnahme derjenigen Fälle, die nach Art. 3 Abs. 3 EGBGB eine Nachlassspaltung zur Folge haben, jedenfalls keine unmittelbare Wirkung zukommen kann. Für die

223 Zur Frage der steuerlichen Gleichbehandlung von Intervivos und Testamentary Trusts unten § 4 A. VI. 2. c).

224 Unbedingt bedeutet in diesem Zusammenhang, dass der Anfall des Trustvermögens nicht an ein ungewisses Ereignis wie z. B. das Überleben des Substanzberechtigten oder eine vorherige Ermessensausübung durch den Trustee geknüpft sein darf.

225 Hierzu vgl. etwa RFH v. 9.4.1930, RStBl 1930, 364.

226 Vgl. § 525 BGB.

227 Von dieser Möglichkeit geht offensichtlich auch *Sieker*, US-Trust, S. 339, aus.

228 Zum Streit zwischen Anerkennungs- und Umdeutungstheorie auch *Walter*, RIW 1975, 205, 207: „Wenn sie (die Umdeutungstheorie) zum gleichen Ergebnis führt, wie die anzuwendende ausländische Rechtsnorm, so ist sie überflüssig; führt sie nicht zum gleichen Ergebnis, so ist sie falsch."

insoweit vorzunehmende Transformation der erblasserischen Anordnungen in die Rechtsbegriffe des deutschen Erbrechts stehen verschiedene Rechtsinstitute zur Verfügung, mit denen sich ein Großteil der denkbaren Gestaltungen individuell und zufriedenstellend erfassen lässt. Unter Berücksichtigung des zwingenden Erfordernisses der vollständigen Willensbildung durch den Erblasser bereit indes die Übersetzung des Discretionary Trust erhebliche Schwierigkeiten. Auch diese aber rechtfertigen nach der hier vertretenen Auffassung unter keinen Umständen die juristische Personifizierung des mit einem Trust entstehenden Sondervermögens. Mangels formaler und funktioneller Verselbstständigung des Trustguts ist der privatnützige Trust insbesondere einer (zivilrechtlichen) Umdeutung in eine rechtsfähige Stiftung nicht zugänglich.

Letzteres gilt auch für den Intervivos Trust, bei dem jedenfalls mit der präferierten schuldrechtlichen Anknüpfung eine Rechtswahl für möglich gehalten wird. Einer ablaufbedingten „Umqualifizierung" für die über den Tod des Settlor hinaus fortwirkenden Trustgestaltungen bedarf es m. E. nicht. Die Notwendigkeit der Umdeutung in die Rechtsbegriffe des „falschen" deutschen Rechts dürfte sich beim lebzeitig errichteten Trust unter dieser Voraussetzung im wesentlichen auf diejenigen Fälle beschränken, in denen dem deutschen Belegenheitsrecht unterstehende Vermögensgegenstände zum Trustgut gehören. Sofern ein dem jeweiligen Einzelfall angepasstes Ergebnis auf Grundlage der deutschen Treuhand erzielt werden kann, ist als zivilrechtlicher Eigentümer des in einen Intervivos Trust eingebrachten Vermögens stets der Trustee anzusehen. Letztlich aber müssen Rechtsnatur und –qualität der Begünstigtenansprüche im Hinblick auf die ausgeprägte Variabilität des Trust auch hier einer Beurteilung des jeweiligen Einzelfalles vorbehalten bleiben. Dass dabei gerade die Frage, wer aus deutscher Sicht als Eigentümer des Trustvermögens anzusehen ist, in vielen Fällen – je nach Belieben – in die eine oder andere Richtung lösbar erscheint, ist eine bedauerliche, als Folge der „Inkompatibilität" der angesprochenen Rechtssysteme jedoch hinzunehmende Erkenntnis, die nicht zuletzt auch die steuerliche Behandlung des Trust ungemein erschwert.

## C. Einordnung des Trust in das deutsche Steuerrecht

### I. Problemstellung

Wie gezeigt, besteht die Schwierigkeit der Qualifikation im internationalen Privatrecht darin, dass die einzelnen Kollisionsvorschriften, welche die Anwendung einer bestimmten Rechtsordnung bzw. einer Gruppe von Rechtsnormen auf bestimmte Sachverhalte anordnen, diese Sachverhalte selbst wieder mit Hilfe auslegungsbedürftiger rechtlicher Begriffe bezeichnen.[229] Demgegenüber geht es bei der Qualifikation im Steuerrecht um die Feststellung, ob und nach welchen Regeln ein Sachverhalt mit Auslandsberührung unter den Tatbestand einer inländischen steuerlichen Sachnorm

229 *Arendt*, StuW 1959, 385; *Martiny*, Schenkungs- und Erbfälle, S. 437.

subsumiert werden kann.[230] Mangels spezialgesetzlicher Regelung der Rechtsverhältnisse des Trust im deutschen Steuerrecht muss die Subsumption von Trust-Sachverhalten zwingend unter die allgemeinen Vorschriften erfolgen. Hierbei sind im Grundsatz zwei Ausgangslagen zu unterscheiden: Zum einen können die in Frage stehenden Steuernormen spezifisch steuerrechtliche Begriffe verwenden, welche einer vom maßgebenden Zivilrecht losgelösten wirtschaftlichen Betrachtung des zu qualifizierenden Vorgangs oder Rechtsinstituts weiten Raum lassen. Zum anderen können die Normen des Steuerrechts aber auch ausdrücklich auf zivilrechtliche Institutionen Bezug nehmen und damit eine engere Verbindung von Steuerrecht und Zivilrecht zu Tage treten lassen. Letzteres ist beispielsweise der Fall im Erbschaft- und Schenkungssteuerrecht, welches sich insbesondere in den §§ 3 bis 9 ErbStG vielfach der Begriffssprache des Zivilrechts bedient. Es ist evident, dass Spannungen im Rahmen der steuerlichen Qualifikation vor allem dann auftreten, wenn für die Besteuerung als maßgeblich erachtete zivilrechtliche Begriffe des deutschen Rechts auf Institute des ausländischen Privatrechts angewendet werden sollen.

Vor diesem Hintergrund wird nachfolgend nach einer knappen Auseinandersetzung mit den zwischen Steuerrecht und Zivilrecht bestehenden Querverbindungen zunächst die Methodik der Qualifikation von Auslandssachverhalten, die nach dem deutschen internationalen Privatrecht ausländischem Recht unterliegen, dargestellt. Anschließend ist zu fragen, ob die hier entwickelten Grundsätze auch Anwendung finden sollen, wenn auf die durch das ausländische Privatrechtsinstitut Trust gestalteten Rechtsbeziehungen nach dem deutschen internationalen Privatrecht deutsches Recht zur Anwendung gelangt.

## II. Verhältnis zwischen Zivil- und Steuerrecht

Dass zivilrechtliche Gestaltung und steuerlicher Eingriff grundsätzlich voneinander abhängen, folgt daraus, dass die wirtschaftlichen Vorgänge und Zustände, an die erst das Steuerrecht anknüpft, weitgehend durch die Ergebnisse des privatrechtlich organisierten Rechtsverkehrs gestaltet werden.[231] Vor allem wenn der steuergesetzliche Tatbestand diese Bindung an die zivilrechtlich vorgegebenen Grundlagen durch Verwendung einer zivilrechtlichen Begriffssprache zum Ausdruck bringt, stellt sich die seit jeher kontrovers diskutierte Frage, inwieweit einem mit Begriffen des Zivilrechts synonymen steuerlichen Gesetzesausdruck ein vom Zivilrecht abweichender wirtschaftlicher Sinn beizumessen ist.[232]

---

[230] Etwa *Otto*, RIW 1982, 494.

[231] Etwa *Crezelius*, Steuerrecht, II, 6; *Tipke*, Steuerrecht, § 1 Rn. 16 ff.

[232] Grundlegend zu diesem Problemkreis *Crezelius*, Erbschaft- und Schenkungsteuer, S. 30 ff. sowie – den Meinungsstand zusammengefasst wiedergebend – *Tipke*, Steuerrecht, § 5 Rn. 65 ff. m. w. N.

### 1. Wirtschaftliche Betrachtungsweise als Gebot zur teleologischen Gesetzesauslegung

Ausgehend von der Überlegung, dass das Steuerrecht aufgrund seiner Zielsetzung, die Gesetzmäßigkeit und Gleichmäßigkeit der Besteuerung zu gewährleisten, primär die wirtschaftliche Leistungsfähigkeit der Steuersubjekte zu beachten habe[233], verneint die namentlich von Tipke fundierte Meinung[234] allgemein eine teleologische Prävalenz des Zivilrechts.[235] Zivilrecht und Steuerrecht seien nebengeordnete, gleichrangige Rechtsgebiete, „die denselben Sachverhalt aus einer anderen Perspektive und unter anderen Wertungsgesichtspunkten beurteilen".[236] Wenn das Steuerrecht an bestimmte Formen des Zivilrechts anknüpfe, so geschehe dies grundsätzlich nicht, um diese Formen zu erfassen. Erfasst werden solle vielmehr der in die jeweilige Form gekleidete wirtschaftliche Inhalt.[237] Zivilrechtliche Begriffsinhalte seien daher wie alle steuerrechtlichen Tatbestandsmerkmale nach dem steuerrechtlichen Bedeutungszusammenhang, nach dem Zweck des jeweiligen Steuergesetzes und dem Inhalt der einschlägigen Einzelregelungen zu interpretieren.[238] Diese sogenannte wirtschaftliche Betrachtungsweise stellt nach der heute wohl herrschenden Meinung im Steuerrecht eine Methode teleologischer Gesetzesauslegung dar, mit deren Hilfe ermittelt werden soll, ob der bewirkte wirtschaftliche Erfolg einen Steuertatbestand erfüllt.[239] So verstanden aber kann mit dem Terminus „wirtschaftliche Betrachtungsweise" keinesfalls die allgemeine Rechtfertigung einer außerrechtlichen wirtschaftlichen Beurteilung rechtlicher Sachverhaltsgestaltungen verbunden werden.[240] Denn auch eine auf diese Weise an dem wirtschaftlichen Bedeutungsinhalt orientierte Gesetzesauslegung erlaubt eine Begrenzung der Maßgeblichkeit zivilrechtlicher Regelungsinhalte nur insoweit, als ein Steuertatbestand ersichtlich den realen wirtschaftlichen Sachverhalt im Wege eines Durchgriffs durch die zivilrechtliche Gestaltung der Besteuerung unterwerfen will.[241] Es verdient daher festgehalten zu werden, dass sich wirtschaftliche Betrachtungsweise und zivilrechtskonforme Auslegung von Steuertatbeständen nicht per se

---

233 BVerfG v. 22.2.1984, BVerfGE 66, 223.

234 *Tipke*, Steuerrecht, § 1 Rn. 17 m. w. N.

235 Vgl. auch BVerfG 2 BvR 72/90, DStR 1992, 106.

236 Etwa BVerfG v. 7.6.1993, Steuerrechtsprechung in Karteiform, Einkommensteuergesetz, § 20 Abs. 1 Nr. 7, Rechtsspruch 33; vgl. auch BFH v. 20.1.1999, LEXinform DokNr. 0551145.

237 *Tipke*, Steuerrechtsordnung, S. 1292; *Gieseke*, DStR 1982, 478, 480.

238 *Kirchhof*, Einwirkungen des Verfassungsrechts auf das Steuerrecht, 11, 28.

239 Etwa *Kirchhof*, Einwirkungen, S. 11, 28; *Lang/Seer*, FR 1992, 637, 639; *Tipke*, Steuerrecht, § 5 Rn. 68 (Fn. 40). Vgl. im übrigen § 1 Abs. 2 und 3 StAnpG v. 16.10.1934, RGBl I 1934, 925, wonach bei der *Auslegung* der Steuergesetze sowie bei der Beurteilung von Tatbeständen die Volksanschauung, der Zweck und die wirtschaftliche Bedeutung der Steuergesetze zu berücksichtigten waren; hierzu *Seeliger*, Wirtschaftliches Eigentum, S. 1.

240 *Kirchhof*, Einwirkungen, S. 11, 28.

241 Dazu allgemein *Beisse*, Inf 1977, 433 ff. und *Döllerer*, JbFfStR 1986/87, 37.

ausschließen.[242] Ob und inwieweit insbesondere der tatbestandsbestimmte Gesetzesvorbehalt[243] es erfordert, den in einer Steuernorm in Bezug genommenen zivilrechtlichen Begriffen die gleiche Bedeutung wie im Zivilrecht zu geben, kann – bei methodisch richtiger Anwendung – vielmehr im Wege der wirtschaftlichen Betrachtungsweise ermittelt werden.[244]

Dies anerkennend ist die Abstraktion von den im Steuerrecht verwendeten zivilrechtlichen Begriffen nach heute ganz herrschender Lehre und Rechtsprechung jedenfalls dann unproblematisch zulässig bzw. geboten, wenn der Zweck der jeweiligen Steuernorm keine ausdrückliche Verweisung auf zivilrechtliche Institutionen impliziert.[245] Als Beispiele für solche (mittelbaren) Verknüpfungen zwischen Steuerrecht und den sachverhaltsgestaltenden zivilrechtlichen Instituten werden aus dem Bereich des Ertragsteuerrechts etwa der Begriff der Mitunternehmerschaft in § 15 Abs. 1 Nr. 2 EStG[246] oder der Begriff der Veräußerung im Spekulationstatbestand des § 23 EStG genannt.[247] Vorrangig unter wirtschaftlichen Gesichtspunkten sind Steuernormen des weiteren auszulegen, soweit spezifisch steuerrechtliche Begriffe wie z. B. Zweckvermögen, Vermögensmasse, Wirtschaftsgut o. ä. verwendet werden.[248] Demgegenüber wird die Rezeption der zivilrechtlichen Institution ausdrücklich etwa für den Kreis der Kapitalgesellschaftsformen in § 1 Abs. 1 Nr. 1 KStG angenommen, da dieser einer von der zivilrechtlichen Begrifflichkeit abweichenden Auslegung nicht zugänglich ist.[249] Abgesehen hiervon lässt sich gleichwohl verallgemeinernd sagen, dass die Maßgeblichkeit der wirtschaftlichen Beurteilung rechtlicher Sachverhaltsgestaltungen unter Berücksichtigung des Grundsatzes der Besteuerung nach der individuellen Leis-

---

[242] Vgl. hierzu den Hinweis von *Crezelius*, Erbschaft- und Schenkungsteuer, S. 32, wonach dieser Zusammenhang in der Praxis der steuerrechtlichen Rechtsanwendung zumeist nicht erkannt wird. Die wirtschaftliche Betrachtungsweise kommt hier hauptsächlich im Rahmen der Beurteilung des wirtschaftlichen Gehalts eines Sachverhalts zum Zuge; vgl. auch *Biergans/Stockinger*, FR 1982, 25, 27 ff.; a. A. aber Seeger in *Schmidt*, § 2 EStG Rn. 40, der die wirtschaftliche Betrachtungsweise treffend als Möglichkeit einer „kritischen Distanzierung vom Zivilrecht" umschreibt.

[243] Vgl. Art. 20 Abs. 3 GG.

[244] So wohl auch *Tipke*, Steuerrecht, § 5 Rn. 69.

[245] Nur *Kirchhof*, Einwirkungen, S. 11, 28 m.w. N.; s. auch BVerfG v. 27.12.1991, BStBl II 1992, 212.

[246] Vgl. BFH HFR 1964, 359.

[247] *Tipke*, Steuerrecht, § 1 Rn. 21.

[248] Allerdings bleibt zu klären, welche Wirkungen die zivilrechtliche Ausgestaltung des Sachverhalts auf den für besteuerungswürdig erachteten Vorgang oder Zustand entfaltet; vgl. *Tipke*, Steuerrecht, § 1 Rn. 22.

[249] BFH v. 2.12.1970, BStBl II 1971, 426; v. 25.6.1984 (GrS), BStBl II 1984, 751; vgl. auch *Debatin*, BB 1988, 1155, 1157.

tungsfähigkeit vor allem im Bereich der Ertragsteuern einen weiten Raum einnimmt.[250]

## 2. Verdikt der „Erbschaft im wirtschaftlichen Sinn"

Soweit das Erbschaftsteuergesetz Erwerbe von Todes wegen und unentgeltliche Zuwendungen unter Lebenden der Besteuerung unterwirft, vollzieht sich der Vermögenserwerb zum größten Teil in Rechtsformen, die im bürgerlichen Recht, insbesondere im Erbrecht und Familienrecht ausführlich geregelt sind. Zur Umschreibung der Steuergegenstände wird deshalb vor allem in den materiellen Kernvorschriften der §§ 3 Abs. 1 Nr. 1 und 2, 4, 5 sowie 7 Abs. 1 Nr. 4 bis 6 ErbStG vielfach auf zivilrechtliche Vorschriften des BGB verwiesen.[251] Mit Rücksicht auf die damit zu Tage tretende enge Verbindung des Erbschaftsteuerrechts zum Zivilrecht – seine „bürgerlich-rechtliche Prägung"[252] – wird von einem Prinzip der Maßgeblichkeit des Zivilrechts gesprochen, welches es im Ergebnis gebiete, den zivilrechtlichen Begriffen in den Normen des Erbschaftsteuerrechts die gleiche Bedeutung wie im Zivilrecht zukommen zu lassen.[253] Insoweit soll das Erbschaftsteuergesetz eine Ausnahmestellung im System des Steuerrechts einnehmen.[254] Die Voraussetzungen des steuerpflichtigen Vermögenserwerbs sollen deshalb nach der hierauf gegründeten Rechtspraxis (zumindest bei rein deutschen Sachverhalten) ausschließlich dem bürgerlichen Recht zu entnehmen sein.[255] Die Annahme einer über das Zivilrecht hinausgreifenden „wirtschaftlichen Erbschaft oder Schenkung" entspreche nicht dem Gesetz.[256] Angesichts des damit nahezu einhellig vertretenen Verdikts der „Erbschaft im wirtschaftlichen Sinn"[257] scheint diese – auf

---

[250] *Beisse*, Inf 1977, 437; *Biergans/Stockinger*, FR 1982, 26; zur Entwicklung der Rechtsprechung vgl. BFH-Urteile v. 23.11.1963, BStBl III 1964, 75; v. 30.7.1965, BFHE 83, 315; v. 29.5.1972, BStBl II 1973, 7; v. 14.11.1974, BStBl II 1975, 283; v. 28.11.1979, BStBl II 1980, 267; v. 25.6.1984, BStBl II 768; BVerfG v. 11.11.1994, BVerfGE 18, 224 sowie im weiteren BVerfGE 22, 156; 25, 28; 26, 327 und 29, 104. Die Maßgeblichkeit des wirtschaftlichen Ergebnisses entbindet selbstverständlich nicht davon, die Zivilrechtslage genau zu eruieren; hierzu die Anmerkung unter Fn. 245.

[251] Z. B. *Troll* in Troll/Gebel/Jülicher, § 1 ErbStG Rn. 6.

[252] Etwa BFH v. 26.11.1986, BStBl II 1987, 175.

[253] *Crezelius*, Erbschaft- und Schenkungsteuer, S. 36 f.; *Ehlig*, DStR 1996, 1629, 1631; *Kapp*, BB 1984, 1413, 1414; *ders.* in Kapp/Ebeling, § 1 ErbStG Rn. 6; *Meincke*, ErbStG, Einführung Rn. 5; *Tipke/Lang*, Steuerrecht, § 12 Rn. 116; *Troll* in Troll/Gebel/Jülicher, § 1 ErbStG Rn. 6; aus der Finanzrechtsprechung z. B. BFH v. 13.1.1959, BStBl III 1959, 198; v. 12.7.1960, BStBl III, 389; v. 29.3.1962, BStBl III, 305; v. 18.3.1966, BStBl III 1966, 197 und v. 12.7.1967, BStBl III 1967, 782.

[254] BFH v. 12.12.1973, BStBl II 1974, 340.

[255] Vgl. die Nachweise unter Fn. 253.

[256] *Tipke*, Steuerrechtsordnung, S. 1293.

[257] So bereits RFH v. 14.3.1940, RStBl 1940, 417; vgl. a. BFH v. 30.6.1960, BStBl III 1960, 348, 349; v. 15.6.1966, BStBl III 1966, 507 ff.; v. 22.9.1982, BStBl II 1983, 179; ebenso BVerfG v. 10.4.1987, DB 1987, 2287, wonach die „wirtschaftliche Betrachtungsweise" nicht dazu führen

die in ihrem wesentlichen Inhalt bereits seit mehr als 50 Jahren geltenden §§ 3 ff. ErbStG bezogene – Sichtweise kaum angreifbar zu sein.[258]

Aus dem Gebot der zivilrechtsnahen Auslegung der in den §§ 3 ff. ErbStG abschließend aufgeführten steuerpflichtigen Tatbestände folgt prinzipiell, dass Vermögenstransaktionen, die keinen dieser Tatbestände erfüllen, auch dann nicht zur Erbschaftsteuer herangezogen werden können, wenn dieser Weg zum gleichen wirtschaftlichen Ergebnis wie einer der genannten Steuertatbestände führt.[259] Da es dem Gesetzgeber vorbehalten ist, den Kreis der steuerbaren Tatbestände und deren Umfang zu bestimmen, dürfen durch Analogie oder Auslegung über den möglichen Wortsinn hinaus keine Steuertatbestände geschaffen oder verschärft werden.[260] In Bezug auf die Voraussetzungen des Vermögenserwerbs bildet der ausdrückliche Gesetzeswortlaut deshalb die Grenze der Auslegung.[261] Unter Berücksichtigung der obigen Erwägungen zur wirtschaftlichen Betrachtungsweise findet die Maßgeblichkeit zivilrechtlicher Begriffsinhalte ihre Grenze aber dort, wo sich das Erbschaft- und Schenkungsteuerrecht eines eigenen Begriffsinstrumentariums bedient, das zwar die Rechtsbegriffe des Zivilrechts zum Ausgangspunkt nimmt, jedoch einen eigenen steuerlichen Gehalt entfaltet.[262] Von herausragender Bedeutung auch für die nachfolgenden Ausführungen ist in diesem Zusammenhang der in § 7 Abs. 1 Nr. 1 ErbStG normierte Tatbestand der freigebigen Zuwendung unter Lebenden, der Begriff der Zweckzuwendung in § 8 ErbStG sowie der durch das StEntlG 1999/2000/2002 u. a. in §§ 3 Abs. 2 Nr. 1 bzw. 7 Abs. 1 Nr. 8 und 9 ErbStG neu eingeführte Begriff der Vermögensmasse ausländischen Rechts. Dass der Maßgeblichkeitsgrundsatz insoweit die Voraussetzungen des Vermögenserwerbs nicht tangieren kann, ist offensichtlich. Das Problem, welche Bedeutung dem wirtschaftlichen Ergebnis dieser ebenfalls zivilrechtlich gestalteten Vorgänge beizumessen ist, stellt sich allerdings auf einer anderen Ebene. Fraglich ist nämlich, ob hinsichtlich der Bereicherung, die zumindest im Rahmen der freigebigen Zuwendung unter Lebenden gem. § 7 Abs. 1 Nr. 1 ErbStG auch zu den Voraussetzungen des Steu-

dürfe, dass mit ihrer Hilfe ein neuer steuerpflichtiger Tatbestand geschaffen werde. Nach *Troll* in Troll/Gebel/Jülicher, § 1 ErbStG Rn. 6 soll in diesem Zusammenhang weiter zu berücksichtigen sein, „dass die Erbschaftsteuer auf die Planung insbesondere von grösseren Vermögenstransaktionen einen ganz wesentlichen Einfluss hat und es deshalb notwendig ist, dass sich die Steuerpflichtigen auf den Wortlaut des Gesetzes, von dem sie bei diesen Planungen ausgehen, auch verlassen dürfen".

258 *Kapp*, BB 1984, 1413, 1414 hält es unter Hinweis auf BVerfG v. 15.5.1984, BB 1984, 1412, 1413 für möglich, dass die wirtschaftliche Betrachtungsweise auch im Erbschaftsteuerrecht mehr in den Vordergrund rückt; a. A. aber z. B. BFH v. 22.9.1982, BStBl II 1983, 179.

259 *Troll* in Troll/Gebel/Jülicher, § 1 ErbStG Rn. 6.

260 Zur sog. Interpretationslehre, nach welcher das Steuerrecht aus dem Diktum des Gesetzgebers lebt, vgl. BVerfG v. 30.1.1985, NJW 1995, 1891 sowie *Meincke*, ErbStG, Einführung Rn. 8 und *Troll* in Troll/Gebel/Jülicher, § 1 ErbStG Rn. 7.

261 So auch *Larenz*, Methodenlehre, S. 365 m. w. N.

262 *Otto*, RIW 1982, 495.

ertatbestandes gehört[263], der gemeinhin als gesetzliche Bestätigung der wirtschaftlichen Betrachtungsweise verstandene § 39 AO Anwendung finden soll.[264] Die im Schrifttum nicht unumstrittene Finanzrechtsprechung jedenfalls hat unter Berufung darauf, dass das ErbStG grundsätzlich an bürgerlich-rechtliche Vorgänge anknüpfe, die Anwendung des § 39 AO auch in Bezug auf die freigebige Zuwendung unter Lebenden bislang immer abgelehnt.[265] Auf der anderen Seite vertritt das Bundesverfassungsgericht die Auffassung, dass letztlich auch das ErbStG „den wirtschaftlichen Vorgang des Substanzübergangs" besteuern wolle.[266] Wie sich diese Aussage zu dem oben zitierten Verbot der Erbschaft im wirtschaftlichen Sinn verhält, ist dogmatisch noch nicht überzeugend geklärt.[267] Auf nähere Einzelheiten dieses Streitpunkts wird daher an anderer Stelle noch ausführlicher einzugehen sein.[268]

### III. Qualifikation von Auslandssachverhalten bei Maßgeblichkeit ausländischen Privatrechts

Auf Grundlage der vorangegangenen Ausführungen stellt sich nun die Frage, inwieweit etwaige vom Steuerrecht in Bezug genommene Begriffe des materiellen Privatrechts auch auf fremde Rechtsfiguren anwendbar sind. Einigkeit besteht darin, dass bei der Qualifikation ausländischer Privatrechtsinstitute für die Anwendung inländischen materiellen Steuerrechts nicht etwa die im ausländischen Steuerrecht vorgenommene Einordnung entscheidend sein kann.[269] Der Grundsatz der Gleichmäßigkeit der Besteuerung bedingt vielmehr, dass für die Einordnung allein die in den deutschen Gesetzen normierten Tatbestände maßgebend sein können, die Qualifikation sich mithin nach der lex fori richten muss.[270] Bei Rechtsvorgängen, die ausländischem Privatrecht unterliegen, ist demnach vom Sinn und Zweck der deutschen Besteue-

[263] Etwa *Gebel* in Troll/Gebel/Jülicher, § 7 ErbStG Rn. 43 ff.; *Meincke*, § 7 ErbStG Rn. 52 ff. m. w. N.

[264] Hierzu § 4 A. V. 1.

[265] Vgl. zur Schenkung unter Nießbrauchsvorbehalt BFH v. 22.9.1982, BStBl II 1983, 179; zur Schenkung unter freiem Widerrufsvorbehalt BFH v. 13.9.1989, BStBl II 1989, 1034; a. A. *Knobbe-Keuk*, Bilanz- und Unternehmenssteuerrecht, S. 989; *Troll* in Troll/Gebel/Jülicher, § 1 ErbStG Rn. 6, wonach die Feststellung, ob und inwieweit die Zuwendung im Ergebnis zu einer Bereicherung des Bedachten führt, nach steuerlichen Grundsätzen zu erfolgen habe.

[266] BVerfG v. 15.5.1984, BStBl II 1984, 608, 613.

[267] Vgl. *Meincke*, ErbStG, Einführung Rn. 1, der zutreffend von einer Doppelgesichtigkeit der Erbschaftsteuer spricht, die verantwortlich für viele Unklarheiten sei.

[268] Vgl. dazu § 5 A. II. 2.

[269] Vgl. stellvertretend für viele nur *Arendt*, StuW 1959, 381, 385 und *Crezelius*, Erbschaft- und Schenkungsteuer, S. 61 f. m. w. N.

[270] Zur ständigen Rechtsprechung vgl. die BFH-Urteile v. 19.10.1956, BStBl III 1956, 363; v. 29.3.1957, BStBl III 1957, 211; v. 20.7.1960, BStBl III 1960, 385; v. 31.5.1961, BStBl III 1961, 312; v. 15.5.1964, BStBl III 1964, 408; v. 12.5.1970, BStBl II 1972, 462; v. 12.1.1973, BStBl II 1973, 440; v. 2.2.1977, BStBl II 1977, 425 und v. 28.2.1979, BStBl II 1979, 438.

rungsvorschrift auszugehen und anhand dessen zu prüfen, ob der ausländische Rechtsvorgang hiervon erfasst wird.[271] Streng genommen muss hieraus folgen, dass eine Besteuerung auf Grundlage des wirtschaftlichen Ergebnisses der privatrechtlichen Gestaltung nur erfolgen darf, wenn der Normzweck des entsprechenden Steuertatbestandes eine Lösung von der in Bezug genommenen zivilrechtlichen Begrifflichkeit erlaubt.

Dementsprechend entscheidet sich zum Beispiel die Frage der Steuersubjekteigenschaft ausländischer Gesellschaften nicht nach der formalen Gestaltung des ausländischen Rechts, sondern alleine danach, ob diese Wirtschaftsgebilde mit den in §§ 1 und 2 KStG angesprochenen „Körperschaften, Personenvereinigungen und Vermögensmassen“ vergleichbar sind.[272] Den zivilrechtlichen Gegebenheiten, d. h. der Rechtsfähigkeit der ausländischen Gesellschaft nach ausländischem Recht sowie deren Anerkennung im Inland nach den Grundsätzen des internationalen Privatrechts, wird seit der Venezuela-Entscheidung des RFH[273] nur noch im Rahmen einer typenvergleichenden Wertung im Vorfeld der Steuersubjektbeurteilung Bedeutung beigemessen.[274] Maßgebend ist insoweit nur die wirtschaftliche Bedeutung dessen, was das ausländische Recht für den Einzelfall vorschreibt. Ob eine rechtsfähige oder nicht rechtsfähige Gesellschaft der deutschen Körperschaftsteuer oder der deutschen Einkommensteuer unterliegt, hängt folglich ausschließlich vom deutschen Steuerrecht ab, ohne dass es auf die formale Regelung nach ausländischem Recht ankommt.[275]

Problematischer stellt sich der Qualifikationskonflikt dar, wenn das deutsche Steuergesetz Begriffe verwendet, die eine ausdrückliche Verweisung auf zivilrechtliche u.a. nichtsteuerliche Institutionen implizieren. Soweit den in Bezug genommenen zivilrechtlichen Begriffen vor allem im Erbschaftsteuerrecht nämlich die gleiche Bedeutung wie im Zivilrecht zukommen soll, könnte man sich auf den Standpunkt stellen, dass die tatbestandlichen Voraussetzungen einer solchen zur Erbschaftsteuerpflicht führenden Norm grundsätzlich nicht vorliegen, wenn der zu subsumierende Sachverhalt einem ausländischen Zivilrecht unterliegt. Natürlich ist diese Konsequenz von der Rechtsprechung nie gezogen worden.[276] Das Hauptargument gegen die Maß-

271 *Arendt*, StuW 1959, 381, 389.

272 Zur Steuersubjekteigenschaft der britischen (private) company limited by shares vgl. *Debatin*, BB 1988, 1157 m. w. N.

273 Vgl. RFH-Urteil v. 12.2.1930, RStBl. 1930, 444 zur steuerlichen Behandlung der Beteiligung eines Inländers an einer venezolanischen Personengesellschaft.

274 In diesem Sinne nahm der RFH mit Urteil v. 12.2.1930 „eine Würdigung der venezolanischen Gesellschaft in ihrer Gesamtheit unter Beachtung ihrer wirtschaftlichen Stellung und ihres rechtlichen Aufbaus nach venezolanischem Recht“ vor.

275 Vgl. z. B. BFH v. 17.7.1968, BStBl II 1968, 695.

276 St. Rspr. vgl. RFH v. 25.11.1930, RStBl. 1931, 122; v. 8.11.1934, RStBl. 1935, 1366; v. 12.5.1938, RStBl. 1938, 717 sowie BFH v. 19.10.1956, BStBl III 1956,363; v. 12.5.1970, BStBl II 1972, 462; v. 28.2.1979, BStBl II 1979, 438; v. 7.5.1986, BStBl II 1986, 615; kritisch *Crezelius*, Erbschaft- und Schenkungsteuer, S. 60.

geblichkeit ausländischen Zivilrechts als pauschales Ausscheidungskriterium dürfte zweifellos der aus Art. 3 Abs. 1 GG folgende Grundsatz der Gleichmäßigkeit der Besteuerung sein.[277] Zu klären bleibt indes die Methodik des näheren Einordnungsvorgangs.

Während nach einer älteren Rechtsprechung des RFH ausländische Sachverhalte bereits bei „wirtschaftlicher Vergleichbarkeit" mit den im BGB geregelten Rechtsverhältnissen von der inländischen Besteuerung betroffen sein sollten[278], nimmt der BFH seit einer Grundsatzentscheidung aus dem Jahre 1960[279] einen differenzierteren zweistufigen Typenvergleich vor: Hiernach ist der ausländische Rechtsbegriff zunächst auf der Grundlage der ausländischen Rechtsordnung zu analysieren. Anschließend wird im Wege eines Privatrechtsvergleichs nach einer Entsprechung zu etwaigen verwandten inländischen Rechtsinstituten gesucht. Im Falle einer festzustellenden Parallele kann auf dieser Grundlage über die Besteuerung entschieden werden. Findet sich diese Parallele aber nicht, so soll im Wege einer von der formalrechtlichen Ausgestaltung losgelösten Analyse des wirtschaftlichen Gehalts und der wirtschaftlichen Bedeutung des ausländischen Rechtsgebildes eine Anpassung der Rechtsposition des potentiell Steuerpflichtigen an das deutsche Recht erfolgen. Die Besteuerungsvoraussetzungen wären hiernach gegeben, wenn bei wirtschaftlicher Betrachtung ein dem durch das deutsche Steuergesetz erfassten Erwerb gleichkommender Sachverhalt vorliegt.

Letztlich maßgebend für die Anwendung inländischer Steuergesetze auf ausländische Rechtsbegriffe kann nach dieser, von der Literatur[280] überwiegend befürworteten Vorgehensweise im Grundsatz also auch dann ausschließlich die wirtschaftliche Bedeutung des Rechtsvorgangs sein, wenn die inländische Steuernorm ausdrücklich auf zivilrechtliche Begriffe verweist. Wegen dieser Konsequenz sieht sich die Rechtsprechung des BFH daher nicht unerheblichen Einwänden ausgesetzt.[281] Kritisch angemerkt wird insbesondere, dass hierdurch die Sperrfunktion, welche die inländischen Rechtsbegriffe des bürgerlichen Rechts als Strukturprinzipien gerade im Erbschaft- und Schenkungsteuerrecht entfalten, missachtet und damit gegen den Grundsatz der

---

277 *Albrecht*, Erbfälle, S. 192, 281.

278 Vgl. RFH v. 8.10.1929, RStBl 1935, 1366, 1370, wonach „Vergleiche zwischen deutschem bürgerlichen Recht und ausländischem bürgerlichen Recht zu unterbleiben haben, insbesondere die Versuche, die ausländische Rechtsgestaltung unter die Begriffe des deutschen bürgerlichen Rechts zu bringen". Wie insbes. *Arendt*, StuW 1960, 349, 351 ff. herausstellt, habe der RFH mit diesem Privatrechtsvergleichungsverbot allerdings im Grunde nur auf missverständliche Weise zum Ausdruck gebracht, dass das ausländische Rechtsverhältnis ausschließlich nach der lex fori zu qualifizieren sei. Der Rechtsprechung des RFH folgend noch BFH v. 19.10.1956, BStBl III 1956, 363; v. 20.12.1957, BStBl III 1958, 79.

279 Vgl. BFH v. 20.7.1960, BStBl III 1960, 385; folgend auch BFH v. 15.5.1964, BStBl III 1964, 408; v. 12.5.1970, BStBl II 1972, 462; v. 7.5.1986, BStBl II 1986, 615.

280 *Meincke*, § 2 ErbStG Rn. 4 m. w. N.; wohl auch *Otto*, RIW 1982, 491, 495.

281 Grundlegend *Crezelius*, Erbschaft- und Schenkungsteuer, S. 61 ff. m. w. N.; *Troll* in Troll/Gebel/Jülicher, § 1 ErbStG Rn. 8; wohl auch *Kapp* in Kapp/Ebeling, § 1 ErbStG Rn. 81.

Tatbestandsmäßigkeit der Besteuerung verstoßen würde.[282] Namentlich Crezelius[283] hat deshalb vorgeschlagen, den Vergleich der beiderseits bestehenden wirtschaftlichen Zwecke zugunsten einer funktional ausgerichteten Analyse der hinter den angesprochenen inländischen und ausländischen Normen stehenden Interessen aufzugeben.[284]

Für die Zwecke der vorliegenden Untersuchung soll vor diesem Hintergrund folgendes festgehalten werden: Auf Grundlage der wirtschaftlichen Betrachtungsweise, die wie gezeigt eine am Telos der inländischen Steuernorm ausgerichtete Auslegung erfordert, ist für die Subsumption von Trust-Sachverhalten, die dem ausländischen Recht unterliegen, in einem ersten Schritt zu fragen, ob und inwieweit die Rechtsfolge des jeweiligen Steuergesetzes durch zivilrechtliche Regelungsinhalte mitbestimmt werden soll.[285] Ergibt sich aus dem spezifisch steuerlichen Zweck der Vorschrift, dass ein hier in Bezug genommener zivilrechtlicher Begriff wirtschaftlich auszulegen ist, so gilt dies zunächst auch für das Rechtsverhältnis des Trust.[286] Die weitere Frage, ob darüberhinaus auch eine funktionale Analyse des Trust erforderlich ist, stellt sich daher vor allem, wenn sich aus dem Zweck der inländischen Steuernorm die Notwendigkeit einer zivilrechtskonformen Auslegung ergibt. Anerkennt man insoweit mit der obigen Argumentation die Maßgeblichkeit des Zivilrechts für das Erbschaftsteuerrecht und demgemäß das Verbot einer rein wirtschaftlich orientierten Auslegung, erscheint das methodische Vorgehen der Rechtsprechung bei der Qualifikation ausländischer Sachverhalte zumindest bedenklich. Zu richtigen Ergebnissen führt die Überlegung, dass es sich bei der Qualifikation ausländischer Sachverhalte unter die Normen des Erbschaftsteuergesetzes der Sache nach weniger um eine Auslegungsfrage denn um eine analoge Gesetzesanwendung handelt.[287] Die Analogie bewirkt, dass das Prinzip, das dem Gesetz zugrunde liegt, über das mögliche Wortverständnis des Gesetzes hinaus in der vom Gesetz eingeschlagenen Richtung weitergeführt wird.[288] Damit aber eine Analogie zulässig ist, müssen der im Gesetz geregelte Tatbestand und der zu entscheidende Sachverhalt in den für die rechtliche Bewertung maßgebenden Hinsichten übereinstimmen.[289] Dies lässt sich nicht alleine im Wege der wirtschaftlichen Betrachtungsweise feststellen. Denn die wirtschaftliche Position des Erwerbers ist entscheidend durch die zivilrechtlichen Rahmenbedingungen, wie etwa der dinglichen Eigentümerstellung, den schuldrechtlichen Ansprüchen auf Substanz und Ertrag, Verfü-

---

[282] *Crezelius*, Erbschaft- und Schenkungsteuer, S. 65 m. w. N.; *Troll* in Troll/Gebel/Jülicher, § 1 ErbStG Rn. 8.

[283] *Crezelius*, Erbschaft- und Schenkungsteuer, S. 65.

[284] Vgl. auch *Otto*, RIW 1982, 491, 495 m. w. N.

[285] So auch *Tipke*, Steuerrecht, § 5 Rn. 68.

[286] Wie die späteren Überlegungen zeigen, ist aber auch im Bereich des Ertragsteuerrechts eine isolierte Bezugnahme auf die wirtschaftliche Bedeutung eines Trust-Sachverhalts nicht zielführend.

[287] So wohl *Crezelius*, Erbschaft- und Schenkungsteuer, S. 64 ff.; vgl. auch *Albrecht*, Erbfälle, S. 282.

[288] *Tikpe*, Steuerrecht, § 5 Rn. 72.

[289] *Larenz*, Methodenlehre, S. 366.

gungsbefugnissen und –verboten sowie dem Schutz gegenüber Ansprüchen Dritter, begründet.[290] Im Rahmen der Einordnung müssen damit das Vergleichen der privatrechtlichen Gestaltungsformen und die wirtschaftliche Betrachtung des (Trust-)Sachverhalts ineinander greifen.[291] Mit anderen Worten: Neben der wirtschaftlichen Bedeutung des ausländischen Rechtsinstituts sind auch die Ratio der ausländischen Regelung, ihre historische Entwicklung sowie etwaige rechtskonstruktive Unterschiede in die wertende Betrachtung der angesprochenen Rechtssystemen einzubeziehen.[292] Zu einer Steuerpflicht kann es hiernach nur kommen, wenn sich aus dieser vergleichenden Gegenüberstellung ergibt, dass die Voraussetzungen, die das von der Steuernorm in Bezug genommene zivilrechtliche Institut vorschreibt, erfüllt sind.[293] In diesem Sinne ist Crezelius[294] darin beizupflichten, dass die Qualifikation eines ausländischen Sachverhalts eine funktional-vergleichende Analyse des ausländischen Rechtsinstituts bedingt, sofern die Anwendung deutscher Steuernormen in Frage steht, die ausdrücklich auf zivilrechtliche Begriffe und Institutionen verweisen.[295]

Nicht unterschlagen werden soll hierbei, dass in der bisherigen Rechtsprechungspraxis des BFH zur erbschaftsteuerlichen Behandlung des Testamentary Trust indes auch der „zweistufige Typenvergleich" zu einer diesen Anforderungen weitgehend gerecht werdenden normzweckorientierten Qualifikation geführt hat.[296] Denn anders als die im Zusammenhang mit dieser Qualifikationsmethode teils stereotype Bezugnahme auf die „wirtschaftliche Bedeutung" des ausländischen Sachverhalts[297] vermuten lässt, kam der wirtschaftliche Gehalt des Trust-Sachverhalts auf inländischer Seite stets nur insoweit zum Tragen, als er dem Rechtsbegriff immanent war oder im Rahmen der Auslegung des Trust-Rechtsverhältnisses zutage trat.[298]

Dies mag am Beispiel des BFH-Urteils vom 7.5.1986[299] verdeutlicht werden, dem folgender (vereinfachter) Sachverhalt zugrunde lag: Ein US-amerikanischer Staatsangehöriger hatte vier Testamentary Trusts verfügt, zu deren Vermögen zuletzt substantielle Beteiligungen an einer inländischen Besitz-KG sowie einer Betriebs-GmbH gehörten. Diese Vermögensgegenstände fielen später dem Kläger (ebenfalls

[290] Vgl. auch *Piltz* in *Flick/Piltz*, Erbfall, S. 446.

[291] Ähnlich *Arendt*, StuW 1960, 349, 354.

[292] *Albrecht*, Erbfälle, S. 282.

[293] So im Ergebnis zumindest für den „Erwerb von Todes wegen" auch *Troll* in Troll/Gebel/Jülicher, § 1 ErbStG Rn. 8.

[294] *Crezelius*, Erbschaft- und Schenkungsteuer, S. 65 ff.

[295] Ähnlich wohl auch *Flick/Piltz*, Erbfall, S. 446 sowie *Jülicher*, IStR 1996, 575, 577.

[296] Gl. A. *Otto*, RIW 1985, 491, 495.

[297] BFH v. 15.5.1964, BStBl III 1964, 408; v. 12.5.1970, BStBl II 1972, 462; v. 12.1.1973, BStBl II 1973, 440; v. 8.6.1988, BStBl II 1988, 808.

[298] Vgl. auch *Otto*, RIW 1985, 491, 495.

[299] Vgl. BFH v. 7.5.1986, BStBl II 1986, 615

nicht Inländer i. S. des § 2 ErbStG), der nach vorangehender Ertragsberechtigung seiner Mutter unter Überlebensbedingung als Remainderman eingesetzt war, an. Das zuständige Finanzamt erkannte hierin einen – durch das Vorversterben der Mutter zunächst aufschiebend bedingten – erbschaftsteuerpflichtigen Erwerb vom Trust-Errichter und Erblasser. Dagegen machte der Kläger geltend, das Testament des Erblassers sei dahin auszulegen, dass er dessen – mit Nießbräuchen unter anderem zugunsten seiner Mutter belasteter – Vollerbe geworden sei.[300] Der BFH folgte dieser Argumentation nicht und wies die Klage unter anderem aus folgenden Überlegungen heraus ab:

> „Dass der Kläger als ein unter einer aufschiebenden Bedingung oder Befristung eingesetzter Erwerber zu behandeln ist, ergibt sich aus der Anpassung seiner Stellung als remainderman nach dem maßgebenden Recht des Staates New York an die Strukturen des deutschen Erbrechts und der Anwendung des deutschen Erbschaftsteuerrechts. (*Es folgen u. a. Ausführungen zum anwendbaren Erbrecht sowie der Rechtsposition des Klägers nach Common Law*, Anm. d. Verf.) Der Auffassung, dass das Testament auch als Einsetzung des Klägers zum Vollerben (hilfsweise für den Fall seines Vorversterbens zum Vorerben) unter Anordnung von Ertragsvermächtnissen zugunsten der Witwe des Erblassers und der Mutter des Klägers gedeutet werden könne und dass dieser Deutung als der für den Kläger günstigeren der Vorzug zu geben sei, vermag der Senat nicht zu folgen. Diese Deutung entspricht nicht der Rechtstellung, die der Kläger als (möglicher) remainderman während des Bestehens des Trusts hatte. Dies gilt auch für den Fall, dass man annimmt, dem beim Tode seines Großvaters bereits lebenden Kläger sei ein auflösend bedingtes vested remainder zugesagt worden. Denn auch diese wäre ein bloßes Anwartschaftsrecht gewesen, mochten dem Kläger ggf. hieraus auch gewisse Rechte erwachsen sein. Seine Rechtslage wäre trotzdem allenfalls mit der eines deutschen Nacherben vergleichbar, dem vor Eintritt der Nacherbfolge ebenfalls lediglich ein Anwartschaftsrecht zusteht, das ebenfalls in verschiedener Weise gesichert ist, und zwar bis hin zur Sicherheitsleistung (§ 2128 BGB). Vollerbe ist der remainderman vor Eintritt der Bedingung oder der Befristung ebensowenig wie der Nacherbe vor Eintritt der Nacherbfolge."

Einer so erfolgenden Umsetzung des zweistufigen Typenvergleichs wird man kaum entgegenhalten können, dass die Qualifikationsmethode des BFH[301] zu einer dem Erbschaftsteuerrecht nicht angemessenen generalisierenden wirtschaftlichen Betrachtung führen würde.[302]

---

[300] Dieses Interesse war dadurch begründet, dass im dann maßgebenden Zeitpunkt des Todes des Erblassers kein Inlandsvermögen vorhanden war, womit der Vorgang in der Bundesrepublik mangels Inlandsbezuges nicht der Besteuerung unterlegen hätte.

[301] FG Niedersachsen v. 19.6.1991, EFG 1992, 144 – rkr, in welchem ebenfalls eine „Anpassung" des ausländischen Sachverhalts an die Strukturen des deutschen Erbrechts und der Anwendung des deutschen Erbschaftsteuerrechts vorgenommen wurde.

[302] Vgl. *Kapp* in Kapp/Ebeling, § 1 ErbStG Rn. 81, der den zitierten Urteilen einen Anschluß an die Auffassung von *Crezelius* entnimmt.

## IV. Steuerspezifische Wertung oder Maßgeblichkeit der international-privatrechtlichen Einordnung?

Mit Blick vor allem auf die steuerliche Einordnung des Trust in die Normen des deutschen Erbschaftsteuerrechts wurde in der jüngeren Literatur erneut die Frage der Maßgeblichkeit des internationalen Privatrechts für die steuerliche Qualifikation von Auslandssachverhalten aufgeworfen.[303] Da sich die bislang zur Erbschaftbesteuerung des Trust ergangene Finanzrechtsprechung ausschließlich mit Testamentary Trusts ausländischer Errichter zu befassen hatte[304], die streitigen Sachverhalte mithin unter Berücksichtigung von Art. 25 Abs. 1 EGBGB durchweg ausländischem Erbrecht unterstanden, existiert zur Beurteilung von Auslandssachverhalten im Geltungsbereich des deutschen Erbrechts bis zur Stunde keine einschlägige Judikatur.[305] Gleichwohl scheint es der absolut herrschenden Meinung zu entsprechen, dass die Prüfung der deutschen Kollisionsnormen der steuerrechtlichen Qualifikation zwingend vorzuschalten ist.[306] Lediglich Sieker und Schindhelm/Stein halten diese These vom Vorrang des internationalen Privatrechts für verfehlt.[307]

Folgt man der oben für den Intervivos Trust präferierten schuldvertraglichen Anknüpfung und der damit verbundenen Möglichkeit zur freien Rechtswahl[308], so dürfte sich bei Trust-Sachverhalten die Anwendbarkeit deutschen Erbrechts in der Praxis nur im Falle der letztwilligen Anordnung eines Trust durch deutsche Staatsangehörige ergeben.[309] Nicht auszuschließen sind derartige Fälle jedenfalls, wenn der Erblasser unter Beibehalt der deutschen Staatsangehörigkeit seinen Lebensmittelpunkt bereits längere Zeit vor seinem Tod in das (anglo-amerikanische) Ausland verlegt hat.[310] Häufiger könnte sich die Notwendigkeit zur international-privatrechtlichen Umdeutung eines

---

303 Vgl. *Sieker*, US-Trust, S. 296 sowie *Schindhelm/Stein*, StuW 1999, 31, 36, 39 f.

304 Vgl. im einzelnen zur erbschaftsteuerlichen Beurteilung von Nachlaßtrusts RFH v. 24.9.1935, RStBl. 1935, 1366; v. 16.1.1936, RStBl. 1936, 248; BFH v. 20.12.1957, BStBl III 1958, 79; v. 22.6.1960, HFR 1962, 49; v. 31.5.1961, BStBl III 1961, 312; v. 26.6.1963, BStBl III 1963, 402; v. 10.7.1963, HFR 1964, 12; v. 13.3.1964, BStBl II 1964, 408; v. 10.3.1970, BStBl II 1970, 562; v. 28.2.1979, BStBl II 1979, 438; v. 21.4.1982, BStBl II 1982, 597; FG Hamburg, Urteil v. 13.7.1971, EFG 1971, 591; zur vermögensteuerlichen Beurteilung RFH v. 14.10.1937, RStBl. 1938, 10; v. 11.1.1940, RStBl. 1940, 267.

305 Soweit ersichtlich sind Auslandssachverhalte auch ausserhalb der spezifischen Trust-Rechtsprechung niemals dem Geltungsbereich des deutschen (Erb-)Rechts unterstellt worden.

306 Etwa *Crezelius*, Erbschaft- und Schenkungsteuer, S. 64 ff.; *Füger/v. Oertzen*, IStR 1999, 11, 13; *Martiny*, Schenkungs- und Erbfälle, S. 434 ff.; *Mueller*, RabelsZ 1933, 808, 809; *v. Oertzen*, IStR 1995, 149; *ders.*, IStR 1995, 345 f.; *Rädler/Raupach*, Auslandsbeziehungen, S. 536; *Schaumburg*, Internationales Steuerrecht, S. 331; *Troll* in Troll/Gebel/Jülicher, § 1 ErbStG Rn. 8.

307 Vgl. oben Fn. 303.

308 Vgl. oben § 3 B. II. 1. b) (5).

309 Dies jedenfalls, soweit nicht Grundstücke, die nach Art. 3 Abs. 3 EGBGB nach dem Recht am Belegenheitsort vererbt werden, auf den Trust übergehen.

310 Zu dem für die Besteuerung erforderlichen Inlandsbezug vgl. § 2 Abs. 1 ErbStG.

Trust-Sachverhalts zwar wegen einer Kollision mit dem Sachstatut bei Einbringung von „deutschen" Wirtschaftsgütern ergeben.[311] Diese Konfliktfälle, die aus deutscher Sicht eine wirksame Übertragung der betreffenden Vermögensgegenstände auf den Trust ausschließen, nicht aber zur Anwendung des deutschen Erbrechts führen, wurden jedoch von der deutschen Finanzrechtsprechung bislang immer unberücksichtigt gelassen.[312] Hielte man die kollisionsrechtliche Würdigung gegenüber der steuerrechtlichen Einordnung derartiger Sachverhalte konsequent für vorgreiflich, so müsste zumindest im Anwendungsbereich der § 7 Abs. 1 ErbStG, zu dessen Tatbestandsvoraussetzungen eine nur durch dingliche Eigentumszuweisung vermittelbare Bereicherung gezählt wird[313], die Notwendigkeit einer Umdeutung des Trust (ggfs. in eine Treuhand) berücksichtigt werden.

Die Crux der von der bislang noch herrschenden Meinung vertretenen Auffassung wird deutlich an dem von Sieker angeführten Beispiel eines testamentarisch verfügten Discretionary Trust, der nach dem deutschen IPR deutschem materiellen Recht untersteht.[314] Wie dargelegt müsste in einem solchen Fall wegen § 2065 BGB entweder die Einsetzung des Trustee in eine Erbeinsetzung umgedeutet werden, oder es wären sämtliche (bestimmte oder potentielle) Beneficiaries als Erben anzusehen.[315] Während eine Umdeutung des Trustee in einen Erben mit den dargelegten Gründen zivilrechtlich noch als das geringere Übel aufzufassen wäre, würde dies steuerrechtlich in unerträglicher Weise mit dem Erfordernis der eigennützigen Bereicherung kollidieren.[316] Der Besteuerung im Hinblick hierauf die zweite Alternative zugrunde zu legen aber hieße, eine mehr oder weniger autonome steuerrechtliche Entscheidung zu treffen und damit die Notwendigkeit der Vorschaltung des IPR grundsätzlich in Frage zu stellen. Unter wirtschaftlichen Gesichtspunkten wäre weiter zu fragen, ob und welche Möglichkeiten einem solchermaßen in einen Erben umgedeuteten deutschen Beneficiary zur Seite stehen, um diese finanzbehördliche bzw. -gerichtliche Wertung auch zivilrechtlich umzusetzen. In Fortentwicklung des zitierten Beispiels könnte etwa ein in den USA domizilierter deutscher Staatsangehöriger über international belegenes bewegliches Vermögen einen (Jersey) Testamentary Trust zugunsten seiner in Deutschland wohn-

311 Vgl. oben § 3 B. II. 2.

312 Vgl. z. B. das oben § 3 B. II. 2. erörterte Urteil des BFH v. 7.5.1986, BStBl II 1986, 615 (Anteile an deutscher KG bzw. GmbH); vgl. auch BFH v. 12.1.1973, BStBl II 1973, 440 (Geschäftsanteile an einer GmbH mit Sitz in der BRD) sowie FG Berlin v. 4.5.1976, EFG 1977, 64 (Kommanditanteil).

313 Etwa *Gebel* in Troll/Gebel/Jülicher, § 7 ErbStG Rn. 43 ff.

314 *Sieker*, US-Trust, S. 296 sowie *Schindhelm/Stein*, StuW 1999, 31, 39.

315 Vgl. oben § 3 B. III. 1. d) (2).

316 Vgl. *Sieker*, US-Trust, S. 296. Sollte über das Erbrecht allerdings bereits eine entsprechende zivilgerichtliche Entscheidung vorliegen, würde deren Rechtskraftwirkung (Hauptfrage) auch über die einzelnen Gerichtszweige hinaus wirken; das FG wäre insoweit gebunden; vgl. *Gummer* in Zöller, § 13 GVG Rn. 44.

haften Familienangehörigen verfügt haben.[317] Zwar könnte die aus deutscher Sicht gegebene Nichtigkeit des Trust auch hier am besonderen Gerichtsstand für Auslandsdeutsche gem. § 27 Abs. 2 ZPO geltend gemacht werden[318]; inwieweit die aus der Umdeutung resultierenden abweichenden Rechtsfolgen indes im Ausland – bspw. auf Jersey – vollstreckt werden können, ist sehr fraglich, da der Trust wegen des US-Domizils des Erblassers von einem Common Law-Gericht aller Voraussicht nach anerkannt würde.[319]

Nicht zuletzt vor diesem Hintergrund fordern Schindhelm/Stein die Aufgabe des Dogmas der Bindung an das internationale Erbrecht.[320] Geboten sei anstelle dessen eine steuerrechtliche Qualifikation, die ihren Ausgangspunkt in dem für den jeweiligen Vermögenstransfer im wirtschaftlichen Ergebnis maßgeblichen Zivilrechtssystem habe.[321]

Eine endgültige Lösung der damit nur angerissenen Problematik kann im Rahmen der vorliegenden Arbeit nicht geboten werden. Ob eine allgemeinverbindliche Antwort auf die dogmatisch durchaus brisante Frage nach dem Verhältnis zwischen Internationalem Privatrecht und Steuerrecht überhaupt möglich ist, muss anderen – grundlegenden – Untersuchungen vorbehalten bleiben. Vorläufig scheint der von Schindhelm/Stein in diesem Zusammenhang unterbreitete Vorschlag jedenfalls den Vorzug der besseren Praktikabilität sowie der höheren Rechtssicherheit zu bieten. Da sich das wirtschaftliche Ergebnis bei Trust-Sachverhalten wohl in den seltensten Fällen nach deutschem Recht bestimmen wird[322], beschränken sich die nachfolgenden Überlegungen im wesentlichen auf Trusts, die nach den dargelegten Grundsätzen ausländischem Recht unterliegen.

---

[317] So auch das von *Schindhelm/Stein*, StuW 1999, 31, 39 f. gebildete Beispiel eines deutschen Staatsangehörigen, der mit seiner Familie unter Mitnahme des gesamten Vermögens nach Irland verzieht und dort nach Begründung eines domicile of choice im vierten Jahr (§ 2 Abs. 1 Nr. 1b ErbStG) verstirbt.

[318] A. A. *v. Oertzen*, IStR 1995, 345, 346. Zu beachten ist, dass eine Bindung des Zivilgerichts an die von der Finanzgerichtsbarkeit lediglich im Rahmen einer Vorfrage entschiedene kollisionsrechtliche Einordnung wohl nicht besteht; vgl. *Gummer* in Zöller, ZPO, § 13 GVG Rn. 43 f.; zum umgekehrten Fall auch Fn. 316.

[319] Für Jersey beruht diese Annahme auf der Prämisse, dass die dortigen Gerichte nach ähnlichen Grundsätzen wie ein US-Gericht entscheiden; zum amerikanischen Kollisionsrecht vgl. *Sieker*, US-Trust, S. 79 f.

[320] Vgl. *Schindhelm/Stein*, StuW 1999, 31, 40; gl. A. *Sieker*, US-Trust, S. 296.

[321] *Schindhelm/Stein*, StuW 1999, 31, 40.

[322] Dies unter der Prämisse, dass der für die Einschaltung eines Trust grundsätzlich zweckmäßige Auslandsbezug (Belegenheit des Trustvermögens, möglicherweise ausländische Beneficiaries oder Errichtung durch ausländische Staatsangehörige) beachtet wird.

## V. Folgerungen für die steuerrechtliche Qualifikation des Jersey Trust

Ganz wesentlich für die Qualifikation des Jersey Trust und der durch ihn begründeten Rechtsbeziehungen ist im Bereich des Ertragsteuerrechts die Frage, ob und unter welchen Umständen der Trust selbst mit der Folge der – meist beschränkten – Steuerpflicht nach §§ 1 ff. KStG ein eigenes Steuerrechtssubjekt sein kann.[323] Klärungsbedürftig ist damit insbesondere seine Qualifikation als (rechtsfähige) Stiftung des privaten Rechts bzw. Vermögensmasse gem. §§ 1 Abs. 1 Nr. 4 und 5 bzw. 2 Abs. 1 KStG. Soweit der Trust hiernach als eigenes Subjekt des Steuerschuldverhältnisses anzusehen ist, unterliegt seine Besteuerung prinzipiell den allgemeinen Grundsätzen des Körperschaftsteuerrechts und damit – sieht man einmal von den Besonderheiten des § 15 AStG ab[324] – dem sogenannten Trennungsprinzip.[325] Im Falle einer Qualifikation als nichtrechtsfähige Vermögensmasse gem. § 3 Abs. 1 KStG gilt dies allerdings nur dann, wenn das vom Trust erzielte Einkommen weder nach dem KStG noch nach dem EStG unmittelbar bei einem der beteiligten Personen zu versteuern ist. Von Bedeutung ist die steuerliche Einordnung der Rechtsverhältnisse des Trust deshalb nicht nur für die ertragsteuerlichen Zurechnung des Trustvermögens, sondern auch für die Frage der Einkünftezurechnung. Unter Berücksichtigung der vorstehenden Ausführungen tritt der Bedeutungsgehalt der in den einschlägigen Normen in Bezug genommenen zivilrechtlichen Begriffe insoweit hinter der wirtschaftlichen Bedeutung des Sachverhalts zurück.[326] Prinzipiell bleibt eine Vergleichung der jeweiligen Privatrechtsinstitute damit allenfalls im Rahmen einer typenvergleichenden Wertung im Vorfeld erforderlich.[327]

Demgegenüber ist mit der hier vertretenen Auffassung eine funktionale Analyse der Rechtsverhältnisse des Trust geboten, soweit die Anwendung von Normen aus dem Erbschaft- und Schenkungsteuergesetz in Frage steht, deren Tatbestand maßgebend durch zivilrechtliche Begriffe geprägt wird. Inwieweit sich die Heranziehung der diesbezüglichen Erwerbstatbestände angesichts des in den §§ 3 Abs. 2 Nr. 1, 7 Abs. 1 Nr. 8 und 9 sowie 15 Abs. 2 Satz 2 ErbStG neu eingeführten originär steuerrechtlichen Begriffs der „Vermögensmasse ausländischen Rechts" erübrigt, hängt maßgeblich von der zu bislang ungeklärten Reichweite der Neuregelung und deren Verhältnis zu den übrigen Regelungen ab.

---

323 Hierbei soll davon ausgegangen werden, dass sich sowohl Geschäftsleitung als auch Sitz des Trust im Ausland befinden. Der Möglichkeit einer etwaigen unbeschränkten Steuerpflicht wird daher nicht weiter nachgegangen. Zum Ort der Geschäftsleitung eines Trust aus deutscher Sicht etwa *Sieker*, US-Trust, S. 323 f. sowie die kritischen Anmerkungen von *Klein*, IStR 1999, 377, 378 m. w. N.

324 Hierzu näher § 4 B. II.

325 Hierzu etwa *Blümich/Rengers*, § 1 KStG Rn. 10; *Pöllath*, Vermögenssicherung, S. 159, 174.

326 Für die Zurechnung der in Trust gegebenen Wirtschaftsgüter folgt dies unmittelbar aus § 39 AO, der im Bereich der Ertragsteuern unproblematisch Anwendung findet.

327 Im einzelnen aber § 4 A. VI. 1.

## VI. Exkurs: Steuerrechtliche Qualifikation des Trust als Stiftung

Im Hinblick auf die bereits im Zusammenhang mit dem Problem der Transformation des Trust in die Systembegriffe des deutschen Privatrechts erfolgte Untersuchung der funktionalen Vergleichbarkeit von Trust und rechtsfähiger Stiftung[328] kann die Frage einer hieraus abzuleitenden Steuerrechtssubjektfähigkeit des Trust an dieser Stelle verhältnismäßig kurz abgehandelt werden. Eine vertiefende Darstellung der in der Vergangenheit vornehmlich zum Zwecke der Erbschaftbesteuerung des Trust geführten Diskussion dieses Themenkomplexes[329] erscheint darüber hinaus aber auch vor dem Hintergrund der mit den neuen Steuertatbeständen im Erbschaftsteuerrecht möglich gewordenen Fiktion des Vermögensübergangs auf eine (teil-)rechtsfähige „Vermögensmasse ausländischen Rechts" nicht angezeigt.

Für erbschaftsteuerliche Zwecke hat die insoweit bislang ausnahmslos mit Testamentary Trusts ausländischer Errichter befasste Finanzrechtsprechung die Möglichkeit einer Qualifikation des Trust als Stiftung entweder überhaupt nicht in Erwägung gezogen oder abgelehnt.[330] Hauptargument gegen die Annahme einer Stiftung war hierbei, dass der Erblasser mit der Übertragung des Vermögens auf einen Trustee deutlich zu erkennen gegeben habe, dass er eine Stiftung mit eigener Rechtspersönlichkeit nicht habe errichten wollen. Durch die Konstruktion einer Stiftung dürfe der Willen des Erblassers nicht umgangen werden.[331] In ertrag- bzw. vermögensteuerlicher Hinsicht hatte sich die Rechtsprechung mit dieser Frage – soweit ersichtlich – nur in einem einzigen Fall zu befassen.[332] Mit Urteil vom 11.1.1940 versagte der RFH einem Intervivos Trust die Anerkennung als ausländische Familienstiftung; dies allerdings nicht aus grundsätzlichen Erwägungen, sondern weil dem Settlor das Trustvermögen wegen nur formeller Unwiderruflichkeit der Trust-Errichtung als wirtschaftlichem Eigentümer weiter zugerechnet werden konnte.[333]

Ein breiteres Meinungsspektrum zeigt sich im Schrifttum. Während einige Stimmen nicht zuletzt unter Berufung auf die vorliegende Rechtsprechung zur Qualifikation von Testamentary Trusts die Behandlung als Stiftung auch im Falle des Intervivos Trusts

---

[328] Vgl. oben § 3 B. III. 1. d) (1) .

[329] Dazu ausführlich unten § 5 C. .

[330] RFH-Urteil v. 17.10.1935, II e A 86/34, zitiert nach *Sieker*, US-Trust, S. 283; BFH v. 20.12.1957, BStBl III 1958, 79. .

[331] Vgl. BFH v. 20.12.1957, BStBl III 1958, 79, 82.

[332] Vgl. RFH-Urteil v. 11.1.1940, RStBl. 1940, 267; soweit im Rahmen der BFH-Urteile v. 5.11.1992, BStBl II 1993, 388 und v. 2.2.1994, BStBl II 1994, 727 die Subsumption von Trustsachverhalten unter den die Hinzurechnung von Vermögen und Einkommen einer ausländischen Familienstiftung regelnden § 15 AStG in Frage stand, konnte die Qualifikation als Stiftung aufgrund des Auffangtatbestandes der Vermögensmasse dahingestellt bleiben; zu diesen beiden Urteilen unten § 4 A. III.

[333] Vgl. RFH-Urteil v. 11.1.1940, RStBl. 1940, 267, 269.

abgelehnt haben[334], wurde dies vor allem in der neueren Literatur zunehmend in Frage gestellt. So erkannte z. B. Albrecht insbesondere zwischen Familienstiftung und Discretionary Trusts funktionale Parallelen, hinter denen für erbschaftsteuerliche Zwecke das Argument der fehlenden Rechtsfähigkeit des Trust zurücktreten müsse.[335] Die gleiche Auffassung vertrat Sieker für den Fall des sog. „Dynastischen Trust“, welcher als Instrument der „... Vermögensverewigung und einer über den Tod des Errichters hinaus reichenden ‚ewigen‘ Herrschafts- und Einflusssicherung ...“ eine der Stiftung äquivalente Einrichtung darstelle. Die Qualifikation des Trust als Stiftung sei insoweit sowohl für ertrag- als auch für erbschaft- und schenkungsteuerliche Zwecke geboten.[336] Die These einer (uneingeschränkten?) Gleichsetzung von Jersey Trust und privatnütziger Stiftung wurde schließlich auch von Piltz gefordert.[337]

Die Begründung der hier vertretenen Auffassung wurde mit den obigen Feststellungen zur rechtlichen und wirtschaftlichen Vergleichbarkeit dieser beiden Rechtsinstitute im wesentlichen vorweggenommen: Demnach lassen die dort herausgearbeiteten Unterschiede zwischen rechtsfähiger Stiftung einerseits und privatnützigem Trust andererseits eine Qualifikation des Trust unabhängig von seiner konkreten Ausgestaltung als Stiftung weder für ertragsteuerliche noch für erbschaft- und schenkungsteuerliche Zwecke zu.[338] Da sich diese Strukturunterschiede sowohl bei wirtschaftlicher, als auch bei rechtlich-funktionaler Analyse zeigen, kommt es auf den dargestellten Meinungsstreit zum methodischen Vorgehen bei der steuerrechtlichen Qualifikation nicht an. Im Hinblick auf den Grundsatz der Tatbestandsmäßigkeit der Besteuerung sowie das Verbot der steuerverschärfenden Rechtsanalogie lassen sich die bestehenden Abweichungen schließlich auch nicht durch den von Sieker[339] zitierten „Zwang zu Klassifikation“ rechtfertigen. Dies gilt umso mehr, wenn sich, wie im folgenden zu untersuchen sein wird, das Rechtsinstitut des Trust unter bestimmten Umständen als

---

[334] Vgl. zum mittlerweile umfangreichen Schrifttum nur aus der jüngeren Literatur *Eisele*, INF 1999, 324, 326; *Harnischfeger* in Christoffel/Geckle/Pahlke, § 7 ErbStG Rn. 95; *Jülicher*, IStR 1996, 575, 578; *Otto*, RIW 1985, 491, 497; *Seibold*, IStR 1994, 16, 17; *Siemers/Müller*, IStR 1998, 385, 386; *Schindhelm/Stein*, StuW 1999, 31, 43; mit Bedenken *Bredow/Reich*, WiB 1995, 775, 779; *Haarmann*, Trust, S. 151, 159, 162; wohl auch *Breuninger*, Trusts, S. 476; zum früheren Schrifttum vgl. die umfangreichen Nachweise bei *Sieker*, US-Trust, S. 283 ff.

[335] Vgl. *Albrecht*, Erbfälle, S. 300 ff.

[336] *Sieker*, US-Trust, S. 295 ff sowie *ders.*, BB 1991, 1975, 1977.

[337] *Piltz*, ZEV 1996, 382

[338] Ob dies auch für die hier nicht zu beurteilenden Charitable Trusts gilt, ist zumindest fraglich. Soweit ersichtlich wurde die Qualifikation von solchen, gemeinnützigen Zwecken verpflichteten, Trusts bislang nur im Hinblick auf die Einordnung als Zweckvermögen diskutiert. Angesichts der im Verglich mit privatnützigen Trusts bestehenden zusätzlichen Parallelen zur Stiftung wie etwa staatliche Überwachung, Unanwendbarkeit der rule against perpetuities und Ausschluss von unmittelbaren Ansprüchen der Beneficiaries erscheint deren Qualifikation als (gemeinnützige) Stiftung zumindest nicht ausgeschlossen.

[339] Vgl. *Sieker*, US-Trust, S. 298.

ertrag- und/oder erbschaft- und schenkungsteuerliche Vermögensmasse qualifizieren lässt.

## § 4 Der Jersey Trust als ertragsteuerliches Rechtssubjekt

Für das Ertragsteuerrecht erklärt zunächst § 1 KStG diejenigen im einzelnen aufgezählten „Körperschaften, Personenvereinigungen und Vermögensmassen", darunter auch Stiftungen und andere Zweckvermögen des privaten Rechts[1], als unbeschränkt steuerpflichtig, die ihre Geschäftsleitung oder ihren Sitz im Inland haben. In negativer Abgrenzung zu dieser abschließenden[2], einer Analogie nicht zugänglichen Aufzählung der unbeschränkt steuerpflichtigen Rechtsträger[3], bescheidet sich § 2 KStG für die Feststellung der auf die inländischen Einkünfte i. S. des § 49 EStG beschränkten Steuerpflicht damit, von „Körperschaften, Personenvereinigungen und Vermögensmassen" zu sprechen. Aufgrund der rechtsformbestimmenden Definition des § 1 Abs. 1 Nr. 1 KStG kann jedenfalls der privatnützige Trust steuerlich unstreitig nicht wie eine Kapitalgesellschaft behandelt werden.[4] Zweifellos ist ein Trust aber auch kein auf Dauer angelegter, körperschaftlich organisierter Zusammenschluss von Personen zur Verfolgung eines gemeinsamen Zwecks, wie dies etwa für die Annahme eines rechtsfähigen oder nichtrechtsfähigen Verein zu fordern wäre.[5] Da – wie gezeigt – darüberhinaus auch die Subsumption unter die juristischen Personen des privaten Rechts, insbesondere unter den Begriff der Stiftung ausgeschlossen ist, bedarf es einer ausführlicheren Prüfung nur, ob und unter welchen Voraussetzungen der Jersey Trust als Vermögensmasse bzw. Zweckvermögen qualifiziert werden kann.

### A. Qualifikation als Zweckvermögen bzw. Vermögensmasse

Jedenfalls für das Ertragsteuerrecht wird mit Blick auf Überschrift und Wortlaut des § 3 Abs. 1 KStG allgemein davon ausgegangen, dass die in §§ 1 bis 3 KStG verwendeten Begriffe „Zweckvermögen" und „Vermögensmasse" im gleichen Sinne zu verstehen sind.[6] So soll nach Streck auch der Umstand, dass der Begriff der Vermögensmasse in § 15 Abs. 4 AStG neben den des Zweckvermögens gestellt ist eher auf eine besondere gesetzgeberische Vorsicht im Umgang mit unklaren Begriffen,

---

1 § 1 Abs. 1 Nr. 5 KStG.

2 Z. B. *Blümich/Rengers*, § 1 KStG Rn. 60.

3 Eine Ausnahme von diesem Analogieverbot soll nach BFH v. 23.6.1992, BStBl II 1992, 972 nur dann zuzulassen sein, wenn ein ausländisches Gebilde mit statuarischem Sitz im Ausland und effektiven Verwaltungssitz im Inland nach dem zweistufigen Typenvergleich einem KSt-Subjekt nach § 1 Abs. 1 KStG entspricht; vgl. hierzu auch *Blümich/Rengers*, § 1 KStG Rn. 142.

4 Nur *Haarmann*, Trust, S. 151, 159 sowie *Arendt*, StuW 1960, 349, 357 m. w. N.

5 Angesprochen – und abgelehnt – wurde die Möglichkeit der Qualifikation des Trust als Verein bislang nur für erbschaftsteuerliche Zwecke von *Schindhelm/Stein*, StuW 1999, 31, 44; eine dementsprechende Einordnung des Trust lohnt allerdings auch für den Bereich der Ertragsteuern keiner ernsthaften Erwägung. Zum nichtrechtsfähigen Verein aus ertragssteuerlicher Sicht vgl. etwa FG Rheinland-Pfalz v. 26.3.1996, EFG 1996, 1117.

6 Vgl. *Blümich/Rengers*, § 1 KStG Rn. 107.

als auf klar zu unterscheidende Begriffsinhalte zurückzuführen sein.[7] Da der Vermögensmasse mithin neben dem Zweckvermögen – soweit ersichtlich unstrittig – keine eigenständige Bedeutung zugemessen wird, wird auch für die folgenden Ausführungen vom Gleichlauf dieser beiden Begriffe ausgegangen.

## I. Begriffsbestimmung und Rechtfertigung der steuerlichen Teilrechtsfähigkeit von Zweckvermögen und Vermögensmassen

Die gesetzgeberische Grundentscheidung für die im Ertragsteuerrecht bereits seit dem Körperschaftsteuergesetz 1920 festgeschriebene Anerkennung der steuerlichen Rechtsfähigkeit von nichtrechtsfähigen Zweckvermögen beruht auf dem aus Art. 3 Abs. 1 GG hergeleiteten Grundsatz der Besteuerung nach der Leistungsfähigkeit.[8] Da Einkommen und Vermögen für die Leistungsfähigkeit eines Steuerpflichtigen nur insoweit zeugen, als dieser in irgendeiner Weise innerhalb disponibler Zeit hierüber verfügen kann, kann eine Steuerpflicht im Prinzip weder dem Grunde noch der Höhe nach gegeben sein, soweit dem Steuerpflichtigen diese Verfügungsmöglichkeit verschlossen ist.[9] Unter Umständen kann die Abspaltung der Verfügungsmacht von ihrem ursprünglichen Träger aber eine eigene steuerliche Leistungsfähigkeit der abgesonderten Einkunfts- und Vermögensteile in den Vordergrund rücken lassen. Der steuerlichen Erfassung eben dieser Fälle dient das mit § 1 Abs. 1 Nr. 5 KStG deklarierte, keiner Rechtsform und keinem Rechtsinstitut des Zivilrechts entsprechende Zweckvermögen.[10] Infolge der Unabhängigkeit der Steuerrechtssubjektfähigkeit von der bürgerlich-rechtlichen Rechtsfähigkeit[11] kann dieses mithin grundsätzlich selbst Träger von Rechten und Pflichten im Steuerrechtsverhältnis sein.[12]

Nach der auf einem Urteil des RFH aus dem Jahre 1938 beruhenden Definition ist unter einem Zweckvermögen ein selbstständiges, einem bestimmten Zweck dienendes Sondervermögen zu verstehen, das aus dem Vermögen des Widmenden auf Dauer ausgeschieden ist, aus dem eigene Einkünfte fließen und das – mangels eigener Rechtsfähigkeit – wenigstens wirtschaftliche Selbstständigkeit besitzt.[13] Erforderlich ist eine dauerhafte Zweckbindung, die den Widmenden daran hindert, das Vermögen für seine eigenen Zwecke zu verwenden, so dass ihm im wirtschaftlichen Sinne die Stellung

---

7 Vgl. *Streck*, StuW 1975, 135, 139, der dem Begriff der Vermögensmasse die Qualität einer „Leerformel" bzw. eines „Unbegriffs" beimisst.

8 Vgl. die Begründung zum KStG 1920, 73, zitiert nach *Streck*, StuW 1975, 135, 138. Zum Leistungsprinzip als allgemein anerkanntes Fundamentalprinzip gerechter Besteuerung vgl. ausführlich *Tipke*, Steuerrecht, § 4 Rn. 81 ff. m. w. N.

9 *Streck*, StuW 1975, 135, 139.

10 Ebenda.

11 Vgl. *Tipke*, Steuerrecht, § 6 Rn. 12.

12 Zur Abgrenzung der Steuerpflicht nach § 3 Abs. 1 KStG vgl. § 4 B. I.

13 Vgl. RFH v. 7.4.1936, RStBl. 1936, 442 sowie BFH v. 5.11.1992, BStBl II 1993, 388.

eines Eigentümers genommen ist.[14] Nach allgemeiner, im Verlaufe der weiteren Untersuchung allerdings noch zu verifizierender Auffassung setzt dies einen endgültigen Verzicht des Eigentümers auf die für den Zweck bereitgestellten Wirtschaftsgüter voraus, woraus gefolgert werden kann, dass die Beendigung des Zweckvermögens jedenfalls nicht mehr in dem Belieben des Widmenden stehen darf.[15] Die wirtschaftliche Selbstständigkeit des Zweckvermögens und damit einhergehend dessen eigenständige Leistungsfähigkeit schließlich setzt voraus, dass mit dem Ausscheiden des zweckgewidmeten Vermögensgegenstandes aus dem wirtschaftlichen Eigentumsbereich des Widmenden wirtschaftliches Eigentum eines neuen Trägers nicht begründet wird.[16]

## II. Zweifelsfragen

Die soeben nur im Überblick wiedergegebene Begriffsdefinition des Zweckvermögens befriedigt in der Praxis der Finanzverwaltung und –gerichtsbarkeit insofern nicht, als die der Feststellung der eigenen Leistungsfähigkeit zwingend vorangehende Frage, ob das Vermögen dem wirtschaftlichen Eigentumsbereich eines anderen Steuerpflichtigen zuzurechnen ist, erhebliche Rechtsunsicherheiten in sich birgt. Auf dieses, dem Begriff des Zweckvermögens immanente Problem wird im Verlauf der weiteren Untersuchung anhand einiger ausgewählter Gestaltungen noch näher einzugehen sein.[17] Hinsichtlich der unmittelbaren Begriffsbestimmung des Zweckvermögens sind indes bereits an dieser Stelle zwei besonders bedeutsam erscheinende Zweifelsfragen zu behandeln.

### 1. Erfordernis der unpersönlichen Zweckbindung?

Betrachtet man die in der Praxis wohl häufigste Erscheinungsform von Zweckvermögen, die nichtrechtsfähige Stiftung[18], so fällt auf, dass mit diesem Rechtsinstitut in aller Regel unpersönliche bzw. steuerbegünstigte Zwecke i. S. der §§ 52 bis 54 AO verfolgt werden.[19] Zugleich wird die treuhänderische Verwaltung solcher Zweckvermögen typischerweise Gemeinden, Universitäten, Kirchengemeinden, Klöstern usw. übertragen.[20] Der Grund hierfür ist evident: Bei einer Stiftung, die nach den genannten Bestimmungen der Abgabenordnung gemeinnützigen, mildtätigen oder kirchlichen

---

14 Etwa RFH v. 16.4.1943, RStBl. 1943, 658; ebenso BFH v. 19.12.1952, BStBl III 1953, 54.

15 Vgl. *Streck*, StuW 1975, 135, 140 unter Verweis auf RFH v. 15.12.1942, RStBl. 1943, 236; zu Trust-Gestaltungen, bei denen die Vermögenssubstanz nach Ablauf einer bestimmten Frist wieder an den Settlor zurückfallen soll vgl. unten § 4 A. VI. 4. b) (3) (ii).

16 BFH v. 19.12.1952, BStBl III 1953, 54.

17 Vgl. § 4 A. VI. 4.

18 Etwa *Frotscher*, § 1 KStG Rn. 37.

19 Vgl. auch *Wochner*, ZEV 1999, 125.

20 *Gebel* inTroll/Gebel/Jülicher, § 3 ErbStG Rn. 319; vgl. auch Bayer. Staatsministerium der Finanzen, Erl. v. 13.5.1998, 34-S-3840-5-23076, LEXinform DokNr. 0165462.

Zwecken dient, unterliegen gem. § 13 Abs. 1 Nr. 16 b ErbStG weder Errichtung noch später an sie erfolgende Zuwendungen der Erbschaft- und Schenkungsteuer und es sind darüberhinaus die von ihr erwirtschafteten Gewinne nach § 5 Abs. 1 Nr. 9 KStG von der Körperschaftsteuer befreit. Wie auch ein Blick in die von der einschlägigen Kommentarliteratur zitierte Rechtsprechung bestätigt, lassen sich praktische Anwendungsbeispiele für Zweckvermögen, mit denen privatnützige bzw. persönliche Zwecke verfolgt werden, kaum finden.[21] Hieran mag es liegen, dass in der Vergangenheit u.a. von Pöllath die Auffassung vertreten wurde, dass ein Zweckvermögen nach §§ 1 ff. KStG überhaupt nur dann angenommen werden könne, wenn das Vermögen einem unpersönlichen Zweck verpflichtet sei oder sich die Zweckbestimmung auf die Förderung eines unbestimmten Personenkreises richte.[22]

Tatsächlich handelt es sich dabei um eine Überlegung, welche nur im Rahmen der Zweckzuwendung gem. § 8 ErbStG diskutiert wird und auf die ertragsteuerliche Fiktion einer selbstständigen Vermögensmasse nicht übertragen werden kann. Dafür, dass der Gesetzgeber mit dem ursprünglich für Ertragsteuerzwecke geschaffenen Steuersubjekt „Zweckvermögen" ausschließlich diejenigen Fälle erfassen wollte, in denen eine Zuordnung von Vermögen zu bestimmten Personen wegen eines unpersönlichen bzw. auf die Förderung eines unbestimmten Personenkreises gerichteten Verwendungszwecks nicht möglich ist, ergeben sich keine Anhaltspunkte. Teleologische sowie historische Auslegung der §§ 1 ff. KStG lassen vielmehr zweifelsfrei erkennen, dass der Steuerpflicht als Zweckvermögen beispielsweise auch Sammelvermögen und nichtrechtsfähige Familienstiftungen unterliegen sollen.[23] Entgegen Pöllath erfordert der Begriff des Zweckvermögens mithin nicht die Verfolgung eines objektiven – nicht an den Interessen bestimmter Personen ausgerichteten – Zwecks.

## 2. Zweckvermögen auch ohne „Zweckbindung" der Erträge?

Bereits mit Blick auf die Verwendung des Begriffs der „Vermögensmasse, deren Zweck auf die Bindung von Vermögen gerichtet ist", im Erbschaft- und Schenkungsteuergesetz muss an dieser Stelle noch eine weitere, bislang nicht zweifelsfrei beantwortete Frage angesprochen werden. Während ein Zweckvermögen unstreitig nicht vorliegen kann, wenn der Widmende – etwa aufgrund des Vorbehalts eines einseitigen Widerrufsrechts – über das gewidmete Vermögen nach wie vor selbst verfügen kann[24], ist unklar, welche Folgen sich aus einem Vorbehalt oder auch der Zuweisung eines un-

---

21 Vgl. im einzelnen die umfangreichen Nachweise bei *Streck*, StuW, 1975, 135, 139 ff.

22 Vgl. *Pöllath*, JDStJG 10, 167, sowie *ders.* in Seifart/v. Campenhausen, § 14 Rn. 128, der folglich auch die Steuersubjektfähigkeit des Trust als Zweckvermögen zumindest für den Regelfall kategorisch ausschließt; hierzu näher § 4 A. II. 1.

23 Entsprechendes ergibt sich auch aus der Begründung zu § 1 KStG 1920, nachzulesen etwa bei *Streck*, StuW 1975, 135, 138.

24 Nur *Frotscher*, § 8 KStG Rn. 229 g.

bedingten Rechts an den Erträgen des gewidmeten Vermögens ergeben. Nach der Definition von Streck, welcher soweit ersichtlich bislang keine Einwendungen entgegengesetzt wurden, ist für die Annahme eines Zweckvermögens u.a. erforderlich, dass „... kein sonstiges einkommensteuer- oder körperschaftsteuerpflichtiges Subjekt über den Vermögensgegenstand und über die daraus gezogenen Früchte wie ein Eigentümer verfügen (...) kann".[25] Eine wörtliche Umsetzung dieser Definition hätte zur Folge, dass ein Zweckvermögen grundsätzlich dann verneint werden müsste, wenn und soweit an dem gewidmeten Vermögen hinsichtlich der Erträge nießbrauchsähnliche Nutzungsrechte oder andere originäre Bezugsberechtigungen bestehen. Übertragen auf Trusts wären demnach von vornherein all diejenigen Gestaltungen als Zweckvermögen auszuscheiden, bei welchen den Beneficiaries hinsichtlich der Erträge des Trustvermögens unbedingte Leistungsansprüche zustehen.

Die von Streck entwickelte Definition des Zweckvermögens scheint sich u.a. auf ein Urteil des Reichfinanzhofs aus dem Jahre 1921 zu stützen, nach dem ein Gegenstand zur Begründung einer eigenen Steuerpflicht nur dann ausreichend einem Zweck verpflichtet sein soll, wenn sich die Zweckbindung sowohl auf die Erträge als auch auf den Vermögensstamm bezieht.[26] Ein Zweckvermögen wurde in diesem Urteil allerdings bereits deswegen nicht als gegeben angesehen, weil wegen vorbehaltener Verfügungsrechte des Widmenden eine Zweckbindung hinsichtlich des gewidmeten Vermögens nicht vorlag. Für die Frage, ob auch hinsichtlich der Erträge eigentumsähnliche Rechte nicht begründet werden dürfen, gibt das Urteil mithin nichts her.

Dass es für das Vorliegen eines Zweckvermögens auf eine Zweckbindung der Erträge entgegen Streck nicht ankommen kann, ergibt sich nach der hier vertretenen Auffassung unmittelbar aus § 3 Abs. 1 KStG, der nach Auffassung des BFH der Vermeidung einer doppelten Erfassung von Einkommen bei der Einkommensteuer und der Körperschaftsteuer dienen soll.[27] Indem § 3 Abs. 1 KStG diejenigen Einkünfte eines Zweckvermögens von der Besteuerung ausnimmt, die unmittelbar einem anderen Steuerpflichtigen zuzurechnen sind, wird zugleich klargestellt, dass eine Zweckbindung der Erträge nicht notwendige Begriffsvoraussetzung des Zweckvermögens sein kann. Die Frage, ob das von einer Vermögensmasse erzielte Einkommen wegen bestehender originärer Bezugsrechte letztlich anderweitig zugerechnet werden muss, ist mithin subsidiär; erforderlich ist lediglich, dass das gewidmete Grundstockvermögen keinem anderen Steuersubjekt als dessen wirtschaftliches Eigentum zugerechnet werden kann.[28]

---

[25] *Streck*, StuW 1975, 141.

[26] RFH v. 21.10.1921, RFHE 7, 177.

[27] BFH, GrS v. 25.6.1984, BStBl II 1984, 751.

[28] So wohl auch *Haarmann*, Trust, S. 151, 154 sowie *Graffe* in Dötsch, § 3 KStG Rn. 10.

## III. Stand der Rechtsprechung

Nachdem die Frage der Zweckvermögenseigenschaft von Trusts in Literatur[29] und Rechtsprechung[30] lange Zeit umstritten war, hat der erste Senat des BFH mit zwei Urteilen vom 5.11.1992 sowie vom 2.2.1994 klargestellt, dass ausländische Trusts unter bestimmten Umständen als nichtrechtsfähige Vermögensmasse i. S. der §§ 1 ff. KStG beurteilt werden können.[31]

Die hier jeweils höchstrichterlich beurteilten Trustgestaltungen waren insoweit gleichgelagert, als a) die jeweiligen Errichter sich des auf den Trustee übertragenen Vermögens unwiderruflich und ohne Vorbehalt nennenswerter Weisungsrechte gegenüber den Trustees begeben hatten, b) die Auskehrung der Erträge sowie des Grundstockvermögens an den durch die Errichter bezeichneten Personenkreis dem freien Ermessen der Trustees unterstellt war, und c) der Anfall des Grundstockvermögens durch die nach Ablauf einer vorbestimmten Periode[32] bzw. mit dem Tode der zu Lebzeiten ausschließlich an den Erträgen des Trustvermögens zu beteiligenden Beneficiaries erfolgenden Auflösung des Trust[33] an eine Überlebensbedingung geknüpft war.

Infolge der Subsumption der hier zu beurteilenden Trusts unter den Begriff der nichtrechtsfähigen Vermögensmasse i. S. des § 2 KStG sah der BFH zugleich den Anwendungsbereich des § 15 AStG für eröffnet, mit dessen Abs. 4 Zweckvermögen bzw. Vermögensmassen den Familienstiftungen gleichstellt werden.[34] In tatsächlicher Hin-

---

29 Die Qualifikation eines Trust als Zweckvermögen im Einzelfall bejahend z. B. *Seibold*, IStR 1993, 545 sowie *Streck*, StuW 1975, 135, 142; nur für unwiderrufliche und „dynastische" Trusts *Sieker*, US-Trust, S. 303; zweifelnd: *Killius*, German Law and Practice, S. 21; kategorisch ablehnend: *Haas*, ZGR 1974, 461, 467; *Pöllath*, Vermögenssicherung, S. 159, 166; *ders.*, IWB Fach 3 Deutschland Gruppe 1, 1079, 1084; *ders.* in Seifart/v.Campahusen, § 39 Rn. 38, dort allerdings nur unter kommentarloser Wiedergabe der neueren BFH-Rechtsprechung (sogl.).

30 Beiläufig im Rahmen einer Entscheidung zur Erbschaftbesteuerung eines Discretionary Trust bejahend: BFH v. 31.5.1961, BStBl III, 312, 313; bejahend i. ü.: BFH v. 20.7.1971, BStBl II 1972, 170 sowie FG Baden-Württemberg v. 12.12.1979, EFG 1980, 346; aufgrund Bindung an die tatsächliche Würdigung der Vorinstanz offengelassen in: BFH v. 29.5.1984, BFHE 141, 321; wegen wirtschaftlicher Zurechnung des Trustvermögens zum Settlor verneinend: RFH v. 11.1.1940, RStBl. 1940, 267.

31 BFH v. 5.11.1992, BStBl II 1993, 388 und v. 2.2.1994, BStBl II 1994, 727.

32 So im Falle von BFH v. 5.11.1992, dem ein auf die Dauer von 80 Jahren errichteter Jersey-Trust zugrunde lag.

33 Vgl. BFH v. 2.2.1994, in dem die drei zu beurteilenden US-Trusts entweder 21 Jahre bzw. unmittelbar nach dem Tode eines bestimmten, nur ertragsberechtigten Beneficiaries aufgelöst werden sollten. Zum vorinstanzlichen Urteil des FG Köln v. 8.7.1992 vgl. auch die Besprechung von *Sieker*, BB 1993, 1257 ff. sowie die Anmerkung von *Engelmann-Pilger*, BB1993, 2067.

34 Zu § 15 AStG ausführlicher unten § 4 B. II. Da § 15 Abs. 4 AStG den Stiftungen u. a. Vermögensmassen gleichstellt, kam es nach Auffassung des BFH auf die Vergleichbarkeit der jeweils zur Beurteilung anstehenden Discretionary Trusts mit einer nach deutschem Recht errichteten Familienstiftung nicht an.

sicht wurden die Streitfälle dahin gewürdigt, dass bezogen auf das Trustvermögen weder der Settlor noch die nur potentiell berufenen Beneficiaries die Rechtsposition eines wirtschaftlichen Eigentümers innehatten. In Bezug auf die jeweiligen Errichter wurde das aus der Tatsache abgeleitet, dass diese das Vermögen unwiderruflich weggegeben hätten, weshalb eine Zurechnung unter dem Gesichtspunkt eines Treuhand- oder Auftragsverhältnisses, und damit ein Durchgriff durch den Trust nicht habe erfolgen können. Zugleich sei aber zugunsten der Beneficiaries nicht mehr als eine allgemeine Anwartschaft auf den Vermögensanfall begründet worden, da der tatsächliche Anfall des Trustguts gegenüber diesen dem Grunde nach davon abhängig gewesen sei, wer den Zeitpunkt der Beendigung des Trust erlebe. Dass eine solche Anwartschaft noch keine Bereicherung um das Trustvermögen darstellen könne, wurde ferner darauf gestützt, dass unter Berücksichtigung des den Trustees vorbehaltenen Ermessens keine bestimmte Quoten für den Vermögensanfall festgelegt waren. Die Trusts als Zwischenerwerber des Trustvermögens ansehend, verfasste der BFH mit diesen Urteilen in dem hier interessierenden Zusammenhang schließlich die folgenden Leitsätze:

> (BFH, Urteil vom 5.11.1992)
>
> „1. Ein im Ausland errichteter nichtrechtsfähiger Trust kann Vermögensmasse i. S. des § 2 KStG sein. Unter einer Vermögensmasse i. S. des § 2 KStG ist ein selbständiges, einem bestimmten Zweck dienendes Sondervermögen zu verstehen, das aus dem Vermögen des Widmenden ausgeschieden ist und aus dem eigene Einkünfte fließen."
>
> (BFH, Urteil vom 2.2.1994)
>
> „2. Ein Trust i. S. des US-amerikanischen Rechts kann Zweckvermögen i. S. des § 15 Abs. 4 AStG sein."

## IV. Zwischenergebnis

Der neueren Rechtsprechung des BFH ist – soweit sie die grundsätzliche Zweckvermögenseigenschaft von Trusts betrifft – im Ergebnis zuzustimmen.[35] In Anlehnung an die oben dargestellte Begriffsdefinition kann bei entsprechender Absonderung von Einkunfts- und Vermögensteilen eine eigenständige Leistungsfähigkeit des Trustguts derart gegeben sein, dass diesem als Zweckvermögen bzw. Vermögensmasse i. S. der §§ 1 ff. KStG Steuerrechtssubjektivität zukommt.

Dem muss nicht entgegenstehen, dass ein Trust aufgrund der in den meisten ausländischen Rechtsordnungen zur Anwendung gelangenden rule against perpetuities[36] regelmäßig nur für einen begrenzten Zeitraum errichtet werden kann. Zwar vertritt die herrschende Meinung für die unselbstständige Stiftung die Auffassung, dass diese

[35] Die insoweit in der Literatur v.a. von *Pöllath* geäußerten Zweifel beruhen – wie im § 4 A. II. 1. dargelegt – auf der unzutreffenden Annahme, dass ein Zweckvermögen die Verfolgung eines unpersönlichen Zwecks erfordere.

[36] Vgl. oben § 2 C. IV.

typischerweise ihre Zwecke zeitlich unbegrenzt verfolgen müsse.[37] Anerkannt wird allerdings, dass auch die Errichtung für einen begrenzten Zeitraum möglich ist, sofern das Vermögen der unselbstständigen Stiftung zur Verfolgung der Stiftungszwecke zumindest einen gewissen Zeitraum erhalten bleibt und nicht nur zum Verbrauch bestimmt ist.[38] Dies ändert nun aber nichts daran, dass das Grundstockvermögen einer solchen befristeten Stiftung unter Umständen ein steuerlich rechtsfähiges Zweckvermögen bildet. Denn der vom Gesetzgeber mit der Anerkennung des Zweckvermögens als selbstständiges Steuersubjekt verfolgte Zweck besteht evident darin, die eigenständige Leistungsfähigkeit abgesonderter Vermögensteile steuerlich zu erfassen. Wie ausgeführt, wird einem Wirtschaftgut eine solche eigenständige Leistungsfähigkeit beigemessen, sofern die Vermögenssubstanz unter wirtschaftlichen Gesichtspunkten keinem anderen Steuersubjekt zugerechnet werden kann. Da eine Begrenzung der Trust-Dauer mithin allenfalls die vorgreiflich zu beantwortende Frage der Zurechnung wirtschaftlichen Eigentums beeinflusst, können für einen begrenzten Zeitraum errichtete Trust-Gestaltungen nicht von vornherein als Zweckvermögen ausgeschieden werden.

Wenn demgemäß mit dem BFH davon auszugehen ist, dass ein Trust im Prinzip als Zweckvermögen steuersubjektfähig sein kann, hängt es von den konkreten Umständen im Einzelfall ab, ob die materiellen Kriterien für die nach § 1 ff. KStG notwendige Abgrenzung eines Zweckvermögens als erfüllt anzusehen sind. Im Hinblick darauf, dass die Übertragung von Vermögensteilen auf einen Trustee stets mit der Auflage verbunden ist, das Vermögen und die Erträgnisse getrennt vom übrigen Vermögen des Trustee für einen bestimmten Zweck zu verwalten und zu verwenden, unterliegt jedes Trustvermögen zumindest einer gewissen Zweckbindung. Wie im Falle der rechtsgeschäftlichen Treuhand ist auch der Trustee hinsichtlich des ihm übertragenen Trustguts Rechtsträger eines im Interesse der durch den Settlor vorgegebenen Zwecke gebundenen Sondervermögens.[39] Die Frage ist folglich, unter welchen konkreten Umständen diese Zweckbindung so weit reicht, dass steuerlich von einer wirtschaftlichen Verselbstständigung des Trustvermögens ausgegangen werden kann.[40] Wie gezeigt, ist das nur dann der Fall, wenn kein sonstiges einkommensteuer- oder körperschaftsteuerpflichtiges Subjekt über das Vermögen wie ein Eigentümer verfügen und auch die Zweckbindung nicht einseitig aufheben kann. Entscheidend kommt es also darauf an,

---

[37] Vgl. *Hof* in Seifart/v. Campenhausen, § 36 Rn. 52 m. w. N.

[38] Ebenda unter Verweis auf *Rawert* in Staudinger, Vorbem. zu §§ 80 ff. BGB Rn. 164.

[39] Zum Begriff des Sondervermögens etwa *Coing*, Treuhand, S. 86.

[40] Mißverständlich insoweit BFH v. 5.11.1992, BStBl 1993, 388, worin unter Verweis auf RFH v. 7.4.1936, RStBl. 1936, 442 bereits aus der Zweckbindung auf die wirtschaftliche Selbstständigkeit des Trustvermögens geschlossen wurde. Tatsächlich handelt es sich bei der Zweckbindung nur um eine der Prüfung der wirtschaftlichen Selbstständigkeit des Trustvermögens vorgelagerte Frage. Letztere ist nur gegeben, wenn hinsichtlich des Vermögens wirtschaftliches Eigentum eines neuen Trägers nicht begründet wird. In diesem Sinne zweifelhaft m. E. daher auch *Sieker*, US-Trust, S. 302.

ob das Vermögen steuerlich einer der an dem Rechtsverhältnis des Trust beteiligten Person, sprich dem Settlor, dem Trustee oder einem der Beneficiaries bzw. mehreren Beneficiaries gemeinsam zugerechnet werden kann. Mangels spezialgesetzlicher Regelung des Trust ist für die steuerliche Zurechnung des Trustguts auf die allgemeinen Grundsätze und Vorschriften, zu denen u.a. auch § 39 Abs. 2 Nr. 1 AO gehört, zurückzugreifen.

Die erhebliche Bedeutung, die der steuerlichen Zurechnung des Trustvermögens für die Frage der Zweckvermögenseigenschaft des Trust zukommt, lässt an dieser Stelle eine nähere Untersuchung von Wirkungsweise und Anwendungsbereich des § 39 AO sinnvoll und notwendig erscheinen.

## V. Exkurs: Ertragsteuerliche Zurechnung bei wirtschaftlichem Eigentum nach § 39 Abs. 2 Nr. 1 AO

Nach § 39 Abs. 1 AO folgt die steuerliche Zurechung von Wirtschaftsgütern im Regelfall der zivilrechtlichen Zuordnung. Die Privatrechtszuordnung durchbrechend ordnet § 39 Abs. 2 AO jedoch bestimmte Ausnahmefälle an, in denen die steuerrechtliche Zurechnung mit Rücksicht auf die wirtschaftliche Leistungsfähigkeit zu einem von der privatrechtlichen Zurechnung abweichendem Ergebnis führt.[41] Insbesondere auf Grundlage der in § 39 Abs. 2 Nr. 1 AO enthaltenen Legaldefinition des wirtschaftlichen Eigentums[42] eröffnet sich damit ein weiter Anwendungsbereich für eine am wirtschaftlichen Bedeutungsinhalt orientierte spezifisch teleologische Gesetzesauslegung.[43] Nach dem dieser Vorschrift zu entnehmenden allgemeinen Rechtsgedanken ist für steuerliche Zwecke derjenige wirtschaftlicher Eigentümer, der die tatsächliche Herrschaft über ein Wirtschaftsgut ausübt.[44]

### 1. Grundsätzliches zum Tatbestand des § 39 Abs. 2 Nr. 1 AO

Im Sinne von § 39 Abs. 2 Nr. 1 Satz 1 AO übt die tatsächliche Herrschaft über ein Wirtschaftgut regelmäßig derjenige aus, bei dem Besitz, Gefahr, Nutzen und Lasten liegen.[45] Hierdurch muss der nach Maßgabe des Privatrechts Berechtigte von der Einflussnahme auf das Wirtschaftgut ausgeschlossen sein, was der Fall ist, wenn ihm kein oder nur ein praktisch bedeutungsloser Herausgabeanspruch zusteht oder wenn er seinerseits verpflichtet ist, das Wirtschaftsgut an den wirtschaftlich Berechtigten heraus-

41 *Tipke/Kruse*, § 39 AO Rn. 1; *Tipke*, Steuerrecht, § 5 Rn. 110.

42 *Orlopp* in Klein/Orlopp, § 39 AO Rn. 1; vgl. auch den Ausschußbericht BT-Drucks. 7/4292, 19.

43 *Tipke/Kruse*, § 39 AO Rn. 1; zu § 39 AO näher unten § 4 A. V.

44 Etwa *Tipke/Kruse*, § 39 AO Rn. 10 und *Fischer* in Hübschmann/Hepp/Spitaler, § 39 AO Rn. 39.

45 *Offerhaus* in Hübschmann/Hepp/Spitaler, § 39 AO Rn. 26 sowie BFH v. 15.3.1973, BStBl II 1973, 594; v. 25.11.1975, BStBl II 1976, 294 und v. 8.3.1977, BStBl II 1977, 630.

zugeben.[46] Ob diese Voraussetzungen vorliegen, bestimmt sich nach dem Gesamtbild der Verhältnisse des für den jeweiligen Besteuerungszeitraum maßgeblichen Sachverhalts.[47] Entscheidend soll hierbei sein, dass der nach Maßgabe des Privatrechts Berechtigte nicht verfügungsberechtigt ist.[48] Mit dem BFH ist schließlich davon auszugehen, dass es bei Wirtschaftgütern mit längerer und unbestimmter Nutzungsdauer wie z. B. Gebäuden, Grundstücken oder Beteiligungen ausreicht, wenn die solchermaßen begründete alleinige Sachherrschaft des wirtschaftlich Berechtigten auf unbestimmte bzw. vorweg nicht bestimmbare Dauer fortbesteht.[49] Ausreichend aber auch erforderlich für die Begründung von wirtschaftlichem Eigentum ist es damit, wenn die Möglichkeit zum Ausschluss des zivilrechtlich Berechtigten zwar nicht auf die betriebsgewöhnliche Nutzungsdauer des Wirtschaftguts, wohl aber auf die Lebensdauer des wirtschaftlich Berechtigten begrenzt ist.[50]

### 2. Ausgewählte Fälle der Abweichung von der Regelzurechnung

Angesichts der Mannigfaltigkeit der Kriterien, die bei der Beurteilung des wirtschaftlichen Eigentums eine Rolle spielen können, soll die Anwendung der vorgenannten Grundsätze nachfolgend an einigen – unter dem Gesichtspunkt ihrer Übertragbarkeit auf Trust-Sachverhalte ausgewählten – deutschrechtlichen Fallgestaltungen nachvollzogen werden. Obgleich die Rechtslage in verschiedenen Punkten als ausgesprochen unklar zu bezeichnen ist, lassen die hier angestellten Überlegungen auch für die steuerrechtliche Behandlung des Trust verwertbare Gemeinsamkeiten erkennen.

#### a) Rechtsnachfolge – Verfügungs- und Rücknahmevorbehalte

Dass im Rahmen einer Rechtsnachfolge mit der zivilrechtlichen Übertragung des Eigentums zugleich auch das wirtschaftliche Eigentum auf den Rechtsnachfolger übergeht, ist unter Berücksichtigung obiger Grundsätze keinesfalls zwingend. Abweichungen von der Regelzurechnung müssen insbesondere in den Fällen geprüft

---

[46] Etwa BFH v. 8.11.1989, BStBl II 1990, 386 m. w. N. Vgl. im übrigen das Leasing-Urteil des BFH v. 26.1.1970, BStBl II 1970, 264, in dem unter Hinweis auf *Seeliger*, Wirtschaftliches Eigentum, S. 46 ff., festgestellt wird, dass eine inhaltliche Bestimmung des – damals noch in § 11 StAnpG geregelten – wirtschaftlichen Eigentums aufgrund positiver Herrschafts- und Nutzungsbefugnisse zu keiner tragfähigen Konzeption führen kann. Der Wortlaut des heutigen § 39 Abs. 2 Nr. 1 Satz 2 AO beruht auf den hier entwickelten Voraussetzungen für die Abweichung von der Regelzurechnung; zum Ganzen auch *Fischer* in Hübschmann/Hepp/Spitaler, § 39 AO Rn. 1.

[47] BFH v. 8.11.1989, BStBl II 1990, 388; i. ü. *Fischer* in Hübschmann/Hepp/Spitaler, § 39 AO Rn. 53 m. w. N.

[48] Vgl. *Tipke/Kruse*, § 39 AO Rn. 11 m. w. N.

[49] BFH v. 8.3.1977, BStBl II 1977, 630; vgl. auch *Ehlig*, DStR 1996, 1632; a. A. *Ley*, DStR 1984, 676.

[50] So wohl auch *Offerhaus* in Hübschmann/Hepp/Spitaler, § 39 AO Rn. 29; vgl. auch *Seeliger*, Wirtschaftliches Eigentum, S. 47.

werden, in denen der Übertragende sich weitreichende Verwaltungsbefugnisse bzw. Verfügungsmöglichkeiten vorbehält und/oder die Übertragung unter einem Widerrufs- bzw. Rücknahmevorbehalt steht.

Mit dem Vorbehalt von Verwaltungsbefugnissen, die im Einzelfall auch das Recht umfassen können, über das betreffende Wirtschaftsgut mit Wirkung für den rechtlichen Eigentümer zu verfügen[51], hatte sich die Finanzrechtsprechung in der Vergangenheit vorwiegend im Zusammenhang mit Schenkungen unter Familienangehörigen zu befassen.[52] Soweit ersichtlich, ging in den entschiedenen Fällen mit dem Vorbehalt derartiger Rechte durch den Schenker regelmäßig ein an den Beschenkten gerichtetes Verbot zur Verfügung über den Schenkungsgegenstand einher. Ausgehend von der Überlegung, dass die in § 39 Abs. 2 Nr. 1 Satz 1 AO vorausgesetzte tatsächliche Sachherrschaft zum „wirtschaftlichen Ausschluss" des Eigentümers „von der Einwirkung auf das Wirtschaftsgut" führen muss, soll eine Zurechnungsabweichung nach Auffassung des BFH nicht anzunehmen sein, wenn der nach Maßgabe des Privatrechts Berechtigte schuldrechtlich[53] zur Einschränkung seiner Verfügungsmacht verpflichtet ist.[54] Wirtschaftliches Eigentum des Übertragenden soll deshalb auch dann nicht begründet werden, wenn dieser berechtigt ist, dem zivilrechtlichen Eigentümer Weisungen hinsichtlich der Verfügung über das Wirtschaftsgut zu erteilen.[55] Indes ist nicht zu übersehen, dass die Rechtsprechung im Einzelfall berücksichtigt, mit welcher Wahrscheinlichkeit gerade im Hinblick auf eine familiäre Verbundenheit der Vertragsparteien von einer abweichenden Verfügung des Beschenkten ausgegangen werden muss.[56] Demzufolge kann sich eine Rechtsnachfolge unter Umständen steuerlich trotz bürgerlich-rechtlich wirksamen Schenkungsvertrages als lediglich formale, nicht auch zum Übergang des wirtschaftlichen Eigentums führende Übertragung darstellen.[57]

Vor diesem Hintergrund hat der BFH allerdings u. a. mit Urteil vom 27.9.1988 festgestellt, dass die Sachherrschaft, die der Steuerpflichtige ausschließlich oder ganz überwiegend im Interesse (für Rechnung) eines Dritten ausüben dürfe und auch tatsächlich ausübe, kein wirtschaftliches Eigentum bei ihm begründen könne.[58] In dem zugrunde-

---

51 Rechtstechnisch lässt sich dies bspw. verwirklichen, indem der Übertragende vom Eigentümer mit einer unwiderruflichen Vollmacht ausgestattet wird.

52 Vgl. etwa BFH v. 12.11.1964, HFR 1965, 163 sowie FG Baden-Württemberg v. 3.5.193, EFG 1984, 127.

53 Wegen § 137 Satz 1 BGB können Verfügungsverbote oder –beschränkungen nicht mit dinglicher Wirkung vereinbart werden.

54 Etwa BFH v. 26.3.1987, BStBl II 1987, 561 sowie v. 26.11.1998, DStR 1999, 372; i. ü. *Tipke/Kruse*, § 39 AO Rn. 11 a. E.

55 Vgl. *Tipke/Kruse*, § 39 AO Rn. 11.

56 So z. B. FG Baden-Württemberg v. 3.5.1983, EFG 1984, 127.

57 Gl. A. *Klein/Orlopp*, § 39 AO Rn. 4 a. E.

58 BFH v. 27.9.1988, BStBl II 1989, 414 – Vorinstanz FG Baden Württemberg v. 3.5.1983, EFG 1984, 127 – unter Verweis auf die BFH-Urteile vom 5.8.1976 -VI B 39/75-, nicht veröffentlicht; v.

liegenden Streitfall hatte der Kläger seinen beiden Kindern Grundstücke und GmbH-Anteile geschenkt und sich hierbei unter gleichzeitiger Einschränkung der Eigentümerrechte der Kinder sehr weitgehende Verwaltungs- und Verfügungsrechte vorbehalten. So hatte sich der Kläger insbesondere die Verwaltung der geschenkten Gegenstände gegen eine angemessene Vergütung (4 % der Gesamteinnahmen) bis an sein Lebensende vorbehalten und zugleich zum Vertreter der Beschenkten für die Ausübung der Rechte aus den GmbH-Anteilen bestellt. Den Beschenkten sollten Verfügungen jedweder Art über ihren Gesellschaftsanteil bis zum Tode der Eltern untersagt sein und dem Kläger bzw. nach seinem Ableben seiner Ehefrau wurde das Recht eingeräumt, die Grundstücke unentgeltlich zurückzuerwerben, wenn die beschenkten Kinder vertragswidrig Verfügungen über den Grundbesitz treffen sollten. Obgleich der BFH feststellte, dass die Kinder des Klägers in erheblichem Maße in der Ausübung ihrer Herrschaft als Eigentümer (§ 903 BGB) eingeschränkt waren, rechnete er doch die streitigen Wirtschaftsgüter nicht beim Kläger zu.[59] Denn dessen sehr weitgehenden Verfügungsmöglichkeiten hätten ihn noch nicht zum wirtschaftlichen Eigentümer gemacht, da er sie nicht im eigenen wirtschaftlichen Interesse, sondern für Rechnung der Kinder (der zivilrechtlichen Eigentümer) wahrgenommen habe.[60]

Erhebliche Schwierigkeiten bereitet abgesehen davon auch die Frage, in welchem Umfang vertraglich vorbehaltene Herausgabe- oder Rückfallrechte die ertragsteuerliche Zurechnung des übertragenen Wirtschaftsguts beeinflussen können.[61] Während der Umstand, dass der Zuwendungsempfänger hier nur auflösend bedingt i. S. des § 158 Abs. 2 BGB erwirbt, für die bewertungsrechtliche Zurechnung wegen § 5 BewG grundsätzlich unbeachtlich bleibt[62], kann für die persönliche Zurechnung des übertragenen Vermögensgegenstandes im Ertragsteuerrecht als alleiniges Kriterium das Ausmaß dieser Klauseln in Form, Art und Anzahl der Auslösetatbestände herangezogen

---

19.2.1982 -III R 121/81-, nicht veröffentlicht; v. 22.6.1962, HFR 1963, 161, sowie vom 19.5.1971, BStBl II 1971, 643.

58 Etwa *Palandt/Bassenge*, § 903 BGB Rn. 33.

59 Zu der gegenteiligen Auffassung der Vorinstanz vgl. FG Baden-Württemberg v. 3.5.1983, EFG 1984, 127, in dem u. a. als entscheidend angesehen wurde, dass auch die Erträge aus den geschenkten Gegenständen dem von den Beschenkten nicht zu umgehenden Einfluss des Schenkers unterlegen hätten, wodurch den Kindern nicht mehr zugewendet worden sei, als eine (gewisse) Absicherung ihrer Stellung als künftige gesetzliche Erben; vgl. hierzu auch die Anmerkung von *Schmidt*, FR 1989, 142.

60 BFH v. 27.9.1988, BStBl II 1989, 414. Wirtschaftlich gesehen nutzt der Steuerpflichtige ein Wirtschaftsgut auch dann für sich (für eigene Rechnung), wenn die Erträge für die Erfüllung eigener Unterhaltsverpflichtungen gegenüber dem zivilrechtlichen Eigentümer verwendet werden, denn in diesen Fällen kommt er seinen eigenen Verpflichtungen nur formell mit dem Geld des unterhaltsberechtigten Eigentümers nach.

61 Zur vertraglichen Ausgestaltung vgl. *Ehlig*, DStR 1996, 1629, 1630 f. m. w. N.

62 Zur analogen Anwendung des § 5 BewG für vertragliche Rücktrittsvorbehalte vgl. BFH v. 27.10.1967, BStBl II 1968, 116 sowie *Ehlig*, DStR 1996, 1629, 1634.

werden.[63] Im Hinblick auf die damit notwendige Abwägung einer Vielzahl von Einzelmerkmalen lassen sich allgemeingültige Aussagen kaum treffen. Verhältnismäßig sicher dürfte eine Abweichung des wirtschaftlichen vom juristischen Eigentum noch in den Fällen angenommen werden können, in denen der Schenker die Rückübertragung an sich jederzeit und ohne Angabe von Gründen verlangen kann.[64] Nur gemutmaßt werden kann demgegenüber, wie zeitlich befristete oder bedingt ausübbare (Rück-)Anfallsansprüche zu beurteilen sind. Die spärliche Rechtsprechung zu dieser Frage jedenfalls lässt eine klare Linie bislang nicht erkennen.[65] Da als Maßstab für eine Zurechnungsabweichung nur die von § 39 Abs. 2 Nr. 1 S. 1 AO in Bezug genommene tatsächliche Herrschaft über das Wirtschaftgut herangezogen werden kann, werden zeitlich befristete oder bedingte Rücknahmevorbehalte alleine m. E. in aller Regel nicht zu einem Ausschluss des Berechtigten von der Einwirkung auf das Wirtschaftgut führen.[66] Anderes mag eventuell gelten, wenn der zivilrechtliche Eigentümer daneben weiteren Beschränkungen beispielsweise in Form von Nutzungsvorbehalten zugunsten des Anfallsberechtigten o. ä. unterliegt.[67]

### b) Rechtsnachfolge – Verfügungsbeschränkungen

Dass schuldrechtliche Verfügungsbeschränkungen alleine grundsätzlich nicht zu einem Auseinanderfallen von zivilrechtlichem und wirtschaftlichem Eigentum führen, zeigt sich eindrucksvoll auch bei der Testamentsvollstreckung sowie der Insolvenzverwaltung.[68] Obgleich dem zivilrechtlich berechtigten Erben oder Gemeinschuldner unter Umständen langfristig jegliche Möglichkeit zur wirtschaftlichen Verwertung des Eigentums genommen ist, soll es nach der höchstrichterlichen Finanzrechtsprechung in diesen Fällen bei der Regelzurechnung nach § 39 Abs. 1 AO bleiben.[69] Dementspre-

[63] Nach h. M. ist § 5 BewG für das Ertragsteuerrecht nicht bindend; vgl. *Ehlig*, DStR 1996, 1629, 1635; *Moench*, DStR 1981, 582; siehe auch BFH v. 7.12.1982, BStBl II 1983, 628.

[64] Vgl. z. B. BFH v. 16.5.1989, BStBl II 1989, 877, nach dem der Beschenkte im Falle einer auflösend bedingten Übertragung von Kommanditanteilen nicht als Mitunternehmer anzusehen ist.

[65] So etwa BFH v. 29.1.1976, BStBl II 1976, 324, wonach bei schenkweiser Übertragung eines Kommanditanteils eine Mitunternehmerstellung des Beschenkten bei Befristung der Gesellschafterstellung nicht anerkannt werden soll; a. A. für ein mit Gesellschaftsvertrag vorbehaltenes, nur am Jahresende ausübbares Recht zur Kündigung der Gesellschafterstellung aus wichtigem Grund unter Ausschluss der Teilnahme an stillen Reserven und Firmenwert aber BFH v. 23.6.1976, BStBl II 1976, 678; zur befristeten Gesellschaftszugehörigkeit vgl. auch BFH, GrS v. 25.6.1984, BStBl II 1984, 751.

[66] Zur umstritten Rechtslage hinsichtlich der Zurechnung bei echten Pensionsgeschäften vgl. aber unten § 4 A. V. 2. e).

[67] Vgl. hierzu unten § 4 A. V. 2. d) (2).

[68] Hierzu ausführlich *Seeliger*, Wirtschaftliches Eigentum, S. 27 ff.

[69] Etwa RFH v. 13.7.1938, RStBl 1938, 843; BFH v. 8.6.1972, BStBl II 784; v. 1.6.1978, BStBl II 1978, 499; v. 30.11.1989, BStBl II 1990, 246. Nach BFH v. 9.7.1954, BStBl III 1954, 250 erfolgt eine Zurechnung zum Erben auch bei Anordnung von Testamentsvollstreckung und Nießbrauch eines Dritten.

chend stehen etwa die aus einer angeordneten Nacherbschaft folgenden Verfügungsbeschränkungen, denen der Vorerbe unterliegt, einer Zurechnung des Nachlassvermögens zu letzterem nicht entgegen.[70] Die gleichen Erwägung lagen ferner dem Urteil des RFH vom 9. 4. 1930 zugrunde, mit dem das Vermögen eines auf die Dauer von 30 Jahren angelegten, nicht ausschüttenden Familienfonds den – unter einer Verwaltungsauflage – Beschenkten als Inhaber zugerechnet wurde.[71] Ungeachtet der umfassenden Verfügungsbeschränkungen, denen die Fonds-Begünstigten bis zum Ende der Verwaltungsdauer unterlagen, sah das Gericht als entscheidend an, dass die Verwaltung ausschließlich ihrem Interesse gedient habe.[72] Ein selbstständiges Zweckvermögen kann demgegenüber nur angenommen werden, wenn abweichend von den tatsächlichen Gegebenheiten nicht gewährleistet ist, dass das Vermögen nebst den zum Kapital geschlagenen Einkünften nach Beendigung der Fremdverwaltung den Eigentümern bzw. deren Rechtsnachfolgern ausgehändigt wird.[73]

### c) Treuhand

Steuerrechtlich wird das Treugut bei Treuhandverhältnissen – abweichend von den bürgerlich-rechtlichen Eigentumsverhältnissen – nach § 39 Abs. 2 Nr. 1 Satz 2 AO regelmäßig dem Treugeber zugerechnet. Die nur treuhänderische Verschiebung des zivilrechtlichen Eigentums ignorierend kommt es bei Treuhandverhältnissen damit in geradezu exemplarischer Weise zu einem Auseinanderfallen von zivilrechtlichem und wirtschaftlichem Eigentum.[74] Der Grund dafür, dass der Treuhänder trotz seines rechtlichen Eigentums und der damit zusammenhängenden Verfügungsbefugnis über das Treugut als Zurechnungssubjekt nicht in Betracht kommt, ist darin zu sehen, dass dieser nicht nur verpflichtet ist, die durch Nutzung und Verwertung des Treuguts erzielten Erträge dem Treugeber oder einem Dritten zu überlassen, sondern darüberhinaus auch das Wirtschaftsgut bei Beendigung des Treuhandverhältnisses selbst herauszugeben.[75]

---

[70] Vgl. RFH v. 28.5.1929, RStBl 1929, 467; BFH v. 25.10.1951, BStBl III 1951, 229; weitere Nachweise bei *Kühn/Hofmann*, AO, § 39, 106 sowie *Streck*, StuW 1975, 135, 144.

[71] Vgl. RFH v. 9.4.1930, RStBl 1930, 364.

[72] Unter Berücksichtigung der neueren Rechtsprechung des Bundesfinanzhofs zur Vorbehaltsschenkung kann mit eben dieser Begründung die Verortung des wirtschaftlichen Eigentums bei dem jeweiligen Verwalter ausgeschlossen werden; vgl. hierzu bereits die Nachweise unter Fn. 58.

[73] Im entschiedenen Fall wäre dieser Besitzverschaffungsanspruch bei etwaigem Vorversterben der Begünstigten aber in deren Nachlass gefallen; vgl. RFH v. 1.4.1925, RFHE 16, 67.

[74] *Pöllath*, Vermögenssicherung, S. 159, 164.

[75] *Seeliger*, Wirtschaftliches Eigentum, S. 51. Eine andere, unabhängig hiervon zu beantwortende Frage ist, wer bei einem Treuhandverhältnis i. S. des § 39 Abs. 2 Nr. 1 AO letztlich den Tatbestand der Einkünfteerzielung verwirklicht; hierzu auch unten § 4 B. I.

### (1) Grundfall

Entscheidend für die steuerliche Anerkennung eines Treuhandverhältnisses – und damit für die vom „Normalfall" abweichende Zurechnung des Treuguts zum Treugeber – ist im wesentlichen die Vereinbarung im Innenverhältnis.[76] Hieraus muss sich eindeutig ergeben, dass die mit der rechtlichen Eigentümerstellung verbundene Verfügungsmacht des Treuhänders so eingeschränkt ist, dass das rechtliche Eigentum eine „leere Hülse" bleibt[77], was im Regelfall die absolute Weisungsgebundenheit des Treuhänders sowie die Verpflichtung, das Eigentum auf Verlangen des Treugebers zurückzuübertragen, voraussetzt.[78]

Den Grad der für die steuerrechtliche Anerkennung eines Treuhandverhältnisses erforderlichen Weisungsgebundenheit hat der BFH zuletzt mit Urteil vom 20. 1. 1999 näher konkretisiert.[79] In weitgehender Übereinstimmung mit den von der Finanzverwaltung durch Schreiben vom 1. 9. 1994[80] aufgestellten Grundsätzen sollen maßgebende Kriterien für die Anerkennung von Treuhandverhältnissen hiernach zunächst sein, dass der Treugeber wesentlichen Einfluss auf die vertragliche Ausgestaltung des Treuhandverhältnisses hat, dem Treuhänder Weisungen bzgl. der Nutzung des Treuguts geben kann und tatsächlich gibt, er das Treugut entweder dem Treuhänder überträgt oder die Auswahl des Treuguts bestimmt und das Treugut – im Grundsatz – jederzeit ohne wesentliche wirtschaftliche Einbußen herausverlangen kann.[81] Als kennzeichnend für ein Treuhandverhältnis wurde abgesehen davon aber auch angesehen, dass der Treuhänder ausschließlich auf Rechnung und Gefahr des Treugebers, d. h. im fremden Interesse, handele. Letzterer müsse das Risiko der Einkünfteerzielung tragen.[82]

Unter Beachtung dieser Grundsätze ist ein steuerliches Treuhandverhältnis etwa auch dann gegeben, wenn ein GmbH-Gesellschafter als Treuhänder Inhaber eines Geschäftsanteils mit der Maßgabe ist, die Rechte aus der Beteiligung nur unter Beachtung

---

76 Da der von Rechtsprechung und Teilen der Literatur vertretene Unmittelbarkeitsgrundsatz das Innenverhältnis zwischen Treugeber und Treuhänder unberührt lässt, ist der hiermit geforderte Publikationsakt für das Steuerrecht ohne Bedeutung; vgl. BFH v. 11.10.1984, BStBl II 1985, 247, 249; *Heidner*, DB 1996, 1203, 1204 m. w. N.; *Lang/Seer*, FR 1992, 637.

77 So z. B. FG München EFG 1993, 314 und FG Baden-Württemberg EFG 1989, 62; zuletzt BFH v. 20.1.1999, LEXinform DokNr. 0551145; vgl. auch *Tipke*/Kruse, § 39 AO Rn. 16.

78 *Palandt/Bassenge*, § 903 BGB Rn. 41; BFH GrS BstBl II 1984, 751, 769; *Tipke*/Kruse, § 39 AO Rn. 16.

79 BFH v. 20.1.1999, LEXinform DokNr. 0551145; ebenso BFH v. 27. 1. 1993, BStBl II 1994, 615, in dem es um die Frage der Zurechnung von Vermietungseinkünften bzw. der Werbungskostenabzugsberechtigung der Anleger eines geschlossenen KG-Immobilienfonds ging.

80 Vgl. Schreiben zur Zurechnung von Einkünften aus Vermietung und Verpachtung bei Treuhandverhältnissen, BMF, BStBl I 1994, 604.

81 Vgl. im übrigen BFH v. 29.10.1991, BStBl II 1992, 512.

82 So auch BFH v. 28.11.1990, BStBl II 1991, 327; v. 27.1.1993, BStBl II 1994, 615; v. 15.7.1997, BStBl II 1998, 152.

des mit dem Treugeber geschlossenen Treuhandvertrages auszuüben.[83] Ähnlich stellt sich die steuerliche Behandlung der Treuhandverhältnisse an einem Mitunternehmeranteil dar.[84] Zumeist unter dem Aspekt der Einkünftezurechnung bei Publikumspersonengesellschaften[85] rechnet der BFH die zivilrechtliche Stellung des Treuhänders als Gesellschafter steuerrechtlich dem Treugeber zu[86], wenn dieser in eigener Person die an einen Mitunternehmer i. S. des § 15 Abs. 1 Nr. 2 EStG zu stellenden Voraussetzungen erfüllt.[87] Hiernach erfolgt die Zurechnung aufgrund der Prüfung der beiden Mitunternehmerkriterien Mitunternehmerinitiative und –risiko je nachdem, wie das zwischen dem Treuhänder-Kommanditisten und dem Treugeber bestehende Innenverhältnis ausgestaltet ist. Da ausschließlich der Treugeber aufgrund der in seinem Interesse erfolgenden Vermögenshaltung durch den Treuhänder an Gewinn und Verlust sowie im Falle der Auseinandersetzung an den stillen Reserven bzw. dem Geschäftswert der Gesellschaft beteiligt ist, stellt die Verortung des Mitunternehmerrisikos bei diesem regelmäßig kein Problem dar.[88] Die Mitunternehmerinitiative schließlich soll nach der Rechtsprechung des BFH bei entsprechender Weisungsbefugnis des Treugebers über den Treuhänder vermittelt werden, der die erforderlichen Stimm-, Kontroll- und Widerspruchsrechte im Innenverhältnis pflichtgebunden ausübe.[89]

### (2) Testamentsvollstrecker als Treuhänder

Dass die Annahme, ein steuerlich anerkennungsfähiges Treuhandverhältnis läge nur dann vor, wenn der Treugeber a) dem Treuhänder gegenüber weisungsbefugt und b) prinzipiell zum jederzeitigen Widerruf berechtigt sei, von der Finanzrechtsprechung in dieser Konsequenz nicht immer nachvollzogen wird, belegen die zu den bereits erwähnten Treuhandlösungen zwecks Regelung der Unternehmensnachfolge[90] ergangenen Entscheidungen. Zur Verdeutlichung hier nochmals die rechtliche Situation: Soweit ein Erblasser hinsichtlich seines Erbes oder eines Vermächtnisses Testaments-

[83] Etwa *Heidner*, Treuhandverhältnisse, S. 7; zur steuerrechtlichen Anerkennung einer Vereinbarungstreuhandschaft vgl. BFH v. 15.7.1997, BStBl II 1998, 152.

[84] Vgl. BFH, GrS v. 25.2.1991, BStBl II 1991, 691, wonach der Anteil an einer Personengesellschaft steuerrechtlich zwar kein Wirtschaftsgut sei, aber die Summe aller Anteile an den zum Gesellschaftsvermögen gehörenden Wirtschaftsgütern verkörpere, weshalb § 39 Abs. 2 Nr. 1 Satz 2 AO auch auf ihn Anwendung finde.

[85] Zur Bedeutung des § 39 AO als teleologisches Auslegungsprinzip auch für die Zurechnung von Einkünften vgl. etwa *Lang/Seer*, FR 1992, 637, 640 m. w. N.

[86] BFH, GrS v. 25.6.1984, BStBl II 1984, 751; v. 25.2.1991, BStBl II 1991, 691.

[87] Zur Anwendung dieser Grundsätze im Rahmen der Prüfung des wirtschaftlichen Eigentums vgl. etwa *Schmidt*, § 15 EStG Rn. 300.

[88] Z. B. *Schulze zur Wiesche*, FR 1999, 281.

[89] BFH, GrS v. 25.2.1991, BStBl II 1991, 691; v. 10.12.1992, BStBl II 1993, 538; v. 16.5.1995, BStBl II 1995, 715.

[90] Vgl. oben § 3 B. III. 2. a) (4) .

vollstreckung anordnet, ist der Testamentsvollstrecker grundsätzlich unbeschränkt verwaltungs- und verfügungsbefugt.[91] Zum Zwecke der an die Anordnungen des Erblassers gebundenen Nachlassverwaltung nimmt der reine Testamentsvollstrec??ker diese, den Erben oder Vermächtnisnehmer verdrängenden Herrschaftsbefugnisse nach außen im Namen des jeweils zivilrechtlich Berechtigten vor. Wenn zum Nachlass einzelkaufmännische Unternehmen oder Anteile an Personenhandelsgesellschaften gehören, ergeben sich bei dieser Konstellation allerdings haftungssystematische Schwierigkeiten, denen die Praxis u. a. mit der sogenannten Treuhandlösung begegnet.[92] Wie bereits ausgeführt wird das betriebliche Vermögen dem Testamentsvollstrecker hierbei zugleich als Treuhänder zur Wahrnehmung der Gesellschaftsrechte im eigenen Namen für fremde Rechnung übertragen. Es ist evident, dass sich die rechtliche Stellung des Treugebers/Erben in dieser Situation grundlegend anders als bei einer gewöhnlichen Treuhand darstellt. Denn im Hinblick auf die Bindung des Testamentsvollstrecker-Treuhänders an den Willen des Erblassers hat der solchermaßen beschwerte Erbe zum einen regelmäßig keine Weisungsrechte. Noch weiter geschwächt wird seine Treugeberstellung zum anderen aber durch das grundsätzlich ausgeschlossene bzw. auf das Vorliegen eines wichtigen Grundes beschränkte Kündigungs- oder Widerrufsrecht.[93]

Ungeachtet dieser, den Treugeber/Erben wirtschaftlich nahezu vollständig von der Einflussnahme auf das Treugut ausschließenden Bindung, rechnet die höchstrichterliche Finanzrechtsprechung die zivilrechtliche Gesellschafterstellung des Treuhänder-Testamentsvollstrecker weder diesem noch einer etwaigen Vermögensmasse, sondern eben dem Treugeber/Erben zu.[94] Nach einem Urteil des BFH vom 16.5.1995 soll der zurechnungsbegründende Umstand hierbei alleine in der Berechtigung an den stillen Reserven des Betriebsvermögen (der Substanz) bestehen.[95] Mitunternehmer sei der Treugeber mithin auch dann, wenn die bis zur Beendigung der Testamentsvollstrec??kungstreuhand entstehenden Erträge des Treuguts – etwa im Rahmen eines Nießbrauchs- oder Nutzungsvermächtnisses – einem Dritten zugewendet wären. Nach dem dieser Entscheidung zugrundeliegenden Sachverhalt war die treuhänderische Verwaltung des Betriebsvermögens bis zum Tod des Testamentsvollstreckers, längstens bis zum 31.12.2017, angeordnet. Im Ergebnis wurde die wirtschaftliche Verfügungsmacht des Treugebers bei gleichzeitiger Anordnung eines „Gewinnvermächt-

[91] Eine etwaige Verfügungsbeschränkung gem. § 2208 BGB entfaltet Wirkung gegen Dritte nur, wenn sie aus dem Testamentsvollstreckerzeugnis ersichtlich ist, es sei denn, dem Dritten ist diese Beschränkung bekannt, §§ 2368 Abs. 3, 2365 f. BGB.

[92] Hierzu *Brandner* in MünchKomm, Erbrecht, § 2205 Rn. 14 ff.

[93] Zum Ausschluss des Widerrufsrechts vgl. *Brandner* in MünchKomm, Erbrecht, vor § 2197 Rn. 16 ff.

[94] Vgl. z. B. BFH v. 1.6.1978, BStBl II 499; v. 30.11.1989, BStBl II 1990, 246; *Heidner*, NWB Fach 3, 9417, 9420; *Schmidt*, § 15 EStG Rn. 301 sowie BGH v. 18.1.1954, BGHZ 12, 100.

[95] BFH v. 16.5.1995, BStBl II 1995, 714; zur Maßgeblichkeit der Teilhabe an den stillen Reserven für den Fall einer nur befristet eingeräumten Gesellschafterstellung vgl. auch BFH v. 29.1.1976, BStBl II 1976, 324.

nisses“ zugunsten eines Dritten hiermit für die Dauer von bis zu 35 Jahren ausgeschlossen. Die insoweit interessierende, im einzelnen auf weitere Rechtsprechungsnachweise gestützte Passage der Entscheidungsgründe lautet wie folgt:

> „Bei einer fremdnützigen Treuhand, bei der der Treuhänder-Kommanditist im Rahmen des Gesellschaftsverhältnisses zwar im eigenen Namen, aber ausschließlich auf Rechnung des Treugeber-Kommanditisten tätig wird, ist regelmäßig der Treugeber Mitunternehmer. Denn der Treuhänder-Kommanditist übt die für die Mitunternehmerinitiative erforderlichen Stimm-, Kontroll- und Widerspruchsrechte im Innenverhältnis pflichtgebunden für den Treugeber-Kommanditisten aus und dieser trägt im Innenverhältnis – gegebenenfalls über eine Freistellungsverpflichtung gegenüber dem Treuhänder-Kommanditisten – auch das alleinige Mitunternehmerrisiko. Diese Grundsätze gelten auch für einen zum Treuhänder bestellten Testamentsvollstrecker, er nimmt eine dem vertraglich bestellten Treuhänder vergleichbare Stellung ein. Ebenso wie dieser verliert deshalb auch der Vermächtnisnehmer durch die mit der Testamentsvollstreckung verbundene Verfügungsbeschränkung über seinen Gesellschaftsanteil seine Mitunternehmerstellung nicht (§ 39 Abs. 2 Nr. 1 AO).“[96]

Vergleicht man die hier an die steuerrechtliche Anerkennung eines Treuhandverhältnisses geknüpften Voraussetzungen mit den vorstehend ausgeführten allgemeinen Grundsätzen, so scheint sich die Frage, auf wessen Rechnung – in wessen Interesse – der Treuhänder die mit dem zivilrechtlichen Eigentum verbundenen Befugnisse ausübt, für den BFH als letztlich maßgebendes Kriterium für die steuerliche Zurechnung des Treuguts und der daraus vermittelten Einkünfte darzustellen.[97] Hieraus könnte gefolgert werden, dass die Frage, ob der jedenfalls unabdingbare Herausgabeanspruch zugunsten des Treugebers von diesem jederzeit oder – wie im entschiedenen Fall – erst nach Ablauf einer bestimmten Frist geltend gemacht werden kann, auch dann unerheblich ist, wenn unter Ausschluss fortwirkender Einflussrechte des Treugebers bindende Weisungen hinsichtlich der Verwaltung des Treuguts einzig und allein in der Treuhandabrede erteilt wurden.[98]

---

[96] BFH v. 16.5.1995, BStBl II 1995, 714. Im Schrifttum wurde dieses Urteil teilweise erheblich kritisiert; vgl. *Schmidt*, 14. Aufl., § 16 EStG Rn. 593 m. w. N. Die Bedenken gründeten hierbei weniger auf der Zurechnung des Nachlasses an sich, als auf der vom BFH im Ergebnis versagten Abzugsmöglichkeit hinsichtlich der Gewinnanteile (nachträgliche Anschaffungskosten, Sonderbetriebsausgaben). Vergleichbare Unbilligkeiten werden bei Trust-Sachverhalten jedoch im Hinblick auf bei Versorgungsleistungen im Rahmen einer vorweggenommenen Erbfolge unter nahen Angehörigen von der Rechtsprechung angenommene Ausnahme selten vorkommen; hierzu z. B. BFH v. 26.1.1994, BStBl II, 633.

[97] Vgl. zur weiteren Begründung dieser Entscheidung die Urteilsbesprechungen von *Gschwendtner*, DStZ 1995, 708 ff. sowie *ders.*, NJW 1996, 362, 363: „Der Grund liegt darin, dass es dem Einkommensteuerrecht nicht darauf ankommt, *wer* innerhalb der Gesellschaft die Mitwirkungsrechte ausübt, sondern *für wen* dies geschieht. Dieser allgemeine Grundsatz trägt die Entscheidung“.

[98] Dementsprechend lässt auch die Rspr. zum Notaranderkonto ausreichen, dass der Notar an die sog. Hinterlegungsanweisung des Hinterlegers gebunden ist, in der allein die Hinterlegungsbedingungen, die Empfangsberechtigten sowie die Heraus- und Rückgabevoraussetzungen bestimmt sind; vgl. etwa BFH v. 30.1.1986, BStBl II 1986, 404; v. 20.1.1999, LEXinform DokNr. 0551145.

Unter Berücksichtigung des hinter der Zurechnungsnorm des § 39 AO stehenden Regelungsgedankens stößt eine derartige Ausweitung des Anwendungsbereichs von § 39 Abs. 2 Nr. 1 S. 2 AO indes auf erhebliche Bedenken. Richtigerweise muss sich auch die hier für Treuhandschaften gesetzlich vorgesehene Zurechnungsabweichung an dem in § 39 Abs. 2 Nr. 1 S. 1 AO formulierten Grundsatz orientieren, wonach ein Wirtschaftsgut, über das ein anderer als der zivilrechtlich Berechtigte jene wirtschaftliche Herrschaft ausübt, die üblicherweise in der zivilrechtlichen Berechtigung zum Ausdruck kommt, steuerlich dem Dritten zuzurechnen ist.[99] Da die Treuhandschaft im Rahmen von § 39 AO deshalb nichts anderes als einen Beispielsfall dieses allgemeinen Gedankens darstellt[100], kann eine Zurechnung des Treuguts zum Treugeber nicht gerechtfertigt werden, wenn dieser – wie in dem vom BFH entschiedenen Fall – für die Dauer der Vermögensverwaltung keine Möglichkeiten zur Einflussnahme auf den Treuhänder hat. Zwar unterliegt der Treuhänder während seiner Amtsausübung fortdauernd bereits den in der Treuhandabrede getroffenen Weisungen. Dieser Umstand alleine ist nach der hier vertretenen Auffassung aber jedenfalls dann nicht dazu geeignet, dem Treugeber die zurechnungsbegründende „tatsächliche Herrschaft“ über das Treugut zu vermitteln, wenn zugleich dessen Möglichkeit zur Beendigung des Treuhandverhältnisses erheblich eingeschränkt ist.[101] Auf der anderen Seite muss aus dem Umstand, dass dem Treugeber keine derartigen Weisungs- und Verwaltungsrechte zustehen, nicht zwingend die Zurechnung zum Treuhänder folgen. Wenn letzterer nach den Vereinbarungen im Innenverhältnis ausschließlich auf Rechnung und Gefahr des Treugebers handelt, dem alleine – wenn auch zeitlich verzögert – das wirtschaftliche Ergebnis des Rechtsgeschäfts zu Gute kommt, besitzt seine rechtliche Inhaberschaft keine die Leistungsfähigkeit erhöhende wirtschaftliche Substanz.[102] Mithin muss m. E. in den Fällen einer steuerlich nicht anzuerkennenden Treuhand unter Umständen ein eigenständiges steuerpflichtiges Zweckvermögen angenommen werden.

### d) Nießbrauch

Nach der Legaldefinition des Nießbrauchs in § 1030 Abs. 1 BGB kann eine Sache "... in der Weise belastet werden, dass derjenige, zu dessen Gunsten die Belastung erfolgt, berechtigt ist, die Nutzungen der Sache zu ziehen". Hauptmerkmal des gesetzlichen Wertungsmodells des § 1030 Abs. 1 BGB ist damit die Trennung der Vermö-

---

[99] Zum Verhältnis von § 39 Abs. 2 Nr. 1 S. 1 zu S. 2 AO vgl. etwa Fischer in *Hübschmann/Hepp/Spitaler*, § 39 AO Rn. 2; *Tipke/Kruse*, § 39 AO Rn. 22; *Heidner*, DStR 1989, 305.

[100] Gl. A. *Heidner*, DStR 1989, 305.

[101] Unabhängig davon ist mit *Schmidt*, § 15 EStG Rn. 296, davon auszugehen, dass inhaltlich ein Anspruch auf „jederzeitige“ Herausgabe des Treuguts nicht erforderlich ist; ähnlich einschränkend auch BFH v. 20.1.1999, LEXinform DokNr. 0551145.

[102] Zur nichtrechtsfähigen Stiftung vgl. die umfangreichen Nachweise bei *Streck*, StuW 1975, 135, 141 Fn. 63.

genssubstanz vom Ertrag des Vermögensgegenstandes. Indem dem Nießbraucher ausschließlich die Nutzungen des nießbrauchbelasteten Gegenstandes oder Rechts im Sinne der §§ 99, 100 BGB zustehen, während die Sachsubstanz beim Nießbrauchbesteller, dem privatrechtlichen Eigentümer verbleibt, wird mit einem Nießbrauch gewissermaßen horizontal die Nutzung von der Substanz getrennt.[103]

Der sog. Zuwendungsnießbrauch wird vom Eigentümer des Nießbrauchsgegenstandes zugunsten des Nießbrauchers bestellt, ein sog. Vorbehaltsnießbrauch liegt vor, wenn der frühere Berechtigte das Wirtschaftsgut auf einen anderen überträgt, sich aber zu seinen Gunsten ein Nießbrauchsrecht an dem übertragenen Wirtschaftgut vorbehält.[104]

### (1) Grundfall

Da der Nießbraucher im Rahmen seiner durch die Nießbrauchbestellung erlangten Befugnisse das Wirtschaftgut nicht verkaufen und den Erlös nicht in sein Vermögen überführen darf, ihn die Gefahr des zufälligen Untergangs nicht trifft und ihm eine Belastung des Wirtschaftguts nicht zusteht, begründet der Nießbrauch in der Regel kein wirtschaftliches Eigentum des Nießbrauchers.[105] Dies soll nach ständiger Rechtsprechung auch für die im Wege der vorweggenommenen Erbfolge erfolgende Übertragung von Wirtschaftgütern unter gleichzeitigem Vorbehalt des Nießbrauchs gelten.[106]

### (2) Kombinationsfälle – insbesondere zusätzliche Rücknahmevorbehalte und Rückfallklauseln

Ausnahmen können sich ergeben, wenn dem Nießbraucher über seine bürgerlichrechtliche Stellung hinaus zusätzliche Rechte eingeräumt werden, er beispielsweise im Innenverhältnis zum Eigentümer für eigene Rechnung über die Substanz verfügen darf.[107] Des weiteren soll nach der Finanzrechtsprechung auch der Vorbehaltsnießbraucher, zu dessen Gunsten ein durch Auflassungsvormerkung gesichertes unbeding-

---

[103] Z. B. *Pöllath*, Vermögenssicherung, S. 159, 163, der bildhaft von einer Trennung der „Frucht“ vom „Baum“ spricht.

[104] Vgl. BMF, Schreiben v. 15.11.1984, BStBl I 1984, 561. Nur der Vollständigkeit halber sei an dieser Stelle darauf hingewiesen, dass für die Bestellung eines Nießbrauchs an einer beweglichen Sach nach § 1032 i. V. mit § 930 BGB die Einräumung eines Besitzmittlungsverhältnisses ausreicht, wohingegen für die Bestellung eines Nießbrauches an Wertpapieren gem. § 1081 Abs. 2 i. V. mit § § 866 BGB die Begründung von Mitbesitz erforderlich ist.

[105] BFH v. 21.2.1967, BStBl III 1967, 311; v. 28.6.1981, BStBl II 1982, 454 und v. 26.11.1998, DStR 1999, 372; vgl. im übrigen die Nachweise bei *Lohr*, Nießbrauch, S. 152.

[106] Vgl. BFH v. 16.12.1988, BStBl II 1989, 763 m. w. N.

[107] *Bude/Karig* in Beck'scher Bilanzkommentar, § 246 HGB Rn. 37, zitiert nach BFH v. 26.11.1998, DStR 1999, 372; zur Ausübung von vorbehaltenen Verwaltungsbefugnissen im fremden Interesse vgl. auch die Ausführungen in § 4 A. V. 2. a) .

tes Rücknahmerecht vereinbart ist, als wirtschaftlicher Eigentümer anzusehen sein.[108] Bislang nicht eindeutig geklärt werden konnte indes die Frage, welche Auswirkungen schuldrechtliche Veräußerungsbeschränkungen des Eigentümers hinsichtlich des nießbrauchsbelasteten Wirtschaftsguts auf dessen steuerliche Zurechnung haben.[109]

Dass schuldrechtliche Veräußerungsverbote für sich genommen nicht zu einer abweichenden Regelzurechung führen können, da der nach Maßgabe des Zivilrechts Berechtigte durch sie nicht von der Einwirkung auf sein Eigentum wirtschaftlich ausgeschlossen wird, soll im Hinblick auf obige Ausführungen als Faktum angenommen werden.[110] Uneinig sind sich Literatur und Finanzrechtsprechung nur darüber, ob etwas anderes gelten soll, wenn dem Eigentümer zugleich infolge der Einräumung eines Nießbrauchs die Nutzung verwehrt ist.

Nach einer im Schrifttum verbreiteten Auffassung sollen schuldrechtliche Veräußerungsverbote in Kombination mit dem Vorbehalt eines Nießbrauchs stets zur Folge haben, dass der Berechtigte von der Einwirkung auf das Wirtschaftsgut i. S. des § 39 Abs. 2 Nr. 1 Satz 1 AO ausgeschlossen ist.[111] In die gleiche Richtung ist nach der in zwei – allerdings nicht rechtskräftigen – Entscheidungen dokumentierten Auffassung der Finanzgerichte Hessen und München jedenfalls in den Fällen zu argumentieren, in denen dem Eigentümer zugunsten des Vorbehaltsnießbrauchers ein dinglich gesichertes Veräußerungs- und Verfügungsverbot auferlegt ist.[112] Für maßgebend erachteten die Gerichte in beiden Fällen, dass etwaige, den Anspruch des Vorbehaltsnießbrauchers auf Rückübereignung gefährdende Verfügungen infolge der zu seinen Gunsten eingetragenen Rückauflassungsvormerkung gem. § 883 Abs. 2 BGB unwirksam gewesen wären. Im Hinblick auf den dem Vormerkungsberechtigten aus § 888 BGB zustehenden Anspruch auf Zustimmung zur Löschung bzw. zur Eintragung als Eigentümer sei dem Nießbrauchsverpflichteten demnach die Verfügungsmacht über das Grundstück faktisch entzogen gewesen.

---

108 Von BFH v. 26.11.1998, DStR 1999, 372 wird diese, bislang nur in der Literatur vertretene Auffassung offensichtlich als unstrittig angesehen.

109 In der Praxis werden derartige Veräußerungsverbote regelmäßig mit einem Rücknahmevorbehalt gekoppelt, welcher im Falle von Grundstücksübertragungen durch Auflassungsvormerkung nach § 883 Abs. 1 BGB dinglich abgesichert werden kann. Bei anderen Wirtschaftsgüter bietet sich u. U. deren auflösend bedingte Übertragung an, vgl. oben § 4 A. V. 2. a).

110 Vgl. oben § 4 A. V. 2. a).

111 Z. B. *Ehlig*, DStR 1996, 1633; nur für den Fall des Widerrufsvorbehalts: *Tiedtke*, BB 1984, 760; vgl. auch *Ley*, DStR 1984, die für den Fall eines Zustimmungsrechts des Nießbrauchers für den Veräußerungsfall wirtschaftliches Eigentum des Vorbehaltsnießbrauchers ablehnt, allerdings mit der – zwar fundierten aber gegen die absolut überwiegende Meinung verstoßenden – Begründung, dass der Eigentümer nicht für die gewöhnliche Dauer von der Einwirkung auf den Gegenstand ausgeschlossen werden könne.

112 Vgl. FG München v. 18.10.1996, EFG 1997, 774 sowie FG Hessen v. 26.6.1997, EFG 1998, 610.

Demgegenüber hielt es der BFH in seinem Urteil vom 26. 11. 1998 selbst für den Fall der dinglichen Absicherung einer Rückfallklausel für „ernstlich zweifelhaft", dass das betroffene Wirtschaftgut nicht dem rechtlichen Eigentümer zuzurechnen wäre.[113] Die Bedenken gründeten hierbei auf der Überlegung, dass bei Annahme wirtschaftlichen Eigentums des Nießbrauchers dieser die in einem Grundstück des Betriebsvermögens ruhenden stillen Reserven zu versteuern habe, sobald der rechtliche Eigentümer nicht mehr von der Einwirkung auf das Wirtschaftgut ausgeschlossen werden könne. Das aber sei nicht gerechtfertigt, wenn dem Vorbehaltsnießbraucher von der Übertragung des Eigentums an die stillen Reserven nicht mehr zustünden.[114]

Fest steht, dass dem Argument des BFH jedenfalls überhaupt nur dann Bedeutung beigemessen werden kann, wenn Wirtschaftgüter des Betriebsvermögens, einbringungsgeborene Anteile i. S. des § 21 UmwStG oder wesentliche Beteiligungen i. S. des § 17 EStG übertragen werden, bzw. wenn ein Spekulationsgeschäft i. S. von § 23 EStG vorliegt. Selbst für diese Fälle aber erscheint es mehr als zweifelhaft, ob eine an die Stelle der notwendigen Subsumption des Sachverhalts unter die einschlägige Rechtsnorm des § 39 Abs. 2 AO gesetzte Billigkeitserwägung die Negation wirtschaftlichen Eigentums des Vorbehaltsnießbrauchers rechtfertigen könnte. Immerhin wäre – sollten die Bedenken des BFH im Einzelfall tatsächlich Platz greifen – auch an eine abweichende Festsetzung der Steuern aus Billigkeitsgründen gem. § 163 AO zu denken.

Die entscheidende Trennlinie zwischen Regelzurechnung und in wirtschaftlicher Hinsicht eigentumsähnlicher Rechtsposition des Nutzungsberechtigten wird m. E. dort zu ziehen sein, wo eine dinglich nicht einschränkbare Veräußerungsmöglichkeit des Übernehmers nach dem gewöhnlich zu erwartenden Verlauf der Dinge die Wahrscheinlichkeit der Durchsetzung des Rückforderungsrechts dominiert.[115] Mit anderen Worten: Die nur schuldrechtliche Einschränkung der Verfügungsmacht des nach Maßgabe des Privatrechts Berechtigten kann in Verbindung mit einem Nutzungsvorbehalt zur steuerlichen Zurechnung des Wirtschaftsguts beim Übergebenden führen, wenn mit einem Verstoß gegen das Verfügungsverbot im Regelfall nicht zu rechnen ist. Dies kann bedeutsam sein etwa bei familiärer Verbundenheit der Vertragparteien – insbesondere bei Minderjährigkeit der Übernehmer – aber auch und insbesondere dann, wenn der formalrechtliche Eigentümer z. B. als Trustee zur fremdnützigen Vermögenshaltung verpflichtet ist.

---

[113] Vgl. BFH v. 26.11.1998, DStR 1999, 372, wo diese Frage jedoch letztlich als nicht entscheidungserheblich angesehen wurde. A. A. offensichtlich BFH v. 12.11.1964, HFR 1965, 163, in dem eine Schenkung unter Vorbehaltsnießbrauch in Verbindung mit einem lebenslänglichen Verwaltungsrecht, das auch Verfügungen über das nießbrauchsbelastete Grundstück sowie weitgehende Vollmachten einschloß, als „einem wirtschaftlichen Eigentum sehr nahe kommend" angesehen wurde; wie hier aber *Fischer* in Hübschmann/Hepp/Spitaler, § 39 AO Rn. 78.

[114] BFH v. 26.11.1998, DStR 1999, 374.

[115] So im Ergebnis auch *Ehlig*, DStR 1996, 1634, sowie BFH v. 8.3.1977, BStBl II 1977, 629 unter Verweis auf das Leasing-Urteil v. 26.1.1970, BStBl II 1970, 264.

### e) Pensionsgeschäfte

Ein Pensionsgeschäft liegt vor, wenn ein Pensionsgeber ihm gehörende Vermögensgegenstände auf Zeit auf einen anderen - den Pensionsnehmer - bürgerlich-rechtlich überträgt.[116] Obgleich der Begriff des Pensionsgeschäfts aus der Kreditwirtschaft stammt und sich seine gesetzliche Regelung mit dem durch das Bankbilanzrichtlinien-Gesetz vom 30.11.1990[117] neu eingefügten § 340 b HGB nur auf Kredit- und Finanzdienstleistungsinstitute begrenzt, kommt den Pensionsgeschäften auch im privaten Rechtsverkehr eine gewisse praktische Bedeutung zu.[118]

Traditionell diente das Wertpapierpensionsgeschäft dem Pensionsgeber zur Verschaffung von Liquidität.[119] Ebenso kann das Pensionsgeschäft aber auch der Sicherung eines vom Pensionsnehmer gewährten Kredits dienen oder es sollen dem Pensionsnehmer aus anderen Gründen die Erträge aus dem Pensionsgut verschafft werden.[120] Darüberhinaus sind in der Praxis Mischformen und Sondervereinbarungen zu beobachten, wonach beispielsweise bei Wertpapierpensionsgeschäften der Kaufpreis nicht geleistet (gestundet) wird oder eine Lieferung der Wertpapiere unterbleibt und lediglich beim Pensionsgeber intern eine Umbuchung erfolgt.[121]

Hinsichtlich der Ausgestaltung wird zwischen echten und unechten Pensionsgeschäften unterschieden. Entsprechend § 340b Abs. 2 HGB handelt es sich um echte Pensionsgeschäfte, wenn der Pensionsnehmer verpflichtet ist, die Vermögensgegenstände zu einem bestimmten oder vom Pensionsgeber noch zu bestimmenden Zeitpunkt zurückzuübertragen.[122] Dagegen ist der Pensionsnehmer bei unechten Pensionsgeschäften nach § 340 b Abs. 3 HGB zur Rückübertragung nur berechtigt.[123] Dass der Pensionsnehmer sowohl bei einem echten wie auch bei einem unechten Pensionsge-

---

116 Vgl. zu dieser Definition die grundlegende Entscheidung des BFH, GrS v. 29.11.1982, BStBl II 1983, 272, 274.

117 Gesetz zur Durchführung der Richtlinie des Rates der Europäischen Gemeinschaften über den Jahresabschluß und den konsolidierten Abschluß von Banken und anderen Finanzinstituten vom 30.11.1990, BGBl. I 1990, 2570.

118 Vgl. *Hinz*, BB 1991, 1153.

119 *Oho/v. Hülst*, DB 1992, 2582.

120 *Hinz*, BB 1991, 1153.

121 *Oho/v. Hülst*, DB 1992, 2582; *Janssen*, DStZ 1992, 22.

122 Gl. A. *Blümich/Wacker*, § 4 EStG Rn. 154.

123 Vgl. auch Bundesaufsichtsamt für das Kreditwesen, Richtlinien für die Aufstellung der Jahresbilanz sowie der Gewinn- und Verlustrechnung der Kreditinstitute in der Rechtsform der AG, der KGaA und der GmbH, Anlage 1 zur Bekanntmachung des BAK, Beilage zum Bundesanzeiger Nr. 161 vom 29.8.1968; gleichlautende Erl. der obersten Finanzbehörden der Länder vom 10.10.1969 betreffend die ertragsteuerrechtliche Behandlung von Pensionsgeschäften, BStBl I 1969, 652.

schäft zivilrechtlicher Eigentümer des Pensionsguts – wenn auch nur für eine bestimmte Nutzungszeit – wird, ist evident.[124]

Die Frage der steuerlichen Zurechnung des Pensionsguts ist zumindest bei den unechten Pensionsgeschäften weitgehend unstrittig. Der Pensionsnehmer wird bei diesen von seinem Rückgaberecht nur im Falle einer Wertminderung des Pensionsguts Gebrauch machen, wohingegen er im Falle von Wertsteigerungen des Pensionsguts von einer Rückübertragung absehen wird. Da dem Pensionsgeber somit nur das wirtschaftliche Risiko von Wertminderungen verbleibt, ist das Pensionsgut nach einhelliger Auffassung dem Pensionsnehmer als juristischem und wirtschaftlichem Eigentümer zuzuordnen.[125] Wie dagegen bei echten Pensionsgeschäften die Zurechnung von Vermögen und Erträgen zu erfolgen hat, ist spätestens sei der Einführung des § 340 b HGB wieder sehr umstritten. Für das Handelsrecht bestimmt diese Vorschrift in Abs. 4: "Im Falle von echten Pensionsgeschäften sind die übertragenen Vermögensgegenstände in der Bilanz des Pensionsgebers weiterhin auszuweisen." Das handelsrechtliche Schrifttum hatte diese - vom juristischen Eigentum abweichende - Zuordnung schon vor der Zeit des § 340 b HGB damit begründet, dass "die tatsächliche Herrschaft über den Pensionsgegenstand" beim Pensionsgeber verbleibe, der damit auf jeden Fall in der Lage sei, sich das Pensionsgut zurückzuverschaffen.[126] Das Handelsrecht hält damit primär den Rückgabeanspruch und das Wertänderungsrisiko für entscheidend.[127]

Anderes soll nach einer stark vertretenen Auffassung für die Behandlung echter Pensionsgeschäfte im Steuerrecht gelten. Für die Zurechnung des wirtschaftlichen Eigentums wird hier darauf abgestellt, wem während der Pensionszeit die Verfügungsrechte zustehen, wer demnach das juristische Eigentum erlangt hat.[128] Da dies in der Regel der Pensionsnehmer ist, soll ihm auch das wirtschaftliche Eigentum zuzurechnen sein, mit der Folge, dass das Pensionsgut in der Steuerbilanz des Pensionsnehmers auszuweisen wäre.[129] Ausnahmen von diesem Grundsatz sollen nach dieser Auffassung nur dann gemacht werden, wenn das Pensionsgeschäft entweder ausschließlich der Kredit-

[124] Vgl. BFH, GrS v. 29.11.1982, BStBl II 1983, 272, 274.

[125] *Hinz*, BB 1991, 1153 m. w. N.

[126] Etwa *Blümich/Wacker*, § 4 EStG Rn. 155; vgl. auch die Nachweise bei *Offerhaus*, BB 1983, 871.

[127] *Hinz*, BB 1991, 1154.

[128] Zu der vom BFH, GrS v. 29.11.1982, BStBl II 1983, 272 offengelassenen Rechtsfrage, ob Wertpapiere, die im Rahmen eines echten Pensionsgeschäfts übertragen werden, als Vermögensgegenstände des Pensionsgebers oder des Pensionsnehmers zu bilanzieren sind vgl. *Offerhaus*, BB 1983, 870, 872.

[129] Vgl. Hess. FG v. 13.5.1975, EFG 1975 S. 533; *Hinz*, BB 1991, 1153 m. w. N.

sicherung dient[130] oder wenn die Stimmrechte von in Pension gegebenen Aktien beim Pensionsgeber verbleiben.[131]

Angesprochen wird in diesem Zusammenhang nochmals die allgemeine Frage nach der unter wirtschaftlichen Gesichtspunkten erfolgenden steuerlichen Zurechnung von „Eigentum auf Zeit". Dass ein bestehender Herausgabeanspruch auch dann nicht zu einer vom zivilrechtlichen Eigentum abweichenden wirtschaftlichen Zurechnung führen kann, wenn seine Ausübung weder zeitlich befristet noch an sonstige Bedingungen geknüpft ist, wird u.a. von Offerhaus überzeugend dargelegt.[132] Davon ausgehend, dass wirtschaftliches Eigentum als Ausnahmefall nur in zweifelsfreien Fällen angenommen werden soll, ist hiernach alleine maßgebend, dass die Herrschaftsbefugnis des Pensionsnehmers während der Pensionszeit nicht eingeschränkt ist.[133]

Unabhängig von dieser Überlegung ist zumindest hinsichtlich der Übertragung von betrieblichem Vermögen zweifelhaft, ob dem Ausweis des Pensionsguts in der Steuerbilanz des Pensionsnehmers vor dem Hintergrund des § 340 b Abs. 4 Satz 3 HGB nicht der in § 5 Abs. 1 Satz 1 EStG normierte Grundsatz der materiellen Maßgeblichkeit der handelsrechtlichen Grundsätze ordnungsgemäßer Buchführung für die Steuerbilanz entgegensteht.[134] Nach m. E. zutreffender Auffassung stellt § 340 b HGB jedoch keinen allgemeinen Bilanzierungsgrundsatz dar. Insbesondere aus seiner Stellung im Gesetz folgt, dass der Anwendungsbereich dieser Vorschrift auf Kreditinstitute beschränkt ist. Bei der Bilanzierung in der Steuerbilanz bleibt der Maßgeblichkeitsgrundsatz damit für Nicht-Kreditinstitute insoweit ohne Auswirkung.[135]

### 3. Folgerungen

Unternimmt man den Versuch, die Gemeinsamkeiten der vorstehend erörterten Rechtsprechung sowie des angegebenen Schrifttums zu den nur exemplarisch dargestellten Einzelfällen, in denen die steuerliche Zurechnung des Eigentums von der Regelzu-

---

[130] Etwa BFH v. 6.12.1972, BStBl II 1973, 759; v. 23.11.1983, BStBl II 1984, 217; im Falle des Pensionsgeschäfts zu Sicherungszwecken ergibt sich die Zurechnung des Pensionsguts zum Sicherungs- bzw. Pensiongeber unmittelbar aus § 39 Abs. 2 Nr. 1 Satz 2 AO.

[131] *Heuer* in Herrmann/Heuer/Raupach, § 5 EStG Rn. 1320.

[132] *Offerhaus*, BB 1983, 873.

[133] Zur Bedeutung von Rückfallklauseln auch oben § 4 A. V. 2. a)

[134] Für in Pension gegebene Wirtschaftsgüter des Betriebsvermögens hängt die Lösung der Streitfrage entscheidend auch davon ab, ob der in § 5 Abs. 1 Satz 1 EStG normierte Maßgeblichkeitsgrundsatz eine hiervon ggf. abweichende Zurechnung des Pensionsguts nach § 39 Abs. 2 Nr. 1 AO zum Vermögen des Pensionsnehmers verdrängt, oder ob umgekehrt § 39 Abs. 2 Nr. 1 AO als lex specialis Vorrang vor § 5 Abs. 1 Satz 1 EStG hat. Zum Meinungsstand vgl. die Nachweise bei *Blümich/Schreiber*, § 5 EStG Rn. 510.

[135] Wie hier *Hinz*, BB 1991, 1153; a. A. statt vieler *Budde/Karig* in Beck'scher Bilanzkommentar, § 246 Rn. 21 ff.; WP-Handbuch 1985/86, Bd. I, S. 288; *Oho/v. Hülst*, DB 1992, 2582.

rechnung abweichen kann, typisierend herauszuarbeiten, so ergeben sich für die Anwendung der vom Gesetzgeber angesichts der Mannigfaltigkeit der möglichen Spielarten des wirtschaftlichen Eigentums bewusst offen gestalteten Generalklausel des § 39 Abs. 2 Nr. 1 Satz 1 AO wichtige Folgerungen:

Die zur Bestimmung des wirtschaftlichen Eigentums erforderliche Prüfung kann ihren Ausgangspunkt grundsätzlich in zwei verschiedenen Fragestellungen nehmen: Zum einen kann zu fragen sein, ob jemandem, der nicht Eigentümer einer Sache ist, diese steuerlich gleichwohl zugerechnet werden muss. Aus dem Blickwinkel des juristischen Eigentümers kommt es auf der anderen Seite entscheidend darauf an, welche Merkmale zu einer, die Zurechnung zu seiner wirtschaftlichen Leistungsfähigkeit verbietenden Einschränkung der mit dem zivilrechtlichen Eigentum typischerweise verbundenen Herrschaftsbefugnisse führen. Gerade aus der Existenz des Zweckvermögens folgt nun, dass eine wechselbezügliche Verbindung zwischen diesen beiden Problemkreisen nicht zwingend besteht. Denn wie etwa das Beispiel der außerhalb des Anwendungsbereichs von § 39 Abs. 2 Nr. 1 S. 2 AO errichteten Treuhand zeigt, führt die Negation des wirtschaftlichen Eigentums auf Seiten des Treugebers nicht notwendigerweise zur wirtschaftlichen Zurechnung beim Treuhänder. Mit Blick auf die Möglichkeit der Absonderung wirtschaftlicher Leistungsfähigkeit auf ein Zweckvermögen hat dies zur Konsequenz, dass die Frage der Zurechnung von Wirtschaftsgütern jeweils parallel aus der Sicht des Eigentümers sowie des Nichteigentümers geprüft werden muss.

Vor diesem Hintergrund kann zunächst festgehalten werden, dass alleine dingliche oder obligatorische Nutzungsbefugnisse[136] nicht zu einer Abweichung von der aus § 39 Abs. 1 AO folgenden Regelzurechnung zum juristischen Eigentümer des solchermaßen belasteten Wirtschaftsguts führen. Wie am Beispiel des Nießbrauchs ausgeführt[137], liegt dies nicht nur daran, dass der Nießbraucher im „Normalfall" hinsichtlich der Substanz des belasteten Wirtschaftsguts nicht verfügungsberechtigt ist. Als entscheidend ist vielmehr anzusehen, dass der Nießbraucher regelmäßig weder das Risiko einer Wertminderung trägt, noch an Wertsteigerungen teilnehmen kann. Da der wirtschaftliche Gehalt des Eigentums mithin maßgebend von der Substanz eines Wirtschaftsguts gebildet wird[138], muss auf der anderen Seite auch eine steuerliche Zurechnung zum zivilrechtlichen Eigentümer ausscheiden, wenn sich Chancen und Risiken der Wertänderung des betreffenden Wirtschaftsguts – wie etwa bei der fremdnützigen Verwaltungstreuhandschaft – nicht in seiner Person, sondern ausschließlich bei einem Dritten verwirklichen.[139] Die bedeutende Rolle, die das beim Treuhänder zu verortende zivilrechtliche Eigentum bei einem solchen Auseinanderfallen von wirtschaftlicher

[136] Zur Gleichbehandlung von dinglich gesicherten Nutzungsrechten wie dem Nießbrauch und obligatorischen Nutzungsrechten vgl. BFH v. 11.11.1988, BStBl II 1989, 872 sowie *Drenseck* in Schmidt, § 7 EStG Rn. 45.

[137] Vgl. § 4 A. V. 2. d) .

[138] Vgl. *Fischer* in Hübschmann/Hepp/Spitaler, § 39 AO Rn. 42.

[139] Hierzu oben § 4 A. V. 2. c) .

Berechtigung und Herrschafts- bzw. Verfügungsbefugnissen gleichwohl spielt, zeigt sich sodann auf der Ebene des Treugebers. Nach der hier vertretenen Auffassung kann diesem das Treugut auch bei gesichertem (Rück-)Anfall wirtschaftlich nicht zugerechnet werden, wenn für die Dauer der treuhänderischen Fremdverwaltung keine Möglichkeit zur Einflussnahme auf den Treuhänder besteht.[140] Damit aber weicht die wirtschaftliche Vermögenszuordnung bei der Treuhandschaft unter Umständen ganz entscheidend von den Fällen ab, in denen Wirtschaftsgüter unter Zuweisung des formalrechtlichen Eigentums auf Seiten des Nutzungs- bzw. Substanzberechtigten von einer in fremdem Namen handelnden Person verwaltet werden. Wie beim Treuhänder ist zwar auch hier eine umfassende Verfügungsmacht, wie sie beispielsweise dem Testamentsvollstrecker oder Insolvenzverwalter zusteht, nach der ratio legis nicht geeignet, um das wirtschaftliche Eigentum ihrer fremdnützig waltenden Träger zu begründen. Zu anderen Rechtsfolgen kommt es hingegen auf Seiten des durch eine solche „Verwaltungsauflage" in seinen tatsächlichen Herrschaftsbefugnissen eingeschränkten zivilrechtlichen Eigentümers. Obgleich die ökonomische Position beispielsweise eines unter Testamentsvollstreckung stehenden Erben oder eines durch Schenkung unter Verwaltungsauflage bereicherten Eigentümers[141] unter Umständen exakt jener eines Treugebers, dessen Weisungsbefugnis gegenüber dem Treuhänder eingeschränkt ist, entsprechen kann, lässt die Auflage das wirtschaftliche Eigentum bei dem belasteten zivilrechtlichen Eigentümer zurück. Denn nach insoweit einhelliger Auffassung in Rechtsprechung und Schrifttum können alleine Verfügungsbeschränkungen grundsätzlich nicht zu einer Abweichung von der Regelzurechnung nach § 39 Abs. 1 AO führen.[142] Rechtfertigen lässt sich das hier gefundene Ergebnis nicht zuletzt durch Wortlaut und Systematik des § 39 AO, wonach sich ein Verlust des wirtschaftlichen Eigentums für den zivilrechtlichen Eigentümer nur dann ergeben soll, wenn es einem anderen positiv zugerechnet werden kann.[143]

Die hier zu Tage tretende Abhängigkeit der zum Zwecke der Ertragsbesteuerung erfolgenden wirtschaftlichen Wertung eines Sachverhalts von der dinglichen Rechtslage bzw. der materiellen Rechtsträgerschaft legt es folglich nahe, auch im Rahmen der nach § 39 AO erfolgenden Prüfung des wirtschaftlichen Eigentums von einer „eingeschränkten Maßgeblichkeit des Zivilrechts für das Steuerrecht" zu sprechen.

[140] Dementsprechend konnte auch am Beispiel des echten Pensionsgeschäfts dargelegt werden, dass sich eine vom juristischen Eigentum abweichende Zurechnung nicht bereits mittels etwaiger, gegenüber dem zivilrechtlichen Eigentümer bestehender Rückübertragungsansprüche rechtfertigen lässt.

[141] Hierzu RFH v. 9.4.1930, RStBl 1930, 364.

[142] Hierzu bereits oben § 4 A. V. 2. b).

[143] Vgl. BFH v. 21.12.1978, BStBl II 1979, 466.

## VI. Ertragsteuerliche Vermögenszurechnung bei Trustsachverhalten

Da das „wirtschaftliche Eigentum" i. S. des § 39 Abs. 2 Nr. 1 Satz 1 AO vor dem Hintergrund der obigen Ausführungen selbst kein subsumptionsfähiger Oberbegriff ist[144], kann das Problem der Zurechnung des Trustguts nur im Wege der Bildung von Fallgruppen gelöst werden. Den wenigen, bislang von der Finanzrechtsprechung entschiedenen Fällen lassen sich diesbezüglich nur sehr vereinzelte Anhaltspunkte entnehmen.[145] Erschwerend kommt hinzu, dass auch im Schrifttum eine systematische, an typischen Trustgestaltungen und –klauseln orientierte Untersuchung des Zurechnungsproblems im Hinblick auf die mögliche Qualifikation des Trust als Zweckvermögen bislang nicht vorgenommen wurde.[146] Letzteres mag vor allem daran liegen, dass die Zuordnung bestimmter Trustgestaltungen zu einzelnen Fallgruppen dadurch erheblich erschwert wird, dass sich die Vermögenszurechnung unter dem Gesichtspunkt des wirtschaftlichen Eigentums im Rahmen einer Einzelfallbeurteilung stets nach dem „Gesamtbild der Verhältnisse" richten muss.[147] Die vom Prinzip der Vertragsfreiheit geprägte enorme Flexibilität bei der rechtsgeschäftlichen Begründung eines Trust und die damit einhergehende, nahezu beliebige Variationsmöglichkeit bei der Ausgestaltung der wechselseitigen Rechte und Pflichten der Beteiligten aber lässt eine umfassende Darstellung aller denkbaren, die steuerliche Zurechnung des Trustguts beeinflussenden Faktoren nicht zu.

Wenn deshalb die Frage der persönlichen Zurechnung des Trustguts auch im Rahmen dieser Arbeit nur lückenhaft gelöst werden kann, ist es nicht zuletzt angesichts der mit dem StEntlG 1999/2000/2002 verbundenen Rechtsänderungen im Erbschaft- und Schenkungsteuergesetz und der damit zunehmenden praktischen Bedeutung der Qualifikation eines Trust als Zweckvermögen bzw. Vermögensmasse notwendig, sich nach-

---

144 Vgl. *Fischer* in Hübschmann/Hepp/Spitaler, § 39 AO Rn. 39.

145 Soweit die wirtschaftliche Zurechnung überhaupt thematisiert wurde, waren vorwiegend eher unproblematisch gelagerte Fallgestaltungen streitgegenständlich. So bspw. zur vermögensteuerlichen Zurechnung bei Vorbehalt weitgehender Verfügungsrechte durch den Settlor: RFH v. 11.1.1940, RStBl. 1940, 267; zur wirtschaftlichen Bedeutung der Anfallsberechtigung unter Überlebensbedingung folgende, allerdings allesamt zum Zwecke der Erbschaftbesteuerung ergangenen Entscheidungen: RFH v. 24.9.1935, StuW 1935, 1619 und BFH v. 12.5.1970, BStBl II 1972, 462; v. 7.5.1986, BStBl II 1986, 615 sowie FG Hamburg v. 9.8.1979, EFG 1980, 81; zur wirtschaftlichen Zurechnung bei Ermessen des Trustee schließlich FG Köln v. 8.7.1992, EFG 1993, 40 sowie BFH v. 5.11.1992, BStBl II 1993, 388 und v. 2.2.1994, BStBl II 1994, 787.

146 Eingehender mit dieser Frage auseinandergesetzt haben sich bislang nur *Seibold*, IStR 1993, 545 ff. und *Sieker*, US-Trust, S. 302, 350 ff., der für den Irrevocable Trust bzw. den Nachlaßtrust davon ausgeht, dass die Befugnisse der Begünstigten „in aller Regel auf Leistungsansprüche gegenüber dem Trustee reduziert" sind, weshalb diese Trusts grundsätzlich als Zweckvermögen zu klassifizieren seien. Eine etwas detailliertere Betrachtung des Zurechnungsproblems erfolgt im Anschluß für die Zwecke der Vermögensbesteuerung. Gleichwohl wird die Frage der persönlichen Zurechnung auch im Rahmen dieser Ausführungen nur verhältnismäßig pauschal für einige bestimmte Fallgestaltungen behandelt.

147 Etwa *Fischer* in Hübschmann/Hepp/Spitaler, § 39 AO Rn. 43 m. w. N.

folgend etwas intensiver als bislang erfolgt zumindest mit bestimmten, als typisch erkannten Fallgestaltungen auseinanderzusetzen. Hierbei zeigt sich, dass nicht zuletzt die oben herausgearbeitete „eingeschränkte Maßgeblichkeit" des Zivilrechts für die steuerrechtliche Vermögenszurechnung erhebliche Probleme bereitet.

### 1. Das Anpassungsproblem im Ertragsteuerrecht

Sofern man die „eingeschränkte Maßgeblichkeit" der dinglichen Rechtslage für die steuerliche Zurechnung von Wirtschaftsgütern nach § 39 AO im Rahmen der Qualifikation von Trust-Sachverhalten als beachtlich ansieht, hängt die Frage der Zweckvermögenseigenschaft des Trust entscheidend auch davon ab, wie die Rechtsposition des Trustee sowie der Beneficiaries aus deutscher Sicht zivilrechtlich zu würdigen ist. Spätestens an dieser Stelle offenbart sich ein erhebliches Begründungsdefizit der bislang von Finanzrechtsprechung und Schrifttum unternommenen Versuche zur (ertrag-)steuerlichen Zuordnung von Trustvermögen. Systematisch und dogmatisch in keiner Weise geklärt erscheint insbesondere die steuerliche Behandlung von Trust-Gestaltungen, bei denen die ökonomische Position der Begünstigten ihre deutschrechtliche Entsprechung nicht nur in besonderen Treuhandgestaltungen, sondern zugleich auch in einer unmittelbar vollzogenen Gesamt- oder Einzelrechtsnachfolge finden kann.[148] Zur Verdeutlichung, unter welchen Umständen es zu derartigen Konflikten kommen kann, folgendes einfaches Beispiel:

> Ein US-amerikanischer Staatsangehöriger errichtet zugunsten seiner in Deutschland unbeschränkt steuerpflichtigen Tochter bzw. deren Kinder einen Jersey Trust mit den folgenden Bestimmungen: Laufende Auszahlung der Erträge an die Tochter; Auflösung des Trust mit deren Ableben unter gleichmäßiger Auskehrung des Vermögens an die Enkel bzw. die von diesen berufenen Personen.
>
> Der Trust entsteht
>
> a) durch testamentarische Verfügung
>
> b) Im Wege der lebzeitigen Errichtung.

Beschränkt auf die Frage, wie sich die wirtschaftliche Position der anfallsberechtigten Enkel aus deutscher Sicht darstellt, könnten jeweils parallel die folgenden Überlegungen zielführend sein: Im Fall der testamentarischen Errichtung mag die Rechtsstellung der Substanzberechtigten zum einen wirtschaftlich mit jener eines unter Testamentsvollstreckung stehenden und durch Nießbrauch belasteten Erben bzw. Vermächtnisnehmers verglichen werden.[149] Dem Begünstigten würde somit über das equitable interest unmittelbar die Rechtsträgerschaft hinsichtlich des Trustvermögens zugewiesen. Als ökonomisches Korrelat käme andererseits aber auch die Annahme einer Vor-

[148] Dazu oben § 3 B. III. 2. b) .

[149] So z. B. zum Zwecke der Erbschaftsbesteuerung *Sieker*, US-Trust, S. 316 ff.

und Nacherbschaft[150] und damit eines aufschiebend bedingten oder befristeten Erbschaftserwerbs durch die Anfallsberechtigten in Betracht. Während diese die Verwaltungs- und Verfügungsbefugnis über das Trustvermögen jedenfalls erst mit Beendigung des Trust erlangen, wäre (nur) auf Grundlage der ersten Alternative eine Vermögenszurechnung bereits mit dem Erbfall vorzunehmen. Ähnlich stellt sich die Situation im Falle der lebzeitigen Errichtung des Trust dar. Wirtschaftlich betrachtet ließe sich die Position der Anfallsberechtigten hier zunächst mit derjenigen eines unter Auflage (Fremdverwaltung und Nutzungsrecht zugunsten Dritter) unmittelbar Beschenkten vergleichen.[151] Auf bloß schuldrechtliche Ansprüche gegenüber dem Trustee würde man die Anfallsberechtigten demgegenüber verweisen, wenn man in der Trust-Anordnung eine Treuhandschaft zugunsten Dritter erblickte. Auf Grundlage der obigen Ausführungen zur steuerlichen Vermögenszurechnung bei Auflagenschenkung[152] einerseits und (steuerlich nicht anzuerkennender) Treuhand[153] andererseits käme man folglich wiederum zu gegenläufigen Ergebnissen, deren Ursache letztlich in der jeweils unterschiedlichen Zuweisung des bürgerlich-rechtlichen Eigentums liegt.

### a) Meinungsstand im Schrifttum

Betrachtet man die in diesem Zusammenhang im Schrifttum vertretenen Auffassungen, zeigt sich, dass auf die dargestellte Problematik eines möglicherweise notwendigen Typenvergleichs entweder gar nicht oder nur am Rande eingegangen wird. Im Einzelnen ergibt sich folgendes Bild: Nach Pöllath[154] soll alleine die Anwartschaft auf den späteren Vermögensanfall bei Auflösung des Trust noch keine gegenwärtige Substanzberechtigung der Beneficiaries begründen. Während dem „typischen sogenannten Zwischennutzungsberechtigten" unter Umständen ein stammähnliches Nutzungsrecht zugewendet sein könne, sei dem Anfallsberechtigten die Vermögenssubstanz daher regelmäßig noch nicht zuzurechnen. Eine Ausnahme hiervon könne nur in dem Sonderfall gelten, wo der Trustee weisungsgebunden oder der Trust durch die Begünstigten widerruflich sei. Offenbar noch weitergehend schließen auch Bredow/Reich[155] eine ertragsteuerliche Zurechnung des Trustvermögens zu den Beneficiaries für „den Regelfall der Irrevocable Trusts und erst recht der Testamentary Trusts" aus. Eine Zurechnung außerhalb der Annahme eines Treuhandverhältnisses hält ferner auch

[150] Zu dieser – im Rahmen der international-privatrechtlichen Transformation unter Umständen vorzugswürdigen – Lösung vgl. bereits § 3 B. III. 1. c).

[151] Für den Fall eines Accumculation Trust etwa *Sieker*, US-Trust, S. 339 unter Verweis auf RFH v. 9.4.1930, RStBl 1930, 364.

[152] Oben § 3 B. III. 2. b).

[153] Oben § 3 B. III. 2. a).

[154] *Pöllath*, Vermögenssicherung, S. 159, 168; *ders.*, IWB Fach 3 Deutschland Gruppe 1, 1079, 1080; *ders.* in Seifart, § 39 Rn. 30.

[155] Vgl. *Bredow/Reich*, WiB 1995, 775, 780.

Haarmann[156] für ausgeschlossen. Als Voraussetzung für die steuerliche Anerkennung einer treuhänderischen Vermögenshaltung für die Anfallsberechtigten soll hiernach zu fordern sein, dass diese aufgrund besonderer Umstände auch tatsächlich Einfluss auf den Trustee nehmen könnten.[157] Ausgehend von der Überlegung, dass die Rechtsmacht der an einem Trust beteiligten Personen wegen der Aufspaltung der Eigentumsrechte auf den Trustee einerseits und die Berechtigten andererseits grundsätzlich hinter der eines bürgerlich-rechtlichen Eigentümers zurückbleibt, hält Sieker[158] schließlich zuerst eine Lösung des Zurechnungsproblems über § 39 Abs. 1 AO für ausgeschlossen. Wirtschaftliches Eigentum eines Begünstigten i. S. des § 39 Abs. 2 Nr. 1 S. 1 AO sei daher zweifelsfrei nur dann gegeben, wenn dieser an Ertrag und Substanz eines Wirtschaftsguts berechtigt sei und darüberhinaus eigentümerähnliche Verwaltungs- und Verfügungsbefugnisse über diesen Vermögensgegenstand ausüben könne.[159] Nicht möglich sei eine Vermögenszurechnung zu den Begünstigten auf der anderen Seite, soweit die Vermögensverteilung im Ermessen des Trustee steht oder aufschiebend bedingte Substanzberechtigungen gewährt werden.[160] Die in der Mitte dieses breiten Spektrums liegenden Trustgestaltungen, in denen Substanzberechtigungen betagt oder aufschiebend befristet zugewendet werden, werden von Sieker unter dem Aspekt der Vermögenszurechnung leider nicht behandelt.[161]

Sämtliche genannten Beiträge leiden darunter, dass das Problem der Zurechung des Trustvermögens nur kursorisch, d. h. ohne nähere Begründung am Maßstab des § 39 AO und ohne genaueres Eingehen auf die zahlreichen Trustvarianten untersucht wird. Ob und welche Bedeutung einer typenvergleichenden Wertung im Hinblick auf die dingliche Rechtslage zukommen soll, kann demnach anhand des bisherigen Schrifttums nicht erschlossen werden.

### b) Lösungsansätze der Finanzrechtsprechung

Auch von der Finanzrechtsprechung wurde die Frage der ertragsteuerlichen Zurechnung von Trustvermögen in der in der Regel nur beiläufig am Rande untersucht.[162]

---

[156] *Haarmann*, Trust, S. 151, 155.

[157] Ebenda, S. 157, wonach andererseits ertragsteuerlich kein unmittelbarer Vermögensübergang anzunehmen sei, wenn der Trustee die Begünstigten auswählen dürfe.

[158] Vgl. *Sieker*, US-Trust, S. 300 ff., 351 unter Verweis auf *Serick*, Anglo-amerikanischer Trust, S. 653, 655 ff.

[159] *Sieker*, US-Trust, S. 351; *ders.*, BB 1991, 1975, 1977; eine entsprechende Häufung von Befugnissen und Ansprüchen zugunsten eines Berechtigten soll allerdings nur selten anzutreffen sein.

[160] Vgl. ebenda, S. 351.

[161] Insgesamt scheint *Sieker* der hier diskutierten Frage der Zweckvermögenseigenschaft eines Trust offensichtlich keine allzu große Bedeutung beizumessen. Wesentliche, m. E. gerade für die Vermögenszurechnung relevante Fragen werden daher von ihm nur im Zusammenhang mit der Einkünftezurechnung diskutiert; vgl. hierzu ebenda, 333 ff.

[162] Vgl. die Nachweise unter Fn. 30.

Erste Rückschlüsse darauf, dass die Beurteilung der dinglichen Rechtsstellung der Begünstigten in diesem Zusammenhang eine Rolle spielen kann, erlaubt jedoch ein Urteil des BFH vom 20.7.1971.[163] Mit dieser Entscheidung, welche die Zurechnung von Ausschüttungen aus einem zugunsten bindend bestimmter Beneficiaries errichteten Nachlasstrust betraf, übernahm der achte Senat erstmals die zum Erbschaftsteuerrecht entwickelten Grundsätze ausdrücklich auch für den Bereich der Ertragsteuern.[164] Im wesentlichen unter Bezugnahme auf diese erbschaftsteuerliche Rechtsprechung entschied später auch das FG Baden-Württemberg mit Urteil vom 12.12.1979 zum Zwecke der Zurechnung eines nach US-amerikanischem Recht durch einen Executor verwalteten Nachlassvermögens.[165] Zuletzt in dieser Reihe ist schließlich nochmals auf die bereits berichtete Entscheidung des BFH vom 5.11.1992 hinzuweisen, welche im Ergebnis ebenfalls maßgeblich auf der bis dorthin ständigen Rechtsprechung zur Erbschaftsbesteuerung von Trust-Rechtsverhältnissen aufbaut.[166] Ohne bereits an dieser Stelle auf nähere Einzelheiten der jahrzehntelang nahezu unwidersprochen gebliebenen Rechtsprechung zur erbschaftsteuerlichen Behandlung des Trust eingehen zu müssen, kann festgehalten werden, dass zum Zwecke der ertragsteuerlichen Vermögenszurechnung regelmäßig die Möglichkeit eines aufschiebend bedingten oder befristeten Erwerbs der Anfallsberechtigten vom Settlor in Erwägung gezogen wird. Der vorstehend wiedergegebenen Rechtsprechung lässt sich damit als Quintessenz entnehmen, dass dem Ergebnis einer originär im Erbschaftsteuerrecht verhafteten Anpassung der Rechtsstellung der Beteiligten an das deutsche bürgerliche Recht auch im Ertragsteuerrecht Bedeutung beigemessen wird.

### c) Stellungnahme

Wie gezeigt, kann die Frage der steuerrechtlichen Zurechnung des Trustvermögens im Rahmen von § 39 AO nicht losgelöst von der jeweiligen materiellen Berechtigung beantwortet werden, da eine ausschließliche wirtschaftliche Betrachtung der Rechtsverhältnisse mitunter verschiedene Lösungen zulässt. Soweit das in § 39 Abs. 2 Nr. 1 S. 1 AO enthaltene allgemeine Prinzip der Zurechnungsabweichung an den Eigentums-

---

163 BFH v. 20.7.1971, BStBl II 1972, 170.

164 Vgl. ebenda, 171, wonach die erbschaftsteuerliche Beurteilung „von besonderer Bedeutung für die Beurteilung der Rechtsstellung des Steuerpflichtigen als Erben (Nachlassbegünstigten) auf einkommensteuerlichem Gebiet“ ist.

165 Vgl. FG Baden-Württemberg v. 12.12.1979, EFG 1980, 347, in dem der unverteilte Nachlass als Zweckvermögen angesehen wurde. Der hierauf angerufene BFH sah sich an einer Überprüfung dieser Schlussfolgerung gehindert, da diese auf der einer revisionsrichterlichen Prüfung weitgehend entzogenen Auslegung des Testaments beruhe; vgl. BFH v. 29.5.1984, DB 1984, 2175. Mit Rücksicht auf die neuere Rspr. des BFH zum erbschaftsteuerlichen Erwerb unter Zwischenschaltung eines Executors wird die Ansicht des FG allerdings als überholt gelten müssen; zur erbschaftsteuerlichen Behandlung vgl. BFH v. 8.6.1988, BStBl II 1988, 808 gegen FG Baden-Württemberg v. 15.9.1982, EFG 1983, 260 sowie unten § 4 A. VI. 2. a) .

166 Zu BFH v. 5.11.1992, BStBl II 1993, 388 vgl. bereits oben § 4 A. III.

Begriff des inländischen bürgerlichen Rechts anknüpft, ist deshalb zum Zwecke der ertragsteuerlichen Vermögenszurechnung eine rechtliche Einordnung der Rechtsverhältnisse des Trust in das deutsche Zivilrechtssystem unabdingbar. Die hierbei nach der lex fori durch Anpassung an die Strukturen des deutschen Rechts zu entscheidende Frage lautet dann, wer zu welchem Zeitpunkt materiell als Träger der Kapitalberechtigung und damit als Inhaber der Trustsubstanz anzusehen ist. Diesbezüglich lassen sich die von der Finanzrechsprechung über mehrere Jahrzehnte hinweg entwickelten Grundsätzen zur Erbschaftsbesteuerung des Trust auch für das Ertragsteuerrecht fruchtbar machen.

### 2. Voraussetzungen des aufschiebend bedingten Erwerbs von Todes wegen gem. § 9 Abs. 1 Nr. 1 ErbStG als Entscheidungskriterium für die ertragsteuerliche Vermögenszurechnung

#### a) Rechtsprechung zum Testamentary Trust

Wie bereits verschiedentlich angeklungen, betraf die im Bereich des Erbschafts- und Schenkungssteuerrechts bis zur Änderung des ErbStG durch das StEntlG 1999/2000/2002 ergangene Finanzrechtsprechung nur die durch letztwillige Verfügung geschaffenen Testamentary Trusts.[167] Da es sich bei den jeweiligen Erblassern stets um ausländische Staatsangehörige handelte, war für die Erbfolge in das Vermögen dieser – zumeist in den USA oder in England domizilierten – Trusts immer ausländisches Recht maßgebend. Mit Ausnahme eines einzigen Falles, in dem der Erblasser im Zeitpunkt seines Todes (auch) einen deutschen Wohnsitz hatte[168], bildete hierbei die Inländereigenschaft der Trust-Begünstigten den einzigen Anknüpfungspunkt für die Anwendung des deutschen Erbschaftsteuerrechts.[169] Auffallend ist weiter, dass ausdrückliche Entscheidungen nur zur Frage des Vermögensanfalls an die jeweils Letztbegünstigten bzw. Substanzberechtigten bei Auflösung des Trust vorliegen, wohingegen zur Situation der Zwischennutzungsberechtigten Äußerungen allenfalls am Rande erfolgten.[170]

Soweit es für die Frage der inländischen Besteuerung erheblich war, wurde ein erbschaftsteuerpflichtiger Erwerb des Trustee i. S. des § 1 Abs. 1 Nr. 1 i. V. m. § 3 Abs. 1

[167] RFH v. 24.9.1935, RStBl. 1935, 1366; v. 16.1.1936, RStBl. 1936, 248; BFH v. 20.12.1957, BStBl III 1958, 79; v. 22.6.1960, HFR 1962, 49; v. 31.5.1961, BStBl III 1961, 312; v. 26.6.1963, BStBl III 1963, 402; v. 10.7.1963, HFR 1964, 12; v. 15.5.1964, BStBl III 1964, 408; v. 10.3.1970, BStBl III 1970, 562; v. 28.2.1979, BStBl II 1979, 438; v. 21.4.1982, BStBl II 1982, 597 sowie FG Hamburg v. 13.7.1971, EFG 1971, 591.

[168] BFH v. 20.12.1957, BStBl III 1958, 79.

[169] Vgl. § 2 ErbStG.

[170] Etwa BFH v. 20.12.1957, BStBl III 1958, 79 und v. 7.5.1986, BStBl II 1986, 615.

Nr. 1 ErbStG zunächst regelmäßig verneint.[171] Diesbezüglich wurde als entscheidend angesehen, dass der Trustee durch den Erwerb des legal title zwar die Persönlichkeit des Erblassers in vermögensrechtlicher Beziehung fortsetze, der Wille des Erblassers aber nicht darauf gerichtet sei, dem Trustee durch seine Ernennung in der letztwilligen Verfügung eine – bereichernde – Zuwendung zu machen.[172] Kategorisch ausgeschlossen wurde ferner stets das Eingreifen der Ersatztatbestände, wie beispielsweise die Stiftungserrichtung nach § 3 Abs. 2 Nr. 1 ErbStG[173] oder die Zweckzuwendung gem. § 8 ErbStG. Letzterem wurde in der Literatur zu Recht vor allem unter dem Gesichtspunkt beigepflichtet, dass die Zweckzuwendung die Begünstigung eines unpersönlichen Zwecks voraussetzt[174], die Beneficiaries eines Trust jedoch regelmäßig bestimmt oder zumindest bestimmbar sind.[175] Mit Blick auf die personenorientierte Gestaltung des Testamentary Trust war für die Finanzrechtsprechung nach alledem regelmäßig nur die Qualifikation des Vermögensanfalls bei den Trust-Begünstigten entscheidungserheblich. Insoweit aber hatte bereits der RFH mit Urteil vom 24.9.1935 ausgeführt, dass eine Erbschaftsteuerpflicht des Erben/Beneficiary jedenfalls nicht eintrete, solange er nicht Eigentümer des Nachlasses sei, weshalb seine Erbschaftsteuerschuld erst mit Beendigung des Nachlasstrust entstehe.[176] Ausschlaggebend für diese, von der höchstrichterlichen Finanzrechtsprechung der folgenden Jahre fast stereotyp übernommene Beurteilung war unter anderem, dass der Trustee wenn auch nicht Erbe, so doch (nach Common Law) rechtlicher Eigentümer des Trustvermögens werde, womit diesem – und nicht den Beneficiaries – die Verfügungsmacht über das Vermögen zustehe. Bis zur Auflösung des Trust und zur Verteilung des Trustvermögens auf den oder die Anfallsberechtigten fänden jene deshalb gänzlich ungewisse Verhältnisse vor, die allenfalls die Voraussetzungen einer Anwartschaft erfüllen könn-

---

[171] So bereits RFH v. 24.9.1935, StuW 1935, 1619; BFH v. 12.5.1970, BStBl II 1972, 462, 463.

[172] Etwa BFH v. 20.12.1957, BStBl III 1958, 79, 81; *Haas*, ZGR 1974, 461, 469; *Otto*, RIW 1982, 495, 497; *Ratjen*, DB 1982, 1793, 1794. Vereinzelt wurde auch ein steuerpflichtiger, mangels Bereicherung des Trustee i. S. des § 10 Abs. 1 Satz 1 ErbStG aber nicht steuerbarer Erwerb des Trustee angenommen; vgl. etwa *Albrecht*, Erbfälle, S. 292 ff.; wohl auch *Eisele*, INF 1999, 324, 326.

[173] Vgl. etwa RFH v. 17.9.1935, Mrozek-Kartei, ErbStG 1925, § 2 Abs. 1 Ziff. 1, Rechtsspruch 17, zitiert nach BFH v. 20.12.1957, BStBl III 1958, 79, 82.

[174] So heisst es bereits die Gesetzesmaterialien zum ErbStG 1922, RTDrs 1/4856, 13, immer müsse „... durch den Zweck nicht eine bestimmte Person, sondern ein unbestimmter Personenkreis oder etwas Unpersönliches begünstigt werden". Vgl. auch *Flick/Piltz*, Erbfall, S. 448, sowie *Meincke*, § 8 ErbStG Rn. 4 jeweils m. w. N.

[175] Auch *Jülicher* in Troll/Gebel/Jülicher, § 2 ErbStG Rn. 116; *ders.*, IStR 1996, 575, 579; *Siemers/Müller*, IStR 1998, 385, 387. Zur Ausnahme des Charitable Trust vgl. *Otto*, RIW 1985, 491, 502, sowie *Haarmann*, Trust, S. 151, 163; der Verfolgung eines abstrakten Zwecks (= Zweckzuwendung) dient auch der oben unter § 2 E. V. beschriebene Jersey Purpose Trust.

[176] Vgl. RFH v. 24.9.1935, StuW 1935, 1619, 1624, 1626.

ten.[177] Da das auf dem Bereicherungsgrundsatz beruhende ErbStG jedoch erst den tatsächlichen Erwerb besteuern wolle[178], wurde die bloße Anwartschaft auf den – mithin i. S. des § 9 Abs. 1 Nr. 1a ErbStG[179] aufschiebend bedingten – Vermögenserwerb zur Begründung eines erbschaftsteuerpflichtigen Tatbestandes als nicht ausreichend angesehen.[180]

Wie im einzelnen die Rechtsposition des Trustee ausgestaltet sein muss, damit aus Sicht des deutschen Erbschaftsteuerrechts ein solcher aufschiebend bedingter Erwerb durch die Substanzberechtigten angenommen werden konnte, wurde von der Rechtsprechung nicht ganz eindeutig beantwortet. Ein Teil der entschiedenen Fälle betraf solche Trust-Gestaltungen, bei denen der Trustee nach alleinigem Ermessen entscheiden konnte, ob und wann er das Trustvermögen an die – teilweise nur durch ihre Zugehörigkeit zu einer bestimmten Personengruppe konkretisierten – Beneficiaries ausfolgen wollte.[181] Eine vergleichbare Unsicherheit hinsichtlich des Vermögensanfalls wurde durch den Reichs- und BFH ferner für diejenigen Fälle angenommen, in denen das Erbrecht der Remaindermen bei längerer Dauer der Trustverwaltung an eine Überlebensbedingung geknüpft war[182] bzw. der Erblasser/Settlor selbst für den Fall des Vorversterbens eines zunächst bestimmten Anfallsberechtigten Ersatzerben benannt hatte.[183] Während die Rechtsprechung in all diesen Fällen unter weitestgehender Zustimmung in der Literatur[184] einen steuerpflichtigen Erwerb von Todes wegen erst im Zeitpunkt der Vermögensausfolgung bzw. der Ermessensausübung zugunsten des jeweiligen Substanzberechtigten angenommen hat[185], soll eine andere Beurteilung für

177 Etwa BFH v. 20.12.1957, BStBl III 1958, 79; v. 31.5.1961, BStBl III 1961, 312, 313; v. 12.5.1970, BStBl II 1972, 462; v. 28.2.1979, BStBl II 1979, 438, 439; v. 7.5.1986, BStBl II 1986, 615, 617.

178 Nur *Meincke*, § 9 ErbStg Rn. 3 m. w. N.

179 Vgl. auch § 14 Abs. 1 Nr. 1a ErbStG 1959.

180 BFH v. 31.5.1961, BStBl III 1961, 312, 313.

181 BFH v. 20.12.1957, BStBl III 1958, 79, v. 31.5.1961, BStBl III 1961, 312, v. 28.2.1979, BStBl II 1979, 438.

182 Etwa RFH v. 24.9.1935, StuW 1935, 1619; BFH v. 12.5.1970, BStBl II 1972, 462.

183 Z. B. BFH v. 21.4.1982, BStBl II 1982, 597.

184 Aus dem jüngeren Schrifttum etwa *Flick/Piltz*, Erbfall, S. 447 f.; *Haarmann*, Trust, S. 151, 156 f., 161 f.; *Jülicher*, IStR 1996, 575, 578 ff.; *ders.* in Troll/Gebel/Jülicher, § 2 ErbStG Rn. 115; *Meincke*, § 9 ,ErbStG Rn. 25; *Schindhelm/Stein*, StuW 1999, 31, 47 f.; *Siemers/Müller*, IStR 1998, 385, 387; *Willimsky*, Trust Law International 1996, 78 f.

185 Mit der gebotenen Vorsicht kann im Hinblick auf die Neuregelung des ErbStG durch das StEntlG 1999/2000/2002 davon ausgegangen werden, dass sich auch Finanzverwaltung und Gesetzgebung dieser h. M. angeschlossen haben. Insoweit hatte die Bundesregierung in Art. 12 ihres Gesetzentwurfs v. 19.11.1998, BT-Drucks. 14/23, noch ausgeführt: „In den letzten Jahren haben steuerliche Gestaltungen unter Verwendung sogenannter „Trust" zur Erbschaftsteuer-/Schenkungsteuerersparnis eine erhebliche Bedeutung erlangt, weil bei dieser Konstruktion keine Steuerpflicht oder mit zeitlicher Verzögerung eine Steuerpflicht ausgelöst wird"; vgl. zu diesem Entwurf *Siemers*, ZEV 1998, 459, sowie *Füger/v. Oertzen*, IStR 1999, 11, 12.

die nach amerikanischem oder englischen Recht erfolgende Nachlassverwaltung durch einen Executor oder Administrator[186] gelten. Funktionell und konstruktiv bestehen zwischen einem durch letztwillige Verfügung errichteten Testamentary Trust und der Einsetzung eines Executor signifikante Gemeinsamkeiten.[187] Gleichwohl hat die Finanzrechtsprechung die formale Stellung des Executor als legal owner im Rahmen der Anpassung an das deutsche Recht – mit Rücksicht auf § 2207 S. 1 BGB auch bei erweiterter Verfügungsbefugnis – schon immer auf jene eines Testamentsvollstreckers reduziert.[188] Damit einhergehend sollen die Erbberechtigten in diesen Fällen mit dem Erbfall nicht nur eine gewisse Anwartschaft, sondern die volle materielle Berechtigung an dem Nachlass, die nur formalrechtlich durch die Nachlassabwicklung eingeschränkt sei, erwerben.[189]

Bei einer Betrachtung des solchermaßen von der Rechtsprechung abgedeckten Gestaltungsspektrums fällt sofort auf, dass zwischen den beiden „Extremen“ des Discretionary Trust einerseits und des schlichten Nachlassverwaltungstrust andererseits eine größere, bislang weitgehend unbeurteilte Lücke klafft: Während die Fälle, in denen eine Kapitalberechtigung beispielsweise durch das Erleben des Trustablaufs oder das Vorversterben eines Vorberechtigten aufschiebend bedingt zugewendet wird, nach Rechtsprechung und Literatur einhellig noch unter die Rubrik des „Besteuerungsaufschubs“ gem. § 9 Abs. 1 Nr. 1 ErbStG zu fassen sind, ist die Behandlung von aufschiebend befristeten oder betagten und damit vererblichen Substanzberechtigungen bis zur Stunde unklar.[190] Einer eingehenderen Überprüfung auf Grundlage der entwickelten Anpassungsgrundsätze bedürfen damit vor allem jene Trust-Gestaltungen, bei denen die Kapitalausfolgung an bestimmte Begünstigte – möglicherweise auch nach längerer Laufzeit des Trust – durch den Errichter bindend bestimmt wurde.[191]

---

[186] Dazu bereits die Ausführungen und Nachweise unter Fn. 38.

[187] Eingehend etwa *Kötz*, Trust und Treuhand, S. 56 f.; vgl. auch *Schindhelm/Stein*, StuW 1999, 31, 45. Zutreffend auch die Feststellung in BFH v. 7.7.1989, BFH/NV 1990, 235, wonach im Einzelfall nur durch Auslegung ermittelt werden kann, ob der Erblasser einen Trust errichten oder einen Executor benennen wollte.

[188] Z. B. RFH v. 25.11.1930, RStBl 1931, 122; BFH v. 2.2.1977, BStBl II 1977, 425; v. 8.6.1988, BStBl II 1988, 808. Nicht haltbar ist demgegenüber die (zum Ertragsteuerrecht ergangene) Entscheidung des FG Baden-Württemberg v. 12.12.1979, EFG 1980, 347, die sich mittelbar auf ein Urteil des BFH v. 31.5.1961, BStBl III 1961, 312, stützt, in dem jedoch der Executor *gleichzeitig* als Trustee eingesetzt war.

[189] Kritisch zu dieser Begründung in BFH v. 8.6.1988, BStBl II 1988, 808, insbesondere *Schindhelm/Stein*, StuW 1999, 31, 45 f., sowie unten § 4 A. VI. 2. b) (2) .

[190] Dass die Rechtsprechung auch in diesen Fällen einen gegenwärtigen Erbfall abzulehnen scheint, kann allenfalls einer (nicht entscheidungserheblichen) Randbemerkung in BFH v. 6.3.1990, BStBl II 1990, 786, entnommen werden.

[191] Hierzu unten § 4 A. VI. 4. b) .

### b) Schlussfolgerungen

Unternimmt man den Versuch, die berichtete Rechtsprechung zusammenzufassen, so ergeben sich für die steuerrechtliche Qualifikation der durch einen Nachlasstrust vermittelten materiellen Berechtigungen folgende wichtige Anhaltspunkte[192]:

#### (1) Maßgeblichkeit der Willensrichtung des Settlor hinsichtlich der herbeizuführenden Bereicherung

Ihren Ausgangspunkt nimmt die im Rahmen der Qualifikation erforderliche Anpassung der Rechtsstellung der Beneficiaries an die Strukturen des deutschen Rechts stets in der ausländischen Gestaltung. Diese ist sodann an den Normen der lex fori zu messen. Hierbei ist zu erkennen, dass die den Trust prägende Aufspaltung der Eigentumsrechte in legal title und equitable ownership in aller Regel einen sofortigen Anfall des Trustvermögens an die Begünstigten ausschließt. Denn unabhängig davon, wie tief die equitable interests der Beneficiaries im Einzelfall einschneiden, wird in den auf dem Common Law aufbauenden Rechtssystemen der „at law" berechtigte Trustee regelmäßig als vollberechtigter, die Persönlichkeit des Settlor/Erblassers in vermögensrechtlicher Beziehung fortsetzender Eigentümer angesehen.[193] In materieller Hinsicht geht damit für die Dauer des Trust typischerweise ein Ausschluss der Eigentumsmacht der Beneficiaries einher. Sofern nicht ausnahmsweise Kapital- und Ertragsberechtigung in einer Person zusammenfallen, gelangen die materiellen Kapitalberechtigungen typischerweise erst mit der Auflösung des Trust bzw. der Beendigung vorangehender Nutzungsrechte zur Entstehung.[194] Dies gilt für den Jersey Trust ungeachtet von der im Schrifttum vorsichtig vertretenen Ansicht, wonach sich das beneficial interest nicht auf schuldrechtliche Ansprüche gegenüber dem Trustee beschränke, sondern gleichsam auf dem Trustvermögen ruhe.[195] Denn wie gezeigt differenziert auch das TJL genauestens hinsichtlich des Zeitpunkts sowie der Wahrscheinlichkeit der jeweiligen Anspruchsentstehung bzw. -fälligkeit. Besonders deutlich wird die so mit einem Testamentary Trust verbundene Hinausschiebung des Eintritts der Erbfolge, wenn Substanzzuwendungen aus dem Trustvermögen der Disposition des Trustee unterstehen oder Kapitalberechtigungen aufschiebend bedingt gewährt werden. Mit der Wahl eines solchen Trust als Instrument der Nachfolgereglung bringt der Erblasser zum Ausdruck, dass hinsichtlich des Trustvermögens keine sofortigen erbrechtlichen Folgen eintreten sollen.[196] Unabhängig davon, ob die Anwendung deutscher Steuernor-

---

[192] Ähnlich auch *Otto*, RIW 1985, 491, 497.

[193] Vgl. BFH v. 20.12.1957, BStBl III 1958, 79, 81, unter Verweis auf *Heymann*, Trustee und Trustee-Company, S. 473, 497.

[194] Gl. A. *Mueller*, RabelsZ 1933, 808, 844.

[195] Vgl. *Matthews*, Jersey Law, paras 1.20, 8.2, 8.4.

[196] So ausdrücklich auch BFH v. 20.12.1957, BStBl II 1958, 79, 82.

men auf das Rechtsinstitut des Trust im Wege der Auslegung oder der Analogie erfolgt[197], darf dieser Wille des Erblassers jedenfalls nicht unberücksichtigt bleiben.

Bei Maßgeblichkeit der Willensrichtung des Erblassers/Settlor hinsichtlich der herbeizuführenden Bereicherung kann zum Zwecke der Besteuerung des Erbfalls in aller Regel nicht davon ausgegangen werden, dass dem (aufschiebend bedingt) Substanzberechtigten die Rechtsposition eines Vollerben zukommen soll.[198] Insoweit wurde unter anderem von Schindhelm/Stein überzeugend begründet, dass eine bereichernde Zuwendung an den Beneficiary im „Normalfall" nicht bereits in der Einräumung des equitable interest erkannt werden kann.[199] Denn typischerweise ist der Wille des Settlor auf die Zuwendung von Vermögen bzw. Erträgen gerichtet, zu deren Ausführung er sich lediglich des Trust-Instruments bedient. Ebensowenig aber entspräche es dem ausländischen Trust-Recht, wenn man eine Gesamtrechtsnachfolge in der Person etwaiger, während der Laufzeit des Trust nur an dessen Erträgen berechtigter Beneficiaries annehmen würde. Diesbezüglich hat auch die höchstrichterliche Finanzrechtsprechung in mehreren Entscheidungen erkennen lassen, dass für Testamentary Trusts die nach § 2105 BGB mit der Anordnung einer Nacherbschaft zwingend verbundene Vorerbfolge (jedenfalls bei Anwendung ausländischen Erbrechts[200]) nicht Platz greift, sondern allenfalls ein nießbrauchsähnliches Nutzungsrecht zur Entstehung gelangt.[201] Da es auf Grundlage der vom Erblasser mit Trust-Errichtung in Bezug genommenen ausländischen Rechtsordnung trotz der – grundsätzlich auch aus deutscher Sicht anzuerkennenden – Eigentümerstellung des Trustee ferner nicht möglich ist, diesen als Erben anzusehen[202], kann dem Willen des Settlor zu entnehmen sein, dass eine Gesamtrechtsnachfolge hinsichtlich des Trustvermögens bis zur bestimmungsgemäß erfolgenden Substanzausfolgung hinausgeschoben sein soll.

### (2) Maßgeblichkeit von Verfügungsmacht und Funktion des Trustee

Als weiteres Kriterium für die deutsche Besteuerung des materiellen Erbfalles wurde von der Finanzrechtsprechung die jeweilige Ausgestaltung der Berechtigung des Trustee herangezogen. Im Einklang mit den vorerwähnten Überlegungen soll dessen formale Stellung als legal owner jedenfalls dann zu einem (vorläufigen) Ausschluss

---

197 Hierzu oben § 3 C. III.

198 Instruktiv BFH v. 7.5.1986, BStBl II 1986, 615, 617 f.

199 Vgl. *Schindhelm/Stein*, StuW 1999, 31, 42 m. w. N.

200 Zu den Gründen, die für eine Unbeachtlichkeit dieser international-privatrechtlichen Vorfrage sprechen vgl. oben § 3 C. IV.

201 Etwa RFH v. 24.9.1935, StuW 1935, 1619, 1625; v. 16.1.1936, RStBl 1936, 248; BFH v. 20.12.1957, BStBl II 1958, 79, 82; v. 12.5.1972, BStBl II 1972, 462, 464; v. 7.5.1986, BStBl II 1986, 615, 618; instruktiv auch die Ausführungen von *Mueller*, RabelsZ 1933, 808, 844.

202 RFH v. 24.9.1935, StuW 1935, 1619, 1625.

der materiellen Berechtigung der Beneficiaries führen, wenn der Anfall des Trustvermögens an diese entweder seinem Ermessen anheimgestellt oder aufschiebend bedingt – d. h. unvererblich – ist.[203] Demgegenüber wird auf der anderen Seite des Gestaltungsspektrums, nämlich in den Fällen der bloßen Nachlassverwaltung durch einen Executor, von einem unbedingten bzw. unbefristeten Erwerb durch die Nachlassbegünstigten im Zeitpunkt des Erbfalls ausgegangen. In Form eines übertragbaren und vererblichen Rechts auf den beweglichen[204] Nachlass soll jenen das Vermögen unmittelbar mit dem Tod des Erblassers anfallen.[205] Da diese Rechtsprechung auch dann Geltung für sich beansprucht, wenn dem Executor durch Testament erweiterte Befugnisse, insbesondere zur Verfügung bzw. zur Eingehung von Verbindlichkeiten, eingeräumt sind, fragt sich, worin hierbei das entscheidende Abgrenzungskriterium zu sehen ist.

Allein die finanzgerichtliche Begründung – zuletzt mit Urteil des BFH vom 8.6.1988[206] – vermag insoweit nicht zu überzeugen. Zunächst ist bereits die dort festgestellte Vergleichbarkeit der mit der Stellung des Executor verbundenen Verfügungsmacht mit jener eines Testamentsvollstreckers wenig aussagekräftig. Berücksichtigt man die Rechtsfolgen der deutschen Dauertestamentsvollstreckung, lässt sich diese Erkenntnis ohne weiteres auch auf den Trustee eines über mehrere Generationen fortdauernden Fixed Interest Trust übertragen.[207] Ferner leidet auch die Argumentation, wonach die Erben bereits mit dem Todesfall eine volle materielle Nachlassberechtigung erwerben würden, da deren equitable interests unmittelbar mit dem Erbfall entstünden, an einer petitio principii; denn ob das Nachlassvermögen den Erben ungeachtet der formalen Stellung des Executor als legal owner bei nur hinausgeschobener Fälligkeit der Ansprüche zugerechnet werden kann, ist gerade die Frage. M. E. kann deshalb nicht alleine auf den – bei Executor und Trustee unter Umständen identischen[208] – Umfang der Verfügungsmacht abgestellt werden. Entscheidende Bedeutung muss vielmehr wiederum der Funktion der jeweiligen rechtlichen Gestaltung sowie der Willensrichtung des Settlor/Erblassers hinsichtlich der herbeizuführenden Bereicherung beigemessen werden. Die – im Ergebnis zutreffende – Auffassung der Rechtsprechung zur Behandlung der anglo-amerikanischen Nachlassverwaltung ließe sich dann letztlich darauf stützten, dass ein Executor lediglich die Abwicklung des Nachlasses zu regeln hat und sodann gehalten ist, die Substanz an die genannten Bene-

---

203 Vgl. etwa die Entscheidungsgründe in BFH v. 31.5.1961, BStBl III 1961, 312, 313.

204 Denn nur auf jenen erstreckt sich die Executorship.

205 Sehr instruktiv *Mueller*, RabelsZ 1933, 808, 817 f.

206 Vgl. insbesondere BFH v. 8.6.1988, BStBl II 1988, 808, 810.

207 Gl. A. *Mueller*, RabelsZ 1933, 808, 844.

208 Vgl. z. B. den der Entscheidung des BFH v. 15.5.1964, BStBl III 1964, 408, zugrundeliegenden Sachverhalt, wonach die Executors „ohne irgendeine, wie auch immer geartete Beschränkung" u. a. berechtigt waren, „Stimmrechte auszuüben und teilzunehmen an Reorganisationen, zu verkaufen oder auszutauschen Eigentum, Kapital anzulegen oder Sicherheiten zurückzunehmen".

ficiaries auszuschütten.[209] Während sich eine solche Nachlassabwicklung regelmäßig nur über einen relativ knapp bemessenen Zeitraum erstreckt, andernfalls die Verfügungsfreiheit der Executor durch eine Entscheidung des Nachlassgerichts ersetzt wird[210], obliegt dem Trustee erkennbar eine Dauerfürsorge für das ihm „upon trust" zugewandte Vermögen. Wie gezeigt, wird diese Perpetuierungsfunktion des Trust typischerweise dadurch gewährleistet, dass materielle Kapitalberechtigungen bis zum Trust-Ende aufgeschoben sind. Eine vergleichbare Interessenlage hinsichtlich der rechtlichen Gestaltung besteht aber bei der anglo-amerikanischen Testamentsvollstreckung gerade nicht. Als notwendige Einrichtung stellt jene ein von der deutschrechtlichen Testamentsvollstreckung nur konstruktiv abweichendes Instrument zur Schuldenabwicklung dar.[211]

#### (3) Maßgeblichkeit der rechtlichen „Dichte" des Anspruchs der Substanzberechtigten

Die Bedeutung des letzten, für die Zurechnung des Trustvermögens als entscheidungserheblich erkannten Umstandes, ergibt sich im wesentlichen bereits aus den vorangegangenen Überlegungen: Maßgeblich ist nach alledem auch darauf abzustellen, mit welcher Wahrscheinlichkeit eine Berechtigung an der Substanz des Trustvermögens bei einem bestimmten Beneficiary erwartet werden kann.[212] Wie ausgeführt, kann insoweit auf einschlägige Rechtsprechung nur zurückgegriffen werden hinsichtlich der Voraussetzungen des aufschiebend bedingten Erwerbs sowie – unter Einschränkung auf die Fälle der gesetzlichen Nachlassverwaltung – der betagten Erwerbsgründe. Weitgehend ungeklärt bleibt hingegen bis zur Stunde die steuerliche Behandlung derjenigen Fälle, in denen durch einen Trust aufschiebend befristete und damit feststehende bzw. vererbliche Kapitalberechtigungen begründet werden.[213]

### c) Gleichbehandlung von Intervivos und Testamentary Trusts

Obgleich zur erbschaftsteuerlichen Qualifikation des Intervivos Trust bislang keine Rechtsprechung ergangen ist, soll dieser nach der ganz überwiegenden Ansicht in der Literatur zumindest im Hinblick auf die Rechtsstellung der Beteiligten nicht anders als der Testamentary Trust zu beurteilen sein.[214] Dass ferner auch der BFH von einer

---

209 Wohl auch *Flick/Piltz*, Erbfall, S. 446; *Jülicher*, IStR 1996, 575, 577.

210 So offensichtlich auch bei BFH v. 15.5.1964, BStBl III 1964, 408, in dem ein amerikanisches Nachlassgericht etwa 6 Jahre nach dem Tod der Erblasserin die Verteilung von 90 v. H. des Nachlasses angeordnet hat.

211 I. E. auch *Mueller*, RabelsZ 1933, 808, 817.

212 Etwa RFH v. 12.5.1938, StuW 1938, Nr. 365; BFH v. 20.12.1957, BStBl III 1958, 79, 81.

213 Vgl. hierzu unten § 4 A. VI. 4. b).

214 Vgl. etwa *Flick/Piltz*, Erbfall, S. 449; *Füger/v. Oertzen*, IStR 1999, 11, 12; *Jülicher* in Troll/Gebel/Jülicher, § 2 ErbStG Rn. 118; *Killius*, Steuerplanung, S. 343, 352; *Otto*, RIW 1985,

Gleichbehandlung dieser beiden Trust-Typen ausgeht, kann wiederum dem Urteil vom 5. 11. 1992 entnommen werden, mit welchem zwecks Entscheidung über einen Intervivos Trust ausdrücklich auf die ständige Erbschaftsteuerrechtsprechung Bezug genommen wurde.[215] Tatsächlich unterscheidet sich der Intervivos Trust abgesehen von der Tatsache der lebzeitigen Gründung und der damit verbundenen Möglichkeit des Vorbehalts von Widerrufs- und Weisungsrechten durch den Settlor[216] grundsätzlich nicht von einem Nachlasstrust. In dem einen wie im anderen Fall kann die Rechtsposition der Beneficiaries sich als konkreter Anspruch oder aber als bloße Aussicht auf die Erlangung eines Vermögensvorteils darstellen.[217] Damit einhergehend wird auch die Rechtsstellung des Trustee als legal owner des Trustvermögens jeweils mit mehr oder weniger Befugnissen verbunden sein. Zumindest in den hier interessierenden Fällen, in denen die Zwecksetzung eines Trust im weitesten Sinne auf die Regelung der Vermögensnachfolge gerichtet ist, schließen die in rechtlicher und wirtschaftlicher Hinsicht bestehenden Gemeinsamkeiten eine – alleine auf die verschiedenen Entstehungsgründe gestützte – unterschiedliche steuerliche Würdigung mithin aus.[218]

### 3. Trustee als wirtschaftlicher Eigentümer?

Zum Zwecke der „Problemabschichtung" ist im folgenden zu klären, ob auf Grundlage der dargestellten Prinzipien der Zurechnungsabweichung eine wirtschaftliche Zuordnung des Trustvermögens zum Trustee möglich ist. Sofern die Annahme zutrifft, dass eine solche Zurechnung wegen der fiduziarischen Funktion des Trustee ausgeschlossen werden kann, kommen für die weitere Prüfung neben dem Settlor nur noch die Beneficiaries als mögliche Zurechnungssubjekte in Betracht.

Die Befassung mit dem Rechtsinstitut des Trust führt regelmäßig zur Konfrontation mit der Aussage, dass die wirtschaftliche Position des „normalen" Trustee jener eines fremdnützigen Verwaltungstreuhänders im deutschen Recht entspreche.[219] Dem ist – wie sich etwa am Beispiel der unselbstständigen Stiftung zeigt – zuzugeben, dass auch der Träger eines Zweckvermögens gemeinhin als Treuhänder bezeichnet wird.[220] Zu-

491, 497 f.; *Ratjen*, DB 1982, 1793, 1794; *Schindhelm/Stein*, StuW 1999, 31, 45; *Seibold*, IStR 1994, 16, 17; *Siemers/Müller*, IStR 1998, 385, 388.

215 BFH v. 5. 11. 1992, BStBl II 1993, 388; ebenso *Füger/v. Oertzen*, IStR 1999, 11, 12.

216 Hierzu unten § 4 A. VI. 4. a).

217 Überzeugend v. a. *Otto*, RIW 1985, 491, 498.

218 Die Entwicklung und Anwendung abweichender Besteuerungsgrundsätze kann demgegenüber vor allem im Bereich der gewerblichen Verwendung des Intervivos Trust (Business Trusts, Unit Trusts, Pension Trusts, usw.) geboten sein; zu den verschiedenen Funktionalitäten *Otto*, RIW 1985, 491, 497.

219 Zu den zivilrechtlichen Parallelen vgl. § 3 B. III. 2. a).

220 Etwa *Pöllath* in Seifart/v. Campenhausen, § 39 Rn. 26. Vernachlässigt wird hier, ob die Errichtung einer nichtrechtsfähigen Stiftung durch Treuhandvertrag oder zweckmäßigerweise durch Auflagenschenkung erfolgt; zum Meinungstand z. B. *Wochner*, ZEV 1999, 125, der mit Blick auf die

mindest abseits der theoretischen Auffassungen kann ferner auch der Testamentsvollstreckung, dem für die meisten Fälle festgestellten deutschen Korrelat zum Trustee eines Testamentary Trust, ein erheblicher Treuhandcharakter nicht abgesprochen werden.[221] Da sich die steuerrechtlichen Folgen für die am Trust beteiligten Personen mangels steuergesetzlicher Spezialregelungen der Treuhandverhältnisse alleine aufgrund der „Qualifikation" als Treuhandschaft jedoch nicht ableiten lassen, kommt einer dahingehenden Einordnung des Trust nur insoweit Bedeutung zu, als auf die Grundsätze zur Zurechnung wirtschaftlichen Eigentums zurückgegriffen werden kann.[222]

Fest steht zunächst, dass der Trustee nach Common Law zivilrechtlicher Eigentümer des Trustvermögens ist und im eigenen Namen am Marktgeschehen teilnimmt. Gleichwohl darf er seine Befugnisse nicht zum eigenen Vorteil, sondern - unter strikter Berücksichtigung der Vorgaben des Errichters - nur zum Wohle der Begünstigten ausüben. Das Trustgut ist demnach ein Vermögen, das gebunden ist, die Verfügungsgewalt des Trustee wieder zu verlassen, sobald es an die Beneficiaries verteilt wird.[223] Ohne an dieser Stelle im einzelnen darauf einzugehen, ob diese Vermögenshaltung im Interesses des Settlors, der Beneficiaries oder aber des Trust als selbstständiger Vermögensmasse erfolgt, kann mit Blick auf die oben dargestellten Grundzüge der steuerlichen Zurechnung von ausschließlich fremdnützig gehaltenen Wirtschaftsgütern festgehalten werden, dass das Trustgut dem Trustee unter wirtschaftlichen Gesichtspunkten in aller Regel nicht zuzurechnen ist. Dies ist evident, wenn man die Rechtsstellung des Trustee, seine Berechtigung „in law" vollständig negierend, auf jene eines in fremdem Namen handelnden Vermögensverwalters reduziert. Nichts anderes aber gilt, sofern man dem Trustee das (alleinige) Eigentum am Trustvermögen zuweist: Der Umstand, dass der Trustee typischerweise nicht befugt ist, die Erträge des Trust für

bei einer Treuhand nur begrenzt abdingbare Widerruflichkeit des Auftrages die Schenkung unter Auflage nach § 525 BGB als Regelfall der Errichtung einer nichtselbstständigen Stiftung bezeichnet; vgl. auch *Hof* in Seifart/v. Campenhausen, § 36 Rn. 40 f., der unter Verweis auf *Reuter* in MünchKomm, vor § 80 BGB Rn. 41 ff. auf einige dogmatische und praktische Probleme der Annahme eines Auftragsverhältnisses hinweist.

221 Dafür spricht in erster Linie, dass dem Testamentsvollstrecker eine Verfügungsgewalt über den Nachlass übertragen wird, die er nicht im eigenen Interesse, sondern nach den Weisungen des Erblassers im Dienste der vom Erblasser verfolgten Zwecke auszuüben hat; vgl. *Coing*, Treuhand, S. 21; siehe auch BGH v. 9.10.1957, NJW 1957, 1916; v. 7.7.1982, NJW 1983, 40.

222 Zutreffend in diesem Zusammenhang insbesondere RFH v. 11.1.1940, RStBl. 1940, 268, in dem darauf hingewiesen wird, dass das Trustvermögen dem Settlor nicht etwa bereits deswegen nach § 11 Ziff. 2 StAnpG – heute § 39 Abs. 2 Nr. 1 Satz 2 AO – zugerechnet werden darf, weil der Empfänger als Trustee bzw. Treuhänder bezeichnet wird.

223 Etwa *Schönle*, ZHR 1958, 196 unter Verweis auf RFH v. 25.5.1921, Slg. Bd. 6, 62. Zu dem Ausnahmefall, dass der – dem Settlor eines Nachlaßtrust persönlich verbundene – Trustee nach Ablauf einer gewissen Periode, während der die Einkünfte des Trustvermögens an eine dritte Person auszubezahlen sind, selbst anfallsberechtigt sein soll vgl. FG Berlin v. 4.5.1976, EFG 1977, 64.

eigene Zwecke zu verwenden[224] und auch Wertänderungen des Vermögensstammes seinen Herrschaftsbereich nicht tangieren, rechtfertigt dann im Umkehrschluss aus § 39 Abs. 2 Nr. 1 Satz 2 AO[225] regelmäßig seinen Ausschluss als steuerliches Zurechnungssubjekt.[226]

Ein hiervon abweichendes Ergebnis könnte sich nur ergeben, wenn sich die oben dargestellten Grundsätze der steuerlichen Behandlung von Pensionsgeschäften auf Trustsachverhalte übertragen ließen. Soweit ersichtlich wurde diese Frage in der Literatur bislang nur von Pöllath[227] und Haarmann[228] – allerdings jeweils ohne nähere Auseinandersetzung – aufgeworfen. Die Konsequenz einer solchen Gleichstellung wäre, dass der Trustee im Falle der Qualifikation des Trust als unechtes Pensionsgeschäft stets und im Falle der Einordnung unter die echten Pensionsgeschäfte zumindest dann, wenn man der oben[229] dargestellten, u.a. von Offerhaus vertretenen Auffassung folgt, als wirtschaftlicher Eigentümer des Trustguts angesehen werden müsste.

Angemerkt sei zuerst, dass Einräumung und Rückübertragung eines Pensionsrechts zwar typischerweise gegen Entgelt erfolgen, diese Entgeltlichkeit aber für die Anerkennung eines Pensionsgeschäfts keine notwendige Voraussetzung darstellt. Es darf mithin als unstrittig vorausgesetzt werden, dass Pensionsgeschäfte zivilrechtlich und wirtschaftlich auch schenkungshalber begründet werden können.[230] Selbst wenn man an dieser Stelle davon ausgeht, dass die Übertragung des legal title auf den Trustee diesen aus deutscher Sicht zum dinglichen Eigentümer des Trustguts werden ließe[231],

224 Unbeachtlich muss bleiben, dass der Trustee gegebenenfalls einen Bruchteil der Erträge als Vergütung für seine Tätigkeit beansprucht, da insoweit von einer Mittelverwendung seitens desjenigen auszugehen ist, dem die Erträge originär zuzurechnen sind. Dies folgt auch aus den oben unter § 4 A. V. 2. c) dargestellten Grundsätzen der fremdnützigen Verwaltungstreuhand.

225 § 39 Abs. 2 Nr. 1 Satz 2 AO bestimmt unmittelbar nur die Zurechnung des Treuguts zum Treugeber. Hieraus aber folgt nach der hier vertretenen Auffassung zugleich, dass ein Treuhänder im steuerrechtlichen Sinne – unabhängig davon, bei wem das Treugut letztlich zuzurechnen ist – selbst als Zurechnungssubjekt unter keinen Umständen in Betracht kommen kann.

226 Im Ergebnis übereinstimmend mit der in Rechtsprechung und Schrifttum absolut herrschend vertretenen Auffassung; a. A. nur *Ratjen*, DB 1982, 1793; vgl. dazu aber zutreffend *Sieker*, US-Trust, S. 303 (Fn. 700).

227 Vgl. *Pöllath*, IWB Fach 3 Deutschland Gruppe 1, 1079, 1084.

228 Vgl. *Haarmann*, Trust, S. 151, 155.

229 Vgl. § 4 A. V. 2. e)

230 Hingewiesen sei auf den BdF-Erl. v. 28.6.1984, BStBl I 1984, 394, nach dem die Finanzverwaltung einen Wechsel der Zurechnung nicht annimmt, wenn ein Wertpapierpensionsgeschäft zwischen nahen Angehörigen im wirtschaftlichen Ergebnis wie ein Nießbrauch ausgestaltet ist; kritisch dazu *Schmidt* in JdFSt 1985/1986, 226 f., der zutreffend darauf hinweist, dass der Pensionsnehmer im Gegensatz zum Nießbraucher Eigentümer der Kapitalforderung werde und über die Wertpapiere verfügen könne: („... das, was Banken und Versicherungen recht ist, muss Familienangehörigen billig sein.").

231 Zur Frage der Maßgeblichkeit dieser zivilrechtlichen Vorfrage im Rahmen der steuerlichen Zurechnung des Trustvermögens näher unten § 4 A. VI. 4. b) (1).

erschöpfen sich die Gemeinsamkeiten von Pensions- und Trustgeschäft m. E. in der Tatsache, dass sowohl der Pensionsnehmer als (in diesem Falle) auch der Trustee die übertragenen Wirtschaftsgüter zivilrechtlich jeweils zu vollberechtigtem Eigentum erlangen. Bereits die damit verbundenen Außenwirkungen weichen erheblich voneinander ab, wenn man etwa daran denkt, dass das Pensionsgut im Falle des Konkurses oder der Einzelzwangsvollstreckung in das Vermögen des Pensionsnehmers dem Schuldnerzugriff preisgegeben ist, ohne dass dem Pensionsgeber insoweit ein Aussonderungsrecht oder die Drittwiderspruchsklage zustehen.[232]

Noch eindeutiger tritt die mangelnde Gleichartigkeit von Trust und Pensionsgeschäft aber zutage, wenn man die wirtschaftliche Position von Pensionsnehmer und Trustee miteinander vergleicht. Auch wenn im Rahmen von Pensionsgeschäften zivilrechtlich nicht lediglich die Abtretung von Nutzungen sondern die Übereignung von Vermögensgegenständen erfolgt, so dienen diese Geschäfte doch regelmäßig dazu, dem Pensionsnehmer die Nutzungen aus dem Wirtschaftsgut zu übertragen.[233] Kennzeichnend für das Pensionsgeschäft ist, dass dem Pensionsnehmer als wirtschaftlichem Eigentümer neben der Substanz auch der Ertrag des Wirtschaftguts zusteht. Seine Sachherrschaft über das Pensionsgut ist eigennützig.[234] Dieser Umstand aber widerspricht zweifellos der das Rechtsinstitut des Trust prägenden personal obligation[235] des Trustee. Ein Trust ohne die Verpflichtung des Trustee zur Vermögenshaltung zugunsten der in equity berechtigten Beneficiaries, ist nicht gestaltbar; aller Voraussicht nach wäre ihm im gesamten Common Law-Raum die Wirksamkeit abzusprechen.[236] Die „leere Hülse", welche nur das formal-rechtliche Eigentum dem Trustee vermittelt, schließt daher die Vergleichbarkeit mit der wirtschaftlichen Stellung eines Pensionsnehmers evident aus.[237]

---

232 Vgl. hinsichtlich des Pensionsgeschäfts etwa BFH, GrS v. 29.11.1982, BStBl II 1983, 272; zum Schutz des Trustvermögens in diesen Situationen vgl. oben § 2 E. IV.

233 So auch BFH, GrS v. 29.11.1982, BStBl II 1983, 272.

234 Zwar könnte man überlegen, das Pensionsgeschäft gleich einer Schenkung unter Auflage derart auszugestalten, dass die laufenden Erträge des Pensionsguts durch den Pensionsnehmer regelmäßig zugunsten Dritter abzuführen sind. Wirtschaftlich käme dem Pensionsnehmer in diesem Fall aber nur die Stellung eines fremdnützigen Treuhänders zu. Da das Pensionsgut ihm dann wohl nach keiner der oben dargestellten Auffassungen als wirtschaftlichem Eigentümer zugerechnet werden könnte, wird dieser Gestaltung hier nicht weiter nachgegangen.

235 Vgl. hierzu oben Ziff. § 2 A. I. sowie *Wittuhn*, Trust, S. 115.

236 Hinsichtlich des Jersey Trust ergibt sich dies unmittelbar aus TJL Art. 17 (4) (b) (i), wonach ein Trustee grundsätzlich weder mittelbar noch unmittelbar Vorteile aus seiner treuhänderischen Stellung ziehen können soll. Ähnliches folgt ferner aus TJL Art. 10 (2) (a) (iv), der bestimmt, dass ein Trust nichtig ist, soweit mit ihm ein nicht auf die Begünstigung bestimmter Beneficiaries gerichteter Zweck verfolgt wird.

237 Hingewiesen sie an dieser Stelle noch auf *Seibold*, IStR 1993, 545, 547, der mit Blick auf die Rechtsprechung des BFH, GrS v. 29.11.1982, BStBl II 1983, 272 zur Einkünftezurechnung bei Pensionsgeschäften Trustvermögen und Einkünfte dem Trust als Steuersubjekt zurechnen möchte. Auch insoweit ist aber zu berücksichtigen, dass weder der Vermögensstamm noch die Erträge dazu

### 4. Fallgruppen

Festzuhalten ist, dass die persönliche Zurechnung des Trustvermögens ausschließlich durch die sich aus der Trusturkunde ergebenden Rechte und Pflichten der jeweiligen Beteiligten, nicht aber durch die bloße Bezeichnung oder Klassifizierung eines Trust als „revocable“, „irrevocable“ bzw. „discretionary“, determiniert ist. Mögen beispielsweise mit dem Begriff des Revocable Trust nach dem allgemeinen Verständnis auch Gestaltungen verbunden werden, die dem Settlor das wirtschaftliche Eigentum am Trustvermögen belassen[238], so erübrigt dies nicht eine genaue Überprüfung der dem Einzelfall zugrunde liegenden konkreten Trustvereinbarung. Einer besonderen Begründung bedarf die Zurechnung des Trustvermögens zum Settlor als wirtschaftlichen Eigentümer daher etwa in den Fällen, in denen der Trust nicht frei, sondern erst nach einer bestimmten Dauer oder nur unter bestimmten Bedingungen widerrufen werden kann, bzw. dem Errichter unter Ausschluss eines Rechts zum Widerruf nur weitreichende Weisungsbefugnisse hinsichtlich Verwaltung und Verwendung des Trustvermögens zustehen. Auf der anderen Seite sind Gestaltungen denkbar, wonach das Trustvermögen bei Beendigung des Trust wieder an den Errichter zurückfallen soll, während diesem für die Dauer des Trust keine Verwaltungs- und Kontrollbefugnisse zustehen. Deshalb kann auch von der Einordnung eines Trust unter den Typ „Irrevocable Fixed Trust“ jedenfalls nicht ohne Rückgriff auf die allgemeinen Grundsätze und Vorschriften des deutschen Steuerrechts unmittelbar darauf geschlossen werden, dass das Trustvermögen dem Settlor in diesen Fällen steuerlich nicht mehr zuzurechnen ist.

Ausgehend von diesen Überlegungen kann die Lösung des für die Qualifikation eines Trust als Steuerrechtssubjekt vorgreiflichen Zurechnungsproblems nur eingeschränkt auf den im Rahmen der Darstellungen zum Privatrecht des Jersey Trust dargestellten Trusttypen[239] aufgebaut werden. Die letztlich maßgeblichen Erkenntnisse lassen sich nur aus dem Zusammenspiel der im Einzelfall begründeten Rechte und Pflichten der an einem Trust beteiligten Personen ziehen. Vor diesem Hintergrund sind nachfolgend die in der – auch internationalen – Praxis wohl am häufigsten verwendeten Trustgestaltungen daraufhin zu untersuchen, ob das Trustgut einem der Beteiligten unter wirtschaftlichen Gesichtspunkten noch bzw. schon zuzurechnen, oder aber ein Zweckvermögen respektive eine Vermögensmasse anzunehmen ist.

bestimmt sind, auf Dauer beim Trust zu verbleiben, weshalb eine Vermögenszurechnung zum Trust sich jedenfalls nicht mit der wirtschaftlichen Vergleichbarkeit von Trust und Pensionsgeschäft begründen lassen dürfte.

[238] *Schütte*, RIW 1986, 451, 453; *Sieker*, US-Trust, S. 278 f.

[239] Vgl. § 2 E. I.

### a) Unbedingtes Widerrufsrecht und weitreichende Weisungsbefugnisse

Den Anfang bildet ein, wie es zunächst scheint, einfacher Fall, eine typische Ausgestaltung des lebzeitig errichteten Revocable Trust:

> 1. Fallgruppe: Im Rahmen der Errichtung des Trust behält sich der Settlor das Recht zum jederzeitigen Widerruf und/oder weitreichende Weisungsbefugnisse hinsichtlich Verwaltung und Verwendung des Trustvermögens sowie der Erträge vor. Der jederzeitigen Widerruflichkeit des Trust gleichgestellt sollen hierbei solche Befugnisse sein, die dem Settlor im Ergebnis die jederzeitige Auflösung des Trust oder die Änderung der Trustbestimmungen durch einseitige Erklärung ermöglichen.

#### (1) Kumulativer Vorbehalt von Widerrufs- und Weisungsbefugnissen

Solange und soweit sich der Settlor die genannten Befugnisse kumulativ vorbehält, ist evident, dass ihm das Trustgut steuerrechtlich weiterhin zugerechnet werden muss. Denn unter wirtschaftlichen Gesichtspunkten lässt sich ein solcher Trust ohne weiteres als Treuhandverhältnis i. S. des § 39 Abs. 2 Nr. 1 Satz 2 AO qualifizieren, da selbst die für das Vorliegen eines (steuerlichen) Treuhandverhältnisses geforderten strengen Kriterien – die Weisungsbefugnis des Treugebers hinsichtlich der Ausübung der mit dem Eigentum verbundenen Rechte sowie die Verpflichtung des Treuhänders, das Treugut und die ihm zufließenden Früchte und sonstigen Vorteile auf Verlangen des Treuhänders jederzeit auf diesen zurück zu übertragen[240] – zweifellos erfüllt sind.[241]

#### (2) Ausschließlicher Vorbehalt des jederzeitigen Widerrufs

Nach der ratio legis findet § 39 Abs. 2 Nr. 1 S. 2 AO ferner unproblematisch Anwendung, wenn sich der Settlor zwar das Recht zum jederzeitigen Widerruf des Trust vorbehält, sich aber im übrigen der laufenden Weisungsrechte hinsichtlich Verwaltung und Verwendung des Trustvermögens einschließlich der daraus fließenden Einkünfte entäußert. Abgesehen davon wird man in diesen – in der Praxis wohl eher unüblichen – Fällen aber auch anerkennen müssen, dass der Settlor den nur formal berechtigten Trustee gemäß § 39 Abs. 2 Nr. 1 S. 1 AO jederzeit von einer verbotswidrigen Einwirkung auf das Trustgut ausschließen kann. In diesem Zusammenhang ist beispielsweise das Urteil des BFH vom 16. 5. 1989 zu sehen, nach dem die schenkweise Übertragung eines Kommanditanteils zum Verbleib des wirtschaftlichen Eigentums beim Schenker führt, wenn dieser die Rückübertragung an sich jederzeit ohne Angabe von Gründen verlangen kann.[242] Zutreffend wurde diese Entscheidung darauf gestützt, dass die

---

240 Vgl. oben § 4 A. V. 2. c)

241 Zu dieser im Schrifttum einhellig vertretenen Auffassung etwa: *Füger/v. Oertzen*, IStR 1999, 11, 13; *Haarmann*, Trust, S. 151, 154; *Killius*, intertax 1994/5, 195, 196; *Pöllath*, Vermögenssicherung, S. 159, 168; *Seibold*, IStR 1993, 545, 547; *Sieker*, US-Trust, S. 302; *ders.*, BB 1991, 1975, 1977; *Siemers/Müller*, IStR 1998, 385, 390; *Söffing/Kirsten*, DB 1999, 1626, 1630.

242 BFH v. 16.5.1989, BStBl II 1989, 877.

Beschenkten angesichts der jederzeit drohenden Rückforderung letztlich nur auf Weisung der Schenker und damit ausschließlich in fremdem Interesse handeln konnten.[243] Dieses Argument greift umso mehr, wenn – wie bei einem Trust – von dem nur formal-rechtlich übertragenen Eigentum von vornherein nur insoweit Gebrauch gemacht werden darf, als dies der mit der Trust-Errichtung bestimmte Zweck der Vermögensverwaltung erfordert. Wirtschaftlich scheidet das Trustvermögen bei freier Widerruflichkeit mithin auch dann nicht aus dem Vermögen des Settlor aus, wenn diesem abweichend von der „klassischen" Treuhand keine Weisungsrechte hinsichtlich der Trustverwaltung zustehen.[244]

### (3) Ausschließlicher Vorbehalt von Weisungsbefugnissen

Wirtschaftliches Eigentum des Settlor i. S. des § 39 Abs. 2 Nr. 1 AO wird man auch dann bejahen müssen, wenn im umgekehrten Fall zwar ein Widerruf der Trust-Errichtung ausgeschlossen, der Settlor sich aber auf Lebenszeit weitgehende Weisungsbefugnisse gegenüber dem Trustee vorbehalten hat.[245] Dementsprechend begründete bereits der RFH mit Urteil vom 11. 1. 1940 die steuerliche Zurechnung des Trustguts damit, dass dem Settlor bei nur formeller Unwiderruflichkeit der Trust-Errichtung die Verfügung über das Vermögen im wesentlichen erhalten geblieben war.[246] Im Streitfall war das evident. Denn der Settlor hatte sich bei Trust-Errichtung nicht nur die Befugnis, die Verwendung der Erträge in großem Umfang autonom bestimmen zu dürfen sowie eine bedingte eigene Berechtigung an bis zu 50 % der Trusterträge vorbehalten, sondern darüberhinaus auch das Recht, das Trustvermögen durch ungesicherte Darlehen bis zur Höhe von 80 % vermindern zu dürfen. Zutreffend erkannte der RFH, dass dem Settlor aufgrund dieser Rechte der Sache nach eine Rückgängigmachung der Trust-Errichtung zu erheblichen Teilen möglich war.[247]

Übertragen auf den Regelungsinhalt des § 39 Abs. 2 Nr. 1 Satz 1 AO wird man dem Settlor bei derartigen Trustgestaltungen die in seinen Dispositionsbefugnissen zum

[243] Demgegenüber sollte auch der Umstand, dass die Rechte der Beschenkten als Kommanditisten nach dem HGB nicht eingeschränkt waren, nicht ins Gewicht fallen; vgl. BFH v. 16.5.1989, a. a. O., 878.

[244] So im Ergebnis wohl auch *Seibold*, IStR 1993, 545, 547.

[245] Wohl auch *Sieker*, US-Trust, S. 335.

[246] Vgl. RFH v. 11.1.1940, RStBl. 1940, 267.

[247] Da im Streitfall nur die vermögensteuerliche Zurechnung beurteilt werden musste, dem Kläger das Vermögen seiner als Beneficiaries eingesetzten Kinder nach § 11 Abs. 2 VStG 1935 (§ 14 Abs. 1 Nr. 2 VStG 1990) also ohnedies zuzurechnen war, ließ der Reichsfinanzhof die Frage, ob das wirtschaftliche Eigentum am Trustvermögen nicht ausschließlich beim Settlor verblieben, sondern zum Teil schon den Beneficiaries zugefallen ist, unentschieden. Demgegenüber wäre für ertragsteuerliche Zwecke eine solche Aufspaltung mangels Zusammenveranlagung wohl zu prüfen gewesen, da sich die vom Settlor vorbehaltenen Rechte im Ergebnis nicht auf das gesamte Trustvermögen bezogen hatten.

Ausdruck gebrachte fortdauernde „tatsächliche Sachherrschaft" über das Trustgut attestieren.[248] Daneben kommt der formellen Einwirkungsbefugnis des Trustee, die diesem über das Eigentum vermitteltet wird, kein wirtschaftliches Gewicht zu, da die in den Trustbestimmungen vorbehaltenen Rechte dem Settlor eine umfängliche Befugnis zur Bestimmung über die Verwendung des Trustvermögens und/oder der Erträge zu eigenen Gunsten oder zugunsten Dritter vermitteln.[249] Bei allem bleibt jedoch zu berücksichtigen, dass die Grenze zwischen fortdauernder Sachherrschaft und Aufgabe der Verfügungsgewalt angesichts der zahlreichen Möglichkeiten zur (auch mittelbaren) Einflussnahme auf den Trustee fließend ist.[250] Während beispielsweise der Vorbehalt einer weitreichenden power of appointment die Zurechnung des Trustvermögens zum Settlor rechtfertigen kann, ergeben sich Zweifel etwa hinsichtlich des Rechts, neue oder zusätzliche Trustees zu ernennen.[251] Dass einer solche Befugnis möglicherweise in Verbindung mit einem entsprechenden letter of wishes zurechnungsbegründende Wirkung beigemessen werden kann, sollte jedenfalls für die Fälle, in denen der Trustee nachweislich nur auf Grundlage dieser – in der Praxis jederzeit änderbaren aber rechtlich nicht bindenden „Wünsche" des Settlor – handelt, nicht ausgeschlossen werden.[252]

Zusammenfassend lässt sich gleichwohl festhalten, dass der Vorbehalt eines freien Widerrufsrechts und/oder eine Befugnis zur Einflussnahme auf Verwaltung und Verwendung des Trustvermögens, die im Ergebnis eine faktische Berechtigung an den einzelnen Wirtschaftsgütern vermittelt, grundsätzlich keinen Raum für eine selbstständige Vermögensmasse bzw. ein Zweckvermögen lässt, da insoweit stets ein Durchgriff auf den Settlor erfolgt.[253]

#### (4) Die Beneficiaries als Inhaber der vorstehenden Befugnisse

Das Trustgut bildet schließlich zweifellos auch dann kein Zweckvermögen, wenn die vorstehend bezeichneten Rechte nicht dem Settlor, sondern einem oder mehreren Beneficiaries gemeinsam zustehen. Vorstellbar, wenn auch nicht allgemein üblich, wäre insoweit, dass die mit diesen Rechten verbundene Verfügungsmacht über das Trustvermögen vom Errichter bereits bei (lebzeitiger oder von Todes wegen erfolgender)

---

248 Zustimmend *Fischer* in Hübschmann/Hepp/Spitaler, § 39 AO Rn. 176.

249 Vgl. auch FG Baden-Württemberg v. 3.5.1983, EFG 1984, 128, welches ungeachtet seiner Aufhebung durch BFH v. 27.9.1988, BStBl 1989, 414 (siehe oben § 4 A. V. 2. a) ) hinsichtlich der hier fraglichen eigennützigen Sachherrschaft des Schenkers zutreffend resümiert.

250 Siehe hierzu oben § 2 F.

251 In BFH v. 2.11.1992, BStBl II 1993, 388 wurde eine Vermögensmasse ungeachtet eines solchen Vorbehalts angenommen.

252 Zum „Letter of Wishes" vgl. bereits § 2 F. II. 2.

253 Bspw. *Haarmann*, Trust, S. 151, 154 sowie *Pöllath*, IWB Fach 3 Deutschland Gruppe 1, 1079, 1080.

Trustgründung auf den oder die Begünstigten übertragen werden. Praxisrelevanter dürften Gestaltungen sein, bei denen die zunächst dem Settlor selbst vorbehaltene Möglichkeit zur Rückgängigmachung der Trust-Errichtung und/oder die Verwaltungsbefugnis den Beneficiaries erst nach einer bestimmten Zeit – bspw. mit Ableben des Settlor – zustehen soll. Wirtschaftlich kommt es in diesen Fällen gewissermaßen zu einer über den Trustee vermittelten Übertragung des Trustguts vom Settlor auf die Beneficiaries, welche mit Blick auf die ihnen überwiesenen Dispositionsbefugnisse fortan die tatsächliche Sachherrschaft über des Trustvermögen auszuüben berechtigt sind.[254]

### b) Aufschiebend befristete oder betagte Substanzberechtigungen

Die hier zu erörternden, im Hinblick auf die Qualifikation des Trust als Zweckvermögen weitaus schwieriger zu beurteilenden Gestaltungen seien zunächst anhand einiger exemplarischer Grundfälle illustriert, deren erste Gemeinsamkeit darin bestehen soll, dass weder dem Settlor noch den Beneficiaries Widerrufs- oder Weisungsbefugnisse hinsichtlich der laufenden Trustverwaltung durch den insoweit an die Vorgaben in der Trust-Urkunde gebundenen Trustee zustehen.

Die Grundsituation dieser im weitesten Sinne als Fixed Trust zu bezeichnenden Gestaltung stellt sich bei lebzeitiger Errichtung sodann wie folgt dar:

> 2. Fallgruppe: Mehrere bestimmte Personen, beispielsweise die Kinder des Settlor, werden unbedingt als Substanzberechtigte eines unwiderruflich errichteten Trust berufen. Die Erträge des Trust sollen den Vorgaben des Settlor entsprechend (laufend oder bei Eintritt bestimmter Ereignisse)
>
> a) an die substanzberechtigten Personen ausgekehrt,
>
> b) zugunsten dieser Personen akkumuliert, oder
>
> c) zunächst auf Lebenszeit einer anderen Person ausbezahlt werden.
>
> Substanzauskehrungen erfolgen in den Varianten a) und b) anteilig jeweils mit Vollendung des 30. Lebensjahres der anfallsberechtigten Personen, in Variante c) mit dem Ableben des Ertragsberechtigten.

Will der Settlor, dem bei dieser Fallgruppe allenfalls noch ein Recht an den Erträgen des Trust vorbehalten sein kann, sich des Trustvermögens nicht endgültig begeben, kann eine (Rück-)Anfallsberechtigung aber auch zu seinen eigenen Gunsten begründet werden:

> 3. Fallgruppe: Ein Trust wird unwiderruflich auf die Dauer von 10 Jahren und im übrigen begrenzt auf die Lebenszeit des Settlor errichtet. Mit Beendigung des Trust soll die Trustsubstanz wieder dem Settlor als alleinigen Anfallsberechtigten bzw. dessen Erben zufallen. Die

[254] Im Ergebnis gl. A. *Pöllath*, IWB Fach 3 Deutschland Gruppe 1, 1079, 1080.

Erträge sind vom Trustee laufend und vollständig an eine bestimmte dritte Person auszubezahlen.[255]

Die über die vorerwähnten Prämissen (keine die tatsächliche Sachherrschaft durch den Settlor oder die Beneficiaries begründenden Befugnisse, kein Ermessen des Trustee) hinausgehende Gemeinsamkeit dieser beiden Fallgruppen besteht darin, dass die Personen, denen die Trustsubstanz bei Auflösung des Trust zufallen soll, unwiderruflich und unbedingt feststehen.[256] Denn der Anfall des Trustvermögens bei den benannten Beneficiaries (bzw. dem Settlor) ist weder an den Eintritt eines künftigen ungewissen Ereignisses[257], noch an die vorherige Konkretisierung eines Verteilungsentschlusses durch den Trustee[258] geknüpft. Hinausgeschoben ist dagegen der Zeitpunkt, in dem das Trustgut den Beneficiaries zu vollem Eigentum zufallen soll. Da sich dieser Zeitpunkt bei der 3. Fallgruppe kalendermäßig genau bestimmen lässt (10 Jahre nach Errichtung des Trust), ist aus Sicht des deutschen bürgerlichen Rechts[259] vom Vorliegen eines betagten Erwerbsgrundes auszugehen. Gleiches gilt für die Varianten a) und b) der 2. Fallgruppe (Vollendung des 30. Lebensjahres), während bei Variante c) durch die Anknüpfung an den Todestag der ertragsberechtigten Person eine Befristung auf einen unbestimmten Zeitpunkt vorliegt.[260] Entscheidend ist indes in allen Fällen, dass der aus dem equitable title folgende Anspruch auf die Trustsubstanz vererblich ist, wenn der Anfallsberechtigte vorzeitig verstirbt. Ausgehend von dieser Feststellung lassen sich die dargestellten Beispiele schließlich um eine entsprechende weitere, von Todes wegen erfolgende Gestaltung ergänzen:

4. Fallgruppe: Im Rahmen eines Testamentary Trust setzt der Erblasser eine bestimmte Person unbedingt als Substanzberechtigten ein. Den weiteren Vorgaben im Trust-Settlement entsprechend soll die Auflösung des Trust

a) nach fortlaufender oder zu bestimmten Zeitpunkten erfolgender Auskehrung der Erträge bzw.

b) nach weitgehender Akkumulation der Erträge mit dem Erreichen des 30. Lebensjahres der substanzberechtigten Person, oder

[255] Ein Musterbeispiel für diese Fallgruppe ist der – vorwiegend steuerlich motivierte – sog. „Clifford Trust“, der sich vor allem in den USA bis zum Inkrafttreten des Steuerreformgesetzes 1986 großer Beliebtheit erfreute; dazu *Sieker*, BB 1991, 1975, 1978 f.

[256] Im allgemeinen englischen Sprachgebrauch wäre der dem Settlor in der 2. Fallgruppe zustehende Rückfallanspruch als „contingent interest in reversion“ zu bezeichnen, wohingegen den personenverschiedenen Beneficiaries der 3. Fallgruppe „contingent interests in remainder“ zugeschrieben würden; vgl. hierzu *Albrecht*, Erbfälle, S. 38; vgl. auch S. § 2 E. I. 1.

[257] Hierzu vgl. unten § 4 A. VI. 4. c).

[258] Hierzu unten § 4 A. VI. 4. d).

[259] Die Betonung auf das Zivilrecht ist damit begründet, dass Rechtsprechung und Finanzverwaltung für das Erbschaftsteuerrecht teilweise eine eigene Begrifflichkeit entwickelt haben; vgl. hierzu *Meincke*, § 9 ErbStG Rn. 22 f., sowie unten § 5 C. II. 1.

[260] Zur Abgrenzung der aufschiebenden Bedingung von der Befristung und der Betagung etwa *Gebel* in Troll/Gebel/Jülicher, § 9 ErbStG Rn. 40 ff.

c) mit Versterben einer bis dorthin ertragsberechtigten dritten Person erfolgen.

Unabhängig davon, ob das Vermögen nun (bei lebzeitig errichteten Trusts) dem Settlor selbst oder (bei Intervivos sowie Testamentary Trusts) einem mit diesem nicht identischen Beneficiary anfallen soll, stellt sich aus steuerrechtlicher Sicht die Frage, ob diese jeweils zeitlich hinausgeschobene, ihrem Entstehungsgrund nach aber gewisse Berechtigung dazu führen kann, dass das Trustvermögen wirtschaftlich bereits vor der Auflösung des Trust der anfallsberechtigten Person nach § 39 Abs. 2 Nr. 1 AO zuzurechnen ist. Nicht zuletzt mit Blick auf die oben dargestellten deutschrechtlichen Gestaltungen, in denen eine Abweichung von der Regelzurechnung angenommen wird, soll für die Lösung dieser Frage zwischen den Fällen, in denen Ertrags- und Substanzberechtigungen zugunsten derselben Person bestehen und den Fällen, in denen diese Berechtigungen auseinanderfallen, differenziert werden. Des weiteren ist zu fragen, welchen Einfluss die mit der Akkumulierung der Erträge einhergehende Zuflussverzögerung auf die Zurechnung des Trustvermögens nehmen soll.

### (1) Ertrags- und Anfallsberechtigung zugunsten derselben Person

Stehen im Falle eines Testamentary Trust bei nur zeitlich hinausgeschobenem Substanzanfall zugunsten einer bestimmten Person dieser zugleich die laufenden Erträge aus dem Trustvermögen zu[261], unterscheidet sich die Rechtsstellung des Anfallsberechtigten wirtschaftlich gesehen zunächst nicht von jener eines mit Dauertestamentsvollsteckung belasteten Erben oder Vermächtnisnehmers.[262] Hier wie dort sind die Befugnisse des Anfallsberechtigten/Erben mangels originärer Weisungs- und Kontrollrechte auf Leistungsansprüche gegenüber dem Trustee/Testamentsvollstrecker mitunter erheblich beschränkt; eine Möglichkeit, wie ein Eigentümer über das Vermögen bzw. die Erträge des Trust zu disponieren, besteht nicht.[263] Gleichwohl wird man jenen – ausgehend von einer unmittelbaren Erbeinsetzung – mit Blick auf die dargestellte ständige Rechtsprechung zur ertragsteuerlichen Zurechnung bei Testamentsvollstreckung[264] bereits mit dem Erbfall als wirtschaftlichen Eigentümer des Trustvermögens ansehen müssen.[265]

Dieses, bislang nur auf die wirtschaftliche Vergleichbarkeit zweier verschiedener Rechtsinstitute gestützte Ergebnis ist allerdings nur zwingend, wenn sich die Annahme des damit zugleich unterstellten sofortigen Erwerbs der vollen materiellen Substanzberechtigung auch auf Grundlage einer materiell-rechtlichen Anpassung der Rechtsstel-

---

261 Vgl. oben Fallgruppe 2 a).

262 So unter dem Aspekt der Erbschaftbesteuerung *Sieker*, US-Trust, S. 315.

263 *Sieker*, US-Trust, S. 303, der unter diesem Aspekt zum Zwecke der Ertragsbesteuerung allerdings – m. E. unzutreffend – vom Vorliegen einer Vermögensmasse ausgeht.

264 Vgl. oben § 4 A. V. 2. b) .

265 So *Mueller*, RabelsZ 1933, 808, 844 Fn. 1.

lung des Beneficiary an die Strukturen des deutschen Rechts rechtfertigen lässt. Bedenken ergeben sich insoweit im Hinblick auf den von der Erbschaftsteuerrechtsprechung angewandten Grundsatz des aufschiebend bedingten Erwerbs.[266] Dementsprechend wäre es naheliegend, angesichts der hier gegebenen Betagung bzw. bestimmten Befristung des Kapitalanspruchs ebenfalls vom Erwerb einer künftigen Rechtsposition bzw. einer Anwartschaft auszugehen. Für die damit einhergehende Negierung einer gegenwärtigen materiellen Kapitalberechtigung scheint schließlich auch die formalrechtliche Stellung des Trustee als legal owner einerseits sowie die mitunter lange andauernde Verfügungsbeschränkung des Anfallsberechtigten andererseits zu sprechen.[267] Bei näherer Betrachtung zeigt sich indes, dass diese Auffassung nur schwerlich haltbar ist. Denn wie anhand der höchstrichterlichen Finanzrechtsprechung nachgewiesen werden konnte[268], steht die sich nach ausländischen Recht vollziehende Aufspaltung des Eigentums am Trustvermögen einer Qualifikation des Beneficiary als gegenwärtig materiell Berechtigten nicht per se entgegen. Hinsichtlich der herbeizuführenden Bereicherung der Beneficiaries/Erben ist vielmehr maßgeblich auch auf den Willen des Settlor/Erblassers abzustellen.[269] Gerade in Zweifelsfällen wie dem vorliegenden wird deshalb mitentscheidend, welche Rechtsfolgen das ausländische Recht in Bezug auf die Kapitalberechtigung an die betreffende Trust-Gestaltung knüpft. Insoweit aber gilt für den – wohlgemerkt eine Ausnahme darstellenden – Fall, dass dem gesichert substanzberechtigten Beneficiary zugleich auch die laufenden Nutzungen des Trustvermögens zustehen, im Trust-Recht Jerseys nicht anderes als beispielsweise im US-amerikanischen oder englischen Recht: Die Unterscheidung von Ertrag und Kapital betrifft hier nur den nach den Trust-Bestimmungen geregelten Genuss des Trustvermögens, welches in Form eines „absolute interest" bereits mit Beginn des Trust als im Ganzen angefallen gilt.[270] Sowohl wirtschaftlich als auch materiell-funktional findet diese Rechtslage ihre deutsch-rechtliche Entsprechung in der unter Anordnung einer Dauertestamentsvollstreckung durch das „absolute interest" vermittelten unmittelbaren Erbeinsetzung des Trust-Begünstigten. Soweit die nur formelle Berechtigung des Trustee damit ungeachtet der üblicherweise bestehenden, weitreichenden Verfügungsbefugnisse hinter der (gegenwärtigen) materiellen Kapitalberechtigung zurück-

---

266 Vgl. oben § 4 A. VI. 2. a).

267 Dieser Auffassung offensichtlich *Otto*, RIW 1985, 491, 500, sowie *Pöllath*, Vermögenssicherung, S. 159, 169.

268 Vgl. oben § 4 A. VI. 2.

269 Vgl. oben § 4 A. VI. 2. b) (1). Ähnlich lässt auch *Mueller*, RabelsZ 1933, 808, 835 grundsätzlich entscheidend sein, welche rechtliche Gestaltung dem Erblasser vorschwebte.

270 Zum Jersey Trust bereits oben § 2 E. I. 1. Zur vergleichbaren Situation im Recht der US-Bundesstaaten *Mueller*, RabelsZ 1933, 808, 840 ff.; zum englischen Recht *Albrecht*, Erbfälle, S. 33, 294 ff.

tritt, muss das Trustvermögen den Beneficiaries steuerlich nach § 39 Abs. 1 AO zugerechnet werden.[271]

Da weiter festgestellt wurde, dass die Rechtsstellung des Trustee sowie der Begünstigten vom Entstehungsgrund des Trust unabhängig ist[272], muss die wirtschaftliche und materielle Kapitalberechtigung auch im Falle eines entsprechend ausgestalteten Intervivos Trust als eine gegenwärtige qualifiziert werden.[273] Unter diesem Gesichtspunkt ist erkennbar, dass die Rechtsposition des Anfalls- und zugleich Ertragsberechtigten exakt jener eines im Wege der Schenkung unmittelbar Bereicherten entspricht, dessen Herrschaftsbefugnisse durch die Auflage, das Vermögen auf eine bestimmte Zeit von einem Dritten verwalten zu lassen, beschränkt sind.[274] Unstrittig kommt alleine wegen dieser Verfügungsbeschränkungen eine Abweichung von der Regelzurechnung zum zivilrechtlichen Eigentümer aber nicht in Betracht.[275] Zumindest für den Jersey Trust kann dieses Ergebnis nicht zuletzt auch auf die Möglichkeit der „beneficiary action“ – dem unter bestimmten Voraussetzungen bestehenden Recht zur Beendigung des Trust[276] – gestützt werden.[277]

Die Annahme wirtschaftlichen Eigentums des Begünstigten müsste schließlich selbst dann erfolgen, wenn man dem auf die Trustsubstanz gerichteten Anspruch entgegen der hier vertretenen Auffassung nicht die Qualität einer gegenwärtigen materiellen Kapitalberechtigung zukommen lassen wollte. Entscheidend wäre unter dieser Prämisse die sich bei wirtschaftlicher Betrachtung zeigende Ähnlichkeit zwischen der Stellung eines ertragsberechtigten Beneficiary und derjenigen eines Nießbrauchers.[278] Beide haben ein originäres Recht auf die Früchte eines Gegenstandes, der (beim Trust auch bei Ablehnung der obigen Argumentation nur formalrechtlich) im Eigentum eines anderen steht. Sofern ein Nießbrauch mit einem hinreichend gesicherten Anspruch auf den späteren Anfall der Vermögenssubstanz verbunden ist, wird im deutschen Steuer-

---

271 Im Ergebnis hinsichtlich der wirtschaftlichen Vergleichbarkeit des Anfallsberechtigten mit einem unter Dauertestamentsvollstreckung stehenden Erben daher übereinstimmend mit *Sieker*, US-Trust, S. 315.

272 Vgl. § 4 A. VI. 2. c).

273 Vgl. oben Fallgruppe 2 a).

274 So – wiederum unter erbschaftsteuerlichen Gesichtspunkten – auch *Sieker*, US-Trust, S. 307.

275 Vgl. hierzu insbesondere RFH v. 9.4.1930, RStBl 1930, 364.

276 Vgl. oben § 2 E. III.

277 Voraussetzung hierfür ist allerdings, dass die betreffenden Begünstigten volljährig sind.

278 Zivilrechtlich besteht der wesentliche Unterschied zwischen diesen beiden Rechtsinstituten darin, dass im Falle des Nießbrauchs für gewöhnlich der Nießbraucher die tatsächliche Herrschaft bzw. – bei Nießbrauch an Betriebsvermögen oder GmbH-Anteilen – das Recht zur Stimmrechtsausübung innehat und daher verpflichtet ist, die Substanz gegenüber dem Eigentümer zu erhalten; anders der Trustee, dem mit dem Verwaltungsrecht gerade auch das Recht zur Ausübung der tatsächlichen Sachherrschaft zusteht; vgl. dazu *Arendt*, StuW 1960, 349, 357 f.; zur Einkünftezurechnung bei Nießbrauchssachverhalten auch unten § 4 B. I.

recht eine von der zivilrechtlichen Rechtslage abweichende Zurechnung des Eigentums zum Nutzungsberechtigten vorgenommen.[279] Wie bereits ausgeführt, lässt sich das bei verbotswidrigen Verfügungen des Trustee in der Regel auch gegenüber Dritten durchsetzende equitable interest des Beneficiary zwanglos als „dinglich gesichertes" Recht qualifizieren.[280] Damit aber ist es gerechtfertigt, den in equity ertragsberechtigten Beneficiary, dem zu einem späteren Zeitpunkt auch die Vermögenssubstanz anfallen soll, auch unter dem Gesichtspunkt des Nießbrauchs bereits mit dem Zeitpunkt der Trust-Errichtung als Inhaber des Vermögens anzusehen.[281]

### (2) Verbindlich vorgeschriebene Akkumulierung der Erträge zugunsten des Anfallsberechtigten

Die hier im Hinblick auf die ertragsteuerrechtliche Zurechnung des Trustvermögens zu untersuchende – oben mit Fallgruppen 2 b) und 4 b) illustrierte – Trust-Gestaltung unterscheidet sich von dem vorstehend betrachteten Typus nur in einem einzigen Punkt: Der Trust ist also ohne Vorbehalt von Widerrufs- bzw. Weisungsbefugnissen seitens des Settlor oder durch letztwillige Verfügung errichtet; seine Auflösung unter Auskehrung des Vermögens erfolgt zu einem vom Settlor vorgegebenen Zeitpunkt an bestimmte Begünstigte. Die deshalb wiederum betagt oder aufschiebend befristet berechtigten Beneficiaries haben jedoch während der Dauer des Trust keine durchsetzbaren Ansprüche hinsichtlich der im Trust anfallenden Erträge. Diese werden vom Trustee während der Dauer des Trust vielmehr weitestgehend zum Kapital geschlagen und zugunsten der Anfallsberechtigten verwaltet.[282]

---

[279] Vgl. oben § 4 A. V. 2. d) .

[280] Dies würde im übrigen auch dann gelten, wenn die Rechtsverhältnisse des Trust aufgrund der international-privatrechtlichen Qualifikation deutschem Recht unterstehen sollten und – entgegen der hier vertretenen Auffassung – von einem Primat dieser Würdigung für das Steuerrecht auszugehen wäre. Ob einer treuwidrigen Verfügung des Trustee im Rahmen der dann vorzunehmenden Umdeutung des Trust aus deutscher Sicht Bestandskraft beizumessen ist, kann dabei dahingestellt bleiben. Selbst wenn der Trustee nämlich wirksam über das Trustvermögen verfügen könnte, ist dem entscheidende Bedeutung nicht beizumessen. Denn die wirtschaftliche Beurteilung derartiger Sachverhaltsgestaltungen muss nur den *normalen Verlauf der Dinge* in Betracht ziehen; vgl. BFH v. 26.1.1970, BStBl II 1970, 264; v. 8.3.1977, BStBl II 1977, 629. Dass der Trustee seine Rechtsmacht in treuwidriger Weise ausüben wird, kann aber gerade angesichts der strengen Regeln des Common Law, an denen der Trustee seine Rechtshandlungen jedenfalls messen wird, nicht ohne weiteres angenommen werden.

[281] Vgl. auch *Arendt*, StuW 1960, 349, 358, der den wirtschaftlichen Vergleich mit der Rechtsstellung eines Nießbrauchers gerade im Hinblick auf die equitable ownership des Beneficiary gerechtfertigt sieht.

[282] Es kann davon ausgegangen werden, dass eine solche Trust-Gestaltung in der Praxis allenfalls zum Zwecke der Zuwendung bzw. finanziellen Absicherung von Minderjährigen umgesetzt wird. Üblicherweise erhalten die Trustees in diesem Fall die Befugnis, einen Teil der Erträge des Trustvermögens für den Unterhalt, die Erziehung und die Ausbildung des Begünstigten zu verwenden; zum „Accumulation and Maintainance Trust" vgl. a. *Albrecht*, Erbfälle, S. 220 ff.

Ähnlich wie im vorangegangenen Fall kommt als wirtschaftliches Äquivalent für eine solche Trust-Anordnung – je nach Entstehungsgrund – die Einsetzung der Anfallsberechtigten als durch Dauertestamentsvollstreckung belastete Vollerben/Vermächtnisnehmer[283] oder die Annahme eines aufschiebend befristeten bzw. betagten Erbschafts-/Vermächtniserwerbs[284], andernfalls eine Schenkung unter Verwaltungsauflage[285] oder eine Treuhandschaft zugunsten Dritter[286] in Betracht. Da diese Alternativen trotz naher Verwandtschaft hinsichtlich ihrer wirtschaftlichen Ergebnisse eine jeweils unterschiedliche Zurechnung des Trustvermögens nach sich ziehen, liefert die wirtschaftliche Betrachtungsweise alleine kein brauchbares Ergebnis. Eine Lösung des – maßgebend auch durch die materielle Rechtslage sowie die Funktion des Trust mitbestimmten – Zurechnungsproblems ist deshalb wiederum nur im Wege der Anpassung der Rechtsstellung der Begünstigten an die Strukturen des deutschen Rechts möglich.

Gestützt auf die dargestellte höchstrichterliche Finanzrechtsprechung zur erbschaftsteuerlichen Behandlung des Nachlasstrust sind hierbei die folgenden Überlegungen zielführend: Ausgehend von rechtlicher Konstruktion und Funktion des Trust kann eine gegenwärtige, bereits mit dem Erwerb des auf die Vermögenssubstanz gerichteten equitable interest begründete, materielle Kapitalberechtigung nur in Ausnahmefällen angenommen werden. Zutreffend sieht die Rechtsprechung eine solche Ausnahme im Fall der nach anglo-amerikanischem Recht erfolgenden Nachlassverwaltung durch einen Executor oder Administrator als gegeben an.[287] Dass hierbei neben der Funktion der Nachlassverwaltung im Common Law-Rechtsraum nicht zuletzt dem Willen des Erblassers hinsichtlich der herbeizuführenden Bereicherung eine maßgebende Rolle beizumessen ist, wurde bereits nachgewiesen.[288] Gezeigt wurde ferner, dass eine sofortige materielle Bereicherung um die Trustsubstanz unter Mitberücksichtigung der im ausländischen Recht vorgenommenen rechtlichen Würdigung anzunehmen ist, wenn der Settlor einer oder mehreren Personen zugleich neben dem Kapital auch die laufenden Erträge zugewendet hat. Als dem ausländischen Trust-Recht am ehesten gerecht werdende Lösung wurde insoweit die Gleichsetzung des Anfallsberechtigten mit einem unmittelbar bereicherten Erben/Vermächtnisnehmer bzw. einem unter Verwaltungsauflage Beschenkten präferiert. Ob eine ergebnisgleiche Anpassung gerechtfertigt ist, wenn die Erträge erst in Zukunft – d. h. mit Beendigung des Trust – verlangt werden können, lässt sich mangels anderer verlässlicher Abgren-

283 Hiervon scheint (unter erbschaftsteuerlichen Gesichtspunkten) *Sieker*, US-Trust, S. 315, 317 f. auszugehen; wohl auch *Mueller*, RabelsZ 1933, 808, 844 Fn. 1.

284 So offensichtlich *Pöllath*, Vermögenssicherung, S. 159, 169 f.

285 Vgl. *Sieker*, BB 1991, 1975, 1979, unter Verweis auf RFH v. 9.4.1930, RStBl 1930, 364; zu diesem „Familienfonds"-Urteil siehe auch oben § 4 A. V. 2. b).

286 Zur zivilrechtlichen Konstruktion des Treuhandvertrages zugunsten Dritter sowie der Ausgestaltung des Valutaverhältnisses siehe bereits oben § 3 B. III. 2. a) (5).

287 Hierzu oben § 4 A. VI. 2. a).; insbesondere BFH v. 8.6.1988, BStBl II 1988, 808, 810.

288 Siehe oben § 4 A. VI. 2. b) (1).

zungskriterien ebenfalls nur anhand der tatsächlichen Verhältnisse nach dem ausländischen Recht bzw. des hiernach auszulegenden Errichter-Willens ermitteln. Bezogen auf einen Testamentary Trust lautet die letztlich entscheidende Frage also, ob der Erblasser/Settlor in diesem Fall will, dass das Erbrecht der Anfallsberechtigten sofort bei seinem Tode oder erst mit der Auflösung des Trust entstehen soll.[289] Zwar sind bei der Verwaltung des Vermögens durch den Trustee ausschließlich die Interessen der unbedingt benannten Beneficiaries wahrzunehmen, denen alleine dieses Vermögen nebst der zugeschlagenen Erträge bei der Beendigung des Trust auch auszuhändigen ist.[290] Wie im vorangegangenen Fall sind die beneficial interests darüberhinaus normalerweise frei veräußerlich und frei vererblich.[291] Gegen die Annahme eines unmittelbaren Vermögensanfalls spricht jedoch, dass der am Trustvermögen begründete equitable title nur in absoluten Ausnahmefällen bereits im Zeitpunkt der Trust-Errichtung eine materielle Kapitalberechtigung verkörpern kann. Wenn den Beneficiaries nach dem Willen des Settlor wie hier eine gegenwärtige vermögensrechtliche Teilhabe nicht nur hinsichtlich der Substanz, sondern auch in Bezug auf die laufenden Erträge des Trust verschlossen sein soll, entspricht es der ausländischen Konstruktion deshalb eher, wenn man für die deutschrechtliche Auslegung von einem erst im Zeitpunkt der Trust-Beendigung entstehenden Erbrecht ausgeht. Demgemäß vermittelt das equitable interest auch nach deutschen Vorstellungen bis zur Substanzauskehrung kein materielles Eigentum an den Vermögensgegenständen des Trust.

Auf Grundlage der letzten, für Testamentary Trusts wie für Intervivos Trusts gleichermaßen gültigen Annahme ergibt sich die Lösung des Zurechnungsproblems sodann über § 39 Abs. 2 Nr. 1 AO: Da die Begünstigten für die Dauer des Trust keine eigentümerähnlichen Verwaltungs- und Verfügungsbefugnisse und mithin keine tatsächliche Herrschaft über das Trustvermögen auszuüben vermögen, käme wirtschaftliches Eigentum nur unter dem Aspekt eines steuerlichen Treuhandverhältnisses in Betracht. Wie gezeigt, kann das Rechtsverhältnis des Trust in den Strukturen des deutschen Rechts zwar ohne weiteres als Treuhandschaft zugunsten Dritter abgebildet werden.[292] Zugleich wurde jedoch festgestellt, dass für die steuerliche Zurechnung zum Treugeber nach § 39 Abs. 2 Nr. 1 S. 2 AO alleine die fremdnützige Vermögenshaltung durch den Treunehmer nicht ausreichen kann. Hinzukommen muss vielmehr zumindest ein gewisses Maß an Weisungsrechten gegenüber dem Treuhänder sowie – im Grundsatz – die Möglichkeit, das Treugut (jederzeit) ohne größere Beschränkungen

[289] In diesem Sinne – allerdings für den Fall eines Trust mit auseinanderfallenden Ertrags- und Substanzberechtigungen – auch RFH v. 24.9.1935, StuW 1935, 1619, 1629.

[290] Die Situation ist also vergleichbar mit dem „Familienfonds"-Urteil des RFH v. 9.4.1930, RStBl 1930, 364, wo das Vermögen den anfallsberechtigten Kindern zugerechnet wurde.

[291] Sofern der Trust zum Schutze geschäftlich unerfahrener bzw. minderjähriger Beneficiaries errichtet wurde, wird das Settlement allerdings häufig eine sog. „spendthrift oder protective clause" enthalten, durch welche die Übertragbarkeit des equitable interest im Ergebnis praktisch ausgeschlossen wird; hierzu etwa *Kötz*, Trust und Treuhand, S. 46 ff; *Sieker*, US-Trust, S. 44 ff.

[292] Vgl. oben § 3 B. III. 2. a) .

von diesem herausverlangen zu können.[293] Beides aber ist bei einem Trust der vorliegenden Art typischerweise gerade nicht der Fall, da die nur nach Billigkeitsrecht anerkannten Berechtigungen und Anwartschaften den Beneficiaries anstelle der Befugnis zur laufenden Einflussnahme auf die Vermögensverwendung neben weitreichenden Auskunfts- und Rechnungslegungsansprüchen nur das Recht, die gerichtliche Überprüfung von Trustverwaltung und –durchführung verlangen zu können, vermitteln. Nach der hier vertretenen Auffassung rechtfertigt alleine diese Bindung im Innenverhältnis die steuerliche Anerkennung eines Treuhandverhältnisses zwischen Trustee und Anfallsberechtigten nicht.[294] Mangels anderweitiger Möglichkeit zur Zurechnung des Trustvermögens stellt dieses in der vorliegenden Fallgestaltung daher eine Vermögensmasse i. S. der §§ 1 ff. KStG dar.

### (3) Ertrags- und Anfallsberechtigung zugunsten verschiedener Personen

Eine der Hauptfunktionen des klassischen Private Trust besteht in der Möglichkeit, mehreren Personen in einem zeitlichen Nacheinander jeweils ein Nutzungsrecht an bestimmten Vermögensgegenständen zuzuwenden, ohne diesen jedoch zugleich die Befugnis zur Verfügung über diese Gegenstände und ihre Verwaltung zu geben. Gegenüber den bislang untersuchten Fällen von vergleichsweise größerer praktischer Relevanz sind deshalb jene Gestaltungen, in denen der Anfall der Trustsubstanz erst nach Beendigung vorangehender Ertragsberechtigungen eines oder mehrer anderer Beneficiaries erfolgen soll.[295] Dass in Bezug auf die Problematik der steuerlichen Einordnung unter den Begriff der Vermögensmasse wiederum eine Würdigung der jeweils erlangten materiellen Rechtspositionen erforderlich ist, ergibt sich bereits aus den an früherer Stelle – eben anhand dieser Trustform – angestellten Überlegungen zur These der „eingeschränkten Maßgeblichkeit“ der materiellen Rechtslage im Bereich des § 39 AO[296]; auf die dortigen Ausführungen kann deshalb weitgehend zurückgegriffen werden.

#### *(i) Zurechnung aufgrund (ausschließlicher) Anfallsberechtigung*

Die sich aus Sicht der – infolge Bindung an den Zeitablauf oder das Vorversterben des bzw. der jeweiligen Ertragsberechtigten als betagt oder aufschiebend befristet eingesetzt anzusehenden – Substanzberechtigten stellende Frage, ob für die Zwecke der steuerlichen Vermögenszurechung eine materielle Kapitalberechtigung bereits mit der Errichtung des Trust oder erst bei dessen Beendigung begründet ist, kann an dieser Stelle nicht anders beantwortet werden, als bei der vorangegangenen Fallgestaltung:

293 Hierzu oben § 4 A. V. 2. c) (1).

294 Möglicherweise entgegen BFH v. 16.5.1995, BStBl II 1995, 714; vgl. dazu aber oben § 4 A. V. 2. c) (2).

295 Vgl. Fallgruppe 3 sowie jeweils Buchst. c) der Fallgruppen 2 und 4.

296 Vgl. oben § 4 A. VI. 1. c).

Unter maßgebender Berücksichtigung des Errichterwillens, demzufolge die Zuwendung des equitable interest sich regelmäßig nur als konstruktives Hilfsmittel für eine hinausgeschobene Übertragung des Trustvermögens darstellt, kann also nicht auf die Existenz gegenwärtiger materieller Rechte an der Trustsubstanz erkannt werden.[297] Ausgeschlossen ist deshalb insbesondere die Auslegung einer mittels Testamentary Trust befristet oder betagt begründeten Anfallsberechtigung in Richtung einer durch Anordnung von Ertragsvermächtnissen beschwerten Vollerbeneinsetzung.[298] Entsprechendes gilt bei Einräumung einer artgleichen Berechtigung im Wege des lebzeitig errichteten, gegebenenfalls über den Tod des Settlor hinaus fortbestehenden Trust. Da hierbei entgegen Sieker[299] im Verhältnis zum Substanzbegünstigten keine unmittelbar vollzogene Schenkung unter Verwaltungs- und Duldungsauflage angenommen werden kann, ist auf Grundlage der damit alleine in Betracht zu ziehenden Zurechnungsnorm des § 39 Abs. 2 Nr. 1 AO für die Dauer des Trust eine Zurechnung des Trustvermögens zum ausschließlich Anfallsberechtigten nicht möglich.[300]

### *(ii) Der Settlor als alleiniger (ausschließlich) Anfallsberechtigter*

Ausgehend von diesen Überlegungen lässt sich die Zurechnungsfrage auch für den Fall beantworten, dass die Anfallsberechtigung nicht – wie bislang angenommen – einer vom Settlor verschiedenen Person, sondern, entsprechend der oben in Fallgruppe 3 dargestellten Gestaltung, dem Settlor selbst zusteht.[301] Sofern das Trustvermögen hierbei nach Ablauf einer bestimmten Frist oder nach Eintritt eines gewissen Ereignisses zwingend wieder an den Settlor zurückfallen soll, ist dieser für die Dauer des Trust formal ebenfalls nur Inhaber eines auf den späteren Vermögens(rück)anfall gerichteten equitable interest. Im Unterschied zu den vorstehend erörterten Fallgestaltungen dient die (vorbehaltene) Berechtigung zwar nicht einer zeitlich gestreckten Übertragung der Vermögenssubstanz, sondern der Durchsetzung eines aufschiebend befristeten oder betagten Rückgewähranspruchs. Ein gegebenenfalls als Schenkung zu qualifizierender Vorgang liegt deshalb überhaupt nur hinsichtlich der während des Trust durch den Trustee zu ziehenden Nutzungen vor.[302] Entscheidend für die deutschrechtliche Wür-

---

[297] BFH v. 6.3.1990, BStBl II 1990, 1195.

[298] Gl. A. *Mueller*, RabelsZ 1933, 808, 844.

[299] Vgl. *Sieker*, US-Trust, S. 308 ff., allerdings unter dem Aspekt der Erbschaftsbesteuerung eines mit dem Ableben des Errichters aufzulösenden Intervivos Trust.

[300] Zur Beständigkeit bzw. Kondiktionsfestigkeit des damit unter Umständen erst nach dem Ableben des Settlor erfolgenden Schenkungsvollzugs im Valutaverhältnis vgl. oben § 3 B. III. 2. a) (4).

[301] Die Literatur hat diese Frage bislang weitestgehend unbeantwortet gelassen; vgl. nur *Sieker*, BB 1991, 1975, 1978 ff., wonach sich nur mutmaßen lasse, wie eine solche Gestaltung von den deutschen Finanzgerichten beurteilt würde.

[302] Die Situation unterscheidet sich damit grundlegend von jenen Fällen, in denen der Rückanfall des Trustvermögens aufgrund eines vom Settlor vorbehaltenen *Gestaltungsrechts* (Widerrufs- oder Rücktrittsrecht) erfolgen kann, da dritten Personen hier immerhin noch die Chance auf einen Vermögenserwerb zukommt.

digung dieser Konstruktion dürfte sein, dass sich der Settlor zum Zwecke der Zuweisung der Vermögenserträge eben nicht eines nur im fremden Namen auftretenden Vermögensverwalters (agency) bedient, sondern für die Dauer des Trust eine vollständige Übertragung der betreffenden Werte auf den Trustee vornimmt. Aus der damit einhergehenden Suspendierung der tatsächlichen Herrschaftsbefugnisse folgt, dass der Settlor mit der Einbringung der Vermögensgegenstände in einen solchen Trust – wenn auch zeitlich vorübergehend – das zivilrechtliche Eigentum an den nur als Treunehmer zu qualifizierenden Trustee verliert. Unter Berücksichtigung der hier vertretenen Auffassung zur steuerrechtlichen Anerkennung eines Treuhandverhältnisses i. S. des § 39 Abs. 2 Nr. 1 S. 2 AO kann das Trustvermögen für die Dauer des Trust daher der wirtschaftlichen Leistungsfähigkeit des Settlor mangels entsprechender Weisungs- bzw. Widerrufsbefugnisse nicht zugerechnet werden.[303]

### *(iii) Zurechnung aufgrund (ausschließlicher) Ertragsberechtigung*

Verneint man für den Fall einer von Todes wegen verfügten Trust-Errichtung mit den vorstehenden Überlegungen die Vergleichbarkeit der Rechtsposition des Substanzberechtigten mit jener eines gegenwärtigen Vollerben, tritt die Bedeutung des ausländischen Rechts für die steuerliche Zurechnung des Trustvermögens deutlich zutage. Denn sofern die Rechtsverhältnisse des Trust deutschem (Erb-)Recht unterstehen, muss wegen des Verdikts herrenloser Erbschaften bei Anordnung einer aufschiebend bedingten oder befristeten Erbfolge materiell-rechtlich zwingend zugleich die Anordnung einer Vorerbfolge angenommen werden. Behandelte man demgemäß den ausschließlich ertragsberechtigten Beneficiary als Vorerben, wäre diesem – bei unterstellter Bindung des Steuerrechts an die international-privatrechtliche Würdigung – das Trustvermögen ungeachtet der bestehenden Verfügungsbeschränkungen nach § 39 Abs. 1 AO steuerlich zuzurechnen. Wirtschaftlich mag dieses Ergebnis zwar dadurch gerechtfertigt sein, dass es im deutschen Recht kaum einen Unterschied macht, ob einem Begünstigten bei angeordneter befreiter Testamentsvollstreckung nur die Erträgnisse vermacht werden, oder ob dieser als Vorerbe eingesetzt wird, dem infolge der Testamentsvollstreckung die Substanz des Nachlasses zeitlebens entzogen ist. Wie gezeigt, widerspricht die Konstruktion einer Vorerbschaft indes evident der Systematik des ausländischen Trust-Rechts, welches eine materielle Kapitalberechtigung während der Dauer des Trust gerade ausschließt. Dass der Finanzrechtsprechung eine Auseinandersetzung mit dieser Problematik bislang weitgehend erspart geblieben ist, liegt nicht zuletzt daran, dass die auf diese Fragestellung hin beurteilten Trust-Sachverhalte allesamt ausländischem Erbrecht unterlagen.[304] Zutreffend wurde dementsprechend in den entschiedenen Fällen unter Beachtung der im ausländischen Recht vorgenommenen Würdigung bzw. des hieran ausgerichteten Errichter-Willens eine

[303] Ebenso *Seibold*, IStR 1993, 545, 547; a. A. *Haarmann*, Trust, S. 151, 154.

[304] Vgl. nur die Nachweise unter Fn. 167.

Einstufung des Ertragsberechtigten als Vorerbe i. S. des deutschen bürgerlichen Rechts stets abgelehnt.[305]

Mit der hier befürworteten neueren Auffassung in der Literatur, wonach die These vom Vorrang des deutschen IPR für die steuerliche Würdigung von Trust-Rechtsverhältnissen als verfehlt anzusehen ist[306], verbietet sich die Behandlung der ausschließlich Ertragsberechtigten als materielle Inhaber des Trustvermögens eines Testamentary oder Intervivos Trust darüberhinaus immer dann, wenn das wirtschaftliche Ergebnis des Trust von ausländischem Recht bestimmt wird. Den Beneficiaries, denen über die bloße Nutznießungsberechtigung hinaus keine weiteren Rechte – insbesondere keine Anfallsansprüche oder Kontroll- und Weisungsbefugnisse – zustehen, ist deshalb das Trustvermögen in entsprechender Anwendung der zum Nießbrauch entwickelten Zurechnungsregeln grundsätzlich nicht zuzurechnen.

#### *(iv) Folgerung*

Der auf den späteren Substanzanfall gerichtete equitable title eines Beneficiary begründet grundsätzlich keine gegenwärtige Kapitalberechtigung, die aus deutscher Sicht die Gleichsetzung mit einer – im Wege der Gesamt- oder Einzelrechtsnachfolge erlangten – Eigentümerstellung hinsichtlich des Trustvermögens rechtfertigen könnte. Mangels entsprechender, eigentumsähnlicher Herrschaftsbefugnisse der ausschließlich Anfallsberechtigten i. S. des § 39 Abs. 2 Nr. 1 AO gegenüber dem Trustee kann jenen das Trustvermögen deshalb nicht zu wirtschaftlichem Eigentum zugerechnet werden. Da die Annahme wirtschaftlichen Eigentums aber auch in Bezug auf die (gegenwärtig) Ertragsberechtigten ausscheidet, bildet das Trustvermögen in der hier erörterten Fallgestaltung eine Vermögensmasse i. S. der §§ 1 ff. KStG.

### c) Aufschiebend bedingte Anfalls- bzw. Substanzberechtigungen

Wenden wir uns nun den Fällen zu, in denen die Wirkungen eines lebzeitig oder von Todes wegen errichteten Trust hinsichtlich der Kapitalberechtigungen abweichend von den vorstehend untersuchten Gestaltungen nicht von einem zukünftigen gewissen, sondern von einem zukünftigen ungewissen Ereignis abhängig sind. Da mit Rücksicht auf die bisherigen Ergebnisse eine steuerliche Zurechnung des Trustvermögens alleine aufgrund etwaiger Ertragsberechtigungen nicht erfolgen kann, hängt die Frage der Zweckvermögenseigenschaft dieser – unwiderruflich und ohne Vorbehalt von Weisungsrechten begründeten – Trusts nur von der Qualifikation der bedingten Anfallsrechte ab. Aufschiebend bedingte Substanzberechtigungen können sich sodann etwa wie folgt darstellen:

---

305 Vgl. die Nachweise unter Fn. 201.

306 Hierzu die Ausführungen oben § 3 C. IV.

5. Fallgruppe: Bei vorangehenden Ertragsberechtigungen oder Akkumulierung der Erträge soll das Trustvermögen

a) an die zur Zeit des Trustablaufs lebenden Abkömmlinge des Settlor fallen, oder

b) an V und X, ersatzweise für den Fall, dass diese im Zeitpunkt der Beendigung des Trust nicht mehr leben, an Y und Z ausgekehrt werden, oder

c) den Abkömmlingen von V bzw., falls dieser ohne Abkömmlinge verstirbt, bestimmten andere Personen zukommen.

Während die Rechtsposition der Beneficiaries im Falle eines aufschiebend befristeten oder betagten Substanzanfalls gesichert ist, besteht für die unter einer aufschiebenden Bedingung eingesetzten Anfallsberechtigten bis zum Zeitpunkt der tatsächlichen Vermögensauskehrung lediglich eine ungewisse Aussicht – eine ungesicherte Anwartschaft[307] – auf den späteren Substanzerwerb. Dementsprechend anerkennt auch die zitierte Finanzrechtsprechung einen rechtlichen und wirtschaftlichen Erwerb der Trustsubstanz durch den bedingt Anfallsberechtigten erst im Zeitpunkt der Vermögensauskehrung.[308] Die vorstehenden Ausführungen haben gezeigt, dass selbst die Vermögenshaltigkeit eines gesicherten Anfallsanspruchs die Zurechnung der Trustsubstanz nach § 39 AO nicht rechtfertigt. Dass die deutlich schwächere Stellung, die den Anfallsberechtigten bei ihrer nur bedingten Einsetzung zukommt, eine dementsprechende steuerliche Vermögenszurechnung erst recht ausschließen muss, bedarf keiner langen Begründung. Soweit die Ausfolgung des Trustvermögens durch den Trustee an bestimmte Begünstigte vom Eintritt einer aufschiebenden Bedingung abhängig ist, liegt deshalb unzweifelhaft eine Vermögensmasse i. S. der §§ 1 ff. KStG vor.[309]

### d) Discretionary Trusts

Unter dem Aspekt der Steuerrechtssubjektfähigkeit als Zweckvermögen bzw. Vermögensmasse gänzlich unproblematisch stellen sich schließlich jene Trusts dar, bei denen Verwaltung und Verwendung des Trustvermögens unter weitgehendem Ausschluss der Begünstigten sowie des Settlor dem mehr oder weniger freien Ermessen des Trustee unterstellt werden. Zur Illustration dieser, in der (Offshore-)Praxis überaus gebräuchlichen und unverfänglich als Discretionary Trusts zu bezeichnenden Gestaltungen[310] soll in Anlehnung an den vom BFH mit Urteil vom 2.11.1992 gewürdigten Sachverhalt[311] das nachfolgende Beispiel dienen:

---

[307] Etwa BFH v. 7.5.1986, BStBl II 1986, 615, 617 ff.

[308] Vgl. zur Erbschaftsbesteuerung die Nachweise unter Fn. 182 und 183.

[309] Zu dieser, soweit ersichtlich einhelligen Auffassung vgl. *Bredow/Reich*, WiB 1995, 775, 780 m. w. N.

[310] Zum Jersey Discretionary Trust vgl. bereits oben § 2 E. I. 2.

[311] BFH v. 2.11.1992, BStBl 1993, 388.

6. Fallgruppe: A errichtet zu Lebzeiten einen unwiderruflichen Trust und behält sich hierbei das Recht vor, neue oder zusätzliche Trustees zu ernennen. Dieses Recht soll nach seinem Tode auf seine Ehefrau B und nach deren Tod auf die Kinder C und D gemeinsam übergehen.[312] Als Begünstigte des Trust werden B sowie C und D bzw. deren Abkömmlinge eingesetzt. Die Trustees sollen nach eigenem Ermessen für den Unterhalt oder zur anderweitigen Nutzung durch die Beneficiaries Zahlungen an dieselben leisten. Darüberhinaus wird ihnen die Befugnis verliehen, nach freiem Ermessen das Vermögen des Trusts anzulegen, die Erträge zu thesaurieren oder das Kapital bzw. die Erträge wohltätigen Zwecken zuzuführen.

Der Trust ist auf die Dauer von 80 Jahren errichtet, wobei den Trustees eine Befugnis zur vorzeitigen Beendigung eingeräumt wird. Bei Auflösung des Trust ist das Trustvermögen nach freiem Ermessen der Trustees auf die Beneficiaries zu übertragen.

Dass das Vermögen der nur potentiell Begünstigten bei derartigen, meist der Vermögensperpetuierung über mehrere Generationen hinweg dienenden Gestaltungen nicht vermehrt wird, ist evident. Mangels bindender Anweisungen des Settlor haben die Beneficiaries vielmehr nur eine ungesicherte Aussicht auf eine Ermessensausübung zu ihren Gunsten.[313] Der wirtschaftliche Gehalt ihres equitable interest ist deshalb darauf beschränkt, den Trustee zu dieser Ermessensausübung nötigenfalls gerichtlich zwingen zu können. Hieraus folgt zugleich, dass eine nach § 39 AO erfolgende wirtschaftliche Zurechnung der Trustsubstanz, über die keine der beteiligten Personen in einer für ihre wirtschaftliche Leistungsfähigkeit zeugenden Art und Weise verfügen kann, unter allen bereits angesprochenen Gesichtspunkten ausgeschlossen ist. Soweit die Auskehrung an die Beneficiaries zur Disposition des Trustee stehen, bildet das dessen rechtlicher Trägerschaft unterstellte Trust-Sondervermögen mithin unproblematisch eine selbstständige, unter der Voraussetzung des § 3 Abs. 1 KStG körperschaftsteuerpflichtige Vermögensmasse.[314]

## VII. Ergebnis

Das originär steuerrechtliche Institut des Zweckvermögens bzw. der Vermögensmasse dient der Erfassung der wirtschaftlichen Leistungsfähigkeit von Vermögensteilen, die von ihren rechtlichen Trägern derart abgesondert sind, dass niemand wie ein wirtschaftlicher Eigentümer über sie verfügen kann. Aus dem Regel/Ausnahme Aufbau des über die Frage der wirtschaftlichen Zuordnung von Wirtschaftgütern entscheidenden § 39 AO folgt, dass das Steuerrecht für die Zwecke der Zurechnung zwar grundsätzlich dem Zivilrecht folgt und der zivilrechtliche Eigentümer im Regelfall auch das wirtschaftliche Eigentum innehat. Aufgrund der im Steuerrecht geltenden wirtschaftlichen Betrachtungsweise bestimmt § 39 Abs. 2 AO jedoch, dass ein Wirtschaftgut abweichend von dieser Regelzurechnung einem Dritten zuzurechnen ist, wenn dieser

312 Wie bereits ausgeführt, kann alleine dieser Vorbehalt die Annahme wirtschaftlichen Eigentums nicht rechtfertigen; vgl. oben § 4 A. VI. 4. a) (3).

313 Dies gilt auch dann, wenn der Settlor seinen Wünsche bezüglich der Verwendung des Trustvermögens in einem, den Trustee rechtlich nicht bindenden letter of wishes Ausdruck verleiht.

314 Vgl. nur BFH v. 5.11.1992, BStBl II 1993, 388; v. 2.2.1994, BStBl II 1994, 727.

in einer den zivilrechtlichen Eigentümer verdrängenden Weise die tatsächliche Herrschaft über das Wirtschaftsgut ausübt. Das besondere Problem bei der Subsumption von Trust-Sachverhalten unter diese Vorschrift besteht darin, dass wegen der Aufspaltung der Eigentumsrechte auf den Trustee einerseits und die Beneficiaries andererseits keiner der Beteiligten eine Rechtsposition innehat, die originär jener eines bürgerlichrechtlichen Eigentümers entspricht. Für die Zurechnungsentscheidung und damit zugleich für die Frage der Steuerrechtssubjektfähigkeit des Trust als Vermögensmasse wäre § 39 AO mithin unanwendbar, wenn nicht im Wege der Anpassung der durch den Trust begründeten Rechtsverhältnisse an die Systembegriffe des deutschen Rechts zugleich der materielle Inhalt der jeweiligen Rechtspositionen ermittelt würde. Vernünftige, Wertungskonflikte weitgehend ausschließende Lösungen lassen sich deshalb nur erzielen, wenn für die notwendige Verortung der wirtschaftlichen Leistungsfähigkeit die wirtschaftliche Betrachtung des ausländischen Sachverhalts und das Vergleichen der privatrechtlichen Gestaltungsform ineinander greifen.

Setzt man die Ergebnisse der daraufhin vorgenommenen Untersuchung zusammen, so ergibt sich für die ausgewählten, als besonders typisch erkannten Trust-Gestaltungen folgendes Bild:

Können der Settlor oder – ausnahmsweise – die Beneficiaries die Verwendung des Trustvermögens rechtlich und tatsächlich weitgehend kontrollieren, so ist ihnen das Vermögen wirtschaftlich zuzuordnen ohne dass es diesbezüglich auf die dingliche Rechtslage ankäme. Denn diese, durch weitreichende Widerrufs- oder Weisungsrechte gegenüber dem Trustee zum Ausdruck kommenden Herrschaftsbefugnisse rechtfertigen jedenfalls einen Vergleich mit der in § 39 Abs. 2 Nr. 1 Satz 2 AO geregelten steuerrechtlichen Treuhand. Bei der daraus folgenden Zurechnung zum jeweiligen Inhaber dieser Herrschaftsbefugnisse muss es deshalb erst recht bleiben, wenn man dem legal title des Trustee für die Zwecke der deutschen Besteuerung nicht die Qualität des bürgerlich-rechtlichen Eigentums beimisst. Unterliegt der Trustee in seiner Amtsausübung hingegen keinen derartigen Weisungs- und Widerrufsrechten, hängt die Frage der Vermögenszurechnung entscheidend auch von der deutschrechtlichen Qualifikation der materiellen Rechtslage ab. Besondere Schwierigkeiten bereitet diesbezüglich vor allem die Einordnung jener Gestaltungen, bei denen die Trustsubstanz mit aufschiebend befristeter oder betagter Wirkung an bestimmte Beneficiaries anfallen soll. Da nach der hier vertretenen Auffassung alleine das Anwartschaftsrecht auf den späteren Vermögensanfall bzw. -rückfall noch kein wirtschaftliches Eigentum an der Trustsubstanz begründet, ist für die Dauer eines solchen Trust eine Vermögensmasse anzunehmen. Eine Ausnahme ist unter Mitberücksichtigung der ausländischen Wertung nur gegeben, soweit dem Anfallsberechtigten zugleich auch die laufenden Erträge des Trust zustehen. In allen übrigen Fällen, also bei aufschiebend befristet ausgelobten Kapitalberechtigungen sowie bei Ermessen des Trustee hinsichtlich der Vermögensverwendung, treten demgegenüber Zweckbindung und eigenständige Leistungsfähigkeit des als Zweckvermögen bzw. Vermögensmasse zu qualifizierenden Trust-Sondervermögens in den Vordergrund.

## B. Ertragsteuerliche Behandlung bei Qualifikation des Trust als Vermögensmasse

Wie bereits angedeutet, schließt die Qualifikation des Trust als ertragsteuerliche Vermögensmasse trotz gesetzlich deklarierter Steuerrechtssubjektfähigkeit einen Durchgriff auf die Beteiligten nicht per se aus. Gem. § 3 Abs. 1 KStG besteht eine selbstständige Körperschaftsteuerpflicht vielmehr nur dann, wenn das Einkommen des betreffenden Rechtsgebildes nicht unmittelbar von einem anderen Steuerpflichtigen zu versteuern ist. Wann dies der Fall ist, ist nach den allgemeinen Grundsätzen über die persönliche Zurechnung von Einkünften zu ermitteln.[315] In Bezug auf Trusts kommt hierbei dem Umstand, dass das Trustvermögen bei den vorstehend als Vermögensmassen herausgearbeiteten Gestaltungen auf Grundlage des § 39 AO keiner der beteiligten Personen zugerechnet werden konnte, allenfalls mitbestimmende Bedeutung zu, da sich die Zurechnung der Einkünfte grundsätzlich unabhängig von der Vermögenszurechnung vollzieht.[316] Die weitgehend autonom zu lösende Frage der Einkünftezurechnung kann deshalb im Zusammenhang mit der hier untersuchten Problematik der Steuerrechtssubjektqualifikation des Trust nicht unberücksichtigt bleiben.

Dass die diesbezüglichen Ausführungen im folgenden gleichwohl sehr knapp gehalten werden, beruht auf zwei Gründen: Zum einen gebietet bereits das sich auch in diesem Bereich auftuende „steuerrechtliche Tollhaus"[317] eine Beschränkung der Darstellung auf entscheidenden Grundzüge. Zum anderen ist nicht zu übersehen, dass die ertragsteuerliche Behandlung des Trust als Vermögensmasse in den letzten Jahren nicht zuletzt aufgrund der beiden bereits mehrfach zitierten Trust-Urteile des BFH vom 5.11.1992 sowie vom 2.2.1994 vor allem unter dem Aspekt der Einkommenszurechnung nach § 15 AStG Relevanz erlangt hat. Hinter den mitunter einschneidenden Rechtsfolgen dieser Norm scheint die Bedeutung einer eigenständigen – ohnedies zumeist nur beschränkten – Körperschaftsteuerpflicht des Trust weitgehend zurückzutreten.

### I. Abgrenzung der Steuerpflicht des Trust nach § 3 Abs. 1 KStG

Nach § 2 Abs. 1 S. 1 EStG sind Einkünfte der Person zuzurechnen, die sie „erzielt". Dieses Merkmal des Erzielens wird im Kontext mit dem Einkünftekatalog des § 2 Abs. 1 EStG durch die Verwirklichung der einzelnen Einkünftetatbestände konkretisiert.[318] Nach inzwischen gefestigter Auffassung kommt es nicht darauf an, ob das in

[315] Etwa *Graffe* in Dötsch, KStG, § 3 Rn. 11.

[316] Zur Bedeutung des § 39 AO im Rahmen der Einkünftezurechnung ausführlich etwa *Biergans/Stockinger*, FR 1982, 25, 28 ff.; *Crezelius*, Steuerrecht, S. 119 ff.; *Tipke/Lang*, Steuerrecht, § 9 Rn. 153.

[317] So ausdrücklich in Bezug auf die Rechtsprechung zum Nießbrauch bei Einkünften aus Kapitalvermögen und Vermietung und Verpachtung *Crezelius*, Steuerrecht, 123.

[318] Vgl. §§ 13 bis 24 EStG; grundlegend *Tipke*, StuW 1977, 293, 298.

Frage kommende Zurechnungssubjekt Inhaber eines dinglichen oder obligatorischen Rechts ist, sondern alleine darauf, ob der Betreffende die zu steuerbaren Einkünften führende Erwerbsgrundlage zur Erwirtschaftung von Einkünften nutzt und dadurch in Person den Tatbestand der Einkünfteerzielung verwirklicht.[319] Entscheidend ist hierbei, dass der Tatbestand der Einkünfteerzielung auch dann in der Person des Steuerpflichtigen verwirklicht wird, wenn dieser über die Einkünfte durch Abtretung verfügt oder sie durch sonstige Rechtsgeschäfte einem Dritten zukommen lässt.[320] Da auf die näheren Details der äußerst umstrittenen dogmatischen Herleitung dieses Ergebnisses sowie die umfangreiche Kasuistik hier nicht weiter eingegangen werden kann, sei grundlegend auch für die nachfolgenden Überlegungen auf die von Crezelius aufgeführten negativen Abgrenzungskriterien verwiesen[321]:

> „Zum einen ist es für die Zurechnung ohne Bedeutung, bei wem der tatsächliche Vermögenszuwachs stattfindet, wenn sich aufgrund der dargelegten Definition eine Zurechung zu einer anderen Person ergibt. Zum anderen ist es unerheblich, ob das zur Einkünfteerzielung eingesetzte Vermögen eigenes oder fremdes Vermögen ist."

Im Hinblick auf diese gerafften Ausführungen, die immerhin die Maßgeblichkeit des Merkmals der Einkünfteerzielung verdeutlichen sollten, kann festgestellt werden, dass die Erträge eines Trust einkommensteuerlich keineswegs zwingend derjenigen Person zuzurechnen sind, der sie bestimmungsgemäß zufließen und die über sie verfügen kann.[322] Vielmehr ist unter Berücksichtigung der folgenden Überlegungen zu differenzieren:

Soweit der Begriff des Erwirtschaftens eine aktive Tätigkeit impliziert, kann sich die Einschaltung von nach außen hin als Marktteilnehmer auftretenden Mittelsmännern als Ausübung der zurechnungsbegründenden Dispositionsbefugnisse des Hintermannes darstellen.[323] Das klassische Beispiel hierfür bildet die fremdnützige Verwaltungstreuhand, bei der – unter den oben dargestellten Voraussetzungen der steuerrechtlichen Anerkennung[324] – die aus den Handlungen des Treuhänders resultierenden Einkünfte einhellig dem Treugeber zugerechnet werden.[325] Da die Beteiligten bei den vorstehend

---

319 Stellvertretend für viele nur *Seeger* in Schmidt, § 2 EStG Rn. 18 m. w. N.; eine knappe Zusammenfassung der verschiedenen Lösungsansätze bietet *Rödder*, DB 1988, 195, 196.

320 *Crezelius*, Steuerrecht, S. 119; dem Grunde nach geht es also um die Abgrenzung von originärer Einkünfteerzielung und – im Rahmen der steuerlichen Einkommensermittlung unbeachtlicher – Einkommensverwendung.

321 Ebenda, 119.

322 Zu allgemein daher *Arendt*, StuW 1960, 349, 358; *Peiner*, RIW 1983, 593, 597; *Pöllath*, Vermögenssicherung, S. 159, 168 ff.; *Sieker*, BB 1991, 1975, 1977; *ders.*, Der US-Trust, 338 ff.

323 *Sieker*, US-Trust, S. 334 m. w. N.

324 Vgl. oben § 4 A. V. 2. c).

325 Eingehend zur persönlichen Zurechnung von Einkünften bei der Treuhandschaft *Rödder*, DB 1988, 195 ff.; dementsprechend sind in den oben unter Fallgruppe 1 zusammengefassten Fällen die Einkünfte des Trust unproblematisch dem jeweiligen Inhaber der Weisungs- oder Widerrufsrechte

als Vermögensmasse qualifizierten Trustgestaltungen jedoch mangels entsprechender Weisungs- und Widerrufsbefugnisse begriffsnotwendig nicht als Partei eines steuerlich anzuerkennenden Treuhandverhältnisses i. S. des § 39 Abs. 2 Nr. 1 Satz 2 AO anzusehen sind, muss eine Einkünftezurechnung unter diesem Gesichtspunkt vornherein ausscheiden. Eine Zurechnung der Erträge, die nach den vom Settlor getroffenen Anordnungen zugunsten bestimmter Beneficiaries auszukehren oder zu thesaurieren sind, kann aber auch nicht unter dem von Sieker herangezogenen Aspekt der Schenkung unter Verwaltungsauflage bzw. der durch Testamentsvollstreckung beschwerten Erbeinsetzung[326] erfolgen, da eine dementsprechende Qualifikation des befristet oder bedingt Substanzberechtigten als materiell unmittelbar Bereicherten mit obiger Begründung[327] abzulehnen ist. Anhaltspunkte für die Abgrenzung der Steuerpflicht eines unter den Begriff der Vermögensmasse einzuordnenden Trust bieten deshalb alleine die im deutschen Steuerrecht entwickelten Grundsätze der Einkünfteerzielung im Rahmen von Nießbrauchsvereinbarungen.[328] Leider muss die Rechtslage mit Heinicke aber auch insoweit euphemistisch als „unklar" bezeichnet werden.[329] Unter Mitberücksichtigung der Auffassung der Finanzverwaltung ist hier jedenfalls sinnvollerweise zwischen den verschiedenen Einkunftsarten zu unterscheiden.

### 1. Einkünfte aus Vermietung und Verpachtung

Der BFH und mit ihm die Finanzverwaltung sehen den Tatbestand der Einkunftsart Vermietung und Verpachtung durch denjenigen als verwirklicht an, der Träger von Rechten und Pflichten eines Vermieters ist und mit diesen Rechten und Pflichten Sachen und Rechte i. S. des § 21 Abs. 1 EStG an Andere zur Nutzung überlässt.[330] Entscheidend ist dabei nicht, wem das zur Leistungserbringung verwendete Wirtschaftsgut, sondern wem die Leistung zuzurechnen ist.[331] Für die Zurechnung der Einkünfte aus Vermietung und Verpachtung kommt es dann allein darauf an, wer die rechtliche oder tatsächliche Macht hat, das Mietobjekt einem anderen entgeltlich auf Zeit zur Nutzung zu überlassen.[332] Dies ist bei einem Nutzungsberechtigten der Fall,

zuzurechnen; vgl. dazu u. a. *Brodow/Reich*, WIB 1995, 775, 780; *Pöllath*, Vermögenssicherung, S. 159, 164, 168; *Siemers/Müller*, IStR 1998, 385, 390.

326 *Sieker*, US-Trust, S. 339.

327 Vgl. oben § 4 A. VI. 4. b) (3) .

328 Ähnlich *Seibold*, IStR 1993, 545, 546; zur wirtschaftlichen Vergleichbarkeit der Rechtsposition des Nießbrauchsberechtigten mit dem unbedingt Ertragsberechtigten eines Trust vgl. § 4 A. VI. 4. b) (3) (iii).

329 *Heinicke* in Schmidt, § 20 EStG Rn. 23; vgl. auch *Crezelius*, Steuerrecht II, S. 121, wonach die Nießbrauchsfälle „seit langem die größten Schwierigkeiten bereiten".

330 Vgl. nur BFH v. 26.4.1983, BStBl II 1983, 502; v. 7.4.1987, BStBl II 1987, 707; v. 31.10.1989, BStBl II 1992, 506; BMF, Schreiben v. 24.7.1998, BStBl I 1998, 914.

331 Etwa BFH v. 13.10.1992, BFH/NV 1993, 227 m. w. N.

332 BFH v. 3.12.1991, BStBl II 1992, 459.

wenn ihm die volle Besitz- und Verwaltungsbefugnis zusteht, er die Nutzungen tatsächlich zieht, das Wirtschaftsgut in Besitz hat und es verwaltet.[333] Wenn auch der Rechtsprechung des BFH, die zur Einkünfteerzielung ganz formal darauf abstellt, wer nach außen im eigenen Namen und für eigene Rechnung als Vermieter auftritt[334], zu Recht Bedenken entgegengebracht wurden[335], so kann Einkünfte aus Vermietung und Verpachtung nach allem doch nur derjenige erzielen, der Vermietungsinitiative und Vermieterrisiko trägt.[336]

Zieht man diese Kriterien für die Zurechnung der in einem als Vermögensmasse zu qualifizierendem Trust anfallenden Einkünfte aus Vermietung und Verpachtung heran, können die Beneficiaries m. E. ungeachtet eines etwaigen Rechtsanspruchs auf die Auskehrung dieser Erträge nicht als Einkunftserzieler angesehen werden.[337] Denn für die Dauer des Trust ist es nur der Trustee, der als formal Berechtigter sämtliche Rechte und Pflichten aus etwaigen Mietverträgen wahrnimmt. Demgegenüber haben die Beneficiaries mangels entsprechender Weisungsbefugnisse keine Möglichkeit, das Marktgeschehen über den Trustee zu beherrschen und damit eigene Vermietungsinitiative zu entfalten.[338] Dass nur diesen letztlich das wirtschaftliche Ergebnis der Vermietungstätigkeit des Trustee zukommt, rechtfertigt alleine keine Zurechnung der Einkünfte.

## 2. Einkünfte aus Kapitalvermögen

Den auch für Einkünfte aus Kapitalvermögen maßgeblichen Tatbestand der Einkünfteerzielung verwirklicht nach der höchstrichterlichen Finanzrechtsprechung regelmäßig derjenige, der Träger der Rechte und Pflichten aus dem Rechtsverhältnis der Kapitalüberlassung oder Nutzung ist.[339] Abgestellt wird damit auf diejenige Person, welche zur Einwirkung auf das Überlassungsverhältnis berechtigt ist.[340] Mit der Frage, wem in diesem Bereich bei einer Nießbrauchsgestaltung die Einkünfte ertragsteuerlich zuzurechnen sind, hat sich die Finanzverwaltung ausführlich im „Nießbrauchserlass“ vom 23.11.1983 befasst.[341] Hiernach ist zwischen Vorbehalts-, Vermächtnis- und

---

333 BMF, Schreiben v. 24.7.1998, BStBl I 1998, 914.

334 Zur Unterbeteiligung BFH v. 3.12.1991, BStBl II 1992, 459; zu Treuhandverhältnissen BFH v. 27.1.1993, BStBl II 1994, 615.

335 Etwa *Fleischmann*, DStR 1993, 828; *Lang/Seer*, FR 1992, 637 ff.

336 Gl. A. *Drenseck* in Schmidt, § 21 EStG Rn. 5 m. w. N.

337 Gl. A. *Seibold*, IStR 1993, 545, 546.

338 Vgl. BFH v. 27.1.1993, BStBl II 1994, 615.

339 Etwa BFH v. 9.3.1982, BStBl II 1982, 540; GrS v. 29.11.1982, BStBl II 1983, 272; v. 26.4.1983, BStBl II 1983, 502.

340 *Milatz/Sonneborn*, DStR 1999, 137, 140.

341 Vgl. BMF, Schreiben v. 23.11.1983, BStBl I 1983, 508; die den Nießbrauch an Kapitalvermögen betreffenden Tz. 55-59 und 63-65 gelten auch nach dem weiteren BMF-Schreiben v. 24.7.1998,

Zuwendungsnießbrauch zu unterscheiden. Im Falle des anlässlich einer unentgeltlichen Übertragung von Kapitalvermögen bestellten Vorbehaltsnießbrauchs sowie des Vermächtnisnießbrauchs sollen die Einnahmen dem Nießbraucher zuzurechnen sein.[342] Demgegenüber werden dem Nießbraucher bei unentgeltlicher Zuwendung des Nutzungsrechts die Einnahmen auch dann nicht zugerechnet, wenn sie diesem zufließen.[343] Nicht zuletzt im Hinblick auf die hiermit vorgenommene Heranziehung unterschiedlicher Zuordnungskriterien wird diese Auffassung der Finanzverwaltung von der Literatur mitunter heftig kritisiert.[344] Mit Heinicke ist insbesondere festzuhalten, dass die absolute Ablehnung der Einkünfteverlagerung im Falle des Zuwendungsnießbrauchs nur schwerlich mit der Regelung des § 20 Abs. 2 a Satz 3 EStG vereinbar ist.[345] Demnach „gilt" der Nießbraucher bei Einkünften i. S. des § 20 Abs. 1 Nr. 1 oder 2 EStG mit der Folge der Einkünftezurechnung als Anteilseigner, wenn ihm diese Einkünfte zuzurechnen sind, er also den Tatbestand der Einkünfteerzielung erfüllt. Richtigerweise wird deshalb – mit der insoweit prinzipiell eindeutigen Rechtsprechung des BFH[346] – darauf abzustellen sein, ob die aus der Beteiligung fließenden Erträge das Ergebnis einer eigenen wirtschaftlichen Marktbetätigung des Nießbrauchers sind.[347] In Abgrenzung zur einkommensteuerlich unerheblichen Abtretung von Ertragsansprüchen bilden hierbei sowohl die Mitwirkungsrechte des Nießbrauchers als auch der Umstand, dass diesem ein unmittelbarer Nutzungsanspruch kraft eigenen Rechts zusteht, wesentliche Entscheidungskriterien.[348]

Überträgt man diese nach wie vor strittigen Grundsätze auf die oben als Vermögensmasse klassifizierten Trusts, so ergibt sich, bezogen auf die Zurechnung von Einkünften aus Kapitalvermögen (typischerweise Aktien oder festverzinsliche Wertpapiere) folgendes differenzierte Bild: Sofern zum Trustvermögen Anteile an in- oder ausländischen Kapitalgesellschaften[349] gehören, sind die aus der Mitgliedschaft erwachsenden

BStBl I 1998, 914, welches nur Einkünfte aus Vermietung und Verpachtung betrifft, fort; vgl. *Heinicke* in Schmidt, § 20 EStG Rn. 20.

342 Vgl. Tz. 55 des „Nießbrauchserlasses" sowie BFH v. 8.6.1977, BStBl II 1979, 562.

343 Vgl. Tz. 57 unter Verweis auf BFH v. 14.12.1976, BStBl II 1977, 115; zum entgeltlich bestellten Zuwendungsnießbrauch vgl. Tz. 58 ff. sowie die kritischen Anmerkungen von *Heinicke* in Schmidt, § 20 EStG Rn. 23.

344 Vgl. nur die ausführlichen Nachweise bei *Milatz/Sonneborn*, DStR 1999, 137, 141 f.

345 *Heinicke* in Schmidt, § 20 EStG Rn. 21.

346 Z. B. die drei Nießbrauchsurteile des BFH v. 13.5.1980, BStBl II 1981, 295, 297, 299; v. 29.11.1982, BStBl II 1983, 273.

347 So etwa *Milatz/Sonneborn*, DStR 1999, 137, 142; *Tipke*, Steuerrecht, § 9 Rn. 160.

348 Deshalb gegen eine unterschiedliche Behandlung der verschiedenen Nießbrauchsarten auch auch *Wassermeyer* in Kirchof/Söhn, § 20 EStG Rn. B 50, 51; gl. A. FG Rheinland-Pfalz v. 7.4.1981, EFG 1981, 633; FG Saarland v. 25.2.1982, EFG 1982, 629; letzteres aufgehoben durch BFH v. 22.10.1986, BStBl II 1987, 293.

349 Bei Einbringung von inländischen Kapitalbeteiligungen sind allerdings die sich aus dem internationalen Privatrecht ergebenden Beschränkungen zu beachten; dazu bereits § 3 B. II. 2.

Einkünfte (z. B. die Dividenden) dem Settlor bei hieran vorbehaltener Ertragsberechtigung unter dem Aspekt des Vorbehaltsnießbrauchs jedenfalls dann zuzurechnen, wenn man der dargestellten, schematischen Auffassung der Finanzverwaltung folgt.[350] Unberücksichtigt bliebe hierbei, dass eine Vermittlung der Amtshandlungen des Trustee in diesen Fällen mangels wirtschaftlicher Eigentümerstellung des Settlor bzw. steuerlich anzuerkennendem Treuhandverhältnis nicht erfolgen kann. Stellt man deshalb zutreffenderweise darauf ab, wer den Tatbestand der Einkünfteerzielung erfüllt, kann eine Zurechnung zum Settlor allenfalls in Betracht kommen, wenn dieser sich neben den Erträgen zugleich auch die mit dem Kapitalvermögen verbundenen Mitgliedschaftsrechte wie z. B. das Stimmrecht vorbehalten hat.[351] Die gleichen Erwägungen gelten prinzipiell, wenn die Erträge des Kapitalvermögens auf Grundlage eines dem Beneficiary zugewiesenen Ertragsanspruchs auszukehren sind. Während eine Zurechnung mit der von der Finanzverwaltung zum Zuwendungsnießbrauch vertretenen Ansicht ausgeschlossen sein müsste, erfüllen die Beneficiaries den Tatbestand der Einkünfteerzielung m. E. zumindest dann in Person, wenn das beneficial interest mit entsprechenden Mitverwaltungsrechten verbunden ist.[352]

### 3. Einkünfte aus Gewerbebetrieb

Zweifelhaft und von Literatur und Rechtsprechung bislang nicht abschließend geklärt ist schließlich auch, ob und unter welchen Umständen der an dem Gesellschaftsanteil einer Personengesellschaft bestellte Nießbrauch zur Zurechnung gewerblicher Einkünfte beim Nießbraucher führt.[353] Erforderlich ist jedenfalls, dass der Nießbraucher als Unternehmer oder Mitunternehmer i. S. des § 15 Abs. 1 EStG anzusehen ist, er also die Bezüge als Unternehmer mit Unternehmerinitiative und Unternehmerrisiko erwirtschaftet.[354] Nach Schmidt soll hierfür neben der Gewinnbeteiligung und eventuell

---

[350] So allgemein *Pöllath*, IWB Fach 3 Deutschland Gruppe 1, 1079, 1081; *Siemers/Müller*, IStR 1998, 385, 390.

[351] Selbst dann könnte gegen eine Zurechnung eingewandt werden, dass nicht der Settlor, sondern der Trustee Gläubiger der Kapitalerträge gegenüber der Gesellschaft bleibt.

[352] Zu pauschal unter dem Gesichtspunkt des Nießbrauchs daher *Arendt*, StuW 1960, 349, 357 f.; *Pöllath*, Vermögenssicherung, S. 159, 168 ff.

[353] Strittig ist bereits die Frage, wie und mit welchen Rechtsfolgen zivilrechtlich ein Nießbrauch am Gesellschaftsanteil an einer Personengesellschaft bestellt werden kann; vgl. dazu z. B. BFH v. 9.4.1991, BStBl II 1991, 809 unter II.2. der Gründe, m.w.N; zu den grundsätzlich in Betracht kommenden Möglichkeiten (Vollrechtsübertragung auf Zeit mit Treuhandbindung, Nießbrauch an der Beteiligung als solcher, ggf. Nießbrauch am Gewinnstammrecht, Nießbrauch am Gewinnanteil und Nießbrauch am Auseinandersetzungsguthaben) vgl. *Schlegelberger* in Karsten Schmidt, § 335 Rn. 3 ff. und *Petzoldt*, DStR 1992, 1171 ff. Überwiegend wird heute die Möglichkeit der Bestellung eines Nießbrauchs am Gesellschaftsanteil selbst bejaht; vgl. BGH v. 20.4.1972, BGHZ 58, 316; v. 12.12.1974 , BB 1975, 295, sowie v. 3.7.1989, ZIP 1989, 1186.

[354] St. Rspr.; vgl. nur BFH v. 4.11.1980, BStBl II 1981, 396; *Crezelius*, Steuerrecht, S. 123 m. w. N. Im Hinblick auf die u. a. aus § 169 Abs. 1 HGB folgende mittelbare Verlusttragung des Nießbrauchers wurde dessen Mitunternehmerrisiko von BFH v. 11.4.1973, BStBl II 1973, 528, 531 bejaht;

einer mittelbaren Verlustbeteiligung erforderlich sein, dass der Nießbraucher wenigstens einen Teil der mit der Mitgliedschaft verbundenen Verwaltungsrechte wie z. B. Stimmrechte hinsichtlich der laufenden Geschäfte der Personengesellschafter ausüben kann oder im Verhältnis zu Dritten als Gesellschafter auftritt, insbesondere für Schulden der Gesellschaft mithaftet.[355]

Zumindest im Regelfall wird bei einem als Vermögensmasse zu qualifizierenden Trust davon auszugehen sein, dass der (ausschließlich) Ertragsberechtigte keine dementsprechende Mitunternehmerstellung einnimmt. Sofern zum Trustvermögen beispielsweise Anteile an Gesellschaften gehören, welche aus deutscher Sicht als Mitunternehmerschaften i. S. des § 15 Abs. 3 EStG zu qualifizieren sind[356], werden die durch den Trustee bestimmungsgemäß auszukehrenden entnahmefähigen Gewinne den Beneficiaries oder dem Settlor deshalb nur in Ausnahmefällen unmittelbar zuzurechnen sein.

### 4. Zusammenfassung

Mit der gebotenen Vorsicht lässt sich für Trust-Gestaltungen, die mangels anderweitiger Möglichkeit zur wirtschaftlichen Zurechnung des Trustvermögens eine Vermögensmasse i. S. der §§ 1 Abs. 1 bzw. 2 Nr. 1 KStG darstellen, festhalten, dass eine unmittelbare Besteuerung des im Trust erzielten Einkommens bei den beteiligten Personen in den allermeisten Fällen nicht in Betracht kommt. Selbst wenn die Erträge aufgrund eines Rechtsanspruchs den Beneficiaries zustehen, wird es regelmäßig der Trustee sein, der in Ausübung seines Amtes nach außen hin den Tatbestand der Einkünfteerzielung verwirklicht. Der Umstand, dass der Trustee ausschließlich fremdnützig tätig wird, führt dabei nicht zur Anwendung der – bei den Vermögensmasse-Trusts gerade ausgeschlossenen – Grundsätze zur Einkünftezurechnung bei Treuhandverhältnissen oder sonstiger Vermögensverwaltung. Die Voraussetzungen des § 3 Abs. 1 KStG mit der Folge der selbstständigen Körperschaftsteuerpflicht des Trust werden hiernach realistischerweise allenfalls in Bezug auf feststehende Berechtigungen an Erträgen aus Kapitalvermögen nicht vorliegen.

## II. Die Anwendung von § 15 AStG

Bildet der Trust eine Vermögensmasse und kommt unter Berücksichtigung des § 3 Abs. 1 KStG eine anderweitige Besteuerung seiner Einkünfte nicht in Betracht, so ist er selbst als Steuerrechtssubjekt beschränkt oder unbeschränkt körperschaftsteuerpflichtig. Die Trust-Errichtung kann in diesem Fall steuerlich nicht mehr negiert wer-

zum erforderlichen Mindestumfang der Kontroll- und Überwachungsrechte *Münch*, ZEV 1999, 8 sowie *Schulze zur Wiesche*, FR 1999, 281 m. w. N.

355 Vgl. *Schmidt*, § 15 EStG Rn. 306; vgl. auch *Münch*, ZEV 1998, 8 m. w. N.

356 Zur US-amerikanischen limited partnership etwa BFH v. 9.11.1983, BStBl II 1984, 468 sowie v. 27.2.1991, BStBl II 1991, 444.

den.[357] Unbeschränkt körperschaftsteuerpflichtig sind Vermögensmassen nach § 1 Abs. 1 KStG, die entweder ihre Geschäftsleitung oder ihren Sitz im Inland haben. Wenngleich eine Übertragung dieser beiden originär gesellschaftsrechtlichen Begriffe auf die Rechtsverhältnisse des Trust nur schwer möglich ist[358], ist zu erkennen, dass das Trustkonzept normalerweise einen statuarischen Sitz nicht vorsieht.[359] Das einzige praktikable Anknüpfungsmerkmal für den damit alleine maßgeblichen Ort seiner „Geschäftsleitung" dürfte ferner in dem Ort des gewöhnlichen Aufenthalts oder der Niederlassung des Trustee zu erkennen sein.[360] Da ein Trust mit inländischem Geschäftssitz des Trustee aus deutscher Sicht jedoch bereits wegen der internationalprivatrechtlichen Beschränkungen der Rechtswahlfreiheit durch Art. 27 Abs. 3 EGBGB[361] kaum praxisrelevant sein dürfte, spielen die Folgen einer etwaigen unbeschränkten Körperschaftssteuerpflicht des Trust nur eine untergeordnete Rolle.[362] Auf der anderen Seite ist eine Steuerpflicht des Trust als selbstständige Vermögensmasse unter dem Aspekt der beschränkten Körperschaftsteuersubjektivität gem. § 2 Nr. 1 KStG aber von vornherein nur hinsichtlich der inländischen Einkünfte[363] gegeben. Gäbe es deshalb die Vorschrift des hier zu erörternden § 15 AStG nicht, wäre unter Umständen ein großer Teil der vom Trust erzielten Einkünfte zumindest bis zur Auskehrung an unbeschränkt oder erweitert beschränkt[364] steuerpflichtige Beneficiaries in Deutschland von einer Besteuerung abgeschottet. Wie sich aus der Entwicklungsgeschichte des, dem früheren § 12 StAnpG nachgebildeten § 15 AStG unzweideutig ergibt, besteht der besondere Regelungszweck dieser Vorschrift in der Verhinderung einer Steuer- oder Kapitalflucht ins Ausland.[365]

Gem. § 15 Abs. 1 AStG werden Vermögen und Einkommen ausländischer Familienstiftungen dem unbeschränkt steuerpflichtigen Stifter, sonst den unbeschränkt steuerpflichtigen Bezug- oder Anfallsberechtigten entsprechend ihrem Anteil zugerechnet.[366] Nach der in Abs. 2 enthaltenen Begriffsdefinition ist eine Familienstiftung gegeben, wenn der Errichter, seine Angehörigen oder deren Abkömmlinge zu mehr als der

357 Vgl. auch *Siemers/Müller*, IStR 1998, 385, 390.

358 Vgl. ausführlich *Klein*, IStR 1999, 377, 378 f.

359 *Haarmann*, Trust, S. 151, 160.

360 Gl. A. *Klein*, IStR 1999, 377, 378 unter Verweis auf Art. 7 c) des Haager Übereinkommens über das auf Trusts anzuwendende Recht und ihre Anerkennung v. 1.7.1985, Iprax 1985, 55.

361 Vgl. oben § 3 B. II. 1. b) (3).

362 A. A. möglicherweise *Killius*, Steuerplanung, S. 343, 359 f., der mit Blick auf die Vermeidung der Tatbestandsvoraussetzungen des § 15 AStG ausdrücklich auf die Möglichkeit eines Trust mit Geschäftsleitung in der Bundesrepublik verweist.

363 Vgl. § 49 EStG.

364 Vgl. § 2 AStG.

365 *Menck* in Blümich, § 15 AStG Rn. 1; *Schaumburg*, Internationales Steuerrecht, S. 571; *Wassermeyer* in Flick/Wassermeyer/Baumhoff, § 15 AStG Rn. 10.

366 Nach Wegfall der Vermögensteuer seit 1996 kommt der Vermögenszurechnung allerdings bis auf weiteres keine Bedeutung mehr zu.

Hälfte bezugs- oder anfallsberechtigt sind.[367] Den Stiftungen gleichgestellt sind schließlich gem. § 15 Abs. 4 AStG „sonstige Zweckvermögen, Vermögensmassen und rechtsfähige oder nichtrechtsfähige Personenvereinigungen".[368] Gestützt auf den hiernach ausgeweiteten Anwendungsbereich der Norm hat der erste Senat des BFH mit seinen letzten beiden – oben bereits erwähnten – Urteilen zum Trust entschieden, dass § 15 AStG grundsätzlich Anwendung finden kann, wenn der Trust (1) im Ausland errichtet und (2) als Zweckvermögen bzw. Vermögensmasse zu behandeln ist, sowie (3) die aus dem Einsatz des Trustvermögens resultierenden Einkünfte dem Trust und nicht dritten Personen zuzurechnen sind.[369] Vom Vorliegen dieser Voraussetzungen wird nachfolgend unter Berücksichtigung der bisherigen Ausführungen ausgegangen.[370] Da die Anwendung des § 15 AStG eine Vielzahl bislang ungelöster Einzelfragen aufwirft[371], die auch im Rahmen dieser Arbeit nicht umfassend behandelt werden können, ist allerdings eine Beschränkung auf einige besonders wesentliche Kernprobleme geboten.

---

[367] Zur dementsprechenden teleologischen Auslegung des missverständlichen Wortlauts s. *Wassermeyer* in Flick/Wassermeyer/Baumhoff, § 15 AStG Rn. 64.

[368] Die Formulierung „steht gleich" wird in der Literatur teilweise dahingehend interpretiert, dass die in § 15 Abs. 4 AStG angesprochenen Vermögensmassen u. ä. die Funktion einer Stiftung haben müssen, um unter Abs. 1 subsumiert werden zu können; vgl. etwa *Schaumburg*, Internationales Steuerrecht, S. 574; *Sieker*, BB 1983, 1258; *Wassermeyer* in Flick/Wassermeyer/Baumhoff, § 15 AStG Rn. 91. Insbesondere kurzläufige Trusts wären damit ungeachtet ihrer Qualifikation als Vermögensmasse von vornherein aus dem Anwendungsbereich des § 15 AStG ausgenommen. Mit Rücksicht auf den Regelungszweck der Norm kann dieser am Wortlaut orientierten Auslegung m. E. nicht zugestimmt werden; gl. A. BFH v. 2.2.1994, BStBl II 1994, 727, 729. Zur Vermeidung von Abgrenzungsproblemen zum Begriff der ausländischen Gesellschaft i. S. des § 7 AStG ist vielmehr nur erforderlich, dass die betreffende Gestaltung Bezugs- und Anfallsberechtigte vorsieht.

[369] Zu BFH v. 5.11.1992, BStBl II 1993, 388 sowie v. 2.2.1994, BStBl II 1994, 727 oben § 4 A. III.

[370] Vorausgesetzt wird dabei auch, dass sich aus dem jeweiligen Trust-Settlement eine entsprechende Familienbegünstigung zweifelsfrei ergibt, Erträge und/oder Substanz also zu mehr als 50 % zugunsten der Familie des Settlor zu verwenden sind; vgl. dazu z. B. *Killius*, intertax 1994/5, 195, 200 ff. sowie *ders.*, Steuerplanung, S. 343, 364 f. Bei nicht feststellbarer Bezugs- bzw. Anfallsberechtigung zu mehr als der Hälfte müssen Familienstiftungen und Trusts prinzipiell aus dem Anwendungsbereich des § 15 AStG ausscheiden; vgl. *Schaumburg*, Internationales Steuerrecht, S. 574. Zu den – mit Rücksicht auf § 42 AO nicht unproblematischen – „Red Cross" oder „Black Hole" Trusts, die häufig der Verschleierung der „wahren" Beneficiaries dienen, bereits oben § 2 Fn. 125. Als weitere Vermeidungsstrategie wird zuweilen die Errichtung sog. „Umbrella Trusts" vorgeschlagen. An der Errichtung solcher Trusts beteiligen sich zugleich mindestens zwei Settlor, wobei Erträge und Substanz wechselbezüglich den Familienangehörigen des jeweils Anderen zukommen sollen; zu anderen Gestaltungen im Bereich der ausländischen Familienstiftungen s. *Werkmüller*, ZEV 1999, 138.

[371] Bis zu den beiden vorgenannten Trust-Urteilen wurde diese, dem § 12 StAnpG nachgebildete Vorschrift in der Rechtsprechung über nahezu 20 Jahre kein einziges Mal angewandt; vgl. dazu auch die Urteilsanmerkung von *Wassermeyer*, IStR 1993, 124.

### 1. Begriff des Einkommens

Einer kurzen Betrachtung bedürfen zunächst die allgemeinen Auswirkungen der nach § 15 AStG vorgesehenen Einkommenszurechnung, durch welche im Ergebnis die Abschottungswirkung ausländischer Familienstiftungen und Vermögensmassen beseitigt wird. Nachdem sich diese Norm unstrittig auf den Einkommensbegriff des § 8 KStG bezieht, der seinerseits auf die Vorschriften des EStG verweist, ist in jedem Fall das Einkommen des Trust zu ermitteln.[372] Hierbei geht die Finanzverwaltung im Anschluss an den BFH[373] davon aus, dass unter Einkommen dasjenige zu verstehen ist, das sich bei unterstellter unbeschränkter Steuerpflicht des Trust ergeben würde.[374] So gesehen setzt die Einkommenszurechnung nach § 15 Abs. 1 AStG voraus, dass der Trust dasselbe i. S. des deutschen Steuerrechts erzielt, es ihm also unter Anwendung der allgemeinen deutschen Einkunfts- und Einkommensermittlungsvorschriften zuzurechnen ist. Auf der Ebene des Trust ist mit anderen Worten eine gesonderte Ermittlung dessen Welteinkommens vorzunehmen, welches sodann, vermindert um Freibeträge, Werbungskosten, Sonderausgaben und außergewöhnliche Belastungen dem unbeschränkt steuerpflichtigen Settlor oder Beneficiary zuzurechnen ist.[375]

### 2. Zurechnungsvoraussetzungen und -rangfolge

Da Einkommen und Vermögen zum Ende des Wirtschafts- oder Kalenderjahres des ausländischen Rechtssubjekts zu ermitteln sind, erfolgt die Zurechnung gegenüber demjenigen, der zu diesem Zeitpunkt Stifter, Bezugs- und/oder Anfallsberechtigter ist.[376] Die größte Problematik des § 15 AStG erschließt sich sodann im Bereich der normgemäßen Zurechnungsrangfolge sowie der Auslegung der Begriffe des Bezugs- bzw. Anfallsberechtigten. Insoweit werden im Schrifttum unter dem Aspekt des Leistungsfähigkeitsprinzips sowie dem Schutzzweck der Art. 3 und 14 GG zu Recht erhebliche verfassungsrechtliche Bedenken gelten gemacht.[377] Die weitere Rechtsentwicklung bleibt hier nicht zuletzt im Hinblick auf ein derzeit noch beim BFH

---

372 *Wassermeyer* in Flick/Wassermeyer/Baumhoff, § 15 AStG Rn. 22.

373 BFH v. 5.11.1992, BStBl II 1993, 388.

374 Vgl. BMF, Schreiben betr. Grundsätze zur Anwendung des Außensteuergesetzes v. 2.12.1995, BStBl I 1995, Sondernummer 1, Tz. 15.1

375 *Bredow/Reich*, WiB 1995, 775, 780; *Schaumburg*, Internationales Steuerrecht, S. 572; interessant auch der Hinweis von *Wassermeyer*, IStR 1993, 124, wonach ausländische Familienstiftungen bzw. Trusts eingesetzt werden können, um den Sparer-Freibetrag von DM 6.000 (ab VZ 2000: DM 3.000) pro Person zu vervielfachen.

376 So zutreffend etwa *Schaumburg*, Internationales Steuerrecht, S. 577 m. w. N.; a. A. BMF, Schreiben v. 2.12.1994, BStBl I, Sondernummer 1, Tz. 15.1.2., in dem auf den für den Zurechnungsempfänger maßgeblichen Veranlagunszeitraum abgestellt wird.

377 Vgl. etwa *Haarmann*, Trust, S. 151, 163 ff.; *Seibold*, IStR 1993, 545, 548; beachte *Wassermeyer*, IStR 1993, 124, wonach die Vorschrift undurchführbar sei und „deutliche Anzeichen der Verfassungswidrigkeit auf der Stirn“ trage.

anhängiges Verfahren zur Frage der Zurechnung des Vermögens einer liechtensteinischen Familienstiftung abzuwarten.[378]

### a) Einkommenszurechnung beim Settlor

Dem Wortlaut des § 15 Abs. 1 AStG ist hinsichtlich der Zurechnung eine Rangfolge zu entnehmen, wobei die jeweils höhere Stufe die Zurechnung auf der niedrigeren Stufe ausschließen soll.[379] Hiernach ist in erster Linie eine Zurechnung gegenüber dem Stifter/Settlor vorgesehen. Unter den Begriff des Stifters sind nach Auffassung des BFH vor allem die Personen zu fassen, für deren Rechnung Vermögen auf eine Stiftung übertragen wird.[380] Abweichend von seiner Vorgängervorschrift § 12 StAnpG[381] kommt es für diese Zurechnung allerdings nicht mehr auf die unbeschränkte Steuerpflicht im Zeitpunkt der Errichtung an. Die Rechtsfolgen des § 15 AStG sollen vielmehr auch dann eintreten, wenn ein Ausländer, der als nicht unbeschränkt steuerpflichtige Person im Ausland einen Trust errichtet hat, später aus persönlichen Gründen ins Inland übersiedelt und damit im Zurechnungszeitpunkt unbeschränkt oder erweitert beschränkt[382] steuerpflichtig ist.[383]

#### (1) Auffassung der Finanzrechtsprechung

Mit Urteil vom 5.11.1992 hat der BFH für den Fall eines auf die Dauer von 80 Jahren errichteten Jersey Discretionary Trust eine Einkommenszurechnung gegenüber dem inländischen Settlor vorgenommen. Ungeachtet dessen, dass dieser nicht zu den Begünstigten gehörte und keine Weisungsbefugnisse gegenüber den Trustee ausüben konnte, wurde diese Entscheidung darauf gestützt, dass schließlich er es gewesen sei, „der die Gestaltung gewählt und durchgeführt habe, der entgegenzuwirken die Aufgabe des § 15 AStG ist“.[384]

#### (2) Verfassungsrechtliche Bedenken

Gibt eine Person wie in dem entschiedenen Fall endgültig die Verfügung über ein Vermögen und seine Nutzungen auf, so gerät eine fortwirkende Besteuerung dieser

---

[378] BFH II R 14/98; Vorinstanz FG München v. 25.11.1997, EFG 1998, 850 (nur Leitsatz) bzw. LEXinform DokNr. 0145557 (Volltext).

[379] *Wassermeyer* in Flick/Wassermeyer/Baumhoff, § 15 AStG Rn. 27, 30.

[380] BFH v. 5.11.1992, BStBl II 1993, 388, 389.

[381] Zur Gesetzeshistorie ausführlich ebenda, Rn. 1 ff.

[382] Vgl. § 15 Abs. 5 AStG.

[383] Vgl. auch BMF, Schreiben v. 2.12.1994, BStBl I 1995 Sondernummer 1, Tz. 15.1.3.

[384] BFH v. 5.11.1992, BStBl II 1993, 388, 391; ähnliche Begründung bei *Wassermeyer* in Flick/Wassermeyer/Baumhoff, § 15 AStG Rn. 12 a.

Person mit dem Einkommen aus diesem Vermögen in Konflikt mit dem systemtragenden Prinzip der Besteuerung nach der Leistungsfähigkeit.[385] Denn besteuert wird dann gerade nicht mehr das Ist-Einkommen, also der Reinvermögenszugang, sondern das Soll-Einkommen.[386] Nach der heutigen Grundrechtsdogmatik stellt das Leistungsfähigkeitsprinzip einen Anwendungsfall des in Art. 3 Abs. 1 GG verankerten allgemeinen Gleichheitsatzes dar.[387] Soweit die Zurechnungsbesteuerung gem. § 15 AStG mithin in den Schutzbereich des Gleichheitssatzes in Form der Steuergleichheit eingreift, ist dies verfassungsrechtlich nur zulässig, wenn der Eingriff gerechtfertigt werden kann.[388] Nach neuerer und zutreffender Auffassung wird der Rechtfertigungsmaßstab insoweit im Verhältnismäßigkeitsprinzip gesehen.[389] Hieraus folgt, dass der Regelungsgehalt des § 15 AStG unter Berücksichtigung des spezifischen Regelungszwecks[390] „Verhinderung einer Steuer- oder Kapitalflucht" zwingend an den Kriterien der Geeignetheit, Erforderlichkeit und Zumutbarkeit (Verhältnismäßigkeit im engeren Sinne) zu messen ist.[391]

Dass vor diesem Hintergrund alleine die vom BFH gelieferte pauschale „Begründung", der Steuerpflichtige habe die Gestaltung schließlich gewählt, einen Eingriff in das Gleichheitsgebot nicht rechtfertigen kann, ist offensichtlich.[392] Für den Streitfall begegnet die Einkommenszurechnung zum Settlor im Ergebnis gleichwohl keinen verfassungsrechtlichen Bedenken.[393] Mit Rücksicht auf die im Rahmen der Verhältnismäßigkeitsprüfung zu beachtende Zweck-Mittel-Relation kommt es allerdings nach der hier vertretenen Auffassung entscheidend auf dessen unbeschränkte Steuerpflicht im Zeitpunkt der Errichtung des Trust an. Sofern die Gründung eines Trust nämlich

385 Etwa *Haarmann*, Trust, S. 151, 164; *Schaumburg*, Das Leistungsfähigkeitsprinzip im internationalen Steuerrecht, 125, 141; *Seibold*, IStR 1993, 545, 548.

386 Dazu allgemein *Tipke*, Steuerrechtsordnung, S. 496, 500 ff.

387 Das BVerfG hat diesen Bezug mehrfach hergestellt, so z. B. in BVerfGE 66, 214; 67, 290; 68, 143; 82, 60, 86 ff.; 84, 239, 271 (Zinsurteil); zum Theorienstreit ausführlich *Tipke*, Steuerrecht, § 4 Rn. 81 ff., sowie *Tipke*, Steuerrechtsordnung, S. 348 ff. m. w. N.; *Crezelius*, Steuerrecht 2 A, S. 21 ff.

388 Nur *Tipke*, Steuerrechtsordnung, S. 354: „Die Durchbrechung des Prinzips, der Systembruch, bedarf der Rechtfertigung durch ein anderes sachgerechtes Prinzip."

389 Vgl. zur Dogmatik des allgemeinen Gleichheitssatzes aus der jüngeren Literatur die ausgezeichnete Arbeit von *Schaden*, Steuervergünstigung, S. 117 ff., 167; vgl. auch *Tipke*, Steuerrechtsordnung, S. 343 ff.; zum Gleichheitssatz im Erbschaft- und Schenkungsteuerrecht vgl. unten § 5 E. I.

390 Zu berücksichtigen ist insoweit die Abgrenzung zum bloßen Zweck der „Vereinnahmung von Steuern", der alleine niemals Rechtfertigungsgrund für eine ungleiche Behandlung der Steuerpflichtigen sein kann; vgl. *Tipke*, Steuerrechtsordnung, S. 353 m. w. N., sowie unten Fn. 396.

391 Etwa BVerfG v. 24.1.1962, BStBl I 1962, 500; v. 9.3.1971, BStBl II 1971, 433, m. w. N.; *Schaden*, Steuervergünstigung, S. 160.

392 Angesichts der Freiheit jedes einzelnen, einkommengenerierendes Vermögen unter Ausnutzung der rechtlichen Gestaltungsmöglichkeiten aufzugeben, ist die Argumentation des BFH m. E. schon im Grundsatz verfehlt.

393 Gl. A. *Wassermeyer*, IStR 1993, 124.

durch einen Steuerausländer erfolgt, kann weder von einer Verlagerung deutschen Kapitals ins Ausland noch von dem Eingreifen eines Missbrauchstatbestandes die Rede sein.[394] Eine nach dem Zuzug des Settlor vorgenommene Einkommenszurechnung stellt sich daher von vornherein als ungeeignet zur Erreichung des Normzwecks „Verhinderung einer Kapital- und Steuerflucht" dar. Alleine das weitere Bemühen, unbeschränkt Steuerpflichtige grundsätzlich mit ihrem Weltvermögen und –einkommen der Besteuerung zu unterwerfen (der „fiskalische Appetit"[395]), kann dann einen Durchgriff durch die als selbstständige ausländische Steuersubjekte anzuerkennenden Familienstiftungen oder Trusts nicht rechtfertigen.[396] Anders muss die Frage der Verfassungsmäßigkeit demgegenüber im Falle der Trust-Errichtung durch einen Steuerinländer beurteilt werden. Insoweit erweist sich die Einkommenszurechnung gegenüber dem Settlor zunächst als geeignet, um der Abwanderung von Kapital ins Ausland entgegenzuwirken. Die vom Leistungsfähigkeitsprinzip abweichende Besteuerung des Settlor ist ferner erforderlich, da weniger beeinträchtigende, aber zum selben Erfolg führende Mittel nicht ersichtlich sind.[397] Wägt man zuletzt das Recht des Steuerpflichtigen auf eine Besteuerung nach seiner individuellen Leistungsfähigkeit gegen den spezifischen Regelungszweck des § 15 AStG ab, so stellt sich die Einkommenszurechnung zum Settlor/Stifter angesichts der dem Gemeinwohl dienenden Verhinderung einer künstlichen Kapitalverlagerung auf ein dem Steuerpflichtigen nahestehendes ausländisches Rechtsubjekt auch im engeren Sinne als verhältnismäßig dar. In Bezug auf die Errichtung eines Trust durch Steuerinländer verstößt die von § 15 Abs. 1 AStG angeordnete Rechtsfolge mithin als zulässige Inhaltsbestimmung des allgemeinen Gleichheitssatzes nicht gegen die Verfassung.

### b) Einkommenszurechnung bei den Beneficiaries

Soweit eine Zurechnung zum Settlor nach den dargestellten Grundsätzen nicht in Betracht kommt, soll in der Rangfolge eine Einkommenszurechnung gegenüber den unbeschränkt steuerpflichtigen „Bezugs- oder Anfallsberechtigten entsprechend ihrem

---

394 *Wassermeyer* in Flick/Wassermeyer/Baumhoff, § 15 AStG Rn. 11; in BFH v. 2.2.1994, BStBl II 1994, 727, 729, wurde die Frage, ob und inwieweit § 15 AStG mißßbräuchlichen Gestaltungen entgegenwirken soll, allerdings ausdrücklich offengelassen.

395 Vgl. *Tipke*, Steuerrechtsordnung, S. 357.

396 Dazu BVerfGE 6, 55, 80: „Der Finanzbedarf des Staates ist (...) niemals geeignet, eine verfassungswidrige Steuer zu rechtfertigen". Im Ergebnis unter Bezugnahme auf BVerfG v. 24.1.1962, BStBl I 1962, 500 ebenso *Seibold*, IStR 1993, 545, 549 sowie *Wassermeyer* in Flick/Wassermeyer/Baumhoff, § 15 AStG Rn. 10; a. A. BMF, Schreiben v. 2.12.1994, BStBl I 1995 Sondernummer 1, Tz. 15.1.3.a) sowie offensichtlich FG München v. 25.11.1997, LEXinform DokNr. 0145557, nrkr.

397 Zwar könnte man mit *Seibold*, IStR 1993, 545, 548, überlegen, dem Settlor Vermögen und Einkommen nur „entsprechend seinem Anteil" zuzurechnen. Der auf unbeschränkt steuerpflichtige Bezugs- und Anfallsberechtigte entfallende Anteil am Einkommen des ausländischen Rechtssubjekts bliebe dann jedoch in Deutschland unversteuert, so dass diese Maßnahme nicht in gleicher Weise zur Zweckerreichung führen würde.

Anteil" erfolgen. In der Praxis ergeben sich Zweifelsfragen nicht nur hinsichtlich der Auslegung der im Gesetz nicht näher definierten Bezugs- und Anfallsrechte sowie der vorgesehenen anteiligen Zurechnung; weitgehend unklar ist auch das Verhältnis der Zurechnung, wenn sowohl Bezugs- als auch Anfallsberechtigte vorhanden sind.

### (1) Auffassung von Finanzverwaltung und –rechtsprechung

Bezugsberechtigt sind nach der Auffassung der Finanzverwaltung nicht nur diejenigen, denen ein Rechtsanspruch auf den Erhalt von Vermögensvorteilen zukommt oder die solche Vermögensvorteile tatsächlich erhalten, sondern auch Personen, von welchen aufgrund der Satzung damit gerechnet werden kann, dass sie – wenn auch nicht gegenwärtig so doch künftig – eine Bezugsberechtigung erwerben werden.[398] Entsprechend soll eine Anfallsberechtigung nicht nur dann gegeben sein, wenn ein (satzungsmäßiger) Rechtsanspruch auf den Anfall des Stiftungsvermögens besteht, sondern auch, wenn ohne einem solchen Anspruch durch geeignete Maßnahmen ein ganzer oder teilweiser Vermögensübergang sichergestellt werden kann.[399] Von einer Zurechnung ausgenommen sollen nur Zufallsdestinatäre sein, die – so die Begründung von Runge[400] – weder mittelbar noch unmittelbar die Möglichkeit haben, auf die Stiftung oder die Vergabe von Zuwendungen einzuwirken. In Übereinstimmung mit dieser Verwaltungsansicht hat der BFH mit Urteil vom 2.2.1994 die in drei Discretionary Trusts erzielten Erträge ungeachtet einer nur „abstrakten Bezugsberechtigung" dem in Deutschland steuerpflichtigen Beneficiary alleine auf Grundlage der tatsächlich vorgenommenen Ausschüttungen zugerechnet.[401] Mit seiner – nicht rechtskräftigen – Entscheidung vom 25.11.1997 hat zuletzt auch das FG München die Erforderlichkeit eines Rechtsanspruchs auf Auskehrungen verneint.[402]

### (2) Verfassungskonforme Auslegung

Entsprechend den bereits oben im Zusammenhang mit der Einkommenszurechnung zum Settlor angestellten Überlegungen bedarf eine von den tatsächlich erfolgenden Ausschüttungen losgelöste Erfassung des Einkommens bei den Beneficiaries unter Berücksichtigung des Leistungsfähigkeitsprinzips einer besonderen Rechtfertigung. Da dem Fiskus im Falle der Errichtung eines Trust durch ausländische Settlor Einkommen

---

398 BMF, Schreiben v. 2.12.1994, BStBl I 1995 Sondernummer 1, Tz. 15.2.1.

399 Ebenda.

400 *Runge*, DB 1977, 514.

401 Vgl. BFH v. 2.2.1994, BStVl II 1994, 727, 729; die Besonderheit des Streitfalles bestand allerdings darin, dass das gesamte Einkommen der Trusts in den Streitjahren nachweislich alleine an die Klägerin ausgekehrt wurde; keine verfassungsrechtlichen Bedenken deshalb *Haarmann*, Trust, S. 151, 164.

402 FG München v. 25.11.1997, LEXinform DokNr. 0145557, nrkr.

und Vermögen in aller Regel nicht künstlich entzogen werden[403], ist eine Zurechnung gegenüber inländischen Beneficiaries entgegen der Auffassung von Finanzverwaltung und Rechtsprechung mangels Eignung zur Normzweckerreichung unverhältnismäßig und damit verfassungsrechtlich unzulässig.[404] Bei entsprechender Anspruchslage und Form der Bezüge kann eine Besteuerung der Ausschüttungen deshalb allenfalls als wiederkehrende Bezüge i. S. des § 22 Nr. 1 EStG in Betracht kommen.[405] Anders kann sich die Situation aber darstellen bei Trust-Errichtung durch einen Steuerinländer, für den die Zurechnungsvoraussetzungen infolge Wegzug oder Tod nicht mehr vorliegen. Im Hinblick auf die verfassungsrechtliche Problematik dieser Fälle ist zweckmäßigerweise erneut danach zu differenzieren, ob der equitable title den Beneficiaries einen feststehenden Rechtsanspruch auf Auskehrung von Erträgen bzw. Substanz oder nur – wie etwa bei einem Discretionary Trust – die vage Hoffnung auf einen späteren Vermögensvorteil vermittelt.

### *(i) Unbestimmter Kreis der Bezugs- und Anfallsberechtigten*

Im Falle eines Discretionary Trust sind Rechtsansprüche oder rechtliche Anwartschaften der Beneficiaries hinsichtlich der Erlangung von Vermögensvorteilen typischerweise ausgeschlossen. Ertrags- und Substanzauskehrungen erfolgen damit ausschließlich in Abhängigkeit der für jeden Veranlagungszeitraum neu zu treffenden Ermessensentscheidungen des Trustee. Hieraus folgt, dass sich der Anteil des einzelnen Beneficiary zuverlässig erst nach vollständiger Abwicklung des Trust bestimmen lässt.[406] Ob und nach welchem Maßstab in diesen Fällen das Trusteinkommen den Beneficiaries während des Bestehens des Trust zugewiesen werden kann, stellt ein bislang ungelöstes und möglicherweise überhaupt unlösbares Problem dar.[407] Der treffenden Anmerkung von Wassermeyer, wonach § 15 AStG für diese Situation „auf dem Papier" stehe, ist insoweit nichts hinzuzufügen.[408] Für die Praxis kann nur gemutmaßt werden, dass die Finanzverwaltung die quotenmäßige Aufteilung des Trusteinkom-

---

403 Ähnlich *Wassermeyer* in Flick/Wassermeyer/Baumhoff, § 15 AStG Rn. 11.

404 Ebenda, Rn. 10 unter Berufung auf BFH v. 24.1.1962, BStBl III 1962, 500; vgl. i. ü. *Seibold*, IStR 1993, 545, 548. Im Prinzip überzeugend auch *Sieker*, BB 1993, 1257, 1258, der auf die im Vergleich zur Behandlung von Zwischengesellschaften nach § 7 AStG ungleich schärfere Besteuerung von Familiengesellschaften hinweist; da es sich bei Jersey allerdings evident um ein Niedrigsteuergebiet handelt – das im Ausland erzielte Einkommen unterliegt auf Jersey keiner Besteuerung – und die Einkünfte zumeist passiver Natur i. S. des § 8 AStG sein werden, relativiert sich diese Differenzierung für den Jersey Trust; zur Besteuerung des Jersey Trust vgl. *Grotherr*, IWB Fach 5 Kanalinseln Gruppe 2, 1, 14 f.

405 Dazu näher unten § 4 B. II. 3.

406 *Söffing/Kirsten*, DB 1999, 1626, 1629.

407 Auch *Bredow/Reich*, WiB 1995, 775, 781; FG München v. 25.11.1997, LEXinform DokNr. 0145557, wo diese Frage infolge der vermögensteuerlich vorzunehmenden Zusammenveranlagung der Kläger ausdrücklich unentschieden gelassen wurde.

408 *Wassermeyer*, IStR 1993, 124.

mens auf die tatsächliche Ausschüttungspraxis[409] sowie gegebenenfalls den Inhalt eines „letter of wishes"[410] stützen würde.[411]

Nicht zuletzt die hier zutage tretende praktische Undurchführbarkeit des § 15 AStG spricht m. E. für eine tendenziell am Wortlaut der Norm orientierte Auslegung des Begriffs der Bezugs- und Anfallsberechtigung. Dem Wortteil „berechtigt" muss hiernach entnommen werden, dass das jeweilige Zurechnungssubjekt eine Rechtsposition innehat, die Zuwendungen tatsächlich erwarten lässt.[412] Sowohl für den Begriff der Bezugs- als auch der Anfallsberechtigung ist deshalb ein Rechtsanspruch oder zumindest eine rechtliche Anwartschaft auf die Ausfolgung von Erträgen oder Substanz erforderlich.[413] Für den Discretionary Trust hat eine solche, dem Leistungsfähigkeitsprinzip alleine gerecht werdende Auslegung zur Folge, dass eine Einkommenszurechnung bei den Beneficiaries auf Grundlage des § 15 AStG bereits auf Tatbestandsebene ausgeschlossen ist.[414] Fraglich erscheint ferner, ob und inwieweit eindeutige Umgehungsfälle unter den Missbrauchstatbestand des § 42 AO gefasst werden können, da eine „Sippenhaft" der Familienangehörigen mangels Einflussmöglichkeit auf die rechtliche Gestaltung wohl ausscheiden dürfte.

#### *(ii) Feststehende Bezugs- und Anfallsberechtigungen*

Sind bei einem Trust mehrere Bezugs- und Anfallsberechtigte vorhanden, die teilweise der unbeschränkten und teilweise der beschränkten Steuerpflicht unterliegen, so kommt eine Zurechnung von vornherein nur im Hinblick auf die dem erstgenannten Personenkreis entfallenden Anteile in Betracht.[415] Da der Gesetzgeber aber keine Zuordnung dergestalt vorgenommen hat, dass den Anfallsberechtigten anteilig das Vermögen und den Bezugsberechtigten anteilig das Einkommen zuzurechnen wäre, stellt sich bei auseinanderfallenden Ertrags- und Substanzberechtigungen weiter die Frage nach dem anzuwendenden Zurechnungsmaßstab. Im Verhältnis zwischen lediglich unbeschränkt steuerpflichtigen Begünstigten soll nach der wohl herrschenden Auffas-

---

409 Zu fordern wäre dann aber zumindest ein mehrjähriger Beobachtungszeitraum.

410 Verwiesen sei insoweit auf die erweiterte Mitwirkungspflicht der Beteiligten bei Auslandssachverhalten gem. § 90 Abs. 2 AO.

411 Vgl. dazu die zutreffende Kritik von *Söffing/Kirsten*, DB 1999, 1626, 1629.

412 Etwa *Wöhrle* in Wöhrle/Schelle/Gross, § 15 AStG Rn. III 1.

413 Ausführlich dazu *Wassermeyer* in Flick/Wassermeyer/Baumhoff, § 15 AStG Rn. 30 ff.

414 A. A. *Seibold*, IStR 1993, 545, 549, der für den Fall, dass sich ein bestimmter „Anteil" nicht ermitteln lässt, davon ausgeht, dass sämtliche Beneficiaries im gleichen Verhältnis bezugsberechtigt sind. Der zur Begründung dieser Auffassung herangezogene § 2 der 1. Steueramnestieverordnung v. 24.8.1931, abgedr. bei Flick/Wassermeyer/Baumhoff, § 15 AStG Rn. 31, hat, wie von *Wassermeyer* überzeugend begründet, allerdings keinen Einfluss auf die Formulierung des § 15 AStG genommen.

415 Mit Rücksicht auf die Zustimmung von *Runge*, DB 1977, 514, 516, kann davon ausgegangen werden, dass auch die Finanzverwaltung diese Auffassung teilt.

sung im Schrifttum das Einkommen bis zur Grenze des Rechtsanspruchs den (gegenwärtig) Ertragsberechtigten und thesauriertes Einkommen den Substanzberechtigten zuzurechnen sein.[416] Der auch insoweit durch die zeitliche Vorverlagerung der Besteuerung begründete Verstoß gegen das Leistungsfähigkeitsprinzip dürfte unter Berücksichtigung der Zweck-Mittel-Relation mit den obigen Überlegungen noch verhältnismäßig sein. Während dieser Fall mithin weitgehend unproblematisch gelagert ist, ergeben sich vergleichsweise größere Schwierigkeiten, wenn sowohl unbeschränkt als auch beschränkt steuerpflichtige Ertrags- und Anfallsberechtigte vorhanden sind. Dem Wortlaut des Gesetzes zufolge könnte das Einkommen des Trust dem unbeschränkt steuerpflichtigen Anfallsberechtigten auch dann zugerechnet werden, wenn dieser hieran infolge der Ertragsberechtigung eines nur beschränkt Steuerpflichtigen von vornherein niemals partizipieren kann.[417] Mit der zutreffenden Auffassung von Runge muss eine solche Zurechnung des Einkommens gegenüber dem Anfallsberechtigten aber ausscheiden, soweit hinsichtlich der Erträge ein Bezugsberechtigter festgestellt werden kann.[418] Auch wenn dieser nicht unbeschränkt steuerpflichtig ist, wächst dessen Anteil nicht anderen Personen an.[419] Für eine mit dem Leistungsfähigkeitsprinzip noch vereinbare Einkommenszurechnung wird man nach alledem als Mindestvoraussetzung fordern müssen, dass der Anfallsberechtigte – wie etwa im Falle einer zu seinen Gunsten erfolgenden Thesaurierung der Erträge – später in den Genuss der Erträge gelangen wird.[420]

### 3. Anderweitige Besteuerung

Regelmäßige Ausschüttungen, welche die Voraussetzungen einer Leibrente i. S. des § 22 Nr. 1 EStG erfüllen, unterliegen als wiederkehrende Bezüge der Einkommensteuer. Wiederkehrend sind Bezüge, die aufgrund eines einheitlichen Entschlusses oder eines einheitlichen Rechtsgrundes wiederholt mit einer gewissen Regelmäßigkeit erbracht werden.[421] Eine derartige Rechtsposition kann im Bereich der Vermögensmasse-Trusts nach der hier vertretenen Auffassung zumindest dann zu einer Zurechnung des Trust-Einkommens nach § 15 AStG führen, wenn der Trust durch einen

---

[416] Etwa *Blümich/Menck*, § 15 AStG Rn. 5; *Killius*, Steuerplanung, S. 343, 363; *Runge*, DB 1977, 514, 515; *Wassermeyer* in Flick/Wassermeyer/Baumhoff, § 15 AStG Rn. 42, 43.

[417] So offensichtlich die Finanzverwaltung in BMF, Schreiben v. 2.12.1994, BStBl I 1995, Sondernummer 1, Tz. 15.1.3. b); gl. A. auch *Jülicher*, IStR 1996, 575, 576.

[418] Vgl. *Runge*, DB 1977, 514, 515, demzufolge entgegen dem Gesetzeswortlaut zwischen der Bezugs- und Anfallsberechtigung ein Stufenverhältnis gesehen werden soll; ebenso *Blümich/Menck*, § 15 AStG Rn. 13; *Schaumburg*, Internationales Steuerrecht, S. 580; *Wassermeyer* in Flick/Wassermeyer/Baumhoff, § 15 AStG Rn. 42.

[419] *Schaumburg*, Internationales Steuerrecht, S. 581; *Wassermeyer* in Flick/Wassermeyer/Baumhoff, § 15 AStG Rn. 43.

[420] A. A. offensichtlich *Seibold*, IStR 1993, 545, 549.

[421] Nur *Heinicke* in Schmidt, § 22 EStG Rn. 13 m. w. N.; zur möglichen Doppelerfassung mit Einkommen- und Erbschaft- bzw. Schenkungsteuer vgl. unten § 5 D. III. 4.

unbeschränkt Steuerpflichtigen errichtet wurde. Für den Fall einer Konkurrenz zwischen § 15 AStG und § 22 EStG hat der BFH aber zu Recht eine Subsidiarität der letztgenannten Vorschrift angenommen.[422] Denn wegen § 10 Nr. 1 KStG können die Auskehrungen bei dem Trust nicht als Werbungskosten abgezogen werden, so dass dann umgekehrt auch das zugerechnete Einkommen nicht einmal über § 15 AStG und noch einmal als Einkünfte i. S. des § 22 Nr. 1 EStG erfasst werden kann.[423] Demgegenüber kann § 22 EStG – wie bereits angemerkt – isoliert zur Anwendung gelangen, wenn entsprechende Ertrags- oder Substanzauskehrungen zugunsten eines Steuerinländers aus einem von einem Steuerausländer errichteten Trust geleistet werden. Abgesehen hiervon ist eine Mehrfachbelastung mit Ertragsteuern – einerseits beim Trust selbst für inländische Einkünfte aufgrund der beschränkten Körperschaftsteuerpflicht nach § 2 KStG und andererseits aufgrund der Zurechnung nach § 15 AStG – gem. § 15 Abs. 5 i. V. mit § 12 Abs. 2 AStG und § 34 c EStG ausgeschlossen.[424] Nach der durch das StEntlG 1999/2000/2002 mit Wirkung zum Veranlagungszeitraum 1999 erfolgten Aufhebung des § 35 EStG kann es allerdings zu einer ungeminderten Doppelbesteuerung der Ertragsberechtigten mit Einkommen- und Erbschaft- bzw. Schenkungsteuer kommen.[425]

[422] Vgl. BFH v. 2.2.1994, BStBl II 1994, 727, 731.

[423] Ebenda.

[424] Vgl. BFH v. 2.2.1994, BStBl. 1994, 727, 730; *Schaumburg*, Internationales Steuerrecht, S. 572.

[425] Zu den hieraus resultierenden verfassungsrechtlichen Bedenken vgl. nachfolgend bei der erbschaftsteuerlichen Behandlung des Trust § 5 E. II.

# § 5 Der Jersey Trust als erbschaft- und schenkungsteuerliches Rechtssubjekt

## A. Problemstellung und methodische Bewältigung

„In den letzten Jahren haben steuerliche Gestaltungen unter Verwendung sogenannter „Trust“ zur Erbschaftsteuer-/Schenkungsteuerersparnis eine erhebliche Bedeutung erlangt, weil bei dieser Konstruktion keine Steuerpflicht oder erst mit zeitlicher Verzögerung eine Steuerpflicht ausgelöst wird. Der Vermögensübergang auf einen Trust bei seiner Errichtung und auf die Anfallsberechtigten bei seiner Auflösung wird als zusätzlicher Erwerbstatbestand in die §§ 3 und 7 ErbStG aufgenommen und unterliegt damit der Besteuerung.“

So lautet die Begründung des am 9.11.1998 veröffentlichten Koalitionsentwurfs des StEntlG 1999/2000/2002 betreffend der Änderungen des ErbStG.[1] Die zuletzt Gesetz gewordenen Fassung der §§ 3 Abs. 2 Nr. 1 Satz 2 und 7 Abs. 1 Nr. 8 Satz 2 ErbStG, welche heute die „Bildung oder Ausstattung einer Vermögensmasse ausländischen Rechts, deren Zweck auf die Bindung von Vermögen gerichtet ist“, für steuerpflichtig erklären, soll hierbei nach Einschätzung der Bundesregierung zu Mehreinnahmen in Höhe von DM 150 Millionen führen.[2] Dass dieses – betragsmäßig nur schwer bzw. überhaupt nicht zu verifizierende – Mehraufkommen nur unwesentlich zur Gegenfinanzierung der mit dem StEntlG eingeleiteten Steuersatzsenkungen beiträgt, zeigt der Vergleich zu den insgesamt bereits für den Veranlagungszeitraum 1999 erhofften Steuermehreinnahmen von DM 35.701 Millionen.[3] Berücksichtig man weiter, dass das Rechtsinstitut des Trust in Deutschland seit jeher eher ein steuerjuristischer Tummelplatz für nur wenige Spezialisten ist, nimmt es nicht Wunder, wenn das erklärte Ziel des Gesetzgebers, „Steuerschlupflöcher“ zu schließen und Steuersparmodelle einzudämmen, in den Fachkreisen nahezu ausschließlich im Hinblick auf die einschneidenden Änderungen im Einkommen- und Körperschaftsteuerrecht[4] diskutiert wurde. Weitgehend unbeeinflusst von öffentlichen Diskussionen konnte die Bundesregierung deshalb eine durchaus problematische Neuregelung des ErbStG einleiten, auf deren Grundlage sich die Besteuerung von Trust-Sachverhalten vollkommen neu darstellt.

### I. Steuerrechtlicher Bestimmtheitsgrundsatz

Ausdrücklich zum Steuerrecht hat das Bundesverfassungsgericht entschieden:

1 BT-Drs. 14/23 v. 9.11.1998, 200.

2 BMF – I C 6.

3 Ebenda.

4 Exemplarisch erwähnt seien hier nur die Stichworte Verlustberücksichtigung, Abgrenzung privater und betrieblicher Schuldzinsen, Einschränkung der Teilwertabschreibung, Abschaffung des Mitunternehmererlasses sowie des Tauschgutachtens, Absenkung der Wesentlichkeitsgrenze des § 17 EStG, Verlängerung der Spekulationsfristen, sowie Streichung des Verlustabzugs im Zusammenhang mit steuerfreien Schachtelbeteiligungen.

> "Der Grundsatz der Tatbestandsmäßigkeit als Ausdruck des Rechtsstaatsprinzips im Bereich des Abgabenwesens verlangt, dass steuerbegründende Tatbestände so bestimmt sein müssen, dass der Steuerpflichtige die auf ihn entfallende Steuerlast vorausberechnen kann."[5]

Misst man die neuen Steuertatbestände des ErbStG an diesem Ideal, liegt es nahe, diese Neuregelungen bereits wegen zu großer Unbestimmtheit für verfassungswidrig zu halten. Nicht nur, dass der Gesetzgeber die einzelnen als steuerpflichtig erachteten Vorgänge gleich durch eine ganze Reihe von unbestimmten Rechtsbegriffen (Vermögensmasse, Vermögensbindung als Zweck, Zwischenberechtigter) lediglich generalklauselartig beschreibt; er liefert auch keinerlei Anhaltspunkte für deren nähere inhaltliche Bestimmung.[6] Wenig hilfreich ist es auch, wenn das Bundesverfassungsgericht die Beantwortung der mangels ausdrücklicher Regelung auftauchenden Zweifelsfragen den Behörden und Gerichten überlässt, die sich hierzu der anerkannten Auslegungsmethoden bedienen sollen[7]: Von der Finanzverwaltung wurde bislang in diese Richtung keine Hilfestellung geleistet[8] und eine höchstricherliche Konkretisierung des Anwendungsbereichs ist – wenn überhaupt[9] – frühestens in mehreren Jahren zu erwarten. Mit unterschiedlichen Ergebnissen wurden in der Literatur vor diesem Hintergrund bereits mehrere Versuche unternommen, den neuen Erwerbstatbeständen im Wege der Auslegung einen vernünftigen Inhalt zu geben.[10] Beachtlich sind hierbei vor allem die Ausführungen von Schindhelm/Stein, die zusammenfassend feststellen, dass die mit §§ 3 Abs. 2 Nr. 1 Satz 2, 7 Abs. 1 Nr. 8 und 9 ErbStG eingeführten Tatbestände "... so viele Fragen offenlassen, dass sie mangels Bestimmtheit verfassungswidrig sind".[11] Der in der Sache durchaus berechtigten Kritik soll hier nicht das Wort geredet werden. Gleichwohl ist

---

5 So etwa BVerfGE 19, 253, 267; 34, 348, 365; 49, 343, 362. Einschränkend aber *Papier*, JDStJG Bd. 12, 61, wonach in unserer Rechtswirklichkeit jedenfalls nicht mehr gefordert werden könne, dass auch der Laie die Steuergesetze verstehen müsse; vgl. auch *Tipke*, Steuerrechtsordnung, S. 176: „Was fachsprachlich klar formuliert ist, kann für den Bürger gleichwohl unverständlich sein. Das ist leider unvermeidlich".

6 Vgl. die Begründung zu Art. 10 der endgültigen Fassung des StEntlG 1999/2000/2002, BT-Drs. 14/443, 119 ff.

7 Etwa BVerfGE 11, 126, 130; 21, 209; zur Rolle der Rechtsprechung sowie der Verwaltungsvorschriften im Rahmen der Rechtssetzung vgl. *Martens*, Rechtsanwendung, S. 165 ff.

8 Der Erl. des FinMin Baden-Württemberg v. 22.4.1999, DB 1999, 937 beschränkt sich im wesentlichen auf die Wiedergabe der wenig aussagekräftigen Gesetzesbegründung.

9 Insoweit ist es nicht unwahrscheinlich, dass die prohylaktische Wirkung der neuen Erwerbstatbestände die Gründung von Trusts weitgehend verhindern wird, wodurch konkrete Anwendungsfälle praktisch ausgeschlossen werden könnten.

10 Intensiver mit der Auslegung vor allem des Begriffs der Vermögenmasse haben sich bislang auseinandergesetzt: *Füger/v. Oertzen*, IStR 1999, 11, 12 f. (Vermögensmasse entspriche der ertragsteuerlichen Begriffsdefintion); *Klein*, IStR 1999, 377 ff. (eigenständige Auslegung); weitgehend offengelassen von: *Eisele*, INF 1999, 324, 327; *Flick/Piltz*, Erbfall, S. 452 ff.; *Gebel* in Troll/Gebel/Jülicher, § 3 ErbStG Rn. 322; *Halaczinsky*, NWB Fach 10, 905 ff.; *Jülicher*, IStR 1999, 106 ff.; *ders.*, IStR 1999, Heft 6, III; *ders.*, IStR 1999, 202 ff.; *Meincke*, § 3 ErbStG Rn. 95.

11 *Schindhelm/Stein*, FR 1999, 880 ff.

festzuhalten, dass das Bundesverfassungsgericht bis zur Stunde noch keine einzige Norm des Steuerrechts wegen ihrer Unbestimmtheit für verfassungswidrig erklärt hat.[12] Zumindest für die Belange dieser Arbeit erscheint es deshalb zweckmäßig, dem Gesetz ungeachtet seiner möglichen Verbesserungsbedürftigkeit im Wege der Auslegung jedenfalls über die Hürde des Bestimmtheitsgrundsatzes hinweg zu verhelfen. Nur unter dieser Prämisse wird eine zusammenhängende steuerliche Wirkungsanalyse der Neuregelung sowie deren inhaltliche Überprüfung anhand der Fundamentalprinzipien des ErbStG möglich.

## II. Gesetzgeberischer Gestaltungsspielraum

Führt der Gesetzgeber wie vorliegend neue steueranspruchsbegründende Normen in ein Gesetz ein, so fragt sich, welche materiell-rechtlichen Schranken er dabei zu beachten hat. Nach der sachlich zutreffenden Rechtsprechung des Bundesverfassungsgerichts hat der Gesetzgeber bei der Ausübung seines „Steuererfindungsrechts" allgemein eine weitgehende Gestaltungsfreiheit.[13] Je nach Finanzbedarf darf er bestimmte Steuerquellen erschließen, muss andere aber nicht ausschöpfen.[14] Auf der anderen Seite wird nicht in Abrede gestellt, dass der Staat nicht beliebig zugreifen kann bzw., wie Tipke formuliert, nicht „nach Art einer Räuberbande handeln darf, die nur darauf sieht, wo möglichst bequem möglichst viel zu holen ist."[15] Worin aber bestehen die Ermessensrichtmaße bzw. liegen die Ermessensgrenzen? Mit dieser Frage ist zugleich eines der am meisten diskutierten Problemfelder des Verfassungsrechts betreten, geht es doch hierbei um das Ausmaß der Bindung des Gesetzgebers an den, dem allgemeinen Gleichheitssatz des Art. 3 Abs. 1 GG entnommenen Grundsatz der materialen Steuergerechtigkeit. Als Stichworte seien nur „Willkürtheorie", „Verhältnismäßigkeitsprinzip", „allgemeines Gerechtigkeitsprinzip" und „Natur der Sache" genannt.[16]

### 1. Schutzbereich des Gleichheitssatzes

Nach der älteren Rechtsprechung des Bundesverfassungsgerichts soll es im Grunde nur darum gehen, dass der Gesetzgeber den Steuereingriff irgendwie rechtfertigt, sei es fiskalisch oder außerfiskalisch.[17] Dieser Auffassung zufolge gewährleistet der Gleich-

---

[12] Vgl. nur die Nachweise bei *Tipke*, Steuerrechtsordnung, S. 172 wie etwa BVerfGE 26, 1, 10 zu „Zinsen für Schulden, die (...) der nicht nur vorübergehenden Verstärkung des Betriebskapitals dienen".

[13] Etwa BVerfGE 6, 55, 81; 13, 181, 203; 49, 343, 360; 50, 386, 393 m. w. N.

[14] Ebenda.

[15] *Tipke*, Steuerrechtsordnung, S. 357.

[16] Vgl. auch *Schaden*, Steuervergünstigung, S. 115; *Tipke*, Steuerrechtsordnung, S. 324 m. w. N.

[17] Vgl. nur die Aufarbeitung der Rechtsprechung von *Kruse*, Gesetzesbindung, S. 71 ff.

heitssatz im Steuerrecht gerade keinen einschränkbaren Schutzbereich, sondern schützt nur gegen „sachlich nicht begründbare Differenzierungen, leidet dann aber auch keine weiteren Restriktionen."[18] Demgegenüber steht die nun seit einigen Jahren verwendete sogenannte „neue Formel", wonach der Gleichheitssatz vor allem dann verletzt sei, wenn eine Gruppe von Normadressaten anders behandelt wird als eine andere, obwohl zwischen beiden Gruppen keine Unterschiede von solcher Art und solchem Gewicht bestünden, dass sie die ungleiche Behandlung rechtfertigen könnten.[19] Auch die diesbezüglichen Entscheidungen des Bundesverfassungsgerichts enden jedoch häufig in einer Willkürprüfung oder mit der Suche nach einem sachlichen Grund.

Die vorliegende Arbeit bietet verständlicherweise keinen Raum für eine umfassende Auseinandersetzung mit der dogmatischen Struktur des Gleichheitssatzes. Im Anschluss an eine im Vordringen befindliche neuere Auffassung in der Literatur wird deshalb vorausgesetzt, dass der Gleichheitssatz ebenso wie die Freiheitsrechte eine Unterscheidung zwischen Schutzbereich und effektivem Garantiebereich ermöglicht.[20] Die Besonderheit des Gleichheitssatzes besteht allerdings darin, dass sein Schutzbereich im Gegensatz zu den anderen Grundrechten nicht per se vorgegeben, sondern vom Gesetzgeber selbst zu bestimmen ist.[21] Das Bundesverfassungsgericht spricht insoweit von der „bereichsspezifischen" Anwendung des Gleichheitssatzes.[22] Mit anderen Worten: Der Gleichheitssatz fordert den Gesetzgeber auf, für jedes einzelne Rechtsgebiet ein System zu begründen, welches dann den Schutzbereich des Gleichheitssatzes im jeweils zu regelnden Rechtsgebiet bildet. Ein Eingriff in den Schutzbereich des Gleichheitssatzes liegt hiernach immer dann vor, wenn der Gesetzgeber durch Ausnahmetatbestände dieses von ihm selbst begründete System verlässt. Die Frage der Verfassungsmäßigkeit der neuen Steuertatbestände bedingt folglich vorrangig die Klärung der grundlegenden Prinzipien des ErbStG.

## 2. Systemkonstituierende Prinzipien des ErbStG

Zu Recht wird die Erbschaftsteuer heute im allgemeinen damit gerechtfertigt, dass das durch die Erbschaft oder Schenkung Erworbene die steuerliche Leistungsfähigkeit des einzelnen Erben oder Beschenkten erhöht.[23] Dementsprechend stellt die Erbschaftsteuer in § 10 Abs. 1 Satz 1 ErbStG – anders als die im anglo-amerikanischen

[18] Vgl. etwa die Nachweise bei *Schaden*, Steuervergünstigung, S. 116 (Fn. 5).

[19] Umfangreiche Nachweise bei *Tipke*, Steuerrechtsordnung, S. 325.

[20] Ausführlich ebenda, S. 341 ff.; *Schaden*, Steuervergünstigung, S. 158 ff. m. w. N.

[21] *Schaden*, Steuervergünstigung, S. 158.

[22] Etwa BverfG v. 8.6.1988, BverfGE 78, 249 ff.; v. 27.6.1991, NJW 1991, 2129.

[23] *Crezelius*, Erbschaft- und Schenkungsteuer, S. 26; *Tipke*, Steuerrechtsordnung, S. 746 ff. m. w. N.; angesichts des verhältnismäßig geringen Erbschaftsteueraufkomens spielt der mitunter ebenfalls erwähnte Umverteilungseffekt nur eine untergeordnete Rolle; zur fiskalischen Bedeutung der Erbschaftsteuer auch *Troll* in Troll/Gebel/Jülicher, ErbStG, Einführung Rn. 2.

Rechtskreis erhobene Nachlasssteuer[24] – auf das ab, was dem einzelnen Erwerber als Bereicherung aus dem Nachlass oder der Schenkung anfällt.[25] Eine Besteuerung kann nur vorgenommen werden, wenn durch den Erbfall oder die Schenkung unter Lebenden eine in Geld zu bewertende Mehrung des Vermögens des Erwerbers eingetreten ist.[26] Im Hinblick auf das Erfordernis eines individuellen Zuwachses an Leistungsvermögen hat der BFH in mehreren Entscheidungen zu Recht das Bereicherungs- bzw. Nettoprinzip als systemtragendes Prinzip des ErbStG herausgestellt.[27]

Schon nach dem Wortlaut des § 10 Abs. 1 Satz 1 ErbStG gilt die Bereicherung indes nicht nur als Ausgangsgröße für die Ermittlung der Steuerbemessungsgrundlage.[28] Die Feststellung, ob eine Vermögensmehrung des Erwerbers überhaupt stattgefunden hat, ist vielmehr bereits beim steuerauslösenden Tatbestand zu treffen.[29] Dies gilt gleichermaßen für die Merkmale des in § 3 ErbStG geregelten „Erwerb von Todes wegen"[30] wie für „Schenkungen unter Lebenden" gem. § 7 ErbStG[31], deren Zuwendungstatbestände jeweils eine substantielle Vermögensbewegung und damit eine Erhöhung des Vermögensbestandes beim Bedachten voraussetzen.[32] Wie bereits dargestellt[33], vollzieht sich diese Vermögensbewegung angesichts der eindeutigen Anknüpfung an die Vorschriften des BGB und dem hieraus hergeleiteten Maßgeblichkeitsprinzip regelmäßig auf Grundlage des materiellen Zivilrechts. Deshalb kann etwa für die Frage, welche Vermögensgegenstände durch Erbanfall auf einen oder mehrere Erben übergegangen sind und damit zum Vermögensanfall i. S. des § 10 Abs. 1 Satz 2 ErbStG gehören, nur auf die zivilrechtliche Vermögenszuordnung und die sich daraus ergebenden Vermögensänderungen abgestellt werden.[34] Zumindest im Regelfall wird das hiermit festgestellte Erfordernis eines dinglichen Rechtsträgerwechsels aber auch im Bereich des Schenkungsteuerrechts zu beachten sein. Denn typischerweise wird sich der insoweit für die Bestimmung des Zuwendungsobjekts maßgebliche Wille des

---

24 Diese erfasst als Objekt sozusagen im Wege einer Abschlussbesteuerung des Vermögens des Erblassers den ungeteilten Nachlass; zur US-amerikanischen Bundesnachlasssteuer (auch) im Zusammenhang mit Trust-Gestaltungen vgl. etwa *Sieker*, US-Trust, S. 156 ff; *Walter*, ZvglRWiss 85 (1986), 359, 371 ff.; zur englischen Nachlasssteuer ausführlich *Albrecht*, Erbfälle, S. 11 ff.

25 Etwa *Meincke*, ErbStG, Einführung Rn. 1.

26 *Crezelius*, Erbschaft- und Schenkungsteuer, S. 27.

27 Etwa BFH v. 18.12.1972, BStBl II 1973, 329; v. 25.2.1981, BStBl II 1981, 411, 412; v. 22.9.1982, BStBl II 1983, 179, 180; v. 9.8.1983, BStBl II 1984, 27, 28 (die Schenkungsteuer ist eine „Bereicherungssteuer"); vgl. auch *Meincke*, § 10 ErbStG Rn. 6 m. w. N.

28 So aber noch RFH v. 21.5.1931, RStBl 1931, 559.

29 Etwa *Crezelius*, Erbschaft- und Schenkungsteuer, S. 28.

30 Vgl. *Meincke*, § 3 ErbStG Rn. 9 ff.

31 Z. B. *Gebel* in Troll/Gebel/Jülicher, § 7 ErbStG Rn. 17, 43 ff.

32 Ebenda, § 7 Rn. 43.

33 Vgl. oben § 3 C. II. 2.

34 So ausdrücklich etwa BFH v. 15.10.1997, BStBl II 1997, 820.

Gebers[35] gleichfalls auf die Verschaffung des rechtlichen Eigentums am Zuwendungsgegenstand richten.[36] Nichts anderes lässt ferner die Gesamtheit der Regelungen in § 9 ErbStG über den Zeitpunkt der Steuerentstehung erkennen, nach deren Konzeption das ErbStG erst den tatsächlichen Erwerb und nicht schon eine unbestimmte Hoffnung oder Anwartschaft besteuern will.[37] Unter systematischen Gesichtspunkten kann damit festgehalten werden, dass das ErbStG auf Tatbestandsebene einen steuerbaren Vermögenserwerb grundsätzlich nur annimmt, wenn der zugrundeliegende Zuwendungsvorgang zu einem rechtswirksamen Vermögensübergang auf den Erwerber führt und damit dessen Leistungsfähigkeit erhöht.[38] Auch dieses vom Gesetzgeber gewählte Prinzip bildet unter Berücksichtigung der obigen Feststellungen den Schutzbereich des Gleichheitssatzes und damit zugleich einen der Prüfungsmaßstäbe für die Neuregelung der Trust-Besteuerung.

### III. Vorgehensweise

Mit den nachfolgenden Ausführungen wird zunächst auf einige der vom Schrifttum bereits aufgezeigten, vorrangig im Bereich der Tatbestandsauslegung angesiedelten Zweifelsfragen eingegangen. Im Rahmen einer steuerlichen Wirkungsanalyse wird hierbei versucht, den Anwendungsbereich der Neuregelung zu konkretisieren. Auf Grundlage der gewonnenen Ergebnisse erfolgt im Anschluss eine Auseinandersetzung mit der bislang nicht diskutierten Frage, ob bzw. inwieweit die Erweiterung des Kreises der potentiell steuerpflichtigen Rechtssubjekte um die fiktive Gestalt der Vermögensmasse unter verfassungsrechtlichen Gesichtspunkten in das System des bestehenden Erbschaftsteuerrechts eingefügt werden kann.

Aufgrund der für beide Fragenkomplexe maßgebenden Bedeutung des Gesetzeszwecks soll zuerst ein kurzer Blick auf den Entstehungsprozess der neuen Steuertatbestände geworfen werden.

## B. Gesetzesmaterialien zur Neuregelung der Trustbesteuerung durch das StEntlG 1999/2000/2002

Die heutige Gesetzesfassung geht zurück auf eine Gesetzesinitiative des Bundeslandes Hessen, welches in 1998 einen Entwurf zum „Abbau unerwünschter Steuergestaltungen und Vollzugsdefizite“ in den Bundesrat eingebracht hat.[39] Unter Hinweis auf die

---

35 *Meincke*, § 7 ErbStG Rn. 14.

36 Etwa *Gebel* in Troll/Gebel/Jülicher, ErbStG, Anhang AO Rn. 11.

37 Erst der Eintritt der Rechtswirksamkeit des gewollten Vermögenszuwachses markiert deshalb auch den Abschluss der Tatbestandsverwirklichung; vgl. dazu die Nachweise bei *Meincke*, § 9 ErbStG Rn. 3.

38 Ebenda, § 9 Rn. 8, 77 m. w. N.

39 Vgl. BR-Drs. 208/98 v. 2.3.1998.

erbschaft- und schenkungsteuerlichen Gestaltungsmöglichkeiten, die der Trust für die Nachfolgeplanung biete, lautete Art. 1 dieses Entwurfes in den hier interessierenden Teilen wie folgt:

1. Dem § 1 Abs. 1 Nr. 4 wird folgender Satz angefügt:

   „Den Stiftungen stehen stiftungsähnliche Vermögensmassen gleich."

   § 2 Abs. 1 Nr. 2 wird wie folgt gefasst:

   „2. in den Fällen des § 1 Abs. 1 Nr. 4, wenn die Stiftung, die stiftungsähnliche Vermögensmasse oder der Verein die Geschäftsleitung oder den Sitz im Inland hat."

2. § 3 Abs. 2 Nr. 1 wird wie folgt gefasst:

   „1. Der Übergang von Vermögen auf eine vom Erblasser angeordnete Stiftung oder auf eine stiftungsähnliche Vermögensmasse nach § 1 Abs. 1 Nr. 4 Satz 2."

3. § 7 Abs. 1 Nr. 8 wird wie folgt neu gefasst:

   „8. Der Übergang von Vermögen aufgrund eines Stiftungsgeschäfts unter Lebenden und der Übergang von Vermögen aufgrund eines Rechtsgeschäfts unter Lebenden auf eine stiftungsähnliche Vermögensmasse nach § 1 Abs. 1 Nr. 4."

Es ist davon auszugehen, dass diesem Vorschlag nicht zuletzt deshalb kein Erfolg beschieden war, weil die Steuerpflicht nach § 1 Abs. 1 Nr. 4 ErbStG die Geschäftsleitung oder den Sitz im Inland erfordert, was bei einem Trust angesichts der international-privatrechtlichen Beschränkungen nur schwer vorstellbar ist.[40] Von den Fraktionen von SPD und Bündnis 90/Die Grünen in 1999 wieder aufgegriffen, fand das mit dieser Gesetzesinitiative zum Ausdruck gebrachte grundsätzliche Ansinnen gleichwohl Eingang in den Entwurf des StEntlG 1999/2000/2002 vom 9.11.1999, welcher in Art. 12 die folgenden Änderungen des ErbStG vorsah:

1. § 3 Abs. 2 Nr. 1 wird wie folgt gefasst:

   „1. Der Übergang von Vermögen auf eine vom Erblasser angeordnete Stiftung. Als Stiftung gilt auch eine Vermögensmasse, insbesondere ein nicht rechtsfähiger Trust, deren Zweck auf die Bindung von Vermögen gerichtet ist und die ihren Sitz oder ihre Geschäftsleitung im Ausland hat;"

2. § 7 Abs. 1 Nr. 8 und 9 wird wie folgt gefasst:

   „8. Der Übergang von Vermögen auf Grund eines Stiftungsgeschäfts unter Lebenden. Als Stiftung gilt auch eine Vermögensmasse, insbesondere ein nicht rechtsfähiger Trust, deren Zweck auf die Bindung von Vermögen gerichtet ist und die ihren Sitz oder ihre Geschäftsleitung im Ausland hat;"

   „9. Was bei Aufhebung einer Stiftung oder bei Auflösung eines Vereins, dessen Zweck auf die Bindung von Vermögen gerichtet ist, erworben wird. Als Stiftung gilt auch eine

40 Dazu bereits oben § 3 B. Kritisch zum hessischen Entwurf auch *Schindhelm/Stein*, StuW 1999, 31, 52, sowie *dies.*, FR 1999, 880 f.

Vermögensmasse, insbesondere ein nicht rechtsfähiger Trust, deren Zweck auf die Bindung von Vermögen gerichtet ist und die ihren Sitz oder ihre Geschäftsleitung im Ausland hat;"

3. § 9 Abs. 1 Nr. 1 Buchstabe c wird wie folgt gefasst:

„c) im Falle des § 3 Abs. 2 Nr. 1 Satz 1 mit dem Zeitpunkt der Genehmigung der Stiftung und im Falle des § 3 Abs. 2 Nr. 1 Satz 2 mit dem Zeitpunkt des Übergangs von Vermögen;"

Prägend für den Entwurf war ersichtlich die sprachliche Stiftungsfiktion unter gleichzeitiger Nennung des Trust als Regelbeispiel. Allerdings sollte diese Gleichstellungsfiktion gesetzestechnisch nicht umfassend, sondern nur enumerativ auf bestimmte Tatbestände beschränkt geregelt werden. Zutreffend wurde hieraus im Schrifttum gefolgert, dass sämtliche der Erstausstattung des Trust folgende Zuwendungen tatbestandlich nicht als steuerpflichtige Vorgänge erfasst worden wären.[41] Unklar war daneben unter anderem, ob das für die Auflösung von Familienstiftungen geltende Steuerklassenprivileg des § 15 Abs. 2 Satz 2 ErbStG auch auf Trust-Gestaltungen Anwendung finden sollte.[42] Zumindest diese offensichtlichen Mängel wurden im Rahmen der nochmaligen Überarbeitung des Entwurfs beseitigt. Die den Trust betreffenden Änderungen in Art. 10 des schließlich am 24.3.1999 verkündeten StEntlG 1999/2000/2002 lauten heute wie folgt:

1. § 3 wird wie folgt geändert:

b) Abs. 2 Nr. 1 wird wie folgt gefasst:

„1. der Übergang von Vermögen auf eine vom Erblasser angeordnete Stiftung. Dem steht gleich die vom Erblasser angeordnete Bildung oder Ausstattung einer Vermögensmasse ausländischen Rechts, deren Zweck auf die Bindung von Vermögen gerichtet ist;"

2. § 7 wird wie folgt geändert:

a) Absatz 1 Nr. 8 und 9 wird wie folgt gefasst:

„8. der Übergang von Vermögen auf Grund eines Stiftungsgeschäfts unter Lebenden. Dem steht gleich die Bildung oder Ausstattung einer Vermögensmasse ausländischen Rechts, deren Zweck auf die Bindung von Vermögen gerichtet ist;

9. was bei Aufhebung einer Stiftung oder bei Auflösung eines Vereins, dessen Zweck auf die Bindung von Vermögen gerichtet ist, erworben wird. Dem steht gleich der Erwerb bei Auflösung einer Vermögensmasse ausländischen Rechts, deren Zweck auf die Bindung von Vermögen gerichtet ist, sowie der Erwerb durch Zwischenberechtigte während des Bestehens der Vermögensmasse;"

---

41 Zu Art. 12 StEntlGE vgl. in der Reihenfolge ihres Erscheinens die Ausführungen von *Siemers*, ZEV 1998, 459 ff.; *Füger/v. Oertzen*, IStR 1999, 11 ff.; *Jülicher*, IStR 1999, 106, ff.

42 Bejahend: *Siemers*, ZEV 1998, 459, 460, sowie *Jülicher*, IStR 1999, 106, 108; ablehnend: *Füger/v. Oertzen*, IStR 1999, 11, 14.

3. § 9 Abs. 1 Nr. 1 Buchstabe c wird wie folgt gefasst:

   „c) im Fall des § 3 Abs. 2 Nr. 1 Satz 1 mit dem Zeitpunkt der Genehmigung der Stiftung und im Fall des § 3 Abs. 2 Nr. 1 Satz 2 mit dem Zeitpunkt der Bildung oder Ausstattung der Vermögensmasse,".

5. § 15 Abs. 2 Satz 2 wird wie folgt gefasst:

   „In den Fällen des § 7 Abs. 1 Nr. 9 Satz 1 gilt als Schenker der Stifter oder derjenige, der das Vermögen auf den Verein übertragen hat, und in den Fällen des § 7 Abs. 1 Nr. 9 Satz 2 derjenige, der die Vermögensmasse im Sinne des § 3 Abs. 2 Nr. 1 Satz 2 oder § 7 Abs. 1 Nr. 8 Satz 2 gebildet oder ausgestattet hat."

7. § 20 Abs. 1 wird wie folgt gefasst:

   „(1) Steuerschuldner ist der Erwerber, bei einer Schenkung auch der Schenker, bei einer Zweckzuwendung der mit der Ausführung der Zuwendung Beschwerte und in den Fällen des § 1 Abs. 1 Nr. 4 die Stiftung oder der Verein. In den Fällen des § 3 Abs. 2 Nr. 1 Satz 2 und § 7 Abs. 1 Nr. 8 Satz 2 ist die Vermögensmasse Erwerber und Steuerschuldner, in den Fällen des § 7 Abs. 1 Nr. 8 Satz 2 ist Steuerschuldner auch derjenige, der die Vermögensmasse gebildet oder ausgestattet hat."

8. § 37 wird wie folgt geändert:

   a) Absatz 1 wird wie folgt gefasst:

   „(1) Die vorstehende Fassung dieses Gesetzes findet auf Erwerbe Anwendung, für die die Steuer nach dem ... [Tag der 3. Lesung des Gesetzentwurfs im Deutschen Bundestag[43]] entstanden ist oder entsteht."

Abgesehen davon, dass der Trust nun nicht mehr als Regelbeispiel einer Vermögensmasse aufgeführt wird, besteht einer der entscheidensten Unterschiede zum Gesetzesentwurf in der Aufgabe der Stiftungsfiktion. An die Stelle der (fiktiven) Gleichstellung von Stiftung und vermögensbindender Vermögensmasse ist hiernach eine Gleichstellung des sich als Erwerb von Todes wegen oder Schenkung unter Lebenden vollziehenden Übertragungsaktes getreten. Die ursprünglich vorgesehene Tatbestandsfiktion wurde also durch eine Bereicherungsfiktion ersetzt.[44] Aus dem Kreis der übrigen Abweichungen, auf die später im Rahmen der steuerlichen Wirkungsanalyse eingegangen wird, sei an dieser Stelle nur auf die erstmals angeordnete Ausdehnung der Steuerpflicht auf den Erwerb der wischenberechtigten während des Bestehens der Vermögensmasse hingewiesen.

Die nachfolgende Untersuchung der euregelung muss ihren Ausgangspunkt in der oben zitierten und sinngemä fortgeltenden Begründung des Regierungsentwurfs zu Art. StEntlGE nehmen. Die erkennbare ielsetzung des Gesetzgebers bestand hiernach in der Verhinderung einer bis dato durch Trust-Gestaltungen erreichbaren Steuer-

[43] Dies war der 4.3.1999.

[44] Ebenso *Gebel* in Troll/Gebel/Jülicher, § 3 ErbStG Rn. 322.

vermeidung oder –verzögerung.[45] Eine sinnvolle Auslegung der neuen Steuertatbestände kann deshalb nur unter Berücksichtigung der alten Rechtslage erfolgen.

## C. „Besteuerungslücken“ bei Trust-Gestaltungen nach der bis zum 4.3.1999 geltenden Rechtslage

### I. Zusammenfassung der bisherigen Erkenntnisse

In Bezug auf die bisherige erbschaft- und schenkungsteuerliche Behandlung des Trust sind durch die Ausführungen unter § 4[46] bereits folgende wesentliche „Eckdaten“ bekannt:

- Aufgrund der treuhänderischen Bindung zugunsten der Beneficiaries löste die Vermögensübertragung auf den Trustee bei diesem grundsätzlich keine Erbschaftsteuer aus. Dies wurde entweder mit dem Fehlen einer bereichernden Zuwendung oder mit dem Hinweis auf die nicht vorliegende steuerliche Bereicherung i. S. des § 10 Abs. 1 Satz 1 ErbStG begründet.

- Mangels Rechtsfähigkeit bzw. rechtlich-funktionaler Vergleichbarkeit mit der rechtsfähigen Stiftung wurde das Eingreifen der Ersatztatbestände der §§ 3 Abs. 2 Nr. 1, 7 Abs. 1 Nr. 8 Satz 1 ErbStG kategorisch ausgeschlossen.[47]

- Jedenfalls für den privatnützigen Trust musste ferner die Annahme einer Zweckzuwendung gem. § 8 ErbStG ausscheiden, deren Zielsetzung immer die Begünstigung eines unbestimmten Personenkreises oder eines unpersönlichen Zwecks sein muss.[48] Trotz funktioneller Verwandtschaft von Zweckzuwendung und Zweckvermögen i. S. der §§ 1 Abs. 1 Nr. 5, 3 Abs. 1 KStG und § 15 Abs. 4 AStG kam mangels Übernahme des Rechtsinstituts des Zweckvermögens in das ErbStG auch eine diesbezügliche Rechtsanalogie nicht in Betracht.[49]

- Für die erbschaft- bzw. schenkungsteuerliche Erfassung konnte deshalb nur auf die Bereicherung der Beneficiaries abgestellt werden. Nach dem insoweit maßgeblichen Willen des Settlor wurde als Zuwendungsgegenstand grundsätzlich nicht bereits das „equitable interest“, sondern das Trustvermögen und/oder die hieraus zu ziehenden Nutzungen identifiziert.[50] Zutreffend haben Rechtsprechung und Litera-

---

[45] So auch *Klein*, IStR 1999, 377.

[46] Vgl. oben § 4 A. VI. 2.

[47] Vgl. auch § 3 C. VI.

[48] Vgl. vor allem die Nachweise in § 4 unter Fn. 174, 175; zum besonderen Fall des Purpose Trust auch unten § 5 C. II. 6.

[49] Vgl. auch *Schindhelm/Stein*, StuW 1999, 31, 44 m. w. N.

[50] Vgl. oben § 4 A. VI. 2. b) (1) .

tur vor diesem Hintergrund – in der Regel – einen i. S. des § 9 Abs. 1 Nr. 1a ErbStG aufschiebend bedingten Erwerb der Begünstigten vom Settlor angenommen. Da eine Bewertung der steuerpflichtigen Bereicherung nach § 9 ErbStG i. V. m. § 4 BewG erst im Zeitpunkt des Bedingungseintritts bzw. Anfangstermins erfolgte, waren zwischenzeitliche Wertsteigerungen allerdings mitzuversteuern. Zweifellos galt dies jedenfalls für jene Gestaltungen, in denen es dem Ermessen des Trustee anheimgestellt war, ob und wann er Auszahlungen aufgrund der Trustbestimmungen macht. Eine erst im Zeitpunkt des tatsächlichen Vermögenstransfers auf die Berechtigten steuerpflichtige Zuwendung lag des weiteren vor, wenn die Anfallsberechtigung an eine Überlebensbedingung geknüpft war oder der Settlor selbst für den Fall des Vorversterbens eines zunächst bestimmten Beneficiary Ersatzberechtigte benannt hatte. War für diese Zeit des Schwebezustandes hinsichtlich der Erträge des Trust zunächst ein anderer Beneficiary eingesetzt, wurde dieser entgegen § 2105 BGB regelmäßig nicht als Vorerbe angesehen.[51] Zu einem unmittelbaren Vermögensanfall sollte es nach alledem lediglich im Falle des Nachlassverwaltungstrust bzw. einer der deutschen Testamentsvollstreckung vergleichbaren Abwicklung des Nachlasses durch einen Executor oder Administrator kommen.

Diese, von der Rechtsprechung zum Nachlasstrust entwickelten und vom Schrifttum ganz überwiegend befürworteten Grundsätze finden sinngemäß Anwendung auf die erbschaftsteuerliche Behandlung des privatnützigen Intervivos Trust.[52] Jedenfalls wenn die Vermögensausfolgung vom Eintritt einer aufschiebenden Bedingung abhängt, ist dessen Errichtung damit steuerlich entsprechend den Regeln für Schenkungsversprechen zu werten, bei der nicht das Versprechen der Zuwendung, sondern die Zuwendung selbst entscheidend ist.[53]

## II. Ergänzende Überlegungen

### 1. Aufschiebend befristeter und betagter Substanzerwerb durch die Beneficiaries

Soweit die Bereicherung des Beneficiary um Substanz oder Nutzungen des Trustvermögens vom Eintritt eines zukünftigen ungewissen Ereignisses, gegebenenfalls auch von der freien Entscheidung des Trustee abhängt, war die Entstehung der Erbschaftbzw. Schenkungsteuer nach dem vorstehend Gesagten evident gem. § 9 Abs. 1 Nr. 1 a, Abs. 2 ErbStG auf den Zeitpunkt des jeweiligen Vermögenstransfers verlagert. Weniger eindeutig ist demgegenüber die Behandlung jener Trusts, bei denen die Vermögensausfolgung an bestimmte Begünstigte durch den Settlor an eine, sich als

[51] Vgl. § 4 A. VI. 2. a) .

[52] Vgl. § 4 A. VI. 2. c) .

[53] Etwa BFH v. 9.11.1994, BStBl II 1995, 83, 84; *Schindhelm/Stein*, StuW 1999, 31, 42. Zur zivilrechtlichen Beurteilung des Valutaverhältnisses vgl. § 3 B. III. 2. a) (5) .

Befristung oder Betagung darstellende Zeitbestimmung geknüpft ist. Da in diesen Fällen zugunsten der Beneficiaries unentziehbare und vererbliche Ansprüche begründet werden, besteht hinsichtlich des späteren Vermögenszuflusses keine der aufschiebenden Bedingung vergleichbare Unsicherheit. Insbesondere Schindhelm/Stein haben deshalb unter Hinweis auf die höchstrichterlichen Grundsätze zur Betagung die Auffassung vertreten, dass die Erbschaft- bzw. Schenkungsteuer abweichend vom Wortlaut des § 9 Abs. 1 Nr. 1a ErbStG bereits im Zeitpunkt der Anspruchsbegründung entstehe.[54] Dem ist m. E. nicht zuzustimmen.

Der Regelung des § 9 ErbStG liegt der bereits in § 38 AO enthaltene Grundgedanke zugrunde, wonach die Steuerschuld entsteht, sobald der steuerbegründende Tatbestand „verwirklicht" ist. Maßgeblich ist damit das Datum der Erfüllung des gesetzlichen Tatbestandes.[55] Entsprechend dem Prinzip der Erbanfallsteuer soll die Besteuerung dabei nicht früher einsetzen, als dem Bedachten der Erwerb zur Aufbringung der Steuer in Geld oder in Geld umsetzbar zur Verfügung steht.[56] Nach § 9 Abs. 1 Nr. 2 ErbStG fällt der in Geld umsetzbare, tatsächliche verfügbare Erwerb dem Bedachten bei der Schenkung unter Lebenden im Zeitpunkt der Ausführung der Zuwendung an.[57] Demgegenüber entsteht die Steuer beim Erwerb von Todes wegen dem Grundsatz des Vonselbsterwerbs folgend[58] ungeachtet etwaiger Verfügungsbeschränkungen durch Testamentsvollstreckung oder Nachlassverwaltung grundsätzlich mit dem Tod des Erblassers.[59] Eine der hiervon abweichenden Sonderregelungen enthält aber § 9 Abs. 1 Nr. 1a ErbStG für bedingte, befristete und betagte Erwerbe. Obgleich bei der Interpretation des BGB umstritten ist, ob sich zwischen der aufschiebend befristeten Verpflichtung, die erst künftig entsteht, und der betagten Schuld, die entstanden ist, aber erst künftig fällig wird, ein praktisch bedeutsamer Unterschied ermitteln lässt[60], soll im Steuerrecht seit einer Entscheidung des RFH aus dem Jahre 1931 ein besonderer erbschaftsteuerlicher Begriff der Betagung gelten.[61] Hiernach wird aus dem Zusammenhang der Regelung des § 9 Abs. 1 Nr. 1a ErbStG zu den aufschiebend bedingten Erwerben einerseits und der bewertungsrechtlichen Behandlung noch nicht fälliger Forderungen[62] andererseits gefolgert, dass der Begriff der Betagung den sofortigen Erwerb einer Forderung mit lediglich hinausgeschobener Fälligkeit nicht

---

54 Vgl. *Schindhelm/Stein*, StuW 1999, 31, 47; a. A. *Otto*, RIW 1982, 491, 500.

55 Gl. A. *Meincke*, § 9 ErbStG Rn. 2.

56 Ebenda.

57 § 9 Abs. 1 Nr. 2 ErbStG.

58 Vgl. §§ 1922 Abs. 1, 1942 Abs. 1 BGB.

59 § 9 Abs. 1 Nr. 1 ErbStG.

60 Vereinzelt wird deshalb eine Gleichbehandlung von betagter und befristeter Schuld vertreten; vgl. etwa *Flume*, Rechtsgeschäft, S. 730; weitere Nachweise bei *Meincke*, § 9 ErbStG Rn. 22.

61 Vgl. RFH v. 8.9.1931, RStBl 1931, 895; für den Fall einer kurzfristigen Betagung BFH v. 18.3.1987, BFH/NV 1988, 489; allgemein FinMin Baden-Württemberg v. 26.8.1998, DB 1998, 1841.

62 Vgl. § 12 Abs. 1 ErbStG i. V. mit § 12 Abs. 3 BewG.

Erwerb einer Forderung mit lediglich hinausgeschobener Fälligkeit nicht erfasse.[63] Derartige betagte Erwerbsgründe und Erwerbsgegenstände sollen daher einen Bereicherungszustand eintreten lassen, dessen Wert auf den Stichtag gegebenenfalls durch Abzinsung festzustellen sei. Inwieweit dieser, im Schrifttum nicht unumstrittenen Auffassung[64] zu folgen ist, bedarf für die Zwecke der vorliegenden Untersuchung indes keiner Entscheidung.

Festzuhalten ist zunächst, dass eine aufschiebende Befristung der Tatbestandsverwirklichung im ErbStG stets entgegensteht. Für den durch einen Testamentary Trust vermittelten Erwerb von Todes wegen folgt dies aus dem eindeutigen Wortlaut des § 9 Abs. 1 Nr. 1a ErbStG. War der Anfall des Trustvermögens beispielsweise an das Vorversterben eines zunächst ertragsberechtigten Beneficiary geknüpft, entstand die Erbschaftsteuer nach der alten Rechtlage folglich frühestens mit dem Zeitpunkt des zweiten Erbfalles.[65] Nichts anderes musste sodann im Falle eines vergleichbaren Intervivos Trust gelten. Entsprechend den Regeln der Schenkung unter Lebenden kommt es bei diesem für den Zeitpunkt der Ausführung der Zuwendung in erster Linie auf den Zuwendungsgegenstand an. Dass nach dem insoweit maßgeblichen Willen des Settlor die Begründung von equitable interests grundsätzlich nicht als Ausführung der Zuwendung einer Forderungsschenkung angesehen werden kann, wurde bereits ausgeführt.[66] Da der aufschiebend befristet berechtigte Beneficiary erst mit der tatsächlichen Vermögensausfolgung das erhält, was ihm nach der durch den Trustee vermittelten Schenkungsabrede verschafft werden soll, konnte die Schenkungsteuer frühestens mit dem Eintritt des Anfangstermins entstehen.[67] Diesem Ergebnis steht – unabhängig von der Errichtungsform des Trust – weiter nicht entgegen, dass der Beneficiary zu jedem Zeitpunkt über sein equitabel interest frei verfügen kann. Erfolgt die Verfügung entgeltlich, ist der Sachverhalt vergleichbar mit einem Nacherben, der sein Anwartschaftsrecht veräußert und damit gem. § 3 Abs. 2 Nr. 6 i. V. m. § 9 Abs. 1 Nr. 1i ErbStG dessen Wert realisiert.[68] In Höhe des Verkaufserlöses tritt mithin im Zeitpunkt der Veräußerung ein (vorverlagerter) Erwerb vom Settlor als Erblasser bzw. Schenker

---

63 Gl. A. *Gebel* in Troll/Gebel/Jülicher, § 9 ErbStG Rn. 42 f.; *Kapp*, § 9 ErbStG Rn. 24 f.; *Moench*, § 9 ErbStG Rn. 3.

64 Die Auffassung der Rechtsprechung und der Finanzverwaltung ablehnend etwa *Geck/Messner*, ZEV 1998, 426, 427; *Meincke*, § 9 ErbStG Rn. 23; *Stahl*, KÖSDI 1998, 11757; für längerfristige Verschiebungen der Fälligkeit ebenso FG Hessen v. 31.3.1998, EFG 1998, 1348.

65 Gegen die Auffassung von *Schindhelm/Stein*, StuW 1999, 31, 47, die offensichtlich auch diesen Fall der sofortigen Erbschaftsteuer unterwerfen wollten, spricht im übrigen, dass eine Abzinsung mangels feststehendem Zeitpunkt des Vermögensanfalls nicht möglich ist.

66 Vgl. oben § 4 A. VI. 2. b) .

67 Zu aufschiebend befristeten Schenkungen allgemein etwa *Gebel* in Troll/Gebel/Jülicher, § 9 ErbStG Rn. 86; *Meincke*, § 9 ErbStG Rn. 42.

68 Etwa *Otto*, RIW 1985, 491, 500; *Schindhelm/Stein*, StuW 1999, 31, 42.

ein.[69] Demgegenüber wird die unentgeltliche Übertragung oder Vererbung des Anwartschaftsrechts steuerlich unstrittig als Übertragung des Vollrechts behandelt, die erst mit Bedingungseintritt zu einer Bereicherung des Erwerbers führt.[70]

Offen bleibt nach alledem nur die Frage nach der erbschaft- und schenkungsteuerlichen Behandlung von betagt begründeten Anfallsberechtigungen. Fraglos muss auch insoweit für den Zeitpunkt der Steuerentstehung die von der Bestimmung des Zuwendungsgegenstandes abhängige Tatbestandsverwirklichung maßgebend sein. Sofern das Trustvermögen im Falle eines Intervivos Trust beim Eintritt eines bestimmten Datums an einen bestimmten Beneficiary auszufolgen ist, soll dieser nach der Konzeption des ausländischen Trust-Rechts typischerweise erst mit dem Vermögenstransfer eine materielle Bereicherung erfahren. Eine Ausnahme hiervon wurde im Rahmen der obigen ertragsteuerlichen Betrachtungen nur angenommen, wenn dem Anfallsberechtigten zugleich auch die laufenden Erträge aus dem Trustvermögen zugewandt wurden.[71] Sind die Erträge demgegenüber bestimmungsgemäß zu thesaurieren oder zugunsten eines anderen Beneficiary zu verwenden, hat der Settlor die gewollte Substanzzuwendung i. S. des § 9 Abs. 1 Nr. 2 ErbStG nicht bereits mit der Begründung des im equitable title verkörperten Forderungsrechts ausgeführt.[72] Diese Gestaltungen waren daher nach dem alten Recht nicht anders zu behandeln als Verträge zugunsten Dritter, die eine Sachleistung des Versprechenden zum Gegenstand haben und bei denen die Steuer erst entsteht, wenn der Zuwendungsgegenstand rechtswirksam in das Vermögen des Bedachten gelangt ist.[73] Entsprechende Berücksichtigung mussten die durch die formale Rechtsinhaberschaft des Trustee begründeten Verfügungsbeschränkungen m. E. aber auch im Falle eines vergleichbar ausgestalteten Testamentary Trust finden. Sieht man die Analogiebasis für den Erwerb des Anfallsberechtigten mit der Finanzrechtsprechung in einem Erwerb durch Erbanfall[74], führt die Anordnung der zeitlich verzögerten Ausfolgung der Trustsubstanz gem. § 2105 BGB zwingend zum Vergleich mit einer Nacherbschaft. Gem. § 6 Abs. 2 und 3 i. V. m. § 9 Abs. 1 Nr. 1h ErbStG war die Steuerentstehung unter dieser Prämisse deshalb unproblematisch bis

---

69 Vgl. *Gebel* in Troll/Gebel/Jülicher, § 9 ErbStG Rn. 91, der diese Rechtsfolge bei lebzeitigen Zuwendungen aus § 7 Abs. 1 Nr. 10 ErbStG ableitet; zur Veräußerung der dem Nacherben zugefallenen Anwartschaft etwa *Meincke*, § 6 ErbStG Rn. 7 f.

70 Etwa BFH v. 28.10.1992, BStBl II 1993, 158; *Gebel* in Troll/Gebel/Jülicher, § 3 ErbStG Rn. 343 ff; *Meincke*, § 7 ErbStG Rn. 52, § 10 Rn. 30.

71 Zu der dem ausländischen Recht entnommenen Fiktion des im „absolut interest" verkörperten unmittelbaren Vermögensanfalls vgl. oben § 4 A. VI. 4. b) (1) .

72 Gl. A. offensichtlich *Seibold*, IStR 1994, 16, 18; *Siemers/Müller*, IStR 1998, 385, 388; unklar in diesem Zusammenhang *Bredow/Reich*, WiB 1995, 775, 779 (für die Steuerentstehung soll möglicherweise schon die Begründung von Anwartschaften ausreichen); a. A. *Sieker*, US-Trust, S. 308 f. (Schenkung unter Auflage).

73 Dazu *Gebel* in Troll/Gebel/Jülicher, § 9 ErbStG Rn. 105; im Ergebnis ebenso *Otto*, RIW 1985, 491, 500.

74 Etwa BFH v. 7.5.1986, BStBl II 1986, 615.

zur tatsächlichen Vermögensausfolgung hinausgeschoben. Wegen der mitunter langfristigen Verschiebung der Fälligkeit des Anfallsanspruchs konnte ein unmittelbarer Zugriff auf den Trustbegünstigten jedoch ebensowenig bei Vergleich mit einem Vermächtniserwerb[75] erfolgen. Denn wie der BFH unlängst zu Recht festgestellt hat, bildet die materielle Kapitalberechtigung im Falle eines sich nach ausländischem Recht vollziehenden Erbschaftserwerbs die entscheidende Voraussetzung für die Entstehung der Steuer.[76] Die Frage, zu welchem Zeitpunkt bei einem Testamentary Trust eine dem dinglichen Eigentum vergleichbare Rechtsposition erworben wird, kann aber nicht anders beantwortet werden, als im Falle der lebzeitigen Trust-Errichtung. Nach alledem konnte unter der Geltung des alten Recht von einer sofortigen Entstehung der Erbschaft- oder Schenkungsteuer nur ausgegangen werden, wenn einem betagt eingesetzten Anfallsberechtigten zugleich die laufenden Erträge des Trustvermögens zur Nutzung überwiesen waren.

## 2. Laufende Zuwendungen

Eine andere Betrachtung war unter Umständen für die laufend aus den Erträgen oder der Substanz zu erbringenden Zahlungen eines Trust geboten. Hatte ein Begünstigter einen gesicherten Rechtsanspruch auf die regelmäßige Auszahlung eines bestimmten Betrages bzw. der laufenden Erträge des Trustvermögens, wurde von Rechtsprechung und Literatur – soweit ersichtlich einhellig – stets die Parallele zu einem nießbrauchs- oder rentenähnlichen Nutzungsrecht gezogen.[77] Konsequenterweise wurde die durch die Zuwendung des zusammenhängenden Nutzungsrechts vermittelte Bereicherung deshalb gem. §§ 13 bis 15 BewG i. V. mit § 12 Abs. 1 ErbStG auf Basis des Kapitalwerts der voraussichtlichen Erträge/Ausschüttungen ermittelt und im Zeitpunkt der Trust-Errichtung der deutschen Erbschaft- bzw. Schenkungsbesteuerung unterworfen.[78] Zur Vermeidung von Zahlungsschwierigkeiten empfahl es sich dann häufig, gem. § 23 ErbStG zur sukzessiven Jahreversteuerung zu optieren. Die Analogie zu Nießbrauch und Rente hatte allerdings zur Folge, dass ein späteres Erlöschen der Ertragsberechtigung (beispielsweise durch vorzeitiges Versterben des Beneficiary) nur unter den engen Voraussetzungen des § 14 Abs. 2 BewG zu einer Berichtigung der ursprünglichen Steuerfestsetzung führen konnte.[79] Soweit in dieser Situation gleichzeitig

---

[75] So *Albrecht*, Erbfälle, S. 295.

[76] BFH v. 8.6.1988, BStBl II 1988, 808.

[77] Etwa RFH v. 16.1.1936, RStBl 1936, 249; BFH v. 20.12.1957, BStBl III 1958, 79, 82; v. 12.5.1970, BStBl II 1972, 462, 464; aus dem neueren Schrifttum nur *Flick/Piltz*, Erbfall, S. 450; *Jülicher* in Troll/Gebel/Jülicher, § 2 ErbStG Rn. 120 ff.; *Siemers/Müller*, IStR 1998, 385, 387.

[78] BFH v. 21.4.1982, BStBl II 1982, 597, 598; v. 6.5.1990, BStBl II 1990, 786. Bei schwankender Ertragslage musste nach § 15 Abs. 3 BewG im Rahmen einer Zukunftsprognose zunächst ein Jahreswert des Betrags ermittelt werden, der im Durchschnitt der Jahre voraussichtlich erzielt werden würde; dazu *Meincke*, § 12 ErbStG Rn. 102.

[79] Vgl. *Siemers/Müller*, IStR 1998, 385, 387. Zu den Folgen der Beendigung eines Nießbrauchs allgemein *Troll* in Troll/Gebel/Jülicher, § 12 ErbStG Rn. 85 a.

wiederkehrende Bezüge i. S. des § 22 Nr. 1 ErbStG vorlagen oder eine Einkommenszurechnung nach § 15 AStG vorzunehmen war[80], konnten die Auswirkungen einer Doppelbesteuerung mit inländischer Einkommen- und Erbschaftsteuer nach der herrschenden Meinung zumindest im Falle eines Testamentary Trust durch die Einkommensteuerermäßigung nach § 35 EStG abgemildert werden.[81]

Allgemein ausgeschlossen wurde die Annahme der Zuwendung eines einheitlichen Nutzungsrechts hingegen für jene Trust-Formen, bei denen hinsichtlich der laufenden Zahlungen keine zivilrechtlich durchsetzbaren Ansprüche der Begünstigten begründet waren.[82] Hierunter fallen sowohl Discretionary Trusts, bei denen die Bestimmung des jeweiligen Zuwendungszeitpunktes und/oder der Ertragsanteile der Beneficiaries im Ermessen des Trustee liegt[83], als auch jene Gestaltungen, bei denen Auszahlungen nur auf Grundlage des aktuellen Bedarfs eines Begünstigten vorgenommen werden dürfen.[84] Unstreitig erwirbt der Begünstigte einen Rechtsanspruch auf die Erträge nicht bereits mit Erwirtschaftung durch den Trustee bzw. Gutschrift auf dem Trustkonto, sondern erst mit dem, die Zuwendungsabsicht des Settlor konkretisierenden Verteilungs- bzw. Ausschüttungsbeschluss des Trustee. Die einzelnen Zuwendungen konnten deshalb nur als Einzelerwerbe erfasst und gegebenenfalls nach § 14 ErbStG zusammengerechnet werden.[85] Bei Wahrung der Zehnjahresfrist des § 14 ErbStG war in diese Zusammenrechnung auch ein späterer Vermögensanfall einzubeziehen.[86]

### 3. Widerrufsvorbehalte und Rückfallklauseln

Im Zusammenhang mit der schenkungsteuerlichen Problematik der lebzeitigen Übertragung von Vermögen auf einen Trust wurden im Schrifttum regelmäßig auch die

---

[80] Dazu oben § 4 B. II.

[81] *Jülicher*, IStR 1996, 575, 581 m. w. N.; *Glanegger* in Schmidt, § 35 EStG Rn. 11 ff; zweifelnd allerdings *Söffing/Kirsten*, DB 1999, 1626, 1630.

[82] Aus dem neueren Schrifttum vgl. nur *Flick/Piltz*, Erbfall, S. 450; *Jülicher*, IStR 1996, 575, 580; *Siemers/Müller*, IStR 1998, 385, 387.

[83] Da der „letter of wishes“ im Falle eines Discretionary Trust keine rechtliche Bindungswirkung erzeugt (bzw. erzeugen darf), wird dieser regelmäßig keine hinreichende Grundlage für die Annahme zusammenhängender Nutzungsrechte darstellen; gl. A. *Siemers/Müller*, IStR 1998, 385, 387.

[84] Etwa BFH v. 28.2.1979, BStBl II 1979, 438. Soweit die Begünstigten jeweils in besonderen „Bittbriefen“ um die Auszahlung nachsuchen müssen, soll nach BFH v. 20.7.1971, DB 1972, 267, kein zusammenhängendes Nutzungsrecht vorliegen (im Streitfall ging es um die Qualifikation als wiederkehrende Bezüge i. S. des § 22 EStG); vgl. dazu aber die kritische Anmerkung von *Harz*, DB 1972, 268.

[85] Etwa *Gebel* in Troll/Gebel/Jülicher, § 9 ErbStG Rn. 47 m. w. N.

[86] Nach BFH v. 7.10.1998, BStBl II 1999, 25, sind die einzelnen Erwerbe zutreffend auch dann mit den ihnen jeweils zukommenden Werten anzusetzen, wenn die Summe dieser Werte höher ist als der Wert der Substanz; a. A. noch BFH v. 12.7.1979, BStBl II 1979, 740.

Auswirkungen von Widerrufsvorbehalten und Rückfallklauseln thematisiert.[87] Den allgemeinen Ausgangspunkt der Überlegungen bildete dabei die Frage, ob und inwieweit derartige Vorbehaltsklauseln den Eintritt der durch § 7 Abs. 1 Nr. 1 ErbStG geforderten tatbestandlichen Bereicherung verhindern können. In der steuerrechtlichen Literatur wurde diesbezüglich vor allem von Knobbe-Keuk[88] die Auffassung vertreten, dass eine Schenkung unter freiem Widerrufsvorbehalt oder eine mit einer auflösenden Wollensbedingung versehene Schenkung keinen schenkungsteuerpflichtigen Vorgang darstelle, da eine Position, deren Bestand ausschließlich vom Willen eines anderen abhänge, keine materielle Bereicherung vermittle, sondern lediglich eine fomale sei.[89] Dagegen hat der BFH im Anschluss an die von Meincke[90] fundierte Meinung den Besteuerungstatbestand des § 7 Abs. 1 Nr. 1 i. V. mit § 9 Abs. 1 Nr. 2 ErbStG auch im Falle des jederzeitigen Widerrufs einer Schenkung als erfüllt angesehen.[91] Im Ergebnis entspricht m. E. nur letztere Auffassung der vom Gesetzgeber vorgegebenen Systematik des Schenkungsteuerrechts. Denn eine steuerpflichtige Schenkung kann nicht schon dadurch ausgeschlossen werden, dass sich der Schenker bei der Übertragung des Eigentums den Widerruf und mit ihm das wirtschaftliche Eigentum i. S. des § 39 Abs. 2 AO vorbehält.[92]

Wie festgestellt, kann sich die zur tatbestandlichen Bereicherung führende Vermögensverschiebung im Bereich des ErbStG prinzipiell nur auf Grundlage des Zivilrechts vollziehen.[93] Obgleich sich das Gesetz mit der in § 7 Abs. 1 Nr. 1 ErbStG als Grundform der Schenkung unter Lebenden genannten freigebigen Zuwendung von der Terminologie des BGB löst, unterscheidet sich der steuerliche Schenkungsbegriff vom zivilrechtlichen Schenkungsbegriff nur darin, dass eine Einigung zwischen Schenker und Beschenktem über die Unentgeltlichkeit der Zuwendung nicht erforderlich ist.[94] Lediglich auf Seiten des Gebers muss der Wille zur Freigebigkeit vorliegen.[95] Für die steuerliche Beurteilung von Schenkungen mit Vorbehaltsklauseln ist mithin an erster Stelle entscheidend, ob die objektiven Voraussetzungen vorliegen, die § 516 Abs. 1 BGB als Merkmal der Schenkung nennt. Dies Frage aber ist allgemein immer dann zu bejahen, wenn eine Rückforderung nur als möglich und nicht als gewiss vereinbart

---

[87] Etwa *Eisele*, INF 1999, 324, 327; *Otto*, RIW 1982, 491, 501; *Schindhelm/Stein*, StuW 1999, 31, 48; *Seibold*, IStR 1994, 16, 18; *Sieker*, US Trust, S. 305 ff.

[88] *Knobbe-Keuk*, Bilanz- und Unternehmenssteuerrecht, S. 755.

[89] Gl. A. *Kapp*, § 29 ErbStG Rn.28 ff.; *Peltner*, DStR 1986, 72.

[90] *Meincke*, § 7 ErbStG Rn. 53.

[91] Vgl. BFH v. 13.9.1989, BStBl II 1989, 1035; a. A. noch BFH v. 28.11.1984, BStBl II 1985, 159.

[92] Zu dieser ganz h. M. vgl z. B. BFH v. 22.9.1982, BStBl II 1983, 179; *Ehlig*, DStR 1996, 1629, 1631; *Gebel* in Troll/Gebel/Jülicher, § 7 ErbStG Rn. 54 jeweils m. w. N.

[93] Hierzu oben § 5 A. II. 2.

[94] Vgl. R 14 Abs. 1 Satz 1 ErbStR.

[95] Etwa *Meincke*, § 7 ErbStG Rn. 9 ff.

ist.[96] Unabhängig von den jeweiligen Auslösetatbeständen ist die Schenkung als solche zivilrechtlich deshalb selbst bei freiem Widerrufsvorbehalt vollzogen.[97] Keine Schenkung liegt hingegen vor, wenn der Zuwendungsgegenstand dem Empfänger von vornherein nur auf bestimmte oder unbestimmte Zeit mit der sicheren Pflicht zur späteren Rückgewähr übereignet ist.[98]

Überträgt man diese Grundsätze auf Trust-Gestaltungen, so bleibt die praktische Bedeutung von Rückfallklauseln jedenfalls für das bis zum 4.3.1999 geltende Recht hinter dem ersten Anschein zurück. Denn unabhängig vom Trusttyp ist der Trustee mangels diesbezüglicher Bereicherungsabsicht des Settlor in keinem Fall Empfänger einer freigebigen Zuwendung.[99] Auswirkungen konnten Rückfallklauseln daher nur im Hinblick auf eine etwaige Steuerpflicht der Begünstigten haben. Da der regelmäßig ex nunc wirkende Widerruf eines Trust einerseits bereits zugewendete Erträge oder Substanzanteile unberührt lässt, eine steuerpflichtige Zuwendung an die Begünstigten andererseits in den allermeisten Fällen aber erst im Zeitpunkt des Vermögenstransfers angenommen werden konnte[100], spielte die Möglichkeit des Vermögensrückfalls an den Settlor allenfalls für die Bewertung zusammenhängender Nutzungsrechte eine Rolle.[101] Insoweit waren dann die folgenden Schlüsse zu ziehen: Hatte der Settlor bei Trust-Errichtung den Rückanfall des Trustvermögens an sich selbst bereits bindend vorgesehen[102], konnte als steuerpflichtiger Zuwendungsgegenstand mangels tatbestandlicher Schenkung in Bezug auf die Substanz von vornherein nur die für die Dauer des Trust vergebene Ertragsberechtigung angesehen werden.[103] Gegebenenfalls war deshalb von einem auf diese Dauer befristeten zusammenhängenden Nutzungsrecht des Beneficiary auszugehen, welches mit dem gem. § 13 BewG i. V. m. § 12 Abs. 1 ErbStG festzustellenden Kapitalwert der Schenkungsteuer unterlag. War der Rückfall des Trustvermögens an den Settlor hingegen von der zuvorigen Ausübung eines Gestaltungsrechts abhängig (Widerrufs- oder Rücktrittsvorbehalt), so galt das Nutzungsrecht zunächst insgesamt als auflösend bedingt zugewandt.[104] Die hierbei auf

---

[96] Ebenso *Schmidt*, BB 1990, 1992, 1996.

[97] Vgl. *Kollhosser* in MünchKomm, § 517 BGB Rn. 5; *Jülicher*, ZEV 1998, 201, 203; *Reuss* in Staudinger, § 530 BGB Rn.18; *Schmidt*, BB 1990, 1992, 1996.

[98] Etwa *Crezelius*, Erbschaft- und Schenkungsteuer, S. 55; *Schmidt*, BB 1990, 1992, 1996 m. w. N.

[99] Dazu bereits oben § 4 A. VI. 3.

[100] Eine unmittelbar steuerpflichtige Substanzzuwendung konnte nach der hier vertretenen Auffassung allenfalls bei betagter Anfallsberechtigung und zugleich gegebener laufender Ertragsberechtigung angenommen werden; vgl. oben § 4 A. VI. 4. b) (1).

[101] Im Ergebnis ebenso *Otto*, RIW 1982, 491, 502; *Seibold*, IStR 1994, 16, 18.

[102] Entsprechend Fallgruppe 3, vgl. oben § 4 A. VI. 4. b).

[103] So auch *Otto*, RIW 1982, 491, 502.

[104] Vgl. § 5 Abs. 1 BewG.

Grundlage des Kapitalwerts festgesetzte Steuer konnte nach Bedingungseintritt jedoch gem. § 5 Abs. 2 BewG berichtigt werden.[105]

### 4. Tod des Settlor

Auf die Besteuerung der Trust-Rechtsverhältnisse könnte der Tod des Settlor eines Intervivos Trust allenfalls Einfluss nehmen, wenn einem lebzeitig vorbehaltenen Widerrufsrecht steueraufschiebende Wirkung beizumessen wäre. Eben dies ist nach dem Vorgesagten regelmäßig nicht der Fall.[106] Da das Trustvermögen mithin nicht zum Nachlass des Errichters gehört, löst dessen Tod im System der Erbanfallsteuer grundsätzlich keine erbschaftsteuerlichen Folgen aus.[107]

### 5. Steuerfreiheit

Im Hinblick auf die mit der gesetzlichen Neuregelung verfolgten Zwecke stellt sich ferner die Frage, ob und unter welchen Umständen unter der Geltung des alten Rechts eine Steuerpflicht des zeitlich in die Länge gezogenen Vermögenstransfers auf die Begünstigten gänzlich vermieden werden konnte. Maßgeblich hierfür sind die allgemeinen Grundsätze zur Verknüpfung der persönlichen mit der sachlichen Steuerpflicht gem. § 2 Abs. 1 Nr. 1 ErbStG. Der besseren Übersichtlichkeit wegen wird die Möglichkeit der auf das Inlandsvermögen beschränkten Steuerpflicht gem. § 2 Abs. 1 Nr. 3 ErbStG sowie der erweitert beschränkten Steuerpflicht i. S. des § 4 AStG im folgenden außer Acht gelassen.

#### a) Testamentary Trust

Nach § 2 Abs. 1 Nr. 1 Satz 1 ErbStG tritt die unbeschränkte Steuerpflicht bei einem Erwerb von Todes wegen ein, wenn entweder der Erblasser zur Zeit seines Todes oder der Erwerber zur Zeit der Entstehung der Steuer ein Inländer ist.[108] Übertragen auf den Testamentary Trust folgt hieraus, dass der Erbschaftsteuer im Zeitpunkt der Steuerentstehung – des Anfangstermins bzw. des Bedingungseintritts – stets das gesamte Vermögen unterlag, wenn nur der Settlor zum Zeitpunkt seines Todes unbeschränkt

[105] Gl. A. *Seibold*, IStR 1994, 16, 18.

[106] Vgl. jedoch *Meincke*, § 9 ErbStG Rn. 40, der eine freigebige Zuwendung wegen des vorläufig vorbehaltenen Widerrufs noch nicht als verwirklicht ansieht, wenn der Beschenkte nach dem Inhalt der Schenkungsabrede eine endgültige gesicherte Rechtsposition hinsichtlich seines Erwerbs erhalten soll.

[107] Ebenso *Bellstedt*, IWB Fach 8 USA Gruppe 2, 809, 826; *Schindhelm/Stein*, StuW 1999, 31, 45 m. w. N.

[108] Zur Inländereigenschaft vgl. § 2 Abs. 1 Nr. 1 Satz 2 ErbStG; zu beachten ist insbesondere der Wegzugssteuertatbestand in Buchst. b).

steuerpflichtig war.[109] Eine Besteuerung des jeweiligen Erbfalls konnte dann nicht durch „rechtzeitigen"[110] Wegzug des Beneficiary vor Eintritt der Bedingung umgangen werden. War der Settlor hingegen zur Zeit seines Todes nicht Inländer, unterlag bei Zufluss grundsätzlich nur der den etwaigen unbeschränkt steuerpflichtigen Beneficiaries vermittelte Erwerb von Todes wegen der deutschen Erbschaftsteuer.

### b) Intervivos Trust

Größere Gestaltungsspielräume ergaben sich beim Intervivos Trust, bei welchem der – regelmäßig aufgeschobene – Erwerb der Beneficiaries stets als Erwerb durch Schenkung unter Lebenden aufgefasst wird. Bei der Schenkung unter Lebenden können Zeitpunkt der Ausführung der Zuwendung und Entstehungszeitpunkt der Schenkungsteuer nach § 9 Abs. 1 Nr. 2 ErbStG nicht auseinanderfallen.[111] Für die Bestimmung der persönlichen Steuerpflicht sowohl des Schenkers als auch des Bedachten kommt es deshalb auf den Zeitpunkt der Zuwendung an.[112] Nach der zutreffenden Auffassung hatte es der Settlor in diesem Fall in der Hand, die unbeschränkte Steuerpflicht nach § 2 Abs. 1 Nr. 1 ErbStG bis zur Auskehrung des Trustvermögens bzw. dem Entstehungszeitpunkt der Steuer gem. § 9 Abs. 1 Nr. 2 ErbStG durch Wegzug ins Ausland zu vermeiden.[113] Der Umfang der persönlichen Steuerpflicht im Zeitpunkt der Tatbestandsverwirklichung war dann gegebenenfalls ausschließlich nach den Verhältnissen auf Seiten des Beneficiary zu beurteilen. War dieser bei Steuerentstehung nicht „Inländer" i. S. des § 2 Abs. 1 Nr. 1 Satz 2 ErbStG, entfiel eine Steuerpflicht des über den Trustee nur vermittelten Vermögensanfalls letztlich insgesamt. Gleiches musste im Ergebnis bei Versterben des inländischen Settlor vor Bedingungseintritt gelten.[114]

## 6. Purpose Trust als Zweckzuwendung

Die Übertragung von Vermögensgegenständen auf einen Purpose Trust dient der Verfolgung eines abstrakten Zwecks und soll nicht einen bestimmten Personenkreis begünstigen.[115] In Ermangelung von Begünstigten kann der Purpose Trust grundsätzlich nicht zu einem Erwerb von Todes wegen oder einer Schenkung unter Lebenden füh-

[109] Wegen Art. 25 Abs. 1 EGBGB dürfte dieser Fall nur Testamentary Trusts ausländischer Staatsangehöriger betroffen haben.

[110] Vgl. § 2 Abs. 1 Nr. 1b ErbStG.

[111] *Jülicher* in Troll/Gebel/Jülicher, § 2 ErbStG Rn. 41.

[112] A. A. *Schindhelm/Stein*, StuW 1999, 31, 49, die eine Schenkung abweichend von § 9 Abs. 1 Nr. 2 ErbStG bereits als „ausgeführt" i. S. des § 2 Abs. 1 Nr. 1 Satz 1 ErbStG ansehen, wenn der Schenker seinerseits alles getan hat, was erfoderlich ist, um die Bereicherung des Beschenkten herbeizuführen.

[113] Etwa *Flick/Piltz*, Erbfall, S. 449; *Siemers/Müller*, IStR 1998, 385, 389.

[114] *Siemers/Müller*, IStR 1998, 385, 389.

[115] Vgl. oben § 2 E. V.

ren. Die zum Zweckzuwendungstatbestand des § 8 ErbStG bestehenden Parallelen sind offensichtlich: In beiden Fällen geht Vermögen auf eine Person über, die aufgrund ihrer fiduziarischen Verpflichtung zugunsten eines bestimmten Zwecks im Ergebnis nicht bereichert wird.[116] Soweit diese Zweckbindung reicht, kann das Vermögen aber auch anderen Personen nicht im Sinne einer steuerpflichtigen Bereicherung zugeordnet werden.[117] Entsprechend der im Schrifttum für den Charitable Trust vertretenen Qualifikation[118] erfüllt deshalb auch der Purpose Trust die Tatbestandsmerkmale einer Zweckzuwendung. Nach der dem § 8 ErbStG zugrunde liegenden Konzeption wird das durch die Zweckauflage gebundene Vermögen steuerlich wie ein selbstständiges Sondervermögen behandelt und als besonderes Besteuerungsobjekt erfasst.[119] In entsprechender Anwendung des § 10 Abs. 1 Satz 3 i. V. m. § 15 Abs. 1 ErbStG ist der Wert des Trustvermögens deshalb nach Steuerklasse III zu versteuern.

### III. Resümee

Fasst man die neu in das ErbStG eingeführten Steuertatbestände mit Blick auf die Begründung des Regierungsentwurfs zu Art. 12 StEntlGE[120] als „Anti-Vermeidungsvorschriften" auf, so ergeben sich für deren Anwendungsbereich aus der alten Rechtslage folgende erste Anhaltspunkte:

- Mit der Trust-Errichtung wurde regelmäßig keiner der in den materiellen Kernvorschriften der §§ 3 bis 8 ErbStG enthaltenen Steuertatbestände verwirklicht. Sofern nicht den Begünstigten ein selbstständiges Nutzungs- oder Rentenrecht eingeräumt wurde, fehlte es an einer erforderlichen Bereicherung.

- Eine Ausnahme war nach der hier vertretenen Auffassung nur anzunehmen, wenn einem bestimmten Beneficiary, dem zugleich die Nutznießung hinsichtlich der Trust-Erträge zustand, zu einem bestimmten Zeitpunkt (betagt) das Trustvermögen auszufolgen war.

- In allen anderen Fällen der freigebigen Zuwendung oder des Erwerbs von Todes wegen war der Zeitpunkt der Steuerentstehung entsprechend der Konzeption des § 9 ErbStG entweder auf den jeweiligen vom Settlor bestimmten Anfangstermin oder einen entsprechenden Ausschüttungsbeschluss des Trustee hinausgeschoben.

---

116 Während der Trustee von vornherein nicht bereichert ist, bildet die Zweckauflage eine die Bereicherung des Empfängers einer Zweckzuwendung mindernde Verbindlichkeit; vgl. nur *Meincke*, § 8 ErbStG Rn. 6.

117 *Albrecht*, Erbfälle, S. 299.

118 *Jülicher*, IStR 1999, 106, 110; *ders.* in Troll/Gebel/Jülicher, § 13 ErbStG Rn. 232; *Otto*, RiW 1982, 491, 502; *Schindhelm/Stein*, StuW 1999, 31, 48; vgl. auch R 49 Abs. 2 Satz 1 ErbStR.

119 Etwa *Gebel* in Troll/Gebel/Jülicher, § 8 ErbStG Rn. 2.

120 Vgl. oben § 5 A.

- Der Tod des Settlor eines Intervivos Trust hatte grundsätzlich keinen Einfluss auf den Zeitpunkt der Steuerentstehung.

- Die unentgeltliche Übertragung bzw. Vererbung eines equitable title war als Rechtsnachfolge in eine Anwartschaft zu behandeln, die erst mit Bedingungseintritt bzw. Anfangstermin zur Steuerentstehung führen konnte.

Diese Grundsätze galten allerdings nur, soweit mit der Trust-Errichtung die Begünstigung eines zumindest bestimmbaren Personenkreises bezweckt war. Bei Verfolgung unpersönlicher Zwecke (Purpose Trust) konnte die Vermögensübertragung auf den Trust als Zweckzuwendung i. S. des § 8 ErbStG qualifiziert werden.

## D. Wirkungsweise des zweistufigen erbschaft- und schenkungsteuerlichen Erwerbs ab dem 5.3.1999

Mit der Änderung des ErbStG durch das StEntlG 1999/2000/2002 hat die Besteuerung von Trusts zweifellos eine neue Dimension erhalten. Nach der alten Rechtslage wurde der Trust steuerlich als transparent behandelt. Entsprechend dem Prinzip der Erbfanfallsteuer folgte aus seiner Existenz lediglich eine Verzögerung des Zuflusses bei den Beneficiaries. Erbschaft- bzw. schenkungsteuerlich lag nur eine einzige, in die Länge gezogene Vermögensverschiebung vom Settlor auf die Begünstigten vor. Demgegenüber soll die neue Rechtslage steuerlich grundsätzlich zu einer doppelten Erfassung des Trustvermögens führen. Zu diesem Zweck wurde der Katalog der Erwerbstatbestände der §§ 3 und 7 ErbStG jeweils erweitert, indem eine vom Erblasser/Schenker angeordnete Bildung oder Ausstattung einer Vermögensmasse ausländischen Rechts, deren Zweck auf die Bindung von Vermögen gerichtet ist, dem Übergang von Vermögen aufgrund eines Stiftungsgeschäfts gleichgestellt wurde. Eine Schenkung unter Lebenden soll außerdem der Erwerb durch Zwischenberechtigte während des Bestehens einer solchen Vermögensmasse sowie der Erwerb bei deren Auflösung darstellen.

### I. Errichtung des Trust und nachfolgende Vermögenszuführungen

#### 1. Tatbestandsauslegung

Um die Errichtung eines Trust unter die neuen Steuertatbestände der §§ 3 Abs. 2 Nr. 1 Satz 2 und 7 Abs. 1 Nr. 8 Satz 2 ErbStG subsumieren zu können, muss der Trust (1) eine „Vermögensmasse" darstellen, deren „Zweck" (2) auf die „Bindung von Vermögen" gerichtet ist und die (3) „ausländischen Rechts" ist. Da das StEntlG 1999/2000/2002 selbst keine Legaldefinition dieser unbestimmten Rechtsbegriffe bietet, setzt die Subsumption unter den Gesetzestatbestand dessen Auslegung voraus.

Hierbei gilt das Primat der teleologischen, am Gesetzeszweck orientierten Auslegung.[121] Als Hilfsmittel zur Feststellung des Gesetzeszwecks können grammatische, historische und systematische Auslegung herangezogen werden.[122] Sofern sich mehrere Auslegungsmöglichkeiten ergeben, gebührt derjenigen der Vorzug, die mit dem Grundgesetz vereinbar ist oder dem Grundgesetz am ehesten entspricht.[123] Die Notwendigkeit bzw. Möglichkeit einer solchen verfassungskonformen Auslegung wird anschließend unter Ziff. III. erörtert.

### a) "Vermögensmasse ..."

Dreh- und Angelpunkt der gesetzlichen Neuregelung ist der Begriff der Vermögensmasse, welcher nach der Grundentscheidung des Gesetzgebers unter bestimmten Voraussetzungen eine von der BGB-Rechtsfähigkeit losgelöste eigene Erbschaftsteuerrechtsfähigkeit zukommen soll. Träger von Rechten und Pflichten im Steuerrechtsverhältnis wird die Vermögensmasse allerdings nicht bereits aufgrund ihrer Nennung in §§ 3 Abs. 2 Nr. 1 sowie 7 Abs. 1 Nr. 8 und 9 ErbStG. Denn diese Vorschriften regeln alleine das Steuerobjekt, also den Tatbestand, an dessen Erfüllung die Steuerpflicht anknüpft. Steuerrechtssubjektivität erlangt die Vermögensmasse vielmehr erst durch ihre Erhebung zum Erwerber und Steuerschuldner bzw. Steuerpflichtigen[124] in § 20 ErbStG. Vor diesem Hintergrund lautet die entscheidende Frage, nach welchen Kriterien sich der Begriff der Vermögensmasse im ErbStG bestimmen soll. Während dieses Rechtsinstitut im Ertragsteuerrecht trotz seiner „unklaren Konturen" immerhin noch einen gängigen Begriff darstellt, hat die Vermögensmasse im Bereich des ErbStG bislang keine große Beachtung gefunden. Wie die §§ 2 Abs. 1 Nr. 1 d sowie 13 Abs. 1 Nr. 16 b ErbStG zeigen, stellt sie jedoch auch in diesem Zusammenhang kein absolutes Novum dar. Da die Vermögensmasse dort jeweils in dem hinlänglich bekannten Kontext „Körperschaften, Personenvereinigungen und Vermögensmassen" Erwähnung findet, scheint es naheliegend, diesem Begriff im Erbschaftsteuerrecht grundsätzlich den gleichen Inhalt wie etwa in den §§ 1 Abs. 1 Satz 1, 2 Abs. 1 KStG beizumessen. Unter Berücksichtigung der in Art. 12 StEntlGE noch enthaltenen Stiftungsfiktion (Als Stiftung gilt ...) wurde ein dementsprechender Gleichlauf der Begriffsinhalte von einem Teil des Schrifttums schließlich auch auf die Parallele zu § 15 Abs. 4 AStG gestützt, wonach sonstige Zweckvermögen, Vermögensmassen und rechtsfähige oder nicht rechtsfähige Personenvereinigungen den Stiftungen i. S. des § 15 Abs. 1 AStG gleichstellt sind.[125]

---

[121] So zutreffend *Tipke*, Rechtfertigung, S. 1, 11 ff.; *ders.*, Steuerrecht, § 5 Rn. 50 ff. m. w. N.

[122] Ebenso *Coing* in Staudinger, BGB, Einl. Rn. 195.

[123] Nur *Tipke*, Steuerrecht, § 5 Rn. 59.

[124] Vgl. §§ 43, 33 Abs. 1 AO.

[125] Vgl. *Füger/v. Oertzen*, IStR 1999, 11, 12; etwas unklar, aber in die gleiche Richtung auch *Söffing/Kirsten*, DB 1999, 1626, 1628.

Die Gleichstellungsthese ist nach der hier vertretenen Auffassung jedoch verfehlt. Nachdem die Stiftungsfiktion in der endgültigen Fassung der §§ 3 Abs. 2 Nr. 1 sowie 7 Abs. 1 Nr. 8 und 9 ErbStG zugunsten einer Bereicherungsfiktion (Dem steht gleich ....) aufgegeben wurde, erschöpft sich der Gleichlauf des Wortlauts in dem Begriff der Vermögensmasse als solchem. Alleine die Verwendung gleichlautender Begriffe in anderen Gesetzen muss jedoch nicht notwendig zur Inhaltsbestimmung beitragen, da gleiche Begriffe in verschiedenen Gesetzen unterschiedliche Bedeutung haben können und zumeist auch haben.[126] Der wirkliche Sinn eines bestimmten Rechtsbegriffs lässt sich grundsätzlich nur anhand des Gesetzeszwecks und unter Berücksichtigung der tragenden Prinzipien des jeweiligen Teilrechtssystem ermitteln.[127] Dementsprechend ist auch die für das Ertragsteuerrecht gefundene Definition des Kunstbegriffs „Vermögensmasse“ nichts anderes als das Ergebnis einer an Regelungszweck und Gesetzessystematik orientierten Auslegung. Die sich daran anschließende Frage, ob dieses Auslegungsergebnis einer unbesehenen Übernahme für den Bereich des Erbschaft- und Schenkungsteuerrecht zugänglich ist, muss jedoch eindeutig verneint werden. Wie ausgeführt, lässt das Ertragsteuerrecht für den Begriff der selbstständigen Vermögensmasse vorrangig die wirtschaftliche Zurechnung von Wirtschaftsgütern nach § 39 AO entscheidend sein. Wegen der Maßgeblichkeit der wirtschaftlichen Leistungsfähigkeit konstituiert sich die ertragsteuerliche Vermögensmasse vorrangig dadurch, dass ein Vermögensgegenstand den wirtschaftlichen Eigentumsbereich eines Steuerpflichtigen verlässt, ohne zugleich den wirtschaftlichen Eigentumsbereich eines anderen Steuerpflichtigen zu erreichen. Dem bürgerlich-rechtlichen Eigentum kommt daneben allenfalls insoweit Bedeutung zu, als bei ausländischen Rechtsinstituten die Abgrenzung der Abs. 1 und 2 des § 39 AO in Frage steht. Vollkommen abweichend hiervon knüpft das ErbStG eine Steuerpflicht aber nur an einen sich nach bürgerlich-rechtlichen Vorschriften vollziehenden Vermögenstransfer bzw. –erwerb. Jedenfalls in Bezug auf die Voraussetzungen dieses Vermögenserwerbs kann das wirtschaftliche Eigentum i. S. des § 39 Abs. 2 Nr. 1 AO nach der ganz überwiegenden Auffassung von Rechtsprechung und Schrifttum keine Rolle spielen. Eine Übernahme des ertragsteuerlichen Begriffsinhalts der Vermögensmasse hätte vor diesem Hintergrund also evident eine systemwidrige Einführung der wirtschaftlichen Betrachtungsweise in das Erbschaft- und Schenkungsteuerrecht zur Folge.[128] Indes dürfte alleine dieses Argument zur Widerlegung der Gleichlaufthese nicht genügen.[129] Entscheidend ist m. E. vielmehr, dass man den Anwendungsbereich der neuen Erwerbstatbestände mit einer Bindung an die ertragsteuerlichen Begriffsvoraussetzungen von vornherein tendenziös

[126] So auch *Klein*, IStR 1999, 377.

[127] *Tipke*, Steuerrecht, § 5 Rn. 52.

[128] So offensichtlich auch *Schindhelm/Stein*, FR 1999, 880, 885.

[129] Nach der hier vertretenen Grundrechtsdogmatik wäre weiter zu prüfen, ob dieser Verstoß gegen ein vom Gesetzgeber als sachgerecht erkanntes und ausgeführtes Prinzip einer Rechtfertigung durch das Verhältnismäßigkeitsprinzip zugänglich ist.

festlegen würde, ohne dem alleine entscheidenden Gesetzeszweck überhaupt Rechnung getragen zu haben.

Der Begriff „Vermögensmasse" stellt auch Rahmen der §§ 3 Abs. 2 Nr. 1 sowie 7 Abs. 1 Nr. 8 und 9 ErbStG nur ein Mittel zum Zweck dar. Mit den Worten von Tipke/Lang: „Der Gesetzgeber will mit seinen Worten sagen, was er bezweckt."[130] Ein erster Hinweis auf Sinn und Zweck wurde oben bereits der Begründung zu Art. 12 StEntlGE entnommen. Hiernach stellen sich die neuen Erwerbstatbestände zunächst als „Anti-Vermeidungsvorschriften" dar; verhindert werden soll die durch bestimmte Trust-Gestaltungen erzielbare und offensichtlich als ungerechtfertigt angesehene Vermeidung oder Verzögerung von Erbschaft- bzw. Schenkungsteuern. Dass der Gesetzgeber dabei unter all den anderen, auf der Welt vorkommenden Trust-ähnlichen Gestaltungen[131] in erster Linie den klassischen Common Law Trust im Auge hatte, belegt nicht zuletzt der erste Regierungsentwurf vom 9.11.1999, in dem der „nicht rechtsfähige Trust"[132] noch als einziges Regelbeispiel erwähnt war.[133] Die Verknüpfung des teleologischen Arguments (Anti-Vermeidungsvorschrift) mit dem historischen Argument (u. a. bezogen auf nicht rechtsfähige Trusts) lässt für die Auslegung des Begriffs der Vermögensmasse die aus erbschaft- und schenkungsteuerlicher Sicht als unerwünscht erkannten vermögensrechtlichen Beziehungen der Beteiligten in den Vordergrund rücken. Als kennzeichnend für einen Trust lassen sich insoweit unter Bezugnahme auf die bisherigen Ausführungen ungeachtet der möglichen Variationsbreite die folgenden Merkmale fokussieren:

- Im Rahmen der Trust-Errichtung müssen bestimmte Vermögensgegenstände jedenfalls dinglich aus dem Eigentumsbereich des Errichters ausscheiden und auf die Rechtsträgerschaft des Trustee übergehen.

- Die Aufgabe des Trustee, der selbst durch diese Vermögensverschiebung nicht bereichert werden darf, besteht in der bestimmungsgemäßen Verwaltung und Verwendung des Trustvermögens.

- Ein Trust muss zumindest einen nicht mit dem Errichter identischen Begünstigten haben oder (alternativ) einem unpersönlichen Zweck verpflichtet sein.

---

130 *Tipke*, Steuerrecht, § 5 Rn. 50.

131 Eine exemplarische Aufführung anderer, möglicherweise auch von der Neuregelung betroffenen Rechtsinstitute findet sich bei *Klein*, IStR 1999, 377.

132 Obgleich dem klassischen Trust typischerweise keine Rechtsfähigkeit zukommt, werden von der entgültigen Gesetzesfassung, in der das eingrenzende Merkmal „nicht rechtsfähig" entfallen ist, auch rechtsfähige Vermögensmassen erfasst; so auch *Halaczinsky*, NWB Fach 10, 905, 906; *Schindhelm/Stein*, FR 1999, 880, 883.

133 Vgl. oben § 5 B. M. E. dürfte die anschließende Verwerfung der Regelbeispielmethode darauf zurückzuführen sein, dass diese eine gesetzliche Definition des an keiner anderen Stelle in einem deutschen Gesetz genannten Rechtsinstituts des Trust unvermeidlich gemacht hätte.

- Das Trustvermögen, dessen Struktur durch Verfügungen des Trustee unter Umständen verändert werden kann, muss zumindest eine gewisse Zeit in seinem Bestand erhalten bleiben.

- Letzteres wird dadurch gewährleistet, dass während der Dauer des Trust keine „eigentümerähnlichen" Rechte Dritter an der Vermögenssubstanz bestehen. Das Trustvermögen bildet damit ein von der Existenz der beteiligten Personen losgelöstes Sondervermögen.

Den Ausgangspunkt der hieran anzuschließenden Überlegungen bildet die Feststellung, dass die Begründung einer Vermögensmasse nach der dem ErbStG zugrunde liegenden Systematik jedenfalls einen der dinglichen Eigentumsübertragung i. S. der §§ 929 ff. BGB entsprechenden lebzeitigen Entäußerungsvorgang, oder – im Falle der Entstehung von Todes wegen – die gleichgerichtete Anordnung der Gesamt- bzw. Einzelrechtsnachfolge in bestimmte Nachlassbestandteile voraussetzt. Um in den nach Sinn und Zweck der Neuregelung alleine zu erfassenden Bereich der Steuervermeidung zu gelangen, darf diese Entäußerung auf der anderen Seite aber keinen erbschaft- bzw. schenkungsteuerlich relevanten Vorgang darstellen. Mit anderen Worten: Während eine selbstständige Vermögensmasse im Bereich des Ertragsteuerrechts nur denkbar ist, wenn ein bestimmter Vermögensgegenstand wirtschaftlich keiner anderen Person zugerechnet werden kann, setzt der Begriff der Vermögensmasse in den Erwerbstatbeständen der §§ 3 Abs. 2 Nr. 1 sowie 7 Abs. 1 Nr. 8 und 9 ErbStG voraus, dass eine materielle Vermögensverschiebung keinen unmittelbar steuerbaren Vermögensübergang im Rechtssinne zur Folge hat. Die für eine Vermögensmasse bereits begrifflich erforderliche vermögensmäßige Verselbstständigung durch Vermögensseparierung konstituiert sich für das Erbschaftsteuerrecht damit durch den Vorgang „materielle Vermögensverschiebung" sowie das Ergebnis „keine unmittelbare tatbestandliche Bereicherung bei einem anderen Rechtssubjekt". Systematisch kann diese Auslegung unproblematisch auf die ausschließliche Verortung der Vermögensmasse in den materiellen Erwerbstatbeständen gestützt werden. Hätte der Gesetzgeber die Vermögensmasse nämlich losgelöst von dem Erfordernis einer konkreten substantiellen Vermögensverschiebung allgemein als steuerrechtsfähig erklären wollen, wäre eine entsprechende Vorschrift hierzu systematisch „vor die Klammer" – beispielsweise in § 1 ErbStG – zu ziehen gewesen.[134] Wie sich aber aus dem Kontext der Neuregelung zweifelsfrei ergibt, soll die Vermögensmasse letztlich nur für bestimmte Fälle von Vermögensverschiebungen die Annahme einer tatbestandlichen Bereicherung ermöglichen. Auf Grundlage dieser Überlegungen lassen sich bereits an dieser Stelle die folgenden Schlüsse ziehen:

[134] Gl. A. offensichtlich *Gebel* in Troll/Gebel/Jülicher, § 7 ErbStG Rn. 336, wonach die aufgestellte Fiktion „auch den tatbestandlich vorausgesetzten Vermögensübergang" erfasse.

### (1) Trusts zugunsten unpersönlicher Zwecke

Wie festgestellt, gehört zum Begriffsinhalt der Vermögensmasse i. S. der §§ 3 Abs. 2 Nr. 1 sowie 7 Abs. 1 Nr. 8 und 9 ErbStG, dass ein unentgeltlicher oder von Todes wegen erfolgender materieller „Entäußerungsvorgang" hinsichtlich eines bestimmten Vermögensgegenstandes oder einer Gesamtheit von Vermögensgegenständen nach den übrigen Regelungen des ErbStG nicht unmittelbar der Besteuerung unterliegt. Da Trusts zugunsten unpersönlicher Zwecke – also Charitable Trusts oder Purpose Trusts – aber bereits seit jeher durch den Sondertatbestand der Zweckzuwendung gem. § 8 ErbStG erfasst werden konnten[135], können die neuen Erwerbstatbestände auf diese Gestaltungen von vornherein keine Anwendung finden.[136] Zumindest insoweit wird das Fehlen einer ausdrücklichen gesetzlichen Subsidiaritätsanordnung m. E. unproblematisch durch den offensichtlichen Gesetzeszweck überwunden.[137]

### (2) Trusts zugunsten betagt anfalls- und zugleich ertragsberechtigter Beneficiaries

Mit der gleichen Argumentation müssen konsequenterweise auch jene, hier mangels echter praktischer Bedeutung nur der Vollständigkeit halber erwähnter Trusts aus dem Anwendungsbereich der Neuregelungen ausscheiden, bei denen aufgrund des Zusammenfalls von betagter Substanzberechtigung und sofortiger Ertragsberechtigung bereits nach der alten Rechtslage ein unmittelbar steuerpflichtiger Substanzerwerb angenommen werden konnte.[138]

### (3) Trusts mit unbedingtem Substanzrückfall an den Settlor

Konsequenz der hier vertretenen vorgangsbezogenen Interpretation ist, dass die Vermögensmasse nach §§ 3, 7 ErbStG hinsichtlich der Vermögenssubstanz regelmäßig nur „Durchlaufstation" im Rahmen einer drittbezogenen substantiellen Vermögensverschiebung vom Settlor auf die Begünstigten sein kann. Zwar verzichtet der Gesetzgeber mit der Anordnung der Bereicherungsfiktion evident auf das Vorliegen eines auf die Bereicherung der Vermögensmasse als solcher gerichteten Bereicherungswillens des Settlor. Gleichwohl sollen ersichtlich nur solche Vermögensverschiebungen erfasst werden, die, gäbe es die Vermögensmasse bzw. die hierauf gegründete Bereicherungsfiktion nicht, zu einer zeitlich verzögerten, grundsätzlich steuerpflichtigen Bereicherung dritter Personen führen würden. Der alleinige Sinn und Zweck der Neuregelung

---

[135] Vgl. oben § 5 C. II. 6.

[136] A. A. für den Charitable Trust offensichtlich *Jülicher*, IStR 1999, 106, 109 f., der insoweit allerdings die Steuerbefreiung nach § 13 Abs. 1 Nr. 16 c ErbStG für anwendbar erachtet.

[137] Zweifelnd im Hinblick auf das Fehlen einer Subsidiaritätsanordnung aber *Schindhelm/Stein*, IStR 1999, 880, 884.

[138] Vgl. oben § 4 A. VI. 4. b) (1) .

besteht vor diesem Hintergrund in der zeitlich vorgelagerten Erfassung eines erst zeitverzögert erfolgenden Zuwachses an steuerlicher Leistungsfähigkeit. Ausgenommen von dem Begriff der Vermögensmasse sind daher jedenfalls jene Trust-Gestaltungen, bei denen der Rückfall des Trustvermögens an den Settlor nach Ablauf einer bestimmten Dauer bereits bei Trust-Errichtung bindend vorgeschrieben wird.[139] Insoweit fehlt es an dem durch die Bereicherungsfiktion der §§ 3 Abs. 2 Nr. 1 sowie 7 Abs. 1 Nr. 8 und 9 ErbStG nicht obsolet gewordenem Zuwendungsmerkmal.[140]

### (4) Widerrufliche Trusts

Nur bedingt weiter hilft das Kennzeichen „materielle Vermögensverschiebung zugunsten Dritter", wenn es um die Frage geht, inwieweit widerrufliche Trusts unter den Begriff der Vermögensmasse gefasst werden sollen. Wie oben festgestellt, beeinflusst die bloße Widerruflichkeit einer Zuwendung unter Lebenden allgemein nicht die Verwirklichung des steuerpflichtigen Tatbestandes.[141] Das Trustvermögen ist jedoch formal dem Eigentumsbereich des Trustee als Rechtsträger zugeordnet, welcher entsprechend der dem Trust eigenen Konzeption erst die Bereicherung zugunsten der Beneficiaries vermitteln soll. Zivilrechtlich und wirtschaftlich lässt daher jedenfalls der jederzeit widerrufliche Trust eine Nähe zum Treuhandgeschäft zugunsten Dritter erkennen. Dementsprechend werden Vermögen und Einkünfte eines jederzeit widerruflichen Trust ertragsteuerlich wegen § 39 Abs. 2 Nr. 1 Satz 2 AO unmittelbar dem Settlor zugerechnet, so als gäbe es den Trust nicht.[142] Zwar ist man sich erbschaftsteuerlich im Ergebnis darüber einig, dass nur treuhänderisch erfolgende Vermögensübertragungen nicht steuerpflichtig sein können; dogmatisch umstritten ist aber die Begründung. Streckenweise wird die steuerrechtliche „Korrektur" der zivilrechtlichen Rechtslage, durch die der Treuhänder „nicht echt" bereichert sei, unmittelbar auf die wirtschaftliche Sicht des § 39 AO gestützt.[143] Auf der anderen Seite wird mit Blick auf

[139] Vgl. oben § 4 A. VI. 4. b), Fallgruppe 3.

[140] Soweit der Settlor vor Ablauf eines solchen Trust, der hinsichtlich der Vermögenssubstanz typischerweise keine anderen Begünstigten hat, verstirbt, fällt der aufschiebend befristete oder betagte Rückübertragungsanspruch in den Nachlass. Als bloße Anwartschaft unterliegt er jedoch nach der hier vertretenen Auffassung nicht der sofortigen Erbschaftsteuer, § 9 Abs. 1 Nr. 1a ErbStG. Möglicherweise wäre deshalb mit dem Tod des Settlor von einer Änderung des Trust-Charakters auszugehen, die zu einer entsprechenden Anwendung des § 3 Abs. 2 Nr. 1 Satz 2 ErbStG führen könnte.

[141] Vgl. § 5 C. II. 3.

[142] Auch *Füger/v. Oertzen*, IStR 1999, 11, 13.

[143] Etwa *Kapp*, § 3 ErbStG Rn. 324 oder *Matheja*, NWB Fach 2, 2869, 2875 m. w. N. Dem ist – mit BFH v. 22.9.1982, BStBl II 1983, 179 – entgegenzuhalten, dass das Zurückbleiben wirtschaftlichen Eigentums beim Schenker der Annahme, die Zuwendung sei mit der Folge der Steuerentstehung ausgeführt, nicht entgegensteht. Der an § 39 AO anknüpfenden Auffassung kann daher nur unter der Prämisse zugestimmt werden, dass es sich bei der in § 39 Abs. 2 Nr. 1 Satz 2 geregelten Treuhandschaft nicht um einen typischen Beispielsfall der wirtschaftlichen Betrachtungsweise, sondern um eine selbstständige Alternative handelt.

den Herausgabeanspruch des Treugebers – in Übereinstimmung mit der zivilrechtlichen Dogmatik – mangels einer auf Dauer angelegten Vermögensverschiebung bereits der Tatbestand einer Schenkung verneint.[144] Da bei einem Trust auch im Falle des jederzeit ausübbaren Widerrufsrechts der Rückfall des Trustvermögens an den Settlor nur möglich, keineswegs aber gewiss ist, führt alleine die zivilrechtliche Argumentation m. E. nicht zu einer Ausnahme vom Begriff der Vermögensmasse. Ob der Gesetzgeber mit Rücksicht auf den aus § 39 Abs. 1 Nr. 1 Satz 2 AO folgenden steuerlichen Durchgriff durch Treuhandverhältnisse eine entsprechende Reduktion des Begriffsinhalts im Auge hatte, lässt sich an dieser Stelle nicht sicher feststellen. Teleologisch könnte immerhin argumentiert werden, dass ein Bedürfnis zur Erfassung dieser Fälle frühestens mit Wegfall der jederzeitigen Widerruflichkeit besteht.[145] Sinnvollerweise muss dieser Frage jedoch später nochmals im Zusammenhang mit dem weiter erforderlichen „Zweck der Vermögensbindung“ nachgegangen werden. Ein an bestimmte, durch den Settlor nicht zu beeinflussende Voraussetzungen gekoppeltes Widerrufs- bzw. Rückfallrecht jedenfalls kann der Annahme einer Vermögensmasse i. S. der §§ 3 Abs. 2 Nr. 1, 7 Abs. 1 Nr. 8 und 9 ErbStG nicht entgegenstehen.[146]

### b) „... deren Zweck auf die Bindung von Vermögen gerichtet ist“

Auch die auf eine Vermögensbindung gerichtete Zwecksetzung eines Rechtssubjekts ist im Grunde keine neue Tatbestandsvoraussetzung. Wie die §§ 1 Abs. 1 Nr. 4 sowie 7 Abs. 1 Nr. 9 ErbStG zeigen, bedient sich das Erbschaft- und Schenkungsteuerrecht der gleichen Formulierung in Bezug auf Vereine bereits seit dem Gesetz zur Reform des Erbschaftsteuer- und Schenkungsteuerrechts (ErbStRG) 1974.[147] Erkennbarer Hintergrund dieser Regelungen ist die erbschaft- und schenkungsteuerrechtliche Gleichstellung von Stiftungen und Vereinen, in denen große Vermögen gebunden sind.[148] Den spärlichen Kommentierungen muss allerdings entnommen werden, dass bislang offensichtlich wenig Anlass zu einer näheren Auseinandersetzung mit dem Wortsinn bzw. dem Zweck der nun auch im Zusammenhang mit der Besteuerung von

---

144 So etwa *Crezelius*, Erbschaft- und Schenkungsteuer, S. 54 ff.; *Gebel* in: Troll/Gebel/Jülicher, ErbStG, Anh. AO Rn. 11. Anders *Meincke*, § 7 ErbStG Rn. 57, wonach die Rückgabeverpflichtung des Trustee dessen Bereicherung neutralisiere.

145 Ähnlich mutmaßend *Siemers*, ZEV 1998, 459, 460; *Schindhelm/Stein*, FR 1999, 880, 885; zu nachträglichen Änderungen des Charakters einer Vermögensmasse vgl. unten § 5 D. II.

146 Zur Problematik der Besteuerung bei einem später tatsächlich erfolgenden Vermögensrückfall an den Settlor vgl. unten § 5 D. IV. 2.

147 Vgl. Gesetz zur Reform des Erbschaftsteuer- und Schenkungsteuerrechts v. 17.4.1974, BGBl. I 1974, 933; nach den genannten Bestimmungen wird zum einen die Auflösung von Vereinen als Schenkung behandelt, zum anderen das Vermögen bestimmter – wesentlich im Interesse einer Familie oder bestimmter Familien – bestehender Vereine der 30jährigen Ersatzerbschaftsteuer unterworfen, sofern der Zweck des jeweiligen Vereins auf die Bindung von Vermögen gerichtet ist.

148 BFH v. 14.6.1995, BStBl II 1995, 609.

Vermögensmassen erheblichen Tatbestandsvoraussetzung „Zweck: Bindung von Vermögen“ bestand.[149]

Zielführend kann wiederum nur die teleologische Auslegungsmethode sein.[150] Dies gilt umso mehr, als der Wortlaut der neuen Erwerbstatbestände auch insoweit kaum Anhaltspunkte für eine sinnvolle Auslegung bietet.[151] Zwar lässt sich dem Merkmal „Vermögensbindung“ immerhin entnehmen, dass das Grundstockvermögen zumindest eine gewisse Zeit in seinem Bestand erhalten bleiben muss. Das allerdings ergibt sich bei Lichte betrachtet bereits aus dem Begriff der Vermögensmasse an sich, die nach dem oben Gesagten überhaupt nicht existieren würde, sofern das Vermögen gegenwärtig materiell-rechtlich einer Person zur eigennützigen Verfügung überlassen wäre.[152] Deutlich wird darüberhinaus nur, dass die Vermögensbindung jedenfalls vom Errichter der Vermögensmasse subjektiv gewollt sein muss. Ob es darauf ankommt, dass diese Zwecksetzung die unmittelbare und einzige Zielvorgabe der Vermögensmasse bildet, kann dem Wortlaut nicht entnommen werden.[153] Sinnvollerweise wird man die gesetzliche Bestimmung jedoch nicht in diesem Sinne auslegen können. Typischerweise bildet die für die Existenz eines Trust unabdingbar erforderliche Vermögensbindung nicht den Hauptzweck einer Trust-Errichtung. Zwar kann in Einzelfällen die Intention des Settlor durchaus in einer generationsübergreifenden Vermögensperpetuierung bzw. –erhaltung liegen. Regelmäßig „dient“ der Trust aber auch in diesen Fällen der gesteuerten Versorgung bestimmter, zumeist zur Familie gehörender Personen.[154] Eine „bezweckte Vermögensbindung“ muss daher grundsätzlich auch dann als gegeben angesehen werden, wenn sich der personenorientierte Hauptzweck einer Vermögensmasse nur mit Hilfe einer durch Vermögensseparierung bezweckten Vermögenserhaltung verwirklichen lässt. Dementsprechend soll es nach allgemeiner Auffassung auch bei einem Familienverein genügen, wenn die Vermögensbindung nur einen Nebenzweck bildet.[155] Gleichwohl kommt diesem Tatbestandsmerkmal in den neuen Vorschriften m. E. eine nicht unerhebliche abgrenzende Bedeutung zu. Nach der vom BFH seit der Entscheidung zur „Liechtensteiner AG“ vom 23.6.1992 zu Recht vertretenen Auffassung können als Zweckvermögen oder Vermögensmassen i. S. des § 1 Abs. 1 Nr. 5 KStG unter Umständen nämlich auch im Inland nicht rechtsfähige ausländische Gesellschaften zu qualifizieren sein.[156] Durch den insofern klaren Wortlaut

---

[149] Etwa *Gebel* in Troll/Gebel/Jülicher, § 7 ErbStG Rn. 345; *Meincke*, § 1 ErbStG Rn. 19.

[150] Zur Begründung vgl. oben § 5 D. I. 1.

[151] Dazu *Schindhelm/Stein*, FR 1999, 880, 882: „Kurz gesagt, gibt der Wortlaut der Norm nahezu nichts her.“

[152] Zutreffend deshalb auch *Klein*, IStR 1999, 377, 379, der das Kriterium „Bindung von Vermögen“ als tautologisch bezeichnet; ähnlich *Söffing/Kirsten*, DB 1999, 1626, 1628.

[153] Auch *Schindhelm/Stein*, FR 1999, 880, 882.

[154] Bei Verfolgung eines unpersönlichen Zwecks liegt mit der obigen Argumentation bereits keine Vermögensmasse vor; vgl. oben § 5 D. I. 1. a) (1).

[155] Etwa *Gebel* in Troll/Gebel/Jülicher, § 7 ErbStG Rn. 345.

[156] Vgl. BFH v. 23.6.1992, BStBl II 1992, 972.

der §§ 3 Abs. 2 Nr. 1, 7 Abs. 1 Nr. 8 ErbStG wird damit die Erfassung jener, regelmäßig nicht der Vermögensbindung per se dienenden Rechtssubjekte ausgeschlossen. Fraglich bleibt danach nur, welche weiteren Rückschlüsse hieraus für die erbschaft- und schenkungsteuerliche Behandlung des Trust gezogen werden können.

### (1) Widerrufliche Trusts

Unter Bezugnahme auf die obigen Ausführungen zur Qualifikation der Vermögensmasse lässt sich aus dem subjektiven Element der Zwecksetzung m. E. jedenfalls herleiten, dass jederzeit widerrufliche Trusts vom Anwendungsbereich der neuen Erwerbstatbestände ausgenommen sein sollen. Denn typischerweise muss der Zweck eines (in diesem Fall zwingend) lebzeitig errichteten Trust für die Dauer seiner jederzeitigen Widerruflichkeit vorrangig in einer geordneten Vermögensverwaltung entsprechend den Vorgaben des Settlor erkannt werden. Bis zum – regelmäßig mit dem Ableben des Settlor eintretenden – Erlöschen des Widerrufsrechts fehlt es deshalb an der erforderlichen, auf die Bindung von Vermögen gerichteten Zwecksetzung.[157]

### (2) Der temporäre Aspekt

Weitgehend offen lässt der Wortlaut hingegen die Frage, welche zeitliche Ausdehnung die Vermögensbindung erfahren muss, um die Tatbestandsvoraussetzungen der §§ 3 Abs. 2 Nr. 1, 7 Abs. 1 Nr. 8 ErbStG zu erfüllen. Nicht von ungefähr stellen Schindhelm/Stein in diesem Zusammenhang die Vermutung auf, dass der Gesetzgeber nur diejenigen Gestaltungen habe treffen wollen, bei denen die Steuerentstehung in der Vergangenheit durch die Zwischenschaltung eines Trust gänzlich vermieden oder zumindest zeitlich erheblich hinausgezögert werden konnte.[158] Zumindest theoretisch könnte hierfür auch der Vergleich mit der Stiftung sprechen, die typischerweise generationsübergreifende Wirkung entfalte.[159] Da dem Gesetz für eine solche Auslegung indes keinerlei konkrete Anhaltspunkte zu entnehmen seien, läge letztlich auch insoweit ein Verstoß gegen den verfassungsrechtlichen Grundsatz des Rechtsstaatsprinzips in Form des Bestimmtheitsgebots vor.[160] Dieser Auffassung ist zuzugeben, dass der temporäre Aspekt tatsächlich keine nähere ausdrückliche Regelung erfahren hat. Nach der hier vertretenen Auffassung begründet dies allerdings nicht den erhobenen Vorwurf der verfassungsrechtlichen Unbestimmtheit. Wie festgestellt erlaubt die vor-

---

[157] So auch *Söffing/Kirsten*, DB 1999, 1626, 1631; zweifelnd *Schindhelm/Stein*, FR 1999, 880, 885 Fn. 33; *Siemers*, ZEV 1998, 459, 460; *Killius*, Änderungen, S. 353 f.; *ders.*, Steuerplanung, S. 343, 358. Zu den möglichen Konsequenzen bei Ableben des Errichters vgl. unten § 5 D. II.

[158] *Schindhelm/Stein*, FR 1999, 880, 882.

[159] Ebenda, 885. Dessen ungeachtet gehen die Autoren zutreffend davon aus, dass die Vermögensmasse nach Aufgabe der Stiftungsfiktion im übrigen nicht dem Charakter einer Stiftung entsprechen muss.

[160] Ebenda.

liegende Gesetzesfassung ungeachtet der Stellung der neuen Erwerbstatbestände keinen vergleichende Bezugnahme auf die bei Stiftungen typischerweise gegebene Situation.[161] Eine generationsübergreifende Vermögensbindung ist daher jedenfalls nicht erforderlich. Auf der anderen Seite kann der Begründung zum Regierungsentwurf[162] entnommen werden, dass die mit Trust-Gestaltungen einhergehende Steuerverzögerung grundsätzlich – will heißen, ungeachtet ihrer Dauer – als unerwünscht angesehen wurde. Die Ausnahme kurzläufiger Trusts vom Anwendungsbereich der Neuregelung hätte die Erzielung von Steuerstundungseffekten sowohl mit Testamentary Trusts als auch mit (gegebenenfalls bereits im Angesicht des nahen Todes errichteter) Intervivos Trusts grundsätzlich weiterhin möglich sein lassen. Dem auf die Erfassung auch dieser Gestaltungen gerichteten Willen des Gesetzgebers fehlt es deshalb prinzipiell nicht an einer inneren Rechtfertigung.

### c) "... ausländischen Rechts"

Fraglich bleibt nach alledem die Bedeutung der Formulierung Vermögensmasse „ausländischen Rechts". Sowohl Wortstellung als auch Sinn und Zweck der Norm lassen zunächst die Annahme einer Anknüpfung an die zivilrechtliche Wirksamkeit des Übertragungsaktes evident ausscheiden.[163] Für die Auslegung könnte damit zum einen auf das nach dem internationalen Privatrecht jeweils maßgebliche Trust-Statut und damit auf das „Proper Law" des Trust abzustellen sein. Mit dem Wortlaut vereinbaren ließe sich zum anderen aber auch eine Differenzierung danach, ob die Vermögensmasse einem Rechtsinstitut des deutschen Zivilrechts entspricht, oder ob diese ein dem deutschen Recht unbekanntes Rechtsgebilde sui generis darstellt.

Mit Söffing/Kirsten ist m. E. zweifellos nur die zweite Alternative mit dem Zweck des Gesetzes zu vereinbaren.[164] Wie sich etwa aus der in § 2 Abs. 1 Nr. 1 d ErbStG geregelten persönlichen Steuerpflicht von Körperschaften, Personenvereinigungen und Vermögensmassen ergibt, ist für die steuerliche Behandlung grundsätzlich unbeachtlich, welchem Recht diese Rechtsgebilde nach dem internationalen Privatrecht unterstehen. Entscheidend dürfte aber vor allem sein, dass für eine Erfassung von Rechtsinstituten, denen bereits nach dem deutschen Privatrecht Rechtsfähigkeit zukommt, von vornherein kein Bedürfnis besteht.[165]

---

161 Vgl. oben § 5 D. I. 1. a).

162 ... welche mangels amtlicher Gesetzesbegründung sowie sonstiger gegensätzlicher Materialien dem Gesetzesverständnis weiterhin zugrunde gelegt werden kann; vgl. dazu *Tipke*, Steuerrecht, § 5 Rn. 57.

163 Gl. A. *Halaczinsky*, NWB Fach 10, 905, 906; *Schindhelm/Stein*, FR 1999, 880, 885; *Söffing/Kirsten*, DB 1999, 1626, 1628. Diese Auslegung stützt im übrigen die auch hier geteilte Auffassung, wonach sich die steuerliche Qualifikation ausländischer Erwerbstatbestände nicht zwingend nach deutschem IPR richten muss; vgl. dazu oben § 3 C. IV.

164 *Söffing/Kirsten*, DB 1999, 1626, 1628.

165 Ebenda.

### d) Auslegungsergebnis

Fasst man die bisherigen Erkenntnisse zusammen, lässt sich für die Tatbestandsmerkmale der neuen §§ 3 Abs. 2 Nr. 1 Satz 2, 7 Abs. 1 Nr. 8 Satz 2 ErbStG die folgende Begriffsdefinition festhalten: Eine Vermögensmasse ausländischen Rechts, deren Zweck auf die Bindung von Vermögen gerichtet ist, ist eine rechtsfähige oder nichtrechtsfähige Gesamtheit von Vermögensgegenständen, die

- aus dem Vermögen des Errichters dinglich ausgeschieden sind, zugunsten bestimmter Personen oder eines bestimmten Personenkreises gesondert verwaltet werden und
- von ihrem Errichter subjektiv dazu bestimmt ist, das in ihr gesammelte Vermögen zumindest eine gewisse Zeit in seinem Bestand zu bewahren.
- aus dem Vermögen des Errichters dinglich ausgeschieden sind,

Soweit sich bei den Begünstigten hinsichtlich der Vermögenssubstanz bereits im Zeitpunkt des Vermögenstransfers ein steuerbarer Vermögenszuwachs ergibt, ist das tatbestandliche Vorliegen einer Vermögensmasse ausgeschlossen (negatives Tatbestandsmerkmal).

## 2. Steuerpflichtiger Erwerb und Ermittlung der Steuerbemessungsgrundlage

Eines der rechtlich charakteristischen Merkmale des Trust besteht in der Verpflichtung des Trustee zur bestimmungsgemäßen Verwendung des Trustvermögens sowie der daraus erzielten Erträge zugunsten der Beneficiaries. Unabhängig davon, ob die Beneficiaries gegenwärtige bzw. künftige Rechtsansprüche auf bestimmte Zuwendungen aus dem Trust haben, oder ob diese Zuwendungen in das Ermessen des Trustee gestellt sind, verbleiben dem Trustee respektive dem Trust letztlich keinerlei materielle Vermögensvorteile. Selbst formal ist der Vermögensanfall aber nicht von Dauer, da sich ein Trust grundsätzlich nicht auf unbegrenzte Zeit errichtet werden kann.[166] Wenn nun der Gesetzgeber ungeachtet dieser Umstände eine Bereicherung des Rechtssubjekts „Vermögensmasse" fingiert, so fragt sich, ob und auf welche Weise die auf dem Vermögen ruhenden Lasten bzw. Verbindlichkeiten als bereicherungsmindernde Posten Berücksichtigung finden sollen. Entsprechend der Konzeption des ErbStG ist bei der Steuerpflicht sowohl für den Erwerb von Todes wegen als auch für die Schenkung unter Lebenden strikt zwischen dem steuerpflichtigen Vorgang, wie ihn der erste Abschnitt des Gesetzes in § 1 Abs. 1 Nr. 1 bis 4 und §§ 3 bis 8 ErbStG umschreibt, und

[166] Vgl. oben § 2 C. IV.

der Bereicherung, die § 10 zur Bemessungsgrundlage der Steuer erklärt, zu unterscheiden.[167]

### a) Die Problematik am Beispiel gegenwärtiger und aufschiebend bedingter bzw. befristeter Nutzungen und Leistungen

Wie festgestellt, muss von einer Subsidiarität der neuen §§ 3 Abs. 2 Nr. 1, 7 Abs. 1 Nr. 8 ErbStG ausgegangen werden, soweit hinsichtlich der auf den Trust übertragenen Vermögenssubstanz bereits nach den übrigen Regelungen eine unmittelbare Steuerpflicht der hinter den Trustbeziehungen stehenden Personen begründet wird. Weitaus häufiger werden durch einen Trust jedoch Berechtigungen begründet, die nach den dargestellten Grundsätzen zur Besteuerung von Nutzungs- und Rentenverpflichtungen bereits im Zeitpunkt der Trust-Errichung mit dem Kapitalwert der voraussichtlichen Erträge bzw. Ausschüttungen steuerpflichtig sind. Dem "Anti-Vermeidungs-Charakter" der Neuregelungen entspräche es jedenfalls, wenn auch diese gegenwärtigen Berechtigungen als unmittelbare Erwerbe des jeweiligen Begünstigten vom Settlor behandelt werden könnten. Wenn die zusammenhängenden Nutzungen aber nur vom Beneficiary zu versteuern sein sollen, muss ihr Kapitalwert den steuerbaren Vermögenszugang bei der Vermögensmasse allerdings entweder auf Tatbestandsebene oder im Rahmen der Ermittlung der Bemessungsgrundlage nach §§ 10 bis 12 ErbStG mindern. Die Frage, ob und inwieweit solche Leistungsverpflichtungen einer Vermögensmasse nach der Konzeption der neuen Trust-Besteuerung tatsächlich als berücksichtigungsfähig angesehen werden können, stellt m. E. eines der größten Probleme im Rahmen der Auslegung der §§ 3 Abs. 2 Nr. 1 Satz 2, 7 Abs. 1 Nr. 8 Satz 2 ErbStG dar.[168]

Im Bereich des Erbschaftserwerbs tritt eine tatbestandliche Bereicherung grundsätzlich auch im Hinblick auf die Nachlassgegenstände ein, die der Erblasser einem anderen durch Vermächtnis, Auflage oder Schenkung auf den Todesfall zugewandt hat.[169] Derartige Nachlassverbindlichkeiten werden deshalb erst auf der Ebene der Wertermittlung berücksichtigt.[170] Mit Ausnahme der freigebigen Zuwendung unter Lebenden gem. § 7 Abs. 1 Nr. 1 ErbStG, für welche nach der neueren Rechtsprechungslinie sowie der Auffassung der Finanzverwaltung die Grundsätze der gemischten Schenkung entsprechend Anwendung finden sollen[171], stellt die

---

[167] Etwa *Gebel* in Troll/Gebel/Jülicher, § 10 ErbStG Rn. 1 ff.; *Meincke*, § 7 ErbStG Rn. 4 ff.; *Crezelius*, Erbschaft- und Schenkungsteuer, S. 27 ff.

[168] Die von *Schindhelm/Stein*, FR 1999, 880, 887, gewählte Bezeichnung als „Annexproblem" wird der tatsächlichen Bedeutung dieser Frage m. E. nicht gerecht.

[169] Vgl. nur *Meincke*, § 3 ErbStG Rn. 18 m. w. N.

[170] Vgl. § 10 Abs. 1 Satz 2, Abs. 5 Nr. 2 ErbStG.

[171] Vgl. etwa BFH v. 12.4.1989, BStBl II 1989, 524; zur Differenzierung zwischen Nutzungs- und Leistungsauflagen auch R 17 ErbStR sowie *Meincke*, § 7 ErbStG Rn. 33 ff. Hiernach wäre eine Zuwendung etwa im Falle einer auch aus der Substanz des Zuwendungsgegenstandes zu erbrin-

Schenkung unter Auflage auf Tatbestandsebene aber ebenso einen einheitlichen unentgeltlichen Vorgang dar.[172] Nach zutreffender Auffassung muss der steuerliche Bereicherungsbegriff deshalb auch für den Fall der Schenkung im wesentlichen nach den Grundsätzen ermittelt werden, die § 10 Abs. 1 Satz 2 ErbStG für den Erwerb von Todes wegen nennt.[173] In Bezug auf die hier interessierenden neuen Erwerbstatbestände spricht deshalb einiges dafür, dass die bei Trust-Errichtung durch den Settlor vorgegebenen Leistungsverpflichtungen nicht auf Tatbestandsebene, sondern allenfalls bei der Bestimmung der Bemessungsgrundlage zu berücksichtigen sind. Ob die neuen Vorschriften zur Trust-Besteuerung eine dahingehende Auslegung zulassen, kann sicher nur unter Berücksichtigung der Besteuerung der „Zwischenberechtigten" geklärt werden. Zwar wurde die steuerliche Behandlung der Vermögensmassen nach Aufgabe der Stiftungsfiktion weitestgehend vom Recht der Stiftungen losgelöst.[174] Zur Darstellung der Zusammenhänge von steuerpflichtigem Erwerb und Ermittlung der Bemessungsgrundlage erscheint jedoch ungeachtet dessen ein kurzer Exkurs in des Erbschaft- und Schenkungsteuerrecht der rechtsfähigen Stiftungen zweckmäßig.

#### b) Abzugsfähigkeit und Besteuerung von Stiftungslasten

##### (1) Vermögensverwendungen zu satzungsgemäßen Zwecken

Regelmäßig ist eine Stiftung hinsichtlich der Verwendung ihrer Erträge sowie des Kapitals streng an die Vorgaben der vom Errichter formulierten Satzung gebunden. Vor allem Stiftungen, deren Zweck vornehmlich in der Unterstützung des Stifters und seiner leiblichen Abkömmlinge besteht[175], weisen insoweit deutliche Parallelen zum Trust auf. In der Verpflichtung zur satzungsgemäß erfolgenden Verwendung von Kapital und Erträgen ist aber unstrittig weder eine auf der Zuwendung im Rahmen des Errichtungsvorgangs liegende Last noch eine Auflage i. S. des § 525 BGB zu erblicken.[176] Die Bereicherung wird also hierdurch nicht gemindert. Zutreffend wird dies

---

genden Rentenverpflichtung in einen entgeltlichen und einen unentgeltlichen Teil zu zerlegen. Zur Abstützung dieser These beruft sich die Rechtsprechung auf den „soweit"-Satzteil im Tatbestand des § 7 Abs. 1 Nr. 1 ErbStG, wonach eine freigebige Zuwendung unter Lebenden nur dann steuerpflichtig ist, „soweit der Bedachte durch sie auf Kosten des Zuwendenden bereichert wird".

[172] Gl. A. offensichtlich *Gebel* in Troll/Gebel/Jülicher, § 10 ErbStG Rn. 264, der für den Vermögensübergang aufgrund eines Stiftungsgeschäfts unter Lebenden die nicht zu den satzungsgemäßen Zwecken gehörenden Leistungsverpflichtungen zugunsten Dritter erst bei der Ermittlung der Bemessungsgrundlage nach § 10 ErbStG berücksichtigt.

[173] *Meincke*, § 10 ErbStG Rn. 20; *Gebel* in Troll/Gebel/Jülicher, § 10 ErbStG Rn. 63 ff.

[174] Ebenso, etwas zurückhaltender *Schindhelm/Stein*, FR 1999, 880, 883.

[175] Vgl. etwa § 2 der von *Binz/Sorg*, Die Stiftung, S. 8, dargestellten Mustersatzung einer Familienstiftung.

[176] So bereits RFH v. 12.5.1931, RStBl 1931, 539; wegen weiterer Nachweise vgl. nur *Gebel* in Troll/Gebel/Jülicher, § 10 ErbStG Rn. 264; *Meincke*, § 7 ErbStG Rn. 112.

damit begründet, dass die Pflicht zur satzungsgemäßen Verwendung mit dem Wesen der Stiftung als juristische Person zusammenhängt, welche ihre Rechts- und Handlungsfähigkeit nicht uneingeschränkt, sondern nur bestimmungsgemäß zur Geltung bringt.[177] Die satzungsmäßige Verfügungsbeschränkung trifft damit aber nur die Stiftung in ihrer Eigenschaft als Rechtssubjekt und haftet nicht dem Stiftungsvermögen als solchem an.[178] Demgemäß greift für diese Leistungsverpflichtungen zunächst das Abzugsverbot für Auflagen nach § 10 Abs. 9 ErbStG.[179] Als sogenanntes „persönliches Verhältnis" kann die Verpflichtung des weiteren aber wegen § 9 Abs. 2 und 3 BewG auch bei der Ermittlung des Werts des Stiftungsvermögens nicht berücksichtigt werden.[180]

Die ordentlichen Ausschüttungen an die Stiftungsdestinatäre sind auf der anderen Seite nach § 7 Abs. 1 Nr. 1 ErbStG zu beurteilen. Da diese Ausschüttungen zur Erfüllung des Stiftungszwecks und nicht um der Bereicherung der Bedachten willen geleistet werden, fallen sie den Destinatären nach bisher allgemeiner Auffassung zwar unentgeltlich, aber dennoch schenkungsteuerfrei zu.[181] Die Steuerfreiheit erklärt sich mithin nicht in erster Linie durch das für die Stiftung geltende Abzugsverbot.[182] Sie ergibt sich vielmehr als Konsequenz aus dem von § 7 Abs. 1 Nr. 1 ErbStG geforderten, über das Unentgeltlichkeitsmerkmal hinausgehenden Willen zur schenkweisen Zuwendung, dessen Fehlen die Besteuerung ausschließen muss. Dass eine Besteuerung der satzungsgemäßen Stiftungsleistungen zumindest im Grundsatz bereits im Rahmen des Vermögensübergangs auf die Stiftung erfolgt, mag die Steuerfreiheit eines anschließenden Erwerbs der Destinatäre zwar zweckmäßig erscheinen lassen; der eigentliche Grund für diesen Ausschluss eines steuerpflichtigen Erwerbs besteht aber nur in dem schlichten Fehlen eines einschlägigen Erwerbstatbestandes.[183] Ein zwingender Zusammenhang zwischen Abzugsverbot auf Ebene der Stiftung und Steuerfreiheit bei den Destinatären lässt sich daneben m. E. auch systematisch nicht begründen. Denn zweifellos besteht eine satzungsmäßige Bindung der Vermögensverwendung auch für den Fall der Aufhebung bzw. des Erlöschens einer Stiftung. Ungeachtet dessen wird der Vermögensanfall bei den Destinatären insoweit aber gem. § 7 Abs. 1 Nr. 9 Satz 1 ErbStG als steuerpflichtiger Erwerb behandelt.[184]

---

177 RFH v. 12.5.1931, RStBl 1931, 539.

178 Diese Wertung wird im übrigen auch durch § 10 Abs. 7 ErbStG nahegelegt.

179 *Meincke*, § 10 ErbStG Rn. 60. Dem entspricht ferner auch das Abzugsverbot für Ausgaben zu satzungsmäßigen Zwecken gem. § 10 Abs. 1 Nr. 1 KStG.

180 Etwa *Gebel* in Troll/Gebel/Jülicher, § 10 ErbStG Rn. 264.

181 Z. B. *Gebel* in Troll/Gebel/Jülicher, § 7 ErbStG Rn. 334; *Hennerkes/Schiffer*, Familienunternehmen, S. 779, 793; *Meincke*, § 7 ErbStG Rn. 90 m. w. N.

182 So aber offensichtlich *Gebel* in Troll/Gebel/Jülicher, § 7 ErbStG Rn. 334; vgl. auch *Jülicher*, IStR 1999, 106, 108 sowie *ders.*, IStR 1999, 202, 203.

183 Gl. A. offensichtlich *Meincke*, § 7 ErbStG Rn. 90.

184 Zu den verschiedenen Gründen des Erlöschens vgl. nur *Meincke*, § 7 ErbStG Rn. 113.

### (2) Vermögensverwendungen, die nicht zu den satzungsgemäßen Zwecken gehören

Auf der anderen Seite ist es prinzipiell möglich, dass Nachlassverbindlichkeiten, Vermächtnisse, Auflagen, und sonstige Verpflichtungen zur Übertragung von Gegenständen, die aus dem Stiftungsvermögen entnommen werden sollen, sowie Verpflichtungen zu laufenden Leistungen, die aus dem Ertrag des Stiftungsvermögens zu erbringen sind, nicht zu den satzungsgemäßen Zwecken der Stiftung gehören.[185] Diese unmittelbar mit dem Stiftungsgeschäft in Verbindung stehenden Leistungen[186] beruhen auf einer besonderen Auflage des Errichters, die, abweichend von den vorerwähnten Fällen, unmittelbar das Stiftungsvermögen belastet. Nach allgemeiner und zutreffender Auffassung kommt deshalb das Abzugsverbot aus § 9 Abs. 2 und 3 BewG bzw. § 10 Abs. 9 ErbStG nicht zum Zuge.[187] Ebenfalls unstrittig sind diese Leistungen auf der anderen Seite aber beim Begünstigten (bereits) durch die allgemeinen Vorschriften der §§ 3 Abs. 1 Nr. 2 oder 7 Abs. 1 Nr. 2 ErbStG als steuerpflichtiger Erwerb vom Stifter zu erfassen.[188]

Aus diesen Zusammenhängen ergeben sich weitere Konsequenzen vor allem für den Fall aufschiebend bedingter Renten oder wiederkehrenden Nutzungen. Handelt es sich danach etwa um ein abzugsfähiges Nutzungsrecht hinsichtlich eines bestimmten Ertragsanteils, welches zunächst einem ersten Berechtigten auf Lebenszeit und nach dessen Tode einem zweiten Berechtigten zusteht, so kommt es bei der Ermittlung des Kapitalwerts nur auf die Lebenszeit des zuerst Berechtigten an. Nach § 9 Abs. 1 Nr. 1 a bzw. Nr. 2 ErbStG wird der Erwerb des nachrangig Begünstigten erst mit dem Eintritt der Bedingung, dem Tode des Erstberechtigten, steuerpflichtig. Aufgrund der Konzeption des § 9 ErbStG handelt es sich auch bei diesem Erwerb um einen Erwerb vom Stifter. Von besonderer Bedeutung sind die Auswirkungen des Bedingungseintritts ferner auf Ebene der auflagenbelasteten Stiftung: Bei dieser nämlich kommt es nach § 12 Abs. 1 ErbStG i. V. m. § 6 Abs. 2 und § 5 Abs. 2 BewG auf Antrag zu einer Berichtigung der ursprünglichen Steuerveranlagung.[189]

---

185 Etwa *Gebel* in Troll/Gebel/Jülicher, § 10 ErbStG Rn. 264.

186 Abzugrenzen hiervon sind außerordentliche Kapitalzuwendungen bzw. „satzungswidrige" Leistungen, die – soweit ersichtlich unstrittig – als freigebige Zuwendung der Stiftung steuerpflichtig sind; etwa *Meincke*, § 7 ErbStG Rn. 112.

187 *Gebel* in Troll/Gebel/Jülicher, § 10 ErbStG Rn. 264; *Meincke*, § 10 ErbStG Rn. 60. Ein Abzugsverbot kann sich allerdings für ein Renten- oder Nutzungsrecht, welches der Stifter sich oder seinem Ehegatten vorbehalten hat, aus § 25 Abs. 1 ErbStG ergeben; die auf die Last entfallende Steuer ist in diesem Fall auf Antrag zinslos zu stunden.

188 Ebenda.

189 Zu näheren Einzelheiten vgl. *Troll* in Troll/Gebel/Jülicher, § 12 ErbStG Rn. 78.

### c) Die Konzeption der neuen Trust-Besteuerung unter Einbezug der „Zwischenberechtigten"

Aus dem Vorgesagten ergeben sich zwei allgemeingültige Grundsätze: Zum einen muss ein bestehendes Abzugsverbot für Lasten und Auflagen nicht zwingend zur Steuerfreiheit der in Erfüllung dieser Verpflichtungen begründeten Erwerbe führen. Im Rahmen der verfassungsmäßigen Ordnung ist der Gesetzgeber bei der Auswahl der von ihm für steuerwürdig befundenen Sachverhalte grundsätzlich frei.[190] Zum anderen korreliert die Berücksichtigungsfähigkeit einer Leistungs- oder Verwendungsauflage beim Erwerber aber stets mit einem steuerbaren Erwerb des auflagebegünstigten Dritten unmittelbar vom Zuwendenden. Die Steuer entsteht dann nach § 9 ErbStG mit dem Zeitpunkt der Vollziehung der Auflage. Vor diesem Hintergrund ist nun zu klären, ob und inwieweit die Verpflichtung des Trustee zur bestimmungsgemäßen, drittnützigen Vermögens- und Ertragsverwendung im Rahmen der Ermittlung der steuerlichen Bereicherung der Vermögensmasse steuermindernd zum Abzug gebracht werden soll.

Nach Aufgabe der noch im Regierungsentwurf vorgesehenen steuerlichen Gleichstellung der Vermögensmasse mit den Stiftungen[191] kann ein Abzugsverbot jedenfalls nicht mehr ohne weiteres auf die hergebrachte steuerliche Behandlung von Stiftungslasten gestützt werden.[192] Ungeachtet dessen müssen jedoch die allgemeinen Grundsätze des § 9 Abs. 2 und 3 BewG sowie § 10 Abs. 9 bzw. 7 ErbStG Anwendung finden. Wie ausgeführt folgt hieraus, dass Auflagen, die sich nicht auf das erworbene Vermögen beziehen, sondern „im eigenen Interesse" des Erwerbers liegen, vom Abzug ausgeschlossen sind.[193] Als Erwerber fingieren die neuen Erwerbstatbestände der §§ 3 Abs. 2 Nr. 1 Satz 2, 7 Abs. 1 Nr. 8 Satz 2 ErbStG die Vermögensmasse bzw. den Trust. Ebenso wie die Stiftung konstituiert sich der Trust als solcher aber erst durch die Verpflichtung zur bestimmungsgemäßen und zweckgerichteten Vermögensverwendung. Hierbei lässt die den Trustee rechtlich verpflichtende Wirkung des Trust-Settlement einen Vergleich mit der Satzung oder Verfassung einer Stiftung ohne größere Bedenken zu.[194] Als satzungsgemäße Leistungen müssen unabhängig davon, ob diese in das Ermessen des Trustee gestellt sind oder aufgrund eines Rechtsanspruchs der Beneficiaries erfolgen, sämtliche von den Trust-Bestimmungen gedeckten Zuwen-

[190] Zur verfassungsrechtlichen Vereinbarkeit der Besteuerung der Zwischenberechtigten vgl. auch § 5 E. II.

[191] Vgl. oben § 5 B.

[192] Für das Konzept des Art. 12 StEntlGE sind die folgenden Autoren von einem entsprechenden Abzugsverbot bzw. einer Steuerfreiheit der Ausschüttungen des Trust ausgegangen: *Füger/v. Oertzen*, IStR 1999, 11, 14 f.; *Jülicher*, IStR 1999, 106, 108. Unklar noch: *Siemers*, ZEV 1998, 459, 460.

[193] Dazu oben § 5 D. I. 2. b) .

[194] Gl. A. offensichtlich *Füger/v. Oertzen*, IStR 1999, 11, 14; *Jülicher*, IStR 1999, 106, 108.

dungen angesehen werden.[195] Die insoweit bestehende Parallele zur Behandlung von satzungsgemäßen Stiftungslasten ergibt sich m. E. zwingend aus der angenommenen eigenen Steuerrechtssubjektfähigkeit der Vermögensmasse. Diesem Standpunkt zufolge können pflichtgemäß erfolgende Zuwendungen des Trustee an die Begünstigten die bei Errichtung anzunehmende fiktive Bereicherung der Vermögensmasse von vornherein nicht mindern.

Wäre es bei der ursprünglich geplanten Stiftungsfiktion des Regierungsentwurfs geblieben, hätte dieses Auslegungsergebnis zu einem steuerlichen Gleichlauf mit der Behandlung von Stiftungslasten geführt. Nunmehr soll aber gem. § 7 Abs. 1 Nr. 9 Satz 2 ErbStG als Erwerb von der Vermögensmasse auch der Erwerb durch „Zwischenberechtigte" während des Bestehens der Vermögensmasse steuerpflichtig sein. Fraglich ist deshalb, ob und auf welche Weise diese in der Literatur bereits stark kritisierte[196] Besteuerung mit dem Abzugsverbot bei der Vermögensmasse zu vereinbaren ist. Einer Auslegung des Begriffs des Zwischenberechtigten bedarf es dazu an dieser Stelle noch nicht.[197] Nach der hier vertretenen Auffassung verbietet sich ein steuermindernder Abzug der bestimmungsgemäß vom Trust zu erbringenden Leistungen vielmehr auch im Hinblick auf System und Kontext dieses zusätzlichen Erwerbstatbestandes. Bei angenommener Berücksichtigungsfähigkeit der „satzungsgemäßen" Verpflichtungen nämlich hätte es der gesonderten Anordnung einer Besteuerung der Zwischenberechtigten überhaupt nicht bedurft. Entsprechend der oben dargestellten Behandlung abzugsfähiger Auflagenlasten[198] wären die hierauf geleisteten Ausschüttungen aus dem Trust bei den jeweiligen Begünstigten unstrittig bereits nach §§ 3 Abs. 1 Nr. 2 bzw. 7 Abs. 1 Nr. 2 ErbStG als steuerpflichtige Erwerbe vom Settlor zu behandeln gewesen. Die gesetzliche Erfassung dieser Erwerbe durch § 7 Abs. 1 Nr. 9 Satz 2 ErbStG ergibt deshalb überhaupt nur dann einen Sinn, wenn die aus dem Trust-Settlement folgenden Leistungsverpflichtungen zugunsten der Beneficiaries sowohl auf Tatbestandsebene als auch im Rahmen der Ermittlung der Bemessungsgrundlage unberücksichtig bleiben.[199]

---

[195] Nach der hier vertretenen Auffassung können also auch die im Rahmen eines Discretionary Trust erfolgenden Ausschüttungen nicht als außergewöhnliche Zuwendungen angesehen werden. Denn der Rechtsgrund für diese Leistungen ist ebenfalls bereits im Trust-Settlement gelegt. Letztlich konkretisiert der Trustee mit seiner Ermessensentscheidung daher lediglich die Zuwendungsabsicht des Settlor; strittig: Gl. A. *Otto*, RIW 1982, 491, 501; *Halaczinsky*, NWB Fach 10, 905, 906; etwas zurückhaltender auch *Jülicher*, IStR 1999, 106, 108; ablehnend *Füger/v. Oertzen*, IStR 1999, 11, 15.

[196] *Jülicher*, IStR 1999, Heft 6 III; *ders.*, IStR 1999, 202 ff.

[197] Dazu unten § 5 D. III. 1.

[198] Vgl. oben § 5 D. I. 2. b) .

[199] Eine von der Frage der Abzugsfähigkeit losgelöste Rechtfertigung dieser Vorschrift ergibt sich im übrigen auch nicht aus der damit einhergehenden Fiktion eines jetzt regelmäßig als Schenkung unter Lebenden steuerpflichtigen Erwerbs von der Vermögensmasse. Denn für die Bestimmung der maßgeblichen Steuerklasse wird durch § 15 Abs. 2 Satz 2 ErbStG erneut ein auf den Settlor zurückführendes Verwandschaftsverhältnis fingiert.

### d) Sonderfall gegenwärtige Nutzungen- und Leistungen?

Dass ein Abzugsverbot auf der Ebene der Vermögensmasse in Verbindung mit der Besteuerung von "Zwischenberechtigungen" über das vom Gesetzgeber zunächst verfolgte Ziel der Schließung von "Besteuerungslücken" weit hinausschießt, ist evident. Besonders problematisch erscheint dieses Ergebnis aber vor allem, wenn unmittelbar mit der Trust-Errichtung zugunsten bestimmter Beneficiaries gegenwärtige Ansprüche auf begrenzt oder unbegrenzt fortdauernde Leistungen aus den Erträgen des Trustvermögens begründet werden. Das bisherige Schrifttum, soweit es denn dieses Problem überhaupt angerissen hat, scheint deshalb zur Annahme einer uneingeschränkten Subsidiarität der §§ 3 Abs. 2 Nr. 1, 7 Abs. 1 Nr. 8 ErbStG gegenüber den anderen Erwerbstatbeständen zu tendieren.[200]

Da Nutzungsrechte jedenfalls keinen Einfluss auf die Bindung der Vermögenssubstanz nehmen, kann insoweit – anders als im Falle gegenwärtig begründeter Substanzansprüche – nicht bereits das tatbestandliche Vorliegen einer Vermögensmasse in Abrede gestellt werden. Eine Subsidiarität ließe sich mithin nur durch die Begründung eines bereicherungsmindernden Abzugspostens in Höhe des Kapitalwerts der gegenwärtigen Nutzungen erreichen. M. E. kann für eine solche, den vorstehenden Überlegungen widersprechende Auslegung jedoch allenfalls spekuliert werden, dass der Gesetzgeber mit der Trust-Besteuerung tatsächlich nicht mehr erreichen wollte, als die Ausschaltung einer früher möglichen Steuerverzögerung bzw. –vermeidung. Unter Berücksichtigung des Gesamtkonzepts der zuletzt Gesetz gewordenen Bestimmungen, insbesondere der im Verhältnis zur Vermögensmasse gewollten Besteuerung des Erwerbs durch Zwischenberechtigte, finden sich für eine solche Hypothese aber keinerlei Anhaltspunkte.

### e) Folgerung

Nach der Konzeption der neuen Erwerbstatbestände können die aus den Erträgen oder dem Vermögen des Trust bestimmungsgemäß zu erbringenden Leistungen den nach §§ 3 Abs. 2 Nr. 1 Satz 2 bzw. 7 Abs. 1 Nr. 8 Satz 2 i. V. m. § 10 bis 12 ErbStG zu ermittelnden steuerpflichtigen Erwerb der Vermögensmasse nicht mindern. Dies gilt unabhängig davon, ob es sich hierbei um gegenwärtige (d. h. im Zusammenhang mit der Trust-Errichtung begründete) oder künftige Ertrags- oder Substanzberechtigungen handelt. Zwar widerspricht dieses Ergebnis der ursprünglich auf den „Anti-Vermeidungs-Charakter" der Neuregelungen gegründeten Annahme, wonach der Sinn und Zweck der Trust-Besteuerung lediglich in der Verhinderung von Steuervermeidungen bzw. –verzögerungen zu bestehen schien.[201] Mit Rücksicht auf die zugleich

---

[200] Pauschal für eine lediglich ergänzende Besteuerung der Vermögensmasse *Klein*, IStR 1999, 377; gl. A. für den Fall des Fixed Interest oder Strict Trust offensichtlich auch *Söffing/Kirsten*, DB 1999, 1626, 1630.

[201] Vgl. oben § 5 B.

angeordnete Besteuerung der Zwischenberechtigten mag diese Konsequenz auch als sachlich nicht gerechtfertigt angesehen werden; Wortlaut und Systematik erlauben indes nach der hier vertretenen Auffassung keine andere (steuergünstigere) Auslegung.[202]

### 3. Umfang der persönlichen Steuerpflicht

Abweichend vom Regierungsentwurf kommt es für den Tatbestand der §§ 3 Abs. 2 Nr. 1 Satz 2, 7 Abs. 1 Nr. 8 Satz 2 ErbStG auf die Frage, ob eine Vermögensmasse ihren Sitz oder ihre Geschäftsleitung im Ausland hat, nicht mehr an. Als fiktiver Empfänger des Vermögens kann eine Vermögensmasse gleichwohl nur unter den Voraussetzungen des § 2 Abs. 1 ErbStG persönlich steuerpflichtig sein. Sitz und Ort der Geschäftsleitung eines Trust sind damit gem. § 2 Abs. 1 Nr. 1 Satz 2 d ErbStG grundsätzlich weiterhin maßgeblich für die Unterscheidung zwischen beschränkter und unbeschränkter Steuerpflicht. Auf die mit der Anwendung dieser Begriffe für das Rechtsinstitut des Trust verbundenen Schwierigkeiten wurde bereits an anderer Stelle hingewiesen. Praktisch wird ein zur unbeschränkten Steuerpflicht des Trust führender Vermögensbezug zum Inland zumeist allerdings bereits wegen der sich aus dem deutschen IPR ergebenden Einschränkungen ausgeschlossen werden können. Die unbeschränkte Erbschaft- oder Schenkungsteuerpflicht bei Errichtung eines Trust lässt sich damit typischerweise nur von den an der Trust-Gründung beteiligten Personen ableiten.[203] Auch unter Geltung der Neuregelung wird die Errichtung eines Trust durch ausländische Settlor vor diesem Hintergrund keine sofortige Steuerpflicht auslösen. Denn insoweit kommt, da Erwerber des Vermögens aufgrund der Fiktion der §§ 3 Abs. 2 Nr. 1, 7 Abs. 1 Nr. 8 ErbStG der Trust selbst ist, nur eine beschränkte Steuerpflicht des Settlor in Betracht.[204] Steuerpflichtig kann dann von vornherein nur auf die Vermögensmasse übergehendes Inlandsvermögen sein. Das sind die in § 121 BewG aufgeführten Gegenstände, es sei denn, dass sie nach einem DBA von der Besteuerung freigestellt sind. Angesichts der aus dem deutschen Sachstatut folgenden internationalprivatrechtlichen Beschränkungen hinsichtlich einer dinglich wirksamen Übertragung von Inlandsvermögen[205] dürfte indes auch einer solchen Inlandsanknüpfung kaum praktische Bedeutung zukommen.

### 4. Steuerklasse und Freibetrag

Die Fiktion einer eigenen Steuerrechtssubjektivität des Trust zeigt sowohl für dessen Errichtung als auch für spätere Vermögenszuführungen erhebliche Auswirkungen auf

---

[202] Zur verfassungsrechtlichen Würdigung unter den Gesichtspunkten der Gleichmäßigkeit der Besteuerung sowie der Übermaßbesteuerung vgl. unten § 5 E.

[203] So auch *Klein*, IStR 1999, 377, 379.

[204] *Meincke*, § 3 ErbStG Rn. 95.

[205] Vgl. oben § 3 B. II. 2.

die jeweils zugrunde zu legende Steuerklasse. Da ein Trust regelmäßig nur im Ausland errichtet werden kann, greift nach der zutreffenden herrschenden Meinung selbst bei Vorliegen der strengen Voraussetzungen für die Annahme einer wesentlich den Interessen der Familie des Errichters dienenden Gestaltung[206] das Steuerklassenprivileg für Familienstiftungen gem. § 15 Abs. 2 S. 1 ErbStG nicht ein.[207] Seit dem 5.3.1999 gilt deshalb für die Einlage von Vermögen in einen Trust, der die Voraussetzungen der §§ 3 Abs. 2 Nr. 1 Satz 2 oder 7 Abs. 1 Nr. 8 Satz 2 ErbStG erfüllt, die für Nichtverwandte anwendbare Steuerklasse III.[208] Dementsprechend gering (DM 10.000) fällt der nach § 16 Abs. 1 Nr. 5 ErbStG zu gewährende Freibetrag aus. Sollte es ausnahmsweise möglich sein, nach § 13 a Abs. 4 ErbStG begünstigungsfähiges Vermögen (Freibetrag und verminderter Wertansatz) auf einen Trust zu übertragen, müsste m. E. die von der Finanzverwaltung in R 69 Satz 3 ErbStR für den Übergang von Vermögen aufgrund eines Stiftungsgeschäfts unter Lebenden vertretene Auffassung entsprechende Anwendung finden.[209] Die Geltendmachung des Entlastungsbetrag nach § 19 Abs. 3 und 4 ErbStG scheidet gleichwohl aus, da es sich bei der Vermögensmasse nicht um eine natürliche Person handelt.[210]

---

[206] Zu den Voraussetzungen für das Vorliegen eines wesentlichen Familieninteresses vgl. die – stark umstrittene – Auffassung der Finanzverwaltung in R 2 Abs. 2 ErbStR. Eine Familienstiftung entsprechend der Definition in § 15 Abs. 2 AStG wird hiernach angenommen, wenn nach ihrer Satzung der Stifter, seine Angehörigen und deren Abkömmlinge zu mehr als der Hälfte bezugs- oder anfallsberechtigt (Destinatäre) sind. Die Voraussetzungen des § 1 Abs. 1 Nr. 4 ErbStG sollen aber auch dann erfüllt sein, wenn die Destinatäre zwar nur zu mehr als einem Viertel bezugs- oder anfallsberechtigt sind, zusätzliche Merkmale wie z. B. die Möglichkeit zur wesentlichen Einflussnahme auf die Geschäftsleitung der Stiftung aber ein „wesentliches Familieninteresse" belegen. Für die Frage der Anfallberechtigung kommt es nach dem Wortlaut der Richtlinien allerdings allein auf die Ausschüttungen an. Hierbei ist maßgebend, ob die Destinatäre hinsichtlich der ausgeschütteten Beträge nach der Satzung bezugsberechtigt sind und ob tatsächlich Vollausschüttungen stattfinden bzw. ob thesauriert wird. Damit folgt die Finanzverwaltung dem Grunde nach dem BFH, der mit Urteil v. 10.12.1997, BStBl II 1998, 114 entschieden hat, dass eine Familienstiftung dann vorliegt, soweit es den Familien möglich ist, die Nutzung aus dem Vermögen der Stiftung zu ziehen, die tatsächliche Gebrauchmachung aber nicht entscheidend sei. Zum Meinungsstand vgl. etwa *Troll* in Troll/Gebel/Jülicher, § 15 ErbStG Rn. 31; *Meincke*, § 1 ErbStG Rn. 18; *Brandmüller*, Stiftungen, S. 116; *Binz/Sorg*, DB 1988, 1822 sowie *Hennerkes/Binz/Sorg*, DB 1986, 2217 jeweils m. w. N.

[207] Ebenso *Halaczinsky*, NWB Fach 10, 905, 907, sowie *Füger/v. Oertzen*, ErbStG, IStR 1999, 11, 14 m. w. N. zur h. M. , wonach es nur auf den inländischen Sitz der Stiftung bzw. des Trust und nicht auf die Ansässigkeit der Familie ankommt; a. A. *Eisele*, INF 1999, 324, 328; *Siemers*, ZEV 1998, 459, 460; wohl auch *Troll* in Troll/Gebel/Jülicher, § 15 ErbStG Rn. 35.

[208] Vgl. § 15 Abs. 1 ErbStG.

[209] Gl. A. *Jülicher* in Troll/Gebel/Jülicher, § 13 a ErbStG Rn. 32, 72.

[210] Vgl. § 19 a Abs. 1 ErbStG.

## 5. Steuerschuldner

Die rechtliche Verselbstständigung des Trust als Vermögensmasse wirkt sich auch auf die Frage aus, wen die Verpflichtung zur Entrichtung der Steuer trifft. Entsprechend der Konzeption der deutschen Erbschaftsteuer, die nicht den Nachlass als solchen erfasst bzw. die Fortgabe des Vermögens durch Erbfall oder Schenkung belasten soll, sondern die Bemessungsgrundlage nach dem steuerpflichtigen Erwerb bestimmt, wurde die Vermögensmasse in § 20 Abs. 1 Satz 2 ErbStG zugleich als Steuerschuldner definiert. Daneben wird für die Fälle des § 7 Abs. 1 Nr. 8 Satz 2 ErbStG allerdings auch derjenige, der die Vermögensmasse zu Lebzeiten gebildet oder ausgestattet hat, in die Verantwortung für die Steuerentrichtung einbezogen. § 20 Abs. 1 Satz 2 ErbStG nimmt damit den bereits in Satz 1 enthaltenen, mit dem System einer Erbanfallsteuer an sich unvereinbaren Gedanken[211] auf, dass neben dem Erwerber auch der Schenker als Steuerschuldner in Betracht kommt. Zwar haftet der Schenker neben dem Erwerber grundsätzlich als Gesamtschuldner[212], doch muss sich das Finanzamt zunächst an den Beschenkten halten, den die Steuerpflicht in erster Linie trifft.[213] Ob diese Nachrangigkeit der Inanspruchnahme des Erwerbers auch im Falle der Errichtung eines Trust eingehalten werden kann, muss angesichts der Problematik der Durchsetzbarkeit deutscher Steueransprüche im Ausland ernsthaft bezweifelt werden. Tatsächlich dürften Vollzugsschwierigkeiten insoweit bereits mit der Zustellung eines Steuerbescheids an die Vermögensmasse beginnen.[214] Jedenfalls im Falle eines – denkbar nur durch einen Steuerinländer mit ausländischer Staatsangehörigkeit zu errichtenden – Testamentary Trust dürfte eine Ermittlung des „Geschäftsführers" der Vermögensmasse i. S. des § 34 Abs. 1 AO mangels inländischer Mitwirkungspflichten schwer fallen. Zudem besteht kaum eine Möglichkeit, den ausländischen Trustee durch persönliche Steuerhaftung zur Entrichtung der Steuerschuld aus Nachlassmitteln zu zwingen, da innerhalb des Common Law-Rechtskreises allgemein anerkannt wird, dass Steuerschulden gegenüber anderen Staaten weder direkt noch indirekt durchgesetzt werden können.[215]

[211] Vgl. *Tipke*, Steuerrechtsordnung, S. 746.

[212] § 44 AO.

[213] BFH v. 29.11.1961, BStBl III 1962, 323; vgl. auch *Meincke*, § 20 ErbStG Rn. 6.

[214] Auch *Schindhelm/Stein*, FR 1999, 880, 887.

[215] Ebenda; vgl. auch *Glasson*, International Trust Law, B 2.1: „As a general rule the revenue laws of one state will not be enforced by the courts of another. Für trustees the consequences of this rule are: (a) that they are usually immune in their home jurisdiction from taxes arising elsewhere; and (b) that they may expose themselves to an action for breach of trust if, despite this immunity, they use trust funds to pay, or indemnify themselves against a foreign tax."

## II. Tod des Settlors eines jederzeit widerruflichen Intervivos Trust

Wie oben festgestellt, liegen die Tatbestandsvoraussetzungen des § 7 Abs. 1 Nr. 8 Satz 2 ErbStG im Falle der Errichtung eines jederzeit widerruflichen Intervivos Trust nicht vor, da wegen des bloß treuhandähnlichen Verhältnisses (noch) keine Vermögensbindung bezweckt ist.[216] Sofern ein solcher Trust nicht mit dem Ableben des Errichters aufzulösen ist, wird er nach diesem Zeitpunkt üblicherweise als unwiderruflicher Trust zugunsten der vom Settlor benannten Zwecke bzw. Begünstigten fortgesetzt. Spätestens mit dem Wegfall des Widerrufsrechts aber muss der Trust zweifellos unter den Begriff der Vermögensmasse ausländischen Rechts, deren Zweck auf die Bindung von Vermögen gerichtet ist, subsumiert werden.[217] Mit Blick auf die Bereicherungsfiktion ist insoweit von einer Änderung der Vermögenszuordnung auszugehen.[218] Für die Frage, ob diese fingierte Bereicherung als Erwerb vom Erblasser oder als Schenkung unter Lebenden zu erfassen ist, läge es unter Berücksichtigung der zivilrechtlichen Verhältnisse zwar nahe, auf die Übertragung des Trustvermögens an den Trustee abzustellen. Da eine Steuerpflicht nach § 7 Abs. 1 Nr. 8 Satz 2 ErbStG im Zeitpunkt der widerruflichen Trust-Errichtung allerdings bereits auf Tatbestandsebene ausscheidet, kann m. E. jedoch nicht von einer gem. § 9 Abs. 1 Nr. 2 ErbStG aufschiebend bedingten Bildung der Vermögensmasse ausgegangen werden.[219] Die Steuerpflicht im Zeitpunkt des Todes des Settlor kann unter dieser Prämisse nur nach § 3 Abs. 2 Nr. 1 Satz 2 ErbStG eintreten.[220]

## III. Erwerb durch "Zwischenberechtigte"

### 1. Auslegung

In der Regierungsbegründung zu Art. 2 Nr. 2 a (§ 7 Abs. 1 Nr. 8 und 9 ErbStG) StEntlG 1999/2000/2002 heißt es zur Besteuerung der sogenannten „Zwischenberechtigten“ lapidar:

---

216 Vgl. oben § 5 D. I. 1. b) (1).

217 Gl. A. offensichtlich *Siemers*, ZEV 1998, 459, 460 sowie *Killius*, Steuerplanung, S. 343, 358.

218 Auf die umstrittene Auffassung der Finanzverwaltung zu den steuerlichen Folgen der Änderung des Stiftungscharakters einer Familienstiftung kommt es aus diesem Grund nicht an; dazu R 2 Abs. 4 ErbStR; ablehnend etwa *Meincke*, § 1 ErbStG Rn. 21 m. w. N.

219 Unter den Erwerbstatbestand des § 7 Abs. 1 Nr. 8 Satz 2 ErbStG wäre demgegenüber die durch den (endgültig) erklärten Verzicht des Settlor auf die jederzeitige Widerruflichkeit verursachte Änderung des Trust-Charakters zu subsumieren.

220 Gl. A. *Siemers*, ZEV 1998, 459, 460.

> „Für den Fall, dass Zwischennutzungsrechte am Vermögen der Vermögensmasse bestehen, wird klargestellt, dass auch insoweit ein Erwerb der Zwischenberechtigten von der Vermögensmasse vorliegt (vgl. BFH v. 7.5.1986, BStBl II 1986, 615)."[221]

Zum Begriff des Zwischenberechtigten wurden im Schrifttum bereits die unterschiedlichsten Auffassungen vertreten. So verstehen etwa Söffing/Kirsten unter dem Zwischenberechtigten einen Anfallsberechtigten, der in der Zeit zwischen Gründung und Auflösung des Trust Vermögenszuwendungen erhält.[222] Nicht erfasst vom Erwerb durch einen Zwischenberechtigten seien damit Ausschüttungen aus den Erträgen des Trust.[223] Dies folge systematisch aus der Regelung im Zusammenhang mit dem Erwerb bei Auflösung einer ausländischen Vermögensmasse, welche mit der Auskehrung von Erträgen nicht vergleichbar sei.[224] Jülicher hält den Begriff in seiner Auslegung für mehrdeutig.[225] Zwischenberechtigter sei bei Auseinanderfallen von Bezugs- und Anfallsberechtigung jedenfalls der während des Bestehens der Vermögensmasse Ertragsberechtigte. Nicht auszuschließen sei aber, dass auch der Anfallsbegünstigte für sämtliche vor dem Gesamtvermögensanfall erhaltenen Zuwendungen als Zwischenberechtigter i. S. der Neuregelung gelten müsse.[226] Unter zutreffendem Hinweis auf die andernfalls bestehenden Besteuerungslücken halten Schindhelm/Stein eine solche Differenzierung nach dem Personenkreis von vornherein für verfehlt.[227] Im übrigen lasse sich durch Auslegung jedoch keine zweifelsfreie Begriffsdefinition ermitteln. Möglich sei sowohl eine Parallele zur Teilauflösung, wodurch nur Übertragungen von Vermögenssubstanz erfasst würden. Alternativ könne man als Erwerb des Zwischenberechtigten aber auch sämtliche Vermögens- und Ertragsauskehrungen während des Bestehens der Vermögensmasse bis zum Zeitpunkt der Auflösung ansehen.[228] Eine dementsprechend weite Begriffsdefinition scheint schließlich neben Halaczinsky auch Meincke zu vertreten.[229]

Der BFH hat in der von der Regierungsbegründung angeführten Entscheidung vom 7.5.1986 als Zwischennutzungsberechtigte die Personen bezeichnet, denen gegenwärtige oder künftige Ertragsberechtigungen zustanden.[230] Zutreffend waren diese Personen aus Sicht des Senats wie Nutzungsberechtigte zu behandeln. Da der Entstehungsgeschichte des § 7 Abs. 1 Nr. 9 Satz 2 ErbStG mithin zu entnehmen ist,

---

221 Vgl. dazu auch die Regierungsbegründung zu Art. 10 StEntlG 1999/2000/2002, BT-Drs. 14/443, 44, 120.

222 *Söffing/Kirsten*, DB 1999, 1626, 1630.

223 Gl. A. *Pohl* in Praxis des Internationalen Steuerrechts, S. 41, 48 f.

224 Ebenda.

225 *Jülicher*, IStR 1999, 202, 203; *ders.* in Troll/Gebel/Jülicher, § 2 ErbStG Rn. 124.

226 Ebenda.

227 *Schindhelm/Stein*, FR 1999, 880, 886.

228 Ebenda.

229 Vgl. *Halaczinsky*, NWB Fach 10, 905, 906; *Meincke*, § 7 ErbStG Rn. 115 a.

230 Vgl. insbesondere den 1. Leitsatz in BFH v. 7.5.1986, BStBl II 1986, 615.

dass einer Besteuerung bei den „Zwischenberechtigten“ jedenfalls (zusammenhängende) Nutzungsrechte an den Erträgen des Trustvermögens unterliegen sollen, kann der in der Literatur teilweise geforderte teleologischen Reduktion dieser Norm auf die Erfassung von Substanzauskehrungen nicht gefolgt werden.[231] Dem entspricht auch der Wortsinn des Begriffs des Zwischenberechtigten, der weiter geht als der des in der Regierungsbegründung alleine genannten „Zwischennutzungsberechtigten“ und grundsätzlich jegliche Art von Zuwendungen vor Vollbeendigung der Vermögensmasse bzw. des Trust erfasst. Sachliche Gründe für eine restriktive Auslegung sind nicht ersichtlich. Aus der folgenden Überlegung ergibt sich vielmehr, dass systematisch und teleologisch nur eine die Wortsinngrenze ausschöpfende Auslegung dem Zweck der Regelung entsprechen kann: Wie gezeigt, können die Verwendungsauflagen des Settlor im Rahmen der Ermittung des steuerpflichtigen Erwerbs der Vermögensmasse grundsätzlich nicht bereichungsmindernd in Abzug gebracht werden.[232] Ausgeschlossen wird damit zugleich die der früheren Rechtslage entsprechende Annahme eines aufschiebend bedingten Erwerbs der Beneficiaries vom Settlor. Ohne eine besondere Regelung bezüglich der Erwerbe während des Bestehens eines Trust hätten diese schenkungs- oder erbschaftsteuerlich mithin nicht erfasst werden können. Im Falle der Trust-Errichtung durch einen Steuerausländer hätte das bedeutet, dass sowohl Erträge als auch Substanz des Trustvermögens bis zur Vollbeendigung der Vermögensmasse etwaigen inländischen Trust-Begünstigten steuerfrei zugeflossen wären.[233] Die gleiche Konsequenz hätte sich aber auch für die nach alter Rechtslage steuerfrei errichteter Trusts ergeben; für die Begünstigten solcher „Alt-Fälle“ hätte sich damit aus der Gesetzesänderung ein nicht zu vernachlässigender Steuervorteil ergeben.[234] M. E. steht außer Zweifel, dass mit der letztlich angeordneten Besteuerung der Zwischenberechtigungen ein solches, im Vergleich zur früheren Rechtslage zu weiteren Steuerausfällen führendes Ergebnis umfassend vermieden werden sollte. Vorbehaltlich der verfassungsrechtlichen Würdigung muss deshalb unter einem Zwischenberechtigten i. S. des § 7 Abs. 1 Nr. 9 Satz 2 ErbStG grundsätzlich jede Person verstanden werden, die bis zur Auflösung des Trust und zur Verteilung der Vermögensmasse Ertrags- oder Substanzzuwendungen erhält.[235] Dies gilt, entsprechend dem Erbanfallprinzip und abweichend von der oben für die Zwecke des § 15 Abs. 1 AStG vertretenen Auslegung, wonach für das Vorliegen einer „Bezugs- bzw. Anfallsberechtigung“ ein klagbarer

---

[231] Nicht zutreffend m. E. daher *Pohl* in Praxis des Internationalen Steuerrechts, S. 41, 48 f.; *Söffing/ Kirsten*, DB 1999, 1626, 1630.

[232] Vgl. oben § 5 D. I. 2. e) .

[233] Mangels Inlandsanknüpfung unterliegt dabei auch die Errichtung der Vermögensmasse nicht der deutschen Erbschaft- bzw. Schenkungsteuer; vgl. oben § 5 D. I. 3.

[234] Es darf spekuliert werden, dass die quasi „über Nacht“ eingeführte Neuregelung der Besteuerung laufender Ausschüttungen maßgeblich auf einen Hinweis von *Jülicher*, IStR 1999, 106, 108, zurückführt.

[235] Gl. A. *Halaczinsky*, NWB Fach 10, 905, 906 sowie *Killius*, Steuerplanung, S. 343, 358; nicht ganz deutlich *Meincke*, § 7 ErbStG Rn. 115 a.

Rechtsanspruch auf die Zuwendung von Vermögensvorteilen zu fordern ist[236], auch für die Begünstigten eines Discretionary Trust.

Fragwürdig erscheint allerdings, ob hiernach als Zwischenberechtigter auch der Settlor selbst angesehen werden muss. Aus dem Wortlaut der Regelung ergibt sich keinerlei Einschränkung.[237] Da nach der hier vertretenen Auffassung beim Erwerb der Vermögensmasse auch die vom Settlor bei Trust-Errichtung zu eigenen Gunsten begründeten bzw. vorbehaltenen Ertrags- oder Substanzansprüche nicht bereicherungsmindernd in Abzug gebracht werden können, käme es letztlich ohne Leistungsfähigkeitsmehrung zu einer doppelten Erfassung dieser Werte. Dass ein solches Ergebnis gewollt war, ist kaum vorstellbar. Möglicherweise ließe sich eine Ausnahme des Settlor vom Begriff des Zwischenberechtigten im Wege der teleologischen Reduktion auf die alte Rechtslage stützen. Der Zweck der Besteuerung von Zwischenberechtigungen nach § 7 Abs. 1 Nr. 9 Satz 2 ErbStG wäre dann auf die Erfassung jener Fälle beschränkt, die nach früherem Recht als unmittelbarer Erwerb vom Settlor der Erbschaft- bzw. Schenkungsteuer unterlegen hätten. Unter dieser Prämisse wäre der auf Grundlage eines vorbehaltenen „beneficial interest" erfolgende Erwerb des Settlor während des Bestehens eines Trust (zumindest) nicht nochmals steuerpflichtig. Wie die nachfolgenden Ausführungen zeigen, muss sich die Frage der steuerlichen Behandlung des Settlor als Zwischenberechtigter alternativ aber auch im Zusammenhang mit der Steuerklassenproblematik stellen.

## 2. Steuerklasse und Freibeträge

Da die Zwischenberechtigten abweichend von der alten Rechtslage nicht mehr vom Settlor, sondern vom Trust erwerben, müsste für den jeweiligen Vermögensanfall nach den allgemeinen Grundsätzen eigentlich Steuerklasse III Anwendung finden.[238] Gem. § 15 Abs. 2 Satz 2 ErbStG gilt jedoch in den Fällen des § 7 Abs. 1 Nr. 9 Satz 2 ErbStG als Schenker derjenige, der die Vermögensmasse gebildet oder ausgestattet hat. Diese Sonderregelung erstreckt sich auch auf den Erwerb der Zwischenberechtigten.[239] Von den Beneficiaries eines Trust ist der Vermögensanfall damit so zu versteuern, als fielen ihnen die Zuwendungen direkt vom Settlor an. Die hiernach maßgebende Steuerklasse hat im Rahmen der §§ 16, 19 ErbStG weitere Konsequenzen für die Ermittlung des Freibetrages sowie für den Steuersatz. Sofern nun entgegen der hier vertretenen Auffassung auch der Settlor als Zwischenberechtigter angesehen werden

---

236 Vgl. oben § 4 B. II. 2. b) (2) .

237 Vgl. auch *Halaczinsky*, NWB Fach 10, 905, 906, der deshalb von einer Steuerpflicht dieser Bezüge auszugehen scheint.

238 So für den Erwerb bei Auflösung einer Vermögensmasse auch die Regierungsbegründung zu Art. 10 Nr. 5 StEntlG, BT-Drs. 14/443, 44, 120.

239 Gl. A. *Halaczinsky*, NWB Fach 10, 905, 907; *Söffing/Kirsten*, DB 1999, 1626, 1630; *Schindhelm/Stein*, FR 1999, 880, 887.

sollte, ergäbe sich allerdings ein besonderes Problem. Erhält der Trust-Errichter nämlich selbst als gewöhnlicher Beneficiary Ertrags- und/oder Substanzzuwendungen aus dem Trust, sind Zuwendender (Settlor als Errichter) und Zuwendungsempfänger (Settlor als Zwischenberechtigter) dem Wortlaut des § 15 Abs. 2 Satz 2 ErbStG zufolge identisch. Mit der einleuchtenden Begründung, dass sich niemand selbst etwas schenken könne, wurde der mit einer solchen Vermögensverschiebung vergleichbare Rückanfall von Stiftungsvermögen an den Stifter von der früheren Finanzrechtsprechung stets als steuerfrei behandelt.[240] Demgegenüber hat der BFH mit Urteil vom 25.11.1992 entschieden, dass sich die Regelung des § 15 Abs. 2 Satz 2 ErbStG auf die Bestimmung der maßgebenden Steuerklasse beschränke und keine Aussage über die Person des Zuwendenden treffe.[241] Obgleich streitgegenständlich nur der Einfluss dieser Norm auf die persönliche Steuerpflicht gem. § 2 Abs. 1 Nr. 1 ErbStG war[242], hat der zweite Senat hieraus in einem obiter dictum den Schluss gezogen, dass der Vermögensrückfall an den Stifter die Tatbestandsmerkmale einer Schenkung unter Lebenden erfülle und nach Steuerklasse III zu besteuern sei.[243] Alleine in Bezug auf diese nicht entscheidungskausale Abweichung von der früheren Rechtsprechungslinie kann dem BFH aber m. E. nicht gefolgt werden. Denn wie auch vom Schrifttum zu Recht eingewandt, hat der BFH bei diesen Ausführungen den der Entstehungsgeschichte des § 15 Abs. 2 Satz 2 ErbStG klar zu entnehmenden Regelungszweck nicht berücksichtigt.[244] Demnach ging es bei der im Rahmen des Gesetzes zur Reform des Erbschaftsteuer- und Schenkungsteuerrechts 1974[245] vorgenommenen Änderung lediglich darum, die steuerfreie Aufhebung einer Stiftung auf diejenigen Fälle zu beschränken, in denen das Vermögen an den Stifter zurückfällt.[246] Historisch belegbar hat der Gesetzgeber die Steuerfreiheit insoweit zweifelsfrei gewollt.[247] Da der damit feststehende Gesetzeszweck aber das maßgebliche Auslegungskriterium ist, sind die – sachlich sehr wohl zutreffenden[248] – systematischen Erwägungen des BFH nicht geeignet, ein hiervon abweichendes Ergebnis zu begründen. Dementsprechend sind Zwischennutzungen des Settlor gem. § 15 Abs. 2 Satz 2 ErbStG zwingend als steuerfrei zu behandeln.

---

240 Vgl. BFH v. 23.4.1954, BStBl II 1954, 178.

241 Vgl. BFH v. 25.11.1992, BStBl II 1993.

242 Dazu § 5 D. IV. 3.

243 Zustimmend *Kapp/Ebeling*, § 15 ErbStG Rn. 152; *Weinmann* in Christoffel/Geckle/Pahlke, § 15 ErbStG Rn. 43.

244 Zutreffend daher *Binz/Sorg*, DStR 1994, 229, 232; *Meincke*, § 15 ErbStG Rn. 24.

245 Vgl. ErbStRG v. 17.4.1974, BGBl. I 1974, 933.

246 Ausführlich unter Bezugnahme auf die wiedergegebene Gesetzesbegründung *Binz/Sorg*, DStR 1994, 229, 232.

247 Ebenda.

248 Dazu sogleich.

### 3. Umfang der persönlichen Steuerpflicht

Ertrags- oder Vermögensauskehrungen an Zwischenberechtigte unterliegen umfassend der deutschen Schenkungsteuer, soweit es sich bei den jeweiligen Zuwendungsempfängern um Inländer i. S. des § 2 Abs. 1 Nr. 1 ErbStG handelt.[249] An einem originären steuerlichen Anknüpfungskriterium wird es demgegenüber wegen der regelmäßig nur beschränkten Steuerpflicht des Trust fehlen, wenn Zuwendungen an ausländische Beneficiaries erbracht werden. Nach der insoweit zutreffenden, vorstehend nur im Hinblick auf das obiter dictum verworfenen Entscheidung des BFH vom 25.11.1992 ändert § 15 Abs. 2 Satz 2 ErbStG hieran auch für die Fälle nichts, in denen der ausländische Trust durch einen Steuerinländer errichtet wird.[250] Denn Schenker i. S. des § 7 Abs. 1 Nr. 9 Satz 2 i. V. m. § 2 Abs. 1 Nr. 1 ErbStG bleibt trotz der von dieser Vorschrift aufgestellten Fiktion der Trust. Eine dem Gesetzeszweck ungeachtet ihrer Systemwidrigkeit entsprechende Sonderregelung enthält § 15 ErbStG nur in Bezug auf den oben erörterten Vermögensrück- bzw. Ertragsanfall beim Settlor. Anhaltspunkte dafür, dass der Gesetzgeber bei ihrer Abfassung über diese besondere Situation hinaus eine von § 7 Abs. 1 Nr. 9 ErbStG abweichende Bestimmung des Zuwendenden treffen wollte, bestehen nicht. Da der Umfang der Steuerpflicht aber in den §§ 1 bis 9 ErbStG grundsätzlich abschließend geregelt ist, kann ein mangels Inlandsanknüpfung steuerfreier Vorgang alleine durch die Fiktion des § 15 Abs. 2 Satz 2 ErbStG nicht steuerpflichtig werden. Nach alledem lässt sich eine unbeschränkte Steuerpflicht für den Erwerb durch Zwischenberechtigte nur von der Person des jeweiligen Zuwendungsempfängers herleiten. Die Steuerpflicht von Ertrags- und/oder Vermögensauskehrungen während des Bestehens eines Trust lässt sich demnach durch „rechtzeitige" Wohnsitzaufgabe im Inland vermeiden.[251]

### 4. Doppelbelastung mit Schenkung- und Ertragsteuern

Soweit die laufenden Ausschüttungen an den Beneficiary nach den vorstehenden Ausführungen schenkungsteuerpflichtige Erwerbe darstellen, kann sich eine Doppelbelastung mit inländischen Ertragsteuern ergeben, wenn der Beneficiary diese Zuwendungen zugleich als wiederkehrende Leistungen i. S. des § 22 Nr. 1 EStG oder nach § 15 AStG zu versteuern hat.[252] Diesbezüglich wurde im Schrifttum vereinzelt bemängelt, dass durch die Streichung des § 35 EStG eine Berücksichtigung dieser Doppelbelastung bei der Einkommensteuer im Wege einer Steuerermäßigung nicht

[249] Zu beachten ist auch hier die auf 5 Jahre erweiterte bzw. verlängerte unbeschränkte Schenkungssteuerpflicht gem. § 2 Abs. 1 Nr. 1b ErbStG für nichtansässige Deutsche.

[250] Während es in der Entscheidung des BFH v. 25.11.1992, BStBl II 1993, 238 um eine von einem Steuerausländer errichtete inländische Stiftung ging, ist vorliegend der umgekehrte Fall gegeben.

[251] Vgl. § 2 Abs. 1 Nr. 1b ErbStG.

[252] Zu den ertragsteuerlichen Konequenzen vgl. oben § 4 B.

mehr in Betracht komme.[253] Tatsächlich war von dieser Vorschrift eine Einkommensteuerermäßigung für doppelt belastete Erwerbe allerdings nur für das Zusammentreffen von Erbschaftsteuer und Einkommensteuer vorgesehen.[254] Die Problematik einer Doppelbesteuerung mit Schenkung- und Einkommensteuer bestand deshalb bereits unter der früheren Rechtslage.[255]

## IV. Vermögensauskehrung bei Auflösung

### 1. Auskehrungen an die Begünstigten

Zur Beendigung eines Trust mit der Folge der bestimmungsgemäßen Auskehrung des Trustvermögens kommt es in aller Regel durch Zeitablauf. Möglich ist aber auch die Anknüpfung an den Eintritt einer auflösenden Bedingung oder einen entsprechenden Beschluss des Trustee. Gem. § 7 Abs. 9 Satz 2 ErbStG steht der Erwerb bei Auflösung eines als Vermögensmasse zu qualifizierenden Trust dem anlässlich der Aufhebung einer Stiftung anfallenden Erwerb gleich. Während sich mit der vollständigen Auflösung des Trust und der Auskehrung des Trustvermögens nach der früher geltenden Rechtslage der nach § 9 Abs. 1 Nr. 1 a oder Nr. 2 ErbStG zunächst aufschiebend bedingte Erwerb vom Settlor bei den Beneficiaries realisierte, liegt tatbestandlich nunmehr ein Erwerb von der Vermögensmasse vor. Dieser gilt unabhängig vom Vorliegen einer freigebigen Zuwendung als Schenkung unter Lebenden.

### 2. Auskehrungen an den Settlor

§ 7 Abs. 1 Nr. 9 Satz 2 ErbStG differenziert nicht danach, wem das Vermögen bei Auflösung der Vermögensmasse zufällt. Anders als beispielsweise bei einer Familienstiftung, die wesensmäßig auf generationsübergreifende Dauer angelegt ist und bei der ein Vorbehalt von Widerrufs- oder Rücktrittsrechten durch den Stifter in der Regel zur Versagung der behördlichen Genehmigung führt[256], ist der Vermögensrückfall an den Errichter bei Trusts keine Seltenheit. Nach der hier vertretenen Auffassung kann ein solcher Vermögensrückanfall allerdings unter keinen Umständen steuerpflichtig sein.

Soweit sich der Settlor den Substanzrückfall im Trust-Settlement entsprechend der oben in Fallvariante 3 vorgestellten Gestaltung[257] nach Ablauf einer bestimmten Zeit

---

[253] Etwa *Jülicher*, IStR 1999, 202, 203; vgl. auch *Pohl* in Praxis des Internationalen Steuerrechts, S. 41, 49, der für ausgeschüttete Erträge allerdings von der Schenkungsteuerfreiheit ausgeht.

[254] Vgl. *Meincke*, ErbStG, Einführung Rn. 3.

[255] Gl. A. wohl *Söffing/Kirsten*, DB 1999, 1626, 1630.

[256] Nur *Binz/Sorg*, DStR 1994, 229, 232.

[257] Vgl. oben § 4 A. VI. 4. b).

unbedingt vorbehalten hat, liegt tatbestandlich bereits keine Vermögensmasse vor.[258] Gleiches gilt nach der hier vertretenen Auffassung für den Fall eines jederzeit widerruflich errichteten Trust.[259] Fraglich bleibt damit nur die Behandlung jener Gestaltungen, bei denen es zum Rückfall des Trustvermögens entweder aufgrund eines in der Trust-Urkunde vorbehaltenen bedingten Rücktritts- bzw. Widerrufsrechts oder aufgrund einer entsprechenden, ebenfalls zwingend vorbehaltenen Bezugsberechtigung kommt. Wie bereits ausgeführt, ergibt sich die Steuerfreiheit eines solchen Vermögensrückanfalls insoweit jedoch bereits aus § 15 Abs. 2 Satz 2 ErbStG.[260] Selbst wenn man dieser Meinung nicht folgen sollte, wäre zu beachten, dass der Rückfall aufgrund eine vorbehaltenen Rechtsposition gem. § 29 Abs. 1 Nr. 1 ErbStG wie bei einer Schenkung aufgrund Eintritts eines vertraglichen Rückforderungsrechts zur Erstattung der bei Trust-Errichtung angefallenen Schenkungssteuer führt.[261] Mit der zutreffenden Auffassung von Jülicher hat die Erfüllung des Tatbestandes des § 29 ErbStG aber indizielle Bedeutung auch für die Beurteilung der Steuerfolgen des Vermögensrückanfalls, da in diesen Fällen nämlich nicht freiwillig, sondern aufgrund eines Rückforderungsrechts geleistet wurde.[262]

### 3. Umfang der persönlichen Steuerpflicht

Aus den obigen Ausführungen zu den steuerlichen Anknüpfungskriterien für die persönliche Steuerpflicht hinsichtlich der laufenden Ausschüttungen folgt ohne weiteres, dass auch der Anfall von Vermögen bei Auflösung des Trust nach § 7 Abs. 1 Nr. 9 Satz 2 ErbStG nur dann der Schenkungsteuer unterworfen sein kann, wenn die begünstigten Personen zum Zeitpunkt der Auflösung nach § 2 Abs. 1 Nr. 1 ErbStG unbeschränkt steuerpflichtig sind. Seit mehr als fünf Jahren ausschließlich im Ausland ansässige Beneficiaries können damit, soweit nicht Inlandsvermögen auf sie übergeht, in den Genuss des Trustvermögens gelangen, ohne nochmals Schenkungsteuer entrichten zu müssen.[263]

---

[258] Dazu oben § 5 D. I. 1. a) (3).

[259] Dazu oben § 5 D. I. 1. b) (1).

[260] Vgl. oben § 5 D. IV. 2.

[261] Etwa *Flick/Piltz*, Erbfall, S. 455; *Jülicher* in Troll/Gebel/Jülicher, § 29 ErbStG Rn. 10 ff., 33; *ders*, IStR 1999, 106, 109; *ders.*, IStR 1999, 202, 203; mutmaßend in diese Richtung *Schindhelm/Stein*, FR 1999, 880, 885. Zur Beachtlichkeit vertragliche Rückforderungsrechte im Rahmen des § 29 ErbStG allgemein auch *Meincke*, § 29 ErbStG Rn. 7.

[262] *Jülicher* in Troll/Gebel/Jülicher, § 29 ErbStG Rn. 33; gl. A. *Flick/Piltz*, Erbfall, S. 455; kritisch wegen dem im übrigen unbeachtlichen Merkmal der Freigebigkeit allerdings *Schindhelm/Stein*, FR 1999, 880, 885.

[263] Vgl. auch *Siemers*, ZEV 1998, 459; zur erweitert beschränkten Steuerpflicht nach § 4 i. V. m. § 2 AStG bei Wegzug in ein Niedrigsteuergebiet vgl. nur *Ebenroth*, Erbrecht, II § 20 Rn. 1445 ff.

### 4. Steuerklasse und Freibeträge

Bei Auskehrung an den oder die Anfallsberechtigten eines Trust greift grundsätzlich die Steuerklassenprivilegierung des § 15 Abs. 2 Satz 2 ErbStG, wonach der jeweilige Erwerb so zu versteuern ist, als fiele er direkt vom Settlor an. Nach der hiernach maßgebenden Steuerklasse richten sich auch Freibetrag und Steuersatz.[264] Soweit der Anfallsberechtigte vor Auflösung des Trust bereits hinsichtlich der laufenden Ausschüttungen des Trust bereits als Zwischenberechtigter schenkungsteuerpflichtig war, ist nach der neuen Rechtsprechung des BFH allerdings zu beachten, dass die jeweiligen Erwerbe bei ihrer Zusammenrechnung nach § 14 ErbStG auch dann mit den ihnen jeweils zukommenden Werten berücksichtigt werden müssen, wenn die Summe ihrer Werte höher ist als der Wert der empfangenen Substanz.[265]

## V. Ergebnis

Rekapituliert man die vorstehend gefundenen Auslegungsergebnisse, so ergeben sich für die Erbschafts- und Schenkungsbesteuerung von Trust-Sachverhalten nach der neuen Rechtslage die folgenden Konsequenzen:

Die zentrale Änderung gegenüber dem früheren Recht besteht in der Anordnung einer eigenen, von der bürgerlich-rechtlichen Rechtsfähigkeit losgelösten Steuerrechtssubjektivität der Vermögensmasse. Da das ErbStG eine Steuerpflicht grundsätzlich nur an substantielle Erwerbsvorgänge knüpft, definiert sich dieses Rechtsinstitut losgelöst von der dem Ertragsteuerrecht eigenen wirtschaftlichen Betrachtungsweise. Die Bildung oder Ausstattung einer Vermögensmasse i. S. der neuen Erwerbstatbestände setzt vielmehr eine materielle Vermögensverschiebung voraus, die keinen unmittelbar steuerbaren Vermögensübergang im Rechtssinne zur Folge hat. Auch unter Berücksichtigung der eingrenzenden Tatbestandsmerkmale (ausländischen Rechts; auf die Vermögensbindung gerichteter Zweck) wird damit – dem Gesetzeszweck entsprechend – den im Rahmen von Trusts gebildeten Sondervermögen ungeachtet ihrer zeitlichen Erstreckung in den weitaus überwiegenden Fällen steuerliche Rechtsfähigkeit verliehen. Neben Trusts zugunsten unpersönlicher Zwecke scheiden als Steuerrechtssubjekte im wesentlichen nur jederzeit widerrufliche Trusts sowie Trusts, bei denen der Substanzrückfall an den Settlor unbedingt erfolgen muss, aus.

Bei Errichtung und späteren Vermögenszuführungen gilt der Trust selbst als bereichert; er ist damit zugleich als Erwerber und Steuerschuldner. Im Falle seiner Auflösung sowie zum Zwecke der Erfassung laufender Ausschüttungen während seines Bestehens gilt er als Zuwendender. Da ein Trust regelmäßig im Ausland errichtet wird, lässt sich eine persönliche unbeschränkte Steuerpflicht der jeweiligen Vermögensübertragungen nur vom Settlor bzw. den Beneficiaries herleiten. Aufgrund der internatio-

[264] Vgl. §§ 16 und 19 ErbStG.

[265] BFH v. 7.10.1998, BStBl II 1999, 25.

nal-privatrechtlichen Restriktionen (keine Möglichkeit zur Errichtung eines Testamentary Trust für deutsche Staatsangehörige; dingliche Unwirksamkeit der Übertragung von Inlandsvermögen i. S. des § 121 BewG) bleibt die praktische Bedeutung der Neuregelungen sodann hinter dem ersten Anschein zurück.

Weitgehend unverändert stellt sich die steuerliche Behandlung von Trust-Gestaltungen bei lebzeitiger oder von Todes wegen erfolgender Gründung durch Steuerausländer dar. Mangels Inlandsanknüpfung ist die Vermögensübertragung auf den Trustee in diesen Fällen nicht steuerpflichtig. Demgegenüber führen Vermögens- oder Ertragsauskehrungen während des Bestehens des Trust sowie die Ausfolgung des Trustvermögens bei dessen Beendigung – wie früher – erst bei Zufluss zur Verwirklichung des Tatbestandes des § 7 Abs. 1 Nr. 9 Satz 2 ErbStG, wenn es sich bei den jeweils Begünstigten um Inländer i. S. des § 2 Abs. 1 Nr. 1 ErbStG handelt. Diese Erwerbe gelten nunmehr grundsätzlich als Schenkung unter Lebenden. Trotz der Fiktion einer Zuwendung vom Trust vollziehen sie sich gem. § 15 Abs. 2 Satz 2 ErbStG in der für das persönliche Verhältnis der Erwerber zum Settlor jeweils anwendbaren Steuerklasse.

Zu einer mehrfachen erbschaft- bzw. schenkungsteuerlichen Erfassung des Trustvermögens kann es typischerweise nur bei Errichtung eines Trust durch einen gebietsansässigen, ausschließlich ausländischen Staatsangehörigen sowie bei lebzeitiger Trust-Errichtung durch einen unbeschränkt steuerpflichtigen Settlor kommen. Für diese Fälle ergeben sich nach der neuen Rechtslage vernichtende, über den ursprünglich verfolgten Gesetzeszweck (Schließung einer „Besteuerungslücke“) weit hinausreichende steuerliche Konsequenzen.

Unabhängig von der Dauer der bei Trust-Errichtung gewollten Vermögensbindung unterliegt bereits der Vermögensübergang auf den Trustee in der ungünstigsten Steuerklasse III der Erbschaft- oder Schenkungsteuer. Dabei verbietet die Gesamtkonzeption der Neuregelungen den bereicherungsmindernden Abzug der nach dem Trust-Settlement an die Begünstigten zu erbringenden Leistungen. Obgleich diese Verpflichtungen der Sache nach unabhängig davon, ob sie verbindlich angeordnet oder durch eine Ermessensausübung des Trustee konkretisierungsbedürftig sind, Auflagen des Settlor darstellen, müssen sie – insoweit entsprechend der Behandlung von Stiftungslasten – als nichtabzugsfähige Vermögensverwendungen angesehen werden. Denn zum einen liegen die Leistungsauflagen unter Berücksichtigung der Satzungsqualität eines Trust-Settlement quasi „im eigenen Interesse“ der Vermögensmasse. Zum anderen aber bliebe im Falle ihrer Berücksichtigungsfähigkeit kein Raum mehr für die daneben angeordnete Besteuerung der „Zwischenberechtigen“, da die jeweiligen Zuwendungen an die Auflagebegünstigten dann bereits als unmittelbare Erwerbe vom Settlor steuerpflichtig wären.

Unabhängig von der Errichtungsbesteuerung unterliegen gem. § 7 Abs. 1 Nr. 9 Satz 2 ErbStG aber sämtliche Vermögens- und Ertragsauskehrungen an inländische Beneficiaries während des Bestehens des Trust als Erwerbe von der Vermögensmasse der

Schenkungsteuer. Es gilt lediglich das Steuerklassenprivileg des § 15 Abs. 2 Satz 2 ErbStG. „Zwischenberechtigter“ ist grundsätzlich auch derjenige, zu dessen Gunsten bereits mit Trust-Errichtung ein gegenwärtiger Anspruch auf laufende Ertragsauskehrungen begründet wird. Vorgezeichnet ist damit zugleich eine ungeminderte Doppelbelastung mit Schenkung- und Einkommensteuer. Ausgenommen von der Besteuerung laufender Auszahlungen ist nach der hier vertretenen Auffassung lediglich der Settlor.

Zur steuerklassenprivilegierten, im übrigen aber unabhängig von der Bestehenszeit ungeminderten „Abschlussbesteuerung“ kommt es schließlich bei Beendigung des Trust in Bezug auf den jeweiligen Vermögensanfall bei Steuerinländern. Steuerfrei erfolgt wiederum nur der Rückanfall von Trustvermögen an den Settlor. Wird ein Intervivos Trust aufgrund eines vom Errichter vorbehaltenen Widerrufs- oder Rücktrittsrechts beendet, führt der Vermögensrückfall gem. § 29 Abs. 1 Nr. 1 ErbStG zudem zu einer Erstattung der ursprünglich gezahlten Schenkungsteuer.

Die Gesamtauswirkungen der neuen Vorschriften des ErbStG seien an folgendem, bewusst drastisch gewähltem Beispiel dargestellt:

> Ein Steuerinländer errichtet zugunsten seiner drei minderjährigen Kinder einen Jersey Trust. Das Trustvermögen besteht aus einem in den USA belegenen Bürogebäude, dessen gemeiner Wert[266] DM 10 Mio. beträgt. Die jährlichen Pachteinnahmen, die sich nach Abzug der Verwaltungskosten auf DM 1 Mio. belaufen, sollen vom Trustee bestimmungsgemäß an einen für die Begünstigten eingerichteten deutschen Anlagefonds überwiesen werden. Der Trust ist bereits nach 11 Jahren unter Übereignung des Trustvermögens an die dann volljährigen Kinder, ersatzweise für den Fall deren Vorversterbens an bestimmte andere Personen, aufzulösen.

Nach der früheren Rechtslage war im Zeitpunkt der Trust-Errichtung lediglich der Kapitalwert des nießbrauchsähnlichen Nutzungsrechts steuerpflichtig.[267] Unter Berücksichtigung der Freibeträge von jeweils DM 400.000 betrug die hierauf für die Begünstigten zu entrichtende Steuer insgesamt DM 1.351.850. Etwaige Wertänderungen unberücksichtigt lassend wurde mit Auflösung des Trust (Eintritt der aufschiebenden Bedingung) außerhalb des 10-Jahreszeitraums des § 14 ErbStG eine weitere steuerpflichtige Bereicherung der Begünstigten in Höhe von DM 10.000.000 realisiert. Bei einem Steuersatz von 19 % und unter Abzug der erneut zu gewährenden Freibeträge begründete dieser Erwerb insgesamt eine zusätzliche Steuerschuld von DM 1.675.000. Die Gesamtsteuerbelastung des über den Trust vermittelten Vermögensanfalls betrug hiernach ca. 30 %. Nunmehr soll nach neuer Rechtslage bereits die Dotierung des als Vermögensmasse i. S. des § 7 Abs. 1 Nr. 9 ErbStG zu qualifizierenden Trust einen steuerpflichtigen Erwerb darstellen. Da die nießbrauchsähnliche Belastung bei der Vermögensmasse nicht zum Abzug zugelassen wird, beträgt die hierauf zu ent-

---

[266] Vgl. § 12 Abs. 6 ErbStG i. V. m. § 31 Abs. 2 BewG.

[267] Kapitalwert gem. § 12 Abs. 1 ErbStG i. V. m. § 13 Abs. 1 BewG gesamt: DM 1.000.000 x 8,315 (Vervielfältiger gem. Anlage 9 a) = DM 7.745.000.

richtende Schenkungsteuer DM 3.496.500.[268] Zugleich fällt bei den Begünstigten wegen der feststehenden Ertragsberechtigung Schenkungsteuer in Höhe von weiteren DM 1.351.850 an.[269] Die nochmals bei Auflösung des Trust ausgelöste Schenkungsteuer schließlich entspricht aufgrund des Steuerklassenprivilegs des § 15 Abs. 2 Satz 2 ErbStG der auch nach früherer Rechtslage eintretenden Belastung (DM 1.675.000). Insgesamt kummulieren sich die Steuersätze nach § 19 Abs. 1 ErbStG auf denselben Vermögenstransfer hiernach auf etwa 65 %![270]

Damit zeigt sich der wahre Charakter der jüngsten Reform des ErbStG: Angesichts der hohen Steuerbelastung, die vor allem mit der Errichtung eines Trust verbunden wird, kann es dem Gesetzgeber nicht nur um die bloße Erfassung eines früher mittels Trust-Gestaltungen erzielbaren Steueraufschubs bzw. der Verhinderung einer möglichen Steuervermeidung gegangen sein. Bezweckt war darüberhinaus ganz offensichtlich eine umfassende Verbannung dieses – in unserem Rechtskreis weder zivil- noch steuerrechtlich zweifelsfrei zu fassenden – Rechtsinstituts aus den (Steuer-)Gestaltungsprogrammen deutscher Steuerpflichtiger. Objektiv betrachtet, dürfte dies gelungen sein; tatsächlich lassen die mit Trust-Errichtung und laufender Besteuerung verbundenen gravierenden Erbschaftsteuernachteile dessen frühere Attraktivität sogar noch hinter die ausländische Familienstiftung zurücktreten.[271]

## E. Verfassungsmäßigkeit der gesetzlichen Neuregelungen

Gegenstand dieses Kapitels ist die Prüfung der neuen Trust-Besteuerung auf ihre Vereinbarkeit mit der Verfassung. Ungeachtet des weiten Gestaltungsspielraums, der dem Gesetzgeber unstrittig bei seinem Steuererfindungsrecht zukommt, müssen jedenfalls die Prinzipien der materialen Rechtsstaatlichkeit, zu denen insbesondere das Gebot der Steuergerechtigkeit gehört, gewahrt werden.[272] Neben der Gesetzmäßigkeit wird die Steuergerechtigkeit wesentlich durch die Gleichmäßigkeit der Besteuerung und damit durch den allgemeinen Gleichheitssatz des Art. 3 Abs. 1 GG bestimmt.[273] Die Basis für die Effizienz des Gleichheitssatzes im Steuerrecht bildet hierbei – wie ausgeführt – das vom Gesetzgeber selbst vorgegebene, auf sachlogischen Erwägungen beruhende

[268] Steuerpflichtiger Erwerb = DM 10.000.000 (Gemeiner Wert des Trustvermögens) – DM 10.000 (Freibetrag in StKl. III); Steuersatz hierauf 35 %.

[269] Vgl. § 7 Abs. 1 Nr. 9 Satz 2 i. V. m. § 15 Abs. 2 Satz 2 ErbStG.

[270] Zusätzlich zu berücksichtigen ist desweiteren die ungeminderte Ertragsteuerpflicht der wiederkehrenden Leistungen nach § 22 Abs. 1 EStG.

[271] Vgl. bereits zum Gesetzesentwurf *Füger/v. Oertzen*, IStR 1999, 11, 15: „Der Trust war ein schillernd funkelnder Komet am Firmament der internationalen Nachfolgeplanung. Schon vor dem 1.1.1999 war seine zivilrechtliche und steuerrechtliche Behandlung umstritten. Spätestens ab 1.1.1999 ist er in der rauhen deutschen Steueratmosphäre zerplatzt". Zu den steuerlichen Aspekten der ausländischen Familienstiftung ausführlich *v. Löwe*, Famiienstiftung, 235 ff.

[272] Dazu bereits oben § 5 A. II. 1.

[273] Nur *Tipke*, Steuerrecht, § 4 Rn. 63 ff. m. w. N.

System des jeweiligen Teilrechtsgebietes. Indem der Gleichheitssatz den Staat zur Einhaltung dieser Regeln verpflichtet, gewährt er zugleich dem einzelnen ein Recht auf regelgerechte Behandlung.[274] Unter dem Gesichtspunkt der Steuergleichheit ist damit zunächst zu entscheiden, inwieweit die neue Trust-Besteuerung mit den systemkonstituierenden Prinzipien des ErbStG vereinbart werden kann (sogl. Ziff. A). Einen zusätzlichen, im Anschluss hieran zumindest anzuschneidenden Prüfungspunkt bildet ferner das sich aus der Garantie des Eigentums und des Erbrechts gem. Art. 14 Abs. 1 GG ergebende Verbot der Erdrosselungssteuer (Ziff. B).

## I. Vereinbarkeit mit dem allgemeinen Gleichheitssatz

### 1. Vergleichsmaßstab

Die Frage nach dem Vergleichsmaßstab wurde mit den vorstehenden Ausführungen im wesentlichen bereits beantwortet: Vorliegen und Ausmaß eines etwaigen Gleichheitsverstoßes lassen sich prinzipiell nicht im Wege eines Vergleichs von Trust-Besteuerung und Stiftungs-Sachverhalten, treuhandähnlichen Konstruktion oder anderen Vermögensnachfolgeinstituten des deutschen Rechts feststellen. Dass die durch einen Trust vermittelten, erbschaftsteuerrelevanten Beziehungen tatsächlich mit keiner dieser Gestaltungen übereinstimmen, gehört zu den Grundproblemen bei der Erfassung des Trust. Die unterschiedliche Besteuerung von sich nur wirtschaftlich ähnlich auswirkenden Gestaltungen stellt im Steuerrecht aber geradezu die Regel dar und rechtfertigt nicht die Annahme einer verfassungswidrigen Ungleichbehandlung.[275] Durch die Aufgabe der ursprünglich vorgesehenen Stiftungsfiktion hat dem schließlich auch der Gesetzgeber Rechnung getragen. Eine methodisch überzeugende Prüfung der Neuregelungen am Maßstab des Art. 3 Abs. 1 GG kann demnach nur auf Grundlage der systemtragenden Prinzipien des ErbStG erfolgen. Als solche wurde oben das Bereicherungs- bzw. Nettoprinzip sowie der Maßgeblichkeitsgrundsatz ermittelt.[276] Im Teilrechtssystem des Erbschaft- und Schenkungsteuerrechts setzt eine gleichmäßige Besteuerung grundsätzlich eine auf einem rechtswirksamen Vermögensübergang beruhende Bereicherung des Erwerbers voraus. Dem aus dem Bereicherungsprinzip zu entnehmenden Gebot der Nettorechnung zufolge ist eine Steuererhebung ferner nur gerechtfertigt, weil und soweit der aus einem solchen steuerpflichtigen Vorgang stammende Vermögensanfall dem Erwerber einen Zuwachs an wirtschaftlicher Leistungsfähigkeit vermittelt.[277]

---

[274] Ausführlich etwa *Schaden*, Steuervergünstigung, S. 115 ff., 165 m. w. N.

[275] So z. B. *Pöllath*, Vermögenssicherung, S. 159 f. unter Verweis auf die steuerlichen Ergebnisse einer treuhänderischen Testamentsvollstreckung einerseits und eine Stiftung andererseits.

[276] Vgl. oben § 5 A. II. 2.

[277] Etwa *Meincke*, § 10 ErbStG Rn. 5 ff.

## 2. "Erwerb" der Vermögensmasse

Vor diesem Hintergrund bedarf es keiner langen Ausführungen, um festzustelllen, dass die Neuregelung der Trust-Besteuerung aus dem Besteuerungskonzept des ErbStG vollkommen herausfällt. Denn es liegen weder die Voraussetzungen für einen rechtlichen Erwerb der Vermögensmasse vor, noch vermittelt das Trust-Vermögen dieser einen Zuwachs an wirtschaftlicher Leistungsfähigkeit.

### a) Voraussetzungen des Vermögenserwerbs

Ein Trust ist nicht mehr und nicht weniger als ein Bündel von Rechtsbeziehungen zwischen mehreren natürlichen oder juristischen Personen in Bezug auf eine Gesamtheit von trustrechtlich gebundenen Vermögensgegenständen. Formaler Träger dieser Vermögensgegenstände, deren materieller Wert in den equitable rights der Beneficiaries verkörpert wird, ist der Trustee. Zivilrechtlich stellt das Trustvermögen deshalb ein Sondervermögen ohne eigene Rechtspersönlichkeit dar. Wenn die neuen Tatbestände der §§ 3 Abs. 2 Nr. 1 Satz 2, 7 Abs. 1 Nr. 8 Satz 2 ErbStG dieses Sondervermögen ungeachtet seiner bürgerlich-rechtlich tatsächlich fehlenden Subjektfähigkeit als Vermögensmasse mit eigener Steuerrechtssubjektivität ausstatten, gelingt dies nur im Wege einer Fiktion. Da die Vermögensmasse als nur fiktiver Rechtsträger im Steuerrechtsverhältnis aber per se nicht Empfänger der ihr zufließenden Zuwendungen sein kann, muss sie als Einzel- oder Gesamtrechtsnachfolger hinsichtlich der eingebrachten Vermögensgegenstände ausscheiden. Losgelöst von dem zivilrechtlichen Vorgang der Trust-Errichtung – der durch Übertragung des legal title erfolgenden Übereignung des Trustvermögens auf den Trustee – können deshalb als Tatbestandsvoraussetzung auch die materiell-rechtlichen Voraussetzungen des Vermögenserwerbs keine Rolle spielen. Dieser Bereicherungsfiktion entsprechend musste man als Voraussetzung für das Vorliegen einer Vermögensmasse im Rahmen der Auslegung letztlich entscheidend sein lassen, dass eine materielle Vermögensverschiebung keinen unmittelbar steuerpflichtigen Erwerb eines anderen Rechtssubjekts zur Folge hat.[278] Die Vermögenmasse konstituiert sich damit als "Ersatzerwerber" ohne eigene Vermögenszuständigkeit. Durch diesen Verzicht auf das Vorliegen einer materiell-rechtlichen Bereicherung durchbricht die Neuregelung evident das Erbanfallsteuersystem und damit zugleich den Bereichungs- wie den Maßgeblichkeitsgrundsatz.[279]

### b) Bereicherung und Vermögensanfall

Folgt man der hier vertretenen Auslegung und lässt die gegenüber den Beneficiaries bestehende rechtliche Verpflichtung der Vermögensmasse bzw. des Trustee weder auf

[278] Vgl. oben § 5 D. I. 1. a).

[279] Gl. A. wohl auch *Schindhelm/Stein*, FR 1999, 880, 887.

Tatbestandsebene, noch im Rahmen der Ermittlung der Bemessungsgrundlage zum Abzug zu, so muss grundsätzlich auch hierin ein Verstoß gegen das Erbanfall- bzw. Nettoprinzip erkannt werden. Selbst wenn man das Bereicherungsprinzip insoweit formalistisch verstehen würde und den Erhalt eines geldwerten und bewertungsfähigen Vermögensvorteils ausreichen ließe[280] – eine rechtsbeständige Bereicherung der Vermögensmasse jedenfalls ist unter Berücksichtigung der Weitergabeverpflichtung von vornherein ausgeschlossen. Dem damit zu Tage tretenden Systembruch steht m. E. auch nicht entgegen, dass die Auflage, das Vermögen und die hieraus zu ziehenden Erträge entsprechend der Trust-Bestimmungen zu verwenden, der Vermögensmasse im Rahmen der Auslegung selbst zu "eigenem Interesse" zugerechnet wurde.[281] Während sich diese Konsequenz für rechtsfähige Stiftungen aus § 10 Abs. 7 und 9 ErbStG ergibt, ist sie im Falle der Vermögensmasse allenfalls Folge eines konsequenten "Zu-Ende-Denkens". Sachlich ändert dies nichts daran, dass die Vermögensmasse per se mangels (zivil-)rechtlicher Selbstständigkeit nicht juristische Person ist, weshalb Auflagen letztlich nur die hinter ihr stehenden Personen belasten bzw. begünstigen können. In der Sache stellt sich die auf Grundlage einer solchermaßen fingierten Bereicherung angeordnete Besteuerung nach alledem nicht als Steuer auf den Vermögensanfall, sondern – entsprechend dem Prinzip der im anglo-amerikanischen Raum erhobenen Nachlasssteuer – als Abschlussbesteuerung des in den Trust eingebrachten Vermögens dar. Dieser Systembruch wird weiter vertieft, indem die vom Trustee bestimmungsgemäß zu erbringenden Leistungen gleichzeitig zur Besteuerung bei den Zwischenberechtigten herangezogen werden.

### c) Ergebnis: Gleichbehandlung von Ungleichem

Unter der Geltung des früheren Rechts musste eine Besteuerung der Trust-Errichtung regelmäßig daran scheitern, dass es in diesem Zeitpunkt keine Bereicherten gibt. Es lag damit weder eine Besteuerungslücke vor, noch hätte der Gesetzgeber bei Negierung der bisherigen Situation gegen die Grundsätze der Gleichmäßigkeit der Besteuerung verstoßen.[282] Demgegenüber führt die Neuregelung der Trust-Besteuerung innerhalb des geltenden Rechts einen offensichtlichen Bruch mit dem System der Erbanfallsteuer herbei, da die mit originärer Steuerrechtssubjektfähigkeit ausgestattete Vermögensmasse durch ihre Bildung oder Ausstattung weder eine Vermögensmehrung im Sinne einer materiell-rechlichen Erhöhung ihres Vermögensbestandes, noch einen Zugang an wirtschaftlicher Leistungsfähigkeit erfährt. Die damit erfolgende Durchbrechung des Maßgeblichkeitsgrundsatzes sowie des Leistungsfähigkeitsprinzips in Gestalt des Bereicherungsprinzips, die Gleichbehandlung von wesentlich ungleich gelagerten Sachverhalten, begründet zugleich einen Eingriff in den Schutzbereich des Gleichheitssatzes. Der allgemeinen

---

280 So möglicherweise ebenda, 880, 885.

281 Dazu oben § 5 D. I. 2. e).

282 Unzutreffend daher insoweit *Halaczinsky*, NWB Fach 10, 905.

Grundrechtsdogmatik folgend, kann ein solcher Eingriff nur dann gerechtfertigt sein, wenn er einer Verhältnismäßigkeitsprüfung standhält.

### 3. Rechtfertigung des Systembruchs

Die Norm, die ein sachgerechtes Prinzip der Besteuerung durchbricht, muss zu dem mit ihr verfolgten Zweck geeignet, erforderlich und zumutbar (verhältnismäßig im engeren Sinne) sein.[283] Im Rahmen der Verhältnismäßigkeitsprüfung ist insoweit der mit dem Systemeingriff verbundene Regelungszweck der neuen Trust-Besteuerung gegenüber dem Recht des einzelnen auf systemgerechte Behandlung abzuwägen.

Als Regelungszweck wurde vorstehend die Verhinderung einer früher mittels Trust-Gestaltungen erreichbaren Steuerverzögerung bzw. –vermeidung identifiziert.[284] Indem zusätzlich belastet wird, wer sich derartiger, vom Gesetzgeber als unerwünscht angesehenen Gestaltungen bedient, erhalten die Neuregelungen den Charakter von Sozialzwecknormen.[285] Zwar mag es dem Gesetzgeber neben diesem, dem Allgemeinwohl grundsätzlich dienlichen, sachlichen Grund auch um die Erzielung zusätzlicher Einnahmen gegangen sein.[286] Dieser Fiskalzweck, der alleine eine Durchbrechung des Gleichheitssatzes nicht rechtfertigen könnte[287], kann jedoch allenfalls mittelbar dadurch zur Geltung kommen, dass Vermögen künftig nicht mehr in Trusts eingelegt, sondern unter Verwendung der „regulären" Gestaltungen – zumeist gebunden an die Generationenfolge – steuerpflichtig übertragen wird.

#### a) Geeignetheit

Dass die Neukonzeption der Trust-Besteuerung geeignet ist, eine Steuerverzögerung oder Steuervermeidung im Bereich der Erbschaft- und Schenkungsteuer zu verhindern, kann nicht bezweifelt werden.[288]

#### b) Erforderlichkeit

Das Erforderlichkeitsprinzip verlangt, dass unter mehreren möglichen und geeigneten Maßnahmen nur diejenige gewählt werden darf, welche die geringst einschneidenden

---

[283] Etwa *Tipke*, Steuerrechtsordnung, S. 357; *Schaden*, Steuervergünstigung, S. 155 m. w. N.

[284] Vgl. oben § 4 B. II. 2. b) (2) .

[285] Zu den verschiedenen Normgruppen der Steuergesetze (Fiskalzwecknormen, Sozialzwecknormen und Vereinfachungszwecknormen) z. B. *Tipke*, Steuerrechtsordnung, S. 119 ff.

[286] Vgl. oben Fn. 2.

[287] Dazu BVerfGE 6, 55, 80: „Der Finanzbedarf des Staates ist (...) niemals geeignet, eine verfassungswidrige Steuer zu rechtfertigen".

[288] Zum Begriff der Geeignetheit etwa BVerfGE 33, 171, 187.

Folgen nach sich zieht. Die Erforderlichkeit ist zu bejahen, wenn ein anderes, gleich wirksames, aber das Grundrecht weniger fühlbar einschränkendes Mittel nicht hätte gewählt werden können.[289] Hierbei billigt das Grundgesetz dem Gesetzgeber jedoch auch in der Bestimmung der zur Verfolgung seiner Ziele geeigneten und erforderlichen Maßnahmen einen weiten Gestaltungsspielraum zu.[290]

Da im Falle von Trust-Gestaltungen bis zur Vermögens- oder Ertragsauskehrung typischerweise niemand bereichert ist, kann ein sofortiger Steuerzugriff bei Trust-Gründung grundsätzlich nur über die Fiktion der „Zwischenerwerbs" einer Vermögensmasse erreicht werden. Tatsächlich hätte der Gesetzeszweck auf der ersten Stufe ohne eine dergestaltige Bereicherungsfiktion nicht verwirklicht werden können. Setzt man voraus, dass die Steuerpflicht der Bildung oder Ausstattung einer Vermögensmasse im wirtschaftlichen Ergebnis die Substanz des übertragenen Vermögens schmälert[291], mindert sich hierdurch zugleich der spätere Erwerb der Beneficiaries. Gleichwohl stand für den Zeitpunkt der Trust-Errichtung eine den Letzterwerb durch die Trust-Begünstigten weniger belastende Maßnahme nicht zur Verfügung.[292] Selbst für jene Fälle, in denen die Substanz- bzw. Anfallsberechtigungen durch den Settlor zugunsten bestimmter Beneficiaries bereits bindend vorgegeben sind, wäre insbesondere die Annahme einer unmittelbaren Zuwendung an die Begünstigten – gegebenfalls als Gesamthänder – nicht in Betracht gekommen; bei isolierter Betrachtung der Erichtungsbesteuerung hätte eine solche Lösung einen weitaus stärkeren Eingriff in das Bereicherungsprinzip und damit in das Gleichheitsgrundrecht der betroffenen Beneficiaries bedeutet. Da die Trustbegünstigten nämlich zumeist keine Ansprüche gegen den Trustee auf Begleichung etwaiger Steuerschulden haben, wären sie dem Steuerbegehren der deutschen Finanzverwaltung ausgesetzt, ohne dass bei ihnen bereits eine Bereicherung entstanden wäre oder sie zumindest Freistellung vom Trustee verlangen könnten.[293] Dem Grunde nach können gegen die Steuerpflicht der Bildung oder Ausstattung einer Vermögensmasse unter dem Gesichtspunkt der Erforderlichkeit deshalb keine Einwände erhoben werden.

Verfassungsrechtlichen Bedenken sehen sich die Neuregelungen indes ausgesetzt, soweit diese stets eine ungeminderte steuerliche Mehrfachbelastung des Trustvermögens zur Folge haben. Problematisch ist in diesem Zusammenhang vor allem die undiffe-

[289] Ebenda.

[290] BVerfGE 53, 135, 145; 77, 84, 106.

[291] Dies dürfte selbst dann gelten, wenn der Settlor gem. § 20 Abs. 1 Satz 2 ErbStG im Falle einer lebzeitigen Trust-Errichtung als Steuerschuldner in Anspruch genommen würde.

[292] Dass der Erwerb der Vermögensmasse der ungünstigen Steuerklasse III unterstellt wurde, soll hier unberücksichtigt bleiben. Insoweit dürfte im übrigen der Gestaltungsspielraum des Gesetzgebers zu berücksichtigen sein. Mangels eines unmittelbaren Verwandtschaftsverhältnisses ist dieser grundsätzlich nicht verpflichtet, das wirtschaftliche Näheverhältnis der Trust-Begünstigten zum Trustvermögen tariflich zu berücksichtigen.

[293] Dazu *Jülicher*, IStR 1999, 106, 107.

renzierte Gleichbehandlung der verschiedenen Trust-Typen sowie der hieraus begründeten Berechtigungen.

Wie gezeigt kann ein Trust dem Settlor in den vom Trustrecht gesetzten zeitlichen Grenzen[294] eine „Verewigung“ seines Willens und Einflusses über den Tod hinaus ermöglichen.[295] Während es hierbei hinsichtlich der im Trust verwalteten Vermögenssubstanz zu einem bestimmungsgemäßen Erwerb des Volleigentums erst mit Beendigung des Trust kommt, werden den Beneficiaries bis zu diesem Zeitpunkt typischerweise lediglich nicht vererbliche Berechtigungen an den Erträgen zustehen. Praktisch lässt sich die Vermögensnachfolge also wie im Falle einer Familienstiftung unabhängig vom regulären Generationswechsel organisieren. Im Verlaufe dieser Arbeit ist aber auch deutlich geworden, dass mit einem Trust in der Praxis häufig ganz andere Ziele verfolgt werden. Die dem Settlor lebzeitig lediglich zur Entlastung von den Aufgaben der Vermögensverwaltung dienenden (zumeist jederzeit widerruflichen) Gestaltungen außer Acht lassend, ist dabei etwa an die Parallelen zur vorweggenommenen Erbfolgeregelung bzw. zur Schenkung unter Auflage, zur Testamentsvollstrec??kung oder zur Vor- und Nacherbfolge zu denken. Regelmäßig werden die Letztberechtigten in diesen Fällen im Zeitpunkt der Trust-Errichtung bereits feststehen. Zwar führt eine lebzeitige Vermögensseparierung auch insoweit zu einer vom Tod des Settlor losgelösten Vermögensnachfolge. Zumindest wenn die Auflösung des Trust unter bestimmungsgemäßer Auskehrung des Vermögens an im Zeitpunkt der Trust-Errichtung bereits lebende Beneficiaries erfolgen soll, unterscheidet sich die Situation gleichwohl wesentlich von einer mehrere Generationen umspannenden Gestaltung, bei der die Anfallsberechtigten typischerweise erst noch geboren werden müssen.

Unterstellt man als Leitbild des als besteuerungswürdig erkannten Vermeidungstatbestandes die vermögenssammelnde und bewahrende Funktion der Stiftung[296], so erweist sich die doppelte steuerliche Erfassung des Trustvermögens bei Errichtung und Auflösung zumindest im Falle generationsübergreifender Trust-Gestaltungen als erforderlich, um Steuervermeidungen bzw –verzögerungen entgegenzuwirken.[297] Nun ist aber das, was bei Stiftungen die Ausnahme ist – die zeitlich möglicherweise kurzfristig begrenzte Errichtung[298] – bei Trusts alles andere als ungewöhnlich. Damit stellt sich die Frage nach der Rechtfertigung der vom Gesetzgeber vorgesehenen, von der Dauer

[294] Zum Jersey Trust vgl. oben § 2 C. IV.

[295] Insbesondere zum Discretionary Trust vgl. oben § 2 E. I. 2.

[296] Vgl. *Schindhelm/Stein*, FR 1999, 880, 882.

[297] Insoweit könnte man entsprechend der Begründung der in 1974 eingeführten Ersatzerbschaftsteuer für Familienstiftungen auch argumentieren, dass Vermögen im „Normalfall“ unabhängig von seinem Träger im Generationenwechsel einmal der der Erbschaftsteuer unterworfen wird; vgl. BT-Drs. 7/1333, 3; kritisch dazu aber *Meincke*, § 1 ErbStG Rn. 14.

[298] Wesensmäßig muss eine Stiftung bereits wegen des Genehmigungserfordernisses auf Dauer, jedenfalls aber auf sehr lange Zeit errichtet werden; dazu etwa *Binz/Sorg*, DStR 1994, 229, 232.

der Vermögensbindung grundsätzlich unbeeinflussten unterschiedslosen Behandlung aller Trusts.

Nach der hier vertretenen Auffassung ist eine ungeminderte Doppelbelastung der über den Trust nur vermittelten Bereicherung der Letztbegünstigten gemessen an dem Zweck der Neuregelungen evident nicht erforderlich, wenn die bestimmungsgemäße Vermögensverschiebung vom (inländischen) Settlor auf die Anfallsberechtigten auch unmittelbar hätte vorgenommen werden können. Tatsächlich hätte sich der Gesetzeszweck, dem in diesen Fällen schon durch die steuerliche Erfassung der Trust-Errichtung genüge getan wird, evident durch weniger beeinträchtigende Mittel erreichen lassen. Denkbar und systematisch korrekt wäre etwa gewesen, zumindest jene Berechtigungen, die bei Vermögensübertragung auf den Trust bereits unwiderruflich feststehen, als Auflage des Settlor bei der Vermögensmasse gem. §§ 5 Abs. 2, 6 Abs. 2 BewG im Zeitpunkt ihrer Erfüllung zum Abzug zuzulassen.[299] Dies könnte unproblematisch sowohl für laufende Ausschüttungen an Zwischenberechtigte als auch für die Vermögensübertragung anlässlich der Auflösung des Trust gelten. Während der jeweilige Erwerb bei den Beneficiaries unter dieser Prämisse im Zeitpunkt des Eintritts der Bedingung[300] (also entsprechend der früheren Rechtslage[301]) erbschaft- bzw. schenkungsteuerpflichtig geworden wäre, hätte es bei der Vermögensmasse auf Antrag zu einer Berichtigung der ursprünglichen Erbschaftsteuerveranlagung kommen müssen.[302] Die erbschaftsteuerlichen Auswirkungen wären damit – bei gleichzeitiger Ausschaltung eines Steuervermeidungs oder –verzögerungspotentials – letztlich in etwa der anlässlich einer Schenkung unter Auflage bzw. eines mit Vermächtnis beschwerten Erwerbs durch Erbanfall eintretenden Belastung angenähert worden. In Bezug auf nicht generationsübergreifende Trust-Gestaltungen kann nicht erkannt werden, weshalb ein darüber hinaus gehenden Handlungsbedarf bestanden haben sollte.[303] Angesichts der erheblichen, durch den Gesetzeszweck nicht zu rechtfertigenden, steuerlichen Mehrfachbelastung ist der gesetzgeberische Gestaltungsspielraum insoweit m. E. überschritten.

---

299 Zu den unter diesem Gesichtspunkt angezeigten Gesetzesänderungen bzw. –ergänzungen vgl. unten § 5 F.

300 Vgl. § 9 Abs. 1 Nr. 1 a, Nr. 2 ErbStG.

301 Eine gesonderte Anordnung der Besteuerung der Zwischenberechtigten würde insoweit entbehrlich, da bei Annahme einer (abzugsfähigen) Auflage immer ein Erwerb vom Errichter vorliegt; dazu oben § 5 D. I. 2. c) .

302 Bei nießbrauchsähnlichen Leistungsverpflichtungen der Vermögensmasse wäre deren Kapitalwert entsprechend abzuzinsen; vgl. dazu den gleichlautenden Ländererlass v. 15.9.1997, BStBl I 1997, 832.

303 Handlungsbedarf grundsätzlich nur für generationsübergreifende Gestaltungen postulieren *Schindhelm/Stein*, StuW 1999, 31, 52; nach der hier vertretenen Auffassung stellt sich zumindest für kurzläufige Intervivos Trusts die zeitliche Vorverlagerung der Besteuerung als erforderlich dar.

### c) Zumutbarkeit

Das Verhältnismäßigkeitsprinzip verlangt, dass die Folgen des Eingriffs innerhalb der Grenze des Zumutbaren in einem richtigen Verhältnis zum beabsichtigten Erfolg stehen.[304] In der konkreten Situation ist damit das spezifische Gewicht des Gleichheitssatzes mit dem Regelungszweck der eingreifenden Normen in Abwägung zu stellen. Wegen des sachlichen Zusammenhangs der Neuregelungen muss auch insoweit das gesamte Normengefüge in die verfassungsrechtliche Beurteilung einbezogen werden.

Trotz seiner Verselbstständigung wird das Trustvermögen im Ergebnis von bzw. für die hinter dem Trust stehenden Familienangehörigen gehalten. Die Frage, ob die Besteuerungsfolgen einer Trust-Gestaltung in einem vernünftigen Verhältnis zu dem mit den Neuregelungen verfolgten Zweck stehen, kann daher nur mit Rücksicht auf die an dem Trust-Rechtsverhältnis beteiligten Personen beantwortet werden. Setzt man die Bedeutung des gesetzgeberischen Anliegens, die zu Lasten des Gesamtsteueraufkommens gehenden, insbesondere aus Trust-Gestaltungen folgenden Steuervermeidungs- und verzögerungspotentiale zu beseitigen, in Verhältnis zu den daraus erwachsenden Belastungen für die Beneficiaries, muss zumindest für die vorstehend beschriebenen Fälle der kurzläufigen Trusts eine übermäßige Beschränkung des Gleichheitsrechts erkannt werden. Soweit die Trust-Urkunde erkennbar die Begünstigung von im Zeitpunkt der Vermögensübertragung bereits lebenden Beneficiaries vorsieht, wird dem Gesetzeszweck bereits durch die zeitlich vorverlagerte Erfassung des Vermögensübergangs auf den Trust genüge getan. Wenn aber die Fiktion eines zweistufigen Erwerbs in diesen Fällen – wie gezeigt – bereits nicht erforderlich ist, so kann sie erst recht nicht verhältnismäßig sein. Für eine Durchbrechung der systemkonstituierenden Prinzipien des ErbStG – dem Bereicherungs- bzw. Nettoprinzip sowie dem Grundsatz der Maßgeblichkeit des bürgerlichen Rechts – besteht insoweit keine vernünftige, den Eingriff in den Gleichheitssatz rechtfertigende Veranlassung.

Lediglich ergänzend sei abschließend angemerkt, dass sich die damit festgestellte teilweise Verfassungswidrigkeit der neuen Erwerbstatbestände keineswegs mit dem Hinweis auf die grundsätzliche Entscheidungsfreiheit jedes Einzelnen, eine bestimmte, vom Gesetzgeber als unerwünscht angesehene Gestaltung durchzuführen, legitimieren lässt. Dass eine solche Überlegung, mag sie auch vom BFH im Zusammenhang mit der Zurechnungsbesteuerung nach § 15 AStG angestellt worden sein, schon im Grundsatz verfehlt ist, wurde bereits aufgezeigt.[305] Abgesehen hiervon sind jedoch durchaus Situationen denkbar, in denen einem Steuerinländer eine autarke Entscheidung gegen die Errichtung eines Trust verwehrt ist. Insoweit verweist Klein[306]

304 Grundlegend BVerfGE 7, 377, 405; 30, 292, 316 m. w. N.

305 Dazu oben § 4 B. II. 2. a) (2).

306 *Klein*, IStR 1999, 377, 379.

zutreffend auf den Fall eines gebietsansässigen (und damit unbeschränkt erbschaftsteuerpflichtigen), ausschließlich englischen Staatsangehörigen, der zugunsten seiner beiden Kinder einen bis zu deren Volljährigkeit währenden Testamentary Trust verfügt. Während ein deutscher Staatsangehöriger sich in einer vergleichbaren Situation unproblematisch des Instruments der Testamentsvollstreckung bedienen könnte, ist dem ausländischen Staatsbürger dieser Weg aufgrund Art. 25 Abs. 1 EGBGB verwehrt. Die gleichwohl angeordnete Mehrfachbelastung des Trustvermögens bei Errichtung, laufenden Ausschüttungen und Auflösung ist vor diesem Hintergrund nicht nur gleichheitswidrig, sondern auch europarechtlich diskriminierend.[307]

### 4. Ergebnis

Mit den neuen Besteuerungsvorschriften für ausländische Vermögensmassen durchbricht der Gesetzgeber das für das System der Erbanfallsteuer maßgebende Prinzip, wonach substanzielle Vermögensverschiebungen grundsätzlich nur steuerwürdig sind, soweit sie beim Erwerber zu einer Bereicherung führen. Dieser Systembruch stellt einen Eingriff in den Gleichheitssatz dar, der gemessen an dem Regelungszweck durch das Verhältnismäßigkeitsprinzip nur teilweise gerechtfertigt werden kann. Die aus dem Normengefüge folgende ungeminderte Mehrfachbesteuerung stellt sich hiernach als verfassungswidrig dar, soweit (1) eine von einem Steuerinländer gebildete oder ausgestattete Vermögensmasse (2) bestimmungsgemäße Ausschüttungen bzw. Auskehrungen anlässlich ihrer Auflösung an Begünstigte vornimmt, die im Zeitpunkt der Bildung oder Ausstattung der Vermögensmasse auch als unmittelbare Zuwendungsempfänger in Betracht gekommen wären. Dem Verdikt der Verfassungswidrigkeit unterliegt hierbei nicht per se die Besteuerung des Vermögensübergangs auf die Vermögensmasse; sachlich durch den Gesetzeszweck nicht zu rechtfertigen und damit weder erforderlich noch verhältnismäßig ist allerdings das auf der Ebene der Vermögensmasse begründete Abzugsverbot für die insoweit feststehenden Leistungsverpflichtungen.

## II. Verfassungsrechtliche Begrenzung der Erbschaftsteuerbelastung durch Art. 14 GG

Untreitig setzt das durch Art. 14 Abs. 1 Satz 1 GG garantierte Erbrecht der Erbschaftsteuerbelastung Grenzen. Eine konfiskatorische Erbschaftsteuer ist grundsätzlich verfassungswidrig.[308] Bei welchem Höchssatz eine die Erbrechtsgarantie verletzende Exzess-Erbschaftsteuer anzunehmen ist, wurde bis zur Stunde nicht geklärt.[309] Wie das

[307] So zutreffend ebenda.

[308] Vgl. nur *Meincke*, ErbStG, Einführung Rn. 5; *Tipke*, Steuerrechtsordnung, S. 459 ff. m. w. N.

[309] Nachweise zum Meinungsstand bei *Tipke*, Steuerrechtsordnung, S. 459 ff.

Bundesverfassungsgericht in seiner grundlegenden Entscheidung vom 22.6.1995 festgestellt hat, muss der Gesetzgeber den erbschaftsteuerlichen Zugriff jedoch zumindest bei den nächsten Familienangehörigen derart mäßigen, dass jedem dieser Steuerpflichtigen sein Erwerb von Todes wegen – je nach Höhe – zum deutlich überwiegenden Teil oder, bei kleineren Vermögen, völlig steuerfrei zugute kommt.[310] Diesem Grundsatz hat der Gesetzgeber im ErbStG an verschiedenen Stellen Rechnung getragen. Neben den Steuertarifen ist hierbei etwa an das Steuerklassenprivileg für die Errichtung inländischer Familienstiftungen gem. § 15 Abs. 2 Satz 1 ErbStG, die von § 26 ErbStG vorgesehene Steuerermäßigung bei Aufhebung einer Familienstiftung oder an die Vergünstigung bei mehrfachem Erwerb durch Personen der Steuerklasse I gem. § 27 ErbStG zu denken.[311] Demgegenüber wird das bei einem Trust regelmäßig gegebene persönliche Näheverhältnis zwischen Settlor und Begünstigten lediglich in Bezug auf laufende Ausschüttungen sowie die Vermögensauskehrung bei Auflösung berücksichtigt. Außer acht gelassen wird dabei, dass das Rechtsinsitut des Trust – anders als Stiftungen – keineswegs zwingend auf eine generationsübergreifende Dauer angelegt sein muss. Wie gezeigt, kann sich insbesondere bei kurzläufigen Trusts eine effektive Steuerbelastung ergeben, die in keinem Verhältnis zu dem mit der Neuregelung verfolgten gesetzgeberischen Anliegen steht. Im Einzelfall erscheint es deshalb für diese Fälle nicht ausgeschlossen, dass der ungeminderten Mehrfachbesteuerung desselben Vermögenstransfers in Verbindung mit dem Abzugsverbot bei der Vermögensmasse eine erdrosselnde Wirkung zukommt.[312]

### III. Möglichkeit zur verfassungskonformen Auslegung?

Offen bleibt nach alledem die Frage, welche Auswirkungen sich aus den vorstehenden Überlegungen für den Anwendungsbereich der neuen Erwerbstatbestände ergeben. Dies ist letztlich davon abhängig, ob der Gesetzgeber gegen den Vorwurf der teilweisen Verfassungswidrigkeit der Neuregelungen durch verfassungskonforme Interpretation bzw. Auslegung in Schutz genommen werden kann. Im Rahmen der verfassungskonformen Auslegung kommt die Annahme zum tragen, dass der Gesetzgeber im Zweifel nur das bezweckt hat, was im Sinne des Grundgesetzes ist.[313] Die Unterstellung einer verfassungskonformen Lösung ist demnach nur möglich, wenn für Inhalt und Zweck des betreffenden Gesetzes mehrere Deutungsmöglichkeiten in Betracht kommen.[314] Wiederum mit den Worten von Tipke: "Ist die Teleologie des

[310] BVerfG v. 22.6.1995, BStBl II 1995, 671, 673 ff.

[311] Vgl. auch §§ 13 Abs. 1 Nr. 1 a, 16, 17 ErbStG.

[312] Zur Erdrosselungssteuer vgl. auch BVerfG v. 25.9.1992, BVerfGE 87, 153, 169.

[313] Etwa *Tipke*, Steuerrecht, § 5 Rn. 59; *Tipke*, Steuerrechtsordnung, S. 1255, vgl. dort auch die umfangreichen weiterführenden Nachweise unter Fn. 99.

[314] *Tipke*, Steuerrechtsordnung, S. 1255.

Gesetzes eindeutig, so darf sie nicht unter Berufung auf die Verfassung verbogen werden."[315]

Angesichts der den Neuregelungen inhärenten Auslegungsunsicherheiten, die nach Auffassung von Schindhelm/Stein sogar zur verfassungswidrigen Unbestimmtheit führen sollen[316], wird man das oben ermittelte Auslegungsergebnis wohl schwerlich als einzig mögliche Lösung zulassen können. Gleichwohl muss ernsthaft bezweifelt werden, dass eine verfassungskonforme Auslegung in dem hier vertretenen Sinne noch mit Wortlaut und der Systematik der neuen Erwerbstatbestände in Übereinstimmung gebracht werden kann. Notwendigerweise wäre die Vermögensmasse hiernach für alle Fälle, in denen ein Trustee bestimmungsgemäß Erträge- und/oder Vermögen an Begünstigte ausfolgt, die bereits im Zeitpunkt der Trust-Errichtung als Empfänger dieser Zuwendungen in Betracht gekommen wären, als reine Durchgangs- oder Mittelsperson anzusehen. Die Gesetzesänderungen müssten sodann eine Auslegung dahingehend zulassen, dass mit Erfüllung der Weitergabeverpflichtung bzw. Vollziehung der Auflage eine unmittelbare Zuwendung seitens des Settlor angenommen werden könnte. Damit korrespondierend müsste ferner aber auf der Ebene der Vermögensmasse in Bezug auf die jeweilige – laufende oder anlässlich der Beendigung vorgenommene – Ausschüttung die Annahme eines auflösend bedingten Erwerb mit der Folge einer Berichtigung der ursprünglichen Erbschaft- bzw. Schenkungsteuerveranlagung möglich sein. M. E. bietet die geltende Gesetzesfassung für die Möglichkeit einer derartigen Auslegung keine hinreichenden Anhaltspunkte. So hat insbesondere das Erfordernis der eingeschränkten Berücksichtigungsfähigkeit von Leistungsverpflichtungen der Vermögensmasse keinen konkret greifbaren Niederschlag in den neuen Steuertatbeständen gefunden. Obektiv betrachtet wird man insoweit vor allem den Wortlaut des § 7 Abs. 1 Nr. 9 Satz 2 ErbStG, nach dem sowohl für laufende Ausschüttungen als auch für den Fall der Vermögensauskehrung anlässlich der Auflösung eines Trust stets ein Erwerb von der Vermögensmasse vorliegen soll, als Auslegungsgrenze anerkennen müssen.[317]

## IV. Ergebnis

Bereits unter der Geltung des früheren Rechts war das Rechtsinsitut des Trust deutschen Steuerpflichtigen nur schwer zu vermitteln. Dies lag nicht nur an den im Verlaufe dieser Arbeit deutlich gewordenen vielfältigen Rechtsunsicherheiten auf

---

315 Ebenda, 1256; interessant ist auch der Verweis auf *Spitaler*, StbJb. 1961/62, 461, der zwar für einen „maßvollen Gesetzesvollzug im Steuerrecht" plädiert, zugleich aber einräumt, dass es nicht angehe, nur DM 90 zu fordern, wenn sich aus dem gesetzlichen Tarif DM 100 ergäben.

316 *Schindhelm/Stein*, FR 1999, 880 ff.

317 Zur Wortsinngrenze vgl. auch *Tipke*, Steuerrechtsordnung, S. 1271 m. w. N.; ausgehend von der verfassungswidrigen Unbestimmtheit der Tatbestände soll nach *Schindhelm/Stein*, FR 1999, 880, 886, eine geltungserhaltende teleologische Auslegung in diesem Fall grundsätzlich „zu einer freien Rechtsfindung, zur Bildung eines steuerrechtlichen Tatbestandes praeter legem" führen.

zivil- und steuerrechtlicher Ebene; bereits die Vorstellung, sich zur Errichtung eines rechtswirksamen Trust des gesetzlichen Eigentums vollständig begeben zu müssen und allenfalls eine als equitable ownership bezeichnete Position zurückzuerhalten, ist deutschem Rechtsdenken fremd. Mit dem StEntlG 1999/2000/2002 dürften Überlegungen in diese Richtung angesichts des hier ermittelten weiten Anwendungsbereichs der Neuregelungen der Trust-Besteuerung vollends ad acta gelegt worden sein. Eine verfassungsgerichtliche Klärung der vorstehend diskutierten Problembereiche ist deshalb kaum zu erwarten.[318] Solange der Gesetzgeber sich nicht zu einer der Verfassung gerecht werdenden Korrektur der insgesamt nur mäßig durchdachten Neuregelung entschließt, sind Trust-Gestaltungen für die Zwecke der steuerorientierten Vermögens- und Nachfolgeplanung jedenfalls bei unbeschränkter Steuerpflicht des Errichters nur noch in Ausnahmefällen (z. B. bei niedriger steuerlicher Bemessungsgrundlage) zu empfehlen. Weitere Gestaltungsspielräume verbleiben nur, wenn der Trust von einem Steuerausländer zugunsten im Inland ansässiger Beneficiaries errichtet wird, da die (deutsche) Erbschaftsteuer in diesem Fall bis zur Auflösung des Trust aufgeschoben bzw. – bei Ablauf der Fünfjahresrist des § 2 Abs. 1 Nr. 1b ErbStG – gänzlich vermieden werden kann.

## F. Überlegungen zur Reform der Reform

Mit dem Vorhaben der Erfassung von Vermögenstransfers durch Trusts im Erbanfallsteuersystem des ErbStG steht der Gesetzgeber vor dem Problem, dass die Vermögensübertragung auf den Trustee weitgehend unabhängig von der konkreten Ausgestaltung des Trust regelmäßig zu einer materiellen Entreicherung des Settlor führt, ohne zugleich eine erbschaftsteuerlich fassbare Bereicherung der allenfalls anwartschaftsberechtigten Beneficiaries entstehen zu lassen.[319] Auf der anderen Seite ist der Trust typischerweise nur ein nichtrechtsfähiges Bündel von Rechtsbeziehungen zwischen Settlor, Trustee und Beneficiaries. Das im Rahmen des gesetzgeberischen Gestaltungsspielraums prinzipiell als legitim anzusehende Anliegen, das nicht an die Generationenerbfolge gebundene Trustvermögen erbschaft- bzw. schenkungsteuerlich bereits im Zeitpunkt der Trust-Errichtung erfassen zu wollen, lässt sich daher von vornherein ohne die Fiktion einer Bereicherung und damit ohne Durchbrechung der systemtragenden Prinzipien des ErbStG nicht verwirklichen. Der mit diesem Systembruch verbundene Grundrechtseingriff ist zwar nicht grundsätzlich unzulässig, er bedarf jedoch zu seiner Rechtfertigung einer Prüfung am Maßstab des Verhältnismäßigkeitsgrundsatzes. Da die Neuregelungen des ErbStG unter Berücksichtigung des

---

[318] Notwendig könnte eine Klärung allenfalls werden, soweit die Angehörigen eines gebietsansässigen, ausschließlich ausländischen Staatsangehörigen, der sich zur Erbfolgeregelung wegen Art. 25 Abs. 1 EGBGB möglicherweise nur des Trust bedienen kann, von den Neuregelungen betroffen werden. Nicht auszuschließen ist allerdings, dass die Finanzverwaltung in einer solchen Situation auf eine abweichende Festsetzung der Steuer aus Billigkeitsgründen gem. § 163 AO ausweichen würde.

[319] Zu den insoweit bestehenden Ausnahmen vgl. oben § 5 C. II. 1.

Regelungsziels in weiten Bereichen offensichtlich unsachgerecht sind, stellt sich die Frage, wie eine mit der Verfassungsordnung im Einklang stehende Kodifikation ausgestaltet sein könnte.

Wegen der Mannigfaltigkeit der Erscheinungsformen des Trust lassen sich die als steuerwürdig befundenen Sachverhalte von vornherein nur abstrakt und generalklauselartig fixieren. Die Verwendung unbestimmter Rechtsbegriffe ist dabei unverzichtbar. Folglich richtet sich die gegenüber den Neuregelungen angebrachte Kritik nicht in erster Linie gegen den Begriff der Vermögensmasse ausländischen Rechts, deren Zweck auf die Bindung von Vermögen gerichtet ist. M. E. lässt sich hieraus in Verbindung mit dem ermittelten Auslegungsergebnis hinreichend klar und justiziabel feststellen, welche Trust-Formen als Rechtssubjekt anzusehen sind.[320] Die jedenfalls erforderliche Differenzierung hinsichtlich der unterschiedlichen steuerrechtlichen Effekte des Trust sollte denn auch nicht bereits auf der Ebene der Rechtssubjektqualifikation ansetzen. Für die tatbestandliche Weite der Steuerrechtssubjektfähigkeit von Vermögensmassen spricht immerhin, dass im Falle einer Ausnahme kuzläufiger Trusts das Ziel der umfassenden Vermeidung von Steuerverzögerungen nicht erreicht worden wäre. Dem Ansatz von Schindhelm/Stein, demzufolge überhaupt nur generationsübergreifende Gestaltungen einer gesetzlichen Erfassung bedürften[321], ist mithin nicht zwingend zu folgen. Wenn der Umstand, dass Ausschüttungen an im Zeitpunkt der Trust-Errichtung bereits lebende Begünstigte erfolgen, mit der hier vertretenen Auffassung gleichwohl von Verfassungs wegen berücksichtigt werden muss, kann dem nur auf Ebene der Bemessungsgrundlage Rechnung getragen werden. Eine der insoweit denkbaren Lösungen wurde vorstehend im Rahmen der Verhältnismäßigkeitsprüfung skizziert. Hiernach ließe sich eine weitgehende System- und Verfassungskonformität herstellen, indem Ertrags- und/oder Vermögensausfolgungen aus dem Trust bei der Ermittlung des steuerpflichtigen Erwerbs der Vermögensmasse unter bestimmten Voraussetzungen als Nachlassverbindlichkeiten bzw. sonstige Erwerbslasten/Auflagen zum Abzug zugelassen würden. Klarstellend könnte hierzu beispielsweise § 10 Abs. 9 ErbStG wie folgt um einen Satz 2 ergänzt werden:

> Im Falle der §§ 3 Abs. 2 Nr. 1 Satz 2, 7 Abs. 1 Nr. 8 Satz 2 ErbStG gelten Auflagen, den Erwerb bestimmungsgemäß zugunsten Dritter zu verwenden, nicht als im eigenen Interesse der Vermögensmasse liegend, soweit die jeweiligen Auflagenbegünstigten bereits im Zeitpunkt

---

[320] Grundsätzlich zu begrüßen ist in diesem Zusammenhang, dass der Gesetzgeber die noch im Gesetzesentwurf vorgesehene Erwähnung des Trust als Regelbeispiel einer Vermögensmasse aufgegeben hat. Da der Trust-Begriff materiell-rechtlich im deutschen Recht an keiner Stelle definiert ist, scheidet eine an den verschiedenen Trust-Formen ausgerichtete steuergesetzliche Tatbestandskonkretisierung m. E. aus. Nicht gangbar ist deshalb der von *Schindhelm/Stein*, StuW 1999, 31, 52, in Anlehnung an das irische Erbschaft- und Schenkungsteuerrecht unterbreitete Vorschlag, als Rechtssubjekte steuergesetzlich „insbesondere Trusts, die das Einkommen aus dem ihm übertragenen Vermögen ansammeln, oder bei denen die Ausschüttung des Vermögens an die Begünstigten oder die – auch teilweise – Einbehaltung des Einkommens aus dem Vermögen im freien Ermessen des Trustee oder anderer Personen stehen" zu fixieren.

[321] Vgl. oben Fn. 303.

der Bildung oder Ausstattung der Vermögensmasse bereichert werden oder bereichert hätten sein können. § 9 Abs. 2 Satz 3 BewG findet insoweit keine Anwendung.

Eine dementsprechende Gesetzesfortschreibung hätte sodann die folgenden Konsequenzen:

Etwaige, bereits mit Trust-Errichtung begründete gegenwärtige Nutzungsrechte an den Erträgen würden mit ihrem nach § 12 Abs. 1 ErbStG i. V. m. §§ 13 bis 15 BewG zu ermittelnden Kapitalwert den steuerpflichtigen Erwerb der Vermögensmasse unmittelbar mindern.

Unter der Voraussetzung, dass die jeweiligen Auflagenbegünstigten bereits im Zeitpunkt der Trust-Errichtung als Zuwendungsempfänger in Betracht gekommen wären, würden künftige, im Rahmen der Trust-Bestimmungen mit oder ohne Ermessen des Trustee vorgenommenen Ertrags- und/oder Vermögensausfolgungen einschließlich der Vermögensauskehrungen anlässlich der Beendigung des Trust gem. §§ 6 Abs. 2, 5 Abs. 2 BewG als auflösend bedingte Erwerbe zu behandeln sein. Bei der verpflichteten Vermögensmasse hätte dies eine Berichtigung der ursprünglichen Erbschaftsteuerveranlagung zur Folge.

Korrespondierend mit der Berücksichtigung dieser Leistungsverpflichtungen auf der Ebene der Vermögensmasse würden die entsprechenden Zuwendungen auf Seiten der Begünstigten der Erbschaft- oder Schenkungsteuer jeweils als unmittelbarere Erwerbe vom Trust-Errichter unterliegen. Der Anwendungsbereich des § 7 Abs. 1 Nr. 9 Satz 2 ErbStG wäre damit auf die Fälle begrenzt, die ohne diese Neuregelung aufgrund des insoweit ungeminderten Erwerbs der Vermögensmasse nicht der Schenkungsteuer unterlägen.[322]

Dem gesetzgeberischen Anliegen, Vermögensübertragungen auf Trusts bereits im Zeitpunkt der Trust-Errichtung der Steuer zu unterwerfen, wäre mit einer solchen Regelung genüge getan. Die Möglichkeit der Erzielung von Steuerverzögerungen oder -vermeidungen bestünde nicht mehr. Zugleich aber würde sich die mangels Erforderlichkeit als teilweise verfassungswidrig erkannte doppelte erbschaft- und schenkungsteuerliche Erfassung des Trustvermögens bei Errichtung und Auflösung der Vermögensmasse auf die Fälle der generationsübergreifenden Vermögensverschiebungen beschränken. Alternativ ließe sich ein dementsprechendes, mit der Verfassungsordnung im Einklang stehendes Ergebnis, möglicherweise durch eine Fortschreibung des § 29 ErbStG (Erlöschen der Steuer in besonderen Fällen) oder durch die Einfüh-

[322] Zur Subsidiarität des § 7 Abs. 1 Nr. 9 Satz 1 ErbStG in Bezug auf die Steuerpflicht bei Auflösung eines Vereins vgl. BFH v. 14.6.1994, BStBl II 1995, 609.

rung eines Optionsrechts der Trust-Begünstigten bzw. – im Falle des Intervivos Trust zusätzlich – des Settlor zur vorzeitigen Heranziehung zur Steuer erreichen.

## § 6 Kernthesen

- Der lebzeitig oder von Todes wegen errichtete Jersey Trust zeichnet sich durch eine große Bandbreite möglicher Ausformungen und Verwendungszwecke aus. Diese – auch dem herkömmlichen Common Law Trust zukommende – Variabilität vereitelt den Versuch, das durch einen Trust begründete Bündel von Rechtsverhältnissen einheitlich für alle Fälle zu beurteilen. Da es den Jersey Trust nicht gibt, müssen die Rechtsbeziehungen zwischen dem Trustee, den Beneficiaries und – im Falle eines Intervivos Trust – dem Settlor auf Grundlage der Trust-Bestimmungen, der Vorschriften des TJL sowie der in weiten Zügen an das Common Law angelehnten Equity-Rechtsprechung vielmehr für jeden Einzelfall gesondert untersucht werden. Abgesehen von der insgesamt geringeren gesetzlichen Reglementierung unterscheidet sich der Jersey Trust vom Common Law Trust insbesondere im Hinblick auf die Möglichkeit der „Beneficiary Action". Dieses, durch einvernehmliche Bestimmung ausübbare Recht zur Beendigung des Trust, macht in besonderer Weise deutlich, dass das equitabel interest der Beneficiaries nicht mit der deutschrechtlichen Unterscheidung zwischen dinglicher und obligatorischer Sphäre in Zusammenhang gebracht werden kann.

- Die international privatrechtliche Behandlung des Trust muss insgesamt als ungesichert bezeichnet werden. Mit der herrschenden Meinung ist der Testamentary Trust als originäres „Instrument der Nachlassplanung" erbrechtlich zu qualifizieren. Hieraus folgt, dass der durch einen deutschen Staatsangehörigen von Todes wegen verfügten Errichtung eines Trust mit Ausnahme derjenigen Fälle, die nach Art. 3 Abs. 3 EGBGB eine Nachlassspaltung zur Folge haben, jedenfalls keine unmittelbare Wirkung zukommen kann. Für die insoweit vorzunehmende Transformation der erblasserischen Anordnungen in die Rechtsbegriffe des deutschen Erbrechts stehen verschiedene Rechtsinstitute zur Verfügung, mit denen sich ein Großteil der denkbaren Gestaltungen individuell und zufriedenstellend erfassen lässt. Unter Berücksichtigung des zwingenden Erfordernisses der vollständigen Willensbildung durch den Erblasser bereitet indes die Übersetzung des Discretionary Trust erhebliche Schwierigkeiten. Auch diese aber rechtfertigen nach der hier vertretenen Auffassung nicht die juristische Personifizierung des mit einem Trust entstehenden Sondervermögens. Mangels formaler und funktioneller Verselbstständigung des Trustguts ist der privatnützige Trust insbesondere einer Umdeutung in eine rechtsfähige Stiftung nicht zugänglich.

  Letzteres gilt auch für den Intervivos Trust, bei dem jedenfalls mit der hier präferierten schuldrechtlichen Anknüpfung eine Rechtswahl für möglich gehalten wird. Einer ablaufbedingten „Umqualifizierung" für die über den Tod des Settlor hinaus fortwirkenden Trustgestaltungen bedarf es m. E. nicht. Die Notwendigkeit der Umdeutung in die Rechtsbegriffe des „falschen" deutschen Rechts beschränkt sich beim lebzeitig errichteten Trust unter dieser Voraussetzung im wesentlichen auf diejenigen Fälle, in denen zum Trustgut dem deutschen Belegenheitsrecht unterstehende Vermögensgegenstände gehören. Sofern ein dem jeweiligen Einzelfall angepasstes Ergebnis auf Grundlage der deutschen Treuhand erzielt werden kann, ist als zivilrechtlicher Eigentümer des in einen Intervivos Trust eingebrachten Vermögens stets der Trustee anzusehen. Letztlich aber müssen Rechtsnatur und -qualität der Begünstigtenansprüche im Hinblick auf die ausgeprägte Variabilität des Trust auch hier einer Beurteilung des jeweiligen Einzelfalles vorbehalten bleiben. Dass dabei gerade die Frage, wer aus deutscher Sicht als Eigentümer des Trustvermögens anzusehen ist, in vielen Fällen – je nach Belieben – in die eine oder andere Richtung lösbar erscheint, ist eine bedauerliche, als Folge der „Inkompatibilität" der angesprochenen Rechtssysteme jedoch hinzunehmende Erkenntnis, die nicht zuletzt auch die steuerliche Behandlung des Trust ungemein erschwert.

- Für die Subsumption von Trust-Sachverhalten unter die Normen des deutschen Steuerrechts ist unter Beachtung des Telos der jeweiligen Vorschrift in einem ersten Schritt zu fragen, ob und inwieweit die Rechtsfolge des betreffenden Steuergesetzes durch zivilrechtliche Regelungsinhalte mitbestimmt wird. Ergibt sich aus dem spezifisch steuerlichen Zweck der Vorschrift, dass ein in Bezug genommener zivilrechtlicher Begriff wirtschaftlich auszulegen ist, so gilt dies zunächst auch für das Rechtsverhältnis des Trust. Die weitere Frage, ob darüberhinaus auch eine funktionale Analyse des Trust erforderlich ist, stellt sich daher vor allem, wenn sich aus dem Zweck der inländischen Steuernorm die Notwendigkeit einer zivilrechtskonformen Auslegung ergibt. Mit Blick auf das im Bereich des Erbschaft- und Schenkungsteuerrechts geltende Verbot einer rein wirtschaftlich orientierten Auslegung müssen im Rahmen der Einordnung das Vergleichen der privatrechtlichen Gestaltungsformen und die wirtschaftliche Betrachtung des (Trust-)Sachverhalts ineinander greifen. Neben der wirtschaftlichen Bedeutung des ausländischen Rechtsinstituts sind also auch die Ratio der ausländischen Regelung, ihre historische Entwicklung sowie etwaige rechtskonstruktive Unterschiede in die wertende Betrachtung der angesprochenen Rechtssystemen einzubeziehen. Zu einer Steuerpflicht kann es hiernach nur kommen, wenn sich aus dieser vergleichenden Gegenüberstellung ergibt, dass die Voraussetzungen, die das von der Steuernorm in Bezug genommene zivilrechtliche Institut vorschreibt, erfüllt sind.

- Im Bereich des Ertragsteuerrechts entscheidet die Frage der Subjektqualifikation des Trust als Vermögensmasse bzw. Zweckvermögen grundsätzlich darüber, ob der Trust als Folge einer nur steuerlich anzuerkennenden Eigenständigkeit eine Trennwand bildet, welche die Ertragsbesteuerung der inländischen Begünstigten auf die Erfassung der diesen tatsächlich zufließenden Erträge einengt. Das originär steuerrechtliche Institut des Zweckvermögens dient insoweit der Erfassung der wirtschaftlichen Leistungsfähigkeit von Vermögensteilen, die von ihren rechtlichen Trägern derart abgesondert sind, dass niemand wie ein wirtschaftlicher Eigentümer über sie verfügen kann. Das besondere Problem bei der Subsumption von Trust-Sachverhalten unter den damit maßgeblichen Begriff des wirtschaftlichen Eigentums gem. § 39 Abs. 2 Nr. 1 AO besteht darin, dass wegen der Aufspaltung der Eigentumsrechte auf den Trustee einerseits und die Beneficiaries andererseits keiner der Beteiligten eine Rechtsposition innehat, die originär jener eines bürgerlich-rechtlichen Eigentümers entspricht. Für die Zurechnungsentscheidung und damit zugleich für die Frage der Steuerrechtssubjektfähigkeit des Trust als Vermögensmasse wäre § 39 AO mithin unanwendbar, wenn nicht im Wege der Anpassung der durch den Trust begründeten Rechtsverhältnisse an die Systembegriffe des deutschen Rechts zugleich der materielle Inhalt der jeweiligen Rechtspositionen ermittelt würde. Vernünftige, Wertungskonflikte weitgehend ausschließende Lösungen lassen sich deshalb nur erzielen, wenn für die notwendige Verortung der wirtschaftlichen Leistungsfähigkeit die wirtschaftliche Betrachtung des ausländischen Sachverhalts und das Vergleichen der privatrechtlichen Gestaltungsform ineinander greifen.

Setzt man die Ergebnisse der daraufhin vorgenommenen Untersuchung zusammen, so ergibt sich für die ausgewählten, als besonders typisch erkannten Trust-Gestaltungen folgendes Bild: Können der Settlor oder – ausnahmsweise – die Beneficiaries die Verwendung des Trustvermögens rechtlich und tatsächlich weitgehend kontrollieren, so ist ihnen das Vermögen wirtschaftlich zuzuordnen ohne dass es diesbezüglich auf die dingliche Rechtslage ankäme. Denn diese, durch weitreichende Widerrufs- oder Weisungsrechte gegenüber dem Trustee zum Ausdruck kommenden Herrschaftsbefugnisse rechtfertigen jedenfalls einen Vergleich mit der in § 39 Abs. 2 Nr. 1 S. 2 AO geregelten steuerrechtlichen Treuhand. Bei der daraus folgenden Zurechnung zum jeweiligen Inhaber dieser Herrschaftsbefugnisse muss es erst recht bleiben, wenn man dem legal title des Trustee für die Zwecke der deutschen Besteuerung nicht die Qualität des bürgerlich-rechtlichen Eigentums beimisst. Unterliegt der Trustee in seiner Amtsausübung hingegen keinen derartigen Weisungs- und Widerrufsrechten, hängt die Frage der Vermögenszurechnung entscheidend auch von der deutschrechtlichen Qualifikation der materiellen Rechtslage ab. Besondere Schwierigkeiten bereitet diesbezüglich vor allem die Einordnung jener Gestaltungen, bei denen die Trustsubstanz mit aufschiebend befristeter oder betagter Wirkung an bestimmte Beneficiaries anfallen soll. Da nach der hier vertretenen Auffassung alleine das Anwartschaftsrecht auf den späteren Vermögensanfall bzw. -rückfall noch kein wirtschaftliches Eigentum an der Trustsubstanz begründet, ist für die Dauer eines solchen Trust eine Vermögensmasse anzunehmen. Eine Ausnahme ist unter Mitberücksichtigung der ausländischen Wertung nur gegeben, soweit dem Anfallsberechtigten zugleich auch die laufenden Erträge des Trust zustehen. In allen übrigen Fällen, also bei aufschiebend befristet ausgelobten Kapitalberechtigungen sowie bei Ermessen des Trustee hinsichtlich der Vermögensverwendung, treten demgegenüber Zweckbindung und eigenständige Leistungsfähigkeit des als Zweckvermögen bzw. Vermögensmasse zu qualifizierenden Trust-Sondervermögens in den Vordergrund.

Mit der gebotenen Vorsicht lässt sich für Trust-Gestaltungen, die nach diesen Feststellungen eine Vermögensmasse i. S. der §§ 1 Abs. 1 bzw. 2 Nr. 1 KStG darstellen, festhalten, dass eine unmittelbare Besteuerung des im Trust erzielten Einkommens bei den beteiligten Personen in den allermeisten Fällen nicht in Betracht kommt. Selbst wenn die Erträge den Beneficiaries aufgrund eines Rechtsanspruchs zustehen, wird es regelmäßig der Trustee sein, der in Ausübung seines Amtes nach außen hin den Tatbestand der Einkünfteerzielung verwirklicht. Für die hiernach beschränkt körperschaftsteuerpflichtigen Trusts sind allerdings die Tatbestandsvoraussetzungen des § 15 AStG zu bachten, deren Erfüllung eine anteilige Zurechnung des Trust-Einkommens an die unbeschränkt steuerpflichtigen Errichter oder Begünstigte nach sich zieht. Unter Berücksichtigung des besonderen Normzwecks „Verhinderung einer Steuer- und Kapitalflucht ins Ausland" verstößt der Durchgriff durch den als selbstständiges Steuersubjekt anzuerkennenden Trust nach der hier vertretenen Auffassung aber jedenfalls dann gegen das verfassungsrechtlich geschützte Prinzip der Besteuerung nach der Leistungsfähigkeit, wenn der Trust durch einen beschränkt steuerpflichtigen Settlor errichtet wurde. Entgegen der Auffassung von Finanzverwaltung und Rechtsprechung setzt die Zurechnung des Einkommens des Trust ferner zumindest das Bestehen einer gesicherten Anwartschaft auf die Ausfolgung der Erträge voraus.

- Für die Erbschafts- und Schenkungsbesteuerung von Trust-Sachverhalten sind nach der neuen Rechtslage die folgenden Konsequenzen zu beachten: Die zentrale Änderung gegenüber dem früheren Recht besteht in der Anordnung einer eigenen, von der bürgerlich-rechtlichen Rechtsfähigkeit losgelösten Steuerrechtssubjektivität des Trust als Vermögensmasse. Da das ErbStG eine Steuerpflicht grundsätzlich nur an substantielle Erwerbsvorgänge knüpft, definiert sich dieses Rechtsinstitut losgelöst von der dem Ertragsteuerrecht eigenen wirtschaftlichen Betrachtungsweise. Die Bildung oder Ausstattung einer Vermögensmasse i. S. der neuen Erwerbstatbestände setzt vielmehr eine materielle Vermögensverschiebung voraus, die keinen unmittelbar steuerbaren Vermögensübergang im Rechtssinne zur Folge hat. Auch unter Berücksichtigung der eingrenzenden Tatbestandsmerkmale (ausländischen Rechts; auf die Vermögensbindung gerichteter Zweck) wird damit – dem Gesetzeszweck entsprechend – den im Rahmen von Trusts gebildeten Sondervermögen ungeachtet ihrer zeitlichen Erstreckung in den weitaus überwiegenden Fällen steuerliche Rechtsfähigkeit verliehen. Neben Trusts zugunsten unpersönlicher Zwecke scheiden als Steuerrechtssubjekte im wesentlichen nur jederzeit widerrufliche Trusts sowie Trusts, bei denen der Substanzrückfall an den Settlor unbedingt erfolgen muss, aus.

  Bei Errichtung und späteren Vermögenszuführungen gilt der Trust selbst als bereichert; er ist damit zugleich als Erwerber und Steuerschuldner. Im Falle seiner Auflösung sowie zum Zwecke der Erfassung laufender Ausschüttungen während seines Bestehens gilt er als Zuwendender. Da ein Trust regelmäßig im Ausland errichtet wird, lässt sich eine persönliche unbeschränkte Steuerpflicht der jeweiligen Vermögensübertragungen nur vom Settlor bzw. den Beneficiaries herleiten. Weitgehend unverändert stellt sich die steuerliche Behandlung von Trust-Gestaltungen daher bei lebzeitiger oder von Todes wegen erfolgender Gründung durch Steuerausländer dar. Mangels Inlandsanknüpfung ist die Vermögensübertragung auf den Trustee in diesen Fällen nicht steuerpflichtig. Demgegenüber führen Vermögens- oder Ertragsauskehrungen während des Bestehens des Trust sowie die Ausfolgung des Trustvermögens bei dessen Beendigung – wie früher – erst bei Zufluss zur Verwirklichung des Tatbestandes des § 7 Abs. 1 Nr. 9 Satz 2 ErbStG, wenn es sich bei den jeweils Begünstigten um Inländer i. S. des § 2 Abs. 1 Nr. 1 ErbStG handelt. Diese Erwerbe gelten nunmehr grundsätzlich als Schenkung unter Lebenden. Trotz der Fiktion einer Zuwendung vom Trust vollziehen sie sich gem. § 15 Abs. 2 Satz 2 ErbStG in der für das persönliche Verhältnis der Erwerber zum Settlor jeweils anwendbaren Steuerklasse. Zu einer mehrfachen erbschaft- bzw. schenkungsteuerlichen Erfassung des Trustvermögens kann es typischerweise nur bei Errichtung eines Trust durch einen gebietsansässigen, ausschließlich ausländischen Staatsangehörigen sowie bei lebzeitiger Trust-Errichtung durch einen unbeschränkt steuerpflichtigen Settlor kommen. Für diese Fälle ergeben sich nach der neuen Rechtslage vernichtende, über den ursprünglich verfolgten Gesetzeszweck (Schließung einer „Besteuerungslücke“) weit hinausreichende steuerliche Konsequenzen:

Ungeachtet der Dauer der bei Trust-Errichtung gewollten Vermögensbindung unterliegt bereits der Vermögensübergang auf den Trustee in der ungünstigsten Steuerklasse III der Erbschaft- oder Schenkungsteuer. Dabei verbietet die Gesamtkonzeption der Neuregelungen den bereicherungsmindernden Abzug der nach dem Trust-Settlement an die Begünstigten zu erbringenden Leistungen. Obgleich diese Verpflichtungen der Sache nach unabhängig davon, ob sie verbindlich angeordnet oder durch eine Ermessensausübung des Trustee konkretisierungsbedürftig sind, Auflagen des Settlor darstellen, müssen sie – insoweit entsprechend der Behandlung von Stiftungslasten – als nichtabzugsfähige Vermögensverwendungen angesehen werden. Denn zum einen liegen die Leistungsauflagen unter Berücksichtigung der Satzungsqualität eines Trust-Settlement quasi „im eigenen Interesse“ der Vermögensmasse. Zum anderen aber bliebe im Falle ihrer Berücksichtigungsfähigkeit kein Raum mehr für die daneben angeordnete Besteuerung der „Zwischenberechtigen“, da die jeweiligen Zuwendungen an die Auflagebegünstigten dann bereits als unmittelbare Erwerbe vom Settlor steuerpflichtig wären.

Unabhängig von der Errichtungsbesteuerung unterliegen gem. § 7 Abs. 1 Nr. 9 Satz 2 ErbStG während des Bestehens des Trust aber sämtliche Vermögens- und Ertragsauskehrungen an inländische Beneficiaries als Erwerbe von der Vermögensmasse der Schenkungsteuer. Es gilt lediglich das Steuerklassenprivileg des § 15 Abs. 2 Satz 2 ErbStG. „Zwischenberechtigter“ ist grundsätzlich auch derjenige, zu dessen Gunsten bereits mit Trust-Errichtung ein gegenwärtiger Anspruch auf laufende Ertragsauskehrungen begründet wird. Vorgezeichnet ist damit zugleich eine ungeminderte Doppelbelastung mit Schenkung- und Einkommensteuer. Ausgenommen von der Besteuerung laufender Auszahlungen ist nach der hier vertretenen Auffassung lediglich der Settlor.

Zur steuerklassenprivilegierten, im übrigen aber unabhängig von der Bestehenszeit ungeminderten „Abschlussbesteuerung“ kommt es schließlich bei Beendigung des Trust in Bezug auf den jeweiligen Vermögensanfall bei Steuerinländern. Steuerfrei erfolgt wiederum nur der Rückanfall von Trustvermögen an den Settlor. Wird ein Intervivos Trust aufgrund eines vom Errichter vorbehaltenen Widerrufs- oder Rücktrittsrechts beendet, führt der Vermögensrückfall gem. § 29 Abs. 1 Nr. 1 ErbStG zudem zu einer Erstattung der ursprünglich gezahlten Schenkungsteuer.

- Unter verfassungsrechtlichen Gesichtspunkten sehen sich die neuen Besteuerungsvorschriften für ausländische Vermögensmassen erheblichen Bedenken ausgesetzt, da der Gesetzgeber mit ihnen das für das System der Erbanfallsteuer maßgebende Prinzip durchbricht, wonach substanzielle Vermögensverschiebungen grundsätzlich nur steuerwürdig sind, soweit sie beim Erwerber zu einer Bereicherung führen. Dieser Systembruch stellt einen Eingriff in den Gleichheitssatz dar, der gemessen an dem Regelungszweck durch das Verhältnismäßigkeitsprinzip nur teilweise gerechtfertigt werden kann. Die aus dem Normengefüge folgende ungeminderte Mehrfachbesteuerung stellt sich hiernach als verfassungswidrig dar, soweit (1) eine von einem Steuerinländer gebildete oder ausgestattete Vermögensmasse (2) bestimmungsgemäße Ausschüttungen bzw. Auskehrungen anlässlich ihrer Auflösung an Begünstigte vornimmt, die im Zeitpunkt der Bildung oder Ausstattung der Vermögensmasse auch als unmittelbare Zuwendungsempfänger in Betracht gekommen wären. Dem Verdikt der Verfassungswidrigkeit unterliegt hierbei nicht per se die Besteuerung des Vermögensübergangs auf die Vermögensmasse; sachlich durch den Gesetzeszweck nicht zu rechtfertigen und damit weder erforderlich noch verhältnismäßig ist allerdings das auf der Ebene der Vermögensmasse begründete Abzugsverbot für die insoweit feststehenden Leistungsverpflichtungen.

- Bereits unter der Geltung des früheren Rechts war das Rechtsinsitut des Trust deutschen Steuerpflichtigen nur schwer zu vermitteln. Dies lag nicht nur an den im Verlaufe dieser Arbeit deutlich gewordenen vielfältigen Rechtsunsicherheiten auf zivil- und steuerrechtlicher Ebene; bereits die Vorstellung, sich zur Errichtung eines rechtswirksamen Trust des gesetzlichen Eigentums vollständig begeben zu müssen und allenfalls eine als "equitable ownership" bezeichnete Position zurückzuerhalten, ist deutschem Rechtsdenken fremd. Mit dem StEntlG 1999/2000/2002 dürften Überlegungen in diese Richtung angesichts des hier ermittelten weiten Anwendungsbereichs der Neuregelungen der Erbschafts- und Schenkungsbesteuerung von Trust-Sachverhalten vollends ad acta gelegt worden sein. Eine verfassungsgerichtliche Klärung der vorstehend diskutierten Problembereiche ist deshalb kaum zu erwarten. Solange der Gesetzgeber sich nicht zu einer der Verfassung gerecht werdenden Korrektur der insgesamt nur mäßig durchdachten Neuregelung entschließt, sind Trust-Gestaltungen für die Zwecke der steuerorientierten Vermögens- und Nachfolgeplanung jedenfalls bei unbeschränkter Steuerpflicht des Errichters nur noch in Ausnahmefällen (z. B. bei niedriger steuerlicher Bemessungsgrundlage) zu empfehlen. Weitere Gestaltungsspielräume verbleiben allenfalls, wenn der Trust von einem Steuerausländer zugunsten im Inland ansässiger Beneficiaries errichtet wird, da die (deutsche) Erbschaftsteuer in diesem all bis zum Zeitpunkt der Vornahme von Auskehrungen oder der Auflösung des Trust aufgeschoben bzw. – im Falle des Ablaufs der Fünfjahresrist des § 2 Abs. 1 Nr. 1b ErbStG – gänzlich vermieden werden kann.

Peter Lang · Europäischer Verlag der Wissenschaften

Stephanie Puls

# *Dagobert Duck* und die *Luxemburg-Sparer*

**Zugleich eine Untersuchung zu den vorgeleisteten Begünstigungen durch neutrale Handlungen**

Frankfurt/M., Berlin, Bern, Bruxelles, New York, Oxford, Wien, 2001.
XXIV, 356 S.
Europäische Hochschulschriften: Reihe 2, Rechtswissenschaft. Bd. 3126
ISBN 3-631-37747-9 · br. DM 98.–*

Mit Einführung der Zinsabschlagsteuer transferierten zahlreiche Anleger unter Mitwirkung inländischer Kreditinstitute in großem Umfang Kapital zu ausländischen Finanzplätzen. Zum Teil handelte es sich hierbei um steuerunehrliche Anleger. Die Untersuchung geht der Frage nach, ob sich Bankmitarbeiter durch das Zurverfügungstellen eines speziellen und auf Verschleierung angelegten Transfersystems wegen Beihilfe zur Steuerhinterziehung strafbar gemacht haben. Im Zentrum steht die Problematik der Beihilfe in Gestalt vorgeleisteter Begünstigungen durch neutrale und berufstypische Handlungen. Die Autorin bejaht die Beihilfestrafbarkeit unter bestimmten Voraussetzungen. Daneben werden die stattgefundenen Bankendurchsuchungen und Beschlagnahmen auf ihre strafprozessuale Zulässigkeit hin untersucht.

*Aus dem Inhalt*: Steuerrechtlicher Hintergrund der Kapitalverlagerungen · Übersicht über das Transfersystem · Verantwortlichkeit der Mitarbeiter der Kreditinstitute · Rechtmäßigkeit der Durchsuchungen und Beschlagnahmen

Frankfurt/M · Berlin · Bern · Bruxelles · New York · Oxford · Wien
Auslieferung: Verlag Peter Lang AG
Jupiterstr. 15, CH-3000 Bern 15
Telefax (004131) 9402131

*inklusive Mehrwertsteuer
Preisänderungen vorbehalten

**Homepage http://www.peterlang.de**

FSC
www.fsc.org
MIX
Papier | Fördert gute Waldnutzung
FSC® C083411

Kolibri 360 GmbH
Ferdinand-Jühlke-Straße 7
99095 Erfurt, Deutschland
produktsicherheit@kolibri360.de

Druck:
CPI Druckdienstleistungen GmbH
im Auftrag der
Kolibri 360 GmbH
Ferdinand-Jühlke-Str. 7
99095 Erfurt

# Cytomegalovirus

## Biology and Infection

SECOND EDITION

# Cytomegalovirus

## Biology and Infection

SECOND EDITION

Monto Ho, M.D.

*Graduate School of Public Health and School of Medicine*
*University of Pittsburgh*
*and*
*Presbyterian-University Hospital*
*Pittsburgh, Pennsylvania*

**Plenum Medical Book Company • New York and London**

**Library of Congress Cataloging-in-Publication Data**

Ho, Monto.
Cytomegalovirus : biology and infection / Monto Ho. -- 2nd ed.
p. cm.
Includes bibliographical references and index.
ISBN 0-306-43654-X
1. Cytomegalovirus infections. 2. Cytomegaloviruses. I. Title.
[DNLM: 1. Cytomegalic Inclusion Disease. 2. Cytomegaloviruses.
QW 165.5.H3 H678c]
RC136.8.H6 1991
616.9'25--dc20
DNLM/DLC
for Library of Congress 90-14345
CIP


233 Spring Street, New York, N.Y. 10013

Plenum Medical Book Company is an imprint of Plenum Publishing Corporation



Printed in the United States of America

# Preface to the First Edition

Although there are a number of excellent current reviews on one or another aspect of cytomegalovirus, the last comprehensive treatment of this subject was that of Krech *et al.* (1971a). In view of the amazing advances in the virological, epidemiologic, and clinical knowledge of cytomegaloviruses, an up-to-date book is needed. Such a work should cover many areas of expertise and a voluminous technical literature. Each area might have been reviewed and analyzed by workers more expert than myself. However, I have embarked on the entire venture alone in order to attain unity and continuity in this book, characteristics that are not easily achieved in the more popular multiauthored works.

I have tried to review the literature and provide a critical summary for each area discussed. To do this, I provide as much of the primary data of the relevant works as needed and not just the qualitative conclusions. Inevitably, the flow of the narrative may be interrupted by dry facts and figures. However, such information is essential to make this a meaningful reference work. But for those not interested in such details, I have provided at what I hope are crucial points critiques and summaries.

This book is not an exhaustive review of all the literature. This is probably no longer possible or even desirable. By selection, however, one runs the risk of having missed or ignored important papers. I am keenly aware of this, and I wish to apologize for such oversight, if that is possible.

I visualize this work as being useful for physicians, scientists, and students interested in the biology of and infection by human cytomegalovirus. I feel that to understand these, the basic virology of this virus and related herpesviruses must be included. Topics that have not advanced a great deal and that are adequately described in available works, such as the anatomic pathology, have not been reviewed in detail. The emphasis has been placed on newer insights in the virology, immunology, serology, epidemiology, and especially clinical aspects of human cytomegalovirus. I wish to bring out the interactions of knowledge in these areas. Part II is a much shorter treatment of the nonhuman cytomegaloviruses, reviewed primarily from the point of view of their contribution to the understanding of the human virus.

Finally, I wish to thank Drs. Charles R. Rinaldo, Jr., John A. Armstrong, and Donald N. Medearis for their critical review of the manuscript. Their suggestions were invaluable. Dr. John N. Dowling's thorough review of CMV infection in patients with malignancies was the basis of Section 13.4. I also acknowledge the indispensable and patient secretarial assistance of Ms. Betty Edwards and Hannah Grace.

Monto Ho, M.D.

*Pittsburgh, Pennsylvania (1981)*

# Preface to the Second Edition

The remarkable medical events and advances in knowledge that have taken place since publication of the first edition in 1982 have made a thorough revision of this book necessary. Opportunistic cytomegalovirus (CMV) infections have multiplied in numbers and complexity with the explosion of AIDS on the medical scene and the increase in other iatrogenic and natural deficiency states. At the same time, advances in modern virology and immunology have been such that all our previous assumptions have had to be scrutinized or revised in their light. Thus, although the original structure of the book has been maintained, almost every page or section of the text has been edited, revised, or expanded. In addition, we are indeed fortunate to have Drs. Mark Stinski and Lucy Rasmussen each write a new chapter, one on the molecular biology and the other on the gene products of CMV. They provide authoritative treatments of these critical subjects, which I have tried to incorporate and fit into the unity and continuity of the book that were hallmarks of the uni-authored first edition.

This work is still designed to be a critical, comprehensive, but not exhaustive review. It is intended to be useful for physicians, scientists, and students interested in the biology and infection by human cytomegalovirus. I would like to thank Ms. Peg Corbett, Christine Hallahan, and Betty Edwards for their patient secretarial assistance.

Monto Ho, M.D.

*Pittsburgh, Pennsylvania*

# Contents

# List of Abbreviations

| | |
|---|---|
| Ab | Antibody |
| ACIF | Anticomplement immunofluorescence |
| AIDS | Acquired Immunodeficiency Syndrome |
| ara-A | Adenine arabinoside |
| ara-C | Cytosine arabinoside |
| BCNU | 1,3-Bis-(2-chlorethy-)-1-nitrosourea |
| BUdR | Bromodeoxyuridine |
| C1, 2, 3, etc. | Complement 1, 2, 3, etc. |
| CF | Complement fixation |
| C.I.D. | Cytomegalic inclusion disease |
| CIEP | Counterimmunoelectrophoresis |
| CMI | Cell-mediated immunity |
| CMV | Cytomegalovirus |
| Con A | Concanavalin A |
| CPE | Cytopathic effect |
| DEAE-cellulose | Diethylaminoethyl-cellulose |
| DI | Defective interfering |
| DNA | Deoxyribonucleic acid |
| DNase | Deoxyribonuclease |
| EA | Early antigen |
| EBNA | Epstein–Barr virus nuclear antigen |
| EBV | Epstein–Barr virus |
| EID | Electroimmunodiffusion |
| ELISA | Enzyme-linked immunosorbent assay |
| FA | Fluorescent assay |
| Fc | C-terminal fragment |
| FCA | Fluorescing cell assay |
| FT | Freeze-thawed (antigen) |
| FUdR | Fluorodeoxyuridine |

| | |
|---|---|
| GE | Glycine-extracted (antigen) |
| GI | Gastrointestinal |
| GvH | Graft-versus-host |
| GVHD | Graft-versus-host disease |
| HCMV | Human cytomegalovirus |
| HSV-1, 2 | Herpes simplex virus type 1 or 2 |
| HvG | Host-versus-graft |
| IAHA | Immune adherent hemagglutination assay |
| ICNV | International Committee for the Nomenclature of Viruses |
| ICSP | Infected cell-specific proteins |
| IEA | Immediate early antigen |
| IFA | Indirect fluorescent assay |
| IgA | Immunoglobulin A |
| IgG | Immunoglobulin G |
| IgM | Immunoglobulin M |
| IHA | Indirect hemagglutination assay |
| IPA | Immune peroxidase assay |
| I.Q. | Intelligence quotient |
| IUdR | Idoxuridine (iodouridinedeoxyriboside) |
| LA | Late antigen |
| $LD_{50}$ | 50% Lethal dose |
| LPS | Lipopolysaccharide |
| LTR | Long terminal repeats |
| MA | Membrane antigen |
| MCMV | Murine cytomegalovirus |
| MGH | Massachusetts General Hospital |
| MLC | Mixed lymphocyte culture |
| m.o.i. | Multiplicity of infection |
| mRNA | Messenger RNA |
| m.w. | Molecular weight |
| NK | Natural killer |
| PAGE | Polyacrylamide gel electrophoresis |
| PENA | Preearly nuclear antigen |
| PFC | Plaque-forming center |
| PFU | Plaque-forming unit |
| PHA | Phytohemagglutinin |
| PQ | Phenanthrenequinone |
| PWM | Pokeweed mitogen |
| RIA | Radioimmunoassay |
| RNA | Ribonucleic acid |
| SDS | Sodium dodecyl sulfate |
| SGOT | Serum glutamic oxaloacetic transaminase |
| SGPT | Serum glutamic pyruvic transaminase |
| S.I. | Stimulation index |

| | |
|---|---|
| $TCD_{50}$ | 50% tissue culture infective dose |
| TF | Transfer factor |
| TI | Transformation index |
| TM | Transport medium |
| VP | Virion protein |
| VZ | Varicella–zoster |

# 1

# History of Cytomegalovirus

The early history of cytomegalovirus (CMV) may be divided into two periods. During the first period, the characteristic cytopathology caused by this virus was recognized and described. It may be called the "period of cytopathology." The second period was initiated by the isolation of the virus and may be called the "virological period." Both periods were essential for the elucidation of the expanding spectrum of diseases associated with CMV.

## 1.1. PERIOD OF CYTOPATHOLOGY (1905–1956)

In 1904, Ribbert (1904) wrote that in 1881 he saw large "protozoan like" cells in the sections of a kidney of an alleged leutic stillborn. He was unable to interpret his observation until he saw the report of Jesionek and Kiolemenoglou (1904), who had noted for the first time the presence of protozoanlike cells in the lungs, kidneys, and liver of an 8-month leutic fetus (Fig. 1.1). These protozoanlike cells were 20 to 30 μm in diameter. The nuclei were large and eccentrically placed, and each contained a "central nuclear body" surrounded by an outer clear zone. Löwenstein (1907), working in Ribbert's laboratory in 1907, found such inclusion in the parotid glands of four out of 30 infants examined. He described cytoplasmic as well as intranuclear inclusions, which these early authors did not believe were normal or altered cellular structures. After submitting their findings to various zoologists for opinions, they concluded that the inclusions represented protozoa, i.e., coccidia, sporozoa (gregarines), or amoebas. Pisano (1910) thought they represented a cellular response to syphilitic infection. Inclusions were described in the thyroid for the first time in a 10-day-old premature infant in 1911 (Pettavel, 1911).

Smith and Weidman (1910, 1914) saw the same kind of inclusion bodies in cells in an infant and thought these were infected by an "amebiform protozoan, *Entameba mortinatalium.*" They were in the area surrounded by a definite inflammatory reaction of lymphoid and polymorphonuclear cells. The child was 2 months

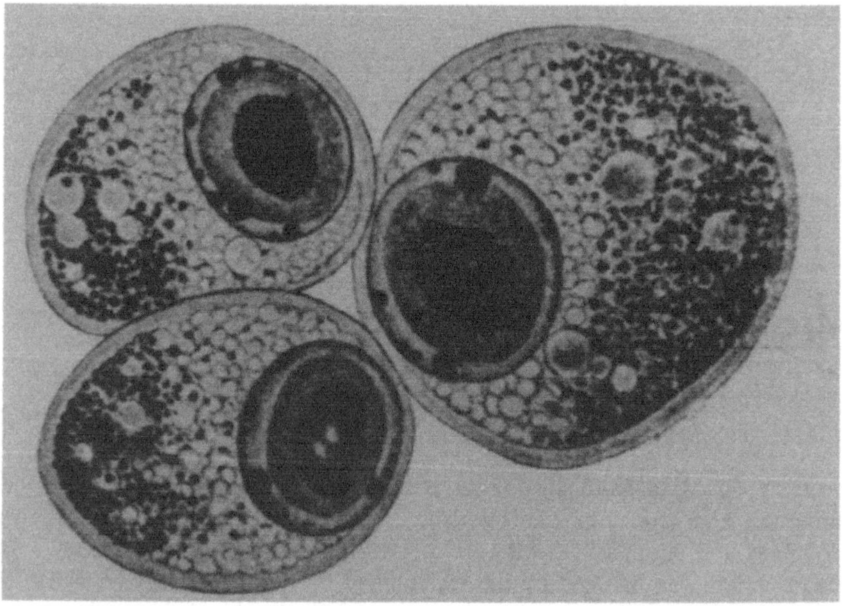

Figure 1.1. "Protozoan"-like cells seen in the kidney, lung, and liver of an 8-month-old leutic fetus by Jesionek and Kiolemenglou (1904). (By permission of *Münchener Medizinische Wochenschrift.)*

old and had ulcers about the mouth, scaly skin lesions, and fibrosis of the thymus and pancreas, and died of an organizing pneumonia. Syphilis was suspected, but the Wasserman test was negative.

Goodpasture and Talbot (1921) provided an excellent case report of a 6-week-old child with eosinophilic intranuclear inclusions in the lungs, kidney, and liver. The rare occurrence of these cells in the liver and kidney without inflammatory changes appeared to indicate, according to the authors, transport of these elements by the bloodstream. The term "cytomegalia" was introduced to describe this condition. Goodpasture and Talbot thought they were dealing with large mononuclear cells that reminded them of the intranuclear inclusions described by Tyzzer (1906) in varicella. They did not believe that the inclusions were protozoa.

In 1922, Lange (1922) and Mueller (1922) reported seeing cytomegalic inclusions in the kidneys of infants. Mueller also dismissed the possibility of the inclusions being protozoal in origin. He pointed out that since they could be observed in stillbirths, they were probably present before birth. Protozoa presumably could not have passed the placental barrier, an assumption we now know to be incorrect.

Von Glahn and Pappenheimer (1925) described for the first time a case in an adult, an unusual 36-year-old white male with a liver abscess that contained cocci, amoebas, and large cells with prominent intranuclear inclusions. Similar cells were found in the intestines and the lung. These authors pointed out that Lipscheutz (1921) had discovered similar inclusions that were constantly and characteristically associated with lesions produced by herpesvirus, both in man and rabbits. He studied these inclusions in herpes zoster and herpes genitalis and interpreted them as an expression of intranuclear infection by virus, which he classed with "chlamydozoastrongyloplasma." To a subgroup of intranuclear agents called the "karyooikon" group belonged the causative agents of herpes simplex, herpes zoster, "Borna's disease of horses" (epidemic encephalomyelitis), varicella, and fowlpox. The group that produced cytoplasmic inclusions, the "cytooikon" group, included agents that produced the trachoma bodies, Guarnieri bodies (smallpox), and Negri bodies (rabies). On the basis of this background, von Glahn and Pappenheimer concluded that the inclusions in their case were caused by a virus identical to or closely related to the herpes group.

The experimental relationship between herpes encephalitis infection in the rabbit and intranuclear inclusions was demonstrated by Goodpasture (1925).

Although the protozoa theory was kept alive in Germany until 1930 (Wagner, 1930), the viral theory based on Lipscheutz' concepts gradually prevailed. Acceptance was accelerated by the work of Cole and Kuttner (1926) on the transmissibility of guinea pig salivary gland virus (see chapter 15) and the experimental and pathological works of Cowdry (1934), who definitively described the relationship between inclusion bodies and certain virus infections.

By 1932, 25 cases of apparent cytomegalic inclusion disease (C.I.D.) had been described. It was not realized how extensive inapparent infection is. Farber and Wolbach (1932), in a series of 183 postmortem examinations, removed and examined the submaxillary glands of infants who had died of various causes such as tuberculosis and pneumococcal, streptococcal, and other forms of sepsis. Twenty-six (14%) of this heterogeneous group had intranuclear and cytoplasmic inclusions in their glands. Two also had inclusions in the epithelium-lined spaces of the liver, lungs, kidneys, pancreas, and thyroid. No clear clinical correlations were made with diseases ante mortem.

Wyatt *et al.* (1950) suggested the term "generalized cytomegalic inclusion disease" on morphological grounds to describe the congenital lethal infection. He suggested that since inclusion-bearing cells were invariably present in the renal tubules, it might be possible to identify them in the urine of afflicted infants during life.

From 0.5 ml of urine obtained from a 3-day-old premature infant admitted to the Children's Hospital in Pittsburgh with jaundice, purpura, hepatosplenomegaly, and intracerebral calcifications, Fetterman (1952) made a cytologic preparation and found several enormously hypertrophied cells with large intranuclear inclusions. The patient died at 4 days of age, and typical inclusions were found in the brain, pituitary, thyroid, lungs, liver, pancreas, in addition to the kidney, confirming the diagnosis of C.I.D. This was the first time C.I.D. was diagnosed during life. Prior to specific virological diagnosis, cytologic examination of the urine was the most sensitive and specific method of laboratory diagnosis. Subsequently, Mercer *et al.* (1953) and Margileth (1955) also showed the C.I.D. could be diagnosed during life by demonstration of inclusion-bearing cells in the urine.

Margileth's report (1955) is of interest because his case survived. It was a full-term baby boy who was followed from birth to 15 months of age. He had microcephaly, hemolytic anemia, thrombocytopenia, and hepatosplenomegaly at birth. Large inclusion-bearing cells were found in the urine. Petechiae and episodes of intracranial and gastrointestinal hemorrhage were recorded. His condition later stabilized, but he had retarded motor development, spasticity of the upper limbs, and microcephaly. Numerous attempts were made to isolate a virus from his urine, spinal fluid, serum, and saliva by methods available at the time, including inoculation in HeLa cells.

A more direct morphological demonstration of the virus etiology of C.I.D. was first provided by Minder (1953). Cytomegalic inclusion cells in the pancreas of a 14-day-old infant were examined by electron microscopy. Particles measuring 100 mm were seen at a magnification of ×25,000 in both the cytoplasm and the clear halo about the intranuclear inclusion. In retrospect, this was probably the first time human CMV was seen.

## 1.2. VIROLOGICAL PERIOD

The isolation of human CMV was not possible until human cells could be routinely grown in cultures (Enders *et al.*, 1949), since the cytomegaloviruses are largely species specific, and human CMV does not grow in experimental animals. When such culture techniques became commonplace in the early 1950s, it became a question of time until isolation was achieved.

The circumstances surrounding the isolation of this virus independently in three different centers, i.e., by M. Smith in St. Louis (Smith, 1956), Weller *et al.* (1957) in Boston, and Rowe *et al.* (1956) in Bethesda, are well described by Weller (1970). I acknowledge his description for the following account (Weller, 1970).

By 1948, the laboratories of Enders and Weller in Boston had become a mecca for virologists eager to learn the new tissue culture methods after these workers had successfully isolated the polioviruses (Enders *et al.*, 1949). Margaret Smith was one of those who went there to learn the methodology and apply it to the mouse salivary gland virus in 1951. In 1954, M. Smith (1954) isolated mouse CMV in roller cultures of mouse embryo fragments embedded in clotted chicken plasma (see Section 15.2). It is not so well known that at around the same time she had already obtained an agent from human uterine cell culture inoculated with salivary gland material of an infant and carried it for more than a dozen passages. The lesions produced were similar to those produced by the mouse salivary gland virus, but the human agent did not grow in mouse tissue, and the mouse CMV did not grow in human tissue. Dr. Smith's paper describing her findings were rejected by a journal on the incorrect ground that she might have been growing the mouse agent in human tissues. It was not until 1954, after Dr. Smith reisolated human CMV from the salivary gland of one dead infant and from the kidney of another infant who had died of cytomegalic inclusion disease, that her paper was accepted (M. Smith, 1956).

In contrast to Dr. Smith's persistent pursuit of cytomegaloviruses of mice and man, the isolations of human CMV in Boston and Bethesda were serendipitous. Neither group was attempting to isolate CMV prior to its success.

Besides research interests in virology, Dr. Weller was interested in protozoal parasites. In 1955, he attempted to isolate *Toxoplasma* in roller cultures of human skin–muscle tissue from a 3-month-old infant suspected of toxoplasmosis. Instead, the Davis strain of CMV was isolated. Subsequently, he and his coworkers isolated CMV from the urines of two other living infants suspected of suffering from C.I.D. These two isolates are now known as the Kerr and Esp. strains (Weller *et al.*, 1957). A comment on the meticulous care of these workers in demonstrating true viral replication is that the Davis strain was propagated from 20 passages during an elapsed period of 494 days before their first report was published.

Rowe and his co-workers in Bethesda were not searching for CMV either but were studying a new group of viruses—the adenoviruses—by culturing human adenoidal tissue. In one instance, culture of adenoids from three children yielded an unusual type of cytopathology (Rowe *et al.*, 1956) more reminiscent of what Weller (1953) had recently described for varicella. The following is Weller's account (1970:

> Therefore, in May 1955, Row brought [his] . . . cultures of AD169 . . . to Boston to study. The cytopathic changes resembled more closely those [Weller] was obtaining [for CMV] than those of varicella. As a result of Dr. Rowe's visit, . . . strains of virus were exchanged, and the similarity of agents recovered in St. Louis, Boston and Bethesda was established in advance of publication.

An excellent and commendable example of collaboration in science!

## 1.3. RECENT TRENDS

The most recent developments in the area of cytomegalovirus studies have been impelled by two major forces. On the one hand the clinical spectrum of diseases known to be caused by CMV has broadened significantly from the early days when it was considered primarily a cause of rare cases of cytomegalic inclusion disease in neonates. Finnish investigators first described the CMV-induced heterophile-agglutinin-negative mononucleosis syndrome in immunologically competent normal adults (Klemola and Kaariainen, 1965). But it is in immunologically deficient adults and children that CMV disease has come to assume the position of the primary opportunistic virus par excellence. Transplant recipients iatrogenically immunosuppressed by agents such as azathioprine, antilymphocyte serum, andcyclosporine, which affect T-cell immunity, can develop a host of CMV-caused syndromes depending on the degree of immunosuppression (Ho 1977; Ho, 1982).

These range from self-limited febrile mononucleosis to CMV pneumonitis, hepatitis, gastrointestinal ulceration, retinitis, and encephalopathy to widely disseminated multisystem disease. With the inception of the AIDS epidemic in 1981, where patients are even more immunosuppressed than transplant recipients, this group of CMV syndromes has become even more numerous and important in the practice of medicine.

The other force molding our views of CMV has been the gigantic strides made recently in our biological, molecular, and immunologic understanding. Cytomegalovirus is now recognized as one of six human herpesviruses, each of which is important in human disease and pathology. They share the interesting property of being incurable, remaining latent in tissues, and becoming reactivable during immunosuppression. How latency is maintained and how an active infection arises from a dormant one are still unanswered questions. However, since understanding of the structure and function of CMV and other herpesvirus genes as well as their expression has advanced so remarkably it is a matter of time before these biological mechanisms are elucidated. This together with incipient advances in the prevention and therapy of CMV infection promise to inaugurate yet another era in the history of CMV.

# 2

# Molecular Biology of Cytomegalovirus Replication

*Mark Stinski*

## 2.1. INTRODUCTION

Infection of the host by cytomegaloviruses (CMVs) can lead to productive infection that can either persist asymptomatically, be accompanied by disease, or become latent. This chapter focuses on the molecular events associated with CMV gene expression and replication. The CMV classification is based on the biological properties of host specificity, length of the replication cycle, and cytopathic effects. These viruses are referred to as betaherpesviruses (Roizman and Batterson, 1985).

Cytomegaloviruses are species-specific viruses that replicate slowly in cell culture and in the host. Infectious virus may persist for an extended period of time, after which the virus may establish latency. With the exception of the first viral proteins expressed in the infected cell, each stage in the replication cycle requires a protracted period of time relative to the alphaherpesviruses (Roizman and Batterson, 1985). In cells cultured *in vitro,* the replication cycle requires days for maximum production of infectious virus and weeks to produce visible plaques.

The CMVs have more sequence complexity than the other herpesviruses and may represent expanded derivatives of the ancestral type herpesviruses. The CMVs generally have large double-stranded DNA genomes equivalent to approximately 230 kilobase pairs (kbp) (DeMarchi *et al.*, 1978; Geelan *et al.*, 1978; Kilpatrick and Huang, 1977; Lakeman and Osborn, 1979; Stinski *et al.*, 1979a). The human CMVs (human herpesvirus V) have a genome with a long and short component that

*Mark Stinski* • Department of Microbiology, University of Iowa, Iowa City, Iowa 52242.

can invert during replication. The animal CMVs studied to date have nonisomerizing genomes. Although these have the largest of the herpesvirus genomes and may express as many as 200 different gene products, these viruses exhibit a growth requirement for differentiated cells *in vitro* and a stimulation of host cell macromolecular synthesis.

Although CMVs replicate in many of the same cells as the other herpesviruses, these viruses have a propensity to cross the placental barrier and cause congenital birth defects. Cytomegaloviruses have been isolated from many different vertebrates, including mice, guinea pigs, Old World and New World monkeys, and man. There are some strikingly similar arrangements of regulatory elements and genes between the human and animal CMVs studied to date. Since the animal viruses allow for *in vivo* experiments, which help us understand the pathophysiology and immunology of CMV infection, some comparisons between the molecular biology of human CMV and various animal CMVs will be made.

## 2.2. STRUCTURE AND ORGANIZATION OF THE VIRAL GENOMES

### 2.2.1. Isomerizing and Nonisomerizing Genomes

The human CMV genome represents an isomerizing betaherpesvirus genome. It is extremely large, with an estimated size of 65–68 nm (Geelen *et al.*, 1978), which corresponds to approximately 230 kbp or a relative molecular mass ($M_r$) of 150–155 $\times 10^6$ (DeMarchi *et al.*, 1978; Geelan *et al.*, 1978; Kilpatrick and Huang, 1977; Lakeman and Osborn, 1979; Somagyi *et al.*, 1986; Stinski *et al.*, 1979a). Recent DNA sequencing of the AD169 strain determined the genome to be 229,354 base pairs (bp) (Chee *et al.*, 1989c). The human CMV DNA has a density of 1.716–1.717 g/cm$^3$ (Geelen *et al.*, 1978; Huang *et al.*, 1973), corresponding to a G-C content of 57%. The structure of the human CMV genome (Towne strain) is illustrated in Fig. 2.1. The genome can be divided into two segments referred to as the long (L) and short (S) components, which are capable of isomerization ((Kilpatrick and Huang, 1977). Both the L and S components are flanked by terminal repetitive sequences. Single-stranded circles connected by a double-stranded zone have been detected by electron microscopy of denatured and reannealed DNA. The double-stranded region represents hybridization between the repeat sequences, indicating that the repeat sequences must be inverted one relative to the other (Somagyi *et al.*, 1986). The junction between the L and S components is composed of internal repeat (IR) sequences, which are designated $IR_L$ and $IR_S$ when attached to the L and S components, respectively. The sequences at both ends of the genome are designated terminal repeats (TR). The sequences between the repeat regions are unique (U) sequences and are referred to as the unique long ($U_L$) and the unique short ($U_S$) regions. The approximate sizes of each are designated in Fig. 2.1. For strain Towne, the $U_L$ region of 175 kb is encompassed by inverted repetitions of 11 kb. The $U_S$

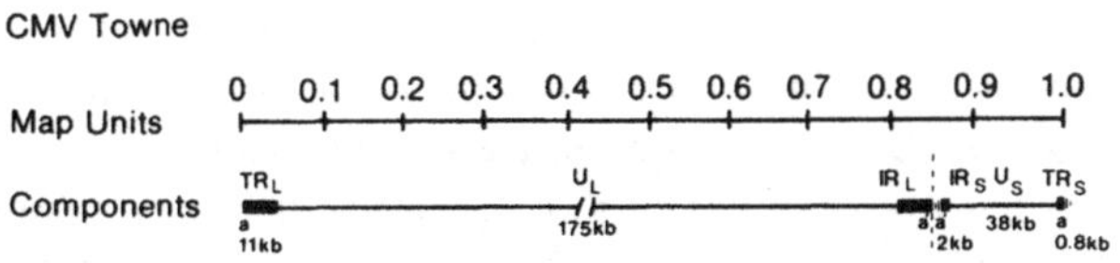


Figure 2.1. Structural arrangement of the human CMV genome. The genome consists of a long (L) and a short (S) component. Each unique (U) sequence is bounded by terminal repeats (TR) and inverted internal repeats (IR). The *a* sequence is at the termini of both the L and S components. The size in kilobases (kb) of each section of the genome for the Towne strain is designated. Heterogeneity at the termini and the joint occurs. The map units for the prototype arrangement of the viral genome are designated. (Data from LeFemina and Hayward, 1980.)

region of 38 kb has inverted repeats of approximately 2 kb (LeFemina and Hayward, 1980). Differences at the termini of various human CMV strains are the result of sequence amplification, which is discussed in more detail below. Recent sequencing of the AD169 strain determined the $U_L$ to be 166,972 bp, the $U_S$ to be 35,478 bp, the $TR_L$ and $IR_L$ to be 11,247 bp, and the $TR_S$ and $IR_S$ to be 2524 bp (Chee *et al.*, 1989c).

Since the L and S components of human CMV can invert during replication, virions contain any one of four isomers of the viral genome (Kilpatrick and Huang, 1977). Therefore, a human CMV is referred to as an isomerizing betaherpesvirus. However, the animal CMVs studied to date do not contain repeat sequences at an internal location. These virions contain only one DNA isomer and are referred to as nonisomerizing betaherpesviruses.

## 2.2.2. Comparisons between Different Strains of Human CMV

During replication, the *a* sequence (see Fig. 2.1) of CMV may get amplified at both termini as well as at the L–S junction (Geelen and Westrate, 1981; LaFemina and Hayward, 1980; Spaete and Mocarski, 1985). These amplifications represent a duplication of the sequence at the termini. The various strains of human CMVs may differ in both the size and number of additions at the termini. For example, strains AD169 and Davis have smaller repeats at the termini of the L component than the Towne strain (LaFemina and Hayward, 1980). The junction between the $U_L$ and the L repeat is a major site of interstrain sequence variation. DNA probes to this region can be used to differentiate one strain of human CMV from another (Murph *et al.*, 1986). The unique restriction endonuclease digestion pattern between the $U_L$ and L repeat remains stable on passage. With the laboratory strain AD169, reiterations at the termini have occurred as a cluster of direct repeats resulting in a high degree of heterogeneity, which is quite different from the Towne strain (Tamashiro *et al.*, 1984).

The restriction endonuclease profiles of the various strains of human CMV have many similarities, but no two profiles are identical (Geelen *et al.*, 1978; Huang *et al.*, 1976; Kilpatrick *et al.*, 1976; Minson and Darby, 1982; Pritchett, 1980).

Polymorphisms can occur throughout the entire genome. However, this variation arises from the absence or gain of restriction endonuclease sites and not from major rearrangements of the DNA or major sequence duplications. Restriction endonuclease diversity has not been linked to biological differences among the human CMV strains. In general, the human CMV genomes are colinear with at least an 80% sequence homology (Geelen *et al.*, 1978; Huang *et al.*, 1976; Pritchett, 1980).

### 2.2.3. Animal CMV DNAs

Restriction endonuclease analysis was one of the important methods used to establish the nonisomerizing character of the animal CMV genomes and to confirm that the sizes of these viral genomes are similar to that of human CMV. For example, the molecular mass of the genomes of simian (Jean *et al.*, 1978), murine (Ebeling *et al.*, 1983), guinea pig (Gao and Isom, 1984), and rat (G. Hayward, personal communication) CMVs are approximately $150 \times 10^6$. There are some regions of sequence homology between human CMVs and animal CMVs. For example, simian and murine CMVs have regulatory elements upstream of the major immediate early genes in the $U_L$ component that are identical to human CMV (Boshart *et al.*, 1985; Dorsch-Hasler *et al.*, 1985; Jeang, 1984; Jeang *et al.*, 1987; Thomsen *et al.*, 1984). These interesting regulatory elements are discussed in detail below. Simian and guinea pig CMVs have homology with various regions of the human CMV long unique component (Gao and Isom 1984; Jeang, 1984). For example, there is considerable homology between the guinea pig immediate early gene region and that of human CMV (Isom *et al.*, 1984). Some homologies are also likely to exist between genes and encode matrix proteins or envelope glycoproteins. Simian CMVs express many polypeptides with amino acid and antigenic relationships to human CMV (Gibson, 1983).

### 2.2.4. Homology with Cellular DNA

There are certain regions of both human and animal CMV genomes that hybridize with cellular DNA because of either DNA sequence homology or high G-C content. There are regions that hybridize under high-stringency conditions (Shaw *et al.*, 1985) and other regions that hybridize less strongly (Jeang and Hayward, 1983; Ruger *et al.*, 1984a; Spaete and Mocarski, 1985). The latter regions may have given false-positive hybridization of CMV DNA with human tumor DNAs.

### 2.2.5. Defective Viral DNA

The human CMV genome described above is present in virions produced in the infected host or in tissue culture. However, the viral genomes can be defective when virus is passaged at a high multiplicity of infection in tissue culture. Smaller DNA molecules become packaged into virions, which leads to a decrease in infectivity and an increase in the particle-to-PFU ratio (Ramirez *et al.*, 1979; Stinski *et al.*, 1979a). With human CMV, the majority of defective DNA molecules had a molecular weight of approximately $100 \times 10^6$. However, the development of defective DNA molecules during infection of the host has not been detected.

## 2.3. CIS-ACTING ELEMENTS ASSOCIATED WITH THE VIRAL GENOMES

### Immediate Early (α) Enhancer-Containing Promoter-Regulatory Regions

Cytomegaloviruses have cis-acting DNA elements and other DNA domains that provide a very strong entry site for RNA polymerase II and other components of the transcriptional machinery. There are three independent enhancer elements in different locations of the genome. At least one of the enhancer elements initiates the expression of viral gene products that influence subsequent viral gene expression. The other enhancer elements are upstream of putative glycoprotein genes. These viral gene products might influence the physiology of the infected cell. DNA sequencing demonstrated that regulatory regions of the human and animal CMVs have sets of repetitive elements that are interspersed and highly conserved, but the relative organization of these repeat motifs in the different CMVs varies markedly (Boshart *et al.*, 1985; Henninghausen *et al.*, 1986; Jeang *et al.*, 1987; Nelson and Groudine, 1986; Thomsen *et al.*, 1984). This suggests that the presence of the repeat motif is more important than the organization. Figure 2.2 illustrates the organization of these repeat motifs upstream of the IE1 gene for human CMV. The regulatory region has been divided into the modulator region and region I and II. The modulator region (−750 to −1145) responds differently in various cell types (Lubon *et al.*, 1989). In region I, there are repeat elements with consensus sequences for interacting with known eukaryotic cell DNA-binding proteins such as the nuclear factor 1 (NF1)/CAAT-binding protein (CBP) superfamily. This family consists of a diverse but related group of proteins that are involved in both sequence-specific transcriptional activation and DNA replication.

The NF1/CBP-like proteins have been implicated as both negative and positive regulators. Overlapping the NF1/CBP binding sites in human CMV are 13-bp repeat elements (5′AATCAATATTGGC3′) (Fig. 2.2B). The number of NF1/CBP binding sites varies greatly between CMVs. For example, simian CMV has over 20 adjacent sites, and human CMV only four (Henninghausen *et al.*, 1986; Jeang *et al.*, 1987). NF1/CBP can bind to at least three of these upstream regions in human CMV and protect the DNA from DNase I digestion (Henninghausen *et al.*, 1986; Jeang *et al.*, 1983). Downstream of the NF1/CBP binding sites is the consensus cis binding site for a serum response element (SRE), 5′CCATATATGG3′ (Fig. 2.2B). Region I can have a positive effect on IE1 expression, but the effect is relatively low

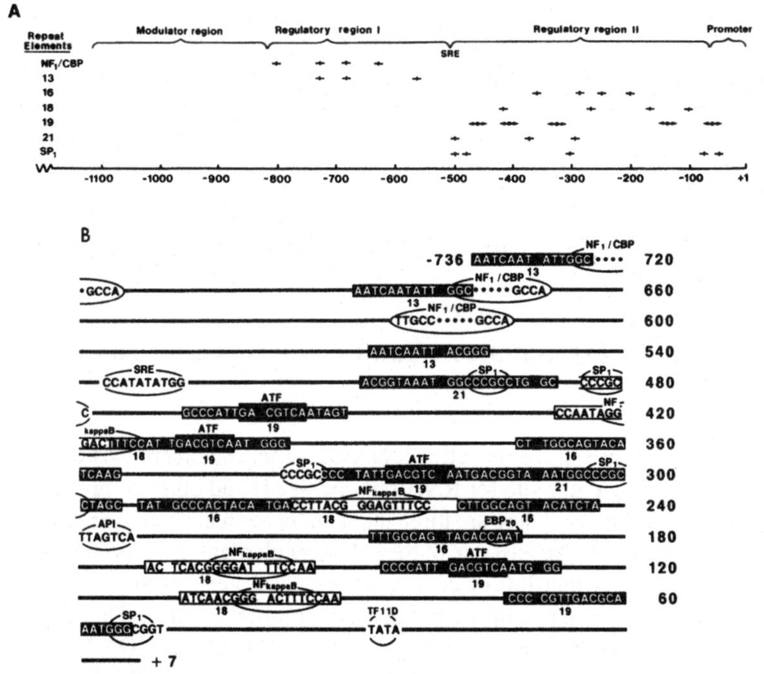


Figure 2.2. The human CMV major IE enhancer containing a promoter–regulatory region. (A) Upstream of the promoter containing a CAAT and TATA box is a series of repeat elements designated according to number of base pairs. The modulator region is described in the text. Regulatory region I contains the 13-bp repeats and the overlapping binding sites for nuclear factor I [NF1:5′TGGC/ANNNNNGCCAA-3′/CAAT-binding protein (CBP) superfamily]. In the same region are inducible DNase I sites (not shown; Nelson and Groudine, 1986). Regulatory region I also contains a serum response element (SRE). Regulatory region II contains five GC boxes for SP1 (5'GGGCGG3′ or 5′CCGCCC3′) and four different repeat elements. The consensus sequences of the 16-, 18-, 19-, and 21-bp repeats are 5′CTTGGCAG-TACATGAA3′, 5′CTAAAC*GGGACTTT*CAA3′, 5′CCCCATT*GACGTCA*ATGGG3′, and 5′ACG-GTAAATGG*CCCGCC*TGGC3′, respectively. Italic regions designate important core elements. The 19-n repeat contains the CAAT box located 62 n upstream of the cap site at +1. This promoter–regulatory region contains enhancer elements plus other regions that bind eukaryotic cell transcription factors as described in the text. The promoter–regulatory region drives the transcription of both the IE1 and IE2 viral genes. Both genes have a cap site at +1 but differ because of alternate splicing illustrated in Fig. 2.3. The region upstream of the cap site is expressed as negative base pairs. (B) The distribution of the various repeat elements and the consensus sequence elements for binding various eukaryotic transcription factors are described in the text. (Data from Boshart *et al.*, 1985; Heilbronn *et al.*, 1987; Jeang, 1984; Jeang *et al.*, 1987; Stenberg *et al.*, 1984; Stinski, 1985, 1984; Thomsen *et al.*, 1984).

compared to region II (Nelson *et al.*, 1987). Nevertheless, the modulator region and region I presumably contain cis sites to facilitate the initial binding of eukaryotic nuclear proteins for activation of downstream expression. These factors may act in concert to enhance binding to region II.

In region II, there are several different consensus cis sites within and outside of the repeat elements that have potential to interact with known eukaryotic transcription factors. Several of the repeat elements have also been found in simian and murine CMV. The 21-bp repeat 5′ACGGTAAATGGCCCGCCTGGC3′ has an SP1 consensus binding site (indicated in Fig.2.2B). The number of functional SP1 binding sites is not known. The SP1 binding site immediately downstream of the CAAT box appears to be nonfunctional based on *in vitro* DNase footprint analysis (P. Ghazal, personal communication). The 19-bp repeat element 5′CCCCATTGACGTCAATGGG3′ has the properties of being palindromic. The core has a cAMP response element (CRE), 5′TGACGTCA3′, and a consensus binding site for the eukaryotic transcription factor ATF, 5′GACGTCA3′ (Jones *et al.*, 1988; Fig. 2.2B). Whether or not the 19-bp repeat actually binds ATF is not known. The 19-bp repeat independently is a major contributor to the strength of this enhancer–containing promoter–regulatory region in the Jurkat T lymphocyte and in the permissive human fibroblast cell (Hunninghake *et al.*, 1989). Agents that increase intracellular cAMP levels also enhance expression when the 19-bp repeat is present and contains a T residue in the core dyad symmetry. However, deletion of this T residue renders the 19-bp repeat element unresponsive to these same agents (Hunninghake *et al.*, 1989). Binding of nuclear proteins to the region at −63, which lacks a T residue in the 19-bp repeat, is weak, whereas binding to the upstream 19-bp repeats that contains a T residue is strong (Ghazal *et al.*, 1988a).

Although the 19-bp repeat has a major role in the IE1 promoter–regulatory region, the proteins that bind to it presumably act synergistically with proteins bound to the other repeat elements. The 18-bp repeat element 5′CTAAAC*GGGACTTTCC*AA3′, which contains a core sequence (italic) that interacts with the eukaryotic transcription factor NF-κ B (Blanar *et al.*, 1989; Nabel and Baltimore, 1987; Parslow *et al.*, 1987; Wirth and Baltimore, 1988), also has independent activity in stimulated T lymphocytes and human fibroblast cells (Hunninghake *et al.*, 1989; Fig. 2.2B). Although the 18-bp repeat is not as active as the 19-bp repeat in Jurkat and human fibroblast cells, the 18-bp repeat element also plays a role in the activation of the IE1 promoter. Deletion studies have demonstrated that the relative level of downstream expression is significantly higher if both the 18- and 19-bp repeat elements are present than for either repeat element alone (Stinski and Roehr, 1985). The core sequence of the 18-bp repeat is also found in the regulatory region of the interleukin-2 receptor gene (Blanar *et al.*, 1989), the human immunodeficiency virus LTR (Blanar *et al.*, 1989; Nabel and Baltimore, 1987), the immunoglobulin κ enhancer (Parslow *et al.*, 1987), plus other genes (Blanar *et al.*, 1989). Whether or not the human CMV 18-bp repeat actually binds NF-κ B is not known. The role of the 18-bp repeat for downstream expression B cells containing significant amounts of NF-κ B also remains to be investigated. Binding of nuclear proteins to the 18-bp repeat is weaker than that to the 19-bp repeat in the cell types investigated to date (Ghazal *et al.*, 1988a).

No activity has been detected with the 16-bp repeats (Hunninghake *et al.*, 1989). The majority of these repeats can be deleted without a negative effect on the strength of the IE1 promoter (Stinski and Roehr, 1985). Although critical cis-acting sites are associated with several of the repetitive sequences, they are also associated with nonrepetitive sequences. These include the SRE (−539 to −529), an AP1 site (−238 to −232), and several SP1 sites (Fig. 2.2B). Again, whether or not these cis sites are functional is not known.

In the major IE promoter–regulatory region there are at least nine major sites for protein–DNA interactions as defined by crude nuclear extracts and DNase I protection experiments (Ghazal *et al.*, 1987). Binding of nuclear proteins was detected to both repetitive as well as nonrepetitive sequences. A common sequence motif, (T)TGG/AC, was present in many of the binding sites (Ghazal *et al.*, 1988a). It is likely that one repeat element interacts with more than one nuclear factor. It is also possible that the presence of one repeat element influences binding to one or more other repeat elements. The duplication of the regulatory elements and their consensus binding sites for eukaryotic transcription factors presumably makes the CMV promoter–regulatory regions highly efficient in competing for limited transcription factors in the cell. These transcription factors presumably act in concert to enhance IE transcription in a modular fashion (Ghazal *et al.*, 1988b). Factors binding to distal sequences may function ultimately by contacting a factor(s) more proximal to the transcription initiation site such as TF11D (see Fig. 2.2) and RNA polymerase II.

There is little significant homology between the regulatory regions of beta- and alphaherpesviruses with the exception of the SP1 binding domain and a region in pseudorabies virus with a distant homology to the 18-bp repeat of CMV (Campbell and Preston, 1987). Even though human CMV and HSV have a similar genome organization and replicate in many of the same cells, these viruses have evolved to have unique cognitive and regulatory domains upstream of their IE genes.

The human CMV major IE promoter–regulatory region has many cis-acting sites for eukaryotic cell transcription factors to make it independently very strong during virus infection. However, it is also positively and negatively regulated by virus-specified proteins. The organization of the viral IE genes and their role in regulating expression from the IE1 promoter are discussed below.

## 2.4. TRANSCRIPTION

### 2.4.1. Immediate Early (α)

Since the CMV genomes can remain in cells in either a quiescent, persistent, or productive state, there are presumably a number of control features that regulate transcription of the viral genome. In productive infection, there is a sequential expression of the viral genome that is temporally regulated. The viral genes have been placed into three broad categories termed immediate early (IE) (α), early (β) and late (γ) (for review see Stinski *et al.*, 1983). The categories are based on the time of appearance of either viral mRNA or protein in the infected cell. The first genes transcribed after infection of a permissive cell are the IE genes. Efficient transcription of the IE genes does not require preceding viral protein synthesis, and consequently, these genes are transcribed in the presence of an inhibitor of protein synthesis. *In vitro* transcription from the human CMV major IE gene promoter is inhibited by the addition of α-amanitin (Thomsen *et al.*, 1984), and, therefore, it is probable that this class of CMV genes is transcribed by host cell RNA polymerase II. Human CMV contains several enhancer elements that are located in both the $U_L$ and the $U_S$ components. The major site of IE transcription is the $U_L$ component between approximately 0.66 and 0.77 map units for the prototype genome arrangement (see Fig. 2.1). Approximately 88% of the IE viral RNA hybridized to this region (Wathen and Stinski, 1982). The nonisomerizing animal CMVs studied to date also have a major amount of IE transcription in the same approximate location on the viral genome. In addition, the abundant polyribosome associated poly(A) viral RNAs originated from this region of the viral genome (Wathen and Stinski, 1982). The viral RNA transcribed from the IE genes constitutes approximately 0.6% of the infected total cell RNA when the cells are infected in the presence of an inhibitor of protein synthesis (Stinski *et al.*, 1983).

Two other regions of IE transcription map at approximately 0.24 map units in the $U_L$ and 0.86 map units in the $U_S$. These regions could code for potential glycoproteins, which are described in more detail in Section 2.7. However, the amount if IE transcription is low relative to the region between 0.66 and 0.77 map units. In the case of human CMV, there are at least two IE transcription units located downstream of the major IE promoter (Stinski *et al.*, 1983). The IE promoter–regulatory region drives the expression of the IE1 and IE2 genes (Fig. 2.3). The IE2 RNAs can have the same 5′ leader sequence as IE1 RNA. These RNAs arise by an alternate splicing mechanism, which is described in Section 2.4.4. The IE gene products are involved in stimulating subsequent viral and possibly host cell gene expression (Chang *et al.*, 1989a; M. Davis *et al.*, 1987; Depto and Sternberg, 1989; Hermiston *et al.*, 1990; Nelson *et al.*, 1987; Tevethia *et al.*, 1987). After the synthesis of the IE gene products, there is a switch from restricted to extensive transcription of the viral genome (DeMarchi, 1981; McDonough and Spector, 1983; Stinski, 1983; Wathen and Stinski, 1982; Wathen *et al.*, 1981). Assuming asymmetric transcription, approximately 20% of the coding capacity of the human CMV genome is transcribed within approximately 4 hr after infection. The level of transcription continues to increase, reaching approximately 40% of the asymmetric coding capacity within 24 to 36 hr after infection (Chua *et al.*, 1981). Likewise, the relative amount of cellular RNA synthesis increases dramatically after the synthesis of the IE gene products (Stinski *et al.*, 1984; Tanaka *et al.*, 1975).

### 2.4.2. Early (β)

Transcription in the presence of an inhibitor of viral DNA synthesis is the method for detection of early genes. They originate in highest abundance from the

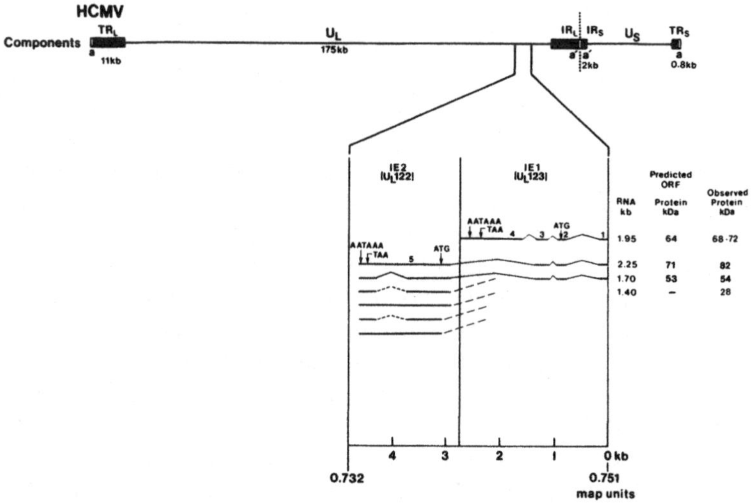


Figure 2.3. Organization of human CMV IE1 and IE2 genes. The mRNA structures, sizes, predicted ORFs, and molecular masses of observed proteins for the IE1 and IE2 genes are shown (Towne strain). Bold and thin lines represent mRNA exons and their introns, respectively. Dashed lines represent potential introns that were not confirmed by either exonuclease VII, primer extension, or cDNA analysis. Transcription signals such as the CAAT, TATA, and AATAAA elements are shown. Translation initiation and termination sites are also shown. The strong promoter–regulatory region upstream of IE1 and the cap site are described in Fig. 2.2. The distance in kilobases (kb) and the map units on the viral genome are indicated. (Data from Hermiston *et al.*, 1987; Stenberg and Stinski, 1985; Stenberg *et al.*, 1985, 1989.)

repeat sequences and those sequences adjacent to the repeat sequences (Wathen and Stinski, 1982). Following viral DNA replication, abundant transcription from the long repeat and adjacent sequences continues throughout infection, and the viral RNAs are found on polyribosomes as poly(A) RNA. In contrast, transcripts from most of the long and short unique regions are found in relatively low concentrations on the polyribosomes at early times after infection (Wathen and Stinski, 1982). Even though CMVs have a very rapid IE phase of gene expression, the early phase extends for 24 hr or more (DeMarchi *et al.*, 1980; Stinski *et al.*, 1980; Wathen *et al.*, 1981).

### 2.4.3. Late (γ)

The overall level of transcription is directly proportional to the amount of viral DNA synthesis. However, most but not all of the late genes of CMV investigated to date do not require viral DNA synthesis for transcription. With human CMV, there is little distinction between the transcriptional activation of early and late genes. However, late RNAs may differ from early RNAs in their different 5′-end initiation sites (Chang *et al.*, 1989a; Leach and Mocarski, 1989; Stenberg *et al.*, 1985). There appear to be several posttranscriptional mechanisms responsible for the delay in the appearance of late gene products. For example, a late gene of human CMV between 0.408 and 0.423 map units that encodes a structural tegument protein (pp64, described below) is significantly transcribed in the presence of inhibitors of viral DNA synthesis (Goins and Stinski, 1986). However, the viral RNA from this transcription unit remains preferentially associated with the nucleus until after viral DNA replication. The viral RNA that accumulates is precursor RNA. A 5′-end intervening sequence referred to as an intron is removed prior to viral DNA synthesis. However, a removal of a 3′ intron does not occur, and final cleavage and polyadenylation of the viral RNA do not occur until after viral DNA synthesis (Goins and Stinski, 1986).

These observations suggest that complete processing of these human CMV viral RNAs requires either a viral gene product that is not available until after viral DNA synthesis or a cellular gene or product that is induced only after viral DNA synthesis. Therefore, the precursor viral RNA is retained in the nucleus at early times. There are presumably other mechanisms of posttranscriptional regulation that control either the stability of viral RNAs, the transport of human CMV mRNAs to the cytoplasm, or the translation of these RNAs in the cytoplasm. There are some RNA transcripts at early times after infection that are not transported to the cytoplasm (DeMarchi, 1983a; Geballe *et al.*, 1986a). Other RNAs, such as the early RNAs from the repeat and adjacent sequences, are characteristically unspliced, and they are efficiently transported to the cytoplasm. Human CMVs may have cis-acting signals located either 5′ or 3′ on the RNA molecule that influence either stability, processing, or transport. Therefore, the betaherpesviruses may be very different from the alphaherpesviruses with regard to posttranscriptional regulation.

### 2.4.4. Organization and Expression of the IE1 and IE2 Genes

The two transcription units between 0.732 and 0.751 map units are designated IE1 and IE2 (Hermiston *et al.*, 1990; Stinski *et al.*, 1983, 1984; Wilkinson *et al.*, 1984). Transcription of IE1 and IE2 is influenced directly by the major IE promoter–regulatory region. The mRNA structures, sizes, predicted open reading frames (ORFs), and observed proteins associated with the IE1 and IE2 genes are summarized in Fig. 2.3. The IE1 gene, immediately downstream of the major IE promoter between 0.739 and 0.751 map units, codes for 1.95-kb poly(A) mRNA. The viral mRNA consists of a 5′ leader exon of 121 nucleotides (n) followed by three exons of 88, 185, and 1341 n (Akrigg *et al.*, 1985; Stenberg *et al.*, 1984). These exons have been designated exons 1, 2, 3, and 4, respectively (Fig. 2.3). The major ORF begins in exons 2, extends for 491 amino acids, and terminates near the 3′ end of exon 4. This viral protein is highly phosphorylated with a molecular mass ranging from 68 to 72 kDa (Blanton and Tevethia, 1981; Gibson, 1981a; Michelson *et al.*,

1979a; Stinski, 1978, 1983, 1984; Stinski *et al.*, 1982, 1983, 1984. There is a region rich in glutamic and aspartic acid residues positioned near the carboxy-terminal end.

The greatest degree of homology between human CMV and simian CMV or murine CMV is found in the upstream promoter–regulatory regions. Nevertheless, the IE1 mRNAs do exhibit a similar splicing pattern in which a major 3′ exon is linked to three smaller 5′ exons. Likewise, the first codon for initiation of protein synthesis is the second exon. The overall amino acid homologies between human and murine CMV are very weak. By an alternate splicing mechanism, exons 1, 2, and 3 of human CMV can be ligated to exon 5 in the region designated IE2 (Fig. 2.3). The IE2 has an in-frame intron. When the intron is present, the mRNA is 2.25 kb and can code for a large protein with an apparent molecular mass of 82 kDa (Hermiston *et al.*, 1987). If the intron is absent, a smaller 1.70-kb mRNA is predicted to code for a smaller IE2 protein with an apparent molecular mass of 54 kDa (Fig. 2.3). Smaller IE2 mRNAs can also result from the selection of a down-stream acceptor site in exon 5 (Fig. 2.3) (Stenberg *et al.*, 1989; C. L. Malone and M. F. Stinski, unpublished data). At late times after infection, a 1.5-kb mRNA originates from IE2 that codes for a 40-kDa late viral protein (Stenberg *et al.*, 1989).

The IE1 and IE2 proteins have 85 amino acids in common, coded by exons 2 and 3 of the IE1 transcription unit. The major body of the IE2 protein is coded by exon 5. The coding sequences for the smaller IE2 protein of 28 kDa requires further investigation. However, deletion analysis suggests that the 28-kDa IE2 viral protein originates primarily from the carboxy-terminal half of the IE2 transcription unit (C. L. Malone and M. F. Stinski, unpublished data).

The IE1 and IE2 proteins can be detected in the nucleus of infected cells (Otto *et al.*, 1988). However, the IE1 protein accumulates first on intracytoplasmic membranes prior to transport to the nucleus. Consensuslike nuclear localization signals are not apparent in the amino acid sequence of the IE1 protein. However, the IE2 protein has two potential nuclear localization signals (Stenberg *et al.*, 1985). The relationship between IE2 proteins and the eventual transport of IE1 to the nucleus requires further investigation.

## 2.5. FUNCTIONS OF THE IE1 and IE2 GENE PRODUCTS

### 2.5.1. The IE1 Protein

At early times after infection, the IE1 viral protein is present in high abundance relative to the IE2 viral proteins. The relative abundance of these viral proteins is regulated at the transcriptional and RNA-processing level. The IE1 mRNA accumulates to approximately a fivefold higher level than the various IE2 mRNAs in infected permissive human fibroblast cells and in Jurkat cells transfected with the IE1 and IE2 genes (Hunninghake *et al.*, 1989; Stinski *et al.*, 1983). In addition, the IE1 antigen is approximately five times more abundant than the IE2 antigens as demonstrated by immunogold electron microscopy of infected human fibroblast cells (Otto *et al.*, 1988).

One function associated with the IE1 protein is enhancement of downstream expression from some enhancer-containing promoter–regulatory regions. For example, the human CMV IE1 protein enhances expression trans from the cellular interleukin-1 receptor gene (G. Iwamoto, M. Monick, B. C. Clark, P. E. Auron, M. F. Stinski, and C. H. Hunninghake, unpublished data) as well as positively regulating its own expression (Cherrington and Mocarski, 1989; Malone *et al.*, 1989). In all cases, the level of enhancement of downstream gene expression is only five- to tenfold.

There is no conclusive evidence to suggest that the IE1 protein interacts directly with a cis site in the enhancer-containing promoter–regulatory region. Although Cherrington and Mocarski (1989) proposed that the IE1 protein acts via the 18-base-pair repeat element, we find that the 18-bp repeat placed as a single repeat element or as a triplicate upstream of the wild-type IE1 promoter containing a CAAT and TATA box does not respond to IE1 transactivation (M. F. Stinski and B. Liu, unpublished data). The IE1 protein may interact with eukaryotic transcription factors associated with the transcription complex. Therefore, the IE1 protein may act as a "bridging" molecule between eukaryotic transcription factors and RNA polymerase II.

Since the IE1 and IE2 genes are driven by the same major IE promoter–regulatory region, the IE1 protein also affects the level of IE2 expression by increasing the level of steady-state IE2 mRNA (Malone *et al.*, 1989). Mechanisms for this increase could include enhancement of transcription from the major IE promoter–regulatory region or stabilization of the IE2 mRNAs by the IE1 protein.

When wild-type and mutant IE1 proteins were tested for an ability to positively regulate the major IE promoter and thereby enhance IE2 expression, two essential domains of the IE1 protein were found to be required. Most of the amino acids encoded by exon 4 are required, and 52 amino acids encoded by exon 3 are required (Malone *et al.*, 1989). These broad regions might be related to the secondary (Stenberg and Stinski, 1985) and possibly tertiary structure of the IE1 protein. Because this viral protein appears to be highly folded, mutations in one location may significantly affect the structure of the viral protein in another location.

Although the positive regulatory effects of the IE1 protein have been detected in a variety of cells including human fibroblasts, Jurkat T lymphocytes, and monkey cells (Cherrington and Mocarski, 1989; Hermiston *et al.*, 1987; Hunninghake *et al.*, 1989; Tevethia *et al.*, 1987), the IE1 protein has a negative effect in monkey cells expressing the simian virus 40 large T antigen (Stenberg and Stinski, 1985). Therefore, the regulatory effect of the IE1 protein may require other viral and possibly other cellular transcription factors.

## 2.5.2. Transactivation of Early Viral Promoters by IE2 Proteins

As described above, several viral proteins are coded for by the IE2 transcription unit as a result of alternate splicing events. The IE2 proteins can independently enhance expression in trans from inducible heterologous (M. Davis *et al.*, 1987; Hermiston *et al.*, 1987; Pizzorno *et al.*, 1988; Tevethia *et al.*, 1987) or homologous (Chang *et al.*, 1989a; Malone *et al.*, 1989) promoters. The function of the human CMV IE2 proteins was first investigated using early adenovirus promoters, since CMV promoters were not yet characterized. The human CMV IE2 proteins alone could enhance expression from the adenovirus E2 or E3 promoters (Hermiston *et al.*, 1987; Pizzorno *et al.*, 1988). Maximum enhancement of the E2 promoter occurred when both the IE1 and IE2 proteins were expressed. However, the IE1 protein alone had no significant activity (Hermiston *et al.*, 1987). The effect of IE1 was referred to as augmentation of transactivation.

This phenomenon presumably extends to the other early adenovirus promoters because IE1 plus IE2 gene products could rescue adenovirus mutants dl312 or dl1500 more efficiently than IE2 alone (Tevethia *et al.*, 1987). These adenovirus mutants are defective in the E1a gene, which is required for transactivation of the early adenovirus promoters. The adenovirus E2 promoter can be activated by a variety of viral transactivators including the simian virus 40 small t antigen (Loeken *et al.*, 1988). Recombinant plasmids expressing only exon 5 of IE2 could also enhance expression from the adenovirus E2 promoter (Hermiston *et al.*, 1987). However, recombinant plasmids expressing only exon 5 of IE2 were not sufficient for activation of a homologous human CMV early promoter designated E1.7 (Malone *et al.*, 1989). This promoter requires the large IE2 protein of approximately 82 kDa either alone or in combination with the smaller IE2 proteins for transactivation; i.e., the recombinant plasmids expressing exons 2, 3, and 5 are required (see Fig. 2.3). If the in-frame intron in exon 5 is spliced out to render a smaller IE2 protein of approximately 54 kDa, transactivation does not occur (Malone *et al.*, 1989).

A series of in-frame deletions or carboxy-terminal truncations were made to investigate the IE2 protein domains required for transactivation. These data indicated that two regions in the coding sequence of the IE2 proteins are essential for transactivation of the E1.7 promoter. One region is in the amino-proximal 52 amino acids coded by exon 3, and the other in the carboxyl-terminal 85 amino acids (Malone *et al.*, 1989). Splicing, which removes an in-frame intron, resulting in the intermediate-size IE2 protein of 54 kDa, would remove a putative zinc finger domain. Since the IE2 54-kDa protein also cannot enhance expression from the E1.7 promoter, it is proposed that both the carboxy-terminal end and the putative zinc finger are required IE2 protein domains. It is assumed that the IE2 proteins act synergistically with eukaryotic transcription factors (TFIIA, TFIIB, TFIID, TFIIE) and RNA polymerase II for expression of the downstream viral gene. The mechanism for this IE2 activation of transcription is not clear. Whether or not IE2 proteins bind to DNA is presently not known.

Although the IE1 protein alone has no significant effect on expression from the

E1.7 promoter, the presence of the IE1 and IE2 proteins allows for maximum expression from this viral promoter (Chang *et al.*, 1989a; Malone *et al.*, 1989). The IE1 protein positively regulates expression from the major IE promoter (Cherrington and Mocarski, 1989; Malone *et al.*, 1989) and thereby increases the steady-state level of IE2 mRNA about four- to fivefold (Malone *et al.*, 1989).

Other human CMV promoters that are relatively weak may require both IE1 and IE2 or other factors. The promoters upstream of two tegument genes that code for phosphorylated proteins of 65 and 71 kDa have been investigated. These genes are transcribed weakly at early times after infection (R. Stenberg, personal communication). Significant expression from the pp65 promoter was detected only when the IE1 and IE2 proteins were expressed (Depto and Stenberg, 1989). Interestingly, the pp65 promoter does not have a TATA box (Ruger *et al.*, 1987). An upstream octomer sequence, 5′ATTTCGGG3′, was proposed to be necessary for transactivation by IE1 and IE2 gene products (Depto and Stenberg, 1989). Whether this sequence has any relevance to other HCMV promoters remains to be determined.

The promoter upstream of an early gene that codes for a family of nuclear phosphorylated proteins of unknown function can also be transactivated by IE1 plus IE2 proteins (Stapans *et al.*, 1988). The effect of IE1 or IE2 proteins alone on this promoter has not been tested.

### 2.5.3. Negative Regulation of the Major IE Promoter by IE2 Proteins

When presented with the proper inducible promoter and other eukaryotic transcription factors, the IE2 proteins dramatically enhance downstream gene expression. However, when given the major IE enhancer-containing promoter–regulatory region, these IE2 proteins act antagonistically to repress downstream gene expression. This is perhaps one of the checks and balances in human CMV gene regulation that influence the dynamic balance between productive and persistent infection. Deletion analysis has demonstrated that the ORF for the large IE2 protein of 82 kDa is required for this antagonistic behavior, whereas the smaller IE2 protein of 54 kDa alone has no effect (Hermiston *et al.*, 1990). Deletions in the IE2 ORF or truncations towards the carboxy-terminal end demonstrated that 85 amino acids that include the putative zinc finger motif and the carboxy-terminal amino acids are required for negative regulatory activity (Hermiston *et al.*, 1990).

### 2.5.4. Sites in the Major IE Promoter–Regulatory Region Required for Negative Regulation by IE2

Two approaches were used to investigate negative regulation of the major IE promoter–regulatory region. (1) Internal as well as 5′-end deletions were made upstream of the CAAT and TATA boxes as described previously (Stinski and Roehr, 1985). (2) A series of constructs were made starting with the minimal promoter (−68 to +7). One type of repeat element, either the 16-, 18-, 19-, or 21-bp repeat, or the combination of NF1/CBP and SRE cis sites was inserted 59 bp upstream of −68 as described previously (Hunninghake *et al.*, 1989). All constructs were functional for expression of a downstream gene product.

All deletions in the promoter–regulatory region were repressed by IE2. However, neither the minimal promoter (−68 or +7) nor the minimal promoter with three 16-bp repeats upstream was repressed by the IE2 gene products. In contrast, the presence of either the 18-, 19-, or 21-bp repeat or the NF1/CBP and SRE cis sites allowed for repression of downstream expression (Hermiston *et al.*, 1990). The 18-, 19-, or 21-bp repeat elements contain a consensus binding site for either NF-κ B, ATF, or SP1, respectively (See Fig. 2.2B). These observations suggested that the mechanism of negative regulation by the IE2 proteins involves an antagonistic interaction with eukaryotic transcription factors that interact with upstream binding sites. The IE2 proteins might repress expression from the major IE promoter by inhibiting a linear diffusion or sliding of the cellular transcription factors from their initial entry site to the promoter. Since all of these test plasmids have the minimal promoter (−68 to +7), the role of these sequences in repression by IE2 was also investigated. Experiments indicated that a region around the IE TATA box is also required for negative regulation of IE2. Therefore, both an upstream cis-acting site and a downstream promoter-associated site are required for negative regulation by the IE2 proteins (Hermiston *et al.*, 1990). Because of the complexity of the major CMV IE promoter–regulatory region as well as the potential regulatory elements both upstream and downstream of the initiation site (+1) (P. Ghazal, personal communication), negative regulation by IE2 may function at early times after infection but not necessarily at late times after infection. Since CMVs characteristically replicate slowly and cause persistent infection in their host, there are presumably several sophisticated regulatory phenomena that influence the biology of this unique member of the herpesvirus classification group.

## 2.6. EARLY (β) GENES

Many of the human CMV early or late genes have been predicted by DNA sequence analysis (Chee *et al.*, 1989c). Two hundred eight individual ORFs have been recognized and are numbered according to location in the TR, IR, $U_L$, or $U_S$ regions of the viral genome. The following discusses a few of the human CMV early genes, their transcription, or their role in DNA replication. The most abundant steady-state poly(A) RNA made during the human CMV infection originates from a diploid gene located in the large repeat sequences between 0.011 and 0.32 (0.805 and 0.816) map units (Hutchinson *et al.*, 1986; McDonough *et al.*, 1985) (Fig. 2.4A). Abundant transcription of this gene coincides with a general stimulation of host cell transcription (Stinski *et al.*, 1984). Under immediate early conditions, i.e, in the presence of an inhibitor of protein synthesis, this gene is transcribed poorly. However, in the absence of inhibitors of protein synthesis, a 2.7-kb RNA is transcribed within approximately 2 hr after infection and continues to be expressed throughout infection. Even though there are two reports implying a role for the 5′ end of the 2.7-kb RNA in posttranscriptional regulation (Geballe *et al.*, 1986b; Geballe and Mocarski, 1988), no viral gene product has been related to this viral RNA, and it is not even certain whether it represents a mRNA (Hutchinson *et al.*, 1986b; McDonough *et al.*, 1985). Transcribed at lower abundance but in the same direction is a 1.2-kb early mRNA originating between 0.035 and 0.040 (0.792 and 0.797) map units (Fig. 2.4A). This viral mRNA has a single ORF of 254 amino acids in the Eisenhardt strain, but the viral protein has not been identified in virus-infected cells (Hutchinson and Tocci, 1986). In the AD169 strain, the 254-amino-acid reading frame is disrupted by three stop condons and two frameshifts relative to the Eisenhardt strain (Chee *et al.*, 1989c). Therefore, an ORF for this RNA cannot be predicted. It is possible that the early 2.7- and 1.2-kb RNAs are not mRNAs but represent structural RNAs. The role of these early viral RNAs in the infected cell requires further investigation. The strategic location of these genes and their duplicate nature and abundant transcriptional activity imply that they may have an important role in virus replication. However, mutations have not yet established a role for these viral genes.

Another early gene with three initiation sites for RNA synthesis maps between 0.225 and 0.243 map units ($U_L44$) (Fig. 2.4A). This gene encodes a single DNA-binding protein (DBP) of 52 kDa and is referred to as DBP52 or infected cell protein (ICP)36. Even though the gene is transcribed at early times, it most abundant transcription occurs late after infection (Mocarski *et al.*, 1985a).

Another early gene maps between 0.682 and 0.709 map units ($U_L112$, 113) (Fig. 2.4A). This gene codes for multiple mRNAs of approximately 2.2 kb that vary because of alternate splicing but have common 5′ and internal exons and alternative 3′ exons with coterminal 3′ ends. The gene codes for four phosphorylated proteins of 84, 50, 43, and 34 kDa (E pp84, 50, 43, and 34). All four proteins are immunoprecipitated by a polyclonal antiserum prepared against a synthetic peptide representing a stretch of amino acids near the amino-terminal end (Wright and Spector, 1989; Wright *et al.*, 1988). The function of these viral gene products is not known, but they accumulate in the nucleus. Since they are early gene products, they may have an important regulatory function. In addition, this gene has some cell-related sequences, and, therefore, it may have been acquired recently from the host cell. Alternatively, the protein may mimic a normal cellular function.

The early gene mapping between 0.370 and 0.385 map units ($U_L57$) is colinear and has homology with the HSV ICP8 gene (Fig. 2.4A). This early gene encodes a 140-kDa DNA-binding protein and is referred to as the major DNA-binding protein (MDBP140) or the ICP8 homologue (Anders and Gibson, 1988; Kemble *et al.*, 1987). A similar gene is present in the Epstein–Barr virus genome and in the simian CMV genome (Anders and Gibson, 1988; Kemble, *et al.*, 1987). In HSV, ICP8 is required for DNA replication (Chiou *et al.*, 1985; Conley *et al.*, 1981; O'Donnell *et*

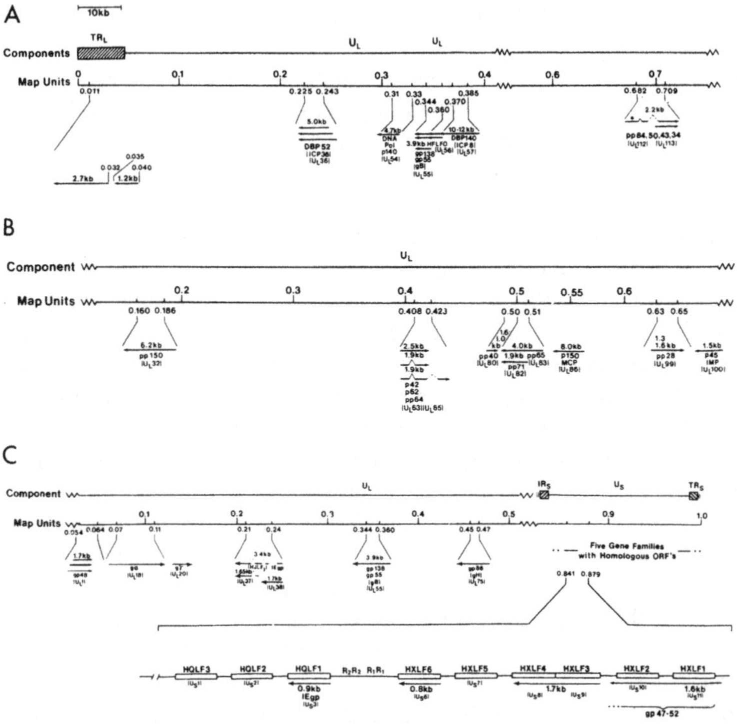


Figure 2.4. Early and late genes in the long and short components of the human CMV genome. Map units, mRNA sizes, and molecular masses of observed proteins when known are designated. When present, an asterisk indicates the location of sequences used for preparation of synthetic peptides to generate polyclonal antibodies. The relative amount of steady-state transcript observed is indicated by the thickness of the arrow. The ORF designation and location in the viral genome determined by DNA sequence analysis is designated as previously described (Chee *et al.*, 1989c). (A) Early genes of the human CMV. A cluster of human CMV genes in the $U_L$ component with significant homology to other herpesvirus genes is designated between 0.310 and 0.385 map units. DBP, DNA-binding protein; HFLFO, the AD169 HindIII F left ORF; gB, the glycoprotein referred to as the HSV gB homologue; ICP, infected cell polypeptide; ICP8, the HSV ICP8 homologue. These gene products and the viral DNA polymerase protein of 140 kDa (DNA Pol p140) are described in the text (data from Anders and Gibson, 1988; Chee *et al.*, 1989c; Heilbronn *et al.*, 1987; Hutchinson and Tocci, 1986; Hutchinson *et al.*, 1986; Kemble *et al.*, 1987; Kouzarides *et al.*, 1987; McDonough *et al.*, 1985; Mocarski *et al.*, 1985b; Stapans and Spector, 1986; Wathen and Stinski, 1982; Wright and Spector, 1989; Wright *et al.*, 1988). (B) Human CMV structural genes in the $U_L$ component. Genes are designated according to map units, mRNA sizes, and molecular masses (× 10) of the observed protein products. Bold and thin lines represent mRNA exons and their introns, respectively. A dashed line indicates that linkage of the exons has not been established by the criteria described in Fig. 2.3. The viral gene products are described in the text (data from Chee *et al.*, 1989b; Davis and Huang, 1985; Goins and Stinski, 1986; Jahn *et al.*, 1987a; Lehner *et al.*, 1989; Martinez *et al.*, 1989; Meyer *et al.*, 1988; Nowak *et al.*, 1984a; Pande *et al.*, 1984, 1988, 1989; Robson and Gibson, 1988; Ruger *et al.*, 1987). (C) Human CMV glycoprotein genes in the $U_L$ and $U_S$ components. The size of the mRNAs that code for g, gH homologue (gp86), HQLF3, and HQLF2 are not known. g, a potential glycoprotein with homology to the MHC class I chain; gB and gH, HSV homologues because these glycoproteins have some homology to HSV gB and gH; gp55 is derived from a precursor glycoprotein (gp138); IE gp, potential IE glycoproteins. The dashed line indicates that linkage of the exons was not established by the criteria described in Fig. 2.3. A multigene family in the $U_S$ component that encodes the human CMV glycoprotein complex gcII (gp47–52) is designated.

*al.*, 1987a; Quinlan *et al.*, 1984; Ruyechan and Weir, 1984), and it may be involved in regulating viral gene expression (Conley *et al.*, 1981; Godowski and Knipe, 1986). The human CMV DNA-binding protein is synthesized at early times after infection in relatively low abundance. It is localized in the nucleus, where it presumably plays a role in DNA replication (Knipe *et al.*, 1982; Lee and Knipe, 1985).

Another human CMV gene that has extensive homology with the other herpesviruses in the DNA polymerase gene between approximately 0.31 and 0.33 map units ($U_L$54) (Fig. 2.4A). This gene is transcribed as an unspliced 4.7-kb mRNA and codes for a protein of approximately 140 kDa (DNA Pol p140)(Kouzarides *et al.*, 1987). Approximately 24% of the predicted amino acid sequence of human CMV DNA Pol p140 is conserved relative to HSV or the putative EBV polymerase (Kouzarides *et al.*, 1987). Several other potential early genes have been identified by DNA sequence analysis. These include a potential ribonucleotide reductase ($U_L$95) (the $\alpha$ subunit), helicase–primase ($U_L$70), deoxy-UTPase ($U_L$72), DNase ($U_L$98), helicase ($U_L$105), and a uracil–DNA glycosylase ($U_L$114) (Chee *et al.*, 1989a). Most of the early genes described above are involved in viral DNA replication, but others may be involved in regulation of the viral genome or the host cell. Further research on human CMV early genes is required.

## 2.7. LATE ($\gamma$) STRUCTURAL GENES

The following discusses some of the human CMV structural genes. Electron micrographs of virions demonstrate a fibrous, granular array of proteins that are interfaced between an icosahedral capsid and the envelope (Stinski, 1983). This region is referred to as the tegument. Viral proteins that anchor the envelope to the nucleocapsid are referred to as matrix proteins. The capsid is approximately 100 nm in diameter and is composed of 162 capsomeres. The virions are pleomorphic and measure between 150 to 300 nm in diameter, in part because of variability in the thickness of the tegument. Human and guinea pig CMVs also form an aberrant particle that does not contain viral DNA or a nucleocapsid but does contain some of these viral proteins. These particles are referred to as dense bodies. Another aberrant form of the virus is a noninfectious enveloped particle that contains the central

---

Homologous gene family 2 or the HXLF gene family is one of five homologous gene families in the S component. The ORFs are designated by an open box. The HXLF1 and -2 and the HXLF3 and -4 genes code for bicistronic mRNAs of 1.6 and 1.7 kb, respectively; gp47–52 designates the molecular mass (× 10) of the glycoproteins as described in the text. The role of the other HXLF ORFs and the mRNAs coded by these genes is presently not known. Downstream of the HXLF6 gene are repeat sequences of enhancer elements designated R2 that are similar to the 18-bp repeat sequences upstream of the major IE gene. Another repeat sequence of unknown function is designated R1. HQLF1 and HQLF2 may also code for potential glycoproteins. Messenger RNA splicing occurs in HQLF1 (197), but only the unspliced mRNA is designated (data from Akrigg *et al.*, 1985; Chang *et al.*, 1989a,b; Cranage *et al.*, 1986, 1988; Gretch *et al.*, 1988b; Gretch and Stinski, 1990; Kouzarides *et al.*, 1988; Mach *et al.*, 1986; Spaete *et al.*, 1988; Weston and Barrell, 1986).

core, capsid, tegument, and envelope but lacks viral DNA (Irmiere and Gibson, 1983).

The human CMV genes that code for matrix–tegument viral proteins are discussed below. A protein found in both virions and dense bodies and referred to as the lower matrix protein because of its migration in denaturing polyacrylamide gels is a phosphorylated matrix–tegument protein of 65 kDa (pp65 or ICP 27) (Clark *et al.*, 1984). Another phosphorylated matrix–tegument protein (pp71), referred to as the upper matrix protein, migrates, more slowly (Roby and Gibson, 1986). The two genes are located in tandem between approximately 0.50 and 0.51 map units ($U_L$83, $U_L$82) (Fig. 2.4B). The lower matrix protein is coded for by a bicistronic unspliced 4.0-kb mRNA that could also potentially code for pp71, whose coding sequence is located toward the 3′ half of the mRNA molecule (Nowak *et al.*, 1984a; Pande *et al.*, 1984). A second monocistronic mRNA of 1.9 kb has been detected, and it may code for pp71. The two mRNAs have the same 3′ termini designated by a single polyadenylation signal. DNA sequence analysis predicts a 548-amino-acid protein equivalent to 61.5 kDa for pp65 and a 561-amino-acid protein equivalent to 62.9 kDa for pp71. In the infected cell pp71 is present in low abundance relative to that of pp65. Both proteins are believed to be present in virions, but dense bodies have little to no pp71 and an abundance of pp65 (Roby and Gibson, 1986; Ruger *et al.*, 1987). The abundant expression of pp65 may represent a property of laboratory strains of human CMV, since low levels of expression were found with wild-type strains (Jahn *et al.*, 1987b).

A matrix-tegument protein of 64 kDa that migrates in gels at approximately the same position as pp65 originates from a gene between 0.408 and 0.423 map units ($U_L$63, $U_L$65) (Davis and Huang, 1985). This gene codes for spliced mRNAs of 2.5 and 1.9 kb that code for proteins of 42, 62, and 64 kDa (Fig. 2.4B). The 64-kDa protein is phosphorylated (pp64) (Davis *et al.*, 1984; Goins, 1986). Posttranscriptional regulatory events that influence complete splicing and transport of this viral mRNA to the cytoplasm have been reported (Goins and Stinski, 1986) and are described in Section 2.4. Monoclonal antibodies have been use to immunoprecipitate pp65 and pp64. Both of these matrix-tegument proteins are associated with protein kinase activities (Britt and Auger, 1986b; Michelson *et al.*, 1984). However, it is not certain whether the viral proteins are protein kinases or, alternatively, the viral proteins are associated with protein kinases. The properties of these two viral-associated enzymes appear to be similar. They both require divalent cations and have optimal activity at pH 7 to 8. They both are cyclic nucleotide independent and phosphorylate threonine and serine but not tyrosine (Michelson *et al.*, 1984; Roby and Gibson, 1986). These viral protein kinases may play an important role in regulating transcription, viral DNA synthesis, or viral assembly as well as modifying host cell proteins.

Another potential viral protein kinase has been identified by DNA sequence analysis ($U_L$97) (Chee *et al.*, 1989c). In human CMV, there are two large late proteins of similar molecular mass of approximately 150 kDa. One is the major capsid protein, and the other is a basic phosphorylated matrix–tegument protein (pp150) (Jahn *et al.*, 1987a,b). The major capsid gene maps at approximately 0.55 map units ($U_L$86) (Fig. 2.4B). The viral protein is 1370 amino acids, and it has approximately 25% homology to other human herpesvirus major capsid proteins (Chee *et al.*, 1989b). Another human CMV gene also has homology to the human herpesvirus major capsid protein and is located around 0.27 map units ($U_L$47) (Chee *et al.*, 1989c). The matrix–tegument gene for pp150 maps between 0.160 and 0.186 map units ($U_L$32) (Fig. 2.4B) (Jahn *et al;*., 1987a; Pande *et al.*, 1989). This gene codes for an unspliced mRNA of 6.2 kb. DNA sequencing predicts a protein of 1048 amino acids, which would be equivalent to a molecular mass of 113 kDa. The protein is predicted to be a basic phosphoprotein with multiple β pleated sheets in hydrophilic amino acid clusters (Jahn *et al.*, 1987b). As a tegument protein, it has the unusual feature of an O-linked N-acetylglucosamine (O-GlcNAc) (Benko *et al.*, 1988). Although the function of the O-GlcNAc is not known, this viral protein could serve as a targeting signal for morphogenesis of the virion. It is interesting that the viral protein is absent from dense bodies, which lack a capsid, but present in virions or enveloped particles, which contain a capsid but no viral DNA. This suggests that pp150 is more associated with the capsid structure than with the envelope. Lastly, pp150 has highly antigenic properties (Hopp and Woods, 1981; Jahn *et al.*, 1987b).

Another matrix–tegument gene between approximately 0.63 and 0.65 ($U_L$99) map units is transcribed as an unspliced 1.3- to 1.6-kb mRNA that codes for a phosphorylated 28-kDa protein (pp28) (Fig. 2.4B). DNA sequencing predicted an ORF for a protein of 20.9 kDa. This viral protein is also extremely hydrophilic and highly immunogenic (Martinez *et al.*, 1989; Meyer *et al.*, 1988; Pande *et al.*, 1988; Re *et al.*, 1985).

Antibodies to the matrix–tegument proteins do not neutralize viral infectivity. However, these viral gene products may have an important role in the cell-mediated immune response.

The principal intranuclear capsid has been referred to as the B capsid because of its similarity to a previously described particle in HSV. A distinguishing characteristic of B capsids is a phosphorylated protein of 35–40 kDa (pp40) that has a role in capsid assembly and DNA packaging. Cytomegaloviruses have a similar protein, and the viral gene maps around 0.50 map units ($U_L$80) (Fig. 2.4B) (Robson and Gibson, 1988). The assembly protein is the herpesvirus counterpart of the bacteriophage scaffolding protein. Like the scaffolding protein, the herpesvirus assembly protein is an abundant constituent of capsids lacking viral DNA, but it is not present in the mature DNA-containing virions (Lee *et al.*, 1988).

New DNA sequence analysis indicates that human CMV has 54 ORFs with characteristics of glycoproteins for N-linked glycosylation. However, 22 of these potential glycoproteins lack a sequence for signal or membrane anchor domains. The following discusses some of the human CMV glycoproteins as well as membrane-associated or hydrophobic viral proteins. The viral envelope is composed of a lipid bilayer membrane containing proteins and glycoproteins. One of the human CMV envelope-associated proteins, referred to as the integrated membrane protein

(IMP), has approximately 20% amino acid sequence homology to other herpesviruses according to ORF analysis (Lehner *et al.*, 1989). The viral protein has a molecular mass of 45 kDa and is specified by a 1.5-kb mRNA (Lehner *et al.*, 1989). The viral gene maps adjacent to pp28 at approximately 0.65 map units ($U_L$100). The integrated membrane protein may be involved in membrane stability and structure. The viral antigen may have a role in the humoral and cellular immune response.

One of the human CMV genes that codes for a major envelope glycoprotein is located in the cluster of genes with homology to other herpesviruses. This gene is referred to as the gB homologue and maps between 0.344 and 0.360 ($U_L$55) (Fig. 2.4C). The gene has homology to the gB gene of HSV as well as to other herpesviruses such as EBV and VZV and other animal CMVs. This is an ancestral glycoprotein gene that is generally conserved in herpesviruses of all subgroups. The viral gene product is encoded by an unspliced mRNA of approximately 3.9 kb that codes for a protein of 906 amino acids, which is equivalent to approximately 95 kDa. One finds a cleaved glycoprotein of approximately 55 kDa (gp55) (Gretch *et al.*, 1988a) originating from the carboxy-terminal half of the gB gene (Britt and Vugler, 1989; Cranage *et al.*, 1986; Mach *et al.*, 1986; Spaete *et al.*, 1988). The gB homologue (gp55) is disulfide-linked to a viral envelope glycoprotein that migrates very diffusely in denaturing gels (Farrar and Greenway, 1986). Molecular mass estimates of this viral glycoprotein generally range between 93 and 130 kDa (gp93–130). Peptide mapping (Britt and Auger, 1986a) and immunologic data (Kari *et al.*, 1986) suggest that gp93 and gp130 are also derived from the gB gene. It has been proposed that the HSV gB functions to facilitate membrane fusion during viral infection. Since the gB genes are among the most highly conserved of herpesvirus genes, it is possible to speculate that the CMV gB homologue might also participate in membrane fusion events during infection.

Another human CMV glycoprotein gene, which maps between approximately 0.45 and 0.47 map units ($U_L$75), was identified by its slight homology to the HSV gH gene (Fig. 2.4C) (Cranage *et al.*, 1988). This human CMV gene has been referred to as the gH homologue. DNA sequence analysis predicted a protein of 743 amino acids with the typical hydrophobic amino-terminal signal sequence, potential N-linked glycosylation sites, and a hydrophobic membrane anchor region near the carboxy terminus. The homology with HSV gH is rather weak and is confined mainly to the C-terminal half of the protein (Cranage *et al.*, 1988). Monoclonal antibody to the gH gene homologue (gp86) will neutralize viral infectivity in the absence of complement (Rasmussen *et al.*, 1984), and therefore, the gH gene product may be necessary for infection and may also be an important immunologic determinant on the human CMV envelope.

A gene for an early glycoprotein maps between 0.054 and 0.064 map units ($U_L$1) (Fig. 2.4C). The ORF predicts a polypeptide of 17 kDa that contains signal and anchor domains as well as potential N-glycosylation sites (Chang *et al.*, 1989b). Antisera prepared against synthetic peptides derived from amino acid sequences within the ORF detect a viral glycoprotein of 48 kDa. The viral mRNA of 1.7 kb and the viral glycoprotein are detectable in the presence of inhibitors of viral DNA synthesis. Since gp48 is also found in the virion, it is considered an early structural glycoprotein. The role of gp48 in infection or in the humoral or cell-mediated immune response is not known.

A potential human CMV glycoprotein ($U_L18$) has been identified by DNA sequencing between approximately 0.07 and 0.11 map units (Chee *et al.*, 1989c) (Fig. 2.4C). A potentially unspliced RNA derived from this region may code for a 350-amino-acid residue polypeptide that contains 13 potential N-glycosylation sites. In addition, the ORF has approximately a 20% homology with the MHC class Iα chain (Beck and Barrell, 1988). Therefore, the putative glycoprotein is referred to as the α chain homologue (gα). β2-Microglobulin (β2-m) binding may occur with this potential chainlike viral glycoprotein. Whether 2-β2-microglobulin or MHC class I antigen has a role in binding and entry of human CMV into the infected cell requires further investigation. It is also possible that the human CMV HLA-like molecule might be recognized by T-lymphocyte receptors.

DNA sequencing has identified another potential human CMV glycoprotein ($U_L20$) with some homology to the T-cell receptor γ chain. Potentially, the virus could interact via this glycoprotein with CD3 to infect T lymphocytes. Another human CMV gene identified by DNA sequencing ($U_L73$) predicts homology to the Epstein–Barr virus gp350/220 (Chee *et al.*, 1989c; Chee *et al.*, 1989b).

Three envelop glycoprotein complexes (gc) designated gcI, gcII, and gcIII are found in the viral envelope and have been fractionated by rate zonal contrifugation in sucrose gradients and characterized by electrophoresis in nondenaturing and denaturing polyarcylamide gels (Gretch *et al.*, 1988b) Both gcI and gcIII have also been detected on the membranes of human CMV-infected cells (Van der Voort *et al.*, 1989). The gcI is a large multimeric complex that can be separated from gcII and gcIII. It consists of the gB homologue (gp55, gp93, and gp130) as discussed above. The constituents of the gcII are described below. The gcIII complex migrates homogeneously in sucrose gradients as a complex of approximately 240 kDa. It consists of the HSV gH homologue (gp86) described above and a glycoprotein of 145 kDa (gp145). The location of the gp145 gene is presently not known, but it might represent the α-chain homologue or the T-cell receptor chain homologue. The gcIII forms very late in infection during morphogenesis of the virion. Other glycoproteins appear to be infected-cell-specific, and they may or may not be part of the viral envelope (Pereira *et al.*, 1982, 1984; Radsak *et al.*, 1985; Stinski, 1976, 1977, 1983; Stinski *et al.*, 1979b).

In the human CMV genome there are ten sets of homologous genes according to DNA sequence analysis. There are three pairs in the $U_L$ and $U_S$ components of the viral genome ($U_L25$ and $U_L35$; $U_L82$ and $U_L83$; $U_S2$ and $U_S3$) (Chee *et al.*, 1989c). There are also families of genes in the $U_S$, one partitioned between $U_S$ and $U_L$, and one family distributed in $U_L$, $U_S$, and $R_S$ (Chee *et al.*, 1989c). The $U_S$ region of the human CMV genome is larger and more complex than analogous regions of other types of herpesviruses. DNA sequencing of the $U_S$ component revealed at least 38 open reading frames (ORFs) (Weston and Barrell, 1986), which can be grouped into at least five gene families (Fig. 2.4C). The origin and nature of these multigene families in the $U_S$ component represent gene duplication and genetic drift.

One family, designated homologous gene family 2 or HXLF (AD169, HindIII X left reading frame), consists of five ORFs ($U_S7$–$U_S11$) that lie in tandem with varying degrees of homology (Fig. 2.4C). DNA sequencing predicted the gene products to have potential glycosylation sites, signal sequences for membrane insertion, and C-terminal hydrophobic domains for anchoring in cell membranes (Weston and Barrell, 1986). This multigene family codes for a set of envelope glycoproteins that range in molecular mass. The HXLF1 ($U_S11$) and HXLF2 ($U_S10$) genes code for proteins of 21 and 25 kDa and 20 kDa, respectively, that are glycosylated to glycoproteins of 47 to 52 kDa (gp47–52) (Gretch *et al.*, 1988c). These viral glycoproteins are disulfide-linked, forming different molecular weight glycoprotein complexes referred to as gcII (Gretch and Stinski, 1990). However, the contribution of gene products from each member of the gene family in forming the gcII is presently not known. Genes HXLF1 and −2 as well as HXLF3 and −4 are expressed from bicistronic mRNAs of 1.6 and 1.7 kb, respectively (Gretch *et al.*, 1988b). The role of bicistronic mRNAs in forming glycoprotein complexes requires further investigation. The contribution of each HXLF gene in forming the viral glycoprotein complexes may vary. These viral glycoproteins may also play an important role in the biology and immunology of human CMV.

There are enhancers and other repeat (R) sequences just downstream of the HXLF5 ($U_S6$) gene that may influence transcription. These cis-acting elements are located between the HQLF1 ($U_S3$) gene and the HXLF6 ($U_S6$) gene (Fig. 2.4C). The enhancer, regulatory element R2, has homology with the 18-bp repeats in the promoter–regulatory region of the major IE gene (Weston, 1988). Although not as strong as the major IE enhancer, the $U_S$ enhancer influences transcription of the adjacent HQLF1 gene at immediate early times after infection (Weston, 1988) but not the adjacent HXLF1–6 genes (Weston, 1988). The HXLF genes are not transcribed until early and late after infection (Gretch *et al.*, 1990). The HQLF1 gene codes for one unspliced and three or four differentially spliced IE RNAs with common 5′ and 3′ ends ranging in size from 0.5 to 0.9 kb (Weston, 1988). Only the unspliced 0.9-kb RNA is designated. This mRNA is expressed at both IE and late times after infection. DNA sequencing suggests that the HXLF6, HQLF1, and HQLF2 genes may also code for viral glycoproteins, and HQLF3 may code for a nonglycoprotein of approximately 23 kDa (Weston, 1988). How the variety of glycoproteins from the HXLF gene family and the putative glycoproteins from HQLF genes influence human CMV infection requires further investigation.

Another potential glycoprotein gene has been identified by DNA sequencing between approximately 0.21 and 0.24 map units ($U_L37$ and $U_L38$) (Fig. 2.4C) (Kouzarides *et al.*, 1987). A 3.4-kb RNA that consists of four exons is transcribed only under IE conditions of infection. Although this is not a late gene, it is discussed here to develop continuity as well as comparisons among the various viral glycoprotein genes. The ORF predicts N- and C-terminal hydrophobic regions for a signal sequence and for a membrane-anchoring segment, respectively. The ORF in the third exon (HJLF2) has an overall neutral charater and contains 17 potential N-linked glycosylation sites. This mRNA is predicted to code for a protein of 487 amino acid residues, equivalent to a molecular mass of 56 kDa (Kouzarides *et al.*, 1987). Upstream of the gene is a sequence element similar to the simian virus 40 enhancer that may influence the transcription of this IE glycoprotein gene. Since this RNA is detected only as an IE RNA, it is unlikely that this potential viral glycoprotein is incorporated into the envelopes of virions. Two additional viral RNAs of 1.65 and 1.70 kb also originate from the same region, but the potential N-glycosylation sites (HJLF2) would be eliminated because of the alternate use of 5′ or 3′ termini (Fig. 2.4C). The 1.65- and 1.7-kb RNAs could code for proteins of 55 and 37 kDa, respectively (Kouzarides *et al.*, 1987).

There are several families of membrane-associated human CMV proteins that are classified multiply hydrophobic (Chee *et al.*, 1989c). According to DNA sequence analysis, a family of multiply hydrophobic ORFs located in the $U_S$ are predicted to be integral membrane proteins capable of spanning the membrane several times. The family of genes that is distributed in the $U_L$, $U_S$, and $R_S$ have homology to $U_S22$ ($U_L43$, $U_L22$, and $TR_S1$) (Chee *et al.*, 1989c). Monoclonal antibody to $U_S22$, also referred to as ICP22, detects an early viral antigen in the nucleus (Mocarski *et al.*, 1988). Three ORFs ($U_S27$, $U_S28$, $U_L33$) have homology to be the opsin family of cell surface receptors (Chee *et al.*, 1989c). Again, the function of these potential membrane-associated proteins or glycoproteins in the human CMV-infected cell is presently not known.

At the predicted protein sequence level human CMV appears to be more related to Epstein–Barr virus, a gammaherpesvirus, than to the alphaherpesvirus. The conserved human CMV genes with homology to other herpesvirus genes are located in the $U_L$ region of the viral genome. In contrast, the majority of the glycoprotein genes, multiply hydrophobic genes and gene families, are located in the $U_S$ region of the viral genome (Chee *et al.*, 1989c).

## 2.8. VIRAL DNA SYNTHESIS

### 2.8.1. The Viral DNA Polymerase

The human CMV DNA polymerase is physiologically different from cellular polymerases. It can be distinguished from host cell enzymes by chromatographic behavior, template primer specificity, sedimentation behavior, and most notably by the requirement for high salt (Huang, 1975a; Nishiyama *et al.*, 1983). The viral DNA polymerase is a 140-kDa polypeptide that is associated with a 51- to 58-kDa polypeptide that is referred to as the polymerase-associated DNA-binding protein (Mar *et al.*, 1985a,b). The viral polymerase gene was described in Section 2.6. Like other herpesvirus polymerases (Knopf, 1979), human CMV DNA polymerase has associated with it a 3′-specific exonuclease activity that prefers single-stranded DNA as a substrate (Knopf, 1979; Nishiyama *et al.*, 1983). The enzyme may play a role in editing the newly synthesized DNA.

### 2.8.2. The Rate of Human CMV DNA Synthesis

The time after infection required for the maximum rate of human CMV DNA synthesis is extremely long compared to HSV. DNA replication is initiated at approximately 12 hr after high-multiplicity infection, but maximum viral DNA synthesis does not occur until 72 to 96 hr. The reasons for this relatively slow accumulation of viral DNA are presently not known. Low levels of the viral DNA polymerase and other essential virus-specified proteins necessary for viral DNA synthesis provide one possible explanation. Transcriptional or posttranscriptional regulatory events may control the level of expression of these essential viral proteins. In addition, human CMV stimulates host cell macromolecular synthesis. It is possible that the human CMV DNA replication complexes do not compete well for limiting factors with the analogous host cell DNA complexes. Therefore, the low concentration of viral DNA relative to cellular DNA and the competition between the two synthetic events may cause a slow accumulation of viral DNA. Human CMV DNA synthesis follows a cyclic pattern with two peaks of DNA synthesis occurring at approximately 1 and 3 days after infection (Stinski, 1978, 1983). It has been proposed that viral DNA synthesis proceeds independently of host cell DNA synthesis because late viral synthesis was less likely to occur in the cells of which cellular DNA was synthesized (DeMarchi and Kaplan, 1976). Although cellular DNA synthesis is activated after infection, this activation is apparently not essential for viral DNA or viral antigen synthesis. Stimulation of cellular DNA synthesis could actually be a process that inhibits viral DNA synthesis (DeMarchi and Kaplan, 1976).

### 2.8.3. The Model for DNA Replication

Human CMV and HSV have a similar genome arrangement, i.e., long and short components with an *a* sequence at the ends of each component as described in Section 2.2. A rolling-circle model for the replication of the HSV genome has been proposed (Roby and Gibson, 1986; Roizman, 1979a), and it is likely that the same model applies to human CMV DNA replication. After treatment of the human CMV genome with exonuclease III, double-stranded circle with a circumference equal to the length of the viral genome were observed (Geelen and Westrate, 1981). This experiment demonstrated the existence of directly reiterated sequences at the termini, which permitted hybridization of the opposite strands to form a circular molecule.

Both the isomerizing and nonisomerizing CMV genomes have reiterated sequences at their termini that have been designated with *a* sequence. For the isomerizing genome, that *a* sequence is present at the termini of both the L and S components as well as at the L–S junction (Fig. 2.1) (Mocarski *et al.*, 1987). Experiments with HSV type 1 suggested that the *a* sequence is necessary for inversion of the L and S components (Spaete and Frenkel, 1985, 1982), and, therefore, the *a* sequence might act as cis site for inversion and recombination (Mocarski *et al.*, 1980, 1987; Mocarski and Roizman, 1981, 1982). However, others (Weber *et al.*, 1988) have proposed that the inversion of the L and S components of the HSV-1 genome do not require a site specific process and that isomerization is mediated by the viral gene products that replicate the viral DNA. Replacement of the HSV *a* sequence by the human CMV *a* sequence on a chimeric amplicon was found to be possible (Spaete and Mocarski, 1985).

All human herpesvirus sequences known to date have a short region of homology within the *a* sequence that is positioned near the site for cleavage of concatemers (Davison, 1984; Davison and Wilkie, 1981; Van den Berg *et al.*, 1984). The cleavage event occurs with 30 to 35 base pairs from this homologous sequence. These sequences for HSV and human CMV are illustrated in Fig. 2.5 and have been designated the "herpes pac homology" because they are presumably important in the cleavage/packaging process (Mocarski *et al.*, 1987). The sequences upstream of the cleavage site may contain more than one cis-acting signal that are presumably involved in the cleavage event (Marks and Spector, 1988). Whether a viral or cellular enzyme recognizes these sequences is currently not known. The packaging of only unit-size genomes suggest that the *a* sequence contains the necessary cleavage and packaging signals for encapsidation of the viral DNA (Spaete and Mocarski, 1985). The genomes of all herpesviruses carry similar cis signals that are required for cleavage of the concatemeric DNA and for packaging the progeny viral DNA into capsid (Frenkel *et al.*, 1984; Mocarski *et al.*, 1985a, 1980; Spaete and Frankel, 1985; Spaete and Mocarski, 1985; Stowe *et al.*, 1983; Varmuza and Smiley, 1985; Vlazny *et al.*, 1982; Wadsworth *et al.*, 1976).

The major difference between the isomerizing and nonisomerizing CMV genomes is that the *a* sequence is present internally at the termini of the L and S components of the isomerizing genomes but not the nonisomerizing genomes.

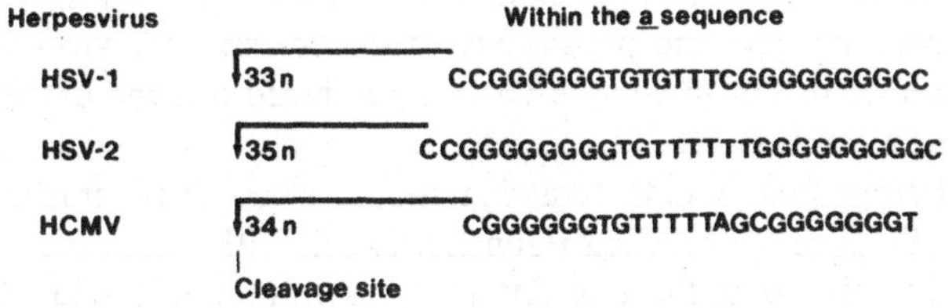


Figure 2.5. Sequence homology between HSV and human CMV in the *a* sequence. Cleavage of concatemeric DNA, designated by an arrow, occurs 34 to 35 n from the edge of the homologous region (data from Mocarski *et al.*, 1987).

Whether this sequence homology is present in all the nonisomerizing animal CMVs is presently not known, but it appears to be present in the murine CMV genome (Marks and Spector, 1988). Therefore, it is assumed that the animal CMVs, like human CMV, have *a* sequences that participate as cis replication signals for circularization and cleavage/packaging of the progeny viral DNA. Exonuclease activity presumably creates sticky ends at the complementary *a* sequences that are redundant in one or more copies in the terminal repeats. These viral genomes are circularized early after infection by hybridization of the sticky ends. Replication can be initiated in the L or S components and proceed in both directions to form a rolling circle, yielding a head-to-tail concatemer (O'Donnell *et al.*, 1987a). The missing *a* sequence, because of the initial circularization event, could be recovered by using the internal inverted repeat sequence as template for synthesis of the missing *a* sequence (Roizman, 1979a,b). Cleavage at the internal *a* sequence could result in inversion of the components following recombination at the homologous *a* sequence. As for HSV, four isomeric forms of the human CMV genome can form. Viral and/or cellular proteins presumably act in trans to mediate cleavage, inversion, recombination, and eventually genome length packaging. Human CMV has an *a* sequence position approximately the same distance from the cleavage site as does HSV (see Fig. 2.5). Since there is evidence for concatemers, replicative loops and forks, and four isomeric arrangements for the human CMV DNA (Geelen and Westrate, 1982; Jean *et al.*, 1978; Stinski, 1983), it is likely that human CMV replicates according to the model proposed for HSV.

## 2.9. EXPRESSION IN NONPERMISSIVE (NONPRODUCTIVE) CELLS

Cytomegaloviruses have the property of replicating preferentially in cells of the species from which they were originally isolated. However, even in these cells, different levels of viral gene expression may occur. For example, human CMV genome expression can be totally blocked or restricted to the IE and early genes in certain cell types. Present evidence indicates that viral DNA replication does not occur in the nonpermissive cells. The degree of permissiveness also differs with different cell types. For example, in human CMV replicates more efficiently *in vitro* in human fibroblast cells than in human epithelioid, transformed, or cancerous cells. Therefore, the type and physiology of the cell that the virus encounters can determine whether or not infectious virus is produced and the extent of infectious virus production.

In undifferentiated human teratocarcinoma stem cells, transcription of the human CMV IE genes is blocked (Gonczol *et al.*, 1984; also see Section 5.5.6). However, if the cells are induced to differentiate with retinoic acid, IE transcription and productive infection occur (Gonczol *et al.*, 1985; LeFemina and Hayward, 1986). This block to IE transcription occurs with human CMV but not with simian CMV (LeFemina and Hayward, 1986), even though the two viruses have many similar repeat motifs in their promoter–regulatory regions. An analysis of the human CMV IE promoter–regulatory region in undifferentiated and differentiated human teratocarcinoma cells has demonstrated the induction of DNase-I-hypersensitive sites in the differentiated cell, primarily in regulatory region I (see Fig. 2.2) (Nelson and Groudine, 1986; Nelson *et al.*, 1987). This suggests a rearrangement in the chromatin structure caused by differential binding of proteins in the regulatory region where the NF1/CBP sites are located. These enhanced DNase I cleavage sites may be related to either the binding of transcription factors at specific locations in the regulatory region II or the removal of inhibitory factors.

The response of human peripheral blood cells to human CMV infection depends on the cell type. Monocytes are semipermissive, and, consequently, IE, early and late gene expression, and the production of infectious virus are at a low level compared to permissive cells (Turtinen *et al.*, 1987). A monocytic cell line is permissive for human CMV after stimulation and differentiation of the cell line to characteristics of mature macrophages (Weinshenker *et al.*, 1988). In contrast, evidence suggest that the T and B lymphocytes are nonpermissive (Rice *et al.*, 1984; Schrier *et al.*, 1985). During this latentlike state, transcription and translation of the IE1 gene occurs in the T cells (Rice *et al.*, 1984). The extent of IE transcription and translation or the extent of early gene expression is presently not known, but there is no evidence for viral DNA replication. A host cell protein(s) may be required for complete or efficient early CMV gene expression of a crucial protein(s) required for the initiation of viral DNA replication. Limited production of this crucial protein(s) in cells of different origin may influence either nonproductive, semiproductive, or persistent infection or latency.

Since the CMV genome can persist in cells for extended period of time without viral DNA replication or late gene expression, it is proposed that latency is associated with a nonproductive cell that permits only limited viral gene expression. In this regard, the T and/or B lymphocytes appear to be the best candidates. There is no evidence for integration of CMV DNA in these cells or other cells.

The restricted expression of one or more of the three virus gene classes may explain, in part, CMVs' unusual species specificity and extremely narrow host range. This may be important to the biology of the virus because restricted virus gene expression may be important in the establishment and maintenance of persistent or latent infection. Animal CMVs do not have the same level of restricted replication. Although human CMVs can replicate only in human cells, simian CMVs can replicate in both simian and human cells. However, simian CMVs cannot replicate in mouse cells. The block of human CMV replication in nonpermissive animal cells is not from a failure to stimulate host cell macromolecular synthesis (DeMarchi, 1983b,c). The regulatory mechanisms that influence nonpermissive infection are currently not understood, but they are presumably determined by viral as well as host cell factors (see also Sections 5.5 and 9.7.2).

# 3

# Gene Products of Cytomegalovirus and Their Immunologic Significance

*Lucy E. Rasmussen*

## 3.1. INTRODUCTION

The protein composition of CMV is quite complex. The 230-kilobase genome has the coding capacity for over 200 proteins, each of which may be subject to post-translational modification by cleavage, phosphorylation, glycosylation, or sulfation. Our understanding of the immunologic structure of CMV has improved greatly in the last few years as a result of the development of monoclonal antibodies and recombinant gene expression technologies. The CMV gene products have been grouped by size in a recent review by Landini and Michelson (1988). The immune responses that occur following CMV infection and the importance of specific viral proteins in inducing these responses have also been reviewed recently (Rasmussen, 1989). In this chapter I first review what is known about the protein and glycoproteins of CMV. The gene products that are associated with immunologic activities are then described. The focus is on human immune responses; however, studies in animal models or with nonhuman CMV strains are included when they illustrate principles that may be important for subsequent studies in humans (see also Chapters 6 and 7).

*Lucy E. Rasmussen* • Division of Infectious Disease, Stanford Medical School, Stanford, California 94305.

## 3.2. INTRACELLULAR VIRAL PROTEINS

The proteins described in this section are those that occur in infected cells but are not detected on the virion or viral envelope. The sequential order of gene expression that is common to herpesviruses also occurs during CMV replication (Wathen and Stinski, 1982). The α and β viral proteins that are synthesized during the immediate early (0–2 hr) and early (2–24 hr) times after infection are important for regulation of virus replication. The immediate early and early proteins are synthesized before the onset of viral DNA synthesis. The late (after 24 hr) γ proteins are structural elements, although there may be exceptions. Most of the envelope glycoproteins are synthesized during the early and late periods after virus infection. These are discussed separately in Section 4 (see also Chapter 2).

### 3.2.1. Immediate Early (α) Proteins

The molecular biology of the IE genetic region coding for the α proteins has recently been summarized by Stinski (1984; see Chapter 2). The gene products may be important in regulation of latent CMV infection. For CMV (Towne strain), there are three IE gene-coding regions between 0.709 and 0.751 map units within the Hind III region of the unique long sequence. Region 1 (0.739–0.751) has been designated the major immediate early gene for IE1. The major gene product is a 491-amino-acid protein that is posttranslationally modified by phosphorylation, resulting in a polypeptide of 75 kDa. The phosphorylation accounts for the size variation among different strains of CMV such as Towne, AD 169, and Davis (Gibson, 1981a). The second region (IE2) from 0.732 to 0.739 codes for proteins that are found in low concentration. The third region between 0.709 and 0.728 codes for a 1.95-k mRNA that translates into a 68-kDa protein. A region of the genome at the junction between HindIII fragments Z and J of strain AD169 is also transcriptionally active at immediate early times (Wilkinson *et al.*, 1984). The sequence of this region is known, and three mRNAs have been identified by transcription analysis (Kouzarides *et al.*, 1988). It is of interest that the predicted translation product of one of the mRNAs has the characteristics of a membrane-bound glycoprotein. This would be the first example of a potential glycoprotein that is transcribed at immediate early times after infection. It is possible that such a membrane glycoprotein could be an important target for HLA-restricted cytotoxic T lymphocytes, as discussed in detail in Section 3.8.2.

### 3.2.2. Early (β) Proteins

#### 3.2.2.1. DNA-Binding Protein

The major early CMV single-stranded DNA-binding protein in Towne strain of human CMV is 140 kDa (Gibson *et al.*, 1981; Anders *et al.*, 1986). The protein appears to be the counterpart of the HSV DNA-binding protein ICP8 (Anders *et al.*, 1987; Kemble *et al.*, 1987). The open reading frame within the region between the CMV (AD169) EcoR1 (P/V) and HindIII (F/D) restriction fragments has predicted amino acid homology with BALF4 of EBV and ICP8 of HSV. For Towne strain the gene has been mapped to the EcoRI V and Q fragments (Anders and Gibson, 1988). The DNA-binding protein can be localized within the intranuclear inclusions characteristic of replicating CMV (Anders *et al.*, 1987).

#### 3.2.2.2. The 72-kDa Protein

A 72-kDa protein has been isolated by immunoaffinity from virus-infected cells using a monoclonal antibody that detects early but not immediate early antigens (Rodgers *et al.*, 1987). The function of this protein or relationship to gene products of similar size is unknown at this time.

#### 3.2.2.3. Viral DNA Polymerase

A DNA polymerase is induced after CMV infection that can be distinguished from host cell enzymes (Mar *et al.*, 1981, 1985a,b). Three groups have now reported the sequence and transcriptional analysis of the DNA polymerase gene (Kouzarides *et al.*, 1987; Heilbronn *et al.*, 1987; Aquila *et al.*, 1989). There is a close similarity of the CMV enzyme to the herpes group of virus-induced enzymes, since the genes for CMV, EBV, and HSV DNA polymerase show considerable amino acid homology and a number of highly conserved regions. The CMV DNA polymerase gene is an 850-base-pair region within the Eco R1 M fragment of strain AD169 in the $U_L$ region with one continuous open reading frame. There is a highly conserved domain of 133 amino acids shared with HSV and the putative EBV polymerase sequences. One 5.4-kb early transcript appears to code for the 140-kDa polymerase protein.

### 3.2.3. Late γ Proteins: The 51–kDa DNA-Binding Protein

The 51-kDa DNA-binding protein (ICP36) is the major component of a family of gene products that are transcribed from a 2800-base-pair EcoR1 fragment (0.228–0.240) on both the CMV Towne and AD169 strain genome (Mocarski *et al.*, 1985b). It is phosphorylated but not a structural component of virus particles (Gibson, 1983).

## 3.3 STRUCTURAL PROTEINS

### 3.3.1. Development of Virions and Enveloped Infectious Virus

The development of infectious CMV begins in the nucleus of the host cells, where the nucleocapsids are formed. During the maturation process, the nucleocapsid acquires an envelope that is derived from both the internal nuclear membrane (Smith and DeHarven, 1973) and the endoplasmic reticulum (Severi *et al.*, 1979). There are more than 30 proteins that can be detected on the various forms of the extracellular virus (Kim *et al.*, 1976b; Gupta *et al.*, 1977; Stinski 1977; Gibson, 1983). The nucleocapsid proteins are the most abundant, but the membranes contain a discrete population of proteins and glycoproteins (Farrar and Oram, 1984; Stinski, 1977, Stinski *et al.*, 1979b).

The events in nucleocapsid assembly have been well studied by Gibson and colleagues using the simian CMV strain Colburn. Four types of virus particles can be identified within the CMV-infected cell. For purposes of comparison with the particles of HSV, they were given alphabetical designations. A capsids have the simplest structure with at least three protein species (145–145,34,28 kDa) and are present in the nuclear fraction of infected cells. The 145 to 155-kDa protein is 90% of the A-capsid mass, which is consistent with it being the major structural component of the icosahedral capsid (see Section 3.3.2.2). The 28-kDa protein appears to be important for maintaining structural integrity of the developing nucleocapsid. The B capsid, also present exclusively in the nuclear fraction of infected cells, has, in addition to the proteins on the A capsid, a 36-kDa protein that may be involved in DNA packaging and/or nucleocapsid envelopment. It is closely related to a 45-kDa protein present in much lower amounts (Irmiere and Gibson, 1985). The maturation of B capsids to nucleocapsids involves the modification or elimination of the 36-kDa assembly protein from the particle. Viral DNA packaging occurs subsequent to B-capsid assembly. Therefore, B capsids without DNA can be detected, and B capsids may accumulate when viral DNA synthesis is inhibited (Lee *et al.*, 1988). The gene for the primate cytomegalovirus assembly protein has been isolated and translated *in vitro* from Colburn-strain-infected human fibroblast RNA. Similar genetic sequences can also be detected in CMV strains Towne and AD169 (Roby and Gibson, 1986). The assembly protein is derived by cleavage from a precursor and is phosphorylated to give the 35- to 40-kDa protein. The noninfectious enveloped virus particles that are observed frequently in extracellular virus preparations appear to be enveloped B capsids.

The C capsid is yet more complex than either the A or the B capsid and is found exclusively in the cytoplasm of virus-infected cells. It has additional 205- and 66-kDa bands. The 66-kDa protein is the lower matrix phosphoprotein (see Section 3.3.2.1). There are at least an additional seven proteins found on the nucleocapsid that are not present in A, B, or C capsids. The 20 or more protein species on the nucleocapsids range in size from 20 to 200 kDa, with the lower matrix protein (Section 3.3.2.1) representing 70% of the capsid protein mass. It apparently serves as an interface between the nucleocapsid and the outer envelope proteins.

The involvement of these intracellular particles in the assembly pathway of the virus is not yet clear. It is possible that the empty A capsids may be precursors to the DNA-containing B and C capsids and nucleocapsids. We are just beginning to understand the protein composition of the extracellular virus forms. In the following section I discuss what is known about the proteins that are associated with the viral nucleocapsid. The glycoproteins of the viral envelope are described in Section 3.4.

## 3.3.2. Proteins Associated with Extracellular Virion Forms

### 3.3.2.1. Viral Matrix Proteins

The viral matrix is the area located in the virion between the nucleocapsid and the envelope (Gibson, 1981b). It is present in large amounts in virions, dense bodies (see Section 4), C capsids, and in the nucleoplasm of infected cells; however, it is not part of the intranuclear inclusion bodies that are so characteristic of CMV infection (Weiner *et al.*, 1986). There are three components of the viral matrix protein. The first is the lower matrix protein of 64–69 kDa; the second is an upper matrix protein of 69–71 kDa; and the third is a 150-kDa basic phosphoprotein. The "upper" and "lower" matrix proteins are designated according to their relative migration in sodium dodecylsulfate polyacrylamide gels.

The lower matrix protein, present on viral capsids, is detectable in both the nucleus and cytoplasm of infected cells since it is one of the most abundant proteins synthesized during the infectious cycle, representing about 15% of the total virus protein (Roby and Gibson, 1986). The gene is located within the Eco R1 A fragment of CMV Towne strain (Nowak *et al.*, 1984b; Pande *et al.*, 1984), and the sequence has been published (Ruger *et al.*, 1987). The gene for the lower matrix protein is transcribed late in the infectious cycle but in the absence of viral DNA replication and may be controlled by posttranscriptional events (Geballe *et al.*, 1986a). The lower matrix protein has been referred to as pp65 (Nowak *et al.*, 1984a,b), 69-kDa matrixlike protein (Irmiere and Gibson, 1983), HCMV gp 64 (Clark *et al.*, 1984), or ICP27 (Geballe *et al.*, 1986a). All of these are probably the same protein. The sequence of the lower matrix protein is not the same as the protein of a similar molecular weight described by Davis and Huang (1985) but is identical to that reported by Pande *et al.* (1984).

How the lower matrix protein is distributed on extracellular virus particles is not clear. Some have reported that the lower matrix protein is not detectable on nucleocapsids but is assembled only into cytoplasmic dense bodies (Gibson and Irmiere, 1984; Kim *et al.*, 1983; Landini *et al.*, 1987b). However, others have found that the lower matrix protein is an internal nonglycosylated virion phosphoprotein that is inaccessible to antibodies in virions or on the surface of infected cells (Britt and Vugler, 1987). It is of interest that in human sera the humoral immune response to the lower matrix protein, as detected by immunoblot analysis, is relatively weak (Jahn *et al.*, 1987a). Low-passage clinical isolates of CMV show considerable variability in the expression of the lower matrix protein in cell cultures (Klages *et al.*, 1989). The variability in expression may be dependent on the multiplicity of infection, with increasing multiplicities leading to overproduction of the protein and subsequent increased formation of dense-body particles. This may explain, in part, the low immune response in some patients.

The upper matrix protein is 71 kDa and is sometimes referred to as the 74-kDa protein (Roby and Gibson, 1986). It is transcribed from the same region of the genome as the lower matrix protein, but it is not as abundant in infected cells as the lower matrix protein (Gibson, 1983; Irmiere and Gibson, 1985). The lower matrix phosphoprotein is coded by the 5′-terminal part of an abundant 4-kilobase mRNA, whereas the upper matrix phosphoprotein corresponds to the single translational reading frame from a rare nonspliced 1.9-kilobase mRNA that is coterminal with the 4-kilobase transcript. The upper and lower matrix proteins are immunologically distinct (Gibson, 1983).

A 150-kDa basic phosphoprotein is probably one of the matrix components of the virion (Gibson, 1983; Roby and Gibson, 1986). The gene is on HindIII fragments J and N (Jahn *et al.*, 1987a). Phosphoproteins of approximately the same size occur in the matrix of other herpesviruses (Lemaster and Roizman, 1980), but no sequence homology has been demonstrated. It is of interest that this protein appears to be particularly reactive with human sera when tested in immunoblots (Landini *et al.*, 1986, Jahn *et al.*, 1987a).

### 3.3.2.2. Major Nucleocapsid Protein

A protein of approximately 150 kDa is the main structural element of the viral nucleocapsid and constitutes approximately 90% of its total protein (Gibson, 1983). The major nucleocapsid protein comigrates on polyacrylamide gels with the basic phosphoprotein (see Section 3.3.2.1), also 150 kDa in size. However, the proteins can be well resolved by charge–size separation of the use of high-percentage polyacrylamide gels. The gene for the major nucleocapsid protein has been identified by its analogy to coding sequences for the major nucleocapsid genes of HSV, EBV, and varicella–zoster virus (Chee *et al.*, 1989c) and is located within the HindIII U fragment of strain AD169.

Despite its abundance on virions, the major nucleocapsid protein is weakly immunogenic in its natural host, since it is detected inconsistently by either acute or convalescent human sera (Jahn *et al.*, 1987b). In contrast, antibody to the major nucleocapsid protein of both HSV-1 and -2 can be detected in immunoblots of all individuals seropositive for the respective virus. Why this highly expressed protein fails to elicit an immunologically significant response is unclear. It is possible that antibodies to the major nucleocapsid protein could be either short-lived, or their persistence is highly dependent on frequent virus reactivation.

### 3.3.2.3. The 28- to 32-kDa Structural Protein

A 28- to 32-kDa structural protein is present in the cytoplasm of infected cells during the late phase of the viral replication cycle as well as in the extracellular virus particles (Re *et al.*, 1985). Monoclonal antibody detects antigen by immunoflourescence 48 hr after infection, and antigen expression requires viral DNA synthesis. The protein is phosphorylated but not disulfide linked. It is not a target for virus-neutralizing antibody. Within infected cells, two protein bands of 27–28 and 32KDa can be detected with monoclonal antibody. However, only a single 32-kDa band is detected in virions (Pande *et al.*, 1988). The gene maps to the HindIII R fragment of strain AD169 and is transcribed into a late 1.3-kb RNA (Meyer *et al.*, 1988; Pande *et al.*, 1988; Martinez *et al.*, 1989). Parts of the 28-kDa polypeptide that were expressed in *E. coli* as hybrid proteins are recognized by human sera (Meyer *et al.*, 1988). By immunoelectron microscopy the 28-kDa protein is present only in the outline of the cytoplasmic capsids (Landini *et al.*, 1987b), suggesting that it is a minor capsid protein. It is probably a structural component of the virions that is acquired in the cytoplasm and localized on the surface of the viral capsid. This 28- to 32-kDa protein is probably different from the 28-kDa protein described by Gibson (1981b) that appears only on intracellular capsid forms (see Section 3.3.1).

#### 3.3.2.4. The 46-kDa DNAse

The 46-kDa polypeptide, present in extensively purified CMV particles, has been shown to have DNAse activity (Ripalti *et al.*, 1988). The monospecific anti-p46 serum produced in mice recognizes an enzymatically inactive 76-kDa polypeptide in both noninfected and CMV-infected cells showing that the enzyme is cellular.

#### 3.3.2.5. Protein Kinase

Most herpesviruses have virion-associated protein kinases (Stevely *et al.*, 1985). All three extracellular CMV particles with a viral envelope, specifically noninfectious enveloped particles, dense bodies, and virions, have protein kinase activity (Roby and Gibson, 1986). A 67-kDa phosphoprotein with protein kinase activity has been immunoprecipitated from both the nuclei of infected cells and virion preparations (Davis *et al.*, 1984; Davis and Huang, 1985). Protein kinase activity has also been detected in virions and infected cells that have been immunoprecipitated with a monoclonal antibody to an abundant 68-kDa virion structural protein, probably the lower matrix protein (Britt and Auger, 1986a). A candidate gene for a protein kinase has been localized to a region between 0.37 and 0.39 map units (Davis *et al.*, 1984; Davis and Huang, 1985)

The function of virion-associated protein kinase activity is unknown. It may have an important role in virus replication, for example, uncoating or encapsidation of the viral nucleic acid. An immune response to such a potentially critical determinant of virus replication could clearly affect subsequent viral pathogenesis.

## 3.4. ENVELOPE GLYCOPROTEINS

The biogenesis of the viral envelope has been described in Section 3.3.1. There are at least three distinct species of extracellular enveloped particles: (1) complete infectious particles that contain DNA, capsid, matrix protein, and envelope, (2) particles that are structurally and compositionally similar to virions but contain no DNA and are referred to as noninfectious enveloped particles, and (3) large enveloped spherical aggregates, known as dense bodies, that are composed primarily of protein and contain neither DNA nor a capsid.

The envelope glycoproteins are of interest because of their importance as antigens for both humoral and cellular immune responses. By analogy with other herpesviruses that have been well studied, they may be targets for virus-neutralizing antibody, mediate viral entry, and may play a role in the release of the virus from the host cell.

The outer envelope is osmotically fragile, and its proteins can be separated from those of the extracellular nucleocapsids. It has been estimated that there are three to eight glycoproteins present on the envelope of CMV (Fiala *et al.*, 1976; Kim *et al.*, 1976b; Stinski, 1976; Gibson, 1983; Nowak *et al.*, 1984b; Farrar and Greenaway, 1986). Farrar and Oram (1984) purified the envelope from virions and identified five glycosylated components of 52, 67, 95, 130, and 250 kDa after oxidation of purified virus with sodium metaperiodate and subsequent labeling with tritiated sodium borohydride. The most consistently identified polypeptides were the 52-, 95-, and 130-kDa species.

The development of monoclonal antibodies to human CMV has been of significant value for identifying viral proteins (Pereira *et al.*, 1982, 1984) and in particular viral glycoproteins that are targets for virus-neutralizing antibody. The use of monoclonal antibodies with biological activity, for example, virus-neutralizing capability, makes the identification of a target protein straightforward. With this approach it has been possible to identify some of the CMV envelope glycoproteins.

### 3.4.1. The gB Homologue

One of the major envelope glycoproteins, originally identified with virus-neutralizing monoclonal antibodies, is a complex of three immunologically related glycoproteins referred to as p130/55 (Rasmussen *et al.*, 1985, gA (Pereira *et al.*, 1982, 1984), glycoprotein complex I (gCI) (Gretch *et al.*, 1988c), and gB homologue (Cranage *et al.*, 1986). By informal agreement among laboratory groups, the name gB is used for the present because of the genetic homology to the gB glycoprotein gene of herpes simplex (Cranage *et al.*, 1986). The gB complex is detected by murine monoclonal antibodies that neutralize CMV infectivity in the presence of added complement (Pereira, 1982; Britt, 1984a,b; Rasmussen *et al.*, 1985).

The gB complex is derived from the intracellular processing and cleavage of a high-molecular-weight precursor. The primary form of the precursor protein is approximately 92 kDa and is rapidly glycosylated to give an intermediate form of approximately 160 kDa that is rapidly trimmed to form the stable precursor protein of approximately 130 kDa (Gretch *et al.*, 1988a). The high-molecular-weight precursor is then cleaved into products of approximately 55 kDa and 92 kDa that appear on the extracellular virion envelope in the absence of the precursor forms (Nowak *et al.*, 1984b; Law *et al.*, 1985; Rasmussen *et al.*, 1985; Cranage *et al.*, 1986; Benko and Gibson 1986; Mach *et al.*, 1986). The 55-kDa viral glycoprotein represents the C-terminal region of the gB 130 and contains epitopes for the virus-neutralizing antibody (Spaete *et al.*, 1988). The 92-kDa species is derived from the N terminus of the precursor molecule (R. Spaete, personal communication), and it is unknown whether it has epitopes that are targets for virus-neutralizing antibodies.

The enzyme that cleaves the precursor molecule is probably cellular in origin, since processing of the product of an expression vector that contains only gB coding sequences takes place in CV-1, CHO, and COS cells that are normally nonpermissive for CMV replication (Spaete *et al.*, 1988). There also may be alternate cleavage patterns of the precursor protein. In one study the molecular weights of the deglycosylated forms, when added together, exceeded that of the polypeptide precursor (Gretch *et al.*, 1988a). Since the open reading frame for the gB gene predicts as many as seven dibasic protease recognition sites (Cranage *et al.*, 1986), alternative cleavage could explain the diversity of related products within the complex. It has been reported in one study that monensin, an ionophore that inhibits Golgi-dependent glycosylation of proteins, prevents the final processing steps of the gB precursor, including cleavage (Britt and Vugler, 1989).

The sugars on the gB homologue complex are predominantly high mannose and are added rapidly to the primary forms during translation on the endoplasmic reticulum (Rasmussen *et al.*, 1988). The 55-kDa product may also contain O-linked oligosaccharides (Benko and Gibson, 1986).

The gene coding for the gB complex maps to the right terminal sequence of the HindIII F fragment between map coordinates 0.344 and 0.380 of CMV (AD169) DNA (Mach *et al.*, 1986). The sequence of the gene has been determined by Cranage and co-workers (1986), who identified an open reading frame for a CMV gene that had glycoprotein characteristics as determined by nucleotide sequencing. This gB gene had homology with the gB gene of HSV, EBV, the gpII of varicella–zoster virus, and the pseudorabies virus gII as subsequently confirmed in other studies (Robbins *et al.*, 1987; Emini *et al.*, 1987). The sequence of the Towne strain of CMV gB gene has a 94% nucleotide similarity and a 95% amino acid similarity to the CMV AD169 gene (Spaete *et al.*, 1988), revealing that it is highly conserved among CMV laboratory strains.

The gB complex can first be detected on the plasma membrane of unfixed infected cells at 72 hr after virus infection when cells are stained with an anti-gB guinea pig antiserum (Landini *et al.*, 1987a). By immunoelectron microscopy the plasma membrane was positive only where the virus and dense bodies had budded through the membrane to form their own envelope. Extracellular virus particles, both viruses and dense bodies, were very strongly labeled on the external surface. The distribution of the gB complex on extracellular CMV particles has also been studied by high-resolution electron microscopy (Stannard *et al.*, 1989). Monoclonal antibody to the gB complex binds to the distal end of 12-nm-long slender spikes projecting from virion and dense body envelopes.

The gB complex will induce complement-dependent neutralizing antibody when injected into guinea pigs (Rasmussen *et al.*, 1985; Gonczol *et al.*, 1986). However, it has recently been reported that complement-independent antibodies are produced in low levels if the immunogen is recombinant gB from prokaryotic expression vectors (Britt *et al.*, 1988), suggesting that the glycosylation of the protein may influence the type of neutralizing antibody that is produced. One conformational epitope that is a target for virus-neutralizing antibody has been localized to a 186-amino-acid fragment of the 55-kDa glycoprotein between amino acids 460 and 680 (Spaete *et al.*, 1988). In addition, there are two other conformation-dependent neutralizing epitopes that map in two separate domains of gb within a segment of 219 amino acids between residues 461 and 680 from the amino terminus of the molecule (Banks *et al.*, 1989). A third linear epitope for neutralizing monoclonal antibodies exists within the region encompassed by amino acids 608 and 625.

It is of interest that the epitope for nonneutralizing monoclonal antibody is in proximity to the neutralizing epitopes (Utz *et al.*, 1989). The nonneutralizing antibodies are able to inhibit the activity of the neutralizing antibody, pointing to the possible biological significance of antibodies directed to nonneutralizing sites on immunologically active gene products. This may argue for the use of gene products of limited size for immune prophylaxis of CMV infection. It has also been reported that synergistic effects on virus neutralization can occur between antibodies in different domains in virus neutralization assays. Moreover, nonneutralizing antibodies gave enhanced neutralizing responses in the presence of virus-neutralizing antibodies and two nonneutralizing antibodies in combination gave virus neutralization (Lussenhop *et al.*, 1988).

The function of the gB homologue during the viral replication cycle is unknown. It is of interest that the gB glycoprotein of HSV is involved in viral entry and cell fusion. It is required for viral infectivity at a stage after viral attachment but before the expression of the virus-specific proteins (Cai *et al.*, 1988).

### 3.4.2. The gH Homologue

The 86-kDa glycoprotein, originally described by Rasmussen and co-workers (1984) as a target for complement-independent neutralizing antibody, is currently called gH because of its genetic homology with the gH gene of HSV (Cranage *et al.*, 1988). It has recently been shown to be identical to the glycoprotein described as gc III by Gretch and co-workers (1988c). Biosynthetically, the gH glycoprotein is detected in the cytoplasm of infected cells at late times (24 to 48 hr) after infection. The glycoprotein contains only high-mannose linked oligosaccharides, which are added rapidly to a primary gene product of approximately 80 kDa (Rasmussen *et al.*, 1988). The oligosaccharides do not appear to be essential for induction of neutralizing antibody in guinea pigs but may play a protective or stabilizing role for the glycoprotein. The gH homologue is a single-gene product, and no precursors can be demonstrated. However a 145-kDa species can also be immunoprecipitated by monoclonal antibody from purified viral envelope preparations (Gretch *et al.*, 1988c). When purified by immunoaffinity, the gH will induce complement-independent virus-neutralizing antibody in guinea pigs (Rasmussen *et al.*, 1985).

The gene for the gH homologue is in the HindIII L region of the $U_L$ segment of the viral genome (Cranage *et al.*, 1988). The gene was identified by nucleotide sequencing of CMV genomic DNA and the subsequent identification of an open reading frame with the characteristics of a glycoprotein-coding sequence. The open reading frame produced an 86-kDa protein when expressed in a vaccinia virus vector. The predicted amino acid sequence of the gH homologue was homologous not only to the gH of HSV but also to the BXLF2 gene product of Epstein–Barr virus (Heineman *et al.*, 1988) and varicella–zoster gpIII (Keller *et al.*, 1987). The gH glycoprotein gene in Towne strain within the HindIII H fragment of the $U_L$ is also virtually identical to the AD169 gene (Pachl *et al.*, 1989).

The gH glycoprotein may be involved in either intracellular spread or initiation of virus infectivity. The incorporation of monoclonal antibody into semisolid overlays of CMV-infected monolayers gives a reduction in the size of the microfoci initiated by the virus (L. E. Rasmussen, unpublished results). The effect on plaque size is similar to that reported for both monoclonal antibody to the HSV gH gene product (Gompels and Minson, 1986) and the varicella–zoster gH homologue (Keller *et al.*, 1987). For EBV, monoclonal antibodies to an 85-kDa gH homologue will inhibit the cell fusion reaction that is important for cell-to-cell spread of EBV but has no effect on virus attachment (Miller and Hutt-Fletcher, 1988). Antiidiotype antibodies that bear the internal image of a neutralizing epitope on the gH glycoprotein can inhibit the spread of CMV throughout the monolayer, suggesting that this viral glycoprotein may be interacting with cellular receptors (Keay *et al.*, 1988).

### 3.4.3. The gC II Glycoprotein

A third glycoprotein complex (gc II) detected on the viral envelope has been described by Kari and co-workers (1986). There are two components of 93 kDa and 450 kDa in the unreduced state. After reduction the two most abundant species are 50–52 kDa and greater than 200 kDa. The 50- to 52-kDa protein has precursor proteins of 25–32 kDa. Minor species of 90, 116, and 130 kDa are also detected. Neutralizing monoclonal antibodies that react with the complex are complement independent but also cross-react with herpes simplex and adenovirus in immunofluorescent assays. Peptide maps of the 50- to 52-, 93-, 200-kDa species that had been isolated by high-performance liquid chromatography show identical patterns, indicating that the three components are structurally similar (Kari and Gehrz, 1988). The glycoproteins in the gC II complex are heavily sialated, and the 52-kDa component appears to have a unique phenotype characterized by a large amount of O-linked oligosaccharides.

The gene for the gC II complex is located within the HXLF family of five genes that are arranged in tandem within the $U_S$ region of the CMV genome (Weston and Barrell, 1986; Gretch *et al.*, 1988b). Monoclonal antibody to the gC II complex will immunoprecipitate the *in vitro* translation products of an abundant 1.62 bicistronic mRNA from this region. The amino acid composition of the 50- to 52-kDa glycoprotein purified from virion envelopes has highest similarity to the predicted amino acid composition of HXLF1 plus HXLF2 open reading frames but is more similar to HXLF2 than to HXLF1. The glycoprotein can also be synthesized by monocistronic 0.8-kb mRNA encoded by the HXLF2 gene.

### 3.4.4. Integral Membrane Glycoprotein

Rabbit antiserum produced against purified CMV envelope preparations has been used to identify a 45-kDa structural component of the virus that has multiple membrane-spanning domains (Lehner *et al.*, 1989). The gene for this envelope glycoprotein is located in the HindIII R fragment of AD169 DNA. There is predicted homology, based on amino acid sequence of the hypothetical proteins, from reading frames BBRF3 of Epstein–Barr virus, UL10 of herpes simplex virus type I, and ORF50 of varicella–zoster virus. The IMP gene is transcribed into a 1.5-kb RNA that is detectable only late in the course of infection. The presence of several membrane-spanning domains makes the IMP a unique type of protein among the known constituents of the of the CMV envelope.

### 3.4.5. The gp48 Glycoprotein

An envelope glycoprotein that is synthesized in the absence of viral DNA replication but accumulates to high levels at late times after infection has recently been described (Chang *et al.*, 1989b). It is the product of an early gene that maps between 0.054 and 0.64 map units and has three temporally regulated promoters (Chang *et al.*, 1989a). The primary gene product is 17 kDa and is modified by N- and possibly O-linked glycosylation to give the final 48-kDa form. There was no detectable genetic homology between the gp48 gene and other known herpesvirus glycoproteins as determined by computer-aided analysis.

## 3.5. PROTEINS IDENTIFIED BY SEQUENCE ANALYSIS ONLY

### 3.5.1. The MHC Class I Antigen Homologue

The ongoing sequence analysis of the CMV genome by Barrell and co-workers at Cambridge University indicates that there are many open reading frames for potential proteins and glycoproteins that have yet to be detected immunologically. There is a CMV gene that can code for a glycoprotein that appears to be homologous to the MHC class I antigens (Beck and Barrell, 1988). Infectious CMV can bind $\beta_2$-microglobulin, a protein that is normally found in association with the class I major histocompatibility complex. It thought that one mechanism for CMV entry may be via binding or displacement of $\beta_2$-microglobulin (Griffiths and Grundy, 1988) on target cells. Two CMV envelope proteins of 36 and 65 kDa have been identified that bind to $\beta_2$-microglobulin. It is of interest that the gene for the class I HLA-like molecule can also code for a 65-kDa protein, assuming that seven or eight of the 13 potential glycosylation sites are actually glycosylated *in vivo*.

### 3.5.2. Phosphotransferase

Chee *et al.*, (1989a) have identified a gene sequence in the HindIII S fragment (positions 3776 and 5896) that could specify a product related to cellular protein kinases. These sequences are distinct from that reported by Davis and Huang (1985) for a gene specifying a protein kinase. The predicted size of the gene product is approximately 78 kDa. Whether this putative gene product is related to any other protein kinase associated with virions (see Section 3.2.5) is not clear.

## 3.6. PLASMA MEMBRANE PROTEINS

Cytomegalovirus infection results in profound alterations of the host cell. Morphological, biological, and antigenic changes occur following virus infection. It is important to understand the nature of the CMV-specified constituents on the infected cell surface, as they are of potential immunologic importance. Some of these virus-specified neoantigens on the surface of infected cells may be primary targets for a host's immune defense. Human sera have antibodies, predominantly IgM, that react with the membranes of CMV infected cells (The and Langenhuysen, 1972; The *et al.*, 1974) (see also Section 6.10.4). Anti-CMV membrane antigen antibodies are rarely detected in latently infected normal donors but are induced during the acute phase of symptomatic CMV infection (Middledorp *et al.*, 1984).

The CMV-specified components that appear on the cell surface during productive infection are currently being studied. It is possible to detect virus-induced proteins on the surface of virus-infected cells that are distinct from those on virions (Sullivan-Tailyour and Garnett, 1986). At least eight virus-induced proteins were shown to be unique to the membrane of CMV-infected cells. All of these unique proteins were reactive in immunoblot assays with pooled human sera, pointing to a possible contribution to the host immune response. The envelope glycoproteins gB and gH can also be detected on the surface of virus-infected cells and can be recognized by CMV antibody-positive human sera (Van der Voort *et al.*, 1989).

## 3.7. VIRUS-INDUCED HOST CELL PROTEINS

### 3.7.1. Class I HLA Molecules

Cytomegalovirus gives a significant increase in the level of cytoplasmic and cell surface class I HLA antigen expression on human fibroblast monolayer cultures

(Grundy *et al.*, 1988a,b). Although the major part of the observed enhancement is caused by the action of interferon released by CMV-infected cells, some increase in class I HLA was still observed in the presence of anti-β-interferon. The increase in class I HLA was accompanied by increased binding of CMV to cells, suggesting that CMV is using the class I HLA molecules as a cellular receptor (see Section 3.5.1) (Grundy *et al.*, 1987a). The Class I HLA-associated virus binding may also be a potential mechanism for concentrating CMV on the surface of infectable cells for subsequent interaction with the cells of the immune system.

### 3.7.2. Fc Receptors

Cytomegalovirus, as well as other herpesviruses, induces receptors for the Fc portion of IgG in the cytoplasm and cell membrane (Furukawa *et al.*, 1975b; Keller *et al.*, 1976; Rahman *et al.*, 1976; Westmoreland *et al.*, 1976). An Fc-binding virus-encoded glycoprotein called gE can be detected in herpes-simplex-infected cells and virions (Para *et al.*, 1982). It is not known whether the CMV-induced Fc receptor is virus or cell specified. It is unlikely that the Fc receptor induction is a secondary effect resulting from the interferon that is induced during virus infection, since Fc receptors are increased in Vero cells that cannot produce interferon (Keller *et al.*, 1976). The Fc receptors are specific for IgG. A 42-kDa protein from CMV-infected cells has been shown to have Fc-receptor-binding activity (Sakuma *et al.*, 1977). More recently proteins of 130, 65, 50, 38 kDa have been identified in CMV-infected cells as Fc receptors (Xu-Bin *et al.*, 1989). Interestingly, all four Fc receptor proteins reacted with a murine monoclonal antibody to HSV gE, suggesting immunologic as well as possible genetic conservation of this biological activity among some herpesviruses.

Although the biological significance of the development of Fc receptors is unknown, many possibilities have been discussed, in particular with respect to herpes simplex virus (Kerbel, 1976). Westmoreland and Watkins (1974) and Costa and Rabson (1975) suggest that coating of infected cells with IgG molecules or immune complexes by the Fc region of IgG might protect cells from cytotoxic antibodies and lymphocytes. Lehner *et al.*, (1975) state that double binding of antiviral antibodies on cell surfaces by both Fab and Fc fragments would render the Fc end unavailable for complement binding or for Fc receptors on killer lymphocytes (as in antibody-dependent cell-mediated cytotoxicity).

Fc receptors may not always work in favor of virus infection. Rager-Zisman *et al.*, (1976) found that HSV-infected cells could be nonspecifically lysed by Fc-receptor-positive killer cells. This phenomenon might be mediated by cross-linking of Fc receptors on effector and target by nonspecific aggregated immunoglobulins or soluble immune complexes. Adler *et al.*, (1978), however, showed that aggregated IgG bound to Fc receptors protected HSV-infected immune lysis. Most of these phenomena remain to be tested or worked out in the HCMV field. There is no reason to believe that the results will be less plentiful or complex. In the case of

CMV, it has been shown that the Fc receptors facilitate bacterial adherence to human embryonic lung cell monolayers infected with CMV (Mackowiak *et al.*, 1984). It is possible that these finding may provide one explanation for the high incidence of secondary bacterial and fungal infections among patients undergoing primary CMV infection (Rand *et al.*, 1978). It has also been suggested that the binding of nonimmune IgG to the CMV virion or to infected cells through Fc receptors might lead to protection of the virus from immune mechanisms (Xu-Bin *et al.*, 1989).

## 3.8. IMMUNE RESPONSES TO CMV GENE PRODUCTS IN HUMANS

### 3.8.1. Viral Gene Products That Stimulate Humoral Immunity

Serum antibody is likely to play an important role in the control of CMV infection. For example, a fetus is protected from symptomatic infection if maternal antibody is present (Stagno *et al.*, 1982a) (see Section 11.3.3). Passively transferred CMV hyperimmune globulin may also provide protection against CMV-associated interstitial pneumonitis in bone marrow transplant recipients (Winston *et al.*, 1987; Huart *et al.*, 1987) (see Section 14.1). In humans exposed to CMV, serum antibody to at least 15 CMV-associated proteins can be detected by either immunoblot analysis (Gold *et al.*, 1988; Mirolo *et al.*, 1987; Landini *et al.*, 1988, 1989) or immunoprecipitation of radiolabeled CMV-infected cells (Pereira *et al.*, 1982, 1984; Zaia *et al.*, 1986; Hayes *et al.*, 1987; Alford *et al.*, 1988). However, the complex nature of the polypeptide profile of CMV makes it difficult to interpret the importance of reactivity to a specific protein to the protective immune response. The use of genetically pure or immunoaffinity-purified viral proteins is helping to solve the problem of identifying the immunologically significant proteins.

Cytomegalovirus polypeptides captured by monoclonal antibodies in the solid phase have been used to study the humoral antibody response (Cremer *et al.*, 1985). Antibodies with specificities for the different polypeptides were detected after seroconversion. This could mean that detection of some antibodies may be useful for evaluating the course of infection, as has been shown with antigens of Epstein-Barr virus (Henle *et al.*, 1974) and hepatitis B (Dienstag, 1982). However, we now know that even with immunoaffinity chromatography there may be copurification of immunologically unrelated antigens, so caution must be taken in interpreting assays without visualization of the protein of interest.

The basic phosphoprotein (see Section 3.3.2.1) that is a component of the viral matrix has been shown to be a useful marker for assessing CMV immune status (Landini *et al.*, 1986). With recombinant-derived p150, it was shown that antibody to the p150 is widespread in the CMV-seropositive population who are remote from recent infection. However, antibody to the basic phosphoprotein is undetectable during acute infection (Ripalti *et al.*, 1989). Antibody to the basic phosphoprotein may be a useful marker in situations where it is important to distinguish between primary and recurrent infections, for example, during pregnancy.

The 28-kDa protein (see section 3.3.2.3) is immunogenic in humans since it is reactive with human sera having anti-CMV antibodies (Re *et al.*, 1985).

The human antibody response to six isolated DNA-binding proteins found in CMV-infected cells, probably similar to the intracellular DNA-binding protein family described in Section 3.2.3, was studied by immunoblotting (Gergely *et al.*, 1988). In sera from patients with acute infection, reactions with all six proteins were detected. The strongest reactivity was the 52- and 35-kDa proteins. The sera from some healthy CMV-seropositive donors reacted only with the 52-kDa DNA-binding protein. In another study, high titers of antibody to the p52 protein, isolated as a recombinant *E. coli*-derived fusion protein, were associated exclusively with acute infection (Ripalti *et al.*, 1989).

The lower matrix protein (see Section 3.3.2.1) has been isolated by high-performance liquid chromatography and can induce antibody in both humans and rabbits (Forman *et al.*, 1985). However, the antibody does not strongly neutralize virus infectivity.

Both the envelope glycoprotein complex gCII and gB homologue have been isolated from gradient-purified Towne strain of CMV by anion-exchange high-pressure liquid chromatography. Sera from a small group of seropositive individuals were studied and found to have antibody that immunoprecipitated both of the glycoprotein complexes, but the cellular response as measured by lymphocyte proliferation was inconsistent (Liu *et al.*, 1988). Recent studies using immunoaffinity-purified gB and gH homologues as antigen in immunoblot assays to test sera from patients at various stages of CMV infection have shown that neither of these glycoproteins is highly immunogenic after initial exposure to the virus. Repeated reinfections, such as occur in allograft recipients, may be necessary to evoke a detectable immune response (Rasmussen and Merigan, unpublished work). Some individuals immunized with Towne vaccine strain will weakly immunoprecipitate a 58-kDa protein from CMV envelope preparations that is probably the gB glycoprotein (Gonczol *et al.*, 1989).

Some of the characteristics of the envelope glycoproteins that are targets for virus-neutralizing monoclonal antibody *in vitro* are summarized in Table 3.1. Virus-neutralizing antibodies are produced during CMV infection (Stalder and Ehrensberger, 1980), but how they are involved in protection is unclear. In view of the ability of some antibodies to the viral glycoproteins not only to neutralize virus infectivity but also to inhibit cell-to-cell spread, it is possible that virus-neutralizing activity may not be the primary function of the specific antibody *in vivo*. We do not yet know which of the CMV glycoproteins are the most important antigens in humans for virus-neutralizing antibody production. The gB homologue is probably immunodominant as compared to gH, since it can be more readily detected in human sera. Also human neutralizing monoclonal antibodies to the gB have been isolated, indicating that gB is antigenic for this response in humans (Matsumoto *et al.*, 1986).

TABLE 3.1
Characteristics of CMV Glycoproteins That Are Targets for Virus-Neutralizing Antibody

| Glycoprotein | Mol. mass (kDa)[a] | Precursor (kDa) | C′ for neutralization[b] | Function of glycoprotein during virus replication | Gene locus | Gene expression in: |
|---|---|---|---|---|---|---|
| gB | 130/92/55 | 160–130 | +/− | ? | Hind III F(AD169) Hind III D(Towne) | *E. coli* Vaccinia, COS cells CHO cells |
| gH | 86/145 | None | − | Cell–cell spread? Binding to cell receptor? | Hind III L(AD169) Hind III H(Towne) | *E. coli* Vaccinia COS cells |
| gcII | 50–52/200 | 25–32 | +/− | ? | Hind III X(AD169) (HXLF gene family) | Rabbit reticulocytes |

[a]Under reducing SDS-PAGE conditions.
[b]+, complement dependent; −, complement independent; +/−, both complement dependent and independent.

### 3.8.2. Viral Gene Products That Stimulate Cellular Immunity

The importance of cellular immunity in CMV has been made clear from numerous clinical observations. Patients undergoing immunosuppressive therapy or with the acquired immunodeficiency syndrome (AIDS) have profound defects in cell-mediated immunity but normal or even elevated levels of circulating antibody (see Chapter 13). Symptomatic CMV infections such as interstitial pneumonitis, retinitis, colitis, hepatitis, and encephalitis, are common in these groups. The delayed hypersensitivity response and functioning T lymphocytes are probably critical for keeping latent infection in check (see Chapter 7).

T helper cells are important both for antigen recognition as measured by lymphocyte proliferation and as a primary source of lymphokines such as interferons and interleukins (see Section 7.2). The lower matrix protein (Section 3.3.2.1) of CMV has been shown to induce a proliferative response in seropositive humans that is associated with both IL-2 secretion and IL-2 receptor expression (Forman *et al.*, 1985). A 72-kDa protein (Section 3.2.2.2) can also stimulate T helper lymphocytes (Rodgers *et al.*, 1987) as measured in assays for both humoral and cellular immunity. It can also stimulate cytotoxic class I restricted $CD8^+$ T lymphocytes. The envelope glycoprotein, gB homologue, can stimulate T-lymphocyte blastogenesis in hyperimmunized guinea pigs (Gonczol *et al.*, 1986) and in normal seropositive humans (Gonczol *et al.*, 1987), indicating that it interacts with T helper cells both *in vivo* and *in vitro*.

Cytotoxic T lymphocytes (CTL) probably play a pivotal role in CMV infections, since the ability to develop a specific cytotoxic response is correlated with successful resolution of disease in patients (Rook *et al.*, 1984a; Meyers, 1984; Quinnan *et al.*, 1982) (see Section 7.3.2.3). It was previously thought that viral glycoproteins were involved exclusively in the induction of protective host responses. However, we now know that in addition to the cell membrane glycoproteins, there are proteins located in the nucleus of the infected cell that specify immunodominant determinants recognized by CTL in conjunction with class II and class II major histocompatibility glycoproteins. This area has recently been reviewed (Rouse *et al.*, 1988). Both class I (Borysiewicz *et al.*, 1983; 1988a,b) and class II restricted (Lindsley *et al.*, 1986) cytotoxic T lymphocytes can be demonstrated in humans infected with CMV.

The role of CTLs in CMV infection has been studied in detail in the murine CMV model of infection and is described in detail in Chapter 16. It is not clear whether the IE gene products will have the same immunologic significance for this response in humans as has been shown for murine CMV. Immediate early, early, and late CMV antigens can all serve as targets for class I restricted cytotoxic T lymphocytes (Borysciewicz *et al.*, 1983; Charpentier *et al.*, 1986). However, as in the mouse model, the CTLs recognizing CMV-infected cells prior to viral DNA replication are the predominant cell type (Borysiewicz *et al.*, 1988b). The T lymphocytes specific for the gB homologue are only a minor fraction of the cytotoxic population. However, other viral glycoproteins have yet to be evaluated as targets for CTL. In

TABLE 3.2
Summary of Immune Responses to Identifiable CMV Gene Products

| Gene product | Size or alternative names | Humoral | | Cellular | | | Acute (A) or convalescent (C) response |
|---|---|---|---|---|---|---|---|
| | | Neutralizing antibody | Binding antibody[a] | Cytotoxic T cells | Helper T cells | Lymphokines | |
| Intracellular | | | | | | | |
| 1. IE Antigens | 72-kDa | ?[b] | +[c] | + | ? | ? | A |
| 2. Late: DNA-BP | 51-kDa, ICP36 | ? | ? | ? | ? | ? | A |
| Structural proteins | | | | | | | |
| 1. Viral matrix | Lower, 69- to 71-kDa, ICP27 | − | + | ? | + | IL-2 | ? |
| | BPP, 150-kDa | ? | +/−[d] | ? | ? | ? | C |
| 2. Major nucleocapsid | 150-kDa | ? | + | ? | ? | ? | ? |
| 3. 28–32 kDa | − | ? | + | ? | ? | ? | ? |
| Envelope glycoproteins | | | | | | | |
| 1. gB | p130/55, gcI gp 55–116 | + | + | + | + | ? | C |
| 2. gH | 86, gc III | + | + | ? | ? | ? | C |
| 3. gcII | − | + | + | ? | ? | ? | ? |

[a]Binding antibody detected by either immunoblot or immunoprecipitation.
[b]?, unknown.
[c]+, response detectable.
[d]+/−, response variable.

herpes simplex virus type I-infected mice, a significant proportion of the class I HLA restricted cytotoxic T cells from the draining lymph nodes of acutely infected mice recognized IE gene products in target cells but are not immunodominant (Martin *et al.*, 1988). They account for less than 30% of the total anti-HSV cytotoxic response. Thus, it appears that there will be differences in both the types of antigens needed for stimulation of protective cytotoxic T-lymphocyte responses as well as the phenotypes of the primary effector cell among the herpesviruses.

## 3.9. SUMMARY

Significant progress has been made in the last few years in the understanding of the antigenic structure of human CMV. We are beginning to identify the proteins that are associated both with the nucleocapsid during the process of virus assembly and with the enveloped virions. As our ability to isolate the viral proteins improves, and to express the genes in appropriate systems, we will be able to associate immune responses with specific viral components. For example, we know that the IE antigens are likely to be important targets for CTLs and that viral envelope glycoproteins are associated with the induction of virus-neutralizing antibody. Our current state of knowledge regarding immune responses associated with specific viral proteins is summarized in Table 3.2. Only the viral antigens that have been shown to stimulate some type of immune responses are shown. Our knowledge of the association between viral antigens and immune responses is only fragmentary at this time. We do not have a clear understanding of the immune function of many of the viral proteins that have been identified. Moreover, we do not know which antigens are associated with acute- and convalescent-phase responses, either humoral or cellular. The immune responses that are critical for protection from primary infection or from virus reactivation are not yet well understood. With the technologies now available for obtaining sufficient quantities of purified viral proteins, as well as the improved methods for diagnosis of CMV infection, we should make rapid progress in solving some of these problems.

# 4

# Characteristics of Cytomegalovirus

## 4.1. HERPESVIRIDAE

The main criterion for including a virus in this enlarging group of viruses is viral morphology. The unique morphology of herpesviruses was unknown until Wildy *et al.* (1960) introduced the negative staining technique to electron microscopy. They found that herpes simplex virus did not have the spherical shape thought, up to 1960, to be common to many viruses. In sections prepared by negative staining, the naked virus particle or capsid was shown to be an icosahedron (20-sided body) in shape, containing 162 subunits or capsomeres, with five capsomeres along each edge of the triangular facet of the icosahedron. The capsid of herpes simplex virus had an overall diameter of 105 nm, and the capsomeres were either pentagonal or hexagonal and 10 nm in diameter. Within the hollow capsid was the core, which contained the viral genome. The structure of the core was less well defined by electron microscopy. Surrounding the capsid, some particles, presumably the complete infectious unit, possessed an outer membrane or envelope. This envelope increased the diameter of the complete virion to about 180 nm. It is now known that all viruses belonging to the herpes group share this morphology. The morphology of human CMV (CMV), described by Wright *et al.* (1964), is illustrated in Fig. 4.1.

In 1970, the International Committee on Nomenclature of Viruses agreed that the herpes group should be given the taxonomic rank of genus and named *Herpesvirus* (cryptogram = [D/2:54-92/7:S/S:V/O]) (Wildy, 1971). Virus families are designated by terms ending in -viridae, and the herpesvirus family is called Herpesviridae. The group definitive description was as follows:

> Contain double-stranded DNA, molecular weight 54 to 92 $\times 10^6$. G + C content 57 to 74%. Virus particle about 100 to 150 nm diameter. Capsid icosahedral with 162 hollow capsomeres, 100 nm diameter, with a lipid-containing membrane and therefore sensitive to lipid solvents. The DNA is about 7% of the particle weight. Buoyant density ($C_SC1$):

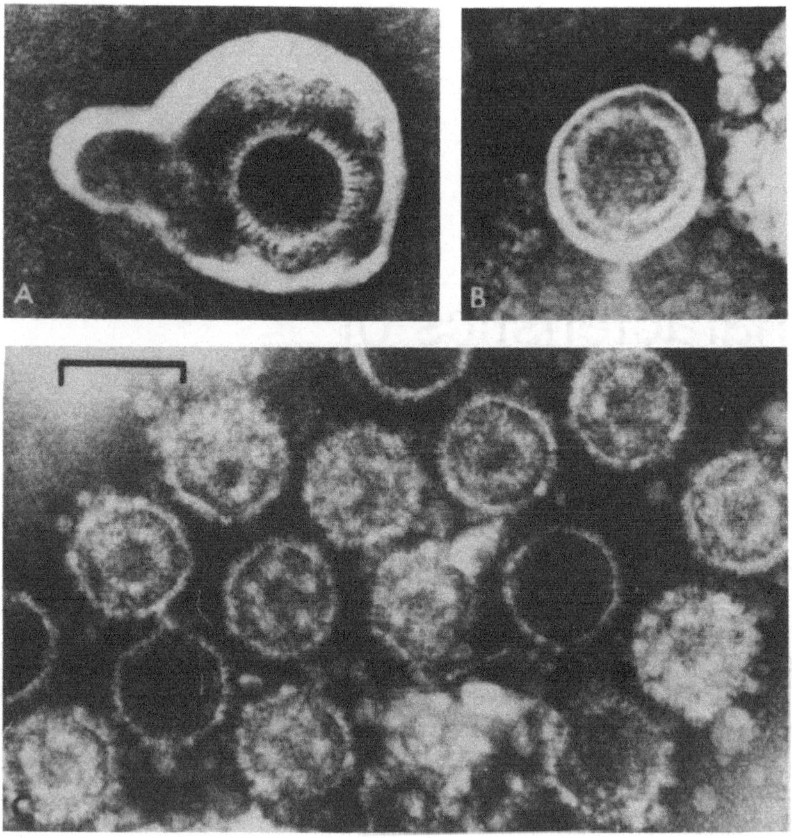


Figure 4.1. Electron micrograph of human cytomegalovirus. (A) An enveloped particle, although it is "empty." (B) A "full" enveloped particle. (C) Two "empty," many "full" but unenveloped particles. The bar is 100 nm. (Wright *et al.*, 1964. By permission of H. T. Wright, Jr., C. L. Goodheart, and editors of *Virology*.)

1.27 to 1.29 g/cm$^3$. Development begins in the nucleus and is completed by the addition of protein membranes as the virus passes into the cytoplasm. Intranuclear inclusion bodies formed. Separate subgroups have been proposed for viruses which are not readily separable from the cell and for the cytomegaloviruses. There are, however, such gradations in the properties that neither proposal is practical. The type species given was herpes simplex virus. [S/S means particle and nucleocapsids are "essentially spherical," V/O means vertebrates are infected and no vector is involved.]

Attempts to subclassify herpesviruses have been more controversial. Melnick *et al.* (1964) proposed two patterns based on infection in cell cultures. One pattern is produced by herpes simplex virus, which is easily recovered from tissue culture fluid. The group producing this pattern was called A. Group B are those viruses that are not recovered readily from infected tissue culture fluid. They tend to have a restricted host range. Plummer (1967) pointed out that this distinction is not clear-cut, since viruses form a spectrum of ease of release from cells. The distinction may also vary with the host cell and experimental conditions.

Weller (1970) lists three criteria for identifying cytomegaloviruses: (1) a tendency to cause infection in the salivary gland; (2) a tendency to grow slowly only in cell cultures derived from their natural species; (3) a tendency to form cytoplasmic inclusions in addition to intranuclear inclusions. None of these criteria is hard and fast.

Wildy (1973) suggested that further classification should be based on biochemical properties of the structural components of the virus such as (1) properties of virus proteins including their antigenic properties, serology, polypeptide analysis, amino acid sequences, and genetic complementation tests; and (2) properties of viral DNA. These include base composition, nearest-neighbor analysis, nucleic acid hybridization tests, and genetic recombination.

Now murine and human CMV DNA can indeed be differentiated from herpes simplex virus on the basis of molecular weight (see below), and studies of other properties are being pursued. Some physiochemical properties have not been very helpful. For example Plummer *et al.* (1969) studied the DNA of 14 different members of the herpesvirus group by CsCl equilibrium gradient centrifugation and derived the G + C ratios of the viral DNAs. The lengths of eclipse following infections in cell cultures were also compared. There was no clear division of these viruses based on these criteria. Some well-known human herpesviruses such as herpes simplex type 1 and 2 have unusually high molar proportions of guanosine and cytosine (68% G + C). These two closely related types are slightly different in their G + C molar ratios, and it is gratifying that their separation into different types is thus substantiated. However, in terms of G + C molar ratios, cytomegaloviruses of various species do not form a distinct group. For example, human and murine CMV have lower (58%) ratios than herpes simplex virus, but the G + C molar ratio of vervet monkey CMV seems closer to varicella–zoster virus than to other CMVs and is even lower. Herpesviruses have a greater range of G + C molar ratios in the base the compositions of their DNA than the entire vertebrate group of animals (Plummer *et al.*, 1969).

Since there was no precise virological definition of "cytomegalovirus," the report of the Herpesvirus Study Group of International Committee for the Nomenclature of Viruses (ICNV) in 1973 decided not to use the term at all (Roizman, 1973). They recommended that each herpesvirus, including all the cytomegaloviruses, be named after the taxonomic unit—the family—to which its primary natural host belongs and given in Arabic number. This method of classification has been applied to the naming of a new human lymphotropic virus, human herpesvirus 6 (HHV-6) (Salahuddin *et al.*, 1986). The classification of human herpesviruses is as follows

Human herpesvirus 1 = Herpes simplex virus type 1
Human herpesvirus 2 = Herpes simplex virus type 2
Human herpesvirus 3 = Varicella–zoster virus

Human herpesvirus 4 = Epstein–Barr virus
Human herpesvirus 5 = Human cytomegalovirus
Human herpesvirus 6

In 1979, the ICNV swung back toward a rehabilitation of the cytomegalovirus group. The family of Herpesviridae was divided into three subfamilies representing the herpes simplex viruses (Alphaherpesvirinae), cytomegaloviruses (Betaherpesvirinae), and the lymphoproliferative virus groups (Gammaherpesvirinae). The main characteristics of the CMV group were (Mathews, 1979) the following:

1. Properties of the virus particle. Its DNA has a molecular weight of 130–150 × $10^6$ with 56% G + C. Sequences from either or both termini may be present in an inverted form internally. (see Section 2.2.1).
2. Replication. The CMV group have a relatively slow reproductive cycle (>24 hr), forming slowly progressing foci in cell culture. Enlargement of the infected cell occurs *in vivo* and often *in vitro* (cytomegalia). Inclusion bodies containing DNA may be present in the nuclei and cytoplasm late in infection. Latent virus infection is frequently present in the salivary gland and/or other tissues.
3. Biological aspects. The host range is narrow; in cell culture, CMV usually grows best in fibroblasts, but exceptions exist.

The genus *Human cytomegalovirus group,* and type species *Human (beta) herpesvirus 5* (human cytomegalovirus) have the following main characteristics: "DNA molecular weight = 150 × $10^6$. Virus recovered only from human infections. Experimental host range narrow; grows best in human fibroblasts and less well in certain human lymphoblastoid cells" (Mathews, 1979).

We expect that further studies of both the DNA and proteins will provide better criteria for future classification of herpesviruses and cytomegalovirus subgroups. Data from powerful new techniques such as DNA fragment mapping and restriction endonuclease digestion have yet to be applied.

## 4.2. CYTOMEGALOVIRUS AND OTHER HUMAN HERPESVIRUSES

The six human herpesviruses present a wide spectrum of properties and biological activities, but they share basic characteristics that make them unique.

On the surface, what could be more different than the prototype diseases caused by CMV, the two herpes simplex viruses, varicella–zoster (VZ) and Epstein–Barr (EB) viruses, i.e., congenital cytomegalic inclusion disease, herpes labialis and genitalis, chicken pox, infectious mononucleosis, and Burkitt's lymphoma? These agents also behave differently in the laboratory in terms of ease of growth and recognition. Herpes simplex virus was one of the first viruses cultured, and it grows in practically any culture of human or nonhuman cells of either epithelial or fibroblast origin. The culture may be a primary explant or from a continuous line. It infects the gamut of experimental animals and shows little of the species specificity characteristic of the other three agents.

Both CMV and VZ virus are much more restrictive than herpes simplex virus. Both grow best on human cells or fibroblast origin. Varicella–zoster virus has also been grown in cultures of simian tissue (Weller *et al.*, 1958) and guinea pig embryonic tissue (Söltz-Szöts, 1964). Cytomegalovirus has been grown in cell cultures in animals of other species, frequently abortively or in low titer (see Section 5.2.1). Cytomegalovirus also takes longer to replicate, but it is usually less cell associated than VZ virus.

Cytomegalovirus is slower to develop cytopathology and, in addition to the nuclear inclusions characteristic of this group, produces paranuclear cytoplasmic inclusions. It should be noted, however, that VZ may also produce cytoplasmic inclusions (Weller *et al.*, 1958).

The most restrictive of these five agents is EB virus, which grows only in human lymphoid cells and in such a way that no diagnostic cytopathology can readily be observed (Henle *et al.*, 1979).

Perhaps the firmest biological criterion that distinguishes herpesviruses is their antigenic distinctiveness. Despite diversity, the six agents have important biological as well as structural similarities. They are all to varying degrees cell associated. That is, they are best propagated in cell culture in the form of infected cells rather than as cell-free virus. This is least apparent with herpes simplex virus and most apparent with VZ virus. These viruses may spread from cell to contiguous cell, presumably via intercellular bridges, even in the presence of antibody in the extracellular phase ("type 2 spread"; Notkins, 1974). This characteristic may be related to a common characteristic of these agents, that is, their ability to produce latent infection that reactivates under appropriate stimuli.

Perhaps the best-characterized form of reactivation is herpes zoster, which results from reactivation of VZ virus latent in the dorsal ganglia following a primary infection of chicken pox (Head and Campbell, 1900). In normal subjects, according to Hope-Simpson (1965), herpes zoster increases with age, such that the rate of activation at age 80 is about five times higher than that at age 40. Herpes zoster also increases in frequency when cell-mediated immunity is suppressed, as in Hodgkin's disease, or following the administration of cytotoxic drugs. The conclusion seems inescapable that immunologic surveillance, perhaps the type of cell-mediated immunity that holds herpes zoster in check, declines with aging.

The recurrences of herpes labialis and genitalis also represent activation of latent virus infections, presumably, as in the case of herpes zoster, in neurons in the dorsal ganglia (Cook *et al.*, 1974). It is, however, less clear what the exciting trigger event of such activation is. Suppression of immunity is not always involved, although such suppression, as after renal transplantation, does indeed reactivate herpes simplex infection when measured by laboratory methods or when clinical observations are made (Ho, 1977).

The situation with EB virus as regards latency is even more intriguing. Most primary EB virus infections, as is the case with the other three agents except VZ virus, are inapparent. The prototype primary disease when it does occur is EB virus mononucleosis. When we follow laboratory parameters of EB infection in immunosuppressed patients, there is evidence of activation, both primary and reactivation infection. These may be silent, but after transplantation, a spectrum of lymphoproliferative diseases ranging from severe mononucleosis to frank lymphomas associated with EBV have been described (Ho *et al.*, 1985, 1988).

Latency and reactivation of CMV in cell cultures are discussed in Chapter 5. Reactivation of latent CMV infection in the host occurs when immunity is suppressed and has not been shown to occur sporadically, as in the case of herpes labialis or genitalis. For example, latent CMV infection is often activated following renal and other major solid organ or marrow transplantation and in patients with AIDS. This is discussed in Chapter 13.

To summarize: these herpesviruses manifest a spectrum of diseases in their hosts. They differ in cell permissiveness, in the incubation time required for replication, and in the degree of cell association. They may produce latent or persistent infections in man. But latency occurs in different target cells, and the stimulus for reactivation of each virus infection is different. The effect of immunosuppression on each virus infection also varies in terms of the frequency of activation of infection and the severity of clinical manifestations.

## 4.3. MORPHOLOGICAL EVENTS OF REPLICATION

The morphological development of CMV resembles that of other herpesviruses such as HSV with some outstanding differences (Table 4.1).

The adsorption and penetration of CMV take about the same time as those of herpes simplex virus, but subsequent replicative events are greatly prolonged (Smith and De Harven, 1973). Herpes simplex virus replicates and releases progeny virus in 8 hr, but CMV requires 4 days. Why CMV is so "slow" is not known.

In an electron micrographic study, Stern and Friedman (1960) showed that CMV, like HSV (Morgan *et al.*, 1959), is formed in the nucleus and that it acquires its envelope from the reduplicated nuclear membrane. Virus particles enter the cytoplasm from the nucleus by rupture of virus-containing intranuclear vacuoles, by formed invaginated membranes, or, more probably, by extension on the whole vacuole (see Section 4.3.2).

Herpes simplex virus causes condensation and margination of chromatin and has a greater tendency to produce membrane alterations. Cytomegalovirus, on the other hand, characteristically produces "dense bodies."

By *in situ* cytohybridization, in which tritiated RNA complementary to viral DNA was used to locate copies of viral DNA in cells by autoradiography (Fig. 4.2), Huang *et al.* (1976) found 24 hr after infection two acrocentric areas of DNA synthesis in the nucleus. This is significantly earlier than viral DNA patches first observed by acridine orange staining 48 hr after infection (McAllister *et al.*, 1963;

TABLE 4.1
The Timing of Major Morphologic Events in the Replication of CMV and HSV

| Event | Time first detected after infection (hr) | |
|---|---|---|
| | CMV | HSV |
| Early cytopathology (rounding) | 6–12 | 6 |
| Alteration of Golgi apparatus | 24 | 8 |
| Viral eclipse | 48 | 2 |
| Nuclear immunofluorescence | 24–48 | 5 |
| Viral DNA patches in nucleus | 48 | 4–7 |
| Cytoplasmic Fc receptors and immunofluorescence | 48 | 3–8 |
| Condensation of chromatin | None | 3 |
| Capsids in nucleus | 72 | 4 |
| Viral DNA in cytoplasm | 72 | 6 |
| Naked capsids in cytoplasm | 96 | 6 |
| Dense bodies in cytoplasm | 96 | None |
| First released virus | 120 | 8 |
| Late cytopathology | 120–168 | 24 |

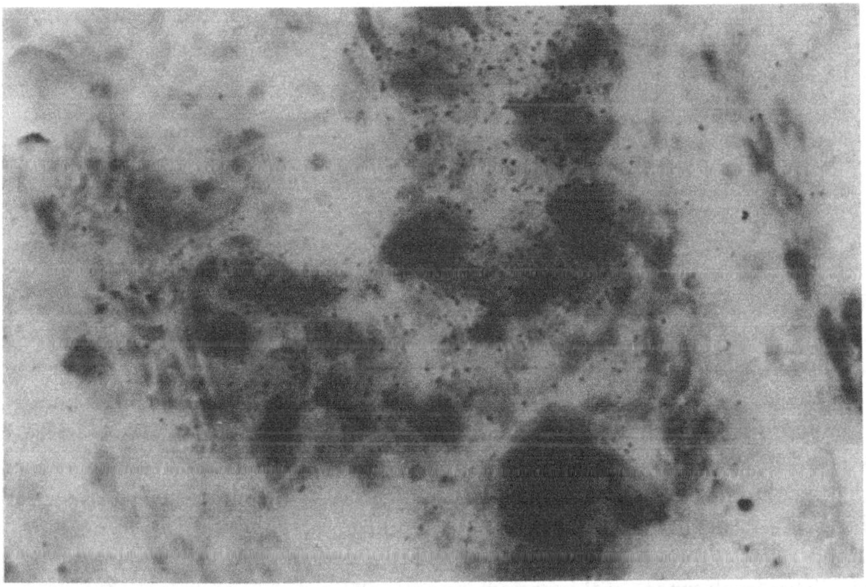

Figure 4.2. Complementary RNA–DNA cytohybridization *in situ* with CMV [$^3$H]cRNA applied to infected kidney cells. After fixation of cells, DNA was denatured by 0.1 N NaOH. Labeled cRNA was made from a purified CMV–DNA template. After hybridization in a moist chamber at 70°C for 20 hr, the tritium label was exposed for autoradiography. Grains signifying presence of CMV DNA may be seen concentrated in cell nuclei. (Huang *et al.*, 1976. Courtesy of Dr. Huang and by permission from the editors of *Yale Journal of Biology and Medicine*.)

Goodheart *et al.*, 1964). Seventy-two hours after infection, viral capsids can be demonstrated in the nucleus by immunoflourescence, and viral DNA synthesis can be demonstrated by autoradiography. This is followed at 96 hr by the presence of capsids and dense bodies in the cytoplasm. Free extracellular virus is first detected 24 hr later, or about 5 days after initial infection.

Severi *et al.* (1988) observed a great deal of interaction between viral progeny and the Golgi apparatus. On the basis of prior hypotheses (see above) and a consideration of cellular response to injury, they postulate three cytoplasmic routes taken by viral nucleocapsids. During passage from the nucleus, capsids acquire and lose a temporary envelope. In the cytoplasm, the naked viral particle may go through the Golgi region, egress directly through the cytoplasmic membrane with acquisition of an envelope, or end up as part of a dense body (see Section 3.3).

In the Golgi region, the capsid is sequestered in a vacuole that can (1) fuse with the plasma membrane and be released like a secretory product, (2) fuse with a lysosome—the resulting phagolysosome seldom seems to discharge its contents extracellularly—or (3) fuse with a dense particle, which is equivalent to a "black hole."

These observations concerning the Golgi apparatus and phagolysosomes are consistent with cell behavior in sublethal conditions (Trump and Arstila, 1975). They also apply to other herpesviruses except for the formation of the dense bodies, which is unique for human CMV.

### 4.3.1. Early Antigens and Cytopathology

Before viral DNA is synthesized, CMV produces in both permissive and nonpermissive cells a number of early antigens (see Sections 2.4 and 2.5), and an early cytopathic effect (CPE) is seen before any synthesis of viral DNA or structural protein. It is now clear that antigen may appear significantly earlier than the CPE. Michelson-Fiske *et al.* (1977) reported that when human diploid lung fibroblasts were infected at a multiplicity of infection (m.o.i.) of 1 PFU per cell and examined by indirect immunofluorescence, an antigen appeared 20 min after infection and disappeared by 45 hr. It was homogeneously distributed in the nucleus and was called an "immediate early antigen." Reynolds (1978) used human and specific animal sera against MCMV to detect an "immediate" early antigen in nuclei of infected cells 1 hr after infection by indirect and anticomplement immunofluorescence. The development of this antigen was not affected by actinomycin D but was inhibited by cycloheximide, an inhibitor of protein synthesis. He suggested that perhaps a virus-specific nonvirion antigen specified by the input virus was being produced. Detection of immediate early antigen is the basis of the current rapid shell-vial assay for CMV (see Section 5.1.1).

An "early" cytopathology observed by most authors is cellular rounding. For example, Furukawa *et al.* (1973) infected WI-38 cells at a m.o.i. of 50 and detected this type of CPE 6–12 hr later. This early CPE was prevented by neutralization of the virus with antiserum but not by UV irradiation of the virus. Inhibitors of DNA synthesis, such as FUdR, BUdR, and ara-C, when applied to infected cells, did not prevent early CPE, but actinomycin D did. When convalescent human serum was used in a fluorescence test, a granular cytoplasmic fluorescence was seen as early as 3 hr after infection. Nuclear and perinuclear fluorescence appeared 6 hr after infection. These data suggest that one or more new proteins are synthesized before DNA, but transcriptive activity of input viral DNA is required (see Section 2.4).

Albrecht *et al.* (1980) studied the cytopathology of five laboratory strains of HCMV (AD169, C-87, Davis, Esp., and Kerr) in human embryonic cells derived from thyroid, skin and muscle, and lungs. Early CPE, consisting of cell rounding and early cytoplasmic inclusions, was observed 5 hr after infection. Whether these inclusions correspond to the development of early antigen described above is not clear. Only later, 72 hr after infection, do cytoplasmic inclusions develop into dense eosinophilic beads, most likely corresponding to the dense bodies and viral subunits that evolve from the nucleus, as described by most authors (McGavran and Smith, 1965; Kanich and Craighead, 1972).

Nuclear inclusions also undergo a sequence of development. Inclusion subunits were first observed with the C-87 strain 24–48 hr after infection and 48–72 hr after infection with the four other strains. Homogeneous dense nuclear inclusions were observed much later.

AD169-, C-87-, and Esp.-infected cells largely recovered from early CPE (cell rounding) 48 hr after infection, whereas Davis- and Kerr-infected cells did not recover until 72–96 hr after infection. Cells infected with the latter two strains exhibited reniform nuclei in contrast to the fibroblastoid morphology and oval nuclei of cells infected with the first three strains (see Section 5.1).

The location of immediate early (IE)1 proteins of CMV was investigated by fractionation and immunocolloidal gold electron microscopy (Otto *et al.*, 1988). As expected, both IE1 and IE2 were detected in the nucleus. The IE1 protein was associated with intracytoplasmic membranes and membranes of the endoplasmic reticulum 6 hr after infection. However, no IE antigen was found to be associated with plasma membrane or nuclear membrane. In view of the postulated importance of IE antigen in the recognition of specific cytotoxic response (Sections 3.8.2 and 7.2.3), this is relevant information. But by itself, it does not reject the hypothesis.

## 4.3.2. Nuclear Changes and Nucleocapsid Formation

Following infection, the nucleocapsid, the complete virus without its surrounding membrane, is synthesized in the nucleus along with viral DNA. Within 5 min of infection, Smith and De Harven (1974) detected the arrival of input CMV capsids by electron microscopy. In 20 min to 1 hr, immediate nuclear early antigens could be detected by immunofluorescence (see Section 4.3.1). At least some of the early nuclear antigens could be shown to be newly synthesized (Geder, 1976; Reynolds, 1978). Albrecht *et al.* (1980) detected by light microscopy early nuclear changes with development of inclusion subunits 24 hr after infection. The full development of such inclusions does not take place until much later, usually about 96 hr after infection.

The biochemical assembly of nucleocapsids has been well studied and is described in Section 3.3.1. There is more uncertainty about how nucleocapsids become enveloped. Usually, no fully enveloped particles are observed in the nucleus, although both enveloped and naked nucleocapsids may be observed in the cytoplasm. The prevailing theory is that the envelope is acquired by the nucleocapsids from the nuclear membrane during egress from the nucleus (Stern and Friedman, 1960; Smith and De Harven, 1974). Severi *et al.* (1979, 1988), however, believe on the basis of electron microscopy that nucleocapsids bud into the enlarged cisternae, acquiring a temporary envelope, but that as they leave the cisternae and enter the cytoplasm, they lose the envelope. The capsids acquire a final envelope in the cytoplasm by budding into vacuoles or by becoming wrapped in lamellar folds (see Section 4.3).

### 4.3.3. Cytoplasmic Inclusions and Dense Bodies

Cytoplasmic inclusions were early noted to be hallmark of CMV infection (see Section 1.1). Cytomegalovirus produces perinuclear cytoplasmic inclusions, a unique feature among herpesviruses. Albrecht *et al.* (1980) saw evidence 5 hr after infection of early cytoplasmic inclusions that gradually evolved into the classical structural changes. McAllister *et al.* (1963) and Goodheart *et al.* (1964) noted that 24 hr after infection of human fibroblasts, unstained areas surrounded by an RNA-rich "halo" were noted in the juxtanuclear cytoplasm. By 72 hr after infection, DNA as well as free virus could be detected in the cytoplasm. They showed by autoradiography that this viral DNA was not synthesized in the cytoplasm. Viral DNA was only made in the nucleus. Presumably viral DNA in the cytoplasmic inclusions migrated from the nucleus.

Smith and De Harven (1979) reported that phenanthrenequinone (PQ) staining of WI-38 cells infected with hCMV revealed an intense fluorescence corresponding to the location of cytoplasmic dense bodies. Phenanthrenequinone is a nonfluorescent compound that reacts specifically with monosubstituted guanidines such as arginine to form a fluorescent condensation product. Since dense-body proteins contain viral structural proteins that fail to assemble into normal viral particles, one or more arginine-rich dense-body proteins may actually be structural proteins. This is consistent with findings with HSV, which do not form dense bodies but contain one or more arginine-rich structural proteins (Olshevsky and Becker, 1970).

After making electron microscopic observations, McGavran and Smith (1965) thought that the cytoplasmic inclusion was an aggregate of lysosomes and that the "dense bodies" observed in these inclusions were lysosomes. One piece of evidence offered was the pattern of distribution of lysosomal enzymes. Specific staining for acid phosphatase in infected cells was three times that found in uninfected cells. They thought induction of lysosomal enzymes to be a unique feature of CMV infection.

Ruebner *et al.* (1964, 1965) observed dense bodies in both mCMV- and hCMV-infected cells and also thought they were lysosomes. They made the interesting observation that in the salivary gland of mice infected with mCMV, dense bodies commonly found in liver or spleen were not seen. They postulated that persistence of infection in the salivary gland may be related to the low lysosomal activity of this organ.

That dense bodies contained viral subunits and not just cellular substructures was first realized by Craighead *et al.* (1972). Dense bodies were described as homogeneous electron-dense materials, two to three times the diameter of enveloped viruses, which accumulate in cytoplasmic inclusions in association with virions. Cytoplasmic inclusions were homogeneous masses of dense bodies, viral particles, and microtubules. Dense bodies formed in proximity to microtubular membranes and the Golgi apparatus. Like nucleocapsids, they budded in tubules and acquired a limiting membrane demonstrable with periodic acid–methanamine stain. Dense bodies were considered to be proteinaceous substances that contained no acid phosphatase, lipids, or polysaccharides and to be unrelated to lysosomes. A significant finding was that by immune electron microscopy, specific antibody clumped both virions and dense bodies. Hence, the membranes of dense bodies possessed viral antigens. This view has been substantiated by more recent biochemical findings that dense bodies and viral capsids are composed of essentially the same structural proteins (Sarov and Abody, 1975; Fiala *et al.*, 1976; Kim *et al.*, 1976a,b). Labeling of the DNA of infected cells showed that dense bodies contain no DNA (Sarov and Abody, 1975).

The relationship of dense bodies and virions to lysosomes has now been further clarified in as more recent electron microscopic study by Smith and De Harven (1978). They agree with Craighead *et al.* (1972) that dense bodies are not lysosomes. But they found that enveloped capsids, naked capsids, as well as dense bodies acquired an envelop by budding directly into lysosomes, which contain acid phosphatase and arylsulfatase. It is unclear why Craighead *et al.* (1972) only observed dense bodies budding into nonlysosomal vacuoles. The problem raised by budding into lysosomes is why virions are not inactivated by intimate exposure to lysosomal enzymes. The same type of lysosomal budding may occur during replication of HSV (Smith and De Harven, 1978) and VZ viruses. In the case of VZ virus, perhaps as a result of exposure to lysomal enzymes, extensive degradation of virions does occur. This reaction has been thought to account at least in part for the difficulty of obtaining infective extracellular, non-cell-associated virions (Gershon *et al.*, 1973).

As pointed out in Sections 2.7 and 3.7.2, dense bodies are particles that do not contain viral DNA or nucleocapsid but consist of matrix and tegument structural proteins that have now been largely identified.

## 4.4. BIOCHEMICAL EVENTS

The rapid advances in our knowledge of the structure and expression of the CMV genome and its proteins have already been described (see Chapter 2 and 3). Here we describe some of the biochemical characteristics of the infected cell (Table 4.2).

### 4.4.1. Protein and DNA Synthesis

In general, subconfluent, actively growing cells yield more infectious virus than confluent, contact-inhibited cells. Cytomegalovirus is different from herpes simplex virus, whose replication is not cell-cycle dependent (DeMarchi and Kaplan, 1977). Although CMV takes 72 hr or longer to produce progeny virus, interesting biochemical events occur much earlier (Table 4.2). As mentioned, within minutes of hours after virus adsorption, viral antigen is synthesized, and early cytopathology develops in both permissive and nonpermissive cells, requiring RNA transcription and new protein synthesis.

Unlike certain cytopathic viruses, including herpes simplex virus, hCMV does not completely shut off host protein synthesis. This renders difficult the task of sorting out specific viral synthesis. According to Stinski (1978), protein synthesis following CMV infection may be divided into two stages. There is an early stage with a peak of synthesis that is predominantly (70–90%) host specific, although some specific viral proteins are also made. Specific viral DNA synthesis initiates a second stage of protein synthesis, which is predominantly viral, but 40–50% of the protein synthesized is still of host origin.

Much interest was evoked by the finding that CMV stimulates cellular DNA synthesis (St. Jeor *et al.*, 1974). This is because CMV produces latent infection and can transform cells to the malignant state (Albrecht and Rapp, 1973) and because stimulation of host cell DNA seems to be a common property of a number of oncogenic viruses, such as polyoma, SV-40, EB virus, but not herpes simplex virus. St. Jeor *et al.* (1974) observed that hCMV stimulated cell DNA synthesis in human

TABLE 4.2
Biochemical Events of CMV Replication

| Event | Hours after infection |
|---|---|
| Immediate early protein synthesis | 0–4 |
| Early protein synthesis | 2–20 |
| Induction of DNA polymerase | 20 |
| Stimulation of cell DNA | 20 |
| Viral DNA synthesis and late protein synthesis | 15–72 |
| Synthesis of IgG receptors | 36 |

embryonic lung cells or human embryonic kidney cells made permissive by pretreatment with IUdR. Nonpermissive Vero cells similarly treated could also be stimulated.

Furukawa *et al.* (1976) showed that in the presence of depleted medium, hCMV infection of WI-38 cells resulted in an increase in cell DNA synthesis 16 hr after infection. The increase was in synthesis of supercoiled mitochondrial rather than nuclear DNA. The significance of this observation is unknown.

Furukawa *et al.* (1975a) also showed that nonpermissive guinea pig skin muscle cells infected at a m.o.i. of 10 with the Towne strain of CMV had increased cellular DNA and RNA synthesis. The stimulatory effect was not eliminated when the infecting virus was treated with heat or UV irradiation.

The significance of the stimulation of cell DNA is still disputed. De Marchi and Kaplan (1976) do not think that it is essential for subsequent viral replication. By autoradiography, using [$^3$H]thymidine and specific immunofluorescence, they distinguished individual cells that were making cell or viral DNA. Relatively few cells (3–6%) were synthesizing both cell and viral DNA. Cells in which cell DNA synthesis was enhanced did not go on to make viral antigen. Virus stocks that were enriched by undiluted passages for noninfectious defective particles were better able to stimulate cell DNA. Hence, the observation that CMV stimulates cell DNA may be a "population" phenomenon more representative of abortive infections. This may be another problem produced by heterogeneity of CMV preparations. We may be ascribing to CMV properties that arise from the major noninfectious component of such preparations.

### 4.4.2. Induction of Enzymes

A number of herpesviruses induce new DNA polymerases in infected cells. This has been described with herpes simplex virus (Keir and Gold, 1963), Marek's disease virus (Boezi *et al.*, 1974), and pseudorabies virus (Halliburton and Andrew, 1976). With the exception of the polymerase induced by Marek's disease virus, the activity of such herpesvirus-stimulated polymerases can be enhanced by high salt concentration, whereas DNA polymerases native to the host cell are not affected.

Huang (1975a) reported that in WI-38 cells infected with hCMV, three host cell cytoplasmic and nuclear polymerases were stimulated, and in addition, a new polymerase was found. It was separated and purified from host enzymes by DEAE-cellulose and phosphocellulose column chromatography. It was enhanced by 0.03–0.06 M ammonium sulfate or 0.06–0.12 M sodium chloride.

Hirai *et al.* (1976) confirmed the induction of a new polymerase in the nuclei but not cytoplasm of infected WI-38 cells. The polymerase was induced 20 hr after infection, before stimulation of host cell DNA and viral DNA synthesis. It was not inhibited by DNA inhibitors but was blocked by cycloheximide, which suggests that it is an early protein coded for by input hCMV genome.

In an *in vitro* essay system, Huang (1975b) showed that his new polymerase was specifically inhibited from incorporation of [$^3$H]thymidine by phosphonoacetic acid. Host cell DNA polymerases were only slightly affected. This is thought to be the basis of action of this antiviral drug, which inhibited hCMV DNA synthesis as measured by virus-specified nucleic acid hybridization. It did not affect the development of early CPE, which requires the synthesis of early proteins. The synthesis of virus-specific polymerase was not determined. Presumably it was unaffected. As described in Section 2.8.1, CMV viral DNA polymerase is a 140-kDa polypeptide associated with a 51- to 58-kDa polymerase-associated DNA-binding protein. It is an early β gene that lies between 0.31 and 0.33 map units (Fig. 2.4A).

Herpes simplex virus induces a number of other nonstructural enzymes besides DNA polymerase: thymidine kinase, deoxycytosine kinase, ribonucleotide reductase, and a DNase. Thymidine kinase (Estes and Huang, 1977; Zavada *et al.*, 1976) and ornithine decarboxylase (Isom, 1979) levels are also increased in CMV-infected cells. The production of the latter appears to be an early event detectable 12 hr after infection and does not require viral DNA replication. So far, only DNA polymerase has been found to be specified by hCMV. Thymidine kinases in infected cells were studied with respect to their phosphate donor specificities, pH optima, thermostability, and salt inhibition. No difference was found between kinases produced in infected and uninfected growing cells. Presumably hCMV, unlike HSV, does not induce a new thymidine kinase (Estes and Huang, 1977). This is relevant to the action of antiviral agents that specifically inhibit viral-induced thymidine kinase, such as acyclovir (Elion *et al.*, 1977) (see Section 14.1).

In addition to the above viral and cellular enzymes, a plasminogen activator is also increased in permissive human embryo fibroblasts or nonpermissive hamster embryo fibroblasts infected with hCMV (Yamanishi and Rapp, 1979). Plasminogen activator converts a serum plasminogen to plasmin, which in turn hydrolyzes fibrin. This enzyme is associated with transformation of cells by oncogenic RNA and DNA viruses and may be a marker for such transformation (Unkeless *et al.*, 1973; Ossowski *et al.*, 1974). Human CMV that was strongly UV-irradiated could still stimulate production of plasminogen activator. Such irradiated virus was previously shown to transform hamster embryo fibroblasts (Albrecht and Rapp, 1973).

## 4.5. STABILITY OF CYTOMEGALOVIRUS

Human CMV, like other cytomegaloviruses and all herpesviruses, is an enveloped virus that is sensitive to fat solvents and extreme physical conditions. It is sensitive to diethyl ether (Rowe *et al.*, 1956) and chloroform (Hamparian *et al.*, 1963) and is inactivated at pH 3 (Hamparian *et al.*, 1963).

Deibel *et al.* (1965) observed a 2-log-unit drop in titer after lyophilizing hCMV. However, when the hCMV was stored at 4°C, no further drop was observed for 3 months, Jung and Krech (1970) found no titer drop if the virus was lyophilized at 0°C in the presence of human serum albumin and calcium lactobionate. The titer of the virus was maintained if it was stored at −20°C but not at 4°C.

Choi *et al.* (1978) found a number of cytomegaloviruses to be sensitive to heparin. In the presence of 100 units of heparin in the culture, the titers of hCMV and mCMV were both reduced 1.5 logs. The titers of green monkey and guinea pig CMV were reduced 3.5 logs. As little as 0.1 units in culture medium reduced the titer of guinea pig CMV by 1.0 log. When heparin was added to culture medium after adsorption had taken place, reduction was negligible. Heparin seemed to act directly on the virus. Human CMV was one of the more resistant cytomegaloviruses, which is consistent with the fact that heparin has been used extensively as an anticoagulant in buffy coat samples to be tested for CMV (Lang *et al.*, 1968).

### 4.5.1. Stability of Cytomegalovirus at Different Temperatures

In addition to the usual lability of viruses at high temperatures, the stability of hCMV preparations varies strikingly at a given temperature depending on conditions of storage and the source of the virus.

Hildebrandt *et al.* (1968) preserved CMV in liquid nitrogen for 3 years. Storage at −60° to −80°C was also satisfactory, particularly if 25–35% sorbitol was added (Weller and Hanshaw, 1962). Feldman (1968) observed that storage at −20°C resulted in complete loss of infectivity within a few days. With addition of sorbitol, such loss could be delayed for a few months. At 4°C CMV was stable for several days.

A number of investigators found that hCMV was more labile at 4°C than at higher temperatures. Krugman and Goodheart (1964) observed that the virus was rapidly inactivated at 37°C but that the inactivation curve was erratic at 23°C. Intracellular virus in infected human lung fibroblasts released by sonic disintegration was less stable at 4° and 10° than at 22°C, according to Plummer and Lewis (1965). Extracellular virus was not tested. There was a plateau of the rate of inactivation at 36° and 22°C lasting about 2–6 hr during which no loss of viability was detected.

Vonka and Benyesh-Melnick (1966) also reported CMV was labile at 4°C. The following strains diluted in Tris buffer were inactivated at 4°C with increasing order of lability: AD169, Davis, Kerr, and C-87 strains. The AD169 strain was more or less stable for 4 hr, after which time more than 90% of Kerr and C-87 strains were inactivated. Distilled water stabilized the virus at 4°C. Calf serum stabilized the virus at 37° but not at 4°C. Virus was unstable at 4° and 37°C in either Tris buffer or Eagle's medium with bicarbonate. Virus harvested early (day 5) was ore labile at 37° and at 4°C than virus harvested late (day 11).

Somewhat different results were obtained by Wentworth and Gloyd (1968). The Davis, UW1, and UW2 strains grown in human embryonic tonsil fibroblasts were diluted either in distilled water or in transport medium (TM) containing trypticase soy broth and bovine albumin. Rates of inactivation at 37°, 25°, or 3°C were about the same. The virus was somewhat more stable at these three temperatures when suspended in water. But whereas Vonka and Benyesh-Melnick (1966) noted

90% or more inactivation of CMV at 4°C in 1–4 hr, this degree of inactivation took about 4–8 days with virus in TM. Virus in water maintained its titer for 7–10 days without reduction. At 37°C, there was reduction of about 1 log per day. Storage at 23° for 4 days essentially produced no inactivation.

There is no ready explanation for all these discrepancies. The salt concentrations and pH of the suspending medium were clearly important. But differences were also noted when the virus was suspended in water. Since purified virus was not used in any of these studies, varying amount of cellular contaminants may have been present in the virus preparations. Cytomegalovirus is closely associated with lysosomes (see above, Section 4.3). Such enzymes may be present in virus aggregates or in virus preparations. They may also vary in concentration depending on the stage of virus replication in cells, which might explain why Vonka and Benyesh-Melnick (1966) found that virus harvested early was more labile than that from late harvests.

### 4.5.2. Stability of Cytomegalovirus in Urine or Blood

In contrast to the unpredictable stability of crude virus suspension from cell cultures, hCMV is quite stable in urine. Feldman (1968) found that the titers of hCMV in samples of urine to which only 0.2 ml of an antibiotic "cocktail" had been added remained essentially stable for 10 days at 4°C. In the only case where there was precise documentation, a 0.5-$TCD_{50}$ reduction in urine titer took place in 9 days, and 1.0 log in 16 days.

Suspension of urine in 25% sorbitol did not improve stability at 4°C but did prolong infectivity at −20°C. Sorbitol also failed to help at −60°C, where there was about a 1.5-log decline in 87 days. In a study on rapid diagnosis of hCMV in the urine of infants, Lee *et al.* (1978) stored or shipped specimens for several days at 4°C without loss of activity.

The stability of this virus at 4°C in urine contrast markedly with the lability of cell-culture-passed material at this temperature. Cytomegalovirus is cell-free in urine, which again suggests that cellular material is the basis of rapid inactivation in crude suspensions. Urine is normally free of protein and presumably also of hydrolytic enzymes.

Armstrong *et al.* (1971a) demonstrated that AD169 tissue-culture-passed virus persisted in cell culture medium containing $5 \times 10^6$ human red cells per ml for 21 days. At both 4° and 25°C, there was no decay in titer over a 5-day period. Foster and Jack (1968) isolated hCMV by inoculating white cells of a blood sample on fibroblast cultures. The sample came from a blood donor whose blood was given to a patient who developed CMV mononucleosis. After standing for 6 days, the sample again yielded virus, but the amount was less. No virus could be isolated 24 days from the time the sample was taken. Despite a great deal of interest in transmission of CMV by fresh and stored blood, the stability of cell-associated and free virus in blood has not been adequately studied (see Section 9.7). The virus in viremic blood is probably cell associated and may be more stable than free virus. Earlier studies on the risk of transfused blood emphasized that fresh blood was a greater risk, but this is now not thought to be a significant factor (see Section 6.6.1).

McKeating *et al.* (1987) reported that β2 microglobulin (β2-m) may be bound to CMV virus particles in urine. Coated CMV could not be neutralized by hyperimmune globulin or monoclonal murine antibodies that could neutralize CMV grown in cell culture. β2-microglobulin is a non-polymorphous component of HLA class I antigen commonly found in body fluids. The virus may evade the immune system by binding to it (Grundy *et al.*, 1989a, 1988a,b).

# 5

# Virological Diagnosis and Infections in Cells and Tissues

## 5.1. VIROLOGICAL DIAGNOSIS OF CYTOMEGALOVIRUS INFECTION

In this section we discuss practical approaches to the virological diagnosis of CMV, that is, the demonstration of CMV in clinical samples by isolation of the virus or demonstration of its nucleic acid or antigens in tissues and cells. Practical knowledge is emphasized. The scientific background of this material is found in other sections, especially from Chapters 2 to 4. Technical details are not presented fully but may be found in other texts (Reynolds *et al.*, 1979b).

Cytomegalovirus infection is diagnosed by isolation of the virus or by demonstrating its presence by serologic or molecular techniques. Serologic diagnosis (see Chapter 6) is accurate and specific but may be of limited usefulness in acute medicine because the required changes in antibody state or titers may take too long to demonstrate.

### 5.1.1. Routine Virus Assay

The virus may be recovered from body fluids or from tissues obtained by biopsy or at autopsy. Human CMV has been isolated from urine, blood, throat washings, saliva, tears, milk, semen, stool (Cox and Hughes, 1974), and vaginal or cervical secretions. In the clinic or hospital, where symptomatic CMV infections occur in the neonate or in the normal or immunosuppressed adult, urine, blood, or throat specimens will yield the virus, although a positive culture may not be sufficient for diagnosis.

Almost all clinically significant CMV infections are associated with viruria despite the fact that symptomatic urinary tract infection or renal failure is unusual. Viruria at birth is the essential and sufficient finding for the diagnosis of congenital CMV infection. Urine in 0.2-ml amounts can be directly inoculated in human fibroblast cultures. Occasional urine samples may be toxic for cells. To obviate this, the culture medium can be changed 24 hr after inoculation.

Viruria may be an incidental finding in older children and occasionally in adults. However, except in immunosuppressed individuals, and occasionally in sexually active females and male homosexuals, it is not common in adults.

Viremia is often associated with CMV mononucleosis and other forms of CMV infection in the adult, particularly in the immunosuppressed patient after transplantation or with AIDS. To collect "buffy coat" specimens, 10 ml of blood is collected in a tube containing 0.1 ml heparin (100 U/ml). It is then centrifuged at $400 \times g$ for 15 min, and about $1 \times 10^6$ cells of the leukocyte-rich "buffy coat" are inoculated into tube or well cultures.

For throat cultures, a dry cotton swab is rubbed over the inner side of both cheeks opposite the upper molars and over the posterior pharynx and floor of the mouth. The swab is then promptly rinsed in 2 ml of culture medium and inoculated.

All samples submitted to the laboratory for virus isolation should be processed within a few hours after collection. As indicated above (Section 4.5), the virus is surprisingly stable at 4°C or at room temperature in urine and probably in other tissue fluids. For storage, −70°C is preferable to −20°C, at which temperature many enveloped viruses are inactivated.

Human CMV does not grow adequately in any laboratory animal. Nigida *et al.* (1975) found that $10^7$ PFU of CMV stimulated antibodies in white-lipped marmosets, but no infectious virus was produced. Virus could be recovered by cocultivation of the kidney tissue. This animal, even if generally available, cannot be used for diagnostic purposes. All specimens submitted for virus growth or identification must be inoculated in cell cultures.

Practically speaking, the only cells that should be used in the diagnostic laboratory to grow CMV are human fibroblasts. Fibroblast cultures may be obtained as primary cultures prepared from foreskin or embryonic skin and muscle, lung, testes, or myometrium. Serially propagated diploid fibroblast cell strains, either developed in one's own laboratory or obtained commercially, such as MRC-5, WI-38, or MA-184 human embryonic fibroblasts derived from lung or foreskin, are satisfactory. Low-passage (10–24) cultures are more susceptible.

Fibroblast cultures inoculated with virus-containing material may show CPE in 3–4 days but usually in 1–2 weeks or longer, depending on the concentration of virus in the specimen. There is evidence that MRC-5, a fibroblastic cell line that has a normal diploid karyotype and was derived from male embryonic lung, is more satisfactory than WI-38 because cytopathic effects were observed earlier. Gregory and Menegus (1983) tested clinical specimens of urine, cervical vagina specimens, and salivary specimens. Of all positive samples, 98% were positive in MRC-5 cultures, and only 85% were detected in WI-38 cells. In addition, all MRC-5 cultures became positive after 2 weeks of inoculation, but by that time only 88% of the eventually positive WI-38 cultures were positive.

Smith (1986) showed that replication of CMV was not restricted to cell cultures of fibroblast lineage. A well-differentiated diploid epithelial cell line, HCMC, derived from normal human colonic mucosa, replicated CMV to titers equal to that obtained in MRC-5 fibroblast cells in about the same time with production of cytopathology. It was concluded that the status of differentiation and chromosomal ploidy were more important factors. Thus, WI-38 VA13, a hyperploid (chromosome number 73 to 78) cell line derived from SV-40 transformation of the CMV-permissive WI-38 euploid fibroblast cell line, was no longer permissive.

Initially, foci of enlarged, rounded refractile cells will appear in the center rather than the periphery of the cell monolayer (Fig. 5.1). Affected cells characteristically follow the linear pattern in which fibroblasts align themselves. These foci will enlarge, coalesce, and may eventually destroy the monolayer, a process that may take 2–3 weeks. At times, foci of infection will enlarge but never involve the entire monolayer unless the infected cells are passed. Occasionally, CPE will not be produced in the originally inoculated cultures. When such cultures are trypsinized and planted on a fresh monolayer, CPE may occur. The pattern and progression of cytopathology are different from those of herpes simplex and VZ viruses. The CPE of herpes simplex appears sooner and progresses more rapidly. It may be visible in 24–48 hr, and cell destruction may be complete in 3–4 days. Varicella–zoster virus, on the other hand, produces CPE at an intermediate rate. Varicella–zoster virus may also grow in human epithelial cell cultures in addition to fibroblasts, and in the laboratory, the virus cannot be maintained in the cell-free state.

As discussed in Section 4.3, two prototype laboratory strains of CMV, Davis and AD169, produce somewhat different cytopathic effects. The Davis, Esp., and Kerr strains as well as most clinical isolates cause early cell rounding. The nuclei are pushed to the periphery of the cell and are often distorted. A single prominent eosinophilic paranuclear inclusion develops (Fig. 5.2). In contrast, AD169-infected cells retain their fibroblastic shape. Nuclear morphology is maintained except for margination. Cytoplasmic inclusions are less distinct and are often bipolar (Fig. 5.3).

The cytopathology of CMV is usually sufficiently characteristic for identification in the laboratory without further serologic confirmation. When there is doubt, antigen may be prepared from the infected culture for identification by the complement-fixation (CF) test using known antiserum, or the neutralizing capacity of a known antiserum on the unknown virus may be tested. Alternatively, the isolate may be cultured in a shell vial and identified by demonstration of CMV early antigen using commercially available monoclonal antiserum against this antigen (see below).

### 5.1.2. Virological Diagnosis in the Presence of Antibody

One of the hallmarks of CMV infection is persistence of the virus in various body fluids despite the development of serum neutralizing antibodies (see Sections 11.2 and 12.3). One possible reason is the protective role $\beta_2$-microglobulin might

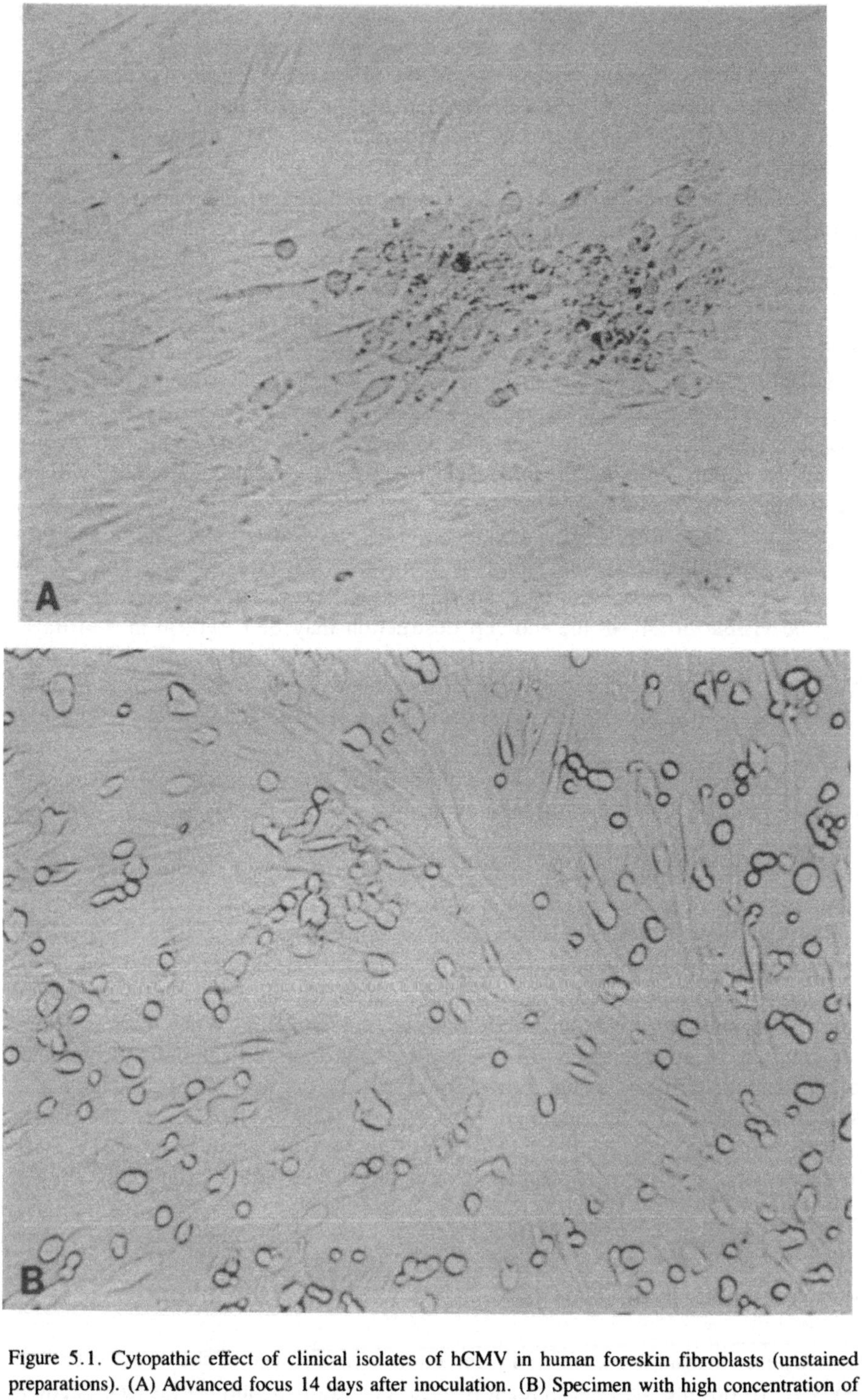


Figure 5.1. Cytopathic effect of clinical isolates of hCMV in human foreskin fibroblasts (unstained preparations). (A) Advanced focus 14 days after inoculation. (B) Specimen with high concentration of virus, 5 days after inoculation. (Reynolds *et al.*, 1979a, in Lennette and Schmidt, 1979. By permission of the authors and the American Public Health Association.)

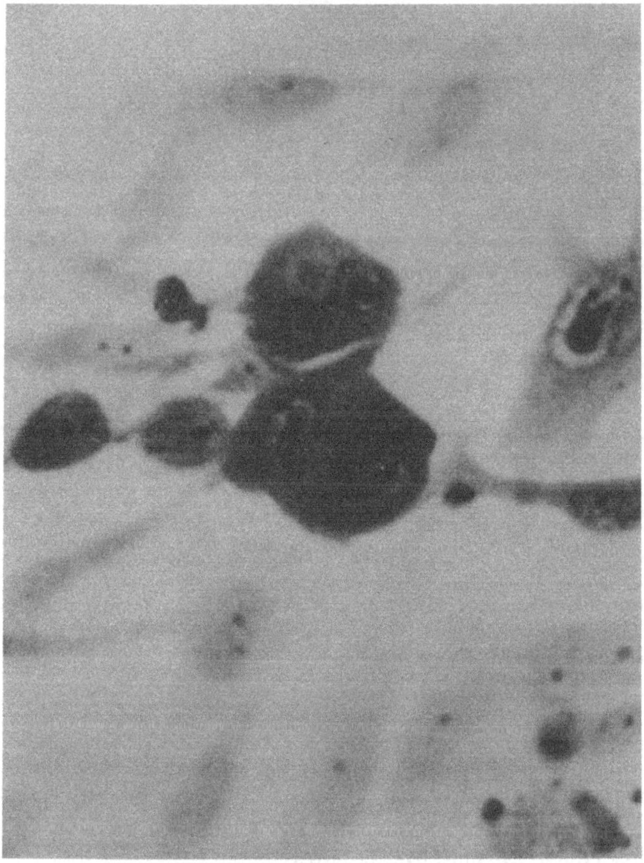

Figure 5.2. Cytopathic effect of the Davis strain of hCMV in human foreskin cultures. Hemotoxylin–eosin stain, ×500. (Reynolds *et al.* 1979a, in Lennette and Schmidt, 1979. By permission of the authors and the American Public Health Association.)

play against serum neutralization (McKeating *et al.*, 1987) (Section 4.5.2). In CMV mononucleosis, whether arising spontaneously or after transfusion, and particularly in CMV infection in the immunosuppressed patient, viremia may persist for months despite the presence of serum antibodies (Stulberg *et al.*, 1966; Lang and Hanshaw, 1969). There have been studies on the coappearance of CMV and antibodies in other body fluids. Cytomegalovirus viremia is common in patients with AIDS, who are almost invariably seropositive for CMV.

Tamura *et al.* (1980a) studies saliva for the presence of neutralizing antibodies against hCMV. A microculture plaque assay without complement was performed. Out of 54 infants from 3 months to 3 years of age who were viruric or seropositive, 41 (75%) had neutralizing antibodies in their saliva despite presence of CMV in the

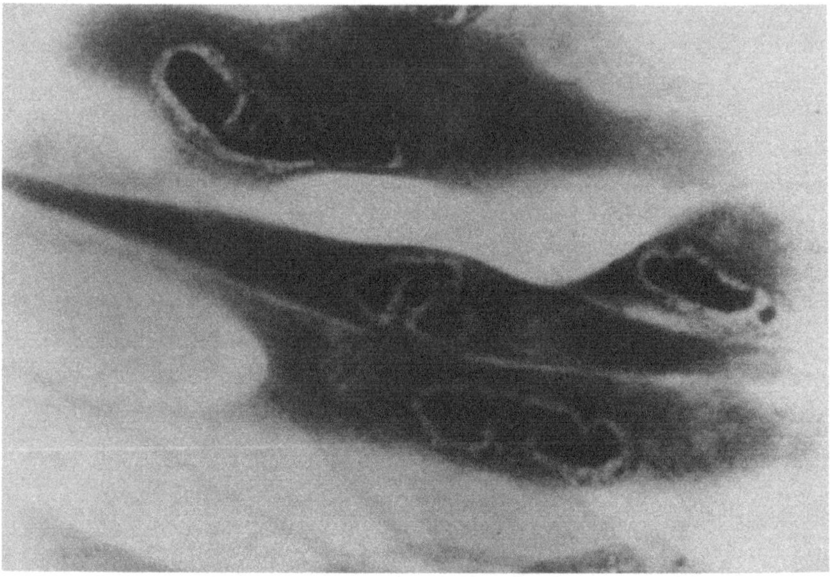

Figure 5.3. Cytopathic effect of the AD169 strain of HCMV in human foreskin fibroblasts. Hematoxylin–eosin stain, ×500. (Reynolds *et al.*, 1979a, in Lennette and Schmidt, 1979. By permission of the authors and the American Public Health Association.)

saliva. No antibodies to virus were found in the saliva of 11 seronegative controls. The neutralizing titer of saliva was 1 : 4 to 1 : 32, whereas corresponding serum neutralizing titers were 1 : 32 to 1 : 512. The amount of antibody in saliva was apparently inadequate to neutralize the virus.

Waner *et al.* (1977) studied 102 specimens of cervical secretions for IgG and IgA antibody to CMV detected by immunofluorescence. Specimens from six of ten patients who were excreting CMV contained IgG antibody. Four of the six samples also contained IgA antibodies against CMV. Only three samples positive for IgG antibodies were from patients who were not virus excreters, although it is possible that viral excretion might have been detected if more samples were cultured from these patients. As in saliva, the presence of antibody in cervical secretion may be associated with the presence of virus.

### 5.1.3. Rapid Virus Assay

The availability of effective antibodies against CMV antigens has stimulated many methods to circumvent the observation of cytopathology in inoculated cultures. Using a pool of seven CMV-specific monoclonal antibodies determined by immunofluorescence, Griffiths *et al.* (1984) detected CMV in human embryonic lung fibroblasts grown in slide chambers 4 hr after inoculation of specimen from immunosuppressed patients. This method resulted in identification of CMV in 12 of 15 culture-positive specimens and a sensitivity of 80%. There were no false positives among 115 specimens that were negative by conventional assay.

The currently popular rapid assay method for CMV depends on early recognition of infected cells based on the detection of early antigen and centrifugal absorption of the virus to increase sensitivity. Susceptible cells such as MRC-5 are seeded and cultured in 1-dram shell vials containing a 12-mm round coverslip until use. Before inoculation the medium is removed from the shell vial and an aliquot of a specimen is added on the monolayer and cytospun at 500–700 × *g* for 45 min to 1 hr. After as early as 16 hr of incubation at 36°, a monoclonal antibody to early antigen, such as pH 2.4, is added to the coverslip preparations, and antigen-containing cells are detected by indirect immunofluorescence or enzyme-linked detection (Shuster *et al.*, 1985).

The appropriate centrifuging step is essential for increased adsorption of the virus (Osborne and Walker, 1968; Hudson *et al.*, 1976) (see Section 16.2). Comparative experiments showed that uncentrifuged specimens showed fewer immunofluorescing foci, and specimens spun at 1500 × *g* gave confusing results because of cell damage.

In an early evaluation of this method Gleaves *et al.* (1985) tested 770 specimens of urine, blood, lung tissue, and sputum at the Mayo Clinic. Of 124 isolates detected by this rapid method, only 88 or 71% were recovered by the conventional cell culture method in which the inoculum was not cytospun and virus was detected by cytopathology. In addition to higher sensitivity, this method yielded results more rapidly. Immediate early antigen in infected cells can be detected as early as 3 hr after adsorption of laboratory-adapted strains such as AD169 strain, and from 6 to 12 hr after inoculation with clinical specimens containing the virus. Routinely most specimens are incubated 16 hr or overnight after inoculation.

More recently, Janssen *et al.* (1988) compared the conventional virus isolation method with the rapid assay of low-speed centrifugal inoculation followed by early antigen detection by IFA. The monoclonal antibody against immediate early antigen (72 kDa) (Shuster *et al.*, 1985) was used. The monoclonal antibody was applied after 1 (EA-1) and 6 (EA-6) days of cultivation. Of 68 positive samples, 49 (72%) were detected with EA-1, 58 (85%) were detected by EA-6, and only 43 (63%) were detected by conventional virus isolation. It is interesting to note that no method covered all the positive specimens. However, the combination EA-1 and EA-6 showed positive results with 66 samples (97%), which was significantly better than conventional virus assays. There were only two samples that were positive by conventional assay and negative by early antigen detection. It is possible that a small number of isolates do not express the same early antigen as that detected by the monoclonal used. Still, it is clear that the early antigen method is a significant advance in that it has produced a rapid test without losing much in sensitivity.

## 5.2. DIRECT DEMONSTRATION OF CMV BY MONOCLONAL ANTIBODIES

With the demonstration that potent antisera against CMV EA could detect both lytically and latently infected cells, monoclonal antibodies have also been used for direct tissue diagnosis.

Cytomegalovirus is a common cause of pneumonia, particularly in bone marrow transplant patients, and this is an example of a clinical condition that requires rapid diagnosis (see Section 13.3.1). The diagnosis is usually made by culturing CMV from tissue specimens or by demonstrating characteristic inclusions in histological sections of the lung. Recently the use of bronchoalveolar lavage (BAL) has become a common method in the diagnosis of nonbacterial causes of pneumonia when sputum and expectorate specimens or biopsy specimens are not available. Emanuel *et al.* (1987) showed a correlation between the presence of CMV-specific early antigen (EA) in alveolar macrophages obtained from BAL specimens obtained from patients with interstitial pneumonia and the histological or cultural diagnosis. Martin and Smith (1986) diagnosed CMV infection in 19 subjects using a monoclonal antibody to detect immediate early antigen of CMV in BAL specimens. Direct cytospun preparations from BAL yielded positive results in six (31.6%). When specimens were inoculated by centrifugation on MRC-5 cell cultures and cultured, 94% (18/19) were positive when tested with the monoclonal antibody. In contrast, conventional tube cell culture methods were positive in only 11 of the 19 subjects (58%), and these results were obtained after an average of 9.3 days. These results show that although the rapid culture assay was more sensitive than routine cultures, diagnosis using direct cytospun specimens from BAL without incubation was less sensitive.

In a prospective study Paradis *et al.* (1988) studied the comparative sensitivity and specificity of three methods of diagnosing CMV pneumonia by using BAL specimens. These were routine culture, direct immunoperoxidase detection of early antigen, and histological evidence of inclusions. Virus was isolated in BAL specimens from all patients with CMV pneumonia (sensitivity: 100%), but some specimens from patients who did not have CMV pneumonia were also positive (specificity: 70%). Cytomegalovirus inclusions were found in three of 15 specimens from patients with CMV pneumonia (sensitivity: 21%) and in one patient who did not have pneumonia (specificity: 98%). Thus, the positive culture and positive cytology virtually confirmed CMV pneumonia, and the negative culture excluded it. Direct immunoperoxidase detection proved to be particularly useful when the culture was positive and the cytology negative. This situation-specific labeling of CMV early antigen from monoclonal antibody was found in nine of 11 patients with confirmed CMV pneumonia (sensitivity: 82%).

In conclusion, it appears that the rapid assay using cytospin inoculation and detection of the 72-kDa early antigen with monoclonal antibody is a rapid, sensitive, and specific method for detection of CMV. It is possible that a small number of CMV-positive specimens would go undetected if routine cytopathology were discarded. However, the numbers are small, particularly if cultures are evaluated after 1 and 6 days of incubation.

## 5.3. DEMONSTRATION OF CMV BY NUCLEIC ACID HYBRIDIZATION

Nucleic acid hybridization can detect viral genomes (DNA) or messenger RNA in cells and tissues. In addition to detecting the presence of complete lytic virus, it may be capable of detecting viral genomes in latently or abortively infected cells. *In situ* hybridization detects either the genomic or DNA or RNA transcripts in individual cells of tissues. The usefulness of this method has been suggested by the finding that cells and circulating leukocytes may contain either CMV DNA or mRNA (see Section 5.5.3). The question whether nucleic acid hybridization offers advantages over other methods of virus assay must be precisely posed. When only complete lytic virus is probed, the assay is unlikely to be more sensitive than conventional techniques. Chou and Merigan (1983) compared CMV DNA hybridization with routine virus assay in urine specimens. They ultracentrifuged the urine, immobilized the sample on nitrocellulose filters, and hybridized it with $^{32}P$-labeled cloned probes consisting of *Eco* RI restriction fragments of CMV strain AD169. Although the test could be performed rapidly in 24 hr, it was less sensitive than virus culture. Only 34 of the 48 culture-positive specimens were positive by DNA hybridization, and samples with virus titers less than 500 infective units were negative. The specificity was excellent. So Spector *et al.* (1984a) probed clinical urine specimens with $^{32}P$-labeled cloned fragments of CMV strain AD169. They reported a better sensitivity (92%, 22 of 24 culture-positive specimens) and a specificity of 88% (23/26). In a prospective study of 67 blood buffy coat specimens from bone marrow recipients, 13 (93%) of 14 culture-positive samples were detected. Interestingly, out of 53 culture-negative specimens, 21 were positive by hybridization. It was suggested that 20 of these 21 specimens represented infections that were not detected by culture but were detected by hybridization. This may be related to circulating latently infected white blood cells detected by probing for immediate early antigen (see Sections 5.5.3 and 9.7.3).

Myerson *et al.* (1984) evaluated *in situ* hybridization for the diagnosis of CMV pneumonia. Biotin-labeled CMV DNA was hybridized to formalin-fixed tissues and detected by an immunoperoxidase procedure. The sensitivity of this technique was similar to that of viral culture and of viral antigen detected by monoclonal antibody. Results could be obtained quickly, and fixed tissues with no culturable virus particles could be used. Another bone marrow transplant group (Churchill *et al.*, 1987) used homogenates of lung tissue immobilized on nitrocellulose filters that were hybridized with $^{32}P$-labeled CMV DNA probes. Compared with virus cultures, the hybridization assay had a sensitivity of 91% and detected 520 infectious unit equivalents. However, the specificity of the assay was only 78%.

In summary, nucleic acid hybridization methods are less sensitive than cultural methods for detecting complete lytic virus. They are specific and may be more rapid. They may also detect the presence of latent virus, but accuracy and usefulness remain to be shown.

### 5.3.1. Polymerase Chain Reaction

The polymerase chain reaction (PCR) amplifies minuscule amounts of DNA in a clinical specimen and makes them detectable. It takes advantage of a heat-stable DNA polymerase, which assembles a complementary strand from a defined segment in a strand of DNA, a primer. In order to do this, PCR requires first that a double-stranded DNA be denatured. Then the primer segment is added, annealed to a denatured DNA strand, and extended in the presence of DNA polymerase. Saiki *et al.* (1988) described a system for amplifying and concentrating specific sequences as much as $10^6$-fold. It has become a powerful tool and has facilitated the detection, characterization, and sequencing of increasing numbers of viruses, including human papilloma virus, HIV, HTLV-1, HTLV-II, and lentiviruses (Schochetman *et al.*, 1988). Shibata *et al.* (1988) detected CMV DNA in the blood of 14 of 27 patients with HIV infection or AIDS. It was more sensitive than standard culture assays and used only 20 μl of blood. Interestingly, no CMV DNA was detected in the blood of healthy seropositive individuals. This is surprising in view of the reports that mononuclear cells of normal seropositive subjects contain CMV transcripts (Schrier *et al.*, 1985; see Section 5.5.3). Demmler *et al.* (1988) reported results of testing urine samples from 44 congenitally infected infants. Synthetic oligonucleotide primer pairs were used to amplify DNA from the immediate early and late antigen regions of the CMV genome. Amplified products were detected by dot–blot hybridization. When compared with tissue culture, sensitivity and specificity were 100%. Detection by gel electrophoresis provided a sensitivity of 93%. Both IEA and LA primers were needed to detect virus in all 46 samples.

Hsia *et al.* (1989) selected for amplification fragments of 130 and 152 base pairs (bp) at two opposite ends of *Eco* RI fragment D of the AD169 strain of CMV. This fragment is transcribed early and also late in abundance. After amplification of the 152bp DNA, only one CMV-infected fibroblast cell or 0.01 pg of fragment D DNA was detected. All 35 culture-positive urine samples were detected, and two culture-negative samples were positive only by PCR. Urine samples from these two patients also became positive later, suggesting that PCR was more sensitive than routine cultural methods.

The full potential of PCR has not yet been realized. One of the major problems in the CMV field is the difficulty of predicting transmissibility of CMV from the blood or tissues of seropositive subjects. Blood from seropositive donors does not always transmit CMV (see Sections 9.7.1 and 13.1.1). A similar problem exists in the case of transmission of CMV by donor organs or tissues in transplantation (Section 13.1.1). It is possible that an appropriate type of quantitative PCR or reverse transcriptase PCR in which RNA transcripts rather than DNA are amplified may be helpful. It is also possible that in detecting blood, blood products, or other tissues that might harbor transmissible CMV, seropositivity of the donor may also miss certain cases of occult infection. Stanier *et al.* (1989) reported that five blood samples from 25 PCR-positive specimens came from seronegative individuals.

### 5.3.2. Immediate Early Antigen Transcripts

Stocke *et al.* (1988) evaluated *in situ* hybridization with a probe specific for immediate early antigen (IEA) (EcoRI J fragment of AD169) for detection of CMV RNA transcripts in peripheral blood mononuclear cells (PBM).

When 84 out of 212 samples of PBMs were positive for CMV by conventional cultural methods, only 57 were positive by hybridization (sensitivity of 68%). On the other hand, 34 of the 128 culture-negative samples were hybridization-positive. Some of these may have represented latent infection in normal subjects (Schrier *et al.*, 1985; see Section 5.5.3), but others may have represented significant infection before detection by cultural methods was possible. The authors suggest that quantitative evaluation of hybridization results may be useful and that "five positive cells in a given sample always correlated with productive infection." Unfortunately, no supporting data are provided.

## 5.4. DEMONSTRATION OF CMV BY OTHER METHODS

For rapid diagnosis, a drop of urine or urinary sediment may be smeared on a slide and fixed for 20 min with equal parts of ether and alcohol. After being stained with hematoxylin and eosin, Giemsa, or Papanicolaou stains, the slide is examined for inclusion-containing cells (Fetterman, 1952) (Fig. 5.4). This simple early procedure may be used in suspected cases of congenital infection or cytomegalic inclusion disease, but it is not now in general use. It lacks both sensitivity and specificity.

Electron microscopy has been used as a rapid and reliable method of diagnosis for certain types of virus infections, notably, smallpox, rotaviruses, Norwalk agents of diarrhea, and hepatitis A and B viruses (Schmidt and Emmons, 1989). The feasibility of diagnosing CMV infection in infants by electron microscopy was studied by Lee *et al.* (1978). Examination for CMV in urine after preparation of the specimen by the "pseudoreplica" technique was completed in 15 to 30 min. This technique permits tenfold concentration of the specimen. When the virus concentration in the urine was greater than $10^4$ PFU/ml, this method was consistently reliable. However, if the virus concentration was lower, or if a distinction from other herpesviruses (such as herpes simplex virus) was required, then it was less satisfactory. The specificity of this method may be improved by immune electron microscopy. These methods are not in general use.

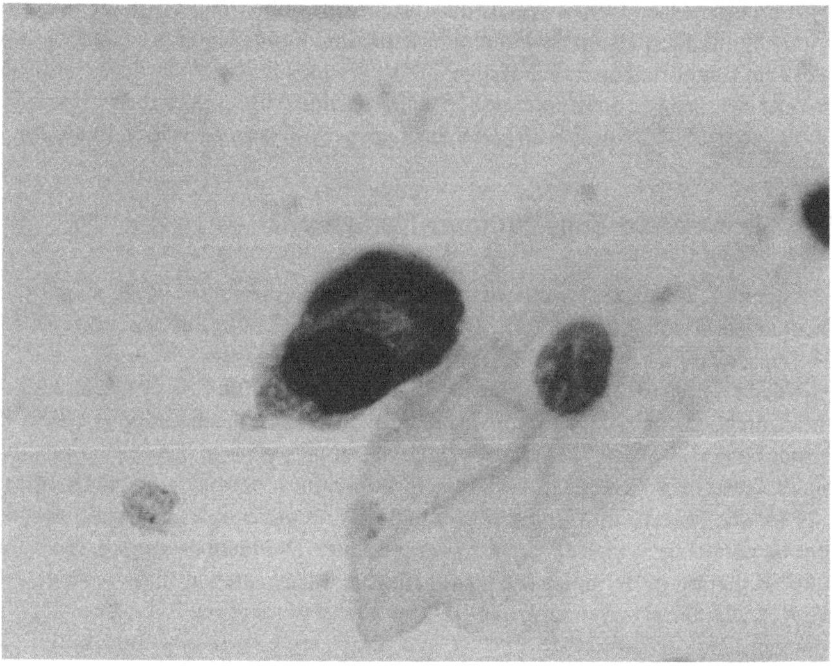

Figure 5.4. Urine sediment of a 3-week-old male infant with C.I.D. Left: Typical cytomegalic cell with intranuclear inclusion occupying entire nucleus with no halo around inclusion but with perinuclear chromatic margination. Note diffuse, amorphous cytoplasmic inclusion. Cell on right is a squamous epithelial cell.

Antigenemia has been tested for its ability to be a surrogate for positive blood cultures. Van der Bij *et al.* (1988) used a mixture of different monoclonal antibodies to detect antigenemia in patients with viremia. Inclusion of antibodies against IEA was found to be essential for sensitivity. They assessed 139 blood samples from 15 transplant patients. Cytomegalovirus viremia was documented in 23 samples, and antigenemia was found in 44 samples. All positive samples were from nine patients diagnosed as having active CMV infection. Twenty-one of 23 viremic samples were also antigenemic. Of the remaining 23 antigenemic samples, 20 came from the previremic phase of acute disease, and three came from two patients with serologic evidence of infection. These results suggest that direct detection of CMV antigens in a cytospin preparation of peripheral leukocytes is specific and possibly more sensitive than routine blood cultures, particularly before the onset of viremia. The procedure is also rapid and potentially more cost effective. Positive cells were mostly polymorphonuclear cells with nuclear or perinuclear staining (see also Section 5.5.3). Support for these conclusions have been provided by Wunderli *et al.* (1989) and D'Antonia *et al.* (1988). In both cases cells containing IEA were detected in viremic patients, frequently before the onset of viremia. This method should be applied prospectively to test its clinical utility.

## 5.5. ABORTIVE, PERSISTENT, AND LATENT INFECTIONS IN CELL CULTURES

The study of CMV infection in cell cultures is important for the detection of virus in clinical samples and for the quantitative assay of the virus. Infections in cell cultures may also be a model for the study of infection in the host. This is particularly applicable to the problem of persistence and latency of CMV. These terms are defined operationally in this book as follows.

*Lytic infection* indicates infections in which complete virions are produced during a lytic replicative cycle and cells are destroyed while exhibiting cytopathology. Persistent infection indicates the occurrence of lytic infection and virus production in a cell culture, but where cytopathology is incomplete and there is simultaneously enough cell regeneration for the culture to survive indefinitely.

*Abortive infections* indicate infections in which no virions are produced and the virus replicative cycle is not completed. Abortive infection may be a feature of latent infection. Some viral genes, for example, early antigens, may be expressed.

*Latent infection* indicates that cells are infected without production of virus. There may or may not be transcription or translation of some of the viral genes. An essential component of latently infected cells is that if they divide, the virus genome is carried from cell generation to cell generation.

In this section we also discuss the permissiveness of cells to CMV depending on the species origin of cells, their phenotypic function, and the role of cell differentiation and agents that enhance differentiation.

### 5.5.1. Infections in Nonhuman Cells

Infection by human CMV is not strictly restricted to cells of human origin. Although viral replication has not been reported in nonhuman cells, CMV will produce abortive infections in many such cells. Fioretti *et al.* (1973) reported that CMV produced a cytopathic effect in guinea pig cells. A similar phenomenon in bovine and Vero (simian) cells was found by Waner and Weller (1974). The cytopathic effect appeared early, 5–34 hr after infection. Refractile cells, cytoplasmic inclusions, but no nuclear inclusions were noted. Both nuclear and cytoplasmic viral antigens were found by immunofluorescence. Infectious virus was not produced unless, as in the case of infected Vero cells, they were cocultivated with human fibroblasts.

Albrecht *et al.* (1976) reported that 24 hr after infection of hamster embryo fibroblasts with CMV at a multiplicity of three, only 1% of the cells showed cytopathology. When the infected cells were "arrested" by prior treatment with IUdR, they became detached, and cytoplasmic inclusions developed. When tested with convalescent human serum, 90% of the cells showed both nuclear and cytoplasmic fluorescence. In nonarrested cells, only cytoplasmic antigen was found. Significant increases were observed in the uptake of [$^3$H]methylthymidine in cellular DNA in arrested but not in nonarrested cells 0–24 hr after infection. Infective as well as UV-irradiated virus had similar effects. Irradiated virus was more stimulatory 24–48 hr after infection. Mitotic activity was correspondingly increased. To eliminate DNA stimulation by UV irradiation of the virus, the dose required was fivefold greater than the dose needed to eliminate infectivity.

Abortive infection of hCMV in rabbit lung fibroblasts was described by Farber *et al.* (1979). During a 4-week period after infection, typical nuclear and perinuclear inclusions developed which contained specific hCMV antigens as shown by indirect immunofluorescence. Cytopathic effects were also seen. These changes occurred despite inhibition of DNA synthesis by cytosine arabinoside, which suggests that they were associated with the development of early antigen (see Section 2.4.2). Infective virus was only obtained when infected rabbit cells were cocultivated with human fibroblasts.

The effect of hCMV in mouse cells and in mouse–human heterokaryons was studied by Boldogh *et al.* (1977). Abortive viral replication and viral persistence took place in these nonpermissive cells. Early antigen could be demonstrated in mouse cells infected with hCMV strain AD169 for 2 weeks. Twenty to 50 days after infection, infected cells were fused with human fibroblasts. Virus-specific antigens became visible in the cytoplasm and cell membranes of heterokaryons 12 hr to 40 days after fusion. This indicates that the viral genome had persisted in mouse cells. Cycloheximide (10 μg/ml) added 5 hr after fusion inhibited the appearance of immediate early antigen, but ara-C did not, suggesting that early antigen required protein but not DNA synthesis. It may be coded for by parental viral DNA.

Infectious virus was produced in heterokaryons if the heterokaryons or the mouse cells used for fusion were treated with IUdR. In that case, both viral specific nuclear and cytoplasmic antigens were diffusely distributed in the cytoplasm and in the nucleus 3–4 days after fusion. Perhaps a late viral function was actively suppressed in the isolated mouse cell. Similar activation of virus infection after fusion with permissive cells has been shown in other systems. Rous sarcoma virus antigens were expressed, and the virus was "rescued" in heterokaryons of Rous sarcoma virus-transformed mammalian cells and chick fibroblasts (Donner *et al.* 1974). Epstein–Barr virus was recovered from somatic hybrids of EB-virus-negative Raji cells and sternal marrow cells (Glaser and Rapp, 1972).

### 5.5.2. Infections in Human Epithelial Cells

The nonpermissiveness of epithelial cells such as HeLa and KB cell lines for CMV was already noted by Rowe *et al.* (1956). More recent evidence suggests that restriction is not absolute and that the status of differentiation and chromosome ploidy may be more important factors. This hypothesis is more consistent with the extensive invasion of epithelial tissues by CMV in the body (see Chapter 10).

Human CMV can replicate in human epithelial cells, although not as efficiently as in fibroblasts. Michelson-Fiske *et al.* (1975) reported that CMV replicated in lung epithelial cells. Knowles (1976) found that CMV could grow and produce late cytopathology 3 weeks or more after infection in human thyroid cell monolayers. Attempts to use these cells to isolate CMV from urine were unsuccessful, presumably because the amount of virus in such samples was inadequate to infect thyroid cells. Different lots of thyroid cells also varied in their sensitivity.

Human diploid BAMB cells derived from amniotic fluid cells infected with CMV (Vonka *et al.*, 1976) formed large multinucleated giant cells with more than 100 nuclei. Cytoplasmic dense bodies were produced. Cytomegalovirus replicated, and the majority of particles acquired their envelopes by budding into cytoplasmic vacuoles as opposed to replication in permissive cells in which virus buds from nuclear membranes. This is an interesting finding because, as stated in Section 4.3.2, Severi *et al.* (1979) believe that this is the normal method of envelope formation. Concentration of viral macromolecules in dense bodies rather than the nucleus in BAMB cells may account for the lower efficiency of viral replication in these cells. Similar observations were made by Figueroa *et al.* (1978). After high-multiplicity infection of primary human amnion cells, large multinucleated syncytial giant cells developed. Inclusion bodies and specific antigens developed in the nucleus and cytoplasm. Viral DNA, identified by its density in isopycnic centrifugation, and infectious virus were both produced. Virus titers were about 1 log lower than in infected fibroblasts, and replication was slower.

As pointed out above (Section 5.1.1), Smith (1986) described the rapid and efficient replication of CMV in HCMC, a diploid epithelial cell line from human colonic mucosa, comparable to MCR-5, a popular fibroblast cell line for the demonstration of CMV in the diagnostic laboratory.

### 5.5.3. Infections of Human Leukocytes

A great deal of attention has been focused on infection of lymphocytes or other white cells by CMV. Work with murine CMV suggests that lymphocytes may be at least one of the carriers of latent infection (see Section 16.5). Viremia in man has been shown to be carried by white cells rather than plasma. Nonlymphoid white cells have been implicated (see Section 9.7.1). There is overwhelming evidence that blood cells carry CMV, and they may transmit the virus during transfusion (see Section 9.7). However, attempts to demonstrate CMV by coculture or even by nucleic acid hybridization were usually negative until 1984.

Attempts to infect or immortalize or transform human lymphocytes with CMV have also met with indifferent success. Huang and Pagano (1974) tried to infect four B and two T lymphoblastoid cell lines after failing to infect fresh normal lymphocytes. Cytomegalovirus DNA synthesis, detected 68–72 hr after infection, reached its peak by 5 days. Viral DNA was no longer detectable by 22 days. Furukawa *et al.* (1979) successfully infected a B-cell line (SB), which continually produced $2 \times 10^4$ to $3 \times 10^5$ PFU/ml. This line also carried EB virus nuclear antigen (EBNA). It is not known if the presence of EB virus genome made lymphocytes permissive for the replication of CMV.

Tocci and St. Jeor (1979) infected with CMV two B-cell lines, the Simpson plasma cell line free of EBV and the Raji cell line containing EBNA, and one T-cell line (Molt-4) and followed the infection by DNA–DNA reassociation kinetics. About 1% of cells from infected Simpson or Raji cells produced infectious virus. These two cell lines also showed increased CMV-induced cellular DNA synthesis. Over 15 days, Simpson cells maintained a fairly constant number (about 56–59) of CMV DNA copies per cell. However, 168 and 360 hr after infection of Raji and Molt-4 cells, the number of CMV genome equivalents gradually declined.

Saltzman *et al.* (1988) used the XbaI fragment "C" of the Towne strain of CMV for detection of CMV DNA in blood leukocytes of viremic patients. After separation by centrifugation in Ficoll–Hypaque, 17 out of 17 samples enriched for polymorphonuclear leukocytes (PMNs) grew out CMV, and 16 (94%) had CMV DNA by dot–blot hybridization. Viral DNA was also present in 94% of mononuclear cells, even though only 47% yielded virus. Virus could be recovered from PMNs but usually not from mononuclear cells, suggesting that CMV exists within granulocytes in a mature infectious form. Whether they are synthesized in these cells or scavenged from other sites is unknown. This is confirmation of earlier data that PNMs are the primary source virus in viremic patients (Rinaldo *et al.*, 1977).

By 1984, several new developments facilitated the demonstration of abortively or latently infected blood leukocytes. Einhorn and Ost (1984) showed that fresh clinical isolates of CMV, but not laboratory strains such as AD169, could regularly infect leukocytes and produce early antigen (EA) as detected by a polyclonal antiserum against CMV DNA polymerase. No late antigen or intact virions were demonstrable. Most infected cells were monocytes. Both peripheral blood leukocytes and bone marrow cells became more permissive to abortive infections after 6 days of *in vitro* growth.

Rice *et al.* (1984) confirmed these findings using monoclonal antibodies against IEA. They showed more clearly that leukocytes with specific markers of monocytes (Mo2), NK cells (HNK-1), B lymphocytes (Anti-SIgG), and OKT4 and OKT8 lymphocytes could all express the major 72-kDa IE antigen with varying degrees of efficiency. Monocytes were most effective (20%). Only 1–6% of the other cell types were infected. They also showed that despite the low number of demonstrably infected leukocytes, specific lymphocyte or NK function was compromised (see Chapter 7).

Schrier *et al.* (1985) then used the Eco RI J DNA fragment of the CMV genome, which contains the genes for IE antigen, to prove by *in situ* hybridization infection of peripheral leukocytes of eight healthy seropositive individuals. The signal appeared to be RNA transcripts of IEA. Strong hybridization in 2% of the cells was found in two out of eight individuals, and weaker hybridization in 0.3–1% of the cells was found in the other subjects. A higher percentage of OKT4 than OKT8 cells were infected. In addition, monocytes were also thought to be infected. An earlier report had also identified T cells as being infected (Garnett, 1982).

This paper suggests that latently and abortively infected leukocytes are carried by normal seropositive individuals. How frequently this occurs and the extent of gene expression remain to be confirmed. The question also arises as to when and how such cells may be activated to produce lytic virions.

### 5.5.4. Persistent Infections in Other Human Cells

Under certain conditions, permissive human fibroblasts may also become refractory to the cell-destructive effect of CMV and carry the virus for long periods of time.

Mocarski and Stinski (1979) observed infected fibroblasts for over 20 weeks after infection with hCMV and found viral persistence. Two types of cells developed, both nonfibroblastic in appearance. About 70% were nonproductively infected and were cuboidal in appearance. These contained no viral structures in the cells, but virions and dense bodies were shown to be adsorbed on their cell surfaces. About 30% were of the second type and were productively infected. They were rounded cells that contained cytoplasmic inclusions, virions, and dense bodies.

The nonproductively infected cells could be separated from the others by Ficoll–Hypaque gradient centrifugation. Although they contained no morphologically evident virus structures, they contained about 120 genome equivalents of viral DNA per cell as determined by DNA reassociation kinetics. The DNA was uniformly distributed in cell nuclei as determined by *in situ* hybridization (see Fig. 4.2). These cells did not synthesize the full complement of viral proteins but, like nonpermissive cells of other species, made early virus-induced proteins and antigens as measured by polyacrylamide gel electrophoresis and by immunofluorescence. The generation time of these cells was four to six times longer than normal cells. A small proportion of them apparently slowly and spontaneously reverted to productive viral replication.

The production of infectious virus in persistent cultures could be slowly eliminated by repeated passage and cultivation in medium containing antiserum. Fibroblast morphology was also gradually restored. Although early antigen was no longer detected, the cells continued to contain about 45 genome equivalents per nucleus. After withdrawal of antiserum, productively infected cells appeared within 2 days.

This cell system suggests that viral persistence may take place in permissive cells when, for unknown reasons, they are unable to show expressive productive infection. Perhaps a limiting host protein is not made.

The persistence of virus in permissive cells, the replication of CMV in nonpermissive cells if they are treated with IUdR, and the accumulation of dense bodies rather than nuclear virions in some inefficiently infected cells may be examples of how a partially completed or prolonged viral replication cycle can account for viral persistence in the human host.

Because CMV produces a slow infection, many attempts have been made to produce persistence or transformation in cell culture. Lang *et al.* (1974) grew human fibroblasts infected with the AD169 strain in agarose medium for several generations before they lysed and died. There was evidence of contact inhibition but no permanent transformation. Infection with UV-irradiated CMV was also effective, but uninfected fibroblasts did not grow in agarose.

A number of persistent infections have been described in association with studies on the oncogenicity of CMV (see Section 5.6). Long-term persistence was established in human embryonic lung cultures infected with the Mj strain of CMV (an isolate from the prostate), with transformation of cells occurring on two occasions (Geder *et al.*, 1976). Human embryonic lung cells inoculated with K9kV, a CMV strain isolated from Kaposi's sarcoma (Giraldo *et al.*, 1972a,b), were carried without loss of cell viability up to 22 passages (Glaser *et al.*, 1977). Virus titers as high as $10^6$ PFU/ml were obtained. Study of persistently infected cultures may provide clues not only to viral latency but also to viral transformation and oncogenicity.

### 5.5.5. "Latent" Infection in Human Cells

Cockley and Rapp (1986) established a "latent" infection in human embryo lung fibroblasts by pretreatment with 200 units of α-interferon and 300 μM acyclovir before infection. After such treatment for 23 days, virus "latency" (prevention of virus production) was maintained by increasing temperature of incubation from 37° to 40.5° for over 100 days. The CMV could be reactivated by returning incubation temperature to 37°.

Tanaka *et al.* (1987) described a similar "latent" infection in a line of human thyroid papillary carcinoma cells (TPC-1). These cells were fully permissive and virus producing if incubated at 37°. However, if they were preheated at 40.5° for 48 hr prior to infection and maintained at that temperature for as long as 65 days, no virus was produced, but more than 95% of the cells expressed immediate early nuclear antigen. Virus-specific DNA polymerase was not produced. After return to incubation at 37°, a small proportion (0.0002% to 0.2%) of the cells were "activable" and produced virus, and about 38% showed evidence of producing viral membrane antigen and were lysed by immune serum against CMV and complement. They further found that indomethacin and tetracaine, inhibitors of prostaglandin synthesis, could inhibit the growth of CMV or the reactivation of CMV when incubation temperature was returned to 37°. These agents did not affect the expression of IE antigen (Tanaka *et al.*, 1988).

This model is interesting because it demonstrates mechanisms by which abortive infection can be maintained and how a replicative cycle may be brought to completion. There is no clear indication in any of the cell culture models how reliably "latently" infected cells could divide and multiply.

## 5.5.6. Differentiation of Cells and Permissiveness to CMV

Earlier, Dutko and Oldstone (1981) showed that murine CMV was produced in murine teratocarcinoma cell lines only after differentiation was chemically induced by dimethyldiacetamide. Human teratocarcinoma stem cells from embryonal carcinoma (ED) are also thought to resemble pluripotent cells of the early embryos. Such a cell line may undergo extensive and irreversible differentiation when exposed to retinoic acid (Strickland and Mahdavi, 1978). Gonczol *et al.* (1984) found that one such embryonal cell line (NT2/B9) that expressed embryonal antigen SSEA-3 was not permissive for CMV even though virus could adsorb and penetrate these cells such that infectious centers could be formed on susceptible cells. Only rare cells (<2%) became antigen positive after infection as measured by a polyclonal antiserum, and there was little evidence of viral replication. After undergoing differentiation on addition of retinoic acid with loss of SSEA-3, 50% of these cells replicated viral antigen, and lytic virus was found in culture medium 7 days after infection.

LaFemina and Hayward (1986) studied the molecular nature of the block in CMV replication in these teratocarcinoma cells. After infection of undifferentiated cells with CMV, the immediate early (IE) 68-kDa protein was not expressed, and input viral genomes were not replicated. The block was at the transcriptional level, since no IE messenger RNA could be detected. After exposure to retinoic acid and differentiation, this block was released, IE antigen was expressed, and viral replication proceeded. Interestingly, infection of undifferentiated cells with simian CMV (sCMV) resulted in productive viral replication and expression of sCMV IE antigen. Comparison of the structure of the IE genes of human CMV and sCMV reveals that sCMV has 23 tandemly repeated regulatory sequences that bind nuclear factor I proteins, whereas hCMV has only four. These are the binding sites for cellular nuclear factor 1. The binding of this cellular promoter–enhancing factor in the case of sCMV allows expression of IE antigens and may be the key to the permissiveness of the cells to this virus.

Monocyte differentiation or activation has been clearly related to permissiveness to CMV. Brautigam *et al.* (1979) observed that mouse macrophages activated with thioglycolate were more permissive to murine CMV (see Section 16.6.2.2).

Weinshenker *et al.* (1988) studied four different human leukocyte cell lines. Only one line (HUT 102) was susceptible, and only IE gene products were produced. However, a monocyte line (THP-1) was rendered fully permissive to CMV after being treated with 12-O-tetradecanoyl phorbol-13-acetate (TPA). The TPA induced differentiation so that 90% of cells became adherent, and cells proliferated, enlarged, and developed vacuoles. Complete virions were demonstrated by electron micrographs, and late antigens were demonstrated.

12-O-tetradecanoyl phorbol-13-acetate is a pleitropic substance that can influence signal transduction (Hamilton and Adams, 1987). It is known to activate EBV replication in lymphoblastoid cell lines (zur Hausen *et al.*, 1979). NF-kB, an intracellular protein, has been identified as mediating the up-regulation of Ig light chain k synthesis by TPA (Nabel and Baltimore, 1987). Thus, viral transcription induced by TPA or cell differentiation may also be dependent on the presence of an enhancer sequence for the transcription-promoting protein such as NF-kB.

## 5.6. HUMAN CYTOMEGALOVIRUS AND CELL TRANSFORMATION

Under certain laboratory conditions, hCMV can transform or immortalize non-human and human cells, a capacity it shares with two other human herpesviruses, herpes simplex and EB viruses. Both of these have been implicated to a greater or lesser degree in human malignancies (A. S. Evans, 1976).

Albrecht and Rapp (1973) first produced transformation by hCMV in hamster embryo fibroblasts. A cell line, designated CX-90-3B, was produced after hamster cells were infected with UV-irradiated hCMV. It produced a poorly differentiated fibrosarcoma in weanling Syrian hamsters. About 0.5% of CX-90-3B cells contained CMV-specific antigen detected by indirect immunofluorescence diffusely distributed in the cytoplasm. A bright membrane fluorescence seen with human convalescent serum was also found in some cells. Serum from tumor-bearing animals did not contain neutralizing antibodies against CMV but did react with infected hamster embryonic fibroblasts by indirect immunofluorescence. These observations are similar to those made on herpes simplex virus and hamster embryo fibroblasts (Duff and Rapp, 1971).

Human CMV can also transform human cells, although we have already referred to the failure of laboratory strains to transform human fibroblasts (Lang *et al.*, 1974). A strain of CMV (Mj) isolated from the prostate of a 3-year-old boy was inoculated in human embryo lung cells (Geder *et al.*, 1976). It replicated slowly, and fewer than 50% of the cells became infected. After about 26 passages, the inoculated cultures underwent a crisis and transformed to a mixed epitheloid and fibroblastoid culture designated CMV-Mj-HEL-1. By immunofluorescence, CMV-specific membrane antigen as well as perinuclear and occasionally intranuclear staining were detected. Spleen cells from hamsters immunized with CMV were cytotoxic for the transformed cells. Spleen cells from tumor-bearing hamsters were cytotoxic for the transformed cells, the tumor cells, and normal human cells. Hence, passage in the animal did not lead to the loss of CMV-specific antigens. The transformed cells produced tumors in 62% of nude mice inoculated after a latent period of 19 days. They consisted of poorly differentiated epithelial cells that contained CMV-specific intracellular and membrane antigens (Geder *et al.*, 1977).

In addition to transforming embryonic hamster and human lung fibroblasts, hCMV plays an as yet undetermined role in transformed lymphocytes. Joncas *et al.* (1975) established two lines of transformed lymphocytes from the blood of a 9-month-old infant with cytomegalic inclusion disease. Both contained the nuclear antigen of EB virus (EBNA), which is found in lines of lymphocytes transformed by this virus. In addition, one of the lines contained eight to nine CMV genome equivalents demonstrated by complementary RNA–DNA membrane hybridization. In 1977, the same group (Joncas *et al.*, 1977) described another patient with the stigmata of C.I.D. who showed serologic evidence of dual EB virus and CMV infection. Three lines of transformed lymphocytes were derived from this boy, of which two again contained CMV genomes. Another such infant was described in 1981 (Joncas *et al.*, 1981), who died on the third day of life with pathological stigmata of congenital CMV infection. Lymphocyte lines established on the first day of life contained EB virus cRNA. The liver contained CMV DNA by DNA–DNA molecular hybridization. Although no virus was isolated, this was considered more conclusive evidence for EBV and CMV congenital infection (see also Section 11.2).

Nelson *et al.* (1982) identified a fragment of DNA from strain AD169 CMV that transformed NIH 3T3 and rat embryo cells so that they developed "anchorage" independence. The transformants were able to form colonies under 1.2% methylcellulose and tumors in athymic Balb/c nude mice. Additional experiments with deletion mutants of this fragment permitted identification of the minimum size fragment required to initiate transformation (Nelson *et al.*, 1984). To delineate the boundaries of the transforming region pcm 4000, deletion fragments were constructed by digestion with exonuclease III and S1 nuclease, recombined in plasmids, and used to transfect primary rat cells. The results indicated that the left-hand boundary of the smallest transforming fragment must be between 490 bases (pcm 4115) and 318 bases from the Hind III site of pcm 4000.

Clanton *et al.* (1983) identified in the Towne strain of CMV a Towne *Xba*I fragment E that was capable of transforming Syrian hamster embryo cells and causing tumor formation of NIH 3T3 cells. This fragment lacked homology with the transforming fragment described above but was homologous to *BglII*-c transforming fragment of type 2 herpes simplex DNA (Jariwalla *et al.*, 1980). When fragment E was further digested with *Bam* HI and assayed by focus formation on NIH 3T3 and Rat-2 cells, transforming activity was localized within the terminal fragments EJ and EM (El-Beik *et al.*, 1986). Virus-specific EM sequences were detected at less than one copy per cell in fragment E transformed cells. In contrast, EJ sequences and AD169 transforming sequences are not retained in cells transformed by these fragments (Galloway *et al.*, 1984).

Jariwalla *et al.* (1989) studied the interaction between the EJ and EM fragments. Large transformed foci in Rat-2 cells were induced at a tenfold higher frequency by EJ plus EM than by either DNA fragment alone. Focus-derived cell lines also produced tumors in rats at a faster rate than lines transformed by EJ or EM alone. EJ is not detected in the transformants, but it encodes a major immediate early 72-kDa (IE1) protein implicated in transactivation and autoregulation. This protein or any other protein coded by this fragment is not expressed in the transformants.

In summary, three transforming domains have been mapped in human CMV DNA, one a 558-base-pair fragment of strain AD169 (pcm 4127) and two located in *Xba*I fragment E (EM and EJ) of strain Towne. As yet there is inadequate evidence that CMV or any one of these fragments plays a role in human diseases by transforming cells *in vivo* or playing a role in cancer.

## 5.7. RELATIONSHIP OF HUMAN CMV TO CANCER

The evidence that CMV is associated with cancer is circumstantial and of two types. First, as noted in Section 5.6, CMV can transform hamster and human cells, which then can produce tumors in experimental animals. By itself, this is inadequate evidence that CMV is oncogenic in man. Certain human adenoviruses have similar biological properties, but none has been found to cause cancer in man (Green, 1970). The second type of evidence is that the virus or its genome has been found in some cancer tissues or that the presence of the cancer is associated with CMV infection. The strength of these observations may be questioned. In addition, in terms of the etiology of cancer, whether this is the "smoking gun" or a coincidence remains to be seen.

Sanford *et al.* (1977) established 34 lines of human prostatic adenocarcinoma in culture. Two developed CMV-specific membrane antigens. These authors also reported that 95% of 35 patients with prostate cancer had antibodies that reacted with CMV-infected cells. In contrast, only 78% of patients with bladder cancer and 70% of patients with benign prostatic hypertrophy had such antibodies. Laychock *et al.* (1978) compared prevalence of immunofluorescent antibodies against CMV-specific antigens in CMV-transformed human embryonic lung cells in patients with prostate cancer and age-matched controls. More patients with prostatic cancer were positive than patients with benign prostatic hypertrophy or patients without cancer. But patients with transitional cell carcinoma of the bladder also had elevated antibody titers. These data together with isolation of the Mj strain, which transformed human embryonic lung cells (Geder *et al.*, 1976), are at best presumptive evidence that hCMV causes prostatic cancer.

Huang and Roche (1978) looked for CMV DNA in adenocarcinomas of the colon and in inflammatory bowel disease using membrane hybridization with complementary RNA–DNA sensitive enough to detect 0.8 genome equivalents per cell. Twenty-four specimens from 14 patients were analyzed. Four out of seven with carcinoma of the colon were positive. Normal colon, inflamed colon from three patients with Crohn's disease, and rectal carcinoma from two patients were negative. One out of two patients with familial polyposis and two out of three patients with ulcerative colitis were also positive. Both are conditions that predispose to carcinoma of the colon. Only one patient with polyposis was seronegative for prior CMV infection; all others were seropositive. Hashiro *et al.* (1979) isolated CMV from cell cultures derived from three out of 16 surgical specimens of adenocarcinomas of the colon. Possibly, CMV produced a latent infection in the colon that was cocarcinogenic in the development of adenocarcinoma of the colon. The possibility also exists that CMV infection was coincidental or that it followed the development of the cancer.

There is evidence that CMV may also be found in other types of cancer.

Melnick *et al.* (1978) isolated hCMV from two of ten biopsies of cervical cancer. Five serial passages of an established cell line were made before cytopathology of CMV infection appeared. These observations remain to be confirmed and extended.

Kaposi's sarcoma is an angioproliferative neoplasm localized mainly in the skin but may invade the viscera. It is a curious tumor that is difficult to classify. It consists of vascular, lymphoid, and fibroblastic elements and has been classified as a fibrosarcoma, endothelial sarcoma, or lymphoma (Penn, 1979).

Giraldo *et al.* (1972b) first observed herpes-type particles in five out of eight tissue culture lines from cases of Kaposi's sarcoma from two equatorial African regions, Congo and Uganda. An isolate from a line designated K9V was indistinguishable from CMV except that, like the Mj isolate, it produced a slow spread of cytopathology. The part of Africa where Kaposi's sarcoma is found is also endemic for Burkitt's lymphoma. All sera from African patients with Kaposi's sarcoma contained antibodies against CMV (Giraldo *et al.*, 1975). A sample of Europeans and Americans with Kaposi's sarcoma had a 75–100% rate of seropositivity, which was significantly higher than that of the normal population (Giraldo *et al.*, 1978). The mean antibody titers against CMV in these patients were high, similar to those in African patients. African as well as control subjects had high background titers, so that they were not significantly different. Giraldo *et al.* (1980) detected CMV early antigen in seven out of 31 biopsies of the tumor and in early passages of some cell lines derived from them. The presence of CMV DNA was also detected in three out of eight biopsies tested. The line from which the strain K9V of CMV was isolated looked transformed and produced a fatal disease involving the lymphoid tissue in Old World monkeys.

The first indication that Kaposi's sarcoma is related to immunodeficiency is its increased frequency after organ transplantation. Penn (1979) found that in renal transplant recipients, who already have an increased incidence of malignancies, 3% of the malignancies are Kaposi's sarcoma, which ordinarily causes only 0.6% of all cancers. These tumors occur on the average 37 months after transplantation. A significant number (45%) have involvement of internal viscera. It has also been reported after cardiac transplantation (Lanza *et al.*, 1983). It has been repeatedly noted that withdrawal of immunosuppression led to the regression of lesions. Stribling *et al.* (1978) noted that four of five patients in whom a diagnosis was made preterminally responded favorably to withdrawal of immunosuppressive agents. Zisbord *et al.* (1980) reported complete remission of cutaneous and visceral involvement in a renal transplant recipient. Little *et al.* (1983) controlled Kaposi's lesions without rejection in a renal transplant recipient after reducing cyclosporine to 100 mg per day. Kaposi's sarcoma has been noted under other conditions of immunosuppression, for example, as a complication of corticosteroid therapy in temporal arteries (Leung *et al.*, 1981).

It is clear that Kaposi's sarcoma under as yet undefined conditions may be brought on by immunosuppression and that it may be controlled by reduction or elimination of such suppression. Recent studies indicate a close relationship between the development of Kaposi's sarcoma and the presence of unique growth factors. One view is that it is not a true malignancy but a multicentric proliferation of normal endothelial and lymphatic elements stimulated by known and as yet unknown cytokines. Virus such as HIV or CMV may facilitate production of these growth factors, and under immunodeficiency growth of tumors is tolerated (Salahuddin *et al.*, 1988).

Kaposi's sarcoma of AIDS or epidemic Kaposi's sarcoma was one manifestation of the AIDS epidemic recognized in 1981 (Centers for Disease Control, 1981). It is different clinically from endemic sarcoma in that it affects a younger age group, and it is not restricted to the skin but may affect the viscera and lymph nodes. Besides the observations suggesting that there may be a relationship between CMV infection and endemic African Kaposi's sarcoma cited above, the possibility that CMV infection may somehow be etiologically responsible for epidemic Kaposi's sarcoma was widely considered. It was already evident that most of the gay males who bore the brunt of the epidemic were infected with CMV, and there was a circumstantial relationship among CMV, AIDS, and Kaposi's sarcoma (Hymes *et al.*, 1981; see also Section 13.2.1). Drew *et al.* (1982) noted that viral cultures of tumors were negative, but CMV RNA was demonstrated by *in situ* hybridization, and six out of nine tumors had detectable CMV-related antigens by ACIF.

Because cell-related DNA sequences have been found in the CMV genome (Peden *et al.*, 1982; D. H. Spector and Vacquier, 1983), the hybridization results, particularly when the number of gene copies was low, were regarded with increasing skepticism.

D. H. Spector *et al.* (1984) detected CMV-specific sequences in tissues of Kaposi's sarcoma at a level that varied from one gene copy per two to 50 cells in five out of five autopsy specimens and one out of seven biopsy specimens. The specificity of their results was thought to be enhanced by southern blot hybridization. Similar results were obtained by Drew *et al.* (1984). Others, however, used identical methods including probes that contained DNA sequence coding for immediate early antigen as well as putative transforming sequences (see above, Section 5.6), but no evidence of CMV DNA was found in tumor tissue (Ruger *et al.*, 1984b; Ambinder *et al.*, 1987). There was a similar lack of agreement in the results *in situ* hybridization.

These conflicting results may be explained by the frequent presence of CMV DNA in the tissues of immunosuppressed patients, particularly in AIDS patients in whom CMV genomes may be widely distributed without causing any clinical disease (see Section 13.2).

The conclusion is that there is as yet inadequate evidence to incriminate CMV infection as the cause of either endemic or epidemic Kaposi's sarcoma or as an essential factor in its development.

## 5.8. HUMAN CMV AND ATHEROGENESIS

Fabricant *et al.* (1978) showed that an avian herpesvirus, Marek's disease virus, could initiate atherosclerosis in chickens. Melnick *et al.* (1983) demonstrated

CMV antigens by indirect immunofluorescence with polyclonal mouse or guinea pig serum in the cytoplasm of smooth muscle cells cultured from atheromatous and uninvolved arterial tissue surgically removed from patients with severe arterial disease. No nuclear fluorescence and no evidence of viral replication by electron microscopy or by cocultivation with permissive cells was demonstrated. The same group also detected in such cultured cells CMV-specific nucleic acid sequences by *in situ* hybridization using the *Bam* HI A and B fragments of the Towne strain as probes. Nucleic acid sequences were detected only in the cytoplasm, as was the case of CMV antigen. No specimen directly obtained by frozen section was positive for either CMV nucleic acid or antigen. The hybridization test was more sensitive than the antigen test using immunoperoxidase, as some antigen-negative cell cultures were positive by hybridization. It was postulated that the entire CMV genome was present in the arterial cells, but it was not always detectable because of lack of sensitivity of the hybridization method. Messenger RNA and antigen formation in the cytoplasm occurred only during active cell growth.

Yamashiroya *et al.* (1988) demonstrated the presence of CMV and herpes simplex virus (HSV) nucleic acid and/or antigen in the coronary arteries and thoracic aortas of young trauma victims. *In situ* DNA hybridization and immunoperoxidase methods were used. Out of 20 subjects, the coronary arteries of six were positive for HSV; two were positive for CMV. The aortas of five were positive for HSV, and two were positive for CMV. Virus was, in occasional cells, associated with early or advanced artheromatous changes in coronary arteries.

Tumilowiscz *et al.* (1985) prepared smooth muscle cell cultures from arteries of the umbilical cord. Cytomegalovirus strain AD169 replicated in these cells, as demonstrated by electron microscopy and by cocultivation. Virus persisted in cell cultures over a 3- or 4-month period, with growth and cytopathic effect occurring concurrently. Smiley *et al.* (1988) also showed that endothelial cells were permissive to viral replication, but it took more time. Cytomegalovirus could also transform endothelial cells to anchorage-independent growth, but an immortalized cell line was not obtained.

The method by which CMV or other herpesviruses might contribute to atherogenesis is still speculative, but future research will consider the following possibilities (Petrie *et al.*, 1987). (1) The cytopathology produced by the virus on the endothelial layer could expose smooth muscles to platelets and serum factors implicated in atherogenesis (Ross, 1986). (2) Periodic reactivation of a latent infection could lead to chronic immune injury. (3) Transforming genes could potentiate abnormal proliferation of smooth muscle cells important in plaque formation (Ross, 1986; Tumilowicz *et al.*, 1985; Thomas and Kim, 1983). (4) Virus infection could alter lipid and cholesterol metabolism. Clearly, additional experimental data and confirmation are needed before any of these hypotheses can be proven. These observations take on added importance when we consider that there is circumstantial evidence that CMV may contribute to the development of coronary atherosclerosis in late rejection after cardiac transplantation (Section 13.1.4).

# 6

# Serologic Tests for Cytomegalovirus Infections

## 6.1. INTRODUCTION

In this chapter we consider the various serologic tests that have been described for the diagnosis of CMV infection. The principles and background of each test are presented along with its utility. The technical details of each procedure are not described, as they have been admirably updated elsewhere (Lennette and Schmidt, 1979; Schmidt and Emmons, 1989). Tests for cellular immunity against CMV and their changes during and after various infections are described in Chapter 7.

Antibody responses to CMV infection are considered here and under the description of separate infections and diseases (Chapters 9, 11–13). It might be noted at the onset that production of antibodies following viral infections is almost a universal response. In the usual immunosuppressed patient, the general antibody response to CMV remains intact unless there is serious or fatal disease (see Sections 13.1 and 13.3.2). Even severe congenital infection invariably stimulates some antibodies in the neonate. The integrity of responses to specific viral proteins (Chapter 3) remains to be elucidated. In contrast, cellular immunity is easily and frequently suppressed (see Section 7.3.2).

## 6.2. COMPLEMENT-FIXATION TEST

In this test, complement is bound by a complex formed by antigen and antibody after they have reacted. A prepared antigen is incubated with serum or other samples containing unknown amounts of antibody. The reaction produces antigen–antibody complexes. A known amount of complement is then added to the mixture, part of which adsorbs to the antigen–antibody complexes. The more antigen–

antibody complexes present in the mixture, the smaller is the amount of residual complement that will be left. This is measured by a given quantity of sensitized sheep cells, which lyse in the present of complement. The degree of red cell lysis, which is readily visible, measures indirectly the amount of antibody in the serum sample tested.

The complement-fixation (CF) test was historically the most important test in detecting the antibody response to CMV infection. For many years, it was the standard test to which others were compared. There is no comparable body of work about any other test; hence, the complete review is retained in this edition. Perhaps the greatest utility of the CF test has been in seroepidemiologic surveys (see Chapter 9). From its inception, the test has been criticized for lack of sensitivity, and in laboratory practice it has now been superseded by more convenient and sensitive tests.

### 6.2.1. The Nature of Complement-Fixation Antigen

Rowe *et al.* (1956) first used sonicated, infected cell culture fluids as CF antigen, Benyesh-Melnick *et al.* (1966b) showed that CF antigens were produced only late in the replicative cycle of the virus. Krech *et al.* (1971b) showed that glycine extraction of infected culture fluid antigen improved its reactivity. Some of the early reports of the insensitivity of the CF test, for example, in the diagnosis of C.I.D. in neonates, were partly a result of the inadequacy of the antigen used (see below).

Cremer *et al.* (1975) centrifuged freeze-thawed (FT) and glycine-extracted (GE) antigens from AD169 virus-infected culture fluids in sucrose density gradients. Most of the CF activity was found in the lighter fraction containing naked nucleocapsids and not in one containing complete enveloped virions.

In similar experiments, Waner (1975) did not find CF activity in the fractions containing particles, but in the supernatant. The responsible antigen was characterized by rate zonal centrifugation and Sephadex G-200 filtration to be 67,000 to 85,000 daltons. Two polypeptides, one of 140,000 daltons (? major capsid proteins) and another a glycopeptide of 66,000 daltons (? lower matrix proteins), both with CF activity, were identified by Kim *et al.* (1977) (see also Chapter 3). The CF antigen was stable at 4°C and withstood repeated cycles of freezing and thawing, but potency was lost at 37°C and after boiling. The precise biochemical nature of the CF antigen(s) remains to be confirmed.

Antisera raised against purified CF-reactive supernatant antigen did not neutralize CMV by the fluorescing cell assay method (Waner, 1975). This result suggested that the CF antigen is not the same as neutralizing antigen or envelope antigens. When used in the indirect immunofluorescence test against CMV-infected cells, the antiserum produced specific fluorescence confined to intranuclear inclusions. No cytoplasmic fluorescence was seen. Antisera raised by supernatant antigens of AD169 or Davis strains were equally active against cells infected against

Davis, AD169, Kerr, or C-87 strains. Hence, supernatant or CF antigen may represent a common virus-determined antigen synthesized and shared by all strains. These results may explain why strain differences are not ordinarily detected by the CF or IFA tests.

Many experiments show that the CF antigen is specific. Stern and Elek (1965), before undertaking an epidemiologic study in London, determined the CF reactivity of seven strains of CMV, including the three prototypes of Weller *et al.* (1960), against known human sera. They found that the seven strains cross-reacted and were essentially indistinguishable.

Generally, the most popular strain for preparation of CF antigens has been AD169, although other strains have been used and appear just as effective. Stern and Elek (1965) used the Kerr strain for their studies. Carlstrom (1965) used the AD169 strain for a seroepidemiologic study of 242 children and adults in Stockholm.

Starr *et al.* (1967) tested the AD169 CF antigen against sera that showed diagnostic rises to *Mycoplasma,* measles, adenovirus, varicella, mumps, herpes simplex, and respiratory syncytial viruses. They also tested paired sera that showed rises from <1 : 4 to >1 : 256 against AD169 antigen against the CF antigens of *Mycoplasma pneumoniae,* measles, parainfluenza types 1, 2, and 3, influenza types A, B, and C, adenovirus, varicella virus, respiratory syncytial virus, and herpes simplex virus. No cross reactivity was observed in any one of these two groups of tests. Rifkind (1965) tested sera from three patients with a rising anti-CMV titer against herpes simplex and varicella–zoster antigens. No cross reaction was found. Andersen *et al.* (1971) tested paired sera from 36 patients against varicella–zoster, herpes simplex viruses, and CMV. Sixteen patients showed a rise to varicella or herpes zoster, two had high titers against varicella–zoster, four patients had clinical cold sores, and 12 patients had CF rises against CMV. In three cases of varicells or zoster and one case of cold sores, the well-known cross reaction between herpes simplex and varicella–zoster virus was observed (Weller, 1979). Except for three cases of apparent double infection, there was no evidence of cross reactions in the CF test between CMV and the other herpesviruses, in contrast to the IgM immunofluorescent test (see Section 6.9.1).

### 6.2.2. The Nature of Complement-Fixation Antibody

The type of antibody detected by most CF reactions belongs to the IgG class. This dogma has been extended to the CMV field, and a number of reports suggest that IgM antibody cannot fix complement with CMV antigens (Hanshaw, 1969; Hanshaw *et al.*, 1968; Lang and Hanshaw, 1969). However, herpesviruses may actually be exceptional. Tokumaru (1966) found CF antibodies in IgM as well as IgG fractions of sera of patients with herpes simplex infection. Schmitz and Haas (1972) recognized CF activity in the IgM fraction of patients with CMV infection.

In a comparison of the indirect hemagglutination assay (IHA) and the CF test,

Cremer *et al.* (1978) tested the IgM and IgG fractions of 20 serum pairs. Specific IgM antibodies were detected by the CF tests in late (convalescent) sera and in some early ones, which suggests that under certain conditions IgM binds complement. Some of the binding may have been by IgG–rheumatoid factor complexes, as prior adsorption by aggregated IgG reduced the CF titers of the IgM fractions.

That specific IgM may be detected in the test was also shown by Booth *et al.* (1980). In their study, the CF activity in the IgM fractions from five patients could not be adsorbed by aggregated IgG, and the activity was destroyed by 2-mercaptoethanol. Complement-fixing IgM antibodies were found to react against both sonicated and freeze-thawed crude antigen or against purified enveloped virion antigen, but only IgG antibodies reacted against soluble antigen obtained after sedimentation of virus particles.

It appears that although the CF test may detect a certain amount of IgM antibody, it is not a sensitive test for it. The IHA test and specific IgM tests are more sensitive (see Sections 6.5 and 6.10.1). This explains the relative lack of sensitivity of the CF test in early infection (see Chapters 11–13).

### 6.2.3. Constancy of the Complement-Fixation Titer

Since the CF test has been used in so many epidemiologic studies, it is important to know if the titer is constant. If it wanes rapidly, a significant number of false negatives would result from the assumption that no titer indicates no infection. As early as 1956, Rowe *et al.* (1956) obtained constant titers on sera of three adults taken over a 4- to 7-year period. This may, however, represent the constancy of antibody levels at a time far removed from the initial episode of infection.

Stagno *et al.* (1975a) showed that the CF antibody level declined steadily in the neonate infected with CMV, such that in 11 out of 55 children, it disappeared after 2 years. This was more common in neonates with lower antigenic loads, i.e., the perinatally as opposed to congenitally infected (see Section 11.2). There was some fluctuation in titers in this group between 1 : 8 and 1 : 32 (Reynolds *et al.*, 1979a). It should be pointed out that the tests done before 1975 were often performed with sonicated, freeze-thawed, and not glycine-extracted antigens, which form a significantly better reagent (see Section 6.2.4).

The CF test has also been criticized because of fluctuations. Medearis (1964a) followed sera from three mothers who had each given birth to a child with C.I.D. The titers of one varied from 1 : 64 to 1 : 640. He attributed these to repeated episodes of infection followed by waning of antibody titers. More disturbing were the results of Waner *et al.* (1973), who followed the CF titers of 50 donors undergoing plasmapheresis over an 18-month period. Multiple fluctuations of the CF titer were seen in some subjects, even wild swings between high titers and complete seronegativity. This has not been reported in other subjects and may represent a peculiar reaction of this population.

Starr *et al.* (1967) used sonicated AD169 antigen to follow 21 seropositive first-grade school children over 3 years; most of their titers remained positive. Only two out of 78 determinations from this group were <1 : 4, showing that precipitous disappearance of antibody did not occur. Nevertheless, these children were not followed as intensely as the subjects of Waner *et al.* (1973), and they were followed with only one antigen.

Fluctuations in CF titers have not been reported in transplant patients, who are usually followed for at least 6 months to a year (see Section 13.1). Betts *et al.* (1976) reported no fluctuation in titer when glycine-extracted antigen was used.

At the moment, my conclusion is that CF titers of the normal individual are relatively constant if the proper antigen is used. The titers reach a peak following an acute infection, after which they reach a stable, lower level. In a number of such subjects, they may disappear altogether. The precise magnitude of this group, particularly following inapparent infection, is unknown but is probably not high. Hence, in a seroepidemiologic survey, there may be a small number of false negatives.

### 6.2.4. The Complement-Fixation Test in Cytomegalovirus Infections

Weller *et al.* (1960) were unable to find CF antibodies in sera of infants with C.I.D., although they detected neutralizing antibodies. In other cases diagnosed by virus isolation, Weller and Hanshaw (1962) also found no CF antibodies. These findings cast an early doubt on the ability of the CF test to diagnose neonatal infection.

Medearis (1964a), however, used sorbitol to stabilize antigen extracted by homogenization of infected cells and obtained significant titers in the CF test. He followed the CF antibody titer of neonates with C.I.D. at 3 and 7 months of age and showed a significant rise in titer. Sera from two babies with C.I.D. were tested against 14 isolates including the four prototype strains of Weller *et al.* (1960), the AD169, Davis, Kerr, and Esp. strains. The early 3-month sera reacted in high titers against homologous strains. They reacted in lower titers to other strains, consistent with a heterologous response. These results suggested that there were antigenic differences between the strains. But when sera from the same babies were tested at 7 months of age, all strains reacted equally well, with titers exceeding 1 : 1000. There was thus a broadening of seroactivity after prolonged antigenic stimulation. This was the first demonstration that the CF antibodies developed in C.I.D., although it was apparent that it could not be used as a rapid test.

The height of the CF titer also varied with whether or not active infection or disease was present. Infants with C.I.D. from whom virus was frequently isolated from the throat or urine had titers of 1 : 199, and their mothers had titers of 1 : 132. Infants without known CMV infection and their mothers had mean titers of 1 : 20 and 1 : 64, respectively. These findings have been extended by Stagno *et al.* (1975a).

Krech *et al.* (1971b) compared glycine-extracted antigen to "native" antigen prepared by homogenization of infected cells. Out of 17 sera from 12 children under 1 year who were excreting virus, eight were negative when native antigens of all three prototypes were used, but they were all positive when tested against glycine-extracted antigens. Titers from tests in which glycine-extracted antigens were used were two to 16 times higher. Thirty-eight sera out of 39 from virus excreters under 4 years of age, or 97%, were CF positive when tested against extracted antigen (Davis); only 50% were positive against unextracted antigen; 92% were positive by immunofluorescence, and 79% by neutralization tests.

Later studies using glycine-extracted antigen show that the CF response of the infant is unsatisfactory in the diagnosis of both perinatal and congenital CMV infection (Reynolds *et al.*, 1979a). It is frequently undersensitive, there being a 12–15% false-negative rate (Stagno *et al.*, 1975a; also see Section 11.2).

Cremer *et al.* (1975) titrated, with both antigens, 442 sera from children and adults; 39–44% showed a fourfold or higher titer against GE antigen. Many titers were ten to 100 times higher than titers using freeze-thawed antigen. Glycine-extracted antigen detected a fourfold or greater antibody rise in 16 serum pairs, whereas FT antigen detected only 11.

Betts *et al.* (1976) compared the indirect immunofluorescent and CF tests using freeze-thawed (CF-FT) and glycine-extracted (CF-GE) AD169 antigen. There was no problem with specificity if only nuclear fluorescence alone was considered positive. Sera from 71 dialysis patients before renal transplant and from 33 donors were tested. The IFA and CF-GE tests detected about the same number of seropositive subjects in both groups (48% and 49%). The CF-FT test was less sensitive. It only detected 31% seropositive subjects in the pretransplant and donor groups. Serial serum samples from 12 individuals who developed primary infection after transplantation were also tested. The FA test became positive 20–60 days after transplantation. Seroconversion by the FA test was 2–14 days earlier than by the CF-GE test. The CF-GE test was the last to become positive, sometimes by as long as 24 days after the other tests had become positive. Thus, FT antigen was clearly inferior. Although the results of the FA and CF-GE tests were similar, the FA test is superior because some sera are anticomplementary (12%) and could not be tested by the CF test. The FA test is also faster to perform, titers are higher, and it becomes positive faster in certain patients. The more recent indirect hemagglutination (IHA) test and the ELISA tests compare favorably with the CF tests (see below).

No fluctuations in titer occurred with serial tests with CF-GE, as reported by Waner *et al.* (1973). Fluctuations were reported to occur with the CF-FT test, but no data were presented.

To summarize, the following comments may be made about the CF test: (1) There is little evidence of important strain variation of CMV by the CF test (also see Section 5.3). (2) The CF test is specific but not as sensitive as the indirect immunofluorescent, anticomplement immunofluorescent tests, ELISA, and other newer tests (see below). But if the glycine-extracted antigen is used, it compares favorably with other tests. (3) The CF test is not very useful for the diagnosis of congenital infection. Compared to other tests, such as IFA, IHA, and specific IgM ELISA tests, it is unsatisfactory to detect IgM antibodies. The CF titers rise reliably but significantly later. (4) The CF test is now superseded by more convenient tests, but historically is was the basis of much of the serologic work on CMV before the 1980s.

## 6.3. NEUTRALIZATION TESTS

It is assumed that glycoproteins of the herpesvirus envelope are responsible for stimulating neutralizing antibodies. In the case of herpes simplex virus, at least three have been identified (Spear, 1985; Gromples and Munson, 1986). Similarly, three viral glycoproteins of CMV stimulate neutralizing antibodies (Section 3.4). These are to gB homologue (or gcI, p130/55), gc II (93 kDa and 450 kDa), and gH homologue (gcIII, 86 kDa). Neutralizing antibody produced against gB homologue in guinea pigs after immunization is complement dependent, whereas prevalent antibody to the gH homologue is independent. Which set of antibodies is most important or prevailing in response to infection is still not clear.

The neutralization test is useful in virology because practically all viruses can be neutralized by specific antibody, and the reaction is quite specific. Circulating neutralizing antibodies are assumed to be functional in host defense. In the case of CMV, however, the neutralization test has certain limitations. It is technically demanding and takes at least 10–12 days. The titer is also almost always low, even with the addition of complement. Hence, the neutralization test has not been popular in diagnostics.

The reason neutralizing antibody titers after infection are low is not that such antibodies are absent but perhaps that they are not efficient. One cause of inefficient neutralization *in vivo* may be the masking of viral determinants by finding of the host protein $\beta_2$-microglobulin (McKeating *et al.*, 1987, see also Section 4.5.2). Rundell and Betts (1981) found that antigen–antibody complexes consisting of CMV and IgG anti-CMV could still be infective. Such complexes may help account for persistence of virus infection in the presence of circulating antibody. They may also produce immunopathology (see Section 10.5). The infectivity of such complexes may be significantly reduced in the laboratory by the addition of antihuman IgG antibody. A similar phenomenon has been shown with other poorly neutralizable viruses that produce chronic infections in mice, such as lymphocytic choriomeningitis and lactic dehydrogenase viruses (Fenner *et al.*, 1974).

Weller *et al.* (1960) used the classical tube dilution method for neutralization titrations. Dilutions of serum to be tested were incubated with about 100 PFU of virus and then inoculated in susceptible human fibroblast tube cultures. They were observed for 28 days for the development of cytopathology. This CPE reduction test was generally used until 1964, when it was largely replaced by the plaque reduction test.

Plummer and Benyesh-Melnick (1964) introduced plaque titration of CMV and the plaque neutralization test. This method increased sensitivity and efficiency.

Plaques developed under methylcellulose overlay and were observable after staining with methylene blue 14–18 days after inoculation. Neutralization titers of antiserum by plaque reduction were three to 30 times higher than titers obtained by CPE reduction in tube titration (Weller *et al.*, 1960).

The plaque reduction neutralization test was modified by Schmidt *et al.* (1976). They noticed that only 8 days after infection, foci of infected cells stained with neutral red more intensely than uninfected cells. Virus or mixtures of virus and antiserum were adsorbed on cell monolayers, which were then overlaid with medium containing 0.5% agarose. After 7 days of incubation, another overlay containing neutral red was added, and the foci or plaques were counted 24 hr later. Reduction in focus formation by the dilution of antisera was computed. The advantage of this test is that it reduced the time of observation by about one half.

Waner and Budnick (1973) devised a "fluorescing cell assay" (FCA) for counting infected foci and for neutralization. After infection for 3 days with about 200 PFU, foci could be demonstrated by indirect immunofluorescence. Inoculation of virus neutralized by antiserum resulted in absence of fluorescence. This test reduced the time required to get a neutralization titer to only 3 days. Its main disadvantage is that many variables affect fluorescence. Both the neutral red and FCA tests have sensitivities identical to that of the plaque reduction test. The addition of complement to reactions with human sera increases titers about two- to fourfold.

Stalder and Ehrensberger (1980) described a microneutralization test. Preincubated dilutions of serum and virus were placed in flat-bottomed wells of 96-well plates. A suspension of human fibroblasts and guinea pig serum followed. Plates were read in 10 days. Sequential sera from 11 patients with primary CMV infection showed that no neutralizing antibodies were detected before 7 weeks after onset of illness, but all sera were positive by 10 weeks. This is significantly later than the development of IgM-immunofluorescent, IgG-immunofluorescent, and CF antibodies (see Section 12.3).

The introduction of the shell vial assay for CMV by detection of infectivity by presence of immediate early antigen (Shuster *et al.*, 1985) should further reduce the time needed for neutralization tests to 24–48 hr.

## 6.4. FLUORESCENT ANTIBODY TECHNIQUES

Schmitz and Haas (1970) first reported the application of the indirect fluorescent assay (IFA) for antibody against the Davis strain of CMV in human sera. In general, infected fibroblast cultures placed or grown on slides are used as the "antigen." Various dilutions of the serum to be tested are added to the antigen, and finally a "conjugate" consisting of an antiserum against human globulin that is tagged with a fluorescent material, usually fluorescein isocyanate, is added to detect antigen–antibody complexes. The IFA titers of 100 sera from normal subjects were higher than CF titers. Titers over 1 : 160 were unusual in undiseased subjects. Out of 62 CF-negative subjects, only 43 were IFA negative, which suggests that IFA is more sensitive. Six symptomatic clinical cases who were urine excreters of CMV and whose CF titers were 1 : 8 to 1 : 64 had IFA titers of 1 : 1280 and 1 : 2560. Hence, higher titers suggested the presence of disease. Nuclear fluorescence was considered diagnostic. Cytoplasmic fluorescence detected in sera diluted to 1 : 40 or less was considered nonspecific. In retrospect, it occurred because of the development of Fc receptors in infected cells and was correctly discounted (see Section 3.7.1).

This German paper (Schmitz and Haas, 1970), not much quoted in the English literature, recognized the main advangates of the IFA test. Its utility was confirmed by studies of Chiang *et al.* (1970), Nagington (1971), and Stagno *et al.* (1975a).

A significant advance of the IFA is the anticomplement immunofluorescence (ACIF) test. The antigen and the serum to be tested are treated in the same way. The third reagent added is complement, usually in the form of fresh guinea pig or human serum. It adsorbs to the antigen–antibody complexes formed in the cells. The final reagent is fluorescein-tagged anticomplement. The main advantage of this test is that nonspecific Fc receptors, even in the presence of IgG, do not fix complement (Keller *et al.*, 1976) (Fig. 6.1).

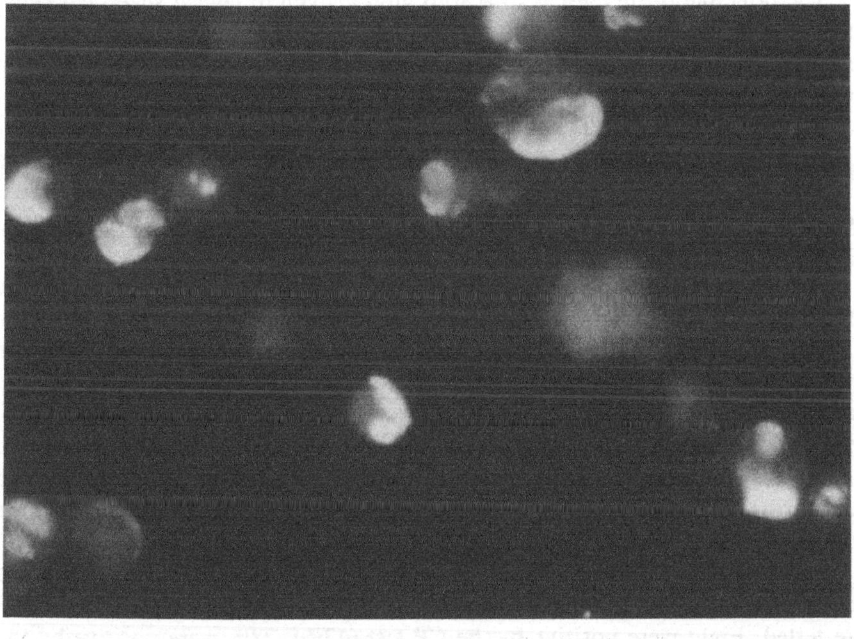

Figure 6.1. Anticomplement immunofluorescence (ACIF) antibody test against hCMV. Human foreskin fibroblasts infected with the Davis strain were used as an "antigen." These were incubated with a dilution of heat-inactivated human serum followed by human complement and fluorescein-labeled goat antihuman complement. Note nuclear fluorescence and absence of cytoplasmic fluorescence at Fc receptor sites. (Courtesy of Dr. W. W. Atchison.)

Betts *et al.* (1976) compared the IFA and glycine-extracted CF tests for measuring CMV antibodies in sera from renal transplant recipients and donors. The IFA method gave higher titers then the CF tests, but both tests detected the same number of seropositive sera (see Section 6.2.4). Rao *et al.* (1977) made the same observation in a similar patient group, comparing results from the CF and immunofluorescence tests. In primary CMV infection, the IFA and ACIF antibodies appeared earlier and had significantly higher titers than corresponding CF titers. Griffiths *et al.* (1978a) directly compared 406 sera from women who presented for prenatal care by the CF (glycine-extracted antigen), IFA, and ACIF tests. The titers obtained by the two fluorescence tests were about eight times higher, but each test was of equal specificity and detected over 98% of the positive ones. It should be noted that Rao *et al.* (1977) and Griffiths *et al.* (1978a) found that the titers of the CF and immunofluorescence tests were not well correlated, suggesting that different antigens were being detected. The ACIF and IFA tests were of similar sensitivity and specificity, but the ACIF test was easier to read.

## 6.5. INDIRECT HEMAGGLUTINATION TEST

The principle of this test is to adsorb viral antigen to tanned sheep red cells, which then agglutinate in the presence of antibodies against the antigen. It is called the indirect hemagglutination test (IHA), since cytomegalovirus or its antigens do not directly agglutinate red cells.

Bernstein and Stewart (1971) prepared glycine–NaOH (pH 9.0) buffer-extracted antigen from fibroblasts infected with AD169 for both CF and IHA tests. The IHA titers of normal subjects were five to ten times higher than CF titers. Sera negative by one test were also negative by the other. All positive sera were detected by both tests.

The IHA test, in contrast to the CF test, is sensitive for the detection of specific IgM. Hence, in acute infections, a higher and earlier titer may be obtained by the IHA test (Cremer *et al.*, 1978). At times, Bernstein and Stewart (1971) showed some sera to have disproportionately low IHA titers compared with the CF results. Although the crude antigen they used was the same in both tests, nothing is known about the components of this preparation, which may react differently in the two tests. To explain these results, the authors suggest that antigens that sensitize red cells may be "soluble" and that both soluble antigen and virions participate in the CF test (Benyesh-Melnick *et al.*, 1966b).

Fuccillo *et al.* (1971) used freeze-thawed antigens in a similar comparison and obtained slightly different results. Nineteen grade-school children excreting CMV were tested. Eight were positive by the CF test (42%), 78% were positive by the neutralization test, and 17 (89%) were positive by the IHA test. This suggests that IHA was the most sensitive test. The CF test, however, may have lacked sensitivity because glycine-extracted antigen was not used, and the antigens used for the CF and IHA tests were not the same lot. They do show, however, that neonates with C.I.D. may have negative CF tests but positive IHA, presumably because of the presence of IgM antibodies. The IHA test has been used successfully in many laboratories.

One of the limitations of the IHA test is that CMV-sensitized red blood cells cannot be stored and must be freshly prepared from time to time. This disadvantage can now be overcome. Yeager (1979) used human group O red blood cells fixed in glutaraldehyde and stored frozen at −70°C. Cabau *et al.* (1981) first fixed group O cells with either glutareldehyde or formalin in whole blood, "tanned" them with tannic acid, and then "sensitized" them by incubation with CMV antigen. Such cells could be stored indefinitely after being lyophilized without loss of activity.

Although the IHA test has been consistent in its reliability and accuracy, it, like the IFA tests and CF test, is slowly giving way to the enzyme-linked immunosorbent assay (ELISA) tests (see below).

## 6.6. ENZYME-LINKED IMMUNOSORBENT ASSAYS

The ELISA tests constitute a significant advance in all areas in serology. Castellano *et al.* (1977) compared antibody titers of 30 serum samples assayed by the ELISA and the indirect hemagglutination assay. Antigen was extracted by freeze-thawing of AD169-infected WI-38 cells. It was adsorbed and coated to plastic wells. The serum or a dilution thereof is incubated in these wells. A conjugate is then applied, such as rabbit antiserum to human IgG labeled with alkaline phosphatase, and then the substrate *p*-nitrophenyl phosphate. In all 17 positive samples, the titers by ELISA were two- to tenfold higher. Only two sera positive by IHA were negative by ELISA at the beginning dilution of 1 : 50. Otherwise, the two tests were in close agreement.

Schmitz *et al.* (1977) described an ELISA for the detection of specific IgM antibody against CMV. In this type of test, a conjugate that consists of a specific antiserum against human IgM is applied (see Section 6.10 below). They found good correlation between the immunofluorescence assay and ELISA if, in the latter, a nuclear antigen was used. Cappel *et al.* (1978) used commercial AD169 antigen to develop ELISA against both specific IgG and IgM antibodies (see IgM tests, Section 6.10.1). The ELISA for specific IgG was more sensitive than the CF test. Interestingly, they also found that four out of 12 seropositive renal transplant patients who showed no elevation of their IgG titers developed viruria and specific IgM by ELISA. This suggests that the ELISA for IgM detected reactivation as well as primary infections and confirms the appearance of IgM in reactivation infections (Nagington, 1971).

Forghani and Schmidt (1980) described an enzyme immunoassay utilizing purified CMV virion and dense-body antigens, which consist primarily of matrix and tegument structural proteins (see Sections 2.7 and 3.3). The latter did not improve sensitivity or specificity. Neutralization tests were more strain specific. Yolken and Stopa (1980) compared seven different enzyme immunoassay systems using different enzyme-labeled immunoreactants and antigen detection systems. The sensitivity, ease of operation, and popularity of ELISA tests suggest that they will be used widely. Its comparison with other tests is described below (Section 6.11).

The above are so-called "indirect" ELISA tests. As in the case of the IFA test, the "conjugate" consists of a labeled antiserum against immunoglobulin. Another approach is the "antibody capture" ELISA in which the conjugate is an enzyme-labeled CMV nuclear antigen. Individual wells of ELISA plates are coated with antihuman IgM, IgE, IgA, or IgG. Single dilutions of serum to be tested are incubated in the wells to capture the specific immunoglobulin. Then an enzyme-linked CMV antigen is added as a conjugate. In CMV mononucleosis and primary infection after bone marrow or renal transplantation, CMV antibodies of all four antibody classes developed. They persisted for a year or more except for IgA. The main advantage of this type of ELISA was lack of false IgM reactions caused by rheumatoid factor. The main disadvantage of this test is that it is a one-dilution test that may lack sensitivity, especially if a one-class test is used alone. Also, non-specific antibodies against cellular antigens could be detected.

## 6.7. RADIOIMMUNOASSAY

Knez *et al.* (1976) described an indirect solid-phase microradioimmunoassay (RIA) to measure anti-CMV IgM and IgG antibodies. Glycine-extracted CMV antigen was desiccated onto wells of microtiter plates. Serial dilutions of human sera to be assayed were added. After incubation, residual unadsorbed antibody was measured by binding to $^{125}$I-labeled goat antihuman IgG or IgM. For accurate measurement of specific IgM, rheumatoid factor, if present, had to be adsorbed out with glutaraldehyde-insolubilized IgG. Otherwise, as in the case of IgM immunofluorescence tests, it produced a false-positive result (see Section 6.10.1). Kimmel *et al.* (1980) compared the RIA and CF tests on 100 sera. $^{125}$I-Labeled goat antihuman IgG was used. The RIA was more sensitive than the CF test. In 66 healthy adults, only three were positive by RIA but negative by CF, and three were positive by CF but negative by RIA. Four out of seven patients with diagnostic serologic rises of CF antibody had diagnostic rises ($>0.5 \log_{10}$) in the RIA. The test was also shown not to cross with herpes simplex and varicella–zoster antigens. Hence, it was considered to be both sensitive and specific. The advantages of the RIA test are its convenience, its rapidity, and its objective end point. Its disadvantages are the expense of reagents and equipment, the difficulty of preparing radioactive probes, and the extremely short half-life of $^{125}$I.

## 6.8. LATEX AGGLUTINATION TEST

The ability of a variety of antigens and antibodies to bind to latex particles has resulted in many simple tests to detect either antibody or antigens. Latex particles coated with CMV antigens have become a popular serologic tool to detect antibodies by agglutination (Adler *et al.*, 1985). This test has been particularly unduly advocated in screening of blood donors (Adler *et al.*, 1985; LaRocco *et al.*, 1986; McHugh *et al.*, 1985; Traswell *et al.*, 1986; Gray *et al.*, 1987). Some authors report that the test compares favorably in sensitivity and specificity to standard tests such as the ELISA and IHA (Adler *et al.*, 1985; Sererat *et al.*, 1986; LaRocco *et al.*, 1986). However, Chou and Scott (1988) report it may lack sensitivity. Seropositive kidney donors who transmitted CMV to recipients were missed by the assay. It is unclear how much variation is related to different manufacturers and how much to the assay itself.

## 6.9. OTHER METHODS FOR DETECTING ANTIBODIES

Other methods for assaying antibodies against CMV that are less commonly used are described below.

### 6.9.1. Platelet Agglutination Test for Cytomegalovirus Antibody

Platelet agglutination (PA) induced by antigen–antibody complexes is the basis of a test for rubella infection (Myllylo *et al.*, 1969). Washed platelets are added to a mixture of antigen and dilutions of serum to be tested, and their pattern of sedimentation is observed. Penttinen *et al.* (1970) used the freeze-thawed AD169-infected fibroblasts in the PA and CF tests and found the PA titers were about ten times higher than CF titers. Twelve out of 13 CF-negative sera were also negative according to the PA test. In testing batteries of sera from 17 patients who had developed CMV mononucleosis after open heart surgery, similar results were obtained. However, three out of eight patients who were CF negative prior to surgery were positive by the PA test. These patients may have activated a latent infection following surgery. The main disadvantage of the platelet agglutination test is that one must have a constant, reliable supply of platelets. This test has no special advantage.

### 6.9.2. Immune Adherence Hemagglutination Assay

In immune adherence, indicator human red cells are agglutinated in the presence of complement. Surface receptors of red cells adhere to the third component of complement (C3), which also binds to antigen–antibody complexes and complement components C1, C4, and C2. Dithiothreitol is added to protect C3 from C3 inactivator. Nelson (1963) coined the term "immune adherence" to describe a phenomenon recognized much earlier. The immune adherence hemagglutination assay (IAHA) has been used since 1971 in Japan to detect hepatitis B surface antigen and antibody and later elsewhere to assay for antigen and antibodies associated with hepatitis A virus (Miller *et al.*, 1975). It is as specific as the CF test but four to 20 times as sensitive (Lennette and Lennette, 1978; Schmidt and Emmons, 1989).

Dienstag *et al.* (1976) used CMV antigen from disrupted cells infected with AD169 to perform the CF and IAHA tests on serum samples from 36 multiply transfused patients who had undergone open heart surgery. Titers produced by the IAHA test were two to eight times higher than CF titers. Some sera that were negative by the CF test were positive by IAHA. No difference was noted between the kinetics of CF and IAHA antibody development as was noted in the case of CF and IFA tests. The IAHA seems to be an efficient, sensitive alternative for the detection of antibodies against CMV. Its main advantage is ease of performance given properly controlled reagents.

### 6.9.3. Other Enzyme-Linked Assays

Other methods using enzyme-linked reagents have been described. These may be particularly useful for the histological detection of antigens in cells and tissues. Gerna *et al.* (1976a,b) describe the immunoperoxidase test for human and murine CMV for detection of either virus or antibody. Immunoglobulins are coupled with a conjugate that consists of the enzyme horseradish peroxidase. In the direct test, it is coupled to serum containing antibodies against CMV. In the indirect tests, as in the case of IFA, the conjugate (goat antihuman IgG) is reacted with the antigen–antibody complex. In both types of tests, the coupled enzyme localized on infected cells is detected by exposure to a substrate containing 0.01% hydrogen peroxidase and a reagent.

Sixteen virus isolates were examined. The direct immunoperoxidase technique was found unsatisfactory because of excess background staining, and only the indirect method was subsequently used. Confirmation of 13 isolates identified by the indirect ELISA was achieved by IFA and electron microscopic examination. Both nuclear and cytoplasmic localization were seen. The technique is more sensitive than visual observation of cytopathic effect and is specific if one uses a known serum, although 8 days were required for the first positive result.

Gerna *et al.* (1976a) also used the indirect immunoperoxidase (IPA) technique to detect antibodies against CMV. Cytomegalovirus-infected WI-38 cells were incubated for 4 days in wells of chambered slide cultures, fixed in acetone, and incubated with dilutions of test serum. Sera from 114 blood donors and four babies with C.I.D. and their mothers were tested. The results using the IPA test for IgG antibodies were comparable to the IFA test for total antibodies against CMV. Titers by IPA and IFA were generally higher than CF titers. Some sera negative by CF and IPA tests were positive at low dilution by IFA antibody test, particularly during the first few weeks after infection, when IgM is detectable. The IPA test, like the IFA test, can be rapidly performed in 90 min. The test, however, does not need to be read immediately, and it can be read with a regular light microscope.

### 6.9.4. Detection of Antibodies by Counterimmunoelectrophoresis

Fortunato *et al.* (1977) placed commercial AD169 CF antigen in the cathodal well; serum samples known to contain high-titer IgM and total antibodies against CMV were placed in the anodal well, and counterimmunoelectrophoresis (CIEP) was carried out. Specific precipitin lines developed. The lowest specific IgM titer in this group that was positive by CIEP was 1 : 40, and the lowest CF titer was 1 : 128. The main defect of this method was that sera whose CF titers were lower than 1 : 128 were not reactive. Sera to be tested could not be diluted beyond 1 : 4. It is at best a qualitative test that is significant when positive and not contributory when it is negative. False-positive reactions occur particularly when the patient's serum contains rheumatoid factor.

Niebojewski *et al.* (1977) similarly used dilutions of serum to react by CIEP with a live hCMV antigen. An 89% correlation with the CF test was obtained. The main advantage of this test is its rapidity.

### 6.9.5. Detection of Antibodies by Gel Precipitins

Trlifajova *et al.* (1972) demonstrated specific precipitins in sera of CMV-infected individuals. They tested 554 Czech subjects for precipitin antibodies and found 90% positive among those 60 years or older, which was higher than expected. Comparison with the CF titers showed that 83 out of 94 gave the same results. The significance of multiple precipitin lines was not elucidated. Fioretti and Pollini (1978) prepared antigen by sonication of WI-38 cells infected with the Towne strain of CMV. Antigen and dilutions of serum were placed in wells made in 0.4% agarose and incubated at 4°C for 1 week. In comparison with the CF test, the precipitin titers were four- to eightfold lower, and blood donors with a CF titer less than 1 : 16 were not detected, although most serum pairs of patients with diagnostic serologic rises were correctly diagnosed. This method is simple but probably inadequate.

## 6.10. TESTS FOR ANTIBODIES TO SPECIFIC CMV ANTIGEN OR ANTIBODY TYPES

With better knowledge of specific active antigens and responding antibody classes (see Section 3.8.1) it will be possible to develop specific ways to test for these. The purpose will usually be to enhance diagnostic capability concerning specific clinical conditions (see Section 6.11). Most of these tests have been developed using the immunofluorescent techniques or the rapid and frequently more sensitive ELISA techniques. Some of the currently available tests are described below.

### 6.10.1. Immunoglobulin M Antibody Test

One of the main disadvantages of serologic tests in the diagnosis of acute infections is that a single titer is frequently not diagnostic. This is a serious problem in the case of infectious agents such as CMV that produce inapparent infections in large segments of the population. The problem may be illustrated further by the diagnostic tests for neonatal infection by CMV. Virus isolation, introduced as a diagnostic method *intra vitam* by Weller *et al.* (1957), remains the most sensitive and reliable method, but it is not always available, and it is time consuming. The main limitation of most serologic tests is that IgG antibodies largely responsible for a positive test may be passively transferred from the mother.

Hanshaw *et al.* (1968) introduced the fluorescent test for IgM antibody with the hope that this antibody, which is not transferred across the placenta, may provide a specific diagnosis in one determination. Dilutions of test serum were incubated with slide cultures of WI-38 cells infected with the AD169 strain of virus, as in the IFA test. Adsorbed IgM was detected with goat antihuman IgM antiserum conjugated with fluorescein isothiocyanate. All 50 persons up to 20 years old excreting virus were positive for specific IgM. Two symptomatic neonates were positive, but three of six asymptomatic ones with viruria were negative for IgM antibodies. The test was only positive in the more symptomatic patients. This early report already suggested that the IgM test is not as sensitive as viruria in detecting neonatal infection.

Another important defect of the specific IgM test is that it is nonspecifically positive in EB virus infections. Out of 43 heterophil-positive sera, 42 were positive for anti-CMV macroglobulin (Hanshaw *et al.*, 1972). Absorption of the heterophil agglutinins did not alter the result of the macroglobulin test. Only seven of the 43 had CF antibodies against CMV, suggesting that the positive macroglobulin test under these conditions did not denote CMV infection. Horwitz *et al.* (1977) also found that 21 out of 55 heterophil-positive sera had a $\geq 1:16$ IgM titer against CMV.

Cytomegalovirus-reactive IgM was not detected in 14 sera from patients with herpes simplex infection. However, six out of ten sera from patients with moderate to severe varicella–zoster infection contained CMV-reactive macroglobulin. These results suggest that anti-CMV IgM cross-reacts with antigens developed during other herpesvirus infections such as EB and VZ virus infections.

An IgM test may also be falsely positive in the presence of rheumatoid factor, which is an IgM antibody against IgG present in the blood of patients with certain collagen–vascular diseases (Reimer *et al.*, 1975) and also frequently seen in pregnancy. Rheumatoid factor may complex with specific IgG and adsorb to specific antigen. It may then react with anti-IgM to produce a false-positive test. This reaction probably creates problems for the detection of specific IgM in all tests, whether by IFA, CF (Cremer *et al.*, 1978), radioimmunoassay (see Section 6.7), or ELISA. One may attempt to adsorb out the rheumatoid factor, which may reduce sensitivity. Another approach to detect IgM is to test the serum specimen on two antigens. Riggs and Cremer (1980) found that IgM does not react with early antigen. Early antigen may be produced in bromodeoxyuridine-treated infected culture. This procedure would require the preparation of two different antigens to determine IgM.

Langenhuysen *et al.* (1970) adapted the method described by Hanshaw *et al.* (1968) to the diagnosis of CMV infection in adult patients. Generally, they obtained somewhat higher titers and greater sensitivity by using a three-layer technique. AD169-infected fibroblasts were first layered with dilutions of test serum, then with rabbit antihuman IgM, and, finally, conjugated goat antirabbit serum was added. Nine patients suspected of posttransfusion mononucleosis were studied. Immunoglobulin M antibodies were detected in all nine patients when the CF test was still negative. Diagnostic rises were recorded in seven. The IgM antibodies were detected 1–7 days after onset of illness, and titers reached a height of 1 : 64 or greater in 11 to 15 days, after which they gradually declined. In 31 control sera from subjects not suffering from CMV infection, IgM antibody titers did not exceed 1 : 8. It was suggested that a single IgM titer of 1 : 16 was significant for recent infection.

Schmitz and Haas (1972) confirmed and extended some of these findings. In one patient with proven CMV infection, IgM titers rose from 0 to 256 up to 10 weeks after infection and declined to undetectable levels by 34 weeks. Hence, if IgM antibodies are detectable in a single serum sample, infection presumably had taken place in the preceding 4–8 months. The authors believe that whereas in neonates the IgM test may be falsely negative, it is reliable in infection in adults. Their test stresses incubation of cell antigen with 0.4% KCl to facilitate penetration of IgM and a double diffusion technique using anti μ rabbit serum and swine antirabbit IgG conjugate (Schmitz *et al.*, 1977).

In summary, the IgM test is useful but neither completely specific nor sensitive. Unfortunately, it is not as sensitive or specific for the diagnosis of neonatal infection as had been hoped. Its use in epidemiologic surveys to detect primary infection in pregnant mothers and congenital infections is described in Section 11.3.1. It plays an auxiliary role in the diagnosis of adult infection in view of the length of persistence of IgM and in view of the fact that it may occur during reactivation (Nagington, 1971).

More recent studies have concentrated on the evaluation of the IgM antibody response against CMV using the enzyme-linked immunosorbent assay (ELISA) and radioimmunoassay. To eliminate nonspecific IgM activities, Joassin and Reginster (1986) evaluated four different methods of eliminating anti-IgG IgM from serum. These methods were binding of IgG by protein A, serum fractionation, and absorption of rheumatoid factor with IgG-coated latex beads or with heat-aggregated human IgG. For these comparisons, the ELISA test was used in which CMV antigen (the CF type of reagent) was adsorbed onto plastic plates. Dilutions of the patient's sera were incubated on the plates, followed by samples of alkaline phosphatase-coupled antihuman IgG or IgM. After this, fresh solutions of inactive dye such as 4-nitrol phenol phosphate was added, and the plates were kept for 1 hr at 37°. Finally, the enzyme reaction was stopped by sodium hydroxide. Adsorption of sera with latex or aggregated IgG was inadequate in eliminating nonspecific IgM samples. *Staphylococcus aureus* increased the nonspecific activity of some sera and in other cases removed or impaired specific activities. The most successful method was one in which hyperimmune antihuman IgG serum from sheep was used in a concentration that provided a binding capacity of 50 mg of IgG per milliliter. Treatment of samples with this serum eliminated nonspecific activity and preserved the specific effects. However, other methods have been satisfactorily applied in other studies. For example, Stagno *et al.* (1985) used an IgM ELISA test in which sera from pregnant women suspected of primary infection with CMV were adsorbed with staphylococcal protein A. This test was compared to an IgM radioimmunoassay in which the serum was adsorbed initially with latex beads containing human IgG to eliminate nonspecific activity. Both tests were satisfactory. It was found that 78% in the general and 86% in the female population tested within 16 weeks of seroconversion were positive by these two methods.

Chou *et al.* (1987a) evaluated two commercially available ELISA tests with an in-house test for IgM antibodies for CMV. One commercial test used pretreatment with *Staphylococcus aureus* to adsorb IgG, and the other pretreatment with a sheep hyperimmune antihuman IgG serum. The in-house ELISA test developed by the authors used CMV antigen extracted with glycine buffer from human foreskin fibroblasts infected with the AD169 strain of CMV. The in-house test also used preadsorption with sheep antihuman IgG serum. The two commercial assays both did well in comparison to the in-house assay in sensitivity in identifying IgM antibodies in patients with recent primary infection and seroconversion, but the commercial test was less specific. This could be traced to the use of different antigens.

The studies of Stagno *et al.* (1985) maintained that the RIA test for specific IgM was superior for diagnosis of congenital infection. In infections that were diagnosed by culturing urine at birth, the RIA test had a sensitivity of 89% and a specificity of 100%. In contrast, the specific IgM ELISA test had a sensitivity of 69% (42/61) and a false-positive rate of 5.7% (4/70) as determined in uninfected control newborn infants. The ELISA IgM test was only 43% successful detecting congenitally infected infants born of mothers with recurrent infection but more successful in detecting congenitally infected infants born to mothers with primary infection (77% sensitivity). The specificity of the ELISA IgM test for detecting congenitally infected babies was 94%. Both the ELISA IgM and RIA tests were superior to the indirect immunofluorescence test for IgM antibodies for detecting congenitally infected babies. The latter test identified only 45–80% of infected babies and showed a false-positive reaction of 20–33% as ascertained by tests on sera from uninfected controls (Griffiths *et al.*, 1982, 1984).

The higher positivity rate in congenitally infected babies from primary infections in mothers was thought to result from the larger amount of infection and antigen in such babies. Although these studies showed that the ELISA IgM test was slightly less sensitive than the RIA test, it has several technical advantages. The test is commercially available, has a long shelf life, and does not require radioactive probes, which in the case of iodination must be used within 72 hr of preparation.

The IgM tests may be used in combination with CMV-specific IgG tests for monitoring CMV infection in pregnant women. Serum samples could be followed for a positive IgM test or seroconversion. An initial positive IgM test without additional data or serologic follow-up would be difficult to interpret.

Ahlfors *et al.* (1987) reported less satisfactory results with the RIA tests. By testing 68 cord sera from babies proven to be congenitally infected by cultures, only 50% were shown to be positive.

In summary, the ELISA and RIA systems offer improved tests for detection of specific IgM antibodies in pregnant mothers, neonates, and other patients. With appropriate elimination of nonspecific factors accounting for false-positive tests, specificity appears to be satisfactory for the diagnosis of active infection in neonates. One must note, however, that in adults, the duration of the response may be prolonged. The test still suffers from lack of sensitivity. In adult immunosuppressed patients, IgM cannot be used to distinguish primary from secondary infection.

### 6.10.2. Immunoglobulin A in Cytomegalovirus Infection

There has been some interest in determining whether IgA is useful in diagnosing CMV infection. McCracken (1965) studied eight infants 2–11 days of age with clinical signs of CMV infection and found nonspecific IgA in the cord serum of all. Serum from uninfected control infants had none.

Mason *et al.* (1976) studied 953 infants born of primiparous mothers all of whom were screened within 48 hr of birth for viruria. Four hundred fifty cord sera were analyzed for IgM and IgA using low-level radial immunodiffusion plates. Of nine infected infants defined by viruria, three (33.3%) had elevated IgM levels (> 21 mg/100 ml), and all had IgA. However, 53 (12%) of 441 noninfected infants had elevated IgM, and 33 (7.5%) had IgA. The authors suggest that the association with IgA may be a more sensitive screening test for congenital infections that IgM. The test is a qualitative rather than a quantitative test and is simple to perform. However, it cannot be used to diagnose CMV because it is not specific.

Schmitz and Haas (1972) reported that specific IgA antibodies against CMV rose in parallel with IgM in an adult with proven CMV infection, although their decay was slower. Either IgA or IgM antibodies may be present in the absence of a CF titer because these two types of globulins do not fix complement well.

Levy and Sarov (1980) showed that CMV IgA antibody was produced in 90% of primary infections but not detected in any of 50 control sera from healthy seropositive individuals. However, in the case of renal transplant recipients, IgA antibodies were found to persist as long as 66 weeks after transplantation.

I. Sarov *et al.* (1981) devised a CMV IgA ELISA test using frozen-thawed antigen from AD169 CMV-infected fibroblasts. The IgA was determined with peroxidase-linked antihuman IgA specific for α chain. Ten patients after renal transplantation with demonstrated recurrent CMV infection proven by elevation of CF antibody titers were tested for IgA antibodies. Nine patients produced CMV IgA in high titers, and only one did not produce any IgA antibodies. In three of the nine patients from whom closely spaced samples were available, specific CMV IgA antibodies were detected before the rise in CF titers.

In another study, these workers (I. Sarov *et al.*, 1982) compared solid-phase radioimmunoassay, ELISA, and slide immunoperoxidase techniques for the detection of IgA antibodies in renal transplant recipients. Of eight patients in whom a significant rise in IgG was demonstrated, seven showed a rise in IgA antibody by RIA and ELISA, and six by immunoperoxidase tests. The problem with both of these papers is that only patients with active infection and no negative controls were tested; thus, the frequency of false positives could not be determined.

Strand and Hoddevik (1984) studied further the diagnostic significance of IgA antibodies. Their prevalence was determined in 228 healthy blood donors and 112 patients suspected of CMV infection. Specific IgA antibody was found in 50 out of 62 (81%) patients who had specific IgM antibodies. Out of 112 patients who were suspected of having CMV infection, six of 30 who had IgM antibodies also had IgA antibodies. Only 1.8% of healthy blood donors had CMV-specific IgA antibodies. This suggests that their prevalence in a normal population is low. None of the sera negative for IgM antibodies were positive for IgA antibodies. Unfortunately, it was not possible from this paper to determine which of the 112 patients clinically suspected to have CMV infection actually had the infection. Hence, the sensitivity rate and specificity rate for this test could not be determined. It might be correlated with IgM test, but the IgM test itself is not entirely satisfactory. Morris *et al.* (1985) confirmed the finding that IgA antibodies for CMV were found in the sera of 68 gynecological patients only when IgG antibodies were present. They were found in 40% of the CMV IgG-positive sera. In conclusion, the significance and utility of assaying for IgA antibodies against CMV in either primary or recurrent infection have not been demonstrated.

### 6.10.3. Immunoglobulin E Assay

Nielsen *et al.* (1987) used an antibody capture ELISA method to detect CMV-specific IgE antibodies. Individual wells were coated with rabbit anti-E (E chain). One dilution (1 : 10) of a test serum was added, followed by a CMV conjugate labeled with horseradish peroxidase. Serum samples from viruric infants including umbilical serum were tested for the IgM and IgE antibody capture test using the saline CMV conjugate. The sensitivity for the IgE test was 82% (72/92), and 66% for the IgM test. There were no false positives. The IgE tests gave higher absorbances even though IgM concentrations in serum are significantly higher than IgE. The usefulness of this test remains to be confirmed by others.

### 6.10.4. Membrane Antigens

Ordinarily, membrane antigens may be demonstrated by indirect immunofluorescence in infected coverslip cultures that are not fixed. The and Langenhuysen (1972) demonstrated antibodies to membrane antigens in CMV-infected fibroblasts. By using a serum with known antibodies, membrane antigen was shown to appear 48 to 72 hr after infection of cells, earlier than virion antigen in the nucleus. Antibodies to this antigen were detected in 11 out of 12 patients with proven CMV infection. They appeared 1 to 13 days after illness and persisted about 1 year after onset of illness. Antibodies to this antigen were mainly of the IgM class.

Membrane antigens may differ in related strains of different herpesviruses. Membrane antigens of herpes simplex types 1 and 2 are different (Geder and Skinner, 1971). Earlier, Andersen (1972) found no difference between AD169 and Davis strains with the same sera by neutralization kinetics, but the membrane antigens of the three strains were different. Hyperimmune rabbit antisera against AD169, C-87, and Davis strains were used in box titrations of antibody titers for membrane antigen against cells infected with these strains (Gonczol and Andersen, 1974). Each serum titered highest against the homologous strain. Davis and C-87 seemed most disparate. Serum against AD169 titered 1 : 640 against the homologous strain but only 1 : 40 against Davis and C-87.

The usefulness of this test in the diagnosis of CMV infection has not been confirmed. A major problem is the development of Fc receptors on the membranes of CMV-infected cells, which gives a type of immunofluorescence similar to membrane fluorescence (Whitley *et al.*, 1976).

## 6.10.5. Early Antigens

As mentioned before, despite the relatively slow replication of CMV, early antigens (EA) can be demonstrated in infected cells within hours of infection (see Section 4.3.1). The importance of detecting EA in accelerating virus diagnosis has already been described (Section 5.1.3). Most tests describe antibodies against as yet molecularly undefined early antigens developed in CMV-infected cells with no requirement for DNA synthesis. Cells are infected at a multiplicity of 1 and incubated for 72 hr in medium containing 20 μg/ml cytosine arabinoside to prevent synthesis of late antigens (Reynolds *et al.*, 1979a), which, by definition, requires the synthesis of viral DNA (see Section 2.5.1 and 2.7). The prepared antigen preparation is then reacted with antiserum and is stained with conjugate as in the IFA test. If a defined early antigen should prove to be meaningful, an ELISA-type test will undoubtedly be developed.

The *et al.* (1974) first studied antibodies to early antigens in cases of primary infection following blood transfusions. The presence of this type of antibody at a titer of 1 : 80 was thought to indicate current primary infection.

Stagno *et al.* (1975a) followed the antibody titers of infected neonates measured by the IFA, IFA-EA, neutralization, indirect hemagglutination, and CF tests. The titers in cord serum reflected those of the mother. When elevated, they decreased after birth. It was noted that the perinatally infected child will significantly elevate his EA antibodies after the initial decrease. Stable elevated IFA-EA antibody levels were a helpful indication of congenital CMV infection (see Section 11.2).

Gerna *et al.* (1976a,b) developed an immunoperoxidase test to detect IgG antibody against EA. Neonates with congenital infections, their mothers, leukemic children, and pregnant women were studied. A close correlation was found between virus isolation and antibodies against EA in all of these patient groups whether they had congenital, perinatal, primary, or recurrent infection. In one case, EA antibodies disappeared when virus excretion cleared. Hence, it was thought that EA antibody is an indication of current infection rather than primary infections.

The utility of antibodies to CMV EA may be questioned because it may remain elevated as long as 250 days after a proven CMV mononucleosis in a normal patient (Ten Napel and The, 1980). Out of 15 renal transplant patients, eight converted 47 to 137 days after transplant, and five were already positive at time of transplant. In some patients, CMV EA titers remained high 4–8 years after transplantation (The *et al.*, 1977). Unfortunately, no virological data were presented. Ten Napel and The (1980) believe that antibodies against CMV EA are produced in primary infection (The *et al.*, 1974), congenital infection (Gerna *et al.*, 1978), and following reactivation of a latent CMV infection (The *et al.*, 1977; Gerna *et al.*, 1978). They believe the common denominator to be that EA denotes active infection, whereas in its absence, antibodies to late antigens denote inactive or latent infection. This working hypothesis remains to be proven. There is no consistent relationship between cervical CMV excretion and antibodies against EA (Reynolds *et al.*, 1973; Griffiths *et al.*, 1978b; also see Section 6.3).

A promising modification of the test uses early antigen developed in human fibroblasts by vervet monkey CMV in the presence of cytosine arabinoside (Swack *et al.*, 1977). This antigen is superior technically because cytoplasmic fluorescence is reduced. More important, sera from patients with active infection reacted with this antigen, but most of the sera from normal donors that were positive by the CF or regular CMV EA test did not. Apparently, the monkey antigen discriminated better between active and past infection (Waner and Biano, 1979).

As mentioned above (Section 4.3.1), a "preearly" or immediate early antigen may appear in the nucleus of infected cells even before "early antigen." The diagnostic significance of antibodies to this antigen is still unclear. Michelson-Fiske *et al.* (1977) and Reynolds (1978) report the development of a nuclear antigen 20 min to 1 hr after infection. Michelson *et al.* (1979b) report an indirect immunofluorescent study of "immediate early," "early," and "late" antigens in different groups of subjects. Antibodies against immediate early and early antigens were more often associated with specific IgM-positive, and presumably acutely infected, individuals. Further differentiation of the responses to "immediate early" and "early" antigens was not made. These results do not seem to conform to those of Chiba *et al.* (1980; see below). Perhaps different antigens were being detected.

Chiba *et al.* (1980) prepared "preearly" antigen by infecting cells at a multiplicity of 0.5–1 and fixing them after 3 hr of incubation. Antibodies were detected by the anticomplement immunofluorescence test. Sera from ten congenitally or perinatally infected infants were tested. In contrast to the more rapid development of antibodies to early antigen (EA), membrane antigen (MA), and late antigens (LA), antibodies to preearly nuclear antigen (PENA) did not develop before 1 month after birth. The IgM antibodies to MA declined first, followed by a decrease in anti-EA, anti-PENA, and then anti-LA titers. Whereas antibodies against EB virus nuclear antigen (EBNA) develop late and then persist (Henle *et al.*, 1979), anti-PENA declined and disappeared in 18 months.

More data are clearly needed before the full significance of antibody response to early antigens is clear. It will be necessary to define which early antigen or gene product is involved before the situation is clarified. These are now well defined (see Sections 2.5 and 3.2.1).

### 6.10.6. Cytolytic Antibody

Betts and Schmidt (1981) described a complement-dependent antibody that lysed CMV-infected cells. Cytolytic antibody was present in 35 out of 36 patients with primary CMV infection and in only five of 96 controls. Its presence was correlated with symptomatic infection. When it was present in patients with primary infections or in four with reactivation infections, they were symptomatic. The antibody appeared within 1 week of onset of illness and persisted for only 2–4 months.

The antibody appeared to be IgM. The complement had to be of human or rabbit origin but not from guinea pigs. Presumably, one may diagnose acute disease with a single sample. However, these findings have not been confirmed, and more data on this test would be desirable.

## 6.11. COMPARISONS AND PATTERNS OF COMMON TESTS FOR ANTIBODIES

In view of the large number of tests and commercially available kits that use different detection methods and poorly described antigens, it is difficult to conclude which is the best test. Reliable data on sensitivity, specificity, and technical feasibility are not always available. Because of ease of operation, long shelf life, and convenience and rapidity, the ELISA tests and other forms of rapid tests are supplanting the more complex complement fixation tests, the immunofluorescence tests, and the indirect hemagglutination assays for detection of antibody to CMV. LaRocco *et al.* (1986) compared three different types of ELISA tests, with the latex agglutination test, automated immunofluorescence test (FIAX), the complement fixation, and the immunofluorescence tests. In addition to sensitivity and specificity, the positive and negative predictive values were obtained. The latex agglutination test had a lower negative predictive value (81%) than the ELISA, IFA, or FIAX tests. That is, it had more false-negative results. Still, it was pointed out that the latex agglutination test is so easy to perform that it may serve as a useful screening test.

Phipps *et al.* (1983) screened a group of 120 sera by the complement fixation test (CF), immunofluorescence assay (IFA), solid-phase fluorescence immunoassay (FIAX), enzyme-linked immunosorbent assay (ELISA), and indirect hemagglutination test (IHA). In terms of accuracy, sensitivity, specificity, false-positive rate, and false-positive/false-negative rates, the IHA test scored best. This was followed by the ELISA, FIAX, CF, and finally IFA, in that order. The CF test was particularly low in sensitivity (75%), and the IFA test was the lowest in specificity (69%). This is reflected in the high false-negative rate of the CF test (25%) and the high false-positive rate of the IFA test (32%). The results of these authors in the IFA test probably reflect their subjective difficulty in interpreting this test. False-positive interpretations may result from cytoplasmic straining because of Fc receptors (see Sections 6.4 and 3.7.1). It is to be noted that although the IHA test was the best in the series of tests, the ELISA tests were not far behind. Brandt *et al.* (1984) performed a similar comparison among the CF test, a commercially available ELISA assay, an IFA test, and a modified IHA test. Forty-three serum samples were tested by each of the above procedures. The ELISA, IFA, and indirect hemagglutination tests were in close agreement. The CF test was the least sensitive.

Both groups felt that the CF test not only was less sensitive than the other tests but also has other problems such as samples that are anticomplementary and long turnover time required by overnight fixation at 4°. Although the performance of the IHA test was among the best, it too has a number of difficulties. About 3–4% of the samples show nonspecific agglutination, and they had to be excluded. The source of red cells is always a problem, although this can be partially offset by the use of glutaraldehyde-fixed human O cells. The commonly used glycine-extracted antigen does not work with tanned cells, and tannic acid titration is exacting. Brandt *et al.* (1984) concluded that the most practical method and the one offering the highest degree of sensitivity was the ELISA test system.

Table 6.1 presents an overview of the patterns of responses as measured by the more useful and established tests. This table is much simplified for clarity.

Five major categories of infections are presented. "Past infection" is the most common condition and is indicated by the presence of IgG antibody. There is as yet no test to detect the presence of latent infection, which we can only assume. "Carrier infection" denotes past infection that is accompanied by persistence of demonstrable virus at certain sites such as in the urine, respiratory tract, semen, or cervix. These two conditions are important for the study of epidemiology and transmission of infection. No single serologic test can distinguish clearly between "past" and "carrier infection." Virus isolation remains the most useful way to diagnose them. Both IgM antibodies and antibodies against early antigen and perhaps against other antigens remain to be evaluated as useful indicators. The clinical significance of antibodies against defined viral proteins remains to be elucidated but will gradually become apparent.

Specific categories of clinically important infections may be diagnosed serologically with varying degrees of success. Details concerning the serologic diag-

TABLE 6.1
Patterns of Serologic Responses to Cytomegalovirus Infections[a–c]

| Type of infection | Early antigen (EA) | Specific IgM (ELISA, RAI) | IFA and ELISA | IHA | CF | Neutralization (NT) | Comment |
|---|---|---|---|---|---|---|---|
| Past infection (latent infection) | – | – | P | P | P | P | Results from normal inapparent infection, usually latently infected |
| Carrier infection (urine, cervix, semen carrier) | ± | ± | P | P | P | P | No good serologic distinction from above |
| Congenital infection | P, stable for 6 mo | P, cord blood | P | P, R | P, R, 4–6 mo | P, R | IgM helpful, other tests may be persistently high or show rises |
| Perinatal | R, 2–3 mo | R, cord blood | R, 2–4 mo | R, 2–6 mo | R, 3–6 mo | R, 4–6 mo | Rise of EA helpful in distinguishing from congenital infections |
| Acquired infection (postnatal)[d] | R, <1 mo | R, 0.5–1 mo | R, 1–2 mo | R, 1–2 mo | R, 1–2 mo | R, 2–3 mo | Sequence of appearance of rises: IgM, EA, IFA, ELISA, IHA, CF, NT |

[a]P, persistently positive; R, rise (conversion or elevation) in antibody; time following R is rise when first observed; –, negative; ±, may be positive or negative.
[b]IFA, indirect fluorescent antibody assay; ACIF, anticomplement immunofluorescent assay; IHA, indirect hemagglutination assay; CF, complement fixation.
[c]Antibodies against membrane antigen (MA) and complement-dependent cytolytic antigen, probably IgM antibodies. Response to MA parallels IgM IFA; development of cytolytic antibody is said to predict symptomatic infection (see text).
[d]Primary *de novo* infection is distinguished from reactivation infections by serologic conversions rather than mere elevation of titers.

nosis of congenital and perinatal infections are given in Chapter 11 (Section 11.2). More details on the serologic diagnosis of acquired primary or reactivated CMV infections in normal, transplant, and immunosuppressed patients are given in Chapters 12 and 13. The responses of cell-mediated immunity to infection are discussed in Chapter 7.

# 7

# Cell-Mediated Immunity to Cytomegalovirus Infection

## 7.1. INTRODUCTION

We have already discussed the humoral immune response to CMV infection in Chapter 6. Immunopathology mediated by specific antibody and humoral substances is discussed in the chapter on pathology (Chapter 10). The immunosuppressive effects of CMV infection in the human and in mice are treated, respectively, in Sections 13.1.5 and 16.6.3. Here we concentrate on changes in specific and nonspecific cell-mediated immunity (CMI) following infections with CMV.

Cell-mediated immunity is of particular interest because it is presumed to be the main host defense against CMV infections. The evidence for this is largely indirect. Since antibodies are usually normally produced following apparent and inapparent infections, even in the severely immunosuppressed subject (see Section 13.1), and infection is often accompanied by clinical disease despite the presence of circulating antibodies, one assumes that they are inadequate to prevent latent infection and disease manifestations. The most impressive indirect evidence that specific CMI is indeed important in man is the frequency of CMV infection following its suppression after transplantation and in the HIV-infected subject (Sections 13.1 and 13.2).

As in the case of antibodies, where different antibodies have different functions, one should not speak of a test for CMI but of tests for different functions. All of them are significantly more complex than titrations for antibodies, and their meaning and significance are often disputed. Nevertheless, many important tests have been described. As we improve our understanding of the different components of cellular immunity, we can expect more and better tests.

## 7.2. TESTS FOR CELL-MEDIATED IMMUNITY

By specific cell-mediated immunity against CMV, one thinks of immunologic responses mediated by cells and not by antibodies. They are usually measured by complex tests that are difficult to control and are liable to error. Practically all tests of CMI require fresh lymphocytes, for which it is difficult to devise controls. Some tests also require fresh target cells, which compounds the extent of variability. The reacting cell is usually a non-B lymphocyte, which is presumed to react against one or more components of the virion or virus-specific antigen(s) exposed on the surface of an infected cell. It is frequently forgotten that in the usual test one does not or cannot isolate the putative reacting lymphocyte, but one uses a suspension of mixed lymphocytes obtained directly from the subject. The so-called "antigen" may consist of suspensions of infected cells or cell extracts containing many antigens or purified or cloned antigens. Assumptions concerning these tests should be constantly reviewed, as they may not be strictly valid. For example, early tests of lymphotoxicity were assumed to be mediated by specific T lymphocytes (Section 7.2.2). Very likely many were mediated by nonspecific NK cells or K lymphocytes. In examining a procedure, one should always know (1) which type of lymphocyte or molecular subset is reacting and (2) what antigen is being recognized.

Cell-mediated immune effects may be separated into those based on recognition and effector effects (Oldstone and Perrin, 1979). Recognition tests are based on the phenomenon that sensitized lymphocytes from infected subjects recognize the proliferate in the presence of the antigen to which they are sensitized. Recognition is usually indicated by proliferation, measured by the amount of radioactivity incorporated by the cells in the form of tritiated thymidine. In the lymphocyte blastogenic, proliferation, or transformation test, peripheral lymphocytes are reacted against a specific virus antigen or nonspecific mitogen, and DNA synthesis of the responding lymphocyte is measured by uptake of tritiated thymidine.

Other tests, which require the measure of an effector event as well as recognition, have an extra dimension of complexity. In such tests, recognition is not measured but assumed. If it occurs without the effector event, it would result in a negative test. The event may demonstrate a biologically important function such as killing of infected cells, inhibition of chemotaxis, or production of lymphokines or cytokines.

### 7.2.1. Blastogenic Response of Lymphocytes to Cytomegalovirus

The specific lymphocyte proliferative response is accepted as an *in vitro* correlate of cell-mediated immunity. Although both B and T lymphocytes participate in it, reactivity to viral antigens is initiated only after specific antigen recognition by sensitized T cells (Chess *et al.*, 1974). A positive test indicates the presence of circulating T memory cells specific for CMV.

In the usual test, the precise reacting antigen, as in the case of antibody test, is not specified. Pollard *et al.* (1978) studied the proliferative response against antigens of David, AD169, and C-87 strains of CMV prepared by three methods. Sonicated antigens consisted of infected cell suspensions that were sonicated and heated at 56°C for 45 min. To produce supernatant antigen, supernatants from infected cell cultures were collected, and the virus was pelleted and inactivated. For glycine extraction, a 1 : 20 dilution of 0.1 M glycine buffer (pH 9.5) was used to extract detached infected cells.

Lymphocytes from seropositive normal donors were significantly more reactive against sonicated antigen than against supernatant or glycine-extracted antigen. Sonicated antigens from the three strains were equally reactive. Commercial CF antigen from AD169 was somewhat less reactive than sonicated Davis antigen, which was used in the remainder of the tests.

Ninety percent of normal seropositive individuals had detectable lymphocyte transformation responses (mean transformation index, TI, 7.9 ± 1.2), whereas none of the normal seronegative patients had a TI > 3.0.

Significantly increased transformation responses to CMV (TI of 12 to 21) occurred 1–12 months after normal individuals developed CMV mononucleosis (see below).

### 7.2.2. Cytotoxicity Tests against Cytomegalovirus

The cytotoxic tests are examples of tests in which both the recognition and effector systems operate. The responder lymphocyte kills or lyses a target cell that is virus-infected. Viral antigens must be expressible on the plasma membrane, although internal viral proteins, frequently nonstructural, may also be recognized. Expression of some such antigens may take place 1–2 hr after infection of the target cell (Ada *et al.*, 1976). Targets may also be constructed by transfection with DNA coding for the epitope in questions using SV40, vaccinia, and other vectors. Very often in order to stimulate specific cytotoxic T cells, the stimulating antigen must be presented by cells. For example, infected cells must be used, and free virus may be inadequate (Borysiewicz *et al.*, 1988b).

The target cells are then labeled with $^{51}Cr$, usually in the form of sodium chromate ($Na_2CrO_4$). This label has the property of being eluted when the labeled cells die or are lysed, providing a convenient measure of killing, although spontaneous elution must be taken into account.

The test is performed by mixing lymphocytes and targets at various effector-to-target ratios and calculating specific lysis, taking into account the proper controls.

The classical T-cell cytotoxic response is one in which a specific class of T lymphocytes, e.g., $CD8^+CD4^-$ or $Leu3^-Leu2^+$ subset, reacts. It requires responder and target cells that are compatible in one or more major histocompatibility complex (MHC) antigens (Blanden, 1977; Zinkernagel and Doherty, 1979). In man, one or more class I antigens, e.g., HLA-A or HLA-B antigens, must be shared.

More recently, restriction by class II (DR) antigens has also been described for CMV (Lindsley *et al.*, 1986). Cytotoxic T lymphocytes (CTLs) of this type are $CD4^+$. To prepare genetically compatible targets, one must either prepare and propagate cells, such as skin fibroblasts or monocytes from the patient himself or from HLA-compatible subjects, or one can use the patient's own lymphocytes as targets. This is possible even though lymphocytes are not readily infected by CMV. B lymphocytes transformed by EBV are transfected with desired regions of viral DNA (e.g., the IE region in CMV) using vaccinia virus as a vector (Borysiewicz *et al.*, 1988b). The cytotoxic T-cell response has been shown in the mouse to be a limited immunologic response lasting 1 to 2 weeks after infection (see Section 16.6.2.1). Unlike many other parameters of humoral and cellular immunity, it does not persist indefinitely. Thus, CTL against viruses including the herpesviruses such as CMV have been shown to be present in normal seropositive subjects only as precursors that must be specifically stimulated *in vitro* with the viral antigen for a number of days before activity can be demonstrated. Infection with HIV seems to be an exception. Circulating CTLs specific against a number of HIV proteins may be found at all times in infected subjects (Walker *et al.*, 1988).

Earlier reports did not clearly distinguish the specific T-lymphocyte cytotoxicity from the other types of cytotoxicity (Steele *et al.*, 1973). Lymphocyte-mediated cytotoxic tests were described for rubella (Steele *et al.*, 1973), mumps (Speel *et al.*, 1968), measles (Labowskie *et al.*, 1974), Sindbis (McFarland, 1974), and lymphocytic choriomeningitis virus (Marker and Volkert, 1973), most of which shared the confusion. Thong *et al.* (1976) first described a cytotoxicity test using cryopreserved virus-infected target cells (WI-38) that were infected for 24 hr. However, the importance of HLA restriction was not appreciated even though the work in mice was described in 1974 (Zinkernagel and Doherty, 1974). Later, McMichael *et al.* (1977) demonstrated more rigorously that HLA-restricted T lymphocytes were generated *in vitro* by stimulation of peripheral leukocytes with influenza virus. During active measles infection, Kreth *et al.* (1979) detected circulating HLA-restricted, Fc-receptor-negative virus-specific cytotoxic lymphocytes.

Quinnan *et al.* (1980, 1981, 1982) reported clearly for the first time a cytotoxic T-lymphocyte test using HLA-compatible syngeneic hCMV-infected targets. A number of renal transplant patients were tested. Untyped fibroblasts were used as targets for the NK response. The following hallmarks of cytotoxic T lymphocytes were noted: (1) The requirement of HLA-compatible targets distinguished specific cytotoxic T lymphocytes from nonspecific NK and K cells. (2) Unlike NK and K cells, which may be constantly present, cytotoxic T lymphocytes were only stimulated for 1–2 weeks following infection with CMV. The cytotoxic T lymphocyte response in transplant recipients is described below (see Section 7.3.2).

There are other cytotoxic tests that are not mediated by specific lymphocytes and do not require genetic compatibility between effector and targets.

One is the antibody-dependent cell-mediated cytotoxic (ADCC) test. The infected target cell, which need not be HLA restricted, is reacted with specific antibody. The main requirement for the ADCC effector cell is that it is a killer cell

(K cell) that possesses an Fc receptor so that antibodies may be attached. The ADCC test does not require complement. Other types of antibody-mediated cytotoxicity reactions may involve killing targets in the presence of complement. These tests then measure either a type of cytotoxic antibody or the status of the K cell in the individual. Since three of four variable elements may be involved (e.g., effector cell, target cell, antibody, complement), one must keep all variables constant except the one that is being measured. The ADCC response in which CMV-infected targets are treated with antibody against CMV has not been successfully demonstrated except possibly in one report. Kirmani *et al.* (1981) reported that non-T (non-sheep-red-cell-rosetting) Fc-receptor-bearing lymphocytes lysed CMV-infected fibroblasts and that such lysis was enhanced if the targets were pretreated with specific antibody. These studies need further confirmation.

Another type of cytotoxic response is mediated by the natural killer (NK) cell (Haller *et al.*, 1977; Moller, 1979; Herberman, 1980). This is a non-B, non-T lymphocyte that belongs to the large granular lymphocyte population representing about 5% of peripheral blood lymphoid cells and that carries Fc receptors for IgG (FcR) on its surface. They contain the antigen clusters CD16 and HNK1 (Leu7). Antibody is not required for this test, and one needs only the effector and the target cells. It is not clear what type of recognition is involved in this reaction, but it does not involve immune recognition as usually understood. The target cell may be a tumor cell or a virus-infected cell. The NK cell is present in normal blood but is stimulated by interferon. Probably as a result of interferon production, the NK response is elevated in the early stages of many virus infections (Welsh, 1978). The NK cell response has been studied in many different types of CMV infection (Section 7.3).

### 7.2.3. Targets Recognized by Human CTL

Borysiewicz *et al.* (1983, 1988a) showed that there are precursors of CMV-specific cytotoxic T cells (CTL) present in peripheral blood of seropositive individuals and that most of these are directed against nonstructural immediate early antigens.

To demonstrate that such precursors exist, Borgsiewicz *et al.* (1983) first stimulated production of CTLs by coculturing CMV infected fibroblasts with peripheral mononuclear leukocytes (PBL). The fibroblasts were obtained by skin biopsies of donors of PBL and hence were autologous and HLA compatible with the effector cells. Predominantly Leu 2a$^+$ lines of CTL were generated, which lysed $^{51}$Cr-labeled CMV-infected cells in a virus-specific and HLA-restricted manner.

They further showed the frequency and specificities of these precursor cells. By limiting dilution analysis, CMV-specific CTLs were present in peripheral blood lymphocytes of seropositive subjects at a frequency of one in 5000 to 20,000 E-rosette-positive lymphocytes. To differentiate CTLs recognizing different viral specificities, targets that expressed only immediate early (IE) or early (E) antigen were produced by infecting fibroblasts in the presence of phosphonoformate to inhibit viral DNA synthesis and late antigen (LA) synthesis. Targets that expressed LA were produced in the absence of phosphonoformate. The majority (60%) of CTL clones developed from peripheral lymphocytes lysed cells expressing only IE and E antigen. Although a minority of clones selectively killed only cells expressing LA, there was considerable overlap between killing of autologous targets expressing IEA and EA alone and those also expressing LA. Results consistent with these were obtained by using another approach. Targets were first made consisting of B cells expressing either the 72-kDa IEA or the viral structure protein glycoprotein B (gpB) by infection with a recombinant vaccinia virus infection. The CTL precursor cells of two subjects were analyzed (Borysiewicz *et al.*, 1988a). It was found that 43% and 58% of the CMV CTL precursors lysed IEA-expressing targets, whereas less that 6% lysed targets expressing gpB. The high frequency of recognition of IEA by CTL in normal subjects suggests that IEA is a major recognition element and that such CTLs may play a role in preventing reactivation.

### 7.2.4. Interferon and Other Cytokine Responses

Lymphokines and cytokines are functional proteins produced by lymphocytes and other cells that contribute to the expression of both specific and nonspecific immunologic responses. Their production during an immunologic reaction may be considered as an expression of effector cells. As cytokines become better understood, their measurement may serve as tests of effector activity in tests of cell-mediated immunity.

Lymphocytes from sensitized individuals are exposed to specific antigens to which the individual has been previously exposed. Or lymphocytes are exposed to nonspecific antigens or mitogens such as phytohemagglutinin, concanavalin A, and pokeweed mitogen. Interferon and many other lymphokines such as IL-2, tumor necrosis factor, etc. are produced and may be measured. For example, it appears that the production of $\gamma$ interferon by lymphocytes in the presence of specific and nonspecific mitogens is one valid measure of immune competence. Lymphocytes from patients with AIDS, who suffer greater destruction of their immune system than asymptomatically infected patients or patients with ARC (AIDS-related complex), are less able to produce $\gamma$ and $\alpha$ interferon (Murray *et al.*, 1985; Rinaldo *et al.*, 1988).

However, by and large the significance and interpretation of production of cytokines as tests of cellular immunity are still open to discussion. In the case of interferon, there is at least one compounding factor that frequently is not taken into account. Interferon production is known to be modified by prior exposure to an interferon inducer. "Hyporeactivity" is the inability of an animal host to produce circulating interferon for about 1 week after the animal has been exposed to inducer (such as a virus or polynucleotide) or after it has been infected (e.g., murine cytomegalovirus in mice) (Ho *et al.*, 1965; Stringfellow and Glasgow, 1972). The capacity to produce interferon is often decreased in transplant patients with HIV infection and in patients with AIDS. The compounding factor is that truly immunosuppressed individuals are also those who are most likely to be infected by an opportunistic virus.

## 7.3. PATTERNS OF CELL-MEDIATED RESPONSES IN PATIENT GROUPS

At this time, because of the lack of adequate test procedures or their difficulty, we do not have a complete picture of the known cell-mediated responses in the many categories of CMV infection. Some of the responses occur early during infection, before patients are available for study. This makes accumulation of complete data particularly difficult. Still, because of rapid technical advances, progress in this area of knowledge has been and will continue to be striking.

### 7.3.1. Response in Cytomegalovirus Mononucleosis

In the normal subject with CMV mononucleosis, two conflicting forces are at work. On the one hand, the patient is specifically stimulated by the invading virus, and on the other, the infection itself suppresses cellular immunity.

Data are available on the proliferative, interferon, lymphocyte subset, and cytotoxic responses. Levin *et al.* (1979) and Rinaldo *et al.* (1977) found that the mean stimulation indices (S.I.) of the proliferative response to glycine-extracted AD169 antigen measured 9–26 days after onset of illness was 2.9, which is about ten times lower than the S.I. for normal seropositive subjects (25, range 7–68). It was still less than 10 until 60 days after illness. By 85–274 days after onset of illness, it reached a mean value of 32, which is similar to the response of immune subjects. The S.I.s against glycine-extracted herpes simplex and varicella–zoster antigens were also subnormal during the first 2 months after CMV infection. Although the lack of response to CMV may be attributed to late stimulation of lymphocyte reactivity, the depression of response to other antigens suggests that immunosuppression played a role.

Hence, although CMV antibodies peaked by the second month, the proliferative response against heterologous antigens was inhibited during the first 2 months and did not attain its maximum until after 3 months. These results are similar to what is found after mCMV infection of mice, except that the time scale is expanded about threefold in man (Section 16.6).

Ten Napel and The (1980) also found that in primary acutely infected patients, the development of lymphocyte proliferative reactivity lagged behind the development of immunofluorescent antibodies. In 14 patients, the median was 54 days after onset of illness. Antibodies to CMV early antigen developed in less than 30 days. Once positive, lymphocyte reactivity remained positive. Subjects who were positive for both late and early CMV antigen had high lymphocyte reactivity except those over 60 years old. This may be related to decreased immunologic competence with aging. The relationship of lymphoreactivity with pregnancy, congenital infection, and transplantation is discussed below (Sections 7.3.2 and 7.3.3).

Blood cells from acute CMV mononucleosis patients were hyporesponsive to certain nonspecific mitogens (Rinaldo *et al.*, 1977). The patients' cells responded poorly to optimal concentration of pokeweed mitogen and concanavalin A (Con A) compared to cells from convalescent patients or normal subjects. Reactivity to phytohemagglutinin (PHA) was normal.

There was an interesting difference in the blastogenic response to PHA between blood cells from patients with community-acquired or posttransfusion CMV mononucleosis (Rinaldo *et al.*, 1980). Cells from the latter patients were hyporeactive to all three mitogens during the acute phase of illness. This may be related to other possibly immunosuppressive events in these patients, e.g., surgery, blood transfusion, or to a more severe CMV infection.

Levin *et al.* (1979) reported that the interferon response of blood cells from CMV mononucleosis patients to CMV antigen was diminished. The mean titer was 55 units/ml compared to normal subjects whose cells produced 190 units/ml. Interferon production in response to CMV antigen increased twofold during convalescence, but it was still below that noted with seropositive normal donors. In contrast, HSV and VZV antigens induced equal amounts of interferon in blood cells from three donors. It is not clear which type of interferon was produced.

Rinaldo *et al.* (1980) also reported that the production of interferon by cells from patients with CMV mononucleosis in response to the three mitogens was diminished two- to fourfold compared to normal cells. During convalescence, production was normal. Interferon stimulated by these agents was usually $\gamma$-interferon.

Oill *et al.* (1977) reported a deficiency of T cells in a case of CMV mononucleosis. The patient had 7% T cells in the peripheral lymphocytes measured by sheep red cell rosettes 3 weeks after onset of illness compared to 65–70% in normal subjects. This situation is different from EB virus mononucleosis in which there is an absolute increase in both T and B cells during acute illness (Pattengale *et al.*, 1974). The patient also lost skin reactivity to mumps antigen during the acute illness.

Alterations in T-lymphocyte subsets without marked change in the total number of T cells have been observed during acute CMV mononucleosis as in the case of EBV mononucleosis (Carney *et al.*, 1981). There was a marked increase in CD8 suppressor cells and some decrease in CD4 helper cells, such that the ratio of CD4 to CD8 cells was less than 1 (0.1 to 0.5). The usual ratio was 1.5. Similar changes were found in helper (Lyt 1.2) and suppressor (Lyt 2.2) T lymphocytes in mice after murine CMV infection (Sell *et al.*, 1985) (see also Section 16.6.2). These modest changes are quite different from that seen after HIV infection and AIDS, where there is primarily an absolute decrease in CD4 cells. Interestingly, abnormalities in lymphocyte subsets persisted as long as 10 months, whereas they lasted only about 2 months in EBV mononucleosis (Reinherz *et al.*, 1980).

Functional changes accompanied these alterations (Carney *et al.*, 1983).

Though more numerous in circulation, the CD8 cells from patients with CMV mononucleosis were hyposensitive to the mitogenic stimulus of concanavalin A, and they were less able to develop specific cytotoxicity against Laz 156 cells, an EBV-infected B-cell line, after *in vitro* stimulation with these cells. Lymphocytes with CD8 and Ia ("activated") or Leu 2 markers were selectively depleted on *in vitro* culture (Carney *et al.*, 1983; Rinaldo *et al.*, 1983). Rinaldo *et al.* (1983) also found that a new T-cell subset, Leu $1^+$ $2a^-$ $3a^-$, emerged after preculture.

As in the case of EBV mononucleosis, the atypical lymphocyte seen during CMV mononucleosis was shown to be largely CD8 in phenotype (about 70%). Possibly these represent immunologically committed cytotoxic or suppressor T cells (Felsenstein *et al.*, 1985c).

The base-line as well as interferon-stimulated NK cytotoxic response against nonspecific K562 was normal during acute CMV mononucleosis (Rinaldo *et al.*, 1983). This is different from the frequently low NK response during CMV infection after transplantation (see below). Lymphocytes of the patient with HIV infection or AIDS and CMV infection may also be markedly defective in lysing CMV-infected fibroblast targets or nonspecific NK cell targets (Rook *et al.*, 1983, 1984b, 1985).

Taken together, the evidence is that active CMV infection depresses cell-mediated immunity. Lymphocyte responses to antigens of CMV and to nonspecific mitogens is decreased. There is also a decrease in the capacity of peripheral leukocytes to induce interferon and a decrease in the concentration of inducer, helper T lymphocytes and an increase in the concentration of suppressor, cytotoxic T lymphocytes. The specific cytotoxic response has not yet been studied in immunologically normal subjects who have CMV mononucleosis.

## 7.3.2. Response in Transplant Patients

As is pointed out below (Section 13.1), recipients of organ or tissue transplantation are of special interest because of their susceptibility to infection by CMV. All aspects of their immunologic responses are of interest, but particularly responses of CMI, as these have more frequently been abnormal. It should be noted that almost all transplant recipients are on cytotoxic immunosuppressive therapy, which may affect such responses, and there are no good indicators for the efficacy of such drug therapy. It may be particularly difficult to determine whether an observed effect is caused by immunosuppression or viral activity.

### 7.3.2.1. Proliferative and Interferon Responses

Linnemann *et al.* (1978) described the results of a lymphocyte proliferation test in 15 renal transplant recipients using as targets mitomycin-treated, 4-day-infected WI-38 cells. Lymphocytes were incubated with these targets for 3 days, and [$^3$H]thymidine incorporation was measured. A stimulation index ≥3 represented a specific response.

Lymphocytes of 11 patients (one seronegative) responded before operation, but all became negative during the first postoperative month. In the subsequent month, six regained their reactivity. Serologic rises (both IFA and CF) occurred in 12 patients. During the first month after transplantation, PHA stimulation index dropped from 175 to 18. Humoral and cellular immune responses were dissociated.

Haahr *et al.* (1979) studied lymphocyte responses to HSV and CMV antigens in 59 renal transplant patients 1 day to 7 years after transplantation. Lymphocyte transformation against CMV was depressed at all times tested. No difference in transformation indices against HSV was noted in patients seropositive for HSV type 1, 2–12 months after transplantation.

The depression of specific lymphocyte transformation was dramatically reduced up to 18 months after renal transplantation, according to Pass *et al.* (1981a). It was worse in patients who received antithymocyte globulin, who also had more viremia and CMV-related diseases (see Section 13.1).

Heat-stable interferon formation produced by lymphocytes stimulated by HSV was suppressed up to 12 months after transplantation. Haahr *et al.* (1979) used CMV to induce lymphocytes from seropositive recipients. No interferon was made during the first month after transplantation, and it was suppressed when tested at 2–12 months and more than 12 months after transplantation. For reasons not stated, cells from seronegative subjects did not produce interferon in any of the three periods. Presumably, immune or gamma interferon alone was involved, although it was not specifically tested for.

Pollard *et al.* (1978) followed 12 patients after cardiac transplantation of whom nine were seropositive for CMV. All became infected as proven by virus isolation by 6 months after transplantation, and many had serologic (CF) rises. Specific lymphocyte transformation, however, was inhibited to the level of normal seronegative controls. Only in the group that survived for more than 3 years were responses more like those of immune normals. Interferon produced by lymphocytes induced by CMV *in vitro* was also suppressed in the infected.

In contrast, the PHA response in cardiac transplant patients was only about 50% suppressed (transformation index was 23 versus 58 in normal subjects) up to 3 years after cardiac transplantation (Pollard *et al.*, 1978). Lopez *et al.* (1974b) found that washed leukocytes of renal transplant patients responded normally to PHA. These data suggest that as in the normal subject with CMV mononucleosis, the PHA response is less easily suppressed (see Section 7.3.1).

Levin *et al.* (1978) described the lymphocyte proliferation and interferon responses in patients after bone marrow transplantation. These patients are different from renal and cardiac transplant recipients because their lymphocytes are derived from a normal donor, and they are frequently undergoing a graft-versus-host response, which in itself may be immunosuppressive. Their lymphocytes proliferated normally and produced interferon in response to PHA and pokeweed antigen. Cells from nine patients who were seropositive or undergoing CMV infection reacted abnormally. Two did not proliferate in response to CMV antigen. In the late transplant period (>13 weeks), lymphocytes of three out of five patients did not produce interferon after stimulation with CMV. In normal controls, lymphocyte proliferation and interferon formation in response to CMV went together.

A total of 158 patients undergoing marrow transplantation were studied for their specific CMV proliferative response (Meyers *et al.*, 1980c). It was depressed in seropositive patients 20–40 days after the procedure. Isolation of CMV was associated with further depressed responses. Later, they increased, particularly if there was a serologic rise. Survivors had normal responses. Interestingly, seronegative recipients who received seropositive cells had negative responses unless they became infected.

Strong *et al.* (1978) found that plasma and spinal fluid from a marrow transplant recipient with evidence of CMV infection specifically blocked the production of migration-inhibition factor and the proliferative response by lymphocytes in response to CMV. Fractionation and immunologic inactivation studies suggested that the blocking factor contained IgG and C3 and that it may be an antigen–antibody complex. Lopez *et al.* (1974b) also found that serum of renal transplant patients inhibited the PHA response. The significance of these findings is still unclear.

Witherspoon *et al.* (1979) studied the responses of lymphocytes of 51 marrow graft recipients to PHA and to irradiated allogeneic lymphocytes in a mixed lymphocyte culture. Patients who developed interstitial pneumonia had lower responses in both tests. These tests were helpful in identifying patients at risk.

These results suggest that an accentuation of the abnormalities of the proliferative and interferon responses described in acute CMV infection occurs in the transplant recipient. Depending on the severity and duration of CMV infection, there may be absence or loss of specific lymphocyte proliferative response to CMV. There is an associated loss of interferon production stimulated by CMV. The proliferation and interferon responses to HSV are less disturbed, and the responses to nonspecific mitogens, particularly PHA, may be close to normal.

#### 7.3.2.2. Changes in Lymphocyte Subsets during CMV Infection after Transplantation

The two major problems after transplantation are rejection and infection. It may be difficult to distinguish between rejection and infection with CMV, which is one of the most important categories of infection after transplantation. Cosimi *et al.* (1981) suggested that perhaps rejection episodes may be diagnosed by monitoring T-helper to T-suppressor cell ratios, which were frequently greater than 1 during acute rejection. Schooley *et al.* (1983) from the same institution extended their observations on the effect of CMV infection on lymphocyte subsets in normal subjects (see above) to renal transplant recipients on azathioprine and prednisone. They reported that during primary and reactivated CMV infection as well as other herpesvirus infections after transplantation, CD4 lymphocyte counts in such patients were decreased, such that inversions (values of less than 1) of the helper-to-suppressor cell ratios occurred. Fiche *et al.* (1984) reported from France that 39 renal transplant patients did indeed have the reported changes in subset ratios during acute CMV infection but not during acute rejection. Maher *et al.* (1985) reported that a significant number of the CD8 cells also have a Leu 7 phenotype, which is the marker for natural killer cells. O'Toole *et al.* (1986) reported that in cardiac transplant recipients on cyclosporine and prednisone, inversion of T-cell subset ratios preceded the rise in titer of antibody to CMV. Inverted ratios persisted in chronically infected patients, as determined by persistent urinary excretion of CMV for as long as 3 years. Infected patients had a greater than tenfold increase in T-suppressor cells and a 2.5-fold decrease in T-helper cells compared to reinfected controls.

However at other institutions, and particularly in patients on cyclosporine, monitoring lymphocyte subset counts or ratios was not helpful in diagnosing CMV infection. Rinaldo *et al.* (1986) studied a group of 16 renal transplant recipients on cyclosporine and prednisone at the University of Pittsburgh. Only four with viremia had subset ratios less than 1. From the same institution, Dummer *et al.* (1984) studied 11 cardiac recipients on cyclosporine and prednisone of whom only three had subset ratios less than 1. These patients had CMV viremia and concomitant acute EBV infections.

In conclusion, acute CMV infection does produce lymphocyte subset changes. This becomes more apparent when patients are studied as a group. The changes are not sensitive or clear-cut enough to be of diagnostic assistance in individual patients. At the University of Pittsburgh, as probably at most other centers, subset monitoring is no longer *de rigueur* for the diagnosis of either herpesvirus infections or acute rejection.

### 7.3.2.3. Cytotoxic Responses in Transplant Patients

Transplant patient recipients are particularly suitable for observing specific and nonspecific cytotoxic responses because CMV infection may be followed during its entire course in this group. Up to now, CMV-specific cytotoxic T-cell (CTL) responses have only been described in transplant patients, and even so, by only one group of investigators. There are three reasons for the paucity of reports. First, this immune response usually occurs within a week or two after infection and is transient in nature. Therefore, it will usually be missed in a sporadic infection. Secondly, HLA-compatible infected target cells are essential for the assay of this response, and they must be prepared in advance. Thirdly, the CTL assay is technically difficult to carry out. Essential controls and the required number of cells may be difficult to come by. To prove conclusively that CTL are involved, one must also exclude activity of NK cells or non-HLA-restricted cytotoxic cells.

Quinnan *et al.* (1982) first studied the CTL responses in 58 bone marrow transplant recipients. Syngeneic fibroblast cell targets infected with CMV were prepared first. Nonrestricted cytotoxicity was measured using allogeneic CMV-infected targets. The NK-cell activity was measured against K-562 targets and ADCC by cytotoxic activity against antiserum-treated Chang liver cells. Cytomegalovirus infection developed in 43 patients. During infection, CMV-specific CTL responses developed in nine out of 18 patients who survived and in none of the ten who died of CMV interstitial pneumonia. The NK cell or ADCC responses were enhanced in the other nine survivors and in only two of those who died. Thus, their conclusion was that both specific CTL and nonspecific cytotoxic responses were associated with recovery from CMV infection.

Rook *et al.* (1984a) studied the cytotoxic responses during CMV infection after renal transplantation. They found that 20 out of 30 recipients developed CMV infection diagnosed by virus isolation or serologic rise. Fourteen developed CMV-specific CTL, usually before virus isolation (7/9) and before antibody rises (10/14). Thus, the CTL response may be one of the earliest specific laboratory responses after CMV infection. Apparently it occurred in both primary and secondary infections, although this point was not specifically addressed. No CTL response occurred when there was no evidence of CMV infection.

As in the bone marrow transplant recipients, the CTL response in kidney recipients was associated with a more benign clinical course with no complications. Patients having a CTL response did not have as much fever, leukopenia, thrombocytopenia, and elevated liver function tests as those who did not. Cytomegalovirus infections complicated by pneumonia (one), death (one), or nonviral superinfection (three) were seen among the six patients who had no CTL responses. However, unlike bone marrow recipients, none died.

An interesting finding was that acute allograft rejection during infection was experienced by four of the six patients without CTL responses but only one (1/14) with responses. The meaning of this is unclear. The relationship of graft rejection to CMV infection is complex (see Section 13.1.4).

The NK response against K-562 cells and ADCC responses against Chang liver cells were significantly higher in patients with CTL responses than in patients without responses.

Bowden *et al.* (1987) confirmed the finding that NK responses are diminished in marrow transplant patients with CMV infection. Using CMV-infected fibroblasts as targets, he found that patients with severe or fatal CMV infections had lower NK-cell responses than asymptomatic virus shedders. Patients with GvH reactions also had lower responses. Uninfected subjects had the highest response of all.

The NK-cell response to nonspecific targets such as K-562 cells has been studied by many other groups in transplant recipients. Normal subjects usually have significant circulating NK-cell activity, which can be further enhanced by *in vitro* incubation with interferon. Gui *et al.* (1983) found that the mean NK activity of renal transplant patients on either azathioprine and prednisone or cyclosporine and prednisone studied at various times after transplantation was significantly decreased, as was the ability of interferon to enhance NK activity. In the cyclosporine group, base-line levels increased, and enhancement by interferon recovered, when cyclosporine doses were decreased later after transplantation or when there was no CMV viremia. As noted above, Quinnan *et al.* (1982) and Rook *et al.* (1984a) correlated low NK activity with poor response to CMV infection in marrow and renal transplant patients. Rook (1988) believes, however, that cyclosporine–prednisone drug regimens by themselves produce little or no suppression of NK activity or ADCC-type cytotoxicity, whereas patients on azathioprine–prednisone exhibit marked abnormalities in these modalities 1 week after transplantation. This may come about because azathioprine is reported to decrease the number of circulating large granular lymphocytes (Ramsey *et al.*, 1984).

In summary, so far only one group has provided data on specific CTL response in transplant patients. Their results indicate that it is critical to effective recovery from CMV infection. However, the number of patients studied so far is small, and confirmation of their work is needed. On the other hand, there is some evidence that the NK response is diminished in transplant patients, and in marrow recipients, it seems to be inversely correlated with severity of infection.

### 7.3.3. Response in Infants with Congenital Cytomegalovirus Infections and Their Mothers

As is shown in Section 11.3, transplacental infection does not always follow maternal infections, and not all congenital infections are accompanied by symptomatic disease. We know little about the determinants of these outcomes.

Gehrz *et al.* (1977) studied four children, 5 months to 4 years old, with active CMV infection demonstrated by elevated antibody titers and viruria. Although they had normal numbers of T lymphocytes and normal responses to PHA, Con A, and pokeweed antigen, they responded poorly to CMV in the proliferation tests. Three of the four mothers studied shortly after delivery (5–11 months) also had low lymphocyte proliferation responses. One patient who had delivered more than 3 years before responded normally. These abnormal responses of the mother are consistent with the findings of Starr *et al.* (1979) (see below).

Rola-Pleszczynski *et al.* (1977) described a specific lymphocyte cytotoxicity test against CMV-infected cell targets to measure CMI. Since HLA compatibility between effector and target cells was not considered, as in the test of Thong *et al.* (1976) (see Section 7.2.2), it is not known whether specific cytotoxicity T cells or NK cells were measured. Using this test, the authors found that eight mothers of congenitally infected babies and two adult nulliparous women with persistent viruria had depressed responses. The test results of eight congenitally infected infants, 6 to 27 months old, were normal. These results are not in line with those using the usual proliferative tests.

More recently, Gehrz and Rutzick (1985) found circulating HLA-restricted cytotoxic T cells (CTL) against CMV-infected fibroblast targets in some congenitally infected babies as well as NK-cell-like activity against these targets. There were not enough data to determine whether there was any defect in the CTL response. They also found a CTL response in blood leukocytes of normal seropositive individuals after *in vitro* stimulation with CMV antigen. Charpentier *et al.* (1986) described a system of development autologous target cells by creating these with CMV antigen and using these to stimulate specific anti-CMV CTL. This system has not been further evaluated.

Reynolds *et al.* (1979a) reported that lymphocytes from five out of six symptomatic, congenitally infected children did not respond in a specific lymphocyte transformation assay. Only six out of 24 other children who had silent congenital or perinatal infection did not respond, but those who did had lower responses that normal immune adults. Thus, viruria and presence of disease correlated strongly with absence of response. Four children seropositive for herpes simplex virus also showed low proliferative response to herpes simplex antigen. Lymphocytes of the mothers of congenitally infected babies also showed an impaired response to CMV but reacted normally to HSV-1 antigen. Mothers of children with symptomatic congenital infection were most impaired. The responses to mitogens of lymphocytes of the mother and children were normal. It is impossible to say whether this immunologic deficiency is the cause or the result of infection.

Starr *et al.* (1979) studied the lymphocyte proliferative and interferon response to CMV of eight symptomatic, congenitally infected children. Normal seropositive adults responded positively in both tests. Six viruric children responded poorly in both assays. Two older nonviruric children responded in the blastogenesis assay, and lymphocytes from one of them produced interferon. The blastogenic responses were significantly depressed in mothers whose congenitally infected infants were less than 9 months old. The interferon response was suppressed in seven of the eight mothers. Normal seropositive postpartum women responded as did other normal adults. Impairment in children did not appear to be permanent, as older children and most of the mothers responded. It did not correlate with the extent of neurological damage in this symptomatic group.

Gehrz *et al.* (1981) found that the CMV-specific lymphocyte proliferative response was significantly depressed in pregnant women during the second and third trimesters. T-lymphocyte counts and mitogen-induced proliferation and humoral responses were not affected. This selective depression of cell-mediated immunity appears to be physiological.

Tamura *et al.* (1980b) compared CMV-specific lymphocyte transformation in unselected subjects of various ages. All seropositive subjects responded, but the stimulation index (mean: 5.7) of lymphocyte from children less than 1 year of age or between 1 and 5 years of age was significantly lower. Similar results were reported by Pass *et al.* (1981b), who noted, however, that lymphocytes from children with evidence of CMV infection, but less that 1 year old, did not respond at all (none of eight times), whereas older children responded better. A stimulation index of over 3 was considered a positive response. Most patients were clinically asymptomatic. Two conclusions were drawn: (1) The immunosuppressive effect of CMV infection as measured by specific lymphocyte proliferation is more severe in infants. (2) This suppressive effect is virus-specific, since neonates with herpes simplex infection responded to herpes antigen.

In summary, as in the case of other CMV infections, there are gradations of immunosuppression in the congenitally infected depending on the severity and duration of infection. Mothers of congenitally infected babies also show deficiencies in their lymphocyte proliferation and interferon responses. How infection and pregnancy interact to produce these abnormalities is still unclear. At least some of

TABLE 7.1
Immunologic Stimulation and Suppression by HCMV Infection[a]

| Condition of CMV infection | Stage | Antibody response | Proliferative responses to: Specific antigen | Other antigen | Con A | PWM | PHA | Interferon response to: CMV | Others | Reference |
|---|---|---|---|---|---|---|---|---|---|---|
| Inapparent infection | | N | N | N | N | N | N | N | N | |
| Community | Acute | N | D | D | D | D | N | D | | Rinaldo *et al.* (1979a) |
| mononucleosis | Convalescent | N | N | N | N | N | N | N | N | |
| Transfusion | Acute | N | D | D | D | D | D | | | Rinaldo *et al.* (1979a) |
| mononucleosis | Convalescent | N | N | N | N | N | N | | | |
| Mothers of congenitally | | | D | D | N | | N | D | | Gehrz *et al.* (1977) |
| infected | | | | | | | | | | Starr *et al.* (1979) |
| Women with viruria | | | D | | | | | | | Gehrz *et al.* (1977) |
| | | | | | | | | | | Starr *et al.* (1979) |
| Congenital infection | Symptomatic | N | N,D | N,D | N | | N | D | | Reynolds *et al.* (1979a) |
| | Asymptomatic | N | N | | | | | | | Starr *et al.* (1979) |
| | | | | | | | | | | Gehrz *et al.* (1977) |
| Perinatal infection | | N | N | | N | | N | | | Reynolds *et al.* (1979a) |
| | | | | | | | | | | Starr *et al.* (1979) |
| | | | | | | | | | | Gehrz *et al.* (1977) |
| Posttransplant | Acute | N,D | D,A | N | D | | D | | D | Linnemann *et al.* (1978) |
| | Convalescent | N | D,N | N | | | | | D | Pollard *et al.* (1978) |
| | | | | | | | | | | Haahr *et al.* (1979) |

[a]N, normal; blank space, no data; D, depressed; A, absent.

the observed effects in the mother and perhaps in the child are a normal response during pregnancy. Table 7.1 is a summary of immunologic stimulation and suppression by various types of CMV infection. So far there still are not enough data to determine whether the HLA-restricted cytotoxic T-cell response is affected in any of the patient groups listed except the transplant recipient (see Section 7.3.2.3).

# 8

# Variants of Human Cytomegalovirus

## 8.1. VARIANTS ACCORDING TO NEUTRALIZATION TESTS

Antigenic variations of human cytomegaloviruses were first detected by cross-neutralization tests. Weller *et al.* (1960) reacted sera from two babies (named Davis and Esp.) with isolates from themselves, with isolates from each other, and with AD169, an isolate from adenoids (Rowe *et al.*, 1956). The homologous serum–virus pairs produced the highest titer. Serum from Davis did not neutralize the Esp. and AD169 isolates, whereas it neutralized the Davis isolate at a high dilution (Table 8.1). The Davis and AD169 strains were designated types 1 and 2, representing the most diverse strains, and Esp. and Kerr isolates were designated type 3. The Kerr isolate (not shown in the table) appeared to be closely related to the Esp. strains. These type designations have not been generally accepted.

The significance of the observed differences has been difficult to evaluate. The following factors have prevented a clear resolution of the problem of types on the basis of serologic tests: (1) low neutralization titers of most human sera; (2) difficulty in raising antiserum in animals; (3) possible heterogeneity of human serum antibodies because they may represent a response to multiple infections by more than one strain; (4) change of avidity of both human and animal serum with intensity of antigenic stimulation; and (5) possible change of antigens with prolonged *in vitro* passage of virus strains. Many of these difficulties have gradually been overcome in the last 20 years, but there is still no clear consensus regarding the problem of types. For clarity, I state my tentative conclusion at the outset and present the data subsequently. There are antigenic variations among CMV isolates, but these are not great enough or clear enough to warrant the designation of different types of human cytomegaloviruses. Other methods of analysis, such as restriction endonuclease digestion patterns and nucleic acid hybridization studies, confirm the variability of the virus genome but do not indicate that variations are great enough or uniform

TABLE 8.1
Antigenic Variation of hCMV According to Neutralization Tests

| Antiserum from baby | Neutralization titer against three strains[a] | | |
|---|---|---|---|
| | Davis | Esp. | AD169 |
| Davis | 512 | <16 | <16 |
| Esp. | 64 | 128 | 10 |

[a]Data from Weller *et al.* (1960).

enough to assign different prototypes (see Sections 2.2.2 and 8.7). So far, study of antigenic viral peptides have not produced support for types of CMV (see Chapter 3). For practical diagnostic purposes, there is no need to worry about type variations. The ELISA, CF, immunofluorescent, and other tests are sensitive and specific enough to diagnose most CMV infections. The serologic tools for the diagnosis of CMV infection are about as good as those for any other infection. However, the important question, how much cross immunity there is in terms of resistance to other strains following infection by one, remains unresolved.

Following the report of Weller *et al.* (1960), numerous attempts to improve serologic diagnosis of CMV infection by using many types of antigens did not improve sensitivity. In the field or in the clinic, the neutralization test has not been found to be more discriminatory than the CF test.

Medearis (1964a) followed the CF and neutralization titers of four babies with C.I.D. The neutralization titers were low and frequently absent, whereas CF titers were always positive and diagnostic.

Carlström (1965) found that one strain, AD169, detected neutralizing antibodies in all cases of C.I.D. he collected. He also showed that neutralizing and CF antibody positivity coincided in a study of seroprevalence in 242 children and adults in Stockholm, although in all age groups, there were slightly more subjects with neutralizing antibodies ($\geq 1:10$).

Andersen (1970) studied CMV infection after renal transplantation in five adults and tried to determine if different strains were involved. The CF titers against homologous isolates or against AD169 were identical in all five patients. The earliest CF titer rise was detected 29 days after transplant. The neutralization titer always lagged behind, especially in cases of primary infections, where the patient was seronegative before transplant. In four out of five patients, strain AD169 was as effective as the homologous strain in detecting neutralizing antibodies. In one, the neutralizing titer was fivefold higher when the homologous strain was used in the test. The neutralizing titers were more sustained, and it was suggested that their late rise may be helpful in cases where the CF titer is already high.

## 8.2. DEVELOPMENT OF SPECIFIC ANTISERUM

Monospecific animal serum is essential to a proper analysis of serotypes. Early failures (Medearis, 1964a) to immunize animals against mCMV resulted from lack of antigenic mass and failure to use adjuvants. Failure to add complement in the neutralization reaction may also have obscured the presence of antibody. Mäntyjäryi (1968) used glycine buffer (pH 9.0) to extract AD169-infected human embryonic fibroblasts. When administered with Freund's adjuvant, this antigen raised antisera in rabbits with CF titers around 1 : 128–256 and neutralization titers around 1 : 18. Krech and Jung (1969) injected a similar antigen in guinea pigs. Their best serum reduced the infectivity titer of the Davis or AD169 strains ten- to 100-fold at dilutions of 1 : 5 and 1 : 10.

Graham *et al.* (1971) used complement to enhance the neutralization reaction, a phenomenon well known in virology and already described for the herpes simplex virus (Yoshino and Taniguchi, 1964). They noted that high-titer monkey antiserum, with titers around 1000 to 2000 against hCMV, could be raised if complement were added in the neutralization test. Without complement, no neutralizing antibodies were evident. The complement requirement extended to antibodies that were raised early or late during immunization, and to 7 S or 19 S $\gamma$-globulins. Two human strains, AD169 and C-87, were used to immunize baboons and monkeys in order to develop monospecific serum. Monkey antiserum was used in cross-neutralization tests, and these two strains were indistinguishable. Sera from baboons immunized with either strain also cross neutralized the heterologous strains, but the titer of the homologous serum–virus pair was three to four times higher. These two strains were earlier shown to be different by the CF test (see Section 8.3; Dreesman and Benyish-Melnick, 1967).

Andersen (1971) immunized rabbits with AD169 or T27, a new isolate. Titers as high as 1 : 800 against AD169 were obtained in the presence of complement. The antiserum against AD169 failed to distinguish the two strains, but the serum against T27 had a higher neutralization titer against the homologous virus. As in the case of the CF reaction, AD169 appeared to have a broader antigenic spectrum (see Section 8.3).

Later, Andersen (1972) prepared hyperimmune rabbit serum against AD169, Davis, Esp., and T27 and tested these by cross neutralization. He found that each strain was neutralized by all four types of sera. The T27 seemed most different, but there was no difference between the Davis and AD169 strains, the types 1 and 2 of Weller *et al.* (1960). Fifty CF-negative and 50 CF-positive human sera were also screened. Each positive strain was neutralized by AD169, Davis, or T27 strains. No CF-negative serum had neutralizing activity.

With the development of monoclonal antibodies, it has become relatively commonplace to develop murine antibodies against viral structural and nonstructural proteins (see Chapter 3).

Volpi and Britt (1985) used a panel of 20 monoclonal antibodies reactive against a variety of viral structural proteins, including envelope glycoproteins, tegument, and capsid proteins, to distinguish serologic differences between strains of CMV. Only one such antibody was found. The monoclonal antibody "11-1-1" reacted against a 90,000-dalton "late" virus-encoded protein. It reacted against all strains of CMV except for the Towne strain, which is a clinical isolate that has been subsequently used for vaccine development (see Section 14.2).

## 8.3. VARIANTS ACCORDING TO COMPLEMENT-FIXATION TESTS

Dreesman and Benyesh-Melnick (1967) approached the problem of antigenic heterogeneity by testing African green monkey antisera developed against two monkey CMVs (2598 and 2757) with human CMV strains in the CF test. Monkey CMVs have some relationship to CMV since they can be propagated in human embryonic lung fibroblasts. Ninety percent of 29 monkey sera positive for anti-2598 reacted with AD169, but none reacted with C-87, a human strain isolated by Benyesh-Melnick *et al.* (1964). Approximately 50% reacted with human strains BC-13 and L38E, and 25% reacted weakly with Davis. Hence, on the basis of reactivity with monkey antiserum, AD169, Davis, and C-87 seemed clearly differentiated. There was no crossing between monkey and human hCMV by the neutralization test, although complement was not used. The cross by the CF test was unidirectional. No human serum that contained antibodies against hCMV reacted with the two monkey antigens either by the CF or neutralization tests. The authors suggested that the variability of hCMV may be determined by a "mosaic" of antigens that cross-react to a varying degree. The AD169 seemed to share more antigens with monkey CMV than with other strains, which may be a reflection of its broader reactivity.

Huang *et al.* (1974) prepared antiserum in guinea pigs stimulated by purified extracellular virus free of cellular antigen (Huang *et al.*, 1973). High-titer antisera to C-87, AD169, and Simian GR-2757 strains were prepared. By the CF test, the sera against AD169 and C-87 crossed with each other. Titers were 1 : 640 against heterologous and 1 : 2560 against homologous strains. No significant difference was detected. Only one serum out of three against GR-2757 fixed complement at the low titer of 1 : 20 in the presence of human CMV strain C-87, and no antiserum made against AD169 crossed with the monkey virus. Immunofluorescent antibody titers were higher (1 : 25,600 to 1 : 10,240), and relatively little interspecies cross reactivity was evident.

## 8.4. VARIANTS ACCORDING TO KINETIC NEUTRALIZATION TESTS

The avidity of neutralizing antibody for a virus can be studied in the kinetic neutralization test, which has been used to distinguish closely related viruses such as vaccine and wild community strains of poliomyelitis (McBride, 1959). The neutralization constant is an expression of avidity.

Andersen (1972) first reported an analysis of strain differences in hCMV using neutralization kinetics. An antiserum was calculated to have a neutralization constant $K$, according to the formula

$$K = \log (V_0/V_t)\ (2.303D/t)$$

TABLE 8.2
Segregation of Strains Using Neutralization Kinetics

| Rabbit antiserum | Percentage relatedness to homologous strains, NK[a] | | |
|---|---|---|---|
| | 75–100 | 50–75 | 25–50 |
| Davis | Kerr | Esp. | AD169 |
| | C-87 | | Towne |
| | *Davis* | | |
| Esp. | Kerr | Davis | |
| | C-87 | Towne | |
| | *Esp.* | | |
| AD169 | Kerr | Davis | Towne |
| | C-87 | | |
| | Esp. | | |
| | *AD169* | | |

[a]NK, neutralization kinetics. Strains in *italics* are homologous. Data from Waner and Weller (1978).

where $V_0$ = initial virus concentration, $V_t$ = virus concentration after $t$ minutes of neutralization reaction, and $D$ = dilution of serum. $K$ is an expression of potency or avidity of the antiserum. $K$ values were determined for human sera and the rabbit sera raised against AD169, Davis C87, and T27 strains. The $K$ values were relatively low, i.e., 0.1 to 3.0. Andersen first found that all sera neutralized the four strains to some extent. Hyperimmune rabbit serum neutralized the homologous strain best, except that the serum against the Davis strain neutralized all strains almost uniformly. No difference was found between the AD169 and Davis strains, contrary to the earlier findings of Weller *et al.* (1960).

A more complete study of neutralization kinetics was reported by Waner and Weller (1978). More potent hyperimmune rabbit serum was obtained after injections of antigens extracted with glycine-buffered saline (pH 9.0) and Freund's adjuvant. Antisera against homologous virus with $K$ values of 10 or greater were developed against the strains listed in Table 8.2.

Differences in the immunogenicity of various strains were shown. Esp. induced antisera of greater activity; Kerr was neutralized better by heterologous than homologous strains. Sera obtained 4 weeks after the immunization were more specific than sera taken after 12 weeks. Three of the four early sera against the Davis strain titered fourfold or higher against Davis than against AD169; among four later sera, only one was different to this degree. Hence, strain differences were most apparent in early sera. The IgG and IgM fractions of serum were studied separately for their neutralizing activity. The 7 S antibodies were enhanced by complement, although they did neutralize without complement. Preparations of 19 S antibodies did not neutralize virus without complement. These were monospecific and did not cross (Davis and AD169 tested), but their titers were too low for the fraction to be useful in further analysis. The highest titer was only 1 : 16.

To determine strain antigenic variations, early antisera made against Davis, Esp., and AD169 strains were used for cross-neutralizing tests (Table 8.2). Antigenic relatedness against six strains of virus was determined by comparing *K* values, using the *K* against the homologous strain as 100%. Based on this relationship in 25% increments, the Davis and AD169 antisera differentiated three groups, whereas Esp. antiserum differentiated two. The Esp. assumed a position intermediate between Davis and AD169. Thus, extremes of variability represented by the AD169 and Davis strains, as originally suggested by Weller *et al.* (1960), were confirmed. Whether a more extensive analysis of other isolates, such as T27 of Andersen (1971), would reveal a greater variation or spectrum remains to be determined.

Zablotney *et al.* (1978) produced hyperimmune guinea pig antiserum against 17 strains of CMV and conducted 10-min kinetic neutralization tests. Based on *K* values obtained in crossed tests, there was a suggestion that four antigenic groups could be created. The isolates in each group were unrelated epidemiologically in terms of time, place, or site of isolation. Interestingly, the most unrelated strain was AD169; this finding may reflect its being a laboratory strain passed more than 300 times.

These observations are best interpreted as demonstrating variation in a number of shared and unshared neutralizing virion antigens, and there is probably a continuous spectrum of a variable mosaic of antigens among different strains.

## 8.5. HETEROGENEITY OF INDIVIDUAL RESPONSES

Another interesting and unusual demonstration of the existence of different strains was provided by Waner *et al.* (1973). Fifty donors undergoing plasmapheresis were followed at monthly intervals for 18 months and tested for CF antibodies against the Davis, AD169, and Esp. strains of CMV. Of 510 sera examined, 321 (63%) reacted with one or more of the antigens; 96% with Esp., 94% with Davis, and 83% with AD169. Of the 321 sera, 81% reacted with all three antigens. No serum reacted only to AD169, which suggests that it was the least sensitive or least prevalent antigen.

Patterns of reactivity were determined with 20 of the 39 seropositive donors. A mean of 14 sera were examined per subject. Multiple fluctuations of titers were observed in 19, including 11 subjects who at one or more times were seronegative. All 20 subjects showed a fourfold or greater fluctuation in titer of their serum to one or more strains. Multiple episodes of fluctuation were seen in 19. Some of the changes occurred only against one or two of the three strains.

The CF titers against herpes simplex virus showed no concomitant fluctuations. The tests were also carefully controlled, and results of repeated assays of the same serum were quite consistent. These results suggest that the host–virus relationship permits periodic antigenic stimulation. Such stimulation seems to be strain specific. Strain variation existed, and AD169 was not necessarily the most broadly reacting. A single serum sample from subjects in this population would have yielded, at best, a most incomplete picture. It would be desirable to publish the patterns on all 20 subjects studied rather than just three. Rises in titers may be attributed to superinfection, perhaps with a strain to which the subject was not immune. But precipitous falls in titers are more difficult to explain. In one of the three subjects, after significant titers were attained against all three antigens, the titers suddenly became negative to all three during multiple observations for 12 months before rising again.

At the moment, our conclusion is that the process of plasmapheresis may underlie some of the changes observed by Waner *et al.* (1973). A similar study should be undertaken in a normal population of seropositive subjects, preferably with a number of other serologic tests in addition to the CF test. It should be pointed out that Waner (1975) detected no strain difference using the indirect immunofluorescence test (see Section 6.2.1).

## 8.6. VARIANTS ACCORDING TO IMMUNODIFFUSION

In screening sera by immunodiffusion (Jung *et al.*, 1973; Fioretti and Pollini, 1978) or counterimmunoelectrophoresis (Fortunato *et al.*, 1977; Niebojewski *et al.*, 1977), no more that five precipitin lines were observed. Sweet *et al.* (1979) used the AD169 strain against a serum pool from a patient with toxic megacolon selected from 2000 blood donors. As many as 20 antigens were detected by electroimmunodiffusion (EID). It reportedly had superior resolving ability, especially when an antibody gradient was used. About 14 antigens could be reproducibly seen.

Electroimmunodiffusion runs using high-passage stock C-87, Davis, and low-passage local isolates VD 14, 1694, and 1723 against the same serum resolved 15, 15, 13, 11, and 11 antigens. At least 16 antigens were common to all strains. The AD169 did not lack any antigens seen in other preparations. There was no clear-cut reaction of nonidentity with any strain. A high degree of antigenic homology of the various strains was suggested.

## 8.7. VARIANTS ACCORDING TO DNA STRUCTURE

A powerful new tool in the study of genetic variants of herpesviruses is the pattern of DNA fragments following digestion by one or more restriction endonucleases (Huang *et al.*, 1980b) (Fig. 8.1). This is particularly true of herpesviruses that have genomes with molecular weights in excess of 100 million (see Section 2.2.1). Coelectrophoresis of Eco R.R-1 or Hind III digests shows considerable matching among human CMV isolates. The Colburn isolate, isolated from the brain of a 6-year-old boy, showed significant matching with GR-2757, a simian strain. By DNA–DNA reassociation kinetics, the latter two strains showed 90% homology. They also crossed strongly by the CF test. The Colburn strain is hence not considered a human strain but more akin to simian CMV (Huang *et al.*, 1976, 1978).

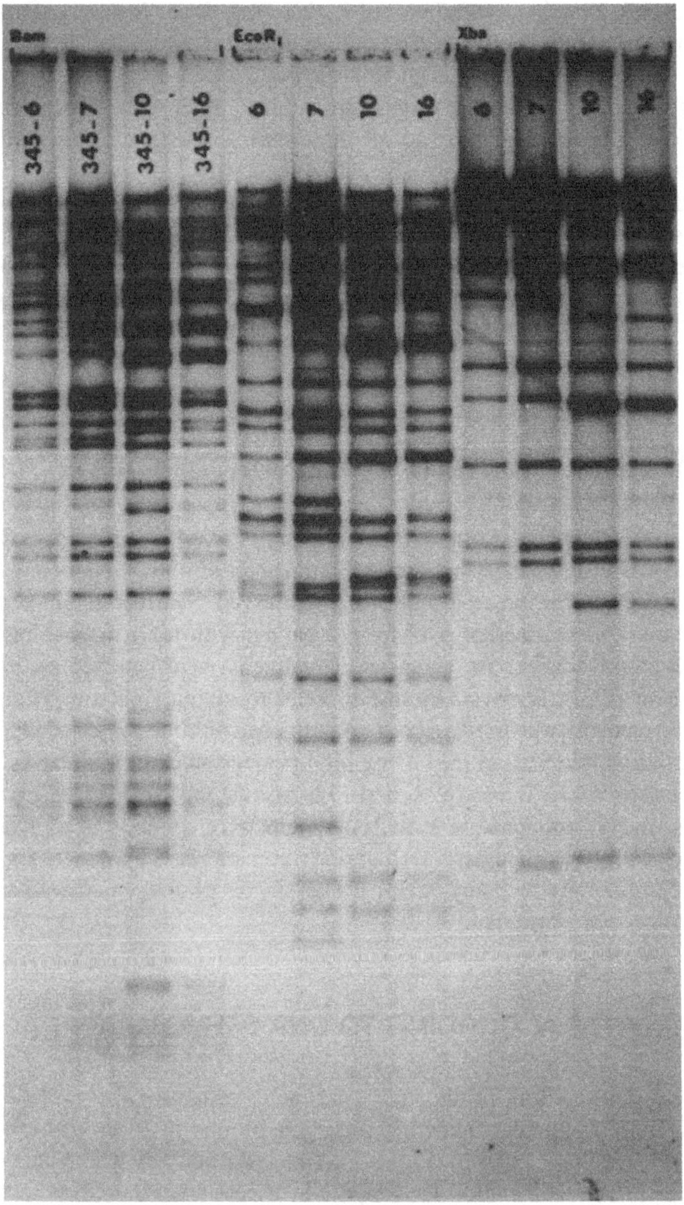


Figure 8.1. DNA restriction fragment length polymorphism of two pairs of CMV strains isolated from semen of two asymptomatic homosexual men (345–6 and 345–7; 345–10 and 345–16). Restriction enzymes Bam HI, EcoR1, and XbaI were used. Note similarity of each pair of isolates. By permission of E. S. Huang and Masson Publishing Co. (Huang, 1984).

Eleven different strains of human CMV were cleaved by HinD III and Eco R-1 nucleases. The fragments produced reproducible patterns by electrophoresis in 1% agarose slab gels. In Hind III digests, three fragments comigrated among all isolates and six among most. In Eco R-1 digests, nine fragments comigrated among all and five among most digests (Kilpatrick *et al.*, 1976).

Although no two human isolates had completely identical patterns (Fig. 8.1), study of interstrain nucleic acid homology revealed that the human CMV strains analyzed shared at least 80% DNA sequence homology with prototype AD169 (Huang *et al.*, 1976). The degree of homology existing among CMV strains is greater than that between HSV type 1 and type 2, which is about 47–50% (Kieff *et al.*, 1972). Cytomegalovirus strains isolated from the genital tract cannot be distinguished from strain isolates from other sites with regard to sequence homology.

What is the significance of the variability of the hCMV genome despite the fact that human CMV strains do share at least 80% of genetic information? The heterogeneity in restriction enzyme fragment patterns among various strains may be largely related to absence or gain of restriction endonuclease sites and not to major DNA rearrangements or major sequence duplications (see Section 2.2.2). So far genetic as well as serologic analysis has failed to reveal distinct hCMV types.

# 9

# Epidemiology of Cytomegalovirus Infection in Man

## 9.1. THE DISTRIBUTION OF HUMAN CYTOMEGALOVIRUS INFECTIONS

In this chapter we consider the prevalence of CMV infection in human population groups and the major mechanisms of transmitting the virus. Transplacental transmission is separately treated in Chapter 11, along with clinical and laboratory aspects of congenital infection.

### 9.1.1. Prevalence of Antibodies in the General Population

The complement fixation test was used to measure antibodies against CMV in the general population very soon after human cytomegalovirus was isolated in cell culture. Rowe *et al.* (1956) prepared CF antigen by sonic inactivation of cell culture fluids infected with their AD169 strain and used it to measure antibodies of inhabitants of the Washington, D.C., area. The results are shown in Table 9.1. It was soon evident that infection by this virus is common in the general population.

Important features of the epidemiology of CMV infection, subsequently amplified, were already apparent from their data. The frequency of antibodies in cord blood (71%), presumably a reflection of transplacental transmission from the mother, was higher than the frequency in early childhood. The frequency in 18- to 25-year-old women was higher than that in males. Rowe *et al.* (1956) also showed that all sera positive for CF antibodies also had neutralizing antibodies. Titration of

TABLE 9.1
Prevalence of Complement-Fixing Antibodies in Washington, D.C.[a]

| Age of subject | No. positive/No. tested | Percentage positive |
|---|---|---|
| Cord blood | 12/17 | 71 |
| 6 weeks | 5/17 | 29 |
| 6–23 months | 3/21 | 14 |
| 2–4 years | 11/36 | 31 |
| 5–9 years | 11/33 | 33 |
| 10–15 years | 22/49 | 45 |
| 18–25 years | 52/98 | 53 |
| >35 years | 42/52 | 81 |

[a]Data from Rowe *et al.* (1956).

serial sera in three adult males indicated that CF antibody levels remained stable for at least 4–7 years. Sera of older adults (>35 years) that were negative for CF antibodies often had neutralizing antibodies.

Stern and Elek (1965) used antigen from the Kerr strain to study the prevalence of CF antibodies in London (Table 9.2). Their data were different from the data from Washington, D.C., suggesting geographic variation of CMV infection. (1) The peak prevalence (54%) was significantly lower than in Washington (81%). (2) There was a relatively slow rise in early childhood, so that only 15% were infected at 10 years of age, whereas in Washington, D.C., 31% were infected by 4 years of age. The lower conversion rate in London in early childhood may be a reflection of a smaller population reservoir for transmission. Apparently, the greater the pool of positive adults, the more rapid is the acquisition in childhood.

Another interesting finding in this paper is the sociological basis of antibody prevalence. The prevalence of seropositivity was 18% and 29% in two day schools, but 80% or 40 out of 50 subjects tested were positive in a boarding school where increased contact among children was conducive to infection. This suggests that crowding, irrespective of socioeconomic status, is a factor. A study from Israel

TABLE 9.2
Prevalance of Complement-Fixing Antibodies and Rate of Increase with Age in London[a]

| Age group (years) | No. positive/No. tested | Percentage positive | Rate of increase (%/year) |
|---|---|---|---|
| 0–0.5 | 3/9 | 33 | |
| 0.5–5 | 4/93 | 4 | |
| 5–10 | 15/97 | 15 | 2.1 |
| 10–15 | 54/257 | 21 | 0.8 |
| 15–25 | 47/130 | 36 | 2.0 |
| 25–35 | 62/114 | 54 | 1.8 |
| 35–75 | 46/85 | 54 | 0.0 |

[a]Data from Stern and Elek (1965).

TABLE 9.3
Prevalence of Complement-Fixing Antibodies in Various Regions of the World[a]

| City | Country | Percentage with CF antibody |
|---|---|---|
| Lyon | France | 40 |
| Freiburg | Germany | 42 |
| St. Gallen | Switzerland | 45 |
| Albany | USA | 45 |
| Melbourne | Australia | 54 |
| Houston | USA | 79 |
| Buenos Aires | Argentina | 81 |
| Hong Kong | China | 94 |
| Sendai | Japan | 96 |
| Manila | Philippines | 100 |
| Morocco | Morocco | 98 |
| Entebbe | Uganda | 100 |

[a]Data based on summary of Krech (1973).

showing a higher seroprevalence in kibbutz children than in urban Jewish or Bedouin children supports this hypothesis (Sarov *et al.*, 1983). Infection with CMV is in striking contrast to infection with EB virus, which probably requires more intimate contact to be contracted and was essentially nonexistent in a study of British boarding school children (Evans and Niederman, 1976).

It is now clear that the prevalence of antibodies and hence the prevalence of prior infection by CMV vary with the socioeconomic basis of the population group. The relevant data in population groups over the age of 35 were summarized by Krech (Table 9.3; Krech, 1973). The prevalence is lower in Europe, Australia, and parts of North America, whereas it is significantly higher in "less developed" areas. Some regions with warmer climates such as Uganda, the Philippines, and Tanzania have a prevalence of 100%. It is, however, unlikely that warm weather *per se* is a decisive factor, as prevalence among Eskimos is also high (81%; Sinha and Pauls, 1971). Lang (1975) reported early universal acquisition of antibodies in Melanesian people living in eastern New Guinea and on islands of the New Hebrides and Solomons. He thought frequent and close interpersonal contact between the virus shedder and the susceptible subject was needed for transmission.

## 9.1.2. The Effect of Age

Carlström and Jalling (1970) studied the prevalence of CF antibodies in Stockholm (Table 9.4). The prevalence data are similar to those found in London. Peak prevalence in adults was 53–57% in both regions. The Swedish data provide more information on the rate of increase in early life. In terms of percentage serologic

TABLE 9.4
Cytomegalovirus Seroprevalence and Rate of Increase with Age in Sweden[a]

| Age | No. positive/ No. tested | Percentage positive | Rate increase (%/year) |
|---|---|---|---|
| 1–3 mo | 6/32 | 19 | |
| 2–3 yrs | 11/58 | 19 | 1.60[b] |
| 4–5 yrs | 10/44 | 23 | |
| 6–10 yrs | 26/94 | 28 | 1.43 |
| 11–15 yrs | 26/96 | 27 | 0 |
| 16–30 yrs | 49/50 | 33 | 0.60 |
| 31–50 yrs | 42/74 | 57 | 1.37 |
| >50 yrs | 43/81 | 53 | 0 |

[a]Data from Carlström and Jalling (1970).
[b]Calculated by dividing differences in percentage by difference in mean age.

conversion per year, it was highest between 6 months and 5 years of age and between 16 and 50 years of age. There is thus evidence for two peaks of rate increases, early childhood and early adulthood.

Wentworth and Alexander (1971) studied 4824 sera from a predominately white middle-class urban American population in the state of Washington. The ages of the population varied from 5 to 60. There was a constant rate of conversion of about 1.3% per year from age 5 to about 43. Beyond ages 43 to 57, there was a leveling off of the rate of conversion so that about 70% of the population was seropositive at the older extreme. In populations with higher infection rates, the age when infection levels off occurs earlier. They also showed conclusively that more females were seropositive than males, a point that could be gleaned from the earlier data of Rowe *et al.* (1956). This difference could not be accounted for by pregnancy.

The pattern of increasing positivity with age up to and beyond adulthood contrasts strikingly to varicella and other common childhood diseases, against which antibodies develop early in life, reach their peak around age 13, and remain level or decline slightly thereafter.

Age also affects virus shedding. Viruria and respiratory shedding are relatively frequent during the perinatal period (see Section 9.1.3). They may occasionally be found during childhood, but viruria is rare in healthy adults (see Section 9.7.3). Cervical shedding and viruria may occur in women with varying frequency, increasing with sexual activity and decreased socioeconomic status (see also Section 9.2.1). Knox *et al.* (1979) found in a predominantly indigent black population that genital shedding and urinary tract shedding were 8.9% and 3.8%, respectively. Interestingly, shedding decreased steadily with age, from peak rates of 15% and 8% at 11–14 years to undetectable levels at 31 years of age or older. This decrease is probably not related to sexual activity or the development of circulating antibodies, as most of this population is seropositive at an early age.

### 9.1.3. Frequency of Perinatal Infections

The acquisition of CMV infection during the first year of life is an important part of its epidemiology. Congenital infections are, by comparison, relatively uncommon and are treated separately in Chapter 11. The frequency of perinatal infections seems to vary according to geographic and cultural region rather than socioeconomic well-being. The practice of breast feeding may be an important factor.

Table 9.5 lists the frequencies of viruria at various times during the first 2 years of life as an index of perinatal infection. Viruria is a more reliable indicator of infection in this period of life than serum antibodies because transferred maternal antibodies remain in circulation in early life. By and large, the frequencies should be considered cumulative because viruria, once present, persists for long periods of time. A small proportion of babies had viruria at birth, signifying congenital infection. There are cumulative increases in the frequency of viruria beginning with the first months and peaking in most instances at about 6 months (Table 9.5). These increments represent perinatal infection. The frequencies at 6 months of age illustrate three recognizable patterns: (1) a high frequency of perinatal infection in developing countries, such as Thailand and Guatemala (42–55%); (2) a high frequency of infection in some developed countries such as Japan and Finland (35–56%); (3) a low frequency of infection in other developed countries (England, United States) whether among middle-class (Seattle, Washington) or economically deprived populations such as in Birmingham, Alabama (8–13%).

The common denominator accounting for frequent perinatal infection irrespective of socioeconomic status is unknown, but transmission by maternal milk is suspected (Hayes *et al.*, 1972; Stagno *et al.*, 1980). A high proportion of "immune" mothers might carry CMV in their milk and then transmit their infection to their offspring if breast feeding is common. On the other hand, in Birmingham, even though most mothers are latently infected, breast feeding is not as common as in other countries, and hence, the perinatal infection rate is lower (Stagno *et al.*, 1980). This role of breast milk is discussed in greater detail below (Section 9.2.2).

### 9.1.4. The Effect of HLA Type

Whether the HLA genotype is connected with susceptibility to CMV infection is still unproven. Although there are a few unconfirmed studies, Pereira *et al.* (1978) noted in screening donors in connection with a marrow transplant program in London that subjects with HLA-BW 15 had a higher proportion with CF and IFA antibodies against CMV (73%) than did controls (49%). Antibodies against other herpesviruses were not different. This HLA type has been reported to be associated with systemic lupus erythematosus (McDevitt and Bodmer, 1972). Renvoize *et al.* (1979) studied a group of patients with Alzheimer's presenile and senile dementia.

**TABLE 9.5**
**Frequencies of CMV Viruria during the First 2 Years of Life[a]**

| Authors | Locality | Total no. of infants studied | Percentage excreting CMV according to age (months) | | | | | | | |
|---|---|---|---|---|---|---|---|---|---|---|
| | | | At birth | 1 | 2 | 3 | 6 | 9 | 12 | 24 |
| Numazaki *et al.* (1970) | Japan | 257 | —[b] | 6 | 10 | 20 | 56 | 44 | 22 | 7 |
| Olson *et al.* (1970) | Thailand | 140 | — | — | — | 38 | 55 | 18 | 15 | — |
| Cruz *et al.* (1977) | Guatemala | 109 | — | — | — | 23 | 42 | 40 | 35 | — |
| Leinikki *et al.* (1972) | Finland | 105 | 2.3 | — | 12 | 23 | 35 | 25 | 33 | 41 |
| Granström *et al.* (1977) | Finland | 148 | 2 | — | 16 | 32 | 36 | — | 39 | — |
| Ahlfors *et al.* (1978) | Sweden | 326 | 1 | 12 | — | — | — | — | 23 | — |
| Levinsohn *et al.* (1969) | U.S., Seattle | 92 | 1 | 3 | — | 11 | 13 | — | 11 | — |
| Stern (1968) | England | 118 | 2.5 | — | — | — | 9 | — | — | — |
| Collaborative study (1970) | England | 1395 | 0.4 | — | 1.8 | 3.2 | — | 5.8 | — | 4 |
| Reynolds *et al.* (1973) | U.S., Birmingham | 154 | 1.3 | 2 | 4 | 7 | 8 | 8 | 8 | 9 |

[a] Adapted from Stagno *et al.* (1980).
[b] —, No data available.

These patients had a higher frequency of HLA-BW 15 and CF antibodies against CMV.

### 9.1.5. Antibody and the State of Infection

We assume that the presence of antibodies with CMV implies a past episode of infection with the virus and that it endows some immunity against subsequent infection. This immunity is by no means absolute, as reactivation of the original infecting strain as well as reinfection by a new strain are both possible. We do not have a good estimate of false negatives, i.e., patients who were infected but did not develop antibodies or patients whose antibody titers waned to the point where they were undetectable. Despite one unconfirmed report of the erratic appearance and disappearance of CMV antibodies (Waner *et al.*, 1973), aggregate evidence suggests that antibodies persist quite well.

Seropositivity does not distinguish a cured past infection from a latent, persistent, or active infection. Active and inactive infections will eventually be discovered and differentiated by more sophisticated serologic and virological methods, including DNA and RNA hybridization and polymerase chain reaction (Section 5.3). As yet there is no precise, practical method to do this or to diagnose latent infection.

Seropositive subjects almost always become actively infected with CMV after organ transplantation and immunosuppression or when they develop AIDS (see Sections 13.1 and 13.2). Most such individuals reactivate an original infection that had become latent, but some became reinfected.

*De novo* reinfections or secondary infections in immune individuals have been shown in long-term studies of repeated isolates from immune virus shedders. Huang *et al.* (1980a) studied the restriction endonuclease patterns of repeated isolates from the urine and genital tract of five immune women in Alabama. The isolates were obtained 1–6 years apart. In one case out of five a repeat isolate from the genital tract was not identical to the original. Reinfections have also been demonstrated by similar methods after kidney and bone marrow transplantation and in sexually active homosexual males (see Sections 13.1, 13.2, and 9.5).

Taken together, the present evidence suggests that an original CMV infection is rarely if ever cured. It remains latent and may reactivate during immunosuppression. Epidemiologically all seropositive subjects are potential sources of virus transmission under special circumstances, i.e., pregnancy, blood transfusions, organ transplantation, and possibly sexual intercourse (see respective sections in this chapter).

## 9.2. THE MECHANISMS OF PERINATAL TRANSMISSION

There are two basic modes of transmission of CMV from a carrier to a susceptible subject: vertical and horizontal. Vertical transmission of CMV from mothers with primary or reactivation infection to the infant *in utero* is considered in Chapter 11. Perinatal transmission, i.e., horizontal transmission during and shortly after birth, is considered in this section. Transmission by exposure to the infected cervix, breast milk, and other routes are considered in Sections 9.2.1 to 9.2.4.

We know of no nonhuman sources of CMV infection. Since human CMV is a species-specific virus that does not readily replicate in nonhuman hosts, it is unlikely that animals and lower life forms can serve as sources of infection. Weller (1971) pointed out that in view of the relatively high concentration of the virus in urine, objects contaminated by infected urine could theoretically serve as a source of infection. This may be important in newborn nurseries and in day care centers (see Sections 9.2.4 and 9.3). Against this possibility is the limited amount of virus on such subjects and the lability of the virus that, like all enveloped herpesviruses, is easily inactivated by extremes of temperature and pH. Neither do we have any direct evidence of respiratory transmission, a commonly assumed route.

A study by Cabau *et al.* (1979) points out the close association between the serologic status of the mother and acquisition of infection by the child during the first year of life, which suggests that the most important source of infection may be the mother. In a study of 10-month infants in France, no seronegative mother had a seropositive child. The prevalence of seropositivity in samples of French mothers from low and high socioeconomic groups were, respectively, 67% and 48%, and their offspring at 10 months of age had respective ratios of 39% and 11%. Breast feeding enhanced chances for infection. Little increase in antibody prevalence was noted between 10 months and 2 years of age. Hence, acquisition of CMV infection seemed to center around the perinatal period. The role of breast feeding and the transmission of CMV in the early postnatal period are discussed separately below.

## 9.2.1. Perinatal Transmission: Infected Cervix

Reynolds *et al.* (1973) followed babies for CMV infection and correlated this with maternal cervical CMV secretion and showed that timing was important. Of babies born to mothers excreting CMV from the cervix during the first or second trimester, 12.5% became infected. Thirty-seven percent of babies born of third-trimester excreters became infected. In 14 of these, whose mothers also shed virus post-partum and who were presumably shedding at birth, the infection rate rose to 57% (Table 9.6). Interestingly, none of the babies of urine shedders who were not shedding from the cervix was infected. Almost all cervical shedders had antibody in their serum, which was transmitted transplacentally to the offspring. As in the case of most perinatal infections, such antibody did not prevent infection of the baby. Most of the infants showed serologic rises by indirect humagglutination test 30–60 days after birth. The only infant who had no antibody in the umbilical cord serum specimen had an earlier rise in antibody than the others. As in the case of reactivation of CMV infection in adult transplant recipients, the presence of maternal

TABLE 9.6
Association between Source of CMV in Mother and Subsequent Infection of Neonates[a]

| Sole source of CMV | No. neonates infected/ No. exposed | (%) |
|---|---|---|
| 1. Breast milk (CMV positive) | | |
| Infant on breast milk | 11/19 | (58%) |
| Infant on bottle | 9/9 | (0%) |
| 2. Cervix CMV positive at | | |
| Third trimester and post-partum | 8/14 | (57%) |
| Third trimester | 18/68 | (26%) |
| First and second trimesters | 1/8 | (12%) |
| 3. Urine CMV+ (third trimester) | 0/11 | (0%) |
| 4. Saliva CMV+ (1 day post-partum) | 0/15 | (0%) |
| 5. Mother CMV-negative for 1–4 months | | |
| Infant on bottle | 0/125 | (0%) |
| Infant on breast milk | 1/11 | (9%) |

[a] Adapted from Stagno *et al.* (1980).

antibody may have delayed the serologic response. No neonatal disease was detectable in any of the babies.

Numazaki *et al.* (1970) studied early childhood infection in Sendai, Japan, where 81% of babies were seropositive by 1 year of age. Cytomegalovirus was not isolated from mouth swabs, urine, or milk of mothers. Maternal serum was 85% positive, and cord serum was 94.5% positive for CF antibodies, a rate similar to that in the black Alabama population studied by Reynolds *et al.* (1973). Vaginal swabs were frequently positive during the second (9.6%, 6/62) and third (27.8%, 17/61) trimesters, and they showed that the cervical secretion rate rose during the third trimester. It is, however, unlikely that the 81% infection rate was all accounted for by virus transmitted from the uterine cervix. The possibility that infected milk may play a role should be reconsidered (see below).

### 9.2.2. Perinatal Transmission: Breast Milk

Hayes *et al.* (1972) considered maternal breast milk as a possible source and found CMV in some samples of milk. In view of the high rate of perinatal infection in their follow-up of Japanese neonates, Numazaki *et al.* (1970) also suspected breast milk but were unable to isolate the virus from milk.

Granstrom *et al.* (1977) followed 148 children from birth and found that 39% became infected during the first year of life. This rather high frequency of perinatal infection was thought to be related to breast feeding. Out of 148 babies, 100 were breast fed; not all but most (72) stopped breast feeding before 2 months of age. At 2 months of age, the perinatally infected were significantly more often breast fed than not (69% versus 41%). No attempt at virus isolations from milk were made.

Leinikki *et al.* (1978) studied the epidemiology of CMV infections during pregnancy and infancy in Finland. Immunofluorescent antibody determinations and virus isolations from urine were obtained from 200 typical Finnish mothers and their offspring at intervals up to 1 year post-partum. Three infants (2%) were congenitally infected, whereas 30% of the children became perinatally infected as indicated by onset of viruria 2 to 4 months after birth. Twenty-three mothers (10%) were seronegative, and none of their offspring became infected with CMV. The presence of maternal antibodies did not protect the children from acquiring perinatal infection. The authors also thought breast milk may have been the vehicle of virus transmission. Granstrom *et al.* (1977) also found that more than 36% of 148 Finnish infants were infected by 6 months of age. No difference was found in the socioeconomic status of the perinatally infected and uninfected babies.

Stagno *et al.* (1980) provided the best evidence so far that perinatal CMV infection is associated with breast feeding (see Table 9.6). Infants of 28 mothers who shed CMV in their milk were studied prospectively. Nine who were bottle fed did not become infected, whereas 11 of 19 (58%) who were breast fed became infected. The risk of breast milk was about the same as the risk of passage through a genital tract shown to be infected during the third trimester and post-partum (57%). It is interesting that in Japan, Thailand, Guatemala, and Finland, where the rate of perinatal infections is high, as shown by viruria during early life (39–56%), the practice of breast feeding is common, and the majority of childbearing women are seropositive (Table 9.5). The missing link in this hypothesis is a demonstration that most samples of milk of seropositive mothers are infected. Transmission of CMV by the oral route has not been shown in later life. It is possible that in early infancy, gastric acidity may be inadequate to inactivate CMV and that the infantile gastrointestinal tract permits transmucosal infection. I know of no data on this issue.

Table 9.6 summarized prospective studies conducted at the University of Alabama on the relative importance of CMV in breast milk, cervix, urine, and saliva in perinatal transmission from seropositive mothers to newborn infants (Stagno *et al.*, 1980). Uninfected newborns of women who were positive at the indicated sites were followed prospectively for viruria. More than half of the babies who were fed infected mother's milk or whose mother had evidence of CMV in the uterine cervix during the third trimester and after parturition became infected. Cytomegalovirus in the urine or saliva of mothers did not appear to be a risk factor. Conversely, only one baby out of 125 whose mothers were tested negative at all sites became infected. Possibly this one exception may have resulted from a false-negative milk sample. These studies argue strongly that breast milk and the infected uterine cervix are the main sources of perinatal CMV infection, at least in the Alabama black population. It should be noted, however, that those mothers whose milk (13%) or cervix (10%) tested CMV positive were still the minority of all seropositive mothers. And in certain populations (see Table 6.4) practically all babies of seropositive mothers became infected perinatally. Hence, other mechanisms of perinatal transmission are still possible and have not yet been ruled out (see below). In view of the asymptomatic nature of most perinatal infections, these modes of transmission produce natural immunity and need not be controlled or prevented.

### 9.2.3. Perinatal Transmission: Other Factors

Numazaki *et al.* (1970) found much oral secretion of CMV in infants between 1 and 12 months of age. Of 257 babies tested up to 2 years, none was positive at birth. Sixty percent were secretors at 5 months of age, all secretors being seropositive. Secretion remained high up to 9 months of age (44%) and had ceased by 1 year. In what way such secretion may have been the source of infection for siblings or other infants is unknown.

Levinsohn *et al.* (1969) collected oropharyngeal and urine specimens for CMV from 100 babies at term and up to 1 year of age in Seattle, Washington. One positive culture was detected at birth (1%), and most positive cultures were found at 3 months of age; 15 excreters were found in total. Complement-fixation antibody was found in three out of 11 excreters and none of 39 nonexcreters. This study shows that acquisition of infection and virus shedding by babies were significantly lower in Seattle than in Japan.

There is evidence for intensive circulation of CMV in highly endemic areas. The respiratory route is suspected as one method of circulation. Olson *et al.* (1970) found CMV in the respiratory tract in 21.2% of 378 Thai children less than 4 years of age. Recovery rate was highest from infants less than 1 year of age. Forty percent of those with upper respiratory infection, 33% with pertussis, and 15% of well babies were respiratory carriers. Thirty-eight sera from 43 children who excreted virus had neutralizing antibodies. Of these, 37 showed IgG immunofluorescence, and 26 showed positive IgM immunofluorescence. This work suggests that CMV may cause or accentuate respiratory infection or that respiratory infection by other agents may predispose to CMV infection. Which event occurs, if either, is as yet unresolved. There is also evidence of shedding of CMV in normal tears (Cox *et al.*, 1975).

The transmission of CMV by transfusion of blood in neonates is discussed in Section 9.7.

### 9.2.4. Transmission in Newborn Nursery

Perinatal infection may be acquired by sick or immature neonates by as yet undefined routes of transmission outside of the mother. Using Hind III and EcoR-1 restriction endonculease mapping, Spector and Spector (1980) showed that monozygotic twins became postnatally infected at 6 and 9 weeks of life with different strains of CMV and that none was derived from the mother, who was seronegative until 6 months post-partum. The babies were hospitalized for 4 months because of premature rupture of membranes and cesarean birth.

Another nursery outbreak was documented by more conventional means (Gurevich and Cunha, 1981). Following admission to a neonatal intensive care unit of a female infant with fulminant congenital CMV disease who lived only 8 hr, four infant occupants became infected, of whom two died with disseminated infection. Two (one of whom succumbed) were twins. Because the mother of the twins was seronegative, congenital or perinatal infection transmitted by the mother could be ruled out.

Spector (1983) also isolated strains of CMV from three babies with identical restriction endonuclease fragments and suggested that two of them were infected in the nursery by the first. The method of transmission is unknown.

## 9.3. TRANSMISSION OF CMV IN DAY CARE CENTERS

Since infants and young children excrete CMV in their urine and respiratory tract over long periods of time, they may be sources of infection for other children and adults. However, until recently this has not been documented. Pass *et al.* (1984) found that about 80% of children cared for at day care centers acquired CMV infection, whereas only about 20% of children of similar socioeconomic background who were kept at home became infected. Excretion of CMV in saliva and urine of children of different ages was also documented by collecting samples on three occasions at 6-month intervals. Whereas fewer than 10% of children from 0 to 12 months of age excreted CMV in the urine or saliva, 60% to 80% of those who were 13 to 18 months of age excreted CMV in both urine and saliva. As children became older and learned to walk, they were able to have closer contact with one another, and the transmission of the virus may have been facilitated. Cytomegalovirus was recovered from toys mouthed by infants and toddlers. These may have been a source of infection, although this was not proven.

An interesting problem concerns the effect of these infected children on health care workers and their own families. Pass *et al.* (1986) followed longitudinally the serologic status of seronegative parents with children in day care centers. Fourteen out of 67 such parents acquired CMV infection, compared to none out of 31 controls. All 14 parents who seroconverted had a child who shed CMV in his saliva or urine. Among the day care group, acquisition of CMV occurred in 14 of 46 parents whose children shed CMV as compared with none of the 21 whose children did not excrete the virus. Adler (1986a,b) provided further proof using molecular epidemiology that infected children could transmit the virus to their parents. Nine of ten mothers of viruria children were seropositive, but only 12 of 33 mothers of nonviruria children at the day care center were seropositive. Three parents (a father and two pregnant mothers) were excreting CMV. When the DNA of the isolates was analyzed by restriction endonclease patterns, the viral DNA of the isolates from each parent was identical to that from the virus excreted by the child and from the virus excreted by other children at the day care center. In a prospective study, Adler (1988) further found that six out of 18 seronegative mothers became infected with the same day care center strains 3 to 7 months after their children became infected. These studies and others (Spector and Spector, 1982; Dworsky *et al.*, 1984) document the intra-day-care-center and intrafamilial spread of CMV.

Although usually no morbidity with CMV is involved, Pass *et al.* (1987) showed that day care centers may be indirectly responsible for some symptomatic congenital CMV infections. Five families with infants who had congenital or perinatal CMV infections were described. Each had a child less than 3 years of age who attended a day care center and excreted CMV. In each family, isolates from the newborn, sibling, and mother were similar by DNA fragment polymorphism. The presumption is that CMV transmitted from a toddler to a seronegative pregnant mother may have caused congenital CMV infection.

Interestingly, similar studies in two Swedish day care centers showed that although the children had a high frequency of virus shedding, all isolates from 13 children were unique, suggesting that frequent horizontal transmission did not take place. The explanation may be that unlike relatively well-to-do Americans attending day care centers, about a third of Scandinavian children are infected perinatally (see Table 9.5). They bring their unique strains to the day care center and are relatively immune to superinfection.

Adler (1989) showed that American day care workers seem to be at risk in acquiring CMV infection from the children. Women who cared for children younger that 2 years were at significantly higher risk (46% seropositivity) than women who cared for older children (35%). The annual seroconversion rate of 202 initially seronegative caretakers (11%) was significantly higher than that for 229 seronegative hospital employees (2%). This study of 610 women in 34 centers is one of the few showing that the workplace may present risk for acquiring CMV infection (see Section 9.6).

## 9.4. CYTOMEGALOVIRUS INFECTION OF THE UTERINE CERVIX

The uterine cervix infected with CMV may be important as a source of infection not only during childbirth but also as a source of venereal infection later in life.

The frequency of isolation of CMV from the cervix of pregnant women varies, as does the prevalence of antibodies, with geographic locality, socioeconomic status, and sexual promiscuity. In 1967, Alexander recovered CMV from the cervix of 18 of 100 pregnant Chinese women in Taiwan but from none of 33 pregnant American women in the same area. No virus was cultured from the children at birth. Wentworth and Alexander (1971) recovered the virus from the cervix of only five of 258 women (2%) in Seattle.

Numazaki *et al.* (1970) first showed that CMV infection of uterine cervix changes during pregnancy. Montgomery *et al.* (1972) compared cervical CMV secretion rates in 71 pregnant Navaho Indians and 125 middle-class white and black pregnant women in Pittsburgh, Pennsylvania. Complement-fixation antibody was found in 83% of 71 Navajos and 39% of 125 Pittsburgh women. Cytomegalovirus was recovered from the cervix in 8% and from the urine in 3%. It was recovered more frequently from the cervices of Navajo women (14%) than from black (5%) or Caucasian (4%) women. Cervical cultures were more frequently positive during the third trimester and in younger (<25 years) and primiparous women. It was pointed out that if the prevalence of antibody in the female population is taken into account to calculate cervical infection as a manifestation of reactivation, the rates for the Pittsburgh and Navajo populations are essentially the same (13.8% and 14.5%).

Stagno *et al.* (1975b) studied the cervical and urinary excretion of CMV in pregnant women in a highly immune low-socioeconomic black group in Alabama. This was a young group with a mean age of 20, a high rate of sexual activity with multiple partners, and a gonococcal infection rate of 10%. Comparison of 659 pregnant and 202 matched nonpregnant women showed identical overall cervical CMV excretion (9.5% and 9.4%, respectively). Eighty-nine percent of the pregnant group possessed antibodies by the FA test when admitted to the study. The rate of CMV secretion advanced significantly from the first to second and third trimesters (1.6%, 6.1%, and 11.1%), but cervical infection was for some reason actually reduced in early pregnancy when compared to the infection rate in nonpregnant women. Younger patients (15 years of age) had a higher rate than women over 30.

In a later study of 1101 pregnant and nonpregnant women by the same group (Knox *et al.*, 1979), pregnancy did not affect virus shedding in the urine or cervix, although in individual pregnant women shedding decreased in the first and second trimesters. Shedding also stopped after 31 years of age (see Section 9.1.2).

The summary of the three studies of cervical infection in 988 women in the three trimesters shows that women in late pregnancy have higher rates of cervical infection (Table 9.7). The rates increased from 1.5% in the first trimester to 13.5% in the third with an overall rate of 10%. A similar though less striking pattern was observed with respect to viruria.

The immunologic response of the excreters presents a contrast to renal transplant recipients who almost always show a serologic rise or seroconversion around the time of virus isolation (see Section 13.1). For example, out of 59 cervical shedders in the study of Stagno *et al.* (1975b), there was only one who seroconverted and six who had a serologic rise. All excreters had IF antibody titers when the study commenced. There was no serologic evidence for primary infection, and activation at the cervical site was not associated with a serologic rise. Evidence that infection with CMV was not limited to the cervix is that 14 (25%) had viruria and eight of 33 (24%) had virus in the colostrum. Schmitz *et al.* (1977) report that during pregnancy, specific IgM antibodies against CMV are detectable in 7% of pregnant women. Whether this is specific or meaningful has not been confirmed (see Section 11.3.1).

Griffiths *et al.* (1978b) undertook a longitudinal study of the serologic and virological status of 18 seropositive women infected with cytomegalovirus. They were followed for 18 to 66 months (mean 50.2 months) for viral excretion and serological changes. Cytomegalovirus was isolated from 58 out of 146 (39.7%)

TABLE 9.7
Cervical CMV Infection Rate According to Length of Gestation

| Source | Infection rate (%) in trimester | | | | | | Overall infection (%) | |
|---|---|---|---|---|---|---|---|---|
| | First | | Second | | Third | | | |
| Numazaki *et al.* (1970) | 0 | (0/30) | 9.6 | (6/62) | 27.8 | (17/61) | 15 | (23/153) |
| Montgomery *et al.* (1972) | 2 | (1/43) | 7 | (6/83) | 12 | (6/49) | 7.4 | (13/175) |
| Stagno *et al.* (1975b) | 1.6 | (3/183) | 6.1 | (22/359) | 13.2 | (42/317) | 9.5 | (63/659) |
| Total | 1.5 | (4/256) | 6.7 | (34/504) | 13.5 | (65/481) | 10.1 | (11/988) |

cultures from various sites, mostly cervix. A total of 129 sera were obtained, and each was assayed in the late antigen, early antigen, anticomplement immunofluorescent, complement-fixation, and microneutralization tests. From three women virus was consistently reisolated. From three others, virus was never reisolated, and the remaining 12 women excreted virus intermittently. Interassay correlations were sought for each of the ten possible combinations of pairs of tests. The results of the ACIF, IFA-LA, neutralization, and CF tests were well correlated. The ACIF test of 109 sera of 18 women followed for 60 months showed a maximum variation of eightfold and a mean variation of less than twofold. The results of the early antigen tests did not correlate with the others. Secreting CMV in the cervix was not accompanied by any consistent change in the results of serologic tests.

Chandler *et al.* (1987) provided evidence that cervical infection occurs locally, and multiple infections with CMV in nonpregnant women may occur over time. Eight women attending a STD clinic and seven receiving routine prenatal care who had a positive CMV culture were serially cultured over a 6-week to 17-month period. Four of the eight women who attended the STD clinic were infected with more than one strain of CMV in the cervix, urine, or throat as identified by restriction endonuclease patterns. Two shed different strains at different times, and two shed different strains simultaneously from different sites. The women who were receiving prenatal care maintained identical strains.

We assume that cervical infection may be of two types. The first is the usual systemic infection accompanied by a serologic rise, some of which may result in persistent virus shedding in the cervix. The second is a local infection of the cervix and, occasionally, urine. The main characteristic is virus shedding without a serologic change. The precise pathogenesis of either type of infection is not clear. It is also unclear whether cervical infection of either type may reactivate. Possibly reactivation is associated with the hormonal changes of pregnancy.

## 9.5. SEXUAL TRANSMISSION OF CYTOMEGALOVIRUS

Sexual transmission of CMV probably represents the most important mode of horizontal transmission after puberty. Previously the evidence for sexual transmission was largely circumstantial. More direct evidence for sexual transmission is now available and the accumulated evidence for the role of homosexual sex in the transmission of CMV as a corollary of AIDS studies is particularly striking.

### 9.5.1. Heterosexual Transmission

The types of evidence supporting heterosexual transmission include the following. There is more CMV infection in sexually active women, and their uterine cervices are more often infected by CMV than in the less active. Cytomegalovirus mononucleosis may at times be transmitted after sexual contact. Identity of strains infecting sexual partners has been proven by restriction endonuclease patterns.

Jordan *et al.* (1973a) found that of 120 women examined because of suspected venereal disease, 16 (13.3%) had cervical CMV infection, and 41 (34.2%) had positive cervical culture for *N. gonorrhoeae*. No CMV was recovered from 76 women who had routine examinations, only two of whom (2.6%) had positive gonococcal cultures.

In a study of 531 females in a venereal disease clinic in England, Wilmott (1975) reported 6.6% cervical cultures positive for CMV and 5.3% positive for herpes simplex virus. These rates are higher than comparable rates in the general population. Twenty of 28 (71%) of those positive for CMV were on oral contraceptives, compared to 43% for the whole group. This may be a reflection of the sexual background of the patients, or oral contraceptives may activate CMV infection.

Chandler *et al.* (1985a,b) examined the association of CMV infection with indices of sexual activity of 347 women attending a sexually transmitted disease (STD) clinic. Stepwise multivariate logistic regression analysis showed that seropositivity was best associated with number of sex partners, early age of first intercourse, and being nonwhite.

Lamb and Stern (1966) reported a 31-year-old male who had CMV mononucleosis documented by viral isolation and a serologic rise. A 36-year-old roommate developed a similar febrile mononucleosis with 16% atypical lymphocytes and a serologic rise to CMV. No virus was isolated. The degree of contact between these two people is unknown. Chretien *et al.* (1977) provided epidemiologic evidence for venereal transmission of CMV in a university student community. The infected students were 24 to 26 years old. Two males with CMV mononucleosis proven by conversion of their CF titers and by viruria had sexual contact with a 24-year-old woman who, 4 and 8 weeks before onset of their illnesses, had a month-long febrile illness 3–4 months before contact with either man. She was seropositive, and CMV was isolated from her cervix. Another case was a female contact of one of the males. A tertiary case from the secondary case was also reported, but neither was proven. Interestingly, male and female roommates of the index cases who had no sexual contact with them remained well and seronegative.

More direct evidence of heterosexual transmission was provided by analysis of

CMV strains of sex partners (Handsfield *et al.*, 1985). Of 347 women attending a STD clinic, 63 referred a male partner. Cytomegalovirus was isolated from the semen or urine of four (22%) of 18 men whose partners shed CMV from the cervix or urine, compared to none of 42 whose partners were culture negative. DNA restriction typing of CMV isolates from three pairs of sexual partners showed two pairs to be infected with identical strains.

### 9.5.2. Homosexual Transmission

There is now epidemiologic as well as virological evidence that CMV may be transmitted by homosexual sex. First, there is overwhelming evidence that the practice of homosexuality is associated with acquisition of CMV infection. Drew *et al.* (1981) found that 94% of homosexuals attending a STD clinic in San Francisco were seropositive, whereas only 54% of the heterosexuals were seropositive. Greenberg *et al.* (1984) found that the corresponding rates in gay and heterosexual men attending a STD clinic in Houston were 98% and 43%. Doldi *et al.* (1985) found in Germany that all of 32 male homosexuals tested were seropositive but that only 30% of heterosexual controls were seropositive. Coutinho *et al.* (1984) found in Holland a group of 710 homosexuals who were only 70.6% seropositive, largely because they were preselected on the basis of being negative for hepatitis B markers. However, when 209 seronegative men were followed for 23 months, 27.3% seroconverted. This is a very high seroconversion rate compared to the results of large prospective studies on seronegative pregnant women, in which fewer than 1% develop primary CMV infection (see Table 11.2). Even more striking data were collected epidemiologically in San Francisco by Mintz *et al.* (1983). Seventy-one percent of seronegative men became infected with CMV in 14 months.

Infection with CMV is strongly correlated with certain sexual practices. Mintz *et al.* (1983) found that of seven different practices of the men, only passive anal–genital intercourse correlated significantly with the acquisition of CMV infection. Coutinho *et al.* (1984) and Collier *et al.* (1987) found that seropositivity correlated with duration of sexual activity, number of sex partners, history of syphilis, and anal intercourse. The acquisition of primary CMV infection was only correlated with a history of syphilis and anal intercourse.

Second, there is evidence that CMV infection is continuously active in sexually active gay men, as manifested by a high frequency of virus isolation and presence of CMV-specific IgM antibodies. Mintz *et al.* (1983) found that 34.6% of gay men shed CMV in the semen. The frequency of urinary shedding was much lower (7.7%), but this also rose to 30% if serial urine cultures were taken. In a study of men attending a Texas STD clinic, 18% of the homosexual men and only 4% of the heterosexual men shed CMV in the urine (Greenberg *et al.*, 1983).

Collier *et al.* (1987) prospectively studied CMV and HIV infection in Seattle, Washington. Cultures for CMV were obtained from semen, urine, throat, and rectum. At the initial visit, the frequencies of positive cultures from these sites were 36%, 12%, 2%, and 1%. On serial sampling, CMV was isolated at some sites from 42% (38/91) of HIV-positive men and from 35% (12/34) of HIV-negative gay men. Shedding was much more constant in semen. Among CMV shedders in semen, the mean duration of shedding was 22 months, and it was 9 months in urine. Mintz *et al.* (1983) reported that in 95% of IgG-CMV-positive gay men, CMV-specific IgM was not short-lived but remained intermittently detectable.

Shedding in both semen and urine was inversely proportional to age. Others have also found that younger men were more often virus-positive (Biggar *et al.*, 1983). This is reminiscent of uterine CMV shedding, which is also more frequent in younger women. The reason for continued infective activity of CMV in gay men is unclear. There are two possibilities, which are not mutually exclusive. First, there may be continuing active infection or reactivation. This is supported by finding IgM antibodies during follow-up. In patients who are HIV positive, the acquired immunodeficiency may predispose to persistent CMV infection. However, there is evidence that persistent CMV infection occurs even in HIV-negative men (Collier *et al.*, 1987). The second possibility is that there is constant reinfection. So Spector *et al.* (1984b) used restriction endonuclease patterns and identified in two gay men with AIDS different strains of CMV from buffy coat, lung, and testes in one case and urine and lung in the other. This theory is also supported by documented reinfection in sexually active women (see Section 9.4). Taylor *et al.* (1988) also found two out of 20 promiscuous homosexual males showed evidence of reinfection. But, generally, CMV isolated from AIDS patients did not show major differences in genome structure.

The scientific basis for venereal transmission of CMV among males may be the presence of CMV in semen. Lang and Kummer (1972, 1975) first showed that CMV may be present in normal heterosexuals after an infection. Urine and semen samples obtained within a 14-month period from a 23-year-old male convalescing from CMV mononucleosis were repeatedly positive. The titers in the urine samples were between 2 and 4 log $TCD_{50}$/ml, whereas titers in semen were between 4 and 8 log $TCD_{50}$/ml. The significantly higher titers in semen suggested that the virus was not a contaminant from the urine. By autoradiographic studies, increased foci of DNA synthesis, presumably CMV synthesis, was demonstrated in heads of spermatozoa (Pagano, 1975), although in semen specimens, the virus was found primarily in the extracellular phase. The persistence of CMV in high titers also suggests that in the reproductive tract this virus may escape the immunologic defenses of the body. Cytomegalovirus was also isolated from the cervix of one sexual contact of this patient. What is not known is whether semen or other parts of the male genital tract may be infected locally.

In a survey, Lang and Kummer (1975) also found CMV in the semen of two out of 185 men seeking a fertility evaluation (about 1%), one out of ten patients being treated in a venereal disease clinic, and three out of 54 students and blood donors. The CMV antibody titers were significantly higher (mean 1 : 180) in the positive patients than in those who had no virus in the semen. Parallel specimens of urine and blood, when available, were negative for the virus.

## 9.6. OTHER MECHANISMS OF TRANSMISSION, AND TRANSMISSION IN THE WORKPLACE

There is no evidence that the high frequency of CMV infection in transplant patients is related to interpersonal contact or a nonhuman source. Supposed "epidemics" of CMV infection in renal transplant populations (Coulson *et al.*, 1974) have not been confirmed. The human source for primary infection in this group seems to be the infected transplanted organ or the infected patient (see Section 13.1.1).

Pregnant women who have never been exposed to CMV before are at risk for developing primary infection, which may be transmitted to the baby. So far, two sources of infection have been identified. Cytomegalovirus may be sexually transmitted, or it may be transmitted in the family setting from infected infants and toddlers. Whether infection may be acquired at the workplace has not been conclusively proven. The risk may be present, but it is too small to be readily measured. We have already mentioned above (Section 9.3) the risk of seronegative pregnant mother acquiring CMV from a child in a day care center.

Some studies have explored the possibility of human-to-human transmission outside of perinatal and sexual contact. Yeager (1975) followed seroconversion and CMV antibody rises in hospital employees for a mean period of 15–17 months. She used the IHA and CF antibody tests. No rises were observed in seropositive patients. There were five seroconversions among 65 regular and neonatal ward nurses. Nurses in the neonatal ward and the regular wards had 4.1% and 7.7% conversion per year. No conversions were observed among 27 hospital employees with no patient contact. In a similar study, Haneberg *et al.* (1980) studied the prevalence of CMV antibodies in personnel of a children's hospital in Norway. Those at "high risk," that is, nurses or aides in infant units and laboratory technicians, had a 77% seropositivity, whereas 39% of the others were seropositive. The difference was more striking in younger workers. They also noted that nurses in the newborn nursery frequently kissed the babies. They suggest that intimate oral contact may be needed for transmission of CMV in these settings.

More recently, a number of studies have documented the spread of CMV among neonates using molecular markers in the newborn nurseries. However, attempts to show that pediatric health care workers can also be infected in the workplace have been largely unsuccessful.

Spector (1983) showed over a 4-month period in a pediatric intensive care unit that CMV isolates from three babies had identical restriction endonuclease patterns, indicating that they had been infected with the same strain of CMV. In a case of a CMV-negative pregnant nurse who developed CMV infection after caring for a symptomatically infected baby and elected to terminate her pregnancy, Yow *et al.* (1982) showed that the isolates from the patient and from the abortus were different.

Dworsky *et al.* (1983) first determined that the prevalence of CMV antibody was the same in groups of medical students and house staff, nurses and physicians, and in control groups of pregnant and nonpregnant women in the community. The health care workers cared for newborns and premature infants. Then they showed that after exposure to infected babies for 2 years, the attack rates of CMV infection in the health care worker were not higher than the control population in the community. Similar results were found in Sweden (Ahlfors *et al.*, 1981b).

Balfour and Balfour (1986) enrolled four study groups, i.e., transplant or hemodialysis nurses, 204 neonatal intensive care nurses, 225 student nurses, and 251 blood donor controls, in an even more extensive prospective study. The prevalence of CMV antibody in these 943 subjects was 33.7% and did not differ significantly among the four study groups. During a 5-year follow up, 16 subjects experienced primary CMV infections. The rate of seroconversion during the study, established by observing 519 seronegative subjects for 10,420 person-months, was 1.84% per year and did not differ significantly among the four study groups. The proportions of patients with CMV infection (1.1% to 11.9%) or CMV diseases (0.5% to 3.4%) that were cared for at the workplace were not related to seroconversion in the nurses. The relatively slow rate of acquisition of CMV in susceptible adults in general suggested that it requires prolonged, intimate contact. Nurses and nursing students were not at greater risk than their peers in the community.

There is also no evidence that the renal dialysis unit presents a risk of CMV infection to the patient or personnel (Fiala *et al.*, 1975; Tolkoff-Rubin *et al.*, 1978; Betts *et al.*, 1979). Betts *et al.* (1979) found that although eight of 85 hemodialysis patients shed virus at one or more sites (most frequently from the mouth), no patient or any of the 49 staff members seroconverted during the 24-month study. Ikram (1981) measured CF antibodies in 983 dialysis patients and 238 staff members. Antibody levels were significantly higher in patients. It was thought that this might be a result of increased infection caused by transfusions (see section 9.7.1).

The closest example of direct demonstration of acquisition of CMV at a workplace was reported by Adler (1988, 1989). In a 26-month prospective molecular epidemiologic study of the spread of strains isolated from children in a day care center, four fathers, nine mothers, and two caretakers were found to shed the same CMV strains. This implied that the caretakers may have acquired CMV in the day care center. This conclusions was supported by serologic prevalence and seroconversion data in a study of 610 female day care workers (Adler, 1989; Section 9.3).

The present view is that no healthy health care worker, including seronegative pregnant nurses, need be excluded from caring for patients who shed CMV. Nor is routine screening for CMV antibodies advisable. Young *et al.* (1983) reported an attempt to screen women of childbearing age who worked in "high-risk areas" in order to exclude those who were seronegative from caring for infected babies. "It was a disaster and was withdrawn after 18 months" because it led to a sense of insecurity among the staff and generated all sorts of public relations, psychological, and management problems. Our considered opinion is that all staff working with infected patients, whether they are infants or adults, should observe simple measures of hygiene such as handwashing (Onorato *et al.*, 1985). Theoretically this should be covered by the "universal precautions" now practiced in most American hospitals. How these views might be modified if more data supporting transmission of infection are obtained remains to be seen.

## 9.7. TRANSMISSION OF CYTOMEGALOVIRUS BY BLOOD

The mononucleosis syndrome has been observed after extracorporeal perfusion, and infected blood was rapidly imputed to be its cause. Such a case was one of the first demonstrations that CMV could cause disease in an immunocompetent adult. Kaariainen *et al.* (1966a) first noted rises in the CF and neutralizing antibodies, and in one case virus was isolated from the urine of a patient. Stulberg *et al.* (1966) isolated CMV from lymph nodes and blood at postmortem, and Harnden *et al.* (1967) first isolated it from peripheral blood. The demonstration of viremia made transmission by blood a reasonable diagnosis. Cytomegalovirus infection has also been documented in infants of seronegative mothers who received intrauterine transfusions of Rh disease (King-Lewis and Gardner, 1969).

Lang *et al.* (1968) reported four cases of CMV mononucleosis out of 131 cases of open heart surgery employing cardiopulmonary bypass at the Massachusetts General Hospital (MGH) (3%). Virus was recovered from the urine of all four patients and from the blood or throats of three. In a prospective study, Lang and Hanshaw (1969) described four symptomatic primary cases of CMV infection from the MGH. Leukocyte-rich plasma or washed leukocytes from these patients yielded CMV between 35 and 48 days after surgery. Besides conversion of CF titers, they all developed IgM antibodies. One donor of a positive case had viruria.

Foster and Jack (1968) showed that the virus may be isolated by inoculation of washed peripheral leukocytes on susceptible fibroblast cultures. Plasma did not yield any virus. Subsequently, buffy coat cultures for CMV have become a routine laboratory procedure. Their case was a 22-year-old woman who had developed postpartum sepsis with liver failure. She received 29 units of blood, 19 of which were less that 24 hr old. Complement-fixation titers rose from $<1:8$ to $1:512$ about 5 weeks after the first of the transfusions. Viruria was present when viremia had ceased. This was clearly a case of primary symptomatic posttransfusion CMV mononucleosis.

### 9.7.1. Prospective Studies of Cytomegalovirus Infections Transmitted by Blood

Early reports of cytomegalovirus mononucleosis after transfusions, as described, concentrated on the clinical or laboratory presentations of patients. Since then, a number of prospective reports have been published that together provide some indication of the risk of infection after transfusions (Table 9.8). A number of these provide data on the risk of blood. The immune (serologic) status of the patient is also a factor in the risk of infection. I have included only those studies which gave the pretransfusion serologic state.

Some of the early studies, for reasons that are not entirely clear, show a remarkably high infection rate. Paloheimo *et al.* (1968) studied prospectively 63 patients who had open heart surgery with extracorporeal circulation by serology. The mean number of units of blood transfused per patient was 7.6. All patients received some fresh blood. The primary infection rate was 59% (ten out of 17 seronegative patients), and 25% (nine out of 36 seropositive patients) were secondarily infected. Seronegative patients were at greater risk. It is, however, to be noted that not all seropositive individuals were protected. Serologic changes occurred between 2 and 5 months after surgery. Out of 19 infected patients, only one was symptomatic. She had a primary infection with febrile mononucleosis, viruria, and mild hepatitis.

Embil *et al.* (1968) studied prospectively 16 children who had open heart surgery and who received fresh blood. This study complements that of Paloheimo *et al.* (1968) and suggests that risk of infection in children is similar to that in adults when large amounts of fresh blood are used during surgery. Symptomatic infection is probably equally low, although meaningful comparison is impossible.

Foster and Jack (1969) followed prospectively nine patients after open heart surgery, of whom only one was seronegative before operation. Six seropositive patients developed posttransfusion mononucleosis (defined as 3% or more atypical lymphocytes in peripheral blood). These are the highest rates I have found for CMV infection after transfusions and for infection of the secondary or reactivation type (67% and 75%), but it is not clear that CMV alone was responsible for the clinical syndromes.

Henle *et al.* (1970) studied by CF serology CMV infection in 152 patients after open heart surgery and extracorporeal circulation. The rates of infection in patients in the two cities were very similar. The number of units transfused was shown to be related to infection. In Philadelphia, 20 responses were seen among 49 patients exposed to 10 to 14 units, and only two out of 18 who received 2 to 4 units. Four out of 17 cases of primary infection from Philadelphia had the postperfusion syndrome. Secondary cases were not symptomatic. In Helsinki, 19 out of 26 seronegative patients became infected. They received a mean of seven units from 182 donors. Assuming that the 19 cases received virus from transfused blood, the minimum virus carrier rate among donors was 10.5% (19/182).

Prince *et al.* (1971) studied 152 patients transfused at the New York Hospital between 1966 and 1969 by following their CF titers (AD169). Of the total, 30 (20%) had serologic evidence of infection. In this study, the pretransfusion antibody status had no effect on risk of infection. Eighteen of 93 seronegative patients converted (19%). The infection rate for the 59 seropositive subjects was 22%. The infection rates for 32 patients who received fresh blood and 56 patients who re-

TABLE 9.8
Incidence of Primary and Secondary CMV Infection after Transfusion

| Author | Total patients | No. infected | | Seronegative recipients | No. infected | | Seropositive recipients | No. infected | | Mean units | Symptomatic[c] |
|---|---|---|---|---|---|---|---|---|---|---|---|
| Kaariainen *et al.* (1966a,b) | 21 | 9 | (43%) | 6 | 6 | (100%) | 15 | 3 | (20%) | NG | 1 P |
| Paloheimo *et al.* (1968) | 63 | 19 | (30%) | 17 | 10 | (59%) | 36 | 9 | (25%) | 7.6 | 1 P |
| Embil *et al.* (1968)[a] | 16 | 7 | (44%) | 15 | 6 | (40%) | 1 | 1 | (100%) | NG | 5 P |
| Foster and Jack (1969) | 9 | 6 | (67%) | 1 | 0 | (0%) | 8 | 6 | (75%) | NG | 6 P |
| Henle *et al.* (1970) | 152 | 53 | (35%) | 61 | 36 | (59%) | 91 | 17 | (19%) | 7 | 4 P |
| Prince *et al.* (1971) | 152 | 30 | (20%) | 93 | 17 | (18%) | 59 | 13 | (22%) | NG | NG |
| Caul *et al.* (1971) | 55 | 21 | (38%) | 21 | 7 | (33%) | 34 | 14 | (41%) | 8 | 3P, 3S |
| Luthardt *et al.* (1971)[b] | 73 | 12 | (16%) | 35 | 8 | (23%) | 38 | 4 | (11%) | NG | NG |
| MRC Report (1974)[d] | 712 | 37 | (5%) | 270 | 24 | (9%) | 442 | 13 | (3%) | 4 | 19 |
| Monif *et al.* (1976) | 207 | 19 | (9%) | 140 | 16 | (11%) | 67 | 3 | (4%) | 4.3 | NG |
| Armstrong *et al.* (1976)[a] | 119 | 15 | (13%) | 93 | 9 | (10%) | 26 | 6 | (23%) | 3.9 | None |
| Lang *et al.* (1977) | 10 | 5 | (50%) | 6 | 4 | (67%) | 4 | 1 | (25%) | 19 | NG |
| Tolkoff-Rubin *et al.* (1978) | 16 | 3 | (19%) | 3 | 3 | (100%) | 13 | 0 | (0%) | >3 | 3 |
| Bayer (1977) | 159 | 5 | (3%) | 30 | 1 | (3%) | 129 | 4 | (3%) | 3.2 | None |
| Kumar *et al.* (1980)[b] | 29 | 5 | (17%) | 10 | 2 | (20%) | 19 | 3 | (16%) | NG | None |
| Alter *et al.* (1982) | 107 | 22 | (21%) | 29 | 14 | (48%) | 78 | 8 | (10%) | 9 | 1 P |
| Adler *et al.* (1985) | 79 | 12 | (15%) | 0 | | | 79 | 12 | (15%) | 2.4–3.2 | None |
| Wilhelm *et al.* (1986) | 595 | 7 | (1.2%) | 595 | 7 | (1.2%) | 0 | | | 2.6–2.9 | None |
| Preiksaitis *et al.* (1988) | 637 | 6 | (0.9%) | 637 | 6 | (0.9%) | 0 | | | NG | 4 P |
| Total | 3211 | 293 | (9%) | 2062 | 176 | (8.5%) | | | | | |

[a]Children.
[b]Neonates.
[c]Symptomatic means detectable hematologic or clinical abnormalities or secondary infections; NG, not given; P, primary infection; S, secondary or reactivation infection.
[d]MRC, Medical Research Council.

ceived stored blood were 22% and 20%, respectively. Earlier, Stevens *et al.* (1970) found that infection in 41 patients who underwent aggressive surgery for tumors was related to number of units of blood transfused irrespective of whether the blood was fresh or stored. Those who received more than 15 units, 11–15 units, 6–10 units, or 1–5 units had the following rates of infection: 63%, 50%, 36%, and 6%. Most of their patients were seropositive before their operations. These two studies discredited the earlier notion that only "fresh" blood was risky.

A report to the British Medical Research Council Blood Transfusion Research Committee by the MRC Working Party of Post-transfusion Hepatitis (1974) differed from the results of Prince *et al.* (1971) concerning the effect of the serologic status before transfusion. They used 712 subjects, of whom 270 (38%) were seronegative. The latter received a mean of 4.4 units per person. Twenty-four seroconverted (9%). Thirteen of 442 seropositive transfusion recipients showed significant titer rises (2.9%). This group had received a mean of 3.6 units per person. These booster responses occurred only in patients with low antibody titers. They were not found in patients with initial titer of 1 : 128 and more (please see below work by Adler *et al.*, 1985). There was agreement that stored blood was also risky.

Armstrong *et al.* (1976) studied 119 children whose average age was 7.6 years. Of the 93 seronegative subjects, 13% seroconverted following open heart surgery after receiving an average of 3.9 units. There were 26 seropositive children, of whom four developed viruria and two developed serologic elevations postoperatively. It is difficult to diagnose reactivation of infection on the basis of viruria alone in children because they are often asymptomatically viruric. No ill effects of infection were found in any child. This study does demonstrate the frequency of primary infection in children, which is consistent with infection in adults but probably lower than in neonates. Of greater importance is the fact that no clinical symptoms could be attributed to any CMV infection. It appears that premature neonates constitute a uniquely susceptible group and that normal children and adults have considerable resistance to the disease if not infection by CMV (see below).

Two more recent studies, one from Holland by Wilhelm *et al.* (1986) and one by Preiksaitis *et al.* (1988) from Canada, suggest a slightly different picture from the previous studies. Both were concerned with the risk of transfusing seronegative recipients with blood from seropositive donors. Unlike other studies summarized in Table 9.8, both found the risk to be extremely low, 1% per unit transfused or less. Wilhelm *et al.* (1986) followed 595 seronegative recipients by periodically assaying serum samples by both CF and EIA tests. Seven (1.2%) were discovered to seroconvert, and none were symptomatic. To be noted is the fact that they also followed a group of controls consisting of 1425 donors who did not receive any transfusions. Eight of this group (0.56%) seroconverted at the same time. Although the transfused recipients had a higher rate of infection (1.2% versus 0.56%), the difference was not significant. Preiksaitis *et al.* (1988) studied 637 transfusion recipients who were not immunosuppressed but who included 114 neonates. Only six (0.9%) developed CMV infection, of whom four were symptomatic. No differences in risk among patients with different diseases were observed. Infected patients received a significantly larger number of units of blood and plasma. For example, the mean number of whole blood units received was 50 in infected patients versus 6.2 in controls. These results represented a risk per unit of complete blood transfused of 0.14% or about 0.38% per unit of seropositive blood. This is about tenfold less than the findings from previous studies (see Table 9.8). Another interesting finding was that patients exposed to more than 30 donors had a higher risk of acquiring CMV infection than would be predicted from random distribution.

Adler *et al.* (1985) looked at a different problem. They tried to determine whether reinfection or reactivation of an endogenous infection was responsible for posttransfusion CMV infections in seropositive recipients of blood transfusions. They found that 12 out of 79 seropositive recipients became infected, as demonstrated by a fourfold or greater rise in IgG antibodies to CMV 8 to 12 weeks postoperatively. All subjects were cardiac surgery patients.

Adler then tried to determine whether patients who received blood from seropositive and seronegative donors had any difference in infection rate. They found that five of 46 patients who received only seronegative blood and seven out of 48 patients who received seropositive blood became infected. Thus, there was no difference in these rates, which suggests that the infection was largely a result of reactivation rather than reinfection.

Whether the extremely low rate of infection transmitted by seropositive donors to nonimmunosuppressed recipients (that is, excluding those who are immunosuppressed and premature newborns) in recent studies is real or not remains to be determined. That it has been shown in two studies in 1986 and 1988 in two different localities in the Western world suggests that it may be true. One reason may be that this is a more definitive study because of its large numbers, since most of the studies summarized in Table 9.8 are smaller. Other reasons for these differences are that the studies may not be strictly comparable. Open heart surgery patients may be prone to reactivation of CMV. The way blood is prepared, for example, leukocyte depletion, may be a factor. Possibly in order for seropositive blood to transmit the infection, additional biological factors not usually tested for are needed. One such factor may be active (as opposed to latent) infection as evidenced by the presence of CMV-specific IgM antibody. It is possible that the number of potentially infectious cells in circulation is higher in a subject who is actively infected. Finally, the number of recently infected subjects may have truly decreased with the onset of more rigorous screening of blood in the Western world following the development of the AIDS epidemic (see below).

## 9.7.2. Risk of CMV Infection from Transfusions in Neonates

Monif *et al.* (1976) conducted a prospective study of the effect of the antibody status of transfused blood on infection as determined by complement-fixation serology in both seronegative and seropositive recipients (Table 9.9). Eight hundred ninety-seven units were given to 207 recipients (mean 4.3 units per patient). As can

TABLE 9.9
Effect of Donor and Recipient CMV Serology on Acquisition of Posttransfusion CMV Infection[a]

| Recipient status | Donor seronegative Total | Donor seronegative Infected No. | Donor seronegative Infected % | Donor seropositive Total | Donor seropositive Infected No. | Donor seropositive Infected % | Total patients | Total infected |
|---|---|---|---|---|---|---|---|---|
| Antibody (−) | 86 | 3 | 3% | 54 | 13 | 24% | 140 | 11% |
| Antibody (+) | 43 | 0 | 0% | 24 | 3 | 13% | 67 | 4% |
| Total | 129 | 3 | 2% | 78 | 16 | 21% | 207 | 9% |

[a]Data from Monif *et al.* (1976).

be seen from the table, the highest rate of infection occurred in antibody-negative recipients who received seropositive blood. No antibody-positive recipient who received seronegative blood became infected. Three susceptible recipients became infected after receiving seronegative blood, perhaps because the CF test used was not sensitive enough to detect low titers in donated blood. None of 43 antibody-positive recipients, presumably latently infected, became infected after transfusions.

This interesting study supports the idea that seropositive blood is latently infected and that seropositive recipients have increased resistance but not absolute immunity.

Concerning the risk of transfusion in neonates, Luthardt *et al.* (1971) were the first to provide significant data (Table 9.10). One hundred twenty-nine exchange transfusions in 91 neonates with hyperbilirubinemia at the University of Freiburg were prospectively investigated. Specimens for CF tests were obtained from all mothers and babies and from infants 2–4 and 6–9 months later. Seventy-three infants completed all follow-up studies. Blood was used within 3 hr of donation. Viruria was demonstrated in nine out of 12 infected babies. The presence of passively transferred antibodies in the baby's initial serum had a clear protective effect

TABLE 9.10
Frequency of CMV Infection after Exchange Transfusion in Neonates[a]

| CF reaction in Child | CF reaction in Donor | Number of children | Number showing infection (serologic rise) No. | Number showing infection (serologic rise) % |
|---|---|---|---|---|
| + | 0 | 25 | 2 | 8 |
| 0 | + | 15 | 8 | 53 |
| + | + | 13 | 2 | 15 |
| 0 | 0 | 20 | 0 | 0 |
| Total | | 73 | 12 | 16 |

[a]Data from Luthardt *et al.* (1971).

against infection. Seronegative babies were at greater risk when they received blood from seropositive recipients. Interestingly, no infection occurred when seronegative babies were exchange transfused with blood from seronegative recipients. These data support the notion that CMV was transmitted by the blood of seropositive donors. The reason antibodies from these seropositive donors were not as protective as passively transfused antibodies from the mother probably lies with differences in quantity of antibodies transferred. An estimate was made that 50% of seropositive donors could transmit the virus.

The infected babies had no definite clinical symptoms. A criticism of this paper, which is difficult to overcome in such studies on neonates, is that transmission by blood was not completely proven. Of 12 infected infants, nine were not viruric at birth. But that does not rule out perinatal acquisition of CMV by means other than blood. Eight were CF negative and not viruric at birth but became viruric later. They all had seropositive donors.

A more definitive study was completed by Yeager *et al.* (1981). The results are given in Table 9.11. None of 90 infants of seronegative mothers who were presumably seronegative and susceptible to primary infection became infected if they received blood from seronegative donors. Ten became infected if they received blood from seropositive donors. All ten received more than 50 ml packed red cells (10/41 or 24%). Cytomegalovirus infection occurred with about the same frequency in neonates of seropositive mothers irrespective of whether they received blood from seropositive or seronegative donors (15% and 17.6%, respectively). These infections were asymptomatic, whereas 50% of the ten primary infections were fatal or serious infections (see Section 12.2.2). When only blood from seronegative donors was transfused, CMV infection of infants of seronegative mothers was eliminated. This work proves that (1) symptomatic primary infection may be transmitted by blood, (2) the serologic status is a valid indicator of both immunity and latent infection, and (3) for a susceptible human neonate, the infecting dose of blood is between 50 and 100 ml, a remarkably low figure.

TABLE 9.11
Frequency of CMV infection in Neonates after Transfusions According to Antibody Status of Mothers and Donors[a]

| IHA reaction in[b] | | Number of children | Number showing infection (virus shedding) | |
|---|---|---|---|---|
| Mother | Donor | | No. | % |
| + | 0 | 131 | 23 | 17.6 |
| 0 | + | 74 | 10 | 13.5 |
| + | + | 60 | 9 | 15.0 |
| 0 | 0 | 90 | 0 | 0.0 |
| Total | | 355 | 42 | 11.8 |

[a]Data from Yeager *et al.* (1981).
[b]IHA, indirect hemagglutination assay.

The conclusions from studies of the risk and the nature of CMV in blood transfusions are as follows: (1) The risk of infection by CMV for immunocompetent adults or children is 3% per unit transfused or less. The risk of CMV disease is significantly less. (2) The risk of infection and disease is significantly higher for seronegative recipients, especially immature neonates and bone marrow transplant recipients. Data are inadequate for other immunosuppressed groups except for marrow transplant recipients (see Section 13.1.1). (3) A number of seropositive recipients will become infected, and it is unclear whether infection is *de novo* or reactivated; this type of infection may be more common after open heart surgery. (4) The risk for infection is greater if the blood comes from seropositive donors who are viruric or have other evidence of active infection. (5) The risk of infection is too small to exclude seropositive donors except in certain cases such as exchange transfusions for neonates. In this case, it is probably desirable to use only seronegative donors for seronegative recipients. (6) The precise conditions under which latently infected donors will produce active infections are still unknown.

## 9.7.3. Nature of Cytomegalovirus in Blood of Donors

The epidemiologic evidence is strong that seropositive blood donors can transmit CMV. Such evidence is similar to the evidence that CMV may be transmitted by transplanted kidneys and probably other organs of seropositive donors (see Section 13.1). What is unclear is why there seems to be such variability in the transmission by blood (Table 9.8).

The basic assumption is that asymptomatic donors can transmit CMV because their cells harbor CMV. Direct evidence for this assumption is rare. Tolpin *et al.* (1985) reported that an isolate from a transfused infant was identified by restriction endonuclease analysis to a urine isolate from a donor. The only available positive report of direct isolation of CMV from donated blood is that of Diosi *et al.* (1969), who found CMV in units of blood from two asymptomatic donors out of 35 tested. Since then, at least 1483 units of blood from volunteer donors in the United States and the United Kingdom were tested, and no CMV was detected by direct coculture (see Table 9.12). We can conclude from this that there is ordinarily no CMV viremia in normal, asymptomatic adults. Very likely Diosi's two cases represented individuals who were undergoing an acute infection with lytic virus infection in blood cells.

There is no doubt that viremia persists for some time following acute infections, such as CMV mononucleosis, even in normal subjects. Rinaldo *et al.* (1979a) found that viremia was demonstrable 49 and 93 days after onset of illness in two of their 14 patients, at times when they were clinically asymptomatic and conceivably could have donated blood.

Similar comments may be made concerning viruria. Kane *et al.* (1975) identified seven (3%) viruric donors out of 223. All three patients who received blood from these viruric donors developed serologic evidence of CMV infection. One also developed viruria, but none was symptomatic. Hence, viruria is also rare in asymptomatic subjects, but when it occurs, it probably represents active infection. One important possible conclusion from these studies is that not all seropositive units of blood are equally risky. Perhaps those from donors with active infection are more infectious because they have more infected cells or more cells that are activable after transfusion. It is quite possible that with the elimination of at-risk persons for HIV infections from the donor pool by voluntary exclusion and antibody testing, the number of donors with active CMV infection has been reduced since 1984.

Most methods of virus detection in blood cells involved cocultivation of donor white cells with permissive cell cultures. This should allow for reactivation and replication of some latently infecting viruses, but perhaps not the more restrictive forms. Pagano and Huang (1974; Pagano, 1975), using whole genome probes, showed that buffy coat cells of a small number of normal donors (one out of three) had a few (6.5) genome equivalents of CMV DNA as demonstrated by cRNA–DNA membrane hybridization.

The possible explanation for past failures came when appropriately specific and sensitive probes were used (see also Section 5.5.3). First, Rice *et al.* (1984) found that fresh clinical isolates of CMV could infect human lymphocytes of T- and B-cell lineage, natural killer cells, and monocytes. However, virus expression was limited to the synthesis of immediate early antigen, and no mature virions were synthetized. Next Schrier *et al.* (1985) used as a probe the Eco RIJ fragment of CMV DNA containing the coding sequences for immediate early antigen in *in situ* hybridization. Examination of eight individuals who were seropositive for CMV revealed two whose peripheral mononuclear cells contained specific viral RNA. Such cells may be the source of the infection in blood transfusions, since transfused lymphocytes are known to circulate after blood transfusions (Schechter *et al.*, (1977). However, it is unclear under what circumstances such abortively infected cells are reactivated to form complete viruses. Possibly the number of such infected cells, the stage of infection, as well as the type of cell infected play a role. Lang (1972) suggested in 1972 that an *in vivo* mixed-lymphocyte reaction might stimulate reactivation of CMV. Such reactions might take place after transfusions. There is no evidence to support this theory. Conversely, Chou *et al.* (1987a, b) made the interesting observation in seronegative recipients that three out of eight (38%) who received blood from HLA-identical donors became infected, whereas only one (3%) of 32 recipients seroconverted. This suggests that infected cells may survive longer in HLA-compatible recipients and may be more infectious in such recipients. The role of histocompatibility in reactivation of CMV is clearly also of interest for effective transmission of CMV from donor organs after transplantation. In CMV viremia proven by routine cultural methods, it has now also been shown by hybridization methods, that the polymorphonuclear leukocytes are primarily infected (Saltzman *et al.*, 1988).

Another factor determining the infectivity of transfused cells is the passive transfer of immune factors. Beneke *et al.* (1984) studied the IgG and IgM CMV antibody titers of donors of 28 patients who developed a CMV infection and 23 who

TABLE 9.12
Attempts to Isolate CMV from Donated Blood or Blood Donors

| Authors | Units tested | Virus isolation | | | Location |
|---|---|---|---|---|---|
| | | Sample | No. (+) | % | |
| Diosi *et al.* (1969) | 35 | Blood | 2 | 6 | Timisoara, Rumania |
| Wentworth and Alexander (1971) | 300 | Blood | 0 | 0 | Seattle, Washington |
| Perham *et al.* (1971b) | 195 | Blood | 0 | 0 | Bristol, U.K. |
| Mirkovic *et al.* (1971) | 290 | Blood | 0 | 0 | Houston, Texas |
| Kane *et al.* (1975) | 223 | Blood | 0 | 0 | Kansas City, Missouri |
| | | Urine | 7 | 3 | |
| Bayer and Tegtmeier (1976)[a] | 120 | Blood | 0 | 0 | Kansas City, Missouri |
| Armstrong *et al.* (1976) | 320 | Blood | 0 | 0 | Pittsburgh, Pennsylvania |
| Total | 1483 | Blood | 2 | 0.13 | |

[a] Used technique of Diosi *et al.* (1969).

did not. Donors of the infected group had lower (1 : 654 by IHA) titers than donors of the uninfected group (1 : 1360). This suggested that passive transfer of high-titered antibody may be protective. This may be an important factor, particularly in immunosuppressed subjects. The possible role of transfer of immune cells is unknown. Seven (1.3%) of the 529 blood donors had CMV-specific IgM antibody titers $\geq$ 1 : 16, and all seven were associated with development of infection in the recipient. However, exclusion of IgM-antibody-containing blood would only have prevented 43% of CMV infections. In summary, recent virological evidence supports the serologic evidence that blood from seropositive donors may be infectious. However, there is probably a complex set of circumstances, largely undefined, that determine whether or not virus transmission and/or disease takes place. These relate to the immune status of the host, the nature of the transfused virus-infected leukocyte, and factors that allow latently infected leukocytes to reactivate in the recipient.

## 9.7.4. Methods to Eliminate CMV from Blood

Tolkoff-Rubin *et al.* (1978) showed in a study in Boston that patients who had received more than 3 units of conventional blood were 82% seropositive (13/16), whereas those who had received no blood or only frozen red cells thawed and deglycerolized by the Huggins technique of cytoagglomeration were only 66% (42/64) seropositive ($P < 0.01$). More convincingly, none of 21 seronegative recipients seroconverted after receiving a total of 157 units of frozen blood, whereas all three seronegative patients who received conventional blood seroconverted and excreted virus.

It is thought that freezing destroys the viability of leukocytes, which may be essential for carriage of the virus. Living mononuclear cells or polymorphonuclear leukocytes are thought to carry the virus (Fiala *et al.*, 1975; Rinaldo *et al.*, 1979a).

Brady *et al.* (1984) studied the effect of frozen, deglycerolized red blood cells. One hundred six seronegative infants received 313 units of deglycerolized CMV-positive blood and 296 units of CMV-negative blood. When evaluated 3 months after their transfusions, none developed serologic conversion or evidence of viruria. This study showed that freezing and deglycerolization could prevent transmission of CMV.

In view of the high cost of red-cell-freezing technology, attempts were made to achieve the same objective by depleting leukocytes by centrifugation, saline washes, or filtration. In one study, 89% of the leukocytes were removed, but CMV infection was still observed in six (11%) of the 54 seronegative neonates transfused, and four became symptomatic (Demmler *et al.*, 1986). Luban *et al.* (1987) reported that of 76 seronegative infants who received at least one washed transfusion from a seropositive donor, one seroconverted. Although this rate of infection (<1%) is significantly less than that seen in some other studies, it should be apparent that such conclusions with historical controls are notoriously difficult to evaluate.

Gilbert *et al.* (1989) conducted a multicentered study in Australia to determine the effect of removal of leukocytes from blood by means of "Imugard IG500" (Terumo) cotton wool filters. Only babies whose mothers were seronegative were enrolled. Nine (21%) of 42 infants who received unfiltered seropositive blood were the only infected. These results suggest that transfusion-acquired CMV infection is preventable by filtration. This may be a more practical and cost-effective method than others, including the use of only seronegative blood for newborn infants.

In view of the fact that IgM antibodies against CMV indicate a recent and perhaps active CMV infection, and circumstantial evidence indicates that donors with such infection may transmit CMV more readily, exclusion of IgM-positive donors has been suggested as a possible way to screen for CMV. Lamberson *et al.* (1988) found that seven out of 222 seronegative infants developed CMV infection after transfusions, and all seven received blood that was both ELISA- and IgM-positive (IFA) for CMV antibodies. However, in a prospective study in which IgM-positive blood was excluded, one infection still occurred in 141 recipients. Therefore, screening reduced but did not entirely prevent CMV infections.

## 9.7.5. Transmission of CMV by Leukocyte Transfusions

Leukocyte transfusions have been frequently used in neutropenic patients who are at great risk for many types of infections, although their efficacy has not been proven (Rosenheim *et al.*, 1980). From what we know about the ability of blood to transmit CMV, and the identification of leukocytes as the source of virus (Rinaldo *et al.*, 1977; Schrier *et al.*, 1985), such transfusions might be expected to be particularly hazardous.

Winston *et al.* (1980) observed more CMV infections in marrow transplant recipients and newly diagnosed acute leukemia patients who had received a large number of leukocyte transfusions. A mean 23.1 units (about $10^{10}$ leukocytes per unit) was given prophylactically to 31 patients, of whom 19 (61%) developed CMV infection. Seven out of 27 (30%) control patients who received no leukocyte transfusions or only therapeutic transfusions (mean 3.8 units) became infected. Twelve of the 19 infected in the treated group and four of the seven infected in the control group were symptomatic. The difference in frequency of infection was only significant for the seronegative subjects and for the marrow recipients, which suggests that these two groups of patients were at greater risk.

Similar results were obtained by Hersman *et al.* (1982) from Seattle. Data from 387 patients receiving marrow transplants from HLA-matched siblings were analyzed. Overall incidence of CMV infection was not increased by granulocyte transfusions. Although seronegative recipients of granulocytes from seropositive donors had significantly more infection, deaths from interstitial pneumonia were not significantly different.

## 9.8. REACTIVATION OF CMV IN IMMUNOCOMPETENT SUBJECTS

We have discussed several situations in which CMV remains active in otherwise healthy immunocompetent subjects (see Sections 9.4 and 9.5). Cytomegalovirus may be found in the uterine cervix, urine, and breast milk of women. It is routinely found in the semen and urine of homosexually active men. We have noted that antibody titers including IgM titers may be elevated in the male homosexual population. No clinical syndrome has been ascribed to these virologically active states. In this respect, other herpesviruses also provide analogies. Oral and genital herpes are known to reactivate both silently and symptomatically (Corey and Speer, 1986). Herpes zoster represents the clinically apparent reactivation of latent VZ virus in dorsal ganglia. It is well known that the frequency of herpes zoster increases with age (Hope-Simpson, 1965). There is no clear description of EBV reactivation. However, the fact that it may be cultured normally from the saliva of seropositive subjects (Evans and Niederman, 1982) suggests that there may be constant reactivation or persistent infection by this virus. Glaser *et al.* (1985) reported that antibody titers against EBV increase with age and suggest that the virus is more active as one ages. Whether this is related to the decline of immunity with age is unknown.

Musiani *et al.* (1988) compared IgG antibody titers against immediate early, early, and late antigens (see Chapter 1) in an old and young population. The old population consisted of 69 geriatric patients aged 70 to 92 (mean age 79), and the young consisted of 67 sex-matched blood donors aged from 25 to 38 (mean 33).

An immunoassay using acetone-fixed cells that expressed the required antigen was used. Cells infected for only 1 hr expressed immediate early (IE) antigen. Early antigen (EA) was expressed by infection in the presence of cytarabine. Cells containing late antigen (LA) were obtained after incubation for 72 hr after infection.

The IgM titers were determined using sera that were preabsorbed with staphylococcal protein A to remove IgG.

All of the geriatric group had antibodies against CMV, and 82% of the control population were seropositive. The mean titers of antibodies against LA were 1 : 245 in the geriatric group and 1 : 79 in the control group ($P < 0.001$). Titers against IE and EA were also significantly elevated. In the elderly group 15% had IgM antibodies greater than 1 : 20, and 11% had such titers in the control group. Although the differences in IgM titers were not significant, the differences in IgG titers were and were thought to indicate a higher frequency of reactivation of CMV infection in the elderly population.

McVay and Adler (1989) used immunoblot (Western blot) to analyze IgG and IgM antibodies in the sera of 43 surgical patients, 31 patients with solid tumors, and 124 healthy individuals. Logistic regression analysis revealed that the presence of IgM antibodies to CMV proteins correlated with increasing age ($P < 0.0001$), the female sex ($P < 0.005$), and with the IgG antibody titer against CMV ($P < 0.03$).

The frequency of IgM positivity among the IgG-seropositive groups increased from 15% for those less than 20 years of age to 63% for those older than 60. The IgG antibody titers on 197 samples were also specifically correlated with age, sex, and IgM positivity.

Taken together these data suggest that CMV reactivation in immunocompetent seropositive individuals occurs frequently, especially in women, and increases linearly with age.

# 10

# Pathology of Cytomegalovirus Infection

## 10.1. CHARACTERISTIC CYTOLOGIC REACTION

The history and practice of the pathology of CMV infection has until recently been dominated by cytomegaly, the large giant cells with type A intranuclear inclusion (Cowdry, 1934). The classical pathology of C.I.D. is well described in standard texts, particularly Seifert and Oehme (1957), and is not repeated here in detail. In acute neonatal and adult infections, CMV has been detected by morphological means in a wide variety of organs, including the salivary glands, lung, liver, pancreas, kidney, eye, ear, placenta, alimentary tract, heart, ovaries, anterior pituitary gland, adrenal gland, thyroid, brain, and skin (Seifert and Ohme, 1957; Rosen and Hajdu, 1971; Stagno *et al.*, 1977c).

The evidence that these large cells represent lytic virus infection comes from virological studies in cell culture, where the typical changes can be observed in infected monolayers. Both intranuclear and cytoplasmic inclusions have been shown to contain virions or nucleocapsids and virus-specific antigens by electron microscopy (see Section 4.3).

We now know that cells may be abortively or latently infected in tissues without producing the typical cytomegaly and hence may be unrecognized in a tissue section (see Section 10.2).

A frequent and interesting unresolved problem is the identity of the cytomegalic cells. They are frequently associated with ductal epithelium and have thus been assumed to represent epithelial cells. It is paradoxical that epithelial cells in culture are not usually permissive for CMV and that, typically, fibroblasts are most susceptible. However, infected fibroblasts are not commonly seen in tissue sections, at least not as far as can be determined on morphological grounds. We now know that such cells and other highly differentiated cells may be abortively infected (see Section

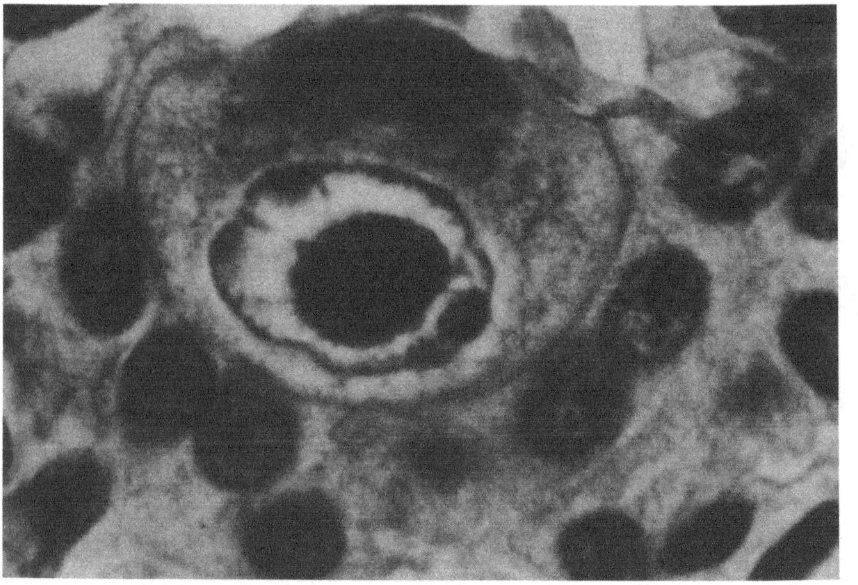

Figure 10.1. A giant cell in the alveolus of a patient with interstitial pneumonia caused by cytomegalovirus. An inclusion occupies the entire nucleus except for a perinuclear halo. Less well defined increased cytoplasmic inclusions may also be seen. (Courtesy of R. L. Myerowitz.)

10.2). The reason for these striking differences between what is observed in tissues and in cell cultures is unknown.

The typical giant cells are two to four times larger than normal surrounding cells (25–40 μm); the round-oval 10 to 15-μm large nucleus is frequently eccentrically displaced toward one end of the cell. The inclusion itself, 8–10 μm, may also be eccentrically placed, presenting an "owl's eye"-like appearance. It is large and characteristically surrounded by a clear halo, which extends to the nuclear membrane. The latter is characterized by clumped chromatin, occasionally in polar-body-like aggregates (Fig. 10.1).

Occasionally, less well defined but characteristic granular inclusions may be seen in the cytoplasm. These are 0.3 to 0.5-μm ill-defined basophilic granules occasionally interspersed with vacuoles and, in the parotid, directed toward the luminal side (Seifert and Oehme, 1957). These inclusions are very important in distinguishing CMV from other DNA viruses, particularly herpes simplex and varicella–zoster viruses.

A cellular infiltrate is frequently but not always seen in the vicinity of the giant cells. Infiltrates consist of plasma cells, lymphocytes, reticulum cells, and, in the case of neonates, hemopoietic elements. In the secretory organs, particularly the salivary glands, there may be signs of secretory disturbance such as concentration of mucus, hypersecretion, and cyst formation of the ducts. This has been characterized as "dyschylia" (Seifert and Oehme, 1957).

## 10.2. NONMORPHOLOGICAL METHODS OF DETECTION

It became apparent after the discovery of methods of culturing the virus that identification of morphological cytologic changes in tissues was not the most sensitive method for the detection of CMV. It is not uncommon to be able to culture the virus when no morphological changes are found (Smith *et al.*, 1975).

With the availability of highly specific polyclonal and monoclonal antibodies and development of methods to detect corresponding antigens in tissue sections using immunoperoxidase or other enzyme method, CMV can now be more precisely localized in tissue sections. This method may also lead to more specific diagnosis. For example, the specific diagnosis of CMV hepatitis in biopsies and sections of the liver utilized a specific polyclonal antibody and the avidin–biotin peroxidase method (Bronsther *et al.*, 1988). Sensitive and specific methods of diagnosing CMV pneumonia and specific organ pathology include tissue immunofluorescence, immunoperoxidase stain with monoclonal antibodies against immediate early antigen, and nucleic hybridization (Hackman *et al.*, 1985) (see also Sections 5.2–5.4).

Abortive infection by CMV may be demonstrated in peripheral leukocytes using monoclonal antibody to immediate early antigen or *in situ* hybridization using a gene probe of this region (Einhorn and Öst, 1984; Rice *et al.*, 1984; Saltzman *et al.*, 1988). This discovery promises to extend the horizon of pathological study beyond cells producing complete lytic virus. Myerson *et al.* (1984), in two cases of disseminated CMV infection in bone marrow recipients, compared the distribution of CMV infection by morphological changes and by *in situ* hybridization. They used a biotinylated probe that constituted about 56% of the total genome. Besides showing CMV genes in cytomegalic cells, this method detected infection in many normal-appearing cells. Interestingly, many types of cells were involved by hybridization but not by cytomegaly. These included highly specialized cells such as cardiac myocytes, hepatocytes, cells in the renal glomerulus and tubules, adrenal cortex, and medulla, fallopian tube submucosa, myometrium, endometrial, stromal, and glandular cells of the uterus, and reticular cells of spleen and lymph node. Hence, it is clear that virus infection is much more widespread than anticipated. Bale *et al.* (1989) have applied hybridization methods to tissues of congenitally infected infants. Tissue pathology may also occur in the absence of viral genomes, for example, in the brain. "Clearance" of infected cells may have occurred.

Toorkey and Carrigan (1989) described the presence of immediate early antigen (68 kDa) detected by monoclonal antibodies in tissues of healthy seropositive individuals who died of trauma. Normal-appearing tissue cells found to contain antigen were found in the brain, kidney, spleen, lung, and liver. No productive infection was found.

The amplification of CMV nucleic acid, which is present in small amounts in tissues, by polymerase chain reaction may provide yet another sensitive method to detect CMV infection in tissues (see Section 5.3.1).

It is clear that both lytic and abortive or latent infection can exist in tissues without inflammation or cell destruction. On the other hand, foci of the infected cells may form the center of inflammation of necrosis. A major unsolved problem in understanding the pathogenesis of CMV infection is at what point are inflammation, necrosis, and disease of a tissue produced, since clinical manifestations are associated with such changes.

## 10.3. PATHOLOGY OF SPECIAL ORGANS

The *salivary gland* is the site of isolated localization of CMV as revealed in autopsy series of children. Farber and Wolbach (1932) first pointed out in the United States that this is a frequent occurrence in unselected autopsy cases. A comparison with other series in various parts of the world shows that the rate of salivary gland infection varies from 8% to 32% (Table 10.1). The most frequently afflicted gland is the parotid gland. The submandibular gland is less often affected, and the sublingual gland is rarely infected (Seifert and Oehme, 1957). Cytomegaly is almost always exclusively observed in the ductal epithelium. The serosal end portions are less often involved, and the mucosal cells never are. This is different from the effect of murine CMV, which affects the acinar cells but is the same type of pathology seen in infection by guinea pig CMV (Jackson, 1920; Fong *et al.*, 1980).

Interestingly, ten Bensel and St. Geme (1968) were not able to find any evidence of CMV infection in the submandibular and parotid glands of 100 autopsy subjects over 10 years of age in Minnesota. The gland had no cytomegalic cells, and no CMV was cultured after homogenates of the gland were inoculated in human fibroblast cultures. Very possibly, as in the mouse, hCMV does not persist in the

TABLE 10.1
Frequency of CMV Infection in Salivary Glands of Children in Autopsy Series[a]

| Author | Place | Number of cases examined | Number positive | Percent positive |
|---|---|---|---|---|
| Löwenstein (1907) | Bonn | 36 | 4 | 11 |
| Farber and Wolbach (1932) | Boston | 183 | 22 | 12 |
| McCordock and Smith (1934) | St. Louis | 60 | 6 | 10 |
| Kuttner and Wang (1934) | Peking | 49 | 4 | 8 |
| Prawirohardjo (1938) | Indonesia | 53 | 17 | 32 |
| Potenza *et al.* (1954) | Venezuela | 84 | 15 | 18 |
| Haraszti (1955) | Hungary | 100 | 22 | 22 |
| Vortel (1956) | Czechoslovakia | 279 | 51 | 18 |
| Seifert (1957) | Leipzig | 822 | 76 | 9 |

[a] Adapted after Seifert and Oehme (1957). Children were neonates to 14 years old.

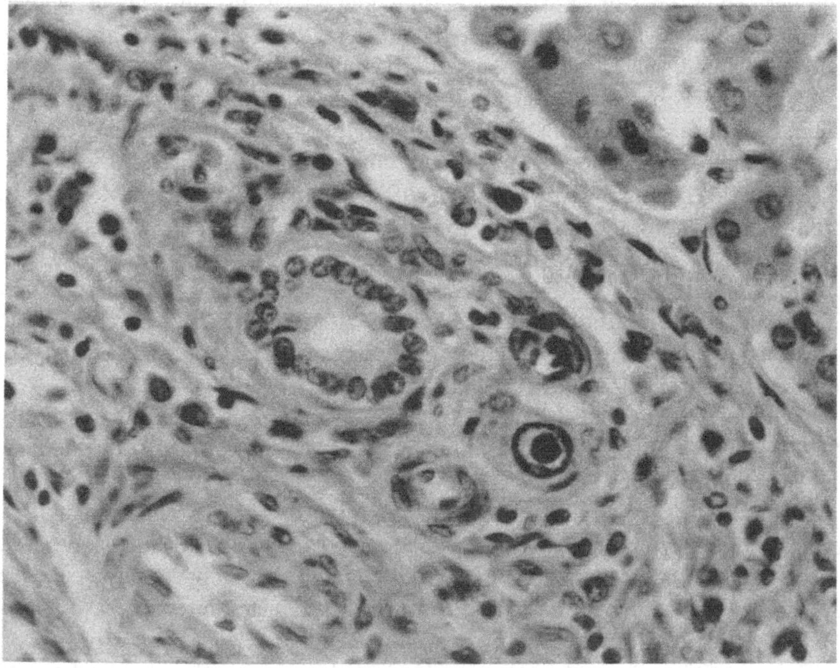

Figure 10.2. A section of liver from a 2½-year-old male who died of C.I.D. Parenchymal cells may be seen at right top of upper picture, and a bile duct is in the center. Nuclear inclusion with halo is in a large cell associated with ductal epithelium (×433). (Courtesy of Dr. E. J. Yunis, Children's Hospital, Pittsburgh.)

salivary gland for life, at least not in a readily apparent form. It was more readily recovered in infants because they were infected relatively recently.

In the *intestines*, the presence of giant cells may be obscured by an enterocolitis. When present, they are in the mucous epithelium of the lower intestines or in the endothelium of the submucosal endothelial cells. Vasculitis in the submucosa may be the basis for ulcerations caused by CMV almost anywhere along the gastrointestinal tract.

In the *liver* of the newborn, there may be areas of extramedullary hematopoiesis and round cell infiltration of the portal triads, particularly in cases of C.I.D. Transitional stages to varying degrees of cirrhosis may occur. Giant cells are most often seen in the bile ductal epithelium, less commonly in the capillary endothelium or portal areas, and almost never in the parenchymal cells (Fig. 10.2). It may be quite difficult to differentiate C.I.D. in the liver from erythroblastosis fetalis except for the presence of cytomegalic cells.

In cases of benign hepatitis or hepatitis associated with CMV mononucleosis in children and adults, when liver biopsies have been available, foci of mononuclear infiltrates and at times of small noncaseating granulomas, usually without evidence of cytomegaly, can be observed. They consist of loosely arranged nests of epithelioid cells and scattered lymphocytes. The architecture of the liver is well preserved, but there may also be areas of mononuclear inflammation, particularly in the areas of portal triads (Bonkowsky *et al.*, 1975). Inclusion-containing cells may not be a prominent feature. They are more common in disseminated disease.

Reller (1973) and Bonkowsky *et al.* (1975) reported finding in CMV hepatitis intralobular epithelioid granulomas typically not accompanied by inclusion bodies in cases of CMV mononucleosis. In another similar case in a homosexual male with HIV infection but without evidence of AIDS, besides such granulomas, several were of the "ring" type characteristically seen in Q fever (Ende *et al.*, 1957). They possessed a central vacuole resembling lipid, surrounded by a distinct eosinophilic fibrinoid ring (Lobdell *et al.*, 1987).

Cytomegalovirus hepatitis is fairly common in transplant recipients, particularly after liver transplantation. Pathologically, it has been clearly distinguished from rejection reactions (Demetris *et al.*, 1985; see Section 13.3.3).

In the *lungs*, giant cells are seen primarily in the alveolar and bronchial epithelium and less often in the mucous membrane of the trachea or tracheobronchial tree. Next to the kidneys, the lung is the most common site of pathology in acquired CMV infection. It may be the site of focal or disseminated infection.

The *pancreas* is frequently involved in congenital disease (Fig. 10.3) (Seifert and Oehme, 1957). As in the salivary gland, inclusions may be seen in the ductal epithelium.

Type I virus infection of the *islets of Langerhans* may be related to the development of diabetes mellitus (see also Sections 11.4 and 12.4.10), although direct evidence is still lacking. The pancreas, including the islets, is frequently involved in congenital infection (Gajl-Peczalska, 1967; Jenson *et al.*, 1980). Twenty out of 45 cases of children who died of disseminated CMV infection had characteristic inclusion bodies in islet cells (Jenson *et al.*, 1980). Numazaki *et al.* (1988) infected cultures of fetal islets of Langerhans with CMV. Four days later, cells rounded up and floated off the monolayer. Cytomegalovirus was recovered, and late antigen was detected in infected cells. However, $\beta$ cells were not infected, and insulin production was not affected. There is now indirect though unconfirmed evidence that type 1 diabetes is associated with a higher frequency of inapparent infection of white blood cells as determined by DNA–DNA hybridization (Pak *et al.*, 1988; see Section 12.4.10).

Involvement of *ovaries* by CMV in normal or opportunistically infected patients has been rare. The corpora lutea of ovaries are infected in experimental murine CMV infections in mice (Mims and Gould, 1979; see Section 16.3). However, subclinical infection may be difficult to detect in humans. Subietas *et al.* (1977) reported three cases of CMV oophoritis, two of whom were misdiagnosed as having neoplasms. One case was assumed to be primary infection in the ovary. Kleinman et al. (1984) described the infection of endometrial cells with human CMV.

LiVolsi and Merino (1979) described a 61-year-old woman who died of immu-

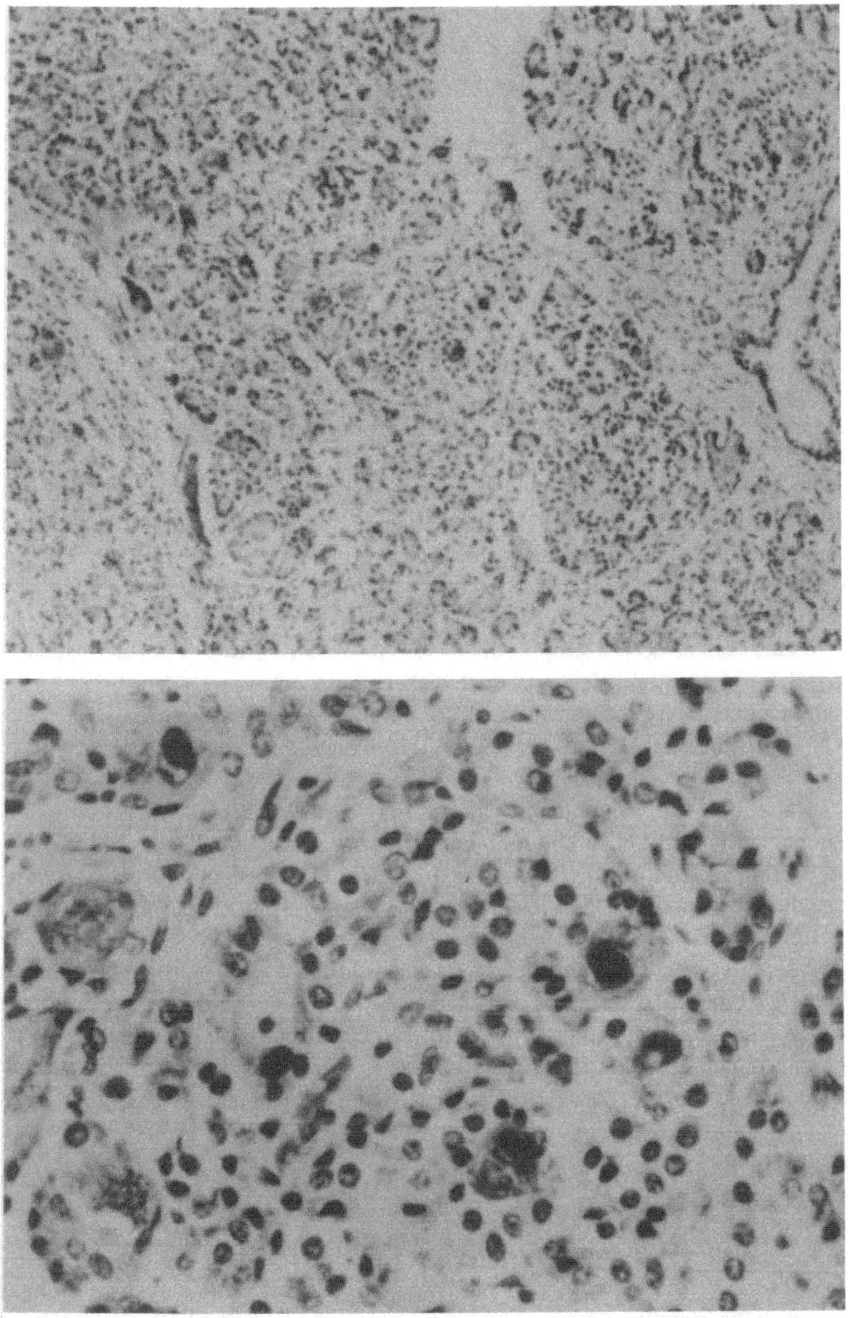

Figure 10.3. Pancreas from a 2½-year-old male infant who died of C.I.D. Top picture ×133; bottom picture ×433. Cytomegalic cells are related to ductal epithelium. (Courtesy of Dr. E. J. Yunis, Children's Hospital, Pittsburgh.)

noblastic B-cell sarcoma. The right ovary contained a 1-cm nodule that resembled a fibrothecoma. At one end of the mass consisting of fibroblasts were large 25- to 40-μm cells with intranuclear inclusions. Typical herpesvirus particles were seen by electron microscopy.

The ovaries of eight cases with postmortem diagnoses of CMV infection were examined by Subietas *et al.* (1977). Three infections of the ovaries were detected by histological examination. The most characteristic feature was multifocal cortical necrosis with neutrophils in variable numbers and nuclear debris. Clusters of giant cells with intranuclear inclusions and occasionally bipolar cytoplasmic inclusions were seen. The capsule and medulla of the ovaries were spared. There was no vasculitis to account for the topography of the lesions. All patients with ovarian lesions were postmenopausal, whereas the five without ovarian lesions were premenopausal. It was postulated that vascular insufficiency and viral cell surface antigens triggered an acute inflammatory response and necrosis (Subietas *et al.*, 1977).

The *involvement of skin* is now well recognized in all forms of CMV disease (see also Sections 12.4.8 and 13.3.7). In congenital infections, petechial and hemorrhagic–purpuric skin rashes have been described. One case had vesicles with fluid from which CMV was cultured (Blatt *et al.*, 1978). Vesicles are uncommon in CMV infections, although they are common in other infections caused by other herpesviruses such as herpes simplex and varicella–zoster viruses. The pathogenesis of the rash in congenital infection is not well understood except when it is clearly a result of a hemorrhagic diathesis. Less commonly, dermal erythropoiesis may develop in bluish, infiltrated, purpuric papules. This may represent vestigial early development (Brough *et al.*, 1967).

Rubelliform or maculopapular rashes may occur in normal patients with CMV mononucleosis with or without administration of ampicillin (Klemola, 1970) (see also Section 12.4.8). Muller-Stamou *et al.* (1974) described an unusual 40-year-old man who developed vesicular lesions and a generalized epidermolysis 8 weeks after onset of hepatitis. He was found to have viruria and viremia caused by CMV.

Minars *et al.* (1977) described a 24-year-old renal transplant patient who was admitted 10 months after renal transplantation with punched-out necrotic ulcers of the skin. She also had pneumonitis, decreased visual acuity, and eventually died of a GI hemorrhage. Disseminated CMV was found at autopsy. The skin showed inclusion bodies and viral particles characteristic of CMV. There were severe perivascular infiltrates that included cells with typical inclusions and involved arterioles, venules, and capillaries. The type of vasculitis is similar to what has been found in gastrointestinal ulcerations. Skin involvement may be striking in CMV infection in AIDS patients (Section 13.3.7).

Lee (1989) reported on the pathological findings in three patients with CMV culled from 22 skin biopsies obtained from 1610 patients. An analysis of a total of 21 cases in the literature reviewed by her showed that five had AIDS, six were organ recipients, and three had hematologic malignancies. Mixed infections were common, particularly in AIDS patients. The cutaneous manifestations varied and included skin ulcers (7), necrotic papules (3), skin wounds (3), maculopapular eruptions (7), and hyperpigmented and indurated skin. Microscopically CMV was identified by intranuclear inclusions or by the presence of CMV antigens as determined by the immunoperoxidase test. Cytomegalic cells were present in the endothelium and perivascularly. Palisaded histological infiltrations and fibrosing granulation tissue may be seen in the dermis.

The bones may also be involved in congenital infection. The earlier reviews of Wyatt *et al.* (1950) and Medearis (1957) mentioned cases of C.I.D. with bone changes similar to "rickets," "syphilis," and "atrophy of the cortex and spongiosa." Mercer *et al.* (1953) and Seifert and Oehme (1957) described infants with sclerotic shafts and zones of diminished density at the ends of long bones. The changes illustrated were nonspecific and now would be accepted as patterns of normal ossification in the newborn (Graham *et al.*, 1970).

A more recent contribution by Sacrez *et al.* (1960) described a 2500-g infant with congenital C.I.D. whose femoral metaphyses showed irregularity and decreased density. Graham *et al.* (1970) pointed out that the changes are similar to those seen in congenital rubella. Graham *et al.* (1970) added a case of C.I.D. with positive urine and throat cultures at birth. The femur showed an osseous pattern disrupted by ovoid and linear lucent regions between zones of slcerosis, more marked in the distal metaphyses ("celery stalking"). There were no periosteal changes. These changes were apparent at birth, improved by 10 days, and completely healed by 5 weeks, although the baby died at 66 days of age. Similar cases were reported by Merten and Goodling (1970) and McCandless *et al.* (1975). The x-ray changes were considered by the latter to be a disturbance of endochondral bone formation and not the result of viral osteomyelitis.

Evidence of direct invasion of bone by CMV is rare. Ward *et al.* (1965) described a 48-year-old female with ulcerative colitis who was found at postmortem to have disseminated CMV infection that involved the epiglottis and the temporal bone.

In the kidneys, giant cells are characteristically associated with an interstitial cellular infiltrate. Striking clusters of giant cells may fill the proximal tubules near the cortical areas. They may also be present in Henle's loop or in the collecting tubules (Fig. 10.4) but rarely in the glomeruli. Immune complexes deposited in glomeruli have been described recently (see Section 10.6). The kidneys are probably the most common site of infection in congenital, perinatal, and adult CMV infection, as almost all forms of CMV infection are associated with viruria. Persistent viruria is not associated with any known disturbance of renal function.

Although pathological evidence of tubular–interstitial involvement in the kidney is common after CMV infection, signs of renal failure as a result of such involvement have been conspicuously absent. Cameron *et al.* (1982) described a 34-year-old female who developed renal failure 21 months after transplantation. She had fever, pancytopenia, CMV viruria, and serologic evidence of infection. Renal biopsy showed severe tubulointerstitial changes with intranuclear inclusion bodies. There were no signs of rejection. Shorr *et al.* (1987) described a similar case with

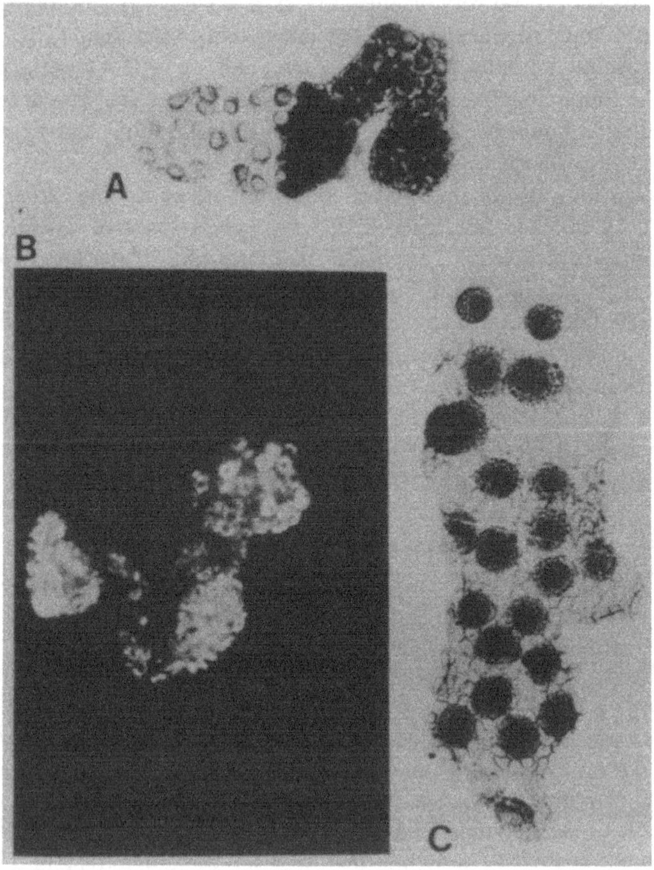


Figure 10.4. A and C are mosaic photomicrographs of stained fragments of distal convoluted tubules from a case of C.I.D. dissected by the Oliver technique for microdissection of the nephron. The cytomegalic inclusions are best shown in tubule of A, where a portion of wall has been turned back, and in C, which is a single-layered fragment. In B, an unstained fragment of a distal convoluted tubule is shown suspended in water. Many of the inclusions appear refractile by incident light at an acute angle (A, ×152; B, ×143; C, ×314). No inclusions were found in the proximal tubules. (A is on the top, B on left, C on right.) (From Fetterman *et al.*, 1968. Reproduced by permission of Dr. Fetterman and the editors of *Archives of Pathology*.)

hemorrhagic cystitis in a bone marrow recipient. The kidney biopsy sample showed tubulointerstitial nephritis with focal necrosis of tubules and positive CMV immunofluorescence in tubular epithelium. Viral cultures for JC and BK viruses, common opportunistic viruses associated with hemorrhagic cystitis (Arthur *et al.*, 1988), were absent.

Heieren *et al.* (1988) assayed human fetal kidney cortex cell cultures for their ability support CMV infection. Virus-specific immunofluorescence and *in situ* hybridization documented the presence of CMV-specific proteins and nucleic acid in purified kidney mesangial cells. The hypothesis is that when CMV infects the kidney, it first infects the mesangium either by immune complex deposition or by macrophage migration. Trafficking of virus from the mesangium to the tubules leads to tubular infection and viruria.

A distinct glomerulopathy characterized by enlargement or necrosis of endothelial cells, accumulation of mononuclear cells, and fibrillar material in glomerular capillaries has been reported to occur in renal transplant patients with CMV viremia. Unlike rejection, renal function improved with reduction of immunosuppression (Richardson *et al.*, 1981) (see also Section 13.1.4).

However, other workers failed to detect CMV infection in the glomeruli of transplant recipients (Herrera *et al.*, 1986). Specimens were studied from (1) six autopsies of bone marrow recipients who died with disseminated CMV infection, (2) 15 autopsies of children who died of disseminated CMV infection, and (3) seven out of 78 kidney biopsies from renal transplant recipients who showed suspected CMV glomerulopathy not associated with acute rejection. The first two groups, as would be expected from previous pathological studies,showed no evidence of glomerulitis associated with CMV, although tubular lesions were common. In the third group, diffuse glomerulopathy characterized by enlargement and necrosis of endothelial cells and accumulation of fibrillary material in capillary spaces was thought to be consistent with the CMV glomerulopathy described by Richardson *et al.* (1981). However, no CMV antigens were demonstrated by immunofluorescence, and no viral particles were demonstrated by electron microscopy. No immune complexes were demonstrated either. The lesions were thought to represent transplant glomerulopathy. Similar lesions may be found in hyperacute rejection. The authors concluded that this glomerulopathy may represent a peculiar rejection phenomenon that may have been triggered by systemic CMV infection.

## 10.4. CENTRAL NERVOUS SYSTEM

The brain is typically involved in C.I.D. (see also Section 11.4.1). Grossly, there may be hydrocephalus, periventricular calcification, focal softening, hemorrhages, astrocytic proliferation, perivascular inflammatory infiltration, and ependymal granulations (Haymaker *et al.*, 1954). Functional disturbance may be severe. Diezel (1954) first reported the association of cytomegalic inclusion disease with microgyria or micropolygyria. Microgyria is a true cerebral malformation characterized by an excess of small, abnormally formed gyri (Crome, 1952). Histological and embryological considerations suggest that the cause of this condition operates before the sixth month of fetal development. Crome and France (1959) described a baby with presumptive C.I.D. who died 31 hr after birth. Its 25-year-old mother had glandular fever but a negative Paul–Bunnell test. The brain showed polymicrogyria but no definite inclusions.

Microgyria is a common feature in the brain of a congenitally CMV-infected baby. Dias *et al.* (1984) postulate that CMV microgyria is a result of insufficiency of cerebral blood supply and is not caused by a disturbance of neurogenesis or histogenesis resulting from the direct viral effects on germinal cells. The way in which CMV causes ischemia is not known. One possibility is by thrombotic vasculitis such as described by Bernischke *et al.* (1974) (Section 10.5) in the placenta. Another possibility is perfusion failure caused by transient systemic hypotension.

The brain may also be involved in adult CMV infection (see Sections 12.4.5 and 13.3.6). Self-limited encephalitis has been described in adults, but no histological examination has been reported. On the other hand, the brain, the spinal cord, and peripheral ganglia can all be involved in CMV infection in AIDS (see below).

### 10.4.1. Neuropathology of CMV Infection in AIDS Patients

More is known about the pathology of CMV in the nervous system in AIDS patients than its clinical manifestations (Section 13.3.6). Morgello *et al.* (1987) studied 107 autopsied cases of AIDS and found 30 cases (18%) with involvement by CMV by histological criteria.

Similarly, Vinters *et al.* (1989) at UCLA found CMV infection of the nervous system in about 20% of AIDS patients, and over half had evidence of other systemic involvement by CMV (see Section 13.2). Most patients with nervous system involvement, however, were not diagnosed before death. For example, in Vinters' series of CMV infections in the brain, 27 imaging studies were done during life: 19 were thought to be normal, and eight showed nonspecific cerebral atrophy. There was one clear case of necrotizing meningoradiculitis, which presented clinically as ascending paralysis. No doubt further studies will enable us to diagnose some CNS syndromes caused by CMV with greater precision, but studies so far suggest that CMV may often localize in the nervous system without significant clinical sequelae. This is entirely consistent with the behavior of CMV in other organ systems.

Before the important role of HIV in producing the AIDS dementia complex was recognized (Navia *et al.*, 1986a,b), a "subacute encephalitis" was wrongly assumed to be caused entirely by CMV infection even though isolation of CMV from the brain was rare (Snider *et al.*, 1983; Nielson *et al.*, 1984) (see Section 13.3.6). De la Monte *et al.* (1987) recovered HIV from the neural tissue of ten of 11 patients with subacute encephalitis, and in seven it was the only pathogen isolated.

At this time it appears that both HIV and CMV, singly or in combination, may produce encephalitis other than typical subacute encephalitis. Wiley and Nelson (1988) studied the brains of 93 AIDS patients at UCSD. Neuropathological changes consistent with viral encephalitis were present in 54 brains (58%). An HIV antigen (gp 41) was detected in 37. A CMV antigen was detected by immunochemical methods in 31, of whom 22 also had HIV. It was postulated that the coinfected cell may have been the site of an *in vivo* interaction (see Section 13.2.1).. Petito *et al.* (1986) described CMV encephalitis in 26% (40/153) of autopsied AIDS patients in New York City.

The pathological lesions of AIDS dementia and CMV encephalopathy are easier to distinguish than the clinical diagnosis. Cytomegalovirus encephalopathy is particularly difficult to diagnose clinically. Pathologically, both HIV and CMV produce characteristic microglial nodules. The former are poorly circumscribed collections of monocytes with small amounts of foamy cytoplasm, characteristic multinucleated giant cells, and sparse lymphocyte infiltrates. Multinucleated giant cells are pathognomonic of HIV infection and probably represent cells fused by HIV. They commonly involve subcortical white matter in the cerebrum and cerebellum (Petitio *et al.*, 1986; Navia *et al.*, 1986b). Microglial nodules are also a hallmark of CMV encephalopathy. They are more densely cellular than HIV-related nodules and are composed of macrophages, rod cells, or both. Inclusion-bearing cells were present in only 6.5% of nodules but were pathognomonic when present. The nodules have a predilection for gray matter in the brainstem, basal ganglia, cerebellum, and cerebrum (Morgello *et al.*, 1987).

Morgello *et al.* (1987), in a study of 107 autopsies of cases of AIDS, found 30 cases with CMV involvement (28%). Five major neuropathological lesions were identified. Besides microglial nodules, isolated inclusion-bearing cells, focal parenchymal necrosis, necrotizing ventriculoencephalitis, and necrotizing radiculomyelitis were seen.

Wiley *et al.* (1986) used a DNA probe containing the genes for the immediate early (IE) antigen and stained for IE antigen to further elucidate the pathogenesis of lesions in the central nervous system (CNS) of an AIDS patient who died of fulminant CNS and systemic CMV infection. Often morphologically normal cells proved to be DNA or antigen positive. The periventicular tissue showed strikingly positive rimming, suggesting complete seeding of the ependymal and subependymal regions. One suspects that there were uniform ventriculofugal cells from the ventricular walls to the brain parenchyma. This picture of venticuloencephalitis is similar to what one sees in the brain of the child with cytomegalic inclusion disease, where the most extensive damage is a necrotizing encephalitis of deep ventricular structures (Hanshaw, 1971).

In terms of frequency of nervous system lesions in a group of 30 patients, isolated inclusion-bearing cells were seen in half of the patients (15/30). Cytomegalovirus inclusions were identified in capillary endothelial cells, astrocytes, and neurons. There was a diffuse ependymal, subpial, and periventicular distribution of such cells. Focal parenchymal necrosis, necrotizing ventriculoencephalitis (Wiley *et al.*, 1986), and radioculomyelitis were seen less frequently, in three or four patients. No consistent identifiable clinical syndrome caused by CMV emerged from this pathological study except for focal neurological deficits of necrotizing radioculomyelitis (Moskowitz *et al.*, 1984; Behar *et al.*, 1987; see also Section 13.3).

Grafe and Wiley (1989) studied the spinal cords, nerve roots, and peripheral nerves of 27 AIDS patients. Vacuolar myelopathy was seen in 31%, but HIV antigens were found in only 11% of the spinal cords. Cytomegalovirus antigens were not found either. Focal nerve root or peripheral nerve inflammation was seen in seven patients, of whom four had CMV but not HIV antigens. Cytomegalovirus appears to be an important cause of peripheral neuropathy in AIDS and Gullain–Barré-like syndromes (see Sections 12.4.5.2 and 13.3.6).

## 10.4.2. Cytomegalovirus Infection of the Inner Ear

Neurosensory deafness is an important late sequela of congenital CMV infection that is frequently undetected at birth. Hence, there is great interest in the pathology of CMV infection in the middle ear. We have numerous descriptions of ear pathology in C.I.D.

The importance of neurosensory deafness as a subtle sequela of congenital CMV infection is described in Section 11.4.3. Cytomegalovirus has been recovered from the inner ear fluid of a clinically deaf infant who died of symptomatic CMV (Davis *et al.*, 1981) as well as from a 5-month-old infant with probable congenital infection but no evidence of hearing impairment (Davis *et al.*, 1987). Cytomegalovirus inclusions were identified in cells lining the cochlear duct (Davis *et al.*, 1969).

Viruses implicated clinically in inner ear disorders include rubella, rubeola, mumps, influenza, varicella–zoster, EBV, CMV, poliovirus, variola, adenovirus, and parainfluenza (see Strauss and Davis, 1973). However, except for CMV, no other virus has actually been identified in the human inner ear. There are two types of viral involvement of the inner ear. One is an endolymphatic labyrinthitis secondary to viremia, perhaps transplacental viremia, which infects and injures the stria vascularis. This is seen after rubella, mumps, rubeola, and CMV infections in infants. The second is a perilymphatic infection secondary to meningeal, perineural, and endoneural spread. It is characteristic of labyrinthine extension of herpes zoster.

Myers and Stool (1968) described a 3-week-old infant who died of neonatal CMV disease who had inclusions in the epithelial cells of the cochlea, stria vascularis, Reissner's membrane, limbus spiralis, saccule, utricle, and semicircular canal. No inclusions were seen in the organ of Corti, cristae, or ganglion.

Davis (1969) reported incidental CMV labyrinthitis in a 6-week-old black male who died of pneumococcal meningitis. Cytomegaly was found in the tubular cells of the kidneys and in the submandibular salivary glands. Cytoplasmic inclusions were found in the epithelial cells lining the right cochlea, i.e., the stria vascularis and Reissner's membrane, and also in the columnar epithelium of both semicircular canals. No inclusions were found in organ of Corti, spiral ganglion, and nerve. From a female baby with C.I.D., CMV was isolated from a culture of the perilymph as well as from other organs (Davis *et al.*, 1979). Cytomegalovirus has been recovered from the inner ear fluid of a clinically deaf infant who died of symptomatic CMV (Davis *et al.*, 1981) as well as from a 5-month-old infant with probable congenital infection but no evidence of hearing impairment (Davis *et al.*, 1987). Cytomegalovirus inclusions were identified in cells lining the cochlear duct (Davis, 1969). Recently, a model of guinea pig CMV labyrinthitis has been described following congenital infection that is quite similar to the human counterpart (Harris *et al.*, 1984; Woolf and Harris, 1986; see Section 15.3.3), but a clear description of the late sequelae of CMV infection in the inner ear is still not available.

## 10.5 PLACENTAL PATHOLOGY IN CYTOMEGALIC INCLUSION DISEASE

Bernischke *et al.* (1974) described five cases of C.I.D. of varying degrees of severity that were accompanied by different types of placental pathology.

An abortus 7 weeks of age was an example of infection that occurred during the fourth week of pregnancy documented by CMV mononucleosis in the mother. There were inclusions in the brain, liver, pancreas, lung, and skin. As is characteristic of infection in early fetal life, there was little inflammatory reaction in any of these tissues, and no plasma cell infiltration in the placenta. Inclusions in the placenta were difficult to find. Davis *et al.* (1971) described a similar case. The mother suffered from CMV mononucleosis between the fourth and 14th week of pregnancy. the baby was aborted and examined at 22 weeks of age and showed only scattered cytomegalic cells. The placenta was free of pathology. At this early stage, it was thought that no inflammatory response could be mounted.

Later in the pregnancy, two types of responses may occur. The child may have clinical C.I.D., and the placenta may show diffuse inflammation, villitis, and plasma cell infiltration. Inclusion bodies may still not be evident. Then, there are many cases of inapparent congenital infections characterized only by viruria but no recognizable lesions in the placenta.

## 10.6. IMMUNOPATHOLOGY IN HUMAN CYTOMEGALOVIRUS INFECTION

Relatively little work has been done on the role of immunopathology in the pathogenesis of CMV infections. One might expect immunopathological reactions in a chronic and persistent virus infection, as indeed has been found in murine CMV (Olding *et al.*, 1976; Mims and Gould, 1979). Stagno *et al.* (1977a) studied immune complex formation in 29 cases infected *in utero* and two perinatally infected babies. Compared to uninfected controls, sera from these patients had more (34%) anti-complementary effect, and 45% had circulating immune complex demonstrated by reaction on Raji cells.

Sera from two congenital subclinically infected infants had 12–16 S immune complexes, whereas sera from four clinically infected infants had heavier complexes (18–22 S). Three infants with heavy complexes died. Their renal glomeruli had deposits of IgG distributed along the glomerular basement membrane in a lumpy-bumpy pattern typical of immune complexes. Tubular cells also showed specific fluorescence for virus antigen but not trapped antigen–antibody complexes. The glomerular fluorescence also disappeared after acid treatment, which dissociated the complexes. Cytomegalovirus antigen was not demonstrated in the glomeruli.

It was suggested that excess antigenic stimulus in congenital infection is important in the pathogenesis of immune complex deposition. These babies excrete significantly more virus in the first 6 months (Stagno *et al.*, 1975a). Typically, complexes found in the presence of antigen excesses are large (> 19 S) and may be injurious. It is possible that aggregated IgG or anti-B-lymphocyte antibody may have produced a false-positive Raji cell test. But aggregated IgG is not acid dissociable, and the anti-B-cell antibody cannot explain the anticomplementary effect observed when sera were tested.

Ozawa and Stewart (1979) examined the kidneys of a patient who was on steroids for a dermatitis and who developed hematuria and proteinuria in association with CMV pneumonitis. Mesangial proliferative glomerulonephritis was revealed by light microscopy. The mesangium contained granular deposits of IgG, IgA, C3, and C4 by immunofluorescence. Cytomegalovirus antigen was found in the same location, and antibodies against CMV could be eluted from the glomeruli.

Kantor *et al.* (1970) described one case of postperfusion mononucleosis in an adult who developed hematuria and proteinuria. Biopsy of the kidney showed mesangial thickening and thickening of the basement membrane by both light and electron microscopy.

These findings taken together suggest that CMV immune complex glomerulonephritis is a definite entity in both congenital and acquired infections. Further study should revel the conditions under which it occurs.

# 11

# Congenital and Perinatal Human Cytomegalovirus Infections

## 11.1. INTRODUCTION

One can define operationally a number of distinct neonatal infections, although there is still lack of consensus regarding terminology. An infection is a virological event documented by isolation of virus or by serologic evidence. More often than not it is asymptomatic, subclinical, or inapparent. When it is accompanied by manifestation of disease, we speak of "symptomatic" infection or infection with disease.

Infections detected within the first few months of life, irrespective of whether they were contracted in the uterus or outside, are called "neonatal infections." A neonatal infection is called "congenital" if it was transmitted transplacentally or within the uterus. If a neonatal infection is caused during birth by a virus in the birth canal or after birth by virus from the mother (such as urine, milk, or respiratory secretions), we speak of "perinatal infection" (Levinsohn *et al.*, 1969; Numazaki *et al.*, 1970). Perinatal infections defined in this manner were called "natal" by the Alabama group (Reynolds *et al.*, 1973). We do not use "perinatal infections" as a generic term but to designate a specific type of neonatal infection. If a generic term to include congenital and perinatal infections is needed, "neonatal infection" is proposed.

The operational definition of perinatal infection in terms of viral isolation is that virus cannot be isolated at birth but is isolated within the first few months of life. Possibly, as we understand better the causes of perinatal infection, further subdivisions based on the mechanism of transmission or type of morbidity produced may be necessary. At this time, nothing definite is known about either. There is, of course, a point at which we should no longer speak of "perinatal" infection but of infant or early childhood infection. Tentatively, a newly discovered CMV infection beyond 6 months of age will be considered the dividing line. Practically, it is often difficult to prove whether an infection at that age is a *de novo* infection or one that originated around the time of birth.

## 11.2. LABORATORY DIAGNOSIS OF CONGENITAL AND PERINATAL INFECTIONS

The most reliable test for diagnosing either congenital or perinatal infection is isolation of the virus, usually from the urine or throat. Viruria demonstrated at birth or within the first week of life is generally considered sufficient proof of congenital infection. The first appearance of viruria between 3 and 5 weeks after birth indicates perinatal infection if virus was not isolated at birth. Negative cultures in a newborn rule out a congenital infection. One cannot distinguish congenital from perinatal infection if a positive culture is obtained for the first time in a child over a month old. In the absence of immediate postnatal cultures, one must resort to serologic means of diagnosis.

Serologic diagnosis may be difficult in infants because of the complication of transferred antibodies from the mother and because one must distinguish between two possible modes of infection, congenital and perinatal.

The presence of specific IgM antibodies against CMV in cord blood or at birth is presumptive but not conclusive evidence for congenital infection. Not only is this test relatively insensitive, hence producing false negatives, but if rheumatoid factor is present, it may also produce a false positive result (see Section 6.9.1). Stagno *et al.* (1980) reported that 63% of congenitally infected babies born of mothers with primary CMV infection had specific IgM antibody immunofluorescence (IF) in cord blood, whereas only 21% of congenitally infected babies born of "immune" or seropositive mothers had CMV-specific IgM antibodies. More recently cord sera were tested by the ELISA and RIA tests for CMV IgM. The sensitivities of the ELISA and RIA tests for cord serum CMV IgM of congenitally infected babies born after primary infection were 72% and 80%. Cord serum from symptomatically infected babies tested 91% and 100% (Stagno *et al.*, 1985). Thus, the ELISA and RIA assays for CMV-specific IgM in cord serum are improved over the IF assay. Similar conclusions were arrived at in the testing of maternal serum (see below).

The presence of IgG antibodies at birth obviously is not diagnostic of infection because they may be transferred from the mother. Persistence of IgG antibodies during early life, either of the CF type or IFA antibodies against late antigen, is characteristic of congenital infection. But a single positive test does not differentiate between congenital and perinatal infection unless the mother is found to be seronegative. In that case, the baby may be assumed to be postnatally infected.

The IgG antibodies will decline with catabolism of maternal antibodies within the first month after the birth of an uninfected child. In the congenitally infected,

CMV-specific IgG may remain stationary, decline, or rise. In the perinatally infected child, CF antibodies may disappear as in the uninfected child and then rise. The demonstration of such a pattern allows one to diagnose perinatal infection. However, such a pattern is not always seen, and the CF test may not yield an interpretable result (Stagno *et al.*, 1975a).

The IFA test for early antigen (EA) has been proposed to be helpful diagnosing perinatal infection (Stagno *et al.*, 1975a), but it too is not entirely reliable. In summary, serologic diagnosis of different types of neonatal infection leaves a great deal to be desired (see also Section 6.9.1).

## 11.3. FREQUENCY OF CONGENITAL INFECTION

The results of a considerable number of surveys provide a good indication of the frequency of asymptomatic and symptomatic congenital infections. Those from 1958 to 1986 are summarized in Table 11.1. Two methods of detecting CMV infection were used: virus isolation from urine or throat or measurement of IgM. The populations studied were unselected newborns, babies born of mothers who were initially seronegative, or babies born of seropositive mothers.

The frequency of congenital infections in these studies varied from 0.27 to 2.26 per 100 births. In studies using virus isolation as the diagnostic criterion, the frequency was 0.68%, compared to 0.43% in studies where specific IgM antibodies were measured. Measuring CMV-specific IgM (0.61%) was more sensitive than measuring elevated nonspecific IgM (0.24%). However, either IgM method was less sensitive than the virological methods (Hanshaw, 1969), particularly the IF test used in most studies summarized in the table.

In Sapporo, Japan, only 6.2% of 1233 pregnant women were seronegative (Kamada *et al.*, 1983). In this highly immune population, 0.5% (11 of 2070) of newborns were found to have congenital CMV as determined by viruria. None was symptomatic. A similar study was conducted from 1977 to 1982 in Malmo, Sweden, where the seropositivity rate of pregnant women was 72% (Ahlfors *et al.*, 1984). The frequency of congenital infections was the same as in Japan, although more were symptomatic in Sweden. In the Brazilian series (Pannuti *et al.*, 1985), the seroprevalence of middle- and low-income mothers was, respectively, 67% and 84%. Their children were tested separately for congenital infections. They were less frequent in the middle-income group, but the numbers were too small to attain significance. As in the Japanese series, the Brazilian study may not have had enough infected babies for the determination of the number of symptomatically infected infants. There appear to have been more symptomatic infections in the United Kingdom than in Japan, Sweden, or Brazil. These international series are consistent with the idea that symptomatic congenital infections are less common when the prevalence of immune mothers is high. But since the studies are not strictly comparable, rigorous proof of this statement is lacking.

The Alabama group has provided separate data for congenital infection in

TABLE 11.1
Frequency of Congenital CMV Infection[a]

| Author | Place | Type of test | No. positive/ No. tested | Percentage positive | Symptomatic at birth | Patient population studied |
|---|---|---|---|---|---|---|
| Rowe *et al.* (1956) | USA | Viruria | 0/108 | 0.00 | 0 | Unselected newborns |
| Stern (1968) | USA | Viruria | 3/118 | 2.54 | 3 | Unselected newborns |
| Levinsohn *et al.* (1969) | USA | Viruria | 1/93 | 1.08 | 0 | Unselected newborns |
| | USA | Throat | 0/98 | 0.00 | 0 | Unselected newborns |
| Starr and Gold (1969) | USA | Viruria | 8/507 | 1.58 | 1 | Unselected newborns |
| Birnbaum *et al.* (1969) | USA | Viruria | 5/545 | 0.55 | 3 | Unselected newborns |
| Hanshaw (1969) | USA | Viruria | 7/685 | 1.02 | 3 | Unselected newborns |
| Collaborative Study (1970) | USA | Viruria and throat | 13/3182 | 0.40 | 0 | Unselected newborns |
| Stern and Tucker (1973) | UK | Viruria | 5/1040 | 0.48 | 1 | Seronegative mothers |
| Gold and Nankervis II (1976) | USA | Viruria | 8/3000 | 0.27 | 4 | Seronegative mothers |
| Monif *et al.* (1972) | USA | IgM | 22/9100 | 0.24 | 0 | Seronegative mothers |
| Leinikki *et al.* (1972) | Finland | Viruria | 5/221 | 2.26 | 0 | Normal newborns |
| Reynolds *et al.* (1974) | USA | IgM (>19 mg/100 ml) | 22/9100 | 0.24 | 0 | Unselected newborns |
| Hanshaw *et al.* (1976) | USA | IgM (specific) | 53/8644 | 0.61 | 2 | Unselected newborns |
| Mason *et al.* (1976) | USA | Viruria | 9/953 | 0.94 | 0 | Primaparous mothers |
| Granström *et al.* (1977) | Finland | Viruria | 3/148 | 2.03 | 0 | Normal newborns |
| Kamada *et al.*(1983) | Japan | Viruria | 11/2070 | 0.53 | 0 | Unselected newborns |
| Ahlfors *et al.* (1984) | Sweden | Viruria | 50/10328 | 0.48 | 9 | Unselected newborns |
| Pannuti *et al.* (1985) | Brazil | Viruria | 7/1026 | 0.68 | 0 | Middle and low income |
| Pannuti *et al.* (1985) | Brazil | IgM | 5/1744 | 0.29 | 0 | Middle and low income |
| Peckham *et al.* (1983) | UK | Throat | 42/14789 | 0.28 | 17 | Unselected newborns |
| Stagno *et al.* (1982a) | USA | Viruria | 20/2330 | 0.86 | 0 | Seropositive mothers |
| Stagno *et al.* (1986) | USA | Viruria | 37/5199 | 0.71 | 8 | Seronegative mothers |

[a]Congenital infection by viruria: 126/18419 = 0.68%. Congenital infection by IgM: 79/18,408 = 0.43%. Rate of symptomatic infection among those infected: total, 47/247 = 19.0%; viruric, 24/126 = 19%; IgM, 6/79 = 7.6%; throat swab, 42/14,887 = 0.28%.

seronegative and seropositive mothers (Stagno *et al.*, 1977b, 1982a, 1986). Contrary to prior belief, they showed clearly that babies of both seropositive and seronegative mothers could be congenitally infected. As shown in Table 11.1, the frequency of congenital infections was actually higher in "immune" seropositive mothers than in seronegative mothers. However, none of the congenital infections in seropositive mothers was symptomatic. This confirms the previous important finding that symptomatic congenital infections are, practically speaking, only important after primary or *de novo* infections in seronegative mothers.

Stagno *et al.* (1982a, 1986) also provided important data on the relationship between congenital infection and socioeconomic factors. They compared a middle- to upper-income white population with a low-income black population. Significantly more congenital infection occurred among blacks than middle-income whites (1.6% versus 0.6%). Primary infection in seronegative mothers was also higher in the lower socioeconomic group. We still do not know if blacks have more symptomatically infected babies, since the numbers are still too small to detect a statistically significant difference.

The study of Peckham *et al.* (1983) in a number of respects complemented that of Stagno *et al.* (1982a). Forty-two congenitally infected neonates monitored by throat cultures were detected by following 14,789 pregnant women. Seven were offspring of "immune" mothers, including one severely handicapped one. Twenty-eight (67%) of the infected infants were born to mothers who experienced primary infections. In the remaining seven, the type of maternal infection could not be determined. The findings confirm the results from Alabama that immune mothers can bear congenitally infected babies, although one would have expected proportionately a great number of such infections.

A summary of all the studies in Table 11.1 shows that 19% of congenitally infected babies were symptomatic at birth. Where looked at, symptomatic infections were largely a result of primary maternal infections. An unknown number of congenitally infected infants may develop late sequelae (see Section 11.4.3), but it is clear that by far the majority of babies with congenital CMV remain clinically normal. Except for the previous comments about the Alabama studies, it is difficult to say from the data from other parts of the world whether the frequency of congenital infection varies geographically or with socioeconomic conditions. To be certain of any real differences in the frequencies of infections, even larger groups have to be compared, and methods of diagnosis and data collection would have to be standardized. There are essentially no comparable data on differences in *symptomatic* congenital infection. In some countries, one does not even know if the problem exists

### 11.3.1. Immunoglobulin M Studies in Pregnant Mothers

If most symptomatic congenital infections are caused by primary maternal infection, then detection of such infection becomes important. Serial serologic tests are cumbersome and time consuming, and required samples are often not available. A single screening test would be highly desirable. The specific IgM antibody test has been studied in this regard. Earlier reports using immunofluorescent (IF) tests left the utility of the IgM test in pregnancy in doubt, but results using radioimmunoassay (RIA) are more promising.

Schmitz *et al.* (1977) looked for IgM antibodies to CMV by IF in 629 pregnant women and found them in about 7%, with equal distribution in the three trimesters. For comparison, only 2.6% of 225 nonpregnant women controls were positive. Fifteen of 195 pregnant women who had two or more serial specimens at 3-month intervals were positive. Twelve represented reactivation or reinfections because they had a prior serum sample positive for CF antibodies. Hence, the presence of IgM by IF did not necessarily denote a primary infection (see Section 6.10.1). Three of the 12 represented primary infection. Unfortunately, no correlative virological studies were done, so we do not know which of these were true infections. Because no independent evidence of infections was given, the sensitivity of the IgM test could not be determined.

Umbilical cord serum from 17 of 57 babies whose mothers had CMV IgM antibodies was tested, and five were positive (29%). This contrasts with one out of 54 neonates whose mothers were IgM negative during pregnancy (1.9%). It is not stated how many of the five represented primary infections in the mother, but at least one came from a mother with reactivation infection. All five neonates were asymptomatic. These data suggest that detection of CMV IgM in the mother is another risk factor for fetal infection, but its precise meaning was not clarified.

DeSilva *et al.* (1977) followed 1065 unmarried pregnant women in Manchester, England and identified 24 with specific IgM antibodies by IF in their sera; of these, 17 were followed to term. As in the report of Schmitz *et al.* (1977), separate objective definitions of primary and secondary CMV infection were inadequate, and the sensitivy and specificity of the test could not be determined.

Griffiths *et al.* (1982) used groups of sera from pregnant women in Alabama with defined infections to evaluate the CMV IgM by radioimmunoassay (RIA) as well as by IF. Specific IgM antibodies by RIA were detected in 55% (16 out of 29) of pregnant women with known primary infection proven by seroconversion. The IgM test by IF was 62% (18 out of 29) sensitive. The poor sensitivity of the IgM test either by RIA or IF resulted from the transient nature of IgM, as most sera within 16 weeks of seroconversion were positive but later sera were frequently not positive. The IgM test by RIA did not yield any false positives. Some seropositive women who transmitted CMV to their offspring or who were shedding CMV from their cervices tested negative. In contrast, as suspected from earlier reports, the IgM test by IF yielded 18% (19 out of 104) false positives from such individuals. The reason for this lack of specificity of the IF test is unclear, but it could not be entirely corrected by excluding the rheumatoid factor. The ELISA test has also been shown to be comparable to the RIA test (Stagno *et al.*, 1985).

In conclusion, it appears that the CMV IgM antibody test is not very sensitive but quite specific to detect primary infection during pregnancy if the proper test

(RIA or ELISA) is used. False negatives (lack of sensitivity) is a problem that cannot be overcome by single serum tests. The most sensitive test is still seroconversion, which requires at least two samples. It would seem desirable to collect sera on all pregnant women as part of routine prenatal care to help diagnose primary CMV infection. The verdict is not yet in on the other IgM tests, such as immunoperoxidase staining, indirect HA, and latex agglutination.

### 11.3.2. Congenital Infection and Time of Maternal Infection

In most congenital infections the mother is infected *de novo,* and certain periods during pregnancy are more vulnerable than others. The gestational age of the conceptus at the time of infection profoundly affects the frequency as well as morbidity of intrauterine infections. For example, infection during the first trimester by rubella virus is associated with a high probability of infection and birth defects. In the case of intrauterine infection with *Toxoplasma,* the frequency of infection paradoxically increases with gestational age so that it is highest in the third trimester. However, infection in the first trimester still produces the greatest probability of symptomatic damage (Desmonts and Couvreur, 1974).

What is the precise risk of primary CMV infection? Is there a particular time during pregnancy when the outcome of primary infection is more hazardous that at others? The picture is still not as clear in the case of CMV as in other congenital infections. Some data are summarized in Table 11.2. Monif *et al.* (1972) followed 664 pregnant women with a CF titer of less than 1 : 8 at bimonthly intervals. Two women were diagnosed to have primary infections in the second trimester. Both delivered infected infants. Two other women seroconverted during the third trimester. Both mothers produced infants who had elevated IgM in their cord serum and viruria at birth but were otherwise normal. In this study, there was 100% correlation between primary CMV infection in the mother and congenital infection in the baby. Infection was more serious in the second trimester than in the third.

Stern and Tucker (1973) studied 1040 pregnant women in London and found that 56% of the white and 90% of the Asian women were seropositive. Primary infection, detected by the CF test, occurred in eight (3%) of 254 white and three (19%) of the 16 Asian women. About 46% of their offspring (five of 11) had viruria at birth. One mentally retarded child was infected during the second trimester. Gold and Nankervis (1976) identified eight primary infections among more than 3000 pregnant women. Four infected babies were produced. All were viruric but clinically normal.

The largest and most informative study is of the cumulative data from 1978 to 1984 of more than 16,000 pregnancies from Alabama (Stagno *et al.*, 1986). The probability of developing congenital infections among mothers with primary infection was found to be 46–60% in each of three trimesters in 5199 seronegative pregnant women (Table 11.2). Both IgG and IgM antibodies were used to time the occurrence of primary infection. Out of 37 congenitally infected babies there were

TABLE 11.2
Risk of Congenital CMV Infection following Primary Infection of the Mother during Pregnancy

| Author | Number of pregnancies | Trimester | Primary CMV infection | Congenital CMV infection | | Stigmata | Congenital/primary |
|---|---|---|---|---|---|---|---|
| | | | | No. | % | | |
| Monif *et al.* (1972) | 664 | 1 | 0 | 0 | | 0 | |
| | | 2 | 2 | 2 | 100% | 2 | 4/4 (100%) |
| | | 3 | 2 | 2 | 100% | 0 | |
| Stern and Tucker (1973) | 1,040 | 1 | 2 | 2 | 100% | | |
| | | 2 | 4 | 2 | 50% | 1 | 5/11 (46%) |
| | | 3 | 5 | 5 | 20% | 0 | |
| Gold and Nankervis (1976) | ≥3,000 | 1 | 1 | 0 | 0% | 0 | |
| | | 2 | 4 | 1 | 25% | 0 | 4/8 (50%) |
| | | 3 | 3 | 3 | 100% | 0 | |
| Stagno *et al.* (1986) | 14,818 (T) | 1 | 33 | 17 | 51% | 7 | |
| | 5,199 (SN) | 2 | 10 | 6 | 60% | 1 | 37/69 (54%) |
| | | 3 | 26 | 14 | 46% | 0 | |
| Total | 19,522 | | 92[b] | 50[c] | | 11/50 (22%) | 50/92 (54%) |

[a]Primary infections in mothers were detected by antibody rise. All were asymptomatic. Monif *et al.* (1972) detected infection in neonates by measuring IgM against CMV in cord serum. The other authors measured viruria at birth. Stigmata consisted of clinically recognizable abnormalities at birth or during follow-up.
[b]Rate of primary CMV infection in all pregnant mothers was 92/19,522 = 0.47%. Primary infections in seronegative mothers was 59/5199 = 13.3% (Stagno *et al.* 1986). T, total; SN, seronegative mothers.

eight symptomatic babies, and seven were infected during the first trimester. Although the proportion of primary infections resulting in congenital infections was similar in each trimester, the babies who were infected in the second and third trimesters remained mostly asymptomatic. Britt and Vulger (1990) found no deficiencies in antibody responses to specific CMV proteins (see Chapter 3) and suggested that early acquisition of virus during pregnancy is the main factor in severity of congenital infections.

A summary of all reports (Table 11.2) indicates that intrauterine infection following primary CMV infection in the mother is high (50 of 92, 54%). The rate of primary infection of the mother will clearly vary with the immune status of the population, but in this series it was 0.47%. Interestingly, although populations with a low proportion of seronegative individuals are at lesser risk for developing primary infections, individuals in lower socioeconomic groups have a greater probability of developing primary infection (Stagno *et al.*, 1986). One may therefore expect this rate to be fairly constant. The rate of intrauterine CMV infection (50 of 19,552 pregnancies) was 0.26%, which is consistent with data collected by other methods (Table 11.1). Eleven out of 50 (22%) of the infected babies had clinically recognizable disease, whereas it was 19% in data collected in Table 11.1, which do not specify what type of infection the mother had. If we accept the Alabama data that the chance of a primary maternal infection resulting in a congenitally infected baby is 51%, and the chance that such a baby being symptomatically infected is 41% (7/17), then the chance of a maternal primary infection resulting in a symptomatically infected baby the first trimester is 21%. The risk of infection seems significantly lower later, particularly during the third trimester. We are dealing with two populations of congenital infections: one population consists of babies born of immune mothers, and another of babies from mothers with primary infection during pregnancy. Clinically significant disease probably occurs primarily in the latter population. It is not known whether secondary infection, i.e., reactivation or reinfection, at particular times during pregnancy is correlated with congenital infection.

### 11.3.3. Congenital Infection in Immune Mothers or during Consecutive Pregnancies

Now that we know immune mothers may also give birth to congenitally infected babies (Stagno *et al.*, 1977b, 1986; Peckham *et al.*, 1983), it should not surprise us, as it once did, to discover that congenital infections may occur in consecutive pregnancies.

Embil *et al.* (1970) first described two consecutive children born of an 18-year-old Caucasian. The first had disseminated C.I.D. and died at age 30 days. The second, born within a year, had viruria at birth for 8½ months and viremia at 5 months of age but was otherwise asymptomatic.

Stagno *et al.* (1973) described congenital CMV infection in two siblings born 3 years apart. The older child had viruria at birth, severe growth retardation, hepatosplenomegaly, and later severe psychomotor retardation. The second infant had viruria at birth but was otherwise normal. A similar set of cases were described by Krech *et al.* (1971c).

A number of other studies suggest that congenital infection can be transmitted by immune mothers. Nankervis *et al.* (1973) found that 12 out of 124 pregnant women who were CMV excreters and, hence, presumably "immune" delivered congenitally infected but asymptomatic babies. Others have found congenitally infected babies in immune mothers in individual cases (Ahlfors *et al.*, 1981a; Chiba *et al.*, 1984) or in population studies (Peckham *et al.*, 1983).

Huang *et al.* (1980a) demonstrated by restriction endonuclease analysis that the CMV isolates carried by a seropositive "immune mother and her congenitally infected baby were identical," showing that transplacental infection can occur in immune mothers.

Although the evidence is that congenital infections arising from immune mothers are usually asymptomatic, there are exceptions. Cytomegalic inclusion disease or symptomatic disease in babies whose mothers were "immune" or seropositive prior to being pregnant has been documented. Ahlfors *et al.* (1981a) report such a neonate with hepatosplenomegaly and petechiae at birth who survived but later was found to have bialateral deafness. Cytomegalovirus was cultured from urine 1 week after birth, and the mother was seropositive 2 years prior to pregnancy. Chiba *et al.* (1984) report a similar symptomatic case with fatal outcome, but the mother's seropositivity was less well documented. Symptomatic cases reported in the series of Peckham *et al.* (1983) have already been mentioned (see Section 11.3).

## 11.4. CLINICAL MANIFESTATIONS OF CONGENITAL INFECTIONS

The picture of symptomatic congenital infection, cytomegalic inclusion disease, is well known and has been repeatedly described in past reviews (Hanshaw, 1968, Krech *et al.*, 1971a; Weller, 1971). What is new has been a gradual awareness that C.I.D. is but one extreme of a spectrum of manifestations of congenital infections. Many of these are largely asymptomatic, some have only one or a few of the features of C.I.D., and a number will have other symptoms including late sequelae.

With respect to the classical manifestations of C.I.D., the review of Medearis (1957) encompassing the historic literature may serve as an example. He reviewed 132 cases of newborns who had cytomegalic inclusions in organs other than the salivary gland. Forty-two patients (32%) were considered to have the typical neonatal disease; i.e., their disease was evident at birth or shortly thereafter, and they died of the disease. All except one had inclusions in three or more viscera. This mortality obviously does not apply to the experience of more modern centers (see below). They were jaundiced and had hepatosplenomegaly and frequently a hemorrhagic diathesis. Thrombocytopenia was very common. A typical case is a premature infant noted to be icteric within the first day of life. Hepatosplenomegaly is found by abdominal palpation, and within hours cutaneous petechiae appear. There may be cerebral calcifications. Central nervous system depression and respiratory distress indicative of pulmonary disease progress within hours or days, and the patient dies. Patients who survived longer generally had less organ involvement.

In terms of organ involvement, 25 cases had some form of central nervous system disease. Fourteen had meningoencephalitis, of whom 13 presented the typical neonatal syndrome. Eighty-four (64%) of the 132 patients had pulmonary disease clinically or at necropsy. These cases had no other clinical organ involvement but had inclusions in the salivary gland, lung, or kidney. Pulmonary disease was often associated with other conditions such as pertussis (31 cases).

Pass *et al.* (1980) summarized the Alabama experience with 34 symptomatically infected neonates who were prospectively followed for a mean of 4 years. Petechiae, hepatosplenomegaly, and jaundice were also the most common presentations. Others were microcephaly (50%) prematurity (34%), inguinal hernia (26%), and chorioretinitis (12%). As opposed to asymptomatic congenitally infected babies, those with symptomatic infection were more likely to have specific IgM antibodies (84%). Ten patients died, and eventually two out of 23 survivors had central nervous system or auditory handicaps. Eight (35%) had neuromuscular disorders, and seven (30%) had moderate to severe unilateral or bilateral nerve deafness.

The following is a case of congenital C.I.D. from the files of the Children's Hospital of Pittsburgh:

> D.B. was born of a 16-year-old primiparous black girl after 8½ months of gestation. His birth weight was 4 lb 7 oz. He was jaundiced at birth and spent 5 weeks in the premature nursery with a diagnosis of neonatal hepatitis before discharge. Shortly thereafter, he was readmitted because of nosebleeds. He was febrile and had hepatosplenomegaly. Before death at the age of 2½ months, his blood culture and cerebrospinal fluid grew out *Hemophilus influenza*.
>
> At postmortem examination, there were calcified deposits in the subependymal areas and some gliosis of the ependyma. Cytomegalic inclusions were found in the parotid, pancreas, kidney, liver, and lungs. There was a CMV pneumonitis, hepatitis, and marked extramedullary hematopoiesis. The terminal event was bacterial meningitis.

This appears to be a bona fide case of intrauterine CMV infection that illustrates other characteristic features. Not all the stigmata of C.I.D. need be present at birth, and complicating infections are not unusual.

The clinical course of children who are asymptomatic or mildly symptomatic at birth varies a great deal. Most infected children survive without any known sequelae, even though these are now being detected, including a 15% frequency of hearing loss (see Section 11.4.3). Others may present with chronic gastroenteritis, recurrent papular and petechial rashes, or persistent pneumonitis. Pneumonitis may present later in the neonate with an asymptomatic interlude. It may be difficult to distinguish such cases from pneumonitis caused by perinatal infection. A case of this type is presented below (see Section 11.5).

A number of children with CMV infection will continue to have or appear later with hepatosplenomegaly and hepatitis. McCracken *et al.* (1969) followed 20 infants with hepatitis, 18 of whom had congenital infection, for periods up to 9 years. Eighteen of the 20 infants had hepatomegaly, and ten had abnormal liver function tests up to 21 months after birth. The result of liver biopsies ranged from normal tissue, extramedullary hematopoiesis, and cholangiitis to portal fibrosis. Serial studies demonstrated reversibility and improvement of hepatitis. Hanshaw *et al.* (1965) found hepatomegaly among 20 institutionalized but asymptomatic viruric children aged 0 to 19. Abnormal liver function was six times more frequent in this group than in controls. Also, among 23 children with unexplained hepatomegaly or chronic liver disease, CMV was isolated from nine. This study suggests that liver disease, at least in institutionalized children, may be caused by CMV. As in the case of pneumonitis, however, unless such children are followed from infancy, we cannot distinguish late manifestations of congenital infection from acquired CMV disease.

In view of the frequent involvement of the liver in CMV infection, the question arises whether it causes irreversible liver disease. Liver disease in adults and in immunosuppressed subjects is discussed in Section 12.4.2 and 13.3.3. In the neonate, at least some of the hepatosplenomegaly may be attributed to extramedullar hematopoiesis and is reversible. More important, McCracken *et al.* (1969) followed 20 infants with CMV infection for up to 9 years, and Berenberg and Nankervis (1970) followed 12 children from 3 to 12 years without finding any evidence of irreversible liver damage.

There are occasional indications of the contrary. Dresler and Linder (1978) described a 4-year-old girl who died of esophageal and variceal bleeding caused by "noncirrhotic portal fibrosis." She was born with a petachial rash, hepatosplenomegaly, and jaundice; on the fourth day of life, cytomegalic cells were detected in her urine, all manifestations of congenital CMV infection. The first episode of hematemesis developed at 16 months of age. At postmortem examination, the liver showed focal subendothelial fibrosis, portal vein radicals, mild portal tract fibrosis, and some accumulation of collagen in the space of Disse, findings consistent with noncirrhotic portal fibrosis. Although the etiology of this condition is unknown (Sama *et al.*, 1971), it is rarely seen in persons less than 20 years of age in North America. This case suggests that occasionally CMV may be a cause of this condition. A similar case was described by Reily *et al.* (1979).

In conclusion, hepatitis is almost always a part of symptomatic congenital or acquired disease, even more so than pneumonitis. It does not usually cause liver failure or irreversible hepatitis.

A less common complication of congenital infection is diabetes mellitus. This has been described in a 13-month-old child (Ward *et al.*, 1979). Whether diabetes can occur as a late complication of inapparent neonatal infection has not been adequately studied (for diabetes in acquired infection, see Sections 10.3 and 12.4.10).

Stagno *et al.* (1982a) studied 118 patients with congenital CMV infection documented by viruria. Twenty-five were symptomatic, and 93 had subclinical infections. All were examined when they were older than 18 months. Tooth defects occurred in 40% (10/25) of the symptomatically infected and in 5.4% (5/93) of those asymptomatically infected. The defect was characterized by yellow discoloration, opaque or absent enamel, and hypocalcification associated with fractured borders. Rampant dental caries was frequent. Enamel hypoplasia may come from a defect in amelogenesis. Dental care is clearly important not only for symptomatic but also for asymptomatically infected children.

### 11.4.1. Congenital Infection and the Central Nervous System

The central nervous system (CNS) can be involved in a number of different ways. Extensive and severe involvement is part of classical C.I.D. Subtle long-term effects on the CNS are described below (Section 11.4.3). The severely brain-damaged infant may have periventricular calcifications, microcephaly, seizures, and spastic quadriplegia (Hanshaw, 1966a). Some of the manifestations may be irreversible and persist; these include mental retardation, microcepaly, hydrocephalus, epilepsy, cerebral palsies, and optic atrophy. Weller and Hanshaw (1962) found 14 out of 17 infants with congenital CMV infection to have microcephaly. Pass *et al.* (1980) also find that microcephaly is common in the symptomatically infected. Any evidence of CNS damage at birth is a poor augur for normal mental development. Other manifestations may only become apparent with growth and development. Retardation in mental and motor functions are examples.

In a series of 18 patients with congenital infection, McCracken *et al.* (1969) found some evidence of CNS disease in nine during the first 6 months of life. Seven had microcephaly (see Fig. 11.1). An eighth infant was noted to be microcephalic during the second year of life. Five of the eight had intracranial calcifications, which were periventricular in three and generalized in two. Four were deaf. Fourteen infants were followed up to 9 years. Four were normal at 7 and 8 years of age. Seven showed severe mental and developmental retardation, of whom one died at 9 months and the other at $4\frac{3}{4}$ years of age.

Berenberg and Nankervis (1970) noted chorioretinitis in four out of 12 patients with C.I.D. This manifestation is usually present on initial examination if at all. Out of 12 patients followed, only three developed normal intelligence, all the remaining having mild to severe mental retardation (Fig. 11.2).

Cytomegalic inclusion disease is often associated with microcephaly. Still, most cases of microcephaly in our institutions are of unknown etiology. Other known causes of microcephaly in our institutions are infections by *Toxoplasma* or rubella, irradiation, aminoacidurias, Fanconi's anemia, cortical atrophy, and chromosomal disorders (Baron *et al.*, 1969). Hanshaw (1966b) thought that CMV infection might be a significant cause of those cases of unknown etiology. In a test of this hypothesis, a group of 41 institutionalized microcephalic children 5 months to 8 years of age in Rochester, New York screened for CF antibodies against CMV. Forty-four percent were positive. By comparison, only 4% of a group of nor-

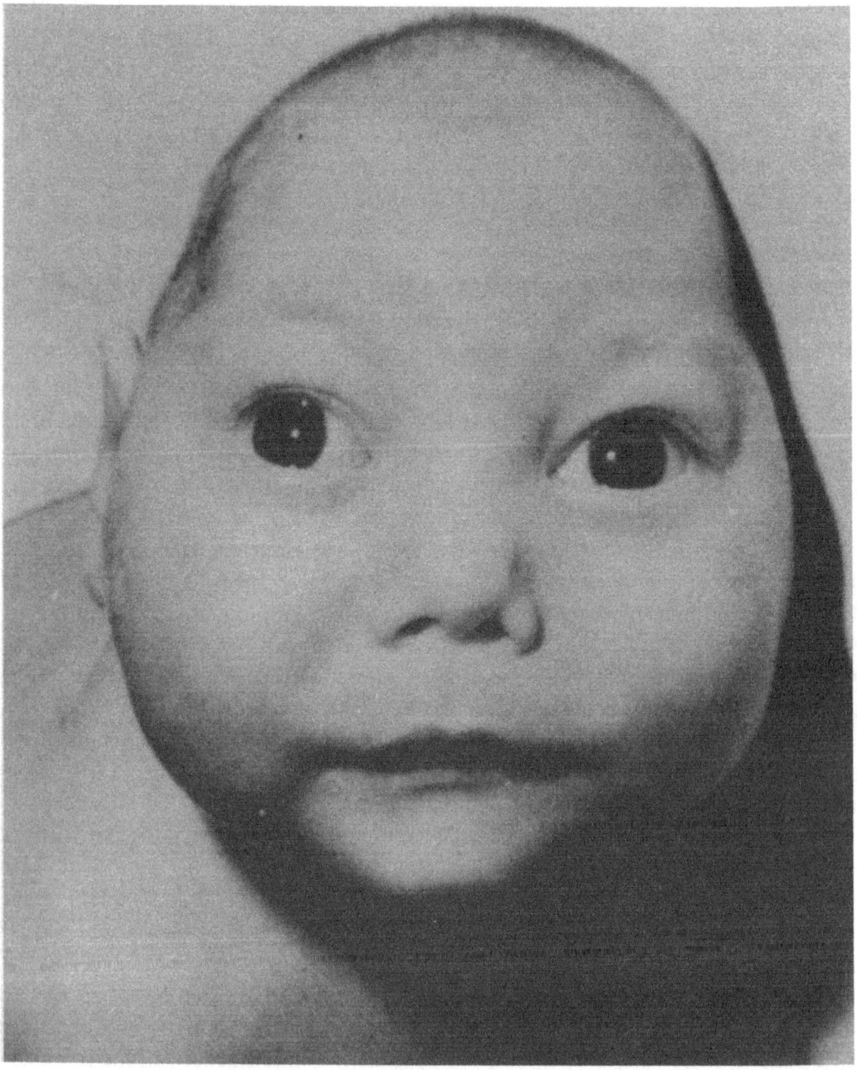

Figure 11.1. A 7½-month-old infant with congenital CMV infection and marked microcephaly. (H. T. Wright in A. S. Kaplan, *Herpesviruses*. Reproduced by permission of Dr. Wright and Academic Press.)

mocephalic control children were seropositive. Other stigmata of possible previous neural invasion by CMV were found in 18 of the seropositive microcephalic children, i.e., periventricular calcifications (four), microphthalmia (two), chorioretinitis (one), spastic diplegia or quadriplegia (one), and prematurity (eight).

Baron *et al.* (1969) conducted a similar study in Pittsburgh but could show no association between CMV infection and microcephaly. Eight of 62 (13%) micro-

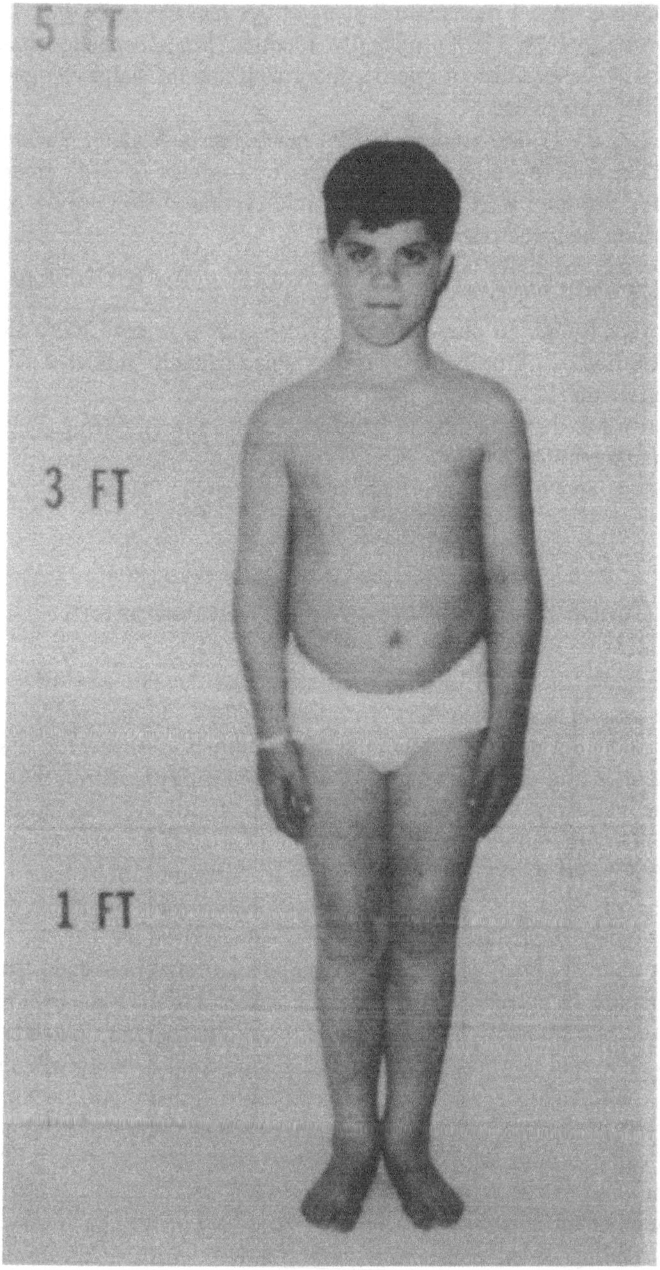


Figure 11.2. A 10-year-old boy with congenital CMV infection and hepatosplenomegaly at birth. He now has congenital heart disease, scoliosis, defective vision, and an abnormal electroencephalogram but is doing well. (H. T. Wright in A. S. Kaplan, *Herpesviruses*. Reproduced by permission of Dr. Wright and Academic Press.)

cephalic children from 5 months to 5 years of age had CF antibodies. In a control group, four out of 26 (15%) mentally retarded normocephalic children were seropositive. No association of microcephaly with rubella, herpes simplex, or *Toxoplasma* was found either.

Ahlfors *et al.* (1986) studied 14,724 newborns in Malmo, Sweden between 1977 and 1983 for congenital CMV infection by isolation of CMV during the first week of life, and they were followed for microcephaly. None of 56 congenitally infected infants had microcephaly defined by head circumference smaller than 3 S.D. below the mean for age and sex. However two infants did have a head circumference of −2 S.D. Out of 10,000 children living in the city, 12 microicephalics were found. In one of them, evidence of primary CMV infection was found in the mother. A probable cause for microcephaly unrelated to CMV was found in ten of the 12 cases.

It is probable that a certain proportion of surviving microencephalic children suffer from congenital CMV infection. What this proportion actually is remains to be determined, and it may vary from region to region. However, it is probably small.

### 11.4.2. Congenital Infection and Fetal Development

Cytomegalic inclusion disease may affect the development of other organs besides the central nervous system. In general, CMV, unlike rebella virus, is not noted for producing striking congenital abnormalities. Naeye (1967) studied the state of maturity and development of 12 cases of C.I.D. based on the presence of cytomegalic inclusions in three to five organs. The following calculations are based on his data. Gestational age of affected children varied from 20 to 40 weeks with a mean of 36.2 ± 3.4 weeks. The body weight as percentage of expected gestational body weight was 82 ± 17%. Except for two, all babies were below expected weight and were slightly premature. The spleens of affected children were consistently larger than controls but had subnormal numbers of lymphocytes. They usually showed evidence of extensive hematopoiesis and erythrocyte congestion. The thymus was usually subnormal. The weights of brain, liver, kidney, and adrenal glands were often abnormal but bore no consistent relationship to body weight.

Gross malformations were not noted in any organ except the brain. Abnormalities noted in the brain were microcephalus (one), hydrocephalus (two), periventricular calcifications (six), cerebral necrosis and inflammation (six), and ventricular (one) and subarachnoid hemorrhage (one).

The number of cells was subnormal in most organs except in the spleen and liver. In ascending order, cell counts were below controls in the brain, thymus, pancreatic acini and islets, glomeruli, and myocardium.

Rarely, congenital CMV infection produces other congenital malformations and teratogenesis. McCracken *et al.* (1969), in a survey of 20 patients with neonatal CMV, found pulmonary valvular stenosis in one. McAllister *et al.* (1964) described a case of pulmonary and mitral valve stenosis diagnosed by cineangiogram and cardiac catheterization. Benyesh-Melnick *et al.* (1964), searching for viruses in patients with congenital heart malformations, found a male infant with mitral stenosis and atrial septal defect from whose kidneys CMV was cultured at postmortem.

McCracken *et al.* (1969) noted that five out of 18 cases of C.I.D. had structural abnormalities of the derivatives of the first embryonic arch. One patient had a high arched palate, micrognathia, left facial weakness, and deafness. Late onset of deafness and retarded intelligence is discussed below.

Lang (1966) noted a high incidence of inguinal hernias in males with C.I.D. (11 out of 14). This is also borne out in a more recent series (Pass *et al.*, 1980). This phenomenon could not be explained by prematurity of the infants or hepatosplenomegaly. Bilateral diaphragmatic eventrations have also been noted (Wayne *et al.*, 1973; Becroft, 1979).

Stagno *et al.* (1982b; Reynolds *et al.*, 1986) noted a defect in amelogenesis (enamel) that affects mainly primary dentition. Teeth showed fractured borders and opaque and hypocalcified enamel.

Byrne *et al.* (1987) reported a striking case of cyclopia in a male infant with histological evidence of disseminated CMV infection autopsied 6 days after birth. There was a single orbital opening and a single eye globe with two anterior segments.

In conclusion, infants with C.I.D. may have a number of developmental abnormalities. Usually the virus does not affect critical organ development except in the central nervous system.

The following case of C.I.D. and thymic aplasia is from the files of the Pittsburgh Children's Hospital. It suggests a novel association of CMV with a developmental abnormality.

> A.A.J. was a full-term baby boy born of a primiparous 27-year-old white woman. He was discharged 5 days after birth and was apparently well until around 3 weeks of age, when he developed a dry cough. Upon admission to the hospital, a right middle lobe infiltrate was found. He was found to have in the serum nondetectable levels of IgA, IgM, and an IgG level of 175 mg/dl (normal >300 mg/dl). His downhill 42-day hospital course was later complicated by hypoglycemia and convulsions.
>
> At postmortem, there was an absence of plasma cells in the hypoplastic lymphoid tissues. The thymus was hypoplastic. There were severe chronic pneumonia and inclusions in the liver, spleen, pancreas, adrenal glands, kidneys, and lymph nodes. In addition, there were focal calcifications in the brain and an inclusion in an endothelial cell of the olive of the medulla. Inclusions were also found in the heart and in the paratracheal, hilar, and paraaortic lymph nodes.

Very likely this patient had intrauterine CMV infection in view of the relatively early onset of disease, the widespread nature of the infection, and changes in the brain suggestive of a chronic infection. In addition, he had thymic aplasia with hypogammaglobulinemia. The relationship of this immunologic deficiency to CMV is interesting to speculate on. The two may be unrelated. Or CMV caused the immunologic deficiency by invasion of the thymus and lymphoid tissue. Support for this possibility may be found in murine infections (see Section 16.3). The third possibility is that the immunologic deficiency conditioned the CMV disease. Is it possible that cell-mediated immunity, defective *in utero,* permitted a generalized disease to develop, whereas it would have otherwise been contained? This may be an important cofactor accounting in some cases for the development of symptomatic CMV disease.

### 11.4.3. Subtle Sequelae of Congenital Infections

A number of possible late sequelae of congenital infections have been under investigation.

Kumar *et al.* (1973) followed a group of 15 congenitally infected infants who had no stigmata of infection at birth. The intelligence quotient (IQ) of the infected children was 85.2, which was disturbingly low. The IQ of a control group was only 86.5. They concluded that no significant abnormalities could be detected in the infected group.

Reynolds *et al.* (1974) followed 22 cases of asymptomatic congenital CMV infections among 267 neonates with elevated IgM levels ($\geq$ 15 mg/100 ml) discovered in the course of the screening 9100 live births (Table 11.1). Viruria persisted in these patients until the fourth year. Virus shedding from the throat usually ceased after 1–2 years. Some degree of sensorineural hearing loss, mostly unilateral, was detected in nine of 16 tested as opposed to two of 12 controls. General health and development were good in 18 infected children except for one whose head circumference was small. The mean IQ of those infected was 92, compared with 100 in controls. As in the report of Kumar *et al.* (1973), the IQ of infected children was not significantly lower.

In a group of neonates from higher socioeconomic strata, Hanshaw *et al.* (1976) identified 53 with IgM antibodies against CMV in cord blood. One was stillborn, and one had clinical disease and died at 48 hr of age. Forty-four were evaluated at 3.5–7 years of age. The group mean IQ was 103, which was significantly lower than in matched controls (112, $P < 0.025$). The predicted school failure rate, based on IQ, behavioral, neurological, and auditory data, was 2.7 times that of controls matched for socioeconomic status. Saigal *et al.* (1982) followed prospectively 64 congenitally infected Canadian children and matched controls. The Stanford–Binet intelligence test revealed normal scores at 3 and 5 years of age for both CMV-infected and normal subjects. So far there is no conclusive evidence that CMV affects intelligence apart from its other effects on the central nervous system.

Hanshaw *et al.* (1976) also reported that five of 40 (13%) infants with asymptomatic congenital CMV infection had bilateral hearing loss, and three had profound deafness. These data and those of Reynolds *et al.* (1974) suggested that some of the estimated one in 1000 cases of unexplained profound deafness in American children may be caused by congenital CMV infection.

Stagno *et al.* (1977c) and Pass *et al.* (1980) supplied data from Alabama on the incidence of sensorial hearing loss in neonatal CMV infection (see Table 11.3).

TABLE 11.3
Incidence of Auditory Defects in Congenital CMV Infection

| | Type of congenital infection | | | |
|---|---|---|---|---|
| | Symptomatic | | Subclinical | |
| Auditory defect | *a* | *b* | *a* | *b* |
| Bilateral | | | | |
| Profound | 3 | 1 | 2 | 2 |
| Moderate | 24 | 0 | 3 | 1 |
| Unilateral | | | | |
| Profound | 1 | 0 | 2 | 2 |
| Moderate | 2 | 0 | 0 | 1 |
| Defect/ infected[c] | 10/31 (32%) | 1/4 (25%) | 7/51 (14%) | 6/37 (16%) |
| | 11/35 (32%) | | 13/88 (15%) | |
| Defect/ all infections | 22/140 (16%) | | | |

[a]Data from Stagno *et al.* (1977c) and Pass *et al.* (1980).
[b]Data from Saigal *et al.* (1982).
[c]No. patients with hearing defect/No. with symptomatic infections.

Children with three classes of CMV infection were studied. Stagno *et al.* (1977c) and Pass *et al.* (1980) together described 82 patients with congenital infection, 31 of whom were symptomatic at birth. Twenty-one had perinatal CMV infection, none of whom developed hearing loss (not shown in table). Ten of the 31 (32%) infected and symptomatic infants had auditory defects, whereas seven of the 51 (14%) subclinically infected had auditory defects. These were not detected at birth but later. Thus, the two Alabama reports yield a total of ten patients with auditory defects out of 31 with symptomatic infections (32%).

Saigal *et al.* (1982) (Table 11.3) from Hamilton, Ontario provided a prospective controlled study of the magnitude of hearing loss in congenital CMV infection. They identified by neonatal urine culture 64 infected children out of 15,212 unselective births. Four had C.I.D. Matched controls were selected for 46 infected children. Seven (17%) of 41 infected children had varying degrees of sensorineural hearing loss, whereas none of the controls had this type of deafness. Only one of the seven had symptomatic infection at birth; the others were thought to be asymptomatic. As shown in the table, one out of four (25%) symptomatically infected and six out of 37 subclinically infected (16%) had hearing defects. Summarizing the data of the three authors described in Table 11.3, a third of symptomatically infected have neurosensory hearing loss, and 15% of those who are asymptomatic at birth are found, usually some time after birth, to suffer from hearing loss.

At present it is still unclear how often sensorineural deafness is progressive. All cases in a series on symptomatic patients were apparent by 2 years of age (Pass *et al.*, 1980), but Stagno *et al.* (1977c) reported a child who was asymptomatic at birth and developed profound bilateral deafness after 2 years of age. None of the

Canadian patients became impaired as they got older. However, impairment may be difficult to detect early in life, and serial studies using evoked potential audiometry are desirable.

There are only a few pathological studies of the inner ear in congenital infection. Two patients showed evidence of virus in the cells of the organs of Corti and neurons of the spiral ganglia (Stagno *et al.*, 1977c). Rare cells with typical intranuclear inclusions were seen in the vestibular (Reissner's) membrane and stria vascularis of the cochlea (see also Section 10.3). A third patient studied postmortem had disseminated symptomatic disease but no evidence of viral infection in the inner ear. Strauss (1985) did not find any evidence of CMV endolabyrinthitis in 52 pairs of temporal bones of children with congenital CMV infection but in separate functional studies did find evidence of vestibular deficits as well as sensorineural hearing loss.

The hearing problem is insidious in nature; it is difficult to detect and may be progressive. Hearing loss is more progressive in the symptomatically infected, but it may be present in otherwise asymptomatic babies, and estimates so far may be minimal. The pathogenesis of these changes is unclear. Possibly an immune mechanism underlies the development of hearing loss.

In contrast, the pathological condition of the eye corresponded roughly to the severity of infection. It was found in seven of 43 patients with congenital CMV infection. Five of the eight patients (63%) who were symptomatically infected had lesions. None with perinatal infections had pathological conditions of the eye (Stagno *et al.*, 1977c).

## 11.5. CLINICAL MANIFESTATIONS OF PERINATAL INFECTION

A clearly defined perinatal infection that may be symptomatic or even end in death is CMV infection transmitted to the immature neonate by transfusions. This is discussed in Section 12.2.2, as is CMV infection acquired later in childhood. Here we deal with clinical aspects of perinatal infections discovered by routine screening of urine and/or throat cultures for CMV. We have already discussed the epidemiology of these infections and the possible role of the infected uterine cervix, infected milk and colostrum, and possibly other maternal reservoirs in the transmission of perinatal infection (see Section 9.2).

Kumar *et al.* (1975) described 21 infants of virus-excreting mothers who acquired CMV infection in infancy. Seven were symptomatic and developed pneumonitis, lymphadenopathy, hepatosplenomegaly, and rash. They seemed to develop normally. In contrast, of 96 patients who perinatally acquired CMV infection discovered by postnatal screening and followed by the Alabama group (Whitley *et al.*, 1976), only one developed protracted pneumonitis with lower respiratory obstruction beginning at 1 month of age. After a 5-day hospital course, the child was readmitted at 12 weeks with an exacerbation of respiratory distress. Her mother was a proven cervical carrier before parturition (36 weeks). The baby's urine was negative at birth, but both urine and throat culture became positive at 4 weeks and remained positive up to 24 weeks. Her CMV IgG EA assay rose from < 8 to 256, which is typical for perinatal infection. A second patient who was not followed before 4 weeks of age had otherwise almost identical clinical and laboratory findings. Cytomegalovirus was also isolated by lung biopsy. He had normal numbers of B and T cells, which responded normally with thymidine uptake following CMV-specific blastogenic stimulation. This is in contrast to congenitally infected children, whose reaction is frequently depressed (see Section 7.3.3).

The following case from the Pittsburgh Children's Hospital illustrates some of the problems of CMV pneumonitis in the newborn (Fig. 11.3). When a baby without any stigmata of congenital infection gets CMV pneumonitis in the newborn period, it is not always possible to determine whether one is dealing with neonatal or perinatal infection.

M.S. was a full-term baby born of an 18-year-old primipara black woman. He did well until 3 weeks of age, when he developed a persistent cough with the x-ray appearance of interstitial pneumonia. Urine cultures were positive for CMV. He became worse, and at 2 months of age, a lung biopsy of the right middle lobe and right lower lobe was done. It showed marked fibrosis, swollen alveolar cells, and dense infiltrates of lymphocytes and

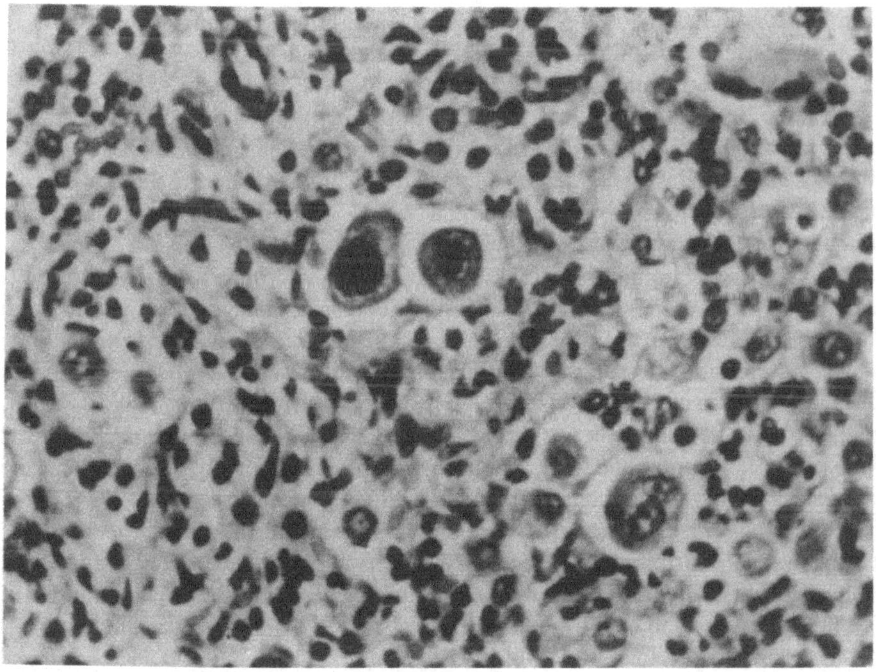

Figure 11.3. Lung biopsy of a 7-week-old boy with respiratory distress, which shows interstitial pneumonia and cytomegalic cells. It was positive by culture for CMV (×433). It is unknown whether patient was infected *in utero* or perinatally. (Courtesy of Dr. E. J. Yunis, Children's Hospital, Pittsburgh.)

plasma cells. Many large cells contained nuclear and cytoplasmic inclusions. Electron micrographs showed mature and immature viral particles consistent with CMV. Viral cultures of the biopsy, urine, and throat were positive for CMV. After a stormy period during which 100% oxygen and artificial respiration were required, the patient gradually improved and was discharged at 5 months of age.

This patient had typical interstitial CMV pneumonitis. In this case, as in many similar ones, no neonatal specimens were taken. The pneumonia may have been a result of perinatal infection, but congenital infection cannot be ruled out.

Two other aspects of the problem of perinatal CMV infection have been looked at. It may produce disease in immature infants, or it may produce other unforseen sequelae later in life.

Brasfield *et al.* (1987) studied the etiology of 205 infants less than 3 months of age who were hospitalized for pneumonitis. Twenty percent (42/203) were infected with CMV. Although this is significantly higher than controls (3%), it is not clear that these cases were caused by perinatal CMV infections.

Paryani *et al.* (1985) compared 55 premature or term infants sick with perinatal CMV infections and 55 controls. They were evaluated at 3 years of age. Infants with onset of CMV excretion during the first 2 years of life had more neuromuscular disability (3/13).

Sawyer *et al.* (1987) studied 32 perinatally infected infants who weighed less than 2000 g and found that 75% (24) developed bronchopulmonary dysplasia, a common chronic complication of sick premature infants, while fewer controls (38%, 12/32) were significantly afflicted.

Using 200 Finnish mother–infant pairs originally used for the study of perinatal infection, Leinikki *et al.* (1978) and Granström and Leinikki (1978) sought illnesses associated with perinatal cytomegalovirus infection during the first 2 years of life. A prospective study was performed on 147 children during their first year of life. Forty-eight infants were infected with CMV perinatally. Data on clinical aspects of infections during the second year were available from a total of 108 infants, and serum samples were assayed for viral antibodies at the age of 24 months from 111. No specific symptoms or signs could be attributed to perinatal infection. None of the manifestations, such as hepatitis, previously described in connection with CMV infection in childhood was observed. Urinary tract infections were, however, noticed more frequently in the group of perinatally infected children (4/48 as opposed to 1/91 in uninfected). Judging from the prevalence of illnesses and the frequency of elevated antibody titers against different agents, perinatal CMV infection did not seem to influence the general morbidity of a child. In general, the frequency and distribution of illnesses were the same as previously reported by Finnish authors. Breast feeding did not protect against infection. The children of CMV-seronegative mothers were not more resistant to other infections, although all of them escaped perinatal CMV infection.

Granström et al. (1980), in another study of 148 Finnish infants, found 33% perinatally infected before 6 months of age. Perinatally infected children were more often delayed in speech than noninfected children at the age of 2, but results of psychological tests at 5 years of age were not different.

From the above, it is clear that perinatal infection may cause symptomatic infection such as pneumonitis, but it is a fairly rare event, probably less than 1%. One can assume that the normal neonate, unlike the embryo, is quite resistant to CMV disease, as are normal children and adults. The situation may be quite different if the neonate is immature. This is best shown in primary infections acquired after blood transfusions (see Sections 9.7.1 and 12.2.2), which are frequently given to immature infants. Other subtle sequelae of perinatal infection may still be discovered and detected after long-term follow-up.

# 12

# Acquired Cytomegalovirus Infection in Immunocompetent Patients

## 12.1. INTRODUCTION

Acquired cytomegalovirus infection may be asymptomatic or produce a mononucleosis syndrome. Complications of the latter include pneumonitis, hepatitis, or involvement of the nervous system.

The mononucleosis syndrome was classified clinically by Tidy (1934) into three types. The pharyngeal type is characterized by exudative pharyngitis usually accompanied by lymphadenopathy. The glandular type has lymphadenopathy without pharyngitis or tonsillitis. Fever dominates the picture in the typhoidal type, and severe pharyngitis or enlarged lymph nodes are absent.

Mononucleosis or glandular fever is a clinical and hematologic syndrome with many causes. The heterophile agglutination (Paul–Bunnell) test successfully diagnoses a significant proportion of those cases caused by EB virus. This leaves the problem of heterophile-negative mononucleosis, which may represent a missed EB virus infection or some other viral or nonviral infections. Candidate agents include *Toxoplasma;* rubella, herpes simplex, and adenoviruses (Evans, 1972).

Klemola (1973) summarized the Finnish experience with 494 patients with spontaneous mononucleosis from 1965 to 1972. They had febrile illnesses and relative (> 50% of white cells) or absolute lymphocytosis with > 10% atypical lymphocytes lasting for at least 10 days. Three hundred ninety or 70% were heterophile positive, and 104 (21%) were heterophile negative. Of the latter, 73 patients over 15 years old were studied, and 33 (45%) had CMV mononucleosis. Assuming that the 33 represented all those infected with CMV, then 6.6% of all cases of mononucleosis syndromes were caused by CMV.

A similar picture emerges from a study of 398 patients in Minnesota (Horwitz *et al.*, 1977); 80% were heterophile positive, which is higher than the Finnish study, perhaps a reflection of the fact that the more sensitive heterophile agglutination test using horse red cells was used. Of the 43 patients in the heterophile-negative group, 70% (30) were infected with CMV. Hence, 7.5% of all patients with mononucleosis were infected with CMV.

In both studies, no cases of CMV mononucleosis occurred below the age of 15, although 20% of heterophile-positive mononucleosis cases occurred below that age, which indicates that CMV attacks an older age group.

## 12.2. CLINICAL ASPECTS OF CYTOMEGALOVIRUS MONONUCLEOSIS

The cardinal features of CMV mononucleosis were clearly described in the first article on the subject (Klemola and Kaariainen, 1965). From February to April, 1965, nine patients with classical EB virus mononucleosis with positive heterophile agglutinins were admitted to the Aurora Hospital. At the same time, five patients with mononucleosis and negative heterophile agglutinins were admitted. They were 23–33 years old except for a 1-year-old female child. Every patient with EB virus mononucleosis had the pharyngeal type of disease, tonsillitis and enlargement of lymph nodes, but none of those with CMV mononucleosis had tonsillitis. Only one had transient lymphadenopathy. Their disease was the typhoidal type. Fever lasted for 2–5 weeks, reaching high levels in three cases. Headache and myalgia were uniform complaints. The general condition of the patients was good. Clinical complications were seen in the one child: central vestibular damage, pneumonia, and arthritis. Atypical lymphocytosis varied from 15% to 30%. All patients had mild hepatitis with moderate elevations of SGOT and positive thymol turbidity but no bilirubinemia. There was a fourfold or greater elevation of cold agglutinins. Later, as more patients accumulated, this clinical description was confirmed (Klemola *et al.*, 1970).

By screening undiagnosed febrile illnesses in an infectious disease department in 1965–1967 in Sweden, Carlström *et al.* (1968) diagnosed 11 cases of CMV mononucleosis by serology. In contrast to the Finnish work based on cases with heterophile-negative mononucleosis, six of the 11 had pharyngitis or tonsillitis, four had marked splenomegaly, and two had bronchopneumonia. Gastroenteritis and abdominal pain were seen in three, and vaginitis in two. Only atypical lymphocytes were found in five. One had a peripheral white cell count of 20,000 with a shift to the left. Klemola (1973) suggests that there may have been another concurrent viral illness to account for the pharyngitis in these cases. Sterner *et al.* (1970) extended the Swedish series with a further report of 17 cases. The most striking finding was high fever ($< 39°$) suggestive of septicemia, which lasted about 3 weeks. In nine out of 14 patients, fever was the sole physical abnormality. Three patients had leukocytosis, two had pharyngitis, three had pneumonia, one had myocarditis, and one had meningoencephalitis. Only four patients had hepatomegaly, although all had abnormal liver function tests.

Klemola *et al.* (1967) state that in mild cases in which fever is of short duration, the clinical diagnosis may be very difficult because hematologic changes are often not found until relatively late, that is, 1–2 weeks after the beginning of the disease. The mean dates when maximum lymphocytosis and atypical lymphocytosis were reached were 15 ± 3 and 20 ± 13 days after onset of illness according to a study of eight cases by Levin *et al.* (1979).

Atypical lymphocytes are a feature in many virus infections. However, a feature common to both EB virus and CMV mononucleosis is that some atypical lymphocytes may persist for many months or even years after the illness (Klemola *et al.*,1967; Jordan *et al.*, 1973b; Klemola, 1973).

Pneumonitis was found in both series. In the 32 cases of the Finnish series (Klemola *et al.*, 1972), there were three cases of pneumonitis. The Swedish groups (Carlström *et al.*, 1968; Sterner *et al.*, 1970) noted five cases among 28 (frequencies: 9% and 19%). No fatalities were noted, in contrast to CMV pneumonia after transplantation (Section 13.3.2).

## 12.2.1. Cytomegalovirus Mononucleosis in Infants and Children

Klemola *et al.* (1967) stated that acquired CMV mononucleosis is uncommon in children. Certainly, mononucleosis is not a common finding among the large number of children who become infected in infancy or childhood. On the other hand, as with EB virus mononucleosis, CMV mononucleosis has been recognized in childhood.

Mononucleosis is also not a common finding in congenital or early postnatal CMV infection. It is not a part of the picture of C.I.D. Hanshaw (1964), in describing the involvement of the liver in childhood CMV infection, did not mention mononucleosis. Stern (1968) investigated 11 children aged 5–15 years with heterophile-negative mononucleosis. Cytomegalovirus was isolated from only one 6-year-old boy.

One of the first cases of CMV mononucleosis recognized in a child was a 1-year, 10-month-old female child (Klemola and Kaariainen, 1965). She was different from the four adult cases. Besides febrile mononucleosis, she had arthritis, pneumonitis, and a hepatitis that reappeared 4 months later associated with massive hepatosplenomegaly.

From Hong Kong, Lui and Chang (1972) described a 7½-month-old girl and a 4-month-old girl with 15% and 20% atypical lymphocytes. The first presented with eventually fatal persistent pneumonia, and the second with thrombocytopenic purpura. Both had lymphadenopathy, hepatosplenomegaly, and negative heterophile agglutinins. Cytomegalovirus was isolated from the urine of both cases but not from the mothers. The second case had a rise in CMV CF titer, and the mother was seropositive. Neither child was transfused, but it is impossible to tell if infection had been contracted before, during, or after birth.

From Japan, Nakao *et al.* (1967) reported CMV mononucleosis in a 2-year-old boy, a 1-year-old boy, and a 5-month-old girl. They had 15% to 18% atypical lymphocytes. Cytomegalovirus was isolated from the urine. Pharyngitis was noted in one patient. Umetsu *et al.* (1975) described a 3-week-old male who developed febrile mononucleosis. He had been exchange transfused on the fourth day of life because of hemophilia. At 6 months of age, he presented with icterus, hepatomegaly, hepatic dysfunction, 32% atypical lymphocytes, and 88% lymphocytosis. Heterophile agglutination was negative, but CMV IgM and IgG were both positive. Virus was recovered from the throat and urine. This may have been a case of transfusion mononucleosis.

### 12.2.2. Posttransfusion Cytomegalovirus Mononucleosis

The epidemiology of CMV mononucleosis transmitted by blood transfusions has already been discussed (Section 9.7). Here we review the clinical picture. In the normal subject, be he adult or child, it is usually indistinguishable from spontaneous mononucleosis.

In 1951, Wyatt *et al.* (1951) reported what probably was the first such recognized case, albeit in an immunosuppressed subject. Disseminated CMV infection occurred in a 20-year-old woman with a 7-year history of primary refractory anemia who had received 135 blood transfusions. At death, inclusions were found in the liver, adrenals, lung, and pancreas. The suggestion was made that the virus may have been transmitted by exogenous blood, although reactivated latent infection was thought more likely.

After extracorporeal cardiopulmonary bypass circulation for open heart surgery was introduced, a series of reports describing febrile illness called the "postperfusion" or "postpump" syndrome appeared (Kreel *et al.*, 1960; Wheeler *et al.*, 1962; Smith, 1964). Fever occurred between 21 and 34 days after surgery (mean 27 days). Splenomegaly, atypical lymphocytosis, lymphadenopathy, and occasional rash were considered part of the syndrome. The resemblance of this syndrome to EB virus mononucleosis was evident, but the heterophile agglutination reaction was usually negative. Some authors postulated an unknown virus infection; others suggested an autoimmune phenomenon or allogeneic reaction of either the graft-versus-host or host-versus-graft variety as a consequence of the large numbers of blood transfusions usually required for such operations (Foster, 1966; Lang, 1972). Kaariainen *et al.* (1966a) first described four cases of posttransfusion mononucleosis who had rises in CF or neutralization antibody titers against CMV and implicated CMV directly in the postperfusion syndrome. In one case, the virus was isolated from urine. The patients became febrile and developed 12–27% atypical lymphocytes 3–4 weeks after surgery. One patient had had a uterine curettage, and two had undergone heart surgery, one with and one without extracorporeal circulation. Fresh blood was used. The term "CMV mononucleosis" was first used in this paper.

The same group (Kaariainen *et al.*, 1966b) diagnosed such a case by virological isolation of CMV. A 20-year-old female had undergone an open heart operation for aortic stenosis and was perfused with blood from 14 donors. She developed fever 21 days later followed by a rash and 13% atypical lymphocytes. Inclusions were seen in the urinary sediment, and CMV was isolated from the urine. The CF titer against AD169 was still negative at 5 weeks but rose to 1 : 128 40 days after surgery and later reached 1 : 512. Kaariainen *et al.* (1966b) also followed 20 other patients with open heart surgery. Five who were initially seronegative became infected.

Cutforth *et al.* (1968) described a 15-year-old boy with crush injuries of both legs who received refrigerated blood for shock and subsequently was hemodialyzed. The machine was primed with fresh blood. Four weeks after admission, he developed fever, a transient rash, and a systolic murmur with T wave changes and ST depression in lateral chest leads suggestive of myocarditis. Cytomegalovirus inclusions were demonstrated in the urine sediment, and there was a serologic rise, although precise data were not given.

Lerner and Sampliner (1977) described three patients who sustained gunshot wounds and trauma that required multiple transfusions. Two of them developed typical CMV mononucleosis. These reports show that CMV mononucleosis, indistinguishable clinically from the spontaneous disease in normal subjects, is not limited to open heart surgery. It may present as fever or pyrexia of unknown origin. When it occurs in patients who have undergone surgery, it may be confused with surgical infections (such as abdominal abscess) that require drainage.

Symptomatic disease is particularly notable following blood transfusions in premature or compromised neonates. McCracken *et al.* (1969) described two infants, one preterm, who were thought to have symptomatic infection 39 and 58 days after birth, possibly secondary to transfusions. McEnery and Stern (1970) described a premature infant who received intrauterine blood transfusions and died with CMV infection, pneumonia, and hepatosplenomegaly. Yeager (1974) described six infants, three preterm, who probably acquired CMV infection postnatally. One had a febrile illness, two had splenomegaly, and two had hepatosplenomegaly. Pneumonia and thrombocytopenia were also noted.

While studying 51 small, sick preterm infants who had received multiple transfusions in a neonatal intensive care unit, Ballard *et al.* (1979) recognized a self-limited clinical syndrome. Fourteen out of 16 CMV-infected babies had respiratory deterioration, hepatosplenomegaly, a remarkable gray pallor, and both an atypical and absolute lymphocytosis. Most (13) had hepatosplenomegaly, and 12 appeared "septic." Three of the sickest infants died.

Yeager *et al.* (1981) studied 355 neonates who received postnatal transfusions (see Section 9.7.2) Cytomegalovirus infections developed in 10 infants of seronegative mothers and 32 infants of seropositive mothers. None of the latter group developed any disease attributable to CMV, except that nine had hospital stays longer than 28 days. Extensive morbidity was observed in the former group. Two of the ten infected babies born of seronegative mothers had fatal CMV disease. One had pneumonia, and the other widespread viral dissemination. Three had serious signs of systemic infection such as pneumonia, hepatitis, anemia, and thrombocytopenia, and two died shortly after discharge. Hence, this group had a mortality of 40% and a morbidity of 50%. Very likely, placentally transferred antibody exerted a powerful protective effect against the serious effects of neonatally acquired CMV infection. As discussed above, these data suggest that seronegative neonates should not receive blood from seropositive donors, although more recent data present a less clear-cut picture (see Section 9.7.1).

## 12.3. LABORATORY DIAGNOSIS OF CYTOMEGALOVIRUS MONONUCLEOSIS

As in most virus diseases and in other types of CMV infection, the quickest laboratory methods for making the diagnosis of CMV mononucleosis are virological. Virus in the urine or at other sites is probably demonstrable at some time during the illness in all such patients. Kaariainen *et al.* (1966b) first diagnosed a case of transfusion mononucleosis by demonstrating viruria. Klemola *et al.* (1967) found viruria in three out of five cases. Jordan *et al.* (1973b) isolated virus from the urine of all nine cases reported. Virus was also isolated from oropharynx, stool, and leukocytes, but frequencies were not given. In the study of four posttransfusion and four community-acquired cases of mononucleosis by Levin *et al.* (1979), blood and urine cultures were taken two to four times from each patient. Both cultures were positive at some time in the course of each patient except one who remained free of viremia.

One possible complicating factor in virological diagnosis is the persistent virus excreter. Virus excretion in the urine, oropharynx, or other sites is uncommon in the normal adult, although it has been described (see Section 9.7.3 on urine carriers among blood donors, 9.5.2 on semen carriers in homosexuals, and 9.4 on cervical carriers). In the series cited above, Klemola *et al.* (1969) found that all three of his patients were still viruric after 2 years. Jordan *et al.* (1973b) followed their patients up to 1 year. Rinaldo *et al.* (1977, 1979a) found that in two of 14 patients, viremia was still demonstrable 49 and 93 days after onset of illness. These data indicate that although virus isolation in the proper clinical setting is presumptive evidence of an acute infection, the possibility of chronic virus excretion as a result of past infection exists. Definitive proof of infection still requires a serologic conversion or rise.

The discovery of CMV mononucleosis was based on the observation of a rise in the CF titer against CMV. To be noted is that CF titers may rise belatedly. ELISA and other tests are better in this regard (Section 6.10). The pattern noted on analysis of 13 patients was as follows (Klemola and Kaariainen, 1965; Klemola *et al.*, 1967). The first serum of five patients taken 8 to 10 days after onset of fever was still negative. When samples were taken from three other patients 6 to 17 days after onset, titers of 1:8 to 1:64 were found. The mean time from onset of fever to the time the highest titer was reached was 58.8 ± 10.8 days. The highest titers reached were 1:64 to 1:256. In two cases no antibodies had developed 14 and 20 days after onset. In all 13 cases, 6 months to 1 year after illness, the titers had fallen to 1 : 4 and 1 : 64.

Other studies that did not rely on the CF test suggest that the infection may be missed if no other test is performed. Jordan *et al.* (1973b) demonstrated a CF titer rise in only one case out of nine when the first sample was taken 2 to 7 weeks after onset of illness. The IHA test was equally noncontributory. These authors relied on viral cultures. The IFA and ACIF tests for late antigen may become positive earlier than CF tests (see Section 6.2.4).

Schmitz and Haas (1973) also reported no rise in CF titers after 1 week of illness. They found specific IgM antibodies in 12 cases, which they thought was a more reliable test. Peak titers ranging from 1 : 32 to 1 : 1024 were found. Six preillness samples were all IgM negative. The IgM titers declined variably over several months. It was still present in five out of 12 patients over 8 months after onset of illness. No virological cultures were reported.

Out of 30 cases of CMV mononucleosis reported by Horwitz *et al.* (1977), 29 had peak CMV CF antibody titers ⩾ 1 : 64. Out of six serum samples obtained before the illness, four were antibody negative, one had a titer of 1 : 32, and another 1 : 64. This supports the impression that most cases of CMV mononucleosis are primary infections but that reinfection or reactivation may account for some cases.

By and large, EB virus and CMV infections are distinct entities which are clearly distinguishable serologically except that patients with a positive heterophile agglutinin have positive anti-CMV IgM (see Section 6.10.1). Antibodies against EB virus do not cross with anti-CMV IgG. In fact, it has been noted that the proportion of sera from patients with EB virus mononucleosis positive for CMV CF antibodies is lower than what one would expect for the general population (Carlström *et al.*, 1968; Horwitz *et al.*, 1977). The reason for the crossing of IgM antibodies is not thought to be sharing of antigens by the two viruses but rather that one of the many nonspecific IgM antibodies stimulated during an EBV infection might react with an antigen present on CMV-infected cells. These findings seem to pose a severe restriction on the utility of using the CMV-specific IgM as a diagnostic test without a concurrent test for EB virus infection. It also provides an added reason to do a heterophile agglutinin test on all cases of suspected CMV mononucleosis before specific IgM tests for CMV are done. Other limitations of the IgM test are described in Section 6.10.1.

Horwitz *et al.* (1977) also noted that sera from six cases of CMV mononucleosis contained anti-D or anti-R to the early antigen of EB virus. This does not usually occur in subjects not infected with EB virus and raises the question of whether a latent EBV infection was activated by CMV. That possibility is also raised by a case of CMV mononucleosis who demonstrated a fourfold rise of antibody to EBV capsid antigen and early development of antibody to antinuclear antigen and to R.

In summary, the CF, FA, and ELISA tests for IgG antibody and the IgM tests are all useful, but each has its limitations (see also Section 6.11).

In addition to blood, urine, and respiratory tract, the virus has been recovered from the liver. In two cases, needle biopsies of the liver were performed 10 days and 3 weeks after onset of illness (Klemola *et al.*, 1969). No inclusions were seen, but the biopsy yielded CMV. The patient also had viruria. The serologic responses and responses of cell-mediated immunity in these patients are described in Section 12.2 and Chapter 7.

Klemola *et al.* (1969) studied nonspecific immunologic abnormalities in CMV mononucleosis. All five cases showed by immunoelectrophoresis a transient polyclonal increase in immunoglobulins, especially of IgM. In three cases, transient IgM–IgG–IgA cryoglobulinemia was found (Wager *et al.*, 1968). Cold agglutinins were frequently significantly elevated. In four out of five patients examined, titers from 1 : 32 to 1 : 512 were attained (Klemola *et al.*, 1967). In another study of five patients, two had cold agglutinin titers of 1 : 64 and 1 : 2000. Three had titers ≤ 1 : 16 (Klemola *et al.*, 1969). Jordan *et al.* (1973b) reported that three out of nine cases had cold agglutinins (1 : 32 to 1 : 224). Cryoprecipitates were found in two of them. Antinuclear antibodies and rheumatoid factors were absent in four patients tested. These were found in a case of postperfusion mononucleosis (Kantor *et al.*, 1970).

As already discussed, CMV mononucleosis, like many other types of CMV infection, is immunosuppressive against both specific and nonspecific cellular immunity. The response of lymphocytes to concanavalin A and pokeweed antigen is suppressed during the symptomatic phase of the disease. Community-acquired and transfusion mononucleosis are similar in this respect, except that in the latter condition, the mitogenic response to PHA is also suppressed (see Section 7.3.1).

## 12.4. ORGAN SYSTEMS INVOLVED IN ACQUIRED CYTOMEGALOVIRUS INFECTION

### 12.4.1. Blood Leukocytes and Lung

The mononucleosis syndrome, characterized by the presence of relative lymphocytosis and atypical lymphocytes, represents a point, perhaps a patch, in the spectrum of morbidity produced by CMV infections. It is frequently but not always present even when the virus symptomatically involves other organ systems. Symptomatic infection of an immature or immunosuppressed host characteristically does not produce the mononucleosis syndrome. As already stated (Section 12.2.1), mononucleosis is not a part of C.I.D., and mononucleosis may be absent or minimal in symptomatic CMV infections of transplant patients. In EB virus mononucleosis, the atypical lymphocytes are thought to represent a T-cell response, presumably a response of an immunocompetent subject (Sheldon *et al.*, 1973). Similar studies have not been reported in CMV mononucleosis. It is possible that when it is absent in a person who has a symptomatic infection, a normal response may be deficient or absent.

In the following, we discuss various other organ systems that may be involved in CMV infections. Blood leukocytes and pneumonitis have already been discussed (see Section 12.2). The lung is the most common symptomatically involved organ in both normal and compromised subjects who acquire infection. Other organs may become involved in infections of normal subjects. Some types of involvement may rarely be seen in normals and are almost always manifestations of disseminated infections or infection of immunosuppressed subjects. The lines cannot always be clearly drawn.

### 12.4.2. Hepatitis

Although abnormal liver functions are the rule in CMV mononucleosis, severe hepatitis and gross abnormalities of liver function are unusual.

Lamb and Stern (1966) reported a 31-year-old man who presented with severe jaundice and hepatomegaly. The jaundice subsided in 2 weeks, but fluctuating fever between 100 and 103°F persisted for 3 weeks. Prolonged fever was the first clinical indication that one was not dealing with hepatitis A or B. The patient developed 34% atypical lymphocytosis and a rise of CMV CF titer from 1 : 8 to 1 : 2048 between the 16th and 24th day of illness. Liver biopsy revealed no cytomegaly or virus by culture. Throat and urine cultures were positive. Urine cultures were still positive 3 months after onset of illness.

Liver involvement in neonates and children with CMV infection without apparent mononucleosis was described by Hanshaw *et al.* (1965) (see Section 11.4). It was suggested that chronic liver disease could result, but this has not been subsequently borne out. There is no evidence that any form of chronic hepatitis in adults can be traced to CMV (Toghill *et al.*, 1967; for hepatitis in the immunosuppressed, see Section 13.3.3). There may be a difference between liver involvement in CMV mononucleosis in children and in adults. Whereas hepatitis is minimal and transient in adults, it may be more severe in children. Klemola *et al.* (1969) reported that a 1-year-old female child, one of the original cases of CMV mononucleosis reported (Klemola *et al.*, 1967; Klemola and Kaariainen, 1965), developed massive hepatosplenomegaly and another febrile episode 4 months after apparent recovery from primary CMV mononucleosis. One year later, the liver was still enlarged, but liver functions were normal. Nevertheless, irreversible hepatitis has not been described in either age group.

Oill *et al.* (1977) reported a 35-year-old male who developed migratory polyarthralgia, vesicular pharyngitis, and severe hepatitis. The SGOT and SGPT levels reached 300 and 700, respectively, 10 days after onset of illness. This degree of enzyme elevation is unusual in CMV mononucleosis (Klemola *et al.*, 1967; Jordan *et al.*, 1973b), even in cases whose primary presentation was hepatitis (Reller,

1973). The patient, however, as in other cases of CMV mononucleosis, did not have bilirubinemia, and enzyme levels were normal 6 weeks after onset of illness.

In patients with fever and hepatitis, a liver biopsy yielding granulomata ordinarily suggests tuberculosis or other granulomatous diseases. Cytomegalovirus, however, may also be a cause (Bonkowsky *et al.*, 1975; see Section 10.2).

### 12.4.3. Hemolytic Anemia and Thrombocytopenia

These are frequent and often severe manifestations in congenital CMV disease, but they may also occur as a complication of CMV mononucleosis in adults. Zuelzer *et al.* (1966) believed that some cases of acquired hemolytic anemia in children may be caused by CMV. They describe an association between episodes of lymphadenitis, presumably caused by CMV, and periods of hemolysis in 22 children with acquired hemolytic anemia aged from birth to 12 years. In 18 of them, the direct antiglobulin tests were positive.

In two adult cases of hepatitis caused by CMV, Toghill *et al.* (1967) observed episodes of hemolysis, one of which was severe enough to require transfusions.

Coombs (1968) described a 45-year-old man with severe acquired Coombs-positive hemolytic anemia who was treated with transfusions, steroids, and splenectomy. The patient died of a febrile illness after the operation. Inclusion bodies were found in the lung and other organs, suggestive of disseminated infections. However, the precise etiologic relationship of the hemolytic anemia to the CMV infection was not demonstrated in this case or in those of Zuelzer *et al.* (1966).

Transient reduction in hematocrit was noted by Kantor *et al.* (1970) in five out of ten patients with transfusion mononucleosis. Three were hemolyzing, two of whom had positive direct Coombs' tests, and one had elevated cold agglutinins.

Fiala *et al.* (1973) presented a convincing association between CMV mononucleosis, and thrombocytopenia. An 18-year-old man had mononucleosis, lymphadenopathy, atypical lymphocytes, and elevated SGOT levels. Persistent viremia, IgM, and high IgG IFA antibodies were found. He had petechiae, confluent purpura over his extremities, and a platelet count of $2000/mm^3$. It responded to prednisone after 46 days. Megakarocytes were not decreased.

Chanarin and Walford (1973) described a 33-year-old man with CMV mononucleosis who presented with generalized purpura and bleeding gingiva. His platelet count was $5000/mm^3$, hemoglobulin was 3.6 g/100 ml, and reticulocyte count was 1.2%. There was serologic evidence of CMV infection and viruria. The patient recovered after treatment with prednisone. Harris *et al.* (1975) described a 26-year-old man with CMV infection who, in addition to thrombocytopenia and purpura, had decreased red cell life-span and elevated reticulocyte count. Thrombocytopenia may also persist after the acute illness and in one case required splenectomy (Sahud and Bachelor, 1978).

These cases together suggest that CMV infection may be associated with transient thrombocytopenia and hemolytic anemia.

### 12.4.4. Myocarditis

Myocarditis was described in earlier articles on CMV mononucleosis, although it has not been a prominent or serious complication in recent descriptions. Klemola *et al.* (1967) found three cases among eight who developed reversible ECG changes consisting mostly of T-wave inversions. No other manifestation of myocarditis was described. Sterner *et al.* (1970) did repeated ECGs on all of their 17 cases from Sweden, and two were found to have myocarditis. There were typical depressed or inverted T waves in several leads, which reversed without clinical manifestations or treatment. A 60-year-old female patient of Wilson *et al.* (1972) was more symptomatic. Without any previous history of cardiac abnormalities, she developed elevation of jugular venous pressure, fine rales at both lung bases, a gallop rhythm at 130 per minute, and pansystolic and middiastolic murmurs at the apex. The ECG showed sinus tachycardia, left bundle-branch block, and left ventricular hypertrophy. The chest x ray showed cardiomegaly and pulmonary congestion. Her cardiac abnormalities and failure were still evident 5 months after onset of illness. An elevation of CMV CF titer from 1 : 96 to 1 : 384 was noted, although no virus was cultured. The suspicion was that mitral incompetence developed as the result of CMV myocarditis.

### 12.4.5. The Nervous System in Acquired Cytomegalovirus Infection

The most devastating component of C.I.D. is its destructive effect on the central nervous system. Accessory organs of that system such as the eye and ear are also frequently involved. However, in postnatal life, the affinity of CMV for the nervous system in the immunocompetent subject is much reduced. It is only recently that cases of direct invasion of the central nervous system in the normal subject have been reported. Many cases were circumstantial, but in view of the frequent involvement of CMV in the nervous system of the AIDS patients (Section 13.3.6), they are probably real. The most common instance of central and peripheral nervous system involvement, the Guillain–Barré syndrome, may not represent direct viral invasion but may be an example of immunopathology.

#### 12.4.5.1. Meningoencephalitis and Encephalitis

As in the case of infection with other herpesviruses (herpes simplex type 2, EB virus, and varicella–zoster virus), meningoencephalitis may occur as the presenting picture or as a complication of CMV mononucleosis. Klemola *et al.* (1967) described a case of mild meningoencephalitis in their first series. Cytomegalovirus encephalitis is well known in congenital infections, but it is rare in CMV infection in adults, even in the immunosuppressed host. Dorfman (1973) described a case on the basis of histological examination but provided no virological evidence.

Chin *et al.* (1973) reported a 31-year-old man in previous good health who developed presumed CMV meningoencephalitis, but no virus could be isolated from cerebrospinal fluid (CSF). Another case of meningoencephalitis was described by Perham *et al.* (1971a) on the basis of an increasing titer from < 1 : 8 to 1 : 128. No virus was isolated from urine. Yanagisawa *et al.* (1975) described a patient with possible dual infection with HSV and CMV. The diagnosis was made after death on the basis of large CMV inclusion cells in the brain.

Two cases with convincing laboratory evidence were described by Phillips *et al.* (1977). The first was an afebrile 52-year-old male physician admitted with severe bifrontal headaches, nausea, and lethargy. Cytomegalovirus was isolated from both urine and CSF. The CF titer was 1 : 16. The second case was a 20-year-old woman who had a 4-day history of headaches, confusion, grand mal seizures, and a temperature of 38.5°C. Babinski reflexes were present bilaterally, and there was a questionable right facial weakness. The CSF showed 32 red cells, two polymorphonuclear leukocytes, and 16 lymphocytes per $mm^3$. Glucose and protein levels were normal. A left temporal lobe biopsy showed microglial and astrocytic proliferation with satellitosis of neurons and focal neuronal degeneration. No inclusions were seen. Cultures taken from the spinal fluid, urine, and brain were all positive for CMV. No CF or neutralizing antibodies were detected. Both patients were treated with ara-A and recovered. The clinical picture of the second case was similar to HSV encephalitis.

None of the five patients with CMV meningoencephalitis described above were immunosuppressed. Taken together, these studies show that CMV infection of the central nervous system may occur in normal adults.

#### 12.4.5.2. Guillain–Barré Syndrome

Cytomegalovirus polyradiculopathy is now a proven complication of AIDS (Section 13.3.6), which makes its occasional occurrence in immunocompetent subjects more credible. Klemola *et al.* (1967) first described a case of Guillain–Barré syndrome with CMV mononucleosis:

> A 27-year-old man had fever for 4 days. Then, motor and sensory deficits started distally and progressed proximally in the extremities. Three weeks later, he had symmetrical paresis of the Vth and VIIth nerves, moderate difficulty swallowing and breathing (involvement of XIth and XIIth nerves), marked paresis of upper and lower extremities, and a level of sensory loss reaching the chest. Recovery began 1 month after onset and was almost complete in 6 months. The CSF protein rose to 166 mg per dl. At the height of his illness, the CF titer was negative, but 6 weeks after onset it was 1 : 64. CMV was isolated from the urine, and cytomegalic cells were seen in the urine sediment.

Ironside and Tobin (1967) described a variant of the Guillain–Barré syndrome that is quite typical:

> A 41-year-old man had a 3-week history of pharyngitis, myalgia, and tingling of hands and feet. This progressed to weakness of the arms and legs, difficulty in speaking and inability to close his eyes. He had complete bilateral facial nerve palsy, weakness in all

limbs, and stocking-and-glove anaesthesia. He had 20% atypical mononuclear cells, and CSF protein was 400 mg per dl. Sensation recovered first, but 6 months later he was still weak. The CF titers were 1 : 128. CMV was isolated from the throat but not urine.

There are also reports of atypical involvement of the peripheral nervous system. Duchowny *et al* (1979) described a 59-year-old man with fever, atypical lymphocytes, and slightly abnormal liver function tests. He developed pain in both shoulders and wasting of the left deltoid, pectoralis major, supraspinatus, and infraspinatus muscles. There was a rise in CF antibodies, and CMV was isolated from the urine. This example of brachial plexus neuropathy resolved over 6 months.

A report of nine cases from England (Leonard and Tobin, 1971) and 19 cases from Germany (Schmitz and Enders, 1977) provide a good clinical and laboratory basis for understanding the Guillain–Barré syndrome in CMV mononucleosis. Most cases began with signs and symptoms of an upper respiratory infection, fever, and progressive peripheral neuropathy. In addition to the neurological presentations of the above cases, headache, papilledema, diplopia, dysarthria, and urinary and fecal incontinence were noted. Involvement of the respiratory muscles was common, and care in the respiratory unit was needed for four of the nine British cases and five of the ten German cases, although assisted ventilation was unnecessary. The British group noted atypical lymphocytes in only four of their cases, whereas it was present in all of the German cases. Mild elevation of the liver enzymes, particularly SGPT, was seen in the latter; most values were less than 100, but one value was 324.

The British observed a CF antibody rise in six of their nine patients. The German series could demonstrate a rise in only two of their ten cases, even though the first specimens were collected within 1 week of onset of illness. All initial specimens were seropositive. The German group emphasized the utility of testing for specific IgM. This was demonstrated in all of their patients, and the initial specimen was positive in nine of them (see Section 6.9.1).

Recovery was usually complete in about 3 months. One of the British cases developed massive pulmonary embolism, and another secondary optic atrophy that did not impair vision. A third patient who died was atypical in many ways. A 21-year-old woman first developed signs of hepatitis 6 weeks before flaccid quadriplegia and required assisted ventilation. She then developed severe pancreatitis and secondary insulin-deficient diabetes before death. In view of the frequent involvement of the pancreas in C.I.D. (see Section 10.2) and the interest in the viral etiology of diabetes mellitus, it would have been of great interest to know if the diabetes was caused by viral invasion of the islet cells (Section 12.4.10).

What proportion of cases of Guillain–Barré syndrome are caused by CMV? There is no generally accepted answer to this question. In more and more cases, antecedent causes are being recognized. It is now clear that this syndrome can be a complication of viral immunization. Immunization with the U.S. inactivated influenza vaccine of 1976–77 was followed by the Guillain–Barré syndrome in about one case out of 100,000 (Schoenberger *et al.*, 1979). These are examples of an immunopathological reaction triggered by recent exposure to an exogenous agent

(Bell and McCormick, 1975). In addition, the syndrome has been suspected to follow acute infections of various types. This is now well established for at least two members of the herpesvirus group, EB virus and CMV. P. Dowling *et al.* (1977) measured CMV, measles, and adenovirus antibodies in sera of 92 cases and 120 controls. Thirty patients (33%) had CF titers against AD169 of 1 : 128 or higher. None of the 34 normal controls and only two of the 86 patients with other neurological diseases had such high titers. In 21 of 26 patients with available sera, a fourfold or more rise or fall in titer could be demonstrated. As in other studies, rises frequently could not be detected because samples could not be obtained early enough. In fact, 18 of the 21 cases had falling titers. Four CMV isolates were made. No significant elevation of antibodies to measles and adenovirus 7 was seen. No patient had a positive "mono-spot" test, and there were no further data on EB virus serology.

### 12.4.6. The Gastrointestinal Tract

Our understanding of the involvement of the gastrointestinal (GI) tract by CMV infection is still at the pathological–anatomic stage. Again, as in the case of the nervous system, the frequently proven involvement of CMV in the GI tract in transplant and AIDS patients makes it likely that such involvement may also occur in immunocompetent subjects. Cytomegalic inclusions have been identified in many parts of the GI tract, such as in mucosal ulcerations in the esophagus, stomach, duodenum, large and small intestines, and in the anal region (see Diethelm *et al.*, 1976). They are frequently unexpected, incidental pathological findings difficult to relate to disease in the patient. Virological or serologic confirmation of active infection may be lacking, and the nature of the pathological changes may be such that one often cannot ascribe any pathophysiological significance to them. The inclusion-containing cell is frequently not accompanied by significant inflammation or tissue destruction.

Some authors point to the possibility that CMV may cause vasculitis and severe GI hemorrhage. Rosen *et al.* (1973) thought that the virus may have a particular affinity for sites of preexisting ulceration in the intestines or other organs and that the virus itself does not cause such ulceration. Whether it produces other functional disturbance in the GI tract is unknown. Cytomegalovirus inclusions have been described in cases of ulcerative colitis, idiopathic steatorrhea, afferent loop syndrome, and ulcerations of stomach, esophagus, small intestine, and rectum.

In the following, each reported association is illustrated by case reports and comments.

There is now strong evidence that the transmission of CMV is associated with increased homosexual activity, particularly passive anal intercourse (see Section 9.5). With the marked increase of gastrointestinal disease caused by CMV in association with AIDS (see Section 13.3.5), it is possible that passive anal intercourse may be a direct cause of gastrointestinal infection and disease. Surawicz and Myerson (1988) noted two cases of biopsy-proven CMV colitis in immunocompetent individuals after passive anal intercourse. Both cases resolved spontaneously.

One case was a 37-year-old woman who developed rectal pain and hematochezia after the first episode of rectal intercourse. A few days later, rectal biopsy showed cytomegalic inclusions in the lamina propria and submucosa.

The second case was a 25-year-old bisexual male who developed hematochezia, constipation, and fever after passive anal intercourse. Two weeks later rectal biopsy showed a focal area of friable mucosa in the rectum. Typical CMV cells were found in lamina propria and submucosal infiltrate.

These two cases of self-limited CMV colitis in immunocompetent individuals suggest not only that this entity can exist without immunosuppression but also that very possibly the virus responsible for the colitis may be directly inoculated during passive anal intercourse. The virus could, of course, also arrive in the gut by other routes.

#### 12.4.6.1. Gastrointestinal Ulceration and Bleeding

Diethelm *et al.* (1976) described the following case:

A 45-year-old renal transplant recipient who developed gastric hemorrhage 68 days after transplant. Two weeks later, and after subtotal gastrectomy, the patient succumbed. CMV was isolated during life from the throat but not urine or blood.. At postmortem, chief cells containing inclusions were seen in the vicinity of submucosal gastric ulcers and in mucosal glands. There was remarkably little inflammation associated with these cells. Exfoliated cells were also seen in the lumina of the glands.

Bleeding may have been related to CMV infection, but it may also have been caused by steroids or renal failure.

Cytomegalic inclusion bodies have been found in the stomachs of more than 20 patients, mostly with gastric ulcers. Many of the reported cases have occurred following stress, including trauma, sepsis, hypoxia, and surgery. The inclusions were usually found in granulation tissue at the margin or base of the ulcer. Campbell *et al.* (1977) described a case of biopsy-proven CMV-infected gastric ulcer:

A 29-year-old male with multiple fractures and lacerations received 9 units of blood. On the 22nd hospital day, the patient developed hematemesis, melena, and hypotension. Atypical lymphocytosis and an abnormal liver function test developed. The CF titer rose from 1 : 8 to 1 : 128 between 40 and 60 days after surgery. A gastric ulcer was revealed by gastroscopy, and a biopsy from the base and margin of the ulcer revealed cytomegalic cells. Cultures for CMV were positive.

This and related cases provide about as much proof as is possible under present circumstances that CMV infection may indeed be associated with gastrointestinal ulcerations. Were specific therapeutic measures against CMV infection available, they would probably have been administered to this patient. Under what circumstances and how frequently ulcerations develop in nonimmunosuppressed subjects require further study. Some form of stress such as surgery or trauma or underlying gastrointestinal pathology seems required. It is striking that gastrointestinal ulcerations have not so far been described in spontaneous CMV mononucleosis without other medical complications.

Goodman and Porter (1973) described this case:

> A 40-year-old man with lymphoma treated by chemotherapy developed thrombocytopenia and had a massive colonic hemorrhage. Typical CMV inclusions were seen in the endothelium of the submucosa, arterioles, capillaries, and venules of the colon. A throat culture grew out Coxsackie B5, and a urine culture was positive for CMV. The CF antibody against CMV was 1 : 128. Specific immunofluorescent studies of tissues showed that the inclusins containing cells were positive for CMV.

This patient's bleeding might have resulted from vasculitis caused by CMV, which is an important pathogenetic process in the GI tract. But thrombocytopenia secondary to chemotherapy may have played a role.

Wolfe and Cherry (1973) described the following case:

> A 67-year-old man with multiple pelvic and tibial fractures following an automobile accident received one unit of blood. Two and one-half weeks and again 1 month after injury, he had severe cecal bleeding for which he received 18 units of blood. A right hemicolectomy was performed, but he died 9 days later. The urine was positive for CMV. The CF titer was negative 1 month after injury. Postmortem examination showed ulcers with inclusions in the esophagus, stomach, and colon, as well as salivary glands and adrenal medulla. Penetrating ulcers extending to the submucosa were seen in the cecum.

The authors consider this a case of cecal hemorrhage caused by CMV infection. It may have been transmitted by the one unit transfused on admission. The incubation period is too short for the infection to have developed from the 18 units transfused later. The negative CF titer suggests that this may have been a case of primary CMV infection with dissemination to the GI tract.

These cases in their aggregate, considered in addition to the syndrome of GI bleeding associated with severe CMV disease in transplant patients (see Section 13.3.5), suggest that CMV infection can indeed cause symptomatic disease in any part of the GI tract.

### 12.4.6.2. Acute Ulcerative Colitis and Cytomegalovirus

Powell *et al.* (1961) described for the first time a possible case of acute ulcerative colitis caused by CMV:

> An 18-year-old boy developed bloody diarrhea, which was not controlled by ACTH or corticosteroids. After 65 days of hospitalization, a subtotal colectomy was performed, and an ileostomy was established. The specimen showed typical changes of ulcerative colitis, but, in addition, cytomegalic inclusions were a constant feature in endothelial nuclei of dilated, engorged vessels and also among inflammatory cells at the base of the ulcers. No CF antibodies were found in the serum, but the patient became seropositive a year later. Attempts to grow the virus from the specimen were unsuccessful.

The authors thought CMV infection of the endothelium produced the angiitis and ulcerations. The young man apparently did have a primary CMV infection.

An otherwise normal 41-year-old Japanese woman had an abortion at 6 months of pregnancy and then developed severe diarrhea, fever, and weight loss. Her serum protein was 2.2 g/100 ml. She expired 1 month after onset of symptoms. The jejunum and ileum were edematous and were covered with pseudomembranes and extensive ulcerations. Inclusions were found in the capillary endothelium of such ulcers. They were also found in the alveolar cells of the lung and in the liver (Tajima, 1974).

A similar case of "primary cytomegalic inclusion ulcer of the esophagus and stomach" was seen by the author in a 7-year-old girl. Twelve other cases were also described by the author, but they were secondary to another disease, usually a malignancy.

Tamura (1973) described the following case of acute ulcerative colitis:

A 65-year-old white man with hypertension and arteriosclerotic heart disease was admitted following injury to his ankle. He developed abdominal pain and severe diarrhea with passage of bloody stools. Sigmoidoscopy and barium enema studies were consistent with idiopathic ulcerative colitis. To control the disease, subtotal colectomy was performed, but the patient died a week later. At postmortem, inclusion bodies of CMV were found in the entire GI tract, in the lung, and rarely in the liver. The esophagus showed a membrane, and small and large intestines were thickened with superficial ulcerations. Some inclusions were found in the entire small bowel, but more were found in the large bowel. They were, however, not as typical as in the lung.

On the basis of the acuteness of the disease, the large number of inclusions, and the presence of ulcers as well as inclusions in the large bowel, it was assumed that this was a case of primary CMV colitis.

Similar cases of presumed primary CMV colitis may be found in Wong and Warner (1962) and Evans and Williams (1968). The cases of Powell *et al.* (1961) and Nakoneczna and Kay (1967) are other possibilities. The latter was a case of disseminated CMV presenting with a gastrointestinal lesion. In conclusion, the case for CMV as a cause of ulcerative colitis seems weaker than for GI bleeding. Ulcerative colitis is a chronic relapsing illness often treated with immunosuppressive agents. Cytomegalovirus might be an opportunist under these conditions.

## 12.4.7. Conjunctivitis

Eye involvement in the form of chorioretinitis is seen in the congenital form of the disease and as a complication of systemic CMV infection in the immunosuppressed adult (see Section 13.3.4).

Chawla *et al.* (1976) recently found chorioretinitis in a previously healthy adult with CMV mononucleosis associated with keratoconjunctivitis sicca and superficial punctuate keratitis. No viral studies were done.

Weller (1971) suggests that tears may be a way of transmitting CMV. Cytomegalovirus was recovered from serial cultures of tears and conjunctival swabs obtained over a 9- to 15-month period in eight children with acute lymphatic leukemia among a group of 45 children with abnormal immune responses who were chronic excreters of CMV in the urine or saliva (Cox *et al.*, 1975). None of these children had conjunctivitis.

Garau *et al.* (1977) reported the following case in a previously well person:

A 31-year-old male had nonpurulent catarrhal conjunctivitis, macular erythematous rash, high fever, and myalgia for 28 days. He had 78% mononuclear cells with 7% atypicals. CMV was recovered from a conjunctival swab on the 12th day of illness. His CF titers rose from less than 1 : 8 on admission to 1 : 128 3 weeks later. No virus was recovered from urine, blood, or saliva. At the onset of the patient's illness, his girl friend had conjunctivitis, but its etiology was not known.

### 12.4.8. Skin Manifestations

Skin manifestations are relatively common in CMV mononucleosis. Carlström *et al.* (1968) found skin rashes in four out of 11 patients. They were encountered by Klemola (1970) in seven out of 28 patients. Only two out of 23 patients who did not receive ampicillin developed a rash. A macular rash lasted for 5 days in one. In the other case, a maculopapular rash on the upper chest and arms lasted 2 days.

All five patients treated with ampicillin developed a skin rash (Klemola, 1970). It developed between 5 and 10 days after the drug was started, often after it was discontinued. In most cases, it was generalized and maculopapular and lasted for about 1 week. A similar propensity of patients with EB virus mononucleosis who are given ampicillin to develop a rash is well known (Pullen *et al.*, 1967). It has been suggested that the allergen accounting for the rash may result from chemical impurities and not from the ampicillin molecule itself (Shapiro *et al.*, 1969).

Other types of rashes are uncommon in CMV mononucleosis. Müller-Stamou *et al.* (1974) described a 40-year-old male who developed a generalized epidermolysis involving both hands and feet and lasting about a month. The patient also had a rise of CF antibodies, viruria, and cholestatic hepatitis. Skin manifestations in other types of CMV infection are discussed in Section 10.3. Erythema nodosum has been described in a normal adult with clinical and laboratory evidence of CMV mononucleosis (Spear *et al.*, 1988).

### 12.4.9. Vasculitis

In view of the reports of immunopathological disturbance in neonatal CMV infections in both man (see Section 10.6) and mice (see Section 16.3) and the frequency of vasculitis, particularly with GI involvement (see Section 12.4.6), one might expect to see disseminated vasculitis caused by hCMV. Bamji and Salisbury (1978) described a 57-year-old woman who had fever, subungual splinter hemorrhages, macular rash, congestive failure, and severe myalgia and who was suspected of having bacterial endocarditis. A muscle biopsy showed dense periarteriolar mononuclear infiltrates. She had 39% lymphocytes with atypical cells, sterile blood cultures, and a diagnostic rise of CMV titers from 1 : 16 to 1 : 256. She responded dramatically to corticosteroids (prednisone).

A type of vasculitis limited to the skin was described in a 7-year-old girl with acquired mononucleosis (Weigand *et al.*, 1980). She presented with papules consistent with "palpable purpura," nodules, and livido on her extremities. Biopsy showed small-vessel vasculitis. To what extent these lesions represented direct viral effects or immunopathology is unknown.

## 12.4.10. Islets of Langerhans and Diabetes Mellitus

There are numerous suggestions that CMV infection may be associated with insulin-deficient or type 1 diabetes mellitus, but conclusive proof is still lacking. Ward *et al.* (1979) reported a child with congenital CMV infection who became diabetic at the age of 13 months.

Jenson *et al.* (1980) screened 10,000 autopsy cases for viral infections. The pancreases of 250 children with fatal virus infections were examined for lesions in the islets of Langerhans. Viral cytopathology was found in 20 of 45 cases of fatal CMV infections, four of seven cases of Coxsackie B infection, and two cases each of varicella–zoster infection and congenital rubella. In almost all cases with CMV infection, inclusions were seen in islet cells. One case also showed mild insulinitis.

Pak *et al.* (1988) studied the lymphocytes of 59 cases of newly diagnosed type 1 diabetic patients and 38 control subjects. Commercial biotinylated human CMV probes were used to detect infection by *in situ* DNA–DNA hybridization. Cytomegalovirus genomes were found in 22% of the diabetic patients but in only one (2.6%) of the control subjects. Patients who had CMV in their cells had a higher frequency of islet cell antibody (62%) and cytotoxic β cell surface antibody (69%) than patients who were CMV negative ($P < 0.05$). It is not clear whether the immediate early antigen genes were included in these probes (Sections 5.1 and 9.7.3). These results seem to correlate persistent or latent CMV infection in peripheral leukocytes and the presence of autoantibodies against islet cells. Unfortunately, no routine antibody studies were done to corroborate prior infection by CMV. These studies will clearly need to be confirmed before their important implications are accepted.

# 13

# Human Cytomegalovirus Infections in Immunosuppressed Patients

## 13.1. CYTOMEGALOVIRUS INFECTION AFTER ORGAN TRANSPLANTATION

Not all virus infections are increased following organ transplantation. The most common are infections by the herpesvirus group, papovavirus (warts and BK virus), hepatitis viruses, and perhaps adenoviruses (Ho, 1977; Rubin and Young, 1988). Symptomatic infections are most commonly caused by herpesviruses and warts (Spencer and Andersen, 1979). Infection with many other common viruses such as rhinoviruses, myxovirus, paramyxoviruses, rubella, enteroviruses, and arboviruses do not appear to be greatly increased, although there are reports of infection with one or another. The exception may be bone marrow transplant recipients, who may develop adenovirus, rotavirus, coxsackievirus, and respiratory synctial virus infections (Townsend *et al.*, 1982; Englund *et al.*, 1988). This may be related to the suppression of humoral as well as cellular immunity in these patients. A virus may be transmitted from the outside and infect *de novo* either a seronegative "nonimmune" subject (primary infection) or a seropositive "immune" subject (reinfection). The virus may also arise from a latent site within a seropositive patient and be activated (reactivation infection). Reinfections and reactivation infections are also called "secondary infections." Primary infections cannot occur if there is no opportunity for exposure to the agent or if preexisting natural or acquired immunity of the patient obviates the risk of exposure. Such immunity may remain operative to some extent despite immunosuppressive measures after transplantation, particularly humoral immunity.

There is increasing evidence, however, that reinfections do occur, not only in

TABLE 13.1
Incidence of Primary and Secondary of CMV Infections after Kidney, Bone Marrow, and Cardiac Transplants

| Type of transplant and authors | Total | | | Primary infection | | | Secondary infection | | |
|---|---|---|---|---|---|---|---|---|---|
| | Inf. | *N* | % | Inf. | *N* | % | Inf. | *N* | % |
| Kidney transplants | | | | | | | | | |
| Craighead *et al.* (1967) | 30 | 41 | 73% | 8 | 17 | 47% | 22 | 24 | 92% |
| Craighead (1969) | 32 | 53 | 60% | 9 | 17 | 53% | 23 | 36 | 64% |
| Andersen and Spencer (1969) | 33 | 36 | 92% | 3 | 5 | 60% | 30 | 31 | 97% |
| Armstrong *et al.* (1971a) | 6 | 6 | 100% | 4 | 4 | 100% | 2 | 2 | 100% |
| Pien *et al.* (1973) | 10 | 17 | 59% | 2 | 9 | 22% | 8 | 8 | 100% |
| Spencer (1974) | 86 | 100 | 86% | 19 | 27 | 70% | 67 | 73 | 92% |
| Fiala *et al.* (1975) | 24 | 26 | 92% | 9 | 11 | 82% | 15 | 15 | 100% |
| Ho *et al.* (1975) | 21 | 32 | 66% | 13 | 22 | 59% | 8 | 10 | 80% |
| Betts *et al.* (1975) | 31 | 45 | 69% | 7 | 21 | 33% | 24 | 24 | 100% |
| Chatterjee *et al.* (1978) | 32 | 35 | 91% | 4 | 6 | 67% | 28 | 29 | 97% |
| Cappel *et al.* (1978) | 22 | 35 | 63% | 12 | 22 | 55% | 10 | 13 | 77% |
| May *et al.* (1978) | 60 | 85 | 71% | 15 | 39 | 38% | 45 | 46 | 98% |
| Whelchel *et al.* (1979) | 142 | 164 | 87% | 21 | 34 | 62% | 121 | 130 | 93% |
| Ware *et al.* (1979) | 106 | 150 | 71% | 84 | 102 | 82% | 22 | 48 | 46% |
| Marker *et al.* (1981a) | 181 | 320 | 57% | 59 | 169 | 35% | 122 | 151 | 81% |
| Ho (1987) | 79 | 131 | 60% | 11 | 37 | 30% | 68 | 94 | 72% |
| Total kidney transplants | 895 | 1276 | 70% | 280 | 542 | 52% | 615 | 734 | 84% |
| Cardiac Transplants | | | | | | | | | |
| Pollard *et al.* (1978) | 32 | 40 | 80% | 12 | 20 | 60% | 20 | 20 | 100% |
| Dummer *et al.* (1985) | 49 | 55 | 89% | 16 | 22 | 73% | 33 | 33 | 100% |
| Total heart transplants | 81 | 95 | 85% | 28 | 44 | 64% | 53 | 53 | 100% |
| Liver transplants | | | | | | | | | |
| Singh *et al.* (1988) | 55 | 93 | 53% | 17 | 37 | 46% | 38 | 56 | 67% |
| Marrow transplants | | | | | | | | | |
| Neiman *et al.* (1977) | 32 | 80 | 46% | 10 | 44 | 23% | 27 | 36 | 75% |
| Meyers *et al.* (1986) | 280 | 543 | 52% | 139 | 326 | 43% | 141 | 217 | 65% |
| Wingard *et al.* (1988a) | 112 | 348 | 32% | 15 | 115 | 13% | 97 | 232 | 42% |
| Total marrow transplants | 424 | 971 | 44% | 164 | 485 | 34% | 265 | 485 | 55% |

immunocompetent individuals (see Section 9.8) and in HIV-infected subjects but also after transplantation (Chou, 1986, 1987b; Grundy *et al.*, 1988c). Reactivation infection obviously cannot occur if a virus cannot establish latency or persistence. This is the basic reason why many of the viruses mentioned above do not cause problems after transplantation. Most viruses are eliminated or cured after injection. Alternatively, they may not be readily available in the human or physical environment to infect from the outside. The herpesviruses, and particularly CMV, are in many ways unique. Under conditions of organ transplantation, practically all patients develop CMV infection. Table 13.1 summarizes information on CMV infection after renal, cardiac, liver, and marrow transplantation from sources that distinguish between primary and secondary types of infection. Operationally, these two types of infections may be recognized if a pretransplant CMV antibody test is available. Primary infection is infection occurring in a subject who had no antibodies before transplantation; secondary infection may be defined as infection in patients previously exposed to CMV as demonstrated by seropositivity before transplantation.

Secondary infections consist of reactivation infections and superinfections in an immune recipient. In the usual series one cannot distinguish between these two possibilities. A number of workers have approached this problem by looking at recipient pairs who have received kidneys from the same seropositive donor. In a number of situations the strains were found to be identical by restriction fragment polymorphism, and hence the virus was assumed to come from the same donor (Chou, 1986; Grundy *et al.*, 1987, 1988c). To further complicate the situation, Chou (1989) showed that at times close examination of restriction enzyme profiles of CMV isolates from corecipients of organs from a common donor shows that two different strains may be shed, presumably from the same donor. The separated strains were also shown on propagation in cell culture to give rise to new, recombinant strains of CMV.

Grundy *et al.* (1988c) report that among seropositive recipients, infection was more common (69%, 18/26) when the kidney came from a seropositive donor than when it came from a seronegative donor (infection in 27%, 4/15). Further, the former group had more symptomatic infections. Their conclusion was that reinfections are more symptomatic than reactivation infection. If true, one should evaluate the importance of preventing infection in all organ recipients, not just seronegative ones. However, other workers do not report more symptomatic disease in seropositive recipients when the donor was seropositive (Smiley *et al.*, 1985) or even a significant increase in infection (Peterson *et al.*, 1983).

In a summary of 16 studies totaling 1276 renal transplant patients, a mean 70% of the entire group became infected with CMV (Table 13.1). All studies were from the United States except ones by Andersen and Spencer (1969) and Spencer (1974) from Denmark and one by Cappel *et al.* (1978) from Belgium. Primary infection occurred in 53% of patients who were susceptible, i.e., nonimmune, before transplantation. In contrast, secondary infection occurred in 84% of the susceptible patients. In ten studies, this rate was 90% to 100%, which suggests strongly that, in view of possible false negatives caused by inability of the laboratory to detect an antibody rise or to isolate CMV, essentially all seropositive individuals activate their latent virus infection after transplantation.

The magnitude as well as the characteristics of infection rates of cardiac and liver transplant recipients were similar to those of the renal transplant group, although differences in morbidity are pointed out below. For reasons that are not entirely clear, the frequency of CMV infection in some series of bone marrow recipients, particularly primary infections, seems somewhat lower (see below). Still, from these statistics, certain deductions may be ventured. (1) Probably all

TABLE 13.2
Risk Factors for Primary and Secondary Infection following Organ Transplantation

| |
|---|
| Potential source of virus for primary infection |
| 1. Environment: physical and biological environment of patient in hospital, home, or community |
| 2. Persons |
| 3. Blood transfused |
| 4. Organ transplanted |
| Factors suppressing resistance against reactivation or primary infections |
| 1. Underlying condition of patient (renal or other organ failure, leukemia, aplastic anemia, etc.) |
| 2. Cytotoxic immunosuppressive drugs |
| 3. Corticosteroids |
| 4. Host-versus-graft reaction |
| 5. Graft-versus-host reaction |

seropositive individuals harbor latent CMV infection, and serology is an excellent indicator of latency. (2) Most latent CMV infections are activated following transplantation, at least latent infections active enough to produce seropositivity.

We recognize that one cannot assume that the three events, initial infection, antibody development, and latent infection, will always occur together. Antibody levels decrease with time, and in rare individuals, previously infected subjects may become falsely seronegative (Stagno *et al.*, 1975b; Waner *et al.*, 1973; see Section 6.2.3). An unknown but probably small number of seronegative individuals may have been previously infected with CMV, or their antibodies were never stimulated. This possibility will undoubtedly be explored with the availability of newer techniques for detecting virus infection and latency, such as the polymerase chain reaction (see Section 5.3.1).

The primary infection rate, infection among those who were seronegative before transplantation, is usually lower than the rate for reactivation infection in all three forms of transplantation. As expected, this rate varies much more from series to series and may vary with the type of transplant. One obvious reason is different in exposure to a source of CMV.

Potential sources of virus transmission and factors that might depress host resistance are listed in Table 13.2. The latter operate in both primary and secondary types of infections. They range from the underlying pathological process that led to transplantation to measures to preserve the graft. Allograft reactions, whether of the host-versus-graft or graft-versus-host types, are unique to the transplantation process. An attempt is made to evaluate each of these factors using data from the literature.

### 13.1.1. Sources of Virus in Infection Including Blood

The most common cause for transmission of CMV is man himself. Just how it is transmitted in the well community among children or susceptible adults has been discussed (see Sections 9.2–9.6). Close personal contact seems essential, and there may be more than one mode of transmission. Contaminated milk, saliva, and urine and sexual intercourse may all play a role.

There is no evidence that any of these means of transmission account for primary infection in the transplant patient, although instances of transmission by close personal contact may be expected to occur from time to time. Two unique potential sources for the virus stand out in transplantation: blood used for transfusions and the donated organ or tissue itself.

The requirement for blood transfusions and their potential risks in practically all transplant operations have already been described. Henle *et al.* (1970) estimated that the risk was proportional to the number of units transfused, which was computed to be 5% to 12% per unit. Prince *et al.* (1971) followed 156 patients who received 1269 units of blood and found 31 who seroconverted. This represents 2.4 infections per 100 units of 2.4% per unit. Our own study of 93 seronegative children undergoing open heart surgery produced a risk of 2.48% per unit (Armstrong *et al.*, 1976). A relatively low risk of infection from blood transfusion (less than 3% per unit) was generally found by six groups of investigators that formed an NIH contract group to study the risk of CMV in transfused blood from 1971 to 1975 (Evans, 1976). More recent data suggest even lower risk of transmission of CMV by blood (see Section 9.7).

In renal transplantation, when the amount of blood transfused is low (3.7 units per patient in our study), one cannot usually demonstrate a correlation between blood transfusion and acquisition of CMV infection (Ho *et al.*, 1976). However, if the number of units increases, the situation may be quite different. Lang *et al.* (1977) studied patients who received an average of 19 units of blood during extracorporeal perfusion. Out of six who were initially seronegative, four seroconverted (67%), and one of four seropositives showed a significant rise in titer. They went on to show that if the blood were depleted of white cells by 60% in a similar series of ten patients, only one showed a significant serologic rise.

That viable white cells may be an essential vehicle of transmission of CMV from blood is also shown by studies by Tolkoff-Rubin *et al.* (1978). None of 21 seronegative patients seroconverted after receiving a total of 157 units of frozen blood (see Section 9.7.3).

Recently we have been unable to document any relationship between CMV infection and blood transfusions in heart, heart–lung, or liver transplantation, where significantly more blood is used (Breinig *et al.*, 1987; Dummer *et al.*, 1985; Singh *et al.*, 1988).

It is possible that the impact of transfused blood on primary infection may be lost if the preponderant source of virus is the seropositive organ donor. The most discriminating study would be one in which primary infections in seronegative recipients were measured in groups that received only seronegative transplants and either seronegative or seropositive blood products. Very few studies of this type have been done. One example was reported by Bowden *et al.* (1986) in seronegative recipients who received only marrow transplants from seronegative donors. Only one out of 22 (4.6%) recipients who received seronegative blood products became infected, whereas eight out of 25 (32%) who received seropositive blood products became infected ($P < 0.007$). On the other hand, CMV infection in seronegative recipients who received marrow from seropositive donors was not significantly influenced by whether or not they received seronegative or seropositive blood products (25% versus 31%). This study shows clearly that seropositive blood contributed to primary CMV infections at least in marrow recipients. Since each recipient received a mean of 20 units of red blood cells, the risk per unit was 2.3%. This is consistent with the risk calculated from other studies (see Section 9.7).

There is strong epidemiologic evidence that the donated kidney is the source of primary CMV infection. Although suspected for a long time (Hedley-Whyte and Craighead, 1965; Lopez *et al.*, 1974a), the graft was not incriminated earlier because sporadic attempts to isolate CMV from the grafted kidney were unrewarding (Lopez *et al.*, 1974a). Even today, after wide acceptance of the epidemiologic data, search for the virus in the grafted organ has largely been futile. Naraqi *et al.* (1978) studied 130 kidney biopsy samples from live and cadaver donors and from kidney allografts in recipients by cocultivation of intact or homogenized tissue on susceptible human fibroblasts. No virus was isolated from any of the explanted tissues. Cytomegalovirus was isolated from homogenized samples of six out of 57 allograft biopsies, but all positive samples came from viruric recipients. We have cocultivated in larger bottles more than half of the renal cortex in minced fragments. No virus was found in kidneys obtained at autopsy from seropositive individuals (M. P. Meyer, J. A. Armstrong, and M. Ho, unpublished data).

However, another form of independent, albeit still indirect, evidence suggest strongly that donated organs are frequently the source of CMV infection. There are reports of seronegative recipients of hearts or kidneys from the same donor who became infected by identical strains of CMV as determined by restriction fragment polymorphism (Chou, 1986). Transmission of herpes simplex virus by donor organs has also been documented by this method (Dummer *et al.*, 1987), as has transmission of other viruses (HIV, HBV, NANB) and *Toxoplasma* by other methods (Ho and Dummer, 1990), but none of these agents are transmitted by organs with the high frequency of CMV.

The epidemiologic evidence that the kidney is the source of infection first came from prospective studies by Ho *et al.* (1975) and Betts *et al.* (1975) (Table 13.3). In the study by Ho *et al.* (1975), the seronegative recipient group that received kidneys from seropositive donors had an infection rate of 83%, whereas those who received kidneys from seronegative donors had a rate of only 30%. Betts *et al.* (1975) noted a 78% primary infection rate and no CMV infection when seronegative individuals received kidneys from seronegative donors. Tobin *et al.* (1979) provided similar data from the United Kingdom. Confirming data were also provided by Marker *et al.* (1981a) from Minnesota. Of note is the extremely low rate of infection in seronegative recipients of kidneys from seronegative donors in the four studies (8%). This is indirect evidence for the relative infrequency of transmission of CMV by other routes, including transfusions. That the kidney may occasionally transmit

TABLE 13.3
The Kidney Transplant as a Source of Primary CMV Infection
(Infection in Seronegative Recipients)

| | Number and percent infected in series of | | | | |
|---|---|---|---|---|---|
| Donor serology | Ho *et al.* (1975) | Betts *et al.* (1975) | Tobin *et al.* (1979) | Marker *et al.* (1981a) | Total |
| Positive | 10/12 (83%) | 7/9 (78%) | 22/33 (67%) | 11/33 (33%) | 50/87 (57%) |
| Negative | 3/10 (30%) | 0/12 (0%) | 0/36 (0%) | 3/20 (15%) | 6/78 (8%) |

the virus is not surprising, but the relatively high rate of primary infection in a susceptible recipient who receives the kidneys of a normal seropositive individual also suggests that he is latently infected with CMV and the organs are infected.

The situation is similar in other solid organ transplantation. Pollard *et al.* (1982) showed that six out of seven seronegative patients who received hearts from seropositive donors developed primary CMV infection. More recently the situation was dramatically illustrated in a study of 121 adult liver transplant recipients in Pittsburgh. In donor–recipient pairs whose serologic data were complete, 13 (92%) of 14 seronegative recipients who received livers from CMV-seropositive donors had evidence of CMV infection after transplantation, whereas only one (8%) of 12 seronegative recipients who received livers from seronegative donors developed CMV infection (Singh *et al.*, 1988). Similar data were reported from other centers (Fox *et al.*, 1988).

The situation is not as clear-cut in the case of marrow transplantation. Meyers *et al.* (1980c) earlier provided an interesting breakdown of CMV infections in 158 marrow transplant recipients. The rate of primary infection in seronegative recipients who received marrow from seropositive (57%) or seronegative donors (53%) was similar. However, in a more recent review of 543 marrow recipients, Meyers *et al.* (1986) presented statistics more in line with other types of organ transplantation (Table 13.4). Among seronegative recipients, there was significantly more CMV infection when the donor was seropositive (44/77, 57%) than when the donor was seronegative (58/208, 28%). A similar result was reported from the United King-

TABLE 13.4
The Relationship of Transplanted Marrow to the Development of Primary CMV Infection in Seronegative Recipients

| | Number and percentage infected in series of | | | | |
|---|---|---|---|---|---|
| Donor serology | Meyers *et al.* (1980c) | Meyers *et al.* (1986) | Paulin *et al.* (1986) | Miller *et al.* (1986) | Apperely and Goldman (1988) |
| Positive | 12/21 (57%) | 44/77 (57%) | 1/3 (25%) | 6/30 (20%) | 4/11 (36%) |
| Negative | 31/58 (53%) | 58/208 (28%) | 3/14 (21%) | 20/107 (19%) | 0/17 (0%) |

dom (Appereley and Goldman, 1988). Still, many other groups continue to report an absence of an enhancing effect of the donor serostatus on CMV infections or interstitial pneumonia (Paulin *et al.*, 1986; Wingard *et al.*, 1988b; Winston *et al.*, 1990).

Almost all studies point to the importance of seropositivity of the recipient, i.e., the endogenous latency of CMV, as a significant risk factor (Table 13.1). The reason for the apparent lack of more transmission of virus from marrow donor to recipient is obscure, particularly in view of the overwhelming evidence that CMV latently infects leukocytes (see Section 9.7.3). One possibility is that the latently infected donor cell is prevented from reactivating in the presence of an newly engrafted donor immune system, which is essentially the donor's. Indeed, there is some evidence that the seropositive donor imparts protection against CMV infection. Grob *et al.* (1987) report that the incidence, severity, and outcome of CMV pneumonia were significantly worse in seropositive recipients who received marrows from seronegative as opposed to seropositive donors. This acquired immunity against CMV may be transferred to the recipient, and this immunity may be particularly effective against the donor's own infected cells.

There is also evidence that some seropositive donors are better able to transmit the virus that others. Chou and Norman (1988) conducted a 3-year prospective study involving 140 seronegative kidney and heart recipients. Forty of 68 (58%) recipients of a CMV-positive organ developed primary infection, and 42% did not. Four pairs of recipients, each pair of which received organs from the same donor, developed CMV infection, whereas five other pairs of recipients who also received organs from the same donor developed no infection. These observations suggest that seropositive donors may carry latent or abortively infected cells, which may or may not be activable. Toorkey and Carrigan (1989) have shown that normal tissue, such as kidneys, may carry abortively infected cells in which IEA could be demonstrated. It is unknown whether the number of such cells or the nature of the infection determines whether or not CMV will be transmitted.

### 13.1.2. Morbidity of Cytomegalovirus Infection after Transplantation

There is a remarkably constant incubation period after transplantation when most CMV infection occurs. This is best demonstrated in the renal transplant group but is about the same for other types of transplantation. The evidence suggests that the virus is transmitted or reactivated during or shortly after the transplant operation.

Primary and secondary infections occur about 2 months after transplantation with a range of 1–4 months (Ho *et al.*, 1975; Rubin *et al.*, 1977). The incubation period for primary infections is somewhat shorter (Andersen and Spencer, 1969; Ho *et al.*, 1975). In our series, the mean incubation period for primary infection was 2.0 months, and it was 3.5 months for secondary infection. It should be pointed out that this was based on conversion of CF tests. As already stated, CF antibody response is

TABLE 13.5
Severity of Primary and Reactivation CMV Infections after Organ Transplantations

| | Primary infections | | | Reactivation infections | | |
|---|---|---|---|---|---|---|
| Type transplant, authors | No. | Symp.[a] | % | No. | Symp. | % |
| Kidney transplants | | | | | | |
| Suwansirikul *et al.* (1977) | 18 | 14 | 78 | 10 | 2 | 20 |
| Betts *et al.* (1977) | 16 | 14 | 88 | 32 | 6 | 19 |
| Whelchel *et al.* (1979) | 21 | 17 | 81 | 121 | 37 | 31 |
| Marker *et al.* (1981a) | 21 | 18 | 86 | 105 | 72 | 69 |
| Total kidney transplants | 76 | 63 | 83 | 268 | 117 | 44 |
| Heart transplants | | | | | | |
| Pollard *et al.* (1978) | 10 | 9 | 90 | 17 | 5 | 29 |

[a]Symp., symptomatic (at least fever was recorded in association with CMV infection).

slower than FA or ELISA antibody response (see Section 6.2.4). Perhaps primary infection occurs sooner because virus is transmitted at surgery (see below), whereas in reactivation infection, a period of immunosuppression following surgery must precede reactivation of endogenous virus. Based on the development of symptoms, Peterson *et al.* (1980) found that median day of onset of CMV disease in 59 patients was 46 days after transplantation. Six patients became sick 2–3 weeks after transplantation, and 90% had their onsets within 4 months.

Evidence is strong that primary and reactivation CMV infection differ in their clinical implications. Primary infections are more often clinically apparent and cause more disease, an observation made by our group (Ho *et al.*, 1975; Suwansirikul *et al.*, 1977) and Betts *et al.* (1977) and confirmed by others in renal and cardiac transplant groups.

Table 13.5 summarizes the relevant data from four studies on the morbidity of CMV infection after transplantation. The summary shows that after renal transplantation, most (83%) primary CMV infections were symptomatic. The minimum manifestation was fever. On the other hand, the majority (56%) of secondary infections were asymptomatic. A similar pattern emerged when patients who had received cardiac transplant were followed (Pollard *et al.*, 1978).

Marker *et al.* (1981a), however, do not show any significant differences in the morbidity of these two groups of patients, although there was more fever in the primarily infected. The lack of greater difference probably resulted from the unusually high frequency of disease manifestations in patients undergoing a secondary infection (69%). Their patients received antilymphocyte globulin in addition to azathioprine and steroids, and it is possible they were more immunosuppressed than the comparable patients in the other studies.

Weir *et al.* (1987) reported from Baltimore on a series of 167 renal transplant patients who received cyclosporine and prednisone immunosuppression. There were 15 cases of symptomatic CMV disease, and 12 of these or 80% were primary infections that occurred among the 20 seronegative recipients who received organs from seropositive donors. Only three cases of CMV disease caused by secondary infections occurred among 142 seropositive recipients.

Smiley *et al.* (1985) studied a series of 153 patients from Philadelphia who were on azathioprine–prednisone immunosuppression. Here too, 61% of primary infections developed CMV disease. This group had the highest mean point score of disease severity and also the greatest number of major complications (26%). Only one patient developed CMV disease among 49 seronegative recipients who received kidneys from seronegative donors.

Despite the use of similar cyclosporine–prednisone immunosuppressive regimens in organ transplantation (see below), the frequency of CMV disease may vary greatly depending on the type of transplant (Dummer *et al.*, 1983). Patients undergoing cardiac transplantation had more CMV disease than those who had kidney transplants. In this early mode, antilymphocyte serum was not used in routine immunosuppression after any of our organ transplantations, although it was occasionally used for rejection.

A summary of our experience with CMV infections and morbidity is presented in Table 13.6. It shows that the frequency of infection varied between 59% and 92% in the different transplant groups. Whether this is a true difference or a reflection of differences in the serologic status of donors and recipients and other variables is not known.

What the table does show is the striking incidence of CMV pneumonia in heart–lung recipients (32%). In contrast, out of 131 renal transplant patients, only 10 (8%) had symptomatic CMV infection. The other three transplant groups had significantly more symptomatic CMV disease. Whether there is a significant difference in CMV morbidity among liver, heart, and heart–lung recipients is not clear. Thirty-two percent of the heart–lung recipients had CMV pneumonia. This frequency approximates the symptomatic infection rate and suggests that the lung is particularly vulnerable after heart–lung transplantation. The question arises as to

TABLE 13.6
Infection and Morbidity of CMV Infection in Different Transplant Groups in Pittsburgh after 1981[a]

| Type of transplant | Total no. of patients | Number of patients with infections (% total) | | Number of symptomatic patients | | Number of patients with CMV pneumonia | |
|---|---|---|---|---|---|---|---|
| | | | | Infected | Total | Infected | Total |
| Kidney | 131 | 79/131 | (60%) | 13% | 8% | 4% | 2% |
| Liver | 93 | 55/93 | (59%) | 49% | 29% | 5% | 3% |
| Heart | 48 | 44/48 | (92%) | 27% | 25% | 9% | 8% |
| Heart-Lung | 31 | 22/31 | (71%) | 55% | 39% | 45% | 32% |

[a]Data for this table were published by Ho (1987) and Dummer *et al.* (1985, 1986).

whether an allograft undergoing various degrees of allograft rejection is particularly vulnerable to CMV infection.

The situation is comparable to marrow transplantation, where CMV pneumonia has been an unusually difficult problem. Meyers *et al.* (1986) report an incidence of 16.7% in 545 marrow transplant recipients. In bone marrow transplantation the lung is a target organ for graft-versus-host reaction. Graft versus host reactions have consistently been found to be a significant risk factor (see Section 13.3).

Similar results were reported by Wreghitt *et al.* (1988) from Cambridge, England. They investigated 166 heart and 15 heart and lung recipients by serologic methods. Altogether only 45% developed CMV infection, of which 18.5% were primary infections. There were six deaths caused by CMV, all of whom were primarily infected. Cytomegalovirus disease was more severe in heart–lung recipients. Three out of four patients with primary infections in the heart–lung group died, whereas only three out of 16 primary infections in heart recipients died. All deaths in the heart–lung group were from CMV pneumonia.

## 13.1.3. Role of Immunosuppressive Drugs

Before 1966, when corticosteroids were routinely used after renal transplantation but cytotoxic drugs were not, CMV infections were not observed. It is generally assumed that these became evident only after cytotoxic agents such as azathioprine, cyclophosphamide, methotrexate, and antilymphocyte and antithymocyte serum became available (Kanich and Craighead, 1966; Ho, 1977). However, how the single or combined effects of many other factors might contribute to the risk of infection in the complex transplant patient was unclear (Ho, 1977).

To help clarify the problem, our group made use of patients with connective tissue diseases who were being treated with corticosteroids or cyclophosphamide (Dowling *et al.*, 1976). Studying them permitted us to evaluate the effect of steroids and cytotoxic drugs alone, apart from the complicating factors of a transplant operation, blood transfusions, or allograft reactions. No virus was isolated from the buffy coat or urine of 86 patients who were on cortocosteroids alone. This confirms the impression that steroids alone, at least in the doses given to such patients, do not play a large role in increasing susceptibility to CMV infection. On the other hand, a random urine sample from three out of 15 patients on cyclophosphamide yielded positive cultures for CMV. In a prospective study, 14 patients were followed from the time of initiation of cyclophosphamide therapy. Five of nine who were seropositive developed viruria (56%) compared with only one of five seronegative patients (20%). Interestingly, as in the case of renal transplantation, infection occurred between 6 and 12 weeks after drugs were begun. The rate of infection was expectedly lower than in the renal transplant group, since the rheumatology patients were not exposed to a number of other risk factors peculiar to the transplant recipient.

Between 1966 and 1981 azathoprine and prednisone were the standard immunosuppressive agents used after transplantation. The frequency of infection by CMV during that period is shown in Table 13.1. In most series, the rate of secondary or reactivation infection was close to 100%. As mentioned, the degree of immunosuppression produced by this combination was sufficient to activate almost all latent infection.

The amount of morbidity associated with CMV infection was, however, quite variable, and the type of immunosuppression is an important determinant. For example, in 1978, the Minnesota group reported that in a group of 141 consecutive transplant patients, the incidence of overt CMV disease was 59 (31%) (Peterson *et al.*, 1980). Twenty-five of the 59 symptomatic patients (42%) or 13% of the total had evidence of pulmonary infiltrates. In 1983, Peterson *et al.* (1983) reported from the same institution that from 1980 to 1982, out of 273 renal transplant patients, only 24 (8.8%) developed CMV pneumonia. One difference between the two periods was that during the later period, antilymphocyte serum (ALS) was not used.

That antilymphocyte or antithymocyte globulin in transplant recipients adds an extra dimension of immunosuppression that is conducive to infections has been suggested by a number of studies. Cheeseman *et al.* (1979a) reported that patients who were receiving antithymocyte globulin in addition to prednisone and azathioprine after renal transplantation became viremic more frequently (11/13) than those who were not (3/8). Treatment with interferon reduced viremia in patients who were not receiving antithymocyte globulin, but it did not affect viremia in patients who received it.

The advent of cyclosporine in 1981 (Starzl *et al.*, 1981) has spawned numerous studies on its effect on CMV infection, which is described below. In 1989, large-scale testing began with a new macrolide antirejection drug, FK-506, similar in action to cyclosporine (Starzl *et al.*, 1989; Thomason, 1990). Although results are as yet incomplete, it promises to be an excellent immunosuppressant. Its use may entail fewer infections including CMV infections of clinical significance (Allessiani *et al.*, 1990).

Blá *et al.* (1985) compared 24 renal patients on cyclosporine and 40 on azathioprine. The numbers of symptomatic CMV infections were comparable (58% and 48%, respectively). Both groups also received steroids, and some received antithymocyte globulin (ATG). Excluding patients on azathioprine who received ATG for acute rejections reduced the frequency of symptomatic CMV infection to 25%.

At the University of Pittsburgh, we undertook a comparison of the infections occurring in renal patients on the traditional azathioprine–prednisone combination or on a cyclosporine–prednisone combination (Dummer *et al.*, 1983). No antithymocyte globulin was used. The amount of symptomatic disease may also be illustrated by the amount of CMV pneumonia in the two groups. There were three cases in each group of 138 and 131 transplant recipients (2.2% and 2.3%). The results of these two studies suggest that cyclosporine does not increase morbidity from CMV.

Najarian *et al.* (1985) compared 230 renal recipients on cyclosporine–prednisone with 109 on azathioprine–prednisone–ATG at the University of Minnesota. Symptomatic CMV infection during the first year after transplantation was only 9% in the cyclosporine group but 28% in the azathioprine group. However, the cyclosporine group did not routinely get 14 days of ALS or ATG. Hence, the two groups were not strictly comparable because of the possible overriding role of ATG.

The effect of antilymphocyte preparation on CMV infection was dramatically demonstrated by Rubin *et al.* (1985) in a survey of 1245 renal transplant recipients from 46 transplant centers. They found that cadaveric transplant recipients who received such serum had more than twice as many deaths as those who did not receive (19% versus 5%). Interestingly, the mortality of patients with no evidence of CMV was not affected by the use of antilymphocyte preparation (4%). The excess mortality is assumed to be related to CMV infection that was exacerbated by the antilymphocyte preparation. Unfortunately, there was no description of the actual cause of death in these patients.

Andreone *et al.* (1986) from Minnesota reported a reduction of infections in heart transplant recipients after institution of low-dose "triple"-drug immunotherapy. During the first period (1978–1982), when antilymphocyte serums (ALS), prednisone, and azathioprine were used, and during the second period (1982–1983), when high-dose cyclosporine (blood level: 250–300 ng/ml by high-pressure liquid chromatography) and steroids were used, there were many infections (1.3 or 1.6 episodes of infection per patient), particularly CMV and fungal infections. In the third period, when low-dose "triple" therapy consisting of cyclosporine (blood level: 150–100 ng/ml), azathioprine, and prednisone, but no ALS was used, there were only 0.6 infections per patient. Death from infections during these three periods were 2/11, 3/16, and 2/35, or 18%, 19%, and 6%, respectively. The most striking reduction was in symptomatic CMV infections. During the first two periods the frequency of symptomatic CMV infection was 8/27 or 30%, with three deaths from CMV. During the third period only one out of 35 (3%) patients had symptomatic CMV, and there were no deaths from CMV. This low morbidity is quite comparable to the morbidity from CMV infection in renal transplant recipients who did not receive ALS immunosuppression in other institutions (see above). The last immunosuppressive regimen was also associated with higher actuarial survival rate and lower rejection rates. Two additional measures may have helped reduce the rate of CMV morbidity, particularly from primary infection. One was the use of CMV-negative blood for seronegative recipients, and the second was the administration of CMV hyperimmune globulin. These measures may also have contributed most to the reduction of morbidity from CMV (see Sections 13.1.1 and 14.1).

New monoclonal antilymphocyte serums are also important factors in contributing to infection. They are particularly difficult to evaluate in this regard because they are frequently used only in selected patients, such as those with rejection. Chou and Norman (1985) reported a higher frequency of reactivation of CMV in renal transplant patients on OKT-3, although disease was not increased. Singh *et al.*

(1988) reported on the effect of using OKT3 serum for rejections in 121 liver transplant recipients in Pittsburgh. Patients who received OKT3 had significantly more episodes of disseminated CMV infection (five out of six) and more episodes or oral and genital herpes.

In summary, the type of immunosuppression has a profound effect on infectious complications, but particularly morbidity from CMV infection. Excess use of antilymphocyte and antithymocyte sera is a prime culprit. Newer monoclonal antilymphocyte sera are also suspect, although they have not been studied as carefully. The frequency of infection is not much affected by either antilymphocyte serum or cyclosporine because it is already close to the maximum under all types of modern immunosuppression. Cyclosporine, in controlled doses, does not increase morbidity from CMV infections compared to azathioprine.

### 13.1.4. Cytomegalovirus Infection, Graft Rejection, and Allograft Reaction

The relationship between CMV infection and the rejection reaction is a complex one. Which is cause and which is effect is difficult to sort out in patients because both occur so frequently in the first few months after transplantation. Although there is no evidence that CMV infection suppresses rejection, it is difficult to determine whether CMV infection is a cause of rejection or if rejection facilitates infection. There is ample evidence from animal work that both reactions occur. We showed that allograft reactions i.e., both host-versus-graft (HvG) and graft-versus-host (GvH) reactions may lead to enhancement of CMV infection (Wu *et al.*, 1975; J. Dowling *et al.*, 1977) (see Section 16.5.2). More recently, it was found that in the mouse model, a GvH reaction can facilitate the production of interstitial pneumonia (Grundy *et al.*, 1985), and conversely, the presence of CMV infection in the host can accentuate a GvH reaction produced by allogenic spleen cells (Grundy *et al.*, 1985; Via *et al.*, 1988) (see Section 16.3). The fact that human cadaveric transplant recipients, who have more rejection than recipients of organs from living related donors, have more CMV infections is presumptive evidence that allograft reactions may also increase frequency of CMV infections in man (Pass *et al.*, 1978; Ho, 1977).

Several effects of CMV infection on the expression of HLA antigens may have some bearing on how infection might affect rejection. Van Es *et al.* (1984) found evidence of activation of CD8 lymphocytes in patients with CMV infection or rejection. In 16 patients who suffered rejection episodes, HLA-DR (class II HLA antigen) expression by CD8 T lymphocytes was significantly increased. Patients with CMV infection also had increased HLA-DR expression on CD8 cells, which coincided with onset of clinical symptoms of CMV infection.

Cytomegalovirus infection has also been found to up-regulate the expression of class II HLA antigens in kidney cells, presumably as a result of $\gamma$-interferon production (Von Willebrand *et al.*, 1986).

After successful transplantation, MHC antigens on kidney parenchymal cells are lost, presumably because of administration of glucocorticosteroids. These antigens reappear during rejection. They also appear after CMV infection. It was postulated that increased antigen expression induced by infection led to rejection. Twelve out of 14 patients (86%) with CMV disease rejected, whereas only 17% of the remaining 223 patients rejected ($P < 0.001$).

That such enhancement actually occurs in renal transplant patients has been suspected since 1970 (Simmons *et al.*, 1970), even if evidence for it has been limited. Lopez *et al.* (1974a) found that of 29 infected patients, 21 rejected, whereas only one out of six uninfected patients rejected. Fiala *et al.* (1975) had similar results. The difficulty with these data is that the rate of CMV infection was high in the entire transplant population, irrespective of whether they rejected. Infection and rejection may be unrelated events, or, if related, they may be related to a third unknown event. Other authors have been unable to prove that CMV infection causes rejection. Chatterjee *et al.* (1978) found that the average number of rejection episodes was 1.05 among 20 seronegative patients and 1.06 among 15 seropositive ones. Most patients became infected, particularly the seropositive ones, but it is not clear from their data how many seronegative patients became infected. Flechner *et al.* (1982) followed 100 consecutive cadaveric kidney recipients. The development of either primary or secondary CMV infections with or without overt symptoms had no effect on graft survival. Ho *et al.* (1975) and Pass *et al.* (1978) point out that the reverse may be true; that is, a host-versus-graft reaction may increase CMV infection. As mentioned above, Pass *et al.* (1978) reported that 60 days after transplant, more patients who received cadaver kidneys were infected with CMV than patients who received kidneys from living related donors. This difference was thought to be related to greater host-versus-graft reaction in those who received cadaver kidneys.

Marker *et al.* (1981a) followed 320 transplant patients for 1 to 5 years for CMV infection and its possible complications (see Section 13.1.2). Multivariate analysis was used to examine the importance of several risk factors including the effect of CMV infection on graft survival. Rejection was defined by nephrectomy. Cytomegalovirus infection occurred in 181 patients after transplant and accounted for 20% of graft failures. Fifty-one percent of the infected patients rejected, whereas 41% of patients without infection rejected. Only in the interval 5 to 15 days before rejection was the number of CMV infections somewhat greater than expected (13 expected, 20 occurred). These are not significant differences. The presence of pretransplant antibody offered no protection against rejection. This study confirms the impression that it is difficult to demonstrate a relationship between CMV infection and graft rejection in a general transplant population.

Because of the relatively small number of primary CMV infections, their effect on rejection may be diluted out in a series of renal transplantations unless specifically looked for. Betts *et al.* (1977) studied a series of younger recipients, a significant proportion of whom were seronegative. Rejection occurred in four of 16 patients with primary CMV infection, whereas 24 seronegative patients who did not develop primary infection had no rejection ($P < 0.05$).

There is evidence that CMV infection affects the utility of multiple transfusions before transplantation, which have been found to increase graft survival (Opelz *et al.*, 1973). Andrus *et al.* (1979) studied the effect of CMV infection and the effects of multiple transfusions of frozen red cells on graft survival in a group of 55 recipients who received well-matched (at least two antigens) cadaveric kidneys. In this study, all seropositive recipients reactivated. No infection occurred in seronegative recipients who received kidneys from seronegative donors. Patients who received more than five transfusions before transplantation and who did not develop infection had a 91% graft survival after 24 months. The grafts of those who were infected had only a 41% survival, which suggests that the beneficial effect of transfusions was at least partially offset by CMV. Selection of a seronegative donor and multiple transfusions significantly improved survival of the cadaveric graft in seronegative donors.

Flechner *et al.* (1982) in a similar study of 100 cadaver renal transplants found that those who received more than 5 units of blood had 70% graft survival, whereas those who received no transfusions had only 36% graft survival. Transfusions helped graft survival in patients who became infected as well as in those who remained uninfected, although 1-year graft survival in the uninfected and infected groups (58% versus 7%) was significantly different. These authors found no significant difference in graft survival of patients, transfused and untransfused, who remained seronegative and uninfected after transplantation (71%) and who became infected (61%).

Grattan *et al.* (1989) reported more convincingly on the relationship between CMV rejection and allograft rejection in 301 cardiac transplant recipients at Stanford in the postcyclosporine era. Only 91 patients were infected with CMV (30%), a remarkably low figure (see Section 13.1). It was clearly shown that the frequency of graft rejection was significantly higher in the infected, although most patients (> 84%) had one or more episodes of rejection. What was perhaps more impressive were results of an actuarial analysis that found that graft loss from atherosclerosis that led either to death or to retransplantation was greater for the CMV-infected group. Five years after transplantation, the rate was 68.8% for the CMV-infected and 36.8% ($P < 0.005$) for the noninfected group. Patient survival was also impressively lower in the infected group. Graft atherosclerosis was much more common after transplantation in the infected group as judged by angiographic criteria and by pathological study at autopsy. These data provide additional support for the hypothesis that CMV plays a role in the pathogenesis of atherosclerosis (Melnick *et al.*, 1983; Yamashiroya *et al.*, 1988) (see Section 5.8).

These later data are impressive because, as pointed out previously, it is very difficult to sort out cause–effect relationships between CMV infection and early rejection episodes.

This study found no effect of the severity of CMV infection, i.e., whether the patient was symptomatic or asymptomatic, whether the infection was primary or secondary, on the results. This is surprising and may be related to the low infection rate and relatively low numbers in the different categories. The main method of detecting infection was serologic, even though cultural methods were said to be used. It is possible that only the more severe and symptomatically infected subjects were being described.

Waltzer *et al.* (1987) analyzed the effect of CMV infection and HLA matching on rejection episodes. Among seronegative recipients who remained free of CMV infection after transplantation, there was a clear benefit of highly matched (three or four antigens) versus poorly matched (one or two antigens) transplants in terms of rejection episodes. The mean number of episodes was, respectively, 0.25 and 1.07 ($P < 0.05$). Similarly, the advantage of high matching was evident in the case of seropositive recipients, most of whom had evidence of secondary CMV infection. However, patients with primary infection had significantly more rejection, and there was no difference in rejection between those who received highly matched and poorly matched kidneys (mean rejection episodes 2.0 versus 1.5). These results suggest that patients who had the more severe type of CMV infection can override the beneficial effect of HLA matching.

Assuming that the morbidity, graft loss, and mortality resulting from primary CMV infection are not acceptable, Ackermann *et al.* (1988) report the results of a policy adopted in Tampa of grafting only kidneys from seronegative donors to seronegative recipients. Compared with historical controls, morbidity caused by CMV infection was reduced from 10.6% to 1.7% ($P < 0.0001$), mortality from 3.7% to 0% ($P = 0.002$), and graft loss from 2.5% to 0% ($P = 0.016$).

There are several other phenomena illustrating the bidirectional relationships between CMV infection and allograft reaction.

There is a strong association between GvH reaction and the frequency of CMV interstitial pneumonia in marrow recipients. The frequency of CMV pneumonia among those who received autologous marrow transplant was strikingly low (Pecego *et al.*, 1986; Wingard *et al.*, 1988a,b). The pathogenesis of this type of pneumonia is assumed to have a strong immunopathological component even though so far the role of the GvH reaction has not been explained (see Section 13.2.2).

Cytomegalovirus infection has been shown to be a risk factor for the development of the pathogenesis of vanishing bile duct after liver transplantation (O'Grady *et al.*, 1988). This syndrome is a variant of chronic graft rejection after liver transplantation and is characterized by the destruction of interlobular bile ducts (Vierling and Fennell, 1985). It is also seen in patients with a complete mismatch for HLA-A/B antigens and paradoxically with one or two matches for HLA-DR antigens (Donaldson *et al.*, 1987).

Burke *et al.* (1984) described in five out of 14 long-term survivors of heart–lung transplantation the development of a progressive obstructive and restrictive ventilatory defect. Biopsy showed an obliterative bronchiolitis (OB).

Obliterative bronchiolitis is known in other disease, but its etiology is unknown. It has been linked to viral infections (Becroft, 1971) and autoimmune diseases such as rheumatoid arthritis (Geddes *et al.*, 1977), eosinophilic faciitis

(Epler *et al.*, 1979), and Sjögren's syndrome (Newball and Brahim, 1977). Chronic graft-versus-host (GvH) reaction has been reported to produce OB within 2 years after bone marrow transplantation (Ralph *et al.*, 1984). Quite possibly OB in the setting of lung transplantation is related to some type of allograft reaction, and CMV infection has been suspected to be involved.

The possible role of CMV infection in OB was studied by Burke *et al.* (1986), who followed 19 survivors of lung–heart transplantation. A total of 12 patients developed CMV infection, of whom six developed OB. Those patients who had CMV pneumonitis also had OB. There were also seven seronegative recipients who received organs from seronegative donors and who did not develop any evidence of CMV infection but who developed progressive OB. This paper suggests that OB may occur in the absence of CMV infection, but CMV infection may still be a cofactor in the development of OB. More patients must be followed before definite conclusions may be drawn.

There are a number of isolated observations that suggest that the grafted organ may be particularly prone to CMV and other viral infections. One may assume that the graft is the site of active allograft reactions. Richardson *et al.* (1981) described seven patients whose allograft dysfunction was attributed to a unique glomerular lesion that was thought to be caused by CMV and was associated with CMV viremia (Section 10.3). Cytomegalovirus hepatitis is a fairly common complication after liver transplantation (Singh *et al.*, 1988; Bronsther *et al.*, 1988; see Section 13.3.3). The grafted liver is also prone to herpes simplex hepatitis (S. Kusne, unpublished data). Patients with heart–lung transplantation were more prone to develop CMV pneumonitis than patients with kidney, liver, or heart transplantation.

In summary, although it is difficult to show that CMV infection affects graft survival, accumulating evidence suggests that at least primary infection may be deleterious. It may also offset the beneficial effect of multiple transfusions.

Several types of actual and potential interactions between CMV and the immune system have been reported that may have a bearing on the subject of immune injury precipitated by CMV on grafts.

The MHC class I antigens consist of three highly pleomorphic $\alpha$ chains associated covalently with $\beta_2$-microglobulin ($\beta_2$-m). Human CMV has been shown to bind $\beta_2$-microglobulin, and viruses to which $\beta_2$-microglobulin have been bound are not neutralizable by antiserum (Grundy *et al.*, 1987a, 1988a). Beck and Barrell (1988) predicted on the basis of DNA sequence analysis that CMV encodes a glycoprotein, perhaps of 65 kDa, that is homologous to the $\alpha$ chain of MHC class I antigens of eukaryotes. This protein may be the mediator of binding to $\beta_2$-microglobulin. It may play a role in viral adsorption and possibly interact with reactions requiring class I antigens including immunosuppressive ones (see also Section 3.5.1). Evidence exists that class I molecules can serve as receptors for Semliki Forest virus (Helenius *et al.*, 1978) and adenovirus 2 (Signas *et al.*, 1982).

There is also evidence that CMV may have homology with class II MHC antigens. Fujinami *et al.* (1988) presented evidence that IE-2 protein of CMV and HLA $\beta$ chain share a common epitope. It was shown by computer analysis that one of the five immediate early (IE) antigens, IE-2 of human CMV, and HLA-DR β chain had common sequences. They synthesized a peptide predicted to be residues 82 to 96 of a 208-amino-acid protein from the IE-2 region. The first five amino acids of this peptide showed sequence homology with the β chain of HLA-DR. The synthesized peptide induced antibodies that recognized the β chain of HLA-DR. Possibly cross reaction of virus-directed antibodies with HLA molecules on the graft may contribute to rejection. This is consistent with the evidence that patients who suffer rejection have increased expression of HLA-DR antigens on their T lymphocytes (Van Es *et al.*, 1984) or on the parenchymal cells of the graft (Von Willebrand *et al.*, 1986).

Such shared antigens may also be involved in enhancement or suppression of cell-mediated reactions. Immune injury may be triggered by CMV by reactions against cells that bear homologous portions of class I or II HLA antigens.

Baldwin *et al.* (1983) described renal dysfunction in cadaver kidney recipients associated with CMV infection, the production of an IgM lymphotoxin, and certain HLA phenotypes. Active CMV infection was found among 23 of 121 transplant recipients. Twelve of 16 patients had broadly reactive IgM lymphotoxins. Ten out of 11 tested were positive for HLA-DR3 or -DR7.

There is relatively little information on the association of CMV infection and HLA haplotypes (see also Section 9.1.4). Roenhorst *et al.* (1985) found that cadaveric renal transplant recipients positive for HLA-DRw6, compared to those negative for this antigen, showed a significantly earlier and higher frequency of CMV infection detected serologically. No relationship to any other HLA antigens were found, including A and B antigens. Recipients positive for HLA-DRw6 more often were virus shedders and showed more clinical symptoms related to CMV ($P <$ 0.01).

## 13.1.5. Immunosuppressive Effect of Cytomegalovirus Infection

CMV is one of many viruses which produce immunosuppressive effects (Rouse and Horohov, 1986).

In addition to its direct clinical effects, CMV infection may have indirect effects that have become apparent. One such effect is its immunosuppressive action. Hence, CMV infection, even an asymptomatic one, should no longer be regarded as an "innocent bystander" (Rand and Merigan, 1978). It may also act as a cofactor in AIDS (see Section 13.2.1).

Not only are primary infections more symptomatic, but they are probably also more immunosuppressive and thus increase susceptibility to other opportunistic infections to which transplant patients are already prone.

It is well known that acute primary murine CMV infection in the mouse depresses many parameters of immunity (see Section 16.6.3). These include development of antibodies against a virus such as NDV or sheep red cells (Osborn *et al.* 1968), production of interferon (Osborn and Medearis, 1967), rejection of skin grafts across H-2 and H-Y histocompatibility barriers, stimulation of lymphocytes of PHA or in mixed lymphocyte culture (Howard *et al.*, 1974; Booss and Wheelock, 1975), and development of cytotoxic T lymphocytes (Hamilton *et al.*, 1978; Ho, 1980). Grundy and Shearer (1984), however, point out that in the response to alloantigens by CMV-infected mice, there is, following a period of immunosuppression, a period of enhanced cytotoxic reaction against cells exhibiting alloantigens (see also Section 13.1.4).

Similar evidence has recently accumulated in man. Mothers of infants with congenital CMV infection have depressed specific lymphocytotoxicity against CMV-infected targets compared to normal seropositive subjects (Rola-Pleszczynski *et al.*, 1977). A healthy adult with cytomegalovirus mononucleosis had fewer T cells in his blood than normal, and he showed loss of skin reactivity to mumps antigen (Oill *et al.*, 1977). Such patients have decreased ratios of helper to suppressor T lymphocytes that may last as long as 10 months (Carney *et al.* 1981) (Section 7.3.1). Both community-acquired and transfusion-acquired CMV mononucleosis in normal subjects were associated with depression of specific as well as nonspecific parameters of cellular immunity including lymphocyte subset changes (see Section 7.3).

During the immediate posttransplantation period, when many patients are actively infected with CMV, tests show that cell-mediated immunity is suppressed. In cardiac and renal transplant patients, the specific lymphocyte proliferative test against CMV became negative even when it was positive prior to operation (Pollard *et al.*, 1978; Linnemann *et al.*, 1978). Rytel *et al.* (1978) showed that although humoral immunity is unimpaired, cellular immunity against both specific and nonspecific antigens is defective in the renal transplant patient. Eighty percent of patients were unreactive by skin testing with *Candida*, streptokinase–streptodornase, mumps, and PPD antigens. T-lymphocyte ratios as measured by sheep red cell rosetting were suppressed. Six of nine (67%) CMV transplant recipients had no evidence of [$^3$H]thymidine uptake when their lymphocytes were exposed to CMV antigen, although they were infected. In such reports, it is difficult to sort out the immunosuppressive role of CMV infection from the effect of the cytotoxic drugs usually given these patients.

Whereas patients with mild CMV disease mount a brisk antibody response, those with progressive fatal infections may not respond at all (Craighead, 1971; Neiman *et al.*, 1977). Simmons *et al.* (1977) described a form of lethal CMV infection in eight cases out of 377 recipients within 6 months of renal transplantation. It ran a 4-week course beginning with spiking fever, malaise, mild hypoxemia progressing to hypoxia, interstitial pneumonitis, hepatic dysfunction, and renal failure without evidence of graft rejection. There was no antibody response, although CMV was cultured. Chatterjee *et al.* (1978) noted one patient with primary CMV infection and superimposed fungal infections who had CMV inclusions and viral isolation at autopsy; but before death, he had negative blood and urine culture and no serologic response to CMV infection.

Neiman *et al.* (1977) noted that all marrow transplant recipient patients with virologically proven CMV interstitial pneumonia who did not have a fourfold or greater serologic response died (9/9), whereas only 20% (1/5) of those who had a serologic response died. Thus, suppression of antibody response was correlated with severity of infection.

Suppressed immunity not only is evident by laboratory tests but may have important clinical implications. Rand *et al.* (1978) reported that out of 12 cardiac transplant patients who had serologic evidence of primary CMV infection within 90 days after transplantation, six developed bacterial pneumonias or abscesses. In contrast, only one out of 20 developed such infections if they were seropositive before operation. Mortality in this 90-day period was 32% (9/28) for the seronegative patients and only 10% (2/21) for the seropositive ones.

Chatterjee *et al.* (1978) made similar observations, but different pathogens were incriminated. Of six seronegative recipients, four developed primary CMV infection and died of *Candida* or *Aspergillus* infections within 6 months after transplantation. Among 22 seropositive patients, most of whom had reactivation CMV infection, only one became infected with a fungus that was not lethal. In contrast to fungus infections, bacterial infections occurred with about equal frequency in both seronegative and seropositive groups, but patients who were seronegative had more severe gram-negative infections. Grattan *et al.* (1989) studied, in 301 cardiac transplant recipients, the relationship between CMV infection and rejection (Section 13.1.4). Fungus infections in the 91 CMV-infected patients were significantly more frequent than in the uninfected group. Bacterial infections were not different, probably because all patients were on trimethoprim–sulfamethoxazole prophylaxis.

The basis of increased susceptibility may be a suppression of cell-mediated immunity and altered T-lymphocyte function. There is no evidence of altered leukocyte function, even though CMV may be carried by polymorphonuclear or monocytic leukocytes (Rinaldo *et al.*, 1979b; Fiala *et al.*, 1975).

There are several leads that might explain the immunosuppressive effect of CMV infection, although understanding is incomplete. Several investigators have implicated infected monocytes in *in vitro* studies. Carney and Hirsch (1981) showed that CMV-infected monocytes inhibited the lymphocyte proliferative response induced by concanavalin A. Cytomegalovirus infection of lipopolysaccharide-stimulated monocytes inhibited IL-1 production (Dudding and Garnett, 1987). Rodgers *et al.* (1985) observed that CMV infection inhibited production of IL-1 by monocytes and postulated that an inhibitor was induced. Loh and Hudson (1982), working in the murine system, also postulated that a suppressor substance is elaborated by infected macrophages, although no direct proof was offered (see also Section 16.6.3). Schrier *et al.* (1986) reported that fresh, low-passage clinical isolates of CMV suppressed the NK activity of peripheral blood mononuclear cells (PBMC) against K-562 targets. When monocytes were removed from the reaction mixture, the suppression was abrogated. Kaposi and Rice (1988) studied the inhibitory effect of the Towne strain of CMV on the proliferative response of PBMC induced by phytohemagglutinin. Addition of CMV-infected monocytes or infected lymphocytes abrogated the proliferative response. Infection of either cell type also reduced the production of IL-1 and IL-2 as well as the proliferative response induced by IL-1 or

IL-2. However, exogenous additions of neither IL-1 nor IL-2 could restore the PHA response in populations of CMV-infected lymphocytes and monocytes.

The authors suggest that CMV infection produces a "generalized metabolic depression" of PBMC activity rather than a specific defect. How CMV can do this despite the fact that there is little lytic infection and only a small proportion of lymphocytes or monocytes can be shown to be infected as determined by the expression of immediate early antigen (Rice *et al.*, 1984; Schrier *et al.*, 1985) is unclear. The manner by which CMV can affect general function has also not been fully elucidated.

### 13.1.6. Late Onset of Cytomegalovirus Infection

As already pointed out, primary and reactivation CMV infections usually occur shortly following transplantation. Late infection is less common, although important complications, especially retinitis, have been identified.

Spencer and Andersen (1979) followed 100 renal transplant patients for 6 to 13 years, of whom 39 completed the follow-up. All were receiving maintenance azathioprine and prednisone immunosuppression. The only two persistent viral problems were warts and shingles. Warts appeared in 25 patients, usually 1 year after transplant. Once they appeared, they never disappeared. In three patients, this presented a cosmetic problem, and in one, a skin tumor (keratoacanthoma) appeared. Six patients had shingles, three within the first 3 months after transplantation and three over 3 years later. This bimodal pattern of occurrence of shingles confirms earlier observations (Spencer and Andersen, 1970).

There were no late cases of symptomatic disease caused by CMV. Those who remained seronegative after 3 months (three) did not convert. In 35, there was an antibody rise 3 months after transplantation, which remained high. Cytomegalovirus was only detected in the urine of two of these patients in late follow-up in low titers. Throat swabs and blood specimens were negative. None had jaundice, and there was no change in the frequency of nonspecific febrile illnesses in these patients. It would appear from this study that transplant patients usually recover from their CMV infection, and as long as they are not overly immunosuppressed, overt infection is cured, and there is no recurrence of morbidity.

On the other hand, every one of the cardiac transplant patients continued to excrete CMV in the urine or through the respiratory tract during a 2-year follow-up once they began excreting virus (Pollard *et al.*, 1982).

Cheeseman *et al.* (1979b) studied 67 patients 2 to 14 years after transplantation. They found that 56% of seropositive patients were excreting the virus in the urine, throat, or blood 2–5 years after transplantation. This declined to 17–25% thereafter. Those excreting virus had higher CF antibody titers. This represents a significantly higher rate of virus excretion than normals and also higher than for herpes simplex virus (14% of seropositive individuals). In agreement with Spencer and Andersen (1970), who found no late cases of CMV disease, only one symptomatic patient was found. He had persistent viruria, viremia, chorioretinitis, and hepatitis.

There are also case reports of late onset of CMV infection and of recurrent infections after transplantation. We have already referred to the late onset of CMV retinitis in renal and cardiac transplant patients (Section 13.3.4). Linnemann *et al.* (1978) described two patients who died of CMV infection more than 12 months after receiving renal transplants from living related donors. One was a 19-year-old college boy with good function of the transplanted kidney who suddenly developed fever, photophobia, headache, myalgias, elevated SGOT levels, nuchal rigidity, and, later, pneumonitis. He died on the 24th hospital day. Disseminated intranuclear inclusions were found in many organs at postmortem. The virus was isolated from the throat, blood, lung, and urine during life and also from many organs including the liver, kidney, and brain at postmortem. This patient was seronegative before transplant and remained negative until the terminal illness, when he developed specific IgG and IgM immunofluorescent CF antibodies. How this patient got his primary infection is unclear.

The second patient was a 53-year-old male who, 16 months after transplant, developed fever, elevated SGOT, leukopenia, and pneumonitis. He died on the 44th day of illness. He had furunculosis and secondary *Enterobacter* and *Candida* infection of the lungs, liver, and brain at autopsy. This patient was also seronegative before transplant but developed transient CF antibodies 6 weeks after surgery. During his terminal infection, CF, immunofluorescent IgG, and IgM antibodies rose. The authors believe that this was a case of late reactivation infection causing death. Reinfection in a patient who may not have developed adequate resistance after the first posttransplant infection is also possible.

Friedman *et al.* (1979) described two cases of relapses of CMV pneumonia after renal transplant. Primary CMV pneumonia was proven by serologic conversion and viral isolations from pleural fluid and inclusions in lung tissue. After a remission of 1 week, a relapse occurred following an increase in immunosuppression. The second episode was associated with a rise in CF titer.

A second patient also seroconverted during the first episode. A buffy coat culture was positive. After a 9-week remission, a second episode occurred while the patient's immunosuppression was increased. He died before a second serum could be obtained.

These two cases show that immunity following CMV disease is probably not complete as long as the patient is immunosuppressed. Vital organs, such as the lung or the eye, may be involved, although it was not clear whether the second episode represented reactivation or reinfection, relapse of a smoldering infection, or systemic spread from a latent site.

## 13.2. CYTOMEGALOVIRUS INFECTION IN THE AIDS PATIENT AND THE HIV-INFECTED

As an epidemic disease of immunodeficiency, AIDS has served to emphasize the protean disease syndromes that CMV may produce. A major difference between transplant recipients and HIV-infected subjects is that most of the latter are already infected with CMV prior to HIV infection. Hence, morbidity from CMV in AIDS patients is usually a result of secondary infection, i.e., reactivation or reinfection. Since symptoms of CMV infection in AIDS may be severe and correspond only to what one sees in severely immunosuppressed transplant patients, immunodeficiency must be more severe in AIDS. In this section we first discuss the relationship of CMV infection to AIDS. Then we highlight some of clinical manifestations of CMV in AIDS, leaving the more general aspects of this subject to Section 13.3.

Before the discovery of HIV in 1983 (Barre-Sinoussi *et al.*, 1983; Papovic *et al.*, 1984), CMV was considered as a possible etiologic factor in AIDS. It was known that CMV infection was present in practically all cases of AIDS (Gottlieb *et al.*, 1981), and CMV infection was known to be immunosuppressive and to invert the T-helper to T-suppressor lymphocyte ratio (Rinaldo *et al.*, 1980; Carney *et al.*, 1981); and CMV infection had been shown to contribute to the development of superinfection by bacterial or fungal agents in transplant recipients (Chatterjee *et al.*, 1978; see Section 13.1.5). In addition, CMV was suspected to play a separate direct role in the development of Kaposi's sarcoma.

However, even without the discovery of HIV, it was difficult to explain AIDS on the basis of CMV alone because most people do not develop AIDS when infected with CMV. Cytomegalovirus infection may also be absent in patients with AIDS, particularly when AIDS occurs among nonhomosexual groups. It is still possible that of many cofactors that may contribute to the development of AIDS, CMV may still have a role.

### 13.2.1. Cytomegalovirus Infection as a Cofactor in AIDS

The possibility of CMV infection as a cofactor for the development of AIDS may be considered from the point of view of theoretical justification and practical evidence.

AIDS is a disease with a very long incubation period. There is still some controversy whether the deterioration of the immune system whose hallmark is the steady decline of the CD4 lymphocyte count can be accounted for by HIV infection alone (Fauci, 1988). Cytomegalovirus infection is immunosuppressive (see Section 13.1.5). Theoretically, it could facilitate the inception of HIV infection or accelerate its progression to AIDS. The reverse is not only possible but recognized, i.e., the facilitation of CMV infection as a result of immunosuppression produced by HIV.

A number of possible mechanisms by which CMV could enhance HIV replication are listed below. These may operate in the microenvironment in which CMV- and HIV-infected cells are in close proximity, or cells may be doubly infected. Other mechanisms result more indirectly from interactions between CMV and HIV infection.

HIV replication is facilitated in activated T lymphocytes. Cytomegalovirus antigen-presenting monocytes or macrophages may initiate such activation.

Cytokines produced by immune stimulation as a result of CMV infection could activate HIV-infected cells.

Cytomegalovirus may act by enhancing HIV viral DNA replication by transactivation. For example, CMV-immune specific stimulation of CD4 lymphocytes could result in enhanced production of cell transcription regulatory proteins such as Spl and NF-kB, which bind to specific sites of the HIV long terminal repeat (LTR) sequences (Sen and Baltimore, 1986; Jones *et al.*, 1986; Nabel and Baltimore, 1987). This could lead to the production of HIV proteins functionally essential for further viral transcription, such as *tat* (Sodroski *et al.*, 1985).

Synergistic infection of CMV and HIV may occur in doubly infected cells. Abortive infection of mononuclear blood cells by CMV accompanied by transcription of immediate early genes is a fairly general phenomenon of CMV infection (see Section 5.5). These gene products are thought to transactivate HIV LTR and thereby enhance expression of HIV (M. G. Davis *et al.*, 1987). Other herpesviruses such as HSV and EBV can also transactivate HIV LTR (Rando *et al.*, 1987; M. G. Davis *et al.*, 1987).

There are a number of more indirect interactions of CMV and HIV infection, the net result of which may accelerate the pathogenesis of AIDS. Raised levels of $\beta_2$-microglobulin, assumed to result from increased turnover of HLA molecules as a result of immunologic activation, are associated with a poor prognosis of HIV infection (Moss *et al.*, 1988). This protein binds to CMV and may enhance the infectivity of CMV by inhibiting its neutralization (Grundy *et al.*, 1988a). Cytomegalovirus can also elevate $\beta_2$-microglobulin levels (Hutt-Fletcher *et al.*, 1983).

At this time there is no direct evidence that any of these mechanisms are operational in patients. It is quite possible that some interaction between the two viruses exists, and this may be quite complex (Skolnik *et al.*, 1988). Reports showing that brain cells can be coinfected by both viruses (Nelson *et al.*, 1988) lend credence to some of these postulated mechanisms. We next examine epidemiologic data concerning an interaction between CMV and HIV.

We have described CMV infection in the male homosexual in the presence or absence of AIDS (Section 9.5). Compared to persons of similar socioeconomic background, the healthy homosexual without HIV infection has a higher frequency of seropositivity and a greater likelihood of active virus infection as evidenced by positive virus cultures in semen or urine or by the presence of specific IgM antibodies against CMV.

There is evidence of even more CMV infection in the homosexual with HIV infection. Quinnan *et al.* (1984) found evidence of CMV infection proven by virus isolation or by presence of antibody in all patients with AIDS (34/34) and most patients with chronic lymphadenopathy (8/9). There is also evidence of more CMV activity in the HIV-infected nonhomosexual, but this is quantitively less apparent.

Blaser and Cohn (1986) reviewed the frequency of diagnosis of various reactivation and opportunistic infections in 446 patients with AIDS, representing a variety of risk groups in North America, Europe, and Africa. The basis of diagnosis was reports of isolation of the virus or description of typical pathological features. Cytomegalovirus infection was diagnosed in 80% of 165 homosexual or bisexual men, 46% (6/13) of children, 4% (1/25) of intravenous drug abusers, 22% (7/32) of hemophiliac men, and 12% (3/25) of transfusion recipients. It is clear that homosexual and bisexual men with AIDS seem to have significantly more CMV pathology than any of the other groups. The numbers in the other groups are not large enough to reveal differences among them. HIV infection and AIDS may also be a significant factor enhancing the pathogenecity of congenital or perinatal CMV infection (Pahwa *et al.*, 1986), as it does in adult CMV infection.

Several studies have now compared groups of HIV-infected patients who have more or less CMV infection for differences in mortality or progression to AIDS. Assuming that there was less CMV disease in intravenous drug users or hemophiliacs with AIDS compared to the homosexual with AIDS, it is striking that a study of 4805 patients who received AZT by compassionate release before the drug was licensed showed that there was no significant difference between the probability of survival of drug abusers or homosexuals with AIDS. Actually, patients with transfusion-acquired AIDS survived less well than homosexuals, drug abusers, or hemophiliacs (Creagh-Kirk *et al.*, 1988). Such patients may be older or may also have serious underlying illnesses. According to this report, immunodeficiency does not seem to be more accelerated in homosexuals, who would be expected to have more CMV disease.

Jason *et al.* (1989) compared a cohort of HIV-infected hemophiliacs with a similar one of HIV-infected homosexuals and reported a similar latent period before development of AIDS and similar frequency of development of AIDS. This suggested that the basic disease process, i.e., progression of immunodeficiency, is similar in both groups irrespective of differences in CMV infection. However, it is quite possible that these studies were not discriminating enough because the factor of CMV infection was not directly analyzed. In a study of 164 autopsied cases of AIDS from Los Angeles, the total clinical course defined as the duration from onset to death was the same in those who had CMV infection and in those who did not (Klatt and Shibata, 1988). However, Webster *et al.* (1989) studied the effect of CMV and HSV infection in 108 hemophiliacs. In 1.3 to 9 years from the time of seroconversion, the age-adjusted risk to development of AIDS in CMV-seropositive subjects was consistently 2.5-fold higher than in CMV-seronegative subjects. The results were more striking without age adjustment but remained significant even with age adjustment. In contrast, seropositivity to HSV had no effect on progression to AIDS. This report seems to conclude unambiguously that CMV infection is associated with a more rapid progression to HIV disease. It is still possible that CMV infection is a marker for a third factor. More studies of this type as well as studies on pathogenic mechanisms of CMV as a cofactor are needed before the role of CMV infection in AIDS is fully clarified.

### 13.2.2. Clinical Aspects of CMV Infection in AIDS

Although active CMV infection is common during HIV infection and AIDS, its clinical significance may be much less clear-cut. Earlier autopsy reports of AIDS cases suggested an alarming amount of significant CMV infection. Macher *et al.*

(1983) reported from the N.I.H. that 14 out of 15 autopsied patients (93%) had anatomic evidence of CMV infection.

More recent data on 164 autopsied AIDS cases from Los Angeles showed that 59% had some anatomic evidence of CMV infection in some organs (Klatt and Shibata, 1988). However, evidence of organ failure caused by CMV leading to the patient's demise was only present in 17 (10%). There was no case in which CMV infection was the only diagnosis of the patient that fulfilled the CDC definition of AIDS. There was always some other AIDS-defining infection or neoplasm.

The sites of anatomic involvement by CMV may be extensive. The major organs involved were the adrenals, lung, gastrointestinal tract, central nervous system, and eye. Other autopsy series also cite the same sites for frequent involvement with CMV (Morgello *et al.*, 1987). Many of the anatomically involved sites may be clinically silent or undiagnosable (Jacobson and Mills, 1988). For example, in the Klatt and Shibata (1988) series cited above, the adrenals of 61 patients (37%) were involved, but such involvement resulted in adrenal failure in only ten cases.

Despite frequent evidence of CMV infection in the *lung,* the clinical importance of such infection can be questioned. In a review of 441 AIDS patients with symptomatic pneumonitis, CMV was diagnosed by culture or characteristic cytopathic effects in bronchial specimens from 17% of patients (Murray *et al.*, 1984). However, two-thirds of these patients had coexistent *Pneumocystis carinii* pneumonia, which was the primary disease because it often responded to specific treatment. Cytomegalovirus was the only pathogen in only 4% of the cases. It is possible that the severe CMV interstitial pneumonitis seen in bone marrow transplantation is caused by a type of immunopathology (see Section 13.3.2) that is not commonly seen in AIDS patients.

Perhaps the most striking clinical manifestation of CMV infection in the patient with AIDS is *CMV retinitis.* Although well recognized in immunosuppressed adults prior to the discovery of AIDS in 1981 (see Section 13.3.4), its classic clinical and ophthalmolgic presentation makes it the only disease caused by CMV that can be diagnosed without laboratory aids. The classical fluffy white exudate often associated with hemorrhages following a vascular pattern is associated with relentless loss of vision. *In situ* hybridization has demonstrated CMV nucleic acid in tissue sections of the eye but not HIV nucleic acid (Kennedy *et al.*, 1986).

Two other organ systems are frequently involved by CMV in AIDS, but specific clinical diagnosis may be much more difficult: the *central nervous system* and the *gastrointestinal tract.* These are described in the next sections.

## 13.3. CLINICAL MANIFESTATIONS OF CYTOMEGALOVIRUS INFECTIONS IN THE IMMUNOSUPPRESSED

As is the case with most known infections, infection with CMV is frequently asymptomatic, even in the immunosuppressed transplant or HIV-infected patient. The severity of clinical manifestations is a reflection of the degree of immunosuppression. A febrile mononucleosis similar to the disease in the normal adult, already described, appears to be the most common and least severe presentation in the immunosuppressed patient.

More serious clinical manifestations of CMV infection involve one or more visceral organs or their function. The important ones are described below. The most severe forms will destroy function of a vital organ or threaten life. Usually they are manifestations of a disseminated systemic infection. As mentioned in Section 13.2, many organs may be found to be involved at postmortem without being clinically abnormal. The most severe form of CMV disease in adults is now seen frequently in AIDS, in the allogeneic marrow transplant recipient, and occasionally in the severely immunosuppressed solid organ recipient.

### 13.3.1. Febrile Syndrome

This occurs usually during a primary infection after transplantation. It has also been described in HIV-infected subjects prior to the development of AIDS (Leport *et al.*, 1987). In such cases it is not clear whether a primary or secondary infection is involved. The cardinal characteristic is prolonged fever. There may also be atypical lymphocytosis and mild hepatitis. Large numbers of atypical lymphocytes are, however, uncommon (Rubin *et al.*, 1977). We found in 13 of 18 primary infections in a series of renal transplant patients at least two of the following: fever, leukopenia, atypical lymphocytes, lymphocytosis, hepatosplenomegaly, myalgia, arthralgia, and pneumonia (Suwansirikul *et al.*, 1977). Hepatic enzyme (SGOT) elevation, usually mild in nature, is common (Betts *et al.*, 1977).

Other febrile syndromes are common after HIV infection and in the course of AIDS. They are frequently undiagnosed etiologically and may be caused by HIV itself. It is particularly difficult to ascribe them specifically to CMV since CMV infections, including positive blood cultures, are so common during HIV infection (see Section 13.2).

The following case from the Presbyterian-University Hospital of Pittsburgh depicts primary CMV mononucleosis in a renal transplant patient:

> T.M.V. was a 17-year-old white boy who had chronic glomerulonephritis, renal failure, secondary hyperparathyroidism, and renal rickets. He was put on chronic hemodialysis. A year later he had bilateral nephrectomies and a kidney transplant from his father, who had a CF titer of 1 : 32 against CMV. Postoperatively, he had a mild rejection episode with a rise in serum creatinine, which responded to a course of solumedrol. He was discharged after 12 days. Thirty-five days after transplantation, the patient developed a dry hacking cough with daily temperature elevations. He was readmitted and was observed to have daily fever spikes of 38 to 40°C for 3 weeks. The white cell count was 5300/mm$^3$, with 71% polymorphoneuclear leucocytes, 9% band forms, 14% lymphocytes, and two to five atypical lymphocytes. Cryoglobulins and rheumatoid factor were transiently positive. His preoperative CMV CF titer was $< 1:4$, and on January 16, it was $> 1:256$. His urine culture was positive for CMV. Liver enzymes were normal.

This case represents a young seronegative recipient who, 1 month after receiving a transplant from his seropositive father, developed a febrile illness characterized by the presence of only a few atypical lymphocytes and no hepatitis. The seroconversion and isolation of CMV from urine showed this to be a typical case of mild primary CMV mononucleosis.

### 13.3.2. Interstitial Pneumonitis

After febrile mononucleosis, the next most common symptomatic manifestation of CMV infection is pneumonitis. It is clinically more important because, unlike the febrile syndrome, it is associated with significant morbidity and mortality. Prompt and precise diagnosis is important because therapy is now possible. Cytomegalovirus pneumonitis in the immunosuppressed may be difficult to distinguish from pneumonitis caused by gram-negative bacteria, *Aspergillus, Nocardia, Legionellaceae,* and particularly *Pneumocystis* or a combination of any of these.

The pneumonitis is more likely to show an interstitial rather than lobar or alveolar pattern. A symmetrical, bilateral infiltrate may begin in the periphery or lower lobes and extend centrally and superiorly (Rubin *et al.*, 1977). The infiltrate may also be unilateral, and rarely, lobar consolidation, solitary nodules, or even cavities have been described (Abdallah *et al.*, 1976; Ravin *et al.*, 1977). Atypical lymphocytosis is not a conspicuous part of the clinical picture.

Rubin *et al.* (1977) described nine renal transplant patients with CMV pneumonia, but in only four was CMV the sole organism. The other organisms were gram-negative bacteria. Cytomegalovirus frequently exists together with *Pneumocystis* as a copathogen in both transplant patients (Hardy *et al.*, 1984) and AIDS patients. In AIDS patients the etiologic role of CMV in the pneumonitis is difficult to ascertain, particularly since it may resolve with treatment of the *Pneumocystis* alone (see Section 13.2).

The course of CMV pneumonia varies according to the degree of underlying immunodeficiency and probably other factors as yet not fully elucidated. In the transplant population, there is a wide spectrum of different outcomes. Peterson *et al.* (1980) described CMV pneumonia in a series of renal transplant patients who received antilymphocyte serum as part of routine immunosuppression. They noted pulmonary infiltrates in 25 (42%) of their patients with symptomatic CMV disease. Twenty-four (96%) had bilateral infiltrates, and one had a wedge-shaped left lower lobe infiltrate. Six had late nodular infiltrates. Small unilateral or bilateral effusions were seen in 11 (44%). Mortality was 48% (12/25), which is probably significantly lower than the 84% mortality reported in Meyers' series of interstitial CMV pneumonia in bone marrow recipients (Meyers *et al.*, 1986). Hypoxemia occurred in 65% of all patients with CMV disease and in all with severe or lethal disease. It frequently antedated the development of x-ray abnormalities. Only one of 13 patients who required respiratory assistance survived, also pointing to the poor prognosis of patients with respiratory failure. Abdallah *et al.* (1976) also noted the importance of functional disturbance. Eleven out of 12 patients who died had hypoxia demonstrated by low $Po_2$.

Dummer *et al.* (1985) noted eight cases of CMV pneumonia in 55 cases of heart and heart–lung recipients. The frequency of mortality of 75% (6/8) was comparable to that of CMV pneumonia in bone marrow recipients. It is possible that since the lung is the site of an allograft reaction, it is particularly susceptible to CMV pneumonia.

It is not possible to diagnose CMV pneumonia on the basis of clinical signs and symptoms alone. A febrile patient with a pulmonary infiltrate and positive CMV culture at other sites, such as buffy coat or urine, may have CMV pneumonia, particularly if no other cause for the pneumonia is found. But for a definitive diagnosis, evidence of CMV infection must be found in lung tissue.

The preferred method is to obtain lung tissue at open or closed biopsy and demonstrate CMV by culture and by histological evidence. An alternative method is the bronchial alveolar lavage. In Section 5.2, we discuss the procedure that should be undertaken with cells obtained by BAL. The most sensitive method is to culture the cells and detect CMV by the rapid early antigen method. However, there will be some false positives if there is contamination by CMV from the upper respiratory tract. The most specific test is to find tissue evidence of CMV by histological, immunologic, or hybridization methods, but all of these lack required sensitivity.

The simultaneous presence in the lung of other pathogens presents difficult problems of differential diagnosis, which may only be resolved after consideration of all available laboratory and clinical data.

The following is a case of CMV pneumonitis following primary infection after renal transplantation who eventually succumbed:

> M.M. was a 23-year-old white female born in 1952. In 1970 she was discovered to have small kidneys. In 1973, she went into renal failure, was diagnosed to have chronic glomerulonephritis, and was placed on hemodialysis. On May 4, 1974, she received a cadaver kidney whose donor had a positive CF titer. Her own CF titer before transplantation was negative.
>
> One month after transplantation, she had an episode of acute rejection that responded to increased steroids. Six weeks after transplantation, she developed fever, rales, and diminished breath sounds in the lower lobe with corresponding diffuse infiltrates by chest x ray. She was treated with oxacillin and ampicillin, which were without effect on her fever. The infiltrates extended to the right lung. An open lung biopsy revealed intranuclear inclusions consistent with CMV. She received adenine arabinoside, 15 mg/kg per day for 4 days. This was discontinued because her white cell count dropped from 4300 to 1500 per $mm^3$. Azathioprine was discontinued, and cephalothin and gentamicin were started empirically. The patient gradually improved with clearing of infiltrates.
>
> Eleven weeks after surgery, she developed an infected lymphocoel, which displaced the transplanted kidney and grew *Proteus mirabilis*.
>
> The cyst was drained, and she responded temporarily to ampicillin. However, she continued to drain from the abdominal wound, developed an infected pleural effusion (*Pseudomonas*), and had increasing renal failure. Fifteen weeks after transplantation, chest films revealed a new infiltrate in the right lower lobe. She required an arterial–venous shunt for hemodialysis; respiratory distress increased, and the patient expired on August 23, 1974.

At autopsy the patient's kidneys were extremely small with changes consistent with chronic sclerosing glomerulonephritis. The transplanted kidney showed changes consistent with allograft rejection, focal acute inflammation, and CMV infection. The lungs showed acute and/or severe organizing bronchopneumonia with intranuclear inclusions.

Inclusions were also found in the salivary glands and spleen. This renal transplant recipient died from almost pure CMV infection. This is not common in our experience after kidney transplantation but is consistent with the lethal group described by Peterson *et al.* (1980) and is seen more often in other types of transplantation (see above).

Interstitial pneumonia is a special problem after bone marrow transplantation (Meyers *et al.*, 1982a; Meyers, 1989). It is particularly common in association with graft-versus-host (GvH) reactions characteristic of that type of transplantation.

There is a growing body of evidence that CMV pneumonia in the bone marrow recipient is at least partly an immunopathological disease (Grundy *et al.*, 1987b). (1) Cytomegalovirus pneumonia is strongly associated with graft-versus-host disease in allogeneic marrow transplantation. In contrast, in syngeneic marrow transplantation none of 100 patients developed CMV pneumonia despite a high incidence of infection (Appelbaum *et al.*, 1982). (2) Suppressing the virus by an antiviral agent such as ganciclovir, which has been shown to be effective in other types of CMV disease such as retinitis, does not cure CMV pneumonia in the marrow recipient (Section 14.1.1). Nine out of ten patients went on to die (Shepp *et al.*, 1985).

Grundy *et al.* (1987b) support the pathogenetic role of immunopathology by pointing to three models of murine CMV pneumonia (see also Section 16.3). In the first model, a fatal diffuse pneumonitis in Fl hybrid mice developed only when a GvH reaction in addition to murine CMV (mCMV) infection was produced (Grundy *et al.*, 1985). The GvH reaction was produced by injection of parental spleen cells. In the absence of a GvH reaction, the virus replicated in the lung without producing a pneumonitis. Further ganciclovir could cure the virus infection in the lung without curing the pneumonitis (Shanley *et al.*, 1987). In the second model, immunosuppression by one dose of cyclosphosphamide facilitates the development of mCMV pneumonitis, but additional doses, which presumably prevented development of immunopathology, prevented its development (Shanley *et al.*, 1982). The third model utilized the observation that mCMC replicates in the lungs of T-lymphocyte-deficient athymic nude mice without producing pneumonitis (Shanley *et al.*, 1987). After these mice were reconstituted with syngeneic T cells, mCMV and cyclosphosphamide produced a pneumonitis.

Together these models and the data from humans argue well for the idea that some aspect of cellular immunity is needed to produce a pathological reaction in the lung. The precise pathogenesis is still unclear. Grundy *et al.* (1987b) postulate that T-cell recognition of a virus-coded protein may be involved. The relationship between CMV interstitial pneumonia and GvH reaction first reported by Neiman *et al.* (1977) from Seattle, Washington, is still illustrative and has not been superseded (see Section 13.1). Among 28 recipients with GvH disease, 79% developed interstitial pneumonia with a mortality of 77%. Of 52 patients without GvH disease, 40% developed interstitial pneumonia, and 52% died. Not all cases of interstitial pneumonia were proved to have been caused by CMV, although it was the most common pathogen. In 43 cases, 20 were caused by CMV. Other cases were caused by other opportunistic agents such as *Pneumocystis carinii,* and 40% of cases were idiopathic. Cytomegalovirus was recovered from 57% of recipients with GvH disease, and 43% developed CMV-associated pneumonia. It was recovered from 34% of patients without GvH disease, and 15% developed CMV associated with pneumonia. Diagnosis was usually made by virological studies of an open lung biopsy.

The following case, reported by Dr. P. Neiman of the University of Washington, illustrates some cardinal features of fatal CMV interstitial pneumonia following marrow transplantation:

V.T. was a 36-year-old male who was found to have acute myelogenous leukemia in January, 1975. A complete remission of his disease was achieved with chemotherapy for a period of 6 months, when malignant myeloblasts reappeared in the marrow and peripheral blood. In June, he was admitted for marrow transplantation from his brother with whom he matched at the major histocompatibility loci. He was prepared for engraftment with 400 mg/m$^2$ of BCNU, 120 mg/kg of cyclosphosphamide, and 1000 rad of total-body irradiation. He tolerated the intravenous infusion of allogeneic marrow well, and both normal and leukemic cells disappeared from his marrow and peripheral blood over a period of 10 days. Six days after irradiation he developed a perirectal infection and bacteremia. This was successfully treated with gentamicin and carbenicillin and leukocyte transfusions from his marrow donor. Fifteen days following transplantation, recovery of hemopoietic function became apparent. Thirty days after transplantation, the patient began to complain of a pruritic, generalized erythematous rash, which, on punch biopsy, was found to represent grade 11 graft-versus-host disease (GvHD) of the skin. This was followed over the next 10 days by a deterioration in his performance status and a rising serum bilirubin level to 2.5 mg/dl. A percutaneous liver biopsy 40 days after transplantation also showed changes indicating GvHD. Histological examination for CMV inclusions and viral cultures was negative. In addition to the standard weekly dose of 10 mg/m$^2$ of methotrexate, treatment with rabbit antihuman thymocyte globulin (ATG) was instituted in an intramuscular dose of 8 mg/kg every other day. On this treatment his skin rash improved, but the bilirubin continued to rise to the level of 5 to 6 mg/dl, and he continued to do poorly with respect to nutrition and general performance.

The patient had serial serum samples examined for CF antibody to CMV weekly, which remained negative throughout his course. His marrow donor had a low CF titer to CMV at 1 : 16. Both the patient and donor had negative urine, throat, and buffy coat cultures for CMV at the time of transplantation. Fifty-six days thereafter, CMV was isolated from a buffy coat culture. The antibody titer remained less than 1 : 8. One week later, the patient developed a fever to 103°F and dyspnea. His chest x ray revealed diffuse bilateral interstitial and alveolar infiltrates (see Fig. 13.1). Arterial blood gas examination showed a $Po_2$ of 42.1, a $Pco_2$ of 30, and pH of 7.52. The patient had no cough or sputum. An open lung biopsy of the right lung revealed histological findings of advanced interstitial pneumonia with intranuclear inclusions typical of CMV infection. No *P. carinii* was seen. Culture of the biopsy was positive for CMV and negative for other viruses, bacteria, or fungi. Over the next 9 days, the patient's condition progressively worsened with deteriorating respiratory function. Over the last 5 days, adenine arabinoside in a dose of 10 mg/kg per day was administered without apparent clinical benefit. The patient died of inadequate oxygenation and cardiac arrest 74 days following marrow transplantation.

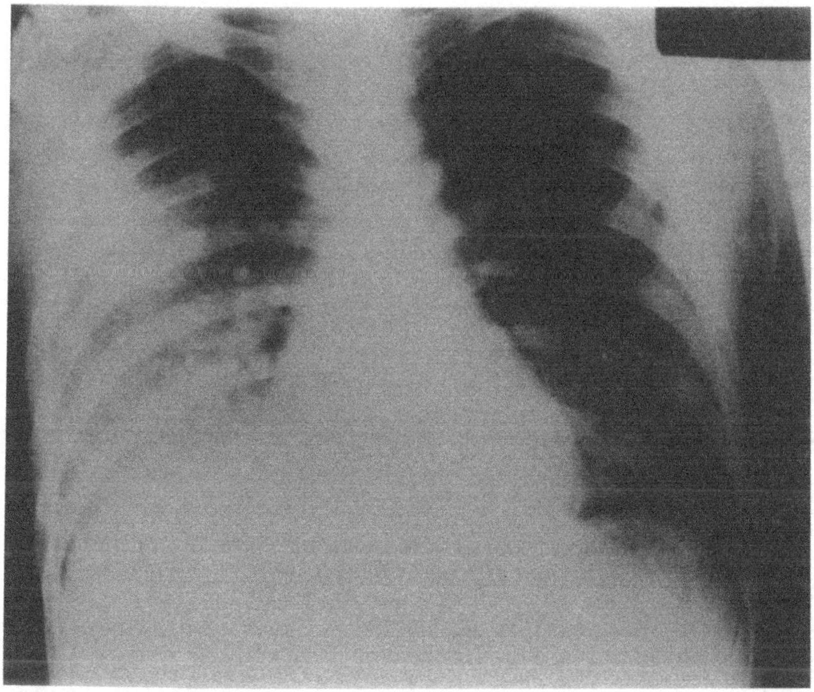

Figure 13.1. Chest x ray from case V.T. on the day of open lung biopsy. Bilateral interstitial infiltrates are seen, more pronounced on right side. (Courtesy of Dr. P. Neiman.)

This case illustrates a number of features. (1) The patient had a refractory hematological malignancy and intensive exposure to irradiation, cytotoxic drugs and immunosuppressive drugs before and after transplantation. (2) He had heavy exposures to fresh blood products, platelets, and granulocyte transfusions immediately after transplantation, a risk to which other transplant groups are not exposed. (3) Severe GvH disease developed in the skin and liver and may also have involved the lung. (4) Cytomegalovirus was isolated from buffy coat cells before the onset of what appears to be pure CMV pneumonia. (5) The patient failed to respond serologically to the CMV infection, a hallmark of severe adult disease (see Section 13.1.5). (6) Adenine arabinoside was not effective, and ganciclovir would also not have been effective in treatment (Section 14.1.1). This is consistent with more recent data that ganciclovir, an antiviral that is significantly more effective against CMV, is also ineffective (Shepp *et al.*, 1985). The pathological progression of the lung disease characteristic of such patients is seen in Fig. 13.2.

## 13.3.3. Hepatitis

Hepatitis after CMV infections has already been discussed in terms of pathology, congenital infection, and its occurrence after acquired CMV infection in

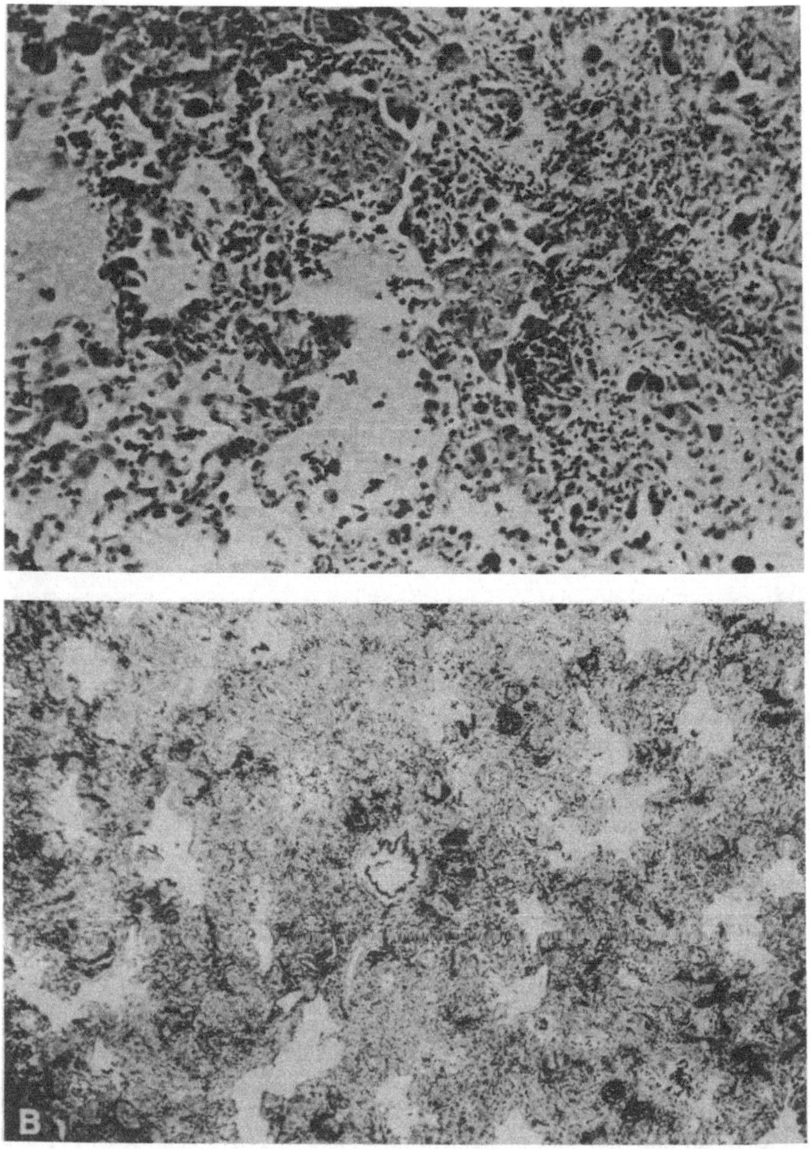


Figure 13.2. (A) An open lung biopsy from a bone marrow transplant recipient with interstitial pneumonia (×160). It shows moderate pulmonary edema (left side) and severe confluent involvement (right side). Many inclusion-body-bearing cells are seen. (B) A lung section (×100) from the autopsy of a marrow transplant recipient with end-stage interstitial CMV pneumonia. There are markedly thickened septa and residual dilated air spaces and characteristic "honeycombing." Graft-versus-host disease probably contributes to this picture. (Courtesy of Dr. P. Neiman.)

the normal patient (see Sections 10.2 and 12.4.2). Although chemical hepatitis is common in febrile mononucleosis caused by CMV, clinically significant hepatitis is not usually a common or serious problem even after transplantation. There are, however, reports to the contrary after renal transplantation, and it is a definite problem after liver transplantation.

Luby *et al.* (1974) noted that in Dallas, 20 of 44 renal transplant patients developed hepatitis, of whom nine (20%) had serologic evidence of CMV infection. Five developed chronic hepatitis, i.e., abnormal liver function tests continued beyond 120 days. Ware *et al.* (1979) reported that 24 out of 150 (16%) transplant patients with CMV infection developed acute liver disease, and 36 (24%) developed chronic liver disease. However, these cases did not have biopsy evidence of CMV hepatitis. It is difficult without such evidence to prove CMV to be the cause of either acute or chronic hepatitis after transplantation, since CMV infection is so common.

Aldrete *et al.* (1975) also reported that 22% of 126 renal transplant patients developed hepatitis, of whom seven had severe disease, and CMV was isolated from blood, urine, sputum, or feces. Autopsies on five of these patients revealed CMV in the liver. This means that 7% of this transplant group developed fatal CMV hepatitis, a finding that should be confirmed at other centers.

The incidence of liver disease in the renal transplant group in Iowa was 9% (Anuras *et al.*, 1977). Nine out of 14 patients developed chronic active hepatitis, most of which was of unknown etiology. Five went on to develop cirrhosis. Of the nine, two patients had acute cytomegalovirus hepatitis. However, the etiologic role of CMV was not clearly proven. That CMV may be the cause of chronic lupoid hepatitis, a form of chronic active hepatitis with immunologic disturbance, has also been suspected (Robson and MacKay, 1969). Cytomegalovirus is not recognized as a significant cause of chronic hepatitis in any age group irrespective of immunosuppression. LaQuaglia *et al.* (1981) reported on a 10-year experience of 405 consecutive renal transplant recipients in Boston. Sixty-two percent of the cases (or 6.5% of the total) were classified by exclusion as non-A and non-B hepatitis. Chronic hepatitis developed frequently with the development of significant morbidity and mortality, but CMV was not implicated

It has been noted in Pittsburgh that acute symptomatic CMV hepatitis may be a peculiar complication of liver transplantation (Bronsther *et al.*, 1988; Singh *et al.*, 1988). Bronsther *et al.* (1988) reported 17 adults and children proven by biopsy evidence. Eight represented primary, and six represented secondary CMV infection. They occurred 15–132 days after transplantation. Nine (53%) patients survived. The most prominent manifestations were prolonged fever and elevation in total bilirubin and liver enzymes. Clinically the most important diagnosis to exclude was rejection, since the method of therapy for CMV hepatitis may be to reduce immunosuppressants, whereas for rejection they are often increased. Another infectious hepatitis we have seen in the posttransplant period is caused by disseminated herpes simplex hepatitis (Taylor *et al.*, 1981). It may be distinguished from CMV hepatitis by occurring sooner after transplantation, by leukocytosis with a shift to the left, and by a higher mortality (S. Kusne, unpublished data). The only way to discriminate between these different causes of hepatitis is by biopsy. For these and other reasons, periodic "protocol" liver biopsies are commonly taken after liver transplantation.

Paya *et al.* (1989) found 13 (17%) cases of CMV hepatitis in 78 patients after liver transplantation. This contrasts sharply with the experience elsewhere, where CMV hepatitis was found in only 1–4% of patients (Bronsther *et al.*, 1988; Snover *et al.*, 1987; Kusne *et al.*, 1988). One reason may be the prospective nature of this study, in which periodic protocol biopsies were undertaken five times during the first year after transplantation.

Cytomegalovirus hepatitis was more common after primary as opposed to secondary CMV infection. It was significantly more common in seronegative recipients who received a seropositive organ (64%) than in seropositive recipients who received a transplant from either a seronegative (3%) or a seropositive (6%) donor ($P < 0.001$). Cytomegalovirus hepatitis was not fatal or fulminant in any of the cases, and only six were treated with ganciclovir.

The diagnosis of CMV hepatitis was established histologically in 12 of 14 episodes in 13 patients. In two cases, no histological abnormality was seen, but biopsy culture was positive. From 17 histologically specimens from 13 patients, nine were negative when cultured for CMV. This is evidence that culture was not as sensitive as histological examination, and more sensitive virological detection methods may be needed.

### 13.3.4. Retinitis

Cytomegalovirus retinitis is quite rare in the well adult (Foerster, 1959), although it is well recognized as part of congenital cytomegalic inclusion disease (Christensen *et al.*, 1957). Since 1970, it has been frequently described in the immunosuppressed patient. By 1978, there were 26 case reports, of whom 19 were renal transplant recipients on immunosuppressive drugs (Murray, 1978). By 1980 (Pollard *et al.*, 1980; Egbert *et al.*, 1980), there were 44 patients reported, all of whom except one (Chawla *et al.*, 1976) were immunosuppressed. Most were organ transplant recipients.

However, it is with the emergence of AIDS since 1981 that CMV retinitis, not unlike *Pneumocystis* pneumonia, has achieved epidemic proportions. Cytomegalovirus retinitis has been observed in 15–46% of AIDS patients in the United States (Freeman *et al.*, 1984; Palestine *et al.*, 1984), but it has not been seen in AIDS patients in Africa (Kestelyn *et al.*, 1985). Cytomegalovirus retinitis is usually a complication of disseminated CMV infection and severe immunosuppression. In 20 patients with AIDS, the mean time to death from the time of diagnosis of retinitis was 3.1 months (Buhles *et al.*, 1988).

Cytomegalovirus retinitis is so characteristic that it is one of the few CMV diseases that can be diagnosed clinically without direct viral isolation from the eye. The patient is usually severely immunosuppressed and has evidence of systemic

CMV infection. The virus has been cultured from the vitreous humor (Friedman *et al.*, 1981) and from the retina (Palestine *et al.*, 1984). The patient may be asymptomatic or complain of blurred vision, decreased visual acuity, and scotomata. The course is frequently progressive and irreversible. By funduscopic examination, there are white granular necrotic patches, which may be superimposed with flame-shaped intraretinal hemorrhages. Wyhinny *et al.* (1973) pointed out that adult CMV retinitis is restricted by Bruch's membrane and does not extend to the choroid as in neonates. Viral inclusions may be seen in the retina and retinal pigment epithelium but not in the pars plana.

Egbert *et al.* (1980) described the natural history of CMV retinitis in 11 posttransplantation patients and three patients with lymphoma (Fig. 13.3). Retinitis was actually asymptomatic in seven patients and was discovered by routine funduscopic examination. Both eyes of half of the patients were eventually involved. Their description applies equally well to patients with AIDS. The earliest sign was an opaque white granular patch with ragged edges. Progression usually occurred by a brushfirelike expansion of an original focus. The advancing edge was preceded by faint white dots, which coalesced and formed a new edge. At times, progressive retinitis was accompanied by vascular, usually venous, sheathing, which is a poor prognostic sign. One-third of the patients showed no progression of an initial lesion, which may heal spontaneously. In others, the inflammation may recur after healing of an original retinitis. The infection tended to be in the peripheral retina and to avoid the macula. Nevertheless, central visual acuity was impaired because of cytomegalovirus in half of the eyes in this series. The patients at risk for significant visual loss were those with advancing lesions near the macula. Marked uveitis with secondary cataracts and band keratopathy occurred in only one patient and is also rare in patients with AIDS.

Before 1984, CMV retinitis was not treatable except for modification of immunosuppression in transplant recipients. The use of ganciclovir since then has been extremely important in altering its course (Felsenstein *et al.*, 1985a; Palestine *et al.*, 1986) (see also Section 14.1.1). About 80–90% of treated patients improved as measured by resolution or arrest of progression of retinitis. However, all treated patients regress within 2–10 weeks of therapy. Since oral medication is not available, indefinite intravenous maintenance therapy is advocated. Relapses may occur despite such maintenance, and very often therapy cannot be continued because of leukopenia or anemia resulting from the therapy, the basic AIDS disease, or other therapy such as zudovidine.

Retinitis did not always occur at the time of initial infection a few months after transplantation. It may occur months or years later, and after resolution, relapses were frequent. In this respect, unlike most other manifestations of CMV infection, retinitis is one that remains a risk throughout the period of immunosuppression. It is unknown whether reactivation infection or primary infection is the greater risk for the development of retinitis. In AIDS patients, retinitis is associated with evidence of active CMV infection elsewhere. It is almost always a result of secondary infection, as AIDS patients are rarely seronegative for CMV.

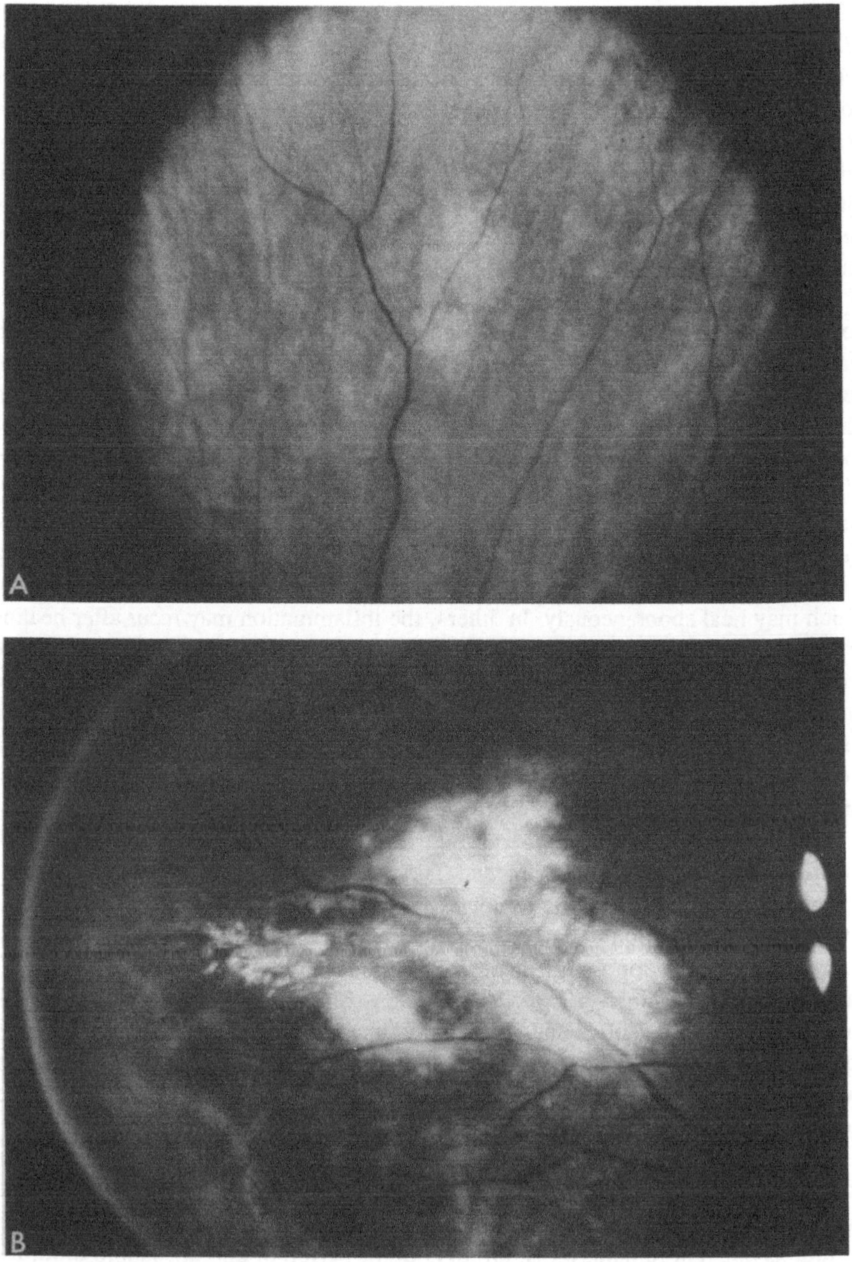

Figure 13.3. (A) An early lesion of CMV retinitis. It expanded from 1 × 2 mm to 6 mm over 3 months before resolving. (B) Brushfirelike lesion of advanced retinitis, with central scar and advancing edges. (Egbert *et al.*, 1980. Courtesy of Dr. P. R. Egbert and by permission from the editors of *The Annals of Internal Medicine*.)

### 13.3.5. Gastrointestinal Disease

The identification of many disease syndromes in AIDS and immunosuppressed patients caused by CMV in the GI tract strengthens the belief that such syndromes may occur in immunocompetent subjects (see Section 12.4.6). In the immunosuppressed patient, bowel disease caused by CMV ranks among its most frequent manifestations. Peterson *et al.* (1980) described renal transplant patients who developed gastrointestinal hemorrhage or perforation traced to submucosal ulcerations anywhere in the gastrointestinal tract from the esophagus to the rectum. Gastric ulcerations were described in marrow recipients (Strayer *et al.*, 1981). In addition to CMV hepatitis, involvement of any region of the bowel has been noted in other types of transplanted patients, such as liver recipients on cyclosporine and OKT3. Ulcerations are particularly common and may occur as part of disseminated CMV disease (Singh *et al.*, 1988; Kusne *et al.*, 1988).

Reference has already been made to the possibility of developing CMV colitis in immunocompetent individuals following transmission of the virus after passive anal intercourse (see Section 12.4.6; Surawicz and Myerson, 1988). With the onset of the HIV and AIDS epidemic, the gastrointestinal tract from the oral cavity to the anus has also become a common site of clinical abnormalities. This is even more striking in the case of gay males. Large-scale studies indicate that 30% to 90% of AIDS patients develop chronic diarrhea and wasting (Bartlett *et al.*, 1988). In Africa this syndrome is called in some places, such as rural Uganda, "slim disease," characterized by diarrhea and weight loss (Serwadda *et al.*, 1985). In many of these cases it is not possible to determine which virus (e.g., HIV, CMV, HSV), bacterium (e.g., *Campylobacter*, enteric bacteria), parasite (e.g., cryptosporidium, amoeba), or fungus (e.g., *Candida*) or combination of these agents may be responsible. What is clear is that CMV may play an important role, although it is rarely unmistakenly diagnosed in individual patients.

Esophagitis with severe dysphagia and/or odynophagia, with or without other signs of systemic infection, may be caused by CMV (St. Onge and Bezahler, 1982; Pitchenick *et al.*, 1983). Typical radiographic findings based on a study of 16 proven cases include (1) segmented or focal involvement; (2) mucosal granularity, erosions, ulcerations, and irregular thickening of mucosal folds; (3) isolated deep ulcerations; and (4) ulcers that project intraluminally (Balthazar *et al.*, 1987). The most important differential is *Candida* esophagitis and herpes simplex esophagitis. Segmental ulcers and large ulcers are less common in moniliasis. However, it may be impossible to distinguish these three conditions without a biopsy, and one may be required for clear distinction.

In a study of radiologic findings with pathological correlations in 12 AIDS patients with CMV infection of the gastrointestinal tract, Teixidor *et al.* (1987) reported three instances of the involvement of the esophagus, two of the stomach, six of the small intestines, six of the colon, and one of the bile ducts. Others have reported that the colon is most frequent site involved (Knapp *et al.*, 1983; Balthazar *et al.*, 1985; Frager *et al.*, 1986; Meiselman *et al.*, 1985). Of 11 patients with enteritis and/or colitis, seven had significant lower gastrointestinal bleeding, and five died as a result of it. Radiologic and CT findings included superficial and deep mucosal ulcerations, perforation or fistula formation, luminal narrowing, rigidity and thickening of the intestinal wall, and inflammatory infiltration of the mesentery. Cytomegalovirus inclusions were found in seven out of 12 patients in whom autopsy was performed. Only one patient had clinical pancreatitis. In some cases, flexible endoscopy of the sigmoid colon may suggest pseudomembranous colitis (Gertler *et al.*, 1983). Other presentations show diffusely erythematous and ulcerated mucosa throughout the colon, consistent with Crohn's colitis but also including the stomach and small bowel (Knapp *et al.*, 1983). Multiple submucosal erythematous lesions may also be misinterpreted as Kaposi's sarcoma. Colitis may progress to gangrenous bowl (Meiselman *et al.*, 1985).

As pointed out above, the exocrine portion of the pancreas may be involved with CMV, and occasionally clinical pancreatitis caused by CMV may occur. Acute hemorrhagic pancreatitis is not uncommon after renal transplantation, and a small number of cases have been ascribed to CMV based on histological findings in the pancreas (Tilney *et al.*, 1966; Parham, 1981). Cytomegalovirus pancreatitis has also been documented in AIDS (Teixidor *et al.*, 1987). More often its etiology is undocumented. One of the our patients was a 30-year-old gay, nonalcoholic male who presented with an acute self-limited episode of pancreatitis. He was proven to be HIV seropositive.

Acalculous biliary disease is another manifestation of AIDS whose etiology is frequently unclear, but CMV may be highly suspect.

Blumberg *et al.* (1984) and Kavin *et al.* (1986) described three cases of acalculous cholecystitis in AIDS associated with but not proven to be caused by CMV infection. There were complex multiply infected patients. Saraux *et al.* (1987) described a case of acalculous cholecystitis as the initial manifestation of AIDS:

> A 33-year-old black woman from Zaire presented with a 1-month history of fever, weight loss, and pain in the right upper quadrant. Murphy's sign was positive. HIV western blot and cultures for CMV in blood and urine were positive. Examination of the gallbladder after cholecystectomy showed thickening of the wall but no calculi. Microscopically, CMV inclusions were seen in endothelial and epithelial cells associated with inflammatory cells. Her abdominal symptoms were relieved, but the patient later developed herpes simplex virus and *Mycobacterium avium-intracellulare* infections, which established the diagnosis of AIDS.

This case suggests that any patient with unexplained abdominal complaints suggestive of pancreatitis or cholecystitis should be considered for HIV and CMV infections, and these complications are not limited to gay men.

A related but pathologically different biliary disease in AIDS that may be caused by CMV is papillary stenosis and sclerosing cholangitis (Schneiderman *et al.*, 1987). Patients with right upper quadrant pain, nausea, vomiting, and occasionally fever. Increased hepatic enzyme levels, particularly serum alkaline phosphatase, suggested biliary obstruction. Endoscopic retrograde cholangiopancreatography showed strictures and dilation of intra- and extrahepatic biliary ducts. Therapy consisted of endoscopic papillotomy. In this series of eight, seven showed evidence of cryptosporidiosis, six were infected by cytomegalovirus, and five showed infection with both. Ampullary biopsy specimens were diagnostic for cryptosporidiosis or cytomegalovirus infection in three. At this time, it is unclear which of these two agents is more important in causing this syndrome. It is possible that both may be involved (Margulis *et al.*, 1986).

### 13.3.6. Neurological Disease

We have already described the occasional nervous system manifestations of CMV infection in the immunocompetent subject (Section 12.4.5) and in congenital disease (Section 11.4.1). Involvement of CNS by CMV is not common after organ transplantation. Antemortem diagnosis has not usually been possible, and most studies have been postmortem. Schneck (1965) and Bailey *et al.* (1968) described glial nodule encephalitis in renal transplant recipients who had histological evidence of CMV infection in other organs. Dorfman (1973) presented four additional cases of diffuse glial nodule encephalitis, three of whom were in renal transplant recipients. Rare inclusion bodies were found. The clinical findings of cerebral involvement were frequently nonspecific. In retrospect, it is now clear from studies in AIDS patients that CMV glial nodule encephalitis is a distinct pathological entity even if it is still not easy to diagnose clinically (see Section 10.6 and below). It represents one point on the spectrum of CMV neurological diseases than can be found in AIDS.

Cytomegalovirus meningoencephalitis can occur in immunocompetent subjects (see Section 12.4.5), and it can occasionally occur in AIDS. Edwards *et al.* (1985) described a 36-year-old gay male with HIV infection and Kaposi's sarcoma. He had meningoencephalitis, and CMV was isolated from CSF. This was not thought to be the result of "overwhelming" CMV infection and resembled much more what might happen in immunocompetent subjects.

The most common and most devastating neurological syndrome earlier considered related to CMV is the "AIDS dementia complex," also variously referred to as "subacute encephalitis" or "subacute encephalopathy" (Snider *et al.*, 1983; Levy *et al.*, 1985; Navia *et al.*, 1986a,b). Subcortial dementia denotes a diffuse dementia with psychomotor slowing characteristic of this type of patients, and aphasia and apraxia, findings typical of "cortical" dementias, are uncommon early in the course. Of 70 autopsied AIDS patients, 46 suffered from this syndrome (Navia *et al.*, 1986a,b; see Section 10.6). The classical course and picture are quite easily identified. The patients present early with signs of "subcortical dementia," i.e., impaired memory and concentration with psychomotor slowing. In about one-half of the cases, motor deficits or behavioral changes predominate. These include ataxia, weakness, tremor, apathy, withdrawal, and occasionally organic psychosis. Cortical atrophy, frequently accompanied by ventricular dilation, is the most typical finding by CT scan. The course is usually relentless. Terminally, one observes severe dementia, mutism, incontinence, paraplegia, and occasionally myoclonus.

As pointed out in Section 10.6 on the neuropathology of this condition, this syndrome was earlier thought to be caused by CMV. It is more likely that the classical syndrome is caused largely by HIV, although the possible participation of CMV at least in some cases has not been ruled out (Wiley and Nelson, 1988). Both HIV and CMV frequently infect the brain together. The fact that they can coinfect a single brain cell suggests a possible interaction.

The frequency of finding evidence of CMV infection in the CNS is very similar to that of HIV. Morgello *et al.* (1987), in a study of 107 autopsies of cases of AIDS, found 30 (28%) on the basis of the presence of inclusion bodies. The actual frequency may be considerably higher, as DNA as well as antigen probing have shown that many infected cells show no evidence of inclusion bodies (Wiley *et al.*, 1986; Wiley and Nelson, 1988). The neuropathological processes of CMV infection have already been described (Morgello *et al.*, 1987) (see Section 10.6).

Cytomegalovirus encephalitis is a poorly described clinical entity, and most of the reports are pathological in nature. Two types may be distinguished. (1) There is a group of encephalitis characterized by the presence of glial nodules described above (Dorfman *et al.*, 1973; Section 10.6). No diagnostic clinical picture has emerged. In the series of 30 patients by Morgello *et al.* (1987), microglial nodule encephalitis was asymptomatic in two patients and associated with dementia in five. Dorfman's (1973) cases were characterized by nonspecific neurological signs such as disorientation, psychosis, confusion, diffuse motor weakness with muscle wasting, spasticity, diffuse loss of sensory perception, paresthesias, and absent or hyperactive reflexes. (2) There is a type of periventricular encephalitis characterized by severe involvement of periventicular, ependymal, and subependymal cells similar to encephalitis seen in cytomegalic inclusion disease (see Section 10.6). It may be associated with hemorrhagic and necrotizing foci. This pathological type has been described in AIDS (Morgello *et al.*, 1987; Hawley *et al.*, 1983) ad other immune deficiency states (Kauffman *et al.*, 1979).

> A 61-year-old woman had thymoma and immunoglobulin deficiency. The thymoma was removed 10 years before. The patient's CMV illness began with headaches, went on to right-sided weakness, aphasia, and fifth and 12th nerve lesions. She deteriorated invariably and developed quadriparesis, global aphasia, and coma before death.

The neurological picture of a similar pathologically diagnosed case described by Hawley *et al.* (1983) in an AIDS patient was overshadowed by fever, diarrhea, pneumonia, and severe gastrointestinal hemorrhage. Autopsy revealed a periventricular encephalitis, vasculitis, and cytomegalic inclusions.

Polyradiculopathy associated with Guillain–Barré syndrome has already been described as a complication of CMV infection even in immunocompetent subjects (see Section 12.4), although direct virological proof of etiology has not usually been available. Cytomegalovirus polyradiculoencephalopathy and myelopathy are possibly the best-defined clinical CMV neuropathies in AIDS (Moskowitz *et al.*, 1984; Behar *et al.*, 1987). The following case was described by Behar *et al.* (1987):

> A 33-year-old gay male with AIDS developed difficulty walking, became paraplegic, and had urinary retention. The legs were flaccid and atrophic with diffuse fasciculations, and Babinski's were present bilaterally. Sensation was normal. The CSF showed 99 leucocytes per $mm^3$; 57% were granulocytes. The patient lost movement of all his legs. He died of pneumonia 5 days after a trial of high-dose steroids. At postmortem the ventral roots of the spinal cord showed numerous cytomegalic cells and dense periventicular infiltrate. In addition, there was CMV infection in the subependymal region, retina, optic nerve, and exit zones of motor nerve roots.

This represents a case of profound polyradiculopathy and CNS involvement in AIDS that is clearly caused by CMV infection. This type of evidence has not so far been available in cases of CMV-associated polyradiculopathy without AIDS (see Section 12.4.5).

Other cases (also called myeloradioculitis) have remarkably similar clinical pictures (Mahieux *et al.*, 1989). Patients often complain of lumbar or radicular pain and progress rapidly to flaccid paraplegia, severe loss of sphincter control, and a rapid death in weeks. In some cases demyelination may be a more prominent picture. Moskowitz *et al.* (1984) described three such patients, one of whom was as follows:

> A 34-year-old Haitian with AIDS and tuberculosis complained of inability to walk and general debility. He had diffuse loss of motor strength and died 3 days after admission. At post, there was severe degeneration of the posterior columns and sparing of the central gray matter. Cytomegalic inclusion bodies were seen.

This case had severe loss of myelin, suggesting a primary demyelinating process.

Virus cultures are of limited help in the diagnosis of CMV disease in the nervous system. Cultures of throat, urine, and even blood are not of diagnostic value because CMV is so often found in these body fluids in AIDS. Fiala *et al.* (1986) found CMV viremia in all AIDS patients tested. Cultures of the spinal fluid may be more significant. It was positive in two out of nine patients tested in a series of 30 cases of CMV encephalitis (Morgello *et al.*, 1987). Both had clinical ascending myelopathy and necrotizing radiculomyelitis at postmortem. However, other such cases may be culture negative (Behar *et al.*, 1987; Wiley *et al.*, 1986). Interestingly, the CSF in such cases may show a preponderance of polymorphonuclear leukocytes. Cytomegalovirus has also been isolated from the CSF in a case of meningoencephalitis (Edwards *et al.*, 1985).

Even virus cultures of brain biopsies or sections may be negative in CMV encephalitis (Nielsen *et al.*, 1984). Morgello *et al.* (1987) cultured five of their 30 cases post-mortem, and only one with foci of parenchymal necrosis was positive. However, attempts at culturing CSF and nerve tissues are to be encouraged because results may be significant. In time, application of newer methods of diagnosis such as hybridization and monoclonal antibody tests to cells and tissues should be considered (see Chapter 5).

### 13.3.7. Dermatitis

Dermatitis as an accompliment of CMV disease in neonates (Section 11.4), in immunocompetent subjects (Section 12.4.8), and in immunosuppressed patients (Section 10.3) have been described. Please consult these sections.

### 13.3.8. Endocrine Systems

The involvement of various endocrine organs as part of disseminated CMV disease is well known, but clinical endocrinopathies were rare until the advent of AIDS. The involvement of the ovaries, endometrium, placenta, and thymus are described in Chapter 10. The possible role of CMV in the pathogenesis of type I diabetes has already been described (see Sections 10.3, 11.4, and 12.4.10).

One of the striking pathological findings in autopsies of AIDS patients is the frequent involvement of the adrenal glands. Klatt and Shibata (1988) found that 81 out of 164 patients who died of AIDS had CMV infection, even though in only 10% of all patients was CMV infection the cause of organ failure. The most common site of involvement was the adrenal gland (75%), but clinical evidence of Addison's disease was uncommon. Findings included cortical and medullary necrosis, inflammatory infiltrates, and fibrosis. In only two cases was necrosis extensive, and in each case death resulted from adrenal failure. Glasgow *et al.* (1985) also noted adrenal necrosis in nearly all of 41 autopsy cases without clinical evidence of Addison's disease.

We have seen a case of both anterior and posterior pituitary involvement, although an autopsy was not available (data unpublished). This 32-year-old male AIDS patient developed CMV retinitis, had CMV in his CSF, and developed adrenal insufficiency associated with lack of adrenal corticotropic hormone and diabetes insipidus controlled by vasopressin. It should be pointed out, however, that many AIDS patients develop salt and water disturbances, even severe hyponatremia, without evidence of adrenal insufficiency.

Cytomegalovirus may cause epididymitis (Randazzo *et al.*, 1986). One 33-year-old homosexual AIDS patient had repeated episodes of unilateral epididymitis with fever that were resistant to antibiotics and finally treated with epididymectomy. Inclusions were seen in the ductal epithelium.

Other involvement by CMV in immunosuppressed adults includes a number of pathological findings without necessarily any clear clinical involvement. Oophoritis (Subietas *et al.*, 1977; LiVolsi and Merino, 1979) and thyroditis (Frank *et al.*, 1987) have been described. In an AIDS patient, we have also seen extensive involvement of the thyroid by *Pneumocystis*, which may confuse matters (unpublished data). A syndrome has also been described in AIDS patients consisting of hypercalcemia, suppressed parathyroid activity, and disseminated CMV infection (Zaloga *et al.*, 1985).

## 13.4. CYTOMEGALOVIRUS INFECTION IN PATIENTS WITH MALIGNANCIES*

Historically, the occurrence of CMV infections in patients with advanced malignancies was noted before such occurrence in transplant patients. Like many opportunistic agents, such as gram-negative bacteria, *Pneumocystis, Candida,* and *Toxoplasma,* CMV afflicts patients with leukemias and lymphomas. Despite a number of studies in such patients, even simple estimates of the prevalence of CMV infection are difficult to make. Variations in the available data result from different methods of measuring CMV infection and the fact that different patient groups are not comparable. They may differ demographically or in terms of the type and stage of cancer they have and the extent and duration of treatment.

Unlike transplantation studies, which have a natural point of beginning at the time of surgery, CMV infection is not usually a problem of early cancer and is studied at various periods of the disease. In general, the longer patients with malignant diseases have been examined for evidence for CMV, the higher was the frequency of infection found.

Another problem not easily overcome in studies on cancer patients is ignorance of the serologic state of the patient before onset of cancer. Hence, it is often not possible to arrive at an estimate of primary versus secondary disease. Without such knowledge, some of the risk factors discussed above, such as the role of possible sources of exogenous infection, cannot be intelligently discussed.

### 13.4.1. Autopsy Studies

The first association between cancer and CMV was made from autopsy observations. In 1962, Wong and Warner (1962) reviewed 40 cases of C.I.D. in adults reported in the literature and added 14 cases observed over a 5-year period. At least 20 of this collection of 54 cases had neoplastic disease, primarily lymphomas and leukemias. Many patients had received chemotherapy, corticosteroids, or both. The localized form of infection was usually limited to the lungs or gastrointestinal tract. Five of their own 14 patients were living, and CMV infection was diagnosed by biopsies or surgical resections. Others had disseminated disease found at autopsy. Gottman and Beatty (1962) described three children with acute lymphocytic leukemia and one with lymphosarcoma who had C.I.D. at autopsy. All had been treated with cytotoxic drugs or radiation. Cytomegalovirus pneumonia was felt to be the principal cause of one child's death.

During the period from 1953 to 1963, 13 of the 394 (3%) patients at the N.I.H. with acute leukemia who came to autopsy were found to have had C.I.D., most of whom (11) were discovered in the last year of the study (Bodey *et al.*, 1965). Patients with C.I.D. had had more corticosteroid therapy during the last 90 days of

*I (M. Ho) am indebted to Dr. J. N. Dowling for much of this section (Ho and Dowling, 1979).

life than controls, and this excess amount of immunosuppression was thought to underlie the infections.

In a similar study, Rosen and Hajdu (1971) reviewed autopsies on patients with all types of cancer at the Memorial Hospital, New York, during the 12-year period 1957 to 1968. Cytomegalic inclusions were identified in only 0.3% of 5788 cases. Even so, six of the 19 patients identified had Hodgkin's disease, and the others had sarcomas (four), chronic leukemias (four), solid tumors (four), and acute leukemia (one). Again, the risk of hematologic malignancies was clear. The lungs and adrenal glands and the margins of gastric or duodenal ulcers most frequently revealed CMV inclusions.

However, at the same institution in the 2 years of 1971 and 1972, 13 cases of disseminated CMV infection were recognized at necropsy in patients with malignancies (Armstrong and Rosen, 1975). This represented a fourfold increase from 1.6 cases per year in the previous series to 6.5 cases per year. Twelve of the 13 patients had a lymphoma, and ten of these had Hodgkin's disease. The authors believed that the increased prevalence of CMV infection was caused by increased immunosuppressive therapy employed in the latter years.

### 13.4.2. Cytomegalovirus Infection in Children with Malignancies

Hanshaw and Weller (1961) attempted to measure the prevalence of CMV infection in 50 children with leukemia or lymphoma by examining 98 specimens for viruria. Cytomegalovirus was isolated two or more times from the urine of four of the 50 (8%) patients, three of the 43 children with acute leukemia and one of three with Hodgkin's disease. One of the viruric patients had recurrent fever and respiratory symptoms, and CMV inclusions were found in the lung at autopsy. Two other excreters had no necropsy evidence of C.I.D. In retrospect, it is impossible to say whether these frequencies were abnormal, although the case with CMV disease was.

Benyesh-Melnick *et al.* (1964) examined 515 urines from 101 children and found no difference in the frequency of viruria between children with a malignancy and those with other serious diseases or normal children. Cytomegalovirus was isolated from the urine of seven of 42 (17%) children with acute leukemia, one of nine (11%) with other malignancies, four of 21 (19%) with other diseases, and six of 29 (21%) normal controls. Similarly, Dyment *et al.* (1968) isolated CMV from single urine specimens of two of 97 children with acute leukemias and from none of 50 controls, a difference without significance. In addition, review of autopsy material from 82 leukemic children revealed only two cases (2.4%) with disseminated cytomegalic inclusions. The problem with monitoring for virus excretion is that one may be detecting persistent infection, which occurs even in normal children, and acute episodes of infection may not be revealed. Viruria detects prevalence of infection, and this may not be increased even if incidences of new infections and autopsy evidence of infection are.

Armstrong *et al.* (1971b) studied CF antibody levels as well as virus excretion in 42 children being treated for acute leukemia, primarily lymphoblastic. Five children (12%) excreted CMV in urine, saliva, or both; CMV could not be isolated from the blood obtained from four of the excreters. Two of these five had one or two negative specimens within a year of diagnosis, followed by virus isolations. One had a 32-fold increase in titer, and the other seroconverted in relation to isolation. In the remaining three excreters, antibody levels were stable. Postmortem examination of two excreters revealed no inclusions in various organs. No clinical events associated with CMV were found. They could find no evidence for a higher rate of CMV infection in leukemias.

Sutton *et al.* (1971) tried to correlate serologic evidence of CMV infection with clinical illness. Leukemic children were followed for a mean of 18.5 months. First, most episodes of fever, pneumonitis, and hepatitis compatible with CMV infection were not caused by CMV based on serologic evidence. Second, there were six out of 27 children (22%) who seroconverted, but only three had illnesses related to the conversion, none of which were severe. Severe illnesses caused by CMV are not to be expected in small prospective studies.

A higher prevalence of CMV infections, including clinically apparent infections, was detected in a more extensive virological study on leukemias by Henson *et al.* (1972a). Eighty-eight children receiving therapy for acute leukemia were followed for 2–16 (average, 8) months. An average of 9.5 urine and throat cultures from each child were examined. Twenty-four (27%) of the 88 children excreted virus, six only in the urine, 11 only in the throat, and seven in both. Of the 24 ultimate virus shedders, six were positive on the first specimens collected. Based on each patient's highest recorded titer, 87% of CMV excreters had indirect hemagglutination antibody to CMV, compared to 39% of nonexcreters, which shows that the antibody-forming capacity is preserved in leukemic children. Children who excreted virus had significantly more episodes of pneumonitis and of rash with fever than nonexcreters. Virus excreters also spent more time in hematologic relapse than did nonexcreters. Episodes of hepatitis or upper respiratory infection and fever were not increased.

If patients are examined early in their course and then followed serologically, an increase in the incidence of CMV infections may also be detected. Sullivan *et al.* (1968) did serial determinations of CMV CF antibody in 41 leukemic children. Eight of the 14 (57%) initially seronegative children underwent seroconversion 1 to 6 (median, 2) months after the initiation of chemotherapy. Four of these eight seroconverters had clinical symptoms suggestive of a viral pneumonia before the rise in antibody, compared to one of six who did not seroconvert. Two of 16 (12.5%) sera obtained before or within 1 month of the initiation of chemotherapy contained CF antibody. Twelve of the 25 (48%) patients whose initial sera were tested more than a month after initiation of chemotherapy were seropositive. These data suggest a significant incidence of primary infection 1–6 months after beginning chemotherapy. The rate is somewhat higher than that found by Cox and Hughes (1975) (see below). The source of virus for these infections is unknown.

In a similar study, Cox and Hughes (1975) studied by serology and virus isolation 92 children with acute lymphoblastic leukemia. They had CMV CF titers performed at the time of the first clinic or hospital admission and subsequently at variable intervals until seroconversion occurred or the study terminated. Ten percent were seropositive when first tested. Of the remaining 83 patients, 17 (20%) underwent seroconversion while under observation, about 1½–11 months later. The temporal relationship of the initial specimens to the date of diagnosis or beginning of therapy is not clear. Seroconversion appeared to be related to the number of cytotoxic drugs employed for maintenance chemotherapy. Three of 35 (8.6%) children maintained on one or two drugs seroconverted, compared with 14 of 45 (31%) treated with three or four agents. Application of the $\chi^2$ test to these data indicates a significant difference. All seroconverters and initially seropositive individuals and a randomly selected group of seronegative patients had urine cultures for CMV on one or more occasions. Urine was positive for virus in 11 of 25 (44%) seroconverters and four of nine (44%) children who were seropositive when first tested. Only three of the 55 (5.5%) seronegative patients whose urines were cultured were excreting CMV.

Although the rate is not precisely defined, the foregoing studies indicate that children with leukemia are at increased risk for acquiring CMV infection. A relatively small proportion, 10–12%, of such children have antibody to CMV at the time of diagnosis. This figure would vary somewhat depending on the incidence of primary infection in the general population and the age of the patients studied. Of those children without serologic evidence of prior infection, 20–60% undergo seroconversion within a year following diagnosis and institution of therapy. Presumably, this rate of seroconversion far exceeds that which would be found if healthy children of the same age were followed for a similar period of time. However, it is not clear why the incidence of *de novo* CMV infections had varied so widely among studies. A significant factor is the nature and intensity of the therapy employed in the individual case. Another factor, unexplored in this patient group, is the source of the virus. Blood transfusions, interpersonal contact, and even environmental factors should be considered. It should be noted that Cox and Hughes (1975) found that isolation of leukemic children did not prevent CMV infection.

## 13.4.3. Cytomegalovirus Infection in Adults with Malignancies

There are no data on the incidence of primary and reactivation infections in adults with malignancies. The only systematic study of the prevalence of CMV infection in adults with neoplastic disease is by Duvall *et al.* (1966). These authors collected urine and sputum or saliva specimens from 64 patients over a 2-month period. Cytomegalovirus was isolated from the urine, sputum, or both of 11 of the 32 (34%): five of 15 (33%) with chronic myelogenous leukemia, two of six (33%) with Hodgkin's disease, and four of 11 (36%) selected patients with other malignancies. As would be expected in an adult population, none of 17 family members and ward personnel, who served as controls, yielded virus. In the 11 positive patients, a total of 54 specimens were examined, and 34 (63%) contained CMV. More culture-positive patients were receiving corticosteroids within 1 month of their initial culture (7/11, 64%) than culture-negative patients (5/21, 24%), a significant difference. Autopsies were performed on five patients with positive cultures, and CMV was isolated from, or inclusions were seen in, four of these. An equal percentage of excreters, nonexcreters, and controls had CF antibody to CMV, although excreters tended to have somewhat higher titers than nonexcreters.

Langenhuysen *et al.* (1974) reported that CMV antibody titers were significantly elevated in adults with Hodgkin's disease compared with healthy individuals matched for age and sex. However, in a number of other studies, no difference has been found in the incidence or magnitude of CMV antibody titers between patients with Hodgkin's disease (Levine *et al.*, 1971; Andersen *et al.*, 1976; Hilgers and Hilgers, 1976), non-Hodgkin's lymphomas (Andersen *et al.*, 1976; Dumont *et al.*, 1976), or leukemias (Andersen *et al.*, 1976) and normal controls. These results, taken together with those of Duvall *et al.* (1966), may indicate that in adults with neoplasia, most of whom are seropositive, little difference in antibody status is appreciated compared to the population at large.

## 13.4.4. Risk Factors for Cytomegalovirus Infection

At present, the most identifiable risk factor for CMV in children with lymphoma or leukemia is the chemotherapy employed for therapy. In two studies (Sullivan *et al.*, 1968; Sutton *et al.*, 1971) in which children were examined specifically before and after beginning chemotherapy, the rate of seroconversion was high for several months following initiation of the drugs. The prevalence of CMV antibody was increased in children who were not sampled until after chemotherapy had been given, indicating that many of these had already undergone seroconversion. And the rate of seroconversion appeared related to the number of drugs employed. It is interesting that in these circumstances, chemotherapeutic agents are apparently a predisposing factor for primary CMV infection, since the children are initially seronegative. As previously noted, in adults with connective tissue diseases, cytotoxic drug therapy was found to be a risk factor primarily for reactivation of clinically latent CMV infection (Dowling *et al.*, 1976).

In the two series (Bodey *et al.*, 1965; Duvall *et al.*, 1966) retrospective analysis indicated a relationship between corticosteroid therapy and CMV infection. It is difficult to separate the effect of corticosteroids from other therapies or the activity of the underlying disease. In children without malignancies who were on corticosteroids, Chiba *et al.* (1972) reported five out of ten had a fourfold or greater rise in CMV antibody titer, compared with only one of 21 not so treated. Further analysis of this and other putative risk factors will only be possible when primary and secondary infections in patients with malignancies are meticulously distinguished in large prospective studies using serologic and virological methods.

## 13.4.5. Clinical Manifestations of Cytomegalovirus Infection

At this time, we do not understand what factors make CMV infections symptomatic in cancer patients, including whether primary infections are more severe than secondary ones. In general, clinical manifestations may be more severe than in the normal subject and resemble what has been described for the transplant and other immunosuppressed patients with the exception that AIDS patients have significantly more CMV disease (see Section 13.3). Certain clinical syndromes related to CMV have been identified in autopsy series, studies concerned with the prevalence of infection in patients with neoplasia, and in case reports. These include pneumonia (Gottman and Beatty, 1962; Hanshaw and Weller, 1961; Henson *et al.*, 1972a; Sullivan *et al.*, 1968), rash and fever (Henson *et al.*, 1972a), myocarditis (Bodey *et al.*, 1965), and gastrointestinal involvement (Bodey *et al.*, 1965). Some studies revealed no significant morbidity because of CMV (Armstrong *et al.*, 1971b). Cangir and Sullivan (1966) reported on three children with acute leukemia in whom C.I.D. was found at autopsy and was believed to be the cause of death. The clinical findings in these patients included persistent high temperatures, cough, vomiting, diarrhea, hepatosplenomegaly, rales, and terminal icterus. Evidence of pneumonia appeared 3 weeks after the onset of clinical symptoms, which is also a characteristic of CMV pneumonia in transplant patients (see Section 13.3.2). Abnormal liver function tests were also late findings. In another similar study (Cangir *et al.*, 1967), the same group then identified five children with acute leukemia and CMV disease associated with fever, cough, dyspnea, and roentgenographic evidence of pneumonia. The diagnosis was documented by the finding of intranuclear inclusion-bearing cells in the urine or sputum of only two of the five patients. These patients were treated with fluorodeoxyuridine (see Section 14.1).

Cox and Hughes (1975) attempted to isolate CMV from the blood of 36 children with acute lymphocytic leukemia who were excreting CMV in their urine or saliva. Eleven (31%) had viremia. Three of the 11 viremic patients had clinical disease ascribed to CMV. Two had episodes of chorioretinitis, and one had a CMV mononucleosis syndrome. Of the 21 patients with CMV retinitis reported in the literature through 1977 (not including the preceding two children), one had Hodgkin's disease, and another breast carcinoma; one patient had no predisposing condition, and the remainder were renal transplant recipients (Murray, 1978). Both patients with preexisting neoplastic disease had received cytotoxic drugs, corticosteroids, and radiation therapy. In addition, CMV was shown to be the cause of optic nerve head swelling without retinitis in a patient under treatment for lymphoma (Marmor *et al.*, 1978). A series of 14 patients with retinitis included 11 transplant patients, two with non-Hodgkin's lymphoma, and one with leukemia (Egbert, 1980). If these numbers are any indication, acquired CMV retinitis is almost exclusively a disease resulting from the immunosuppression of AIDS, transplantation, or lymphoreticular malignancies, and the latter is, by comparison, a less frequent cause.

Abdallah *et al.* (1976) described 16 patients in whom CMV pulmonary infection was diagnosed over a 3⅓-year period at Stanford. Seven of the 16 patients had underlying malignancies including lymphoma (four), leukemia (two), and solid tumor; the remainder of the series were transplant recipients. Thirteen of the 16 patients had other pathogens found in addition to CMV. Two of the three patients whose pneumonitis was caused by CMV alone were diagnosed ante mortem by lung biopsy. One had an underlying lymphoma, and the other leukemia. Both died of progressive respiratory failure within 2 to 3 weeks of biopsy, and CMV was isolated from lung at autopsy without any other organisms being found. Thus, CMV alone can cause clinically significant pneumonia in patients with underlying malignancies, although, as in the case of retinitis, it seems to be less common than in the transplant group.

Whether CMV infection can affect the outcome of the underlying malignancy also requires further clarification. Two studies suggest that children with acute leukemia infected with CMV spend a greater amount of time in hematologic relapse than those not infected (Bodey *et al.*, 1965; Henson *et al.*, 1972a), but another study denies this (Armstrong *et al.*, 1971b). An alternate explanation is that relapse, or the therapy employed to reverse it, increases the patient's susceptibility to CMV. This problem is similar to the relationship between CMV and graft rejection, except that few studies have looked at it rigorously.

## 13.5. CYTOMEGALOVIRUS INFECTION ASSOCIATED WITH MISCELLANEOUS CONDITIONS

Cytomegalovirus infection seems to be a fellow traveler and opportunist *par excellence*. The discovery of the agent was intimately associated with congenital syphilis (see Section 1.1). The congenital disease may occur with obvious immunodeficiency (see Section 9.4.2). This chapter has dealt with the association of CMV infection with immunologically compromised patients, particularly those who have received an organ transplant or who have a malignancy or AIDS.

Many other conditions predispose to infection, and in most cases it is suspected that immunosuppression is involved. McCordock and Smith (1934) reported cytomegalic inclusions in 18 out of 40 (45%) children who died of pertussis. They even suspected that the virus might be etiologically associated with pertussis. When Medearis (1957) reviewed 132 cases of C.I.D., he noted that 31 were associated with pertussis. The association was particularly strong in those cases with primary pulmonary manifestations. Olson *et al.* (1970) found that 33% of the children with pertussis had CMV in their respiratory secretions (see Section 6.2.3). The reason for this association was never clarified. Seifert and Oehme (1957) also report the association of C.I.D. and cystic fibrosis.

Cytomegalovirus may be associated with pathology peculiar to a locality. In South Africa, inapparent infection in the salivary glands and disseminated disease may be found in infants with congenital biliary cirrhosis or with kwashiorkor (Wainwright, 1972). The important role of malnutrition as an immunosuppressant that may predispose to primary and reactivation infection and dissemination is an important possibility in man. A low-protein diet and mCMV infection in neonatal mice acted synergistically to produce immunosuppression, morbidity, and death (Cruz and Waner, 1978).

We have already discussed the possible etiologic association of CMV infection with diabetes mellitus (Sections 11.4 and 12.4.10), Alzheimer's disease (see Section 12.4.5), Kaposi's sarcoma (see 5.7), carcinoma of the prostate, carcinoma of the colon (see Section 5.7), ulcerative colitis (see Section 12.4.6), gastrointestinal hemorrhage (see Section 12.4.6), lupoid hepatitis (Section 13.3.3), and Hodgkin's disease (Section 13.4.3).

Ranchod and Bissell (1979) report a 5-year-old boy with acute lymphoblastic leukemia who died with pulmonary alveolar proteinosis and CMV infection. The CMV was suspected to have caused the proteinosis.

Tindall *et al.* (1978) found that of 13 patients with myasthenia gravis, 48% were seropositive for CMV, whereas only 24% of 19 controls were positive. The thought was that persistent viral antigenic stimulation in the thymus was instrumental in producing autoimmune antibodies against acetylcholine-receptor-bearing thymic cells. Further epidemiologic as well as theoretical evidence is needed to prove this hypothesis.

Infantile spasm lasting 10–15 days appeared in three infants who were routinely immunized. Two had serologic evidence of CMV infection (Midulla *et al.*, 1976). Ménétrier disease, a hypertrophic gastritis, and protein-loss malnutrition occurred in a 3½-year-old boy. Cytomegalovirus inclusions were found in the gastric glands. (Leonidas *et al.*, 1973).

Cytomegalovirus infection has frequently been associated with a number of other agents. In postwar Europe, *Pneumocystis* pneumonia was observed in 23 out of 25 consecutive autopsy cases of C.I.D. in children under 1 year of age (Seifert, 1954). The association was stronger in the more generalized cases. The two agents have also been frequently associated in immunosuppressed adults, particularly in patients who have an underlying malignancy, hematologic disorder, connective tissue disease (Symmers, 1960), or AIDS (see Section 13.2.2). *Pneumocystis*, like CMV, is an opportunist in all three conditions, particularly if patients have been treated with immunosuppressive agents (Walzer *et al.*, 1974). Wang *et al.* (1970) even suggest that CMV may grow in *Pneumocystis*. Whether the two agents are coincidentally present or whether parasitism with one synergistically facilitates parasitism with the other is not known.

*Toxoplasma*, also an opportunistic intracellular parasite (Ruskin and Remington, 1976), has likewise been observed in infections together with CMV. Gelderman *et al.* (1968) produced doubly infected fibroblasts *in vitro*. Vietzke *et al.* (1968) described two cases of double infection, both of whom suffered from cancer. Vinh *et al.* (1970) studied nine cases of congenital toxoplasmosis and 44 cases of congenital C.I.D. Two cases of combined infection were found.

Mueller *et al.* (1988) found an association of testicular carcinoma with high antibody titers against varicella–zoster virus, herpes simplex virus, and CMV. The strongest association was with CMV. The reason for this association is unknown.

# 14

# Treatment and Prevention of Cytomegalovirus Infections

## 14.1. TREATMENT OF CYTOMEGALOVIRUS INFECTIONS

Treatment of systemic virus diseases is still largely experimental, although rapid progress is being made. The basic problem has been that putative antiviral agents may not be effective enough or are too toxic. Evaluation of the effect of these drugs may also be difficult. Frequently, the disease that is treated has a variable course, and the demonstration of efficacy of an antiviral may not be possible except by a blind, controlled study in which the drug-treated group is compared to a placebo-treated group. Such studies are expensive to undertake, and although the knowledge gained is usually solid, it is often limited. On the other hand, when a drug seems to be effective, controlled studies are also difficult to undertake.

The treatment of virus infections in the immunosuppressed patient also presents special problems. In bacterial infections, the efficacy of certain antibiotics may be depressed because ancillary host defenses are essential for optimum effect of the drug. In similar situations, antiviral agents may also have diminished effectiveness because of inadequate host defenses. Concurrent infections from other causes may complicate the picture. Compromised renal or other organ function may alter the pharmacodynamics of drugs tested. Frequently, the immunosuppressive properties of antiviral agents themselves may accentuate their considerable toxicity.

In addition, CMV seems to present special problems. As a DNA herpesvirus, it would be expected to respond to the same antivirals as herpes simplex. However, in almost every case, the susceptibility of CMV seems to be less, whether tested in cell culture or in the host. This is partly because of the lack of virus-specified thymidine kinase (see Section 4.4.2), which can phosphorylate and activate nucleoside antivirals (see below). Even under the best circumstances, as in the case of ganciclovir, the antiviral may suppress CMV during treatment but fail to cure it, such that virus infection reappears after the drug is stopped.

### 14.1.1. Nucleoside Antivirals

Treatment of systemic virus diseases, especially those caused by the herpesviridae, has made rapid progress in the last 10 years. Nucleoside antivirals, the most important and approved one being acyclovir, have been shown in extensive clinical trials to be effective against herpes simplex types 1 and 2 and varicella–zoster viruses (Shaeffer, 1982). Nucleosides discovered so far are less effective against CMV, but a compound closely related to acyclovir, ganciclovir, has been shown to be effective in suppressing CMV replication in patients and ameliorating retinitis (see below). However, the ideal nucleoside antiviral against CMV is still not at hand.

Different nucleoside antiviral agents have been used in CMV infections in normal and in immunosuppressed subjects for over 20 years. Cangir *et al.* (1967) treated five children with acute leukemia with fluorodeoxyuridine. Two had CMV pneumonia demonstrated by intranuclear inclusions in cells of sputum, and three were suspected of having the disease. The dosage used was the same as for the treatment of acute leukemia. The patients showed "prompt" clinical response with eventual complete resolution of their pneumonitis. Nausea, vomiting, diarrhea, and bone marrow suppression were noted. It is difficult to know whether these patients had CMV disease and whether the response to the drug was based on its antileukemic or antiviral effect.

The experience with cytosine arabinoside (ara-C), collected mostly by measurement of viruria in congenital CMV disease, is that it will suppress virus concentration but rarely cure the infection. Clinically the patient usually showed no response. Doses that could consistently suppress viruria or even cure it (15 mg/kg) were too toxic for routine administration (McCracken and Luby, 1972).

Idoxuridine also decreased viruria in two of three patients with congenital CMV disease, but the clinical response was disappointing (Barton and Tobin, 1970).

Adenine arabinoside (ara-A), the antiherpes agent licensed for treatment of herpesvirus encephalitis (Whitley *et al.*, 1977), is also, unfortunately, not very effective against human CMV. Ch'ien *et al.* (1974) treated five patients with congenital CMV disease, two with mononucleosis, and five immunosuppressed renal transplant recipients with 5–20 mg/kg intravenously for 6 to 18 days. In the nonimmunosuppressed infants and patients with mononucleosis, viruria was temporarily suppressed by the treatment but returned 1 to 3 weeks after it was stopped. In immunosuppressed patients, viruria was only reduced in titer, and viremia was not affected. They did not improve clinically. One patient cultured after death still had CMV in many tissues. On the other hand, two infants and two patients with mononucleosis improved. No significant toxicity was observed. Thus, ara-A is ineffective in eliminating CMV in the immunosuppressed, and its transient virostatic effect appears to be without clinical benefit. Rytel and Kauffman (1976) saw no benefit from ara-A given to two renal transplant patients with CMV pneumonitis and one with retinitis. At 5–10 mg/kg, they observed hematologic toxicity. Fourteen cases of clinically evident CMV infection were treated with 10 mg/kg ara-A per day for 5–7 days by Marker *et al.* (1980). No therapeutic effect was noted, and four developed dramatic neurological signs, including tremors and mycoclonus, which may be side reactions more common in the immunosuppressed.

Pollard *et al.* (1980) reported beneficial effects of up to 20 mg/kg ara-A for 5–14 days for several courses. In five out of seven patients, lesions and inflammatory activity in the retina improved along with quantitative decreases in urinary virus excretion. Two patients failed to respond at all. Additionally, ara-A in elevated doses produced significant nausea, vomiting, diarrhea, suppression of the bone marrow, and neuralgia. Granulocytopenia and thrombocytopenia led to sepsis, hemorrhage, and death in one patient.

Nucleoside analogues obtained in the 1970s had more selective antiherpes activity because they relied on virus-coded thymidine kinase present in infected cells to be transformed to the active 5'-monophosphate and from there to the active di- and triphosphate forms.

The development of 1-(2-deoxy-2-fluoro-β-*d*-arabinofluranosyl)-5-methyluridine (FAMAU), 1-(2-deoxy-2-fluoro-β-*d*arabinofuranosyl)-5-iodocytosine (FIAC), 1-(2-deoxy-2-fluoro-β-*d*-arabinofuranosyl)-5-iodouridine (FIAU), 1-(2-deoxy-2-fluoro-β-*d*-arabinofluraosyl)-5-ethyluridine (FEAU), (*E*)-5-(2-bromovinyl)-2′-deoxyuridine (BVDU), and 9-[(2-hydroxyethoxy)methyl]guanine (acyclovir) generated much interest (Verheyden, 1988).

The most effective licensed antiherpes agent to emerge from this group is the nucleoside acyclovir (acycloguanosine), an acyclic analogue of 2′-deoxyguanosine that is selectively phosphorylated by the thymidine kinase of herpes simplex virus (HSV), and its triphosphate is a potent inhibitor of herpesvirus DNA polymerase (Elion *et al.*, 1977; Schaeffer *et al.*, 1978; Furman *et al.*, 1979), including CMV DNA polymerase (St. Clair *et al.*, 1980; Mar *et al.*, 1981). It is effective against herpes simplex types 1 and 2 topically, orally, and parenterally. However, since CMV does not code for specific thymidine kinase (Estes and Huang, 1977) (see Section 4.4.2), acyclovir triphosphates are not readily formed in CMV-infected cells, and acyclovir is not effective against CMV in cell cultures. Only at acyclovir concentrations greater than 100 μM was there a greater than 50% reduction in plaque formation by clinical isolates (Lang and Cheung, 1982).

As a therapeutic agent for CMV infections, acyclovir has also been a failure. It was found ineffective against CMV pneumonia in bone marrow recipients (Meyers *et al.*, 1982b; Wade *et al.*, 1983).

Of this group of compounds, FIAC was the only nucleoside that inhibited CMV replication at a nontoxic concentration for cells (0.6 mM), and FMAU was effective at 1.0 μM (Colacino and Lopez, 1983). FIAC was postulated to act by better utilization of its triphosphate by viral rather than by host DNA polymerase

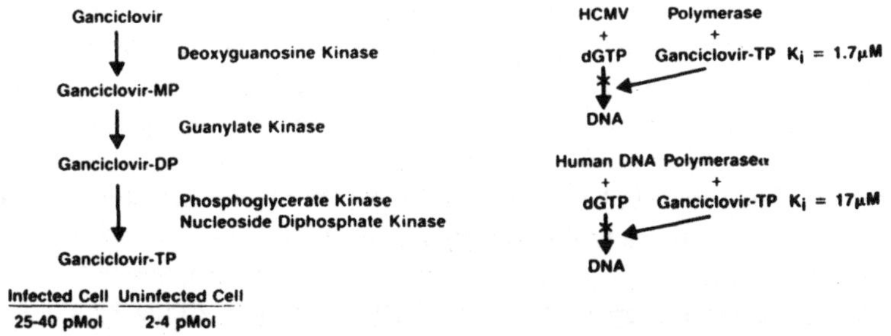


Figure 14.1. Cellular metabolism and mechanism of action of ganciclovir. The intracellular metabolism of ganciclovir is shown at left. The enzymes catalyzing the successive phosphorylating steps are indicated, as well as the concentrations of ganciclovir-5'-triphosphate (ganciclovir-TP) generally achieved in uninfected and cytomegalovirus (hCMV)-infected cells. The effects of ganciclovir-TP on DNA polymerase are shown at right. Ganciclovir-TP competes with deoxyguanosine triphosphate (dGTP) for binding to DNA polymerases, producing the indicated $K_i$ values for human DNA polymerase α and hCMV polymerase. MP and DP, monophosphate and diphosphate, respectively. (From Matthews and Boehme, 1988; by permission of Dr. Thomas Mathews and the University of Chicago Press.)

(Colacino and Lopez, 1985). However, both FMAU and FIAC were virostatic. Viral DNA replication resumed on removal of the drug.

Ganciclovir {[9-(1,3-dihydroxy-2-propoxy)methyl]- guanine; DHPG} is an acyclovir nucleoside synthesized in 1982 and is a potent inhibitor of the herpesviridae (Ashton *et al.*, 1982; Cheng *et al.*, 1983; Field *et al.*, 1983). Human CMV is inhibited at concentrations of ganciclovir of 10 μM or less (Cheng *et al.*, 1983; Field *et al.*, 1983). Other viruses inhibited in decreasing order of effectiveness are HSV, EBV, varicella–zoster virus, murine CMV, and guinea pig CMV (1 to 70 μM; Matthews and Boehme, 1988). Ganciclovir is unique among the nucleosides in being unusually effective against human CMV.

The action of these nucleoside analogues depends on the formation of the triphosphates, which inhibit viral DNA synthesis by inhibiting the viral polymerase. The rate-limiting step in the formation of triphosphates (TP) is the formation of the monophosphates (Fig. 14.1). Despite the fact that CMV does not code for a viral thymidine kinase (Estes and Huang, 1977) as does HSV, which facilitates the formation of ganciclovir monophosphates intracellularly (Smee *et al.*, 1985), ganciclovir-TP levels in CMV infected cells are significantly higher than in uninfected cells (Freitas *et all.*, 1985). They are also higher than acyclovir triphosphate levels in CMV-infected cells (Biron *et al.*, 1985), which partly explains why ganciclovir is more effective against CMV than acyclovir.

The phosphorylation of ganciclovir in CMV-infected cells is thought to be mediated by host enzymes that are induced during infection. A deoxyguanosine kinase is thought to be one of these host enzymes induced by CMV infection. It catalyzes the formation of ganciclovir monophosphate (Lewis *et al.*, 1984; Meijer *et al.*, 1984; Smee, 1985; Smee *et al.*, 1985). Ganciclovir diphosphates and triphosphates are formed by other cellular kinases.

Ganciclovir-TP is a potent inhibitor of CMV DNA polymerase. It acts by competitively inhibiting the incorporation of deoxyguanosine triphosphate (dGTP) into DNA, hence terminating DNA chain elongation (Biron *et al.*, 1985; Freitas *et al.*, 1985; Mar *et al.*, 1985a,b). The mean 50% inhibitory dose of ganciclovir for different isolates from patients ranged from 0.54 to 5.9 μM (Shepp *et al.*, 1985; Felsenstein *et al.*, 1985a,b; Mar *et al.*, 1983; Tymus *et al.*, 1984; Plotkin *et al.*, 1985a, Cole and Balfour, 1987).

One of the most gratifying findings in antiviral therapy was the efficacy of ganciclovir against CMV retinitis (Felsenstein *et al.*, 1985a,b; Bach *et al.*, 1985). Masur *et al.* (1986) used 7.5–15 mg/kg per day intravenously in three divided doses. Improvement or stabilization of lesions occurred in six of seven patients while on therapy. Urine or blood cultures become negative. Holland *et al.* (1986, 1987) treated CMV retinitis of 40 patients with AIDS with 7.5–10 mg/kg per day for 14–20 days. Thirty-one (97% of evaluable patients) had objective evidence of improvement. However, reactivation of disease occurred even in 50% of 20 patients who had more than 3 weeks of therapy. All ten who responded initially but stopped reactivated. Neutropenia developed in nearly 40% of patients. To prevent relapses, most authors administer single doses of 5–6 mg/kg 5–7 days per week (Mills *et al.*, 1988). Intravitreal administration of ganciclovir has also been reported to be effective (Henry *et al.*, 1987).

Although these anecdotal reports are unanimous in reporting suppression of CMV retinitis by ganciclovir, efficacy has not yet been proven in controlled studies. No studies of interaction between ganciclovir and zidovudine (AZT) are available, although very likely leukopenia is a greater hazard when both marrow-toxic agents are combined.

Ganciclovir has also been found to be effective in suppressing CMV disease in the gastrointestinal tract, which as already pointed out is frequently a serious problem in AIDS patients (see Section 13.3.5). For example, Dietrich *et al.* (1988) treated 69 AIDS patients with CMV disease of the gastrointestinal tract. The sites of involvement were colon (67%), esophagus and stomach (22%), rectum (7%), liver 3%), and small bowel (1.4%). Ganciclovir was given intravenously at 20 mg/kg in two divided daily doses for 14 days. Maintenance therapy consisted of 6 mg/kg daily. Improvement in clinical response was seen in 75%, stable response in 13%, and no response in 12%. Urine cultures became negative in 69%. Moderate leukopenia was observed in seven patients, and severe leukopenia in three. The clinical response lasted a minimum of 4 weeks from start of therapy. These results are comparable to the effect of ganciclovir on CMV retinitis but quite different from the effect of ganciclovir on pneumonia (see below).

Early treatment of CMV interstitial pneumonia with ganciclovir was disappointing. For example, Shepp *et al.* (1985) treated ten such patients, from whom CMV was eliminated from the respiratory secretions after 8 days. However, only one patient survived.

Some recent data on the treatment of CMV pneumonia and other systemic disease caused by CMV are somewhat more encouraging. Erice *et al.* (1987) report that 17 (55%) of 31 immunosuppressed patients with various types of CMV disease who received 2.5 mg/kg i.v. every 8 hr improved clinically during ganciclovir therapy. Viremia ceased in 93% (14/15) of patients after 4.7 days of therapy. Unfortunately, in these anecdotal trials it is difficult to document efficacy because a control group is not available for comparison. Let us consider only the case of CMV pneumonia in marrow recipients, for which there are a great deal of historical data. In this study, 11 such patients were treated, and five (45%) were said to improve with therapy, while six did not. However, three of the five eventually died, giving a mortality rate for the total group of 82% (9/11), which is the same as the mortality for untreated CMV pneumonia in marrow recipients (84%). As for the favorable responses in CMV disease in other types of transplant recipients, such as CMV pneumonitis in renal transplant recipients or gastrointestinal disease or hepatitis, there are insufficient historical data to be sure that untreated patients would not have fared as well.

The potentially important observation has been made in anecdotal studies that the combination of ganciclovir and immune globulin may be effective in treating CMV interstitial pneumonia in marrow recipients (Reed *et al.*, 1988; Emanuel *et al.*, 1988). Reed *et al.* (1988) reported from Seattle on 25 consecutive patients proven by biopsy or BAL to have CMV interstitial pneumonia and treated with 7.5 mg/kg ganciclovir per day for 14 days and CMV immunoglobulin, 400 mg/kg on days 1, 2, and 7 and 200 mg/kg on day 14. Thirteen (52%) of these patients survived, which was significantly better than the survival of 89 historical controls (15%, $P < 0.001$). Emanuel *et al.* (1988) reported similar results on ten patients and 11 controls from the Sloan Kettering Institute in New York. The treated group was given ganciclovir, 7.5 mg/kg per day for 20 days, and immunoglobulin twice a week for four or more weeks. The controls received either ganciclovir or immune globulin alone. None of the controls survived, whereas seven (70%) of the treated patients survived ($P < 0.001$). The inadequacy of antiviral treatment alone in interstitial pneumonia in marrow recipients suggests that viral cytopathology is not the sole pathogenetic factor in this disease and that there is an immunopathological element (see Sections 13.3.2 and 16.3). How immunoglobulin functions in this setting is unclear. One theory is that it neutralizes a viral antigen on lung cells recognized by cytotoxic T cells, which produce immune pathology (Grundy *et al.*, 1987b; Frank and Friedman, 1988).

These results should be confirmed by better-controlled studies. In addition, the conclusions should not be generalized to CMV pneumonitis in other types of patients, in whom the pathogenesis may well be different.

With the extensive use of ganciclovir, problems of resistance have already arisen. Erice *et al.* (1989) report recovery of three strains of CMV resistant to ganciclovir from the blood of three patients on prolonged ganciclovir therapy. All were immunosuppressed patients, one a woman with leukemia and two men with AIDS who eventually died with virological evidence of CMV disease. In each of the three patients, resistance evolved by a different mechanism. In the first patient, the initially isolated strain was already relatively resistant to ganciclovir. In the second patient, an initially sensitive strain became resistant. The genetic identity of the two strains was proven by restriction enzyme profile. In the third patient, a genetically different resistant strain emerged.

Development of resistance to ganciclovir is paralleled by development of resistance of herpes simplex virus to acyclovir. Such resistance may result from single base changes in virus-coded thymidine kinase or DNA polymerase genes (Larder and Darby, 1984; Larder *et al.*, 1987; Kit *et al.*, 1987). The mechanism of resistance of CMV to ganciclovir has not yet been elucidated.

### 14.1.2. Phosphonoformic Acid

Phosphonoformic acid (PFA, Foscarnet) appears to be an equally effective but less toxic analogue of phosphonoacetic acid (PAA). Both drugs selectively inhibit viral DNA synthesis and are noncompetitive inhibitors of herpesvirus-induced DNA polymerase (Huang *et al.*, 1976; Leinbach *et al.*, 1976; Mao *et al.*, 1975; Helgestrand *et al.*, 1978; Cheng *et al.*, 1981; Sabourin *et al.*, 1978). When clinical studies showed PAA to be retained in bone, further trials were stopped. Phosphonoformic acid also accumulates in bone, but no toxic effects have been observed, and PFA is not found in bone marrow (Helgestrand *et al.*, 1980).

Phosphonoformic acid has been found to be promising against CMV infection in anectodal reports. It must be given intravenously at 3–7 mg/kg per hour for 4–21 days in order to maintain a plasma level of 30–50 μg/ml (100–165 μmol/liter). Klintmalm *et al.* (1985) treated six immunosuppressed patients with life-threatening CMV infection in this manner and observed favorable responses in five. Ringden *et al.* (1986) treated 57 episodes of CMV infection in 13 bone marrow and 33 renal transplant recipients. The patients received courses ranging from 2 to 399 g. Improvement, indicated by eradication of CMV, was seen in 57% (8/14), resolution of fever in 50% (11/22), and laboratory improvement was noted in 70%. However, 48% (12/25) of the patients died. Adverse effects such as reduced hemoglobin, decreased renal function, and increased serum calcium were observed in a few patients. Anecdotal reports also indicate response of CMV retinitis in AIDS to PFA. No cross resistance occurs with ganciclovir. This drug clearly awaits controlled evaluation and may well be an alternative to ganciclovir, although like it, it is a suppressive and not a curative drug.

### 14.1.3. Other Antivirals

Interferon, a natural antiviral protein made from human leukocytes or other virus-infected cells, is not very effective in suppressing CMV infection either in cell cultures or in laboratory animals. Cytomegalovirus is more resistant to interferon than other viruses, such as Sindbis, vaccinia, and vesicular stomatitis virus (Glasgow *et al.*, 1967). It has also been shown that if infected cells rather than free virus are used as the challenge in an interferon assay, they are up to 300-fold less sensitive (Holmes *et al.*, 1978). The reason may be that such cells continuously release virus, which can overcome the interferon-protected cells. This suggests that virus transmitted by infected cells in the body may be particularly resistant to interferon. However, Postic and Dowling (1977) showed that the prototype Davis strain and six clinical isolates were all sensitive to interferon, although less so than vesicular stomatitis virus.

Arvin *et al.* (1976) treated five patients with neonatal CMV infection with 1.7–3.5 × $10^5$ units/kg intramuscularly for 7–14 days. One infant had transient suppression of viruria. Emodi *et al.* (1976) suppressed viruria in three of four infants with congenital CMV infection and in two of five patients with acquired infections by administering 500,000 to 1 million units of interferon per day. Viremia was not suppressed. In two patients, the lymphocyte response to phytohemmagglutinin was suppressed, apparently as a result of the immunosuppressive effect of interferon. Arvin *et al.* (1976) noted slower weight gain, transient elevation of SGOT, and fever in the treated babies. Interferon, at least in the doses given, was inadequate in controlling CMV infection.

Meyers *et al.* (1980a) treated CMV pneumonia in six bone marrow recipients with 6 to 50 million units of recombinant α-interferon per day. Fever and gastrointestinal side effects were seen in two patients each. Hepatic function abnormalities were observed in all. However all six patients succumbed, and four were proven to have CMV pneumonia at autopsy. Interferon is not effective for treating CMV infection, at least not as single therapy.

Wade *et al.* (1983) treated 13 bone marrow recipients with 500 and 1000 mg/$m^2$ and doses of leukocyte interferon between 2 × 10 and 4 × $10^5$ units/kg per day. Ten of the 13 patients died of pneumonia, and CMV was isolated from all patients. Hence, the combination of interferon and acyclovir was also not effective against CMV pneumonia.

Transfer factor can transfer delayed hypersensitivity of the donor to a recipient. When one uses it as a therapeutic agent, one hopes that specific cellular immunity is also transferred. It is prepared from peripheral white cells, and the active component is a dialyzable substance with a molecular weight less than 10,000 (Lawrence, 1976). The precise mechanism by which transfer factor works is unclear. It may work by inhibiting suppressor cells, by increasing helper activity, or by providing specific information to lymphocytes.

Rytel *et al.* (1975) treated one renal transplant recipient suffering from CMV retinitis with transfer factor (TF) that was prepared from lymphocytes of a donor who recovered from CMV mononucleosis and who had cell-mediated immunity to CMV as assayed by lymphocyte transformation and migration-inhibition factor. After 20 doses of TF, the patient's retinal inflammation became inactive, and the patient's viruria was reduced but not eliminated.

Thomas *et al.* (1977) injected two doses of TF from CMV-seropositive donors into three infants with symptomatic congenital CMV infection. The efficacy of the injection was monitored by conversion of the tuberculin and/or *Candida* skin tests.

After injection, there was a short period of time when occasional negative urines were noted, whereas previously all urines contained CMV. No clinical change was noted.

Another interesting anecdotal report comes from Jones *et al.* (1981). Based on the facts that transfer factor is not adversely affected by gut enzymes and that transfer of specific immunity is thought to occur by oral absorption of lymphoid cells during breast feeding, these authors gave transfer factor orally to a 4-year-old boy suffering from chronic CMV disease. The transfer factor was prepared from blood leukocytes of a cow that had skin sensitivity to bovine rhinotracheitis virus, a virus homologous to CMV. Prior to treatment, the patient had persistent viruria and an absent lymphocyte proliferative response to CMV antigen. After treatment, his lymphocytes became responsive, viruria stopped, and his recurrent fevers, lethargy, abdominal pain, and vomiting disappeared.

Transfer factor is a poorly standardized biological, and neither its efficacy nor its safety has been established in the treatment of any disease.

## 14.2. PREVENTION OF CYTOMEGALOVIRUS INFECTION

Since CMV infection and morbidity are so common after tissue and organ transplantation, and treatment remains unsatisfactory, various methods of prophylaxis have been explored, and some success has been reported. At this time, the most promising measures are the administration of acyclovir or immune globulin.

### 14.2.1. Chemical Prophylaxis: Acyclovir

As pointed out above, as a therapeutic agent for CMV infections, either in cell cultures or in patients, acyclovir has been a failure (see Section 14.1.1) (Meyers *et al.*, 1982b; Wade *et al.*, 1983). Despite these discouraging prospects, acyclovir has been reported to be effective in preventing CMV infection or disease in transplant recipients.

Earlier attempts to prevent CMV infection along with HSV infections with oral acyclovir were either unconfirmed or unsuccessful (Gluckman *et al.*, 1983; Prentice, 1983; Wade *et al.*, 1984). Meyers *et al.* (1988) administered acyclovir at 500 mg per square meter of body surface every 8 hr to 86 CMV-seropositive bone marrow recipients from 5 days before transplantation to 30 days afterward. These patients were also seropositive for HSV. Sixty-five patients who were seropositive for CMV but not for HSV served as controls. Cytomegalic disease, mostly interstitial pneumonia, developed in 19 (22%) acyclovir recipients and 25 (38%) controls ($P = 0.008$). Survival in the first 100 days after transplantation was significantly increased in acyclovir recipients. Cytomegalovirus infection was also significantly decreased in acyclovir recipients, from 87% to 70%.

The above study could be criticized because it was not randomized or blind.

Balfour *et al.* (1989) conducted a randomized double-blind controlled study of oral acyclovir, 800 to 3200 mg per day for 12 weeks depending on the patient's renal function. During the first year after cadaveric kidney transplantation, four of 53 patients (7.5%) in the acyclovir groups had symptomatic disease compared to 15 of 51 (29%) in the placebo groups ($P = 0.002$). The greatest prophylactic benefit was in the seronegative recipients who received a kidney from a seropositive donor. Only one out of six such patients in the treated group had CMV disease, compared to seven out of seven in the placebo group. Acyclovir, unlike most immune globulins (see Section 14.2) also reduced the CMV infection rate from 61% to 36% ($P = 0.01$).

It is unclear why acyclovir was effective. The mean inhibitory dose ($ID_{50}$) for local isolates was 63.1 mM, whereas peak acyclovir levels in patients who received the drug 1 week after transplantation was only 25 mM. It is possible that these measurements do not truly reflect the biologically important intracellular triphosphate levels, which may have been higher.

Acyclovir is therefore a viable candidate to use for CMV prophylaxis. It is in some ways more attractive than immune globulin. It can be administered orally and it is less expensive. It may be more effective because, unlike immune globulin, it seems to reduce infection as well as morbidity. However, these results need to be confirmed by other investigators and in other transplant groups.

### 14.2.2. Immune Globulin

Immune globulin or hyperimmune globulin is useful in the prevention of a number of viral disease (Benenson, 1980). Hyperimmune globulin against CMV might be effective in preventing primary infection in patients at risk such as seronegative recipients of organ transplants. Conceivably, even if it does not prevent infection, it might reduce the morbidity of infection. It would not be expected to be effective in preventing the reactivation of latent infection in seropositive subjects, as they already have circulating antibodies. But it may affect morbidity.

Condie *et al.* (1979) showed that large doses of human γ-globulin (200 mg/kg) could be given intravenously over 10 days without side effects. The material used contained 10 mg/ml largely monomeric undenatured IgG. In an uncontrolled study, 71% of patients benefited from the injections in terms of life-threatening infections. In those who benefited, there was a significant increase in antibodies against CMV following administration of IgG.

Zaia *et al.* (1979) collected 200 units of plasma with a titer of at least 1:64 against CMV after screening 3080 units. This was fractionated by Cohn's cold ethanol method. The resultant fraction, called CMV IG, represented a 20-fold concentration. It has a CF and neutralizing titer of about 1:1024. Meyers *et al.* (1980b) gave 6 $ml/m^2$ of this material to 14 seronegative marrow recipients three times before the procedure and weekly to day 77 after the procedure. A CF titer of

1 : 16 was maintained in the patient. The treated group and the 12 controls had about the same number of CMV infections (50% and 42%), and one patient from each group had CMV pneumonia. The authors postulated that the antibody was not effective because the virus was cell associated at the time of first exposure.

Six more recent studies of hyperimmune plasma or globulin in bone marrow transplant recipients (Winston *et al.*, 1982, 1987; Meyers *et al.*, 1983; O'Reilly *et al.*, 1983; Kubanek *et al.*, 1985; Bowden *et al.*, 1986); and one study in kidney recipients (Snydman *et al.*, 1987) have demonstrated the efficacy of high-titered immune globulin in preventing disease, although not in preventing infection, in seronegative transplant recipients.

Winston *et al.* (1987), for example, studied 38 recipients who were given an equivalent of 1.0 gm/kg immune globulin once weekly until day 120 after marrow transplantation. There were 37 controls. The CMV infection rates in the two groups (47% and 57%) were not significantly different, although symptomatic infection rates differed (21% versus 46%). Interstitial pneumonia caused by CMV (16% versus 32%) and deaths from interstitial pneumonia (6% versus 14%) were reduced. Most of the subjects in this study (63/75 or 84%) were negative for CMV antibodies prior to transplantation. If only primary infections were counted, these were also significantly reduced by immune globulin (25% versus 52%).

The antibody titer of the preparation used in this study was 1 : 6400 by ELISA, and 1 : 64 by neutralization. It should be pointed out that the best antibody test to titer immune serum is still unknown.

In the one negative study in the series of six studies (Bowden *et al.*, 1986), immune globulin alone did not reduce primary infection in seronegative subjects (4/14 versus 4/11) or affect the number of symptomatic infections (2/14 versus 2/11). On the other hand, seronegative blood products significantly reduced CMV infection (1/32 versus 8/25). Perhaps the main problem with this study was that the number of symptomatic infections (four) in the entire study was too small to detect any differences.

These results suggest that immune globulin may be effective in reducing but not eliminating CMV disease in seronegative transplant marrow recipients. Many centers are using immune globulins in the study of patients. Whether or not other types of transplant recipients should also be treated is not clear, particularly in view of the low morbidity from CMV in some patient groups, the large amount of immune globulin required, and its high cost. Snydman *et al.* (1987) showed in an important study of 59 seronegative renal transplant recipients that 150 mg/kg of a hyperimmune globulin given within 72 hr of transplantation and 50–100 mg/kg every 2 weeks up to 16 weeks after transplantation did not reduce the rate of CMV infection (71% versus 77%) but did reduce the rate of symptomatic disease (21% versus 60%). Rates of death ascribed to CMV were also reduced (1/17 versus 5/27). These results are provocative and suggest that immune prophylaxis should be considered for seronegative kidney allograft recipients. However, it should be noted that this group of renal transplant patients seemed to have unusually high rates of symptomatic CMV disease and deaths from CMV, possibly because of the use of ATG. As pointed out, the risk of developing CMV disease in kidney recipients varies with the type of immunosuppression (see Section 13.1.3). This risk must also be assessed for other types of transplant recipients. Even in the case of marrow transplantation, the risk of CMV interstitial pneumonia has declined significantly in some institutions (Wingard *et al.*, 1988b), so that the cost efectiveness of expensive prophylaxis needs to be evaluated from time to time.

### 14.2.3. Other Antiviral Prophylaxis

Interferon has received some attention as an antiviral agent that might function in the prophylaxis against CMV infection, although this line of research is no longer being pursued because of the pleiotropic effect of interferon, including its role in enhancing host-versus-graft reactions such as rejection (see Section 13.1.4).

Cheeseman *et al.* (1979a) conducted a controlled double-blind study on the effect of leukocyte interferon on CMV infection in renal transplant patients. Interferon in $3 \times 10^6$ units was given intramuscularly twice weekly for 15 doses (6 weeks) after surgery (total 36 million units per patient). There was evidence of some efficacy. Virus excretion was not prevented, but it was delayed in onset from 4.2 weeks after surgery in controls to 7.2 weeks in the treated group. Cytomegalovirus viremia correlated with clinical disease, which was more apparent in patients who had received antithymocyte globulin (see Section 13.1.3). Among patients who did not receive the globulin, no viremia occurred in four patients in the interferon-treated group, whereas three out of four who received placebo treatment had viremia. In the same study, interferon had no effect on the development of herpes simplex infection in patients. However, this infection occurred earlier than CMV in the posttransplant period. Thus, infections with this virus were preceded by fewer treatments with interferon. These results, although suggestive, were not enough to establish the prophylactic role of interferon.

Weimar *et al.* (1979), in a similar study but using fibroblast interferon, found no change in disease or serologic response to CMV and other viruses. Virus cultures were not monitored.

Hirsch *et al.* (1983) extended the previously reported interferon treatment regimen by Cheeseman *et al.* (1979a) from 6 to 8 weeks (total 102 million units per patient). Only CMV-seropositive subjects were enrolled. Out of 22 placebo recipients, seven developed symptomatic CMV disease, and only one developed such disease out of 20 interferon recipients ($P < 0.03$). Opportunistic superinfection from *Aspergillus fumigatus* and *Pneumocystis carinii* occurred only in placebo patients. Thus, this study showed a significant clinical effect, perhaps because only preinfected patients and longer treatments were used. However, interferon is no longer considered a candidate prophylactic agent, particularly since both chemoprophylaxis and immune globulin may be more effective and less toxic (see Sections 14.2.1 and 14.2.2).

### 14.2.4. Immunization

The purpose of immunization is to produce or improve acquired specific immunity against CMV infection. It is probably impossible to prevent establishment of latent infections, since natural acquired immunity is unable to do this. What one hopes to accomplish is to prevent the type of infection that produces the most serious disease syndromes. The type of infection one thinks of is a primary infection of the neonate and the immunosuppressed. Thus, immunization probably has little role in HIV-infected individuals because symptomatic CMV infections in these individuals are usually secondary (Section 13.2).

Congenital infections are a significant cause of mental retardation and neurological disabilities. The precise extent of this problem is not known, but in view of the late sequelae of infection, there may be at least 5000 brain-damaged children produced per year in the United States (Hanshaw, 1971; Stagno *et al.*, 1984). Theoretically, immunization, particularly with a live vaccine, might prevent these.

The main conceptual objections to a live CMV vaccine are the following: (1) Primary infection may not be the only cause of morbidity caused by CMV. Reactivation of a latent infection or reinfection in an immunosuppressed patient may still be important (Section 13.3). (2) Like the natural virus, a live vaccine strain may persist in the recipient, and it may reactivate at unpredictable times and/or be associated with or cause cancer (Section 5.6). (3) An objection to developed vaccine strains is that they have no clear markers of attenuation, either in cell cultures (see below) or in experimental animals. Unfortunately, there is no suitable animal model available for CMV. However, Quinnan *et al.* (1984) have reported that in experimental infection of volunteer subjects, none of four who received the Towne vaccine strain (see below) became systemically symptomatic, although some who received a recent clinical isolate developed mononucleosis.

Another argument frequently heard is that if there are many strains of CMV, why develop a vaccine from an arbitrary strain before we know if there is cross immunity among the various stains (see Chapter 8)? There is no simple way to sort out the problem, although there is less concern about it than previously. Strains of CMV do differ, and antigenic differences may be found. Different strains isolated from various parts of the world or from different parts of the body seem much the same. Strains also differ in nucleotide sequences, but there is also a great deal of nucleotide homology (see Section 8.6). Superinfection by different strains has been found in both immunocompetent and immunosuppressed subjects (Sections 9.4, 9.5, and 13.1). Hence, immunity against reinfection and against disease appears to be present.

Probably all herpesviruses have some oncogenic potential. Cytomegalovirus has been observed in the laboratory to transform human cells as well as hamster embryo cells (Albrecht and Rapp, 1973). The association of CMV with Kaposi's sarcoma is unproven (see Section 5.7). In veterinary medicine, effective vaccines have been developed against both oncogenic and nononcogenic herpesviruses. A highly efective vaccine has been developed against Marek's disease, which is a tumor-causing herpesvirus. Infectious bovine rhinotracheitis virus may also be prevented by a live vaccine. This virus, like CMV, can transform hamster embryo cells (Michalski and Hsiung, 1975). None of these veterinary vaccines causes tumors in the animal recipients.

Another possible consequence of immunization may be persistence of the vaccine strain and subsequent symptomatic reactivation if the patient becomes immunosuppressed. So far, there is little evidence that this will be a problem, but long-term follow-ups are lacking (see below).

One might ask whether the major benefits of a vaccine against CMV might not be achieved by a killed-virus or subunit vaccine. Dead vaccines would not be able to produce latent infection, and it would not be oncogenic if the gene (DNA) responsible for transformation is inactivated or eliminated. Elek and Stern (1974) point out, however, that killed vaccine may, as in the case of measles and respiratory syncytial virus vaccines, render subsequent natural infection more hazardous, although killed vaccine may have a beneficial role in immunosuppressed patients. Whether this happens in the case of CMV again cannot be determined short of human trials.

#### 14.2.4.1. AD169 Vaccine

Elek and Stern (1974) first described a live CMV vaccine and some human trials. The vaccine was derived from strain AD169 and underwent 56 passages in cell cultures: 14 passages in M.A.F. cells, 18 in diploid human embryonic lung fibroblasts, and eight in M.R.C.-5 cells (Jacobs *et al.*, 1970), a well-characterized strain of human fetal lung diploid fibroblasts developed in the United Kingdom.

Administration of up to 10,000 tissue culture doses ($TCD_{50}$) of the vaccine intradermally did not evoke an antibody response, but 300,000 $TCD_{50}$ raised CF and neutralizing antibodies.

A study was undertaken with 26 susceptible (seronegative) individuals who received 10,000-$TCD_{50}$ subcutaneously. Twelve developed a local reaction. Twenty-five responded serologically against AD169, 11 in 2 weeks and 14 in 3–8 weeks. There was no evidence of virus excretion in the vaccines. Two subjects followed for more than a year did not show a drop in antibody titer. Challenge of two volunteers who were successfully vaccinated failed to produce a skin lesion, which was also the case in the naturally immune. Ten successfully vaccinated subjects were tested for antibodies to other strains of CMV. Eight weeks after vaccination, nine had antibodies against the Kerr strain, and five against the Davis strain. At this early stage, there was some degree of strain specificity in response to vaccination. Three other successfully vaccinated subjects examined 1 year later had neutralizing antibodies to all three strains, suggesting that the antibody spectrum broadened with time.

A similar CMV vaccine was described and studied by the Merck group (Neff *et al.*, 1979). The 53rd passage of the Elek and Stern vaccine strain (Elek and Stern, 1974) was passed another five times in WI-38 cell cultures. It titered $10^{-3.4}$ per 0.1 ml, and 0.5 ml, or about $10^{4.0}$ tissue culture doses, which is what Elek and Stern

(1974) used, were injected in 24 male priests and seminarians. Twenty subjects who were seronegative before injection developed CF, immune adherence (IA), and neutralizing antibodies. No booster effect was observed in seropositive individuals. The CF and IA tests were all positive by 1 month, and neutralization titers developed by 2 months (19/20). Antibody levels declined over 1 year, particularly CF antibodies. One individual who developed neutralizing antibodies eventually lost all antibodies. Most subjects developed local soreness and induration. Five of the 24 subjects developed fever. Virus was not isolated from blood, urine, or throat. Contacts of vaccinees did not develop antibodies or virus infection.

#### 14.2.4.2. Towne 125 Vaccine

The Towne 125 strain was propagated in WI-38 human diploid cell strain for 129 passages (Plotkin *et al.*, 1975). Three possible markers of attenuation were identified. The first is an increase in production of virus with continued passage. The second, less well described, is greater thermostability of the Towne and AD169 strains for 24 hr at 40°C, whereas C-87, Davis, and Kerr strains are paradoxically less stable at 4°C (see Section 4.5.1; Vonka and Benyesh-Melnick, 1966). Third, the virus increased in trypsin sensitivity on continued passage. It is not known whether any of these "markers" is related to attenuation for the human host. Prichett (1980) compared by reciprocal DNA–DNA reassociation kinetics the DNAs of the Towne and AD169 strains. Approximately 10% heterogeneity was demonstrated, and each strain contained unique nucleotide sequences.

The Plotkin group (1976) administered the vaccine intranasally and subcutaneously in two early human trials. No serologic response resulted from administration of nose drops containing $10^{4.7}$ PFU. But seronegative patients responded to the subcutaneous injection of $10^{4.7}$ PFU by producing CF, IgG immunofluorescence, and IgM immunofluorescence antibodies. Two seropositive subjects developed a booster response in CF and IgG antibodies. They also developed an IgM response, albeit earlier (1 week) than the seronegative subjects, who responded during the second and third weeks. No complications resulted from the vaccinations except for local reactions consisting of induration, erythema, and tenderness 7–12 days after inoculation and lasting for about 1 week.

Gehrz *et al.* (1980) inoculated four seronegative normal adults with the Towne strain vaccine.. Cytomegalovirus-specific CF and IFA antibodies developed within 3 weeks as described. After 41 weeks, the CF titers had declined to 1 : 4 or less, and the IF titers declined to 1 : 20 to 1 : 80. Measured by lymphocyte proliferation, cellular immunity induced by the vaccine also rose in 3 weeks but declined in three of the four subjects by the 12th week. The authors report an enigmatic secondary rise in this response at around 300 days after immunization. This "biphasic" response cannot be considered to be proven because of the small number of subjects studied and the inherent variability of the proliferation test. It should be noted that, unlike true infection, the vaccine virus was never isolated from the subjects, and there was no suppression of other cellular immune reactions as measured by the proliferative response to three nonspecific mitogens and five common antigens.

Twelve seronegative prospective renal transplant candidates received the Towne 125 strain of live mCMV vaccine (Glazer *et al.*, 1979). As in the case of normal vaccinees (Plotkin *et al.*, 1976), there were no significant side reactions except erythema and induration at the site of inoculation. All seroconverted by 6 weeks after inoculation, which is slower than in normal subjects. Three patients tested developed CMV-specific blastogenic responses.

Subsequently, four vaccinees received kidneys from seronegative donors, and only one became infected. Five received kidneys from seropositive donors; all of these developed viruria, which was accompanied by a serologic rise in four. One died 30 weeks after transplantation after having experienced fever, leukopenia, thrombocytopenia, abnormal liver function, and polyneuropathy. Typical CMV intranuclear inclusions were seen in various organs at autopsy. Restriction endonuclease analysis of four of the six isolates showed that they were not the vaccine strain. This limited trial showed that prospective transplant patients could be successfully immunized without developing serious side effects or apparent infection.

The Towne attenuated vaccines produced an asymptomatic, apparently self-limited infection that resulted in the production of detectable antibodies and the development of CMV-specific lymphocyte proliferative response in almost all healthy volunteers (Starr *et al.*, 1981). However, in a controlled clinical trial of 91 renal transplant recipients by Plotkin *et al.* (1984), nine out of 37 (24%) seronegative patients who received the vaccine failed to produce antibodies. Five out of six also failed to develop a specific positive lymphocyte response, whereas all eight normal controls responded. Primary infection developed in both vaccinated and unvaccinated seronegative recipients who received kidneys from seropositive donors. The frequency of such infection was similar in vaccinees and the placebo-treated subjects (15/16 or 94% versus 11/14 or 78%). Also, the proportion of those infected who were symptomatic was not significantly different (60% versus 91%). However, the degree of morbidity in the vaccines measured according to a quantitative scoring system was significantly lower (2.7 versus 5.7).

Vaccinated seronegative patients who received kidneys from seronegative donors and were not infected extraneously did not shed vaccine virus in the urine, throat, or blood, suggesting that the vaccine strain neither spread nor persisted in the host. Furthermore, CMV strains isolated from primary infections in vaccinees have been shown by restriction endonuclease fragment polymorphism to be unrelated to the vaccine strain (Glazer *et al.*, 1979).

The modest reduction in morbidity of CMV by the vaccine was not supported in a study employing the same vaccine in Minnesota (Balfour *et al.*, 1985). A total of 117 received the vaccine ($6.6 \times 10^3$ viral infectious plaques), and 119 received placebo. Seventy-six percent of 63 seronegative subjects converted their antibody status after being immunized. Seropositive subjects also had a boost in their antibody titers.

Forty-seven (20%) of the 236 study subjects developed CMV disease. There was no difference in incidence or severity of CMV disease between vaccinees and the placebo group among seropositive subjects or seronegative subjects who received a kidney from a seronegative donor. There was a suggestion of protection by the vaccine among seronegative subjects who were given a seropositive kidney. Two of eight vaccinees with CMV disease had severe or lethal disease, whereas five of six placebo subjects with CMV disease experienced severe or lethal illness. This suggests that CMV disease was ameliorated, although the frequency of CMV disease in the vaccinated and placebo groups (38% and 43%) was not changed.

More recently, the Plotkin group (Brayman *et al.*, 1988) provided data that seemed to support the type of protection suggested by Balfour *et al.* (1985). As previously reported, the vaccine did not decrease infection rates or symptomatic CMV infection. However, morbidity in seronegative recipients who received kidneys from seropositive donors as measured by disease scores was reduced (ten versus two "serious diseases"). More interestingly, the 5-year graft survival rate for this group of patients was significantly higher in the vaccinated group (62% versus 25%). The mechanism of this improvement was not clear.

In summary, the Towne vaccine does not prevent primary infection but may have a marginal effect in alleviating CMV disease resulting from primary infection or its consequences. One problem may be that the transplant patient does not produce an optimum immunologic response. The vaccine seems well tolerated, and none of the feared complications have arisen. More trials are needed. Future developments should aim at improving the immunogenicity of the vaccine in potential transplant recipients. Other classes of vaccines, such as subunits and recombinant vaccines, remain to be developed.

# 15

# Nonhuman Cytomegaloviruses

## 15.1. INTRODUCTION

As discussed in Chapter 4, the criteria for assigning the name "cytomegalovirus" to a herpesvirus discovered in animals other than man are not entirely clear-cut and appear to be in the process of evaluation. I have decided not to review comprehensively all the so-called cytomegaloviruses of other animals; such a review properly belongs to a separate treatise or to one on herpesviruses.

However, development of knowledge of some of the these agents has in the past and up to the present influenced our understanding of human CMV. It would be a mistake to ignore the nonhuman cytomegaloviruses altogether, and this view is reflected in my own approach to this group of agents. I have found that maintaining an interest in the murine as well as the human agent improves understanding of the virology and pathogenesis of the human agent.

What follows then is a selective review of some aspects of the nonhuman viruses. The point of focus is how knowledge of these agents has complemented and furthered our understanding of human CMV.

We begin by presenting a history of the development of knowledge of nonhumn CMVs. Much of the knowledge common to this group of viruses has been developed in the animal agents. Then, we concentrate on selected topics of guinea pig and murine CMV. Particularly in the case of murine CMV, important contributions have been made in its virology, experimental infection, pathogenesis, genetics of infection, and immunology.

By and large, there is very little interspecies crossing between the different CMVs. One-way cross-neutralizations have been described between certain primate CMVs and human CMV. That is, antiserum against the primate agent will neutralize human CMV, but antiserum against the human agent will not neutralize the primate agent (see Section 5.3). This has been described for the agents of the chimpanzee (Vogel and Pinkerton, 1955), African green monkey (Black *et al.*, 1963), and rhesus monkey (Asher *et al.*, 1969; Swack *et al.*, 1971), but much less for the baboon (Graham *et al.*, 1971). The cross-reactive titers are low.

## 15.2. HISTORY OF NONHUMAN CYTOMEGALOVIRUSES

As knowledge about human CMV in man was developed, parallel discoveries were made in animals. As in the case of hCMV, two phases may also be identified, a morphological–pathological phase and the virological phase initiated by the discovery of murine CMV by Margaret G. Smith (1954) (Table 15.1). In the beginning, studies in animals trailed behind studies in man, but knowledge of nonhuman CMV, particularly murine CMV, developed more rapidly later, greatly influencing the concepts and understanding of the human agent.

Early discoveries of animal CMVs were made by intent or accident after histopathological examination of the salivary glands of various animals. Jackson (1920), for example, discovered guinea pig CMV when she examined the salivary glands of guinea pigs. In other cases, the animal in question was used for experimental infection of hCMV (Kuttner and Wang, 1934). More recently, a number of agents were discovered by examining animal tissue used for cell cultures (Rabson *et al.*, 1969).

Leila Jackson (1920) first described what she called an intracellular protozoan parasite in the ducts of the salivary glands of 26 out of 48 guinea pigs. Similar structures were seen in the kidneys of 12 out of 44 guinea pigs. The illustrations that accompany her paper show a close resemblance between these structures and cytomegalic inclusions in human materials described by previous writers. Jackson

TABLE 15.1
Cytomegalovirus in Animals Other Than Man

| Animal | Author |
|---|---|
| Discovery by histopathology | |
| Guinea pig | Jackson (1920) |
| Mice | Findley (1932) |
| White mice | Kuttner and Wang (1934) |
| Rats | Kuttner and Wang (1934) |
| Hamsters | Kuttner and Wang (1934) |
| Monkeys | Covell (1932) |
| Moles | Rector and Rector (1934) |
| Chimpanzees | Vogel and Pinkerton (1955) |
| Rodent | Raynaud and Raynaud (1947) |
| Discovery by isolation of agent | |
| Mice and voles | Smith (1954), Raynaud *et al.* (1969), Diosi *et al.* (1972) |
| Dogs | Habermann *et al.* (1960) |
| Cercopethicus monkeys | Black *et al.* (1963) |
| Rhesus monkeys | Asher *et al.* (1969) |
| Horses | Hsiung *et al.* (1969) |
| Wild rats | Rabson *et al.* (1969) |

thought they were "coccidial" (protozoan) in nature. She also described the "earliest form of the parasite" embedded in the cytoplasm of a duct epithelial cell, which is the first description of the cytoplasmic inclusion of a CMV. She was also the first to note inclusion bodies in the kidney, the salivary glands and kidney being the primary sites of persistent infections by CMV of various species.

Pearson (1930) described in detail cytoplasmic inclusions in the duct cells of the submaxillary gland of guinea pigs. They were more limited in distribution than the intranuclear inclusions, and he concluded that they were not a manifestation that was *sine qua non* in his virus infection.

Cole and Kuttner (1926) found that 84% of submaxillary glands from 75 guinea pigs over 6 months of age showed intranuclear inclusions. They undertook the first experimental transmission studies. Suspensions of salivary glands positive for inclusion bodies were injected into the maxillary glands of very young guinea pigs free of inclusion body infection. Inclusion-containing cells and mononuclear infiltration were produced. Injections were also made in the testes, brain, lung, and tongue. Most striking results were obtained after injection into the brain. The inoculated animals developed a temperature of 105–106°F 48 hr after injection. Later they became jerky, irritable, and paralyzed and usually died in 5–7 days. The most striking pathological feature was a meningeal exudate with large cells containing intranuclear inclusions. Attempts to infect rabbits, rats, and kittens by injecting their submaxillary glands were unsuccessful. This was the first indication of the species specificity of a cytomegalovirus.

Cole and Kuttner were unable to find a consistent method for serial transfer of the infectious material from guinea pig to guinea pig. The best they could do was to transfer infected submaxillary gland material into the testes and from thence to the brain and then the testes of a third and final recipient. Probably the animals were largely immune because of prior infection.

It was determined by transfer experiments that the infective material was destroyed by heating at 54°C for 1 hr and preserved in 50% glycerol for as long as 11 days, presumably at room temperature. After 28 days, infectivity was lost. The infective agent was not held back by a Berkefield N filter, which held back *E. coli*. This was the first conclusive evidence that the infective agent was a filterable virus.

Subsequently, Kuttner (1927) found that the virus localized in the maxillary glands of young guinea pigs 12–15 days following subcutaneous, intraperitoneal, or intravenous injection of infective maxillary gland material. Virus could be transmitted continuously from guinea pig to guinea pig by inoculating infective material by direct inoculation in the submaxillary gland or by subcutaneous injection.

She also discovered that after the development of an infection in the submaxillary gland, the animal became refractory to an ordinarily lethal intracerebral inoculation. Immunity also developed in young guinea pigs that received injections of heat-killed virus, a finding that anticipated studies on vaccines.

Andrews (1930) grew guinea pig testes in Maitland cultures and showed for the first time that inoculation of salivary gland virus resulted in development of characteristic inclusions in cells of such cultures.

Over the years, it became evident that agents producing cytomegaly could be found in many other mammals besides man and guinea pigs.

Cowdry and Scott (1930) discovered that two out of 58 dogs without clinical disease showed intranuclear inclusions in the liver. Whether this represented a type of CMV is not known.

Kuttner and Wang (1934), working in Peking, attempted to transmit an infectious agent from the salivary glands of four Chinese infants with cytomegaly to guinea pigs, rabbits, hamsters, white mice, wild rats, and two monkeys. The animals were inoculated intracerebrally or directly into the submaxillary gland. Although the transmission experiments were predictably negative, in the course of examining the submaxillary glands of these species, inclusions were found in hamsters, white mice, and wild rats, but not in rabbits, *Macaca* monkeys, or squirrels. The inclusions were similar to those found in man and in guinea pigs. Intracerebral injection of the homologous salivary gland material into hamsters, white mice, and wild rats produced meningeal irritation and death. However, infectivity could not be serially demonstrated with meningeal material. They also showed that if immune serum was first added to such materials, inclusion bodies did not develop. Further, virus mixed with immune serum and inoculated subcutaneously into young guinea pigs was partly or wholly neutralized as demonstrated by the scant number or absence of inclusion bodies when the salivary glands were subsequently examined.

Rector and Rector (1934) discovered inclusions in moles. Cowdry and Scott (1935a) published excellent plates showing cytomegalic cells in the renal tubules but not the salivary glands of about 10% of apparently normal *Macaca* monkeys or in those used for other experiments. In contrast, inclusions were more rarely seen in the cebus monkey and then only in the salivary gland (Cowdry and Scott, 1935b).

Vogel and Pinkerton (1955), during an epidemic of illness and deaths in their chimpanzee colony, discovered disseminated C.I.D. in three out of 12 animals. In each case, the adrenals had cytomegalic inclusions, and in one case, the myocardium was affected. Five other animals were not clinically ill but had cytomegalic cells in their salivary glands. This was thought to be the first observation of the natural disseminated disease in animals.

Smith (1954) observed large intranuclear inclusions in mouse embryonic explant tissue cultures after they were inoculated with salivary gland material from mice infected with salivary gland virus. They were reproduced in three serial subcultures. That an infection was involved was verified when intranuclear inclusions were produced in mouse salivary gland after intraperitoneal inoculation of supernatant fluid from cultures. Calculation of dilution factors showed that a significant increase in virus replication had occurred in tissue culture. Smith's work heralded the virological period of development in the study of all cytomegaloviruses.

With increased use of cell cultures from many tissues of many animals, adventitious agents including CMV were isolated from tissues cultured. Kidney cell cultures were a source of CMV isolated from cercopethicus (African green) monkeys (Black *et al.*, 1963), rhesus monkeys (Asher *et al.*, 1969), and horses (Hsiung *et al.*, 1969). In these cases, the agents would appear spontaneously when the cultures were observed for long periods of time.

As mentioned above, Smith (1954) initially isolated mouse (*Mus musculus*) CMV. Later, Raynaud *et al.* (1969) isolated an agent from another species, the mole *Apodemus sylvaticus,* with a number of interesting properties including replication in human cells. But this could not be confirmed (Kim *et al.*, 1974). Plummer *et al.* (1969) found that these two strains have different base ratios, suggesting that they were distinct. Diosi *et al.* (1972) isolated a third agent from moles (field mice) (*Microtus arvalis*) in mouse embryonic fibroblasts. Kim *et al.* (1975) found that the Smith, Raynaud, and Diosi strains were identical in terms of growth in cell culture, buoyant density, antigenicity, and electron microscopic appearance. This is curious because mice and moles are unrelated animals.

Direct isolation from the salivary glands was also made in the case of the coercopethicus monkey (Black *et al.*, 1963). Isolation was usually carried out in homologous cell cultures, and in each case, the agent was thought to be species specific. However, in retrospect, in almost all cases, the agent could be grown in cells from other species, and a general characteristic of CMVs is that they are not strictly species specific. For example, the coercopethicus agent was grown in human fibroblasts (Black *et al.*, 1963), the horse agent was grown in primary rabbit kidney cells (Hsiung *et al.*, 1969), and the rat agent was grown in hamster kidney cells (Rabson *et al.*, 1969). Often the cells were from a closely related, heterologous species, but this was not the case with the horse agent growing on rabbit cells. The latter are also permissive for guinea pig CMV (Hsiung *et al.*, 1969).

## 15.3. EXPERIMENTAL INFECTION WITH GUINEA PIG CYTOMEGALOVIRUS

Although CMV infection in mice has been the most extensively studied model and is discussed in Chapter 16, the guinea pig model has also received attention in the last 20 years (Bia *et al.*, 1983).

In some respects guinea pig CMV (gpCMV) resembles human CMV more than murine CMV. Electron microscopic examination reveals that following gpCMV infection of cells the nucleocapsid assembly, envelopment of nucleocapsids at the inner nuclear membrane, and the development of both intranuclear and intracytoplasmic inclusions resemble those of human CMV infection. The presence of virus in salivary duct cells rather than acinar cells is a characteristic of human, simian, and gpCMV (Henson and Strano, 1972). Guinea pig CMV, like human CMV, also produces cytoplasmic and extracellular dense bodies that possess viral antigenicity (Fong *et al.*, 1980).

Biologically, infection with gpCMV also has many similarities with human infection. In at least two respects, the guinea pig model has advantages over the mouse model. First, a model of congenital transplacental infection can be established with gpCMV but not readily with murine CMV. Secondly, there has been more work done on inner ear infection by gpCMV.

In the last analysis animal CMV models are limited because each animal CMV is distinct from human CMV, even though a name is shared. What one learns from animal models can not be directly applied to human infection but can only serve as reference points or points for comparison.

### 15.3.1. Acute and Persistent Infections with Guinea Pig Cytomegalovirus

After either intraperitoneal or subcutaneous inoculations of gpCMV in the guinea pig, an acute infection followed by a chronic persistent one is established, similar to what has been described for murine CMV (see Section 16.2). As in the case of the human or murine virus, the nature of persistent and latent infection remains to fully characterized.

By cocultivation techniques for virus isolation, viruria and viremia can be demonstrated after the first week following infection, with transient virus replication in various organs. Persistent high titers ($10^3$–$10^5$ $TCID_{50}$) of full virus in the salivary gland for as long as 20 weeks after inoculation may be found (Connor and Johnson, 1976; Hsiung *et al.*, 1976, 1978). Even though virus was often undectable in the blood leukocyte fraction (buffy coat), gpCMV was transmitted by blood to nonimmune susceptible animals (Hsiung *et al.*, 1978). It did not matter whether the recipient was syngeneic or allogeneic with respect to the donor cells (Bia *et al.*, 1979). Virus when found was present in the granulocyte and mononuclear-cell-enriched phase (Griffith *et al.*, 1981).

As in the case of murine CMV, the gpCMV of salivary gland origin is more virulent than tissue-culture-passaged strains. After subcuteaneous inoculation of the more virulent salivary gland strain (gpCMV-SG) in Hartley guinea pigs, examination of the hematologic and lymphoid systems revealed that the mononucleosis syndrome could be reproduced (Griffith *et al.*, 1981). Atypical lymphocytes were often seen in peripheral blood associated with anemia, neutropenia, lymphocytosis, splenomegaly, and lymphadenopathy.

During the stage of acute mononucleosis 1 week after infection, mobilization of neutrophils to the site of a peritoneal exudate was diminished compared to uninfected controls. Neutrophils from infected animals also released less hydrogen peroxide than controls in response to a bacterial stimulus. These neutrophils were also less efficient in killing bacteria (Youtree *et al.*, 1982). These observations parallel those in man and in mice, where cytomegalovirus infection has been found to be immunosuppressive (see Sections 13.1.5 and 16.6.3).

Inbred strain 2 guinea pigs are more susceptible to gpCMV than the outbred Hartley strain. They are always killed by an acute disseminated infection after being inoculated with a high dose ($7.5 \times 10^5$ $TCID_{50}$) of gpCMV-SG. Lesions and infectious virus were present in the spleen, liver, lungs, heart, pancreas, brain, salivary gland, and other organs (Fong *et al.*, 1983).

Strain 2 animals may develop severe interstitial pneumonia during such acute infection as part of a more generalized viremic illness (Bia *et al.*, 1982). This may serve as a model for pneumonia, although to study the contribution of complex immunopathological factors of pathogenesis, work with inbred mice has been more useful (see Section 16.3).

Booss *et al.* (1989) produced a central nervous system infection by intracerebral inoculation of gpCMV. Virus titers in the brain peaked 6 days after infection and was accompanied by leptomeningitis. Monocytes in contrast to lymphocytes were the primary inflammatory cells. They were also found in parenchymal foci, which were also notable for the absence of T lymphocytes.

### 15.3.2. Congenital Infection with Guinea Pig Cytomegalovirus

The fact that both human and guinea pig placentas have a single layer of trophoblast cells between maternal and fetal circulation makes the successful development of congenital gpCMV infection particularly interesting (Choi and Hsiung, 1978; Kumar and Nankervis, 1978; Johnson and Connor, 1979). The gestation period in the guinea pig is 69 days.

Kumar and Nankervis (1978) inoculated 19 guinea pigs with $10^{5.5}$ $TCID_{50}$ i.p. during the latter part of their pregnancies. Six out of 15 animals that carried their pregnancies to term had at least one CMV-infected newborn as defined by positive explant cultures of spleen, lung, or brain. In all, seven (12%) out of 58 offspring were congenitally infected. The six mothers that had litters containing infected newborns delivered an average of 3.1 offspring per litter, fewer than the normal average of 4.3. No gross congenital abnormalities were noted.

The antibody status of the mother prior to the onset of pregnancy was the most important determinant of fetal infection. All three previously nonimmune mothers delivered infected litters, whereas only three out of 12 immune mothers delivered infected litters, with virus isolation restricted to the lung. Tissue-culture-passaged virus was less lethal for the mothers, but its ability to produce congenital infection was not diminished.

Griffith and Hsiung (1980) also studied intrauterine infection with gpCMV. After subcutaneous inoculation of $10^6$ $TCID_{50}$ guinea pig virus in mothers during the first, second, or third trimester of gestation, stillbirths were more frequent when mothers were infected during the third trimester (47%) as compared to mothers infected during the first and second trimesters (11%, 3%). Irrespective of the trimester, viral recovery in the offspring was most frequent 10 to 15 days after inoculation of the mothers (51% in placenta, 60% in fetal tissues). After 2 weeks of maternal infection, recovery of virus declined significantly. Virus could be found in the salivary glands of some offspring 14 weeks after delivery.

Transplacental transmission of virus occurred only when acute primary infection was initiated during pregnancy in either outbred Hartley or inbred strain 2 guinea pigs (Griffith *et al.*, 1986). Offspring of mothers that were inoculated prior to pregnancy were generally immune. However, a small number of offspring from chronically infected mothers showed histological lesions consistent with infection even though no virus was isolated. Johnson and Connor (1979) reported that fetal

CMV infections could occur in seropositive mothers reinfected with gpCMV during pregnancy, analogous to what has been reported to happen in humans (see Section 11.3.3).

The Hsiung group has developed a high-cell-culture-passaged gpCMV that can act as a safe vaccine that produced no viruria, symptomatic infection, or reactivation of virus infection during pregnancy. It was effective in preventing generalized infection, interstitial pneumonia, and protected fetuses from stillbirth, abortion, and transplacental viral transmission (Bia *et al.*, 1982, 1984).

### 15.3.3. Infection of the Inner Ear with Guinea Pig Cytomegalovirus

Sensorineural deafness is a significant complication of congenital human CMV infection (see Section 11.4.3). Relatively little is known about the pathogenesis and histopathology of such deafness, and knowledge contributed by animal models may be important. Cytomegalic inclusions were identified in the membranous labyrinth, including cochlea, saccule, utricle, and semicircular canals (Davis, 1981). Endolabyrinithitis was considered a fundamental characteristic.

By direct inoculation into the scala tympani (perilabyrinthine compartment) of the inner ear, gpCMV has been used to establish a reproducible model of CMV labyrinthitis and hearing loss in seronegative guinea pigs (Woolf and Harris, 1986; Harris *et al.*, 1984). Impairment of cochlear function was documented by electrophysiological recordings of cochlear microphonic (CM) and eighth nerve N1 compound action potential (AP) thresholds. Striking elevations of both CM and AP thresholds indicating severe functional disturbance were observed 8 days after infection.

In this guinea pig model, the labyrinithitis was primarily in the perilymphatic compartment. The stria vascularis and the organ of Corti of the endolymphatic compartment were also involved. Whether the primary involvement of the perilymphatic compartment was artifactual or a result of inoculation is unclear. Since this compartment was not found to be involved in man, these results also suggest the possibility that such involvement may have been missed so far.

# 16

# Murine Cytomegalovirus

## 16.1. BASIC VIROLOGY OF MURINE CYTOMEGALOVIRUS

The genome of mCMV appears to be considerably larger than those of most other herpesviruses. Mosmann and Hudson (1973) found by velocity sedimentation in neutral and alkaline sucrose gradients and by equilibrium centrifugation in cesium chloride the molecular weight of mCMV DNA to be 132 $\times$ $10^6$. Like human CMV, it is a linear double-stranded DNA molecule consisting of about 235 kilobase pairs. Unlike human CMV, however, the genome is one long unique sequence that lacks large terminal and internal repeat regions (Ebeling *et al.*, 1983; Mercer *et al.*, 1983).

As in the case of human CMV and other herpesviruses, the transcription and translation of CMV are coordinately regulated and take place in an orderly sequence, as in the case of human CMV (see Chapter 2). Transcription of immediate early (IE) genes takes place first without prior protein or DNA synthesis and hence can occur in the presence of the antimetabolite cycloheximide. Protein products can be translated 2 hr after infection. Transcription of early-phase genes requires prior synthesis of at least one of these IE proteins and cannot be expressed in the presence of cycloheximide. The late gene transcription requires viral DNA synthesis and occurs about 16 hr after infection (Keil *et al.*, 1984).

The IE genes originate from 0.769 to 0.815 map units of the genome (Keil *et al.*, 1987). This region encodes the major IE protein, pp89, a phosphoprotein. The 84- and 76-kDa phosphoproteins share with pp89 antigenic components recognized by monoclonal antibodies and represent posttranslational modification products of pp89 (Keil *et al.*, 1985).

The predominant transcript of the major IE gene, iel, a 2.75-kilobase mRNA, is, as in the case of the iel of human CMV, generated by splicing of transcripts of four exons. However, there is no significant homology between the nucleotide sequence of the human and mouse CMV genes (Keil *et al.*, 1987).

Immediate early proteins are thought to be essential for expression of late gene function. Direct evidence of the ability of pp89 to transactivate gene expression was obtained (Koszinowski *et al.*, 1986). L cells were transfected with appropriate DNA, and pp89 was constitutively expressed. When such cells were transfected with constructs containing the bacterial chloramphenicol acetyltransferase (CAT) gene under control of viral promotors, CAT was efficiently expressed.

The regulatory function of the product of the IE genes was confirmed by transient expression assays in which mCMV IE genes were cotransfected into L cells together with recombinant constructs of the CAT gene. Hence, the IE region of murine CMV takes its place among similar regions in other DNA viruses, particularly herpes simplex virus and human CMV, as being powerful regulators of viral gene functions.

The pp89 is thought to play a role in recognition by immune lymphocytes. After transfection of the DNA sequences that code for pp89 in L cells, this major IE antigen was expressed on the cell membrane and was recognized by cloned cytotoxic T cells (Koszinowski *et al.*, 1987a,b; also see below). Thus, in this function pp89 resembles the latent membrane protein of EBV and the T antigen of SV-40, both of which are gene products of latently infected cells, are partially expressed on cell membranes, and are recognized by specific cytotoxic T cells (Tevethia *et al.*, 1980; Keil *et al.*, 1987).

## 16.2. MURINE CYTOMEGALOVIRUS IN CELL CULTURE

Like hCMV, mCMV grows well in fibroblast cultures of the homologous species. Mouse fibroblast cultures may be readily prepared from trypsinized embryos. Cytopathic effects develop faster in mCMV- than in hCMV-infected cultures. It is observable in 3–5 days, and plaques form under tragacanth (Mirchamsy and Rapp, 1968) or other types of soft overlay in less than 1 week. As in the case of hCMV, and quite unlike herpes simplex virus, replication of mCMV depends on the cell cycle (see Section 4.4.1). Cells infected during $G_0$ phase can only support nonproductive infection, and only five nonstructural viral polypeptides are synthesized. Viral DNA replication does not occur. During the productive S phase, viral DNA synthesis occurs, and progeny virus is subsequently produced. It is possible that this dependence on cell cycle may be related to the persistence and latency of mCMV (Muller *et al.*, 1978).

Centrifugal enhancement is a phenomenon peculiar to mCMV discovered by Osborn and Walker (1968). When mCMV was centrifuged at low speed ($1900 \times g$) onto a monolayer culture, a 10- to 100-fold increase in the number of infectious particles resulted. Other herpesviruses such as HSV-1 and HSV-2 preparations also showed enhancement of infectivity after centrifugation, but less (four- to sixfold) (Hudson *et al.*, 1976). Hodgkins *et al.* (1988) postulate that this procedure enhanced the phase of reversible virus binding while not affecting irreversible binding. This phenomenon is of practical importance in the "shell vial" method of virological diagnosis (see Section 5.1.3).

Another interesting property of mCMV is its attenuation in cell culture after only one passage through mouse embryo cell cultures (Osborn and Walker, 1970). The passaged mCMV became much less lethal for suckling mice, and its ability to multiply in liver, spleen, and pancreas but not in the salivary gland after parenteral injection was also diminished. The immunosuppressive capacity of mCMV, such as its ability to inhibit antibody formation and interferon formation for 4–6 days, was also eliminated. Virulence and ability to multiply in the liver were restored when cell-culture-attenuated virus was passed only once in mice or virus from the salivary gland was used.

Dutko and Oldstone (1981) described an interesting cell culture model in which mCMV did not productively infect an undifferentiated murine teratocarcinoma cell line. But when such cells were differentiated in the presence of dimethylacetamide, viral RNA transcription and replication occurred. A similar model has been developed in the human system (Gonczol *et al.*, 1984; LaFemina and Hayward, 1986; Section 5.5.6). Permissive replication of CMV in the host may require differentiated cells.

## 16.3. EXPERIMENTAL MURINE CYTOMEGALOVIRUS INFECTIONS

Infection with mCMV in its definitive host has served as the major experimental model of CMV infection. Despite the fact that mCMV and human CMV are separate herpesviruses, they are biologically similar. The mouse models of infection have provided insight concerning the virulence, persistence, latency, chronicity, and specific immunity of these viruses. Recent works elucidating the genetics of the infection and the nature of mCMV interstitial pneumonia are particularly interesting. Contributions from mCMV continue to be needed for understanding of the nature of latency. We first review the historical development of the mouse model and then some of the more recent developments.

The early work showed that mCMV produces a wide range of morbidity in mice depending on strain, age of the host, and route of administration. Pathological changes were noted in many tissues, but the salivary gland emerged as the organ of viral persistence. McCordock and Smith (1936) produced extensive visceral lesions after injecting infected salivary gland material intraperitoneally and intracerebrally in C57 black mice and in "Buffalo strain" mice. About 50% of the latter died or were moribund when killed between the fourth and seventh day after inoculation. The most extensive lesions were in the liver, spleen, adrenals, lymph nodes, and subperitoneal connective tissue and fat. Focal areas of necrosis, inflammation, and cells with intranuclear inclusions were observed in these tissues. Less extensive changes were found in the lungs, kidneys, intestines, and pancreas. Changes were found in the lungs and pancreas of about half of the animals. No lesions were found in the salivary gland before the eighth day after infection, but inclusion bodies were found in the acinar cells when they were examined thereafter. Brodsky and Rowe

(1958) found lesions in the salivary gland 60 days but not 120 days after infection. In animals that survived, the pancreas and salivary gland were the only sites of pathology.

Similar lesions were produced by intracerebral inoculation of newborn Swiss–Webster CD-1 mice (Lussier, 1975). In addition, calcium deposits were found in the head, neck, lumbar, and paravertebral muscles and interscapular brown fat. Necrotic lesions in the brown fat persisted 56 days after infection.

Mannini and Medearis (1961) determined that the susceptibility of Swiss–Webster mice, as determined by cumulative mortality after inoculation, varied with the dose of the virus, decreased with age, and increased after intravenous injection. After intravenous injections of $10^{5.6}$ $TCD_{50}$ virus, 30% of the mice died by the fifth day, but deaths (20%) were postponed to the eighth day after intraperitoneal injection of the same dose.

After sublethal infection weanling mice were followed up to 181 days. At that time, more than $10^5$ $TDC_{50}$ viruses were recovered from a gram of salivary gland, and more than $10^4$ $TDC_{50}$ were recovered from throat swabs. Smaller amounts of virus were also recovered from eye swabs, urine, and kidney, but no virus was recovered from stools. Virus excretion in the eye paralleled excretion in the salivary gland. One assumes that the lacrimal gland is the site of infection, although I know of no study of this problem.

By immunofluorescence, Mims and Gould (1979) confirmed that the salivary gland was the primary site of infection of CD-1 mice. Infection initially involved the perivascular interstitial cells and later spread to the acinar cells. Virus was recoverable from saliva up to 58 days after infection. The corpora lutea of the ovaries (but not ova) also became infected after intravenous infection of pregnant mice. The medullas of the adrenals were infected in suckling mice, and the adrenal cortex in older ones. The dermis was involved only locally after intradermal injection of the virus.

Among mice surviving neonatal infection, about half carried virus in the kidney for 12–26 months, and a smaller number carried it in the salivary gland. Nearly all showed chronic glomerulonephritis and acellular deposits of unknown nature in the adrenals and salivary glands.

In addition to the parenteral routes of administration, Mannini and Medearis (1961) demonstrated infection by the oral and intranasal route but not by conjunctival swabbing or by placing uninfected animals with infected ones. Pregnant mice examined 2 days after an intravenous inoculation of CMV showed signs of incipient abortion or macerated embryos. Virus, however, could not be recovered from the embryos, newborns, or stillborn offspring despite successful infection of maternal tissues. However, cell cultures from embryos of latently infected pregnant mice developed evidence of mCMV infection proven by immunofluorescence and *in situ* nucleic acid hybridization (see below; Chantler *et al.*, 1979).

The striking effect of the route of administration was also shown by Jordan (1982). No evidence of virus latency was demonstrable by cocultivation of spleen cells after mice were infected subcutaneously. On the other hand, latent infection was established after intraperitoneal inoculation (see Section 16.5).

After intraocular injection of $10^{4.3}$ PFU of mCMV in ICR/HA mice less than 24 hr of age, lymphoid cell necrosis and thymic atrophy were observed (Schwartz *et al.*, 1975). The authors were originally interested in development of chorioretinitis. These mice, 94% of which died in 14 days, developed severe runting and loss of weight. There was marked depletion of lymphocytes in the subcapsular and cortical areas of the thymus, spleen, lymph nodes, and Peyer's patches. The spleen showed fewer lymphocytes than normal. Inclusions were found in the bone marrow, along with a decrease in the cell populations and necrosis. These reactions may be similar to the acute splenic necrosis seen after mCMV infection of certain strains of white mice, such as Balb/c (see Section 16.3; Chalmer, 1979). Relatively few reports about the cytopathology in the thymus have been described. Other viruses that affect the thymus are lymphocytic choriomeningitis, rubella, rubeola, canine distemper, and feline enteritis viruses. This study suggests that when infants present at birth with both immune deficiency and hCMV infection, the immune deficiency may result from infection of the lymphoid tissues (see case in Section 11.4.2). This intraocular route of infection resulted in a picture seen in some cases of human congenital C.I.D.

Chronic infection with mCMV produces some evidence of autoimmunity. Olding *et al.* (1976) reported that latently as well as chronically infected mice that survived after being inoculated *in utero* showed moderate amounts of IgG and C3 deposits in the glomeruli by 6–8 weeks of age. A discontinuous granular pattern was seen predominantly in the mesangial region and along the walls of the capillary basement membrane. Deposits of mCMV antigen were also found. A significant proportion (26%) of the IgG was shown to be specific against mCMV. There was only minimal evidence of glomerulonephritis by light microscopy, and no report of functional disease.

Other evidence of autoimmunity was the detection of elevated antinuclear antibody titers in *in-utero*-infected C57Bl/cdj mice but not C3H/St, C57Bl/t, BALB/c/St, or other strains. There was also evidence of antibody to DNA and soluble nuclear protein. Cytomegalovirus infection in man has also been associated with elevated antinuclear antibodies (Kantor *et al.*, 1970) (see Sections 10.5 and 12.3).

Cytomegalovirus disease was first discovered in human neonates, and it should not be surprising that age plays an important role in determining pathogenicity of this group of viruses. Booss and Wheelock (1975) found that 90% of weanling 22-day-old mice inoculated with $3 \times 10^4$ PFU died, whereas only 30% of the 25-day-old mice and none of the 28-day-old mice inoculated with this dose died. The fourth week of life represents a period of rapid change in pathogenicity. Chalmer (1979) found that aging after this period had little further effect. Little is known about the reason for the susceptibility of younger animals. One possible explanation may be the absence of NK cells in young mice (Moller, 1979).

Attempts have been made to produce a model of congenital infection with mCMV. Earlier attempts were unsuccessful (Medearis, 1964a,b), but later reports have been more positive. Chantler *et al.* (1979) observed a decrease in litter size of a female mouse infected with mCMV. One of three fetuses yielded mCMV on serial tissue culture passages, which suggests that transplacental transmission had occurred. No gross abnormality in fetal development was noted. Baskar *et al.* (1985) produced latent mCMV infection by injecting newborn female mice. Sixteen abnormal offspring were found among 189 (8.5%), including craniofacial and ocular malformations. Virus was demonstrated by cocultivation in the tissues and placenta of two, and four were positive by *in situ* cRNA hybridization. Despite these reports, the mouse is still not a popular model for congenital transmission, probably because of the low yield of successful infection and the basically different placental structure of mice.

Interstitial pneumonia associated with CMV is one of the best-recognized and most severe diseases caused by CMV (see also Section 13.3.2). Depending on the pathogenetic mechanism it is quite possible that there is more than one form of CMV pneumonia. This formulation is supported by the many types of interstitial pneumonias in the mouse model.

As pointed out in Section 16.1, the parenteral administration of mCMV results in viral replication in a number of organs, including the lung. If immunosuppression is added, viral titers can be significantly enhanced, and a frank pneumonitis may result. Brody and Craighead (1974) observed that when C3H mice were inoculated with mCMV, they developed interstitial pneumonia during prolonged administration of antilymphocyte serum.

Interstitial pneumonia associated with viral replication in the lung was observed after mCMV infection of the footpad of Balb/c mice that had received total-body irradiation in a single dose of 6 Gy (600 rads) (Reddehase *et al.*, 1985).

Given the right strain of mice, the simplest model of mCMV interstitial pneumonia may be produced by an intranasal inoculation of mCMV (Jordan, 1978). A minimum of 100 PFU of virus inoculated in BRUS mice produced a pulmonary inflammatory response similar to what is seen in man. However, this strain of mice is not readily available. The same type of inoculation did not consistently produce interstitial pneumonia in other susceptible strains such as Balb/c (Shanley *et al.*, 1982).

Shanley *et al.* (1982) found that injection of a single dose of cyclophosphamide 24 hr after intranasal virus inoculation produced a severe interstitial pneumonitis 10–14 days after inoculation. If the mice received additional doses of cyclophosphamide every 5 days after the initial dose, the virus titers in the lungs increased, but interstitial pneumonia was no longer observable. This suggests that repeated doses of cyclophosphamide had suppressed an immunopathological process essential for the development of interstitial pneumonia.

Grundy *et al.* (1985) noted that murine CMV did not produce interstitial pneumonia in $F_1$ hybrid mice of B10 genetic background unless a graft-versus-host (GvH) reaction was produced by an intravenous injection of parental cells. Virus titers had no predictive value, as they were about the same in infected mice with or without pneumonia. A graft-versus-host (GvH) reaction was produced in $F_1$ mice of C57BL and BIO.BR parentage by infusing $20 \times 10^6$ parental BIO.BR spleen cells. The donor cells (H-$2^k$) reacted against cells expressing the C57BL (H-$2^b$) antigens in the recipients. Murine CMV was given intraperitoneally at the same time as donor cells. A consistent interstitial pneumonia was developed. Compared to sham-infected controls or controls without a GvH reaction, these mice showed by bronchoalveolar lavage an increased number of inflammatory cells from the lung, 85% of which were of donor origin. The majority were T lymphocytes of the helper ($T3T4^+$) and $Lyt2^+$ varieties (Shanley *et al.*, 1987).

Another indication that viral replication alone did not account for the pneumonia in this model was the effect of ganciclovir therapy. Daily subcutaneous injections of ganciclovir beginning 1 day after infection reduced the titers of mCMV in lung tissue to undectable levels, but not the inflammatory response (Shanley *et al.*, 1988).

Interstitial pneumonia may also be produced in nude mice, but only under certain conditions. Murine CMV given to T-cell-deficient athymic nude mice replicated extensively in the lung, but diffuse pneumonitis did not develop even when one dose of cyclosphosphamide was given. However, if T-cell function was restored by reconstitution with syngeneic cells, the combination of mCMV and cyclophosphamide did produce an interstitial pneumonitis.

In summary, interstitial pneumonia caused by mCMV may be produced in numerous ways depending on the route of inoculation, immunosuppression, GvH response, and the integrity of the immune system. Several models point to the importance of immunosuppression as well as an immunopathological component. Immunosuppression allows the virus to replicate, but the immunopathological component allows inflammation to occur. Excessive immunosuppression will eliminate the latter response (see also Section 16.6.3).

## 16.4. GENETIC DETERMINANTS OF MURINE INFECTION

The genetics of infection cannot easily be studied in man. It is best studied in mice because many inbred mouse strains are available and because the pathology and immunology are more easily explored in this animal. McCordock and Smith (1936) observed that outbred Swiss mice were more susceptible to mCMV than the Buffalo strain and that inbred C57Bl were least susceptible. Selgrade and Osborn (1974) found that DBA mice were more resistant than C57Bl by the intraperitoneal route and that $F_1$ hybrids of the two strains were resistant, which suggests that resistance was a dominant trait.

Diosi *et al.* (1974) recovered a strain of mCMV from wild mice that was not infectious for Swiss mice by the intracerebral route. $F_1$ hybrids of the wild mice and Swiss mice were susceptible to this virus. Backcrosses of the $F_1$ hybrids with Swiss mice produced progeny one-third of which were susceptible. In contrast to the findings of Selgrade and Osborn (1974), susceptibility rather than resistance was thought to be controlled by a unifactorial autosomal dominant gene. The routes of inoculation in the two studies were, however, not comparable, and the number of animals Diosi *et al.* used for the crosses was very small (three or five).

The outcome of infection with mCMV in terms of both (1) resistance to the lethal effects of the infection and (2) characteristics of the virus-induced morbidity have been found to be associated with H-2- (mouse major histocompatibility complex) and non-H-2-associated genes (Chalmer *et al.*, 1977; Chalmer, 1979; Bancroft *et al.*, 1981; Quinnan and Manischewitz, 1987). Chalmer (1979) and Chalmer *et al.* (1977) found that the strains C3H (H-$2^k$) and CBA (H-$2^k$) were relatively resistant to the lethal effect of mCMV by intraperitoneal injection, whereas BALB/c (H-$2^d$), C57Bl (H-$2^b$), DK-black, Simpson, and PHI mice were relatively susceptible. The $F_1$ hybrid between C3H and BALB/c mice had a susceptibility between those of the parents. The backcross of the $F_1$ hybrid to the resistant C3H mice produced a segregation of resistant and susceptible progeny in the ratio of 1 : 1. This result suggests that there is a single gene controlling resistance (or susceptibility) and that it is partially dominant.

To examine the effect of H-2 haplotypes on resistance and susceptibility, congenic strains of BALB/c mice that have an identical genetic makeup except for their H-2 haplotypes were tested for their response to infection. The $LD_{50}$ for BALB/c mice carrying H-$2^b$, H-$2^d$, H-$2^g$, and H-$2^k$ alleles were determined. H-$2^g$ is a recombinant haplotype between b and d. Of these four congenic strains, only the H-$2^k$ haplotype was resistant. The b and d haplotypes were associated with susceptibility.

Recombinant strains with a B10 background are available to examine the relative importance of various regions of the H-2 major histocompatibility complex. It was found that the presence of the k alleles at either the K or IA loci or the D locus was associated with resistance. However, the possibility that other haplotypes might be associated with either resistance or susceptibility was not ruled out. Susceptibility determined at an H-2 locus was inherited as a dominant trait. It was postulated that there were two loci in the H-2 region that determine resistance. One mapped at the K end of the H-2 complex at either the K or IA locus; the other mapped at the D locus or close to it. Differences among various stains were only apparent in adult mice. They did not exist in very young mice, as all of them were equally susceptible.

Quinnan and Manischewitz (1987) also found that the susceptibility trait of Balb/c mice segregated in backcross mice as if carried by a single dominant gene.

Chalmer (1979) found that certain types of pathology were associated with certain H-2 haplotypes. Whereas varying degrees of hepatitis and thrombocytopenia were associated with mCMV infection of all strains, splenic necrosis was only seen in Balb/c mice and H-$2^d$ haplotypes.

Mims and Gould (1978) described splenic necrosis in Balb/c, CDI, LACA, and NIH Swiss mice but not in C57Bl and CBA mice. By specific immunofluorescence, the cells infected were identified as perifollicular round cells that did not have any B- or T-cell marker. They were also not macrophages. It was assumed they are poorly defined dendritic cells.

Massive liver necrosis was seen in C57Bl mice, ovarian involvement was seen in H-$2^b$ haplotypes (C57Bl and Balb/B). Interestingly, the more resistant H-$2^k$

haplotypes (C3H, Balb/k) developed a unique myocarditis with myocardial calcifications, and C3H mice developed a unique hemolytic anemia (Chalmer, 1979). These are examples of associations. It was not proven that the relationship was exclusive; that is, it was not ruled out that other haplotypes or recombinants may manifest one or more of these pathological conditions.

Until fairly recently it was not clear that the susceptibility of cultured cells from different inbred strains corresponded to that of the intact host. Harnet and Shellam (1982) first correlated mCMV replication in fibroblasts from different mouse strains *in vitro* with *in vivo* resistance, although the differences observed *in vitro* were small. Quinnan and Manischewitz (1987) reported similar findings with spleen cells (see below). More striking findings were found recently with peritoneal macrophages by the Australian group (Price *et al.*, 1987). Fewer than 10% of macrophages from the resistant H-$2^k$ mice infected *in vitro* produced viral antigen, DNA, or cytopathic effect, whereas 80–90% of macrophages similarly infected from more sensitive H-$2^d$, H-$2^b$, and H-$2^a$ strains became affected. In H-$2^a$ cells (B10.A), the $D^d$ gene conferred sensitivity despite the resistant $K^k$ and class II k phenotype. These data are consistent with the conclusion that susceptibility of infection of macrophages by mCMV is determined by H-2 phenotype and that there may be a critical association between class I antigens and an early stage in the infectious process.

The mechanism by which H-2 genes mediate susceptibility and resistance is not clear. Such a mechanism must be effective early in the infection, since susceptible mice may die within 3 days of virus administration. Several putative mechanisms have been studied. By and large they point to the operation of multiple factors, some of which are not entirely controlled by the H-2 gene complex.

This point may be illustrated by the effect of the Nu/Nu gene on genetically determined resistance to mCMV. Mice homozygous for this gene are nude and athymic and are unable to mount a specific T-cell response. Genetically susceptible Balb/c (H-$2^d$) mice showed a greater than 316-fold increase in susceptibility as determined by the $LD_{50}$ in homozygous nude mice as opposed to heterozygotes. On the other hand, athymic mice of the resistant CBA (H-$2^k$) strain showed only a 16-fold increase in susceptibility compared to their heterozygous littermates. They were also no more susceptible than T-cell-competent Balb/c mice. These results emphasize the importance of H-2-associated genetic resistance and suggest that this resistance cannot be fully explained by T-lymphocyte responses.

*The NK-cell response* is a preformed defense mechanism that reacts early during infection. Bukowski *et al.* (1984) studied the effect of NK depletion by administering to mice antibody to asialo-$G_{MI}$, a neutral glycosphingolipid present at high concentration on NK cells. The $LD_{50}$ of mCMV for C57Bl/6 mice was decreased, and virus titers in infected animals were increased up to 1000-fold in their lungs, spleens, and livers. These acute effects of NK depletion were produced when NK-cell depletion was produced 2 to 3 days after infection. Ballooning hepatocytes and splenic necrosis, typically seen in the more susceptible Balb/c strain after mCMV infection, was noted. The NK-cell depletion did not activate latent infection, but enhanced virus titers in the persistently infected salivary gland were seen 30 days after infection. Thus, NK-cell depletion increased the severity, extent, and duration of acute infection.

Another approach to the elucidation of the role of the NK cell is to study the *beige* (bg) mutation in various inbred strains of mice (Roder, 1978). The ability of NK cells from beige mice to lyse cells is depressed. Homozygous beige (bg/bg) mice were more susceptible to the lethal effects of mCMV, and virus titers were higher in the organs of these mice than their bg/+ littermates. The greatest effect of this mutation was seen in CBA mice, which are genetically most resistant to mCMV and also have the highest endogenous levels of NK cells. These results are consistent with NK cells being an important mediator of genetically determined resistance to mCMV (Allan and Shellam, 1985).

Another indication that NK activity may be related to resistance is the clear association between augmentation of NK-cell response during an infection and resistance to the lethal effects of mCMV (Bancroft *et al.*, 1981). This correlation existed in ten out of 11 strains examined. For example, the more resistant CBA and C3H strains showed significantly greater augmentation of NK activity during infection than the more susceptible Balb/K or Balb/c strains. This augmentation, probably largely as a result of induction of interferon during infection, was evident in resistant strains 10 hr after infection, which is consistent with the role of NK cells in early defense mechanisms before the development of specific immunity. However, the most resistant strain, B10.BR, showed no augmentation at all, demonstrating that the NK-cell response is not always an indispensable component of genetic resistance.

Comparison of the induction of plasma interferon showed that higher plasma interferon levels were induced by large doses of mCMV in resistant CBA than in susceptible Balb/c mice (Allan and Shellam, 1985).

Quinnan and Manischewitz (1987) attempted to sort out which genetic factor of resistance was interferon dependent by studies of infection in animals and in cell culture. Harnett and Shellam (1982) had originally shown that replication of mCMV in fibroblasts correlated with *in vivo* resistance (see above). This was confirmed for BIO.BR, C3H, C57Bl, and Balb/c strains of mice and their adherent spleen cells, which, as listed, had decreasing order of resistance to mCMV *in vivo* and in cell cultures. Neutralization of interferon in cultures of adherent spleen cells from these strains enhanced the susceptibility of C3H (H-$2^k$) cells but not of the other strains. Hence, resistance in H-$2^k$ mice (CBA, C3H) seemed to be interferon dependent. However, the mechanism of resistance of BIO.BR was still largely unexplained. Not only was its resistance independent of interferon formation and NK cytotoxicity but specific antibody and cytotoxic T-cell responses in BIO.BR mice were similar or lower than in other more susceptible strains.

Another putative resistance factor studied is the development of *specific delayed-type skin sensitivity* (DTH) to mCMV. Resistant H-$2^k$ (C3H, CBA) strains developed more DTH of the skin to inactivated mCMV than susceptible strains such as Balb/c (H-$2^d$) and C57Bl (H-$2^b$). Among genetically resistant strains, BIO.BR (H-$2^k$) and Balb.K (H-$2^k$) produced a significantly greater DTH response than the less resistant congeneic strains $C_{57}$Bl/10 (H-$2^b$), Balb/c (H-$2^d$), and BALB.B

(H-$2^b$). The greater DTH response and resistance of $C_{57}$Bl compared to Balb.B mice, both of the H-$2^b$ type, shows the importance of non-H-2-linked genes in determining the extent of the DTH response and resistance. Although DTH response and resistance seem to be correlated, the role of DTH in resistance is unclear (Lawson *et al.*, 1987).

## 16.5. LATENCY OF MURINE CYTOMEGALOVIRUS AND ITS ACTIVATION

Murine CMV persists in mice for varying periods after acute infection. Free virus is demonstrable in the salivary gland, throat, kidney, or urine of outbred Swiss mice for months to a year after infection (Brodsky and Rowe, 1958; Medearis, 1964b). Such animals are said to be persistently infected.

Latent infection defined as viral activity in the absence of "lytic" or complete active viruses was first demonstrated by Henson *et al.* (1972b). At a time when free virus could not be demonstrated, spleen cells from C3H and BALB/c mice infected 14–55 days earlier were cocultivated on mouse embryo cell culture, and viral CPE was observed 9–21 days later. In one case, CPE took as long as 55 days to develop. Similar observations were made with cells from abdominal lymph nodes. These findings suggest that in the absence of free virus, virus in latently infected cells may be activated by cocultivation. The nature of latency is unknown in the case of both human and murine CMV. The definition of latency in our present context in essentially operational: it implies the absence of free virus that is demonstrable by usual virological methods. The key problems associated with latency in mCMV as in hCMV (see Section 5.5) are how it is brought about, how reactivation occurs, and where cellular sites of latency are.

Wise *et al.* (1979) described a method of reactivating virus in minced spleen tissue from Balb/c mice infected for 4 weeks. Explants were planted on collagen-coated bottles and became positive in 1 week. This method was more sensitive than cocultivation and worked with either allogeneic or syngeneic fibroblasts.

Olding *et al.* (1975, 1976) described a model of latent infection and some interesting properties of latently infected cells. They injected inbred strains of mice *in utero* or neonatally with tissue-culture-passaged virus. Adult survivors (10% to 50%) had no evidence of free virus in any organ. However, in a small number of these mice, when their spleen cells were cocultivated on allogeneic but not syngeneic mouse embryo fibroblasts, virus was recovered. The latently infected cells were all in the B-lymphocyte fraction of spleen cells. By DNA–DNA hybridization, three to four virus genomes equivalent per 100 cells were found in the spleen and less often in the salivary gland but not in other tissues. The conclusion was that B lymphocytes were carriers of latent mCMV infection and that cell division stimulated either by mitogens or by allogeneic reaction was needed for activation. This model for allogeneic reactivation has not been confirmed.

The La Jolla group also described a type of latent infection in macrophages. By cocultivation on either syngeneic or allogeneic fibroblasts, thioglycollate-stimulated macrophages from mice latently infected at birth produced mCMV in 12 out of 18 and 15 out of 18 cases, respectively (Brautigam *et. al.*, 1979). The method of infection was presumably the same method of producing latency as previously described (Olding *et al.*, 1975). Virus could be recovered as long as 30 months after initial infection. This suggests that thioglycollate stimulation is able to reactivate viral genomes that are in macrophages, although the possibility exists that they became permissive and were infected by virus from another source.

Various immunosuppressive regimes that reactivate latent mCMV infections have been developed. Jordan (1980) "immunized" C3H mice with cell-culture-passed live "vaccine" virus. Although immunized animals were protected from exogenous infection, 19 out of 20 developed disseminated infection when immunosuppressed with antilymphocyte serum and cortisone.

Mayo *et al.* (1977) infected DBA/2 mice with mCMV and found that by 16 weeks, all tested organs, including the spleen and salivary glands, were free of detectable virus. The following methods were used to demonstrate that spleen cells from these mice were latently infected:

1. Cyclophosphamide and azathioprine (Mayo *et al.*, 1978) administered to these mice activated their latent infection so that free virus became detectable in the salivary gland.
2. Spleen cells ($10^8$) from latently infected mice transferred to syngeneic recipients or allogeneic C57Bl recipients treated with cyclophosphamide infected the salivary glands of the recipients. Presumably, in order for virus to activate, continued survival of injected cells was necessary. Immunosuppression of the allogeneic host may have facilitated this.
3. Spleen cells from these mice could be activated by cocultivation on either syngeneic or allogeneic fibroblasts (Mayo *et al.*, 1978).

Jordan *et al.* (1977) obtained similar results with C3H/St mice, which received 1000 PFU salivary-gland-passed mCMV. Between 4 and 8 months after infection, 90% of salivary glands became negative for virus. The gland was surgically biopsied before it was studied to ascertain that it was free of lytic virus. Virus, however, was reactivated by a combination of antilymphocyte serum (ALS) and cortisone. Viremia as well as virus was consistently found in the salivary gland, kidney, liver, and spleen.

Reactivation of latent infections in donated organs is described in the section below. One variant of that is reactivation by transfusion. Cheung and Lang (1977) transferred blood cells from latently infected C3H and Balb/c mice to syngeneic and allogeneic Balb/c or C3H recipients. Virus was activated and detected by its presence in the salivary gland in allogeneic recipients but not in syngeneic recipients about 4 weeks after cell transfer. In addition, they "activated" latency in allogeneic recipients by injection of uninfected blood but there were many exceptions. These experiments were intended to test the interesting but unconfirmed hypothesis that human CMV infection is not transmitted but is activated by blood transfusions (Foster, 1966; Lang, 1972).

It is quite clear that a variety of cells and tissues can become infected during an acute infection. The question of which types of cells carry latent infection is still unresolved. Results vary depending on the experimental model and virus detection method used.

As pointed out above, work from the La Jolla group suggested that the B lymphocyte and macrophages may be the site for latency.

Wu and Ho (1979) suggested that there may be more than one kind of latently infected cell. Balb/c mice were infected with mCMV, and white-cell fractions were followed for free and latent virus infection for 4 weeks. By 8–10 days after infection, no free virus was demonstrable in serum or blood cells. However, when either B or T cells from blood were cocultivated on syngeneic or allogeneic fibroblasts, virus was activated from a small number of cells. Further, when latently infected lymphocytes were placed in a 450-nm Millipore® chamber and cocultivated on fibroblasts, the T lymphocytes produced free virus, but the B lymphocytes did not. This suggests that both B and T lymphocytes may be latently infected but that infection in B lymphocytes was more restrictive and direct contact of B cells with the feeder cell layer was needed for activation.

Jordan and Mar (1982) studied the site of latency in spleens of mCMV-infected C3H mice. They made suspensions of spleen cells by forcing spleen fragments through a screen. Virus could only be detected by cocultivation in the nonadherent fraction, which was Thy-1-negative and adhered to nylon wool and IgG affinity bead columns. They also concluded from these data that B lymphocytes were latently infected.

Different conclusions were arrived at by Mercer *et al.* (1988), who studied the site of infection in the spleens of acute and latently infected C3H and Balb/c mice. Acute infection, as defined by combined application of immunocytochemical staining, *in situ* hybridization, and electron microscopy, was present predominantly in sinusoidal lining cells, which were positive for factor-VIII-related antigen and negative for Ia, Thy-1, and F4/80 macrophage marker antigen. Lymphocytes and macrophages were not infected. Spleens of latently infected mice could not be studied by these methods because there were too few infected cells. However, by cocultivation on mouse embryonic fibroblasts, virus was recovered only from fragments of spleen suspensions sedimentated 10 to 20 min at 1 × *g*. Removal of immunoglobulin-bearing cells and depletion of Thy-1- and Ia-bearing cells did not affect reactivation. Although the precise cell type was not identified, B and T lymphocytes, macrophages, and dendritic cells were all ruled out. Sinusoidal or endothelial cells were considered possible sites for latent infection. These findings are potentially important to explain why organs are so much more efficient in transmitting CMV than blood cells (Section 13.1.1).

## 16.5.1. Latency and Reactivation in Transplantation

A number of organs and tissues of infected animals such as kidney, heart, and skin have been shown to transmit mCMV to uninfected recipients (Hamilton and

Seaworth, 1985; Rubin *et al.*, 1984; Shelby and Shanley, 1987). Infection may be transmitted either by the lytic or "complete" virus or by latently infected cells. In some reports transmission was only possible if complete virus was demonstrable in tissues, or only if tissues from actively infected animals were transplanted. This was the case of Shelby and Shanley (1987), who used skin, and Billingsley *et al.* (1983), who used kidneys of C3H mice. However, Rubin *et al.* (1984) and Hamilton and Seaworth (1985) showed that heart or kidney transplants from latently infected Balb/c mice could also transmit mCMV.

In the system of Hamilton and Seaworth (1985), virus was undetectable in any tissue or body fluid 8 to 12 months after primary infection. Treatment of the mice with antithymocyte serum reactivated the infection in 82% of the mice, suggesting that the original infection had resulted in latent infection in most of the animals. Direct experiments to test for infection by cocultivation of kidney minces with mouse embryonic fibroblasts showed that 53% (8/15) were positive (Porter *et al.*, 1985). Of 22 such latently infected donors, 13 (59%) were shown to transmit the virus after transplantation of kidney tissue. Blood transfusions transmitted latent virus to 28% of recipients. Transmission from either organ transplantation or blood transfusion was more apparent in syngeneic than in allogeneic recipients.

Klotman *et al.* (1985, 1987) showed that when previously infected recipients were transplanted with an organ from a donor infected with another mCMV strain distinguishable by restriction endonuclease pattern, the latent recipient strain was activated in preference to the donor strain. This interesting finding may have relevance to the human situation, where seropositive recipients frequently receive organs from seropositive donors (see Section 13.1).

The cells responsible for transmitting mCMV from the donor to recipients, as in the case of human transplantation, have not been identified (Section 13.1.1). Many organs in latently infected animals including the kidney have now been found to contain mCMV DNA. This was shown when DNA extracted from tissue was subjected to polymerase chain reaction (PCR) amplification using synthetic oligonucleotide primers flanking a Bam HI B fragment or a 116-bp region of the major immediate early antigen gene (Henry *et al.*, 1988).

### 16.5.2. Cytomegalovirus Infection and Alloreactivity

Allograft reactions may be a stimulus for activation of CMV infection. Reactivation of latent CMV infection is almost universal after most types of major organ or tissue transplantations (see Section 13.1). Whether a host-versus-graft (HvG) or a graft-versus-host (GvH) reaction, which almost always follows these allografts, can activate or enhance a latent infection has been studied in the mouse model. Mouse leukemia virus was activated by a HvG reaction produced by a combination of skin graft and antilymphocyte serum (Hirsch *et al.*, 1972) as well as by a GvH reaction (Hirsch *et al.*, 1970a).

Wu *et al.* (1975) found that when a skin graft from C3H/He was placed on a chronically infected Balb/c recipient, there was significant elevation of virus titers at all points of observation within 10 days after grafting.

J. Dowling *et al.* (1977) produced a GvH reaction in $F_1$ hybrids (C3H/He × DBA/2) that had been infected 5 weeks previously by multiple injections of parenteral DBA/2 spleen cells. Compared to controls, the organs of those animals undergoing a GvH reaction were more frequently positive for mCMV than controls.

As pointed out in Section 16.5.1, transmission from organ transplantation or second transfusion was more evident in syngeneic than in allogeneic donor–recipient pairs (Porter *et al.*, 1985). Presumably survival of latently infected grafted cells may facilitate successful infection (see also Section 13.1.1).

Murine CMV infection can affect the host response to foreign histocompatibility antigens in two phases (Grundy and Shearer, 1984). The response of spleen cells to allogeneic H-2 antigens was measured by an *in vitro* cell-mediated lympholysis assay. As has been shown for other immunologic responses (see Section 16.5), the response to allogeneic antigens was suppressed 2–4 days after infection. However, by 7–13 days after infection, spleen cells of certain strains, such as C57Bl but not Balb/c mice, showed *enhanced* alloreactivity. A similar biphasic pattern of suppression and enhancement of cytotoxic response to hapten (trinitrophenyl)-modified self antigens was also observed. It is possible that this type of enhanced allogeneic response may explain the enhancing effect of CMV infection on allograft rejection (see Section 13.1.4). It also suggests that CMV infection may augment the GvH reaction.

The latter point was directly tested in the $F_1$ hybrid model of GvH reaction, in which parental spleen cells are given intravenously to $F_1$ hybrids (Grundy and Shearer, 1984; Grundy *et al.*, 1985). The GvH reaction, as described above, markedly inhibited *in vitro* cell-mediated lympholysis response to allogeneic H-2 antigens. Murine CMV infection plus GvH markedly augmented the immunosuppression. It also greatly augmented the GvH reaction as measured by spleen weight. A GvH reaction was produced in infected mice with as few as $1 \times 10^6$ spleen cells, which was 20 times less than the amount needed to produce a GvH reaction in reinfected mice. This may be related to the enhanced alloresponse seen 7–13 days after mCMV infection in mice of B10 background (see above paragraph). Moreover, murine CMV combined with a GvH reaction produced an interstitial pneumonitis that resulted in deaths 16–21 days after infection. Viral titers in the lung had no predictive value for pneumonia, since they were about the same in infected mice that did not have a GvH reaction or interstitial pneumonia. Intranuclear inclusions and antibody titers were also absent.

Via *et al.* (1988) studied in greater detail the kinetics of the effect of CMV infection on GvH reaction and immunodeficiency. When donor mice were infected with murine CMV 3 days prior to spleen cell transfer, the ability of these cells to induce GvH was *reduced*. In contrast, infection of the recipient 3 days prior to cell transfer *increased* their susceptibility to GvH reaction and immunodepression. This suggests that CMV infection in the recipient may enhance the GvH reaction. Infection of either donor or recipient mice 10 to 17 days before spleen cell transfer had no effect. Thus, acute mCMV infection early after transplantation can alter the course and severity of the GvH reaction, a finding of relevance to human bone marrow transplantation (see Section 13.1.4).

## 16.6. THE IMMUNE RESPONSES TO MURINE CYTOMEGALOVIRUS

### 16.6.1. Responses of B Cells

One characteristic of virus infection, contrary to many infections by bacteria, fungi, and parasites, is the stimulation of potent neutralizing antibodies. Such antibodies are important in terminating infection and accounting for acquired immunity. The immunologic responses to mCMV are the same as to other classical viral pathogens. However, one difference shared by CMV and other herpesviruses is that the host often fails to clear up the infection, so that persistent or latent infection ensues. Whether this failure can be traced to some deficiency in the humoral or cellular immune response is a question of abiding interest and one that has not yet been solved.

Early evidence seemed to indicate that antibodies develop late. Two weeks after infection by mCMV, neutralizing antibodies were found in serum, and complement-fixing antibodies were not detected until 1 month after infection (Medearis, 1964b). The relatively late development of these antibodies has been ascribed to the immunosuppressive effect of the virus infection (Osborn *et al.*, 1968). Antibody was measured by antibody-dependent cell-mediated cytotoxicity (see Sections 7.1 and 7.2.2) 8–10 days after infection of Balb/c mice, and titers were tenfold higher than neutralization titers (Manischewitz and Quinnan, 1980).

Cruz-Araullo *et al.* (1978) showed that in CD-1 mice, serum from animals infected for 3 days had specific 7 S $\gamma$-globulin and could be used passively to protect animals. Similar results were reported by Shanley *et al.* (1981), who showed, in addition, that immune mice immunosuppressed by antilymphocyte serum were protected from the acute infection by mCMV. Establishment of the latent infection, however, was not prevented. These experiments suggest that humoral immunity accounts to a large extent for acquired immunity to an outside challenge.

One method of assessing the importance of an immune response is to observe infections in animals that cannot mount the response. Brody and Craighead (1974) reported that the majority of mice treated with antilymphocyte serum and inoculated with a small dose of virus developed fatal infections with extensive pulmonary pathology. Selgrade *et al.* (1976) observed that the $LD_{50}$ for homozygous athymic nude (Nu/Nu) mice deficient in T cells was $10^{3.9}$ PFU, whereas it was $10^{5.3}$ for heterozygotes (Nu/+). Balb/c mice whose B (Ig+) lymphocytes were reduced to

5% by injection of goat antimouse IgM (μ chain) also had a lower $LD/_{50}$ ($10^{4.1}$ versus $10^{5.1}$ PFU in controls). It is interesting that mice in both deficient strains took longer to die than controls. Starr and Allison (1977) also found that nude mice had fewer inflammatory changes in the liver than controls. In addition to being protective, both humoral and cellular immunity may participate in immunopathological reactions that hasten death or account for specific pathological reactions in certain organs.

Another type of experiment suggests that at least one B-lymphocyte function is unimportant in resistance to an acute infection in a nonimmune host. CBA/Hn mice possess a sex-linked B-cell defect expressed in inability to form antibody against T-cell-independent antigens such as DNP-Ficoll. They all respond poorly to B-cell mitogens (Scher *et al.*, 1975). When CBA/Hn female mice are mated with normal DNA/2 male mice, the $F_1$ male carries the defect, and the congenic $F_1$ female does not. Males and females infected with mCMV did not differ in $LD_{50}$.

## 16.6.2. Cell-Mediated Immunity

Several developments have focused on the role of cellular immunity against CMV infections. First, despite the presence of neutralizing antibodies, CMV infection persists in man and animals, and, under proper circumstances, latent infection may be activated. Second, cytotoxic immunosuppressants commonly used in human medicine, which primarily affect cell-mediated immunity, activate or enhance CMV infection in both man and animals. A great deal of knowledge concerning cellular immunity against CMV comes from studies in mice.

As in the case of human CMV infection (Section 7.3.1), during an acute infection, helper (Lyt 1.2) T lymphocytes are decreased, and suppressor (Lyt 2.2) cells are increased. The helper-to-suppressor cell ratio is lowest 5 days after infection (Sell *et al.*, 1985).

Antithymocyte serum given to wild mice can convert an asymptomatic salivary gland infection into a fatal disseminated infection that produces inclusion bodies and mCMV in various viscera such as liver and spleen (Gardner *et al.*, 1974). As pointed out in Section 16.3, a favorite method to reactivate a latent infection or enhance a persistent one is to administer some form of immunosuppression, most types of which affect T-cell function in one way or another.

Starr and Allison (1977) found that $10^8$ immune spleen cells obtained 6 days after infection protected Balb/c mice from death when they were given 24 hr after 1.5 $LD_{50}$. The protective effect of the spleen cells was eliminated by pretreatment with anti-θ serum and complement. Serum from mice infected for 6 days failed to protect. These findings suggest that the protective cells were T lymphocytes.

Kelsey *et al.* (1978) and Howard *et al.* (1978) studied the specific proliferative response of T lymphocytes against mCMV. The antigen used by Kelsey *et al.* (1978) was UV-irradiated mCMV-infected mouse embryo fibroblasts, whereas Howard *et al.* (1978) used semipurified heat-inactivated virus. Kelsey *et al.* reported a significant proliferative response 2 days after infection, whereas Howard *et al.* noticed maximum proliferation 15 days after infection. The capacity of spleen cells to respond was demonstrable for at least 60 days. Kelsey *et al.* (1978) point out that during the period of nonspecific immunosuppression (4–10 days after infection), a specific proliferative response could still be demonstrated.

### 16.6.2.1. NK and Cytotoxic T Cells

NK cells are preformed nonspecific cytotoxic cells that are active before the development of acquired immunity and play an important role in determining the course of infection (see Section 16.4.1). NK-cell activity is also enhanced by interferon induced within days of a virus infection (Welsh, 1978).

Quinnan and Manischewitz (1979) found that before the development of specific cytotoxic T cells, NK-cell activity was elevated in the spleen between the second and sixth day of infection; NK activity was measured by lysis of RBL5 target cells. Balb/c mice were infected with $10^4$ PFU of *in-vivo*-passed mCMV. Interferon was first detected 2 days after infection, reaching maximum levels of $10^{3.1}$ units/ml. It then declined over the next 4 days to undetectable levels. These NK cells were thought to be stimulated by interferon induced by mCMV infection.

It is difficult to prove unequivocally the role of cytotoxic T lymphocytes in defense against CMV infection. One cannot separate clearly their function from other T-cell functions. However, as in the case of human infections, there is now a body of evidence to suggest that they are important (see Section 7.3).

Quinnan *et al.* (1978) reported that 3 days to about 3 weeks after intraperitoneal infection, various inbred strains of mice developed specific cytotoxic T cells that lysed mCMV-infected mouse embryo fibroblast targets. The same response was observed in cells of the spleen, buffy coat, and anterior cervical lymph nodes after Balb/c mice were infected intransally (Quinnan *et al.*, 1980). The maximal response was seen about 10 days after infection. This is consistent with the time interval during which cytotoxic cells may be found in the circulation after other viral infections, which is usually about 1–2 weeks after infection (Blanden, 1974).

Ho (1980) found that spleen cells from 6-day-infected animals given 24 hr after a virus challenge reduced spleen virus titers. Cells from animals 3 days before or 30 days after infection were not protective. The time interval corresponds to the time needed to generate cytotoxic T cells *in vivo* according to Quinnan *et al.* (1978). Further, Ho and Ashman (1979) and Ho (1980) generated cytotoxic T cells by *in vitro* incubation of spleen cells from immune animals with UV-irradiated mCMV-infected fibroblasts. Such cells also reduced spleen virus titers when given 24 hr after a virus challenge. Protection was eliminated by anti-θ serum and complement. These cells were protective only in animals that shared with the donor cells identical H-2K and/or H-2D antigens. This H-2-restricted recognition and passive protection was typical of specific cytotoxic T cells (Zinkernagel and Doherty, 1974). These data taken together suggested that cytotoxic T cells were active in passive cell-mediated protection.

More recently, the dynamics of the generation of cytotoxic T lymphocytes (CTL) in the murine CMV (mCMV) system and their specificities and function have been studied in some detail by the Tübingen group (Reddehase *et al.*, 1984a,b). Lymphocytes were collected from lymph nodes draining the footpad acutely inoculated with mCMV. They could not be used to demonstrate cytotoxicity directly, but functional cytotoxic T cells (CTL) were produced *in vitro* in the presence of IL-2 or in the presence of viral antigen. Precursors that responded to IL-2 stimulation alone were the minority (15%) of responsive cells and represented more mature differentiated CTL. Those that responded to viral antigen represented more immature precursors.

A major contribution of the Tübingen group was to show that these CTL were primarily directed against the immediate early (IE) antigen of mCMV. Fibroblast targets expressing IE antigen were produced by sequential addition of cycloheximide and then actinomycin D to suspensions of freshly infected cells. Cycloheximide prevented protein synthesis and allowed early messenger RNA to accumulate. Actinomycin added after cycloheximide was removed prevented transcription of late messages and synthesis of late proteins. To prepare fibroblast targets expressing "late" antigens, infection was carried out in the absence of these two antimetabolites, and viral replication was allowed to proceed for 20 hr. About one out of 6900 lymphocytes collected from a draining popliteal lymph node during an acute mCMV infection was a precursor CTL that recognized targets expressing IE antigens. Only half as many precursors recognized targets expressing late antigens (Reddehase *et al.*, 1984a,b; Koszinowski *et al.*, 1987a).

This recognition pattern was also confirmed by first constructing target cells by transfection of the different parts of the cloned IE gene region into L cells that were histocompatible with the effector CTL derived from Balb/c (H-2$^d$) mice (Koszinowski *et al.*, 1987b). As described in Section 16.1, the IE region consists of at least three transcription units that code for regulatory IE proteins. The main transcript is ic1, which codes for pp89, an 89-kDa phosphoprotein that is the major regulatory protein (Keil *et al.*, 1987). Mice were also vaccinated with a recombinant vaccinia virus, mCMV-ie1-VAC, which contains the ie1 gene and expressed only pp89. They produced CTL precursor, which lysed mCMV-infected fibroblasts (Volkmer *et al.*, 1987).

The Tübingen group have also provided evidence that specific CTL are protective in an experimental mCMV model of infection. Mice of the Balb/c strain were immunosuppressed by total body $\gamma$ irradiation before intraplantar infection by mCMV. Pneumonitis (Reddehase *et al.*, 1985), splenitis, and adrenalitis (Reddehase *et al.*, 1987a,b) were produced. T lymphocytes obtained from a draining lymph node or memory cells from latently infected mice were protective when given prophylactically before infection or therapeutically after mCMV had colonized host tissues. Prior *in vitro* expansion of cell numbers was not required. The lymphocyte subset responsible was the cytotoxic CD8$^+$ phenotype. CD4$^+$ helper cells were not protective and did not add to the protective effect of CD8 cells (Reddehase *et al.*, 1987a, 1988).

In contrast, Shanley studied adoptive immunity in another infection model and obtained different results. Adrenalitis was produced by mCMV infection in homozygous nude mice, which are selectively defective in mature T lymphocytes. Adoptive transfer of immune T lymphocytes from the spleen of heterozygous mice infected 21 days before suppressed viral replication in the adrenal gland. Spleen cells from naive mice were ineffective. Transfer of sorted cells showed that T cells of the CD4 (L3 T4 helper) phenotype were responsible for the protective effect. CD4 cells are class II MHC antigen restricted and may help in antibody formation as mediators of delayed hypersensitivity or even cytotoxicity. Cells of the cytotoxic CD8 (Lyt-2) phenotype were not protective (Shanley *et al.*, 1987).

The possible explanations for the differences between the two models are many. Very likely the functions of the many components of T-cell immunity may be brought out by different models of infection.

### 16.6.2.2. Murine Cytomegalovirus and Macrophages

Macrophages are a double-edged sword. They can inhibit virus replication (Morahan *et al.*, 1980), but they may also be carriers of virus infection. Johnson (1964) found that herpes simplex virus is spread from the peritoneum to the central nervous system by macrophages in the suckling mouse. Macrophages from adult mice are not permissive for herpes simplex virus, and such spread does not occur (Hirsch *et al.*, 1970b).

Numerous attempts have been made to implicate macrophages in the pathogenesis of mCMV. There is no simple parallel to the situation with herpes simplex virus. No difference in permissiveness of macrophages from mice of different ages has been found.

Tegtmeyer and Craighead (1968) used virus passaged four times in cell culture and were able to infect mouse macrophages. Selgrade and Osborn (1974) showed, however, with stock salivary gland virus, that peritoneal macrophages were not well infected. They may be considered to be essentially nonpermissive.

Selgrade and Osborn (1974) studied macrophages of a resistant (CBA/J) and a susceptible strain (C57Bl/6J) of mice. Injection of 60 mg silica 2 hr prior to infection decreased mortality in both strains but did not eliminate the innate resistance of CBA mice. Titers in liver were increased by silica administration, but not those in the spleen. In general, C57Bl mice (even without silica) showed more hepatitis than CBA mice.

Suckling or younger mice are more susceptible to mCMV. They were injected with adult syngeneic macrophages or lymphocytes prior to infection to see if resistance was increased. Mortality was reduced by macrophages more effectively than by lymphocytes, but the recipients were still more susceptible than the donors. Macrophages from susceptible and resistant mice did not replicate mCMV virus *in vitro*, although cells were infected. An increase in infectious centers to a maximum of 50% 9 days after infection was noted. This contrasts with the findings of Tegtmeyer and Craighead (1968), who found good replication of mCMV.

This study shows that although macrophages are important, they are not the only defense factor, and their function differs from the situation in HSV.

Mims and Gould (1978) restudied the problem. Tissue-culture-passaged virus was ten times more ineffective than salivary gland virus. But even with this virus, about 100 PFU was needed to infect one macrophage or to produce one fluorescent focus. Macrophages activated by broth were even more resistant.

Brautigam *et al.* (1979) made the observation that macrophages stimulated by thioglycollate were more permissive. After such macrophages were infected with cell-culture-passed virus, 5–7 log PFU units per ml were produced in 3–9 days. They were able to show that 20–50% of macrophages infected at high multiplicity were infected by infectious center assay, whereas only 11–18% of unstimulated macrophages were infected. By *in-situ* nucleic acid hybridization, 82% of macrophages, whether or not stimulated by thioglycollate, contained mCMV DNA. Macrophages from both highly susceptible ($H\text{-}2^d$) Balb/cSt or resistant ($H\text{-}2^k$) C3H mice replicated equally well. Activation of macrophages, perhaps accompanied by DNA stimulation, may be important in increasing permissiveness for viral replications.

It is difficult to understand the biological meaning of this phenomenon, as tissue-culture-passed virus is less virulent and does not infect the liver, spleen, or central nervous system after an intraperitoneal infection. Also, in view of the finding of Mims and Gould (1978) that broth-stimulated macrophages are more resistant, there must be subtle determinants of permissiveness following different methods of "elicitation" and "stimulation" of macrophages (Morahan, 1980).

## 16.6.3. Immunosuppressive Activity of Murine Cytomegalovirus

### 16.6.3.1. Effect on Humoral Immunity, Interferon, and Nonspecific Cell-Mediated Immunity

Many viruses are immunosuppressive (Fenner *et al.*, 1974; Rouse and Horohov, 1986), and we are familiar with the foremost one of all, HIV (Section 13.2). In the case of mCMV infection, the study of its immunosuppressive effect may have relevance to human infection and disease by hCMV, which is also immunosuppressive (Section 13.1.5). The suppressive effect of acute mCMV infection on various parameters of immunity is very well documented.

Osborn and Medearis (1967) first showed that during acute mCMV infection, the antibody response is profoundly suppressed. Sheep red cells injected on the fourth to the eighth day of mCMV infection stimulated neligible amounts of hemagglutinin 7 days later. Jerne-type plaque-forming centers (PFC) (Jerne and Nordin, 1963) in the spleen were also measured (Osborn *et al.*, 1968). Red cells were injected at various times after mCMV infection, and PFCs were assayed 4–6 days later. Maximum suppression occurred 4 days after infection, at which time, compared to controls, there was more than a 100-fold reduction of 19 S and 7 S PFCs in response to sheep red blood cells. Recovery was, however, rapid. All measurements of 19 S and 7 S PFCs were normal by day 8 of virus infection.

Howard *et al.* (1974) showed that suppression of cellular immunity also occurs following mCMV infection. A skin graft from C57Bl/6 male to female represents grafting across a weak H-Y histocompatibility barrier. Its survival was prolonged to over 180 days compared to 20 days in controls if the recipient was infected on the day of grafting. Infection 5 and 7 days before grafting but not 13 days before grafting also prolonged graft survival.

Similar results were obtained with skin grafting across a strong (H-2) histocompatibility barrier. Grafts from A/J mice survived longer in C3H recipients if they were infected on the day of grafting or 3, 5, or 7 days before but not 21 days before grafting. The survival of the graft was 7.0 days in controls compared to a maximum of 11.7 days in mice infected 3 days before grafting.

Phytohemagglutinin stimulation was studied in 4-week-old C57Bl/6 females infected with mCMV. Background incorporation of tritiated thymidine was elevated in spleen cells from infected mice for 5 days after infection, but response to PHA was depressed for the entire 26 days of study.

Response to nonspecific B-cell antigens such as pokeweed mitogen (PWM) and lipopolysaccharide (LPS) is also suppressed (Selgrade *et al.*, 1976).

Mixed lymphocyte culture (MLC) reaction involved irradiated A/J spleen cells as stimulating cells (Howard *et al.*, 1974). Responding cells were obtained from infected and control C57Bl/6 mice. As in the PHA studies, the background uptake of tritiated thymidine was higher in the culture containing cells from infected mice. The degree of stimulation by allogeneic cells was depressed in cells obtained from mice 5 or 12 but not 19 or 26 days after infection.

Booss and Wheelock (1975) tried to correlate the mortality of DBA/2 female mice infected with mCMV infection with depression of response to nonspecific mitogens. Spleen cells from both adults and weanling mice given a lethal dose of mCMV were essentially unresponsive to concanavalin A 4 days after infection. Cells from adult, nonlethally infected mice were significantly stimulated, although less so than controls.

They were maximally suppressed between days 3 and 11 after infection, and the stimulation index was normal by day 15. The cells from lethally infected animals had less than 22% of normal activity from day 3 to day 8 of mCMV infection and less than 10% between day 6 and day 8. Cells from nonlethally infected animals always had more than 10% of the activity of controls (Booss and Wheelock, 1977).

On the other hand, the number of focus-forming anti-sheep-red-cell antibodies was equally suppressed in spleens from both lethally and nonlethally infected animals. Suppression of this parameter did not predict the lethal outcome of an infection.

Acute mCMV infection also inhibits interferon formation (Osborn and Medearis, 1967). From 68 hr to 12 days after mCMV infection, weanling CD-1 outbred mice failed to produce detectable circulating interferon after an intravenous dose of $10^5$ PFU of Newcastle disease virus (NDV). After 4 days of mCMV infection, adult mice in response to $10^{8.2}$ PFU produced at most 20 units of interferon, whereas controls produced 80 to 160 units. Interestingly, endotoxin-induced interferon was not suppressed. It is thought that lymphocytes are the cells responsible for interferon production after an injection of NDV, whereas macrophages are largely responsible for endotoxin-induced interferon (Ho and Armstrong, 1975). There is no accepted explanation for suppression of interferon formation. The most plausible one is probably that mCMV infection induces interferon formation in lymphocytes during the first week of infection (Tarr *et al.*, 1978) and that this produces the state of "hyporeactivity." This is a well-recognized condition that follows systemic induction of interferon, during which the animal is refractory to repeat induction by the same inducer or another type of inducer (Ho and Armstrong, 1975). Ordinarily, this condition lasts about 1 week. In what way this condition may be related to one or another phenomenon of immunosuppression is not known.

Another parameter of nonspecific defense inhibited by mCMV is the clearance of microbial agents by the reticuloendothelial system, of which the liver and the spleen are the major components. The clearance curve from the bloodstream of $10^{8.2}$ PFU NDV injected intravenously lagged about 1 log behind controls in 4-day infected mice. The respective titers in serum 5 hr after injection of NDV were about $10^3$ and $10^2$ PFU NDV/ml (Osborn and Medearis, 1967). Hamilton *et al.* (1976) and Hamilton and Overall (1978) reported that 3 days after infection with mCMV, an ordinarily nonlethal dose of *Pseudomonas aeruginosa* ($2 \times 10^6$) failed to be cleared from blood 4 hr after injection and remained in high titers in organs. Smaller doses were adequately cleared. On the other hand, Howard *et al.* (1974) reported that carbon clearance was not affected in CMV-infected mice. It would be interesting to know whether serum virucidal factors (particularly against myxoviruses such as NDV) and bactericidal factors and complement are affected by mCMV infection.

### 16.6.3.2. Effect on Cytotoxic Immunity

Ho (1980) studied the effect of acute mCMV infection on the development of primary cytotoxic T-cell response against ectromelia virus. Spleen cells were collected from Balb/c mice, and the assay measured lysis of $^{51}$Cr-labeled ectromelia-infected P815 (a mouse lymphoma cell line) targets.

Three types of experiments were done. In the first, mice were infected with mCMV 3, 7, and 14 days before infection with attenuated ectromelia virus. Spleen cells were collected 5 days after ectromelia infection at a time when the specific cytotoxic response was at its maximum. Cells from mice that received mCMV 3 or 7 days previously showed only 10% cytotoxicity against ectromelia-infected targets. However, mCMV given 14 days before ectromelia no longer had a demonstrable suppressive effect.

In the second type of experiment, mCMV injected 3 days before spleen cells were collected from mice previously infected with ectromelia suppressed the ability of these cells to develop into cytotoxic T cells on stimulation *in vitro* with ectromelia-infected lymphocytes.

In the third type of experiment, mCMV was injected 3 days before ectromelia virus. Five weeks later, spleen cells were collected from these mice and from controls that did not receive mCMV. The two sets of cells were stimulated *in vitro* to generate secondary cytotoxic cells against ectromelia virus. Cells from mice that received mCMV generated less cytotoxic activity.

These three types of experiments show that an acute mCMV infection of between 3 and 7 days inhibited (1) the development of a primary cytotoxic response, (2) the ability of lymphocytes from mice with established memory to develop cytotoxic cells, and (3) the ability of mice to develop memory cells for the cytotoxic response to ectromelia.

Hamilton *et al.* (1978) found that prior infection of mice with mCMV reduced the ability of the animals to respond to EL4, a mouse ascites tumor, by developing cytotoxic lymphocytes against the tumor. As in other cases of immunosuppression by mCMV, the greatest depression was noted in animals infected 7 days before grafting.

In all studies of the immunosuppressive effect of mCMV, maximum inhibition was observed within the first week of infection, typically between 3 and 5 days after infection. None of the observed effects lasted more than 3 weeks after infection despite the well-known fact that acutely infected mice frequently remain persistently infected indefinitely. More recent data on GVH reactions are consistent with this conclusion (see Section 16.5.2). There have been no reports showing that persistently infected mice are immunosuppressed.

The mechanism of immunosuppression by acute infection has not been completely elucidated. Suppression of both B and T lymphocyte functions of the infected spleen are correlated with peak infection. Loh and Hudson (1981) report that infection is largely in the adherent cell (macrophage) fraction and that immunosuppression is correlated with the peak in the number of infected cells. However, the number of infected macrophages or lymphocytes (usually $< 1\%$) in the spleen is too small to explain immunosuppression by productive infection or cell killing alone. So far, there is no report on the possible role of abortive infection or infection by defective particles. A peculiar characteristic of the problem is that generally it is difficult to produce either infection or immunosuppression by directly inoculating spleen cells with virus *in vitro*.

The prevailing theory is that immunosuppression is produced by indirect effects of virus infection. A suppressor cell or suppressor factor is being sought. Bixler and Booss (1981) used an *in-vitro* antibody stimulation system (Mishell–Dutton cultures) to study the antibody production by spleen cells stimulated with sheep red blood cells. The diminished response of spleen cells given infected mice was only observed when adherent antithymocyte serum resistant cells were present. Hence, suppressor T cells do not appear responsible. The possible role of activated or altered macrophages, either directly or through the medium of a poorly diffusible factor, has received further attention (see Section 16.6.3.4).

#### 16.6.3.3. Murine Cytomegalovirus Accentuates Infection by Other Agents

In view of the prolonged immunosuppressive effect of mCMV infection, one would expect an additional infection to be more severe, at least when this occurs during the acute phase of mCMV infection. This is so.

Osborn and Medearis (1967) reported that when NDV, which is ordinarily noninfective for mice, is injected 4 days after mCMV infection, it is able to replicate up to $10^6$ PFU per gram of spleen tissue 48–72 hr later. Viremia was also occasionally present. It should be noted that NDV may replicate to low titers in mouse embryo cell cultures (Kono, 1962), so mouse cells are not entirely restricted for NDV. Despite the fact that antibody as well as interferon formation induced by NDV was inhibited in these mice (see Section 16.6.3.1), replication of NDV ceased spontaneously 72 hr after its injection.

Hamilton *et al.* (1976) and Hamilton and Overall (1978) studied the effect of mCMV on bacterial and fungal infections in Swiss–Webster mice. Three days after mCMV infection, a 10% lethal dose of *Staphylococcus aureus* ($8 \times 10^6$) given intravenously produced 90% mortality. Similarly, a 20% lethal dose of *Pseudomonas aeruginosa* ($1.8 \times 10^6$) and a nonlethal dose of *Candida albicans* became 90% and 100% fatal. Interestingly, the mCMV infection, measured by virus titers in various organs, was not enhanced in combined infections with *Pseudomonas*.

It was not clear why these infections could not be handled in mCMV-infected mice. Leukopenia and decreased ability of the reticuloendothelial system to clear the organisms were factors considered.

#### 16.6.3.4. Cellular Basis of Immunosuppressive Effect of Murine CMV

The cellular basis of the immunosuppressive effect of murine CMV, as in the case of human CMV (see Section 13.1.5), is presumed to result from the direct or indirect effect of the virus on immunologically active cells, the lymphocytes or macrophages. Possible effects of the virus on other types of cells have not been explored.

Loh and Hudson (1981, 1982) postulated that infected macrophages played a key role in the explanation of the immunosuppressive of murine CMV. They first showed that immunosuppression, as measured by the response of spleen cell suspensions from infected mice to mitogens (concanavalin A or lipopolysaccharide), was correlated with the number of infected macrophages in the suspensions measured by infectious centers (Loh and Hudson, 1981). Secondly, removal of macrophages from such infected spleen cell suspensions largely abrogated the immunosuppressive effect (Loh and Hudson, 1982). Thirdly, these authors postulated that infected macrophages acted by production of an immunosuppressive factor. There is only indirect evidence for this hypothesis, as such a factor has not actually been isolated. Even though immunosuppression was correlated with the number of infected macrophages determined by infectious center titration, this number was still very low: as few as 100 infected macrophages abrogated immunosuppression. In addition, it was found that lymphocytes from infected spleens were poorly responsive to mitogens even in the presence of uninfected macrophages. It was assumed that these lymphocytes had been affected by the putative macrophage-inhibiting factor *in vivo*. In view of the experiments of Kaposi and Rice (1988) in the human system (see Section 13.1.5), it is just as likely that this phenomenon may be explained by the direct effect of CMV on T lymphocytes.

To summarize: there is a great deal of evidence in mice and in man (Section 13.1.5) to implicate the macrophages in mediating immunosuppression. However, no suppressive factor has been found in either system. It is very likely that both murine and human CMV may directly affect lymphocytes and that the role of macrophages may be necessary but not sufficient.

## 16.7. SUMMARY COMPARISON OF MURINE AND HUMAN INFECTIONS

Murine CMV resembles hCMV morphologically and in its behavior in cell cultures and in the host, but there are also significant differences. The two viral genomes have little homology. In the salivary gland, mCMV replicates to high titer without the production of multicapsid virions, which are similar to dense bodies of hCMV and may be related to the lower efficiency of mCMV replication in other tissues. Cell-culture-attenuated mCMV continues to replicate in the salivary gland but not other organs. Congenital infection with mCMV has been described in mice but is not a popular model, because the mouse placenta presents a greater barrier to infection than the human or guinea pig placenta.

The genetic determinants of infection with mCMV should provide insight for the human infection. The major histocompatibility complex of the mouse, the H-2 complex, is an important genetic determinant. $H\text{-}2^d$ and $H\text{-}2^b$ genotypes are more susceptible, and $H\text{-}2^k$ is more resistant. How this complex works is not clear. But other determinants are NK-cell activity, interferon induction, T-cell immunity, and delayed hypersensitivity. Both human and mouse newborns are more susceptible to their respective CMV.

The nature of latency seems similar in mCMV and hCMV, although neither has been fully characterized. Murine CMV appears to be latent in a number of different cells, i.e., B and T lymphocytes, macrophages, and sinusoidal cells of the spleen. The molecular events leading to reactivation by cocultivation have not been elucidated.

Cytotoxic T-cell immunity has been characterized in mCMV. An important target antigen seems to be the pp89 of the immediate early antigen (IE) group. Since the structure of the IE region is similar in both viruses, this finding has been a strong stimulus for parallel studies in hCMV, which have yielded similar results.

Like hCMV, mCMV is broadly immunosuppressive. As in the case of the human, mouse lymphocytes are poorly permissive for the virus, but mCMV exerts extensive pathological and functional effects on lymphoid tissues.

# References


Abdallah, P. S., Mark, J. B. D., Merigan, T. C. Diagnosis of cytomegalovirus pneumonia in compromised hosts. *Am. J. Med.* **61**:326–332, 1976.

Ackermann, J. R., LeFor, W. M., Weinstein, S., *et al.* Four-year experience with exclusive use of cytomegalovirus antibody (CMV-Ab)-negative donors for CMV-Ab-negative kidney recipients. *Transplant. Proc.* **20**:469–471, 1988.

Ada, G. L., Jackson, D. C., Blanden, R. V., *et al.* Changes in the surface of virus-infected cells recognized by cytotoxic T cells. I. Minimal requirements for lysis of ectromelia-infected P815 cells. *Scand. J. Immunol.* **5**:23–30, 1976.

Adler, R., Glorioso, J. C., Cossman, J., Levine, M. Possible role of Fc receptors on cells infected and transformed by herpesvirus: Escape from immune cytolysis. *Infect. Immun.* **21**:442–447, 1978.

Adler, S. P. Cytomegalovirus infection in parents of children at day-care centers. *N. Engl. J. Med.* **315**:1164, 1986a.

Adler, S. P. Molecular epidemiology of cytomegalovirus: Evidence for viral transmission to parents from children infected at a day care center. *Pediatr. Infect. Dis.* **5**:315–318, 1986b.

Adler, S. P. The molecular epidemiology of cytomegalovirus transmission among children attending a day care center. *J. Infect. Dis.* **152**:760–767, 1988.

Adler, S. P. Cytomegalovirus and child day care. Evidence for an increased infection rate among day-care workers. *N. Engl. J. Med.* **321**:1290–1296, 1989.

Adler, S. P., Baggett, J., McVoy, M. Transfusion-associated cytomegalovirus infections in seropositive cardiac surgery patients. *Lancet* **2**:743–746, 1985.

Ahlfors, K., Ivarsson, S. A., Johnsson, T., Svensson, I. Congenital and acquired cytomegalovirus infections. Virological and clinical studies on a Swedish infant population. *Acta Paediatr. Scand.* **67**:321–328, 1978.

Ahlfors, K., Harris, S., Ivarsson, S., Svanberg, L. Secondary maternal cytomegalovirus infection causing symptomatic congenital infection. *N. Engl. J. Med.* **305**: 284, 1981a.

Ahlfors, K., Ivarsson, S. A., Johnsson, T., Renmarker, K. Risk of cytomegalovirus infection in nurses and congenital infection in their offspring. *Acta Paediatr. Scand.* **70**:819–823, 1981b.

Ahlfors, K., Ivarsson, S. A., Harris, S., *et al.* Congenital cytomegalovirus infection and disease in Sweden and the relative importance of primary and secondary maternal infections. *Scand. J. Infect. Dis.* **16**:129–137, 1984.

Ahlfors, K., Ivarsson, S. A., Bjerre, I. Microcephaly and congenital cytomegalovirus infection: A combined prospective and retrospective study of a Swedish infant population. *Pediatrics* **78**:1058–1063, 1986.

Ahlfors, K., Forsgren, M., Griffiths, P., Nielsen, C. M. Comparison of four serological tests for the detection of specific immunoglobulin M in cord sera of infants congenitally infected with cytomegalovirus. *Scand. J. Infect. Dis.* **19**:303–308, 1987.

Akrigg, A., Wilkinson, G. W. G., Oram, J. D. The structure of the major immediate early gene of human cytomegalovirus strain AD169. *Virus Res.* **2**:107–121, 1985.

Albrecht, T., Rapp, F. Malignant transformation of hamster embryo fibroblasts following exposure to UV-irradiated human cytomegalovirus. *Virology* **55**:53–61, 1973.

Albrecht, T., Nachtigal, M., St. Jeor, S. C., Rapp, F. Induction of cellular DNA synthesis and increased mitotic activity in Syrian hamster embryo cells abortively infected with human cytomegalovirus. *J. Gen. Virol.* **30**:167–177, 1976.

Albrecht, T., Cavallo, T., Cole, N. L., Graves, K. Cytomegalovirus. Development and progression of cytopathic effects in human cell culture. *Lab. Invest.* **42**:1–7, 1980.

Aldrete, J. S., Sterling, W. A., Hathaway, B. M., *et al.* Gastrointestinal and hepatic complications affecting patients with renal allografts. *Am. J. Surg.* **129**:115–24, 1975.

Alexander, E. R., Maternal and neonatal infection with cytomegalovirus in Taiwan. *Pediatr. Res.* **1**:210, 1967.

Alford, C., Hayes, K., Britt, W. Primary cytomegalovirus infection in pregnancy: Comparison of antibody responses to virus-encoded proteins between women with and without uterine infection. *J. Infect. Dis.* **158**:917–924, 1988.

Allan, J. E., Shellam, G. R. characterization of interferon induction in mice of resistant and susceptible strains during murine cytomegalovirus infection. *J. Gen. Virol.* **66**:1105–1112, 1985.

Allessiani, M., Kusne, S., Martin, F. M., *et al.* Infections under FK506 immunosuppression: Preliminary results with primary therapy. *Transplant. Proc.* **22**:44–46, 1990.

Alter, H. J., Purcell, R. H., Feinstone, S. M., Tegtmeier, G. E. Non-A, non-B hepatitis: Its relationship to cytomegalovirus, to chronic hepatitis, and to direct and indirect test methods. In W. Szmuness, H. J. Alter, and J. E. Maynard, (eds.), *Viral Hepatitis: 1981 International Symposium.* Franklin Institute Press, Philadelphia, 1982, p. 279.

Ambinder, R. F., Newman, C., Hayward, G. S., *et al.* Lack of association of cytomegalovirus with endemic African Kaposi's sarcoma. *J. Infect. Dis.* **156**:193–197, 1987.

Anders, D., Gibson, W. Location, transcript analysis and partial nucleotide sequence of the cytomegalovirus gene encoding for an early DNA-binding protein with similarities to ICP8 of herpes simplex virus type 1. *J. Virol.* **62**:1364–1372, 1988.

Anders, D. G., Irmiere, A., Gibson, W. Identification and characterization of a major early cytomegalovirus DNA-binding protein. *J. Virol.* **58**:253–262, 1986.

Anders, D., Kidd, J., Gibson, W. Immunological characterization of an early cytomegalovirus single-strand DNA-binding protein with similarities to the HSV major DNA-binding protein. *Virology* **161**:579–588, 1987.

Andersen, H. K. Complement-fixing and virus neutralizing antibodies in cytomegalovirus infection as measured against homologous and heterologous antigen. *Acta Pathol. Microbiol. Scand. [B]* **78**:504–508, 1970.

Andersen, H. K. Serologic differentiation of human cytomegalovirus strains using rabbit hyperimmune sera. *Arch. Ges. Virusforsch.* **33**:189–191, 1971.

Andersen, H. K. Studies of human cytomegalovirus strain variations by kinetic neutralization tests. *Arch. Ges. Virusforsch.* **38**:297–305, 1972.

Andersen, H. K., Spencer, E. S. Cytomegalovirus infection among renal allograft recipients. *Acta Med. Scand.* **186**:7–19, 1969.

Andersen, P., Godtfredsen, A., Spencer, E. J. Studies on the specificity of the complement fixation test on cytomegalovirus infection. *Scand. J. Infect. Dis.* **3**:183–187, 1971.

Andersen, P., Molgaard, J., Andersen, I., Andersen, H. K. Smooth-muscle antibodies and antibodies to cytomegalovirus and Epstein–Barr virus in leukemias and lymphomata. *Acta Pathol. Microbiol. Scand. [C]* **84**:86–92, 1976.

Andreone, P. A., Olivari, M. T., Elick, B., Arentzen, C. E., Sibley, R. K., Bolman, R. M., Simmons, R. L., Ring, W. S. Reduction of infectious complications following heart transplantation with triple-drug immunotherapy. *J. Heart Transplant.* **5**:13–19, 1986.

Andrews, C. H. Immunity to the salivary virus of guinea-pigs, studies in the living animal, and in tissue culture. *Br. J. Exp. Pathol.* **11**:23–34, 1930.

Andrus, C. H., Betts, R. F., May, A. G., Freeman, R. B. CMV infection blocks the beneficial effect of pre-transplant blood transfusion on renal allograft survival. *Transplantation* **28**:451–456, 1979.

Anuras, S., Piros, J., Bonney, W. W., *et al.* Liver disease in renal transplant recipients. *Arch. Intern. Med.* **137**:42–48, 1977.

Appereley, J. F., Goldman, J. M. Cytomegalovirus: Biology, clinical features and methods for diagnosis. *Bone Marrow Transplant* **3**:253–264, 1988.

Applebaum, F. R., Meyers, J. D., Fefer, A., *et al.* Nonbacterial nonfungal pneumonia following marrow transplantation in 100 identical twins. *Transplantation* **33**:265–268, 1982.

Aquila, R., Hayward, G., Summers, W. Physical mapping of the human cytomegalovirus (HCMV) (Towne) DNA polymerase gene: DNA-mediated transfer of a genetic marker for an HCMV gene. *Virology* **171**:312–316, 1989.

Armstrong, D., Rosen, P. Cytomegalovirus and herpes simplex pneumonia complicating neoplastic disease. In A. vonGraevenitz and T. Sall (eds.), *Pathogenic Microorganisms from Atypical Clinical Sources*. Marcel Dekker, New York, 1975, pp. 89–99.

Armstrong, D., Balakrishnan, S. L., Steger, L., *et al.* Cytomegalovirus infections with viremia following renal transplantation. *Arch. Intern. Med.* **127**:111–115, 1971a.

Armstrong, D., Haghbin, M., Balakrishnan, S. L., Murphy, M. L. Asymptomatic cytomegalovirus infection in children with leukemia. *Am. J. Dis. Child.* **122**:404–407, 1971b.

Armstrong, J. A., Tarr, G. C., Ho, M., *et al.* Cytomegalovirus infection in children undergoing open-heart surgery. *Yale J. Biol. Med.* **49**:83–91, 1976.

Arthur, R. R., Shah, K. V., Charache, P., Saral, R. BK and JC virus infections in recipients of bone marrow transplants. *J. Infect. Dis.* **158**:563–569, 1988.

Arvin, A. M., Yeager, A. S., Merigan, T. C. Effect of leukocyte interferon on urinary excretion of cytomegalovirus by infants. *J. Infect. Dis.* **133S**:A205–210, 1976.

Asher, D. M., Gibbs, C. J., Jr., Lang, D. J. Rhesus monkey cytomegalovirus; Persistent asymptomatic viruria. *Bacteriol. Proc.* **191**:, 1969.

Ashton, W. T., Karkas, J. D., Field, A. K., Tolman, R. L. Activation by thymidine kinase and potent antiherpetic activity of 2′-nor-2′-deoxyguanosine (2′NDG). *Biochem. Biophys. Res. Commun.* **108**:1716–1721, 1982.

Bach, M. C., Bagwell, S. P., Knapp, N. P., *et al.* 9-(1,3-Dihydroxy-2-propoxymethyl)guanine for cytomegalovirus infections in patients with the acquired immunodeficiency syndrome. *Ann. Intern. Med.* **103**:381–384, 1985.

Bailey, O. T., Wolf, A., Schneck, S. A. Iatrogenic modification of tissue responses to infectious agents in the central nervous system. *Res. Publ. Assoc. Res. Nerv. Ment. Dis.* **44**:445, 1968.

Baldwin, W. M. III, Claas, F. H. J., Van Es, A., *et al.* Renal graft dysfunction during infection with cytomegalovirus: Association with IgM lymphocytotoxins and HLA-DR3 and DR7. *Br. Med. J.* **287**:1332–1334, 1983.

Bale, J. F., Jr., O'Neil, M. E., Hart, M. N., *et al.* Human cytomegalovirus nucleic acids in tissues from congenitally infected infants. *Pediatr. Neurol.* **5**:216–220, 1989.

Balfour, C. L., Balfour, H. H. Cytomegalovirus is not an occupational risk for nurses in renal transplant and neonatal units. *J.A.M.A.* **256**:1909–1914, 1986.

Balfour, H. H., Jr., Welo, P. K., Sach, G. W. Cytomegalovirus vaccine trial in 400 renal transplant candidates. *Transplant. Proc.* **17**:81–83, 1985.

Balfour, H. H., Chace, B. A., Stapleton, J. T., *et al.* A randomized, placebo-controlled trial of oral acyclovir for the prevention of cytomegalovirus disease in recipients of renal allografts. *N. Engl. J. Med.* **320**:1381–1387, 1989.

Ballard, R. B., Drew, W. L., Hufnagle, K. G., Riedel, P. A. Acquired cytomegalovirus infection in preterm infants. *Am. J. Dis. Child.* **133**:482–485, 1979.

Balthazar, E. J., Megibow, A. J., Fazzini, E., *et al.* Cytomegalovirus coltis in AIDS: Radiologic findings in 11 patients. *Radiology* **155**:585–589, 1985.

Balthazar, E. J., Megibow, A. J., Hulnick, D., *et al.* Cytomegalovirus esophagitis in AIDS: Radiographic features in 16 patients. *Am. J. Radiol.* **149:**919–923, 1987.

Bamji, A., Salisbury, R. Cytomegalovirus and vasculitis. *Br. Med. J.* **1:**623–624, 1978.

Bancroft, G. J., Shellam, G. R., Chalmer, J. E. Genetic influences on the augmentation of natural killer (NK) cells during murine cytomegalovirus infection: Correlation with patterns of resistance. *J. Immunol.* **126:**998–994, 1981.

Banks, T., Huo, B., Kousoulas, K., *et al.* A major neutralizing domain maps within the carboxyl-terminal half of the cleaved cytomegalovirus B glycoprotein. *J. Gen. Virol.* **70:**979–985, 1989.

Baron, J., Youngblood, L., Siewers, C. M. F., Medearis, D. N., Jr. The incidence of cytomegalovirus, herpes simplex, rubella, and toxoplasma antibodies in microcephalic, mentally retarded and normocephalic children. *Pediatrics* **44:**932–939, 1969.

Barre-Sinoussi, F., Cherman, J. C., Rey, F., *et al.* Isolation of a T-lymphotropic retrovirus from a patient at risk for acquired immune deficiency syndrome (AIDS). *Science* **223:**1086–1087, 1983.

Bartlett, J. G., Laughon, B., Quinn, T. C. Gastrointestinal complications of AIDS. In V. T. DeVita, S. Hellman, and S. A. Rosenberg (eds.), *AIDS, Etiology, Diagnosis, Treatment and Prevention* 2nd ed. Lippincott, Philadelphia, 1988, pp. 227–244.

Barton, B. W., Tobin, J. O'H. The effect of idoxuridine on the excretion of cytomegalovirus in congenital infection. *Ann. N.Y. Acad. Sci.* **173:**90–95, 1970.

Baskar, J. F., Stanat, S. C., Huang, E.-S. Congenital defects due to reactivation of latent murine cytomegaloviral infection during pregnancy. *J. Infect. Dis.* **152:**621–624, 1985.

Bayer, W. L. The effect of frozen blood on the relationship of cytomegalovirus and hepatitis virus to infection and disease. In R. B. Dawson and A. Barnes, Jr. (eds.), *Clinical and Practical Aspects of the Use of Frozen Blood.* American Association of Blood Banks, Washington, 1977, p. 133.

Bayer, W. L., Tegtmeier, G. E. The blood donor: Detection and magnitude of cytomegalovirus carrier states and the prevalence of cytomegalovirus antibody. *Yale J. Biol. Med.* **49:**5–12, 1976.

Beck, S., Barrell, B. G. Human cytomegalovirus encodes a glycoprotein homologous to MHC class-I antigens. *Nature* **331:**269–272, 1988.

Becroft, D. M. O. Bronchiolitis obliterans bronchiectasis and other sequelae of adenovirus type 21 infection in young children. *J. Clin. Pathol.* **24:**72–82, 1971.

Becroft, D. M. O. Prenatal cytomegalovirus infection and muscular deficiency (eventration) of the diaphragm. *J. Pediatr.* **94:**74–75, 1979.

Behar, R., Wiley, C., McCutchan, A. Cytomegalovirus polyradiculoneuropathy in acquired immune deficiency syndrome. *Neurology (N.Y.)* **37:**557–561, 1987.

Bell, W. E., McCormick, W. F. Guillain–Barre syndrome. In A. J. Schaffer (ed.), *Neurologic Infections in Children.* Saunders, Philadelphia, 1975, pp. 423–432.

Beneke, J. S., Tegtmeier, G. E., Alter, H. J., *et al.* Relation of titers of antibodies to CMV in blood donors to the transmission of cytomegalovirus infection. *J. Infect. Dis.* **150:**883–888, 1984.

Benenson, A. S. *Control of Communicable Diseases in Man,* 13th ed. American Public Health Association, Washington, 1980, p. 443.

Benko, D., Gibson, W. Primate cytomegalovirus glycoproteins: Lectin-binding properties and sensitivities to glycosidases. *J. Virol.* **59:**703–713, 1986.

Benko, D. M., Haltiwanger, R. S., Hart, G. W., Gibson, W. Virion basic phosphoprotein from human cytomegalovirus contains O-linked N-acetylglucosamine. *Proc. Natl. Acad. Sci. U.S.A.* **85:**2573–2577, 1988.

Benyesh-Melnick, M., Dessy, S. I., Fernback, D. J. Cytomegaloviruria in children with acute leukemia and in other children. *Proc. Soc. Exp. Biol. Med.* **117:**624–630, 1964.

Benyesh-Melnick, M., Vonka, V., Probstmeyer, F., Wimberly, I. Human cytomegalovirus: Properties of the complement-fixing antigen. *J. Immunol.* **90:**261–267, 1966b.

Berenberg, W., Nankervis, G. Long-term follow-up of cytomegalic inclusion disease of infancy. *Pediatrics* **46:**403–410, 1970.

Bernischke, K., Mendoza, G. R., Bazeley, P. L. Placental and fetal manifestations of cytomegalovirus infection. *Virchows Arch. (Cell Pathol.)* **16:**121–139, 1974.

Bernstein, M. T., Stewart, J. A. Indirect hemagglutination test for detection of antibodies to cytomegalovirus. *Appl. Microbiol.* **21:**84–89, 1971.

Betts, R. F., Schmidt, S. G. Cytolytic IgM antibody to cytomegalovirus to primary cytomegalovirus infection in humans. *J. Infect. Dis.* **143:**821–826, 1981.

Betts, R. F., Freeman, R. B., Douglas, R. G., Jr., *et al.* Transmission of cytomegalovirus infection with renal allograft. *Kidney Int.* **8:**387–394, 1975.

Betts, R. F., George, S. D., Rundell, B. R., *et al.* Comparative activity of immunofluorescent antibody and complement-fixing antibody in cytomegalovirus infection. *J. Clin. Microbiol.* **4:**151–156, 1976.

Betts, R. F., Freeman, R. B., Douglas, R. G., Jr., Talley, T. E. Clinical manifestations of renal allograft derived primary cytomegalovirus infection. *Am. J. Dis. Child.* **131:**759–763, 1977.

Betts, R. F., Cestero, R. V. M., Freeman, R. B., Douglas, R. G., Jr. Epidemiology of CMV infection in end stage renal disease. *J. Med. Virol.* **4:**89–96, 1979.

Bia, F. J., Hastings, K., Hsiung, G. D. Cytomegalovirus infection in guinea pigs. III. Persistent viruria, blood transmission and viral interference. *J. Infect. Dis.* **140:**914–920, 1979.

Bia, F. J., Lucia, H. L., Fong, C. K. Y., *et al.* Effects of vaccination on cytomegalovirus-associated interstitial pneumonia in strain 2 guinea pigs. *J. Infect. Dis.* **145:**742–747, 1982.

Bia, F. J., Griffith, B. P., Fong, C. K. Y., Hsiung, G. D. Cytomegaloviral infections in the guinea pig: Experimental models for human disease. *Rev. Infect. Dis.* **5:**177–195, 1983.

Bia, F. J., Miller, S. A., Lucia, H. L., Griffith, B. P., Tarsio, M., Hsiung, G. D. Vaccination against transplacental cytomegalovirus transmission: Vaccine reactivation and efficacy in guinea pigs. *J. Infect. Dis.* **149:**355–362, 1984.

Bia, M. J., Andiman, W., Gaudio, K., Kliger, A., Siegel, N., Smith, D., Flye, W. Effect of treatment with cyclosporine versus azathioprine on incidence and severity of cytomegalovirus infection post-transplantation. *Transplantation* **40:**610–614, 1985.

Biggar, R. J., Anderson, H. K., Ebbesen, P., *et al.* Seminal fluid excretion of cytomegalovirus related to immunosuppression in homosexual men. *Br. Med. J.* **286:**2010–2012, 1983.

Billingsley, A. M., Shelby, J., Corry, R. J. Transfer of murine cytomegalovirus infection by heart transplantation. *Transplantation* **36:**584–586, 1983.

Birnbaum, G., Lynch, J. I., Margileth, A. M., Lonergan, W. M., Sever, J. L. Cytomegalovirus infections in newborn infants. *J. Pediatr.* **75:**789–795, 1969.

Biron, K. K., Stanat, S. C., Sorrell, J. B., *et al.* Metabolic activation of the nucleoside analog 9 ([2 hydroxy-1-(hydroxymethyl)ethoxy]methyl)guanine in human diploid fibroblasts infected with human cytomegalovirus. *Proc. Natl. Acad. Sci. U.S.A.* **82:**2473–2477, 1985.

Bixler, G. S., Jr., Booss, J. Adherent spleen cells from mice acutely infected with cytomegalovirus suppress the primary antibody response *in vitro*. *J. Immunol.* **127:**1294–1299, 1981.

Black, P. H., Hartley, J. W., Rowe, W. P. Isolation of a cytomegalovirus from African green monkey. *Proc. Soc. Exp. Biol. Med.* **112:**601–605, 1963.

Blanar, M. A., Burkly, L. C., Flavell, R. A. NF-kappa-B binds within a region required for B-cell-specific expression of the major histocompatibility complex class II gene E d. *Mol. Cell. Biol.* **9:**844–846, 1989.

Blanden, R. V. T cell response to viral and bacterial infections. *Transplant. Rev.* **19:**56–88, 1974.

Blanden, R. V. Cell-mediated immune response to acute viral infection. *Prog. Immunol.* **3:**463–471, 1977.

Blanton, R., Tevethia, M. Immunoprecipitation of virus-specific immediate-early and early polypeptides from cells lytically infected with human cytomegalovirus strain AD 169. *Virology* **112:**262–273, 1981.

Blaser, M. J., Cohn, D. L. Opportunistic infections in patients with AIDS: Clues to the epidemiology of AIDS and the relative virulence of pathogens. *Rev. Infect. Dis.* **8:**21–30, 1986.

Blatt, J., Kastner, P., Hodes, D. S. Cutaneous vesicles in congenital cytomegalovirus infection. *J. Pediatr.* **92:**509, 1978.

Blumberg, R. S., Kelsey, P., Perrone, T. R., Dickersin, R., Laauaglia, M., Ferruci, J. Cytomegalovirus-

and Cryptospordium-associated acalculous gangrenous cholecystitis. *Am. J. Med.* **76:**1118–1123, 1984.

Bodey, G. P., Wertlake, P. T., Douglas, G., Levin, R. H. Cytomegalovirus inclusion disease in patients with acute leukemia. *Ann. Intern. Med.* **62:**899–906, 1965.

Boezi, J. A., Lee, L. F., Blakesley, R. W., *et al.* Marek's disease herpesvirus-induced DNA polymerase, *J. Virol.* **14:**1209–1219, 1974.

Boldogh, I., Bonczol, E., Gartner, L., Vaczi, G. Expressions of the human cytomegalovirus genome in mouse cells and in human–mouse heterokaryons. *Arch. Virol.* **53:**101–108, 1977.

Bonkowsky, H. L., Lee, R. L., Klatskin, G. Acute granulomatous hepatitis. Occurrence in cytomegalovirus mononucleosis. *J.A.M.A.* **233:**1284–1288, 1975.

Booss, J., Wheelock, E. F. Correlation of survival from murine cytomegalovirus infection with spleen cell responsiveness to concanavalin A. *Proc. Soc. Exp. Biol. Med.* **149:**443–446, 1975.

Booss, J., Wheelock, E. F. Progressive inhibition of T-cell function preceding clinical signs of cytomegalovirus infection in mice. *J. Infect. Dis.* **135:**478–481, 1977.

Booss, J., Dann, P. R., Griffith, B. P., Kim, J. H. Host defense response to cytomegalovirus in the central nervous system. *Am. J. Pathol.* **134:**71–78, 1989.

Booth, J. C., Hannington, D., Tryhorn, Y., Stern, H. Cytomegalovirus complement-fixing IgM antibody. *J. Med. Virol.* **5:**183–193, 1980.

Borgemeyer, U., Nowock, J., Sippel, A. E. The TGGCA-binding protein: A eukaryotic nuclear protein recognizing a symmetrical sequence on double-stranded linear DNA. *Nucleic Acids Res.* **12:**4295–4311, 1984.

Borysiewicz, L. K., Morris, S., Page, J. D., Sissons, J. G. P. Human cytomegalovirus-specific cytotoxic T lymphocytes: Requirements for *in vitro* generation and specificity. *Eur. J. Immunol.* **13:**804–809, 1983.

Borysiewicz, L., Graham, S., Hickling, J., *et al.* Human cytomegalovirus-specific cytotoxic T cells: Their precursor frequency and stage specificity. *Eur. J. Immunol.* **18:**269–275, 1988a.

Borysiewicz, L., Hickling, J., Graham, S., *et al.* Human cytomegalovirus specific cytotoxic T cells—relative frequency of stage specific CTL recognizing the 72kDa immediate early protein and glycoprotein B expressed by recombinant vaccinia viruses. *J. Exp. Med.* **168:**919–931, 1988b.

Boshart, M., Weber, F., Jahn, G., *et al.* A very strong enhancer is located upstream of an immediate early gene of human cytomegalovirus. *Cell* **41:**521–530, 1985.

Bowden, R. A., Sayers, M., Flournoy, N., *et al.* Cytomegalovirus immune globulin and seronegative blood products to prevent primary cytomegalovirus infection after marrow transplantation. *N. Engl. J. Med.* **314:**1006–1010, 1986.

Bowden, R. A., Day, L. M., Amos, D. E., Meyers, J. D. Natural cytotoxic activity against cytomegalovirus-infected target cells following marrow transplantation. *Transplantation* **44:**504–508, 1987.

Brady, M. T., Milam, J. D., Anderson, D. C., *et al.* Use of deglycerolized red blood cells to prevent posttransfusion infection with cytomegalovirus in neonates. *J. Infect. Dis.* **150:**334–339, 1984.

Brandt, J. A., Kettering, J. D., Lewis, J. E. Immunity to human cytomegalovirus measured and compared by complement fixation, indirect fluorescent-antibody, indirect hemagglutination, and enzyme-linked immunosorbent assays. *J. Clin. Med.* **19:**147–152, 1984.

Brasfield, D. M., Stagno, S., Whitley, R. J., Cloud, G., Cassell, G., Tiller, R. E. Infant pneumonitis associated with cytomegalovirus, *Chlamydia, Pneumocystis,* and ureaplasma: Follow-up. *Pediatrics* **79:**76–83, 1987.

Brautigam, A. R., Dutko, F. J., Olding, L. B., Oldstone, M. B. A. Pathogenesis of murine cytomegalovirus infection: The macrophage as a permissive cell for cytomegalovirus infection, replication and latency. *J. Gen. Virol.* **44:**349–359, 1979.

Brayman, K. L., Dafoe, D. C., Smythe, W. R., Barker, C. F., Perloff, L. J., Naji, A., Fox, I. J., *et al.* Prophylaxis of serious cytomegalovirus infection in renal transplant candidates using live human cytomegalovirus vaccine. *Arch. Surg.* **123:**1502–1508, 1988.

Breinig, M. K., Zitelli, B., Starzl, T. E., Ho, M. Epstein–Barr virus, cytomegalovirus, and other viral infections in children after liver transplantation. *J. Infect. Dis.* **156**:273–279, 1987.

Britt, W. J. Neutralizing antibodies react with a complex of cytomegalovirus envelope glycoproteins. In F. Rapp (ed.), *Herpesvirus*. Alan R. Liss, New York, 1984a, pp. 217–226.

Britt, W. J. Neutralizing antibodies detect a disulfide-linked glycoprotein complex within the envelope of human cytomegalovirus. *Virology* **135**:369–378, 1984b.

Britt, W. J., Auger, D. Synthesis and processing of the envelope gp55–116 complex of human cytomegalovirus. *J. Virol.* **58**:185–191, 1986a.

Britt, W. J., Auger, D. Human cytomegalovirus virion-associated protein with kinase activity. *J. Virol.* **59**:185–188, 1986b.

Britt, W. J., Vugler, L. Structural and immunological characterization of the intracellular forms of an abundant 68,000 $M_r$ human cytomegalovirus protein. *J. Gen. Virol.* **68**:1897–1907, 1987.

Britt, W. J., Vugler, L. Antiviral antibody responses in mothers and their newborn infants with clinical and subclinical congenital cytomegalovirus infections. *J. Infect. Dis.* **161**:214–219, 1989.

Britt, W. J., Vugler, L., Stephens, E. Induction of complement-dependent and -independent neutralizing antibodies by recombinant-deviced human cytomegalovirus gp55–116 (gB). *J. Virol.* **62**:3309–3318, 1988.

Brodsky, I., Rowe, W. P. Chronic subclinical infection with mouse salivary gland virus. *Proc. Soc. Exp. Biol. Med.* **99**:654–655, 1958.

Brody, A. R., Craighead, J. E. Pathogenesis of pulmonary cytomegalovirus infection in immunosuppressed mice. *J. Infect. Dis.* **129**:677–689, 1974.

Bronsther, O., Makowka, L., Jaffe, R., Demetris, A. J., Breinig, M. K., Ho, M., Esquivel, C. O., Gordon, R. D., Iwatsuki, S., Tzakis, A., Marsh, J. W., Jr., Mazzaferro, V., Van Thiel, D., Starzl, T. E. Occurrence of cytomegalovirus hepatitis in liver transplant patients. *J. Med. Virol.* **24**:423–434, 1988.

Brough, A. J., Jones, D., Page, R. H., Mizukami, I. Dermal erythropoiesis in neonatal infants. A manifestation of intra-uterine viral disease. *Pediatrics* **40**:627–635, 1967.

Buhles, W. C., Jr., Mastre, B. J., Tinker, A. J., *et al.* The Syntex Collaborative Ganciclovir Treatment Study Group. Ganciclovir treatment of life- or sight-threatening cytomegalovirus infection: Experience in 314 immunocompromised patients. *Rev. Infect. Dis.* **10**:S495–S506, 1988.

Bukowski, J. F., Woda, B. A., Welsh, R. M. Pathogenesis of murine cytomegalovirus infection in natural killer cell-depleted mice. *J. Virol.* **52**:119–128, 1984.

Burke, C. M., Theodore, J., Dawkins, K. D., *et al.* Post-transplant obliterative bronchiolitis and other late lung sequelae in human heart–lung transplantation. *Chest* **86**:824–829, 1984.

Burke, C. M., Glanville, M. B., Macoviak, J. A., *et al.* The spectrum of cytomegalovirus infection following human heart–lung transplantation. *Heart Transplant* **5**:267–272, 1986.

Byrne, P. J., Silver, M. M., Gilbert, J. M., *et al.* Cyclopia and congenital cytomegalovirus infection. *Am. J. Med. Genet.* **28**:61–65, 1987.

Cabau, N., Labadie, M. D., Vesin, C., *et al.* Seroepidemiology of CMV infections during the first years of life in urban communities. *Arch. Dis. Child.* **54**:286–290, 1979.

Cabau, N., Labadie, M. D., Duros, C., *et al.* Freeze-dried erythrocytes for an indirect hemagglutination test for detection of cytomegalovirus antibodies. *J. Clin. Microbiol.* **13**:1026–1030, 1981.

Cai, W., Gu, B., Person, S. Role of glycoprotein B of herpes simplex virus type 1 in viral entry and cell fusion. *J. Virol.* **62**:2596–2604, 1988.

Cameron, J., Rigby, R. J., van Deth, A. G., Petrie, J. J. B. Severe tubulo-interstitial disease in a renal allograft due to cytomegalovirus infection. *Clin. Nephrol.* **18**:321–325, 1982.

Campbell, D. A., Piercey, J. R. A., Shnitka, T. K., *et al.* Cytomegalovirus-associated gastric ulcer. *Gastroenterology* **72**:533–535, 1977.

Campbell, M. E. M., Preston, C. M. DNA sequences which regulate the expression of the pseudorabies virus major immediate early gene. *Virology* **157**:307–316, 1987.

Cangir, A., Sullivan, M. P. The occurrence of cytomegalovirus infections in childhood leukemia. *J.A.M.A.* **195**:616–622, 1966.

Cangir, A., Sullivan, M. P., Sutow, W. W., Taylor, G. Cytomegalovirus syndrome in children with acute leukemia. *J.A.M.A.* **201:**612–615, 1967.

Cappel, R., Hestermans, O., Toussaint, C., *et al.* Cytomegalovirus infection and graft survival in renal graft recipients. *Arch. Virol.* **56:**149–156, 1978.

Carlström, G. Virologic studies on cytomegalic inclusion disease. *Acta Paediatr. Scand.* **54:**17–23, 1965.

Carlström, G., Jalling, B. Cytomegalovirus infections in different groups of paediatric patients. *Acta Paediatr. Scand.* **59:**303–309, 1970.

Carlström, G., Alden, J., Belfrage, S., *et al.* Acquired cytomegalovirus infection. *Br. Med. J.* **2:**521–525, 1968.

Carney, W. P., Hirsch, M. S. Mechanisms of immunosuppression in cytomegalovirus mononucleosis. II. Virus–monocyte interactions. *J. Infect. Dis.* **144:**47–54, 1981.

Carney, W. P., Rubin, R. H., Hoffman, R. A., *et al.* Analysis of T lymphocyte subsets in cytomegalovirus mononucleosis. *J. Immunol.* **126:**2114–2116, 1981.

Carney, W. P., Iacoviello, V., Hirsch, M. S. Functional properties of T lymphocytes and their subsets in cytomegalovirus mononucleosis. *J. Immunol.* **130:**390–393, 1983.

Castellano, G. A., Hazzard, G. T., Madden, D. L., Sever, J. L. Comparison of the enzyme-linked immunosorbent assay and the indirect hemagglutination test for detection of antibody to CMV. *J. Infect. Dis.* **136S:**S337–S340, 1977.

Caul, E. O., Clarke, S. K. R., Mott, M. G., Perham, T. G. M., Wilson, R. S. E. Cytomegalovirus infections after open heart surgery. *Lancet* **1:**777–779, 1971.

Centers for Disease Control: *Pneumocystis* pneumonia—Los Angeles. *Morbid. Mortal. Week. Rep.* **30:**250–252, 1981.

Chalmer, J. E. *Murine Cytomegalovirus Infection: A Study of Genes Controlling Resistance and Their Effect on Pathogenesis.* Ph.D. Thesis, University of Western Australia, Perth, 1979, p. 200.

Chalmer, J. E., MacKenzie, J. S., Stanley, N. F. Resistance to murine cytomegalovirus linked to the major histocompatibility complex of the mouse. *J. Gen. Virol.* **37:**107–114, 1977.

Chanarin, I., Walford, D. M. Thrombocytopenic purpura in cytomegalovirus mononucleosis. *Lancet* **1:**238–239, 1973.

Chandler, S. H., Holmes, K. K., Wentworth, B. B., *et al.* The epidemiology of cytomegaloviral infection in women attending a sexually transmitted disease clinic. *J. Infect. Dis.* **152:**597–605, 1985a.

Chandler, S. H., Alexander, E. R., Holmes, K. K. Epidemiology of cytomegaloviral infection in a heterogeneous population of pregnant women. *J. Infect. Dis.* **152:**249–255, 1985b.

Chandler, S. H., Handsfield, H. H., McDougall, J. K. Isolation of multiple strains of cytomegalovirus from women attending a clinic for sexually transmitted diseases. *J. Infect. Dis.* **155:**655–660, 1987.

Chang, C., Malone, C., Stinski, M. A human cytomegalovirus gene that has three inducible promoters that are regulated differently at various times after infection. *J. Virol.* **63:**281–290, 1989a.

Chang, C., Vesole, D., Nelson, J., Oldstone, M., Stinski, M. Identification and expression of a human cytomegalovirus early glycoprotein. *J. Virol.* **63:**330–337, 1989b.

Chantler, J. K., Misra, V., Hudson, J. B. Vertical transmission of murine cytomegalovirus. *J. Gen. Virol.* **42:**621–625, 1979.

Charpentier, B., Michelson, S., Martin, B. Definition of human cytomegalovirus-specific target antigens recognized by cytotoxic T cells generated *in vitro* using an autologous lymphocyte system. *J. Immunol.* **137:**330–336, 1986.

Chatterjee, S. N., Fiala, M., Wiener, J., Stewart, J. A., Stacey, B., Warner, N. Primary cytomegalovirus and opportunistic infections. Incidence in renal transplant recipients. *J.A.M.A.* **240:**2446–2449, 1978.

Chawla, H. B., Ford, M. J., Munro, J. F., Scorgie, R. E., Watson, A. R. Ocular involvement in cytomegalovirus infection in a previously healthy adult. *Br. Med. J.* **2:**281–282, 1976.

Chee, M., Lawrence, G., Barrell, B. Alpha-, beta-, and gammaherpesviruses encode a putative phosphotransferase. *J. Gen. Virol.* **70:**1151–1160, 1989a.

Chee, M., Rudolf, S., Plachter, B., Barrel, B., Jahn, G. Identification of the major capsid protein gene of human cytomegalovirus. *J. Virol.* **63:**1345–1353, 1989b.

Chee, M. A., Bankier, A. T., Beck, S., *et al.* An analysis of the protein coding content of the sequence of human cytomegalovirus strain AD169. *Curr. Top. Microbiol. Immunol.* 125–169, 1990, 1989c.

Cheeseman, S. H., Rubin, R. H., Stewart, J. A., *et al.* Controlled clinical trial of prophylactic human-leukocyte interferon in renal transplantation. Effect on cytomegalovirus and herpes simplex virus infections. *N. Engl. J. Med.* **300:**1345–1349, 1979a.

Cheeseman, S. H., Stewart, J. A., Winkle, S., *et al.* Cytomegalovirus excretion 2–14 years after renal transplantation. *Transplant. Proc.* **11:**71–74, 1979b.

Cheng, Y.-C., Grill, S., Derse, D., Chen, J.-Y., *et al.* Model of action of phosphonoformate as an antiherpes simplex virus agent. *Biochim. Biophys. Acta* **652:**90–98, 1981.

Cheng, Y.-C., Huang, E.-S., Lin, J.-C., *et al.* Unique spectrum of activity of 9-[(1,3-dihydroxy-2-propropoxy)methyl]guanine against herpes simplex virus type 1. *Proc. Natl. Acad. Sci. U.S.A.* **80:**2767–2770, 1983.

Cherrington, J. M., Mocarski, E. S. Human cytomegalovirus IE1 transactivates the alpha promoter-enhancer via an 18-base-pair repeat element. *J. Virol.* **63:**1435–1440, 1989.

Chess, L., MacDermott, R. P., Schlossman, S. F. Immunologic function of isolated human lymphocyte populations. II. Antigen triggering of B and T cells *in vitro*. *J. Immunol.* **113:**1122–1127, 1974.

Cheung, K. S., Lang, D. J. Transmission and activation of cytomegalovirus with blood transfusion: A mouse model. *J. Infect. Dis.* **135:**841–845, 1977.

Chiang, W. T., Wentworth, B. B., Alexander, E. R. The use of an immunofluorescence technique for the determination of antibodies to cytomegalovirus strains in human sera. *J. Immunol.* **104:**992–999, 1970.

Chiba, S., Ikeda, S., Chiba, Y., *et al.* Epidemic of subclinical infection with cytomegalovirus in an infant home. *Tohoku J. Exp. Med.* **106:**387–389, 1972.

Chiba, S., Motokawa, T., Tamura, T., *et al.* Seroconversion to virus-specific pre-early nuclear antigens in infants with primary CMV infection. *Infect. Immun.* **30:**135–139, 1980.

Chiba, S., Kamada, M., Yoshimura, H., *et al.* Congenital cytomegalovirus infection in Japan. *N. Engl. J. Med.* **310:**350, 1984.

Ch'ien, L. T., Cannon, N. J., Whitley, R. J., *et al.* Effect of adenine-arabinoside on cytomegalovirus infections. *J. Infect. Dis.* **130:**32–39, 1974.

Chin, W., Magoffin, R., Firerson, G., Lennette, E. H. Cytomegalovirus infection. A case with meningoencephalitis. *J.A.M.A.* **225:**740–741, 1973.

Chiou, H. Ç., Weller, S. K., Coen, D. M. Mutations in the herpes simplex virus major DNA-binding protein gene leading to altered sensitivity to DNA polymerase inhibitors. *Virology* **145:**213–226, 1985.

Choi, Y. C., Hsiung, G. D. Cytomegalovirus infection in guinea pigs. II. Transplacental and horizontal transmission. *J. Infect. Dis.* **138:**197–202, 1978.

Choi, Y. C., Swack, N. S., Hsiung, G. D. Effect of heparin on cytomegalovirus replication. *Proc. Soc. Exp. Biol. Med.* **157:**569–571, 1978.

Chou, S. Acquisition of donor strains of cytomegalovirus by renal-transplant recipients. *N. Engl. J. Med.* **314:**1418–1423, 1986.

Chou, S. Reactivation and recombination of multiple cytomegalovirus strains from individual organ donors. *J. Infect. Dis.* **160:**11–15, 1989.

Chou, S., Merigan, T. C. Rapid detection and quantitation of human cytomegalovirus in urine through DNA hybridization. *N. Engl. J. Med.* **308:**921–925, 1983.

Chou, S., Norman, D. J. Effect of OKT3 antibody therapy on cytomegalovirus reactivation in renal transplant recipients. *Transplant. Proc.* **17:**2755–2756, 1985.

Chou, S., Norman, D. J. The influence of donor factors other than serologic status on transmision of cytomegalovirus to transplant recipients. *Transplantation* **46:**89–93, 1988.

Chou, S., Scott, K. M. Latex agglutination and enzyme-linked immunosorbent assays for cytomegalovirus serologic screening of transplant donors and recipients. *J. Clin. Microbiol.* **26:**2116–2119, 1988.

Chou, S., Kim, D. Y., Norman, D. J. Transmission of cytomegalovirus by pretransplant leukocyte transfusions in renal transplant candidates. *J. Infect. Dis.* **155:**565–567, 1987a.

Chou, S., Kim, D., Scott, K. M., Sewell, D. L. Immunoglobulin M to cytomegalovirus in primary and reactivation infections in renal transplant recipients. *J. Clin. Microbiol.* **25:**52–55, 1987b.

Chretien, J. H., McGinnis, C. G., Muller, A. Venereal causes of cytomegalovirus mononucleosis. *J.A.M.A.* **238:**1644–1645, 1977.

Christiansen, L., Beeman, H. W., Allen, A. Cytomegalic inclusion disease. *Arch. Ophthalmol.* **57:**90–99, 1957.

Chua, C. C., Carter, T. H., St. Jeor, S. Transcription of the human cytomegalovirus genome in productively infected cells. *J. Gen. Virol.* **56:**1–11, 1981.

Churchill, M. A., Zaia, J. A., Forman, S. J., *et al.* Quantitation of human cytomegalovirus DNA in lungs from bone marrow transplant recipients with interstitial pneumonia. *J. Infect. Dis.* **155:**501–509, 1987.

Clanton, D. J., Jariwalla, R. J., Kress, C., Rosenthal, L. J. Neoplastic transformation by a cloned human cytomegalovirus DNA fragment uniquely homologous to one of the transforming regions of herpes simplex virus type 2. *Proc. Natl. Acad. Sci. U.S.A.* **80:**3826–3830, 1983.

Clark, B., Zaia, J., Balce-Directo, L., Ting, Y. Isolation and partial chemical characterization of a 64,000-dalton glycoprotein of human cytomegalovirus. *J. Virol.* **49:**279–282, 1984.

Cockley, K. D., Rapp, F. Analysis of long-term human cytomegalovirus latency *in vitro*. *Intervirology* **26:**129–139, 1986.

Colacino, J. M., Lopez, C. Efficacy and selectivity of some nucleoside analogs as anti-human cytomegalovirus agents. *Antimicrob. Agents Chemother.* **24:**505–508, 1983.

Colacino, J. M., Lopez, C. Antiviral activity of 2′-deoxy-2′-fluoro-beta-*d*-arabinofuranosyl-5-iodocytosine against human cytomegalovirus in human skin fibroblasts. *Antimicrob. Agents Chemother.* **28:**252–258, 1985.

Cole, N. L., Balfour, H. H., Jr. *In vitro* susceptibility of cytomegalovirus isolates from immunocompromised patients to acyclovir and ganciclovir. *Diag. Microbiol. Infect. Dis.* **6:**255–261, 1987.

Cole, R., Kuttner, A. G. A filterable virus present in the submaxillary glands of guinea pigs. *J. Exp. Med.* **44:**855–873, 1926.

Collaborative Study. Cytomegalovirus infection in the northwest of England. A report on a two year study. *Arch. Dis. Child.* **45:**513–522, 1970.

Collier, A. C., Meyers, J. D., Corey, L., *et al.* Cytomegalovirus infection in homosexual men. *Am. J. Med.* **82:**593–600, 1987.

Condie, R. M., Hall, B. L., Howard, R. J., *et al.* Treatment of life-threatening infections in renal transplant recipients with high-dose intravenous human IgG. *Transplant. Proc.* **11:**66–68, 1979.

Conley, A. J., Knipe, D. M., Jones, P. C., Roizman, B. Molecular genetics of herpes simplex virus VII. Characterization of a temperature-sensitive mutant produced by *in vitro* mutagenesis and defective in DNA synthesis and accumulation of a-polypeptides. *J. Virol.* **37:**191–206, 1981.

Connor, W. S., Johnson, K. P. Cytomegalovirus infection in weaning guinea pigs. *J. Infect. Dis.* **134:**442–449, 1976.

Cook, M. L., Bastone, V. B., Stevens, J. G. Evidence that neurons harbor latent herpes simplex virus. *Infect. Immun.* **9:**946–951, 1974.

Coombs, R. R. H. Cytomegalic inclusion-body disease associated with acquired autoimmune haemolytic anaemia. *Br. Med. J.* **2:**743–744, 1968.

Corey, L., Spear, P. G. Infections with herpes simplex viruses. *N. Engl. J. Med.* **314:**686–691, 749–757, 1986.

Cosimi, A. B., Colvin, R. B., Burton, R. C., *et al.* Use of monoclonal antibodies to T-cell subsets for immunologic monitoring and treatment in recipients of renal allografts. *N. Engl. J. Med.* **305:**308–314, 1981.

Costa, J. C., Rabson, A. S. Role of Fc receptors in herpes simplex virus infection. *Lancet* **1**:77–78, 1975.

Coulson, A. S., Lucas, Z. J., Condy, M., Cohn, R. Forty-day fever. An epidemic of cytomegalovirus disease in a renal transplant population. *West. J. Med.* **120**:1–7, 1974.

Coutinho, R. A., Van Dillen, P. W., Van Lent, P. A., *et al.* Infection with cytomegalovirus in homosexual men. *Br. J. Vener. Dis.* **60**:249–252, 1984.

Covell, W. P. Occurrence of intranuclear inclusions in monkeys unaccompanied by specific signs of disease. *Am. J. Pathol.* **8**:151–158, 1932.

Cowdry, E. V. The problem of intranuclear inclusions in virus disease. *Arch. Pathol.* **18**:525–542, 1934.

Cowdry, E. V., Scott, G. H. A comparison of certain intranuclear inclusions found in the livers of dogs without history of infection with intranuclear inclusions characteristic of the action of filterable viruses. *Arch. Pathol.* **9**:1184–1196, 1930.

Cowdry, E. V., Scott, G. H. Nuclear inclusions in the kidneys of *Macacus* monkeys. *Am. J. Pathol.* **11**:659–668, 1935a.

Cowdry, E. V., Scott, G. H. Nuclear inclusions suggestive of virus action in salivary glands of the monkey. *Cebus fatuellus* L. *Proc. Soc. Exp. Biol. Med.* **32**:709–711, 1935b.

Cox, F., Hughes, W. T. Fecal excretion of cytomegalovirus in disseminated cytomegalic inclusion disease. *J. Infect. Dis.* **129**:732–736, 1974.

Cox, F., Hughes, W. T. Cytomegaloviremia in children with acute lymphocytic leukemia. *J. Pediatr.* **87**:190–194, 1975.

Cox, F., Meyer, D., Hughes, W. T. Cytomegalovirus in tears from patients with normal eyes and with acute cytomegalovirus chorioretinitis. *Am. J. Ophthalmol.* **80**:817–824, 1975.

Craighead, J. E. Immunological response to cytomegalovirus infection in renal allograft recipients. *Am. J. Epidemiol.* **90**:506–513, 1969.

Craighead, J. E. Pulmonary cytomegalovirus infection in the adult. *Am. J. Pathol.* **63**:487–504, 1971.

Craighead, J. E., Hanshaw, J. B., Carpenter, C. G. Cytomegalovirus infection after renal allotransplantation. *J.A.M.A.* **201**:725–728, 1967.

Craighead, J. E., Kanich, R. E., Almeida, J. D. Non-viral microbodies with viral antigenicity produced in cytomegalovirus-infected cells. *J. Virol.* **10**:766–775, 1972.

Cranage, M., Kouzarides, T., Bankier, A., *et al.* Identification of the human cytomegalovirus glyprotein B gene and induction of neutralizing antibodies via its expression in recombinant vaccinia virus. *EMBO J.* **5**:3057–3063, 1986.

Cranage, M., Smith, G., Bell, S., *et al.* Identification and expression of a human cytomegalovirus glyprotein with homology to the Epstein–Barr virus BXLF2 product, varicella–zoster virus gpIII, and herpes simplex virus type 1 glycoprotein H. *J. Virol.* **62**:1416–1422, 1988.

Creagh-Kirk, T., Doi, P., Andrews, E., *et al.* Survival experience among patients with AIDS receiving zidovudine. *J.A.M.A.* **260**:3009–3015, 1988.

Cremer, N. E., Schmidt, N. J., Jensen, F., *et al.* Complement-fixing antibody in human sera reactive with viral and soluble antigens of cytomegalovirus. *J. Clin. Microbiol.* **1**:262–267, 1975.

Cremer, N. E., Hoffman, M., Lennette, E. H. Analysis of antibody assay methods and classes of viral antibodies in serodiagnosis of cytomegalovirus infection. *J. Clin. Microbiol.* **8**:153–159, 1978.

Cremer, N., Cossen, C., Shell, G., Pereira, L. Antibody response to cytomegalovirus polypeptides captured by monoclonal antibodies on the solid phase in enzyme immunizes. *J. Clin. Microbiol.* **21**:517–521, 1985.

Crome, L. Microgyria. *J. Pathol. Bacteriol.* **64**:479–495, 1952.

Crome, L., France, N. E. Microgyria and cytomegalic inclusion disease in infancy. *J. Clin. Pathol.* **12**:427–434, 1959.

Cruz, J. R., Waner, J. L. Effect of concurrent cytomegaloviral infection and undernutrition on the growth and immune response of mice. *Infect. Immun.* **21**:346–441, 1978.

Cruz, J. R., Mata, L. J., Urrutia, J. J. Citomegalovirua durante el primer ano de vida: Estudia prospecto en una poblacion indigena de Guatemala. *Bol. Of. Sanit. Panam.* **83**:218–222, 1977.

Cruz-Araullo, T. P., Ho, M., Armstrong, J. A. Protective effect of early serum from mice after cytomegalovirus infection. *Infect. Immun.* **21**:840–842, 1978.

Cutforth, R., Mitchell, R. M., Mundy, G. R. Cytomegalovirus mononucleosis following renal hemodialysis. *Med. J. Aust.* **2**:1103–1104, 1968.

D'Antonio, D., Angelini, A., Iacone, A., *et al.* Rapid detection of cytomegalovirus with monoclonal antibody in blood component donors: A simple screening for hemotherapy in a bone marrow transplantation program. *Haematologica* **73**:495–497, 1988.

Davis, G. L. Cytomegalovirus in the inner ear. Case report and electron microscopic study. *Ann. Otol. Rhinol. Laryngol.* **78**:1179–1188, 1969.

Davis, L. E., Tweed, G. V., Stewart, J. A., *et al.* Cytomegalovirus mononucleosis in a first trimester pregnant female with transmission to the fetus. *Pediatrics* **48**:200–206, 1971.

Davis, L. E., James, C. G., Fiber, F., McLaren, L. C. Cytomegalovirus isolation from a human inner ear. *Ann. Otol. Rhinol. Laryngol.* **88**:424–426, 1979.

Davis, L. E., Johnsson, L. G., Kornfeld, M. Cytomegalovirus labyrinthitis in an infant: Morphological, virological and immunofluorescent studies. *J. Pathol. Exp. Neurol.* **40**:9–19, 1981.

Davis, L. E., Stewart, J. A., Rarey, K. E., McLaren, L. C. Recovery and probable persistence of cytomegalovirus in human inner ear fluid without cochlear damage. *Ann. Otol. Rhinol. Laryngol.* **96**:380–383, 1987.

Davis, M., Mar, E., Wu, Y., Huang, E. Mapping and expression of a human cytomegalovirus major viral protein. *J. Virol.* **52**:129–135, 1984.

Davis, M., Huang, E. Nucleotide sequence of a human cytomegalovirus DNA fragment encoding a 67-kilodalton phosphorylated viral protein. *J. Virol.* **56**:7–11, 1985.

Davis, M. G., Kenney, S. C., Kamine, J., *et al.* Immediate-early gene region of human cytomegalovirus trans-activates the promoter of human immunodeficiency virus. *Proc. Natl. Acad. Sci. U.S.A.* **84**:8642–8646, 1987.

Davison, A. J. Structure of the genomic termini of varicella zoster virus. *J. Gen. Virol.* **65**:1969–1977, 1984.

Davison, A. J., Wilkie, N. M. Nucleotide sequences of the joint between the L and S segments of herpes simplex virus type 1 and 2. *J. Gen. Virol.* **55**:315–331, 1981.

Deibel, R., Fairley, R. J., Ducharme, C. *Serological Studies with Cytomegalovirus. Annual Report 56-58 (1965).* Division of Laboratories and Research, New York State Department of Health, Albany, 1965.

De la Monte, S. M., Ho, D. D., Schooley, R. T., *et al.* Subacute encephalomyelitis of AIDS and its relation to HTLV-III infection. *Neurology (N.Y.)* **37**:562–569, 1987.

DeMarchi, J. M. Human cytomegalovirus DNA: Restriction enzyme cleavage maps and map locations for immediate-early, early and late RNAs. *Virology* **114**:23–38, 1981.

DeMarchi, J. M. Post-transcriptional control of human cytomegalovirus gene expression. *Virology* **124**:390–402, 1983a.

DeMarchi, J. M. Correlation between stimulation of host cell DNA synthesis by human cytomegalovirus and lack of expression of a subset of early virus genes. *Virology* **129**:274–286, 1983b.

DeMarchi, J. M. Nature of the block in the expression of some early virus genes in cells abortively infected with human cytomegalovirus. *Virology* **129**:287–297, 1983c.

DeMarchi, J. M., Kaplan, A. S. Replication of human cytomegalovirus DNA: Lack of dependence on cell DNA synthesis. *J. Virol.* **18**:1063–1070, 1976.

DeMarchi, J. M., Kaplan, A. S. Physiological state of human embryonic lung cells affects their response to human cytomegalovirus. *J. Virol.* **23**:126–132, 1977.

DeMarchi, J. M., Blankship, M. L., Brown, G. D., Kaplan, A. S. Size and complexity of human cytomegalovirus DNA. *Virology* **89**:643–646, 1978.

DeMarchi, J. M., Schmidt, C. A., Kaplan, A. A. Patterns of transcription of human cytomegalovirus in permissively infected cells. *J. Virol.* **35**:277–297, 1980.

Demetris, A. J., Lasky, S., Van Thiel, D. H., *et al.* Pathology of hepatic transplantation: A review of 62 adult allograft recipients immunosuppressed with a cyclosporine/steroid regimen. *Am. J. Pathol.* **118**:151–161, 1985.

Demmler, G. J., Brady, M. T., Bijou, H., *et al.* Posttransfusion cytomegalovirus infection in neonates: Role of saline-washed red blood cells. *J. Pediatr.* **108:**762–765, 1986.

Demmler, G. J., Buffone, G. J., Schimbor, C. M., May, R. A. Detection of cytomegalovirus in urine from newborns by using polymerase chain reaction DNA amplification. *J. Infect. Dis.* **158:**1177–1184, 1988.

Depto, A. S., Stenberg, R. M. Regulated expression of the human cytomegalovirus pp65 gene: Octamer sequence in the promoter is required for activation by viral gene products. *J. Virol.* **63:**1232–1238, 1989.

DeSilva, L. M., Klampfner, G. L., Lister, C. M., Tobin, J. O'H. Identification of pregnancies at risk from cytomegalovirus infection. *J. Hyg. (Camb.)* **79:**347–354, 1977.

Desmonts, G., Couvreur, J. Congenital toxoplasmosis. A prospective study of 378 pregnancies. *N. Engl. J. Med.* **290:**1110–1116, 1974.

Dias, M. J. M., Harmant-van Rijckevorsel, G., Landrieu, P., Lyon, G. Prenatal cytomegalovirus disease and cerebral microgyria: Evidence for perfusion failure, not disturbance of histogenesis as the major cause of fetal cytomegalovirus encephalopathy. *Neuropediatrics* **15:**18–24, 1984.

Dienstag, J. Serologic testing for hepatitis. *Lab. Manage.* **22:**21–28, 1982.

Dienstag, J. L., Cline, W. L., Purcell, R. H. Detection of cytomegalovirus antibody by immune adherence hemagglutination. *Proc. Soc. Exp. Biol. Med.* **153:**543–548, 1976.

Dieterich, D. T., Chachoua, A., Lafleur, F., Worrell, C. Ganciclovir treatment of gastrointestinal infections caused by cytomegalovirus in patients with AIDS. *Rev. Infect. Dis.* **10**(Suppl. 3)**:**S532–S537, 1988.

Diethelm, A. G., Gore, I., Ch'ien, L. T., Sterling, W. A., Morgan, J. M. Gastrointestinal hemorrhage secondary to cytomegalovirus after renal transplantation. A case report and review of the problem. *Am. J. Surg.* **131:**371–374, 1976.

Diezel, P. B. Mikorgyrie infolge cerebraler Speicheldrusenvirus Infektion in Rahmen einer generalisierten Cytomegalie bei einen Saugling. Zugleich ein Beitrag zur Theorie der Windungsbildung. *Virchows Arch. (Pathol. Anat.)* **325:**109–130, 1954.

Diosi, P., Moldovan, E., Tomescu, N. Latent cytomegalovirus infection in blood donors. *Br. Med. J.* **4:**660–662, 1969.

Diosi, P., Arcan, P., Babusceac, L., Moldovan, E. Identification of a cytomegalovirus recovered from field mice (*Microtus arvalis*). *Pathol. Microbiol. (Basel)* **38:**178–183, 1972.

Diosi, P., Arcan, P., Plavosin, L. Genetic control of resistance to mouse cytomegalovirus infection. *Arch. Ges. Virusforsch.* **44:**23–27, 1974.

Doldi, K., Leroux, M., Kirchner, H., Bienzle, U., Ritter, K., Kalden, J. R. 74 Proliferative responses to human cytomegalovirus in lymphocyte cultures of male homosexuals. *J. Clin. Lab. Immunol.* **17:**111–114, 1985.

Donaldson, P. T., O'Grady, J., Portmann, B., *et al.* Evidence for an immune response to HLA class I antigens in the vanishing-bile duct syndrome after liver transplantation. *Lancet* **1:**945–948, 1987.

Donner, L., Sainerova, H., Svoboda, J., Scherneck, S. Potentiation of RSV rescue from RSV-transformed "poorly virogenic" cell lines by 5-bromodeoxyuridine treatment before transfusion with chick embryo fibroblasts. *Int. J. Cancer* **13:**37–42, 1974.

Dorfman, L. Cytomegalovirus encephalitis in adults. *Neurology (Minneap.)* **23:**136–143, 1973.

Dorsch-Hasler, K., Keil, G. M., Weber, F., *et al.* A long and complex enhancer activates transcription of the gene coding for the highly abundant immediate early mRNA in murine cytomegalovirus. *Proc. Natl. Acad. Sci. U.S.A.* **82:**8325–8329, 1985.

Dowling, J. N., Saslow, A. R., Armstrong, J. A., Ho, M. Cytomegalovirus infection in patients receiving immunosuppressive therapy for rheumatologic disorders. *J. Infect. Dis.* **133:**399–408, 1976.

Dowling, J. N., Wu, B. C., Armstrong, J. A., Ho, M. Enhancement of murine cytomegalovirus infection during graft versus host reaction. *J. Infect. Dis.* **135:**990–994, 1977.

Dowling, P., Menonna, J., Cook, S. Cytomegalovirus complement fixation antibody in Guillain–Barre syndrome. *Neurology (Minneap.)* **27:**1153–1156, 1977.

Dreesman, G. R., Benyesh-Melnick, M. Spectrum of human cytomegalovirus complement-fixing antigens. *J. Immunol.* **99:**1106–1114, 1967.

Dresler, S., Linder, D. Non-cirrhotic portal fibrosis following neonatal cytomegalic inclusion disease. *J. Pediatr.* **93:**887–894, 1978.

Drew, W. L., Miner, R. C., Ziegler, J. L., *et al.* Cytomegalovirus and Kaposi's sarcoma in young homosexual men. *Lancet* **II:**125–127, 1982.

Drew, W. L., Mintz, L., Miner, R. C., Sands, M., Ketterer, B. Prevalence of cytomegalovirus infection in homosexual men. *J. Infect. Dis.* **143:**188–192, 1981.

Drew, W. L., Sweet, E. S., Miner, R. C., *et al.* Multiple infections by cytomegalovirus in patients with acquired immune deficiency syndrome: Documentation by Southern blot hybridization. *J. Infect. Dis.* **150:**952–953, 1984.

Duchowny, M., Caplan, L., Siber, G. Cytomegalovirus infection in the adult nervous system. *Ann. Neurol.* **5:**458–461, 1979.

Dudding, L. R., Garnett, H. M. Interaction of strain AD169 and a clinical isolate of cytomegalovirus with peripheral monocytes: The effect of lipopolysaccharide stimulation. *J. Infect. Dis.* **155:**891–896, 1987.

Duff, R., Rapp, F. Properties of hamster embryo fibroblasts transformed in vitro after exposure to ultraviolet irradiated herpes simplex virus type 2. *J. Virol.* **8:**469–477, 1971.

Dummer, J. S., Hardy, A., Poorsattar, A. Early infections in kidney, heart and liver transplant recipients on cyclosporine. *Transplantation* **36:**259–267, 1983.

Dummer, J. S., Ho, M., Rabin, B., Griffith, B. P., Hardesty, R. L., Bahnson, H. T. The effect of cytomegalovirus and Epstein–Barr virus infection of T lymphocyte subsets in cardiac transplant patients on cyclosporine. *Transplantation* **38:**433–435, 1984.

Dummer, J. S., White, L. T., Ho, M., *et al.* The morbidity of cytomegalovirus infection in heart and hear–lung transplant recipients on cyclosporine. *J. Infect. Dis.* **152:**1182–1191, 1985.

Dummer, J. S., Montero, C. G., Griffith, B. P., *et al.* Infections in heart–lung transplant recipients. *Transplantation* **41:**725–729, 1986.

Dummer, J. S., Armstrong, J., Somers, J., *et al.* Transmission of infection with herpes simplex virus by renal transplantation. *J. Infect. Dis.* **155:**202–206, 1987.

Dumont, J., Liabeuf, A., Henle, W., *et al.* Anti-EBV antibody titers in non-Hodgkin's lymphomas. *Int. J. Cancer* **18:**14–23, 1976.

Dutko, F. N., Oldstone, M. B. A. Cytomegalovirus causes a latent infection in undifferentiated cells and is activated by induction of cell differentiation. *J. Exp. Med.* **154:**1636–1651, 1981.

Duvall, C. P., Casazza, A. R., Grimley, P. M., Carbone, P. P., Rowe, W. P. Recovery of cytomegalovirus from adults with neoplastic disease. *Ann. Intern. Med.* **64:**531–541, 1966.

Dworsky, M. E., Welch, K., Cassady, G., Stagno, S. Occupational risk for primary cytomegalovirus infection among pediatric health-care workers. *N. Engl. J. Med.* **360:**950–952, 1983.

Dworsky, M., Lakeman, A., Stagno, S. Cytomegalovirus transmission within a family. *Pediatr. Infect. Dis.* **3:**236–238, 1984.

Dyment, P. G., Orlando, S. J., Isaacs, H., Jr., Wright, H. T., Jr. The incidence of cytomegaloviruria and post-mortem cytomegalic inclusions in children with acute leukemia. *J. Pediatr.* **72:**533–536, 1968.

Ebeling, A., Keil, G. M., Knust, E., Koszinowski, U. H. Molecular cloning and physical mapping of murine cytomegalovirus DNA. *J. Virol.* **47:**421–433, 1983.

Edwards, R. H., Messing, R., McKendall, R. R. Cytomegalovirus meningoencephalitis in a homosexual man with Kaposi's sarcoma: Isolation of CMV from CSF cells. *Neurology (N.Y.)* **135:**560–562, 1985.

Egbert, P. R., Pollard, R. B., Gallagher, J. B., Merigan, T. C. Cytomegalovirus retinitis in immunosuppressed hosts. II. Ocular manifestations. *Ann. Intern. Med.* **93:**664–670, 1980.

Einhorn, L., Ost, A. Cytomegalovirus infection of human blood cells. *J. Infect. Dis.* **149:**207–214, 1984.

El-Beik, T., Razzaque, A., Jariwalla, R., Cihlar, R. L. Multiple transforming regions of human cytomegalovirus DNA. *J. Virol.* **60:**645–652, 1986.

Elek, S. D., Stern, H. Development of a vaccine against mental retardation caused by cytomegalovirus infection *in utero*. *Lancet* **1**:1–5, 1974.

Elion, G. B., Furman, P. A., Fyfe, J. A., *et al.* Selectivity of action of an antiherpes agent, 9-(2-hydroxyethoxymethyl)guanine. *Proc. Natl. Acad. Sci. U.S.A.* **74**:5716–5720, 1977.

Emanuel, D., Peppard, J., Chehimi, J., *et al.* The diagnostic, prophylactic, and therapeutic uses of monoclonal antibodies to human cytomegalovirus. *Trans. Proc.* **19**:132–137, 1987.

Emanuel, D., Cunningham, I., Jules-Elysee, K., *et al.* Cytomegalovirus pneumonia after bone marrow transplantation successfully treated with the combination of ganciclovir and high-dose intravenous immune globulin. *Ann. Intern. Med.* **109**:777–782, 1988.

Embil, J. A., Folkins, D. F., Haldane, E. V., VanRooyen, C. E. Cytomegalovirus infection following extra-corporeal circulation in children: A prospective study. *Lancet* **2**:1151–1155, 1968.

Embil, J. A., Ozere, R. L., Haldane, E. V. Congenital cytomegalovirus infection in two siblings from consecutive pregnancies. *J. Pediatr.* **77**:417–421, 1970.

Emini, E., Luka, J., Armstrong, M., *et al.* Identification of an Epstein–Barr virus glycoprotein which is antigenically homologous to the varicella–zoster virus glycoprotein II and the herpes simplex virus glycoprotein B. *Virology* **157**:552–555, 1987.

Emodi, G., O'Reilly, R., Muller, A., *et al.* Effect of human exogenous leukocyte interferon in cytomegalovirus infections. *J. Infect. Dis.* **133**:A199–A204, 1976.

Ende, N., Gelpi, A. P. Pathologic changes noted in bone marrow in a case of Q fever. *Arch. Intern. Med.* **100**:793–796, 1957.

Enders, J. F., Weller, T. H., Robbins, F. C. Cultivation of the Lansing strain of poliomyelitis virus in cultures of various human embryonic tissues. *Science* **109**:85–87, 1949.

Englund, J. A., Sullivan, C. J., Jordan, M. C., *et al.* Respiratory syncytial virus infection in immunocompromosed adults. *Ann. Intern. Med.* **109**:203–208, 1988.

Epler, G. R., Snider, G. L., Gaensler, E. A., *et al.* Bronchiolitis and bronchitis in connective tissue diseases. *J.A.M.A.* **242**:528–532, 1979.

Erice, A., Jordan, M. C., Chace, B. A., *et al.* Ganciclovir treatment of cytomegalovirus disease in transplant recipients and other immunocompromised hosts. *J.A.M.A.* **257**:3082–3087, 1987.

Erice, A., Chou, S., Biron, K. K., *et al.* Progressive disease due to ganciclovir-resistant cytomegalovirus in immunocompromised patients. *N. Engl. J. Med.* **320**:289–293, 1989.

Estes, J. E., Huang, E. S. Stimulation of cellular thymidine kinase by human cytomegalovirus. *J. Virol.* **24**:13–21, 1977.

Evans, A. S. Infectious mononucleosis and other mono-like syndromes. *N. Engl. J. Med.* **286**:836–838, 1972.

Evans, A. S. *Viral Infections of Humans, Epidemiology and Control.* Plenum Press, New York, 1976, p. 584.

Evans, A. S., Niederman, J. C. Epstein–Barr virus. In A. J. Evans (ed) *Viral Infections of Humans,* 2nd Edition. Plenum Press, New York, 1982, pp. 253–282.

Evans, D. J., Williams, E. D. Cytomegalic inclusion disease in the adult. *J. Clin. Pathol.* **21**:311–316, 1968.

Fabricant, C. G., Fabricant, J., Litrenta, M. M., Minick, C. R. Virus induced atherosclerosis. *J. Exp. Med.* **148**:335–340, 1978.

Farber, I., Wurtzler, P., Schweizer, H., Sprossig, M. Human CMV induced changes in rabbit cells. *Arch. Virol.* **59**:257–261, 1979.

Farber, S., Wolbach, S. G. Intranuclear and cytoplasmic inclusions ("protozoan-like bodies") in the salivary glands and other organs of infants. *Am. J. Pathol.* **8**:123–135, 1932.

Farrer, G. H., Greenaway, P. J. Characterization of glycoprotein complexes present in human cytomegalovirus envelopes. *J. Gen. Virol.* **67**:1469–1473, 1986.

Farrer, G. H., Oram, J. D. Characterization of the human cytomegalovirus envelope glycoproteins. *J. Gen. Virol.* **65**:1991–2001, 1984.

Fauci, A. S. The human immunodeficiency virus: Infectivity and mechanisms of pathogenesis. *Science* **239**:617–622, 1988.

Feldman, R. A. Cytomegalovirus in stored urine specimens. *J. Pediatr.* **73:**611–614, 1968.

Felsenstein, D., D'Amico, D. J., Hirsch, M. S., *et al.* Treatment of cytomegalovirus retinitis with 9-[2-hydroxy-1-(hydroxymethyl)ethoxymethyl]guanine. *Ann. Intern. Med.* **103:**377–380, 1985a.

Felsenstein, D., D'Amico, D. J., Hirsch, M. S., *et al.* Treatment of cytomegalovirus retinitis with 9-[2-hydroxy-1-(hydroxymethyl)ethoxymethyl]guanine and high-dose corticosteroids. *Ann. Intern. Med.* **105:**214–215, 1985b.

Felsenstein, D., Carney, W. P., Iacoviello, V. R., Hirsch, M. S. Phenotypic properties of atypical lymphocytes in cytomegalovirus-induced mononucleosis. *J. Infect. Dis.* **152:**198–203, 1985c.

Fenner, F., McAuslan, B. R., Mims, C. A., *et al. The Biology of Animal Viruses,* 2nd ed. Academic Press, New York, 1974, p. 834.

Fetterman, G. H. A new laboratory aid in the clinical diagnosis of inclusion disease of infancy. *Am. J. Clin. Pathol.* **22:**424–425, 1952.

Fetterman, G. H., Sherman, F. E., Fabizio, N. S., Studnicki, F. M. Generalized cytomegalic inclusion disease of the newborn: Localization of inclusions in the kidney. *Arch. Pathol.* **86:**86–94, 1968.

Fiala, M., Kattlove, H., Lemkin, T. Cytomegalovirus mononucleosis with severe thrombocytopenia. *Ann. Intern. Med.* **79:**450–451, 1973.

Fiala, M., Payne, J. E., Berne, T. V., *et al.* Epidemiology of cytomegalovirus infection after transplantation and immunosuppression. *J. Infect. Dis.* **132:**421–433, 1975.

Fiala, M., Honess, R. W., Heiner, D. C., *et al.* Cytomegalovirus proteins. I. Polypeptides of virions and dense bodies. *J. Virol.* **19:**243–254, 1976.

Fiala, M., Cone, L. A., Chang, C. M., Mocarski, E. S. Cytomegalovirus viremia increases with progressive immune deficiency in patients infected with HTLV-III. *AIDS Res.* **2**(3)**:**175–181, 1986.

Fiche, M., Soulilou, J. P., Bignon, J. D., *et al.* T lymphocyte monitoring in kidney transplant recipients undergoing cytomegalovirus infection or rejection episodes. *Transplantation* **37:**421–423, 1984.

Field, A. K., Davies, M. E., DeWitt, C., *et al.* 9-([2-Hydroxy-1-(hydroxymethyl)ethoxy]methyl) guanine: A selective inhibitor of herpes group virus replication. *Proc. Natl. Acad. Sci. U.S.A.* **80:**4139–4143, 1983.

Figueroa, M. E., Geder, L., Rapp, F. Infection of human amnion cells with CMV. *J. Med. Virol.* **2:**369–375, 1978.

Findlay, G. M. Intranuclear bodies in the liver cells of mice. *Br. J. Exp. Pathol.* **13:**223–229, 1932.

Fioretti, A., Pollini, C. Use of gel precipitin test in the diagnosis of CMV infections. *Acta Virol. (Praha)* **22:**68–69, 1978.

Fioretti, A., Fuirukawa, T., Santoli, D., Plotkin, S. A. Non-productive infection of guinea pig cells with human cytomegalovirus. *J. Virol.* **11:**998–1003, 1973.

Flechner, S. M., Novick, A. C., Steinmuller, D. Improved cadaver allograft survival in transfused recipients who remain serologically negative for cytomegalovirus. *J. Urol.* **127:**644–647, 1982.

Foerster, H. W. Pathology of granulomatous uveitis. *Surv. Ophthalmol.* **4:**296, 1959.

Fong, C. K. Y., Bia, F., Hsiung, G. D. Ultrastructural development and persistence of guinea pig CMV in duet cells of guinea pig submaxillary gland. *Arch Virol.* **64:**97–108, 1980.

Fong, C. K. Y., Lucia, H., Bia, F. J., Hsiung, G. D. Histopathologic and ultrastructural studies of disseminated cytomegalovirus infection in strain 2 guinea pigs. *Lab. Invest.* **49:**183–194, 1983.

Forghani, B., Schmidt, N. J. Humoral immune response to virions and dense bodies of human cytomegalovirus determined by enzyme immunofluorescence assay. *J. Med. Virol.* **6:**119–127, 1980.

Forman, S., Zaia, J., Clark, B., Wright, C., Mills, B., Pottathil, R., Racklin, B., Gallagher, M., Welte, K., Blume, K. A 64,000 dalton matrix protein of human cytomegalovirus induces *in vitro* immune response similar to those of the whole viral antigen. *J. Immunol.* **134:**3391–3395, 1985.

Fortunato, J., Goldschmidt, B., Menonna, J., Dowling, P., Cook, S. Rapid detection of antibodies to cytomegalovirus by counterimmunoelectrophoresis. *J. Infect. Dis.* **135**:432–437, 1977.

Foster, K. M. Post-transfusion mononucleosis. *Aust. Ann. Med.* **15**:305–310, 1966.

Foster, K. M., Jack, I. Isolation of cytomegalovirus from the blood leucocytes of a patient with postransfusion mononucleosis. *Aust. Ann. Med.* **17**:135–140, 1968.

Foster, K. M., Jack, I. A prospective study of the role of cytomegalovirus in post-transfusion mononucleosis. *N. Engl. J. Med.* **280**:1311–1316, 1969.

Fox, A. S., Tolpin, M. D., Baker, A. L., *et al.* Seropositivity in liver transplant recipients as a predictor of cytomegalovirus disease. *J. Infect. Dis.* **157**:383–385, 1988.

Frager, D. H., Frager, J. D., Brandt, L. J., *et al.* Gastrointestinal complications of AIDS: Radiologic features. *Radiology* **158**:597–603, 1986.

Frank, I., Friedman, H. M. Progress in the treatment of cytomegalovirus pneumonia. *Ann. Intern. Med.* **109**:769–771, 1988.

Frank, T. S., LiVolsi, V. A., Connor, A. M. Cytomegalovirus infection of the thyroid in immunocompromised adults. *Yale J. Biol. Med.* **60**:1–8, 1987.

Freeman, W. R., Lerner, C. W., Mines, J. A., Lash, R. S., Nadel, A. J., Starr, M. B., Tapper, M. L. A prospective study of the opthalmologic findings in the acquired immune deficiency syndrome. *Am. J. Pathol.* **97**:133–142, 1984.

Freitas, V. R., Smee, D. F., Chernow, M., Boehme, R., Matthews, T. R. Activity of 9-(1,3-dihydroxy-2-propoxymethyl)guanine compared with that of acyclovir against human, monkey, and rodent cytomegaloviruses. *Antimicrob. Agents Chemother.* **28**:240–245, 1985.

Frenkel, N., Deiss, L. P. Spaete, R. R. Studies of HSV DNA propagation using HSV amplicons. In F. Rapp (ed.), *Herpesvirus, UCLA Symposia on Molecular and Cellular Biology, New Series.* Alan R. Liss, New York, 1984, pp. 289–300.

Friedman, A. H., Orellana, J., Freeman, W. R., *et al.* Cytomegalovirus retinitis: A manifestation of the acquired immune deficiency syndrome (AIDS). *Br. J. Ophthalmol.* **67**:372–380, 1981.

Friedman, H. M., Grossman, R. A., Plotkin, S. A., *et al.* Relapse of pneumonia caused by cytomegalovirus in two recipients of renal transplants. *J. Infect. Dis.* **139**:465–473, 1979.

Fuccillo, D. A., Moder, F. L., Traub, R. G., *et al.* Micro indirect hemagglutination test for cytomegalovirus. *Appl. Microbiol.* **21**:104–107, 1971.

Fujinami, R. S., Nelson, J. A., Walker, L., Oldstone, M. B. A. Sequence homology and immunologic cross-reactivity of human cytomegalovirus with HLA-DR beta chain: A means for graft rejection and immunosuppression. *J. Virol.* **62**:100–105, 1988.

Furman, P. A., St. Clair, M. H., Fyfe, J. A., *et al.* Inhibition of herpes simplex virus-induced DNA polymerase activity and viral DNA replication by 9-(2-hydroxyethoxymethyl)guanine and its triphosphate. *J. Virol.* **32**:72–77, 1979.

Furukawa, T., Fioretti, A., Plotkin, S. A. Growth characteristics of cytomegalovirus in human fibroblasts with demonstration of protein synthesis early in viral replication. *J. Virol.* **11**:991–997, 1973.

Furukawa, T., Tanaka, S., Plotkin, S. A. Stimulation of macromolecular synthesis in guinea pig cells by human CMV. *Proc. Soc. Exp. Biol. Med.* **148**:211–214, 1975a.

Furukawa, T., Hornberger, E., Sakuma, S., Plotkin, S. A. Demonstration of immunoglobulin G receptors induced by human cytomegalovirus. *J. Clin. Microbiol.* **2**:332–336, 1975b.

Furukawa, T., Sakuma, S., Plotkin, S. A. Human cytomegalovirus infection of WI-38 cells stimulates mitochondrial DNA synthesis. *Nature* **262**:414–416, 1976.

Furukawa, T., Yoshimura, N., Jean, J. H., Plotkin, S. A. Chronically persistent infection with human cytomegalovirus in human lymphocytes. *J. Infect. Dis.* **139**:211–214, 1979.

Gajl-Peczalska, K. Cytomegalic inclusion diseae. *Arch. Dis. Child.* **42**:14–19, 1967.

Galloway, D. A., Nelson, J. A., McDougall, J. K. Small fragments of herpesvirus DNA with transforming activity contain insertion sequence-like structures. *Proc. Natl. Acad. Sci. U.S.A.* **81**:4736–4740, 1984.

Gao, M., Isom, H. C. Characterization of the guinea pig cytomegalovirus genome by molecular cloning and physical mapping. *J. Virol.* **52**:436–447, 1984.

Garau, J., Kabins, S., DeNosaquo, S., Lee, G., Keller, R. Spontaneous cytomegalovirus mononucleosis with conjunctivitis. *Arch. Intern. Med.* **137**:1631–1632, 1977.

Gardner, M. B., Officer, J. E., Parker, J., Estes, J. D., Rongey, R. W. Induction of disseminated virulent cytomegalovirus infection by immunosuppression of naturally chronically infected wild mice. *Infect. Immun.* **10**:966–969, 1974.

Garnett, H. M. Isolation of human cytomegalovirus from peripheral blood T cells of renal transplant patients. *J. Lab. Clin. Med.* **99**:92–97, 1982.

Geballe, A. P., Mocarski, E. S. Translational control of cytomegalovirus gene expression is mediated by upstream AUG condons. *J. Virol.* **62**:3334–3340, 1988.

Geballe, A. P., Leach, F. S., Mocarski, E. S. Regulation of cytomegalovirus late gene expression: (gamma) genes are controlled by posttranscriptional events. *J. Virol.* **57**:864–874, 1986a.

Geballe, A. P., Spaete, R. R., Mocarski, E. S. A cis-acting element within the 5′ leader of a cytomegalovirus (beta) transcripts determines kinetic class. *Cell* **46**:865–872, 1986b.

Geddes, D. M., Corrin, B., Brewerton, D. A., *et al.* Progressive airway obliteration in adults and its association with rheumatoid disease. *Q. J. Med.* **46**:427–444, 1977.

Geder, L. Evidence for early nuclear antigens in cytomegalovirus infected cells. *J. Gen. Virol.* **32**:315–319, 1976.

Geder, L., Skinner, G. R. B. Differentiation between type 1 and type 2 strains of herpes simplex virus by an indirect immunofluorescent technique. *J. Gen. Virol.* **12**:179–182, 1971.

Geder, L., Lausch, R., O'Neill, F., Rapp, F. Oncogenic transformation of human embryo lung cells of human cytomegalovirus. *Science* **192**:1134–1137, 1976.

Geder, L., Kreider, J., Rapp, F. Human cells transformed *in vitro* by human cytomegalovirus: Tumorigenicity in athymic nude mice. *J. Natl. Cancer Inst.* **58**:1003–1007, 1977.

Geelen, J. L. M. C., Westrate, M. W. Organization of the human cytomegalovirus genome. In Y. Becker (ed.), *Herpesvirus DNA*. Martinus Nijhoff Medical Publishers, The Hague, 1981, pp. 325–343.

Geelen, J. L. M. C., Walig, C., Wertheim, P., Van Der Noordaa, J. Human cytomegalovirus DNA. I. Molecular weight and infectivity. *J. Virol.* **26**:813–816, 1978.

Gehrz, R. C., Rutzick, S. R. Cytomegalovirus (CMV)-specific lysis of CMV-infected target cells can be mediated by both NK-like and virus-specific cytotoxic T lymphocytes. *Clin. Exp. Immunol.* **61**:80–89, 1985.

Gehrz, R. C., Marker, S. C., Knorr, S. O., *et al.* Specific cell-mediated immune deficit in active cytomegalovirus infection of young children and their mothers. *Lancet* **2**:844–847, 1977.

Gehrz, R. C., Christianson, W. R., Linner, K. M., *et al.* Cytomegalovirus vaccine. Specific humoral and cellular immune responses in human volunteers. *Arch. Intern. Med.* **140**:936–939, 1980.

Gehrz, R. C., Christianson, W. R., Linner, K. M., *et al.* Cytomegalovirus-specific humoral and cellular immune responses in human pregnancy. *J. Infect. Dis.* **143**:391–395, 1981.

Gelderman, A. H., Grimley, P. M., Lunde, M. N., Rabson, A. S. *Toxoplasma gondii* and cytomegalovirus: Mixed infections by a parasite and a virus. *Science* **160**:1130–1132, 1968.

Gergely, L., Czedledy, J., Vaczi, L. Human antibody response to human cytomegalovirus-specific DNA-binding proteins. *Acta Virol. (Praha)* **32**:1–5, 1988.

Gerna, G., McCloud, C. J., Chambers, R. W. Immunoperoxidase technique for detection of antibodies to human cytomegalovirus. *J. Clin. Microbiol.* **3**:364–372, 1976a.

Gerna, G., Vasquez, A., McCloud, C. J., Chambers, R. W. The immunoperoxidase technique for rapid human cytomegalovirus identification. *Arch. Virol.* **50**:311–321, 1976b.

Gerna, G., Cereda, P. M., Cattaneo, E., *et al.* Immunoglobulin G to virus-specific early antigens in congenital, primary and reactivated human CMV infections. *Infect. Immun.* **22**:833–841, 1978.

Gershon, A., Cosio, L., Brunnell, P. A. Observations on the growth of varicella–zoster virus in human diploid cells. *J. Gen. Virol.* **18**:21–31, 1973.

Gertler, S. L., Pressman, J., Price, P., *et al.* Gastrointestinal cytomegalovirus infection in a homosexual man with severe acquired immunodeficiency syndrome. *Gastroenterology* **85**:1403–1406, 1983.

Ghazal, P., Lubon, H., Fleckenstein, B., *et al.* Binding of transcription factors and creation of a large nucleoprotein complex on the human cytomegalovirus enhancer. *Proc. Natl. Acad. Sci. U.S.A.* **84**:3658–3662, 1987.

Ghazal, P., Lubon, H., Hennighausen, L. Specific interactions between transcription factors and the promoter-regulatory region of the human cytomegalovirus major immediate early gene. *J. Virol.* **62**:1076–1079, 1988a.

Ghazal, P., Lubon, H., Henninghausen, L. Multiple sequence-specific transcription factors modulate cytomegalovirus enhancer activity *in vitro*. *Mol. Cell. Biol.* **8**:1809–1811, 1988b.

Gibson, W. Immediate-early proteins of human cytomegalovirus strains AD 169, Davis, and Towne differ in electrophoretic mobility. *Virology* **112**:350–354, 1981a.

Gibson, W. Structural and nonstructural proteins of strain Colburn cytomegalovirus. *Virology* **111**:516–537, 1981b.

Gibson, W. Protein counterparts of human and simian cytomegaloviruses. *Virology* **128**:391–406, 1983.

Gibson, W., Irmiere, A. Selection of particles and proteins for use as human cytomegalovirus subunit vaccines. In *Birth Defects* **20**:305–324, 1984.

Gibson, W., Murphy, T., Roby, C. Cytomegalovirus-infected cells contain a DNA-binding protein. *Virology* **111**:251–262, 1981.

Gilbert, G. L., Hudson, I. L., Hayes, K., James, J. Prevention of transfusion-acquired cytomegalovirus infection in infants by blood filtration to remove leucocytes. *Lancet* **I**:1128–1231, 1989.

Giraldo, G., Beth, E., Coeur, P., *et al.* Kaposi's sarcoma: A new model in the search for viruses associated with human malignancies. *J. Natl. Cancer Inst.* **49**:1495–1507, 1972a.

Giraldo, G., Beth, E., Haguenau, F. Herpes-type virus particles in tissue culture of Kaposi's sarcoma from different geographic regions. *J. Natl. Cancer Inst.* **49**:1509–1526, 1972b.

Giraldo, G., Beth, E., Kourilsky, F. M., *et al.* Antibody patterns to herpesviruses in Kaposi's sarcoma: Serological association of European Kaposi's sarcoma with cytomegalovirus. *Int. J. Cancer* **15**:839–848, 1975.

Giraldo, G., Beth, E., Henle, W., *et al.* Antibody patterns to herpesviruses in Kaposi's sarcoma. II. Serological association of American Kaposi's sarcoma with CMV. *Int. J. Cancer* **22**:126–131, 1978.

Giraldo, G., Beth, E., Huang, E. W. Relationship of CMV to Kaposi's sarcoma. In *International Conference on Human Herpesviruses*, Atlanta, 1980.

Glaser, R., Rapp, F. Rescue of Epstein–Barr virus from somatic cell hybrids of Burkitt's lymphoblastoid cells. *J. Virol.* **10**:288–296, 1972.

Glaser, R., Geder, L., St. Jeor, S., *et al.* Partial characterization of a herpes-type virus (K9V) derived from Kaposi's sarcoma. *J. Natl. Cancer Inst.* **59**:55–60, 1977.

Glaser, R., Strain, E. C., Tarr, K. L., *et al.* Changes in Epstein–Barr virus antibody titers associated with aging. *Proc. Soc. Exp. Biol. Med.* **179**:352–355, 1985.

Glasgow, L. A., Hanshaw, J. B., Merigan, T. C., Petralli, J. K. Interferon and cytomegalovirus *in vivo* and *in vitro*. *Proc. Soc. Exp. Biol. Med.* **125**:843–849, 1967.

Glasgow, B. J., Steinsapir, K. D., Anders, K., *et al.* Adrenal pathology in the acquired immune deficiency syndrome. *Am. J. Clin.* **84**:594–597, 1985.

Glazer, J. P., Friedman, H. M., Grossman, R. A., Starr, S. E., Barker, C. F., Perloff, L. J., Huang, E. S., Plotkin, S. A. Live cytomegalovirus vaccination of renal transplant candidates. A preliminary trial. *Ann. Intern. Med.* **91**:676–683, 1979.

Gleaves, C. A., Smith, T. F., Shuster, E. A., Pearson, G. R. Comparison of standard tube and shell vial cell culture techniques for the detection of cytomegalovirus in clinical specimens. *J. Clin. Microbiol.* **21**:217–221, 1985.

Gluckman, E., Lotsberg, J., Devergie, A., *et al.* Prophylaxis of herpes infections after bone-marrow transplantation by oral acyclovir. *Lancet* **2**:706–708, 1983.

Godowski, P. J., Knipe, D. M. Transcriptional control of herpesvirus gene expression: Gene functions required for positive and negative regulations. *Proc. Natl. Acad. Sci. U.S.A.* **83**:256–260, 1986.

Goins, W. F. *Post-transcriptional Regulation of a Human Cytomegalovirus Late Gene*. Thesis, University of Iowa, Iowa City, 1986.

Goins, W. F., Stinski, M. F. Expression of a human cytomegalovirus late gene is post-transcriptionally regulated by a 3′-end-processing event occurring exclusively late after infection. *Mol. Cell. Biol.* **6**:4202–4213, 1986.

Gold, D., Ashley, R., Handsfield, H., *et al.* Immunoblot analysis of the humoral immune response in primary cytomegalovirus infection. *J. Infect. Dis.* **157**:319–326, 1988.

Gold, E., Nankervis, G. A. Cytomegalovirus. In A. S. Evans (ed.), *Viral Infections of Humans.* Plenum Press, New York, 1976, pp. 43–161.

Gompels, U., Minson, A. The properties and sequence of glycoprotein H of herpes simplex virus type 1. *Virology* **153**:230–247, 1986.

Gonczol, E., Andersen, H. K. Studies on human cytomegalovirus strain variations by membrane fluorescence. *Arch. Ges. Virusforsch.* **44**:147–149, 1974.

Gonczol, E., Andrews, P. W., Plotkin, S. A. Cytomegalovirus replicates in differentiated but not in undifferentiated human embryonal carcinoma cells. *Science* **224**:159–161, 1984.

Gonczol, E., Andrews, P. W., Plotkin, S. A. Cytomegalovirus infection of human tetracarcinoma cells in culture. *J. Gen. Virol.* **66**:509–515, 1985.

Gonczol, E., Hudecz, F., Ianocone, J., *et al.* Immune response to isolated human cytomegalovirus envelope proteins. *J. Virol.* **58**:661–664, 1986.

Gonczol, E., Ianacone, J., Starr, S., Plotkin, S. Immunization of seronegative and seropositive individuals with a protein complex of the HCMV envelope. In *Twelfth International Herpesvirus Workshop Abstracts,* Philadelphia, 1987, p. 253.

Gonczol, E., Ianacone, J., Furlini, G., *et al.* Humoral immune response to cytomegalovirus Towne vaccine strain and to Toledo low-passage strain. *J. Infect. Dis.* **159**:851–865, 1989.

Goodheart, C. R., McAllister, R. M., Filbert, J. E. Human cytomegalovirus. DNA synthesis and migration in infected cells studied autoradiographically. *Virology* **23**:603–608, 1964.

Goodman, M. D., Porter, D. D. Cytomegalovirus vasculitis with fatal colonic hemorrhage. *Arch. Pathol.* **96**:281–284, 1973.

Goodpasture, E. W. Intranuclear inclusions in experimental herpetic lesions of rabbits. *Am. J. Pathol.* **1**:1–9, 1925.

Goodpasture, E. W., Talbot, F. B. Concerning the nature of "protozoan-like" cells in certain lesions of infancy. *Am. J. Dis. Child.* **21**:415–425, 1921.

Gottlieb, M. S., Schroff, R., Schanker, H. M., *et al. Pneumocystis carinii* pneumonia and mucosal candidiasis in previously healthy homosexual men. Evidence of a new acquired cellular immunodeficiency. *N. Engl. J. Med.* **305**:1425–1431, 1981.

Gottman, A. W., Beatty, E. C. Cytomegalic inclusion disease in children with leukemia or lymphosarcoma. *Am. J. Dis. Child.* **104**:180–184, 1962.

Grafe, M. R., Wiley, C. A. Spinal cord and peripheral nerve pathology in AIDS: The roles of cytomegalovirus and human immunodeficiency virus. *Ann. Neurol.* **25**:561–566, 1989.

Graham, B. J., Minammashima, Y., Dreesman, G. R., *et al.* Complement-requiring neutralizing antibodies in hyperimmune sera to human cytomegalovirus. *J. Immunol.* **107**:1618–1630, 1971.

Graham, C. B., Jr., Thal, A., Wassum, C. S. Rubella-like bone changes in congenital cytomegalic inclusion disease. *Radiology* **94**:39–43, 1970.

Granström, M. L., Leinikki, P. Illnesses during the first two years of life and their association with perinatal CMV infection. *Scand. J. Infect. Dis.* **10**:257–264, 1978.

Granström, M. L., Leinikki, P., Santavuori, P., Pettay, O. Perinatal cytomegalovirus infection in man. *Arch. Dis. Child.* **52**:354–359, 1977.

Granström, M. L., Leinikki, P., Santavuori, P., Pettay, O. Perinatal cytomegalovirus in man. In *International Conference on Human Herpesviruses,* Atlanta, 1980.

Grattan, M. T., Moreno-Cabral, C. E., Starnes, V. A., *et al.* Cytomegalovirus infection is associated with cardiac allograft rejection and atherosclerosis. *J.A.M.A.* **261**:3561–3566, 1989.

Gray, J. J., Alvey, B., Smith, D. J., Wreghitt, T. G. Evaluation of a commercial latex agglutination test for detecting antibodies to cytomegalovirus in organ donors and transplant recipients. *J. Virol. Methods* **16**:13–19, 1987.

Green, M. Oncogenic viruses. *Annu. Rev. Biochem.* **39**:701–756, 1970.

Greenberg, S. B., Linder, S., Baxter, B., *et al.* Lymphocyte subsets and urinary excretion of cytomegalovirus among homosexual men attending a clinic for sexually transmitted diseases. *J. Infect. Dis.* **150**:330–333, 1984.

Gregory, W. W., Menegus, M. A. Practical protocol for cytomegalovirus isolation: Use of MRC-5 cell monolayers incubated for 2 weeks. *J. Clin. Microbiol.* **17**:605–609, 1983.

Gretch, D. R., Stinski, M. F. Transcription of the human cytomegalovirus glycoprotein gene family in the short unique component of the viral genome. *Virology* **174**:522–532, 1990.

Gretch, D., Gehrz, R., Stinski, M. Characterization of a human cytomegalovirus glycoprotein complex (gCI). *J. Gen. Virol.* **69**:1205–1215, 1988a.

Gretch, D., Kari, B., Rasmussen, L., *et al.* Identification and characterization of three distinct families of glycoprotein complexes in the envelopes of human cytomegalovirus. *Virology* **62**:875–881, 1988b.

Gretch, D., Kari, B., Gehrz, R., Stinski, M. A multigene family encodes the human cytomegalovirus glycoprotein complex gCII (gp47–52 complex). *J. Virol.* **62**:1956–1962, 1988c.

Griffith, B. P., Hsiung, G. D. Cytomegalovirus infection in guinea pigs. IV. Maternal infection at different stages of gestation. *J. Infect. Dis.* **141**:787–793, 1980.

Griffith, B. P., Lucia, H. L., Bia, F. J., Hsiung, G. D. Cytomegalovirus induced mononucleosis in guinea pigs. *Infect. Immun.* **35**:857–863, 1981.

Griffith, B. P., McCormick, S. R., Booss, J., Hsiung, G. D. Inbred guinea pig model of intrauterine infection with cytomegalovirus. *Am. J. Pathol.* **122**:112–119, 1986.

Griffiths, P. D., Grundy, J. The status of CMV as a human pathogen. *Epidemiol. Inf.* **100**:1–15, 1988.

Griffiths, P. D., Buie, K. J., Heath, R. B. A comparison of complement fixation, indirect immunofluorescence for viral late antigens and anticomplement immunofluorescence tests for the detection of CMV specific serum antibodies. *J. Clin. Pathol.* **31**:827–831, 1978a.

Griffiths, P. D., Stagno, S., Reynolds, D. W., Alford, C. A. A longitudinal study of the serological and virological status of 18 women infected with CMV. *Arch. Virol.* **58**:111–118, 1978b.

Griffiths, P. D., Stagno, S., Pass, R. F., *et al.* Infection with cytomegalovirus during pregnancy; Specific IgM antibodies as a marker of recent primary infection. *J. Infect. Dis.* **146**:647–653, 1982.

Griffiths, P. D., Panjwani, D. D., Stirk, P. R., *et al.* Rapid diagnosis of cytomegalovirus infection in immunocompromised patients by detection of early antigen fluorescent foci. *Lancet* **2**:1242–1245, 1984.

Grob, J. P., Grundy, J. E., Prentice, H. G., *et al.* Immune donors can protect marrow-transplant recipients from severe cytomegalovirus infection. *Lancet* **1**:774–776, 1987.

Grompels, U., Munson, A. The properties and sequence of glycoprotein H of herpes simplex type 1. *Virology* **153**:230–247, 1986.

Grundy, J. E., Shearer, G. M. The effect of cytomegalovirus infection on the host response to foreign and hapten-modified self histocompatibility antigens. *Transplantation* **37**:485–490, 1984.

Grundy, J. E., Shanley, J. D., Shearer, G. M. Augmentation of graft-versus-host reaction by cytomegalovirus infection resulting in interstitial pneumonitis. *Transplantation* **39**:548–553, 1985.

Grundy, J., McKeating, J., Ward, P., Sanderson, A., Griffiths, P. A. 2 microglobulin enhances the infectivity of cytomegalovirus and when bound to the virus enables class I HLA molecules to be used as a virus receptor. *J. Gen. Virol.* **68**:793–803, 1987a.

Grundy, J. E., Shanley, J. D., Griffiths, P. D. Is cytomegalovirus intersistial pneumonitis in transplant recipients an immunopathological condition? *Lancet* **2**:996–999, 1987b.

Grundy, J. E., Super, M., Lui, S., *et al.* The source of cytomegalovirus infection in seropositive renal allograft recipients is frequently the donor kidney. *Transplant. Proc.* **19**:2126–2128, 1987c.

Grundy, J. E., McKeating, J. A., Sanderson, A. R., Griffiths, P. D. Cytomegalovirus and $\beta_2$ microglobulin in urine specimens. *Transplantation* **45**:1075–1079, 1988a.

Grundy, J., Ayles, H., McKeating, J., *et al.* Enhancement of class I HLA antigen expression by cytomegalovirus: Role in amplification of virus infection. *J. Med. Virol.* **25**:483–495, 1988b.

Grundy, J. E., Super, M., Berry, N. J., *et al.* Symptomatic cytomegalovirus infection in seropositive kidney recipients: Reinfection with donor virus rather than reactivation of recipient virus. *Lancet* **2**:132–135, 1988c.

Gui, X., Rinaldo, C. R., and Ho, M. Natural killer cell activity in renal transplant recipients receiving cyclosporine. *Infect. Immun.* **41**:965–970, 1983.

Gupta, P., St. Joer, S., Rapp, R. Comparison of the polypeptides of several strains of human cytomegalovirus. *J. Gen. Virol.* **34**:447–454, 1977.

Gurevich, I., Cunha, B. A. Non-parenteral transmission of cytomegalovirus in a neonatal intensive care unit. *Lancet* **2**:222–224, 1981.

Haahr, S., Moller-Larsen, A., Andersen, H. K., Spencer, E. S. Cell-mediated and humoral immune responses to herpes simplex virus and cytomegalovirus in renal transplant patients. *J. Clin. Microbiol.* **10**:267–274, 1979.

Habermann, R. T., Williams, F. P., Jr., Fite, G. L. Inclusion bodies associated with viral diseases of man and other animals. *J. Am. Vet. Med. Assoc.* **137**:171–176, 1960.

Hackman, R. C., Myerson, D., Meyers, J. D., *et al.* Rapid diagnosis of cytomegaloviral pneumonia by tissue immunofluorescence with a murine monoclonal antibody. *J. Infect. Dis.* **151**:325–329, 1985.

Haller, O., Kiessling, R., Orn, A., Wigzell, H. Generation of natural killer cells. An autonomous function of the bone marrow. *J. Exp. Med.* **145**:1411–1416, 1977.

Halliburton, I. W., Andrew, J. C. DNA polymerase in pseudorabies virus infected cells. *J. Gen. Virol.* **30**:145–148, 1976.

Hamilton, J. D., Seaworth, B. J. Transmission of latent cytomegalovirus in a murine kidney tissue transplantation model. *Transplantation* **39**:290–296, 1985.

Hamilton, J. D., Fitzwilliam, J. F., Cheung, K. S., *et al.* Viral infection–homograph interactions in a murine model. *J. Clin. Invest.* **62**:1303–1312, 1978.

Hamilton, J. R., Overall, J. C., Jr. Synergistic infection with murine CMV and *Pseudomonas aeruginosa* in mice. *J. Infect. Dis.* **137**:775–782, 1978.

Hamilton, J. R., Overall, J. C., Jr., Glasgow, L. A. Synergistic effect on mortality in mice with murine cytomegalovirus and *Pseudomonas aeruginosa, Staphylococcus aureus* or *Candida albicans* infections. *Infect. Immun.* **14**:982–989, 1976.

Hamilton, T. A., Adams, D. O. Molecular mechanisms of signal transduction in macrophages. *Immunol. Today* **8**:151, 1987.

Hamparian, V. V., Hilleman, M. R., Ketler, A. Contributions to characterization and classification of animal viruses. *Proc. Soc. Exp. Biol. Med.* **112**:1040–1050, 1963.

Handsfield, H. H., Chandler, S. H., Caine, V. A., *et al.* Cytomegalovirus infection in sex partners: Evidence for sexual transmission. *J. Infect. Dis.* **151**:344–348, 1985.

Haneberg, B., Bertnes, E., Haukenes, G. Antibodies to CMV among personnel at a children's hospital. *Acta Paediatr. Scand.* **69**:407–409, 1980.

Hanshaw, J. B. Clinical significance of cytomegalovirus infection. *Postgrad. Med.* **35**:472–480, 1964.

Hanshaw, J. B. Congenital and acquired cytomegalovirus infection. *Pediatr. Clin. North Am.* **13**:279–293, 1966a.

Hanshaw, J. B. Cytomegalovirus complement-fixing antibody in microcephaly. *N. Engl. J. Med.* **275**:476–479, 1966b.

Hanshaw, J. B. *Cytomegaloviruses. Virology Monograph No. 3*. Springer, New York, 1968.

Hanshaw, J. B. Congenital cytomegalovirus infection: Laboratory methods of detection. *J. Pediatr.* **75**:1179–1185, 1969.

Hanshaw, J. B. Congenital cytomegalovirus infection: A fifteen year perspective. *J. Infect. Dis.* **123**:555–561, 1971.

Hanshaw, J. B., Weller, T. H. Urinary excretion of cytomegalovirus by children with generalized neoplastic disease. *J. Pediatr.* **58**:305–311, 1961.

Hanshaw, J. B., Betts, R. F., Simon, G., Boynton, R. C. Acquired cytomegalovirus infection (Association with hepatomegaly and abnormal liver-function tests). *N. Engl. J. Med.* **272**:602–609, 1965.

Hanshaw, J. B., Steinfeld, H. J., White, C. J. Fluorescent-antibody test for cytomegalovirus macroglobulin. *N. Engl. J. Med.* **279**:566–570, 1968.

Hanshaw, J. B., Niederman, J. C., Chessin, L. N. Cytomegalovirus macroglobulin in cell-associated herpesvirus infections. *J. Infect. Dis.* **125**:304–306, 1972.

Hanshaw, J. B., Scheiner, A. P., Moxley, A. W., *et al.* School failure and deafness after "silent" congenital cytomegalovirus infection. *N. Engl. J. Med.* **295**:468–470, 1976.

Haraszti, A. Cytomegalia infantum. *Acta Morphol. Acad. Sci. Hung.* **6**:241–254, 1955.

Hardy, A. M., Wajszczuk, C. P., Suffredini, A. F., *et al. Pneumocystis carinii* pneumonia in renal transplant recipients treated with cyclosporine and steroids. *J. Infect. Dis.* **149**:143–147, 1984.

Harnden, D. G., Elsdale, T. R., Young, D. E., Ross, A. The isolation of cytomegalovirus from peripheral blood. *Blood* **30**:120–125, 1967.

Harnett, G. B., Shellam, G. R. Variation in murine cytomegalovirus replication in fibroblasts from different mouse strains *in vitro:* Correlation with *in vivo* resistance. *J. Gen. Virol* **62**:39–47, 1982.

Harris, A. I., Meyer, R. J., Brody, E. A. Cytomegalovirus-induced thrombocytopenia and hemolysis in an adult. *Ann. Intern. Med.* **83**:670–671, 1975.

Harris, J. P., Woolf, N. K., Ryan, A. F., *et al.* Immunologic and electrophysiological response to cytomegaloviral inner ear infection in the guinea pig. *J. Infect. Dis.* **150**:523–530, 1984.

Hashiro, G. M., Horikami, S., Loh, P. C. Cytomegalovirus isolations from cell cultures of human adenocarcinomas of the colon. *Intervirology* **12**:84–88, 1979.

Hawley, D. A., Schaeffer, J. F., Schulz, D. M., Muller, J. Cytomegalovirus encephalitis in acquired immunodeficiency syndrome. *Am. J. Clin. Pathol.* **80**:874–877, 1983.

Hayes, K., Danks, D. M., Gibas, H., Jack, I. Cytomegalovirus in human milk. *N. Engl. J. Med.* **287**:177–178, 1972.

Hayes, K., Alford, C., Britt, W. Antibody response to virus-encoded proteins after cytomegalovirus mononucleosis. *J. Infect. Dis.* **156**:615–621, 1987.

Haymaker, W., Girdany, B. R., Stephens, J., *et al.* Cerebral involvement with advanced periventricular calcification in generalized cytomegalic inclusion disease in the newborn. *J. Neuropathol. Exp. Neurol.* **13**:562–586, 1954.

Head, H., Campbell, A. W. The pathology of herpes zoster and its bearing on sensory localization. *Brain* **23**:353–523, 1900.

Hedley-Whyte, E. T., Craighead, J. E. Generalized cytomegalic inclusion disease after renal homotransplantation—report of a case with isolation of virus. *N. Engl. J. Med.* **272**:473–475, 1965.

Heieren, M. H., van der Woude, F. J., Balfour, H. H., Jr. Cytomegalovirus replicates efficiently in human kidney mesangial cells. *Proc. Natl. Acad. Sci. U.S.A.* **85**:1642–1646, 1988.

Heilbronn, R., Jahn, G., Burkle, A., *et al.* Genomic localization, sequence analysis, and transcription of the putative human cytomegalovirus DNA polymerase gene. *J. Virol.* **61**:119–124, 1987.

Heineman, T., Gong, M., Sample, J., Kieff, E. Identification of the Epstein–Barr virus gp85 gene. *J. Virol.* **62**:1101–1107, 1988.

Helenius, A., Morein, B., Fries, E., *et al.* Human (HLA-A and HLA-B) and murine (H-2K and H-2D) histocompatibility antigens are cell surface receptors for Semliki-forest virus. *Proc. Natl. Acad. Sci. U.S.A.* **75**:3846–3850, 1978.

Helgestrand, E., Eriksson, B., Johansson, N. G., *et al.* Trisodium phosphonoformate, a new antiviral compound. *Science* **201**:819–821, 1978.

Helgestrand, E., Flodh, H., Lernestedt, J.-O., *et al.* Trisodium phosphonoformate: Antiviral activities, safety evaluation and preliminary clinical results. In L. H. Collier and J. Oxford (eds.), *Developments in Antiviral Therapy.* Academic Press, London, 1980, pp. 63–83.

Henle, W., Henle, G., Scriba, M., *et al.* Antibody responses to the Epstein–Barr virus and cytomegalovirus after open-heart and other surgery. *N. Engl. J. Med.* **282**:1068–1074, 1970.

Henle, W., Henle, G., Horwitz, C. Epstein–Barr virus specific diagnostic tests in infectious mononucleosis. *Hum. Pathol.* **5**:552–565, 1974.

Henle, W., Henle, G., Horwitz, C. A. Infectious mononucleosis and Epstein–Barr virus-associated malignancies. In E. H. Lennette and N. J. Schmidt, (eds.), *Diagnostic Procedures for Viral, Rickettsial and Chlamydial Infections,* 5th ed. American Public Health Association, Washington, 1979, pp. 441–470.

Henninghausen, L., Fleckenstein, B. Nuclear factor 1 interacts with five DNA elements in the promoter region of the human cytomegalovirus major immediate early gene. *EMBO J.* **5**:1367–1371, 1986.

Henry, K., Cantrill, H., Fletcher, C., *et al.* Use of intravitreal ganciclovir (dihydroxypropoxymethylguanine) for cytomegalovirus retinitis in a patient with AIDS. *Am. J. Ophthalmol.* **103:**17–23, 1987.

Henry, S. C., Klotman, M. E., Greene, R. C., *et al.* Detection of murine cytomegalovirus DNA in latently infected mice by *in vitro* enzymatic amplification. In *Herpesvirus Symposium, Irvine, California, June 1988,* 1988.

Henson, D., Strano, A. J. Mouse cytomegalovirus. *Clin. J. Path.* **68:**183–195, 1972.

Henson, D., Siegel, S. E., Fuccillo, D. A., *et al.* Cytomegalovirus infections during acute childhood leukemia. *J. Infect. Dis.* **126:**469–481, 1972a.

Henson, D., Strano, A. J., Slotnik, M., Goodheart, C. Mouse cytomegalovirus: Isolation from spleen and lymph nodes of chronically infected mice. *Proc. Soc. Exp. Biol. Med.* **140:**802–806, 1972b.

Herberman, R. *Natural Cell-Mediated Immunity against Tumors,* Academic Press, New York, 1980, p. 1321.

Hermiston, T. W., Malone, C. L., Witte, P. R., *et al.* Identification and characterization of the human cytomegalovirus immediate-early region 2 gene that stimulates gene expression from an inducible promoter. *J. Virol.* **61:**3214–3221, 1987.

Hermiston, T. W., Malone, C. L., Stinski, M. F. Human cytomegalovirus immediate early t protein region involved in negative regulatory of a major immediate early enhancer containing promoter regulatory region. *J. Virol.* **64:**3532–3536, 1990.

Herrera, G. A., Alexander, R. W., Cooley, C. F., Luke, R. G., Kelly, D. R., Curtis, J. J., Gockerman, J. P. Cytomegalovirus glomerulopathy: A controversial lesion. *Kidney Int.* **29:**725–733, 1986.

Hersman, J., Myers, J. D., Thomas, E. D., *et al.* The effect of granulocyte transfusions upon the incidence of cytomegalovirus infection after allogeneic marrow transplantation. *Ann. Intern. Med.* **96:**149–152, 1982.

Hildebrandt, R. J., Sever, J. L., Anderson, B. Preservation of infectious cytomegalovirus. *Proc. Soc. Exp. Biol. Med.* **129:**504–506, 1968.

Hilgers, F., Hilgers, J. An immunofluorescence technique with counterstain on fixed cells for the detection of antibodies to human herpesviruses; antibody patterns in patients with Hodgkin's disease and nasopharyngeal carcinoma. *Intervirology* **7:**309–327, 1976.

Hirai, K., Furukawa, T., Plotkin, S. A. Induction of DNA polymerase in WI-38 and guinea pig cells infected with human cytomegalovirus. *Virology* **70:**251–255, 1976.

Hirsch, M. S., Black, P. H., Tracy, G. S., *et al.* Leukemia virus activation in chronic allogeneic disease. *Proc. Natl. Acad. Sci. U.S.A.* **67:**1914–1917, 1970a.

Hirsch, M. S., Sisman, B., Allison, A. C. Macrophages and age-dependent resistance to herpes simplex virus in mice. *J. Immunol.* **104:**1160–1165, 1970b.

Hirsch, M. S., Phillips, S. M., Solnik, C., *et al.* Activation of leukemia viruses by graft versus host and mixed lymphocyte reactions *in vitro. Proc. Natl. Acad. Sci. U.S.A.* **69:**1069–1072, 1972.

Hirsch, M. S., Schooley, R. T., Cosimi, B., *et al.* Effects of interferon-alpha on cytomegalovirus reactivation syndromes in renal-transplant recipients. *N. Engl. J. Med.* **308:**1489–1494, 1983.

Ho, M. Virus infections after transplantation in man. *Arch. Virol.* **55:**1–24, 1977.

Ho, M. Role of specific cytotoxic lymphocytes in cellular immunity against murine cytomegalovirus. *Infect. Immun.* **27:**767–776, 1980.

Ho, M. *Cytomegalovirus: Biology and Infection,* first ed. Plenum Press, New York, 1982.

Ho, M. Infection and organ transplantation. In S. Gelman (ed.), *Anesthesia and Organ Transplantation.* W. B. Saunders, Philadelphia, 1987, pp. 49–60.

Ho, M., Armstrong, J. A. Interferon. *Annu. Rev. Microbiol.* **29:**131–161, 1975.

Ho, M., Ashman, R. B. Development *in vitro* of cytotoxic lymphocytes against murine cytomegalovirus. *Aust. J. Exp. Biol. Med. Sci.* **57:**425–428, 1979.

Ho, M., Dowling, J. N. Cytomegalovirus infection in transplant and cancer patients. In R. W. Remington and M. N. Swartz (eds.), *Current Clinical Topics in Infectious Diseases.* McGraw-Hill, New York, 1979, pp. 45–67.

Ho, M., Dummer, J. S. Risk factors and approaches to infections in transplant recipients. In G. J. Mandell, R. G. Douglas, and J. E. Bennett (eds.), *Principles and Practice of Infectious Diseases,* 3rd ed. Churchill, Livingston, New York, New York, 1990, pp. 2284–2291.

Ho, M., Kono, Y., Breinig, M. K. Tolerance to the induction of interferons by endotoxin and virus: Role of a humoral factor. *Proc. Soc. Exp. Biol. Med.* **119:**1227–1232, 1965.

Ho, M., Suwansirikul, S., Dowling, J. N., *et al.* The transplanted kidney as a source of cytomegalovirus infections. *N. Engl. J. Med.* **293:**1109–1112, 1975.

Ho, M., Dowling, J. N., Armstrong, J. A., *et al.* Factors contributing to the risk of cytomegalovirus infection in patients receiving renal transplants. *Yale J. Biol. Med.* **49:**17–26, 1976.

Ho, M., Miller, G., Atchison, R. W., *et al.* Epstein–Barr virus infections and DNA hybridization studies in post-transplantation lymphoma and lymphoproliferative lesions: Role of primary infection. *J. Infect. Dis.* **152:**876–886, 1985.

Ho, M., Jaffe, R., Miller, G., *et al.* The frequency of EBV infection and associated lymphoproliferative syndrome after transplantation and its manifestations in children. *Transplantation* **45:**719–727, 1988.

Hodgkin, P. D., Scalzo, A. A., Swaminathan, N., *et al.* Murine cytomegalovirus binds reversibly to mouse embryo fibroblasts: Implications for quantitation and explanation of centrifugal enhancement. *J. Virol. Methods* **22:**215–230, 1988.

Holland, G. N., Sakamoto, M. J., Hardy, D., *et al.* Treatment of cytomegalovirus retinopathy in patients with Acquired Immunodeficiency Syndrome. *Arch. Ophthalmol.* **104:**1794–1800, 1986.

Holland, G. N., Sidikaro, Y., Kreiger, A. E., *et al.* Treatment of cytomegalovirus retinopathy with ganciclovir. *Opthal.* **94:**815–23, 1987.

Holmes, A. R., Rasmussen, L., Merigan, T. C. Factors affecting the interferon sensitivity of human cytomegalovirus. *Intervirology* **9:**48–55, 1978.

Hope-Simpson, R. E. The nature of herpes zoster: A long-term study and a new hypothesis. *Proc. R. Soc. Med.* **58:**9–20, 1965.

Hopp, T. P., Woods, K. R. Prediction of protein antigenic determinants from amino acid sequences. *Proc. Natl. Acad. Sci. U.S.A.* **78:**3823–3828, 1981.

Horwitz, C. A., Henle, W., Henle, G., *et al.* Heterophile-negative infectious mononucleosis and mononucleosis-like illnesses. *Am. J. Med.* **63:**947–957, 1977.

Howard, R. J., Miller, J., Najarian, J. S. Cytomegalovirus-induced immune suppression. II. Cell-mediated immunity. *Clin. Exp. Immunol.* **18:**119–126, 1974.

Howard, R. J., Mattsson, D. M., Seidel, V., Balfour, H. H., Jr. Cell-mediated immunity to murine cytomegalovirus. *J. Infect. Dis.* **138:**597–604, 1978.

Hsia, K., Spector, D. H., Lawrie, J., Spector, S. A. Enzymatic amplification of human cytomegalovirus sequences by polymerase chain reaction. *J. Clin. Microbiol.* **27:**1802–1809, 1989.

Hsiung, G. D., Fishman, H. R., Fong, C. K. Y., Green, R. H. Characterization of a cytomegalo-like virus isolated from spontaneously degenerated equine kidney cell cultures. *Proc. Soc. Exp. Biol. Med.* **130:**80–84, 1969.

Hsiung, G. D., Tenser, R. B., Fong, C. K. Y. Comparison of guinea pig cytomegalovirus and guinea pig herpes-like virus: growth characteristics and antigenic relationship. *Infect. Immun.* **13:**926–933, 1976.

Hsiung, G. D., Choi, Y. C., Bia, F. J. Cytomegalovirus in guniea pigs. I. Viremia during acute primary and chronic persistent infection. *J. Infect. Dis.* **138:**191–196, 1978.

Huang, E. S. Human cytomegalovirus. III. Virus-induced DNA polymerase. *J. Virol.* **16:**298–310, 1975a.

Huang, E. S. Human cytomegalovirus. IV. Specific induction of virus-induced DNA polymerase activity and viral DNA replication by phosphonacetic acid. *J. Virol.* **16:**1560–1665, 1975b.

Huang, E. S. The role of CMV infection in Kaposi's sarcoma, in A. E. Friedman and L. J. Laubstein (ed.) "AIDS The Epidemic of Kaposi's Sarcoma and Opportunistic Infection" Masson. New York, 1984.

Huang, E. S., Pagano, J. S. Replication of cytomegalovirus DNA in human lymphoblastoid cells. In *WHO International Agency for Research on Cancer Publication No. 11, Oncogenesis and Herpesviruses,* II. World Health Organization, Geneva, 1974, pp. 475–482.

Huang, E. S., Roche, R. K. Cytomegalovirus DNA and adenocarcinoma of the colon: Evidence for latent viral infection. *Lancet* **1:**957–960, 1978.

Huang, E. S., Chen, S. T., Pagano, J. S. Human cytomegalovirus. I. Purification and characterization of viral DNA. *J. Virol.* **12:**1473–1781, 1973.

Huang, E. S., Kilpatrick, B. A., Huang, Y. T., Pagano, J. S. Detection of human cytomegalovirus and analysis of strain variation. *Yale J. Biol. Med.* **49:**29–43, 1976.

Huang, E. S., Kilpatrick, B. A., Lakeman, A., Alford, C. A., Jr. Genetic analysis of a cytomegalovirus-like agent isolated from human brain. *J. Virol.* **26:**718–723, 1978.

Huang, E. S., Alford, C. A., Jr., Reynolds, D. W., *et al.* Molecular epidemiology of CMV infections in women and their infants. *N. Engl. J. Med.* **303:**958–962, 1980a.

Huang, E. S., Huong, S. M., Tegmeier, G. E., Alford, C. A., Jr. Cytomegalovirus: Genetic variation of viral genomes. *Ann. N.Y. Acad. Sci.* **354:**332–346, 1980b.

Huang, Y. T., Huang, E. S., Pagano, J. S. Antisera to human cytomegaloviruses prepared in the guinea pig: Specific immunofluorescence and complement fixation tests. *J. Immunol.* **112:**528–532, 1974.

Huart, J., Baume, D., Jouet, J. Specific anti-cytomegalovirus immunoglobulins in the prevention of cytomegalovirus infections in bone marrow allografts. *Ann. Med. Interne (Paris)* **138:**372–374, 1987.

Hudson, J. B., Misra, V., Mosmann, T. R. Cytomegalovirus infectivity: Analysis of the phenomenon of centrifugal enhancement of infectivity. *Virology* **72:**235–243, 1976.

Hunninghake, C. W., Monick, M. M., Liu, B., Stinski, M. F. The promoter–regulatory region of the major immediate-early gene of human cytomegalovirus responds to T-lymphocyte stimulation and contains functional cyclic AMP-response elements. *J. Virol.* **63:**3026–3033, 1989.

Hutchinson, N. I., Tocci, M. J. Characterization of a major early gene from the human cytomegalovirus long inverted repeat: Predicted amino acid sequence of a 30 kDa protein encoded by the 1.2 kb mRNA. *Virology* **155:**172–182, 1986.

Hutchinson, N. I., Sondermeyer, R. T., Tocci, M. J. Organization and expression of the major genes from the long inverted repeat of the human cytomegalovirus genome. *Virology* **155:**160–171, 1986.

Hutt-Fletcher, L. M., Balachandran, N., Elkins, M. H. B cell activation by cytomegalovirus. *J. Exp. Med.* **158:**2171–2176, 1983.

Hymes, K. B., Cheung, T., Greene, J. B., *et al.* Kaposi's sarcoma in homosexual men—A report of eight cases. *Lancet* **2:**598–600, 1981.

Ikram, H. Cytomegalovirus infections in hemodialysis centers. *Clin. Nephrol.* **15:**1–4, 1981.

Irmiere, A., Gibson, W. Isolation and characterization of a noninfectious virion-like particle released from cells infected with human strains of cytomegalovirus. *Virology* **130:**118–133, 1983.

Irmiere, A., Gibson, W. Isolation of human cytomegalovirus intranuclear capsids, and demonstration that the B-capsid assembly protein is also abundant in noninfectious enveloped particles. *J. Virol.* **56:**227–283, 1985.

Ironside, A. G., Tobin, J. O'H. Cytomegalovirus infection in the adult. *Lancet* **2:**615–616, 1967.

Isom, H. C. Stimulation of ornithine decarboxylase by human cytomegalovirus. *J. Gen. Virol.* **42:**265–278, 1979.

Isom, H. C., Gao, M., Wighahl, B. L. Characterization of guinea pig cytomegalovirus DNA. *J. Virol.* **49:**426–436, 1984.

Jackson, L. An intracellular protozoan parasite of the ducts of the salivary glands of the guinea-pig. *J. Infect. Dis.* **26:**347–350, 1920.

Jacobs, J. P., Jones, C. M., Baille, J. P. Characteristics of a human diploid cell designated MRC-5, *Nature* **227:**168–170, 1970.

Jacobson, M. A., Mills, J. Serious cytomegalovirus disease in the acquired immunodeficiency syndrome (AIDS). Clinical findings, diagnosis, and treatment. *Ann. Intern. Med.* **108:**585–594, 1988.

Jahn, G., Kouzarides, T., Mach, M., *et al.* Map position and nucleotide sequence of the gene for the large structural phosphoprotein of human cytomegalovirus. *J. Virol.* **61:**1358–1367, 1987a.

Jahn, G., Scholl, B. C., Traupe, B., *et al.* The two major structural phosphoproteins (pp65 and pp150) of human cytomegalovirus and their antigenic properties. *J. Gen. Virol.* **68:**3127–3137, 1987b.

Janssen, H. P., Van Loon, A. M., Meddens, M. J., *et al.* Immunological detection of cytomegalovirus early antigen on monolayer inoculated with urine specimens by centrifugation and cultured for 6 days as alternative to conventional virus isolation. *J. Clin. Microbiol.* **26:**1313–1315, 1988.

Jariwalla, R. J., Aurelian, L., Ts'o, P. O. P. Tumorigenic transformation induced by a specific fragment of DNA from herpes simplex virus type 2. *Proc. Natl. Acad. Sci. U.S.A.* **77**:2279–2283, 1980.

Jariwalla, R. J., Razzaque, A., Lawson, S., Rosenthal, L. J. Tumor progression mediated by two cooperating DNA segments of human cytomegalovirus. *J. Virol.* **63**:425–428, 1989.

Jason, J., Lui, K.-J., Ragni, M. V., Hessol, N. A., Darrow, W. W. Risk of developing AIDS in HIV-infected cohorts of hemophilic and homosexual men. *J.A.M.A.* **261**:725–727, 1989.

Jean, J. H., Yoshimara, N., Furukawa, T., Plotkin, S. A. Intracellular forms of the parental human cytomegalovirus genomes at early stages of the infective process. *Virology* **86**:281–286, 1978.

Jeang, K. T. *Molecular Analysis of Cytomegalovirus Colburn Gene Expression.* Ph.D. Thesis, Johns Hopkins University, Baltimore, 1984.

Jeang, K. T., Hayward, G. S. A cytomegalovirus DNA sequence containing tracts of tandemly repeated CA dinucleotides hybridizes to highly repetitive dispersed elements in mammalian cell genomes. *Mol. Cell. Biol.* **3**:1389–1402, 1983.

Jeang, K. T., Rawlins, D. R., Rosenfeld, P. J., *et al.* Multiple tandemly repeated binding sites for cellular nuclear factor 1 that surround the major immediate-early promoters of simian and human cytomegalovirus. *J. Virol.* **61**:1559–1570, 1987.

Jenson, A. B., Rosenberg, H. S., Notkins, A. L. Pancreatic islet cell damage in children with fatal viral infections. *Lancet* **2**:354–358, 1980.

Jerne, N. K., Nordin, A. A. Plaque formation in agar by single antibody-producing cells. *Science* **140**:405, 1963.

Jesionek, Kiolemenoglou. Ueber einen Befund von protozoen-artigen Gebilden in den Organen eines hereditar-luetischen Foetus. *Munch. Med. Wochenschr.* **51**:1905–1907, 1904.

Joassin, L., Reginster, M. Elimination of nonspecific cytomegalovirus immunoglobulin M activities in the enzyme-linked immunosorbent assay by using anti-human immunoglobulin G. *J. Clin. Microbiol.* **23**:576–581, 1986.

Johnson, K. P., Connor, W. S. Guinea pig cytomegalovirus: Transplancental transmission. *Arch. Virol.* **59**:263–269, 1979.

Johnson, R. T. The pathogenesis of herpes virus encephalitis. II. A cellular basis for the development of resistance with age. *J. Exp. Med.* **120**:359–374, 1964.

Joncas, J. H., Menezes, J., Huang, E. S. Persistence of CMV genome in lymphoid cells after congenital infection. *Nature* **258**:432–424, 1975.

Joncas, J. H., Wills, A., McLaughlin, B. Congenital infection with cytomegalovirus and Epstein–Barr virus. *Can. Med. Assoc. J.* **17**:1417–1418, 1977.

Joncas, J. H., Alfieri, C., Leyritz-Wills, M., *et al.* Simultaneous congenital infection with Epstein–Barr virus and cytomegalovirus. *N. Engl. J. Med.* **304**:1399–1403, 1981.

Jones, J. F., Minnich, L. L., Jeter, W. S., Pritchett, R. F., Fulginiti, V. A., Wedgwood, R. J. Treatment of childhood combined Epstein–Barr virus/cytomegalovirus infection with oral bovine transfer factor. *Lancet* **II**:122–124, 1981.

Jones, K. A., Kadonaga, J. T., Luciw, P. A., Tjian, R. Activation of the AIDS retrovirus promoter by the cellular transcription factor Sp1. *Science* **232**:755, 1986.

Jones, N. D., Rigby, P. W., Ziff, E. B. Transacting protein factors and the regulation of eukaryotic transcription: Lessons from studies on DNA tumor viruses. *Genes Dev.* **2**:267–281, 1988.

Jordan, M. C. Interstitial pneumonia and subclinical infection after intranasal inoculation of murine cytomegalovirus. *Infect. Immun.* **21**:275–280, 1978.

Jordan, M. C. Adverse effects of cytomegalovirus vaccination in mice. *J. Clin. Invest.* **65**:798–803, 1980.

Jordan, M. C. Spontaneous activation of murine cytomegalovirus from murine spleen explants. *J. Clin. Invest.* **70**:762–768, 1982.

Jordan, M. C., Mar, V. L. Spontaneous activation of latent cytomegalovirus from murine spleen explants: role of lymphocytes and macrophages in release and replication of virus. *J. Clin. Invest.* **70**:762–768, 1982.

Jordan, M. C., Rousseau, W. E., Noble, G. R., *et al.* Association of cervical cytomegaloviruses with venereal disease. *N. Engl. J. Med.* **288**:932–934, 1973a.

Jordan, M. C., Roussear, W. E., Stewart, J. A., *et al.* Spontaneous cytomegalovirus mononucleosis. *Ann. Intern. Med.* **79:**153–160, 1973b.

Jordan, M. C., Shanley, J. D., Stevens, J. G. Immunosuppression reactivates and disseminates latent murine cytomegalovirus. *J. Gen. Virol.* **37:**419–423, 1977.

Jung, M., Krech, U. Lyophilization of human cytomegalovirus. In *International Conference on Cytomegalovirus Infections, St. Gall,* 1970.

Jung, M., Price, P. C., Kistler, G. S., Krech, U. Immunoprecipitation studies with antigens of human cytomegalovirus. *Z. Immunitaetsforsch.* **145:**191–198, 1973.

Kaariainen, L., Klemola, E., Paloheimo, J. Rise of cytomegalovirus antibodies in an infectious-mononucleosis-like syndrome after transfusion. *Br. Med. J.* **2:**1270–1272, 1966a.

Kaariainen, L., Paloheimo, J. A., Klemola, E., Makela, T., Koivuniemi, A. Cytomegalovirus mononucleosis: Isolation of the virus and demonstration of subclinical infections after fresh blood transfusion in connection with open-heart surgery. *Ann. Med. Exp. Fenn.* **44:**297–301, 1966b.

Kamada, M., Komori, A., Chiba, S., Nakao, T. A prospective study of congenital cytomegalovirus infection in Japan. *Scand. J. Infect. Dis.* **15:**227–232, 1983.

Kane, R. C., Rousseau, W. E., Noble, G. R., *et al.* Cytomegalovirus infection in a volunteer blood donor population. *Infect. Immun.* **117:**719–723, 1975.

Kanich, R. E., Craighead, J. E. Cytomegalovirus infection and cytomegalic inclusion disease in renal homotransplant recipients. *Am. J. Med.* **40:**874–882, 1966.

Kanich, R. E., Craighead, J. E. Human cytomegalovirus infection of cultured fibroblasts. I. Cytopathologic effects induced by an adapted and a wild strain. II. Viral replicative sequence of a wild and an adapted strain. *Lab. Invest.* **27:**263–272, 1972.

Kantor, G. L., Goldberg, L. S., Johnson, B. L., Jr., Derechin, M. M., Barnett, E. V. Immunologic abnormalities induced by post-perfusion cytomegalovirus infection. *Ann. Intern. Med.* **73:**553–558, 1970.

Kaposi, K., Rice, G. P. A. Cytomegalovirus infection of peripheral blood mononuclear cells: Effects on interleukin-1 and -2 production and responsiveness. *J. Virol.* **62:**3603–3607, 1988.

Kari, B., Gehrz, R. Isolation and characterization of a human cytomegalovirus glycoprotein containing a high content of O-linked oligosaccharides. *Arch. Virol.* **98:**171–188, 1988.

Kari, B., Lussenhop, N., Goertz, R., *et al.* Characterization of monoclonal antibodies reactive to several biochemically distinct human cytomegalovirus glycoprotein complexes. *J. Virol.* **60:**345–352, 1986.

Kauffman, C. A., Linnemann, C. C., Jr., Alvira, M. M. Cytomegalovirus encephalitis associated with thymoma and immunoglobulin deficiency. *Am. J. Med.* **67:**724–728, 1979.

Kavin, H., Jonas, R. B., Chowdhury, L., Kabins, S. Acalculous cholecystitis and cytomegalovirus infection in the acquired immunodeficiency syndrome. *Ann. Intern. Med.* **104:**53–54, 1986.

Keay, S., Rasmussen, L., Merigan, T. C. Syngeneic monoclonal anti-idiotype antibodies that bear the internal image of a human cytomegalovirus neutralization epitope. *J. Immunol.* **140:**944–948, 1988.

Keil, G. M., Ebeling-Keil, A., Koszinowski, U. H. Temporal regulation of murine cytomegalovirus transcription and mapping of viral RNA synthesized at immediate early times after infection. *J. Virol.* **150:**784–795, 1984.

Keil, G. M., Fibi, M. R., Koszinowski, U. H. Characterization of the major immediate-early polypeptides encoded by murine cytomegalovirus. *J. Virol.* **54:**422–428, 1985.

Keil, G. M., Ebeling-Keil, A., Koszinowski, U. H. Sequence and structural organization of murine cytomegalovirus immediate-early gene 1. *J. Virol.* **61:**1901–1908, 1987.

Keir, H. M., Gold, E. Deoxyribonucleic acid nucleotidyl transferase and deoxyribonuclease from cultured cells infected with herpes simplex virus. *Biochim. Biophys. Acta* **72:**263–276, 1963.

Keller, P., Davison, A., Lower, R., *et al.* Identification and sequence of the gene encoding gpIII, a major glycoprotein of varicella–zoster virus. *Virology* **157:**526–533, 1987.

Keller, R., Peitchel, R., Goldman, J. N., Goldman, M. An IgG-Fc receptor induced in cytomegalovirus-infected human fibroblasts. *J. Immunol.* **116:**772–777, 1976.

Kelsey, D. K., Overall, J. C., Jr., Glasgow, L. A. Correlation of the suppression of mitogen responsiveness and the mixed lymphocyte reaction with the proliferative response to viral antigens of splenic lymphocytes from cytomegalovirus-infected mice. *J. Immunol.* **121**:464–470, 1978.

Kemble, G. W., McCormick, A. L., Pereira, L., Mocarski, E. S. A cytomegalovirus protein with properties of herpes simplex virus ICP8: Partial purification of the polypeptide and map position of the gene. *J. Virol.* **61**:3143–3151, 1987.

Kennedy, P. G., Newsome, D. A., Hess, J., *et al.* Cytomegalovirus but not HTLV-III detected by *in situ* hybridization in retinal lesions in patients with AIDS. *Br. Med. J.* **19**:293–162–164, 1986.

Kerbel, R. S. Herpes virus induction of Fc receptors. *Nature* **263**:192, 1976.

Kestelyn, P., Van de Perre, P., Rouvroy, D., *et al.* A prospective study of the opthalmologic findings in the acquired immune deficiency syndrome in Africa. *Am. J. Opthal.* **100**:230–238, 1985.

Kieff, E. D., Hoyes, B., Bachenheimer, S. L., Roizman, B. Genetic relatedness of type 1 and 2 herpes simplex viruses. *J. Virol.* **9**:738–745, 1972.

Kilpatrick, B. A., Huang, E. S. Human cytomegalovirus genome: Partial denaturation map and organization of genome sequences. *J. Virol.* **24**:261–276, 1977.

Kilpatrick, B. A., Huang, E. S., Pagano, J. S. Analysis of cytomegalovirus genomes with restriction endonucleases HinD III and EcoR-1. *J. Virol.* **18**:1095–1105, 1976.

Kim, K. S., Sapienza, V., Carp, R. I. Comparative studies of the Smith and Raynaud strains of murine cytomegalovirus. *Infect. Immun.* **10**:672–674, 1974.

Kim, K. S., Sapienza, V., Carp, R. I. Comparative characteristics of three cytomegaloviruses from rodents. *Am. J. Vet. Res.* **36**:1495–1950, 1975.

Kim, K. S., Sapienza, V., Carp, R. I., Moon, H. M. Analysis of structural proteins of purified murine cytomegalovirus. *J. Virol.* **17**:906–915, 1976a.

Kim, K. S., Sapienza, V., Carp, R. I., Moon, H. M. Analysis of structural polypeptides of purified human cytomegalovirus. *J. Virol.* **20**:604–611, 1976b.

Kim, K. S., Moon, H. M., Sapienza, V., Carp, R. I. Complement-fixing antigen of human cytomegaloviruses. *J. Infect. Dis.* **135**:281–288, 1977.

Kim, K. S., Sapienza, V. J., Chen, C. M. J., *et al.* Production and characterization of monoclonal antibodies specific for a glycosylated polypeptide of human cytomegalovirus. *J. Clin. Microbiol.* **18**:331–343, 1983.

Kimmel, N., Friedman, M. G., Sarov, I. Detection of human CMV-specific IgG antibodies by a sensitive solid-phase radioimmunoassay and by a rapid-screening test. *J. Med. Virol.* **5**:195–203, 1980.

King-Lewis, P. A., Gardner, S. D. Congenital cytomegalic inclusion disease following intrauterine transfusion. *Br. Med. J.* **2**:603–605, 1969.

Kirmani, N., Ginn, R. K., Mittal, K. K., Manischewitz, J. F., Quinnan, G. V., Jr. Cytomegalovirus-specific cytotoxicity mediated by non-T lymphocytes from peripheral blood of normal volunteers. *Infect. Immun.* **34**:441–447, 1981.

Kit, S., Sheppard, M., Ichimura, H., *et al.* Nucleotide sequence changes in thymidine kinase gene of herpes simplex virus type 2 clones from an isolate of a patient treated with acyclovir. *Antimicrob. Agents Chemother.* **31**:1483–1490, 1987.

Klages, S., Rueger, B., Jahn, G. Multiplicity dependent expression of the predominant phosphoprotein pp65 of human cytomegalovirus. *Virus Res.* **12**:159–168, 1989.

Klatt, E. C., Shibata, D. Cytomegalovirus infection in the acquired immunodeficiency syndrome. *Arch. Pathol. Lab. Med.* **112**:540–544, 1988.

Kleinman, D., Sarov, I., Insler, V. Infection of endometrial cells with human cytomegalovirus. *Gynecol. Obstet. Invest.* **17**:89–95, 1984.

Klemola, E. Hypersensitivity reactions to ampicillin in cytomegalovirus mononucleosis. *Scand. J. Infect. Dis.* **2**:29–31, 1970.

Klemola, E. Cytomegalovirus infection in previously healthy adults. *Ann. Intern. Med.* **79**:267–268, 1973.

Klemola, E., Kaariainen, L. Cytomegalovirus as a possible cause of a disease resembling infectious mononucleosis. *Br. Med. J.* **2**:1099–1102, 1965.

Klemola, E., Kaariainen, L., von Essen, R., *et al.* Further studies on cytomegalovirus mononucleosis in previously healthy individuals. *Acta Med. Scand.* **182:**311–322, 1967.

Klemola, E., von Essen, R., Wager, O., *et al.* Cytomegalovirus mononucleosis in previously healthy individuals. *Ann. Intern. Med.* **71:**11–19, 1969.

Klemola, E., von Essen, R., Henle, G., Henle, W. Infectious-mononucleosis-like disease with negative heterophile agglutination test. Clinical features in relation to Epstein–Barr virus and cytomegalovirus antibodies. *J. Infect. Dis.* **121:**608–614, 1970.

Klemola, E., Stenstrom, R., von Essen, R. Pneumonia as a clinical manifestation of cytomegalovirus infection in previously healthy adults. *Scand. J. Infect. Dis.* **4:**7–10, 1972.

Klintmalm, G., Lonnqvist, B., Oberg, B., *et al.* Intravenous foscarnet for the treatment of severe cytomegalovirus infection in allograft recipients. *Scand. J. Infect. Dis.* **17:**157–163, 1985.

Klotman, M. E., Starnes, D., Hamilton, J. D. The source of murine cytomegalovirus in mice receiving kidney allografts. *J. Infect. Dis.* **152:**1192–1196, 1985.

Klotman, M. E., Henry, S. C., Hamilton, J. D. Determinants of the source of cytomegalovirus in murine renal allograft recipients. *Transplantation* **44:**636–639, 1987.

Knapp, A. B., Horst, D. A., Eliopoulos, G., *et al.* Widespread cytomegalovirus gastroenterocolitis in a patient with acquired immunodeficiency syndrome. *Gastroenterology* **85:**1399–1402, 1983.

Knez, V., Stewart, J. A., Ziegler, D. W. Cytomegalovirus specific IgM and IgG response in humans studied by radioimmunoassay. *J. Immunol.* **117:**2006–2013, 1976.

Knipe, D. M., Quinlan, M. P., Spang, A. E. Characterization of two conformational forms of the major DNA-binding protein encoded by herpes simplex virus 1. *J. Virol.* **44:**736–741, 1982.

Knopf, K.-W. Properties of the herpes simplex virus DNA polymerase and characterization of its associated exonuclease activity. *Eur. J. Biochem.* **98:**231–244, 1979.

Knowles, W. A. *In-vitro* cultivation of human cytomegalovirus in thyroid epithelial cells. *Arch. Virol.* **50:**119–124, 1976.

Knox, C. E., Pass, R. F., Reynolds, D. W., Stagno, S., Alford, C. A. Comparative prevalence of subclinical cytomegalovirus and herpes simplex virus infections in the genital and urinary tracts of low-income, urban women. *J. Infect. Dis.* **140:**419–422, 1979.

Kono, Y. An interferon-like substance produced in cells infected with Newcastle disease virus and its properties. *Natl. Inst. Anim. Health Q. (Tokyo)* **2:**183–188, 1962.

Koszinowski, U. H., Reddehase, J., Keil, G. M., Schickedanz, J. Host immune response to cytomegalovirus: Products of transfected viral immediate-early genes are recognized by cloned cytolytic T lymphocytes. *J. Virol.* **61:**2054–2058, 1987a.

Koszinowski, U. H., Keil, G. M., Schwartz, H., *et al.* A nonstructural polypeptide encoded by immediate-early transcription unit 1 of murine cytomegalovirus is recognized by cytolytic T lymphocytes. *J. Exp. Med.* **166:**298–294, 1987b.

Koszinowski, U. H., Keil, G. M., Volkmer, H., *et al.* The 89,000-$M_r$ murine cytomegalovirus immediate-early protein activates gene transcription. *J. Virol.* **58:**59–66, 1986.

Kouzarides, T., Bankier, A., Satchwell, S., *et al.* Sequence and transcription analysis of the human cytomegalovirus DNA polymerase gene. *J. Virol.* **61:**125–133, 1987.

Kouzarides, T., Bankier, A., Satchwell, S., *et al.* An immediate early gene of human cytomegalovirus encodes a potential membrane glycoprotein. *Virology* **165:**151–164, 1988.

Krech, U. Complement-fixing antibodies against cytomegalovirus in different parts of the world. *Bull. W.H.O.* **49:**103–106, 1973.

Krech, U., Jung, M. The development of neutralizing antibodies in guinea pigs following immunization with human cytomegalovirus. *Arch. Ges. Virusforsch.* **28:**248–250, 1969.

Krech, U., Jung, M., Jung, F. *CMV Infections of Man.* S. Karger, Basel, 1971a, p. 124.

Krech, U., Jung, M., Sonnabend, W. A study of complement-fixing immunofluorescent, and neutralizing antibodies in human cytomegalovirus infections. *Z. Immunitaetforsch. Exp. Lin. Immunol.* **141:**411–429, 1971b.

Krech, U., Konjajev, Z., Jung, M. Congenital cytomegalovirus infection in siblings from consecutive pregnancies. *Helv. Paediatr. Acta* **26:**355–362, 1971c.

Kreel, I., Zaroff, L. I., Canter, J. W., *et al.* Syndrome following total body perfusion. *Surg. Gynecol. Obstet.* **111**:317–332, 1960.

Kreth, H. W., ter Meulen, V., Eckert, G. Demonstration of HLA restricted killer cells in patients with acute measles. *Med. Microbiol. Immunol.* **165**:203–214, 1979.

Krugman, R. D., Goodheart, C. R. Human cytomegalovirus. Thermal inactivation. *Virology* **23**:290–291, 1964.

Kubanek, B., Ernst, P., Ostendorf, P., *et al.* Preliminary data of a controlled trial of intravenous hyperimmune globulin in the prevention of cytomegalovirus infection in bone marrow transplant recipients. *Transplant. Proc.* **17**:468–469, 1985.

Kumar, A., Nankervis, G. A., Cooper, A. R., *et al.* Acquisition of cytomegalovirus infection in infants following exchange transfusion: A prospective study. *Transfusion* **20**:327–331, 1980.

Kumar, M. L., Nankervis, G. A. Experimental congenital infection with cytomegalovirus: A guinea pig model. *J. Infect. Dis.* **138**:650–654, 1978.

Kumar, M. L., Nankervis, G. A., Gold, E. Inapparent congenital cytomegalovirus infections. A follow-up study. *N. Engl. J. Med.* **288**:1370–1372, 1973.

Kumar, M. L., Gold, E., Nankervis, G. A. Risk of acquired cytomegalovirus infection in infants of maternal CMV excretors. *Pediatr. Res.* **9**:512–512, 1975.

Kusne, S., Dummer, J. S., Singh, N. Infections after liver transplantation. *Medicine* **67**:132–143, 1988.

Kuttner, A. G. Further studies concerning the filtrable virus present in the submaxillary glands of guinea pigs. *J. Exp. Med.* **46**:935–956, 1927.

Kuttner, A. G., Wang, S. H. The problem of the significance of the inclusion bodies found in the salivary glands of infants, and the occurrence of inclusion bodies in the submaxillary glands of hamsters, white mice, and wild rats (Peiping). *J. Exp. Med.* **60**:773–791, 1934.

Labowskie, R. J., Edelman, R., Rustigian, R., Bellanti, J. A. Studies of cell-mediated immunity to measles virus by *in vitro* lymphocyte-mediated cytotoxicity. *J. Infect. Dis.* **129**:233–239, 1974.

LaFemina, R. L., Hayward, G. S. Structural organization of the DNA molecules from human cytomegalovirus. In B. N. Fields and R. Jaenisch (eds.), *Animal Virus Genetics*. Academic Press, New York, 1980, pp. 39–55.

LaFemina, R., Hayward, G. S. Constitutive and retinoic acid inducible expression of cytomegalovirus immediate-early genes in human tetracarcinoma cells. *J. Virol.* **58**:434–440, 1986.

Lakeman, A. D., Osborn, J. E. Size of infectious DNA from human and murine CMV. *J. Virol.* **30**:414–416, 1979.

Lamb, S. B., Stern, H. Cytomegalovirus mononucleosis with jaundice as presenting sign. *Lancet* **2**:1003–1007, 1966.

Lamberson, H. V., Jr., McMillan, J. A., Weiner, L. B., *et al.* Prevention of transfusion-associated cytomegalovirus (CMV) infection in neonates by screening blood donors for IgM to CMV. *J. Infect. Dis.* **157**:820–822, 1988.

Landini, M. P., Michelson, S. Human cytomegalovirus proteins. *Prog. Med. Virol.* **35**:152–185, 1988.

Landini, M. P., Mirolo, G., Coppolecchia, P., *et al.* Serum antibodies to individual cytomegalovirus structural polypeptides in renal transplant recipients during viral infection. *Microbiol. Immunol.* **30**:683–695, 1986.

Landini, M., Severi, B., Badiali, L., *et al.* Structural components of human cytomegalovirus: *in situ* localization of the major glycoprotein. *Intervirology* **27**:154–160, 1987a.

Landini, M., Severi, B., Furlini, G., DeGiorgi, L. Human cytomegalovirus structural components: Intracellular and intraviral localization of p28 and p65–69 by immunoelectron microscopy. *Virus Res.* **8**:15–23, 1987b.

Landini, M. P., Rossier, E., Schmitz, H. Antibodies to human cytomegalovirus structural polypeptides during primary infection. *J. Virol. Methods* **22**:309–317, 1988.

Landini, M., Mirolo, G., Re, M., *et al.* Antibody reactivity to cytomegalovirus structural polypeptides in subclinical and clinical human immunodeficiency virus infections. *Eur. J. Clin. Microbiol.* **8**:159–163, 1989.

Lang, D. J. The association of indirect inguinal hernia with congenital cytomegalic inclusion disease. *Pediatrics* **38:**913–916, 1966.
Lang, D. J. Cytomegalovirus infections in organ transplantation and posttransfusion, an hypothesis. *Arch. Ges. Virusforsch.* **37:**365–377, 1972.
Lang, D. J. The epidemiology of cytomegalovirus infections: Interpretation of recent observations. In S. Krugman and A. A. Gershon (eds.), *Infection of the Fetus and the Newborn Infants.* Alan R. Liss, New York, 1975, pp. 35–45.
Lang, D. J., Cheung, K. S. Effectiveness of acycloguanosine and trifluorothymidine as inhibitors of cytomegalovirus infection *in vitro. Am. J. Med.* **735:**49–53, 1982.
Lang, D. J., Hanshaw, J. B. Cytomegalovirus infection and the post-perfusion syndrome—(Recognition of primary infections in four patients). *N. Engl. J. Med.* **280:**1145–1149, 1969.
Lang, D. J., Kummer, J. F. Demonstration of cytomegalovirus in semen. *N. Engl. J. Med.* **287:**756–758, 1972.
Lang, D. J., Kummer, J. F. Cytomegalovirus in semen: Observations in selected populations. *J. Infect. Dis.* **132:**472–473, 1975.
Lang, D. J., Montagnier, L., Latarjet, R. Growth in agarose of human cells infected with cytomegalovirus. *J. Virol.* **14:**327–332, 1974.
Lang, D. J., Ebert, P. A., Rodgers, B. M., *et al.* Reductions of post-perfusion cytomegalovirus infections following the use of leucocyte depleted blood. *Transfusion* **17:**391–395, 1977.
Lang, D. M., Scolnick, E. M., Willerson, J. T. Association of cytomegalovirus infection with the post-perfusion syndrome. *N. Engl. J. Med.* **278:**1147–1149, 1968.
Lange, C. de. Ueber einen merkwuerdigen Nierenbefund. *Virchows Arch.* **237:**276–280, 1922.
Langenhuysen, M. M. A. C., The, T. H., Nieweg, H. O., Kapsenberg, J. G. Demonstration of IgM cytomegalovirus-antibodies as an aid to early diagnosis in adults. *Clin. Exp. Immunol.* **6:**387–393, 1970.
Langenhuysen, M. M. A. C., Cazemier, T., Houwen, G., *et al.* Antibodies to Epstein–Barr virus, cytomegalovirus and Australia antigen in Hodgkin's disease. *Cancer* **34:**262–267, 1974.
Lanza, R. P., Cooper, D. K., Cassidy, M. J., Barnard, C. N. Malignant neoplasms occurring after cardiac transplantation. *J.A.M.A.* **249:**1746–1748, 1983.
LaQuaglia, M. P., Tolkoff-Rubin, N. E., Dienstag, J. L., Cosimi, A. B., Herrin, J. T., Kelly, M., Rubin, R. H. Impact of hepatitis on renal transplantation. *Transplantation* **32:**504–507, 1981.
Larder, B. A., Kemp, S. D., Darby, G. Related functional domains in virus DNA polymerases. *EMBO J.* **6:**169–175, 1987.
Larder, B. A., Darby, G. Virus drug-resistance: mechanisms and consequences. *Antiviral Res.* **4:**1–42, 1984.
LaRocco, M., Mortenson, J., Davis, B. G., Moore, D. G. Reactivity of serologic tests for the detection of antibody specific to cytomegalovirus. *Am. J. Clin. Path.* **86:**354–356, 1986.
Law, K. M., Wilton Smith, P., Farrar, G. H. A murine monoclonal antibody recognizing a single glycoprotein within a human cytomegalovirus virion envelope glycoprotein complex. *J. Med. Virol.* **17:**255–266, 1985.
Lawrence, H. S. Summation. In M. S. Ascher, A. A. Gotlieb, and C. H. Kirkpatrick (eds.), *Transfer Factor—Basic Properties and Clinical Applications.* Academic Press, New York, 1976, pp. 741–753.
Lawson, C. M., Grundy, J. E., Shellam, G. R. Delayed-type hypersensitivity responses to murine cytomegalovirus in genetically resistant and susceptible strains of mice. *J. Gen. Virol.* **68:**2379–2388, 1987.
Laychock, A. M., Geder, L., Sanford, E. J., Rapp, F. Immune response of prostatic cancer patients to cytomegalovirus-infected and transformed human cells. *Cancer* **42:**1766–1771, 1978.
Leach, F. S., Mocarski, E. S. Regulation of cytomegalovirus late-gene expression: Differential use of three start sites in the transcriptional activation of ICP36 gene expression. *J. Virol.* **63:**1783–1791, 1989.
Lee, C. K., Knipe, D. M. An immunoassay for the study of DNA-binding activities of herpes simplex virus protein ICP8. *J. Virol.* **54:**731–738, 1985.

Lee, F. K., Nahmias, A. J., Stagno, S. Rapid diagnosis of CMV infection in infants by electron microscopy. *N. Engl. J. Med.* **299:**1266–1270, 1978.

Lee, J., Irmiere, A., Gibson, W. Primate cytomegalovirus assembly: Evidence that DNA packaging occurs subsequent to B capsid assembly. *Virology* **167:**87–96, 1988.

Lee, J. Y.-Y. Cytomegalovirus infection involving the skin in immunocompromised hosts. A clinicopathologic study. *Am. J. Clin. Pathol.* **92:**96–100, 1989.

Lehner, R., Meyer, H., Mach, M. Identification and characterization of human cytomegalovirus gene coding for a membrane protein that is conserved among human herpesviruses. *J. Virol.* **63:**3792–3800, 1989.

Lehner, T., Wilton, J. M. A., Shillitoe, E. J. Immunological basis for latency recurrences, and putative oncogenicity of herpes simplex virus. *Lancet* **2:**60–62, 1975.

Leinbach, S. S., Reno, J. M., Lee, L. F., *et al.* Mechanism of phosphonoacetate inhibition of herpes-virus-induced DNA polymerase. *Biochemistry* **15:**426–430, 1976.

Leinikki, P., Heinonen, K., Pettay, O. Incidence of cytomegalovirus infections in early childhood. *Scand. J. Infect. Dis.* **4:**1–5, 1972.

Leinikki, P., Granstrom, M. L., Santavuori, P., Pettay, O. Epidemiology of cytomegalovirus infections during pregnancy and infancy. A prospective study. *Scand. J. Infect. Dis.* **10:**165–171, 1978.

Lemaster, S., Roizman, B. Herpes simplex virus phosphoproteins. II. Characterization of the virion protein kinase and of the polypeptides phosphorylated in the virion. *J. Virol.* **35:**798–811, 1980.

Lennette, E. H., Schmidt, N. J. *Diagnostic Procedures for Viral and Rickettsial Infection.* 5th ed. American Public Health Association, New York, Washington, 1979, pp. 399–439.

Lennette, E. T., Lennette, D. A. Immune adherence hemagglutination—alternative to complement fixation serology. *J. Clin. Microbiol.* **7:**282–285, 1978.

Leonard, J. C., Tobin, J. O'H. A report from various centers: Polyneuritis associated with cytomegalovirus infection. *Q. J. Med.* **40:**435–442, 1971.

Leonidas, J. C., Beatty, E. C., Wenner, H. A. Menetrier disease and cytomegalovirus infection in childhood. *Am. J. Dis. Child.* **126:**806–808, 1973.

Leport, C., Harzic, M., Pignon, J. M., *et al.* Benign cytomegalovirus mononucleosis in non-aids, HIV-infected patients. *Lancet* **2:**214, 1987.

Lerner, P. I., Sampliner, J. E. Transfusion-associated cytomegalovirus mononucleosis. *Ann. Surg.* **185:**406–410, 1977.

Leung, F., Fam, A. G., Osoba, D. Kaposi's sarcoma complicating corticosteroid therapy for temporal arteritis. *Am. J. Med.* **71:**320–322, 1981.

Levin, M. J., Parkman, R., Oxman, M. N., *et al.* Proliferative and interferon response by peripheral blood mononuclear cells after bone marrow transplantation in humans. *Infect. Immun.* **20:**678–684, 1978.

Levin, M. J., Rinaldo, C. R., Jr., Leary, P. L., Zaia, J. A., Hirsch, M. S. Immune response to herpes virus antigens in adults with acute cytomegalovirus mononucleosis. *J. Infect. Dis.* **140:**851–857, 1979.

Levine, P. H., Ablashi, D. V., Berard, C. W., *et al.* Elevated antibody titers to Epstein–Barr virus in Hodgkin's disease. *Cancer* **27:**416–421, 1971.

Levinsohn, E. M., Foy, H. M., Kenny, G. E., *et al.* Isolation of cytomegalovirus from a cohort of 100 infants throughout the first year of life. *Proc. Soc. Exp. Biol. Med.* **132:**957–962, 1969.

Levy, E., Sarov, I. Determination of IgA antibodies to human cytomegalovirus by enzyme linked immunosorbent assay (ELISA). *J. Med. Virol.* **6:**249–257, 1980.

Levy, R. M., Bredesen, D. E., Rosenblum, M. L. Neurological manifestations of the acquired immunodeficiency syndrome (AIDS): Experience at UCSF and review of the literature. *J. Neurosurg.* **62:**475–495, 1985.

Lewis, R. A., Watkins, L., St. Jeor, S. Enhancement of deoxyguanosine kinase activity in human lung fibroblast cells infected with human cytomegalovirus. *Mol. Cell. Biochem.* **65:**67–71, 1984.

Lindsley, M. D., Torpey, D. J. III, Rinaldo, C. R. R., Jr. HLA-DR-restricted cytotoxicity of cytomegalovirus-infected monocytes mediated by Leu-3-positive T cells. *J. Immunol.* **136:**3045–3051, 1986.

Linnemann, C. C., Jr., Kaufmann, C. A., First, M. R., *et al.* Cellular immune response to cytomegalovirus infection after renal transplantation. *Infect. Immun.* **22:**176–180, 1978.

Lipschuetz, B. Untersuchungen uber die Aetiologie der Krankheiten der Herpes genitalis. *Arch. Dermatol. Syph.* **136:**428–482, 1921.

Little, P. J., al-Khader, A., Farthing, C. F., Bunuan, H. Kaposi's sarcoma in a patient after renal transplantation. *Postgrad. Med. J.* **59:**325–326, 1983.

Liu, Y., Kari, B., Gehrz, R. Human immune responses to major human cytomegalovirus glycoprotein complexes. *J. Virol.* **62:**1066–1070, 1988.

LiVolsi, V. A., Merino, M. J. Cytomegalovirus infection of ovarian thecoma. *Arch. Pathol. Lab. Med.* **103:**653–654, 1979.

Lobdell, D. H. 'Ring' granulomas in cytomegalovirus hepatitis. *Arch. Pathol. Lab. Med.* **111:**881–882, 1987.

Loeken, M., Bikel, I., Livingston, D. M., Brady, J. Transactivation of RNA polymerase II and III promoters by SV40 small t antigen. *Cell* **55:**1171–1177, 1988.

Loh, L., Hudson, J. B. Murine cytomegalovirus infection in the spleen and its relationship to immunosuppression. *Infect. Immun.* **32:**1067–1072, 1981.

Loh, L., Hudson, J. B. Murine cytomegalovirus-induced immunosuppression. *Infect. Immun.* **36:**89–95, 1982.

Lopez, C., Simmons, R. L., Mauer, S. M., *et al.* Association of renal allograft rejection with virus infections. *Am. J. Med.* **56:**280–289, 1974a.

Lopez, C., Simmons, R. L., Park, B. H., *et al.* Cell-mediated and humoral immune responses of renal transplant recipients with cytomegalovirus infections. *Clin. Exp. Immunol.* **16:**565–673, 1974b.

Löwenstein, C. Ueber protozoenartige Gebilde in den Organen von Kindern. *Zentralbl. Allg. Pathol.* **18:**513–518, 1907.

Luban, N. L., Williams, A. E., Macdonald, M. G., *et al.* Low incidence of acquired cytomegalovirus infection in neonates transfused with washed red blood cells. *Am. J. Dis. Child.* **141:**416–419, 1987.

Lubon, H., Ghazal, P., Henninghausen, L., *et al.* Cell-specific activity of the modulator region in the human cytomegalovirus major immediate-early gene. *Mol. Cell. Biol.* **9:**1342–1345, 1989.

Luby, J. P., Brunett, W., Hull, A. R., *et al.* Relationship between cytomegalovirus and hepatic function abnormalities in the period after renal transplant. *J. Infect. Dis.* **129:**511–518, 1974.

Lui, W. Y., Chang, W. K. Cytomegalovirus mononucleosis in Chinese infants. *Arch. Dis. Child.* **47:**643–646, 1972.

Lussenhop, N., Goertz, R., Wabuke-Bunoti, M., *et al.* Epitope analysis of human cytomegalovirus glycoprotein complexes using murine monoclonal antibodies. *Virology* **164:**362–372, 1988.

Lussier, G. Cerebral calcification, cytomegalovirus infection. *Am. J. Pathol.* **80:**555–558, 1975.

Luthardt, T., Siebert, H., Losei, I., *et al.* Cytomegalovirus Infection bei Kindern mit Blutaustauschtransfusion im Neugeborenalter. *Klin. Wochenschr.* **49:**81–86, 1971.

Mach, M., Utz, U., Fleckenstein, B. Mapping of the major glycoprotein gene of human cytomegalovirus. *J. Gen. Virol.* **67:**1461–1467, 1986.

Macher, A. M., Reichert, C. M., Straus, S. E., *et al.* Death in the AIDS patient: Role of cytomegalovirus. *N. Engl. J. Med.* **85:**1454, 1983.

Mackowiak, P., Marling-Cason, M., Smith, J., Luby, J. Antibody-mediated bacterial adhesion to cytomegalovirus induced Fc receptors. *J. Clin. Invest.* **73:**987–991, 1984.

Maher, P., O'Toole, C. M., Wreghitt, T. G., *et al.* Cytomegalovirus infection in cardiac transplant recipients associated with chronic T cell subset ratio inversion with expansion of a Leu-7$^+$T$_{S-}$C$^+$ subset. *Clin. Exp. Immunol.* **62:**515–524, 1985.

Mahieux, F., Gray, F., Fenelon, G., *et al.* Acute myeloradicultitis due to cytomegalovirus as the initial manifestation of AIDS. *J. Neurol. Neurosurg. Psychiatry* **52:**270–274, 1989.

Malone, C. L., Vesole, D. H., Stinski, M. F. Transactivation of a human cytomegalovirus early promoter by gene products from immediate early gene IE2 and augmentation by IE1: Mutational analysis of the viral proteins. *J. Virol.* **64:**498–506, 1989.

Manischewitz, J. E., Quinnan, G. V., Jr. Antivirus antibody-dependent cell-mediated cytotoxicity during murine cytomegalovirus infection. *Infect. Immun.* **29:**1050–1054, 1980.

Mannini, A., Medearis, D. N., Jr. Mouse salivary gland virus infections. *Am. J. Hyg.* **73:**329–343, 1961.

Mäntyjäryi, R. Preparation of cytomegalovirus immune system serum in rabbits with alkaline-extracted virus. *Acta Pathol. Microbiol. Scand.* **72:**345–346, 1968.

Mao, J. C.-H., Robishaw, E. E., Overby, L. R. Inhibition of DNA polymerase from herpes simplex virus-infected Wi-38 cells by phosphonoacetic acid. *J. Virol.* **15:**1281–1283, 1975.

Mar, E., Patel, P., Huang, E. Human cytomegalovirus-associated DNA polymerase and protein kinase activities. *J. Gen. Virol.* **57:**149–156, 1981.

Mar, E. C., Cheng, Y. C., Huang, E. S. Effect of 9-(1,3-dihydroxy-2-propoxymethyl)guanine on human cytomegalovirus replication *in vitro*. *Antimicrob. Agents Chemother.* **24:**518–521, 1983.

Mar, E., Chiou, J., Cheng, Y., Huang, E. Human cytomegalovirus-induced DNA polymerase and its interaction with triphosphates of 1-(2′-deoxy-2′fluoro-β-D-arabinofluranosyl)-5-methyluracil, -5-idocytosine, and -5-methylcytosine. *J. Virol.* **56:**846–851, 1985a.

Mar, E. C., Chiou, J. F., Cheng, Y. C., *et al.* Inhibition of cellular DNA polymerase-alpha and human cytomegalovirus-induced DNA polymerase by the triphosphates of 9-(2-hydroxyethoxymethyl)guanine and 9-(1,3-dihydroxy-2-propoxymethyl)guanine. *J. Virol.* **53:**776–780, 1985b.

Margileth, A. M. The diagnosis and treatment of generalized cytomegalic inclusion disease of the newborn. *Pediatrics* **15:**270–283, 1955.

Margulis, S. J., Honig, C. L., Soave, R., *et al.* Biliary tract obstruction in the acquired immunodeficiency syndrome. *Ann. Intern. Med.* **105:**207–210, 1986.

Marker, O., Volkert, M. Studies on cell-mediated immunity to lymphocytic choriomeningitis virus in mice. *J. Exp. Med.* **137:**1511–1525, 1973.

Marker, S. C., Howard, R. J., Groth, K. E., *et al.* A trial of vidarabine for cytomegalovirus infection in renal transplant patients. *Arch. Intern. Med.* **140:**1441–1444, 1980.

Marker, S. C., Howard, R. J., Simmons, R. L., *et al.* Cytomegalovirus infection: A quantitative prospective study of 320 consecutive renal transplants. *Surgery* **89:**660–671, 1981a.

Marker, S. C., Simmons, R. L., Balfour, H. H., Jr. Cytomegalovirus vaccine in renal allograft recipients. *Transplant. Proc.* **13:**117–119, 1981b.

Marks, J. R., Spector, D. H. Replication of the murine cytomegalovirus genome: Structure and role of the termini in the generation and cleavage of concatenates. *Virology* **162:**98–107, 1988.

Marmor, M. F., Egbert, P. R., Egbert, B. M., Marmor, J. B. Optic nerve head involvement with cytomegalovirus in adult with lymphoma. *Arch. Ophthalmol.* **96:**1252–1254, 1978.

Martin, S., Courtney, R., Fowler, G., Rouse, B. Herpes simplex virus type-1 specific cytotoxic T lymphocytes recognize virus nonstructural proteins. *J. Virol.* **62:**2265–2273, 1988.

Martin, W. J. II, Smith, T. F. Rapid detection of cytomegalovirus in bronchoalveolar lavage specimens by a monoclonal antibody method. *J. Clin. Microbiol.* **23:**1006–1008, 1986.

Martinez, J., Lahijani, R., St. Jeor, S. Analysis of a region coding for a 25 kilodalton virion protein. *J. Virol.* **63:**233–241, 1989.

Mason, E. O., Jr., Sough, M. A., Montgomery, J. R. Cord serum IgA in congenital cytomegalovirus infection. *J. Pediatr.* **89:**945–946, 1976.

Masur, H., Lane, H. C., Palestine, A. C., *et al.* Effect of 9-(1,3-dihydroxy-2-propoxymethyl)guanine on serious cytomegalovirus disease in eight immunosuppressed homosexual men. *Ann. Intern. Med.* **104:**41–44, 1986.

Mathews, R. E. F. Classification and nomenclature of viruses. Third report of the International Committee on Taxonomy of Viruses. *Intervirology* **12:**132–296, 1979.

Matsumoto, Y., Sugano, T., Miyamoto, C., Masuho, Y. Generation of hybridomas producing human monoclonal antibodies against human cytomegalovirus. *Biochem. Biophys. Res. Commun.* **137:**273–280, 1986.

Matthews, T., Boehme, R. Antiviral activity and mechanism of action of glanciclovir. *Rev. Infect. Dis.* **10:**S490–S494, 1988.

May, A. G., Betts, R. F., Freeman, R. F., Andrus, C. H. An analysis of cytomegalovirus infection and HLA antigen matching on the outcome of renal transplantation. *Ann. Surg.* **187:**110–117, 1978.

Mayo, D. R., Armstrong, J. A., Ho, M. Reactivation of murine cytomegalovirus by cyclophosphamide. *Nature* **267:**721–723, 1977.

Mayo, D. R., Armstrong, J. A., Ho, M. Activation of latent murine cytomegalovirus infection: Cocultivation, cell-transfer and the effect of immunosuppression. *J. Infect. Dis.* **138:**890–896, 1978.

McAllister, R. M., Straw, R. N., Filbert, J. E., Goodheart, C. R. Human CMV Cytochemical observation of intracellular lesion development correlated with viral synthesis and release. *Virology* **19:**521–531, 1963.

McAllister, R. M., Wright, H. T., Jr., Tasem, W. M. Cytomegalovirus inclusion disease in newborn twins. *J. Pediatr.* **64:**278–281, 1964.

McBride, W. D. Antigenic analysis of polioviruses by kinetic study of serum neutralization. *Virology* **7:**45–58, 1959.

McCandless, A. E., Davis, C., Hall, E. G. Bone changes in congenital cytomegalic inclusion disease. *Arch. Dis. Child.* **50:**160–162, 1975.

McCordock, H. A., Smith, M. G. Intranuclear inclusions. Incidence and possible significance in whooping cough and in a variety of other conditions. *Am. J. Dis. Child.* **47:**771–779, 1934.

McCordock, H. A., Smith, M. G. The visceral lesions produced in mice by the salivary gland virus of mice. *J. Exp. Med.* **63:**303–310, 1936.

McCracken, G. J., Jr. Immunoglobulin concentrations in newborn infants with congenital cytomegalic inclusion disease. *Pediatrics* **36:**933–937, 1965.

McCracken, G. J., Jr., Luby, J. P. Cytosine arabinoside in the treatment of congenital cytomegalic inclusion disease. *J. Pediatr.* **80:**488–495, 1972.

McCracken, G. J., Jr., Shinefield, H. R., Cobb, K., *et al.* Congenital cytomegalic inclusion disease. A longitudinal study of 20 patients. *Am. J. Dis. Child.* **117:**522–539, 1969.

McDevitt, H. O., Bodmer, W. F. Histocompatibility antigens, immune responsiveness and susceptibility to disease. *Am. J. Med.* **52:**1–8, 1972.

McDonough, S. H., Spector, D. H., Spector, D. H. Transcription in human fibroblasts permissively infected by human cytomegalovirus strain AD169. *Virology* **125:**31–46, 1983.

McDonough, S. H., Straprans, S. I., Spector, D. H. Analysis of the major transcripts encoded by the long repeat of human cytomegalovirus strain AD169. *J. Virol.* **53:**711–718, 1985.

McEnery, G., Stern, H. Cytomegalovirus infection in early infancy. Five atypical cases. *Arch. Dis. Child.* **45:**669–673, 1970.

McFarland, H. F. *In vitro* studies of cell-mediated immunity in an acute viral infection. *J. Immunol.* **113:**173–180, 1974.

McGavran, M. H., Smith, M. G. Ultrastructural, cytochemical, and microchemical observations on cytomegalovirus (salivary gland virus) infection of human cells in tissue culture. *Exp. Mol. Pathol.* **4:**1–10, 1965.

McHugh, T. M., Cassavant, C. H., Wilber, J. C., Stites, D. P. Comparison of six methods for the detection of antibody to cytomegalovirus. *J. Clin. Microbiol.* **22:**1014–1019, 1985.

McKeating, J. A., Griffiths, P. D., Grundy, J. E. Cytomegalovirus in urine specimens has host, $\beta_2$ microglobulin bound to the viral envelope: A mechanism of evading the host immune response? *J. Gen. Virol.* **68:**785–792, 1987.

McMichael, A. J., Ting, A., Zweerink, H. J., Askonas, B. A. HLA restriction of cell mediated lysis of influenza virus-infected human cells. *Nature* **270:**524–526, 1977.

McVay, M. A., Adler, S. P. Immunologic evidence for frequent age-related cytomegalovirus reactivation in seropositive immunocompetent individuals. *J. Infect. Dis.* **160:**1–10, 1989.

Medearis, D. N., Jr. Cytomegalovirus inclusion disease. *Pediatrics* **19:**467–482, 1957.

Medearis, D. N., Jr. Observations concerning human cytomegalovirus infection and disease. *Bull. Johns Hopkins Hospital* **114:**181–211, 1964a.

Medearis, D. N., Jr. Mouse cytomegalovirus infection. II. Observations during prolonged infections. *Am. J. Hyg.* **80:**103–112, 1964b.

Medical Research Council (MRC) Working Party on Post-transfusion Hepatitis. Report to the MRC Blood Transfusion Research Committee. Post-transfusion hepatitis in a London hospital: Results of a two-year prospective study. *J. Hyg. (Camb.)* **73:**173–188, 1974.

Meijer, H., Bruggeman, C. A., Dormans, P. H. J., van Boven, C. A. P. A. Human cytomegalovirus induces a cellular deoxyguanosine kinase, also interacting with acyclovir. *FEMS Microbiol. Lett.* **25:**283–287, 1984.

Meiselman, M. S., Cello, J. P., Margaretten, W. Cytomegalovirus colitis. Report of the clinical, endoscopic, and pathologic findings in two patients with acquired immune deficiency syndrome. *Gastroenterology* **88:**171–175, 1985.

Melnick, J. L., Midulla, M., Wimberly, I., *et al.* A new member of the herpesvirus group isolated from South American marmosets. *J. Immunol.* **92:**596–601, 1964.

Melnick, J. L., Lewis, R., Wimberly, I., *et al.* Association of cytomegalovirus (CMV) infection with cervical cancer: Isolation of CMV from cell cultures derived from cervical biopsy. *Intervirology* **10:**115–119, 1978.

Melnick, J. L., Petrie, B. L., Dreesman, G. R., *et al.* Cytomegalovirus antigen within human arterial smooth muscle cells. *Lancet* **2:**644–647, 1983.

Mercer, J. A., Wiley, C. A., Spector, D. H. Pathogenesis of murine cytomegalovirus infection: Identification of infected cells in the spleen during acute and latent infection. *J. Virol.* **62:**987–997, 1988.

Mercer, R. D., Luse, S., Guyton, D. H. Clinical diagnosis of generalized cytomegalic inclusion disease. *Pediatrics* **11:**502–514, 1953.

Merten, D. F., Goodling, C. A. Skeletal manifestation of congenital cytomegalic inclusion disease. *Radiology* **95:**333–334, 1970.

Meyer, H., Bankier, A. T., Landini, M. P., *et al.* Identification and procaryotic expression of the gene coding for the highly immunogenic 28-kilodalton structural phosphoprotein (pp28) of human cytomegalovirus. *J. Virol.* **62:**2243–2250, 1988.

Meyers, J. D. Cytomegalovirus infection following marrow transplantation: risk, treatment, and prevention. *Birth Defects* **20:**101–117, 1984.

Meyers, J. D. Prevention of cytomegalovirus infection after marrow transplantation. *Rev. Infect. Dis.* **2:**S1691–S1705, 1989.

Meyers, J. D., McGuffin, R. W., Neiman, P. E., *et al.* Toxicity and efficacy of human leucocyte interferon for treatment of cytomegalovirus pneumonia after marrow transplantation. *J. Infect. Dis.* **141:**555–562, 1980a.

Meyers, J. D., Leszczynski, J., Zaia, J. A., *et al.* Prevention of cytomegalovirus infection after marrow transplant with CMV immune globulin (CMVig). In *20th Interscience Conference on Antimicrobial Agents and Chemotherapy*. American Society of Microbiology, New Orleans, 1980b.

Meyers, J. D., Flournoy, N., Thomas, E. D. Cytomegalovirus infection and specific cell-mediated immunity after marrow transplant. *J. Infect. Dis.* **142:**816–824, 1980c.

Meyers, J. D., Flournoy, N., Thomas, E. D. Nonbacterial pneumonia after allogeneic marrow transplantation: A review of ten years' experience. *Rev. Infect. Dis.* **4:**1119–1132, 1982a.

Meyers, J. D., McGuffin, R. W., Bryson, Y. J., *et al.* Treatment of cytomegalovirus pneumonia after marrow transplant with combined vidarabine and human leukocyte interferon. *J. Infect. Dis.* **146:**80–84, 1982b.

Meyers, J. D., Wade, J. C., McGuffin, R. W., *et al.* The use of acyclovir for cytomegalovirus infections in the immunocompromised host. *J. Antimicrob. Chemother.* **12:**181–193, 1983.

Meyers, J. D., Flournoy, N., Thomas, E. D. Risk factors for cytomegalovirus infection after human marrow transplant. *J. Infect. Dis.* **153:**478–488, 1986.

Meyers, J. D., Reed, E. C., Shepp, D. H., *et al.* Acyclovir for prevention of cytomegalovirus infection and disease after allogenic marrow transplantation. *N. Engl. J. Med.* **318:**70–75, 1988.

Meyerson, D., Hackman, R. C., Meyers, J. D. Diagnosis of cytomegalovirus pneumonia by in situ hybridization. *J. Infect. Dis.* **150:**272–277, 1984.

Michalski, F., Hsiung, G. D. Malignant transformation of hamster embryo cells following infection with bovine herpesvirus (infectious rhinotracheitis virus). *Proc. Soc. Exp. Biol. Med.* **148:**891–896, 1975.

Michelson, S., Horodniceanu, F., Kress, M., Tardy-Panit, M. Human cytomegalovirus-induced immediate early antigens: Analysis in sodium dodecyl sulfate-polyacrylamide gel electrophoresis after immunoprecipitation. *J. Virol.* **32:**259–267, 1979a.

Michelson, S., Cabau, N., Boue, A., Horodniceanu, F. Comparison of occurrence of antibodies to human cytomegalovirus as demonstrated by immunofluorescence and indirect hemagglutination techniques. *J. Clin. Microbiol.* **9:**149–151, 1979b.

Michelson, S., Tardy-Panit, M., Barzu, O. Properties of a human cytomegalovirus-induced protein kinase. *Virology* **134:**259–268, 1984.

Michelson-Fiske, S., Arnoult, J., Febvre, H. Cytomegalovirus infection of human lung epithelial cells *in vitro. Intervirology* **5:**354–363, 1975.

Michelson-Fiske, S., Horodniceanu, F., Guillon, J. C. "Immediate early" antigens in human cytomegalovirus infected cells. *Nature* **270:**615–617, 1977.

Middeldorp, J., Tegzess, A., Jongsma, J., *et al.* Immunity to human cytomegalovirus (HCMV). I. Humoral immune responses to HCMV-specific membrane antigens (CMV-MA) in normal and immunocompromised donors during acute and latent CMV infections. In S. Plotkin, S. Michelson, J. Pagano, and F. Rapp (eds.), *CMV: Pathogenesis and Prevention of Human Infection.* Alan R. Liss, New York, 1984, pp. 441–445.

Midulla, M., Balducci, L., Iannetti, P., Businco, L., Rezza, E., Fois, A. Infantile spasms and cytomegalovirus infection. *Lancet* **2:**377, 1976.

Miller, N., Hutt-Fletcher, L. A monoclonal antibody to glycoprotein gp85 inhibits fusion but not attachment of Epstein–Barr virus. *J. Virol.* **62:**2366–2372, 1988.

Miller, W., Flynn, P., McCullough, J., *et al.* Cytomegalovirus infection after bone marrow transplantation: An association with acute graft versus host disease. *Blood* **67:**1162–1167, 1986.

Miller, W. J., Provost, P. J., McAleer, W. J., *et al.* Specific immune adherence assay for human hepatitis A. Application to diagnostic and epidemiologic investigations. *Proc. Soc. Exp. Biol. Med.* **149:**254–261, 1975.

Mills, J., Jacobson, M. A., O'Donnell, J. J., *et al.* Treatment of cytomegalovirus retinitis in patients with AIDS. *Rev. Infect. Dis.* **10:**S522–S531, 1988.

Mims, C. A., Gould, J. Splenic necrosis in mice infected with cytomegalovirus. *J. Infect. Dis.* **137:**587–591, 1978.

Mims, C. A., Gould, J. Infection of salivary glands, kidneys, adrenals, ovaries and epithelia by murine CMV. *J. Med. Microbiol.* **12:**113–122, 1979.

Minars, N., Silverman, J. F., Escobar, M. R., Martinez, A. J. Fatal cytomegalovirus inclusion disease. *Arch. Dermatol.* **113:**1569–1571, 1977.

Minder, W. H. Die Aetiologie der Cytomegalia infantum. *Schweiz. Med. Wochenschr.* **83:**1180–1182, 1953.

Minson, A. C., Darby, G. B. Hybridization techniques. In R. Colin (ed.), *New Developments in Practical Virology.* Alan R. Liss, New York, 1982, pp. 185–229.

Mintz, L., Drew, W. L., Miner, R. C., Braff, E. H. Cytomegalovirus infections in homosexual men. *Ann. Intern. Med.* **99:**326–329, 1983.

Mirchamsy, H., Rapp, F. A new overlay for plaquing animal viruses. *Proc. Soc. Exp. Biol. Med.* **129:**13–17, 1968.

Mirkovic, R., Werch, J., South, M. A., Benyesh-Melnick, M. Incidence of cytomegaloviremia in blood-bank donors and in infants with congenital cytomegalic inclusion disease. *Infect. Immun.* **3:**45–50, 1971.

Mirolo, G., Baldassarri, B., Ripalti, A., *et al.* Antibody response to individual cytomegalovirus structural proteins in different groups of subjects. *Eur. J. Clinical Microbiol.* **6:**207–210, 1987.

Mocarski, E. S., Roizman, B. Site-specific inversion sequence of herpes simplex virus genome: Domain and structural features. *Proc. Natl. Acad. Sci. U.S.A.* **78:**7047–7051, 1981.

Mocarski, E. S., Roizman, B. Structure and role of the herpes simplex virus DNA termini in inversion, circularization and generation of virion DNA. *Cell* **31**:89–97, 1982.

Mocarski, E. S., Stinski, M. F. Persistence of the cytomegalovirus genome in human cells. *J. Virol.* **31**:761–775, 1979.

Mocarski, E. S., Post, L. E., Roizman, B. Molecular engineering of the herpes simplex virus genome: Insertion of a second L–S junction into the genome causes additional genome inversions. *Cell* **22**:243–255, 1980.

Mocarski, E. S., Deiss, L. P., Frenkel, N. Nucleotide sequence of a novel $U_S$–*a* junction present in a defective herpes simplex virus genome. *J. Virol.* **55**:140–146, 1985a.

Mocarski, E. S., Pereira, L., Michael, N. Precise localization of genes on large animal virus genomes: Use of lambda gt11 and monoclonal antibodies to map the gene for a cytomegalovirus protein family. *Proc. Natl. Acad. Sci. U.S.A.* **82**:1266–1270, 1985b.

Mocarski, E. S., Liu, A. C., Spaete, R. R. Structure and variability of the a sequence in the genome of human cytomegalovirus (Towne strain). *J. Gen. Virol.* **68**:2223–2230, 1987.

Mocarski, E. S., Pereira, L., McCormick, A. L. Human cytomegalovirus ICP22, the product of the HWLF1 reading frame, is an early nuclear protein that is released from cells. *J. Gen. Virol.* **69**:2613–2621, 1988.

Moller, G. Natural killer cells. *Immunol. Rev.* **44**:3–208, 1979.

Monif, G. R. G., Egan, E. A. II, Held, B., Eitzman, D. V. The correlation of maternal cytomegalovirus infection during varying stages in gestation with neonatal involvement. *J. Pediatr.* **80**:17–20, 1972.

Monif, G. R. G., Daicoff, G. I., Flory, L. F. Blood as a potential vehicle for the cytomegaloviruses. *Am. J. Obstet. Gynecol.* **126**:445–448, 1976.

Montgomery, R. L., Youngblood, L. A., Medearis, D. N., Jr. Recovery of cytomegalovirus from the cervix in pregnancy. *Pediatrics.* **49**:524–531, 1972.

Morahan, P. Macrophage nomenclature: Where are we going? *J. Reticuloendothel. Soc.* **27**:223–245, 1980.

Morahan, P. S., Morse, S. S., McGeorge, M. B. Macrophage extrinsic antiviral activity during herpes simplex virus infection. *J. Gen. Virol.* **46**:291–300, 1980.

Morgan, C., Rose, H. M., Holden, M., Jones, E. P. Electron microscopic observations on the development of herpes simplex virus. *J. Exp. Med.* **110**:643–656, 1959.

Morgello, S., Cho, E. S., Nielsen, S., *et al.* Cytomegalovirus encephalitis in patients with acquired immunodeficiency syndrome. *Hum. Pathol.* **18**:289–297, 1987.

Morris, G. E., Coleman, R. M., Best, J. M., *et al.* Persistence of serum IgA antibodies to herpes simplex, varicella-zoster, cytomegalovirus, and rubella virus detected by enzyme-linked immunosorbent assays. *J. Med. Virology* **16**:343–349, 1985.

Moskowitz, L. B., Hensley, G. T., Chan, J. C., *et al.* The neuropathology of acquired immune deficiency syndrome. *Arch. Pathol. Lab. Med.* **108**:867–872, 1984.

Mosmann, T. R., Hudson, J. B. Some properties of the genome of murine cytomegalovirus. *Virology* **54**:135–149, 1973.

Moss, A. R., Bacchetti, P., Osmond, D., *et al.* Seropositivity for HIV and the development of AIDS or AIDS related condition: Three year follow-up of the San Francisco General Hospital cohort. *Br. Med. J.* **296**:745–750, 1988.

Mueller, J. Ueber die protozoenartige Gibilde in den Harnkanaelchen epithelien Neugeboroner. *Virchows Arch.* **238**:481–494, 1922.

Mueller, N., Hinkula, J., Wahren, B. Elevated antibody titers against cytomegalovirus among patients with testicular cancer. *Int. J. Cancer* **41**:399–403, 1988.

Muller, M., Misra, V., Chantler, J. K., Hudson, J. B. Murine cytomegalovirus gene expression during non-productive infection in $G_o$ phase 3T3 cells. *Virology* **90**:279–287, 1978.

Müller-Stamou, A., Senn, H. J., Emody, G. Epidermolysis in a case of severe cytomegalovirus infection. *Br. Med. J.* **3**:609–610, 1974.

Murph, J. R., Bale, J. F., Murray, J. C., Stinski, M. F. Cytomegalovirus transmission in a midwest day care center: Possible relationship to child care practices. *J. Pediatr.* **109**:35–39, 1986.

Murray, H. W. Uveitis and the immunologically compromised host. *N. Engl. J. Med.* **299:**1077–1078, 1978.

Murray, H. W., Hillman, J. K., Rubin, B. Y., *et al.* Patients at risk for aids-related opportunistic infections. Clinical manifestations and impaired gamma interferon production. *N. Engl. J. Med.* **313:**1504–1510, 1985.

Murray, J. F., Felton, C. P., Garay, S. M., *et al.* Pulmonary complications of the acquired immunodeficiency syndrome. Report of a National Heart, Lung and Blood Institute workshop. *N. Engl. J. Med.* **310:**1682–1688, 1984.

Musiani, M., Zerbini, M., Zauli, D., *et al.* Impairment of cytomegalovirus and host balance in elderly subjects. *J. Clin. Pathol.* **41:**722–725, 1988.

Myers, E. N., Stool, S. Cytomegalic inclusion disease of the inner ear. *Laryngoscope* **78:**1904–1915, 1968.

Myerson, D., Hackman, R. C., Nelson, J. A., *et al.* Widespread presence of histologically occult cytomegalovirus. *Hum. Pathol.* **15:**430–439, 1984.

Myllylo, G. A., Vaheri, A., Vesikari, T., Penttinen, K. Interaction between human blood platelets, viruses and antibodies. IV. Post-rubella thrombocytopenic purpura and platelet aggregation by rubella antigen–antibody interaction. *Clin. Exp. Immunol.* **4:**323–333, 1969.

Nabel, G., Baltimore, D. An inducible transcription factor activates expression of human immunodeficiency virus in T cells. *Nature* **326:**711–713, 1987.

Naeye, R. L. Cytomegalic inclusion disease. The fetal disorder. *Am. J. Clin. Pathol.* **47:**738–744, 1967.

Nagington, J. Cytomegalovirus antibody production in renal transplant patients. *J. Hyg. (Camb.)* **69:**645–660, 1971.

Najarian, J. S., Fryd, D. S., Strand, M., *et al.* A single institution, randomized, prospective trial of cyclosporine versus azathioprine–antilymphocyte globulin for immunosuppression in renal allograft recipients. *Ann. Surg.* **201:**142–157, 1985.

Nakao, T., Chiba, S., Ohsaki, M., Hanazono, H. Cytomegalovirus mononucleosis. *Lancet* **2:**1153–1153, 1967.

Nakoneczna, I., Kay, S. Fatal disseminated cytomegalic inclusion disease in an adult presenting with a lesion of the gastrointestinal tract. *Am. J. Clin. Pathol.* **47:**124–128, 1967.

Nankervis, G. A., Cox, F. C., Kumar, M. L. A prospective study of maternal cytomegalovirus and its effect on the fetus. *Pediatr. Res.* **7:**148, 1973.

Naraqi, S., Jackson, G. G., Johasson, O., Rubenis, M. Search for latent cytomegalovirus in renal allografts. *Infect. Immun.* **19:**669–703, 1978.

Navia, B. A., Jordan, B. D., Price, R. W. The AIDS dementia complex: I. Clinical features. *Ann. Neurol.* **19:**517–524, 1986a.

Navia, B. A., Cho, E. S., Petito, C. K., Price, R. W. The AIDS dementia complex: II. Neuropathology. *Ann. Neurol.* **19:**525–535, 1986b.

Neff, B. J., Weibel, R. E., Buynak, E. B., *et al.* Clinical and laboratory studies of live cytomegalovirus vaccine AD-169. *Proc. Soc. Exp. Biol. Med.* **160:**32–37, 1979.

Neiman, P. E., Reeves, W., Ray, G., *et al.* A prospective analysis of interstitial pneumonia and opportunistic viral infection among recipients of allogeneic bone marrow grafts. *J. Infect. Dis.* **136:**754–767, 1977.

Nelson, D. S. Immune adherence. *Adv. Immunol.* **3:**131–180, 1963.

Nelson, J. A., Groudine, M. Transcriptional regulation of the human cytomegalovirus major immediate-early gene is associated with induction of DNase I-hypersensitive sites. *Mol. Cell. Biol.* **6:**452–461, 1986.

Nelson, J. A., Fleckenstein, B., Galloway, D. A., McDougall, J. K. Transformation of NIH 3T3 cells with cloned fragments of human cytomegalovirus strain AD169. *J. Virol.* **43:**83–91, 1982.

Nelson, J. A., Fleckenstein, B., Jahn, G., *et al.* Structure of the transforming region of human cytomegalovirus AD169. *J. Virol.* **49:**109–115, 1984.

Nelson, J. A., Reynolds-Kohler, C., Smith, B. A. Negative and positive regulation by a short segment in the 5′-flanking region of the human cytomegalovirus major immediate-early gene. *Mol. Cell. Biol.* **7**:4425–4429, 1987.

Nelson, J. A., Reynolds-Kohler, C., Oldstone, M. B. A., Wiley, C. A. HIV and HCMV coinfect brain cells in patients with AIDS. *Virology* **165**:286–290, 1988.

Newball, H. H., Brahim, S. A. Chronic airway disease in patients with Sjogren's syndrome. *Am. Rev. Respir. Dis.* **115**:295–304, 1977.

Niebojewski, R. A., Aguilar-Torres, F. G., Rytel, M. W. Applications of counterimmunoelectrophoresis in rapid detection of cytomegalovirus antibodies. *Am. J. Clin. Pathol.* **68**:343–346, 1977.

Nielsen, C. M., Hansen, K., Andersen, H. M. K., *et al.* Vestergaard, B. F. An enzyme labelled nuclear antigen immunoassay for detection of cytomegalovirus IgM antibodies in human serum: Specific and non-specific reactions. *J. Med. Virol.* **22**:67–76, 1987.

Nielsen, S. L., Petito, C. K., Urmacher, C. D., Posner, J. B. Subacute encephalitis in acquired immune deficiency syndrome: A postmortem study. *Am. J. Clin. Pathol.* **82**:678–682, 1984.

Nielsen, S. L., Ronholm, E., Sorensen, I., *et al.* Improvement of serological diagnosis of neonatal cytomegalovirus infection by simultaneously testing for specific immunoglobulins E and M by antibody-capture enzyme-linked immunosorbent assay. *J. Clin. Microbiol.* **25**:1406–1410, 1987.

Nigida, S. M., Falk, L. A., Wolfe, L. G., *et al.* Experimental infection of marmosets with a cytomegalovirus of human origin. *J. Infect. Dis.* **132**:582–586, 1975.

Nishiyama, Y., Maeno, K., Yoshida, S. Characterization of human cytomegalovirus-induced DNA polymerase and the associated 3′-to-5′ exonuclease. *Virology* **124**:221–231, 1983.

Notkins, A. L. Immune mechanisms by which the spread of viral infections are stopped. *Cell. Immunol.* **11**:478–483, 1974.

Nowak, B., Gmeiner, A., Sarnow, P., Levine, A. J., Fleckenstein, B. Physical mapping of human cytomegalovirus genes: Identification of DNA sequences coding for a virion phosphoprotein of 71 kDa and a viral 65 kDa polypeptide. *Virology* **134**:91–102, 1984a.

Nowak, B., Sullivan, C., Sarnow, R., *et al.* Characterization of monoclonal antibodies and polyclonal immune sera directed against human cytomegalovirus virion proteins. *Virology* **132**:325–338, 1984b.

Numazaki, K., Goldman, H., Wong, I., Wainberg, M. A. Viral infection of human islets of langerhans. Replication of human cytomegalovirus in cultured human fetal pancreatic islets. *Am. J. Clin. Patho.* **90**:52–57, 1988.

Numazaki, Y., Yano, N., Morizuka, T., *et al.* Primary infection with human cytomegalovirus: Virus isolation from healthy infants and pregnant women. *Am. J. Epidemiol.* **91**:410–417, 1970.

O'Donnell, M. E., Elias, P., Lehman, I. R. Processive replication of single-stranded DNA templates by the herpes simplex virus-induced DNA polymerase. *J. Biol. Chem.* **262**:4252–4259, 1987a.

O'Donnell, M. E., Elias, P., Funnell, B. E., Lehman, I. R. Interaction between the DNA polymerase and single-stranded DNA-binding protein (infected cell protein 8) of herpes simplex virus 1. *J. Biol. Chem.* **262**:4260–4266, 1987b.

O'Grady, J. G., Sutherland, S., Harvey, F., *et al.* Cytomegalovirus infection and donor/recipient HLA antigens: Interdependent cofactors in pathogenesis of vanishing bileduct syndrome after liver transplantation. *Lancet* **2**:302–305, 1988.

Oill, P. A., Fiala, M., Schofferman, J., *et al.* Cytomegalovirus mononucleosis in a healthy adult. Association with hepatitis, secondary Epstein–Barr virus antibody response and immunosuppression. *Am. J. Med.* **62**:413–417, 1977.

Olding, L. B., Jensen, F. C., Oldstone, M. B. A. Pathogenesis of cytomegalovirus infection. I. Activation of virus from bone marrow-derived lymphocytes by *in vitro* allogeneic reaction. *J. Exp. Med.* **141**:561–572, 1975.

Olding, L. B., Kingsbury, D. T., Oldstone, M. B. A. Pathogenesis of cytomegalovirus infection. Distribution of viral products, immune complexes and autoimmunity during latent murine infection. *J. Gen. Virol.* **33**:267–280, 1976.

Oldstone, M. B. A., Perrin, L. H. Assay of cell-mediated immunity and immune complexes in viral infection. In E. H. Lennette and N. J. Schmidt (eds.), *Diagnostic Procedures for Viral, Rickettsial and Chlamydial Infections,* 5th ed. American Public Health Association, Washington, 1979, pp. 209–255.

Olshevsky, U., Becker, Y. Herpes simplex virus structural proteins. *Virology* **40:**948–960, 1970.

Olson, L. C., Ketusinha, R., Mansuwan, P., Snitbhan, R. Respiratory tract excretion of cytomegalovirus in Thai children. *J. Pediatr.* **77:**499–504, 1970.

Onorato, I. M., Morens, D. M., Martone, W. J., Stansfield, S. K. Epidemiology of cytomegalovirus infections: Recommendations for prevention and control. *Rev. Infect. Dis.* **7:**479–497, 1985.

Opelz, G., Sengar, D. P. S., Mickey, M. R., Terasaka, P. I. Effect of blood transfusions on subsequent kidney transplants. *Transplant. Proc.* **5:**253–259, 1973.

O'Reilly, R. J., Reich, L., Gred, J., *et al.* A ramdomized trial of intravenous hyperimmune globulin for the prevention of cytomegalovirus infection following bone marrow transplantation. *Transplant. Proc.* **15:**1405–1411, 1983.

Osborn, J. E., Medearis, D. N., Jr. Suppression of interferon and antibody and multiplication of Newcastle disease virus in cytomegalovirus infected mice. *Proc. Soc. Exp. Biol. Med.* **124:**347–353, 1967.

Osborn, J. E., Walker, D. L. Enhancement of infectivity of murine cytomegalovirus *in vitro* by centrifugal inoculation. *J. Virol.* **2:**853–858, 1968.

Osborn, J. E., Walker, D. L. Virulence and attenuation of murine cytomegalovirus. *Infect. Immun.* **3:**228-236, 1970.

Osborn, J. E., Blazkovec, A. A., Walker, D. L. Immunosuppression during acute murine cytomegalovirus infection. *J. Immunol.* **100:**835–844, 1968.

Ossowski, L., Quigley, J. P., Reich, E. Fibrinolysis associated with oncogenic transformation: Morphological correlates. *J. Biol. Chem.* **249:**4312–4320, 1974.

O'Toole, C. M., Gray, J. J., Maher, P., Wregitt, T. G. Persistent excretion of cytomegalovirus in heart transplant patients correlates with inversion of the ratio of T helper/T suppressor–cytotoxic cells. *J. Infect. Dis.* **153:**1160–1162, 1986.

Otto, S. M., Sullivan-Tailyour, G., Malone, C. L., Stinski, M. F. Subcellular localization of the major immediate early protein (ID1) of human cytomegalovirus at early times after infection. *Virology* **162:**478–482, 1988.

Ozawa, T., Stewart, J. A. Immune-complex glomerulonephritis associated with cytomegalovirus infection. *Am. J. Clin. Pathol.* **72:**103–107, 1979.

Pachl, C., Probert, W., Hermsen, K., *et al.* Nucleotide sequence of the CMV (Towne) gH gene and identification of glycoprotein p86 as the gH gene product. *Virology* **169:**418–426, 1989.

Pagano, J. S. Infections with cytomegalovirus in bone marrow transplantation: Report of a workshop from the National Institutes of Health. *J. Infect. Dis.* **132:**114–120, 1975.

Pagano, J. S., Huang, E. S. The application of RNA-DNA cytohybridization to viral diagnostics. In E. Kurstak and R. Morisset (eds.), *Viral Immunodiagnosis.* Academic Press, New York, 1974, pp. 279–299.

Pahwa, S., Kaplan, M., Fikrig, S., *et al.* Spectrum of human t-cell lymphotropic virus type III infection in children. Recognition of symptomatic, asymptomatic, and seronegative patients. *J.A.M.A.* **255:**2299–2305, 1986.

Pak, C. Y., McArthur, R. G., Eun, H.-M., Yoon, J.-W. Association of cytomegalovirus infection with autoimmune type 1 diabetes. *Lancet* **1:**4, 1988.

Palestine, A. G., Rodrigues, M. M., Macher, A. M., *et al.* Opthalmic involvement in acquired immunodeficiency syndrome. *Ophthalmology* **91:**1092–1099, 1984.

Palestine, A. G., Stevens, G. S., Jr., Lane, C. H., *et al.* Treatment of cytomegalovirus retinitis with dihydroxy propoxymethyl guanine. *Am. J. Ophthalmol.* **101:**95–101, 1986.

Paloheimo, J. A., von Essen, R., Klemola, E., *et al.* Subclinical cytomegalovirus infections and cytomegalovirus mononucleosis after open-heart surgery. *Am. J. Cardiol.* **22:**624–630, 1968.

Pande, H., Baak, S., Riggs, A., *et al.* Cloning and physical mapping of a gene fragment coding for a 64-

kilodalton major late antigen of human cytomegalovirus. *Proc. Natl. Acad. Sci. U.S.A.* **81**:4965–4969, 1984.

Pande, H., Campo, K., Churchill, M., *et al.* Genomic localization of the gene encoding a 32-kDa capsid protein of human cytomegalovirus. *Virology* **167**:306–310, 1988.

Pande, H., Campo, K., Churchill, M. A., Zaia, J. A. Genomic locus for a 140 kDa structural protein (pp150) of human cytomegalovirus in strain Towne and AD169. *Virus Res.* **12**:11–18, 1989.

Pannuti, C. S., Vilas-Boas, L. S., Angelo, M. J. O., *et al.* Congenital cytomegalovirus infection. Occurrence in two socioeconomically distinct populations of a developing country. *Rev. Inst. Med. Trop. (Sao Paulo)* **27**:105–107, 1985.

Para, M., Baucke, R., Spear, P. Glycoprotein gE of herpes simplex virus type 1: Effects of anti-gE on virion infectivity and on virus-induced Fc-binding receptors. *J. Virol.* **41**:129–136, 1982.

Paradis, I. L., Grgurich, W. F., Dummer, J. S., *et al.* Rapid detection of cytomegalovirus pneumonia from lung lavage cells. *Am. Rev. Respir. Dis.* **138**:697–702, 1988.

Parham, D. M. Post-transplantation pancreatitis associated with cytomegalovirus (Report of a case). *Human Pathology* **12**:663–665, 1981.

Parslow, T. G., Jones, S. D., Bond, B., Yamamoto, K. R. The immunoglobulin octanucleotide: Independent activity and selective interaction with enhancers. *Science* **235**:1498–1501, 1987.

Paryani, S. G., Yeager, A. S., Hosford-Dunn, H., *et al.* Sequelae of acquired cytomegalovirus infection in premature and sick term infants. *J. Pediatr.* **107**:451–456, 1985.

Pass, R. F., Long, W. K., Whitley, R. J., *et al.* Productive infection with cytomegalovirus and herpes simplex virus in renal transplant recipients: Role of source of kidney. *J. Infect. Dis.* **137**:556–563, 1978.

Pass, R. F., Stagno, S., Myers, G. J., Alford, C. A. Outcome of symptomatic congenital cytomegalovirus infection: Results of long-term longitudinal follow-up. *Pediatrics* **66**:758–762, 1980.

Pass, R. F., Reynolds, D. W., Whelchel, J. D., *et al.* Impaired lymphocyte transformation response to cytomegalovirus and phytohemagglutinin in recipients of renal transplants: Association with anti-thymocyte globulin. *J. Infect. Dis.* **143**:259–265, 1981a.

Pass, R. F., Dworsky, M. E., Whitley, R. J., *et al.* Specific lymphocyte blastogenic responses in children with cytomegalovirus and herpes simplex virus infections acquired early in infancy. *Infect. Immun.* **34**:166–170, 1981b.

Pass, R. F., Hutto, S. C., Reynolds, D. W., Polhill, R. B. Increased frequency of cytomegalovirus infection in children in group day care. *Pediatrics* **74**:121–126, 1984.

Pass, R. F., Hutto, C., Ricks, R., Cloud, G. A. Increased rate of cytomegalovirus infection among parents of children attending day-care centers. *N. Engl. J. Med.* **314**:1414–1418, 1986.

Pass, R. F., Little, E. A., Stagno, S., *et al.* Young children as a probable source of maternal and congenital cytomegalovirus infection. *N. Engl. J. Med.* **316**:1366–1370, 1987.

Pattengale, P. K., Smith, R. W., Gerber, P. B-cell characteristics of human peripheral and cord blood lymphocytes transformed by Epstein–Barr virus. *J. Natl. Cancer Inst.* **52**:1081–1086, 1974.

Paulin, T., Ringden, D., Lonnquist, B., *et al.* The importance of pre bone marrow transplantation serology in determining subsequent cytomegalovirus infection. *Scand. J. Infect. Dis.* **18**:199–209, 1986.

Paya, C. V., Hermans, P. E., Wiesner, R. H., *et al.* Cytomegalovirus hepatitis in liver transplantation: Prospective analysis of 93 consecutive orthotopic liver transplantations. *J. Infect. Dis.* **160**:752–758, 1989.

Pearson, E. F. Cytoplasmic inclusions produced by the submaxilliary virus. *Am. J. Pathol.* **6**:261–274, 1930.

Pecego, R., Hill, R., Appelbaum, F. R., *et al.* Interstitial pneumonitis following autologous bone marrow transplantation. *Transplantation* **42**:515–517, 1986.

Peckham, C. S., Chin, K. S., Coleman, J. C., *et al.* Cytomegalovirus infection in pregnancy: Preliminary findings from a prospective study. *Lancet* **1**:1352–1355, 1983.

Peden, K., Mounts, P., Hayward, G. S. Homology between mammalian cell DNA sequences and human herpesvirus genomes detected by a hybridization procedure with a high-complexity probe. *Cell* **31**:71–80, 1982.

Penn, I. Kaposi's sarcoma in renal transplant recipients. *Transplantation* **27**:8–11, 1979.

Penttinen, K., Kaariainen, L., Myllylö, G. Cytomegalovirus antibody assay by platelet aggregation. *Arch. Ges. Virusforsch.* **29**:189–194, 1970.

Pereira, L., Hoffman, M., Gallo, D., Cremer, N. Monoclonal antibodies to human cytomegalovirus: Three surface membrane proteins with unique immunological and electrophoretic properties specify cross reactive determinants. *Infect. Immun.* **36**:924–932, 1982.

Pereira, L., Hoffman, M., Tatsuno, M., Dondero, D. Polymorphism of human cytomegalovirus glycoproteins characterized by monoclonal antibodies. *Virology* **139**:73–86, 1984.

Pereira, R. A., James, D. C. O., Stern, H. Correlation between cytomegalovirus infection and HLA-BW15. *Br. Med. J.* **2**:126–126, 1978.

Perham, T. G. M., Caul, E. C., Clarke, S. K. R., Gibson, A. G. F. Cytomegalovirus meningoencephalitis. *Br. Med. J.* **2**:50–50, 1971a.

Perham, T. G. M., Caul, E. W., Conway, P. J., Mott, M. G. Cytomegalovirus infection in blood donors. A prospective study. *Br. J. Haematol.* **20**:307–320, 1971b.

Peterson, P. K., Balfour, H. H., Jr., Marker, S. C., *et al.* Cytomegalovirus disease in renal allograft recipients: A prospective study of the clinical features, risk factors and impact on renal transplantation. *Medicine* **59**:283–300, 1980.

Peterson, P. K., Balfour, H. H., Jr., Fryd, D. S., *et al.* Risk factors in the development of cytomegalovirus-related pneumonia in renal transplant recipients. *J. Infect. Dis.* **148**:1121, 1983.

Petito, C. K., Cho, E.-S., Lemann, W., *et al.* Neuropathology of acquired immunodeficiency syndrome (AIDS): An autopsy review. *J. Neuropathol. Exp. Neurol.* **45**:635–646, 1986.

Petrie, B. L., Melnick, J. L., Adam, E., *et al.* Nucleic acid sequences of cytomegalovirus in cells cultured from human arterial tissue. *J. Infect. Dis.* **155**:158–159, 1987.

Pettavel, C. A. Ueber eigentuemliche herdfoermige Degeneration der Thyreoidea-Epithelien bei Purpura eines Neonatus. *Virchows Arch. (Pathol. Anat.)* **206**:1–8, 1911.

Phillips, C. A., Fanning, W. L., Gump, D. W., Phillips, C. F. Cytomegalovirus encephalitis in immunologically normal adults. Successful treatment with vidarabine. *J.A.M.A.* **28**:2299–2300, 1977.

Phipps, P. H., Gregoire, L., Rossier, E., Perry, E. Comparison of five methods of cytomegalovirus antibody screening of blood donors. *J. Clin. Microbiol.* **18**:1296–1300, 1983.

Pien, F. D., Smith, T. F., Anderson, C. F., *et al.* Herpesviruses in renal transplant patients. *Transplantation* **16**:489–495, 1973.

Pisano, G. Su di un reperto istologico raro in feto Scleromatoso. *Gazz. Osp. Clin.* **31**:249–250, 1910.

Pitchenik, A. E., Fischl, M. A., Dickinson, G. M., *et al.* Opportunistic infections and Kaposi's sarcoma among Haitians: Evidence of a new acquired immunodeficiency state. *Ann. Intern. Med.* **98**:277–284, 1983.

Pizzorno, M., O'Hara, P., Sha, L., *et al.* Transactivation and autoregulation of gene expression by the immediate-early region 2 gene products of human cytomegalovirus. *J. Virol.* **62**:1167–1179, 1988.

Plotkin, S. A., Furukawa, T., Zygraich, N., Huygelen, C. Candidate cytomegalovirus strain for human vaccination. *Infect. Immun.* **12**:521–527, 1975.

Plotkin, S. A., Farquhar, J., Hornberger, E. Clinical trials of immunization with the Towne 125 strain of human cytomegalovirus. *J. Infect. Dis.* **134**:470–475, 1976.

Plotkin, S. A., Smiley, M. L., Friedman, H. M., *et al.* Towne-vaccine-induced prevention of cytomegalovirus disease after renal transplants. *Lancet* **1**:528–530, 1984.

Plotkin, S. A., Drew, W. L., Felenstein, D., Hirsch, M. S. Sensitivity of clinical isolates of human cytomegalovirus to 9-(1,3-dihydroxy-2-propoxymethyl) guanine. *J. Infect. Dis.* **152**:833–844, 1985a.

Plummer, G. Comparative virology of the herpes group. *Prog. Med. Virol.* **9**:302–340, 1967.

Plummer, G., Benyesh-Melnick, M. A plaque reduction neutralization test for human cytomegalovirus. *Proc. Soc. Exp. Biol. Med.* **117**:145–150, 1964.

Plummer, G., Lewis, B. Thermoinactivation of herpes simplex virus and cytomegalovirus. *J. Bacteriol.* **89:**671–674, 1965.

Plummer, G., Goodheart, C. R., Henson, D., Bowling, C. P. A comparative study of the DNA density and behavior in tissue cultures of 14 different herpesviruses. *Virology* **39:**134–137, 1969.

Pollard, R. B., Rand, K. H., Arvin, A. M., Merigan, T. C. Cell-mediated immunity to cytomegalovirus infection in normal subjects and cardiac transplant patients. *J. Infect. Dis.* **137:**541–549, 1978.

Pollard, R. B., Egbert, P. R., Gallagher, J. G., Merigan, T. C. Cytomegalovirus retinitis in immunosuppressed hosts. I. Natural history and effects of treatment and adenine arabinoside. *Ann. Intern. Med.* **93:**655–664, 1980.

Pollard, R. B., Arvin, A. M., Gamberg, P., *et al.* Specific cell-mediated immunity and infections with herpes viruses in cardiac transplant recipients. *Am. J. Med.* **73:**679–687, 1982.

Popovic, M., Sarngadharan, M. G., Read, E., Gallo, R. C. Detection, isolation and continuous production of cytopathic human T lymphotropic retrovirus (HTLV-III) from patients with AIDS and pre-AIDS. *Science* **224:**497–500, 1984.

Porter, K. R., Starnes, D. M., Hamilton, J. D. Reactivation of latent murine cytomegalovirus from kidney. *Kidney Int.* **28:**922–925, 1985.

Postic, B., Dowling, J. N. Susceptibility of clinical isolates of cytomegalovirus to human interferon. *Antimicrob. Agents Chemother.* **11:**656–660, 1977.

Potenza, L., deGavaller, B., Feo, M., Mantilla, A. Cytomegalia en recien nacidos y martinatos. *Arch. Venezol. Puericult. Pediatr.* **18:**85–88, 1955.

Powell, R. D., Warner, N. E., Levine, P. S., Kirsner, J. B. Cytomegalic inclusion disease and ulcerative colitis. *Am. J. Med.* **30:**334–340, 1961.

Prawirohardjo, S. Een Onderzock Naarbet Voorkomen zan Zoogenaamde Protozoaire Cellen in den Organen van Kindern te Batavia. *Ned. Tidjschr. Geneeskd.* **82:**6218–6223, 1938.

Preiksaitis, J. K., Brown, L., McKenzie, M. The risk of cytomegalovirus infection in seronegative transfusion recipients not receiving exogenous immunosuppression. *J. Infect. Dis.* **157:**523–529, 1988.

Prentice, H. G. Use of acyclovir for prophylaxis of herpes infections in severely immunocompromised patients. *J. Antimicrob. Chemother.* **12**(Suppl B):1593–1599, 1983.

Price, P., Winter, J. G., Nikoletti, S., *et al.* Functional changes in murine macrophages infected with cytomegalovirus related to H-2-determined sensitivity to infection. *J. Virol.* **61:**3602–3606, 1987.

Prince, A. M., Szmuness, W., Millian, S. J., *et al.* A serologic study of cytomegalovirus infections associated with blood transfusions. *N. Engl. J. Med.* **284:**1125–1131, 1971.

Pritchett, R. F. DNA nucleotide sequence heterogeneity between the Towne and AD 169 strains of cytomegalovirus. *J. Virol.* **36:**152–161, 1980.

Pullen, H., Wright, N., Murdoch, J. McC. Hypersensitivity reactions to antibacterial drugs in infectious mononucleosis. *Lancet* **2:**1176–1178, 1967.

Quinlan, M. P., Chen, L. B., Knipe, D. M. The intranuclear location of a herpes simplex virus DNA-binding protein is determined by the status of viral DNA replication. *Cell* **36:**857–868, 1984.

Quinnan, G. V., Manischewitz, J. E. The role of natural killer cells and antibody-dependent cell-mediated cytotoxicity during murine cytomegalovirus infection. *J. Exp. Med.* **150:**1549–1554, 1979.

Quinnan, G. V., Jr., Manischewitz, J. E. Genetically determined resistance to lethal murine cytomegalovirus infection is mediated by interferon-dependent and -independent restriction of virus replication. *J. Virol.* **61:**1875–1881, 1987.

Quinnan, G. V., Manischewitz, J. E., Ennis, F. A. Cytotoxic T lymphocyte response to murine cytomegalovirus infection. *Nature* **273:**541–543, 1978.

Quinnan, G. V., Manischewitz, J. E., Ennis, F. A. Role of cytotoxic T lymphocytes in murine cytomegalovirus infection. *J. Gen. Virol.* **47:**503–508, 1980.

Quinnan, G. V., Kirmani, N., Esber, E., *et al.* HLA-restricted cytotoxic T lymphocyte and non-thymic cytotoxic lymphocyte responses to cytomegalovirus infections of bone marrow transplant recipients. *J. Immunol.* **126:**2036–2041, 1981.

Quinnan, G., Kirmani, N., Rook, A., *et al.* HLA-restricted T-lymphocyte and non-T-lymphocyte cytotoxic responses correlate with recovery from cytomegalovirus infection in bone-marrow-transplant recipients. *N. Engl. J. Med.* **307**:7–13, 1982.

Quinnan, G. V., Jr., Delery, M., Rook, A. H., *et al.* Comparative virulence and immunogenicity of the Towne strain and a nonattenuated strain of cytomegalovirus. *Ann. Intern. Med.* **101**:478–483, 1984.

Rabson, A. S., Edgcomb, J. H., Legallais, F. Y., Tyrrell, S. A. Isolation and growth of rat cytomegalovirus *in vitro*. *Proc. Soc. Exp. Biol. Med.* **131**:923–927, 1969.

Radsak, K., Mertensmaier, I., Kaiser, C., *et al.* Distinction of viral and host-derived glycopolypeptides induced by "early" functions of human cytomegalovirus. *Arch. Virol.* **85**:217–30, 1985.

Rager-Zisman, B., Grose, C., Bloom, B. R. Mechanism of selective nonspecific cell-mediated cytotoxicity of virus-infected cells. *Nature* **260**:369–370, 1976.

Rahman, A. A., Teschner, M., Sethi, K. K., Brandis, H. Appearance of IgG (Fc) receptor(s) on cultured human fibroblasts infected with human cytomegalovirus. *J. Immunol.* **117**:253–258, 1976.

Ralph, D. D., Springmeyer, S. C., Sullivan, K. M., *et al.* Rapidly progressive airflow obstruction in marrow transplant recipients. *Am. Rev. Respir. Dis.* **129**:641–44, 1984.

Ramirez, M. L., Virmani, M., Garon, C., Rosenthal, L. J. Defective virions of human cytomegalovirus. *Virology* **96**:311–314, 1979.

Ramsay, K. M., Djeu, J. Y., Rook, A. H. Decreased circulating large granular lymphocytes associated with depressed natural killer activity in renal transplant recipients. *Transplantation* **38**:351–356, 1984.

Ranchod, M., Bissell, M. Pulmonary alveolar proteinosis and cytomegalovirus infection. *Arch. Pathol. Lab. Med.* **103**:139–142, 1979.

Rand, K. H., Merigan, T. C. Cytomegalovirus, a not so innocent bystander. *J.A.M.A.* **240**:2470–2471, 1978.

Rand, K. H., Pollard, R. B., Merigan, T. C. Increased pulmonary superinfections in cardiac transplant patients undergoing primary cytomegalovirus infection. *N. Engl. J. Med.* **298**:951–953, 1978.

Randazzo, R. F., Hulette, C. M., Gottlieb, M. S., *et al.* Cytomegaloviral epididymitis in a patient with the acquired immune deficiency syndrome. *J. Urol.* **136**:1095–1097, 1986.

Rando, R. R., Pellett, P. E., Luciw, P. A., *et al.* Transactivation of human immunodeficiency virus by herpesviruses. *Oncogene* **1**:13, 1987.

Rao, N., Waruszewski, D. T., Armstrong, J. A., Atchison, R. W., Ho, M. Evaluation of antibomplement immunofluorescence test in cytomegalovirus infection. *J. Clin. Microbiol.* **6**:633–638, 1977.

Rasmussen, L. The Immune Response to Human Cytomegalovirus Infection. *Current Topics in Microbiol. Immunol.* Springer-Verlag, Berlin. (in press) December, 1989.

Rasmussen, L. E., Nelson, R. M., Kelsall, D. C., Merigan, T. C. Murine monoclonal antibody to a single protein neutralizes the infectivity of human cytomegalovirus. *Proc. Natl. Acad. Sci. U.S.A.* **81**:876–880, 1984.

Rasmussen, L., Mullenax, J., Nelson, R., Merigan, T. Viral polypeptides detected by a complement dependent neutralizing murine monoclonal antibody to human cytomegalovirus. *J. Virol.* **55**:274–280, 1985a.

Rasmussen, L. E., Mullenax, J., Nelson, M., Merigan, T. C. Human cytomegalovirus polypeptides stimulate neutralizing antibody *in vivo*. *Virology* **145**:186–190, 1985b.

Rasmussen, L., Nelson, M., Neff, M., Merigan, T. Characterization of different human cytomegalovirus glycoproteins which are targets for virus neutralizing antibody. *Virology* **163**:308–318, 1988.

Ravin, C. E., Smith, G. W., Adhern, M. J., *et al.* Cytomegaloviral infection presenting as a solitary pulmonary nodule. *Chest* **71**:220–222, 1977.

Raynaud, J., Antanasiu, P., Barreau, C., Jahkola, M. Adaptation d'un virus cytomegalie provenant du mole (*Apodemus sylvaticus*) sur differentes cellules heterologues y compris les cellules humanines. *C.R. Acad. Sci. (D) (Paris)* **269**:104–106, 1969.

Raynaud, J., Raynaud, A. Etude histologique des lesions des glandes salivaires observees chez quelques expeces de campagnols: Apparentenant aux genres microtus et evotomys. *Ann. Inst. Pasteur* **73**:174–185, 1947.

Re, M., Landini, M., Coppolecchia, P., *et al.* A 28000 molecular weight human cytomegalovirus structural polypeptide studied by means of a specific monoclonal antibody. *J. Gen. Virol.* **66**:2507–2511, 1985.

Rector, E. J., Rector, L. E. Intranuclear inclusions in the salivary glands of moles. *Am. J. Pathol.* **10**:629–636, 1934.

Reddehase, M. J., Keil, G. M., Koszinowski, U. H. The cytolytic T lymphocyte response to the murine cytomegalovirus. I. Distinct maturation stages of cytolytic T lymphocytes constitute the cellular immune response during acute infection of mice with the murine cytomegalovirus. *J. Immunol.* **132**:482–489, 1984a.

Reddehase, M. J., Keil, G. M., Koszinowski, U. H. The cytolytic T lymphocyte response to the murine cytomegalovirus II. Detection of virus replication state-specific antigens by separate populations of *in vivo* active cytolytic T lymphocyte precursors. *Eur. J. Immunol.* **14**:56–61, 1984b.

Reddehase, M. J., Weiland, F., Munch, K., *et al.* Interstitial murine cytomegalovirus pneumonia after irradiation: Characterization of cells that limit viral replication during established infection of the lungs. *J. Virol.* **55**:264–273, 1985.

Reddehase, M. J., Mutter, W., Munch, K., *et al.* CD8-positive T lymphocytes specific for murine cytomegalovirus immediate-early antigens mediate protective immunity. *J. Virol.* **61**:3102–3108, 1987a.

Reddehase, M. J., Mutter, W., Koszinowski, U. *In vivo* application of recombinant interleukin 2 in the immunotherapy of established cytomegalovirus infection. *J. Exp. Med.* **165**:650–656, 1987b.

Reddehase, M. J., Jonjic, S., Weiland, F., *et al.* Adoptive immunotherapy of murine cytomegalovirus adrenalitis in the immunocompromised host: CD4-helper-independent antiviral function of CD8-positive memory T lymphocytes derived from latently infected donors. *J. Virol.* **62**:1061–1065, 1988.

Reed, E. C., Bowden, R. A., Dandliker, P. S., *et al.* Treatment of cytomegalovirus pneumonia with ganciclovir and intravenous cytomegalovirus immunoglobulin in patients with bone marrow transplants. *Ann. Intern. Med.* **109**:783–788, 1988.

Reily, C. A., Kocoshis, S., Gryboskki, J. D., Klatskin, G. Portal hypertension following neonatal cytomegalovirus infection. *J. Pediatr.* **94**:1011–1011, 1979.

Reimer, C. B., Black, C. M., Phillips, D. J., *et al.* The specificity of fetal IgM: Antibody or antiantibody? *Ann. N.Y. Acad. Sci.* **254**:77–93, 1975.

Reinherz, E. L., O'Brein, C., Rosenthal, P., Schlossmann, S. F. The cellular basis for viral induced immunodeficiency: Analysis by monoclonal antibodies. *J. Immunol.* **125**:1269–1269, 1980.

Reller, L. B. Granulomatous hepatitis associated with acute cytomegalovirus infection. *Lancet* **1**:20–22, 1973.

Renvoize, E. B., Hembling, M. H., Pepper, M. D., Rajah, S. M. Possible association of Alzheimer's disease with HLA-BW15 and cytomegalovirus infection. *Lancet* **1**:1238–1238, 1979.

Reynolds, D. W. Development of early nuclear antigen in cytomegalovirus infected cells in the presence of RNA and protein synthesis inhibitors. *J. Gen. Virol.* **40**:475–480, 1978.

Reynolds, D. W., Stagno, S., Hosty, T. S., *et al.* Maternal cytomegalovirus excretion and perinatal infection. *N. Engl. J. Med.* **289**:1–5, 1973.

Reynolds, D. W., Stagno, S., Stubbs, G., *et al.* Inapparent congenital cytomegalovirus infection with elevated cord IgM levels. *N. Engl. J. Med.* **290**:291–296, 1974.

Reynolds, D. W., Dean, P. H., Pass, R. F., Alford, C. A., Jr. Specific cell-mediated immunity in children with congenital and neonatal cytomegalovirus infection and their mothers. *J. Infect. Dis.* **140**:493–499, 1979a.

Reynolds, D. W., Stagno, S., Alford, C. A., Jr. Laboratory diagnosis of cytomegalovirus infections. In E. H. Lennett and N. J. Schmidt (eds.), *Diagnostic Procedures for Viral, Rickettsial and Chlamydial Infections*. American Public Health Association, Washington, 1979b, pp. 399–439.

Reynolds, D. W., Stagno, S., Alford, C. A., Jr. Congenital cytomegalovirus infection. *Teratogen Update: Environmentally induced birth defect risks* 93–95, 1986.

Ribbert, H. Ueber proozoanartige Zellen in der Niere eines syphilitischen Neugeborenen und in der Parotis von Kindern. *Zentrabl. Allg. Pathol.* **15:**945–948, 1904.

Rice, G. P. A., Schrier, R. D., Oldstone, M. B. A. Cytomegalovirus infects human lymphocytes and monocytes: Virus expression is restricted to immediate early antigen products. *Proc. Natl. Acad. Sci. U.S.A.* **81:**6134–6138, 1984.

Richardson, W. P., Colvin, R. B., Cheeseman, S. H., *et al.* Glomerulopathy associated with cytomegalovirus viremia in renal allografts. *N. Engl. J. Med.* **305:**57–63, 1981.

Rifkind, D. Cytomegalovirus infection after renal transplantation. *Arch. Intern. Med.* **116:**554–558, 1965.

Riggs, J. L., Cremer, N. E. Differentiation of cytomegalovirus antigens by their reactivity with various classes of human antibodies in the indirect fluorescent antibody test. *J. Clin. Microbiol.* **11:**88–93, 1980.

Rinaldo, C. R., Jr., Black, P. H., Hirsch, M. S. Interactions of cytomegalovirus with leucocyte from patients with mononucleosis due to cytomegalovirus. *J. Infect. Dis.* **136:**667–678, 1977.

Rinaldo, C. R., Jr., Levin, M. J., Carney, W. P., *et al.* Interactions of lymphocytes with cytomegalovirus. In M. R. Proffitt (ed.), *Virus–Lymphocyte Interactions: Implications for Disease.* Elsevier North-Holland, Amsterdam, 1979a, pp. 267–282.

Rinaldo, C. R., Jr., Stossel, T. P., Black, P. H., Hirsch, M. S. Polymorphonuclear leukocyte function during cytomegalovirus mononucleosis. *Clin. Immunol. Immunopathol.* **12:**331–334, 1979b.

Rinaldo, C. R., Jr., Carney, W. P., Richter, B. S., *et al.* Mechanisms of immunosuppression in cytomegaloviral mononucleosis. *J. Infect. Dis.* **141:**488–495, 1980.

Rinaldo, C. R., Jr., Hamoudi, W. H., DiBaiasio, R. L., *et al.* Cellular immune response and cytomegalovirus infection in renal transplant patients receiving cyclosporine. *Transplant. Proc.* **15:**2775, 1983.

Rinaldo, C. R., Jr., DeBiasio, R. L., Hamoudi, W. H., *et al.* Effect of herpesvirus infections on T-lymphocyte subpopulations and blastogenic responses in renal transplant recipients receiving cylosporine. *Clin. Immunol. Immunopathol.* **38:**366, 1986.

Rinaldo, C. R., Jr., Piazza, P., Wang, Y., *et al.* HIV-I-specific production of gamma interferon and modulation by recombinant interleukin 2 during early HIV-I infection. *J. Immunol.* **140:**3389–3393, 1988.

Ringden, O., Longvist, B., Paulin, T., *et al.* Pharmacokinetics, safety and preliminary clinical experiences using foscarnet in the treatment of cytomegalovirus infections in bone marrow and renal transplant recipients. *J. Antimicrob. Chemother.* **17:**373–387, 1986.

Ripalti, A., Landini, M., LaPlaca, M. A 46 KD polypeptide, present in purified human cytomegalovirus, is provided with DNAse activity and is antigenically related to a higher molecular weight, enzymatically inactive, cellular protein. *Microbiological* **11:**69–76, 1988.

Ripalti, A., Landini, M., Mocarski, E., LaPlaca, M. Identification and preliminary use of recombinant lambda gt11 fusion proteins in cytomegalovirus diagnosis. *J. Gen. Virol.* **70:**1247–1251, 1989.

Robbins, A., Dorney, D., Wathen, M., *et al.* The pseudorabies virus gII gene is closely related to the gB glycoprotein gene of herpes simplex virus. *J. Virol.* **61:**2691–2701, 1987.

Robson, G. S., MacKay, I. R. Generalized cytomegalovirus infection in a patient with lupoid hepatitis. *Aust. Ann. Med.* **18:**147–150, 1969.

Robson, L., Gibson, W. Primate cytomegalovirus assembly protein: Genome location and nucleotide sequence. *J. Virol.* **63:**669–676, 1988.

Roby, C., Gibson, W. Characterization of phosphoproteins and protein kinaseactivity of virions, noninfectious enveloped particles, and dense bodies of human cytomegalovirus. *J. Virol.* **59:**714–727, 1986.

Roder, J. C. The beige mutation in the mouse. I. A stem cell predetermined impairment in natural killer cell function. *J. Immunol.* **123:**2168, 1979.

Rodgers, B., Borysiewicz, L., Mondin, J., *et al.* Immunoaffinity purification of a 72 K early antigen of human cytomegalovirus: Analysis of humoral and cell-mediated immunity to the purified polypeptide. *J. Gen. Virol.* **68:**2371–2378, 1987.

Rodgers, M. C., Scott, D. M., Mundin, J., Sissons, J. G. Monocyte derived inhibitor of interleukin 1 induced by human cytomegalovirus. *J. Virol.* **55:**527–532, 1985.

Roenhorst, H. W., Tegzess, A. M., Beelen, J. M., *et al.* HLA-DRw6 as a risk factor for active cytomegalovirus but not for herpes simplex virus infection after renal allograft transplantation. *Br. Med. J.* **291:**619–622, 1985.

Roizman, B. Provisional labels for herpesviruses. *J. Gen. Virol.* **20:**417–419, 1973.

Roizman, B. The organization of the herpes simplex virus genomes. *Annu. Rev. Genet.* **13:**25–57, 1979a.

Roizman, B. The structure and isomerization of herpes simplex virus genomes. *Cell* **16:**481–494, 1979b.

Roizman, B., Batterson, W. Herpesviruses and their replication. In B. N. Fields (ed.), *Virology*. Raven Press, New York, 1985, pp. 497–526.

Rola-Pleszczynski, M., Frenkel, L. D., Fuccillo, D. A., *et al.* Specific impairment of cell-mediated immunity in mothers of infants with congenital infection due to cytomegalovirus. *J. Infect. Dis.* **135:**386–391, 1977.

Rook, A. H. Interactions of cytomegalovirus with the human immune system. *Rev. Infect. Dis.* **10:**S460–S467, 1988.

Rook, A. H., Masur, H., Lane, H. C., *et al.* Interleukin-2 enhances the depressed natural killer and cytomegalovirus-specific cytotoxic activities of lymphocytes from patients with the acquired immune deficiency syndrome. *J. Clin. Invest.* **72:**398–403, 1983.

Rook, A. H., Quinnan, G., Fredrick, J., *et al.* Importance of cytotoxic lymphocytes during cytomegalovirus infection in renal transplant recipients. *Am. J. Med.* **76:**385–392, 1984a.

Rook, A. H., Manischewitz, J. F., Frederick, W. R., *et al.* Deficient, HLA-restricted, cytomegalovirus-specific cytotoxic T cells and natural killer cells in patients with the acquired immunodeficiency syndrome. *J. Infect. Dis.* **152:**627–630, 1984b.

Rosen, P., Hajdu, S. Cytomegalovirus inclusion disease at autopsy of patients with cancer. *Am. J. Clin. Pathol.* **55:**749–756, 1971.

Rosen, R., Armstrong, D., Rice, N. Gastrointestinal cytomegalovirus infection. *Arch. Intern. Med.* **132:**274–276, 1973.

Rosensheim, M. S., Farewell, V. T., Price, T. H., *et al.* The cost effectiveness of therapeutic and prophylactic leukocyte transfusion. *N. Engl. J. Med.* **302:**1058–1062, 1980.

Ross, R. The pathogenesis of atherosclerosis—an update. *N. Engl. J. Med.* **314:**488–500, 1986.

Rouse, B. T., Horohov, D. W. Immunosuppression in viral infections. *Rev. Infect. Dis.* **8:**850–873, 1986.

Rouse, B., Norley, S., Martin, S. Antiviral cytotoxic T lymphocyte induction and vaccination. *Rev. Infect. Dis.* **10:**16–33, 1988.

Rowe, W. P., Hartley, J. W., Waterman, S., *et al.* Cytopathogenic agent resembling human salivary gland virus recovered from tissue cultures of human adenoids. *Proc. Soc. Exp. Biol. Med.* **92:**418–424, 1956.

Rubin, R. H., Cosimi, A. B., Tolkoff-Rubin, N. E., *et al.* Infectious disease syndromes attributable to cytomegalovirus and their significance among renal transplant recipients.*Transplantation* **24:**458–464, 1977.

Rubin, R. H., Tolkoff-Rubin, N. E., Oliver, D., *et al.* Multicenter seroepidemiologic study of the impact of cytomegalovirus infection on renal transplantation. *Transplantation* **40:**243–249, 1985.

Rubin, R. H., Wilson, E. J., Barrett, L. V., Meadearis, D. N. Primary cytomegalovirus infection following cardiac transplantation in a murine model. *Transplantation* **37:**306–310, 1984.

Rubin, R. H., Young, L. S. *Clinical Approach to Infection in the Compromised Host.* 2nd edition, New York: Plenum, N.Y., 1988.

Ruebner, B. H., Hirano, T., Slusser, R. J., Medearis, D. N., Jr. Human cytomegalovirus infection. *Am. J. Pathol.* **46:**477–496, 1965.

Ruebner, B. H., Miyai, K., Slusser, R. J., *et al.* Mouse cytomegalovirus infection. *Am. J. Pathol.* **44:**799–821, 1964.

Ruger, R., Bornkamm, G. W., Fleckenstein, B. Human cytomegalovirus DNA sequences with homologies to the cellular genome. *J. Gen. Virol.* **65:**1351–1364, 1984a.

Ruger, R., Burmester, G. R., Kalden, J. R., *et al.* Search for human cytomegalovirus DNA in Kaposi sarcomas and hematopoietic cells from homosexual men with AIDS or unexplained lymphadenopathy. *UCLA Symp. Mol. Cell. Biol.* **16:**127–137, 1984b.

Ruger, B., Klages, S., Walla, B., *et al.* Primary structure and transcription of the genes coding for the two virion phosphoproteins pp65 and pp71 of human cytomegalovirus. *J. Virol.* **61:**446–453, 1987.

Rundell, B. B., Betts, R. F. Interaction of cytomegalovirus immune complexes with host cells. *Infect. Immun.* **3:**658–665, 1981.

Ruskin, J., Remington, J. A. Toxoplasmosis in the compromised host. *Ann. Intern. Med.* **84:**193–199, 1976.

Ruyechan, W. T., Weir, A. C. Interaction with nucleic acids and stimulation of the viral DNA polymerase by the herpes simplex virus type 1 major DNA-binding protein. *J. Virol.* **52:**727–733, 1984.

Rytel, M. W., Kauffman, H. M. Clinical efficacy of adenine arabinoside in therapy of cytomegalovirus infections in renal allograft recipients. *J. Infect. Dis.* **133:**202–205, 1976.

Rytel, M. W., Aaberg, T. M., Dee, T. H., Heim, L. R. Therapy of cytomegalovirus retinitis with transfer factor. *Cell Immunol.* **19:**8–21, 1975.

Rytel, M. W., Aguilar-Torres, F. G., Balay, J., Heim, L. R. Assessment of the status of cell-mediated immunity in cytomegalvirus-infected renal allograft recipients. *Cell Immunol.* **37:**31–40, 1978.

Sabourin, C. L. K., Reno, J. M., Boezi, J. A. Inhibition of eukaryotic DNA polymerases by phosphonoacetate and phosphonoformate. *Arch. Biochem. Biophys.* **187:**96–101, 1978.

Sacrez, R., Fruhling, L., Korn, R., Juif, J. G., *et al.* Trois observations de maladie des inclusions cytomegaliques. *Arch. Fr. Pediatr.* **17:**129–142, 1960.

Sahud, M. A., Bachelor, M. M. Cytomegalovirus-induced thrombocytopenia. An unusual case report. *Arch. Intern. Med.* **138:**1573–1575, 1978.

Saigal, S., Lunyk, O., Larke, R. P. B., Chernesky, M. A. The outcome in children with congenital cytomegalovirus infection. *Am. J. Dis. Child.* **136:**896–901, 1982.

Saiki, R. K., Gelfand, D. H., Stoffel, S., *et al.* Primer directed enzymatic amplification of DNA with a thermostable DNA polymerase. *Science* **239:**487–491, 1988.

St. Clair, M. H., Furman, P. A., Lubbers, C. M., Elion, G. B. Inhibition of cellular ā and virally induced deoxyribonucleic acid polymerases by the triphosphate of acyclovir. *Antimicrob. Agents Chemother.* **18:**741–745, 1980.

St. Jeor, S. C., Albrecht, T. B., Funk, F. D., Rapp, F. Stimulation of cellular DNA synthesis by human cytomegalovirus. *J. Virol.* **13:**353–362, 1974.

St. Onge, G., Bezahler, G. H. Giant esophageal ulcer associated with cytomegalovirus. *Gastroenterology* **83:**127–130, 1982.

Sakuma, S., Furukawa, T., Plotkin, S. A. The characterization of IgG receptor induced by human cytomegalovirus. *Proc. Soc. Exp. Biol. Med.* **155:**168–172, 1977.

Salahuddin, S. Z., Ablashi, D. V., Markham, P. D., *et al.* Isolation of a new virus, HBLV, in patients with lymphoproliferative disorders. *Science* **234:**596–601, 1986.

Salahuddin, S. Z., Nakamura, S., Biberfeld, P., *et al.* Angiogenic properties of Kaposi's sarcoma-derived cells after long-term culture *in vitro*. *Science* **242:**430, 1988.

Saltzman, R. L., Quirk, M. R., Jordan, M. C. Disseminated cytomegalovirus infection. Molecular analysis of virus and leukocyte interations in viremia. *J. Clin. Invest.* **81:**75–81, 1988.

Sama, S. K., Bhargava, S., Nath, N. G., *et al.* Non-cirrhotic portal fibrosis. *Am. J. Med.* **51:**160–169, 1971.

Sanford, E. J., Geder, L., Laychock, A., *et al.* Evidence for the association of cytomegalovirus with carcinomas of the prostate. *J. Urol.* **118:**789–792, 1977.

Saraux, J. L., Lenoble, L., Toublanc, M., *et al.* Anaclulous cholecystitis and cytomegalovirus infection in a patient with AIDS. *J. Infect. Dis.* **155**(4)**:**829, 1987.

Sarov, B., Naggan, L., Haikin, H., Sarov, I. Early acquisition of cytomegalovirus infection in kibbutz children in comparison with urban and bedouin children in southern Israel. *Isr. J. Med. Sci.* **19:**913–915, 1983.

Sarov, I., Abody, K. The morphogenesis of human cytomegalovirus. Isolation and polypeptide characterization of cytomegalovirions and dense bodies. *Virology* **66:**464–473, 1975.

Sarov, I., Siqueira-Linhares, M., Chardonnet, Y., *et al.* Detection of Specific IgA antibodies in serum of kidney transplant patients with recurrent cytomegalovirus infection. *Intervirology* **15:**228–234, 1981.

Sarov, I., Levy, E., Aymard, M., *et al.* Detection of virus-specific IgA antibodies in serum of kidney transplant patients with recurrent cytomegalovirus infection by enzymeimmuno and radioimmunoassay techniques. *Clin. Exp. Immunol.* **48:**321–328, 1982.

Sawyer, M. H., Edwards, D. K., Spector, S. A. Cytomegalovirus infection and bronchopulmonary dysplasis in premature infants. *Am. J. Dis. Child.* **141:**303–305, 1987.

Schaeffer, H. J. Nucleosides, nucleotides and their biological applications. In: J. L. Rideout, D. W. Henry, L. M. Beacham III (eds.), *Nucleosides with Antiviral Activity.* New York: Academic Press, 1982, 1–17.

Schaeffer, J. H., Beauchamp, L., De Miranda, P., *et al.* 9-(2-Hydroxymethyl)guanine activity against viruses of the herpes group. *Nature* **272:**583–585, 1978.

Schechter, G. P., Whang-Pang, J., McFarland, W. Circulation of donor lymphocytes after blood transfusions in man. *Blood* **49:**651–656, 1977.

Scher, I., Ahmed, A., Strong, D. M., *et al.* X-linked B-lymphocyte immune defect in CBA/HN mice. *J. Exp. Med.* **141:**788–803, 1975.

Schmidt, N. J., Dennis, J., Lennette, E. H. Plaque reduction neutralization test for human cytomegalovirus based upon enhanced uptake of neutral red by virus-infected cells. *J. Clin. Microbiol.* **4:**61–66, 1976.

Schmidt, N. J., Emmons, R. W. *Diagnostic Procedures for Viral, Rickettsial and Chlamydial Infections,* 6th ed. American Public Health Association, Washington, 1989, p. 1255.

Schmitz, H., Enders, G. Cytomegalovirus as a frequent cause of Guillain–Barré Syndrome. *J. Med. Virol.* **1:**21–27, 1977.

Schmitz, H., Haas, R. Erfahrungen mit der fluorescenzserologischen Bestimmung von Antikoerpern gegen Cytomegalie-virus. *Z. Med. Mikrobiol. Immunol.* **155:**283–296, 1970.

Schmitz, H., Haas, R. Determination of different cytomegalovirus immunoglobulins (IgG, IgA, IgM) by immunofluorescence. *Arch. Ges. Virusforsch.* **37:**131–140, 1972.

Schmitz, H., Haas, R. Zytomegalievirus-Erkrankungen bei Erwachsenen. *Deutsch. Med. Wochenschr.* **98:**649–653, 1973.

Schmitz, H., Kampa, D., Doerr, H. W., *et al.* IgM antibodies to cytomegalovirus during pregnancy. *Arch. Virol.* **53:**177–184, 1977.

Schneck, S. A. Neuropathological features of human organ transplantation: I. Probable cytomegalovirus infection. *J. Neuropathol. Exp. Neurol.* **24:**415, 1965.

Schneiderman, D. J., Cello, J. P., Laing, F. C. Papillary stenosis and sclerosing cholangitis in the acquired immunodeficiency syndrome. *Ann. Intern. Med.* **106:**546–549, 1987.

Schochetman, G., Ou, C.-Y., Jones, W. K. Polymerase chain reaction. *J. Infect. Dis.* **158:**1154–1157, 1988.

Schoenberger, L. B., Bregman, D. J., Sullivan-Bolyai, J. Z., *et al.* Guillain–Barre syndrome following vaccination in the national influenza immunization program. U.S.A., 1976–1977. *Am. J. Epidemiol.* **110:**105–123, 1979.

Schooley, R. T., Hirsch, M. S., Colvin, R. B., *et al.* Association of herpesvirus infections with T-lymphocyte-subset alterations. glomerulopathy, and opportunistic infections after renal transplantation. *N. Engl. J. Med.* **308:**307–313, 1983.

Schrier, R. D., Nelson, J. A., Oldstone, M. B. A. Detection of human cytomegalovirus in peripheral blood lymphocytes in a natural infection. *Science* **230:**1048–1051, 1985.

Schrier, R. D., Rice, G. P. A., Oldstone, M. B. A. Suppression of natural killer cell activity and T cell proliferation by fresh isolates of human cytomegalovirus. *J. Infect. Dis.* **153:**1084–1091, 1986.

Schwartz, J. N., Daniels, C. A., Klintworth, G. K. Lymphoid cell necrosis, thymic atrophy, and growth retardation in newborn mice inoculated with murine cytomegalovirus. *Am. J. Pathol.* **79:**509–518, 1975.

Seifert, G. Weitere Untersuchungen zur Frage der Syntropie von interstiteller Pneumonie und Zytomegalie. *Zentralbl. Allg. Pathol.* **91:**445–450, 1954.

Seifert, G., Oehme, J. *Pathologie und Klinik der Cytomegalie.* Georg Thieme, Leipzig, 1957, p. 114.

Selgrade, M. K., Osborn, J. E. Role of macrophages in resistance to murine cytomegalovirus. *Infect. Immun.* **10:**1383–1390, 1974.

Selgrade, M. K., Ahmed, A., Sell, K. W., *et al.* Effect of murine cytomegalovirus on the *in vitro* responses of T and B cells to mitogens. *J. Immunol.* **116:**1459–1465, 1976.

Sell, M. S., Bale, J. F., Jr., Giller, R. H. T-lymphocyte subpopulations and function during murine cytomegalovirus infection. *Pediatr. Res.* **19:**583–587, 1985.

Sen, R., Baltimore, D. Multiple nuclear factors interact with the immunoglobulin enhancer sequences. *Cell* **46:**705, 1986.

Sererat, M. N., Schifano, J. V., Lau, P., *et al.* Evaluation of cytomegalvirus (CMV) antibody screening tests for blood donors. *Am. J. Clin. Path.* **86:**523–526, 1985.

Serwadda, E., Mugerwa, R. D., Sewankambo, N. K., *et al.* Slim disease: A new disease in Uganda and its association with HTLV-III infection. *Lancet* **2:**849–852, 1985.

Severi, B., Landini, M. P., Musiani, M., Zerbini, M. A study of the passage of human cytomegalovirus from the nucleus to the cytoplasm. *Microbiologica* **2:**265–273, 1979.

Severi, B., Landini, M. P., Govoni, E. Human cytomegalovirus morphogenesis: An ultrastructural study of the late cytoplasmic phases. *Arch. Virol.* **98:**51–64, 1988.

Shanley, J. D. Modification of acute murine cytomegalovirus adrenal gland infection by adoptive spleen cell transfer. *J. Virol.* **61:**23–28, 1987.

Shanley, J. D., Jordan, M. C., Stevens, J. G. Modification by adoptive humoral immunity of murine cytomegalovirus infection. *J. Infect. Dis.* **143:**231–237, 1981.

Shanley, J. D., Pesanti, E. L., Nugent, K. M. The pathogenesis of pneumonitis due to murine cytomegalovirus. *J. Infect. Dis.* **156:**388–396, 1982.

Shanley, J. D., Via, C. S., Sharrow, S. O., Shearer, G. M. Interstitial pneumonitis during murine cytomegalovirus infection and graft-versus-host reaction. *Transplantation* **44:**658–662, 1987.

Shanley, J. D., Pomeroy, C., Via, C. S., Shearer, G. M. Interstitial pneumonitis during murine cytomegalovirus infection and graft-versus-host reaction: Effect of ganciclovir therapy. *J. Infect. Dis.* **158:**1391–1394, 1988.

Shapiro, S., Stone, D., Siskind, K., *et al.* Drug rashes with ampicillin and penicillins. *Lancet* **2:**969–972, 1969.

Shaw, S. B., Rasmussen, R. D., McDonough, S. H., *et al.* Cell-related sequences in the DNA genome of human cytomegalovirus strain AD169. *J. Virol.* **55:**843–848, 1985.

Shelby, J., Shanley, J. Transfer of murine cytomegalovirus by syngeneic skin grafts. *Transplantation* **44:**318–320, 1987.

Sheldon, P. J., Papamichail, M., Hemsted, E. H., Holborow, E. J. Thymic origin of atypical lymphocytes in infectious mononucleosis. *Lancet* **1:**1153–1155, 1973.

Shepp, D. H., Dandliker, P. S., de Miranda, P., *et al.* Activity of 9-[2-hydroxy-1-(hydroxymethyl) ethoxymethyl] guanine in the treatment of cytomegalovirus pneumonia. *Ann. Intern. Med.* **103:**368–373, 1985.

Shibata, D., Martin, W. J., Appleman, M. D., *et al.* Detection of cytomegalovirus DNA in peripheral blood of patients infected with human immunodeficiency virus. *J. Infect. Dis.* **158:**1185–1192, 1988.

Shorr, R. I., Longo, W. L., Oberley, T. D., *et al.* Cytomegalovirus-associated tubulointerstitial nephritis in an allogeneic bone marrow transplant recipient. *Ann. Intern. Med.* **107:**351–352, 1987.

Shuster, E. A., Beneke, J. S., Tegtmeier, G. F., *et al.* Monoclonal antibody for rapid laboratory detection of cytomegalovirus infections: Characterization and diagnostic application. *Mayo Clinic Proc.* **60:**577–585, 1985.

Signas, C., Katze, M. G., Persson, H., Philipson, L. An adenovirus glycoprotein binds heavy chains of class I transplantation antigens from man and mouse. *Nature* **299:**175–178, 1982.

Simmons, R. L., Weil, R., Tallent, M. B., *et al.* Do mild infections trigger the rejection of renal allografts? *Transplant Proc.* **2:**419–423, 1970.

Simmons, R. L., Matas, A. J., Rattazzi, L. C., *et al.* Clinical characteristics of the lethal cytomegalovirus infection following renal transplantation. *Surgery* **82:**537–546, 1977.

Singh, N., Dummer, J. S., Ho, M., *et al.* Infections with cytomegalovirus and other herpesviruses in 121 liver transplant recipients: Transmission by donated organ and the effect of OKT3 antibodies. *J. Infect. Dis.* **158:**124–131, 1988.

Sinha, S. K., Pauls, F. P. Cytomegalovirus complement-fixation antibody responses in Eskimo families. *Pediatrics* **48:**157–157, 1971.

Skolnik, P. R., Kosloff, B. R., Hirsh, M. S. Bidirectional interactions between human immunodeficiency virus type 1 and cytomegalovirus. *J. Infect. Dis.* **157**(3):508–514, 1988.

Smee, D. F. Interaction of 9-(1,3-dihydroxy-2-propoxymethyl)guanine with cytosol and mitochondrial deoxygua nosine kinases: Possible role in anticytomegalovirus activity. *Mol. Cell Biochem.* **69:**75–81, 1985.

Smee, D. F., Boehme, R., Chernow, M., *et al.* Intracellular metabolism and enzymatic phosphorylation of 9-(1,3-dihydroxy-2-propoxymethyl)guanine and acyclovir in herpes simplex virus-infected and uninfected cells. *Biochem. Pharmacol.* **34:**1049–1056, 1985.

Smiley, M. L., Mar, E-C., Huang, E-S. Cytomegalovirus infection and viral-induced transformation of human endothelial cells. *J. Med. Virol.* **25:**213–226, 1988.

Smiley, M. L., Wlodaver, C. G., Grossman, R. A., *et al.* The role of pretransplant immunity in protection from cytomegalovirus disease following renal transplantation. *Transplantation* **40:**157–161, 1985.

Smith, A. J., Wiedman, F. D. Infection of a still-born infant by an amebiform protozoan (*Entamoeba mortinatalium,* N.S.). *Univ. Penn. Med. Bull.* **23:**285–285, 1910.

Smith, A. J., Weidman, F. D. Further note upon the occurrence of *Entamoeba mortinatalium* as a human parasite. *Am. J. Trop. Dis. Prev. Med.* **2:**256–259, 1914.

Smith, D. R. A syndrome resembling infectious mononucleosis after open heart surgery. *Br. Med. J.* **1:**945–948, 1964.

Smith, J. D. Human cytomegalovirus: Demonstration of permissive epithelial cells and nonpermissive fibroblastic cells in a survey of human cell lines. *J. Virol.* **60:**583–588, 1986.

Smith, J. D., De Harven, E. Herpes simplex virus and human cytomegalovirus replication in WI 38 cells. I. Sequence of viral replication. *J. Virol.* **12:**919–930, 1973.

Smith, J. D., De Harven, E. Herpes simplex virus and human cytomegalovirus replication in WI 38 cells. II. An ultrastructural study of viral penetration. *J. Virol.* **14:**945–956, 1974.

Smith, J. D., De Harven, E. Herpes simplex virus and human cytomegalovirus replication in WI-38 cells. *J. Virol.* **26:**102–109, 1978.

Smith, J. D., De Harven, E. Localization of arginine-rich protein in cytomegalovirus dense bodies using phenanthrenequinone fluorescence. *Virology* **96:**335–338, 1979.

Smith, M. G. Propagation of salivary gland virus of the mouse in tissue cultures. *Proc. Soc. Exp. Biol. Med.* **86:**435–440, 1954.

Smith, M. G. Propagation in tissue cultures of a cytopathogenic virus from human salivary gland virus (SGV) disease. *Proc. Soc. Exp. Biol. Med.* **92:**424–430, 1956.

Smith, T. F., Holley, K. E., Keys, T. F., Macasaet, F. F. Cytomegalovirus studies of autopsy tissue. *Am. J. Clin. Pathol.* **63:**854–858, 1975.

Snider, W. D., Simpson, D. M., Nielsen, S., *et al.* Neurological complications of acquired immune deficiency syndrome: Analysis of 50 patients. *Ann. Neurol.* **14:**403–418, 1983.

Snover, D. C., Hutton, S., Balfour, H. H., Bloomer, J. R. Cytomegalovirus infection of the liver in transplant recipients. *J. Clin. Gastroenterol.* **9**(6):659–665, 1987.

Snydman, D. R., Werner, B. G., Heinze-Lacey, B., *et al.* Use of cytomegalovirus immune globulin to prevent cytomegalovirus disease in renal-transplant recipients. *N. Engl. J. Med.* **317:**1049–1054, 1987.

Sodroski, J., Patarca, R., Rosen, C., *et al.* Location of the trans-activating region on the genome of human T-cell lymphotropic virus type III. *Science* **229:**74, 1985.

Söltz-Szöts, J. Virologische und serologische Untersuchungen beim Herpes zoster. *Arch. Klin. Exp. Dermatol.* **220:**105–128, 1964.

Somagyi, T., Colimon, R., Michelson, S. An illustrated guide to the structure of the human cytomegalovirus genome and a review of transcription data. *Prog. Med. Virol.* **33:**99–133, 1986.

Spaete, R. R., Frenkel, N. The herpes simplex virus amplicon: Analysis of cis-acting replication functions. *Proc. Natl. Acad. Sci. U.S.A.* **82:**694–698, 1982.

Spaete, R. R., Mocarski, E. S. The a sequence of the cytomegalovirus genome functions as a cleavage/packaging signal for herpes simplex virus defective genomes. *J. Virol.* **54:**817–824, 1985.

Spaete, R., Thayer, R., Probert, W., *et al.* Human cytomegalovirus strain Towne glycoprotein B is processed by proteolytic cleavage. *Virology* **167:**207–225, 1988.

Spear, J. B., Kessler, H. A., Dworin, A., Semel, J. Erythema nodosum associated with acute cytomegalovirus mononucleosis in an adult. *Arch. Intern. Med.* **148:**323–324, 1988.

Spear, P. G. Glycoproteins specified by herpes simplex virus. In B. Roizman (ed.), *The Herpesviruses,* Vol. 3. Plenum Press, New York, 1985, pp. 315–356.

Spector, D. H., Vacquier, J. P. Human cytomegalovirus (strain AD169) contains sequences related to the avian retrovirus oncogene v-myc. *Proc. Natl. Acad. Sci. U.S.A.* **80:**3389–3393, 1983.

Spector, D. H., Shaw, S. B., Hock, L. J., *et al.* Association of human cytomegalovirus with Kaposi's sarcoma. In M. S. Gottlieb, and J. E. Groopman (eds.), *Acquired Immune Deficiency Syndrome.* Alan R. Liss, New York, 1984, pp. 109–126.

Spector, S. A. Transmission of cytomegalovirus among infants in hospital documented by restriction-endonuclease-digestion analysis. *Lancet* **1:**378–381, 1983.

Spector, S. A., Spector, D. H. Use of restriction endonuclease mapping to document nosocomial acquisition of cytomegalovirus by monozygotic twins. In *International Conference on Human Herpesviruses.* Atlanta, 1980.

Spector, S. A., Spector, D. H. Molecular epidemiology of cytomegalovirus infections in premature twin infants and their mother. *Pediatr. Infect. Dis.* **1:**405–409, 1982.

Spector, S. A., Rua, J. A., Spector, D. H., McMillan, R. Detection of human cytomegalovirus in clinical specimens by DNA–DNA hybridization. *J. Infect. Dis.* **150:**121–126, 1984a.

Spector, S. A., Hirata, K. K., Neuman, P. R. Identification of multiple cytomegalovirus strains in homosexual men with acquired immunodeficiency syndrome. *J. Infect. Dis.* **150:**953–956, 1984b.

Speel, L. F., Osborn, J. E., Walker, D. L. An immuno-cytopathogenic interaction between sensitized leucocytes and epithelial cells carrying a persistent noncytocidal myxovirus infection. *J. Immunol.* **101:**409–417, 1968.

Spencer, E. S. Clinical aspects of cytomegalovirus infection in kidney-graft recipients. *Scand. J. Infect. Dis.* **6:**315–323, 1974.

Spencer, E. S., Andersen, H. K. Clinically evident, non-terminal infections with herpesviruses and the wart virus in immunosuppressed renal allograft recipients. *Br. Med. J.* **3:**251–254, 1970.

Spencer, E. S., Andersen, H. K. Viral infections in renal allograft recipients treated with long-term immunosuppression. *Br. Med. J.* **2:**829–830, 1979.

Stagno, S., Reynolds, D. W., Lakeman, A., *et al.* Congenital cytomegalovirus infection: Consecutive occurrence due to viruses with similar antigenic compositions. *Pediatrics* **52:**788–794, 1973.

Stagno, S., Reynolds, D. W., Tsiantos, A., *et al.* Comparative serial virologic and serologic studies of symptomatic and subclinical congenitally and natally acquired cytomegalovirus infections. *J. Infect. Dis.* **132:**568–577, 1975a.

Stagno, S., Reynolds, D. W., Tsiantos, A., *et al.* Cervical cytomegalovirus excretion in pregnant and nonpregnant women: Suppression in early gestation. *J. Infect. Dis.* **131:**522–527, 1975b.

Stagno, S., Volanakis, J. E., Reynolds, D. W., *et al.* Immune complexes in congenital and natal cytomegalovirus infections of man. *J. Clin. Invest.* **60:**838–845, 1977a.

Stagno, S., Reynolds, D. W., Huang, E. S., *et al.* Congenital cytomegalovirus: Occurrence in an immune population. *N. Engl. J. Med.* **296:**1254–1258, 1977b.

Stagno, S., Reynolds, D. W., Amos, C. S., *et al.* Auditory and visual defects resulting from symptomatic and subclinical congenital cytomegaloviral and *Toxoplasma* infections. *Pediatrics* **59**:669–678, 1977c.

Stagno, S., Reynolds, D. W., Pass, R. F., Alford, C. A., Jr. Breast milk and the risk of cytomegalovirus infection. *N. Engl. J. Med.* **302**:1073–1074, 1980.

Stagno, S., Pass, R. F., Dworsky, M. E., *et al.* Congenital cytomegalovirus infection: The relative importance of primary and recurrent maternal infection. *N. Engl. J. Med.* **306**:945–949, 1982a.

Stagno, S., Pass, R. F., Thomas, J. P., *et al.* Defects of tooth structure in congenital cytomegalovirus infection. *Pediatrics* **69**:646–648, 1982b.

Stagno, S., Pass, R. F., Dworsky, M. E., Alford, C. A., Jr. Congenital and perinatal cytomegalovirus infections. In M. S. Amstey (ed.), *Virus Infection in Pregnancy*. Gruane & Stratton, New York, 1984, pp. 105–123.

Stagno, S., Tinker, M. K., Elrod, C., *et al.* Immunoglobulin M antibodies detected by enzyme-linked immunosorbent assay and radioimmunoassay in the diagnosis of cytomegalovirus infections in pregnant women and newborn infants. *J. Clin. Microbiol.* **21**:930–935, 1985.

Stagno, S., Pass, R. F., Cloud, G., *et al.* Primary cytomegalovirus infection in pregnancy. Incidence, transmission to fetus and clinical outcome. *J.A.M.A.* **256**:1904–1908, 1986.

Stainier, P., Taylor, D. L., Kitchen, A. D., *et al.* Persistance of cytomegalovirus in mononuclear cells in peripheral blood from blood donors. *Brit. Med. J.* **299**:897–898, 1989.

Stalder, H., Ehrensberger, A. Microneutralization of cytomegalovirus. *J. Infect. Dis.* **142**:102–105, 1980.

Stannard, L., Rider, J., Farrar, G. Morphology and distribution of gp52 on extracellular human cytomegalovirus (HCMV) supports biochemical evidence that it represents the HCMV glycoprotein B. *J. Gen. Virol.* **70**:1553–1560, 1989.

Staprans, S. I., Spector, D. H. 2.2-Kilobase class of early transcripts encoded by cell-related sequences in human cytomegalovirus strain AD169. *J. Virol.* **57**:591–602, 1986.

Staprans, S. I., Rabert, D. K., Spector, D. H. Identification of sequence requirements and trans-acting functions necessary for regulated expression of a human cytomegalovirus early gene. *J. Virol.* **62**:3463–3473, 1988.

Starr, J., Gold, E. Congenital cytomegalovirus infection associated with low birth weight. *J. Pediatr.* **74**:815–816, 1969.

Starr, J. G., Calafiore, D., Casey, H. L. Experience with a human cytomegalovirus complement fixing antigen. *Am. J. Epidemiol.* **86**:507–512, 1967.

Starr, S. E., Allison, A. C. Role of T lymphocytes in recovery from murine cytomegalovirus infection. *Infect. Immun.* **17**:458–462, 1977.

Starr, S. E., Tolpin, M. D., Freidman, H. J., *et al.* Impaired cellular immunity to cytomegalovirus in congenitally infected children and their mothers. *J. Infect. Dis.* **140**:500–505, 1979.

Starr, S. E., Glazer, J. P., Friedman, H. M., *et al.* Specific cellular and humoral immunity following immunization with live Towne strain of cytomegalovirus vaccine. *J. Infect. Dis.* **143**:585–589, 1981.

Starzl, T. E., Klintmalm, G. B. G., Porter, K. A., *et al.* Liver transplantation with use of cyclosporin A and prednisone. *N. Engl. J. Med.* **305**:266–269, 1981.

Starzl, T. E., Fung, J., Venkataramman, R., *et al.* FK 506 for liver, kidney, and pancreas transplantation. *Lancet* **2**:1000–1004, 1989.

Steele, R. W., Hensen, S. A., Vincent, M. M., *et al.* A $^{51}Cr$ microassay technique for cell-mediated immunity to viruses. *J. Immunol.* **110**:1502–1510, 1973.

Stenberg, R. M., Stinski, M. F. Autoregulation of the human cytomegalovirus major immediate-early gene. *J. Virol.* **56**:676–682, 1985.

Stenberg, R. M., Thomsen, D. R., Stinski, M. F. Structural analysis of the major immediate early gene of human cytomegalovirus. *J. Virol.* **49**:190–199, 1984.

Stenberg, R. M., Witte, P. R., Stinski, M. F. Multiple spliced and unspliced transcripts from human cytomegalovirus immediate-early region 2 and evidence for a common initiation site within immediate-early region 1. *J. Virol.* **56**:665–675, 1985.

Stenberg, R. M., Depto, A. S., Fortney, J., Nelson, J. A. Regulated expression of early and late RNAs and proteins from the human cytomegalovirus immediate-early gene region. *J. Virol.* **63:**2699–2708, 1989.

Stern, H. Isolation of cytomegalovirus and clinical manifestations of infection at different ages. *Br. Med. J.* **1:**665–669, 1968.

Stern, H., Elek, S. D. The incidence of infection with cytomegalovirus in a normal population. *J. Hyg. (Camb.)* **63:**79–87, 1965.

Stern, H., Friedman, I. Intranuclear formation of cytomegalovirus inclusion disease virus. *Nature* **188:**768–770, 1960.

Stern, H., Tucker, S. M. Prospective study of cytomegalovirus infection in pregnancy. *Br. Med. J.* **2:**268–270, 1973.

Sterner, G., Agell, B. O., Sahren, B., Espmark, A. Acquired cytomegalovirus infection in older children and adults. *Scand. J. Infect. Dis.* **2:**95–103, 1970.

Stevely, W., Katan, M., Stirling, V., *et al.* Protein kinase activities associated with the virions of pseudorabies and herpes simplex virus. *J. Gen. Virol.* **66:**661–673, 1985.

Stevens, D. P., Barker, L. F., Ketcham, A. S., Meyer, H. M. Asymptomatic cytomegalovirus infection following blood transfusion in tumor surgery. *J.A.M.A.* **211:**1341–1344, 1970.

Stinski, M. F. Human cytomegalovirus: Glycoproteins associated with virions and dense bodies. *J. Virol.* **19:**594–609, 1976.

Stinski, M. F. Synthesis of proteins and glycoproteins in cells infected with human cytomegalovirus. *J. Virol.* **23:**751–767, 1977.

Stinski, M. F. Sequence of protein synthesis in cells infected by human cytomegalovirus: Early and late virus-induced polypeptides. *J. Virol.* **26:**686–701, 1978.

Stinski, M. F. Molecular biology of cytomegaloviruses. In B. Roizman (ed.), *The Herpesviruses.* Plenum Press, New York, 1983, pp. 67–113.

Stinski, M. The proteins of human cytomegalovirus. *Birth Defects* **20:**49–62, 1984.

Stinski, M. F., Roehr, T. J. Activation of the major immediate early gene of human cytomegalovirus by cis-acting elements in the promoter–regulatory sequence and by virus-specific trans-acting components. *J. Virol.* **55:**431–441, 1985.

Stinski, M. F., Mocarski, E. S., Thomsen, D. R. DNA of human cytomegalovirus: Size heterogeneity and defectiveness resulting from serial undiluted passage. *J. Virol.* **31:**231–239, 1979a.

Stinski, M. F., Mocarski, E. S., Thomsen, D. R., Urbanowski, M. L. Membrane glycoproteins and antigens induced by human cytomegalovirus. *J. Gen. Virol.* **43:**119–129, 1979b.

Stinski, M. F., Thomsen, D. R., Wathen, M. W. Structure and function of the human cytomegalovirus genome. In A. Nahmias, W. Dowdle, and R. Schinazi (eds.), *The Human Herpesviruses.* Elsevier/North-Holland, New York, 1980, pp. 72–84.

Stinski, M. F., Thomsen, D. R., Rodriguez, J. E. Synthesis of human cytomegalovirus-specified RNA and protein in interferon-treated cells at early times after infection. *J. Gen. Virol.* **60:**261–270, 1982.

Stinski, M. F., Thomsen, D. R., Stenberg, R. M., Goldstein, L. C. Organization and expression of the immediate early genes of human cytomegalovirus. *J. Virol.* **46:**1–14, 1983.

Stinski, M. F., Stenberg, R. M., Goins, W. F. Structure and function of the human cytomegalovirus immediate early genes. In F. Rapp (ed.), *Herpesvirus.* Alan R. Liss, New York, 1984, pp. 399–421.

Stocke, E., Popow-Kraupp, T., Heinz, F. X., *et al.* Potential of *in situ* hybridization for early diagnosis of productive cytomegalovirus infection. *J. Clin. Microbiol.* **26:**2536–2540, 1988.

Stow, N. D., McMonagle, E. C., Davison, A. J. Fragments from both termini of the herpes simplex virus type 1 genome contain signals required for the encapsidation of viral DNA. *Nucleic Acids Res.* **11:**8205–8220, 1983.

Strand, O. A., Hoddevik, G. M. The diagnostic significance of specific serum IgA detection in cytomegalovirus infections. *Arch. Virology* **82:**173–180, 1984.

Strauss, M. A clinical pathologic study of hearing loss in congenital cytomegalovirus infection. *Laryngoscope* **95:**951–962, 1985.

Strauss, M., Davis, G. L. Viral disease of the labyrinth: I. Review of the literature and discussion of the role of cytomegalovirus in congenital deafness. *Ann. Otol. Rhinol. Laryngol.* **82:**577–583, 1973.

Strayer, D. S., Phillips, G. B., Barker, K. H., *et al.* Gastric cytomegalovirus infection in bone marrow transplant patients: An indication of generalized disease. *Cancer* **48:**1478–1483, 1981.

Stribling, J., Weitzner, S., Smith, G. V. Kaposi's sarcoma in a renal allograft recipient. *Cancer* **42:**442–446, 1978.

Strickland, S., Mahdavi, V. The induction of differentiation in teratocarcinoma stem cells by retinoic acid. *Cell* **15:**393–403, 1978.

Stringfellow, D. A., Glasgow, L. A. Hyporeactivity of infection: Potential limitation to therapeutic use of interferon-inducing agents. *Infect. Immun.* **6:**743–747, 1972.

Strong, D. J., Ahmed, A., Knudsen, R. C., *et al.* Cellular immunity to cytomegalovirus in a patient following bone marrow transplantation. *Transplantation* **26:**99–102, 1978.

Stulberg, C. S., Zuelzer, W. W., Page, R. H., *et al.* Cytomegalovirus infections with reference to isolations from lymph nodes and blood. *Proc. Soc. Exp. Biol. Med.* **123:**976–982, 1966.

Subietas, A., Deppisch, L. J., Astarloa, J. Cytomegalovirus ooophoritis: Ovarian cortical necrosis. *Hum. Pathol.* **8:**285–292, 1977.

Sullivan, M. P., Hanshaw, J. B., Cangir, A., Butler, J. J. Cytomegalovirus complement-fixation antibody levels of leukemic children. *J.A.M.A.* **206:**569–574, 1968.

Sullivan-Tailyour, G., Garnett, H. M. Plasma membrane proteins and glycoproteins induced by human cytomegalovirus infection of human embryonic fibroblasts. *J. Gen. Virol.* **67:**515–526, 1986.

Surawicz, C. M., Myerson, D. Self-limited cytomegalovirus colitis in immunocompetent individuals. *Gastroenterology* **94:**194–199, 1988.

Sutton, R. N. P., Darby, C. W., Gumpel, S. M. Cytomegalovirus infection in childhood leukemia. *Br. J. Haematol.* **20:**437–442, 1971.

Suwansirikul, S., Rao, N., Dowling, J. N., Ho, M. Clinical manifestations of primary and secondary cytomegalovirus infection after renal transplantation. *Arch. Intern. Med.* **137:**1026–1029, 1977.

Swack, N. S., Liu, O. C., Hsiung, G. D. Cytomegalovirus infections of monkeys and baboons. *Am. J. Epidemiol.* **94:**397–402, 1971.

Swack, N. S., Michalski, F. J., Baumgarten, A., Hsiung, G. D. Indirect fluorescent-antibody test for human cytomegalovirus infection in the absence of interfering immunoglobulin G receptors. *Infect. Immun.* **16:**522–526, 1977.

Sweet, G. H., Tegtmeier, G. E., Bayer, W. L. Antigens of human cytomegalovirus: Electronimmunodiffusion assay and comparison among strains. *J. Gen. Virol.* **43:**707–712, 1979.

Symmers, W. St. C. Generalized cytomegalic inclusion-body disease associated with pneumocystis pneumonia in adults. *J. Clin. Pathol.* **13:**1–21, 1960.

Tajima, T. An autopsy case of primary cytomegalic inclusion enteritis with remarkable hypoproteinemia. *Acta Pathol. Jpn.* **24:**151–162, 1974.

Tamashiro, J. C., Filpula, D., Freidmann, T., Spector, D. H. Structure of the heterogeneous L-S junction region of human cytomegalovirus strain AD169 DNA *J. Virol.* **52:**541–548, 1984.

Tamura, H. Acute ulcerative colitis associated with cytomegalic inclusion virus. *Arch. Pathol.* **96:**477–482, 1973.

Tamura, T., Chiba, S., Chiba, Y., Nakao, T. Virus excretion and neutralizing antibody response in saliva in human cytomegalovirus infection. *Infect. Immun.* **29:**842–845, 1980a.

Tamura, T., Chiba, S., Abo, W., *et al.* Cytomegalovirus-specific lymphocyte transformations in subjects of different ages with primary immunodeficiency. *Infect. Immun.* **28:**49–53, 1980b.

Tanaka, J., Ogura, T., Sato, H., Hatano, M. Establishment and biological characterization of an *in vitro* human cytomegalovirus latency model. *Virology* **161:**62–72, 1987.

Tanaka, J., Ogura, T., Iida, H., *et al.* Inhibitors of prostaglandin synthesis inhibit growth of human cytomegalovirus and reactivation of latent virus in a productively and latently infected human cell line. *Virology* **163**:205–208, 1988.

Tanaka, S., Furukawa, T., Plotkin, S. A. Human cytomegalovirus stimulates host cell RNA synthesis. *J. Virol.* **15**:297–304, 1975.

Tarr, G. C., Armstrong, J. A., Ho, M. Production of interferon and serum hyporeactivity factor in mice with murine cytomegalovirus. *Infect. Immun.* **19**:903–907, 1978.

Taylor, D. L., Taylor-Robinson, D., Jeffries, D. J., Tyms, A. S. Characterization of cytomegalovirus isolates from patients with AIDS by DNA-restriction analysis. *Epidem. Inf.* **101**:483–493, 1988.

Taylor, R. J., Saul, S. H., Dowling, J. N., *et al.* Primary disseminated herpes simplex infection with fulminant hepatitis following renal transplantation. *Arch. Intern. Med.* **141**:1519–1521, 1981.

Tegtmeyer, P. J., Craighead, J. E. Infection of adult mouse macrophage *in vitro* with cytomegalovirus. *Proc. Soc. Exp. Biol. Med.* **129**:690–694, 1968.

Teixidor, H. S., Honig, C. L., Norsoph, E., *et al.* Cytomegalovirus infection of the alimentary canal: Radiologic findings with pathologic correlation. *Radiology* **163**:317–323, 1987.

Ten Bensel, R. W., St. Geme, J. W., Jr. A search for the reservoir of cytomegalovirus in salivary gland tissue. *J. Pediatr.* **72**:479–482, 1968.

Ten Napel, C. H. H., The, T. H. Acute cytomegalocirus infection and the host immune response. I. Development and maintenance of cytomegalovirus induced *in vitro* lymphocyte reactivity and its relationship to production of cytomegalovirus antibodies. *Clin. Exp. Immunol.* **39**:263–271, 1980.

Tevethia, M. J., Spector, D. J., Leisure, K. M., *et al.* Participation of two human cytomegalovirus immediate early gene regions in transcriptional activation of adenovirus promoters. *Virology* **161**:276–285, 1987.

Tevethia, S. S., Flyer, D. C., Tijian, R. Biology of simian virus 40 (SV40) transplantation antigen (TrAg). *Virology* **107**:13–23, 1980.

The, T. H., Langenhuysen, M. M. A. C. Antibodies against membrane antigens of cytomegalovirus infected cells in sera of patients with a cytomegalovirus infection. *Clin. Exp. Immunol.* **11**:475–482, 1972.

The, T. H., Klein, G., Langenhuysen, M. M. A. C. Antibody reactions to virus-specific early antigens (EA) in patients with cytomegalovirus (CMV) infection. *Clin. Exp. Immunol.* **16**:1–12, 1974.

The, T. H., Anderson, H. K., Spencer, E. S., Klein, G. Antibodies against cytomegalovirus-induced early antigens (CMV-EA) in immunosuppressed renal allograft recipients. *Clin. Exp. Immunol.* **28**:502–505, 1977.

Thomas, I. T., Soothill, J. F., Hawkins, G. T., Marshall, W. C. Transfer-factor treatment in congenital cytomegalovirus infection. *Lancet* **2**:1056–1057, 1977.

Thomas, W. A., Kim, D. N. Biology of disease. Atherosclerosis as a hyperplastic and/or neoplastic process. *Lab. Invest.* **48**:245–255, 1983.

Thomason, A. W. FK-506—How much potential? *Immunol. Today* **11**:6–9, 1990.

Thomsen, D. R., Stenberg, R. M., Goins, W. F., Stinski, M. F. Promoter–regulatory region of the major immediate early gene of human cytomegalovirus. *Proc. Natl. Acad. Sci. U.S.A.* **81**:659–663, 1984.

Thong, Y. H., Hensen, S. A., Vincent, M. M., *et al.* Use of cryopreserved virus-infected target cells in a lymphocytotoxicity $^{51}$Cr release microassay for cell-mediated immunity to cytomegalovirus. *Infect. Immun.* **13**:643–645, 1976.

Tidy, H. L. Glandular fever and infectious mononucleosis. *Lancet* **2**:180–186, 1934.

Tilney, N. L., Collins, J. J. Jr., Wilson, R. E. Hemorrhagic pancreatitis. A fatal complication of renal transplantation. *N. Engl. J. Med.* **274**:1051–1057, 1966.

Tindall, R. S. A., Cloud, R., Luby, J., Rosenberg, R. N. Serum antibodies to cytomegalovirus in myasthemia gravis: Effects of thymectomy and steroids. *Neurology (Minneap.)* **28**:273–277, 1978.

Tobin, J. O'H., Warrell, M. J., Morris, P. J. Cytomegalovirus infection and renal transplantation, *Lancet* **1**:926–926, 1979.

Tocci, M. J., St. Jeor, S. C. Persistence and replication of the human cytomegalovirus genome in lymphoblastoid cells of B and T origin. *Virology* **96**:664–668, 1979.

Toghill, P. J., Bailey, M. E., Williams, R., *et al.* Cytomegalovirus hepatitis in the adult. *Lancet* **1**:1351–1354, 1967.

Tokumaru, T. A possible role if IgA-immunoglobulin in herpes simplex infection in man. *J. Immunol.* **97**:248–259, 1966.

Tolkoff-Rubin, N. E., Rubin, R. H., Keller, E. E., *et al.* Cytomegalovirus infection in dialysis patients and personnel. *Ann. Intern. Med.* **89**:625–628, 1978.

Tolpin, M. D., Stewart, J. A., Warren, D., *et al.* Transfusion transmission of cytomegalovirus confirmed by restriction endonuclease analysis. *J. Pediatr.* **6**:953–956, 1985.

Toorkey, C. B., Carrigan, D. R. Immunohistochemical detection of an immediate early antigen of human cytomegalovirus in normal tissues. *J. Infect. Dis.* **160**:741–751, 1989.

Townsend, C. T. R., Bolyard, E. H., Yolken, R. H., *et al.* Outbreak of Coxsackie A/gastroenteritis: A complication of bone-marrow transplantation. *Lancet* **1**:820–823, 1982.

Traswell, H. F., Reisner, R. K., Rabe, D. E., *et al.* Comparison of three methods for detecting antibody to cytomegalovirus. *Transfusion* **26**:285–289, 1986.

Trlifajova, J., Sourek, J., Seeman, J. A study on cytomegalovirus by the gel precipitation method. *Zentralbl. Bakteriol. [Orig. A]* **221**:433–438, 1972.

Trump, B. F., Arstila, A. U. Cell membranes and diseases processes. In B. F. Trump and A. U. Arstila (eds.), *Pathobiology of Cell Membranes,* Vol. 1. Academic Press, New York, 1975, pp. 1–103.

Tumilowicz, J. J., Gawlik, M. E., Powell, B. B. Replication of cytomegalovirus in human arterial smooth muscle cells. *J. Virol.* **56**:839–845, 1985.

Turtinen, L. W., Saltzman, R., Jordan, M. C., Haase, A. T. Interactions of human cytomegalovirus with leukocytes *in vivo:* Analysis by *in situ* hybridization. *Microbiol. Pathol.* **3**:287–297, 1987.

Tymus, A. S., Davis, J. M., Jeffries, D. J., Meyers, J. D. BWB759U, an analogue of acyclovir, inhibits human cytomegalovirus *in vitro*. *Lancet* **2**:294–295, 1984.

Tyzzer, E. E. The histology of the skin lesions in varicella. *Philipp. J. Sci.* **1**:349–372, 1906.

Umetsu, M., Chiba, Y., Horino, K., *et al.* Cytomegalovirus-mononucleosis in a newborn infant. *Arch. Dis. Child.* **50**:496–598, 1975.

Unkeless, J. C., Tobia, A., Ossowski, I., *et al.* An enzymatic function associated with transformation of fibroblasts by oncogenic viruses. I. Chick embryo fibroblast cultures transformed by avian RNA tumor viruses. *J. Exp. Med.* **137**:85–111, 1973.

Utz, U., Britt, W., Vugler, L., Mach, M. Identification of a neutralizing epitope on glycoprotein gp58 of human cytomegalovirus. *J. Virol.* **63**:1995–2001, 1989.

Van den Berg, F. M., van Ooyen, A. J. J., Volkers, H., Walboomers, J. M. M. Heterogeneity in subregions of the terminal repeats of herpes simplex virus type 2 DNA. *Intervirology* **21**:96–103, 1984.

Van der Bij, W., Schirm, J., Torensma, R., *et al.* Comparison between viremia and antigenemia for detection of cytomegalovirus in blood. *J. Clin. Microbiol.* **26**:2531–2535, 1988.

Van der Voort, L., Leij, L., The, T. Characterization of membrane antigens on human cytomegalovirus-infected fibroblasts recognized by human antibodies. *J. Virol.* **63**:1485–1488, 1989.

Van Es, A., Baldwin, W. M., Oljans, P. J., *et al.* Expression of HLA-DR on T lymphocytes following renal transplantation, and association with graft-rejection episodes and cytomegalovirus infection. *Transplantation* **37**:65–69, 1984.

Varmuza, S. L., Smiley, J. R. Signals for site-specific cleavage of HSV DNA: Maturation involves two separate cleavage events at sites distal to the recognition sequences. *Cell* **41**:793–802, 1985.

Verheyden, J. P. H. Evolution of therapy for cytomegalovirus infection. *Rev. Infect. Dis.* **10**:S477–489, 1988.

Via, C. S., Shanley, J. D., Weatherly, B. R., *et al.* Altered threshold for the induction of graft-versus-host immunodeficiency following murine cytomegalovirus infection. *Transplantation* **30**:298–302, 1988.

Vierling, J. M., Fennell, R. H. Histopathology of early and late human hepatic allograft rejection: Evidence of progressive destruction of interlobular bile ducts. *Hepathology* **5**:1076–1082, 1985.

Vietzke, W. M., Gelderman, A. H., Grimley, P. M., Valsamis, M. P. Toxoplasmosis complicating malignancy. *Cancer* **21**:816–827, 1968.

Vinh, L. T., Van Duc, T., Aicardi, J., Rossier, A., Thieffry, S. Association de toxoplasmose congenitale et de cytomegalie chez le nourisson. *Arch. Fr. Pediatr.* **27**:511–521, 1970.

Vinters, H. V., Kwok, M. K., Ho, H. W., *et al.* Cytomegalovirus in the nervous system of patients with the acquired immune deficiency syndrome. *Brain* **112**:245–268, 1989.

Vlazny, D. A., Kwong, A., Frenkel, N. Site-specific cleavage/packaging of herpes simplex virus DNA and the selective maturation of nucleocapsids containing full-length viral DNA. *Proc. Natl. Acad. Sci. U.S.A.* **79**:1423–1427, 1982.

Vogel, F. S., Pinkerton, H. Spontaneous salivary gland disease in chimpanzees. *Arch. Pathol.* **60**:281–285, 1955.

Volkmer, H., Bertholet, C., Jonjic, S., *et al.* Cytolytic T lymphocyte recognition of the murine cytomegalovirus nonstructural immediate-early protein pp89 expressed by recombinant vaccinia virus. *J. Exp. Med.* **166**:668–677, 1987.

Volpi, A., Britt, W. J. Serological heterogeneity of CMV isolates with a monoclonal antibody. *J. Infect. Dis.* **152**:648–649, 1985.

Von Glahn, W. C., Pappenheimer, A. M. Intranuclear inclusions in visceral disease. *Am. J. Pathol.* **1**:445–465, 1925.

Vonka, V., Benyesh-Melnick, M. Thermoinactivation of human cytomegalovirus. *J. Bacteriol.* **91**:221–226, 1966.

Vonka, V., Anisimova, E., Macek, M. Replication of cytomegalovirus in human epitheloid diploid cell line. *Arch. Virol.* **52**:153–169, 1976.

Von Willebrand, E. V., Pettersson, E., Ahonen, J., Hayry, P. CMV infection, class II antigen expression, and human kidney allograft rejection. *Transplantation* **42**:364–367, 1986.

Vortel, V. Ueber das Vorkommen von Encephalitis bei Saeuglingen und Kindern. *Frankfort Z. Pathol.* **67**:153–169, 1956.

Wade, J. C., McGuffin, R. W., Springmeyer, S. C., *et al.* Treatment of cytomegaloviral pneumonia with high-dose acyclovir and human leukocyte interferon. *J. Infect. Dis.* **148**:557–562, 1983.

Wade, J. C., Newton, B., Flournoy, N., Meyers, J. D. Oral acyclovir for prevention of herpes simplex virus reactivation after marrow transplant. *Ann. Intern. Med.* **100**:823–828, 1984.

Wadsworth, S., Hayward, G. S., Roizman, B. Anatomy of herpes simplex virus DNA. V. Terminally repetitive sequences. *J. Virol.* **17**:503–512, 1976.

Wager, O., Rasanen, J. A., Hagman, A., Klemonla, E. Mixed cryoimmunoglobulinanaemia in infectious mononucleosis and cytomegalovirus mononucleosis. *Int. Arch. Allergy Appl. Immunol.* **34**:345–362, 1968.

Wagner, H. Zur Kenntnis der "protozoenartigen Zellen" in den Organanen von Kindern. *Beitr. Pathol. Anat. Allg. Pathol.* **85**:145–164, 1930.

Wainwright, J. Cytomegalovirus infection in black children in Durban. *S. Afr. Med. J.* **48**:1408–1412, 1972.

Walker, B. D., Flexner, C., Paradis, T. J., *et al.* HIV-1 reverse transcriptase is a target for cytotoxic T lymphocytes in infected individuals. *Science* **240**:64–66, 1988.

Waltzer, W. C., Arnold, A. N., Anaise, D., *et al.* Impact of cytomegalovirus infection and HLA-matching on outcome of renal transplantation. *Transplant. Proc.* **19**:4077–4080, 1987.

Walzer, P. D., Perl, D. P., Krogstad, P. J., Rawson, P. G., Schultz, M. G. *Pneumocystis carinii* pneumonia in the United States. Epidemiologic, diagnostic and clinical features. *Ann. Intern. Med.* **80**:83–93, 1974.

Waner, J. L. Partial characterization of a soluble antigen preparation from cells infected with human cytomegalovirus: Properties of antisera prepared to the antigen. *J. Immunol.* **114**:1454–1457, 1975.

Waner, J. L., Biano, S. A. Antibody reactivity to human and vervet cytomegalovirus early antigen(s) in sera from patients with active cytomegalovirus infections and from asymptomatic donors. *J. Clin. Microbiol.* **9**:134–140, 1979.

Waner, J. L., Budnick, J. E. Three-day assay for human cytomegalovirus applicable to serum neutralization tests. *Appl. Microbiol.* **25**:37–39, 1973.

Waner, J. L., Weller, T. H. Behavior of human cytomegaloviruses in cell cultures of bovine and simian origin. *Proc. Soc. Exp. Biol. Med.* **145:**379–384, 1974.

Waner, J. L., Weller, T. H. Analysis of antigenic diversity among human cytomegalovirus by kinetic neutralization tests with high-titered rabbit antisera. *Infect. Immun.* **21:**151–157, 1978.

Waner, J. L., Weller, T. H., Kevy, S. V. Patterns of cytomegalovirus complement-fixing antibody activity: A longitudinal study of blood donors. *J. Infect. Dis.* **127:**538–543, 1973.

Waner, J. L., Hopkins, D. R., Weller, T. H., Alfred, E. N. Cervical excretion of cytomegalovirus: Correlation with secretory and humoral antibody. *J. Infect. Dis.* **136:**805–809, 1977.

Wang, N. S., Huang, S. H., Thurlbeck, W. M. Combined *Pneumocystis carinii* and cytomegalovirus infection. *Arch. Pathol.* **90:**529–535, 1970.

Ward, K. P., Galloway, W. H., Auchterlonie, I. A. Congenital cytomegalovirus infection and diabetes. *Lancet* **1:**497–497, 1979.

Ward, P. H., Lindsay, J. R., Warner, N. E. Cytomegalic inclusion disease affecting the temporal bone. *Laryngoscope* **75:**628–638, 1965.

Ware, A. J., Luby, J. P., Hollinger, B., *et al.* Etiology of liver disease in renal transplant patients. *Ann. Intern. Med.* **91:**364–371, 1979.

Wathen, M., Stinski, M. Temporal patterns of human cytomegalovirus transcription: Mapping the viral RNAs synthesized at immediate early, early, and late times after infection. *J. Virol.* **41:**462–477, 1982.

Wathen, M. W., Thomsen, D. R., Stinski, M. F. Temporal regulation of human cytomegalovirus transcription at immediate early and early times after infection. *J. Virol.* **38:**446–459, 1981.

Wayne, E. R., Burrington, J. D., Myers, D. N., *et al.* Bilateral eventration of the diaphram in a neonate with congenital cytomegalic inclusion disease. *J. Pediatr.* **83:**164–165, 1973.

Weber, P. C., Challberg, M. D., Nelson, N. J., *et al.* Inversion events in the HSV-1 genome are directly mediated in the viral DNA replication machinery and lack sequence specificity. *Cell* **54:**369–381, 1988.

Webster, A., Cook, D. G., Emery, V. C., *et al.* Cytomegalovirus infection and progression towards AIDS in haemophiliacs with human immunodeficiency virus infection. *Lancet* **2:**63–66, 1989.

Weigand, D. A., Burgdorf, W. H. C., Tarpay, M. M. Vasculitis in cytomegalovirus infection. *Arch. Dermatol.* **116:**1174–1176, 1980.

Weimar, W., Lameijer, L. D. F., Edy, V. G., Schellekens, H. Prophylactic use of interferon in renal allograft recipients. *Transplant Proc.* **11:**69–70, 1979.

Weiner, D., Gibson, W., Fields, K. Anti-complement immunofluorescence establishes nuclear localization of human cytomegalovirus matrix protein. *Virology* **147:**19–28, 1986.

Weinshenker, B. G., Wilton, S., Rice, G. P. A. Phorbol ester-induced differentiation permits productive human cytomegalovirus infection in a monocytic cell line. *J. Immunol.* **140:**1625–1631, 1988.

Weir, M. R., Irwin, B. C., Maters, A. W., *et al.* Incidence of cytomegalovirus disease in cyclosporine-treated renal transplant recipients based on donor/recipient pretransplant immunity. *Transplantation* **43:**187–193, 1987.

Weller, T. H. Serial propagation *in vitro* of agents producing inclusion bodies derived from varicella and herpes zoster. *Proc. Soc. Exp. Biol. Med.* **83:**340–346, 1953.

Weller, T. H. Cytomegalovirus: The difficult years. *J. Infect. Dis.* **122:**532–539, 1970.

Weller, T. H. The cytomegaloviruses: Ubiquitous agents with protean clinical manifestations. *N. Engl. J. Med.* **285:**203–214, 267–274, 1971.

Weller, T. H. Varicella and herpes zoster. In E. H. Lennette and N. J. Schmidt (eds.), *Diagnostic Procedures for Viral, Rickettsial and Chlamydial Infections.* American Public Health Association, Washington, 1979, pp. 375–398.

Weller, T. H., Hanshaw, J. B. Virologic and clinical observations on cytomegalic inclusion disease. *N. Engl. J. Med.* **266:**1233–1244, 1962.

Weller, T. H., Macauley, J. C., Craig, J. M., Wirth, P. Isolation of intranuclear inclusion producing agents from infants with illnesses resembling cytomegalic inclusion disease. *Proc. Soc. Exp. Biol. Med.* **94**:4–12, 1957.

Weller, T. H., Witton, H. M., Bell, E. J. The etiologic agents of varicella and herpes zoster. Isolation, propagation and cultural characteristics *in vitro*. *J. Exp. Med.* **108**:843–868, 1958.

Weller, T. H., Hanshaw, J. B., Scott, D. E. Serologic differentiation of viruses responsible for cytomegalic inclusion disease. *Virology* **12**:130–132, 1960.

Welsh, R. M. Cytotoxic cells induced during lymphocytic choriomeningitis virus infection of mice. I. Characterization of natural killer cell induction. *J. Exp. Med.* **148**:163–181, 1978.

Wentworth, B. B., Alexander, E. R. Seroepidemiology of infections due to members of the herpesvirus group. *Am. J. Epidemiol.* **94**:496–507, 1971.

Wentworth, B. B., Gloyd, P. W., Jr. Thermostability of cytomegalovirus strains. *Arch. Ges. Virusforsch.* **25**:255–262, 1968.

Westmoreland, D., Watkins, J. F. The IgG receptor induced by herpes simplex virus: Studies using radioiodinated IgG. *J. Gen. Virol.* **24**:167–178, 1974.

Westmoreland, D., St. Jeor, S., Rapp, F. The development of cytomegalovirus infected cells of binding affinity for normal human immunoglobulin. *J. Immunol.* **116**:1566–1570, 1976.

Weston, K. An enhancer element in the short unique region of human cytomegalovirus regulates the production of a group of abundant immediate early transcripts. *Virology* **162**:404–416, 1988.

Weston, K., Barrell, B. Sequence of the short unique region, short repeats, and part of the long repeats of human cytomegalovirus. *J. Mol. Biol.* **192**:177–208, 1986.

Wheeler, E. O., Turner, J. D., Scannell, J. G. Fever, splenomegaly and atypical lymphocytes: Syndrome observed after cardiac surgery utilizing pump oxygenator. *N. Engl. J. Med.* **266**:454–456, 1962.

Whelchel, J. D., Pass, R. F., Diethelm, A. G., *et al.* Effect of primary and recurrent cytomegalovirus infection upon graft and patient survival after renal transplantation. *Transplantation* **28**:443–446, 1979.

Whitley, R. J., Brasfield, D., Reynolds, D. W., *et al.* Protracted pneumonitis in young infants associated with perinatally acquired cytomegalovirus infection. *J. Pediatr.* **89**:16–22, 1976.

Whitley, R. J., Seng-Jaw, S., Dolin, R., *et al.* Collaborative Study Group. Adenine arabinoside therapy of biopsy-proven herpes simplex encephalitis. *N. Engl. J. Med.* **297**:289–294, 1977.

Wildy, P. Classification and nomenclature of virus. *Monogr. Virol.* **5**:1–81, 1971.

Wildy, P. Herpes: History and classification. In A. S. Kaplan (ed.), *The Herpesviruses*. Academic Press, New York, 1973, pp. 1–22.

Wildy, P., Russell, W. C., Horne, R. W. The morphology of herpesvirus. *Virology* **12**:204–222, 1960.

Wiley, C. A., Nelson, J. A. Role of human immunodeficiency virus and cytomegalovirus in AIDS encephalitis. *Am. J. Pathol.* **133**:73–81, 1988.

Wiley, C. A., Schrier, R. D., Denaro, F. J., *et al.* Localization of cytomegalovirus proteins and genome during fulminant central nervous system infection in an AIDS patient. *J. Neuropathol. Exp. Neurol.* **45**:127–139, 1986.

Wilhelm, J. A., Matter, L., Schopfer, K. The risk of transmitting cytomegalovirus to patients receiving blood transfusions. *J. Infect. Dis.* **154**:169–171, 1986.

Wilkinson, G., Akrigg, A., Greenaway, P. Transcription of the immediate early genes of human cytomegalovirus strain AD 169. *Virus Res.* **1**:101–116, 1984.

Willmott, F. E. Cytomegalovirus in female patients attending a VD clinic. *Br. J. Vener. Dis.* **51**:278–280, 1975.

Wilson, R. S. E., Morris, T. H., Rees, J. R. Cytomegalovirus myocarditis. *Br. Heart J.* **34**:865–868, 1972.

Wingard, J. R., Chen, D. Y.-H., Burns, W. H., *et al.* Cytomegalovirus infection after autologous bone marrow transplantation with comparison to infection after allogenic bone marrow transplantation. *Blood* **71**:1432–1437, 1988a.

Wingard, J. R., Mellits, E. D., Sostrin, M. B., *et al.* Interstitital pneumonitis after allogeneic bone marrow transplantation. *Medicine* **67**:175–186, 1988b.

Winston, D. J., Ho, W. G., Howell, C. L., *et al.* Cytomegalovirus infections associated with leukocyte transfusions. *Ann. Intern. Med.* **93**:671–675, 1980.

Winston, D. J., Pollard, R. B., Ho, W. G., *et al.* Cytomegalovirus immune plasma in bone marrow transplant recipients. *Ann. Intern. Med.* **97**:11–18, 1982.

Winston, D. J., Ho, W. G., Lin, C. H., *et al.* Intravenous immune globulin for prevention of cytomegalovirus infection and interstitial pneumonia after bone marrow transplantation. *Ann. Intern. Med.* **106**:12–18, 1987.

Winston, D. J., Ho, W. G., Champlin, R. E. Cytomegalovirus infection after allogenic bone marrow transplantation. *Rev. Infect. Dis.* **12**(Supp. 7), 5776–5792, 1990.

Wirth, T., Baltimore, D. Nuclear factor NF-k B can interact functionally with its cognate binding site to provide lymphoid specific promoter function. *EMBO J.* **7**:3109–3113, 1988.

Wise, T. G., Manischewitz, J. E., Quinnan, G. V., *et al.* Latent cytomegalovirus infection of BALB/c mouse spleens detected by an explant culture technique. *J. Gen. Virol.* **44**:551–556, 1979.

Witherspoon, R. P., Storb, R., Mickelson, E. M., *et al.* Association of interstitial pneumonia and dimished *in vitro* lymphocyte blastogenesis in human marrow graft recipients. *Transplantation* **28**:412–414, 1979.

Wolfe, B. M., Cherry, J. D. Hemorrhage from cecal ulcers of cytomegalovirus infection: Report of a case. *Ann. Surg.* **177**:490–494, 1973.

Wong, T. W., Warner, N. E. Cytomegalic inclusion disease in adults. Report of 14 cases with review of literature. *Arch. Pathol.* **74**:403–494, 1962.

Woolf, N. K., Harris, J. P. Cochlear pathophysiology associated with inner ear immune responses. *Acta Otolaryngol.* **102**:353–364, 1986.

Woolf, N. K., Ochi, J. W., Silva, E. J., *et al.* Ganciclovir prophylaxis for cochlear pathophysiology during experimental guinea pig cytomegalovirus labyrinthitis. *Antimicrob. Agents Chemother.* **32**:865–872, 1988.

Wreghitt, T. G., Hakim, M., Gray, J. J., *et al.* Cytomegalovirus infections in heart and heart and lung transplant recipients. *J. Clin. Pathol.* **41**:660–667, 1988.

Wright, D. A., Spector, D. H. Post-transcriptional regulation of a class of human cytomegalovirus phosphoproteins encoded by an early transcription unit. *J. Virol.* **63**:3117–3127, 1989.

Wright, D. A., Staprans, S. I., Spector, D. H. Four phosphorproteins with common amino termini are encoded by human cytomegalovirus AD169. *J. Virol.* **62**:331–340, 1988.

Wright, H. T., Jr. Cytomegaloviruses. In A. S. Kaplan (ed.), *The Herpesviruses*. Academic Press, New York, 1973, pp. 353–388.

Wright, H. T., Jr., Goodheart, C. R., Lielausis, A. Human cytomegalovirus. Morphology by negative staining. *Virology* **23**:419–424, 1964.

Wu, B. C., Ho, M. Characteristics of infection of B and T lymphocytes from mice after inoculation with cytomegalovirus. *Infect. Immun.* **24**:856–864, 1979.

Wu, B. C., Dowling, J. N., Ho, M., *et al.* Enhancement of mouse cytomegalovirus infection during host versus graft reaction. *Science* **190**:56–58, 1975.

Wunderli, W., Kagi, M. K., Gruter, E., Auracher, J. D. Detection of cytomegalovirus in peripheral leukocytes by different methods. *J. Clin. Microbiol.* **27**:1916–1917, 1989.

Wyatt, J. P., Saxton, J., Lee, R. S., Pinkdrton, H. Generalized cytomegalic inclusion disease. *J. Pediatr.* **36**:271–294, 1950.

Wyatt, J. P., Hemsath, F. A., Soash, M. D. Disseminated cytomegalic inclusion disease in an adult (with primary refractory anemia and transfusional siderosis. Report of a case). *Am. J. Clin. Pathol.* **21**:50–55, 1951.

Wyhinny, G. J., Apple, D. J., Guastella, F. R., Vygantas, C. M. Adult cytomegalic inclusion retinitis. *Am. J. Ophthalmol.* **76**:773–781, 1973.

Xu-Bin, T., Ishida, K., Furukawa, T. Characterization of IgG Fc receptors induced by human cytomegalovirus. *J. Gen. Virol.* **70**:893–900, 1989.

Yaminishi, K., Rapp, F. Production of plasminogen activator by human and hamster cells infected with human cytomegalovirus. *J. Virol.* **31**:415–419, 1979.

Yamashiroya, H. M., Ghosh, L., Yang, R., Robertson, A. L. Herpesviridae in the coronary arteries and aorta of young trauma victims. *Am. J. Pathol.* **130**:71–79, 1988.

Yanagisawa, N., Toyokura, Y., Shiraki, H. Double encephalitis with herpes simplex virus and cytomegalovirus in an adult. *Acta Neuropathol.* **33**:153–165, 1975.

Yeager, A. S. Transfusion-acquired cytomegalovirus infection in newborn infants. *Am. J. Dis. Child.* **128**:478–483, 1974.

Yeager, A. S. Longitudinal, serological study of cytomegalovirus infections in nurses and in personnel without patient contact. *J. Clin. Microbiol.* **2**:448–452, 1975.

Yeager, A. Improved indirect hemagglutination test for cytomegalovirus using human O erythrocytes in lysine. *J. Clin. Microbiol.* **10**:64–68, 1979.

Yeager, A. S., Grumet, F. C., Hafleigh, E. B., *et al.* Prevention of transfusion-acquired cytomegalovirus infections in newborn infants. *J. Pediatr.* **98**:281–287, 1981.

Yolken, R. H., Stopa, P. J. Comparison of seven enzyme immunoassay systems for measurement of cytomegalovirus. *J. Clin. Microbiol.* **11**:546–551, 1980.

Yoshino, K., Taniguchi, S. The appearance of complement-requiring neutralizing antibodies by immunization and infection with herpes simplex virus. *Virology* **22**:193–201, 1964.

Young, A. B., Reid, D., Grist, N. R. Is cytomegalovirus a serious hazard to female hospital staff? *Lancet* **1**:975–976, 1983.

Youtree, E. L., Bia, F. J., Griffith, B. P., Root, R. K. Neutrophil response and function during acute cytomegalovirus infection in guinea pigs. *Infect. Immun.* **36**:11–16, 1982.

Yow, M. D., Lakeman, A. D., Stagno, S., *et al.* Use of restriction enzymes to investigate the source of a primary cytomegalovirus infection in a pediatric nurse. *Pediatrics* **70**:713–716, 1982.

Zablotney, S. L., Wentworth, B. B., Alexander, E. R. Antigenic relatedness of 17 strains of human cytomegalovirus. *Am. J. Epidemiol.* **107**:336–343, 1978.

Zaia, J. A., Levin, M. J., Leszczynski, J., *et al.* Cytomegalovirus immune globulin: Production from selected normal donor blood.*Transplantation* **27**:66–67, 1979.

Zaia, J., Forman, S., Ting, Y., *et al.* Polypeptide-specific antibody response to human cytomegalovirus after infection in bone marrow transplant recipients. *J. Infect. Dis.* **153**:780–787, 1986.

Zaloga, G. P., Chernow, B., Eil, C. Hypercalcemia and disseminated cytomegalovirus infection in the acquired immunodeficiency syndrome. *Ann. Intern. Med.* **102**:331–333, 1985.

Zavada, V., Erban, V., Rezacova, D., Vonka, V. Thymidine-kinase in cytomegalovirus infected cells. *Arch. Virol.* **52**:333–339, 1976.

Zinkernagel, R. M., Doherty, P. C., Restriction of *in vitro* T cell-mediated cytotoxicity in lymphocytic choriomeningitis with a syngeneic or semiallogeneic system. *Nature* **248**:701–702, 1974.

Zinkernagel, R. M., Doherty, P. C. MHC-restricted cytotoxic T cell studies on the biologic role of the polymorphic major transplantation antigens determining T-cell restricting specificity, function and responsiveness. *Adv. Immunol.* **27**:51–177, 1979.

Zisbord, Z., Haimov, M., Schanzer, M., *et al.* Kaposi's sarcoma after kidney transplantation. Report of complete remission of cutaneous and visceral involvement. *Transplantation* **30**:383–384, 1980.

Zuelzer, W. W., Stulberg, C. S., Page, R. H., Teruya, J., Brough, A. J. Etiology and pathogenesis of acquired hemolytic anemia. *Transfusion* **6**:438–460, 1966.

Zur Hausen, H., Bornkamm, G. W., Schmidt, R., Hecher, E. Tumor initiators and promoters in the induction of Epstein–Barr virus. *Proc. Natl. Acad. Sci. U.S.A.* **76**:782, 1979.

# Author Index



Senior authors only are listed in this Author Index. Boldface page numbers denote the first appearances of a particular work in the text, while subsequent numbers denote other appearances of the same work. Different works of the same author are separated by semicolons.

# Subject Index